मराठी साहित्य : परिदृश्य

चन्द्रकान्त बान्दिवडेकर

सम्पादन-सहयोग

डॉ. राम पंडित

वाणी प्रकाशन

प्रकाशन के उत्कृष्टतम 63 वर्ष

सजिल्द पहला संस्करण : 1997
सजिल्द दूसरा संस्करण : 2026

vaniprakashan.com

वाणी प्रकाशन

4695, 21-ए, दरियागंज, नयी दिल्ली-110 002
फ़ोन : + 91 11 23273167, 23275710

शाखाएँ

अशोक राजपथ, पटना-800 004, बिहार
कॉफ़ी हाउस कैम्पस, महात्मा गांधी मार्ग, प्रयागराज-211 001, उत्तर प्रदेश
महात्मा गांधी अन्तरराष्ट्रीय हिन्दी विश्वविद्यालय, वर्धा-442 001, महाराष्ट्र
sales@vaniprakashan.in
vaniprakashan@gmail.com

Marathi Sahitya : Paridrishya
by Chandrakant Bandivadekar

ISBN : 978-81-7055-575-9
Criticism

मूल्य : ₹ 995

जी.एस. ऑफ़सेट, दिल्ली-110 095 में मुद्रित

वाणी प्रकाशन का लोगो मक़बूल फ़िदा हुसैन की कूची से

खंड ४ समीक्षा और सौंदर्यशास्त्र

खंड १ मराठी साहित्य की प्रवृतियाँ, संदर्भ, स्थिति और गति

खंड २ साहित्यिक व्यक्तित्व एवं कृतित्व

लेखकीय

डॉ. राम पंडित मेरे शिष्य रहे हैं। परंतु उनके उर्दू साहित्य के अध्ययन के कारण वे मेरे अभिन्न मित्रों में से एक हैं। जिस तरह सोलह वर्षों के बाद पुत्र मित्रवत् हो ज़ाता है उसी तरह अध्ययन के आधार पर शिष्य भी मित्र बन जाता है। मुझे यह कहने में संकोच नहीं है कि डॉ. राम पंडित मेरे अच्छे मित्र हैं। मेरे लिए यह अतिरिक्त हर्ष की बात है कि मेरे मराठी से संबंधित हिंदी में लिखे लेखन को इतनी रुचि के साथ डॉ. राम पंडित ने पढ़ा है। अगर वे इन लेखों के संकलन/संपादन का प्रस्ताव न रखते तो मेरे लिए इस प्रकार के ग्रंथ का प्रकाशन कल्पना के परे की चीज था। इस पुस्तक के प्रकाशन का सारा श्रेय डॉ. राम पंडित को ही जाता है।

मैंने समूचे लेख पुनः पढ़े और देखा कि निश्चय ही पैंतीस वर्षों में किया गया लेखन मराठी का एक अच्छा समीक्षात्मक परिचय प्रस्तुत करता है। कुछ लेख ऐसे भी हैं कि जो हिंदी में पहले प्रकाशित हुए और बाद में मराठी में—और विद्वानों द्वारा प्रशंसित भी हुए। मेरा विश्वास है कि समूचे लेखन में पैंतीस वर्षों के काल-प्रवाह के बावजूद कहीं भी असंगति नहीं है। एक ही विषय पर लिखे लेखों में भी इसलिए भिन्नता है क्योंकि ये लेख भिन्न समय पर लिखे गए थे और पहले लेखन का उपयोग नहीं किया गया था। स्वाभाविक रूप में कुछ नयी बातें प्रकट हुई हैं।

इस ग्रंथ का प्रकाशन असंभव होता यदि के. के. बिड़ला फाउंडेशन द्वारा इसके प्रकाशन के लिए आर्थिक अनुदान न प्राप्त होता। मैं श्री बिशन टंडन, निदेशक, के. के. बिड़ला फाउंडेशन का आभारी हूँ।

मुझे इस समय मेरे अनगिनत हिंदी विद्वानों और पाठकों का कृतज्ञतापूर्वक स्मरण हो रहा है, जिन्होंने मेरे लेखन को निस्संकोच रूप में उदारतापूर्वक सराहा और मुझे प्रेरणा देकर कार्यरत रखा।

डॉ. राम पंडित मेरे अपने आत्मीय हैं। उनके प्रति आभार की औपचारिकता बेमानी लगती है।

—चन्द्रकान्त बांदिवडेकर

सरस्वती नः
सुभगामयस्करत्

के. के. बिड़ला फाउंडेशन के आर्थिक सहयोग से
वाणी प्रकाशन द्वारा प्रकाशित

संपादकीय

डॉ. चंद्रकांत बांदिवडेकर की प्रस्तुत पुस्तक को संकलित एवं संपादित करने में मुझे अतीव सुख मिला इसके कई कारण हैं।

वैसे डॉ. बांदिवडेकर पी.एच.डी के मेरे निर्देशक रहे हैं। यह स्वीकार करने में मुझे जरा भी संकोच नहीं है कि उन्होंने मुझमें अगर रुचि न ली होती और उत्साह एवं प्रेरणा न दी होती तो मेरे लिए यह काम लगभग असंभव होता। मैंने वाणिज्य शाखा में बी.कॉम की उपाधि ली थी और मेरी साहित्यिक रुचि का विषय था उर्दू साहित्य। बात १९८६ की है। मैंने बंम्बई विश्वविद्यालय के उर्दू विभाग द्वारा आयोजित एक सेमिनर में उर्दू मराठी के सम्बन्ध में एक शोधपत्र पढा। सौभाग्यवश डॉ. बांदिवडेकरजी भी श्रोताओं में उपस्थित थे और पत्र की उन्होंने प्रशंसा की।

"डॉ. चंद्रकांत बांडिवडेकर, अध्यक्ष हिंदी विभाग" यह नेमप्लेट तो कई मर्तबा पढ चुका था। बंम्बई विश्वविद्यालय के रानडे भवन के पहली मंज़िल पर कई विभाग हैं। उर्दू विभाग को हिन्दी विभाग से होकर जाना पडता है और दायी ओर पहले कमरे पर यह प्लेट टंगी थी जो में हमेशा पढता था।

इस नाम का दोनों साहित्य जगत में जो दबदबा था शायद उसी कारण मैंने बांदिवडेकजी के कक्ष में कदम रखने का कभी साहस नहीं किया था। मेरे दोस्त मुईनुद्दीन जिनाबडे ने मेरे अन्दर का भय निकाला। तत्पश्चात मैंने हिंदी साहित्य का अध्यापन उर्दू के संदर्भ में शुरु किया और उसमें अद्‌भुत रुचि भी पैदा हुई। डॉ. बांदिवडेकरजी के सान्निध्य में जो साहित्य विमर्श होता था उसमें मेरी उर्दू और हिंदी साहित्य के प्रति रुचि देखकर डॉ. बांदिवडेकरजीने ही प्रस्ताव किया क्यों न उर्दू-हिंदी कहानी का तुलनात्मक अध्यपन में पी.एच.डी. के लिए प्रस्तुत करुँ। मुझे विश्वास ही नहीं हो रहा था कि एक बी.कॉम की उपाधि प्राप्त व्यक्ति को सीधे पी.एच.डी. के लिए विद्यापीठ अनुमति प्रदान करेगी। लेकिन मुझे बांदिवडेकरजी ने अपनी खास सिफारिश से यह कार्य सम्पन्न किया। मुंबई विश्वविद्यालय के सभी पी.एच.डी. के निर्देशकों के सामने मेरा साक्षात्कार हुआ और सभी ने एक मत से मुझे पी.एच.डी. के लिए अनुमति देने का प्रस्ताव स्वीकार किया। यह डॉ. बांदिवडेकरजी की गुणग्राहता ही है जिसके कारण यह संभव हो सका। फिर तीन वर्षों में मैंने 'उर्दू-हिंदी कहानी का तुलनात्मक अध्यपन' विषय पर पी.एच.डी. की उपाधि प्राप्त की।

लेकिन प्रस्तुत ग्रंथ संपादन के लिए आंतरिक कृतज्ञता ही पर्याप्त नहीं थी, प्रेरक अवश्य रही।

डॉ. बांदिवडेकरजी का लगभग समूचा लेखन मैंने बहुत पहले से पढा है। उनका मराठी के संदर्भ में हिंदी में प्रकाशित लेखन मैं विशेष रुचि से पढता रहा। उनके 'प्रेमचंदः व्यक्तित्व आणि कृतित्व' इस मराठी ग्रंथ ने मुझे उसकी मौलिकता के लिए प्रभावित किया था। बांदिवडेकजी की एक विशेषता है। वे मराठी भाषी हैं और हिंदी में मराठी साहित्य के बारे में लिखते भी रहे हैं। परंतु उनकी भूमिका केवल परियच प्रदान्स तक सीमित नहीं रही। वे हिंदी-मराठी के एक शीर्षस्थ समीक्षक हैं और उनकी मराठी में प्रकाशित पुस्तकें महाराष्ट्र के सभी विश्वविद्यालयों में एम.ए के छात्रों के लिए संदर्भ ग्रंथ के रुप में स्वीकृत हुई हैं। 'मराठी कांदबरीः चिंतन आणि समीक्षा' को

महाराष्ट्र राज्य शासन का विशेष पुरस्कार भी प्राप्त हुआ और अखिल भारतीय मराठी साहित्य परिषद की ओर से डॉ. शेणोलीकर पुरस्कार भी मिल चुका है। उनके कई आलोचनात्मक आलेख हिंदी में पहले प्रकाशित हुए और उनके अनुवाद मराठी में बाद में प्रकाशित हुए और विद्वानों में सम्मानित भी हुए। मराठी की कतिपय पुरस्कार समितियों में कार्य करने के हेतु उन्हें सम्मान्पूर्वक निमंत्रित भी किया जाता है। डॉ. बांदिवडेकरजी बार-बार कहते हैं कि मेरा मराठी संबंधित लेखन केवल परिचयात्मक न रहे। हाँ, ऐसे लेखन में कुछ-कुछ परिचय का स्थान भी रहता है परंतु हर लेख में जो दृष्टि प्रकट होती है वह मराठी साहित्य के गहरे अध्येता और मौलिक चिंतक की सी है। बांदिवडेकरजी के मराठी साहित्य के संदर्भ में आलेख मैंने पी.एच.डी. के बाद विशेष लगाव में एक साथ पढें और मुझे लगा कि इनको संकलित किया जाय तो मराठी से संबंधित एक महत्त्वपूर्ण पुस्तक बन सकती है, जो हिंदी के माध्यम से अखिल भारतीय पाठकों के लिए महत्त्वपूर्ण संदर्भ ग्रंथ का काम कर सकती है। क्योंकि आज की तारीख में हिंदी ही अखिल भारतीय स्तर पर संपर्क भाषा का स्थान ले चुकी हैं। मैंने जब यह प्रस्ताव डॉ. बांदिवडेकरजी के सामने रखा तो उन्हें सुखद आश्चर्य की अनुभूति हुई। उन्होंने सोचा भी नहीं था कि ऐसी कोई पुस्तक बन सकती हैं।

डॉ. बांदिवडेकरजी १९६० से मराठी साहित्य के बारे में लिखते रहे हैं और यह मान्य करने में हिंदी पाठकों को एतराज नहीं होना चाहिए के मराठी के संदर्भ में उन्हें जो कुछ सही जानकारी मिलती रही है वह मुख्यतः डॉ. बांदिवडेकरजी के लेखन के माध्यम से। उन्होंने मराठी के श्रेष्ठ कहानियों का हिंदी में अनुवाद किया। डेढ सौं से अधिक कविताओं का अनुवाद किया है। कुसुमाग्रज की कविताओं का अनुवाद भारतीय ज्ञानपीठ ने प्रकाशित किया है। कतिपय मराठी केंद्रित हिंदी विशेषांकों का संपादन भी किया है। परंतु एक समर्थ समीक्षक की दृष्टि से मराठी के बारे में उनका लेखन मराठी साहित्य का गहरा आंतरिक परिचय देता है। यहाँ न केवल मराठी साहित्य में चल रही विवादात्मक भूमिका प्रकट होती है बल्कि वस्तुनिष्ठ स्वस्थ विवेचन और मूल्याकंन भी। इस संदर्भ में उनके तीन ग्रंथों का विशेष उल्लेख आवश्यक है। उन्होंने 'ज्ञानेश्वर : जीवन और कार्य' शीर्षक से एक ग्रंथ प्रकाशित किया था जिसमें मराठी के शीर्षस्थ विद्वानों के महत्त्वपूर्ण लेख संकलित किए गए थे। संत ज्ञानेश्वर के बारे में मराठी में विद्यमान विविध विचारधाराओं का अच्छा परिचय इसमें मिलता है। फिर साहित्य में दलित संवेदना में भी दलित साहित्य के संबंधित महत्त्वपूर्ण सामग्री इकठ्ठ की गई है। 'मराठी और हिंदी उपन्यासों का तुलनात्मक अध्ययन' उनका पी.एच.डी का प्रबंध था जिसमें चर्चित अनेक विषय आज भी महत्त्वपूर्ण प्रस्थान बिंदुओं के रूप में स्वीकृत हैं। अनेक ग्रंथों के लिए भूमिकाएँ भी उन्होंने लिखी हैं। प्रस्तुत ग्रंथ में ज्ञानेश्वर से दलित साहित्य तक मराठी साहित्य का एक पूरा परिदृश्य सामने आता है और यह परिदृश समीक्षात्मक अंतर्दृष्टि के कारण महत्त्वपूर्ण भी बन गया है। मैंने जब बांदिवडेकरजी से कहा कि इन लेखों का संकलन मराठी साहित्य का एक अच्छा समीक्षात्मक परिचय दे सकता है तो उन्हें भी आश्चर्य हुआ।

फिर प्रश्न यह उत्पन्न हुआ कि क्या इन लेखों का संपादन करते हुए कुछ काटछाट आवश्यक है? तब डॉ. बांदिवडेकरजी के साथ मैंने इन लेखों का वाचन किया और पाया कि

काटछाट की गुंजाईश कम है क्योंकि जहाँ भी पुनरावृत्ति है वहाँ लेखन की मूलदृष्टि अलग है। अतः यह तय किया गया कि यथासंभव मूल रुप ही सुरक्षित रखा जाय। बहुत कम स्थानों पर वह थोड़ी सी काटछाट की गयी हैं।

कुछ महानुभावों के व्यक्तित्व में ऐसा जादू होता है कि उनसे एकबार मिलते ही आप के मन में उनके प्रति आदर एवं प्रेम जागृत होता है। डॉ. चंद्रकांत बांदिवडेकरजी के व्यक्तित्व में भी कुछ ऐसी ही बात है। आप उनसे मराठी अथवा हिंदी भाषा एवं साहित्य की किसी भी विधापर बात कीजिए, फिर उसमें जिक्र सौंदर्यशास्त्र का हो, तुलनात्मक अध्ययन का या फिर भारतीय साहित्य परिवेश का, कुछ ही देर में आप उनकी मौलिक समीक्षा पद्धति के कायल हुए बिना नहीं रह सकते। साहित्यचर्चा में अन्य मान्यवर आलोंचकों के उद्धरण देने की उन्हें ज्यादातर आवश्यकता प्रतीत ही नहीं होती। उनकी राय अपने आप में परिपूर्ण एवं मौलिक होती है जो अन्य समीक्षकों तथा अध्ययन कर्ताओं को उद्धरण के लिए उपादेय होती है।

इसमें कोई शक नहीं कि मराठी साहित्य से हिंदी जगत को परिचय करा देने वाले डॉ. प्रभाकर माचवे एवं वसंत देव से लेकर नामों की एक लंबी सूची हो सकती हैं। किंतु मराठी साहित्य के मोलिक कृतियों के अनुवाद के अलावा उन पर अधिकार वाणी से समीक्षात्मक लेखन का सृजन करना केवल बांदिवडेकरजी के बस की बात थी। मराठी के नाटक उपन्यास जैसी जनप्रिय विधा को हिंदी में तो कई मान्यवरों ने प्रस्तुत किया है। किंतु रा.भा.पाटणकर की 'सौंदर्यमीमांसा' जैसी जटिल रचना को हिंदी में अनुदित कना सामान्य कार्य नहीं था। इसे तो मिशन कहा ही जाना चाहिए और यह मिशन डॉ. बांदिवडेकरजी ने अत्यंत सहजता से सम्पन्न किया है।

डॉ. बांदिवडेकरजी जैसा उस्ताद या गुरु मिलना एक सौभाग्य की बात है यह वह गुरु है जो अपने शिष्य की राय सुनता है, सहजता से उसे उसकी गलत्तियों का एहसास कराता है। शिष्य अगर समय समय पर अपने प्रबंध कार्य का ब्योरा न दें तो पत्र लिखकर या फोन कर उसे याद दिलाता है। मानों वह प्रबंध कार्य उस छात्र का नहीं बल्कि उनका निजी कार्य है।

महाराष्ट्र राज्य साहित्य संस्कृति मंडल में प्रेमचंदजी पर मराठी में किताब लिखने का कार्य डॉ. बांदिवडेकरजी को सौंपा गया था। यह एक उचित निर्णय था। क्योंकि मराठी में इस विषय पर लिखने के लिए अधिकारी व्यक्ति केवल बांदिवडेकरजी हैं। वाकई राष्ट्रभाषा के अन्य रचनाकारों पर मराठी में लिखा जाना चाहिए। यदि यह मंडल डॉ. बादिवडेकरजी को अज्ञेय, जैनेंद्र, धर्मवीर भारती आदि लेखकों पर लिखने का अनुरोध करता तो मुझे यकीन है कि वे इस कार्य को बड़े प्यार से तथा मौलिकता से संपन्न करते।

आप जहाँ एक ओर संत ज्ञानेश्वर, नामदेव जैसी अलौकिक हस्तियों पर लिखते हैं वहाँ दूसरी ओर तुकडोजी महाराज, गाडगेबाबा, सानेगुरुजी जैसे आधुनिक युग के सामाजिक संतजनों की जीवन एवं कृतियों का मौलिक रसग्रहण एवं विश्लेषण भी करते है। हिंदी के युवा हस्ताक्षर चंद्रकांत देवताले की सशक्त कविता आपके दिलो दिमाग पर असर करती है तो आप उस पर कुछ पृष्ठों का लेख लिखकर दामन छुड़ाना अनुचित मानकर उस किताब का हिंदी साहित्य में

उचित स्थान रेखांकित करते है।

महाराष्ट्र में कोंकण इलाके से आये हुए हर व्यक्ति को अपनी गाँव की जमीन से उल्फत की हद तक लगाव है। डॉ. बांदिवडेकरजी भी इसे अपवाद नहीं। गो.नी.दांडेकर, खानोलकर, पेंडसे, विंदा करंदीकर की रचना कृतियों पर आपने भरपूर लिखा भी किंतु पेंडसे या इन सभी की रचनाओं के कमजोर पहलुओं को भी आपने कभी नजर अंदाज नहीं किया। यहाँ तक के स्वयं रचनाकार को हतःप्रभ करादेनेवाली कटु मगर यथार्थ आलोचना भी उन्होंने की।

कई बार मुझे यह लेख संपादित करते समय प्रश्न सताता था कि ज्ञानेश्वर, नामदेव पर लिखनेवाले बांदिवडेकरजी खानोलकर, तेंडुलकर की विवादास्पद रचनाकृतियों का भी मूल्यांकन कैसे करते है? यह सभी लेख पढ़ने के पश्चात मुझे प्रतीत हुआ कि वे साहित्यकारों की विचारधारा, रचनावली एवं कार्य के आधार पर मूल्यांकन करते हैं न कि उनको प्राप्त धार्मिक सम्मान एवं उनके चमत्कारों के आधार पर।

कहा जाता है कि हर महत् कार्य के पीछे कोई प्रेरणा होती है। मैं समझता हूँ कि डॉ. बांदिवडेकरजी की कार्य प्रेरणा सदैव उनकी पत्नी रही है। बांदिवडेकरजी को साहित्य जगत में ऊँचा स्थान प्राप्त करा देने में उनके अध्ययन, प्रयास की महत्ता से मुझे कतई इन्कार नहीं मगर अध्ययन और प्रयास, प्रेरणा के बिना साहित्य सृजन कार्य में अपाहिज है।

श्रीमती लीला बांदिवडेकर हैं। वे स्वयं एक साहित्य में रुचि रखनेवाली महिला तो हैं ही, एक अच्छी अनुवादक भी है। आपको हिंदी अनुवाद के लिए राष्ट्रीय पुरस्कार भी प्राप्त हुआ है। पति-पत्नी दोनों का एक ही विषय में रुचि तथा गति रहना यह सुखद संयोग की बात है और यह संयोग बांदिवडेकरजी को प्राप्त हुआ है जो कि दुर्लभ है।

मुझे विश्वास है कि यह संकलन मराठी साहित्य की एक सशक्त झाँकी प्रस्तुत करेगा। डॉ. बांदिवडेकरजी मुख्यतः आधुनिक मराठी साहित्य के अध्येता है और परंपरा को अर्जित करने के लिए संत साहित्य से भी उन्होंने परिचय प्राप्त कर लिया है। हम चाहते है के डॉ. बांदिवडेकर मराठी संत साहित्य पर एक अलग पुस्तक लिखें जिसमें महानुभाव पंथ एकनाथ, रामदास पर अधिक विस्तार से विचार प्रस्तुत करें। लेकिन वह भविष्य की बात हैं।

मेरे लिए यह हर्ष और कृतज्ञता का विषय है कि इस ग्रंथ को प्रकाशित कने का गुरुत्तर कार्य वाणी प्रकाशन के निदेशक श्री. अरुण माहेश्वरी ने स्वीकार किया। मैं उनका मनःपूर्वक आभारी हूँ।

डॉ. राम पंडित
संपादक

मराठी साहित्य की प्रवृत्तियाँ, संदर्भ स्थिति और गति

मध्ययुगीन भक्ति साहित्य : कुछ विचार

(भक्ति और आधुनिकता का समन्वय)

मध्ययुगीन भक्ति साहित्य को हिंदी साहित्य का स्वर्ण-युग भी माना गया है और क्रांतिकारी युगचेतना की अभिव्यक्ति करने वाला युग भी। वैसे समाज के विकास में उत्क्रांतिवाद को ही देखनेवाले विकासवादियों और समाज की उत्पादन प्रणालियों के संदर्भों में विचारों का क्रमिक विकास देखने वाले कठमुल्ला मार्क्सवादियों को साहित्य चेतना, चिंतन और समाज की स्थिती-गति के दृष्टि से मध्ययुग अंधकार युग लगा है या पिछडी मानसिकता का प्रतिबिंब भासित हुआ है। कुछ प्रगतिशील विचारकों ने भक्तियुगीन साहित्य की उर्जा और स्वरूप देखकर अपनी अवधारणाओं का पुनर्विचार भी किया है। इधर प्रायः सभी विचारक इस बात पर एक मत हैं कि भक्ति साहित्य भारतीय साहित्येतिहास का सामर्थ्यशाली साहित्य है। इसकी सामर्थ्य का विचार अनेक बिंदुओं से किया जा सकता है।

भक्ति की प्रचंड धारा की गति देखकर ग्रियर्सन जैसे विद्वान चकित होकर इस धारा के मूल स्त्रोत के रूप में इसाई प्रभाव देखने लगे थे परंतु परवर्ती विद्वानों ने भक्ति के देशी स्त्रोतों के उद्‌भव और विकास को रेखांकित करते हुए यह सिद्ध किया कि उसका मूल स्त्रोत वेदों में सशक्त रूप में प्राप्त होता है, महाभारत में विशेषतः गीता में इसके शक्तिमान मूलकेंद्र परिलक्षित होते हैं और दक्षिण के नायनमारों और अलवारों की भक्ति साधना से प्रेरित इस धारा को रामानंद और वल्लभाचार्य उत्तर भारत में ले आये हैं। सारांश भक्ति धारा का उद्‌भव एवं विकास भारतीय संस्कृति, देशी मिट्‌टी और जनता के हृदय से अविभाज्य रूप से संबंध है। विद्वानों भक्ति धारा के समस्त देशीय स्त्रोतों का सशक्त संकेत करते हुए इस बात को सिद्ध किया है कि भक्ति धारा सौ प्रतिशत भारतीय मिट्‌टी से उपजी वस्तु है। अगर ऐसा न होता तो इतना बड़ा शक्तिशाली साहित्य निर्मित ही न होता।

भक्ति धारा की शक्ति का स्वरूप देखने के लिए अनेक प्रकार से विचार करना होगा।

भक्ति की शक्ति का सही स्वरूप हृदयंगम करने के लिए उन स्थितियों और अवस्थाओं को देखना होगा जिन से जूझते हुए भक्ति धारा ने अपना असीम प्रभाव विकीर्ण किया। लेकिन इस निबंध में मैं उनका परोक्ष संकेत ही करूंगा।

पहली बात जो ध्यान में आती है वह भक्ती धारा की भाषाई क्रांतिकारिता है। हजारों वर्षो से संस्कृत बुद्धिजीवी वर्ग की अभिव्यक्ति का माध्यम थी। संस्कृत को पहली चुनौती जन नेता गौतम बुद्ध ने पाली भाषा प्रयोग करते हुए दी और महावीर जैन से प्राकृत भाषा का। लेकिन संस्कृत की श्रेष्ठता और गौरव को सही चुनौती मिली देशी भाषाओं के अद्‌भुत विकास से। प्रायः सभी भारतीय देशी भाषाओं का पृथक् संसार ईसा की नवीं/दसवी शती में प्रारंभ हुआ। हो सकता है प्राकृत और अपभ्रंश भाषाएं संस्कृत के समांतर चली आ रही हों, परंतु जहां तक सामान्य जनजीवन के सशक्त साहित्यिक प्रतिबिंब की बात है, देशी भाषाओं में ही वह सबल रूप में प्रकट हुई। भक्ति की धारा का मूल स्त्रोत संस्कृत, प्राकृत, अपभ्रंश भाषाओं में भले ही प्रस्फुटित हो गया

हो, उसकी अबाध गति जनजीवन से जुड़ कर जन कामों में ही प्रवहमान हुई। प्रायः सभी क्षेत्रिय भाषा के विकास काल में भक्त कवियों का शक्तिशाली उन्मेष पाया जाता है। संस्कृत एक बार अपभ्रंश और प्राकृत से मात खाकर कुछ समय के लिए क्षीण-तेज होती है परंतु गुप्त काल में पुनः उसका पुनरुज्जीवन होता है। जनता की भाषा को अपनाने वाले महानुभावों ने जन भाषाओं का प्रयोग किया परंतु आगे चलकर संस्कृत की श्रेष्ठता स्वीकार कर संस्कृत में भी रचनाएं कीं, परंतु क्षेत्रिय भाषाओं का साहित्य का माध्यम बनने के उपरांत संस्कृत, प्राकृत, अपभ्रंश केंद्रवर्ती कभी नहीं बन पायी। सामान्य जनता की भावोद्गार की भाषाएं साहित्यिक गतिविधीयों के प्रायः अग्रणी ही रहीं। भक्ति साहित्य की पूर्ववर्ती साहित्यिक भाषा भी हिंदी रही है परंतु भक्ति साहित्य की रचना के पीछे राजशक्ति नहीं थी, जनशक्ति थी। जनशक्ति का यह समर्थन कवियों की वाणी को तेज और ओज से भर सका, यह ध्यान में रखने की बात है। इसका थोड़ा ओर विश्लेषण अनुचित नहीं होगा। भक्तिसाहित्य का जनसम्मत रूप देखना आवश्यक है। सामान्यतः अधिकांश भक्ति साहित्य वाचिक परंपरा में उत्पन्न हुआ है और श्रोताओं की उपस्थिती स्वीकृत है। इस वास्तविकता से साहित्य के स्वरूप पर प्रभाव पड़ता है। श्रोताओं की उपस्थिती तभी संभव है जब वक्ता वाणी का सिद्धहस्त कलाकार हो और उसका चारित्र्य भी निर्मल, निच्छल और संदेह से परे हो। संत साहित्य में हम देखते हैं कि पहली बार चारित्र्यवान व्यक्तित्व और सुमुत्सुक श्रोताओं के बीच संवाद हुआ है। समूचे भक्ति साहित्य में दृष्टांत और उपमाओं का जो वैपुल्य है, अपनी बात को स्पष्ट करने के लिए रोजमर्रा की सामान्य जिंदगी के प्रसंगो, घटनाओं, व्यापारों और व्यवहारों का जो उपयोजन है और श्रोताओं की मानसिकता का जो गौरवपूर्ण आदर किया गया है वह लोक साहित्य के सन्निकट हैं, संस्कृत की विदग्ध परंपरा से उसका विशेष संबंध नहीं है। भक्ति साहित्य प्रायः लोक साहित्य ही है। इसी कारण भक्ति साहित्य की प्रभाव क्षमता अद्भुत रूप से बढ़ गयी है। भक्ति साहित्य ने सामान्य जनता के चारित्र्य को अद्भुत रूप से संवारा है। मैं यह बलपूर्वक कहना चाहूंगा कि हमारी सामान्य भारतीय जनता अक्षर ज्ञान की दृष्टी से भले ही अनपढ़ हो, जीवन विषयक समझदारी और विवेकशीलता की दृष्टी से संपन्न है और आज के राजनैतिक भ्रष्टाचार के बढ़ते नाखूनों के बावजूद वह काफी चारित्र्यवान बनी रह सकी है तो उसका श्रेय मध्ययुगीन भक्ति साहित्य की लोकभाषा को जाता है। जनता को भक्तों की वाणी पर आस्था थी और जनजीवन से जुड़े भक्तों में जनता के प्रति निच्छल स्नेहभाव था। हमारेव्यवहार में, जीवन के सुखदुख के हर्ष खेद के प्रसंगो में, पस्ताहिम्मती के लमहों में कबीर, तुलसी, सूर, मीरा, ज्ञानदेव, तुकाराम, नानकसाहब की सहस्त्र उक्तियां आज भी जनता के कंठ में सहजता से आती हैं। हमारे पारिवारीक रिश्तों केस्वरूप को तुलसी और सूर के पदों ने अभिसिंचित किया है। यह कहना वास्तविकता से जरा भी दूर नहीं होगा जि जनजीवन, जनभाषा और जनता से जुड़े मनीषियों की एक विलक्षण एकाग्र ऊर्जा पहली बार भक्ति साहित्य में विस्फोटित हुई। जायसी के पद्मावत में नागमती एक सामान्य विरहिणी के रूप में सामने आती हैं। राजघराने की रानी के रूप में नहीं तो इसका कारण यही है कि जायसी भारतीय सामान्य जन जीवन से एकात्म हो गये थे। उनके जनजीवन से जुड़ाव का महत्त्वपूर्ण प्रयाण यह भी है कि उन्होंने हिंदू समाज के विश्वासों, श्रद्धाओं और जीवन प्रणालियों का सहज निरीक्षण के बल पर अत्यंत प्रामाणिक चित्र खींचा है

और उनकी काव्य सृष्टी के मिथक भी हिंदू समाज के हैं। सूरदास के समस्त काव्य में कृष्ण और गोपियाँ, कृष्ण और यशोदा सामान्य मनुष्य की भावनाओं में रंगते हैं, कबीर को सर्वथा निरीक्षर जनता से उद्‌भूत जन-नेता थे।

भक्ति साहित्य के जनता के प्रति जुड़ाव का साहित्य के स्वरूप पर भी प्रभाव पड़ा है। यह तथ्य है कि भारतीय जनता के हजारों वर्षों के इतिहास ने अपनी सह अस्तित्व की, सहिष्णुता और समन्वय की हार्दिक आकांक्षा का परिचय दिया है।सत्ताधारीयों ने अपनी संकीर्ण धर्मांधता का जब परिचय दिया तब यह आपसी प्रेम का प्रवाह भले ही यदाकदा लांछित हुआ हो परंतु सामान्यतः भारतीय जनता ने सभी संप्रदायों, धर्मों और मतवादों के मूल में अवस्थित मानवीय धर्म को ही अपनी सहज बुद्धि से पकड़ रखा है। सभी धर्मों की बाह्य आचरण प्रणाली में अवश्य अंतर है परंतु मूल तत्त्व लगभग समान हैं। धर्म सामूहिक जीवन को भाईचारे और प्रेम के साथ निबाहने को प्रोत्साहित करते हैं, करुणा प्रेम का ही एक घटक है। संबंधो को एक दूसरे के साथ कर्तव्य से बाँधना और उन कर्तव्यों के लिए प्राण पण से संघर्ष करना, वैयक्तिक स्वार्थ का त्याग और सेवा इसी के विस्तारण हैं। हर धर्म अपने समाज के जायज अस्तित्व और विकास के आड़े आने वाले रावण-पक्ष से संघर्ष कर अपनी अस्मिता और स्वाभिमान को सुरक्षित रखना चाहता है। इसीलिए निर्भयता, साहस और जरूरत पड़ने पर कुर्बानी या बलिदान का संस्कार मनुष्य पर किया जा सकता है। सभी धर्मों के मूल में यह मूल्य हैं और इन मूल्यों के खिलाफ आचरण पर हर धर्म में दण्डविधान की व्यवस्था है। धर्म के आंतरिक मूल्य और बाह्य आचरण में जब दरारें पैदा होती तब छद्‌म, झूठ, मानसिक विकृतियाँ, धोखाधडी इत्यादि दोष पैदा होते हैं। भक्तों ने इन दोषों पर अपने-अपने ढंग से प्रहार किये हैं। कभी तुलसीदास ने "विनय पत्रिका" के माध्यम से अपनेही मन की चीरफाड़ करतेहुए इन दोषों को उजागर किया है और मनुष्य के आदर्शशील का संकेत भी किया है।

कबहेंकु हौं यहि रहनि रहौंगो।
श्री रघुनाथ कृपालु कृपा तें संत सुभाव रहौंगो।।
जथालाभ संतोष सदा, काहू सों कुछ न चहौंगो।
- परहित-निरत निरंतर मन-क्रम-वचन नेम निबहौंगो।
पुरुष वचन अति दुसह स्तवन सुनि, ते हि पावक
न दहौंगो।
विगत मान, सम सीतल मन, परगुन,
नहिं दोष कहौंगो।
परिहरि देहजनत चिंता, दुख-सुख समबुद्धि सहौंगो।
तुलसिदास प्रभु यहि पथ रहि,
अविचल हरिभक्ति लहौंगो।

अपनी मूल्य श्रेणी के विग्रह के रूप में रामचंद्रजी के शक्ति, सौंदर्य और शील से समन्वित आदर्श व्यक्तित्व को जीवंत कर यह कार्य किया है। जायसी ने यही कार्य प्रेम के चरम मूल्य को पराकाष्ठा का रसात्मक बना कर प्रस्तुत किया है। कबीर के दो रूप देखते हैं। एक प्रेमी का जिसमे वे आत्मा-परमात्मा के मिलन और विरह की असंगतियों और मानवीय धर्म के विरोध में जाने वाली रुढियों, संकिर्णताओं पर प्रहार करते हैं। सूर बाह्य को अपनी आतंरिकता पर न्योछावर कर आराध्य कृष्ण की मुरली की मधुर ध्वनी सुनने वाली गोपियों में से एक बनते हैं या कृष्ण के हर प्रकार से प्यार करने वाली यशोदा माँ बनकर। यही मीरा का रास्ता है– समर्पित प्रेम का। प्रेम भक्ति युग का केंद्रीय तत्व है। इसके सामने समस्त बाह्य जगत् उनके लिए गौण है। महाराष्ट्र के तुकाराम ने तो अपने अभंगों में अपने जीवन का, अपनी मानसिकता का, गहन व्यक्तित्व ऐसा प्रबल अविष्कार किया है कि कहा जाता है कि अपनी आत्मकथा अभंगों में लिखने वाले तुकाराम पहले भक्त कवि हैं।

यह प्रेम ऐसा जादुई तत्व है कि चेतन और अचेतन सृष्टी के अंतर को भी मिटा देता है। समस्त प्रकृति विरह और मिलन की सैकड़ों भावभूमियों में कवियों की मानसिकता से तल्लीन हो गयी है। रामानुजाचार्य और वल्लभाचार्य के दर्शनों से प्रभावित भक्तों में प्रकृति चैतन्य का अंग हो तो समझा जा सकता है लेकिन भक्ति की महिमा कुछ ऐसी विलक्षण है कि जगत् को माया विनिर्मित असत्य मानने वाले शंकराचार्य भी भक्ति की आनंद तरंगों से झूमने लगते हैं।

भक्ति साहित्य का शील के संस्कार के प्रति एवं मूल्य विषयक चिंतन से जुड़ाव के कतिपय उदाहरण शीर्षस्थ आधुनिक कवियों की कविता में भी परिलक्षित होते हैं। मराठी सर्वश्रेष्ठ आधुनिक कवि बा. सी. मर्ढेकर की संतवाणी सदृश्य कविता देखिए:

(अनुवाद में वह मूल ताप आना मुश्किल है और भारतीय मानस इसको अंदर से पकड़ सकता है, इसिलिए अनुवाद नहीं दे रहा हूं - मेरी असमर्थता)

भंगुदे काठिन्य माझे
आम्ल जाउ दे मनीचे
येऊ दे वाणीत माझ्या
सूर तुझ्या आवडीचे
ज्ञात हेतूंतील माझ्या
दे कळ मालिन्य, आणि
माझिया अज्ञात टाकीं
स्फूर्ति - कैंद्री त्वद्बियाणीं

राहुं दे स्वातंत्र्य माझें
फक्त उच्चारातले गा,

अक्षरा आकार तुझ्या
फुप्फुस्सांचा बाहुं देगा,
लोभ जीभेचा जलूं दे
दे थिजूं विद्वेष सारा,
द्रौपदींचे सत्व माझ्या
लाभुं दे भाषा-शरीरा।
जाऊं दे कार्पण्य "मी" चें,
दे धरू सर्वास पोटी;
भावनेला येऊँ दे गा
शास्त्र-काव्याची कसोटी

खांब दे ईर्षेस माझ्या
बाळगूं तूझ्या तपाचे,
नेऊ दे तींतून माते
शब्द तुझ्या स्पंदनाचे
त्वत्स्मृतींचे ओळखूं दे
माझिया हाता सुकाणूं,
थोर-यत्ना शांति दे गा
माझिया वृत्तींन बाणूं
आण तूझ्या लालसेची,
आण लोकांची अथतत,
आण माझ्या डोलियांची
पापणी ठेवीन जागी।

धैर्य दे अन नम्रता दे
पाहण्या जें जें पहाणें,
वाकुं दे बुद्धीत माझ्या
तप्त पोलादाप्रमाणे,

घेऊं दे आघात तीतें
इंद्रिया-द्वारा जगाचे,
पोळू दे आंतून तीतें
गा अतींद्रियार्थ आंचें

आशयाचा तूच स्वामी !
शब्दावाही मी भिकारी,
मागण्याला अंत नाही
आणि देणारा मुरारी

काय मागावेपरी म्यां
तूहि कैसे काय द्यावे,
तूच देजारा जिये अन्
तूच घेणारा स्वभावें !!!

कविता की लय, शब्द संरचना, भावों की आर्त व्याकुलता, आराध्य के प्रति तन्मयता, आत्मालोचन की पीड़ा और अपने को तराशने की उदग्र उत्सुकता, संबोधन की विश्वासपूर्ण सादगी, आस्था और विश्वास से अद्‌भुत अनन्यशरणता, अपने अजस्त्र अहंकार की प्रतीति के साथ उसको गला कर दीन, विवश और शुद्ध होने की प्रक्रिया में अग्नी-ताप सहनेकी वेदना, ये समस्त वैशिष्टय संत् साहित्य की धरोहर है। कवि अपनी कठिनता, मन की मलिनता, स्वार्थ, जीभ का आघ जैसा विद्वेष, ईर्ष्या सबको भगवान के सामने खत्म करना चाहता है। प्रभु के प्रति पूर्णतः समर्पित होकर अब प्रभु की वाणी और प्रभु के मन्तव्य का माध्यम मात्र होने की इच्छा, लौकिक जीवन में प्रभु की इच्छा और अभागे लोगों के प्रति प्रतिबद्धता की शपथ खा कर जीवन जीने की प्रतिज्ञा मर्ढेकर की कविता को पूर्णतः संत परंपरा का सशक्त संवाहक बनाते हैं। अंतिम स्थिती तो इस तदाकरण की है कि देनेवाला भी वही और ग्रहण करनेवाला भी वही-प्रभु। मैं और प्रभु के बीच का भेद लुप्त होने पर यही होना था।

ऐसी कतिपय कविताएं केशवसुत, तांबे, बोरकर, आरती प्रभु (चिं. त्र्य. खानोलकर) की कविता में पायी जा सकती हैं। दृष्टव्य है मराठी के केशवसुत, मर्ढेकर और विंदा करंदीकर ने अभंग/ओवी छंद को प्रचुर मात्रा में प्रयुक्त किया है। आज युवा कवि भी इस छंद में लिखना अपना काव्यीय दायित्व समझ रहे हैं। मराठी के युवा कवि ओवी/अभंग का प्रयोग कर रहे हैं, तो ऐसालगता है कि जाँतपाँत और वर्णों में विभाजित समाज में प्रेम तत्व को पग-पग पर कुचलते

हुए भक्तों ने देखा और उनकी आत्मा कराह उठी। कभी यह कराह कबीर के फक्कड़ व्यक्तित्व के माध्यम से डॉट फटकार के रूप में प्रकट हुई तो अधिकांशतः प्रेम को सर्वतोपरि परम महत्व देकर तल्लीन भाव से प्रकट हुई। रेखा के सामने बड़ी रेखा खींच कर भक्तों ने प्रेम की महत्ता को मनवाया। वज़यानियों, सिद्धों, योगियों, संन्यासियों और विराषियों द्वारा शुष्क और प्रेम रहित बनती जा रही भारतीय जनता की भावना को भक्तों ने प्रेम का संजीवनी स्पर्श दे कर जिलाया। कृच्छ साधना के सामने अपने प्रेम के आनंद का अनुभव रख कर उसकी वैयर्थता का भान कराया। यह एक सहज मार्ग था जो जीवन के संयत भोग से, अंकुठित मन से, प्राप्य की ओर ले जाना था। इस रास्ते पर उल्लास था, परितृप्ति थी, संतोष था - विरह में भी माधुर्य था। मन को बिना कष्ट दिये उर्ध्वीकरण और औदात्यीकरण की ओर ले जाने वाला यह सहज मार्ग था।

भक्तों की आध्यात्मिकता ऐहिकता के विरोध में नहीं थी। रामानुजाचार्य वल्लभाचार्य स्वयं विवाहित थे, गृहस्थ थे। घर को उन्होंने नकारा नहीं, स्वीकारा। लेकिन घर को आत्मकेंद्रीत प्रवृत्तियों का पोषण करने वाला न बनाकर, दरवाजों और खिड़कियों को बंद न करते हुए उसे एक आदर्श गृहस्थ की भाँति खुला रखा। अज्ञेय की एक कविता है जो घर आदर्श संकल्पना को प्रकट करती है और यही भक्ति साहित्य में भी स्वीकृत थी। घर के माध्यम से गृहस्थ की सर्वव्यापी बनने की यह विलक्षण काव्यत्व प्रक्रिया दिखिए। काव्य में बिंबधर्मी चमक नहीं है परंतु आंतरिक साक्षात्कारी अनुभूति की प्रभावपूर्ण प्रतीति है।

उसी एकान्त में घर दो
जहाँ पर सभी आवें
वही एकान्त सच्चा है
जिसे सब छू सकें।
मुझ को यही घर दो
उसी एकान्त में घर दो
कि जिसमें सभी आवें -
- मैं न आऊं।
नहीं मैं छू भी सकूँ जिस को
मुझे ही जो छूए, घेरे समो ले।
क्योंकि जो मुझसे छुआ जा सका -
मेरे स्पर्श से चटका -
न ही है आसारा, वह लंच कच्चा है:
वही एकान्त सच्चा है
जिसे छूने में चलूं तो मैं पलट कर टूट जाऊँ।

लोटकर फिर वहीं आऊँ

किन्तु पाऊँ

जो उसे छू रहा है वह मैं नहीं हूँ :

सभी हैं वे / सभी : वह भी जो कि इसका

बोध मुझ तक ला सकता।

उसी एकान्त में घर दो -

यही वर दो।

कबीर गृहस्थ कवि थे और कहते थे - सामी इतना दिजिए जामें कुटुंब समाय। मैं भी भूखा ना रहूं। साधू भी भूखा न जाय। कबीर स्वयं शारीरिक श्रम करते थे। तुलसीदास ने रामचरित मानस में आदर्श घर का एक महान यूटो पिया ही प्रस्तुत किया है और जिन मूल्यों का संस्कार कराना चाहा उनका संस्कार उत्तर भारतीय जनता पर आज भी अंकित हुआ दिखाई देता है। गृहस्थ का संतुलन छोड़ कर जब अलाउद्दीन पद्मिनी के लिए नीचता पर उतर आता है तब परिणाम क्या होता है? अलाउद्दीन की स्थिती देखिए : "छार उठाई लीन्ह एक मूठी। दीन्ह उड़ाइ परिथिमी झूठी।" जायसी दाम्पत्य के बादशाह थे। सूर ने वात्सल्य शृंगार के जो विलक्षण जौहर दिखाये उनको गृहस्थ धर्म में ही अनुभव किया जा सकता है। मीरा अपने राजा के घर सुखी नहीं रही परंतु उसके सामने भी एक प्रेम का घर ही था। रहीम की समस्त कविता में गृहस्थ धर्म का आलोक ही फूट-फूट कर निकलता है। भक्ति काल में शायद ही कोई कवि होगा जिसने घर को त्यागने की बात की होगी। आक्रामक सत्ता के पैरों तले कुचलते हुए हताश और निराश बननेवाली जनता को यह ऐहिकता का पाठ पढ़ाना आवश्यक था। परंतु यह ऐहिकता ऐसी थी कि जिसका मुख अध्यात्म की ओर उन्मुख था। महाराष्ट्र में वारकरी सम्प्रदाय ने भी संयत गृहस्थ धर्म को मनुष्य जीवन की सार्थकता के लिए अर्थात् भक्ति के लिए नींव के रूप में जरूरी समझा। एकनाथ, तुकाराम ने तो स्वयं गृहस्थ धर्म का पालन किया है, विवाह के बंधन से मुक्त रहने वाले रामदास भी गृहस्थी ढंग से करने की सलाह देते हैं। वे तो राजशक्ति को भी ढंग से नियोजित करने में सक्रिय थे। एकनाथ ने तो गृहस्थ धर्म के नानविध रूपों को प्रस्तुत करने में रस लिया है।

यह भक्ति तत्व, जिसमें प्रेम सर्वतोपरि है, मनुष्य हृदय का एक ऐसा आदिम तल तलाशना है जिसके ऊपर के धर्म, संम्प्रदाय के समस्त भेद तिरोहीत हो जाते हैं। इसीलिए मध्ययुगीन भक्ति साधना का ही यह कमाल है कि सैकड़ों मुसलमान भक्ति के छत्र के नीचे आ जुटे। ज्ञातव्य यही भी है कि हिंदू समाज की हडिड्यों को खोकला करने वाली जाँतपाँत की प्रथा और वर्ण का अभिमान भी पूरी तरह उखड़ नहीं गया तो भी हिल अवश्य गया। देशी भाषा के काव्य माध्यम के रूप में उभरने के साथ सैकड़ो निम्न जातीयों के लोगों की आस्मिता जगी, श्रमिकों की मूर्छा टूटी और वे जीवन में अर्थ देखने लगे। मंदिर टू ट रहे हैं और जो साबुत है उनमें निम्न जातियों को प्रवेश नहीं है। तो क्या हुआ, मंदिर में ईश्वर कैद नहीं है और असीम ईस्वर रूप, गुण का बंधन लेकर मंदिर में द्रष्टव्य नहीं है। ईश्वर के सर्वव्यापक, निर्गुण, निराकर, द्वन्दातीत रूप की संकल्पना

जो वेदों और उपनिषदों में थी, निम्न जाति के भक्तों के लिए सहारा बनी। मध्य युग के समस्त आपसी भेद उस बिंदु पर आ कर अपनी धार खो देते हैं। ऐसा लगता है कि समस्त संम्प्रदाय भक्ति के रसायन में आपसी मतभेदों को धुलाकर एकजीव होने के लिए एवं अपनी मूल सत्ता को पाने कि लिए व्याकुल हो रहे थे। हरवर्ष ज्ञानेश्वर की समाधि की ओर जाने वाली लाखों वारकरियों की बेहोश भीड़ देखने पर भी पता चलता है जाँतपाँत, लिंग भंदरहित एकात्मता के भाव के गहरे संस्कार संतो ने कैसे किये थे।

तुलसी, जायसी, सूर, कबीर कविता में जो जनजीवन के असंख्य वस्तु निर्देश, व्यवहार के संकेत, रहन-सहन की प्रणालियों के चित्र, उत्सव, पर्व और ऋतुओं के शब्दांकन प्राप्त होते हैं, विरह, मिलन, हँसीखुशी, सुखदुख के अनुभवों के अनगिनती प्रसंग चित्र उभारते हैं उनकी समृद्धि को देखा जाय तो वह निर्विवाद रूप में सिद्ध होता है कि यह काव्य-युग जीवन को भरपूर जीनेवालों का युग था। भक्ति काव्य ने किसी आरोपित आदर्शवाद को जनता पर नहीं थोपा बल्कि जनता के मन में स्थित, मानस के तल में विद्यमान इच्छाओं, आकांक्षाओं, वासनाओं, भावनाओं को ही काव्यात्म अभिव्यक्ति दी, उनके उदात्त और आदर्श स्वप्नों को सशक्त वाणी दी, अपने ही जीवन को अधिक सुंदर अधिक उदात्त, अधिक सार्थक ढंग से जीने का काव्य-पंथ उपलब्ध करा दिया।

भक्ति काव्य के व्यापक आवाहन एवं जनमानस पर प्रभाव का एक महत्त्वपूर्ण कारण है उसकी संगीतात्मक अभिव्यक्ति। ज्ञातव्य यह केवल छंद की बात नहीं है। प्रायः सभी महत्त्वपूर्ण भक्त कवि संगीत से भलिभाँति परिचित थे। गीत में जो केवल संकेतीत/ध्वनित हो कर रह जाता था वह संगीत के सहयोग से अधिक प्रभावपूर्ण ढंग से श्रोताओं तक पहुँचता था। भक्ति में ईश्वर के साथ जो एकात्मता अभिप्रेत थी वह संगीत का सहारा लेकर अत्याधिक प्रभावी होती थी और सामूहिक संगीत भजन के रूप में श्रोताओं को भी समाविष्ट करती थी। संगीत का अध्यात्म से गठबंधन है।

यह सही है कि समूचा समाज उस रास्ते पर नहीं चल पाया। बड़ी अवधि तक नहीं चल पाया। लेकिन यह भारत के बाद के इतिहास की और समाजशास्त्र की बात है। कवि कुछ आत्मिक ऊर्जा प्राप्त करता है, कुछ चेतना के केंद्रों में स्पंदन उत्पन्न करता है। समूचे समाज को वह बहुत समय तक गतिशील रखे यह अपेक्षा करना शायद कविता से भगवान के कार्य की अपेक्षा करना होगा। ऐसा उदाहरण विश्व में शायद नहीं मिलेगा जहां साहित्य ने समाज को एक दिशा, गति और चैतन्य दे कर लंबी अवधि के लिए एक विशिष्ट स्तर पर बनाये रखा हो। धार्मिक संवेदना ने अपेक्षाकृत अधिक अवधि के लिए यह किया है लेकिन वहाँ भी कर्म की ग्लानी बाद में होती रहती है। साहित्य की ताकद यह है कि वह महान व्यक्तित्व को आकार और ऊर्जा देने में सहायक हो। अगर किसी समाज में ऐसे व्यक्तियों कि अटूट शृंखला पायी जातीहो जिन्होंने साहित्य में ऊर्जा ग्रहण की हो तो वह साहित्यिक महत्ता का लक्षण माना जायेगा। भारत इस दृष्टी से भाग्यवान देश है और इसमें भक्ति साहित्य का बड़ा योगदान है। फिर भारत में आध्यात्मिक या सही अर्थ में धार्मिक ऐसे हजारों केंन्द्र हैं जहां मनुष्य को एक ऊँचे और सार्थक जीवन की प्रेरणा मिलती है। असल में ऐसे केंद्रों का शील निर्माण और उनका संवर्धन निश्चय ही ज्ञानेश्वर,

तुकाराम, कबीर, सूर, तुलसी, नानक आदि के वचनों से हो रहा हो।

एक और तथ्य का संकेत यहां आवस्यक है। दुर्भाग्य से पिछले दो सौ वर्षों में **शिक्षा के** केंन्द्रों में भारतीय मनीषा की अवहेलना और पश्चिमी प्रतिभा का गलत ढंग से अतिरिक्त स्वागत हो रहा है। और हमारी समृद्ध परंपरा की उपेक्षा हो रही है। असल में ज्ञानेश्वर, तुकाराम, कबीर, सूर, जायसी, तुलसी साहित्य में ऐसा बहुत सारा भाग है जो विश्व साहित्य में गौरवान्वित होगा। जब रामचंद्र शुक्ल जैसा महान सह्रदय सक्रिय होता है तब उनकी असली शक्ति का पता चलता है। अंग्रेजी साहित्य के प्रकांड विद्वान विजयदेव नारायण साही जब जायसी का अध्ययन करते हैं तब जायसी की महानता के मार्मिक अंश सामने आते हैं। आवश्यकता ऐसे अध्येताओं की है जो किसी अन्यान्य मोहों से ग्रस्त न हो कर भक्तिसाहित्य का अध्ययन करे। श्रद्धालुओं को अपार श्रद्धा और पश्चिमी सभ्यता और संस्कृति के सम्मोहन से ग्रस्त विद्वानों की एकांगिता के बीच से रास्ता निकालने की जरुरत है। तभी भक्ति साहित्य की शक्ति•और मार्मिकता का असली पता चलेगा।

मध्यकालीन हिंदी मराठी के सन्त कवि

प्रस्तुत विषय की सीमा को पहले स्पष्ट कर देना होगा। मध्यकालीन हिंदी-मराठी साहित्य के संत कवियों से एक अभिप्राय उन कवियों से हो सकता है जिन्होंने दोनों भाषाओं में रचनाएँ की हों। दूसरा अभिप्राय यह हो सकता है कि मध्यकाल के हिंदी के प्रमुख सन्त कवि और मराठी के प्रमुख सन्त कवि। प्रस्तुत प्रसंग में दूसरे अभिप्राय को ही स्वीकार कर हिंदी और मराठी के प्रमुख सन्त कवियों के कृतित्त्व का ही वर्णन करना प्रयोजनीय है।

भारतीय साहित्य का मध्यकाल सभी भारतीय भाषाओं में अत्याधिक महत्वपूर्ण रहा है। जितने महान साहित्यिक व्यक्तित्व मध्ययुग में भारत ने उत्पन्न किये उतने संख्या एवं गुणवत्ता दोनों दृष्टियों से महान व्यक्तित्व एकसाथ न उसके पहले पैदा हुए न बाद में । इस महान घटना पर विचार करने पर ध्यान में आता है कि सभी शीर्षस्थ साहित्यकार एक ऐसे महनीय तत्त्व के प्रति समर्पित थे कि उसके सामने उन्हें अपने ऐहिक जीवन का सुखदुख, आशा निराशा, हर्षखेद नगण्य लगा और ऐहिक जीवन को उस तत्त्व पर न्योछावर करने में ही उन्हें जीवन की सार्थकता का अनुभव प्राप्त होता था। वह तत्त्व है ईश्वर तत्त्व। उस तत्त्व को वे सगुण रूप में देखते थे या निर्गुण, यह उतना महत्वपूर्ण नहीं था जितना कि यह तत्व उनके लिए सभी मानवीय उच्च एवं आदर्श मूल्यों का ही एक पर्याय था। दर्शन, धर्म, सामाजिक आचरण, सांस्कृतिक जीवन प्रणाली सभी को उन्होंने ईस्वर तत्त्व में समाहित होते अनुभव किया था। उनका यह विश्वास इतना बड़ा था कि उसके लिए महान से महान त्याग आत्मिक गहन आनंद का ही अनुभव था। अपने समस्त जीवन को पूर्णतः समर्पित कर उस समर्पण में ही आत्मिक उल्लास का अनुभव करना मध्यकालीन समस्त सन्त कवियों का प्रमुख वैशिष्ट्य रहा। इसी कारण उनकी कविता में उच्चतम के प्रति एकाग्र भाव से किए समर्पण की उत्कट अनुभूति प्रचुर रूप में व्यक्त हुई। यह कहा जाता है कि पश्चिमी साहित्य से संपर्क होने पर भारतीय काव्य में रोमांटिक अनुभूति का आविर्भाव हुआ। लेकिन आत्माभिव्यक्ति की निश्छलता, उत्कटता, ईमानदारी और तरलता के जो भव्योदात्त दर्शन मध्यकालीन सन्त कवियों की भक्ति भावना से उच्छलित कविता में होते हैं वैसे बाद में उतने प्रचुर रूप में नहीं हो पाते। यह तथ्य स्वीकार ही करना होगा। मराठी के ज्ञानेश्वर के अभंगों एवं वीराणियों में, तुकाराम के अभंगों में, मुक्ताबाई की ओवियों में तथा कबीर के अध्यात्मिक पदों और बीजकों में तुलसीदास की विनयपत्रिका के पदों एवं सूर और मीरा के गीतों में उत्कटता और तरलता के जो उत्तुंग शिखर गोचर हो जाते हैं उसकी समता बिरले कवि ही कर पाये हैं।

चूँकि संतों का चरम साध्य समस्त आदर्शोंका, महान मानवीय मूल्यों का संधान था जिसे वे ईश्वर, भगवान, राम, कृष्ण, सोहं इत्यादि अभिधानों से संबोधित करते थे उनकी साधना के क्षणों में उच्चरित भावावेशमयी वाणी में अपने आप एक ऐसी जीवन दृष्टि अभिव्यंजित होती थी कि जो किसी भी संकीर्णता को अतिक्रमित करती हुई विशाल मानवता की ओर उन्मुख रहती थी। ज्ञानेश्वर ने कभी ब्राम्हण-चंडाल का भेद करवेवाली एकाध ओवी लिखी भी हो, तुलसीदास ने शूद्रों को ताड़न के अधिकारियों में प्रसंगवशात् परिगणत किया भी हो तो भी ऐसे विरल उद्‌गारों के आधार पर उनकी विपुल उच्यादर्शमयी, भेदातीत ले जानेवाली रचना के संभार को लांछित

करना न युक्तिसंगत है, न कृतज्ञता भाव के अनुकूल। हिंदी मराठी के संत कवियों का एक महत्वपूर्ण लक्षण है उनकी जातिगत, धार्मिक, वर्गगत भेदातीत विश्व-दृष्टि। संत एकनाथ ने तो लौकिक जीवन में भी छुआछूत को अस्वीकार किया था और अछूत के घर भोजन भी किया था, काशी से लाया गया गंगा का जल प्यास से तड़पते जानवर को पिला कर तत्कालीन रुढ़िधर्मी ब्राम्हणों का गुस्सा झेला था। उसके तीन सौ साल पहले ज्ञानेश्वर ने भैंसे के मुँह से वेद बुलवाकर चैतन्य तत्व की उपस्थिति और उसके परिणाम स्वरूप वर्तमान भेदभावातीत विश्वदृष्टि का साक्षात्कार कराया ही था। समस्त जातिभेद को लांघकर पंढरी की वारी करनेवाले समताधिष्ठित वारकरी पंथ की नींव ज्ञानोबा माउली द्वारा ही डाली गयी। इस पर पंडितों में मतभेद हों, महाराष्ट्र की आम जनता में एकमत ही नहीं उत्कट निष्ठा है। इस वारकरी पंथ में निम्न जातियों के संतों को भी उनकी साधना के आधार पर सम्मान का स्थान मिला है। इसीलिए नामदेव को खेचर को गुरु मानने में संकोच नहीं हुआ। ज्ञानेश्वर के सखा, सहचर, मित्र, बंधु नामदेव के आत्मीय जनों का परिदृश्य देखने पर पता चलता है है कि मध्ययुग में एक महान 'संत जाति' निर्मित हो रही थी जो शूद्र जातिभदों से ऊपर उठकर श्रद्धेय गं.भा.सरदार के शब्दों से 'अध्यात्मनिष्ठ मानवतावाद' का प्रभावपूर्ण आलोक वितरित कर रही थी। हिंदी संतों की स्थिति भी इससे अलग नहीं थी। ब्राम्हण सूर ने जो कृष्ण चरित्र का उज्वल रेखांकन किया है, मथुरा की गोपियों की विरह व्यथा का जो तरल उत्कट अभिव्यंजन किया है, राधा की मूक व्यथा की बाँसुरी का जो आर्त आलाप समस्त सूर साहित्य में परिव्याप्त है वह सब जाति-पाँति के व्यवहारिक कटु यथार्थ को एक बारगी दूर ठेलता हुआ भावक को भेदातीत सत्य और सौंदर्य का रसास्वाद कराता है। तुलसी के राम शबरी के झूठे बेर प्रेम से खाते हैं, केवट से पैर घुलवाते हुए उसकी भक्तिभावना के खरे पन से गद्‌गद्‌ हो जाते हैं। हिंदी संतों में कबीर ने तो सभी प्रकार की रुढ़ियों के विरुद्ध विद्रोह कर जो विश्वमानवता का मानक स्थापित किया है वह मध्यकालीन संत साहित्य की चरम उदार वैष्णव भावना का उत्कर्षशाली उन्मेष है। कबीर जैसे फक्कड व्यक्ति का सब प्रकार से रुढिवाद पर कशाधात करना एक तरह से जितना उनकी वैयक्तिक प्रखरता का निदर्शक है उतना ही दूसरी ओर से देखा जाय तो इस सत्य का सबूत है कि कबीर के विद्रोह को जनता का समर्थन प्राप्त था और वह इतना शक्तिशाली अवश्य था कि काशी में रह कर भी काशी के धर्म पंडित उनका विशेष अहित नहीं कर पाये। भारतीय जनता की देशीय समझदारी का यह प्रबल प्रमाण है कि यह जनता वैचारिक चरम कोटि के मतभेदों को सह सकती है, बशर्ते कि विचारक का चारित्र्य निष्कंलक हो, उज्वल हो और स्वार्थबुद्धि से दूर हो।

यहाँ पर हिंदी और मराठी के संतों द्वारा समर्पित मानवीय शील का किंचित निर्देश अवश्य है। प्रायः सभी संतों के काव्य में मनुष्य जीवन के मूल्यों का जो सन्निवेश है वह सर्वत्र समान है। वैचारिक मतभेद हो सकते हैं। जातियों का सामाजिक आचरण भिन्न हो सकता है, छुआछूत की कट्टरता भी है, असंख्य सामाजिक रुढ़ियों हैं जो स्त्रियों और शूद्रों का शोषण करती हैं परंतु इस सब के बीच भारतीय जनता उस व्यक्ति को आदर्श से देखती है, पूजती है जो कुछ जीवनमूल्यों पर निष्ठा रख कर चलता है, इन मूल्यों में निःस्वार्थ भाव से, समर्पित-वृत्ति से ऐहिक सुखविलास को तिलांजलि देते हुए किए गयें भागवत कार्य का महत्व सर्वतोपरि है। भागवत कार्य के प्रति

समर्पित कान्होपात्रा जैसी वेश्याकन्या हो, जनी जैसी नामदेव के घर का काम करनेवाली दासी हो, चोखामेळा जैसा महार जाति का अछूत हो, नाभाजी जैसा नाई जाति का भक्त हो, रैदास चमार हो, कोई जाति या सामाजिक निम्न श्रेणी भक्ति मार्ग में उन्नति की सीढ़ी पर चढ़ने से भागवतों को रोक नहीं सकी। यहाँ तक कि अपने पति का त्याग कर कृष्ण के प्रति समर्पित होने का सामाजिक दृष्टि से अवैध कार्य करनेवाली मीराँ राजघराने में लांछित हो गयी हो, जनसाधारण का उसे प्यार ही प्यार और आदर मिला। सत्य, अहिंसा, प्रेम, अपरिग्रह इत्यादि मूल्यों को इस भागवत पथ पर अनुगमन करते हुए अपने व्यक्तित्व में समेटने एवं विकसित करने वाले मूल्य सर्वोपरि थे। भारतीय जनता ने किसी भी विचार को सहा, लेकिन एक शर्त पर कि वह विचारक सज्जन हो। सज्जन प्रशंसा और दुर्जन निंदा की प्रबल धाराएँ संत साहित्य में प्रवाहित हैं।

हिंदी और मराठी के मध्यकालीन संत कवियों का एक महत्वपूर्ण वैशिष्ट्य है उनका अनन्य स्वभाषा प्रेम। ज्ञानेश्वर ने तो १२९० में प्रकाशित मराठी आद्य महान रचना ज्ञानेश्वरी में ही प्रतिज्ञा की थी- "माझा म-हाठचि बोलु कवितके। परि अमृतातेंही पैजा जिंके। ऐसि अक्षरें रसिकें। मेळवीन" अर्थात अमृत को भी मात देनेवाली मराठी के अक्षरों को मैं रसिक के प्रति समर्पित करूँगा। ज्ञानेश्वर के दोनों ग्रंथ "ज्ञानेश्वरी" और "अमृतानुभव" मराठी भाषा के अजस्त्र सामर्थ्य को प्रमाणित करते हैं। ज्ञानेश्वर में बिंबों की जो समृद्धि है, दृष्टांतों का जो वैभव है, अपनी बात का साक्षात्कार कराने के लिए भाषा का जो अद्‌भुत अपूर्व सामर्थ्य वे हर ओवी में दिखाते है, वह अद्वितीय है। यह मराठी भाषा के प्रति प्रेम जन जीवन के प्रति एकाकार होने के परिणाम स्वरूप पैदा हुआ है, और यह जनजीवन के साथ तदाकारता मध्यकालीन सभी संतों में परिलक्षित होती है। एकनाथ इसी कारण न केवल जनभाषा का प्रयोग करते हैं अपितु वे लोक प्रचलित लोकगीतों के विविध रूपों का भी प्रचुर उपयोग करते हैं। एकनाथ, तुकाराम, रामदास इन तीन मराठी संतों ने मराठी भाषा की क्षमता के विविध रूपों के दर्शन कराये हैं। संस्कृत की समस्त दर्शन परंपरा मराठी में लाकर जनता में ज्ञान का प्रचार करने का सजग प्रयास इन्होंने किया। दासोपंत तो संत कम थे, पंडित अधिक थे। फिर भी उन्होंने संस्कृत भाषा को चुनौती दी है। ज्ञानेश्वर, एकनाथ, रामदास या तुलसीदास संस्कृत के प्रकाण्ड पंडित थे और अपने समय में भी सर्वमान्य थे। फिर भी संस्कृत के कूप जल को जनभाषा में प्रवाहित करने की प्रतिज्ञा से प्रेरित थे। आधुनिक युग के क्षमतावान संचार माध्यम मध्यकाल में नहीं थे परंतु मौलिक परंपरा के माध्यम से विलक्षण स्थायी प्रभाव वे जनमानस पर डाल सके। इसका मुख्य कारण स्वभाषा या जनभाषा का अभिमान और अपनी भाषा के प्रति अद्‌भुत अपूर्व विश्वास और निष्ठा। इस भाषाके प्रति निष्ठा के फलस्वरूप जनता और संतकवियों के बीच जो सौमनस्य और संवाद उत्पन्न हुआ वह आज तक वर्तमान है। यही कारण है कि इन संतों के नाम पर आज भी हर साल जो अनायास जनता जुटती है वह आज के जननेताओं की सभाओं से प्रचंड होती है।

मराठी संतों में अधिकांश संत वारकरी पंथ के रहे, जिनका देवता पंढरी का विट्ठल है और यह कृष्ण का ही एक नाम है। विट्ठल रखुमाई के प्रति अतीव भक्ति भाव से प्रेरित मुक्त रचना ओवी और अभंग छंदों में संतों ने की, वैसे महाराष्ट्र में नाथ पंथ पर जोर रहा और हिंदी में जो

निर्गुण धारा है वह नाथ पंथ के रूप में महाराष्ट्र में प्रचलित थी। लेकिन ज्ञानेश्वर नाथपंथी होते हुए भी वारकरी पंथ के प्रतिष्ठापक रहे। भक्ति के प्रचंड प्रवाह में निर्गुण और सगुण का भेद लुप्त हुआ। उधर तुलसीदास कहते थे-"अगुनहि सगुनहि नहीं कुछ भेदा।" उसी तरह महाराष्ट्र में ज्ञानेश्वर से रामदास तक सभी ने इसी बात को स्वीकार किया। असल में दर्शन की सूक्ष्मातिसूक्ष्म बौद्धिक विचिकित्सा को संतों ने भक्ति के व्यवहारिक मार्ग में बाधक के रूप में उपस्थित ही नहीं होने दिया। हिंदी में तुलसीदास ने रामपंथ को एक शक्तिशाली भक्ति आंदोलन के रूप में प्रवाहित किया। तुलसी से प्रेरणा महाराष्ट्र के एकनाथ जी को मिली। एकनाथ और तुलसीदास के व्यक्तित्व एवं कृतित्व में बहुत साम्य है। क्यों कि दोनों महान पंडित और समन्वयवादी जननेता थे, दोनों में अनेक स्तरों पर विभिन्न एकांगिताओं के बीच सुवर्णमध्य निकालनेका प्रयास किया। एकनाथ ने वारकरी पंथ के मंदिर की दिवारों को मजबूत बनाते हुए भी भावार्थ रामायण लिखा। इन्हीं एकनाथजी से रामभक्ति की प्रेरणा लेकर रामदास ने राम भक्ति को महाराष्ट्र में संगठित रूप दिया। महाराष्ट्र में शिवाजी के स्वातंत्र्य युद्ध के प्रयासों के पीछे रामदास के कृतित्व की सशक्त पृष्ठभूमि स्वीकार की जाती है। यह ध्यान करें कि संतों ने जो अस्मिता सामान्य जनता में उत्पन्न की, उसका लाभ शिवाजी को मिला है। रामदासजी एक ऐसे संत थे जिन्होंने अपना एक शक्तिशाली संगठन बनाया और जनता को भक्ति के साथ स्वस्थ गृहस्थी चलाने का संदेश देते हुए वीरवृत्ति के लिए पोषक वातावरण बनाया। कहा जाता है कि रामदास के द्वारा स्थापित मठों में राजनैतिक कार्य भी चलता था। तुलसीदास की जैसा काव्यत्व का उत्कर्ष तो रामदास जी में नहीं था परंतु उनकी भाषा में जो जोश और प्रहार करनेकी शक्ति है, जो सरलता और प्रवाह है, वह अद्‌भुत उर्जा उत्पन्न करता है। रामदास ने कुछ अध्यात्मिक भाषा में सीधे जनता को उद्देश कर उपदेश किया, परंतु उसमें चेतना उत्पन्न करने की शक्ति है। एक तरह से रामदास और गुरुनानक देव के कार्य में समानता दिखती है और रामदास उत्तर भारत की यात्रा कर आये थे। संभव है, नानक देव के सिख संप्रदाय से वे प्रभावित रहे हों। लेकिन रामदास के काव्य में जो ओज और फक्कड़पन है, जो सीधे प्रहार करने की वृत्ति है, एक तरह का बेलागपन है वह कबीर के काव्य-व्यक्तित्व से तुलनीय है। लेकिन कबीर का रहस्ववादी रुझान तथा गूढ अध्यात्मिक पैठ के स्थान पर रामदास में विचारात्मकता का अंश अधिक है। दोनों में सामाजिक कृतियों एवं बुराइयों के प्रति फटकार और व्यग्य का भाव है परंतु रामदास जहाँ हिंदू धर्म के शक्तिशाली पुनरुज्जीवन की आकांक्षा करते थे वहाँ कबीर सभी धर्मों की निस्सारता को प्रकट कर धर्मातीत आध्यात्मिक मानववाद को स्वीकारने की सलाह देते हैं।

हिंदी संतों पर सूफी विचारधारा और काव्यस्वरूप का सीधा प्रभाव पड़ा। वैसे भी जो माधुर्यभाव सूर और मीरा में पाया जाता है उस तरह का माधुर्य भाव मराठी संतों की कविता में अपवादात्मक स्थलों पर परिलक्षित होता है। मराठी संत भगवान से सखाभाव से पेश आते हैं, कभी कभी तुकाराम जैसा संत व्याज कोप से विट्‌ठल को गालियाँ भी देता है परंतु समान्यतः विठ्‌ठल के प्रति मर्यादावादी दृष्टि से ही भावुक भक्ति की व्यंजना होती है। सूर के काव्य को प्रत्यक्ष अप्रत्यक्ष रूप में जयदेव और विद्यापति की लौकिक शृंगारपरक मासंलता ने निश्चय ही प्रभावित किया है। मराठी संतों की कविता आरंभ से ही ज्ञानेश्वर के पांडित्य एवं अलौकिकता से प्रभावित

है। मराठी में ज्ञानेश्वर ने ज्ञानेश्वरी लिखी जो भगवद्‌गीता पर विस्तृत्त काव्यात्मक भाष्य है। ऐसा अपूर्व भाष्य किसी हिंदी संत द्वारा नहीं लिखा गया। वहीं पर हिंदी में तुलसी के महाकाव्यात्मक औदात्य को कोई मराठी रचना उपलब्ध नहीं कर पायी। सूर के पदों में जो काव्य सौंदर्य है उसकी ऊँचाइयाँ भी प्रायः अस्पर्श्य रहीं। सूर, तुलसी जैसे हिंदी कवियों में भावनात्मक प्रसंग कलात्मक दृष्टि से उभार कर रसात्मक बना देने का कौशल अद्‌भुत है।

मध्यकालीन संत कवियों के काव्य की शक्ति और सुषमा का जो प्रभाव आज तक प्रत्यक्ष एवं अप्रत्यक्ष रूप में भारतीय जनता पर है, उसके कारण उसका अभी तक शील निष्कलुष रहा है। संकट के क्षणों में अपने इस शील का जनता ने परिचय भी दिया है। तमाम सशक्त संचार माध्यमों के बावजूद उच्च शिक्षित वर्ग का प्रभाव अब तक उस तरह विस्तृत नहीं हो पाया है। मतलब यह है कि कहीं न कहीं इस संस्कारशील प्रभाव के मूल में संत कवियों की आरंभिक महत्ता का भी स्थान है। इस संत परंपरा के साथ जीवन रिश्ता कायम करने पर ही वृद्धिजीवी वर्ग के लिए भारत की जनता में मजबूत स्थान प्राप्त करना संभव है।

महाराष्ट्र में आधुनिकता का उदय : सांस्कृतिक चुनौती

भारत में आधुनिकता के उदय का विचार करते समय आरंभ में कुछ तथ्यों को ध्यान में रखना होगा। आधुनिकता हमारे यहाँ परिवेश के परिवर्तन के फलस्वरूप क्रमशः खिलती हुई नहीं पैदा हुई। वह कुछ परिवेश की उपज थी तो बहुत कुछ पश्चिमी संस्कृति के संपर्क का परिणाम थी। इसका परिणाम यह हुआ कि हमारे दिमाग ने उसकी अवधारणा को बाहर से परिपक्व फल के रूप में स्वीकार किया परंतु हमारे अवचेतन मन तथा भावनात्मक ऊर्जा ने उसे अपनी शक्ति नहीं प्रदान की। हमारे तकनीकी और विज्ञान के विद्वान अपने शास्त्रों में तो परंगत है परंतु जीवन-व्यवहार में रूढिवादिता और अंधविश्वास का भी प्रचुर परिचय देते हैं और आश्चर्य और खेद की बात यह है कि उनके मानस में कोई अन्तर्द्वन्द्व की पीडा झेलते वे नजर नहीं आते। फलतः बुद्धिवादिता और विवेक की जो प्रभावपूर्ण प्रतीत हमारे सामाजिक जीवन में मिलती रहती चाहिए वब नहीं मिलती. पीताम्बर पहन कर विरासत में प्राप्त महादेव के लिंग की पूजा मार्क्सवादी विचारधारा के प्रति समर्पित गजानन माधव मुक्तिबोध करते हैं तो चेचक निकलने पर परंपरागत हिंदू आचरण प्रणाली के अनुसार देवी माता के भजन पूजन व्दारा प्रसन्न कर रुग्ण को ठीक करने के उपाय का अवलम्ब जीवविज्ञानवेत्ता प्राध्यापक भी करते देखे जाते हैं। अधिकांश भारतीय आधुनिक मानस इस गहरे आंतरिक व्दिधा-बोध से ग्रस्त होने के कारण अनेक प्रसंगों में निर्णयात्मक कदम उठना छोडकर झुलमुल नीति अपनाता है और स्थितियों के पैरों पर समर्पित हो कर भावी की कृपा की प्रतीक्षा करता रहता है। परिणामतः आधुनिकता जो वर्तमान पर दृष्टि केंद्रित कर समस्याओं को सुलझाने पर बल देती है, भारतीय परिवेश में तामझाम में उलझ कर उत्कटतापूर्वक वर्तमान को नहीं झेलती।

दूसरा महत्त्वपूर्ण तथ्य यह है कि यह आधुनिकता एक अंग्रेजी शिक्षा प्राप्त अत्यधिक शिक्षित तबके तक बंद रह कर कुछ निःशक्त सी हुई है। मेकाले की विजय के बाद भारत में दो स्पष्ट वर्ग हुए। एक वर्ग ऐसा हुआ जिसकी मेकाले ने स्पष्ट कल्पना की थी। **Indian in blood and colour but English in tastes, in opinions and in morals and intellects.** स्वतंत्रता प्राप्ति के चालीस वर्ष बाद भी शक्ति-स्थानों को कब्जे में किये बौध्दिक वर्ग का यह रूप बहुत अधिक नहीं बदला है. वोट की मॉग और सत्तास्थानों के लिए घिघियाहट जनभाषणों में और सत्ता का कार्यान्वय अंग्रेजी के माध्यम से, यह इसी स्थिति का लक्षण है। शिक्षा के प्रसार पर अर्थात शिक्षा के माध्यम से प्राप्त होने वाले शक्तिस्थानों पर हर क्षेत्र में झारी में बैठे शुक्राचार्य की तरह अंग्रेजी की अटक इसी का प्रमाण है। इस संदर्भ में ध्यान में रखना होगा महाराष्ट्र में दसवीं कक्षा में ३५ प्रतिशत छात्र उत्तीर्ण हुए और अधिकांश अनुत्तीर्ण छात्र अंग्रेजी में गचका खा गये। इधर ट्रक ड्राइव्हर के प्रमाणपत्र के लिए किमान योग्यता के तौर पर दसवीं पास की शर्त रखने उसके व्यावहारिक आचरण के विवध पहलुओं तक की परिव्याप्ति भारतीय समाज के संदर्भ में केवल एक छोटे से तब के तक सीमित हुई है। इस तथ्य को सदैव ध्यान में रखना चाहिए कि आधुनिकता की चर्चा पूरे भारतीय समाज के संदर्भ में करना ही गलत है। फिर जिस देश में साक्षरों की संख्या ३५ प्रतिशत है और प्राथमिक शिक्षा के पूर्ण होने के पहले ही स्कूल छोडने वालों की संख्या इतनी

अधिक है कि उत्तीर्ण हजार में केवल ७ या ८ छात्र विश्वविद्यालय में पहुँच जाते है। वहाँ आधुनिकता की चर्चा समाज के बहुत छोटे अंश तक ही सीमित हो जाती है। इस प्रकार सामान्य जन समाज और शिक्षित बौध्दिकों के बीच का फासला ऐसा कुछ बढता जा रहा है कि कभी यह विचार ग्लीनि उत्पन्न करता है आधुनिकता को हरएक लक्जुरी के रुप में भोग रहे है।

तीसरा तथ्य यह है कि संभवतः किसी भी समाज से भारतीय समाज का एक खास वैशिष्ट्य यह है किवह धर्म, वर्ण और जाति के कारण विलक्षण विभाजित शतखंडित समाज है और वर्षो तक उसका अभिसरण प्रायः रेखांशात्मक **(Vertical)** रहा है, समान्तरक्रम **(Horizontal)** दुर्भाग्य की बात यह है कि सामाजिक, धार्मिक, आर्थिक और सांस्कृतिक सोच विशिष्ट जाति में उत्पन्न महान व्यक्तिमत्त्व के कारण विशिष्ट जाति को ही प्रभावित करती है। आंबेडकर का सार्वभौम आवाहन समूचे हरिजन वर्ग तक न पहुँचकर महार जाति तक ही अधिक प्रभावपूर्ण रहा। ज्योतिबा फुले का निम्न जातियों तक सीमित रहा। तिलक एवं सावरकर का ब्राह्यमणों तक अधिक प्रभाव रहा। आधुनिकता को आकार देने वाला उदार सेक्यूलर विचार समूचे समाज को एकबरगी प्रभावित कर रहा हो, ऐसा दृश्य नहीं दिखाई देता। महात्मा गांधी का व्यक्तित्व कुछ अपवाद था। हमारी जातिव्यवस्था कुछ ऐसी वज्रकठेर वास्तविकता है कि हिंदु धर्म से ख्रिश्चिन धर्म में गये तबकों को भी सैंकडो वर्षो में मुक्त नहीं कर सकी। अन्य समाज जो जाति और वर्ण में विभाजित नहीं है। मूलतः परिवर्तन के लिए इतने जड तथा दुर्बल नहीं है जितना भारतीय समाज है। अतः उसकी गति स्वाभाविकताः कूर्मगति हो तो समझ में आ सकता है। धर्म के नाम पर प्रतिक्रियावाद को बनाये रखते हुए और उसका सर्वार्थ हेतू लाभ उठने का प्रयास संकीर्ण जातिवादी और सत्ता पिपासु राजनयिक जब करते बैं तब आधुनिकता की प्रक्रिया धीमी ही नहीं पडती प्रस्थावर्तित भी होती है।

संभवतः यह पूरे भारतीय परिवेश का एक स्थूल सा चित्र है जिस से यह स्पष्ट होता है कि भारत में आधुनिकीकरण और आधुनिकता का युगपत विकास नहीं हुआ। विचारों और मूल्यों के रुप में पश्चिमी संपर्क के कारण हम ने आधुनिकता को अपनाना शुरु किया और भारतीय परिवेशगत विशिष्टता के कारण आधुनिकता को हम पूरी तरह हमारे समाज जीवन में और व्यक्ति जीवन में शिद्दत के साथ समाविष्ट नहीं कर पाए।

इस व्यापक भारतीय संदर्भ में ही महाराष्ट्र की सब से शक्तिशाली राजनैतिक शक्ति पेशवाई को परास्त किया। इस विजय में मराठी सरदारों की आपसी फूट, अनुशासनहीनता और संकीर्णता के साथ अंग्रेजों का सौभाग्य भी शामिल है। अंग्रेजों का अन्य विजोताओं से अंतर यह था कि उनका आक्रमण की कूटनींतिज्ञता ने भारतीय बौध्दिक को वैचारिक स्तर पर सम्मोहित किया और जहाँ आत्मनिरीक्षण के लिए प्रेरित किया वहाँ हमारी सांस्कृतिक गौरव-भावना से कुछ वंचित भी किया और इनकी सब से अधिक कूटनीति का भाग यह था कि हमारी भौतिक समृध्दियों की स्मृति से भी हमें अलग किया। परिणाम यह हुआ कि ऊँचे तबके का एक वर्ग कुछ सतही तौर पर पश्चिमीकरण को ही आधुनिक मान कर उससे चिपटमे बेतहाशा दौडा। कुछ ने ख्रिश्चियन धर्म को स्वीकार किया तो कुछ वहाँ तक जाते बच गये। लेकिन अधिक गहरे स्तर पर यह भूलना असंभव था कि आखिर

भारत दार्शनिक और आध्यात्मिक दृष्टि से ही गौरवमयी परंपरा का निर्माता नहीं था अपितु वैज्ञानिक और भौतिक दृष्टि से भी कम समृध्द नहीं था। संस्कृत साहित्य की समृध्द परंपरा, संस्कृत साहित्य शास्त्र की विश्लेषणात्मक पैनी दृष्टि, नाटय परंपरा की घरोहर, पाणिनी जैसे वैयाकरणियों की साधना, योगाशास्त्र का विकास, आयुर्वेद की विलक्षण उपाविधियों, खगोलशास्त्र और ज्योतिर्विद्या का गहन निरीक्षण इत्यादि बातों में भी भारत के पास शक्तिशाली संचित था। रूढियों से और विधिविधानों से संकीर्ण धर्म का मूल सामाजिक आशय मूलतः मानवीय था। इस पूर्व संचित का सही भान बंगाल के राजा राममोहन राय को था। यह उन्हीं की दूरदर्शिता थी कि बंगाल आधुनिकता में अग्रसर रहा तो भारतीय सांस्कृतिक अस्मिता में भी पीछे नहीं रहा।

उन्नीसवीं सदी के दूसरे दशक में महाराष्ट्र में अंग्रेजी पढाने के लिए स्कूल खूलने लगे के ज्ञान अर्जित करने और आधुनिक होने का महात्त्वपूर्ण साधन अंग्रेजी भाषा था। बंबई अेज्युकेशन सोसायटीने पहला अंग्रेजी स्कूल १८१५ में खोला। उसी समय मराठी में विविध ज्ञान शाखाओं पर पुस्तकें लिखी गयीं और अनूदित भी की गयी। सदाशिव काशिनाथ छत्रे और जगन्नाथ शास्त्री ने इस में महत्त्वपूर्ण भूमिका निभायी। सौभाग्य से महाराष्ट्र में एलफिन्स्टन जैसा न्यायी, उदार और सद्भावना से भरपूल व्यक्ति गवर्नर था। महाराष्ट्र के शिक्षा प्रसार में उसका योगदान काफी महत्त्वपूर्ण है। एलफिन्स्टन के प्रयत्नों का ही फल है कि बंबई इलाका अन्य प्रान्तों की तुलना में अग्रस्थान पर रहा। इल्फिन्स्टन ने स्पष्ट शब्दों में घोषित किया कि शिक्षा प्रचार में उसका उद्दवेश्य क्लर्क और आफिसर पैदा करना नहीं है बल्कि विकसित हो रहे ज्ञान को अंग्रजी के माध्यम से पढकर उसका देशी भाषा में सामान्य जनता में प्रसार कराना था और देशी लोगों को ज्ञान की खोज के लिए प्रेरित करना था। उसे ऐसे वर्ग का निर्माण करना था जो धीरे धीरे पश्चिमी मूल्यों को आत्मसात करेगा और बिना तनाव उत्पन्न किए समन्वित दृष्टि अपनाएगा। ऐल्फिस्टन ने १८२३ में पुणे में इंजीनियरिंग प्रतिष्ठन और १८२६ में वैद्यकीय स्कूल की स्थापना की जिन में मराठी के माध्यम से पढ़ाया जाता था और आवश्यक पुस्तकें भी अनुवाद के रूप में तैयार की गयी थी। लेकिन ध्यान देने की बात है कि अपने उदात्त विचारों के बावजूद अंग्रजी लोगों ने देशी लोगों से कुछ अन्तर रखा। स्वयं एल्फिन्स्टन भी इसका अपवाद नहीं हो सके।

स्कूलों की व्यवस्था के साथ रास्तों का निर्माण, डाक विभाग की व्यवस्थ समुद्री यात्रा की सुविधाऐ, मुद्रण व्यवस्था, जमीन संबंधी सुविधाऐ इत्यादि का एक क्रम बना। बॉम्बे रॉयल एशिएटिक सोसायटी की स्थापना १८२७ में हुई। उद्देश्य पौर्वात्य ज्ञान का अध्ययन करना था। १८४० तक इसके सदस्थ केवल येरोपीय ही हो सकते थे। १८४० में पहले भारतीय सदस्य बनै मानेकजी कार्शेदजी, दूसरे सदस्य बालशास्त्री जामेकर बने, तीसरे १८४५ में जगन्नाथ शंकर सेठ बनें। पहली पत्रिका "दर्पण" १८३२ में शुरा हुई और "ज्ञान" को ही समस्त समस्याओं का हल मानकर कतिपय नियतकालिक मुद्रित होने लगे। अनुवाद का भी उत्साहपूर्ण युग प्रारंभ हुआ। सारांश भारतीय एवं पश्चिमी सांस्कृतिक टकराहट के बाद संपर्क और संवाद का युग ईस्ट इंडिया कंपनी के भारत में स्थापित होने के तुरंत बाद शुरू हुआ था। अंग्रजी के प्रति मोह बढा था और भविष्य को बनाने ते लिए अंग्रेजी से गहन रूप में जुडना चाहिए, इस को ब्राहमणों ने भील भाँति समझा था। कृष्णशास्त्री

चिपलुणकर को गुरू द्वारा यह सीख दी गयी थी कि उपरना फेंक कर अर्थात् संस्कृत छोडकर वे अंग्रेजी सीखें और उन्होंने सीखी भी। मेकॉले के हस्तक्षेप से अंग्रेजी और भारतीय भाषाओं के एल्फिन्स्टन व्दारा स्वीकृत संबंध पूरी तरह बदल गये। परिणाम यह हुआ कि शिक्षित तबका अंग्रेजी की और झुका। भाऊ महाजन १८१५-१८९० "प्रभाकर" पत्रिका में १८४२ में लिखते हैं : संप्रति बंबई के हिंदु लोग दुनिया में उपयोग है इस हेतु से अंग्रेजी भाषा एवं विद्या सीखना ही बडा पुरूषार्थ मान कर उसी को सीखने में समस्त समय व्यय करते है और देशकी परंपरागत जो स्वभाषा है और उस भाषा का स्त्रोत तथा धर्मशास्त्र पुंराण के ज्ञान के लिए साधन के रूप में उपयुक्त जो संस्कृत भाषा है, उसके अध्ययन की और जरा भी ध्यान नहीं दे रहे हैं। इस कारण से यहाँ के लोगों की भाषा एवं स्थिति ऐसी विलक्षण होती जा रही है कि जब वे बोलने लगते हैं तब पचीस शब्दों में बीस शब्द अंग्रेजी के आते हैं और बीच में विभक्ति, अव्यय, सर्वनाम एवं प्रसिध्द क्रियाएँ केवल स्वभाषा में है। उसी तरह नमस्कार या स्वागतादि के लिए अंग्रेजी शब्दों का ही उपयोग करते है। कोई मित्र आए तो अंग्रेजों की भांति उसका हाथ पकडते हैं और देवालय में जाने पर पगडी ऐसे निकाल देते हैं जैसे टोपी निकाल रहे हों। यह तो एक दृष्टान्त दिया है। ऐसे बहुत सारी प्रणालिया चल निकली हैं। उससे भी अधिक यह होता है कि प्रौढ भाषा एवं हमारे शिष्ट आचरण का ही जिन्हें जन्म से अभ्यास है ऐसे लोगों से जब इनकी भेंट होती है तब उन्हें ये लोग अलग व्दीप से आये लगते हैं और ये लोग उन्हें इसलिए पागल करार दे कर उपहास करते हैं कि उनका स्वरूप इन्हें समझमें नहीं आता और इनकी खिचडी भाषा उनकी समझ में नहीं आती।" भाऊ महाजन के इस उद्धरण से भाषिक स्थिति का तो स्वरूप समझ में आताही है, यह भी स्पष्ट होता है कि अंग्रेजी ने १८४४ के आसपास ही एक अलग वर्ग उत्पन्न किया था और वह अपने समाज से तेजी से कट रहा था। मेकाले की भविष्यवाणी बहुत पहले ही सही हो रही थी। We must do out best to form a class who may be inlerpreters between us and the millions whom we govern, a class of persons Indian in blood and colour but English in taste, in opinions, words and intellect क्या आज भी अंग्रेजी को अधिकाधिक अनिवार्य बनाकर यही क्रम जारी नहीं है? सांस्कृतिक विभाजन की और शिक्षित छोटे तबके और विशाल जन समाज के बीच की दरी चौडी करते हुए जनभाषा के वोटों के माध्यम से सत्ता पर कब्जा और अंग्रेजी के माध्यम से अधिकारों को कायम करने की दुहरी धातक चाल कहीं धीमी पड गयी है?

ऐसा नहीं है कि एल्फिन्स्टन साहब को मेकाले ने पूरी मात दी थी. एक ऐसा बहुत बडा मेधावी वर्ग था जिस की पंरपरा की जडें मजबूत थी और आधुनिक विचारों और मूल्यों को वे अपनी जमीन पर रोप कर उगाना चाहते थे। धर्म, सामाजिक आचरण के मूल्य, संस्कृति, इत्यादि के बारे में जड परंपराओं से चिपके रहनेवाले शास्त्रियों का वर्ग एक ओर पराजित होता जा रहा था तो दूसरे छोर पर अपनी सांस्कृतिक अस्मिता को भौतिक सुविधाओं की उपलब्धियों पर बलि देते हुए सतही आधुनिकता का अनुकरण करनेवालों के बीच यह वर्ग एक व्यापक समन्वय और गहरी समझदारी का प्रयत्न कर रहा था। इस वर्ग की समाज के प्रति प्रतिबद्धता खरी थी। बालशास्त्री (१८१२-१८४६) महाराष्ट्र के रेने साँ के आद्य प्रवर्तक थे। एल्फिन्स्टन युग के वे फल थे। पश्चिमी

ज्ञानविज्ञान की उपयोगिता को वे भाली भाँति जानते थे परंतु उसका प्रसार मराठी के माध्यम से करने वालों में वे अग्रणी थे। इसी हेतु से उन्होंने मराठी का पहला जर्नल 'दर्पण' १८३२ में शुरू किया। मराठी वृत्तपत्र व्यवसाय की जनता के प्रति प्रतिबद्धता की नींव बालशास्त्री ने डाली। १८४० में 'दिग्दर्शन' पत्रिका को शुरू कर समाज में वैज्ञानिक चिन्तन का विकास करने का उद्देश्य उन्होंने पूरा करना चाहा। इन पत्रिकाओं की आयु अल्प रही और उसका कारण शिक्षित तबके का समर्थन कम रहा। ब्रिटिशों के उदारमतवाद का जभिकर पर प्रभाव था। अंग्रेजी, गुजराथी, बंगाली, पर्शियन भाषाओं पर उन्हें अधिकार प्राप्त था और बहुभाषी होने के कारण उनका मानस विशाल था। बंगाल के राम मोहन राय से वे प्रभावित थे और महाराष्ट्र के सामाजिक सुधारों के वे प्रवक्ता थे। ख्रिश्चयन धर्म से पुनः हिंदू धर्म में आनेवालो को उन्होंने समर्थन दिया। विधवाओं के पुनर्विवाह के पक्षधर थें। जातवाद और संप्रदायवाद के विरोधी थे। सर नारायण चंदावरकर के शब्दोंमें वे ब्राह्मण हो कर भी ब्राह्मणवाद के विरोधी थे। चौतीस वर्ष की उम्र मे बालशार्त्री जांभेकर ने विशाल मानवीय मूल्यों के आत्मसात करने में जो क्षमता दिखायी वह गौरव के योग्य है।

यह विशाल मानवतावादी धारा तीन तडखडकर बंधुओंने अधिक पुष्ट की। 'अधुनिक महाराष्ट्राचा वारसा' में ग. त्रं. माडखोलकर ने दादोबा पांडुरंग १८१४-१८८२ को लोकहितवादी, ज्योतिबा फुले, भांडारकर, रानडे, आगरकर, इत्यादि चिन्तक नेताओं तथा प्रार्थना समाज, आर्य समाज आदि संस्थाओं के समाज परिवर्तन संबंधी सक्रियता का मूल प्रेरक स्वीकार किया है। वे आधुनिक महाराष्ट्र के पहले मानवतावादी विचारक थे। अपने मातहत शिक्षक दुर्गाराम मंछाराम के साथ मिलकर दादोबा पांडुरंग तर्खडकर ने १८४४में मानव धर्म सभा की स्थापना की। एकेश्वरवाद, जातिधर्म विरहित मानवसमाज की एकता, जन्म के आधार पर नही गुणों के आधार पर मनुष्य की य़ोग्यता का मूल्यांकन,विवेक के अनुसार आचरण की स्वतंत्रता इत्यादि के साथ 'परमहंस सभा' की स्थापना की जिस की गोपनीय सभाएँ हर हफ्ते होती थी। ख्रिश्चन व्यक्ति द्वारा सदस्यों की सूची जाहिर किये जाने पर सभा भंग कर दी गयी।

महाराष्ट्र की आधुनिक राजनिति का शुभारंभ जगन्नाथ शंकर सेठ १८०३-१९६५ के द्वारा हुआ। महाराष्ट्र के सार्वजनिक कार्यो का श्रीगणेश करने में जगन्नाथ शंकर सेठ प्रथम थे। महाराष्ट्र में विविध क्षेत्रों में संस्थाओं का प्रतिष्ठ ानों का जाला बुनकर सार्वजनिक कार्य करने का जो महत्वपूर्ण प्रयास आगे चलकर महादेव गोविंद रानडे ने किया उसका प्रारंभिक सूत्रपात जगन्नाथ शंकर सैठ ने किया। वे राजा राममोहन राय के समकालीत थे। राजा राममोहन राय बौध्दिक वर्ग तक सीमित रहे। जगन्नाथ शंकर सेठ सामान्य जनसमान के लिए कार्य करते थे। मछुआरों के लिए स्कूल उन्होंने खोला। १८५४ मराठी को शिक्षा का माध्यम बना कर निम्न श्रेणी के समाज को वे शिक्षित करना चाहते थे। छात्राओं के लिए स्कूल खोलने के लिए स्थान उपलब्ध नहीं हो रहा था। डॉ. विल्सन को वह स्थान जगन्नाथ शंकर सैठ ने उपलब्ध करा दिया। संस्कृत की शिक्षा बंद करने की नीति के खिलाफ उन्होंने आवाज उठयी। महाराष्ट्र की शिक्षा संबंधी जानकारी इकट्ठ कर १८४७ में उन्होंने रिपोर्ट तैयार की। आर्थिक उन्नति के लिए भी उन्होंने प्रयत्न किये। द वेस्टर्न इंडियन कॅनाल इरिगेशन कंपनी भी उन्होंने स्थापित की परंतु कलकत्ता सरकार के असहयोग के कारण वह ठप्प

रही। न्याय के सामने कृष्ण वर्णीयों और श्वेत वर्णीयों में भेदभाव न करने का उन्होंने आवाहन किया। सामाजिक आंदोलन खडा कर अन्याय के विरोध में आवाज उठाने की प्रवृत्ति का भी कार्यान्वयन जगन्नाथ शंकर शेठ ने किया। सोनापूर स्मशान भूमि को दूर हटाने के सरकार के बिल के खिलाफ जगन्नाथ शंकर सेठ से १५०० मछुआरों का मोर्चा गवर्नर के निवास पर ले गये १८६३ का यह मोर्चा भारत का पहला पार्लमेंट के बाहर का मोर्चा था। जो आगे चल कर गांधीजी के नेतृत्व में अधिक विस्तार पा गया। अपने उज्ज्वल चारित्र्य और संयत परंतु संघर्षशील स्वभाव के कारण वे पुरानों और नयों के बीच एक सेतु बन गये।

महाराष्ट्र में आधुनिकता का प्रभाव उत्पन्न करनेवालों की गौरवमयी परंपरा में गोपाल हरि देशमुख १८२३-१८९२ उर्फ "लोकहितवादी" अग्रिम पंक्ति में आते हैं। वे सरकारी नौकर रहे परंतु १८४८-५० "प्रभाकर" पत्रिका में छपे उनके शत पत्रों के माध्यम से उन्होंने जनजागृति का जो प्रयास किया उसका महत्त्व आज भी अक्षुण्ण है। उनकी आधुनिकता और धर्मातीतता की प्रखर अभिव्यक्ति इन पत्रों में हुई है। समाज को सद्य स्थिति से परिचित करा कर भविष्य के लिए उन्हें तैयार करने के उद्देश्य से अत्यंत उत्कट व्याकुलता में ये पत्र उन्होंने लिखे। वे अंग्रेजी राज्य को भारतीय के कल्याण के लिए ईश्वर द्वारा प्रेषित मानते थे। पश्चिमी विद्या शास्त्र का ज्ञान आदि का भारत के लिए महत्त्व वे स्वीकार करते थे। शतपत्रों में उनके राजनैतिक आर्थिक। सामाजिक, प्रशासकीय विचारों की मौलिकता प्रकट हुई है। भारतीय शिक्षिको को अपनी स्थिति पर सर्वांगीण नजर डालने के लिए अन्तर्मुख कराने का काम उन्होंने किया। पराजित मानसिकता, आत्मकेंद्रितता, घोर स्वार्थ, जडता और निष्क्रियता के लिए उन्होंने ब्राह्मण वर्ग को कोसा। रूढिवाद, अन्धविश्वास, भाग्यवाद पर उन्होंने कराटे वार किए। आध्यात्मिक मूल्यों को लौकिक मूल्यों से अलग कर लौकिक मूल्यों में नैतिकता पर अधिक बल उन्होंने दिया। मनुष्य की जन्मजात विवेकशीलता में उन्हें विश्वास था और मनुष्य को महानता का आधार वे विवेक को मानते थे। वे बुद्धिवादी थे और स्त्री पुरूषों की समानता के तथा जातिगत विषमता को तिरोहित करने के समर्थक थे। बाल विवाह को समाज के दुर्बल बनने का कारण मानते थे। समाज को विभाजित करने वाली जातव्यवस्था और धर्मभेद के वे विरोधी थे। भारतीय पारतंत्र्य की ऐतिहासिक मीमांसा संभवतः उन्होंने सर्वप्रथम की। शासकीय नौकरी में रहते हुए भी उन्होंने ब्रिटिश प्रशासन को चुनौती देते हुए कहा : जब अंग्रेज गडबड करने लगेंगे और कुछ नये कानून बनाने का आग्रह करेंगे तब जैसा कि अमेरिका में हुआ यहाँ के लोग भी अपने को स्वतंत्र कर लेंगे और अंग्रेजों से कहेंगे कि आप अपने देश चले जाइए। उन्होंने देशशवासियों का केवल नौकरी पर निर्भर न रहकर स्वतंत्र व्यवसाय करने की सलाह दी। वे स्वदेशी के पुरस्कर्ता खे। भारत की आर्थिक स्थितियों का विश्लेषण उन्होंने किया। भारत दरिद्र होने के विविध कारणों की ओर संकेत करते हुए उन्होंने नये उद्योगों के निर्माण एवं विकास की आवश्यकता बतायी। सामाजिक समस्याओं में फिजूलखर्ची की उन्होंने भर्त्सना की। भारतीय राष्ट्र वाद के वे प्रमुख उद्गाता खे। उनके महत्त्वपूर्ण विचार ये थे (१) सभी भारतीयों को भारत को अपनी माता मानकर एक दूसरे को भाई माना चाहिए (२) जातव्यवस्था समाप्त करनी चाहिए (३) लोगों को नये विज्ञानों एवं नये तंत्रों का अध्ययन करना चाहिए। (४) बौद्धिक महत्ता के साथ उद्देश्य की प्रामाणिकता और आचरण की सत्यता का होना आवश्यक है। (५) भ्रष्टाचार और भाईभतीजावाद

समाप्त कर देना चाहिए (६) ग्रामीण स्वायत्ता को पुनः उपलब्ध करना चाहिए। इसलिए पुरानी पंचायती व्यवस्था का पुनर्रजीवन करने की सलाह उन्होंने दी।

वे अमेरिका जैसी प्रजातंत्रवादी व्यवस्था के कायल थे। भारत के लिए संसदीय लोकशाही स्थापित करने की प्रार्थना उन्होंने अंग्रेजी शासन से की। बुध्दिवाद, नैतिकता, समानता, सत्य में आस्था उनकी विचारधारा के प्रमुख स्तंभ थे।

लोकहितवादी ने मानवीय उदार तत्त्वों को तथा संसदीय जनतंत्रवाद को स्वीकार करने के दिशा में महत्त्वपूर्ण पहल की। उन्होंने प्रायः सभी क्षेत्रों का समग्रता में विचार कर आधुनिक समाज के निर्माण के लिए आवश्यक दिशाओं का सशक्त संकेत किया। आगे चलकर महादेव गोविंद रानडे ने इन्हीं दिशाओं में प्रखर चिन्तन किया और संकल्पनाओं को व्यावहारिक रूप प्रदान कर महाराष्ट्र समाज में ऊर्जा उत्पन्न करने का कार्य किया

सामाजिक राजनैतिक धार्मिक और सांस्कृतिक प्रगतिशीलता का यह चिन्तन इतना विवेकपूर्ण था कि महाराष्ट्र की पुनरुज्जीवनवादियों तथा सनातनी विचारधारा को अपनी पुराणप्रियता ता परिचय देने में संकोच होने लगा। विष्णुबुवा ब्रह्मचारी जैसे वेदों में गहन आस्था दिखानेवाले व्यक्ति को भी समता, लौकिक अभ्युदय, आदि को स्वीकार करना पडा।

महाराष्ट्र में ब्राह्मणवग्र या उच्च वर्ण में पैदा हुए चिन्तकों में आधुनिक विचार के परिणामस्वरूप जातपौत विरोधी सेक्यूलर मानवतावादी दृष्टिकोण जोर पकड रहा था परंतु भारतीय समाज की जाति-व्यवस्था का स्वरूप ही कुछ ऐसा है कि उदार मानवतावादी दृष्टिकोण जात के माध्यम से ही लोगों तक पहुँच पाता है। जब कुंजडा जाति में ज्योतिबा राव फुले (१८२७-१८९०) जैसा महान नेतृत्त्व अपनी जन्मजात प्रतिभा के बल पर उभरा तभी निम्नवर्ण (दलितों के वर्ग से उपरवाले तब के) पर उसका प्रभाव पडा। ज्योतिबापर मुसलमान गुरु गफार बैग और ख्रिश्चन मिशनरी रेवरंड लिग्येन का प्रभाव पडा था। थामस पेन के मानव अधिकार विषयक चिन्तन से वे प्रभावित थे। कुछ ब्राह्मण मित्रों से भी आत्मीयता थी। परंतु ब्राह्मण के विवाह में अपमानित होने के कारण उनके जीवन में मोड आया।

१८४८ में उन्होंने निम्न जाति एवं हरिजनों के लडकों के लिए स्कूल खोला। १९५१ में लडकियों के लिए स्कूल खोला। महारों, मांगों एवं अन्य लोगों को पढाने के लिए प्रयास किए। १८५५ में रात्रिशाला खोली। १८६० एक विधवा का पुनर्विवाह करने में सहयोग दिया। १८६३ में अनाथ बच्चों के लिए गृह की स्थापना की। हरिजन बच्चों के पीने पानी का प्रबंध करने के लिए १८६० में अपने घर का हौज खुला कर किया। १८७३ में "गुलामगिरी" नामक पुस्तक प्रकाशित की, १८७३ में ही ढोंगी ब्राह्मणों एवं उनकी अवसरवादी स्मृतियों से निम्न वर्ग को वचाने के लिए सत्यशोधक समाज की स्थापना की। १८८८ में उन्हें जनता ने महात्मा खिताब प्रदान किया। उनका ग्रंथ "सार्वजनिक सत्यधर्म" उनकी मृत्यू के दो वर्ष बाद १८९२ में प्रकाशित हुआ। जीवन भर वे दलितों के लिए कार्य करते रहे नारियों की दुर्दशा का भी उन्होंने सदैव भान रखा। इसी परंपरा में नारी शिक्षा और नारी जागरण आंदोलन का प्रारंभ हुआ। धोंडो केशव कर्वे जैसा कर्मठ व्यक्तित्व नारी शिक्षा एवं नारी के सर्वांगीण विकास के लिए बीसवीं सदी में समर्पितहुआ।

महाराष्ट्र में ब्राह्मणेतरों को संगठित कर आंदोलन उभारने में ज्योतिबाने पहल की। सामान्य जनता से एकात्म हुए ज्योतिबा फुले ने ब्राह्मणों को सदैव तिरछी आँख से देखा। आगे चल कर सत्यशोधक समाज बहुत अधिक ब्राह्मण द्वेष्टा बना। दलितों में अपनी पहचान के लिए प्रेरणा उत्पन्न करने वाला यह पहला महान व्यक्तित्व था।

भारतीय राजनीति की नींव रखनेवालों मे दादाभाई नौरोजी १८२५-१९१७ का नाम शीर्षस्थ है। बंबई के पार्शी समाज के दादाबाईने बंबई के और देश की राजनीतिमें महत्वपूर्ण भूमिका अदा की। भारतीय राष्ट्र वाद के जनकों में से एक दादाभाई अनेकानेक पदों को विभूषित करते हुए १८५५ में इंग्लंड गये। वे भारत के अनभिषिक्त अँबेसेडर थे। भारत के आर्थिक शोषण के लिए इंग्लैंड को जिम्मेदार ठहराते हुए उन्होने कहा कि प्रति वर्ष ३ से ४ करोड पौंड भारत से इंग्लैंड चला जाता है. काँग्रेस के तीन बार व अध्यक्ष बने और भारतीय स्वराज्य के लिए आंदोलन छेडते की प्रेरणा उन्होंने दी।

भाऊ दाजी लाड (१८२४-७४) विज्ञान के अध्येता और खोजी थें। नानाविध सामाजिक सांस्कृतिक राजनैतिक संस्थाओं से संक्रिय रूप में संबध्द थे और ऐसा कोई सार्वजनिक काम नहीं था जिससे भाऊ दाजी का संबंध न रहा हो। भारत के सनातनी समाज में उन्होंने पाश्चात्य वैद्यक को लोकप्रिय बनाया। दादाभाई नौरोजी के समान ही राजनैतिक चेतना जगाने का श्रेय भाऊ दाजी को जाता है। भारतीय स्वातंत्र्य के वे पहले उद्‌गाता थे। नारी शिक्षा के वे महान सक्रिय समर्थक थे। भारत में उन्होंने ग्रंथालय आंदोलन का प्रारंभ किया। १८४५ में स्थापित नेटिव जनरल लायब्ररी के वे संस्थापक थे। इंडोलोजी के कार्य में भी उन्हें रूचि थी। युरोप और अमेरिका के पंडितों से सन्मान पानेवाले वे पहले भारतीय पंडित थे।

अब तक किए गये स्थूल सर्वेक्षण से यह स्पष्ट होता है की महाराष्ट्र में अंग्रेजों की संस्कृति के संपर्क से जो वैचारिक परिवर्तन हुए उसके दृश्य परिणाम अधिकांशतः मध्यवर्गीय जीवन पर दिखाई देने लगे। १८५७ तक मध्यवर्ग में सभी स्तरों पर जीवनविषयक दृष्टिकोन के बदलाव के चिह्न दिखाई देने लगे। महाराष्ट्र का शिक्षित समाज अब धार्मिक और आध्यात्मिक बातों की अपेक्षा सेक्यूलर और लौकिक बातों की ओर ध्यान दे रहा था। जात, वर्ण और धर्म की संकीर्णता उसे गर्हणीय लग रही थी और उदार मानवीय मूल्यों के प्रति उसमें सम्मान पैदा हुआ था। जीवन मूल्यों के चिन्तन में नैतिकता जिसका आधार लौकिक जीवन था और मनुष्य के स्वतंत्र व्यक्तिमत्त्व का सम्मान केंद्रीय तत्त्व होने लगा था और इसी केसंदर्भ में समता तथा बंधुत्व की परिकल्पना की गयी थी। मनुष्य के व्यक्तित्त्व के विकास की शर्त स्वातंत्र्य को मानवीय मूलभूत बना था। किसी अलौकिक शक्ति के प्रति उन्मुखता के बजाय अपने विवेक को सत-असत् का निकष स्वीकार किया गया था। भारतीय वर्णव्यवस्था, जातपात का जहर, नारी की गुलामी, दलितों का आर्थिक एवं लैंगिक शोषण सब के प्रति वैचारिक विद्रोह समाज के अग्रणी चिन्तकों में उबल रहा था। राजनीति के आधार तत्त्व के रूप में शासन का जन कल्याणकारी स्वरूप आदर्श माना गया था और आदर्श राज्य व्यवस्था के रूप में संसदीय जनतन्त्र वादी व्यवस्था को स्वीकार किया गया था। इस पूरी प्रक्रिया में महाराष्ट्र में गोविंद महादेव रानडे और गोपाळ गणेश आगरकर के नाम शीर्षस्थानीय हैं। रानडे ने सार्वजनिक

संस्थाओं का विराट जाला बुनकर महाराष्ट्र के समाजजीवन में सामाजिक, राजनैतिक, सांस्कृतिक अर्थ भर दिया तो आगरकर ने विवेकवादी व्यक्तिवाद और बुद्धिवाद का आश्रय ग्रहण कर धर्म और परंपरा की निर्भय चीरफाड कर मराठी समाज को अन्तर्मुख किया। आगरकर की तर्कपूर्ण बुद्धिवादी और आक्रमक शैली का मराठी मानस पर बडा प्रभाव पडा। मराठी साहित्य में आगरकर की विचारधारा का अंतस्त्रोत है।

इस सब का प्रभाव उन्नीसवीं सदी के द्वितीयार्थ और वीसवी सदी के प्रथम दशकों के साहित्य पर पडा। मुद्रण कला के विकास से मौखिक परंपरा के स्थान पर लिखित परंपरा दृढ होने लगी। उससे एक दुष्ट परिणाम यह हुआ कि साहित्य के संस्कार से सामान्य जनता का बहुत बडा हिस्सा वंचित रहने लगा। फिर अंग्रेजी के बढते महत्त्व ने साक्षरों के बहुत बडे हिस्से को भी प्रतिष्ठ के बाहर कर दिया। मुद्रण कला के परिणाम स्वरूप निमतकालिकों का युग शुरू हुआ। निबंध, कहानी जैसी विधाएँ विकसित होने लगी। गद्य के विकास से उपन्यास जैसी महत्त्वपूर्ण विधा को प्रचण्ड रूप में बढावा दिया। नाटक का भारतीय रूप लगभग आमूलचूल बदल गया। काव्य का उद्देश्य रसानुभव न रह कर जीवनानुभव बना जिसके फलस्वरूप जीवन का भयावह रूप भी साहित्यानुभव के केंद्र की ओर तेजी से आने लगा। आगे चलकर साहित्यान्तर्गत आधुनिकता का स्वरूप अत्याधिक व्यक्तिकेंद्रित, प्रयोगधर्मी और तकनीक के मुखातिब होकर रहा। साहित्य तथा कलाओं का क्षेत्र विशिष्ट वर्ग तक सीमित रहा और बहुजन समाज से यह वर्ग कट गया। आज समाज में दोनों प्रक्रियाएँ दिख रही है। साक्षरता का घेरा बढने से ग्रामीण और दलित जनता अपने सुखदुखों, आशाआकांक्षाओं को, अपने हकों और अधिकारों को जोरदार अभिव्यक्ति देती हुई मध्यवर्गीय संस्कृति को कुछ विचलित कर रही हैंऔर जिन आधुनिक मानवीय मूल्यों को मध्यमवर्गीय संस्कृति ने अबतक संजोया है उसी की परिणति डॉ. आंबेडकर जैसे महनीय व्यक्तित्त्व के आकार ग्रहण करने में हुई जिस की अग्निशलाकाओं में मध्यवर्गीय मानसिकता झुलस रही है। बारीकी से देखें तो मध्यवर्गीय संस्कृति के पास दो रास्ते शेष हैं। एक, मघ्यवर्गीय आभिजात्य को त्याग कर सर्वथा दलित और शोषित जनता की तरफ खडा होना। यह व्यक्तत्त्वांतरण की समस्या है। जो बेहद जटिल और पीडादायी है। दूसरा रास्ता इस प्रक्रिया को किसी न किसी बहाने रोके रख कर जहाँ तक संभव बने टिके रहना। भारतीय जन समाज को शक्ति और सत्ता से यथसंभव दूर रखना, तथाकथित आधुनिकता दूसरा रास्ता अपना रही है। इस वर्ग ने एक रास्ता और अपनाया है - विज्ञान और तकनीकी शिक्षा प्राप्त कर विदेश में विशेषतः अमेरिका में पलायन। यह विरोधाभास लग सकता है कि आधुनिकता की एक परिणति सामान्य मनुष्य की मुक्ति में दिख रही है तो दूसरी यथाशक्ति मुक्ति का रास्ता रोकने में या पलायन में। लेकिन यह वास्तविकता है क्यों कि पिछले सौ वर्षों में आधुनिकता की संकल्पना ने ही पता नहीं कितने चोले बदले हैं। कुछ ऐसा भी लगता है कि आधुनिकता नाम का हाथी मर गया है और हमारे भिन्न भिन्न प्रकार के आशयों को पुनः नामांकित करके ही बहस अर्थपूर्ण हो सकती है।

मराठी कविता में सर्वधर्म समभाव

भारतीय संस्कृति का एक महत्वपूर्ण वैशिष्टय यह बताया जाता है कि यहाँ कि प्रकृति से संवादी जीवन व्यवस्था में समन्वय भावना हजारों वर्षों से विकसित होती रही है। जीवन का संघर्ष प्रकृति की समृद्धता के कारण जित और जेता का न रह कर संवाद भाव से रहने में रूपांतरित होता रहा। परिणामतः यहाँ अनेक बार अनेक जातियाँ आयीं और किसी न किसी तरह से यहाँ की मिट्टी से जुड़कर हिलमिल गयीं और सांस्कृतिक समन्वय से एक सामासिक संस्कृति बनती गयी। चिन्तनशीलता और भावनात्मक धरातल पर एकता के सहज ज्ञान से आने वाला अनुभव विविध विचार धाराओं, विश्वासों, श्रद्धाओं और अभिवृत्तियों में एकता स्थापित कर सका। विविधता में एकता की खोज भारतीय मानस की एक व्यावर्तक विशेषता रही है। वैदिकों और अवैदिकों का उपनिषदों में एकान्वयन हुआ। "एकं सद् विप्रा बहुधा वदन्ति" यहां की अनुभूत वास्तविकता रही। अपने स्वीकृत मन में गहन निष्ठा के साथ-साथ दूसरे के विश्वास के प्रति खुलापन और सहिष्णुता भारतीय समाज के लिए स्वभावगत प्रवृत्ति रही। मनुष्य में सब के मूल में आत्मा की खोज और उसमें गहन आस्था और बाह्य लोक में परमात्मा या ब्रह्म की परिकल्पना और फिर आत्मा और ब्रह्म की एकता का विश्वासपूर्वक प्रतिपादन भारतीय मनीषा की समग्रता और एकता की विराट परिकल्पना का परिणाम है। वैदिक मत से विद्रोह की भूमिका पर स्थित बौद्ध और जैन मत भी आगे चल कर समन्वित स्थिति में देखे गये। असल में भारतीय संस्कृति से महत्वपूर्ण बिंदुओं पर भिन्न लगने वाले मुसलमान धर्म को भी भातीय संस्कृति ने अद्‌भुत ढंग से अपने में मिलाया। उसका एक महत्वपूर्म आयाम रहस्यवादी सूफी परंपरा में प्रकट हुआ और दूसरा आयाम ईश्वर और अल्ला की एकता की परिकल्पना में प्रकट हुआ। असल में भारतीय जन जीवन ने विभिन्न मान्यताओं वाले तत्व चिन्तनों को प्रत्यक्ष में उतना अलग नहीं रहने दिया। मंदिर हो या मस्जिद, समाधि हो दरगाह सामान्य जनता के लिए सारे स्थान पवित्र ही रहे। इसीलिए देखा जाता है ऐसे अनेक धार्मिक पर्वे, उत्सव या पूजाएं हैं जहां हिंदू मुसलमानों का विलक्षण जुड़ाव जनजीवन में देखा जाता है। दुर्भाग्य से ऐसे बिंदुओं को अधिक उजागर करने के स्थान पर विभाजन की बातों पर ज्यादा रोशनी पिछले चालीस पच्चास वर्षों में डाली गयी (इसमें बुद्धिजीवी वर्ग का बड़ा हाथ है जो कलुषित आकांक्षाओं से प्रेरित होता है) भारतीय मिट्टी का वैशिष्ट्य है कि यहां जो भी आता है अपनी अस्मिता को सुरक्षित रखकर भी यहाँ के जनजीवन से जुड़ जाता है। असल में यह जुड़ाव का भाव भारत की विभिन्न कड़ियल जातियों में भी कहीं-कहीं दृष्टिगोचर होता है।

अनेक पंथों, संप्रदायों, अम्नायों, अखाड़ों का निर्माण होना भारत की सांस्कृतिक उदारता का परिणाम है। उसी प्रकार विविधता के घरातल पर एकता के सूत्रों का मजबूती से विद्यमान रहना भी यहाँ की मिट्टी का वैशिष्ट्य है।

जब से भारतीय भाषाओं का स्वतंत्र विकास होने लगा तब से आरंभिक संत साहित्य में यही प्रक्रिया भारत भर में परिलक्षित होती है (नाथ, महानुभाव जैसे पंथ, नामदेव जैसे संत का प्रभाव, जैन और बुद्ध का प्रभाव, शंकराचार्य की भारतीय जनता को एकता में बांधने के प्रयास, भागवत धर्म का अखिल भारतीय रूप इ.) महाराष्ट्र की भूमि, संस्कृति और परंपरा उक्त बातों

को ही पुष्ट करती है। महाराष्ट्र प्रायः शिव भक्त है। हर गांव में कहीं गांव से कुछ दूरी पर परंतु गाँव की सीमा में ऊंचे स्थान पर या पहाड़ी पर शिव मंदिर दिखाई पड़ता है। यहां के आदिवासियों का दैवत विठोबा विष्णु का ही रूप माना जाता है। शैव-वैष्णव संघर्ष महाराष्ट्र में कभी नहीं हुआ। दुर्गा, योगेश्वरी, महालक्ष्मी, भवानी, रखुमाई जैसी मातृ स्वरूप देवियों को भी यहां परम आदर का स्थान प्राप्त है। अजंता की गुफाओं से बौद्धों का शांतिमय वास्तव्य उदाहृत होता है। यह बात दूसरी है कि आठवीं शती के बाद, शंकराचार्य के वैदिक धर्मके पुनरुत्थान करने के बाद, न बौद्धमत शक्तिशाली रहा, न जैन मत। लेकिन आपसी संघर्ष का कोई विशेष उल्लेखनीय उदाहरण नहीं मिलता। यह बात अलग है कि राजनयिक शक्ति के कारण संघर्ष छिड़ा हो परंतु जनजीवन में उसका प्रभाव नहीं था। नाथों का संप्रदाय महाराष्ट्र में एक समय प्रबल रहा होगा क्योंकि मराठी के महान आदि कवि ज्ञानेश्वर के गुरु एवं बड़े भाई निवृत्तिनाथ को साक्षात् गहिनीनाथ से उपदेश प्राप्त हुआ था और ज्ञानेश्वर योगमार्ग से भी बहुत प्रभावित थे लेकिन ज्ञानेश्वर ने संत वारकरी संप्रदाय का ही अद्भुत विकास किया। महाराष्ट्र में चक्रधर जी ने महानुभव पंथ (पंजाब में जय कृष्ण पंथ) की स्थापना तेरहवीं शती के उत्तरार्ध में की। कृष्ण इसके आराध्य हैं। आगे चलकर महानुभव पंथ का महाराष्ट्र में विकास अवरू द्ध हो गया। एक तो इसके अनुयायियों ने गूढ़ लिपि में ग्रंथ रचना की और दूसरे बारकरी पथ के आगे महानुभव पंथ का प्रसार नहीं हो पाया। कहीं महानुभव पंथ के प्रति एकनाथ जैसे महान संत कवि ने व्यंग्यात्मक भाषा का प्रयोग भी किया उदाहरण के लिए "जालों म्हणाली मानभव/अंतरी शुद्ध नाहीं भाव/मानभाव बाई/आम्हा भिक्षा वाढ़ा काही/मूळींचाचि मानभाव वस्त्रें केली काळी/कोरके मागूनि झोळी भरली/होअनि मानभाव/अवधा बुडविला ठव/" -- अर्थात् यहां "महानुभाव" को "मानभाव" कहा है जो मराठी में दांभिक का पर्याय है। फिर उनकी भिक्षा वृत्ति पर व्यंग्य है। फिर यह भी कहा है कि उन्होंने स्थान को डुबो दिया अर्थात् एकनाथ जी के प्रचंड ग्रंथ संभार में इसप्रकार की उक्तियां अपवाद रूप में ही मिलती हैं। यह सही है कि आरंभ में बहुत शक्तिशाली महानुभव पंथ और नाथ पंथ भी वारकरी संप्रदाय के सामने महाराष्ट्र में नहीं टिक पाये परंतु यह वैमनस्य कभी हिंसक रूप नहीं ले पाया क्योंकि सभी धर्मो के प्रति आदर की भावना महाराष्ट्र मानस की विशेषता रही है।

महाराष्ट्र में जो वारंकरी पंथ विलक्षण रूप में विकसित हुआ उसका प्रवर्तन करने वाले ज्ञानेश्वर के दर्शन में प्रमुखता समन्वय भाव को ही मिलती है। विठ्ठल भक्ति वारकरी संप्रदाय का केन्द्र है। हर और हरि, शिव और शक्ति, निर्गुण और सगुण, अद्वैत और द्वैत, निवृत्ति और प्रवृत्ति सभी विरोधी तत्वों का समन्वय इस पंथ में हुआ है। योग और भक्ति, ज्ञान और कर्म भी समन्वित हुए हैं। इसमें स्त्रियों को भी भक्ति का अधिकार दिया गया है, शूद्रों को भी भक्ति और मुक्ति का अधिकार दिया गया है। स्वयं चोखा महार (महाराद्र में एक अस्पृश्य जाति जो अबतक सबके नीचे दबी रही परंतु इसी की सृजनात्मक उर्जस्वी प्रवृत्ति दलित साहित्य के रूप में अवतरित हुई) ने वारकरी पंथ का रोमहर्षक चित्रण क्यिा है:

विठ्ठल-विठ्ठल गजरी/अवधी दुमदुमली पंढरी
होतो नामाचा गजर/दिंडयापताकांचे भार
निवृत्ति ज्ञानदेव सोपन/अपार वैष्णव ते जन
हरिकीर्तनाची दाटी/तेथे चोखा घाली मिठी.

अर्थात समूचा पंढरपुर विठ्ठल के गजर से भर गया। नाम का गजर होने लगा, पताकाओं को लिये हुए भक्तों की पंक्तियां दृष्टिगोचर हुई। वहां चोखा (महार होकर भी) गले लग जाता है। (भक्तों में एक दूसरे के गले से लगकर प्रेम व्यक्त करने की परिपाटी है) वारकरी पंथ समन्वय का अद्भुत रूप है। विविध हिंदू जातियों, लोक समुदायों के आराध्य दैवतों का समन्वित रूप वारकरी पंथ का आराध्य दैवत है-विठ्ठल । गोप, मछुवारे, धनगर इत्यादि निम्न जात के लोगों ने भी विठ्ठल में अपने दैवत को देखा और शिवभक्तों ने शिव का रूप भी। नामसंकीर्तन की महत्ता को व्यक्त करते समय ज्ञानेश्वर ने लिखा है: 'कृष्ण-विष्णु-हरि-गोविंद। एयां नामांचे निखिल प्रबंध." अर्थात् कृष्ण, विष्णु, हरि या गोविंद किसी भी नाम से देवता का संकीर्तन किया जा सकता है। इसी विठ्ठल देवता को अपनी भक्ति में रंग कर प्रस्तुत करते हुए अनेक भक्त कवियों ने अपनी-अपनी मानसिकता के अनुसार अलग-अलग रूप दिया। अनेक कहानियों, प्रसंगों,घटनाओं का काव्यात्म सृजन किया। महिलाओं ने विठ्ठल को अपनी भावना में रंग कर अपने निकट देखा-मानवीय रूप दिया। विठ्ठल और रखुमाई के प्रेम प्रसंगों को लेकर अपने मन की अनेक मधुर कल्पनाओं को चित्रमय अभिव्यक्ति दी। कुछ ऐसी रचना भी मिलती है जहां विठ्ठल-रखुमाई के साथ जनाबाई को जोड़कर प्रेम त्रिकोण की परिकल्पनाएं की गयी हैं। सारांश विठ्ठल सामान्य जनता का भावनात्मक आलम्बन दैवत था। इससे एक बात स्पष्ट हो जाती है। भारत में जनता विशिष्ट देवता का एकांतिक समर्थन या विरोध नहीं करती। अपनी रुचियों, प्रवृत्तियों, स्वप्नों, विचारों, उद्देश्यों के अनुसार देवता की मूर्ति और जीवन को ढालती है, अपने मिथकों की सर्जना करती है। "विठ्ठल " यही वह मूर्ति है। परिणामतः सब प्रकार की समभावना को यहां स्थान है। दुर्गा भागवत जी ने तो विठ्ठल को महाराष्ट्र , आंध्र, कनार्टक की एकात्म संस्कृति का प्रतीक ही माना है।

मराठी की संत कविता का अधिकांश हिस्सा वारकरी संप्रदाय से जुड़ा हुआ है और यह संप्रदाय महार से लेकर ब्राह्मण तक सभी जातियों से पुष्ट हुआ है। इतना ही नहीं, तेरहवीं शती से शुरू हुए इस संप्रदाय में कीर्तन करने वाले मुसलमान संतों की संख्या भी प्रचुर है और यह परंपरा आज तक मिलती है। आज भी मुसलमान कीर्तनिये महाराष्ट्र में मौजूद हैं। पावस गाव में स्वरूपानंदजी की समाधि है। वहाँ ॐ रामकृष्ण हरि का जप किया जाता है। इसमें सर्वाधिक जप एक मुसलमान भक्त ने किया है - यह आज की घटना है। असल में महाराष्ट्र के जनमानस का शील संस्कार करने में वारकरी संप्रदाय या भागवत धर्म ने बहुत ही महत्वपूर्ण भूमिका अदा की है।

ज्ञानेश्वर ने गीता पर टीका करने के उद्देश्य से जो महान ग्रंथ लिखा वह काव्य का एक अप्रतिम मानक सिद्ध हुआ और आज तक उसकी काव्य संपदा की समकक्षता करने वाला दूसरा कोई ग्रंथ नहीं है। लेकिन इस गीता भाष्य "ज्ञानेश्वरी" के बहाने ज्ञानेश्वर ने जीवन की ओर देखने का एक विराट समन्वित दृष्टिकोण प्रस्तुत किया। "ज्ञानेश्वरी", "एकनाथी भागवत" (भागवत एकादशस्कंध की टीका) और तुकाराम की गाथा वारकरी संप्रदाय की अर्थात भागवत संप्रदाय की प्रस्थानमयी है। यह संप्रदाय इतने व्यापक सिद्धांतों पर आधारित है कि किसी भी धर्म के मूल तत्वोंका समावेश इसमें किया जा सकता है। समूचे संत साहित्य में धर्म के संबंध में यह मूलभूत समभाव

व्याप्त हुआ है। यही कारण है कि आधुनिक युग में महाराष्ट्र के गणेशोत्सव में मुसलमान और क्रिश्चन भी प्रेमपूर्वक शामिल होते हैं।

ज्ञानेश्वर की काव्यकला, भक्ति भावना, संत तत्त्व, आदर्श की भव्यता ओर धर्म भावना का वीज रूप जिन पंक्तियों में साकार हुआ है उनका तीव्र स्मरण यहां होता है। ज्ञानेश्वरी के अंतिम अध्याय में लगभग अंत में वे आवेग से गा उठते हैः पसायदान

आतां विश्वात्मकें देवें/येणे वागयज्ञें तोषावें
तोषोनि मज द्यावें/पसयदान हैं।।
जे खळाची व्यंकटी सांडो/ तथा सत्कर्मी रती वाढो।
भूतां परस्परें पडो/मैत्र जीवाचे।।
दुरितांचे तिमिर जावो/विश्व स्वधर्मसूर्ये पाहो।
जो जें वांछिल तो तें लाहो/प्राणिंजात।।
वर्षत सकळमंगळीं/ईश्वरनिष्ठेची मांदियाळी।
अनवरत भूमंडळी। भेटतु भूतां।।
चलां कल्पतरूचे आरव/चेतना चिंतामणीचें गाव।
बोलत जें अर्णव/पीयूषाचे।।
चंद्रमें जे अलांछन/मार्तंड जे तापहीन।
ते सर्वाही सदा सज्जन/सोयरे होतु।।
कि बहुत सर्वसुखीं/पूर्ण होऊनि तीही लोकीं।
भजि जो आदिपुरूखा/अखंडित।।
आणि ग्रंथोपजीविये/विशेष लोकीं इथे।
दृष्टादृष्टविजयें/होआवें जी।।
येथ म्हणे विश्वेरावो/हा होईल दानपसावो
येणें बरे ज्ञानदेवो/सुखिया झाला।।

अब विश्वात्म देव (श्री निवृत्तिनाथ) मेरे इस वाक्-यज्ञ से संतोष करें और संतुष्टि से मुझे प्रसाद दान दें। जो खल हैं उनकी वक्रता (कुटिलता) नष्ट हो, सत्कर्म में उनकी रति बढ़ जाय, भूत मात्र में पारस्परिक मित्र भाव उत्पन्न हो। संकटों का अंधेरा नष्ट हो, विश्व स्वधर्म रूपी सूर्य की दृष्टि से देखे। जो प्राणिजात (जीव) जो कुछ भी इच्छा करेगा (स्वधर्म सूर्य की दृष्टि पैदा होने पर किसी की भी इच्छा स्वादिच्छा ही होगी।) वह उसे प्राप्त हो। सब प्रकार के मंगल की वर्षा करने वाले ईश्वर निष्ठें का समूह भूमंडल में सभी भूतों (जीवों) को अनवरत मिलता रहे। चलने वाले कल्पतरुओं के उद्यान, चेतना रूपी चिंतामणि के गांव, अमृत के बोलने वाले समुद्र, लांछन रहित चंद्र, तापहीन सूर्य -- ऐसे सज्जन सबके सगे हों अथवा तीनों लोक सर्वप्रकार से पूर्णतः सुखी होकर आदि पुरुष का भजन करते रहें। और वह ग्रंथ जिनके जीवन का प्राण है, वे इहलोक और परलोक के भोगों पर विजय प्राप्त करें। इस पर श्रीनिवृत्तिनाथ (विश्वेरावो) ने कहा, "तुम्हें यह दान प्रसाद/पसायदान प्राप्त होगा।" इस वर से ज्ञानदेव सुखी हो गये।

वारकरियों की भक्ति भौतिक और दार्शनिक सभी प्रकार के द्वन्द्वों को पार कर आत्मानंद के महासागर में परिणत होती है। यह आत्मानंद अपने आराध्य विठ्ठल के साथ एकतान होने की प्रक्रिया में उन्हें प्राप्त होता है। विराट से एकतान होने का अनुभव ज्ञानेश्वर ने अंत में प्रकट किया है जो सभी धर्म के मूल में है। यह समूचे महाराष्ट्र मानस की भावभूमि है जहाँ सभी धार्मिक द्वन्द्व और तनाव और वैविध्य एकरूप हो जाते हैं।

ज्ञानेश्वर संत नामदेव के साथ तीर्थ यात्रा पर गये। नामदेव १३५० तक जीवित रहे। पहली बार दोनों ने मुसलमानी आक्रमण का भीषण रूप देखा। देवालयों को तोड़ा जा रहा था। देवताओं की मूर्तियों को तोड़ा जा रहा था। अत्याचार हो रहे थे। इसकी कुछ धूमिल झलकियाँ नामदेव की कविता में दखाई देती हैं।

देव दगडाचा भक्त हा भावेचा/संदेह दोघांचा फिटे कैसा/
ऐसे देव तेही फोडिले तुरकीं/घातले उदकीं बोभातींना/
ऐसीया देवासी वाहिऐ टिळे टोळे/भक्त बाळेभोळे नागविले/
ऐसी ही दैवते नको दावू देवा/नामा म्हणे केशवा विनवितसे।

लेकिन मूलतः नामदेव भी यही मानते हैं कि भागतव धर्म महान समन्वयशील और मानवीय धर्म है:

ब्राह्मण हो शूद्र वैश्य नारी नर/सर्वासी आधार नामसत्य।
सोवळे ओवळे उच नीच वर्ण/नाहीं येथे गुणदोष काही।

ब्राह्मण, शूद्र, वैश्य, नर-नारी इन सबका आधार है नाम। यहाँ पवित्र अपवित्र या उंच वर्ण नीच वर्ण जैसा भेद नहीं है। एक हिंदी पद में नामदेव लिखते हैं। "ना कहे जाती/ ना कहो पाती/ राजाराम खडे दिन राती।"

संतों ने जीवन की वक्रता और कुटिलता देखी, विषमता और हिंसा भी देखी परंतु धर्म की सही संवेदना ने उनका मानस कुछ ऐसा सात्विक बनाया था कि उस सात्विकता के शील समुद्र में सारा विद्रूप पिघल कर कायाकल्प कर लेता था जो भयावह है, विरूप और हिंस्त्र है वह स्थायी नहीं है। यह विश्वास उनको अपनी आदर्श भव्योज्ज्वलता में आश्वस्त करता रहा। संतों के सामने संप्रदाय, पंथ, जाति-विशेष, धर्म विशेष का उत्थान नहीं था। उनकी धार्मिक संवेदना विश्व व्यापक थी और समूची मानव जाति के अभ्युदय की मंगल भावना से वे उमग कर गाते थे। नामदेव के एक कृषि जीवन के सांग रूपक में यही भावना उत्कट रूप में प्रकट हुई है:

या वो क्षेत्र केलें जुपलीं आड़तें/अठरा धान्य तेथें पेरियली
मेघः शाम मेघ वर्षे सर्वा धारी/बीज विटेवरी सासिन्नलें।।
जगाचे जीवन पंढरी पिकती/चराथा सोकलीं भूते जाणा।।
घालोनिया माला रक्षी कविकाळा/काय कतिमळा संसाराची
पा्पा सोकरणे भक्ति हे गोफण/भूस सांडी कण वेंचिताती
वेदशास्त्र ऐसें बोल बोलविना/गूढ वेगळिता लाभ होता
नाम म्हणे स्वामी विठ्ठल सुकाल/अन्न ब्रह्म फल त्रिभुवनी।

इस क्षेत्र में हल जोत कर अठरह प्रकार के अनाज बोये। मेघः (कृष्ण) वर्षा करते हैं। **विठ्ठल जिस** ईट पर खड़े हैं वहाँ बीज उगाए। विश्व का जीवन अत्याधिक सुखमय हुआ और सारे जीव चरने के लिए तैयार हुए। माल पहन कर (वारकरी गले में माला डालते हैं) कलिकाल से (मृत्यु) रक्षा की जाती है। पाप के लिए भक्ति गोफन है। भूसा छोड़ अनाज (जीवन की सफलता) बीन लिया जाता है। नामदेव की मान्यता है कि वेदशास्त्र ने कहा है कि ऐसा करने से (भक्ति मार्ग से) अनेक लाभ होते हैं। विठ्ठल सुकाळ (अच्छा समय-ब्रम्हज्ञान का समय) है। ब्रम्ह अन्न त्रिभुवन में फल की तरह प्राप्त होता है।

इस प्रकार के पदों में स्पष्ट होता है कि संतों के सामने समस्त विश्व है - संकुचित क्षेत्र, संप्रदाय, समुदाय नहीं है जो रेखांकित शब्दों से स्पष्ट हो जाता है।

नामदेव संतों की कार्यप्रणाली के बारे में लिखते हैं :

आम्ही परीट चौखट/शुद्ध केले खटन्नट
बोध साबण ठउनी आयीं/डाग उडविला पाही
शांतिशिळेवरी धुतले/ज्ञानगंगे निर्मल जालें।
परब्रम्ह होऊनी ठेलो/नामा म्हणे सुखरूप झाले।

हम धोबी हैं, दुष्ट लोगों को धोकर साफ करते हैं। बोधरूपी साबुन लगाकर दाग को नष्ट कर देते हैं। शांति रूपी शिला पर धो देते हैं। ज्ञानगंगा से निर्मल करते हैं। नामदेव कहते हैं हम परब्रम्ह होकर सुखरूप हो जाते हैं।

संतों के सामने ब्रम्ह की प्राप्ति का उद्देश्य था अतः समस्त विश्व को उसी उद्देश्य से वे देखते थे। स्वाभाविकतः समस्त विश्व ही उनकी नजर में था -- संकुचित संप्रदाय, धर्म, मजहब नहीं। यही कारण है कि चोखा महार की मृत्यु पर नामदेव उसी प्रकार व्यथित हुए जिस प्रकार वे ज्ञानदेव की समाधि के अवसर पर रोये थे।

चोखा माझा जीव, चोखा माझा भाव/कुलधर्म देव चोखा माझा
काय त्याची भक्ति काय त्याची शक्ति/मीहि आलो व्यक्ति तयासाठी
माझ्या चोखियाचे करिती जे ध्यान/तथा कधी विघ्न पड़ो नहीं।

चोखा मेरे प्राण, भाव, कुलधर्म देवता सब कुछ हैं। उनकी भक्ति और शक्ति महान है। मैं भी इस जगत् में उन्हीं के लिए आया हूँ। जो मेरे चोखा का ध्यान करेंगे उन पर कभी-संकट नहीं आएगा।

दोनों की मित्रता वर्ण, जात और छुआछुत आचार को भेद कर अगर घनीभूत हुई थी तो उनकी व्यापक धर्म-भावना के कारण। चोखाने भी नामदेव के संबंध में कहा था:

आजि सोनियाचा दिवस धन्य झाला। प्रत्यक्ष भेटला नामदेव।
माझे मज दिले माझे मज मिले। माझे मज दिले प्रेम सुख।।

आज का सुवर्ण दिन धन्य हो गया क्योंकि नामदेव से मेरी भेंट हो गयी। उन्होंने मेरा प्रेमसुख मुझे दिया।

समस्त भक्तों की मित्र-भावना सभी प्रकार की भेद-कल्पनाओं को भेद कर दृढ़ होती दिखती है। संत साहित्य और संत आचरण में सर्वत्र यही समभावना दृष्टिगोचर होती है। वेश्या पुत्री कान्होपात्रा भी इसका अपवाद नहीं है। स्त्री-पुरूषों का हजारों वर्षों का उच्च-नीच भाव भी इस संत-जीवन में समाप्त हुआ। यही कारण है कि मुक्ताबाई को स्नान करते समय देखकर संकोच करने वाले चांगदेव पर मुक्ताबाई हँस कर व्यंग्य करती है कि उनके मन का मैल अभी नहीं छूटा। अन्यथा वे नारी के रूप में मुक्ताबाई को न देखते। आज भी संतों के मेले में यह नारी-पुरूष समभावना लक्ष्य की जा सकती है। सामान्यतः पूरे भारत में विशेषतः महाराष्ट्र में ज्ञानेश्वर के शब्दों में ईश्वर निष्ठों की जो मांदियाळी (समूह) स्थान-स्थान पर पैदा हुई और समूचे आचरण में जो शील की सर्वोच्चता थी उसके मूल में भागवत धर्म की भव्य विशाल, विराट और उदात्त भावना थी। समता उसका एक महत्वपूर्ण स्तंभ था। ये सारे संत अपनी जाति का उल्लेख भले ही करते हों परंतु उनमें कहीं भी कटुता नहीं थी क्योंकि प्रेम पर आधारित मानवीय धर्म-संवेदना उनका भोज्य थी। इसको ज्ञानेश्वर ने पंथराज कहा है इसमें ज्ञान, ध्यान, कर्म और भक्ति की चार राहें एक हो गयी हैं। इस संत-सागर में सभी वर्ण, धर्म जाति, उच्च नीच, लिंग भेद की नदियाँ मिल गयीं।

संत साहित्य का वैशिष्टय यह है कि यह साहित्य निजानंद में तल्लीन होने वाले भौतिक सुखों के प्रति उदासीन अन्तर्मुखी व्यक्तियों के अनुभव का साहित्य अधिक है। बाह्य चुनौतियों की अपेक्षा आंतरिक चुनौतियों का सामना करने वाले संतों का साहित्य है। तुकाराम आंतरिक चुनौतियों का विशाल संवेदना-परिदृश्य उपस्थित करने वाले महानतम साहित्यकार हैं। ज्ञातव्य है आज तक सभी संप्रदायों, जातियों, धर्मों के लोग जो भक्तिपंथ में रम रहे हैं, 'ज्ञानोबा-तुकाराम' ''ज्ञानोब-तुकाराम'' की उद्घोषणा को उतना ही महत्व देते हैं जितना राम-नाम या हरिनाम को और यह उद्घोषणा करते हुए मेले में नाचते गाते हैं। एक ब्राह्मण और एक कुनबी-वैश्य! दोनों को श्रेय नामावली में सर्वोच्च सम्मान महाराष्ट्र की जनगंगा ने उत्स्फूर्ततः दे कर दोनों की महान वाणी की अपराजेयता को घोषित किया है। संतों की कविता में धर्म संबंधी या राजनैतिक परिवेश संबंधी जो कटु सूचनाएँ आयी हैं वे अप्रत्यक्षतः आयी हैं। १३५०-१५०० के बीच मुसलमानी आक्रमण का एक क्रूर असहिष्णू, अघोरी रूप महाराष्ट्र की जनता ने देखा। मंदिरों, मूर्तियों को तोड़ना, उपनिषदों-पुराणों को जलाना, जिजिया जैसा कर लादना, धर्म परिवर्तन के लिए अत्याचार करना, इस काल में सामान्य बात थी। स्वाभाविकतः इसकी परछाइयाँ संत साहित्य में भी दिखती है। इसकी दो प्रतिक्रियाएँ हुई। एक यह कि दत्त संप्रदाय में दीक्षित सरस्वती गंगाधर ने ''गुरूचरित्र'' लिखकर धर्म के कर्मकांड के प्रति संकुचित आस्था को तेज कराने का प्रयास किया। दूसरी ओर धार्मिक भेदों की ऊपरी सतह को तोड़कर अधिक बुनियादी समन्वय का प्रयास हुआ। अधिकतर संत सहित्य दूसरी कोटि में आता है। ''गुरू-चरित्र'' एक प्रकार से धर्म के बाह्य रूप को सुरक्षित रखने की प्रेरणा से लिखा गया था। एकनाथ जैसे समन्वयवादी महात्मा ने दूसरा रास्ता अपनाया। एकनाथ के साहित्य में मुसलमानी अत्याचारों का प्रतिबिंब देखने को मिलता है और साधुओं सन्यासियों के छद्म और दोगलेपन पर भी उन्होंने व्यंग्य किये हैं। इस्लाम की आक्रामकता और हिंदुओं की आत्म विस्मृति दोनों की झलकियाँ एकनाथ के काव्य संसार में प्राप्त होती है। एकनाथ वारकरी संप्रदाय के इतिहास में दूसरी अवस्था के अग्रणी संत थे। ज्ञानदेव के बाद दो शतियाँ भागवत धर्म

के क्षीण तेज होनेका समय था। ज्ञानेश्वर के तीन सौ वर्ष बाद आनेवाले एकनाथ ने भागवतधर्म का पुनरुत्थान किया। ज्ञानेश्वर ने उन्हें सपने में आकर ज्ञानेश्वरी का पाठ शुद्ध करने का आदेश दिया। यह प्रतीकात्मक घटना हो सकतीहै परंतु है बड़ी अर्थपूर्ण। ज्ञानेश्वर के बाद उनके द्वारा प्रवर्तित धर्म की मूल शुद्धता पर जो राख जमा हो गयी थी उसे पुनः शुद्ध करने के लिए कहा हो। एकनाथ की समाधि के बाद ४५ वर्षों के उपरांत महाराष्ट्र ने स्वराज्य-सूर्य के दर्शन किये। १९२५-१६८० भागवत धर्म की तीसरी अवस्था जिसमे तुकाराम रामदास जैसे संत और राजनैतिक क्षेत्र में शिवाजी जैसा युगपुरूष पैदा हुए। महाराष्ट्र का एक वैशिष्ट्य यह भी है कि राजनैतिक हार के बावजूद सांस्कृतिक परंपरा को महाराष्ट्र ने अक्षुण रखा और इस क्षेत्र में पराजय स्वीकार नहीं की। इसका श्रेय वारकरी या भागवतधर्म के गहरे संस्कारों को जाता है। जो उच्च नैतिक मूल्य श्रेणी सामान्य समाज के अंतःकरण में संतों ने पैदा की उसी के फलस्वरूप शिवाजी के राष्ट्र निर्माण में सामान्य जनता से समर्थन मिला। शिवाजी के राजनैतिक प्रयास में निश्चय ही मुसलमानी आक्रमण का विरोध था परंतु संकुचित धर्मांधता को उन्होंने कभी नहीं स्वीकारा। शिवाजी की सेना में अनेक मुसलमान थे और तोपखाने का सर्वप्रमुख एक मुसलमान था, यह सर्वविदित है शिवाजी ने जिस अफजलखान का वध किया उसकी समाधि के लिए प्रतापगढ़ के पास स्थान ही नहीं दिया, उसके निर्माण और रखरखाव के लिए धन की व्यवस्था शिवाजी महाराज ने ही की। आज भी यह समाधि एक दर्शनीय स्थान है। यह भागवतधर्म के उदार संस्कारों का ही परिणाम था। एकनाथ महाराज पैठण के ब्राह्मण थे और ब्राह्मण वर्ग में सम्मानित भी थे परंतु उनकी धार्मिक संवेदना ने भागवत धर्म की उदारता को कभी लांछित नहीं होने दिया। संस्कृत की जबर्दस्त परंपरा के रहते हुए और पुत्र हरिपंडित के संस्कृत के प्रति विलक्षण प्रतिबद्धता के बावजूद एकनाथ ने देशी भाषा मराठी का ही पुरस्कार किया। इसका अर्थ ही यही था कि वे ज्ञान गंगा को ब्राह्मणो की शिखा में अटकाये नहीं रखना चाहते थे। सामान्य मनुष्य की भाषा में उसे लोकगंगा का रूप देना चाहते थे। एकनाथ के लोकप्रेम की और जातिप्रधा के संकोच के विरोध की कतिपय दंत कथाएँ समाज में प्रचलित हुई। वे इस बात को प्रमाणित करती हैं कि श्री एकनाथ भी भागवत धर्म की व्यापकता और भव्यता के संस्कारों से संपन्न व्यक्ति थे। एकनाथ ने ''हिंदी-तुर्क'' संवाद लिखा है (जिसमें सूफी और मुसलमान के बीच का संवाद दक्खिनी हिंदी में है) इसमें भी समन्वयशील भूमिका ही दिखती है।

तुकाराम ने भक्ति मार्ग की श्रेष्ठता बतलाते हुए विषमता पर आधारित वर्ण-जाति व्यवस्था को सोदाहरण लताड़ा है।

पवित्र ते कुछ पावन तो देश/जेथे हरिचे दास जन्म घेती।।
कर्मधर्म त्याचे जाल नारायण/त्याचेनी पावन तीन्ही लोक।।
वर्ण अभिमाने कोण जाले पावन/ऐसे या सांगुन मजपाशी।।
अंत्यजादि योनि तरल्या हरिभजनें/तयाची पुराणे भाट जाली।।
वेश्य तुळाधर गोरा तो कुंभार/धागा ही चंभार रोहिदास।।
कबीर मोमीन लतिक मुसलमानो सेना न्हावी जाण विष्णुदास।।
कान्होपात्रा खोदु पिंजारी तो दादु/भजनी अभेदू हरिचे पायी।।

चोखामेळा बंका जातीचा माहार/त्यास्त सर्वेश्वर ऐक्य करी।।
नामयाची जनी कोण तिचा भाव/जेवी पंढरीराव तिथेसवें।।
मैराळ जनक कोण कुळ त्याचें/महिमान तपाचे काय सांगो।।
यातायती धर्म नाही विष्णुदास/निर्णय हा ऐसा वेदशास्त्री।।
तुका म्हणे तुम्ही विचारुवे ग्रंथ/तारिले पतित नेणों किनी।।

तुकाराम कहते हैं कि जहाँ हरि के दास जन्म लेते हैं वह कुल और देश पवित्र है। जिसने कर्मधर्म सबमें नारायण को ही देखा है उसके तीनों लोक पवित्र हो गये। मुझे यह बताओ तो सही कि वर्ण के अभिमान से कौन पवित्र हुआ? अंत्यज योनियाँ भी हरि के भजन से तैर गयीं - उनका उद्धार हुआ। उनके पुराण प्रिय हो गये। तुळाधर वैश्य थे, गोरा कुंभार जात के थे, हाहिदास चमार थे, कबीर मोमीन लतिफ मुसलमान हैं, सेना नाई है। कान्हो पात्रा (वैश्या पुत्री) हल्के जन्म की थी, दादू पिंजारी था। हरि के चरणों में भजन करते समय अभेद है। चोरवा मेला महार जाति का था। सर्वेश्वर ने उसके साथ एकता स्थापित की। नामदेव की दासी जनी की प्रतिष्ठ तो ऐसी थी कि वहां पंढरीनाथ भोजन कर चुके हैं। वह मैराळ है -- उसका कुल क्या है? लेकिन उसका महत्त्व मैं क्या वर्णन करूं? विष्णु के दासों की जातपांत नहीं होती। यह वेदशास्त्र का निर्णय है। तुकाराम कहते हैं कि कितने पतितों का उद्धार भगवान ने किया है, यह कहा ही नहीं जा सकता।

संत साहित्य का अध्ययन करते समय एक ध्यान में रखनी चाहिए। आज हमारी धर्म संकल्पना केवल हिंदू, मुसलमान तक सीमित है। उस समय समस्त संप्रदाय भी धर्म शब्द के घेरे में आ जाते थे। महाराष्ट्र की संत परंपरा में तुकाराम की रचना सबसे अलग इस अर्थ में है कि उन्होंने किसी विशेष ग्रंथ पर भाष्य या प्रबंध कविता न लिखकर आत्मपरक मुक्तक कविता लिखी। एकप्रकार से "तुकाराम गाथा" तुकाराम की संवेदना का काव्यात्मक इतिहास है। उनकी रचना का वैशिष्ट्य यह है भक्ति भावना से संस्कारित आस्तिक पाठक उनकी रचना के प्रेमी हैं और आधुनिक संस्कारों के नास्तिक पाठक भी उनकी रचना की काव्यात्मकता के विलक्षण प्रेमी हैं। तुकाराम ने लोक भाषा की नस पकड़ कर व्यावहारिक दृष्टांतों से जीवन पर भाष्य किया। जीवन के हर्ष खेद, सुख-दुख के सैकड़ों प्रसंगों और जीवनानुभवों को तुकाराम ने मार्मिक ढंग से वाणी दी है। तुकाराम के काव्यात्मक निरीक्षणों, उक्तियों और निर्देशों का मराठी भाषा पर बहुत प्रभाव पड़ा है और बहुजन समाज के मानस पर भी। तुकाराम ने अक्षरक्षः हजारों सुभाषित मराठी भाषा को प्रदान किये।

तुकाराम भक्ति को चरम श्रेष्ठ मूल्य मानते थे और इस भक्ति के आंगन में सब को निमंत्रित करते थे। भक्ति विरहित किसी भी व्यक्ति का जोरदार विरोध करते थे।

अभक्त ब्राह्मण जळो त्योचे तोंड/काय त्यासी रांड प्रसविली
वैष्णव चांभार धन्य त्याची माता/शुद्ध उभयतां कुळयाती।।

अर्थात् ब्राह्मण अगर अभक्त है तो उसका मुंह जले, उसकी मां रांड है जिसने उसे जन्म दिया। चमार अगर वैष्णव है तो उसकी मां भी धन्य है। दोनों शुद्ध कुल के हैं। आगे वह यह भी लिखते हैं :

ऐसा निवाडा जालसे पुराणी/नव्हे माझी वाणी पदरींची
तुका म्हणे आगी लागो थोरपणा/दृष्टि त्या दुर्जना न पडो माझी।।

महारासि शिवे, कोपे, ब्राह्मण तो नव्हे
त्यांसि प्रायश्चित काही, देहत्याग करिता नाही.

अर्थात् तुकाराम कहते हैं कि यह बात में अपनी नहीं कह रहा है, पुराणों की बता रहे हूँ। भक्त नहीं हैं तो उसके बड़प्पन को आग लग जाये, उस दुर्जन पर मेरी दृष्टि भी न जाये। जो महार को छूने पर क्रोध करता बै वह ब्राह्मण ही नहीं है। देहत्याग से भी उसका प्रायश्चित पूरा नहीं हो सकेगा।

समस्त भागवत धर्म के संतों में समर्थ रामदास का व्यक्तित्व कुछ भिन्न है। मूलतः रामदास के विचार भागवत धर्म से भिन्न नहीं थे परंतु वे प्रखर थे, तेजस्वी थे। भागवत भक्तों की ऋजुता उनमें नहीं थी। वे राजनैतिक स्थितियों पर अधिक नजर रखे हुए संत थे। शिवाजी के गुरु भी माने जाते रहे। (यह एक विवाद्य प्रश्न है कि दोनों की कभी भेंट भी हुई थी।) वे संघटक थे और उन्होंने सैकड़ों मठों की स्थापना की और तेजस्वी वीर शिष्यों की परंपरा दृढ़ की। अनुशासनपरक सामूहिक राम भक्ति की उपासना को उन्होंने प्रोत्साहन दिया। हिंदू धर्म पर आक्रमण का जिस शिद्दत के साथ शिवाजी ने विरोध किया कुछ उसी भूमिका से रामदास ने भी किया। वे केवल भक्त नहीं थे, राजनीतिक अस्मिता और परमार्थिक विकास के साथ ऐहिक जीवन के उत्कर्ष पर उनका बल था। रामदास के आराध्य वीरशिरोमणि राम थे। उनकी आकांक्षा "रामराज्य" देखने की थी। उन्होंने रामराज्य का सुंदर स्वप्न देखा जो उनकी कविता "आनंदवनभुवन" में शब्दबद्ध है। वे उसमें स्वराज्य और सुराज्य के सपने देखते हैं। धर्माधिष्ठित राजनीति एवं ऐहिक जीवन के उत्कर्ष का प्रतिबिंब इस काव्य में मिलता है। उनका कहना है :

प्रपंच सोडून परमार्थ कराल/ तेणें तुम्ही कष्टी व्हाल।।
प्रपंच परमार्थ चालवाल/ तरी तुम्ही विवेकी।

अर्थात् व्यावहारिक जीवन छोड़ कर केवल परमार्थ के पीछे जाओगे तो तुम तकलीफ पाओगे। प्रपंच (ऐहिक जीवन) और परमार्थ दोनों को समन्वित कर चलाएंगे तो विवेकी बनोगे। उनके रामराज्य में अतिवृष्टि अनावृष्टि नहीं है, वृक्ष हैं, फल फूल हैं, व्याधियां नहीं हैं। लोग स्वस्थ हैं, अच्छी फसलें हैं, धान की कमी नहीं है। जीवों में पारस्परिक संवाद है, गॉव नगर समृद्ध हैं, पाठशालाओं में वेदशास्त्र चर्चा है। स्नानसंध्या के लिए विपुल जल है। सब लोगों में सुख ही के संबंध में रामदास जी ने जो अनगिनती सूचनाएं दी हैं, वे भागवत धर्म की भक्ति के लिए पूरक हैं। वैसे रामदास ब्राह्मण वर्ग के अभिमानी भी हैं (ब्राह्मण वेद मूर्तिमंत/ब्राह्मण तोचि भगवंत) परंतु नामस्मरण का अधिकार सबको देने को तैयार हैं। ब्रह्म में उच्च नीच नहीं है, ऐसा भी वे मानते हैं। भागवत धर्म की उदारता से रामदास भी अलग नहीं रह सके। (भेटो कोणी येक नर । धडे महार चांभार ।। त्याचे राखावें अंतर । या नांव भजन ।। दुःख नेदावे कोणाला। उंच नीच जरी जाला। अंतरात्मा बोळविला / तोचि जाणावा सज्जन) अर्थात् धेड, चमार, महार जो भी कोई मिले उसके दिल की कद्र करना ही भजन है, ऊंचा हो चाहे नीचा किसी को दुख नहीं देना चाहिए। जिसने

अंतरात्मा को पहचाना, वही सज्जन है। उन्होंने यह भी कहा है -- रामी मीनले ते असो नीच यानी/ त्यांच्या चरणांची वंदीन माती । (अर्थात् राम की भक्ति में जो रत है, उनकी जाति नीच होने पर भी उनके चरणों तले की मिट्टी का मैं वंदन करूंगा)।

महाराष्ट्र के संतों की कविता का विचार करते समय लगता है उनके सामने मुसलमानी धर्म के आक्रमण से अधिक जाति या वर्ण की अमानवीय बनाने वाली वास्तविकता थी। उसका विरोध करते हुए उन्होंने धार्मिक संवेदना को सहिष्णु और समन्वयशील बनाने का प्रयास किया।

रामदास जी ने अन्य संतों की तुलना में राजनैतिक विचार अधिक स्पष्टतापूर्वक व्यक्त किये हैं। मुसलमानों के अत्याचारों और हिंदू धर्म विरोधी आचरण के स्पष्ट चित्र उन्होंने उरेहे हैं। इसलिए उन्होंने हिंदू राज्य स्थापन करने वाले शिवाजी का खुलकर समर्थन किया। लेकिन यहां भी भागवतधर्म की उदारता का संस्कार देखा जा सकता है। हिंदुओं की तरह मुसलमानों के हृदय में भी आत्माराम है, यह उन्होंने स्वीकार किया है --

''आत्माराम ठई ठई / नाना म्लेंच्छाचे/हृदयी/'' -- अनेक म्लेंच्छों के हृदय में भी राम होता है। उनका यह भी कहना है, ''अल्ला निरंजन दोउ नाही रे / समजात समजत हारो / भाई काहे कू लड़ते। लड़ते सो पड़ते भाई।'' मंदिरों कीतरह सुंदर मस्जिदें भी बनवाने के पक्ष में वे थे --

धनधान्य रसखाने/दारू खाने जामदारखाने।
नाना अठरा कारखाने/घुमट मशिदी मनोहरें

हां, मंदिरों को तोड़ने वाले, मूर्तियों को रौंदने वाले, हिंदुओं को तकलीफ देने वाले मुसलानों के प्रति वे निर्मम हैं। ''आनंदवन भुवन'' में इसीलिए स्वप्न देखते हैं।

बुडाला औरंग्या पापी/मेंच्छसंहार जाहला
मोडली मांडली क्षेत्रे/आनंदवन भूवतीं

अर्थात् पापी औरंगजेब मर गया, म्लेच्छौ का विनाश हुआ,जो क्षेत्र तोड़े गये उनका पुनरुद्धार हुआ-- आनंदवन भुवन में।

मराठी में संत कवियों के बाद १६८० से १८०० तक के काल में कोई महत्वपूर्ण कवि नहीं दिखता। मोरोपंत, श्रीधर इत्यादि पंडित कवि प्राचीन परंपरा के संवाहक थे। काव्य की परंपरा में ही अपनी प्रतिभा के चमत्कार दिखाते थे। समकालीन जीवन के प्रति सजगता नहीं थी। धर्म एवं दर्शन के बारे में पांडित्य था परंतु आत्मानुभूति की आग नहीं थी। कुछ अंशों में शाहिरी वांङ्मय में पवाडे और लावणी इसका अपवाद थी परंतु धर्म संवेदना की दृष्टि से इसमें उल्लेख कुछ नहीं था।

हम १८०० के बाद आधुनिक युग की आरंभिक अवस्था में आ जाते हैं। १८०० से १८७४ के काल को एक स्वतंत्र साहित्यिक युग माना जाता है। महाराष्ट्र में गद्य का विकास होने लगा था उसके लिए आवश्यक व्याकरण ग्रंथ लिखे जाने लगे थे। अंग्रजी ने पश्चिमी ढंग की शिक्षा देने के लिए कॉलेजों की स्थापना करना शुरू किया था। राजनैतिक दृष्टि से यह अंग्रेजों के आगमन एवं साम्राज्य फैलाने का काल था। धार्मिक दृष्टि से क्रिश्चियन धर्म के प्रचार का प्रारंभ हो गया

था परंतु मुसलमानों के और क्रिश्चिनों के धर्म प्रचार में जमीन आसमान का अंतर था। मिशनरियां न प्रत्यक्ष अत्याचार करती थीं, न जोर जबर्दस्ती। सेवा, अच्छे भौतिक जीवन का प्रलोभन और हिंदू धर्म के दोषों का प्रबल संकेत--ये उनके उपाय थे। अतः यह धार्मिक प्रचार इतना सूक्ष्म, अप्रत्यक्ष और बुद्धि के धरातल पर रख कर किया गया था कि आरंभ में समाज में बहुत हलचल नहीं पैदा हुई। मराठी के विकास के लिए भी सशक्त कदम उठाये गये। राजनैतिक अस्थिर एवं असुरक्षित माहौल को धीरे-धीरे स्थिरता और सूरक्षा दी गयी। पश्चिमी शिक्षा के साथ पश्चिमी संस्कृति और साहित्य के प्रति भी विलक्षण आकर्षण पैदा हुआ। जीवन में बदलाव दिखाने वाले और जीवन की सुविधाएं बढ़ाने वाले वैज्ञानिक परिवर्तनों से बुद्धिजीवी वर्ग ने अंग्रेजों के प्रति आत्मीयता बढ़ी। अर्थात् राष्ट्रीय भावना से प्रेरित कुछ व्यक्तियों के प्रयास अंग्रेज विरोधी थे परंतु कुल मिलाकर अंग्रेजों का स्वागत ही हुआ और यहां के बुद्धिजीवी वर्ग ने उसका ऐहिक दृष्टि से फायदा उठाया।

गद्य के विकास, नियतकालिकों के प्रकाशन एवं छपी पुस्तकों के सुलभ होने से हमारी संवेदना का कुछ विघटन भी हुआ। विचार के प्रक्टीकरण के लिए, बहस और वक्तव्य के लिए गद्य का उपयोग होने लगा। अब समग्र व्यक्तित्व को पद्य या काव्य से व्यक्त करने की जरूरत नहीं रही। इसीलिए दिखता यह है कि हमारी काव्य संवेदना रोमांटिक प्रवृत्तियों के माध्यम से प्रकट होने लगी। धीरे-धीरे कवि सामाजिक, राजनीतिक-सांस्कृतिक स्थितियों के प्रति कुछ उदासीन, शुद्ध काव्य की खोज के प्रति अधिक सजग और वैयक्तिक अनुभूतियों के प्रकाशन की ओर विशेष उन्मुख होता गया। गीतिकाव्य ही कविता का पर्याय बना। यह स्थिति कुछ समय तक चली। असल में कवि अपनी संवेदना का एक ही हिस्सा काव्य प्रक्रिया में काम में लाते थे। समग्र कवि व्यक्तित्व काव्य सृजन में सक्रिय नहीं होता था। परिणामतः काव्य में कुछ आंशिक कवि रूप ही प्रकट हुआ। सारांश, सर्व धर्म सम भाव की अभिव्यक्ति प्रत्यक्ष रूप में कम हुई, अप्रत्यक्ष रूप में और भी कम हुई। मराठी की समीक्षा भी संवेदना के स्वरूप और मूल्यवत्ता की अपेक्षा फार्म और शैली पर बल देने लगी।

संत साहित्य में ज्ञानेश्वर तुकाराम के शीर्षस्थ स्थान को काव्य की दृष्टि से अब भी कोई छू नहीं सका है। परंतु मराठी में आधुनिक संवेदना का शक्तिशाली विस्फोट पहली बार केशवसुत (१८६६-१९०५) की कविता में हुआ। केशवसुत पहले कवि थे जिन्होंने अपने समग्र कवि व्यक्तित्व से प्रेरित होकर कविता लिखी। इसलिए रोमेंटिक या रियालिस्टिक जैसे लेबुल उनकी कविता के लिए अधूरे मालूम पड़ते हैं। महाराष्ट्र की आत्मा में संत परंपरा और आधुनिकता का जो घुलाव हो रहा था उसका काव्यात्म रूप केशवसुत की कविता में प्रकट हुआ इसलिए आधुनिक मराठी काव्य के जनक केशवसुत की धर्मसंवेदना का विचार करना आवश्यक है। एक तरह से वह प्रातिनिधिक है।

विवेच्य विषय के संदर्भ में केशवसुत की ''नवा शिपाई'' कविता को लिया जा सकता है।

''नवा शिपाई'' में केशवसुत ने नये युग के नये मनुष्य की अपनी अवधारणा को अपने काव्यात्मक ढंग से व्यक्त किया है। यह सिपाही लड़ाकू है तथा नया है। वह निष्क्रिय नहीं है। केशवसुत का यह नया मनुष्य किसी विशिष्ट जाति या धर्म का नहीं है। वह कहता है: ''ब्राह्मण नहीं, हिंदुहो नाही, न मी एक पंथाचा/तेच पतित की जे आंखडिती प्रदेश साकल्याचा'' जो समग्रता के क्षेत्र को

संकुचित करते हैं वे पतित लोग हैं। यह नया मनुष्य किसी विशिष्ट जाति या धर्म का नहीं है। केशवसुत के कुछ पहले महाराष्ट्र में रानडे,बालशास्त्री जांभेकर, लोकहितकादी (देशमुख), आगरकर इत्यादि विद्वानों ने उदार मतवाद और समता, स्वातंत्र्य, बंधुत्व तत्त्वत्रयी से प्रेरणा लेकर जो मनुष्य के संबंध में आदर्श परिकल्पना की थी वह केशवसुत की कविता में मूर्त होती है। यह नया सिपाही कहता है --- ''मळयास माझ्र्या, कुंपण पडणे मला न साहे?'' और ''जिकडे जावें तिकडे माझी भावंडे आहेत '' अर्थात् वह अपने खेत पर किसी प्रकार का बाड़ा नहीं चाहेगा, जहां जाता है वहां उसके भाई-बहन ही दीखते हैं। केशवसुतकी कल्पना में समूचा विश्व घर है। ''पूजिस से भी कवणाला? तर मी पूजी आपुल्याला, अपल्यामध्ये विश्व पाहुनी पूजी मी विश्वाला'' अर्थात् मैं किसकी पूजा करता हूं ? मैं अपने में विश्व देखकर विश्व की पूजा करता हूं। यहां आत्मा-परमात्मा के अद्वैत की कल्पना तो है ही, स्वस्थ्य व्यक्तिवाद और विश्ववाद का समन्वय भी है। कवि भौतिक धरातल पर द्वैत को त्यागना चाहता है।

यह ऐसी भावभूमि है जहां पर सभी धर्मो के मूलतत्त्व, जो मनुष्यता के समर्थक हैं, एकमेक हो जाते हैं और भिन्नता से ऊपर उठने के कारण अप्रासंगिक होते हैं। सर्वधर्म समभाव की यह आंतरिक अत्युच्य पराकाष्ठ है जो ऐहिक जीवन को ही मूल्यपरक बनाने के कारण आध्यात्मिक क्षेत्र को स्पर्श करती है। अहं के विविध स्तर और उस पर पैदा होने वाले कांटे ही एक दूसरे को चुभते हैं। कवि की चिंता यह है कि इन कांटों की चुभन कैसे नष्ट की जाय और शांति साम्राज्य कैसे स्थापित किया जाय। इस शांति के साम्राज्य का यह नये जोश का सिपाही है।

केशवसुत की ''तुतारी'' भी एक विलक्षण शक्तिशाली कविता है। इस कविता में केशवसुत क्रांति कार्य के लिए अलग जगाते हैं। इस कविता का प्रभाव मराठी कवियों पर बहुत पड़ा है। वे जड़ता, मूल्यहीनता, रू ढ़ियां, आलस्य, निष्क्रियता, पुराणप्रियता आदि के खिलाफ रणशृंग फूंकना चाहते हैं ---तुरही बजाना चाहते हैं। उनका आदेश है--- ''जुने जाउं द्या मरणालागुनि /जाळुनी किंवा पुरू नी टाका //सडत न ऐक्या ठयीं ठका, सावध । ऐका पुढल्या हाका! खांद्यास चला खांदा भिडवुनि.'' ----- जो पुराना है उसे मरने दो, जला दो या गाड़ दो। सड़ने न दो, फेंक दो। सत्यवान होकर भविष्य की पुकार को सुनों, कंधे से कंधा मिलाकर आगे बढ़ो.'' अन्याय, विषमता, नारी की यातना, शोषण, छुआछूत की धारणाएं आदि के विरोध में पीड़ा का जोशीला स्वर बुलन्द करते हैं। इस कविता में वे लिखते हैं: ''धर्माचे माजवूनि डंबर/नीतीला आणिती अडथळे/ विसरू निया है जातात खुळे --- /''नीतिचे पद जेणें न ढळे धर्म होतसे तेथेच स्थिर''--- अर्थात् धर्म का आडम्बर खड़ा कर नीति के रास्ते में रुकावट लाते हैं। ये बेवकूफ यह भूल जाते हैं कि जहां नीति का स्थान नहीं डगमगाता वहीं धर्म स्थिर होता है। केशवसुत की धर्म कल्पना में उच्चतर नीति धर्म की प्राण है--- बाह्य विधिविधान नहीं। वे आवाह्न करते हैं कि दंभ पर हमला कर समता का ध्वज ऊंचा करने के लिए और नीति की स्थापना करने के लिए सिद्ध हो जाओं।

इस कविता में जो उच्चतर नीति कल्पना कल्पित की गयी है उसके आधार तत्व है-- समता, स्वातंत्र्य, बंधुत्व, प्रेम, करुणा, विवेकपूर्ण परिवर्तन, सामूहिक सक्रियता। आदर्श मानवीय मूल्यों के अविरोधी तत्व ही सच्चे धर्म तत्व हो सकते हैं।

केशवसुत ने अपने युग में जो वैचारिक तनाव थे, अन्तर्दन्द्व थे, परंपरा और आधुनिकता के बीच जो टकराव थी, धर्म और नीति में जो दरारें पड़ गयी थीं, मनुष्य को विभाजित और खंडित करने वाली जो दीवारें खड़ी हो रही थीं, उनकों अपनी कविताओं में संवेदनात्मक अभिव्यक्ति दी थी। इतनी व्यापकभाव भूमि पर चिंतनपरक और सशक्त अभिव्यक्ति से संपृक्त कविता दूसरे किसी ने वर्षों तक नहीं लिखी। असल में आधुनिक मराठी कविता की धर्म विषयक संवेदना प्रातिनिधिक रूप में अगर किसी एक आधुनिक कवि की कविता में व्यक्त हुई है, तो वह केशवसुत है।

मराठी के महत्वपूर्ण कवि मारायण वामन तिलक ने खिस्ती धर्म स्वीकार किया था। उनकी कविता में धर्म संवेदना की कशमकश का व्यक्त होना अपेक्षित था। परंतु उनकी कवि संवेदना फूलों और बच्चों के प्रसन्न चित्रण में रहीं। वैसे उन्होंने "ख्रिस्तायन" (पहले ।। अध्याय सिर्फ) प्रबंध काव्य लिखना शुरु किया था परंतु।। अध्यायों में प्रस्तावना के आगे नहीं बढ़े। ख्रिस्तजयंती के गीत भी लिखे परंतु यह काव्य उतना रसिकों द्वारा स्वीकृत नहीं हुआ है। वैसे तिलक ने जातिभेद के खिलाफ मानवतावादी भूमिका पर स्थित होकर काव्य में अपनी मान्यता को अंकित किया है परंतु उसमें ऊर्जा नहीं है।

रेंदाळकर ने धर्म की संकुचित कल्पना पर प्रहार करते हुए लिखा है--"देश जाति वा धर्म ग्रंथ ही तिकडे पाही न मी/सान, थोर वा वृद्ध भेद हा मानुनि होऊ श्रमी?" रेंदालकर की इन पंक्तियों में एक बात अप्रत्यक्षता प्रकट हुई है। वे कहते हैं मैं देश, जात, धर्म पंथ की ओर नहीं देखता असल में राष्ट्रीयता के आरोही स्वर के समय देश और जाति को एक पंक्ति में रखना उदारता का भ्रम पैदा कर सकता है परंतु विवेक का नहीं। फिर समस्याओं की तीखी चोट अनुभव कर ऊपर उठना अलग बात है और उसकी ओर न देखना सर्वथा दूसरी। यह कटु बात इसलिए लिखनी पड़ी क्योंकि मराठी काव्य की संवेदना में गीतिकाव्य की/लिरिकल आत्मनिष्ठता इतनी घर कर बैठी कि महत्वपूर्ण कवियों ने राष्ट्रीय या धर्म संवेदना से युक्त कविता कम लिखी और जो लिखी वह प्रायः क्षीणतेज थी। असल में राष्ट्रीयता, सामाजिकता, समस्यात्मकता, धार्मिक संवेदन इत्यादि को अर्से तक मराठी कवियों और समीक्षकों ने बाह्य (काव्येंतर) प्रेरणा माना। यह प्रारंभ में उल्लिखित खंडित संवेदना का ही परिणाम है।

कवि दत्त (१८७५-१८९९) ने "शिव छत्रपति" शीर्षक से ग्यारह पंक्तियों की कविता लिखी है जिसमें शिवाजी को प्रल्हाद के रूप मे देखा हैं और औरंगजेब को उन्मत्त यवन। महाराष्ट्र में शिवाजी को युगपुरुष और शिव का अवतार मानने की भी परंपरा है। अतः शिवाजी को हिंदुओं का संरक्षक मानकर मुसलमान आक्रमण के खिलाफ और मध्ययुगीन अत्याचारों के विरोध में कविता में आवाज अवश्य उठयी गयी है। परंतु वहां किसी धर्म का विरोध न होकर भी अत्याचारी व्यक्ति और नृशंस सत्ता का विरोध किया गया है। दत्ता की एक कविता "भगवा झेंडा" है। शिवाजी ने रामदास जी को राज्यदान किया और समर्थ रामदास ने उस दान को लौटाते हुए शिवाजी को राज्य का झंडा भगवा रखने के लिए कहा। इस मिथक को कवितामें वर्णित किया है। कवि दत्त मराठी राज्य के लिए जान कुरबान करने वाले वीरों का स्मरण करते हुए व्यथित होते हैं कि आज बे बीर और उनकी वीरता कहां गयी? एक कविता "भावळयांस निमंत्रण" में वे शिवाजी के आवाहन

पर तलवार लेकर लड़ने को मावला (महाराष्ट्र के शिवाजी का साथ देने वाले निचले स्तर से आये लोग) सिपाहियों को चुनौती देते है। यह राष्ट्र के लिए सक्रिय होने की चुनौती है। इन कविताओं से स्पष्ट हो जाता है कि महाराष्ट्र में शिवाजी को किसी धर्म विशेष का विरोधी न मान कर राष्ट्र भक्त के रूप में स्वीकार किया गया है। (कहीं कहीं शिवाजी का औरंगजेब विरोध हिंदू मुसलमान विरोध का भी पर्याय बन जाता है परंतु ऐसे स्थल बहुत कम हैं।)

मराठी के प्रख्यात नाटककार राम गणेश गडकरी (१८८९-१९१९) 'गोविंदाग्रज, विलक्षण कल्पनाशक्ति और भाषा सामर्थ्यके धनी थे। वे केशवसुत के अनुयायी भी अपने को मानते थे। लेकिन सामाजिकता या धार्मिकता गडकरी की काव्य संवेदना का आंतरिक अंश नहीं था। अतः उनकी "दसरा" जैसी कविता सामान्य ही है। इससे गतानुगतिक धर्म को भूत (प्रेत) कहा है। "पानपतचा फटका" कविता में मराठे के आर्यो के विजय अपजय की घटनाओं का संदर्भ देते हुए आर्य और यवन के बीच के संघर्ष का चित्रण किया गया है। सदाशिव राव की मदद के लिए प्रार्थना को ठुकराकर होलकरने महान अपराध किया। उसकी भर्त्सना करते हुए कवि लिखते हैं, "देशहिताची करूनी होळी/ नाम होळकर सार्थ करी। अर्थात् होलकर ने सहायता देना अस्वीकर कर देशहित की होली जलायी। पारस्परिक वैमनस्य के कारण मराठें को परास्त होना पड़ा। लेकिन कवि का अंतिम संदेश कवि की संकुचित धर्म संकल्पना के विरोध को व्यक्त करता है। पानीपत की पराजय का विश्लेषण करते हुए आपसी फूट और वैमनस्य की भयावहता का संकेत करते हुए कवि ने समस्त भारतवासियों को एकता का संदेश दिया है।

भारत बांधव ! पहा केवढा नाश दुहीने हा झाला!
परस्परांशी कलहा करिता मरण मराठी राज्याला।
हा हिंदू, हा यवन, पारशी हा, यहुदी हा भेद असा,
नको नको हो ! एकी राहो ! सांगु आपणा किती कसा?
एक आईची बाळें साचीं आपण सारे हे स्मरूनी
एक दिलाने एक मताने यत्न करू तद्‌हितकरणी।

अर्थात् कवि समय के अनुसार हिंदू, मुसलमान पारसी यहुदी सब भारतवासियों को एक राष्ट्र माता के बालक समझ कर आपसी झगड़ों और वैमनस्य को तिलांजलि देने के लिए कहता है और पानीपत प्रसंग से यह एकता की सीख लेने का अनुरोध करता है। दीर्घ वर्णनात्मक कविता में यह स्पष्ट हो जाता है कि इतिहासके गड़े मुर्दे उखाड़ते समय समयानुकूल जो विवेकपूर्ण है उतना ही स्वीकार किया जाय, यही कवि की इच्छा है। फिर राष्ट्रीयता के तहत आपसी संकुचित धार्मिक भावना को त्यागने का संदेश दिया है।

सर्व धर्म समभाव का एक रास्ता सभी धर्मो के मूलभूत तत्वों में एकता और मानवीय उच्य मूल्य की खोज करके सहिष्णुता और भाईचारा बढ़ाने का है। दूसरा राष्ट्रीय हित को ध्यान में रखकर एकता का व्यावहारिक समर्थन है। दोनों आपस में मिलते भी हैं।राष्ट्रीयता ने कहीं हिंदू मुसलमान वैमनस्य को बढ़ाया भी है और कहीं समाप्त करने पर भी बल दिया है।

बालक का निष्पाप, कोमल, तरल, संवेदनशील मन और कवि की विलक्षण कल्पनाशक्ति लेकर बालकवि (त्रयंबक बाबूजी ठोमरे) १८९०-१९१८) मराठी काव्य-क्षेत्र में आये। वे प्रकृति प्रेमी कवि थे, सौंदर्य के उपासक थे, मन के मृदु थे और उनकी कविता में उदासीनता और उद्विग्नता का स्वर प्रबल था।- वैसे सामाजिक कविता उनकी संबेदना का प्रमुख आलंबन नहीं था परंतु केशवसुत के प्रभाव के कारण कुछ कविताएं उन्होंने लिखीं। इनमें "सत्यधर्म" बनाने का प्रयास किया है। उन्होंने भारतीय ऋषि परंपरा का स्मरण दिलाया है। धर्म के नाम पर चले रहे पाप कर्मो के लिए धिक्कारा है, देह के दास बनकर स्वार्थ के लिए धर्म को मुर्दा बताने के लिए कोसा है, धर्म के मूल रूप की ओर ध्यान आकर्षित किया है। सत्य, प्रेम, निर्भयता, त्याग, तेज की उपासना, अद्वैत का अनुभव, विश्व को घर समझने की उदात्तता निरहंकारिता, रूढ़ियों का विरोध, जड़ता त्याग ये धर्म के मूल तत्व हैं। गीता में आत्मा की बतायी विशषताओं को समर्थन दिया है। एक तरह से एक व्यापक विश्व धर्म का संकेत करते हुए प्रकारान्तर से सभी धर्मो की बुनियादी एकता को दर्शाया है, "सत्यधर्म निरहंकार, सर्वांचे समता सार, सत्यधर्म जगतीं प्रेम, चोहिकडे आत्माराम" यह कविता का बीज भाव है।

मराठी में राजनैतिक स्थितियों के प्रति विशेष रूप से सचेत कवि थे विनायक (विनायक जनार्दन करंद्रीकर १८७३-१९०९)। महाराष्ट्र के राजनैतिक जीवन की उध्वस्तता का अंकन इन्हीं ने किया है। राष्ट्रीय भावना से प्रेरित कवि ने भारत की सद्यः कालीन निराशाजनक अवस्था का करुण चित्र "हतभागिनी" नामक कविता में किया है। उनका विश्वास पुराचीन समृद्ध संस्कृति और अतीत की उज्ज्वलता में था, ऐतिहासिक व्यक्तियों को केन्द्र बना कर उन्होंने कविताएं लिखी। स्वाभाविकतः धर्म के प्रति कुछ संकुचित भावना सहज में व्यक्त होने को संभावना ऐसे कवि की कविता में होती है।

स्वातंत्र्यवीर सावरकर मराठी के ओजस्वी और सर्वथा अलग ढंग की कविता लिखने के लिए प्रख्यात थे। उनकी "सागरास" जैसी राष्ट्रीय भावना की कविता बहुत महत्वपूर्ण मानी जाती है। उनके अधूरे प्रदीर्घ काव्य 'गोमांतक' में गोवा के हिंदुओं पर हुए पुर्चुगीज शासकों के अत्याचारों का वर्णन है और शुद्धीकरण का महत्व बताया है। तत्व विवेचना हावी हो गयी है। सावरकर की हिंदुत्ववादी दृष्टि भी प्रकट होती है। दु. आ. तिवारी की कविता इसी संदर्भ में उल्लेख्य है। दोय्यम दर्जे के कितने ही कवियों ने इसप्रकार को कविता लिखी है।

असल में एक विचित्र विरोध समाज जीवन में दिखता है। १९२५ के बाद भारतीय राजनीति में हिंदु-मुसलमानों में वैयनस्य की भावना बढ़ने लगी जिसकी परिणति १९४७ में भारत विभाजन और पाकिस्तान निर्मिति में हुई। १९२५ में राष्ट्रीय स्वयंसेवक संघ की स्थापना हुई है। शुद्धिकरण का आंदोलन भी तेज हुआ। मुसलमानों में अलगाव की भावना तीव्र होती दिखने लगी। सावरकर के हिंदुसंघटन का विचार व्यवहार में उतरने लगा। उधर महात्मा गांधी के विचारों का प्रसार भी होने लगा। मार्क्सवादी विचारधारा की जड़ें जमने लगीं, आंबेडकर के विचार भी दलित समाज में जागृति उत्पन्न करने लगे थे लेकिन महाराष्ट्र का बुद्धिजीवी साहित्यकार हाशिये पर ही रहा। उसने किनारे पर रह कर जीवन सागर की लहरों का नर्तन देखा। अधिक से अधिक ज्ञान के विविध

केन्द्रों में उसने सहभाग लिया। कविता में वैयक्तिक अनुभव हावी हो गया और विचार के लिए गद्य का उपयोग किया गया। परिणामतः धर्म विषयक चिंतन या धर्म विषयक समस्याएं निबंध, नाटक, उपन्यास में व्यक्त हो रही थी, कविता में क्षीण रूप में। माधवराव पटवर्धन ''माधव ज्यूलियन'' समाजोन्मुख कवि थे। उन्होंने धर्म विषयक प्रगतिशील दृष्टिकोण अपनाया। सुधारक खंडकाव्य में वह प्रकट भी हुआ परंतु धर्म संवेदना का तीखा भान वहाँ नहीं हैं। वैसे देखा जाय तो मराठी कविता में जाति विषयक भान भी तीखा नहीं है। धर्म विषयक असंगतियों का भान तो और भी क्षीण तेज है। इसका संभवतः एक कारण यह है कि किस मध्यवर्ग में कवि जन्म ले रहे थे उसे मध्य वर्ग का सामाजिक स्तरों, वर्गों जातियों, वर्णों धर्मों में अभिसरण कम था। जातिवाद की प्रबलता के कारण हिंदू समाज की संवेदनाक्षमता भी सीमित उच्च मध्यवर्गीय रही, प्रेम, प्रणय, विरह विवाह विवाहोत्तर जीवन, सौंदर्य का सीमित परिदृश्य -- यह सारा मध्यवर्गी कक्षा तक सीमित रहा। जब ये कवि व्यापक समाज में उतर कर कविता लिखते हैं तब जीवनामुभव की प्रत्यक्ष आंच के अभाव में अमूर्त हो जाते हैं। मराठी की नयी कविता बहुत अधिक आत्मनिष्ठ रही। इसमें मानसिक गहन अनुभूतियों का अनेक स्तरीय रूप प्रकट करने की ओर कवियों की प्रवृत्ति अधिक रही। परिणामतः धर्म जैसी बाह्य वस्तु का आवाहन क्षीण रहा। कभी दंगों के भड़कने पर तो कभी राजनीतिक दांवपेच के समय जो धर्म का उपयोग किया जाता है उसको लेकर कुछ प्रतिक्रियाएं व्यक्त हुई हों परंतु एक समर्थ काव्यविषय के रूप में धर्म ने आधुनिक काव्य को विशेषतः नयी कविता को अपनी ओर आकर्षित नहीं किया। प्रायः सभी कवि सेक्युलर विचारप्रणाली के होने के कारण भी धर्म संवेदना उनके लिए महत्वपूर्ण चीज नहीं बन पायी। परिणाम यह हुआ कि राजनीति ने धर्म का प्रचुर उपयोग अपने स्वार्थ के लिए किया परंतु कवियों ने कम से कम काव्य में से व्यंग्य, विनोद, हास्य, उपहास क्रोध, गुस्सा या आक्रोश का विषय नहीं बनाया। समसामयिक जीवन के प्रति प्रतिबद्ध कवियों में भी धर्म-संवेदना विपुलता में नहीं आ पायी। कुसुमाग्रज और नारायण सुर्वे ने अवश्य इसे कभीकभार अभिव्यक्ति दी। खास कर नारायण सुर्वे ने कुछ मुसलमान व्यक्तियों का बड़ा ही प्रभावी चित्र उपस्थित किया है परंतु ऐसा लगता है कि श्रमजीवियों, शोषितों, दलितों के प्रति उन्मुख इस कवि के हृदय में धर्म विषय कोई भेद रहा ही नहीं। सेक्युलर तत्व में पूरी तरह आश्वस्त होने के कारण अनेक समाज संपृक्त कवियों ने धर्म-संवेदना का विचार नहीं किया। एक तथ्य यह भी है कि अधिकांश मराठी कवि विचारों में सेक्युलर ही रहे। यह जैसा कि बताया जा चुका है महाराष्ट्र के पुनरुत्थान में मानवतावादी जो विचारधारा उन्नीसवीं शदी के द्वितीयार्ध में उभरी, उसका परिणाम। जो हिंदुत्वनिष्ठ रहे उन्होंने प्रायः कविता नहीं लिखी (बहुत कम अपवाद है) और श्रेष्ठ कवि तो वे नहीं ही हुए।

उपरोक्त विवेचन का एक नयी कविता में अपवाद है - वह है नयी कविता के प्रवर्तक कवि बा. सी. मर्ढेकर का।

स्व. मर्ढेकर ने कुछ अभंग लिखे हैं। जिन में धर्म के नाम पर हिंसा करने वालों पर व्यंग्य किया है और कहा है कि धर्म के नाम पर दंगे फसाद को उत्तेजन देना धर्म को नीलाम करने वाले धर्म के नेता और राजनपिक नेता - दोनों सत्ता के लिए यह सब करते हैं और प्रसंग आने पर

पीठ में छुरा भोंकते हैं। मर्ढेकर तीखे व्यंग्यात्मक स्वर में हिंदु-मुसलमानों में झगड़ा पैदा करने वालों की भर्त्सना करतेहुए व्याकुल स्वरों में कहते हैं : 'बोला अल्ला है राम। करा पैंगबरा प्रणाम। आहे तुम्हां आम्हां हराम। बंधुद्वेष। कुठे गया कुठे मक्का। हत्याकांड येथे फुका। भुंक कंगाली स्तान का झिंदाबाद।' अर्थात "बोलो अल्ला और राम। पैगंबर को करो प्रणाम। बंधुओं का द्वेष हमें और तुम्हें हराम है। कहाँ गया कहाँ मक्का, यहाँ तो व्यर्थ ही हत्याकांड हो रहा है। हम क्यों भूखे कंगाल लोग रक्त का स्नान करें। वे मार्मिक प्रश्न पूछते है - भूंखे कंगाल स्तान की जिंदाबाद को क्या हम झिंदाबाद करेंगे? धर्म विद्वेष से में आर्थिक प्रगति की ओर अधिक ध्यान देने का बात कही गयी है।" "धार्मिक विद्वेष और दंगों पर उनकी टिप्पणी बहुत स्पष्ट है"- केला धर्माचा लिलाव। बुरखे खाली सत्ता हाव। येथे तुम्हा आम्हा राव। मात्र मौत।" अर्थात् धर्म को नीलाम किया है, बुर्के के नीचे है सत्ता की लालसा, बंधुओं, हमारे लिए तुम्हारे लिए यहाँ केवल मौत ही है। वे समझाते हुए कहते हैं -"अरे हिंदु मुसलमान। प्राण देशावर कुर्बान। परी यादवी ही लांछन। अल्ला रामा।।" अर्थात् हिंदुओं मुसलमानों देश पर प्राण कुर्बान करो। यह आपसी झगडा-फसाद अल्ला और राम पर लांछन है।

इधर दलित साहित्य ने हिंदू धर्म की आचरणिक असंगतियों के खिलाफ जोरदार आक्रोश और गुस्सा व्यक्त किया है। वर्ण और जाति व्यवस्था में उन पर जबर्दस्त अन्याय हुए हैं और इसके लिए उच्च वर्ग का मन अपराध भावना से ग्रस्त है। डॉ. आंबेडकर ने हिंदू रह कर न मरने की प्रतिज्ञा की थी और मृत्यु के कुछ वर्ष पूर्व बौद्ध धर्म का स्वीकार किया था। हजारों महार जाति के लोगों ने बौद्ध धर्म का स्वीकार किया। भेदभाव रहित मानवीय करूणा से आपूर्ण इस धर्म की विराट मानवीयता के प्रति अपनत्व ओतप्रोत अनेक कविताएं बौद्ध धर्म तथा आंबेडकर के बारे में लिखी गयीं। दूसरी प्रवृत्ति यह पैदा हुई कि ज्ञानेश्वर से लेकर अद्यतन कृतियों में जहा कहीं भी ब्राह्मण जाति के प्रति आदर दिखाया गया है उनको नकारने की उत्तेजकता बढ़ गयी। असल में वारकरी पंथ की नींव सब प्रकार की समता पर आधारित है और वर्षों की परंपरा एवं समय के प्रभाव के परिणाम स्वरूप अगर कहीं वर्ण के प्रति अनावश्यक अहंकार या अभिमान व्यक्त हुआ भी है तो उससे समूचे काव्य कर्तृत्व को नकारा नहीं जा सकता। इस विवेक का पैदा होना जरूरी है।। तभी वस्तुनिष्ठ रूप में ज्ञानेश्वर से लेकर रामदास तुकाराम तक की महान कवि परंपरा से अपने कवि व्यक्तित्व को समृद्ध किया जा सकता है। इस प्रकार का विवेक भी गंभीर दलित अध्येताओं में इधर पैदा हो रहा है, यह सौभाग्य की बात है।

अब तक के सर्वेक्षण से यह निष्कर्षित होता है कि सर्वधर्म समभाव का जो विराट प्रयास वारकरी साहित्य में या भागवत धर्म में मिलता है, वह विलक्षण शक्तिशाली है। आधुनिक युग में उदार मानवतावाद, मार्क्सवाद, रसेल का दर्शन इत्यादि के प्रभाव से धर्म संवेदना हाशिये पर गयी। असल में कवियों का तबका जो प्रायः उच्च वर्ग-वर्ण से आता रहा वह हमारी शिक्षा प्रणाली की विशिष्टता के कारण सामान्य जनता से अलग होता गया। भारत की करोड़ों जनता अभी भी धार्मिक संवेदना से अच्छे और बुरे रूप में ग्रस्त है। इस विशाल जनता से दूरी पर रहने के कारण हमारा सेक्युलर कवि वर्ग असली धार्मिक संवेदना पर भाष्य नहीं करता क्योंकि वह उस दिशा में आवेग

और लगाव से सोचता कम है - अपवादात्मक रूप में आधुनिक काव्य में धार्मिक संवेदना का जितना जबर्दस्त विस्फोट कवि केशवसुत के काव्य में हुआ उतना अब तक किसी कवि में नहीं हुआ। कभी विचारों या ज्ञान का क्षेत्र गद्य के हवाले करने के कारण भी कविता धार्मिक विचार से और संवेदना से अलग होती गयी। हमारा कवि या तो वैयक्तिक अनुभूतियों को व्यक्त करने में ही काव्य की सार्थकता मानता है या कभी अध्यात्मिक संवेदना के रूप में "विश्वात्मक" होता है। बीच का बहुत बड़ा धार्मिक संवेदना, समस्या और इन्सानी जरूरतों का क्षेत्र अछूता हो जाता है। खेद की और विचार की बात यह है कि शुद्ध कविता की खोज में बाह्य प्रेरणाओं को छोड़कर अधिकाधिक अंतर्मुखी होने वाला कवि धार्मिक संवेदना को बाह्य क्यों मानता है? जबकि हमारा अनुभव है अशिक्षित समाज पर भागवत धर्म के कवियों ने ही शील का संस्कार किया। वे अशिक्षित हों परंतु शीलवान और सुसंस्कृत अवश्य हैं। यहाँ महात्मा गांधी का स्मरण होता है। इतनी बड़ी धार्मिक संवेदना का व्यक्ति इधर पैदा नहीं हुआ। वे वर्ण विषमता और जातपांत के जहर के खिलाफ थे। महत्तम मानवीय मूल्यों की समाई उनके व्यक्तित्व में थी। एक ओर वे अच्छे अर्थ में कर्मठ सनातनी थे तो दूसरी ओर महान मानवीय मूल्यों के लिए सब कुछ न्योछावर करने को तैयार थे। राजनीति को उन्होंने धार्मिक अधिष्ठान देना चाहा। अनैतिक रूढ़ियों के खिलाफ जूझने में सब कुछ दांव पर लगाने को तैयार थे। अंत में गोली खा कर गिरते समय भी उन्होंने "हे राम" कहा। (कबीर से लेकर गांधी तक रामनाम की परंपरा बलवती रही) महात्मा गांधी ने जनजीवन में गहरे अंकित धार्मिक संवेदना को पहचाना था और डॉ. आंबेडकर भी धार्मिक संवेदन को इतना महत्व देते हैं कि वह उनके व्यक्तित्व की आंतरिक गहराई का एक हिस्सा बन गया था। फिर उस संबंध में हमारा सोचने वाला तब का कुछ कुछ बधिर और असंपृक्त कैसे होता गया?

यह ध्यातव्य है जो कवि सीधे जनता के साथ प्रत्यक्ष रूप में जुड़े हुए थे और जिन पर राजनैतिक सामाजिक यथार्थ का प्रभाव था वे काव्य और काव्येत्तर जैसा विभाजन नहीं करते थे। उन्होंने भारत की श्रव्य परंपरा से जुड़कर जनता को उद्बोधित और प्रचोदित करने के लिए भजन और कीर्तन के माध्यमों का स्वीकार किया। इन कवियों ने अपने को कवि नामक उपाधि में अलंकृत करने की अपेक्षा छोड़कर अपने अनुभवों को सीधे संप्रेषित करने के लिए गेय कविता का सहारा लिया। इन्हें कवि के रूप में प्रायः नहीं गिनाया गया परंतु इन कवियों ने अपने समकालीन यथार्थ को अभिव्यक्ति दी। ऐसे कवियों में सामान्य जनता से आये एक थे गाडगे महाराज और दूसरे थे तुकडोजी महाराज। (वैसे इन्हीं की श्रेणी में साने गुरुजी भी आते हैं) इन्होंने जनता को धर्म के नाम पर अमानवीय व्यवहार करने से रोकना चाहा और सही धार्मिक संवेदना को जाग्रत करने का प्रयास किया। यह सही है कि काव्य के जो मानक स्वीकृत हैं, उनके आधार पर ये बड़े कवि नहीं माने जा सकते। परंतु सर्वधर्म समभाव की संत साहित्य की सुदृढ़ परंपरा को आधुनिक युग में इन कवियों ने बनाये रखा और भारत की निरक्षर परंतु सुसंस्कृत जनता की संस्कृति को जीविक रखा। अगर भविष्य में कविता की परिभाषा को विस्तृत कर इन जैसे कवियों का मूल्यांकन किया जायेगा तो पता चलेगा कि जनमानस पर प्रभाव डालने वाले ऐसे हजारों कवि महाराष्ट्र में आधुनिक युग में सक्रिय थे। इनमें तमाशा, पवाड़े, लावनी जैसी·लोक कथाओं के गायक कवि भी शामिल किये जा सकते हैं।

आधुनिक मराठी साहित्य : सामर्थ्य और सीमा

मराठी आधुनक साहित्य का यह सर्वेक्षण नहीं है । यहाँ संक्षेप में मराठी साहित्य की शक्ति एवं सीमा का ही विचार प्रस्तुत है ।

मराठी साहित्य की क्षमता के प्रचुर दर्शन मराठी नाटक के विकास एवं अद्यतन स्वरूप में दिखाई पड़ते है । मराठी नाटक को लोकप्रिय बनाया मुख्यतः दो घटको ने । एक, मराठी नाटक की संगीत परंपरा ने और दो, बालगंधर्व जैसे अभूतपूर्व अभिनेता ने । लोकगीत की सुदृढ परंपरा से क्लासिकल संगीत परंपरा का अद्‌भुत समन्वय कर उन्नीसवीं शती के द्वितीयार्ध में मराठी नाटककारों, निर्देशकों और संगीत तज्ज्ञों ने मराठी में एक नाटक के लिए श्रोतृवर्ग का निर्माण किया । बाल गंधर्व से लेकर वसंतराव देशपांडे तक सैकड़ों अभिनेताओं के अनगिनती गीत मराठी श्रोताओं की जिह्वा पर तथा स्मृति कक्ष पर अंकित हुए । नाटक में आरंभिक युग में (१८४३-१९४३) स्त्रियों का काम अभिनेता ही करते थे । बाल गंधर्व के अद्‌भुत सौंदर्य और अभिनय ने जनता को इस प्रकार आकर्षित किया कि नाटक में उत्साह बढ़ता गया । बंबई, पुणे जैसे नगरों में नाटक के प्रयोग देखकर मध्यवर्गीय लोग ही नहीं मजदूर वर्ग भी अपने-अपने गाँव में जाकर मंदिरों में वार्षिकोत्सव के समय नाटक करने लगा । मनोरंजन के स्थान पर गंभीर जीवनानुभव के माध्यम के रूप में नाटक पहले भी लिखे गये परंतु नाटककारों को संगीत के साथ समझौता करना पड़ा । राम गणेश गडकी, वरेरकर, आचार्य अत्रे, जैसे गंभीर जीवनानुभव को महत्व देनेवाले नाटककारों ने लोक रुचि को ध्यान में रखते हुए गंभीर प्रसंगों में भी संगीत का उपयोजन किया ।

धीरे-धीरे १९५० के आसपास नाट्यानुभव की गुणवत्ता, गंभीरता और महत्ता के साथ समझौता न करते हुए गद्य और प्रयोगधर्मी नाटकों की शुरुवात होने लगी । इश दिशा में महत्वपूर्ण और युंगातरकारी कार्य करने का श्रेय विजय तेंडुलकर को जाता है। वैसे उनके साथ और भी नाटककार, निर्देशक और अभिनेता तैयार हुए थे । पंरतु अग्रपूजा के अधिकारी विजय तेंडुलकर हैं। तेंडुलकर के आगे-पीछे शं. गो. साठे, पु. ल. देशपांडे, वसंत कानेटकर, शिरवाडकर (कुसुमाग्रज), तोरडमल भी थे । छठे दशक में नाटक सामने आ रहे थे परंतु दर्शक वर्ग की सीमाएं थीं। परिणामतः ऐसे ही नाटक टिके रहे जिनमें हास्य और व्यंग का बड़ा पुट था । विजय तेंडुलकर के जीवनानुगामी, गंभीर, विचारोत्तेजक, भावनात्मक प्रक्षोभ पैदा करनेवाले नाटक आरंभ में दर्शकों के अभाव में पिटते गये परंतु साठ के बाद ये नाटक उत्साहपूर्ण चर्चा के विषय बने। हर नाटक में जीवन की गंभीर समस्या को उठाया है, मध्यवर्गीय अप-प्रवृत्तियों पर कुठराघात किया है । मनुष्य के सुविधाजनक वैचारिक मुखौटों को तोड़ा है और मनुष्य की असलियत को उभारते हुए उसकी हिसंक और काम प्रवृत्ति के भयावह दर्शन कराये हैं । साठोत्तरी नाटककारों में जो शक्तिशाली नाटककार उभरे उनमें जयवंत दळवी, चिं. त्र्यं. खानोलकर, सतीश आळेकर, महेश एलकुंचवार, अच्युत वझे, वृदांवन दंडवते, गो. पु. देशपांडे, रत्नाकर मतकरी, श्याममनोहर महत्वपूर्ण हैं । आज विजय तेंडुलकर के प्रशस्त किये रास्ते पर उपरोक्त नाटककारों के साथ प्र. ल. मयेकर, प्रेमानंद गज्वी, प्रशांत दळवी जैसे दर्जनों अच्छे युवा नाटककार उभर रहे हैं ।

नाटक केवल संवादों के माध्यम से संप्रेषित करने की कला नहीं है, वह दृश्य है । निर्देशक का महत्व बहुत बढ़ा । नेपथ्य, प्रकाश योजना, पार्श्व संगीत, लोक कलाओं का सृजानात्मक उपयोग इत्यादि का महत्त्व अधिक माना जाने लगा । यह कार्य प्रशिक्षित युवकों के हाथ में जाने से उसका कलात्मक दर्जा बढ़ गया। आज रंगमंच की दृष्टि से मराठी नाटक और मंच भारत में सर्वश्रेष्ठ स्थानपर है।

"कटयार काळजात घुसली" (कलेजवाँ कटार) जैसे नाटक में क्लासिकल संगीत प्राणतत्व के स्थान पर है । लेकिन अन्य गंभीर नाटको में संगीत लगभग नदारद है । यह बात दूसरी है कि नाटय-संगीत का एक खास अपना रूप है और उसके प्रेमी आज भी पुराने संगीत नाटकों कों देखने के लिए भीड़ करते हैं। "लेकुरे उदंड झाली" जैसा नाटक संगीतात्मक है । भावुक संस्कार करने वाले और मध्यवर्गीय नैतिक मूल्यों का समर्थन करने वाले नाटकों के लिए भी दर्शक वर्ग की कमी नहीं है । लेकिन संगीत नाटकों के कारण नाटक और मनोरंजन की जो दृढ गांठ बैठ गयी है उससे पीछा छुडाना मुश्किल है। केवल मनोरंजन के लिए खेले गये नाटकों के लिए लोग आज भी लालायित हैं। एक बात महत्वपूर्ण है। बीच में नौवें दशक में कामोत्तेजक "हिट एण्ड हॉट" भी नाटक मंचित हुए परंतु जनता ने उन्हें प्रश्रय नहीं दिया । परंतु केवल हास्य के लिए लिखे गये नाटकों को मराठी जनता खूब पसन्द करती है। कामगार रंगभूमि भी जीवित है, दलित रंगभूमि तेजी के साथ विकसित हो रही है। नुक्कड़ नाटकों की परंपरा अभी अभी बन पा रही है। नारी-जागृति या नारी-मुक्ति को लेकर भी नाटक लिखे जा रहे हैं। गो.पु.देशपांडे ने राजनैतिक नाटकों की परंपरा को नया रूप देकर प्रतिष्ठित तो किया परंतु उसको गति नहीं मिल पायी। बालकों के लिए रंगमंच की कल्पना को भी प्रचुर महत्व दिया जा रहा है। यह रंगमंच या पर्याप्त विकसित हुआ है।

छात्रों का बहुत बड़ा वर्ग रंगमंच की ओर आकृष्ट हो रहा है। पिछले पैंतीस वर्षो से एंकाकी प्रतियोगिता और नाटक प्रतियोगिता को सुनियोजित ढंग से चलाया जा रहा है। परिणामतः अभिनेताओं, निर्देशकों और नाटककारों की प्रतिभा को विकसित होने का पूरा अवसर मिलता है। छोटे नगरों में नाटकों एवं एकांकियों की प्रतियागिताएं आयोजित की जाती हैं।

मराठी नाटक मराठी मनुष्य के स्वभाव में अभिन्न रूप में स्थापित हुआ है। वार्षिक नाटक सम्मेलन एक उत्सव की तरह मनाया जाता है।

मराठी नाटक ने संगीत से समझौता करने की प्रवृत्ति इधर छोड़ी है परंतु हास्य को गंभीर अनुभव में सम्मिलित करने का मोह अभी बरकरार है। परिणामतः बड़े नाटककार भी इसके अनुचित रूप में शिकार होते रहे हैं। असल में हास्य महत्वपूर्ण है परंतु लोकरुचि को ध्यान में रखकर हास्य का संयोजन नाट्यानुभव की गुणवत्ता को सीमित करता है। अच्छा यही है कि केवल हास्य के लिए नाटक लिखे जायें। इस दृष्टि से वसंत कानेटकर के नाटक महत्वपूर्ण हैं। लोक कलाओं और ग्रामीण वर्ग की प्रवृत्तियों को केंद्र मे रक कर लिखा हुआ "वस्त्रहरण" जैसा नाटक भी एक महत्वपूर्ण घटना है। नेपथ्य का खर्चीला और रंगारंग उपयोजन भी इधर कम हुआ है(एक नाटक के विज्ञापन में यह प्रसिद्ध किया जाता था कि मंच पर हवाई जहाज देखिए। - सौभाग्य से यह नाटक चला

नहीं। इधर वस्तुओं से अभिनय पर बल अधिक दिया जा रहा है) उदाहरण के लिए सतीश आलेकर के नाटक "महानिर्वाण" में जीवनानुभव को केन्द्र में रख कर नाटक के मंचन एवं तदानुकुल पार्श्वसंगीत, नेपथ्य इत्यादि की उपयोजना का तत्व स्वीकृत होने के कारण नाटक में कसाव, केंद्रीकरण, प्रभावक्षमता और अनुभव की मोलिकता का महत्व स्थापित हुआ है। नाटक का एक खास समीक्षक वर्ग भी तैयार हुआ है और मराठी पत्रिकाओं में नाट् समीक्षा को खास स्थान दिया जाता है। महाराष्ट्र शासन नाटक विधाके विकास के लिए अनेक प्रकार का प्रोत्साहन भी देता है।

मराठी साहित्य का एक वैशिष्टय उसका समृद्ध हास्य है। स्व. श्रीपाद कृष्ण कोल्हटकर ने उसका जोरदार शुभारंभ किया और चिं.वि.जोशी ने उसे चरम उत्कर्ष पर पहुँचा दिया। मराठी साहित्य के हास्य का वैशिष्टय यह है कि वह निष्कलुष और निर्मत्सर भावना से निर्मित किया जाता है। आप ट्रेन में बैठें हों, मराठी हास्यपरक आलेख पढ़ रहे हों तो बीचमें जोरसे हँसना प्रारंभ करेंगे और आसपास के लोग आपकी ओर विस्मय से देखते रहेंगे। चिं. वि. जोशी ने प्रसंगो की विनोदपूर्ण संरचना कर जो हास्य उत्पन्न किया उसकी ऊँचायी पर बाद में भी लेखक कम गये। हास्य की धारा मराठी नाटकों को में भी प्रवाहित हुई और राम गणेश गडकरी, आचार्य अत्रे, पु.ल.देशपांडे ने इसे बहुत पुष्ट किया। आचार्य अत्रे के लेखों में, भाषणों में विनोद ऐसे फब्बारे की तरह उछलता रहता थी कि आचार्य अत्रे भाषण के लिए खड़े होते ही लोग हास्य की अपेक्षा में पहले से हँसने लगते थे।आचार्य अत्रे और पु. ल. देशपांडे ने शब्द के साथ जो हास्यपरक क्रीडा की है वह अद्भुत है(इसीलिए पु. ल. देशपांडे की रचनाओं का अनुवाद मुश्किल है।) दोनों ने सामाजिक व्यवहार की असंगतियों को संकेतित करते हुए और मध्यवर्ग की श्रद्धाओं, गलत फहमियों, गलत अवधारणाओं का पर्दाफाश करते हुए हास्य उत्पन्न किया। अत्रेजी कभी कभार वैयक्तिक निंदा के स्तर पर भी उतरते थे परंतु पु. ल. देशपांडे ने अपने स्तर को कभी गिरने नहीं दिया। दोनों में प्रत्युत्पन्नमतित्व की जो वक्रता दिखाई पड़ती है वह गजब की है। पु. ल. देशपांडे महाराष्ट्र के सबसे लाडले और सम्मानित व्यक्ति हैं। उनके लेखन में आत्म-निर्भत्सना का एक स्वर मिलता है जिससे मध्यवर्गीय पाठक त्वरित एकरूप होकर हँसने लगता है-यह जानते हुए कि वह अपने ही ऊपर हँस रहा है। अत्रे का हास्य कभी चुभने वाला और व्यंग्यात्मक भी होता है परंतु पु. ल. देशपांडे के हास्य के मूल में करुणा का मानवीय स्तर भी विद्यमान रहता है जो गहरे कहीं छू लेता है। जयवंत दळवी ने निष्कलुष हास्य की परंपरा को सशक्त रूप में आगे बढ़ाया। दळवी का वैशिष्टय यह है कि उनके गंभीर नाटकों में हास्य का स्पर्श भी नहीं होता परंतु मराठी "ललित" मासिक पत्रिका में "ठणठणपाळ" छद्म नाम से जो बीस वर्षों तक उन्होंने हास्यपरक, व्यंग्यपारक, निर्मल, शुद्ध विनोदी लेखन करते रहे वह लाजवाब है। महाराष्ट्र लेखक वर्ग को सामान्यतः उन्होंने केंद्र में रखा।जयवंत दळवी एक निर्मत्सरी स्वभाव के खिलाड़ी व्यक्तित्व वाले लेखक थे। उन्होंने जिनको अपने हास्य का शिकार बनाना वे भी अपने ऊपर किये गये हास्य को पढ़कर मुस्कुराते थे-चिढ़ते या नाराज नहीं होते थे।वसंत सबनीस ने नाटक में हास्य को शामील कर "विच्छा माझी पुरी करा" जैसा हास्यपरक नौटंकी जैसा नाटक प्रस्तुत किया जिसके सेंकड़ो प्रयोग हुए और आज भी हो रहे हैं। श्री कांबली के "वस्त्रहरण" नाटक में भी ग्राम्य और रगीले तबियत का हास्य प्रचुर मात्रा में है। इस नाटक में लोक कला के रंग लेकर अवतरित मंचन में हास्य के स्फोट पर स्फोट होते जाते

हैं। हास्य केलिए मराठी में बहुत नाटक लिखे जा रहे हैं।

सामान्यतः इस हास्य में व्यंग का पुट कम रहता है। राजनैतिक व्यंग की ओर भी प्रवृत्ति कम है। हाँ, जीवन के विविध आयामी रूप को लेकर बिंदा करंदीकर ने "विरूपिका" नामक कविता संग्रह में पैनी व्यंग-क्षमता का परिचय दिया है। इसका वैशिष्ट्य यह है कि यह व्यंग सामाजिक राजनितिक असंगतियों का बोध कराते हुए कभी तिखी उक्ति मात्र के स्तर पर नीचे नहीं उतरता। अजस्त्र कल्पनाशीलता और भाषा के सर्जनात्मक उपयोग के कारण विरूपिका का व्यंग कलाकी सीमा रेखाओं का अतिक्रमण नहीं करता। इस व्यंग में ध्वन्यात्मक अर्थ का भी गहरा स्तर विद्यमान रहता है। वैसे मराठी में आचार्य अत्रे ने मराठी रोमाँटिक कविता का मज़ाक उड़ाते हुए, अच्छा काव्य लिखा था जिसे विडंबन काव्य कहा जाता था। उसकी भी एक परंपरा बनी परंतु करंदीकर ने उसे जीवनधर्मी बनाया। मर्ढेकर और पाडगांवकर ने भी अच्छी व्यंग रचना की है। मंगेश पाडगांवकर ने तो जीवन की चुनौतियों को स्वीकार करके अपनी मृदु-मधुर गीत्यात्मक संवेदना को तोड़फोड़ कर व्यंग्यात्मकता का जीवनानुगामी रास्ता अपनाया।

मराठी कविता अपने मूल उत्कृष्ट रूप में गीत्यात्मक (लिरिकल) रूप में ही शक्तिशाली ढंग से प्रकट हुई है। इस लिरिकल धारा का संबंध संत साहित्य से कम अंग्रेजी रोमांटिक काव्यधारा से अधिक जुड़ा हुआ है। मुझे लगता है मराठी में लिरिकल कविता को संवेदना और रूप के आधार पर जो पूर्णता मिली है वह अन्यत्र दुर्लभ है। जिसे संपूर्ण, निर्दोष विशुद्ध कविता कहा जाता है, "परफेक्ट पोएट्री" कारूप देखा जा सकता है तो वह मराठी की लिरिकल कविता ही है। वैसे केशव सुत, "बी" (गुप्ते) बालकवि (ठोमरे) में लिरिकल तत्व प्रचुर है परंतु बोरकर, पाडगांवकर और ना. घ. देशपांडे में यह जबरंदस्त रूप में मिलता है। मर्ढेकर, करंदीकर, शिरवाडकर (कुसुमाग्रज) में भी इसकी एक धारा प्रवाहित है। इधर शंकर वैद्य ने इसको प्रचुर रूप में सुरक्षित रखा है। चि.त्रयं. खानोलकर (कवि रूप में आरती प्रभू) की कतिपय लिरिकल रचनाएं अभूतपूर्व है। इंदिरा संत और शांता शेळके में भी यह तत्व प्रचुर रूप में है। पु. शि. रेगे में इसका अच्छा प्रयोग है। कवि ग्रेस की कविता में लिरिकल तत्व के मौलिक उन्मेष मिलते हैं। युवा कवि अशोक बागवे, अरुण म्हात्रे, अरुणा ढेरे के नाम भी इस संदर्भ में उल्लेखनीय हैं। मराठी की लिरिकल कविता (मुझे मराठी हिंदी में इसके लिए संतोष जनक प्रतिशब्द नहीं मिलता) मराठी साहित्य की ही नहीं, भारतीय साहित्य की एक शक्ति है।

मराठी कहानी भी इतनी शक्तिशाली विधा है कि कुछ कहानियाँ विश्व स्तर को सफल कहानियों में गिनी जा सकती हैं। कुछ शीर्षस्थ मराठी उपन्यासकारों ने मराठी कहानियाँ लिखीं परंतु नयी कहानी के उद्‌भव और विकास के बाद मराठी कहानी को जो शक्ति गंगाधर गाडगील, अरविंद गोखले, पु. भा. भावे, व्यंकटेश माडगुलकर, के. ज. पुरोहित "शांताराम", वामन चोरधडे. द. मा. मिरासदार, शंकर पाटील, विद्याधर पुंडलिक, जी. ए. कुलकर्णी. चिं. त्र्यं. खानोलकर, शरदचंद्र चिरमुले, आनंद यादव, सोनिया, श. गो. नरहर, फेणे, दिलिप चित्रे, सुमेध बडावाला कमल देसाई, बोकील, आशा बगे आदि लेखकों ने दी वह विलक्षण है। मराठी कहानी का मूल्यांकन विश्व साहित्य के कहानी के संदर्भ में सम्मानित ढंग से किया जा सकता है।

मराठी पर कलावाद का बहुत प्रभाव पड़ा। परिणामतः उपन्यास साहित्य और बृहत्काय जीवन सदृश्य साहित्य रूप प्रभावित हुआ। कलावाद के साथ लिरिकल संवेदना का आकर्षण, विशुद्ध कला के प्रति रुझान, संगीत से प्रभावित नाटक-विधा, उग्र यथार्थ की अपेक्षा आत्मरतिपूर्ण मानसिक संवेदना का सम्मोहन इत्यादि बातों को ध्यान में लिखा जाय तो मराठी लेखक वर्ग की मध्यवर्ग की प्रकृति का एक स्वभाव परिलक्षित होता है। वह है सुखमय संवेदना के प्रति झुकाव। इसपर जबरदस्त आघात किया दलित साहित्य ने। भारत में सभी भाषाओं में दलित साहित्य का निर्माण हुआ है परंतु एक सशक्त प्रवृत्ति के रूप में, एक जीवनदायी धारा के रूप में दलित साहित्य महाराष्ट्र में ही लिखा गया। उसके अनेक उतार-चढाव के और अन्तर्हित विरोध-असंगतियों के बावजूद दलित साहित्य धारा ने मराठी मध्यवर्गीय सुखवादी प्रवृत्ति पर जो आघात किया उससे मराठी साहित्य सामाजिक भान के प्रति सजग हुआ। यह दलित साहित्य का महत्वपूर्ण योगदान है।

मराठी साहित्य ने आधुनिक बनने के प्रयास में और उत्साह में, प्राचीन परंपरा को कुछ विस्मृत कर दिया। दुर्गा भागवत, इरावती कर्वे के ललित निबंधो और वैचारिक लेखन में उसका सशक्त स्मृतिरूप दिखता है परंतु अन्य सर्जनात्मक लेखन में वह नहीं दिखता। पौराणिक नाटक भी सामान्यतः संख्या में प्रचुर परंतु गुणवत्ता में कमजोर ही रहा। ''यथाति'' जैसे खांडेकर के उपन्यास में भी प्राचीन स्मृतियों का संवेदनात्मक रूप और आधुनिक संवेदना के बीच की दरार स्पष्टतः प्रतिबिंबित हुई है और उसके कारण रचना कमजोर हुई है। अपनी परंपरा के विस्मरण का बोध होने पर सजग रूप में कुछ साहित्यकारों ने परंपरा से जुड़ने का प्रयास अवश्य किया परंतु उसका प्ररिपूर्ण रूप सामान्यतः नहीं उभरा। परिणामतः ''कामायनी'', ''राम की शक्ति पूजा'', ''रश्मिरथी'', ''उर्वशी'', ''अंधायुग'' जैसी शक्तिशाली रचनाएं मराठी में नहीं मिलतीं।

मराठी साहित्य की एक महत्वपूर्ण शक्ति है उसका महिलाओं द्वारा किया हुआ आत्मचरित्रात्मक लेखन। महाराष्ट्र में उन्नीसवीं शती के वैचारिक विकास पर उदार विचास का जबरदस्त प्रभाव पड़ा। जातपात के विरोध में और नारी शोषण के खिलाफ आवाज प्रबल रूप में उठने लगी। नारी की शिक्षा, उसकी विवाह की उम्र बढ़ाना, दहेज प्रथा का विरोध, वृद्धों के साथ विवाह की घृणित प्रथा का विरोध इत्यादि बिंदुओं पर प्रगतिशील दृष्टि से मध्यवर्ग में विचार होने लगा। परिणामतः बीसवी शती के तीसरे दशक में नारी के व्यक्तित्व का विकास होने लगा और स्त्री-पुरुष संबंध में बदलाव आया। महात्मा गांधी के आंदोलन से नारी विषयक समता के विचार को अधिक गति मिली। स्त्री-पुरुषों के शृंगार पर आधारित नाटक नें पुरषों में यह इच्छाएं पैदा की वैवाहिक जीवन की सरसता के लिए नारी का शिक्षित होना जरूरी है। महात्मा फुले ने और भारतरत्न धो.के.कर्वे ने नारी शिक्षा को लेकर अद्भुत चेतना पैदा की। परिणामतः नारी शिक्षित हुई, पुरुष की समक्षकता करने लगी और समाज में नारी मुक्तता का अनुभव करने लगी। इसका परिणाम यह हुआ कि शिक्षित स्त्रियों ने अपना आत्मचरित्र लिखना शुरू किया।लक्ष्मीबाई तिलक (कवि ना. वा. तिलक की पत्नी) की ''स्मृति चित्रें'' नामक आत्मकथात्मक पुस्तक ने तो मराठी में शाश्वत साहित्य का दर्जा पा लिया। धोंडो केशव कर्वे की पत्नी बया (विधवा से कर्वे ने ब्याह किया था) ने छोटी आत्मकथा लिखी। मराठी के रोमाटिक कवि माधव ज्यूलियन की विदेशी पत्नी ने विवाह

के बाद के ग्यारह वर्षों के जीवन पर मुक्त भाव से लिखा। यहां विद्वान केतकर की पत्नी शीलवती केतकर ने "यह मुझे ही कहना चाहिए" शीर्षक से सुंदर आत्मकथात्मक रूप में केतकरजी के साथ अपने सहजीवन की गाथा लिखी। उसके कुछ पहले न्यायमूर्ती रानडेजी की पत्नी ने भी अपने वैवाहिक जीवन के बारे में लिखा। इस सारे लेखन में नारी की भावनात्मक उत्कटता प्रकट हुई है।

महाराष्ट्र की नारी ने साठ के बाद अधिक मुक्त भाव से लिखना शुरू किया। स्नेहलता प्रधान (प्रख्यात अभिनेत्री) ने अपनेजीवन में प्राप्त सुखमय दुखमय अनुभवों को व्यक्त करते समय विशेष संकोच नहीं किया। हंसा वाडकर ने "सांगते ऐका" में पुरुष वर्ग से मिली यातना का पर्दाफाश किया। आनंदीबाई विजापुरे ने "अजुनि चालेतेचि वाट" में अपने पति को त्याग कर दूसरे पुरुष को स्वीकार करने और उसमें हुई वंचना की कहानी बिना किसी मानसिक अवरोध के बतायी है। मराठी के प्रख्यात उपन्यासकार रणजीत देसाई की पत्नी ने "नाच ग घुमा" में अपने वैवाहिक जीवन की ट्रैजेडी को प्रस्तुत किया है। इधर पु. ल. देशपांडे की पत्नी सुनीता देशपांडे की आत्मकथा "आहे मनोहर तरी" बहुत चर्चित रही और उसके समर्थन एवं विरोध में तेज बहसें हुई। मराठी के एक बड़े चिंतक, पत्रकार, साहित्यकार प्रभाकर पाध्ये की पत्नी की आत्मकथा "बंध-अनुबंध" भी काफी चर्चा का विषय बनी। इधर लगता है आत्मकथात्मक लेखन की बाढ़ में महिलाओं ने बहुत सरगर्मी के साथ लिखना शुरू किया है। दलित स्त्रियों ने भी अपनी आत्मकहानियां निर्भयतापूर्वक लिखना शुरू किया है। सावित्री कांबले का "माझ्या जीवनाची चित्तर कथा" बहुत पसंद की गयी। दलित लेखक नामदेव ढसाल की पत्नी मल्लिका अमरशेख ने "मला उद्धस्त व्हायचेय" में बहुत ही साहसपूर्वक अपनी व्यथाओं को प्रस्तुत करते हुए दलित लेखकों के अन्तर्द्वन्दों और असंगतियों को उभारा है।

आज मराठी नारी अपनी जीवन की कहानी को व्यक्त करते समय न समाज की परवाह करती है, न परिवार की, न पति की, न रिश्तेदारों की। यह पिछले सौ वर्षों के सांस्कृतिक विकास का शक्तिशाली उन्मेष है।

मराठी उपन्यास : दशा और दिशा

यह विवाद का प्रश्न है कि उपन्यास की भारतीय परंपरा भी है या नहीं या भारतीय उपन्यास पाश्चात्य वाङ्मय के प्रभाव और अनुकरण से ही भारत में विकसित हुआ है। इसमें दो राय नहीं है कि आधुनिक सभी साहित्यिक विधाएं पश्चिमी प्रभाव से गहरे स्तर तक प्रभावित हैं। यह भी स्वीकृत तथ्य है कि उपन्यास का रूप भारत के लिए पश्चिमी अनुकरण एवं प्रभाव से प्राप्त है परन्तु कथा कहने की और सुनने की जो महान परंपरा हमारे यहाँ थी उसने उपन्यास विधा को विकसित करने मे काफी सहायता पहुँचाई है। हमारे यहाँ लगभग सभी भारतीय भाषाओं में आरंभिक चरण में अद्‌भूत रोमानी उपन्यासों की बाढ़ का पैदा होना इसी श्रुति परंपरा का परिणाम है। भारतीय लोक वाङ्मय, पौराणिक कथाओं, पंचतंत्र, जात जैबी कथाओं आदि ने उपन्यास के लिए कथा-प्रिय पाठक वर्ग पहले से तैयार कर रखा था। मिशनरियों के प्रयत्न और प्रोत्साहन से 'पंचतंत्र', 'हितोपदेश', 'सिंहासन बत्तीसी' जैसे ग्रंथों के मराठी अनुवाद छप गए और मनोरंजन के माध्यम से नीति तत्व का संस्कार करने की प्रणाली को बल मिला जिसका उपन्यास के रूप पर भी बहुत समय तक प्रभाव रहा। उपन्यास के विकास का संबंध प्रेस के साथ घनिष्ट रूप से जुडा हुआ है। १८१४-१९ में कलकत्ता के श्री रामपुर में डॉ. केरी के प्रयास से ईसाप कयाओं का मराठी अनुवाद छपा। १८२४ के आसपास महाराष्ट्र में कथा साहित्य छपना शुरु हुआ। सदाशीव काशीनाथ उर्फ बापू छत्रे ने मराठी कथा-वाङ्मय छापना शरू किया। इधर १८०६ में तंजावर में राजा सरफोजी के प्रयास से इसाप कथाओं का मराठी अनुवाद पौराणिक आख्यान, बाबर नामा आदि प्रकाशित हुए। कथा का वाचक वर्ग बढने लगा। अतः अंग्रेजी के साथ उर्दु-फारसी की तरफ भी अनुवादकों का झुकाव हुआ। इसके अद्‌भूत-रोमानी माहौल का मराठी के प्राथमिक उपन्यास साहित्य पर प्रभाव पड़ा। मराठी का आरंभिक उपन्यास वाङ्मय लगभग कल्पित कथा के दायरे में ही आता है।

मराठी का पहला उपन्यास 'यमुना पर्यटना' है जो बाबा पद्‌मजी नामक व्यक्ति ने १८५७ में प्रकाशित किया। इसमें हिंदू धर्म के दोषों की ओर संकेत किया गया है। नायिका यमुना का ईसाई धर्म को अंगीकार करने के बाद पुनर्विवाह दिखाया गया है और हिंदू विधवाओं की दुर्भाग्यपूर्ण स्थिति पर इसमें व्यंग्य किये गए हैं। 'यमुना पर्यटन 'में जो यथार्थ है वह अनेक सीमाओं के बावजूद आश्चर्य में डालता है।इसे प्रथम मराठी उपन्यास का सम्मान न देना, जैसाकि कुछ समीक्षकों ने किया है, कुछ संकुचित सांप्रदायिक वृत्ति का परिणाम है।

मराठी में अंग्रेजी, संस्कृत, फारसी-उर्दू के अनुवाद छपे। लेकिन ये अनुवाद पाठ्कों की श्रृंगार लालसा और अद्‌भुत कथा के प्रति रोमानी झुकाव को ध्यान में रखकर किए गए। परिणामतः रॉविन्सन क्रूसो जिलब्लाम के अनुवाद प्रकाशित हुए। रेनॉल्डस के अनुवादों ने तो धूम मचा दी थी। मेरी कॉरेली के अनुवाद भी १८३० तक धड़ल्ले से होते रहे। जेन ऑस्टेन, थॅकरे, डिकन्स हार्डी की ओर बहुत ही कम ध्यान दिया गया। अतः गंभीर जीवन दर्शन, उत्कृष्ट चरित्रचित्रण एवं जीवन को आलोकित करने वाली यथार्थवादी कथा का आदर्श स्वीकृत होने में हरिनारायण आपटे तक (१८८५) इंतजार करना पड़ा। इस बीच अद्‌भुत रोमानी मराठी कथा उपन्यास के नाम पर लिखी

गई। लक्ष्मण शास्त्री हळबे की ''मुक्तामाला'' (१८६१) ने मराठी पाठकों को सम्मोहित किया। इस उपन्यास के बाद अद्‌भुत रोमानी श्रृंगार रसपरक उपन्यासों का ऐसा तांता बंध गया कि इन्हें मराठी ''नावलों के कीटाणु'' कहकर वि. का. राजवाडे ने अपनी अरुचि दिखाई। बाबा गोखले का ''राजमदन'' (१८६५) रा. भि. गोखले का ''सुलोचना आणि माधव'' (१८६६) हळवे का ''रात्नप्रभा'' (१८६६) रिसबुड के 'मंजु धोषा' (१८६६) और ''विश्वासराव'' (१८७०) ''वसंत कोकिला'' (१८७६), केशव लक्ष्मण जोरवेकर का ''विचित्रपुरी'' (१८७०) अण्णा मार्तंड जोशी का ''चंपक माला'' (१८७१), रामचंद्र आबाजी राजे का ''विलासिनी'' (१८७३) इत्यादि अनेक उपन्यास प्रकाशित हुए। एक लेखिका साळूबाई भाउसाहेब तांबवेकर ने ''चंद्रप्रभा विरह वर्णन'' (१८७३) उपन्यास लिखकर यह सिद्ध किया कि श्रृंगार वर्णन में लेखिका पुरुषों से कभी पीछे नहीं है। पांडुरंग गोविंद शास्त्री का ''मित्रचंद्र'' भी लोकप्रिय हुआ। ''मंजु घोषा'' की प्रस्तावना में श्री रिसबुड ने कहा है कि फीके जीवन में कुछ रस आ जाए, यही उद्‌देश्य इस लेखन का है।

इस युग में (१८५०-७५) कुछ ऐतिहासिक उपन्यास भी लिखे गए। रा. भि. गुंजीकर के ''मोचन गढ़'' (१८७१) ऐतिहासिक उपन्यास से इन उपन्यासों का प्रारंभ हुआ है। विष्णु जनार्दन पटवर्धन का ''हंबीरराव व पुतलीबाई'' (१८७३) भी उल्लेखनीय है। पहिले बाजीराव, जुना वाड़ा, सुशील यमुना आदि ऐतिहासिक उपन्यास इस युग में प्रकाशित हुए।

सामाजिक उपन्यासों की ''यमुना पर्यटन'' की परंपरा को विनायक कोंडदेव ओक के ''शिरसतेदार'' (१८८१), म. वि. राहाळकर के ''नारायणराव आणि गोदावरी'' (१८८४), लिमये के वेणु, 'पुण्य-ग्राम रहस्य', गांगनाईक के ''हिराबाई आणि ताराबाई'' उपन्यासों ने प्रशस्त किया।

कुल मिलाकर अंग्रेजी, फारसी-उर्दू के अनुवाद, अद्‌भुत रम्य वातावरण से ओतप्रोत उपन्यास, कुछ पौराणिक कथाओं के अनुवाद, सामान्य यथार्थ का आभास उत्पन्न करने वाले मध्यवर्गीय नैतिक नियमों का पालन करने वाले सामाजिक उपन्यास इत्यादि से १८७५-१८८५ तक के आरंभिक युग का मराठी साहित्य भरा पड़ा था। उनसे सामान्य पाठक का मनोरंजन होता था। लेकिन साहित्य के प्रेमी का संतोष लगभग असंभव था। एकाध कहानी और उपन्यास की सीमा पर बैठने वाली एकाध छोटी रचना को छोड़ दिया जाए तो उपन्यास के नाम को सार्थक करने वाली अच्छी रचना का अभाव ही था।

हरिभाऊ आपटे युग :

यह स्थिति १८८५ में बदली जब पुणे वैभव पत्र में धारावाहिक रूप से हरिभाईऊ आपटे के ''मधली स्थिति'' के अंश प्रकाशित होने लगे। पहला प्रकरण रेनॉल्ड के ओल्ड लंदन का रूपांतरण था। परंतु बाद में हरिभाऊ का, कलाकार जागृत हुआ और उपन्यास मौलिक दिशा ग्रहण करने लगा। इस असली कलाकार का मानसिक रिश्ता रेनॉल्डस से नहीं था, स्कॉट जैसे प्रतिभाशाली लेखक से था। यथार्थोन्मुख उपन्यास का युग प्रारंभ हुआ। जीवन दर्शन की गंभीर आकांक्षा, चरित्र-चित्रण की कला का उत्कर्ष, समझदार पाठक से संवाद करते हुए अपने चरित्रों के जीवन की कथा कहने का ढंग, प्रसंगों और घटनाओं की जीवन-सदृश्यता, पाठकों की सहानुभूति खींचकर मुख्य

पात्रों से उनका तदाम्यीकरण करके रसात्मक मार्मिक प्रसंग उभारने की क्षमता और सहज, अकृत्रिम एवं भावोत्कट भाषा इत्यादि सभी दृष्टियों से हरिभाऊ आपटे के उपन्यासों की तुलना में अलग पड़ते हैं। हरिभाऊ ने घटनाओं और प्रसंगों की उत्सुकतावकर्धक मालिका उत्पन्न कर कृत्रिम कथानक में पाठक को विस्मय, कौतूहल और आश्चर्य के धक्के देते हुए उपन्यास की रचना करने की अपेक्षा मध्यवर्गीय परिवारों के चित्र सामने रखे। अपने चरित्रों की मानसिक अड़चनों की कुछ ब्यौरेवार परंतु ठोस तफ्सील वे देने लगें। मध्यवर्गीय जीवन का यथार्थ आभास उत्पन्न करने में हरिभाऊ को इतनी सफलता मिली कि पाठकों को यह भ्रम पैदा होने लगा कि उनके चरित्र कहीं प्रत्यक्ष दुनिया के तो नहीं हैं, जिन्हें देखकर हरिभाऊ ने प्रतिरूप निर्मित किए। पाठक उनके पात्रों की मानसिक हलचल में डूबने उतराने लगा बाहर की स्थितियों से या नियति के सनकी स्वभाव से घटित होने वाली घटनाओं से अधिक प्रेरक बातें मनुष्य के मन की होती हैं, इसका विश्वास उत्पन्न करने का श्रेय हरिभाऊ को जाता है। लेकिन यह पात्रों की अंतर्मुखी चेतना, मन के अतल में स्थित अचेतन मन की गहरी अंधकारगर्भ गुफओं में से विस्फोटित नहीं होती। क्योंकि हरिभाऊ मनुष्य की तर्कातीत अबुद्धिजनित अवचेतन में फैली प्रबल चित्तवृत्तियों के जानकर उतने नहीं थे। लेकिन उनका प्रधान लक्ष्य सोचने वाले, अनुभव करने वाले और अपनी स्वतंत्र जिंदगी जीने वाले व्यक्ति को उपस्थित करने पर था। किसी सामाजिक सुधार की प्रेरणा दोयम रहती थी। उपन्यास का पात्र लेखक के किसी सामाजिक रोजनैतिक विचार को संप्रेषित करने का माध्यम मात्र नहीं होता, उसकी अपनी जिंदगी होती है, इसका ध्यान हरिभाऊ ने सदैव रखा। इसीलिए हरिभाऊ ने तत्कालीन सामाजिक, धार्मिक रूढ़ियों में त्रास पाने वाली महिलाओं का चित्रण किया तो उसी के साथ उन परिस्थितियों में सहज जीने वाली सामान्य औरतों का भी चित्रण किया। यही कारण है कि हरिभाऊ ने दुष्टों का चित्रण करते समय। भी भड़कीले रंगों को आने नहीं दिया। यह भी नहीं दिखाया कि विधुर अवस्था में विवाह करने वाला व्यक्ति विषय वासना से ओतप्रोत और दुष्ट ही होता है। मतलब यह है कि उन्होंने मनुष्य को मनुष्य के रूप में चित्रित करने का प्रथम महत्वपूर्ण कार्य किया। इसीलिए उनके चरित्र लेखक के जीवन विषयक दृष्टिकोण के मुख-पात्र नहीं हैं। एक तरह से सुधारवाद, राष्ट्रीयता, क्रांतिदर्शी उत्तेजकता इत्यादि तत्कालीन विचार प्रवाहों से हरिभाऊ का कलाकार दबता नहीं था, वहअपनी स्वतंत्र राय से प्रशस्त होता था।

हरिभाऊ को जीवन का यथातथ्य चित्रण करनें में इतनी महारत हासिल थी कि उनका पहला उपन्यास ''मधली स्थिति'' जब पत्र के माध्यम से प्रकाशित होने लगा और उसमें वेश्याओं की बस्ती का एवं घर के अंदर के वातावरण का चित्रण आ गया तब पुणे के मध्य वित्तीय वर्ग के लोगों ने समझा कि हरिभाऊ बिगड़ गए, अन्यथा वेश्या की कोठी का ऐसा वातावरण वे कैसे निर्मित करते। हरिभाऊ संवाद लिखने में भी पर्याप्त कुशल थे और चरित्र के स्वभाव के अनुकूल संवाद, पत्रलेखन, प्रसंग-निवेदन करने की कला में पारंगत थे।

हरिभाऊ ने जीवन के भयावह, भीषण रूपों का विशेष सामना नहीं किया। उन्होंने उतना ही दुख देखा और चित्रित किया जितना एक मध्यवर्गीय लेखक कर सकता था। उनके उपन्यासों की सीमा निर्दिष्ट करते हुए केतकरजी ने हरिभाऊ के वाङ्मय को ''सदाशिव पेठी'' वाङ्मय कहा

है। सदाशिव पेठ में पुणे में मुख्य मध्यवित्तीय ब्राह्मण वर्ग की वस्ती है। जहां तक वर्ग के चित्रण की बाह्य सीमा थी, यह बात सही है। परंतु इस वर्ग की मनोदशा का जितना विश्वसनीय, जीवन्त और कलापूर्ण चित्रण हरिभाऊ ने किया उतना मराठी में अन्य किसी ने नहीं किया।

हरिभाऊ ने सामाजिक उपन्यास लिखे और उनके लेखन के बाद अद्‌भुत रोमानी युग इसी तरह समाप्त हुआ जिस तरह प्रेमचंद के बाद हिंदी में। मतलब अद्‌भुत रोमानी उपन्यास लिखे भी गए परंतु समझदार पाठक वर्ग की श्रद्धा का केन्द्र नहीं बन सके। हरिभाऊ ने पाश्चात्य उपन्यासकारों को पढ़ा था (वे फ्रेंच भाषा के अच्छे जानकार थे) जोला, थैकरे, डिकन्स की खूबियों से परिचित थे परंतु अपने उपन्यास लिखते समय वे अपनी जमीन में पैर रोपकर ही लिखते थे। यही कारण है कि उनके उपन्यासों में पश्चिमी उपन्यास से आयातित प्रणय का विदेशी पौधा नहीं है। उनके साहित्य में पति-पत्नी के बीच का प्रेम उतना ही आ पाया है जितना उस समय ब्राह्मण वर्गीय शिक्षित परिवार में संभव था और विवाहपूर्व प्रेम तो व्याक्तियों के मन तक ही सीमित रहा।

हरिभाऊ पहले कलाकार थे जिन्हें इस बात का सही भान था कि उपन्यास के अपने कुछ स्वायत्त नियम होते हैं, वैशिष्ट्य होते हैं। इसीलिए उपन्यास को संसार का निरा प्रतिबिंब देने वाला दर्पण न मानकर वे उसे एक जीवन से संवादी परंतु भिन्न कोटि की सृष्टि मानते थे। साहित्य और जीवन के परस्पर स्वस्थ संबधों का उन्हें अच्छा भान था।

हरिभाऊ ने सामाजिक और ऐतिहासिक दोनों प्रकार के उपन्यास लिखे। ''मधली स्थिति'' (अपूर्ण) में अपने समकालीन जीवन के चित्र हैं और शराब और वेश्या के फेरे में पड़कर बिगड़े हुए रईस की कैसे दुर्दशा होती है, इसका प्रभावपूर्ण चित्रण किया गया है। हरिभाऊ का महत्वपूर्ण और मराठी का श्रेष्ठ उपन्यास ''पण लक्षांत कोण घेतो'' में महाराष्ट्रीय मध्यवर्गीय परिवार में नारी की दुखमय स्थित के अनेक प्रभावपूर्ण चित्र खींचे हैं। उपन्यास आत्मकथात्मक शैली में लिखा हुआ है। यमू की जीवन कहानी है। इसमें यमू के विधवा होने के बाद जो केशलुंचन का मर्मभेदी प्रसंग है, उसका कुछ ऐसा प्रभाव पड़ा कि अनेकों ने उसे ही उपन्यास का मुख्य उद्‌देश्य समझा। जबकि यमू के जीवन के सुखमय दुखमय प्रसंगों का चित्रण करते हुए यमू का एक अमिटछाप छोड़ने वाला चरित्र आपटे जी ने उपस्थित किया है। इसी उपन्यास में अनेक व्याक्तियों का जमघट है जो आपटे की चरित्र-चित्रण कला को उदाहृत करता है। परंतु हिंदू मध्यवर्गीय ब्राह्मण समाज की रूढ़ियों से संयुक्त परिवार में जो खल-पुरूष पैदा हो सकता है उसको शंकर मामाजी के रूप में चित्रित कर हरि नारायण आपटे ने अपनी कला का चरम उत्कर्ष दिखाया है। यशवंतराव खरे में एक किशोरावस्था से प्रौढ़ता को प्राप्त करने वाले विकासमशील चरित्र यशवंतराव का बहुत ही प्रभावपूर्ण अंकन आपटे जी ने किया है। इस विकसनशील व्यक्तित्व के अनुभव का दायरा बढ़ता है वैसे उसका व्यक्तित्व भी अधिक परिपक्व होना दिखता है। ''मी'' (१९१३) उपन्यास में सामाजिक सुधार के लिए समर्पित भाव से काम आनेवाले भावानंद का उज्जवल, ध्येयवादी चरित्र अंकित है। उस समय नारी सुधार के लिए कटिबद्ध इनीगिनी शिक्षित स्त्रियां भी सामने आ रहीं थीं। सुंदरी उनका प्रतिनिधित्व करती है। ''गणपतराव'' (अपूर्ण) भी उनका अच्छा उपन्यास है। इनके अलावा ''जग हे असे आहे'' (१९१२) और कर्मयोग, आजच, मायेचा बाजार, भयंकर दिव्य

आदि उपन्यास प्रसिध्द हुए। इन उपन्यासों में हरिभाऊ की मृत्यु तक (१९२०) के महाराष्ट्र की सामाजिक, राजनैतिक विचारधारओं का प्रतिनिधित्व मिलता है, मध्यवर्गीय समाज के अनेक मनुष्य-प्रतिरूप मिलते हैं। मध्यवर्गीय संयुक्त परिवार में जितने और जिस प्रकार के संबंध हो सकते थे, उन सब का एक समग्र सा चित्र उनके उपन्यासों के द्वारा प्राप्त हो सकेगा। यह चित्र सामाजिक भावभूमि के परिवर्तन के साथ बदला हुआ दिखाई देता है।

यह मानना पड़ेगा कि आपटे जी के समय जो समाज के निचले स्तर में जागरण का प्रयास महात्मा फुले कर रहे थे उस ओर उन्मुख होकर आपटे ने अपनी अनुभव-कक्षा का विस्तार नहीं किया। यह भी मानना पड़ेगा कि उस समय की राष्ट्रीय विचार धारा का प्रखर रूप हरिभाऊ के उपन्यासों में नदारद है। दूसरे शब्दों से कतिपय कारणों से हरिभाऊ अपने मध्यवर्गीय लेखकीय व्यक्तित्व का विकास बहुत अधिक नहीं कर पाए। हरिभाऊ के लेखन में मनुष्य के अंतर्मन के ज्ञान से प्राप्त अनुभव की गहराई की कुछ कमी के कारण भी उनका ''पण लक्षात कोण घेतो'' शोकान्त उपन्यास की ऊंचाई को नहीं छू सका।

हरिभाऊ ने मेडोज टेलर के ऐतिहासिक उपन्यास ''टीपू सुल्ताना'' का अनुवाद किया ''म्हैसूर चा बाघ'' नाम से। फिर ''गड आला पण सिंह गेला'' (१९०४), चंद्रगुप्त (१९०४), ''रुपनगर ची राजकन्या'' (१९०९), वज्राघात (१९१४), सूर्योदय (१९१४), केवल स्वराज्यासाठी (१९१६), सूर्यग्रहण (१९८१ अपूर्ण), कालकूट (१९१९ अपूर्ण), ''उषःकाल'', ''मध्याहून'' उपन्यास लिखे। उनके उषःकाल, वज्राघात, गड आला पण सिंह गेला विशेष कलात्मक उपन्यास माने जाते हैं, उनके ऐतिहासिक उपन्यासों में किवदंतियों और ऐतिहासिक घटनाओं का कलात्मक मेल किया गया है। हरिभाऊ सामाजिक उपन्यासों में ब्रिटिश सरकार के रोष के कारण शायद स्वराज्य विषयक चित्रण खुले रूप में नहीं कर पाए। एतिहासिक उपन्यासों में उन्होंने स्वराज्य की प्रतिष्ठ के लिए लड़ने वाले व्यक्तियों का चित्रांकन बहुत गौरव से किया। दूसरी महत्वपूर्ण बात यह भी है कि आपटे ऐतिहासिक उपन्यासों में शीर्षस्थ व्यक्तियों के साथ सामान्य जनों के कर्तव्य का भी आलेख प्रस्तुत करते हैं। चार उपन्यासों में शिवाजी के व्यक्तित्व का शक्तिशाली चित्रण है। शिवाजी के कारण उस समय के सामान्य मनुष्यों के जीवन में जो आत्मोत्सर्ग की भावना उत्पन्न हुई उसका बडा प्रभावपूर्ण चित्रण आपटे जी करते है। ऐतिहासिक उपन्यास के कथानक को अधिक रंजकतापूर्ण बनाने के लिए आपटे कल्पना के रंग उसमें भर देते हैं। खुफिया तत्त्व और प्रतिशोध की भावना से कथावस्तु में कौतूहल उत्पन्न करते हैं। कभी तो यह भी लगता है कि हरिभाऊ किशोर पाठकों के लिए ऐतिहासिक उपन्यास लिख रहे हैं। उनका वज्राघात उपन्यास उनके समस्त उपन्यासों में रचना की दृष्टि से सर्वश्रिष्ठ माना जाता हैं। हिंदू साम्राज्य का विनाश करनेवाली मुगलसत्ता और विजयनगर के साम्राज्य का अंतिम शासक रामराजा के बीच का संघर्ष इस में आया हैं। हरिभाऊ संघर्ष के तटस्थ द्रष्टा हैं। एक कलाकार की भांति घटनाओं और चरित्रों को देखकर निर्लिप्त भाव से चित्रण करते हैं। वस्तुतः ऐतिहासिक पार्श्वभूमि पर कुछ व्याक्तियों के परस्पर संबंधों का प्रणय, द्वेष, प्रतिहिंसा, वंचना इत्यादि भावनाओं के रमणीय नाट्य का चित्रण इसमें हुआ हैं। रामराजा राज्यतृष्णा के लिए अपनी प्रेयसी मेहरजान को धोखा देकर उसे छोड़ देता है और प्रतिहिंसा में

जलती हुई मेहर बदला लेती हैं। लेकिन जब बदले की चरम स्थिति को रामराजा राज्यतृष्णा के लिए अपनी प्रेयसी मेहरजान को धोखा देकर उसे छोड़ देता है और प्रतिहिंसा में जलती हुई मेहर बदला लेती है। लेकिन जब बदले की चरम स्थिति को रामराजा का कटा हुआ सिर देखती है तो स्वयं उस सिर के साथ तालाब में डूबकर आत्महत्या करती है। यह एक सफल शोकांत ऐतिहासिक उपन्यास हैऔर हरिभाऊ की कलात्मक क्षमता का यह प्रकर्ष बिंदू हैं।

हरिभाऊ के युग के अन्य उपन्यासकार :-

१८८५-१९२० के बीच सामाजिक उपन्यास या ऐतिहासिक उपन्यास में हरिभाऊ की समकक्षता करने वाला कोई उपन्यासकार मराठी में नहीं था। नाथ माधव, वि.वा. हड़प, ना.ह. आपटे ने प्रचुर संख्या में उपन्यास लिखे। उनमें से हड़प और आपटे तो १९४०-४५ तक लिखते रहे। बालकृष्ण संतुराम गडकरी, गो.ना. दातार, सहकारी कृष्ण, प्रभाकर, का. र. मित्र वा. गो. आपटे, वि.सी गुर्जर, ये कुछ अन्य उपन्सासकार हैं।

इस समय अंग्रेजी के माध्यम से अनेक पश्चिमी भाषाओं से मराठी में अनुवाद या रूपांतर हुए. बंगला के टैगोर, तथा बंकिम के उपन्यासों के अनुवाद हुए. कुछ हिंदी के तिलस्म एयारी, उपन्यास भी मराठी में आए। बंगाली उपन्यासों के आधार पर वी.सी. गुर्जर ने बहुत से उपन्यास मराठी में नए ढंग से लिखे।

वा.म. जोशी

हरिभाऊ के युग में अपनी पहली रचना ''रागिणी'' (१९१६) से प्रा. वा.म. जोशी ने अपनी पृथगात्मकता की ओर ध्यान आकर्षित किया। महाराष्ट्र में कालेज खुल गए थे, स्त्री-शिक्षा की परिधि बढ़ रही थी। नारी के अधिकारों और हकों को लेकर चर्चाएं शुरू होने लगी थीं। पुरुषों की सामंतवादी मनोवृत्ति के खिलाफ नारी-मानस चुनौतीपूर्ण स्थिति में खड़ा रहा। इसका परिणाम ''रागिणी'' उपन्यास पर हुआ हैं। इस उपन्यास में वा.म. जोशी ने पुरुषों के साथ समानतापूर्वक व्यवहार चाहनेवाली, विवाह के संदर्भ में अपने मन को और चुनाव को महत्त्व देने वाली, मुखर वादविवाद के लिए सदैव तत्पर, सुंदर तरुण नायिका रागिणी और उससे कुछ अलग व्यक्तित्व वाली उत्तरा जो, विनम्र, मितभाषी, समर्पणशील है, का निर्माण किया है। दोनों के व्यक्तित्वों ने इस उपन्यास में आकर्षण उत्पन्न किया है। ''रागिणी'' के उत्साहपूर्वक स्वागत का एक अन्य कारण यह भी है कि इसमें जीवन के अनेक मूलभूत प्रश्नों की (आत्मा, ईश्वर, धर्म, सत्य, उपासना, जीवन का उद्देश्य, ध्येय, आदर्श, विरक्ति या आसक्ति, भोग या त्याग स्त्री-पुरूष संबंधों का स्वरूप प्रेम और विवाह, विधवा विवाह इत्यादि) चर्चा है। इसीलिए स्वयं उपन्यासकार ने रागिणी का दूसरा नाम ''काव्यशास्त्रविनोद'' रखा। मराठी के विद्वान समीक्षक श्री. कोल्हटकर ने वा.म. जोशी को तात्त्विक उपन्यास के जनक कहा। स्वयं वा.म. जोशी दर्शन के प्राध्यापक थे, विद्वान थे, चिंतक थे। इस चिंतक व्यक्तित्व का प्रभाव उनके सभी उपन्यासों पर पड़ा है। तत्कालीन उपन्यास्यों में ''रागिणी'' जो कभी पुरुषो को वैचारिक संघर्ष में मात भी देती थी, शिक्षित समाज की सराहना का विषय बन गई।

वा. म. जोशी विचारक थे अतः किसी विचार को उपन्यास के माध्यम से विकसित करने में उन्हें रुचि थी। उनका ''नलिनी'' (१९२०) उपन्यास उतना पाठकों ने पसंद नहीं किया लेकिन ''आश्रम हारिणी'' (१९१६) बहुत पसंद किया गया। एक स्त्री क्या दो पुरूषों को एक साथ प्यार कर सकती है? क्या दोनों के साथ विवाह धर्म निभा सकती है? चूंकि विचार तत्कालीन समाज में कुछ दाहक था (यद्यापि द्रौपदी की स्मृति परंपरा जीवित थी) वामनराव जोशी ने पौराणिक पोथी के माध्यम से इसे प्रस्तुत किया है। असल में पुनर्विवाह की बात भी जोशीजी को समाज के गले उतरवानी थी, इसलिए पौराणिक परंपरा का बहाना भी बनाया गया। स्त्री को पुनर्विवाह करना चाहिए या नहीं, इस हिरण्यगर्भ राजा के प्रश्न पर धौम्य ने अपनी जीवन कथा का आख्यान बताया।

फडके युग (१९२०-४७) में अलग पहचान :

वा.म. जोशी १९२० के बाद कोई दस वर्ष मौन रहे। १९३० में उनकी महत्वपूर्ण रचना ''सुशीलेचा देव'' प्रकाशिक हुई। १९३५ में ''इंदू काले व सरला भोले'' का प्रकाशन हुआ और १९३९ में ''स्मृति लहरी'' प्रसिध्द हुई।

वा.म. जोशी को उपन्यास का बीज मिला था किसी विचार में। ''सुशीलेचा देव'' में उन्होंने सुशीला के देवता विषयक विचारों में आए परिवर्तनों का मानचित्र प्रस्तुत किया है। और उसी बहाने मराठि स्त्री के व्यक्तित्च के विकास को भी रेखांकित किया है। सुशीला पहले पत्थर की मूर्ति बनाकर देवता के रूप में उसे पूजती थी जब वब बच्ची थी, फिर प्रेमी और पति उसके लिए देवता बना। लेकिन सुखवादी पति देवता से संघर्ष होने पर उस धारणा से भी अपने को वह बाहर निकालती है और ध्येय या आदर्श मूल्य उसके लिए देवता बना। यह आदर्श मानव सेवा विशेषतः दलितों, पीड़ितों और शोषितों की सेवा के रूप में उसके सामने था और उसके सही स्वरूप की प्राप्त करनेके लिए वह कुछ साम्यवाद की ओर भी आकृष्ट हो जाती है। सुशीला के रूप में वा.म. जोशी ने व्यक्तित्व जागृत परंतु समाजोन्मुखी सेवामयी नारी का एक ''विजन'' महाराष्ट्र के सामने रखा और यह उपन्यास बहुत ही महत्वपूर्ण माना गया।

वा.म. जोशी के 'इंदु काले व सरला भोले' में नीति और कुल के संबंधों का विचार और विश्लेषण सामने रखा गया हैं। यह पूरी रचना चार व्यक्तियों के परस्पर पत्रों के माध्यम से सामने आती हैं। इसमें जो केंद्रीय विचार है वह कुछ हल्के रूप में ही सामने आता है। परंतु जोशी जी की यह रचना आद्योपाना मन को पकड़ रखने में सफल होती है। जोशी जी की अंतिम रचना ''स्मृति लहरी'' कुछ-कुछ स्मृतयों के माध्यम से प्रोफेसर की व्यक्ति रेखा को जीवित करती है और यह संभवतः वा.म. जोशी के ही आत्मचरित्र सदृश लगती है। इसमें विलक्षण तल्लीनता है और यह विवाद का विषय बन सकता है कि इसे उपन्यास माना जाए अथवा नहीं।

वा. म. जोशी के उपन्यासों में ढेर सारे तकनीक दोष दिखाए जा सकते हैं। परंतु वे जितने बडे विचारक थे उतने ही वे प्रयोगधर्मी भी थे। उनके उपन्यासों में पत्र, डायरी, स्मृत्यावलोकन, तार आदि का भरपूर उपयोग किया गया है और सत्याभास उत्पन्न करने के लिए अनेक युक्तियां उपयोग में लाई गई है। वे स्वयं भी अपने पात्रों की प्रत्यक्ष निकटता का आश्वासन देत रहते है।

फड़के युग का उपन्यास प्रणय प्रधान उपन्यास था, वा. म. जोशी के उपन्यासों में भी प्रणय है। परंतु बह कृत्क रोमांटिक नहीं है, न अनैतिक है। सामान्यतः वह व्यावहारिक जीवन का ही है और प्रणयोत्तर विवाह केबाद आने वाले संकटों सेजूझने वाले व्यक्तियों को दिखा कर वा. म. जोशी ने फड़के युग में अपनी पहचान बनाई है।

प्रणय प्रधान उपन्यासों का युग

फड़के का पहला उपन्यास "अल्लाहो अकबर" १९१७ में ही प्रकाशित हुआ था। यह ऐतिहासिक था और रूपांतरित था। १९२५ में "कुलाब्याची दांडी" उपन्यास प्रकाशित हुआ और एक नई दिशा में मराठी उपन्यास साहित्य ने कदम रखना शुरू किया। इसके कुछ पहले मा.द. आळतेकर के कॉलेज जीवन और प्रणय के संबंध में उपन्यास प्रकाशित हुए थे परंतु फड़के की विलक्षण भाषा शैली, प्रणय को चित्रवत मूर्त करने की क्षमता, भाव के विकास में पाठ कों को तन्मय कर लेने की कुशलता और तरुण स्त्री-पुरूषों के बीच में महाराष्ट्र के वाचक वर्ग को कुछ अनजानासा परंतु वांछितसा मधुर और उन्मादक प्रेम उभारने की कला इत्यादि गुणों ने पाठ्कों को विमोहितसा कर दिया। यह सम्मोहन उनके बाद के "जादूगर", "दौलत", "अटकेपार" इत्यादि उपन्यासों ने लगातार घनीभूत कर दिया। फड़के कला के लिए कला के समर्थक थे। वि.स. खांडेकर जीवन के लिए कला के। परंतु जीवनदाता खांडेकर ने भी देखा कि उपन्यास के क्षेत्र में फड़के का तकनीक अपनाए बिना काम नहीं चलेगा और उन्होंने फड़के को गुरु मान कर डरते सहमते ही इस क्षेत्र में कदम रखा। परिणाम यह हुआ कि लगभग निन्यानवे प्रतिशत उपन्यासों में लेखक जो भी कुछ कहना चाहते थे वह प्रणय कथा के माध्यम से ही कहते रहे। उन्हें एलियट के शब्दों से "इमोशनल इक्विवैलेंस" प्रणय कथा का ही मिला। लगभग उतना ही यथार्थ और समसामयिक परिवेश उपन्यास में आ सका जितना प्रणय कथा के माध्यम से आ सकता था। दूसरे शब्दों में फड़के युग की बहुसंख्य उपन्यास-कथा रोमांटिसिजम से प्रभावित थी। यह रोमांटिसिजिम भी "सूडो" था-सही और स्वस्थ नहीं था। एक तो इसके मूल में सही स्वातंत्र्य की खोज की एवं व्यक्तिवाद की प्रेरणा नहीं थी। दूसरे सारे संघर्ष नकली वातावरण में पैदा होते थे और परिणति को पहुंचते थे। इसे थोड़ा स्पष्ट करना चाहिए। फड़के का प्रणय युवा और युवती के बीच की विलास लीला थी और उसका संबंध बाह्य जगत के या समाज के वातावरण, समसयात्मक जीवन और जटिल भावबोध से विशेष नहीं था। इसमें अगर समस्याएं आनी थीं तो प्रणय के रंगों को अधिक चटख बनाने के लिए और दृढ़ भी होती थी पाठ्क के आचंल में उन्मादकता का पूरा सामान डालकर. कहीं पर प्रणय असफल दिखाया जाता तो पाठ्क के मन में यह विश्वास जमाकर कि इस दुनिया में न सही अगली दुनिया में मिलन होगा ही।

ना.सो. फड़के बहुत परिश्रमी व्यक्ति थे और उपन्यास का उन्होंने अपना एक खास तकनीक बनाया था (प्रतिभा साधन, मी माझ्या कादंब-या कशा लिहितो, पुस्तकों में उन्होंने विस्तार से चर्चा की है।) उनका यह विचार था कि लौकिक प्रतिभा के धनी को तकनीक की जरूरत नहीं होती, तकनीक उसके पीछे आती है या वह नया तकनीक बना देता है। लेकिन अन्य साहित्यकार यह ध्यान में रखें कि जो कथ्य है उसे कैसे अभिव्यक्त किया जाए। यह महत्वपूर्ण है। इसका चिंतन

करना चाहिए। तभी उनकी रचनाएं अधिक सफल होंगी. फड़के के तकनीक का जीवनवादी लेखकों ने मजाक भी उड़ाया और जाने-अनजाने उसका अनुकरण भी किया। एक केतकर को अपवाद कर दें तो वा.म. जोशी से लेकर सभी उस समय के लेखकों ने फड़के की कारीगरी का अनुकरण किया। फड़के के कुछ नुस्खों को ध्यान में रखना होगा। फड़के इस संबंध में निश्चिंत थे कि उनको पाठकों का रंजन करना है और नीति, उपदेश, सत्य-विवेक जो कुछ संप्रेषित करना है वह रंजन कला को बरकरार रखते हुए ही करना होगा। चूंकि फड़के का मध्यवर्गीय पाठक वर्ग प्रणय प्रधान उपन्यास चाहता था, फड़के ने उनके लिए उसी प्रकार के उपन्यास लिखे। उनका पाठक कालेज के छात्रों से या कालेज के वातावरण से प्रति कुछ ललक कुछ अभिप्सा रखने वाले युवा मानस के लोगों से मुख्यतः बना था। फड़के ने कथानक को महत्व दिया और कथानक में पाठकों की रु चि अधिकाधिक कैसे बढ़ती रहेगी, इसी दृष्टि से कुछ रहस्यभावना का कुछ उत्सुकतावर्धक नुस्खों और ''शॉक ट्रीटमेंट '' देने की प्रणालियों का प्रचुर उपयोग किया। फड़के ने मानव-चरित्र उभारने की लेखक की क्षमता को महत्वपूर्ण अवश्य माना परंतु उनके अपने उपन्यासों में पात्र का बाहय व्यक्तित्व जितना ठेस रूप में अंकित हुआ इतना आंतरिक नहीं। उनके पात्र अनेक पेशों, उद्योगों, व्यवसायों के क्षेत्रों से आए है। परंतु उनका स्वभाव लगभग एक ही प्रकार का होता है धीरललित। फड़के के साहित्य सिध्दांत और फड़के के लेखकीय वैशिष्ट्य भारतीय रससिद्धांतों से मेल खाते हैं अतः उनके उपन्यासों में रोचकता और रसवत्ता तो होती है परंतु व्यक्तियों का वैचित्र्य या जटिलता कम। फड़के का एक महत्वपूर्ण वैशिष्ट्य यह भी रहा कि कलावादी सिद्धांत के समर्थक होने के बावजूद (उसमें बारीकी से देखा जाए तो फड़के विशुद्ध कलावादी भी नहीं हैं-- यह अलग से चर्चा का विषय है।) उन्होंने अपने समय के राजनैतिक वातावरण को पार्श्वभूमि बनाकर प्रणय कथाएं लिखीं। फड़के के सम्यक उपन्यास साहित्य का अनुशीलन करने पर पता चलता है कि उनके साहित्य में राजनैतिक वातावरण को पार्श्वभूमि बनाकर प्रणय कथाएं लिखीं। फड़के के सम्यक उपन्यास साहित्य का अनुशीलन करने पर पता चलता है कि उनके साहित्य में रजनैतिक वातावरण का **1820** से **1950** तक का समूचा प्रतिबिंब मिलता है। परंतु वह उनके केन्द्रीय अनुभव प्रणय की उद्दीप्त करने वाली यह पार्श्वभूमि ही रही है। अतः राजनैतिक उपन्यास का श्रेय फड़के को नहीं मिलता। फड़के ने मनोवैज्ञानिक समस्याओं का भी उपयोग किया लेकिन मनोविज्ञान से उत्पन्न होने वाली मनोवैज्ञानिक गहराई वे किसी चरित्र को या प्रसंग को नहीं दे पाए। फड़के ने कथा निवेदन करने की अनेक प्रणालियों का भी उपयोग किया। फड़के ने समकालीन उपन्यासकारों को भी प्रभावित किया और तकनीक की दृष्टि से भी बहुत कुछ सिखाया। उन्होंने कुल **74** उपन्यास लिखे, जिनमें ''प्रवासी'', ''अखेरच बंड'' ''अंजलि'', ''जैहलम'', ''हसू आणि आंसू'', ''शोनान, अस्मान, तूफान (उपन्यास त्रयी)'' ''ही का कल्पद्रुमाची फळे'', ये उपन्यास अच्छे समझे जाते हैं।

वि.स. खांडेकर फड़के की भॉति ही लोकप्रिय और महत्वपूर्ण उपन्यासकार माने जाते हैं। खांडेकर सामाजिक चेतना के लेखक हैं और उनकी शोषितों, पीड़ितों, दलितों के प्रति उत्कट सहानुभूति प्रामाणिक है और पाठक के मन को भी स्पर्श करने वाली भी। जीवन की समस्याओं पर करुणा भाव से सोचते हैं। सुधारवाद, गांधीवाद, समाजवाद की सामर्थ्य और सीमाओं को अपनी संवेदना के माध्यम से उन्होंने समझने और व्यक्त करने का प्रयत्न किया है। सामान्यतः वे

मूल्यों के विघटन और विनाश पर गहरे में व्याकुल होते हैं। लेकिन खांडेकर मन से मध्यमवर्गीय सीमाओं को अतिक्रांत नहीं कर सके। उनके कुणबी और महार जाति के नायक भी मध्यमवर्गीय मानसिकता का ही परिचय देते रहे। खांडेकर ने स्त्रियों के दुखों का भी करु ण अनुभव व्यक्त किया। खांडेकर की सबसे बड़ी सीमा यह रही कि जो जीवन की व्यापक सोच उनके पास थी, उसके अनुकूल उन्हें इमोशनल इक्विवैलैंस नहीं मिला। उन्होंने बीस-बाईस वर्ष के आदर्शवादी, ध्येयप्रेमी, यूटोपिया से चमत्कृत होने वाले युवकों के माध्यम से और प्रणय अनुभव के माध्यम से अपनी बातें प्रस्तुत की। इसीलिए ''उल्का'' ''अश्रू'' और ''ययाति'' को छोड़कर महत्वपूर्ण उपन्यास वे नहीं दे पाए।

इसी समय व्यवसाय और प्रवृत्ति से पत्रकार श्री ग. त्रयं. माडखोलकर भी उपन्यास साहित्य की श्रीवृद्धि कर रहे थे। माडखोलकर का मुक्तात्मा (१९३३) उपन्यास कथानक के मोह को छोड़कर लिखा हुआ उपन्यास है और मराठी का प्रथम राजनैतिक उपन्यास भी इसे माना जाता है। सशस्त्र क्रांति की ओर उन्मुक्त युवक और उसके चारों ओर विलासमय जीवन जीने वाले पत्रकार अफसरशाह एवं कुछ बुद्धिजीवी लोगों को आमने सामने रखकर यह उपन्यास लिखा गया है। कुछ चरित्रों को मनोवैज्ञानिक गहराई देने में भी माडखोलकर सफल हुए हैं। उनका लघु उपन्यास ''भंगलेले देऊळ'' आत्मचरित्रात्मक है और विवाह संस्था किस प्रकार भग्नमेदिर बना है, इसका प्रभावपूर्ण चित्रण अनू के वंचित और व्यथित जीवन के माध्यम से किया गया है। माडखोलकर ने सशस्त्र क्रांति की ओर उन्मुख युवकों, समाजवाद की ओर आकृष्ट युवकों और गांधीवादी से निराश युवकों कोमाध्मसे उपन्यासों में राजनैतिक आशय भरा है परंतु ''मुक्तात्मा'' के बाद ''मुखवटे'' ही उनका एकमात्र सफल राजनैतिक उपन्यास माना जाएगा जिसमें राजनैतिक दांवपेचों का प्रभावपूर्ण चित्रण है। मराठी उपन्यास का प्रणय माडखोलकर के उपन्यासों को भी प्रभावित करता है और कभी तो किसी उपन्यास में माडखोलकर जानबूझकर मांसल श्रृंगार के गहरे रंग भर देते हैं। उनका ''चंदनवाडी'' उपन्यास भी एक उत्कृष्ट उपन्यास माना जाता है।

मराठी में सही अर्थ में रोमांटिक व्यक्तित्व के लेखक रहे हैं पु. य. देशपांडे। वे विचार से समाजवाद की ओर उन्मुख अवश्य थे परंतु साहित्य की ओर व्यक्तिनिष्ठ दृष्टि से देखते थे और समाज की स्थिति और साहित्य के निर्माण में सीधे संबंध देखने वाले समाजवादी श्री लालजी पेंडसे के प्रत्याख्यान में उन्होंने काफी उत्तेजक शेली में लिखा था। उनका पहला उपन्यास है ''बंधनाच्या पलीकडे''-- व्यक्ति के जीवन की सार्थकता के लिए प्रेम एक महत्वपूर्ण जीवनानुभव है और इसकी परिपूर्ति के बीच आने वाले सभी पारंपरिक, पारिवारिक, कुलीनता संबंधी रू ढ़ धाराओं को एक बारगी ठुकराना चाहिए, यह विचाार केन्द्र में हैं। उनके उपन्यासों में प्रेम को ही विशेष महत्व मिला है. परंतु यह प्रेम विकास की समस्या मे जुड़ा हुआ है। उनका आत्मचरित्रात्मक उपन्यास ''सुकलेले फूल'' (१९३०) मनोवैज्ञानिक दृष्टि से प्रेम के अनुभव को जटिल रूप में प्रेषित करता है। यही ''सदाफुली'' १९३३ के बारे में कहा जा सकता है। ''नवेजग'' में महायुद्ध की पृष्ठभूमि है परंतु समाजवाद एवं फैसिज़म को प्रतीकात्मक रू प में व्यक्तियों के माध्यम से प्रस्तुत किया है। ''काळी राणी'' की नायिका, रजनी के माध्यम से स्त्री-पुरू ष संबंधों का नई दृष्टि से विश्लेषण किया गया है जिसका आधार स्त्री का स्वतंत्र एवं पूर्ण विकासित व्यक्तित्व है। ''विशाल जीवन'' में व्यक्तिगत

घेरे में रहकर जीवन का सामना करने की धारणा की अपर्याप्तता बताकर सामाजिक जीवन से जुड़ने की अनिवार्यता बताई है। असल में बाद में पु.य. देशपांडे मौन हुए और धीरे-धीरेव्यक्तिवाद और समाजवाद केबीच उनका द्वन्द्व समाप्त होकर वे पूर्णता भारतीय अध्यात्मवाद की ओर मुड़ते हैं। उनके अंतिम उपन्यास ''आहुति'' में इसका प्रकटीकरण होता है।

फड़के के प्रभाव के बाहर– यथार्थवादी जीवन दृष्टि :-

फड़के के साहित्य शास्त्रीय विचारों और उपन्यास विषयक मान्यताओं के बिल्कुल दूसरे ध्रुव पर थे केतकर। केतकर समाजशास्त्री थे, महान पंडित थे और जीवन का निरीक्षण भी अच्छा था। उपन्यास को उन्होंने बहुत गंभीरता से नहीं लिया, अपने खाली समय को भरने के लिए ही हाथ में लिया परंतु ''ब्राह्मण कन्या'' जैसा एक अच्छा उपन्यास भी उन्होंने मराठी को दिया। केतकर ने उपन्यासों के माध्यम से समाजशास्त्रीय समस्याओं को प्रस्तुत किया। प्रसंगों के निर्माण में, पात्रों के चित्रण में केतकर ने यथार्थवादी दृष्टि दिखाई। उन्होंने कथानक को रहस्यमय बनाने के लिए कृत्रिम उपायों का अवलंब नहीं लिया। कथानक को रंजक करने की अपेक्षा समाजशास्त्रीय समस्याओं से उपन्यास के अनुभव को समृद्ध करने का प्रयास करने में और कुछ विचित्र परंतु जीवन्त चरित्रों से अपनी सृष्टि को सप्राण बनाने में केतकर जी को अवश्य अच्छी सफलता मिली।

केतकर ने मराठी के सदाशिव पेठी क्षेत्र को अमेरिका और इंग्लैंड के भारतीय समाजों में ले जाकर विस्तृत किया, नागपुर को भी ले आए। उनके कथानक सुरेखित नहीं हैं, सौष्ठव उनमें नहीं हैं, व्यवस्था भी नहीं है। उस समय जो फड़के की भाषा का सम्मोहन था उसकी तुलना में पाठकों को केतकर की भाषा उबड़-उबड़ और खुरदरी और असाहित्यिक लगी। परंतु आज उसकी व्यवहारिकता और ठोसपन अधिक अच्छा लगता है। विचित्र बात यह है कि उस समय केतकर के उपन्यासों को उपन्यास कहा जाए या नहीं, यह प्रश्न भी प्रबल था और उसी समय श्री वा. म. जोशी, माधवराव पटवर्धन जैसे विद्वान केतकर के उपन्यासों से प्रभावित भी थे। बाद में श्री. के. क्षीरसागर, दुर्गा भागवत, द.न.गोखले आदि विद्वानों ने केतकर की सराहना में लेख और पुस्तकें लिखीं। बाह्य रूपरंग और साजसज्जा के न होते हुए भी उनके उपन्यासों के चैतन्य से विदग्ध पाठक प्रभावित होते थे। केतकर ने उन समस्त प्रश्नों पर यथार्थवादी और समाजशास्त्रीय दृष्टि से विचार किया जो उस समय मराठी साहित्य में रोमांटिक दृष्टि से चर्चित थे। वेश्या के संबंध में विशेषतः सुंदर वेश्या कन्या के बारे में मराठी लेखकों ने जब प्रगतिशील दृष्टिकोन से उसके उद्धार की बात की तब केतकर ने प्रश्न उठाया कि क्या वेश्या कन्या के लिए समाज में प्रतिष्ठित ढंग से जीना संभव है? उससे उत्पन्न सन्तान का विवाहादि दृष्टि से समाज में ठीक भविष्य नहीं है। उनकी नायिका कालिंदी, जो प्रतिष्ठित ब्राह्मण की वेश्या कन्या से उत्पन्न लड़की है ब्राह्मण समाज में अपना विवाह असंभव देखकर शिवचरण अप्पा जैसे विधुर व्यापारी की रखैल बनकर उसे वरण करती है और इससे भी उसके जीवन में एक के बाद एक संकट आते हैं। केतकर ने प्रायः अपने सभी उपन्यासों में प्रेमोत्तर विवाह के भिन्न-भिन्न रूपों पर प्रकाश डाला है और प्रेम के परिणामस्वरूप हुए विवाह का रोमांटिक दृष्टि से किया हुआ चित्रण कितना एकांगी और नकली है, उस पर प्रकाश डाला है। परपुरुष के प्रति आकर्षण को भी व्यावहारिक भूमिका पर रखकर उन्होंने विचार किया

है। केतकर ने पुरुषों को या स्त्रियों को सौंदर्य और सद्गुणों से मंडित न दिखाकर ठोस व्यावहारिक भूमि पर खड़ा किया हैऔर प्रेम को भी एक ऐसी भावना के रूप में चित्रण किया है कि जो पैदा होती है तो मर भी जाती है और उसे जीवित रखने के लिए प्रयास भी करने पड़ते हैं। केतकर के प्रेमी अपने प्रेम के लिए थोड़ा-सा झूठ भी बोलते हैं तो यह विचार करते हुए कि प्रेमी या प्रेयसी को प्राप्त करने के लिए कौन-से तरीके अपनाए जाए। मतलब, उस समय मराठी साहित्य में जो यथार्थ की व्यावहारिकता गायब थी वह केतकर के उपन्यासों से प्रचुर रूप में मिलती है।

विचार और कृतित्व से कलावाद का विरोध करने वाले मामा वरेरकर स्पष्ट शब्दों में कहते थे कि वे कला के लिए नहीं अपने विचारों के प्रचार केलिए उपन्यास एवं नाटक लिखेते हैं। वे लोकजाग्रति के लिए साहित्य लिखते थे। १९२६ में ''चिमणी'' अपन्यास प्रकाशित कर वे उपन्यासकार के रूप में सामने आए परंतु उनकी उपन्यासकार के रूप में प्रतिष्ठ ''धावता धोटा'' (१९३२), ''गोदू गोखले'' (१८३३) , ''विधवाकुमारी'' के कारण है। ''धावता धोटा'' में पहली बार गिरगांव (मध्यवर्गीय बस्ती में) केंद्रित मराठी उपन्यास को वे गिरणगांव (मिल मजदूर) में ले आए। मिल में काम करने वाले मजदूरों में जो मध्यवर्ग और मालिक वर्ग के प्रति वर्ग विरोध की प्रखर भावना है और उनमें जो क्रांति की आग है उसकी स्फोटक अभिव्यक्ति ''धावता धोटा''में हुई है। तत्कालीन कथानक को कौतूहलजनक और रंजक बनाने की युक्तियों का कुछ उपयोग इस यथार्थवादी उपन्यास में भी हुआ है। मिल मालिक का शिक्षित लड़का कृष्णकांत मजदूरों की दशा को जानने के लिए मजदूर के वेष में उसी मिल में काम करने लगता है जिसका वह मालिक है। मजदूर कन्या बिजली, कृष्णकांत और हंसा का प्रणय त्रिकोण (जो मराठी उपन्यास परंपरा का एक ढाँचा था) भी बनता है। परंतु कुल मिलाकर कहां तक मजदूरों की जिंगदी की यातनामय स्थिति की बात है, वरेरकर ने उसका ठीक एहसास पाठ्क को कराया है। वरेरकर का दूसरा महत्वपूर्ण वैशिष्ट्य है उनका मध्यवर्गीय नारी के प्रति संपूर्ण समर्थन का रवैया। वरेरकर ने अपने अधिकारों और हकों के लिए संघर्षशील और शक्तिशाली नारियों को पुरुषों की तुलना में खड़ा कर स्त्रियों के कर्तृत्व समर्थन की सराहना की है। उनकी गोदू गोखले अपने पति को भाग खड़ा होने को मजबूर करती है। उनकी नायिकाएं आर्थिक दृष्टि से अपने पैरों पर खड़ा होना चाहती हैं और उसके लिए होटल का धंधा अपनाने में भी नहीं झिझकती। सफेदपोश संस्कृति पर आक्रामक टीका भी वरेरकर का एक हाथियार है। ''विधता कुमारी'' में नायिका पति की मृत्यु के बाद भाल पर से सिंदूर पोछना नहीं चाहती। उसका कहना है कि सिंदूर कुमारी अवस्था में भी लगाया जाता है (महाराष्ट्र में स्त्रियां भाल पर तिलक लगाती हैं, उसे कुंकू कहते हैं)। पति से उसका कोई संबंध नहीं। (बाद में महाराष्ट्र में विधवाएं भाल पर कुंकू लगाती रही हैं)। वरेरकर स्त्रियों के प्रति जरूरत से ज्यादा ही पक्षपात करते हैं। क्योकि तुलना में पुरुषों को कुछ कमजोर बनाकर उन्होंने आशय को बहुत एकांगी बनाया है। कभी वे मुखर स्त्रियों द्वारा अनौचित्यपूर्ण प्रश्न भी पुछवाते हैं जिससे उपन्यास अकलात्मक होते हैं। वरेरकर ने समकालीन राष्ट्रीय वातावरण में व्यप्त प्रश्नों को भी उठया है। शराब की समस्या, देहात के वैमनस्य की समस्या, अछूतोद्वार, ग्रामोद्वार इत्यादि। गांव में व्याप्त अंध रूढ़ियों से अपने को पूरी तरह नहीं बचा पाए। उनका नायक गाँव जाता है (श्री राम जोशी, फाटकी वाक्ळ) परंतु वहां प्रणय का त्रिकोण उभरने लगता है और नायक स्वयं उपन्यास के अंत में स्वीकार करता है

कि गांव का यथार्थ उसने नहीं देखा। फिर भी मराठी की रोमांटिक प्रवृत्ति पर कुछ रोक लगाने का कार्य वरेरकर ने अवश्य किया।

हरिनारायण आपटे के युग में ही ना. ह. आपटे और वि.वा.हडप ने लिखना शुरू किया था। दोनों स्वातंत्र्योत्तर युग में भी लिखते रहे। आरंभ में हड़प ने रंजनवादी नुस्खों को अपना कर उपन्यासों में स्खलित और पतित स्त्री पुरुषों के चित्र दिए परंतु बाद में मार्क्सवाद के प्रभाव से उनमें जो गंभीर दृष्टि उत्पन्न हुई उसके फलस्वरूप उनका उपन्यास लेखन रंजनवाद से बिल्कुल दूसरी दिशा में मुड गया। जीवन की जीती-जागती समस्याओं पर उन्होंने लिखना शुरू किया। बाह्य वास्तविकता के अनुसार अपने लेखन में परिवर्तन करने वाला हड़प जैसा लेखक मराठी में नहीं है। डॉ, उनके उपन्यासों में कलात्मक क्षमता दूसरे दर्जे की ही है। ''अन्नदाता उपाशी'', ''आजचा प्रश्न'', ''उगवत्या सूर्याचा काळोख'', ''गोदा राणी'', ''वाकळ'' इत्यादि उपन्यासों में आर्थिक-राजनैतिक संदर्भ में जीवन के खुरदरेपन का चित्रण है। श्री हड़प ने अपने गुरु श्री नाथमाधव के कदमों पर चलते हुए ऐतिहासिक उपन्यास लिखे। आपटे युग में ही नाथ माधव ने शिवाजी के जीवन और स्वतंत्रता के प्रयत्नों को लेकर कतिपय उपन्यास लिखे थे। महाराष्ट्र की स्वतंत्रता को सुरक्षित रखने एवं उसे मजबूत बनाने का दूसरा महत्वपूर्ण दौर पेशवे युग में ऊर्जास्वित हुआ। हड़प ने ''कादंबरीमय पेशवाई'' के अंतर्गत कुछ ऐतिहासिक उपन्यास लिखकर पेशवाई के उदयास्त को अंकित किया। बाद में ''कादंबरीमय आंग्लशाही'' में १९८१ से १९७७ तक के राजनैतिक इतिहास को कतिपय खंडों में उपन्यास का जामा पहनाया। हड़प के ये कालांकित उपन्यास समय को अवश्य कुछ देते हैं परंतु उसे अतिक्रांत नहीं करते।

ना.ह. आपटे ने मध्यवर्गीय जीवन के कतिपय यथार्थ प्रश्नों को लेकर उपन्यास लिखे। उन्हें पारिवारिक उपन्यास के प्रणेता कहा जाता है। कुछ प्रश्नों को लेकर नूतनता के उन्माद पर आघात करना और नए-पुराने के बीच संतुलन का प्रयत्न करना उनका खास उद्‌देश्य रहा है। प्रचार की अपेक्षा संस्कार करना उनका ध्येय रहा है। कसरत का महत्व किशोर उम्र के बालकों पर अंकित करने के लिए लिखा हुआ उनका ''सुखाचा मूलमंत्र'' बहुत प्रभावी है। कौटुंबिक सुखदुख को लेकर उपन्यास लिखने वालों में ना. वि. कुलकर्णी का नाम भी लिखा जाता है।

इसी यथार्थवादी परंपरा के एक महत्वपूर्ण लेखक हैं श्री वि.वा. बोकील। ''फोल आशा'' (१९३०) के यथार्थवादी स्वरूप से ऐसा लगा कि बोकील प्रथम श्रेणी के उपन्यासकारों में जल्दी ही आ जाएंगे। लेकिन आगे चलकर बोकिल ने सामान्य पाठकों की रूचि को अपनी कलम पर हावी होने दिया। बोकील के चरित्र सामान्य जिंदगी जीने वाले और यथार्थ के खुरदरेपन को भगते हुए हताश और निराश होने वाले हैं। बोकील ने उपन्यास में से ''हीरो'' की परंपरागत स्थिति पर आघात किया और सामान्य मध्यवर्ग का व्यक्ति उनकी कथा के केन्द्र में आया। पति-पत्नी, मॉ, पुत्र, बाप-बेटा इत्यादि मानवीय संबंधों को भी बोकलि ने यथार्थ की आंख से देखकर उनका व्यंग्यात्मक या आक्रोशपूर्ण दृष्टि से चित्रण किया। ''द्वन्द्व'', ''ठिगळ'' उनके उल्लेखनीय उपन्यास है। युवक-यवतियों का प्रणय, गृहस्थ जीवन के जाने पहचाने रिश्तों को नटखट दृष्टि से देखकर चित्रित करने में भी बोकील की यथार्थवादी दृष्टि परिलक्षित है। कहीं उन्होंने जीवन के घेरे के

बाहर भी जाने का प्रयत्न किया-"कुबेर की रंक", "तू तिथंमी"। परंतु आगे चलकर बोकील सामान्य पाठक का रंजन करने की मराठी उपन्यासकारों की फड़के प्रणीत परंपरा के शिकार हो गए।

इसी समय १९३४-३६ के बाद विभावरी शिरूरकर का नाम प्रतिष्ठित हुआ. उनका पहला उपन्यास "हिंदोल्यावर" (१९३२) प्रसिध्द हुआ और तत्कालीन स्त्री-पुरूष संबंधों का कुछ क्रांतिकारी दृष्टि से चित्रण करने के फलस्वरूप यह उपन्यास कटु समीक्षा का भाजन हुआ। आज के परिप्रेक्ष्य में विचार करते हैं तो दिखता है कि समीक्षा का प्रमुख कारण यह है कि पति का त्याग कर पर पुरुष के साथ वैवाहिक जीवन बिताने वाली नारी के जीवन का दुख और साहस इसमें व्यक्त हुआ। है जो पुरूष समाज को बेहद अपमानजनक लगा और इस समीक्षा में अत्यधिक उत्साह का कारण यह भी था कि अनामिका ने छद्मनाम से यह उपन्यास लिखा था (उनका असली नाम था बालूताई खरे ऊर्फ बाद में मालती बेडेकर)। उपन्यास वाङ्मयीन कारणों की अपेक्षा अवाङ्मयीन कारणों के कारण ही बहुचर्चित हुआ। बाद की रचना "विरलेले स्वप्न" सामान्य ही कही जाएगी। मालतीबाई बेडेकर का अच्छा उपन्यास "बळी" (१९५०) है जिसने मराठ्ई यथार्थवादी उपन्यास की परंपरा को आपटे के बाद पहली बार दृढ़तापूर्वक पुष्ट किया। इसमें समाज के बाहर निष्कासित कर कठेर बंधनों के नीचे दबायी गई जमात का -- गुनहगारों की जमात का चित्र है। कुछ समय के लिए शिक्षा के लिए बाहर आकर शिक्षा और मध्यवर्गीय संस्कृति के संस्कार लिए। "आबा" नामक युवक के फिर अपनी जमात में जाकर जीने के लिए किए गए संघर्ष की भयानक निराशा से ओतप्रोत करुण कथा है। आर्थिक और लैंगिक दृष्टि से शोषित और पशुस्तर पर जीवन जीने को बाध्य गुनहगार जमात के वस्तुदर्शी चित्र के परिपार्श्व में आबा की मानवीय जीवन की आकांक्षा से प्रेरित असफल प्रयत्नों की भीषण कथा बड़ी सफलता के साथ इसमें अंकित हुई है। मालती बेडेकर के उसके बाद लिखे हुए "जाई", "दोघांचं विश्व" इत्यादि उपन्यास भी यथार्थवादी धारा को पुष्ट करते हैं। बहुत बाद में प्रकाशित एक अच्छा उपन्यास है।

कुमार रघुवीर सामंत ने तीन खंडों में मध्यवर्गीय परिवार का विशेष चित्रण किया है। (उपकारी माणसे) यह भी मराठी एक अच्छा उपन्यास माना जाएगा। गीता साने ने साम्यवादी दृष्टि से प्रेरित होकर मध्यवर्गीय जीवन की यथास्थिति और संघर्ष का चित्रण उपन्यासों में किया और उनका नारी संघर्ष विषयक दृष्टिकोण भी बहुत प्रगतिशील रहा। मालती दांडेकर ने मध्यवर्गीय नारी के विविध प्रश्नों को उपन्यास के माध्यम से उठया। साने गुरुजी ने आंतरिक पीड़ा से विवश होकर लेखन किया। उनके उपन्यासों में राष्ट्रीय भावना से प्रेरित होकर राजनैतिक कार्य करने वाले युवक युवतियों के ध्येयान्मुख जीवन का जो चित्रण है वह अपनी आंतरिकता और आत्मिक स्पर्श के कारण कुछ भावुकता के बावजूद भी मर्मस्पर्शी बना है। साने गुरुजी का सर्वाधिक महत्वपूर्ण आत्मचरित्रात्मक उपन्यास है "श्यामची आई" -- माता के भव्योदात्त रूप का ऐसा प्रामाणिक चित्र दूसरा नहीं मिलता।

इसी समय र. बा. दिघे के आंचलिक उपन्यास सामने आए। यथार्थ और रोमानी प्रणय का अद्‌भूत समन्वय, प्रकृति के अद्वितीय आत्मीय चित्र, आदिम जीवन की ऊर्जा का चित्रात्मक अंकन,

जमीन की ओर विलक्षण आकर्षण इत्यादि वैशिष्ट्यों से संपृक्त दिघे जी के उपन्यास मराठी में अलग ढंग से पहचाने जाते हैं। सराई, रानजाई, पाणकळा, उनके प्रसिद्ध उपन्यास हैं। स्वातंत्रोत्तरकाल में भी दिघे लिखते रहे -- "आई आहे शेतात" उनका विशेष उल्लेखनीय उपन्यास है। श्री रघुनाथ कवठेकर के उपन्यासों में भी रोमान और यथार्थ का सफल समन्वय है और कुछ प्राकृतिक रमणीय चित्र और प्रणव की भावमीनी खुशबू लिए हुए उनके उपन्यासों ने भी पाठ्कों को काफी प्रभावित किया था। कवठेकर बहुत वर्षों तक लिखते रहे परंतु उनकी मानसिकता का गठ्न इसी माहौल में हुआ था जो फडके-खांडेकर युग में बन गया था। मराठी की नई कविता के प्रवर्तक कवि मर्ढेकर ने भी तीन उपन्यास लिखे -- "रात्रीचा दिवस", चेतना प्रवाह के अंकन का एक मामूली प्रयोग है परंतु "तांबडी माती" (१९४३) और "पाणी" (१९४८) विशेष महत्वपूर्ण उपन्यास है -- इनमें मर्ढेकर की ग्रामीण जीवन के प्रति आत्मीयता और उसके यथार्थ की सही पहचान दोनों बातें सशक्त ढंग से उभरी हैं।

स्वातंत्र्यवीर सावरकर ने एक ही उपन्यास लिखा "काळे पाणी" (१९३०) अंडमान द्वीप के जीवन की असलियत का और कैदियों के जीवन के घोर यथार्थे का जीवंत चित्रण विरले ही कहीं मिलेगा। एक ही उपन्यास लिखकर उपन्यासकारों की श्रेणी में नाम स्थापित करने वाले उपन्यासकार विश्राम वेडेकर का "रणांगण" (१९३९) मराठी में अद्वितीय माना गया। द्वितीय महायुध्द की पार्श्वभूमि पर मानवीय जीवन की हुई करुण शोकांत कथा का विलक्षण प्रभावी चित्र इसमें आया हैं। (कुछ समीक्षक इसे पहला आधुनिक उपन्यास भी मानते हैं)।

लैंगिक कुंठ, वैवाहिक जीवन के दुख, नारी की व्यथापूर्ण स्थितियां, मध्यवर्गीय जीवन की आर्थिक स्थिति के कारण उत्पन्न समस्याएं, स्वतंत्रताप्राप्ति के लिए चल रहे संघर्ष के कारण ध्वस्त हुए प्रणय-स्वप्न इत्यादि विषयों को लेकर हजारों उपन्यास प्रकाश में आए परंतु विशेष शक्तिशाली लेखक के रूप में इने गिने ही प्रसिध्द हुए। कुछ नाम हैं -- मो. ग. रांगणेकर, श्रीधर देशपांडे, ना. के. महाजन, वि. वा. शिरवाडकर (कुसुमाग्रज), भा. वि. बरेरकर, उद्धव शेलके इत्यादि।

स्वतंत्रतापूर्व मराठी का उपन्यास अधिकतर मध्यवर्गीय घेरे में बंद रहा। मराठी के उपन्यासकारों को "प्रणय" का जो इमोशनल इक्विवेलेंस मिला था उससे बाहर आकर जीवन के यथार्थ का बहुआयामी चित्रण करनेका प्रयत्न बहुत कम लेखकों ने किया। जिन्होंने किया उनमें भी ह.ना.आपटे की कलात्मक शक्ति की समकक्षता करने वाला कोई नहीं था। दृष्टि मुख्यतः रंजनात्मक रही। कथा को आकर्षक ढंग से कहने की ओर प्रवृत्ति रही -- यह ना.सी.फड़के का प्रभाव था। १९३५ के आसपास मार्क्सवाद, गांधीवाद, फ्रायड के प्रभाव से जो यथार्थ से टकराहट करने की स्थिति पैदा हुई उसकी भी समुचित चुनौती अपवादात्मक रूप में ही लेखकों ने स्वीकारी। धीरे-धीरे कथा से व्यक्ति की ओर दृष्टि गई परंतु परिवेश में या बृहत्तर सांस्कृतिक जीवन में जीनेवाले सशक्त व्यक्तियों का चित्रण उपन्यासकार नहीं कर पाए। आंचलिक उपन्यास को भी रोमानी रंगों ने बहुत रंगीन किया। मध्यवर्गीय सुधारवाद की जीवन दृष्टि ही हावी रही। अपने अनुभव क्षेत्र को व्यापक करने का सजग प्रयत्न क्षीण रूप में ही पाया जाता है. प्रणय के आसपास रहकर अपने विकास को अवरुध्द करने वाले मराठी उपन्यास की सीमाओं पर वि.स.खांडेकर ने बार-बार आघात

किया परंतु दुर्भाग्य की बात यही है कि वे स्वयं भी उसके बाहर नहीं आ सके. इसमें उस समय की जकड़बदी का अंदाजा लग सकता है।

स्वातंत्रोत्तर मराठी उपन्यास : प्रथम चरण, १९४७-६०

स्वतंत्रतापूर्व लेखन करनेवाले बोकील, कवठेकर, साने गुरूजी, खांडेकर, माडखोलकर, वरेरकर स्वातंत्रोत्तर युग में भी लिखते रहे। परंतु उनके लेखन का सांचा कुछ पहले से बन गया था. विभावरी शिरूरकर के ''बळी'' ने (१९५०) मराठी उपन्यास की यथार्थवादी परंपरा को जोरदार रूप में प्रतिष्ठित किया। इस युग में गो.नी. दांडेकर, श्री.ना. पेंडसे, पु.भा. भावे, श्री.वा. दिघे, गंगाधर गाडगीळ, वसंत कानेटकर इत्यादि उपन्यासकारों ने अपनी खास पहचान बनाई।

इस युग का वैशिष्ट्य यह रहा कि मराठी की रोमांटिक वृत्ति कुछ क्षीण होने लगी. सुधारवाद, राष्ट्रीयता, दर्शन इत्यादि से प्रभावित होकर उपन्यास लिखने की बजाए उपन्यासकार अपनी वैयक्तिक अनुभूति से संपृक्त अपने जीवनानुभव को महत्व देने लगे। रंजवाद का फड़के की तरह प्रकट रूप में समर्थन करने का साहक किसा उपन्यासकार ने नहीं किया.

स्वातंत्रोत्तर युग के पहले चरण में गो.नी. दांडेकर और श्री.ना. पेंडसे महत्वपूर्ण उपन्यासकार माने जाते हैं।

गो. नी. दांडेकर ने पहला उपन्यास ''बिंदूची कथा'' (१९४७) लिखकर ही परिवेश के प्रति संवेदनशील सजगता का एहसास जगाया था। इसमें नोआखाली के जातीय दंगों के वातावरण की पृष्ठभूमि है। (इसी समय श्री बिवलकर का भी एक उपन्यास इसी विषय पर प्रकाशित हुआ था--- ''सुनीता'' श्री.ना. पेडंसे क प्रथम महत्वपूर्ण उपन्यास ''एल्गार'' में भी हिंदू मुसलमान संबंधों की आरंभिक आत्मीयता (छूआछूत की रूढ़ियों के बावजूद) नागर सांप्रदायिक जहर से कैसे झुलसकर प्रतिशोध की आग पैदा होती है और मनुष्य अमानवीय होता जाता है, यह दिखाया गया है।

गो.नी. दांड़ेकर का वैशिष्ट्य यह रहा है। कि वे सदैव अपने अनुभव के घेरे को बढ़ाते रहे। ''तुडवलेले घरकुल'', में बंगाली समाज का अंकन किया गया है। ''शितू'' में कोकणी के अंचल को मूतात देत हुए कुणबी शितू जमीदार के लड़के से असफल प्रेम की करुण कहानी तरलता से निवेदित की है। ''पडघवली'' में एक गांव के सर्वमुखी विनाश की कहानी बड़े प्रभावपूर्ण ढंग से बताई है---- गांव ''पडघवली'' ही इसके केन्द्र में है। ''माचीवरचा बुधा'' में प्रकति से बिछुड़े बुधा की आंतरिक व्यथा को उभारते हुए प्रकृति से पुन : जुड़ने की उसकी व्याकुलता को बड़ी सशक्तता के साथ व्यक्त किया गया है। ''पवनाकांठचा धोंडी'' में एक अति सामान्य पात्र के माध्यम से ग्रामीण समाज के मधुर संबंधों का चित्रण की ललक भी गो.नी. दांडेकर में रही है। उनके यात्रा प्रेम का एक अत्यंत संवेदनशील और मर्मस्पशी चित्र ''कुण्या एकाची भ्रमण गाथा'' में साकार हुआ है तो भाकड़ा बांध को बनवात्रे के प्रयत्न में सक्रिय मनुष्यों की सुखदुखमय गाथा का एवं मनुष्य की जद्दोजहद का प्रभावपूर्ण चित्रण ''आम्ही भगीरथाचेपुत्र'' में किया गया है। ''पडघवली'', ''माचीवरचा बुधा,'' ''पूर्णामाईची लेकरे'', ''पवनाकाठ्चा धोंडी'', इत्यादि उपन्यासों को देखते

हुए यह लगता है कि मराठी की प्रणयप्रधान उपन्यास की परंपरा से सर्वथा अलग हट कर उपन्यास लिखने की दिशा में दांडेकर ने ही सशक्त कदम उठाया है। उनका लघु उपन्यास ''जैतरे जैत'' आदिबंधात्मक समीक्षा दृष्टि से महत्वपूर्ण सिद्ध होता है। दांडेकर भारतीय परंपरा को अपने रक्त में घोल चुके हैं। उनके ''उडोनी हंस चालले'', ''अजून नाहीं जागे गोकुल'' जैसे पौराणिक उपन्यास, जगन्नाथ पंडित जैसा ऐतिहासिक उपन्यास इसका साक्ष्य देते हैं। महाराष्ट्र के रामदास के जीवन पर ''दास डोंगरी राहातो'', तुकाराम के जीवन पर ''तुकाआकाशाएवढ़ा'' और ज्ञानेश्वर के जीवन पर ''मोगरा फुलला'' उपन्यास प्रसिद्ध हुए हैं -- ''मोगरा फुलला'' मराठी का एक श्रेष्ठ उपन्यास है। दांडेकर ने शिवकाल को चित्रमय रूप में प्रस्तुत करने के लिए चार ऐतिहासित उपन्यास भी लिखे जो तत्कालीन समाज स्थिति का अच्छा चित्र उपस्थित करते हैं। पश्चिमी संस्कृति और साहित्य ने भारतीय आधुनिक मानस को बहुत ही प्रभावित किया है। यहां तक कि कभी आधुनिक लेखन भारतीयत्व के स्पर्श से वंचित और पश्चिमी अनुभव का बहुत बड़ा अनुकरण भी माना जाता है -- यह निश्चित ही अतिशयोक्ति है परंतु एक महत्वपूर्ण और सही विचार की अतिशयोक्ति है। दांडेकर एक ऐसे लेखक हैं जिन पर पश्चिमी भाव एवं विचार का जरा भी संस्कार नहीं है और इसीलिए विशुद्ध भारतीय संस्कार से सशक्त उनके उपन्यास एक अलग महत्व रखते हैं।

श्री. ना.पेंडसे इस युग के एक महत्वपूर्ण लेखक हैं ओर ''एल्गार'' के बाद ''हद्दपार'' सेवे प्रख्यात भी हुए परंतु उनकी सर्वमान्यता का उद्घोष करने वाला उनका उपन्यास ''गारंबीचा बापू'' है। कुछ आंचलिक पुट लिए हुए उनके उपन्यास में बापू के विकासनशील व्यक्तित्व का अच्छा चित्रण है और राधा बापू की कुछ परंपरा पर आघात करने वाली मांसल प्रणय कथा उपन्यास की लोकप्रियता का कारण है। असल में पेंडसे के ''हत्या'' और ''कलंदर'' अधिक महत्वपूर्ण उपन्यास माने जाएंगे। व्यक्ति के आंतरिक व्यक्तित्व को चुनिंदा तफसीलों के और घटनाओं के माध्यम से व्यक्त करने में पेंडसे को महारत हासिल है। पेंडसे ने गांव भी देखा है और बंबई जैसी महानगरी में भी रह रहे हैं। उनके ''कलंदर'' में कुछ अस्सी साल पहले की बंबई के चित्र हैं तो ''लव्हाळी'' में युद्धकालीन बंबई के मध्यवर्ग की प्रवृत्ति को प्रकट किया गया है। पेंडसे के ''रथचक्र'' को साहित्य अकादमी का पुरस्कार मिल चुका है। इसमें पेंडसे ने एक गांव की अनपढ़ और सर्वप्रकार से दुर्भाग्यशाली महिला के असफल जीवन संघर्ष का बड़ा प्रभावपूर्ण अंकन किया है। पेंडसे ने ''ऑक्टोपस'' में उच्च मध्यवर्ग की काम संबंधी कुंठाओं को रोचक ढंग से प्रस्तुत करने का प्रयत्न किया है। पेंडसे में एक अच्छे कलाकार के गुण थे परंतु अपेक्षित महानता वे प्राप्त नहीं कर पाए क्योंकि ''पेंडसे इतने अधिक पात्रनिष्ठ हो जाते हैं कि पात्रों के परिवेश की समग्रता का ध्यान उन्हें नहीं रहता। परिणामतः एक अच्छे लेखक की संभावनाओं की सीमाएं स्पष्ट हो जाती है।'' (पृष्ठ ५७० हिंदी और मराठी के सामाजिक उपन्यासों का तुलनात्मक अध्ययन, लेखक चंद्रकांत बांदिवडेकर)।

पु. भा. भावे का असली क्षेत्र कहानी है परंतु १९४० में प्रकाशित ''अंकुलीना'' की लोकप्रियता के बाद आपने अनेक उपन्यास भी लिखे। ''अकुलीना'' पत्रात्मक उपन्यास है। इसमें स्त्रियों के साथ क्रीड़ा करने वाले युवक के वयस्कता में आकर गहन पश्चाताप को प्रभावपूर्ण वाणी

दी गई है। "आग", "दर्शन", "वर्षाव", "अडीच अक्षरे", "अंतराल" उपन्यासों ने भावे को वह स्थान नहीं दिया जो एक कहानीकार के रूप में उनकों मिला। भावे की भाषा प्रपात की तरह वेगवती है -- परिणाम में निवेदन अधिक होता है, चित्रमय व्यंजनात्मकता कम।

वसंत कानेटकर मराठी के प्रतिष्ठित नाटककार हैं। १९४९ में उनके "घर" उपन्यास ने एक अनोखा अनुभव प्रस्तुत किया था। बम्बई जैसे नगर में मकान के अभाव में मध्यवर्गीय युवक की जो कुंठपूर्ण स्थिति बनती है उसका अच्छा चित्र इसमें आया है। बाद में "पंख" (५३) और "पोरका" (५६) प्रसिद्ध कर वे नाटक की ओर मुड़े।

दलित लेखक अण्णाभाऊ साठे का पहला उपन्यास "चित्रा" १९५७ में प्रकाशित हुआ जिसमें निम्नवर्गीय ग्रामीण नारियों की दुर्दशा का वास्तविक चित्र खींचा गया है। उन्होंने "चंदना" में बंबई में फुटपाथ के जीवन का यथार्थ चित्र अंकित किया है। "फकीरा" उनका सर्वाधिक सफल उपन्यास है जिसमें मांग जाति (जिसमें स्वयं अण्णाभाऊ पैदा हुए थे) की वीरता, निष्ठा और साहसिकता का प्रभावपूर्ण चित्रण किया गया है।

गंगाधर गाडगील ने नई कथा के प्रवर्तक के रूप में शीर्षस्थ स्थान पाया है। उनका प्रथम उपन्यास "लिलीचे फूल" (१९४५) मनोवैज्ञानिक उपन्यास है और प्रेम और वासना के विचित्र रूपों का इसमें विश्लेषण किया गया है। उपन्यास पाठक को एक स्वप्न सृष्टि की ओर ले जाता है। गाडगील का महत्वपूर्म उपन्यास "दुर्दम्य" (दो खंड १९७०-७२ के बीच प्रकाशित हुआ) लोकमान्य तिलक के जीवन और उस समय के परिवेश को आंखों के सामने रखकर गाडगिल ने तिलक के आंतरिक व्यक्तित्व को साकार करनेका सफल प्रयास किया है। दुर्भाग्य से यह महत्वपूर्ण चरित्रात्मक उपन्यास मराठी में प्रतिष्ठा प्राप्त नहीं कर सका।

मराठी में आंचलिक उपन्यास का प्रारंभ जब कभी से हुआ हो सही अर्थ में आंचलिक उपन्यास प्रकाशित हुआ - "बनगरवाडी" (१९५५)। व्यंकटेश माडगूळकर ने इस छोटे से उपन्यास में गड़रियों केजीवन का यथार्थ एक प्राथमिक स्कूल के मास्टर की आंख से चित्रित किया है। इसमें प्राकृतिक के रमणीय चित्र नहीं है परंतु लेखक की चित्रात्मक ढंग से यायावरी जाति के वैशिष्ट्यों को उभारने की क्षमता, विलक्षण सूक्ष्म निरीक्षण शक्ति और बात को बतानेकी कला इत्यादि के कारण "बनगरवाडी" ने मराठी में अच्छा स्थान प्राप्त कर लिया है।

१९६० के बाद

१९६० तक मराठी उपन्यास में जो प्रवृत्तियां बीज रूप में थी वे अंकुरित होकर साठेतरी युग में फलने-फूलने लगीं । इन प्रवृत्तियों का स्थूल इतिवृत्त देखने के पहले कुछ महत्वपूर्ण उपन्यासकारों का जिक्र आवश्यक है ।

मराठी के एक महत्वपूर्ण उपन्यासकार शरतचंद्र भक्तिबोध का उपनायस "क्षिप्रा" १९५४ में प्रकाशित हुआ परंतु वह उनके वृहत उपन्यास का एक प्रथम भाग था । कुल ५०३ पृष्ठों की यह कृति तीन खंडो में समाप्त होती है - "क्षिप्रा" (१९५४), "सरहद" १९६२ और "जन हे वोळतु जेथे" । "बळी" ने जो यथार्थवादी उपन्यास की धारा प्रवाहित की, उसका विकसित रूप

इस त्रिखंडनीय उपन्यास में मिलता है । मराठी उपन्यास में केतकर के और पु. य. देशपांडे के उफन्यासों में वैचारिकता मिलती है परंतु मुक्तिबोध में यह वैचारिकता पूरे उपन्यास के अनुभव में घुल मिल गई है । इनका नायक विशू संवेदनशील है और चिंतनशील भी और जीवन के हर अनुभव को नापना, जोखना, मूल्यांकन करना और अपने आत्मतत्त्व की खोज करना उसका स्वभाव सा बन गया है । जबर्दस्त पेशन्स और उसे संयत, अवरुद्ध एवं निष्फल करने वाले विवेक के बीच बिशू का मानसिक संघर्ष दर्शनीय है । बिशू और उसके परिवार के सदस्यों के उलझे रिश्तों को केंद्र में रखते हुए लेखक ने अपनी नजर बराबर आर्थिक, पारिवारिक, सांस्कृतिक यथार्थ पर रखी है जिसके के कारण उपन्यास में व्यापकता का आयाम पैदा हुआ है । समस्त परिवेश के माध्यम से उससे टकराने वाली और सफल असफल संघर्ष में अपनी मानवीय स्थिति को स्पष्ट करने वाली चरित्र-सृष्टि में विलक्षण जीवंतता उत्पन्न हुई है । अपनी आंतरिकता की पहचान करनेवाला, बाह्य जीवन की विषमताओं से व्याकुल होने वाला बिशू जन जागरण का मार्ग अपनाता है। यहां संकल्प उसे आत्मिक तोष देता है, समस्याएं हल हो ही जाएंगी, यह विश्वास भले न देता हो । इस उपन्यासत्रयी के आधार पर शरच्चंद्र मुक्तिबोध मराठी के एक शीर्षस्थ उपन्यासकार बने ।

उद्धव शेळके का "धग" १९६० में प्रकाशित हुआ और कठोर, उग्र, भयावह यथार्थ को समेटे हुए एक पीड़ादायी ग्रामीण परिदृश्य पाठकों के सामने आया । जीवन के संघर्ष में पशुस्तर से कुछ थोड़ा साही अधिक ऊँचा जीवन स्तर कौतिक और उसके परिवार को मिला है । आर्थिक विषमता, निराश करने वाला घरेलू जीवन और घातक मार करनेवाली नियति के विरोध में अपने बच्चों पर सारा ध्यान केंद्रित करनेवाली कौसिक पागल हो जाती है - यही होना था । शेळके ने कहीं भी भावुक न बनते हुए इस स्त्री की दारुण व्यथा और जीवन को मूर्त किया है । सामान्य प्रसंग, मामूली लोग और मामूलीजीवन व्यापार लेकिन कलाकार के हाथों में इन सबका बनता है एक अद्वितीय अनुभवाकार । उद्धव शेळके ने "अगतिका" में कोढ़ से ग्रस्त मध्यवर्गाय नारी के जीवन का शोकपूर्ण यथार्थ प्रस्तुत किया है जो बहुत ही प्रभावपूर्ण है । उनके "बाई बिना बुआ" को मनोवैज्ञानिक दृष्टि से न देखा जाए तो यह उपन्यास अश्लीलता के आरोप का भागी बन सकता है । परंतु पत्नी की अनुपस्थिति में एक निष्क्रिय व्यक्ति की मानसिकता विकृति का रूप कैसे लेती है, इसका बड़ा कुशल चित्रण इसमें किया गया है । इन तीन उपन्यासों के बाद भी शेळके लिखते रहे परंतु वे रंजकतावाद के और सस्ती लोकप्रियता के शिकार हो गए ।

इस काल के सशक्त लेखक चिं. त्र्यं. खानोलकर अद्‌भुत प्रतिभा के धनी थे और काव्य, नाटक, उपन्यास सभा विधाओं में जो भी कुछ उन्होंने लिखा वह सब प्रतिष्ठित हुआ । "रात्र काळी घागर काळी" १९६३ में प्रकाशित हुआ और एक अलग संवेदना और प्रतिभा के चमत्कार का साक्षात्कार मराठी पाठक को हुआ । उसके बाद "अजगर", "कोंडुरा", "चानी", "अगोचर", "पाषाण पालवी", "मागधेय" इत्यादि उपन्यास प्रकाशित हुए । कवि की सूक्ष्म तरल संवेदनशीलता, कहानीकार की अनुभव के क्षण-चित्रों को अचूक पकड़ने की क्षमता, उपन्यासकार की बड़े और व्यापक कैनवास पर धीरज के साथ चित्रकारी करने की शक्ति और नाटककार की दृश्य को मूर्त करने वाली एवं मार्मिक जीवन प्रसंगो को पकड़ने की कुशलता ये वैशिष्ट्य खानोलकर के उपन्यासों

को एक उच्च स्तर देते हैं । सौन्दर्य की विलक्षण प्रभविष्णुता और उसको यातना देते हुए उसे मसलने वाली नियति का शोकांर्त संघर्ष, सैक्स की मांसत आग और उसकी आत्मा को झुलसा देने वाली दाहकता, किसी न किसी स्वत्व को कायम रखने में हारने वाले पात्रों की वेदनापूर्ण मानसिकता और मानवीय जीवन की निगूढ़ रहस्मयता खानोलकर की उपन्यास सृष्टि के प्रमुख वैशिष्ट्य हैं। खानोलकर के उपन्यासों को नागर-ग्रामीण, आंचलिक इत्यादि इलाकों में परिगणत करना उनकी मौलकता को अनदेखा करना है। कोंकण के लोकजीवन की गंध खानोलकर की चरित्र सृष्टि में घुल कर जीवन का अजीब रसायन पैदा करती है। चिरंतन मानवीय वेदना की प्रतीति खानोलकर के साहित्य को पढ़ते समय मिलती हैं। और उनकी ऐन्द्रिय बिंबात्मकता प्रतीति को प्रगाढ़ करती है। खानोलकर के कतिपय स्त्री-पुरूष मन पर एक दुखमय ध्वनि की गूंज पैदा कर समाप्त होते हैं। वे एक स्वयंभू कलाकार थे। इनके अनेक पात्रों को देखकर आश्चर्य होता है क्योंकि अकेलापन, जीवन की निरर्थकताका गहरा बोध, असंगीत का यथार्थ, निराशा आदि मनोवृत्तयों से ग्रसित ये पात्र अस्तित्ववादी विचारधारा से प्रभावित लेखकीय व्यक्तित्व से निर्मित लगते हैं जबकि खानोलकर पश्चिमी साहित्य एवं विचारधारा से साक्षात् रूप में परिचित नहीं थे।

मराठी की अनुभव की एवं रूप विन्यास संबंधी समस्त परंपरा को ठुकरा कर सर्वथा नए ढंग का उपन्यास प्रकाशित हुआ भालचंद्र नेमाडे का ''कोसला'' (१९६२)। पचीस वर्षीय पांडुरंग सांगवीकर को बोध होता है अपने जीवन की निरर्थकता का और जीवन की असंगतिपूर्णता का। अपने जीवन को बनाने वाले घटकों को (मां-बाप, परिवार, समाज, शिक्षा संस्थाएं, शहर एवं गांव के मित्र या रिश्तेदार) परंपरागत दृष्टि को अलग रखकर वह देखता है और पाता है एक तरह की चरम उदासीन शून्यता जो आध्यात्मिक जिज्ञासा भी शांत नहीं कर पाती। ''कोसला'' मराठी में एक अद्‌भुत घटना है, इसलिए भी कि कथा और चरित्र के, प्रसंग चित्रण के, जीवन की भव्योदातता के समस्त परंपरागत सांचों को यह उपन्यास उखाड़ फेंकता है--- भाषा से लेकर अनुभव पुंज तक सब स्तरों पर तोड़-मोड़ है--- फिर भी कलाकार की क्षमता का पूरा एहसास सुधी पाठक को प्रभावित किए बिना नहीं रहती। मराठी के उपन्यास संबंधी चित्रण पर और उपन्यास के स्वरूप पर भी प्रभावी प्रश्नचिह्न लगाने वाली यह रचना है। बाद में नेमाडे के नए रूप चांगदेव पाटील के माध्यम से अपने व्यक्तित्व की बनावट को विश्लेषित करने का प्रयत्न किया है और परिवेश को भी चित्रांकित किया है।

जयवंत दलवी भी कहानीकार, नाटककार, विनोदी लेखक और उपन्यासकार के रूप में १९६० के बाद प्रतिष्ठित हुए । १९६३ मे जयवंत दलवी का उपन्यास ''चक्र'' प्रकाशित हुआ और मध्यवर्गीय पाठकों के सामने बंबई की झोपड़-पट्टी की नारकीय दुनिया सामूहिक रूप में आ गई - पाठकों के मध्यवर्गीय मानस की यथार्थ संबंधी कल्पना को झकझोरने की शक्ति निश्चित ही ''चक्र'' में थी । ''चक्र'' ने मराठी उपन्यास के क्षेत्र को विस्तार दिया क्योंकि इसके बाद मधु मंगेश कर्णिक का ''माहिमची खाडी'' प्रसिद्ध हुआ - वही झोपड़-पट्टी का भयावह जीवन, गंदगी एवं विकृतियों से और सेक्स और पेट की भूख से पीड़ित यथार्थ का एक आघात करने वाला टुकड़ा । फिर भाऊ पाध्ये ने फुटपाथ पर या उसके आसपास नुक्कड़ पर जिंदगी जीने वाले दिशाहीन भटकाव में जीने

वालों की दुनिया "वासुनाका" खड़ी कर दी। भा. ल. पाटील ने "वस्ती वाढते आहे" के माध्यम से जीवन के सामने खड़े रहने वाले उग्र प्रश्नों से परिचित कराया। यह मध्यवर्गीय लेखकों द्वारा नीचे उतर कर नारकीय यथार्थ का सामना करना था। वर्गीय चेतना के व्यापक होते जाने की प्रक्रिया थी।

दलवी ने सेक्स से अतृप्त व्यक्तियों की विकृतियों का चित्रण भी किया-"स्वगत", "अथांग"। लेकिन यह विकृति चित्रण एक स्वस्थ मन के लेखक के द्वारा किया गया है अतः इसमें मनुष्य के मानस को छूने की ललक ही अधिक है, यौनकुरेद की इच्छा नहीं। (यह चंद्रकांत खोत के तथाकथिक आधुनिक "उभयान्वयी अव्यय" में है। वैसे बाद में सशक्त कहानियां लिखने वाले ह.मो. मराठे के आरंभिक उपन्यासों पर भी यह प्रवृत्ति हावी रही।)

मराठी में वामन इंगले ने "काला समुद्र" (१९६५) में समलिंगी संबंधों की विकृतियों को उठया है, (आक्टोपस" में श्री.ना. पेंडसे ने भी कुछ इसकी ओर संकेत किया था।) काम विकृतियों को गंभीरता से उठने का प्रयत्न "कैलिडोस्कोप" में अच्युत बर्वे ने और कुछ अलग ढंग से वि.ज. बोरकर ने "जिराफ" में भी किया है परंतु ये प्रयास सफल नहीं हो पाए।

दळवी के बाद भाऊ पाध्ये का नाम मराठी उपन्यासकारों में महत्वपूर्ण है। भाऊ पाध्ये ने बड़े नगर के यथार्थ को खुली आंखों से देखा है। इस यथार्थ को वस्तुपरक रूप में रखने का प्रयत्न भाऊ पाध्ये ने किया है। मकान की खोज में जीवन के संत्रास और निरर्थकता को ढोने वाले युवक की मानसिकता का प्रभावपूर्ण चित्र "वैताग वाड़ी" (१९६२) में किया गया है। उनका "डोंबा-याचा खेळ" राजनैतक विचारधाराओं और ट्रेड यूनियन के असली माहौल को प्रस्तुत करता है। भाऊ पाध्ये की गैर-रोमांटिक दृष्टि उनके उपन्यासों को लोकप्रिय नहीं बना सकी। असल में उनको लोकप्रियता मिली "वासुनाका" (१९५७) के कारण, सही स्वरूप के लिए नहीं। "बैरिस्टर अनिरूध्द" पर अस्तित्ववादी विचारधारा का आंशिक प्रभाव है और एंटी-हीरो को खड़ा करने का पाध्ये का प्रयास इस उपन्यास में विशेष सफल हुआ है। "अग्रेसर", "होम सिक, ब्रिगेड", "वणवा" उनके अन्य उपन्यास हैं। भाऊ पाध्ये के मूल्यांकन को लेकर समीक्षकों में काफी मतभेत हैं। लेकिन साठोत्तर पीढ़ी के वे एक सशक्त कथाकार हैं।

अस्तित्ववादी विचारधारा की मानसिक वृत्तियों से प्रेरित कुछ उपन्यास मराठी में लिखे में लिखे गए। जीवन की समीक्षा और आत्मनिर्वासन, अकेलापन और निरर्थकताबोध, क्षणिक-जीवन की उत्कटता में जीने की ललक, जीवन का ऊलजलूलपन, भव्यता-दिव्यता के खिलाफ अभियान, अपने से ईमानदार रहने के प्रयास में मन की पर्तो को उघाड़ने की और स्वत्व को खोजने की कोशिश, दूसरों की उपस्थिति की दहशत और तकलीफ, जीवन का अर्थ खोजने की आकांक्षा, मानवीय संबंधो की असलियत को खोजते समय होने वाली चरम निराशा, किसी भी क्षेत्र में प्रतिष्ठित व्यक्तियों के प्रति एक विद्रोहपूर्ण गुस्से और खीज की भावना, अपनी ही यातना और पीड़ी को जहर की तरह पीकर मृत्यु की ओर उन्मुखता, जीवन की यांत्रिकता को व्यक्त करते हुए उपरोध, उपहास, सिनिक हास्य से संपृक्त उपन्यास मराठी में लिखे गए। कुछ उल्लेखनीय उपन्यास वसंत आबाजी डहाके का "अधोलोक", त्र्यं. वि. सरदेशमुख का "एका राजाची बखर", किरण नगरकर का

''सात सक्कं त्रेचाळीस'', कमल देसाई का ''काला सूर्य'' तथा ''रात्रं दिन आम्हा'', दीनानाथ मनोहर का ''रोबो'', आदि १९६०-८० के बीच प्रकाशित हुए।

यहां ए. वी. जोशी के ''काळोखाचे अंग'' का विशेष उल्लेख आवश्यक है। १९७९ में प्रकाशित इस उपन्यास ने जोशी जी की अपनी खास शैली एवं जीवनानुभव की विशिष्टता से साक्षात्कार कराया। इसके पहले हैदराबाद के रजाक-भारतीय सैनिकों के संघर्ष पर वे ''रानभूल'' उपन्यास लिख चुके थे। ''काळोखाचे अंग'' की अनेकार्थ सूचित करने की शक्ति एवं नूतन अनुभव प्रदान करने की कला के कारण यह उपन्यास लोकप्रिय भी हुआ और समीक्षकों द्वारा बहुचर्चित भी। विश्वविद्यालयीन युवक-युवतियों के परस्पर संबंधों के बनतेबिगड़ते रूपों पर आधारित यह उपन्यास प्रणय के विविध रू पों को साकार करता हुआ शोकपूर्ण स्थितियों उत्पन्न करता है। जोशी की चरित्र-चित्रण कला से पात्र इतने जीवतं बन जाते हैं कि पाठक के आसपास साकार होकर उसे कुरेदने लगते हैं। संबंधों के आरोह-अवरोह, विचारों और नैतिक मूल्यों को उखाड़ कर रक्तोर्मियों को ऊर्जास्वित कर मनुष्य को खिलौना बनाने की क्रीड़ा का बड़ा शक्तिशाली चित्रण इसमें हुआ है। इस रक्त की आदिमता का मराठी में शायद सर्वाधिक प्रभावपूर्ण चित्रण जोशी ही कर सके हैं। इस ऊंचाई को अपने बाद वाले उपन्यासों में -- ''मी मी मी नटराज'' (१९७८), विश्वास (१९८०) में स्वयं ए. वी. जोशी भी नहीं छू पाए।

आनंद यादव के ''गोतावळा'' (१९७१) के प्रकाशन के बाद सही अर्थ में आंचलिक उपन्यास में (मराठी के ग्रामीण उपन्यासों में) एक नया मोड़ आया। ''गोतावळा'' ग्रामीण या आंचलिक तो है ही, वह आंचलिक सीमाओं को पार कर सार्वदेशीय और सार्वकालिक भी बना है। कृषि संस्कृति पर अर्थ को प्रमुखता देने वाली उद्योग-संस्कृति अतिक्रमण करने लगी, यंत्र ने मनुष्य के सभी भावनात्मक और सांस्कृतिक मूल्यों पर आक्रमण किया -- उस अतिक्रमण का बड़ा, सशक्त चित्रण 'गोतावळा'' की भाषा एक स्तर पर नितांत गँवई गांव की है परंतु विलक्षण बिंबधर्मी है। गोतावळा में आरंभ से लेकर अंत तक ओतप्रोत दुख व्याप्त है। पशुओं, मनुष्यों और प्रकृति के विनाश की करूण कहानी, मानवीय मूल्यों की होली की प्रचंड ऑच, एक बाजारू संस्कृति का निर्मम आक्रमण, इन सबका अनुभव अगर पाठक तरल संवेदनामय मन से ले सके तो ''गोलावळा'' के विषादान्त भीषण नाट्य की प्रतीति उसे विलक्षण बेचैन करेगी, सुन्न करेगी, दहला देगी। आनंद यादव का दूसरा उपन्यास ''नटरंग'' भी उतना ही सशक्त उपन्यास है। एक अछूत जाति में पैदा हुए कलाकार की भीषण नियति की यह करुण कथा है। ''तमाशा'' में नाचने वाले व्यक्ति को कलाकार के रुप में असामान्य एवं प्रभावपूर्ण ढंग से भूमिका करने वाले नायक को कला और जीवन-व्यापार के बीच का अंतर न जानने वाले सामान्य लोग किस प्रकार नारकीय यातना देते हैं और समूचे परिवार को किस तरह बिखरकर अपंग हो जाना पड़ता है इसका बड़ा सफल चित्र आनंद यादव ने खींचा है। एक तरह से कला पर मिडिआक्रिटी के आक्रमण की यह करुण कहाणी अनेक अर्थ व्यंजित करती है। आनंद यादव के ''माऊली'' उपन्यास में बिल्ली के जीवन-व्यापार की कथा ध्वन्यात्मक स्तर पर आदिम स्त्री की आदिमता का चित्रांकन करती है। आनंद यादव मराठी के महत्वपूर्ण साहित्यकारों में से एक हैं। इधर उन्होंने ''झोबी'', ''नांगरणी'', ''घर भिंत्ती'', उपन्यास लिख

कर आत्मचरित्रात्मक उपन्यास विधा को नया रूप और शक्ति प्रदान की है।

साठोत्तर उपन्यास साहित्य में अरूण साधु भी अपना नाम स्थापित कर चुके हैं। मराठी में राजनैतिक पृष्ठभूमि पर माड़खोलकर, फडके, खांडेकर ने उपन्यास लिखे थे परंतु सही राजनैतिक उपन्यास सामने नहीं आया था। अरूण साधु ने ''सिंहासन'' में सत्ता प्राप्ति के लिए, मुख्यमंत्री की कुर्सी अर्जित करने का प्रयास किया जाता है, उसका प्रभावपूर्ण चित्रण किया हैं। इसके पहले ''मुंबई'' दिनाक......'' में एक पत्र के संवाददाता को केन्द्र में रखकर बंबई के तस्करी व्यापार और राजनैतिके गठबंधन का भयावह यथार्थ चित्र अरूण साधु ने खींचा था। दस्तावेजी शैली में लिखा यह उपन्यास काफी पसंद किया गया। अरूण साधु ने ''स्फोट '' में विज्ञान कथा के माध्यम से मनुष्य की सत्-असत् प्रवृत्तियों को टटोलने का प्रयास किया है। वैसे यह फंतासी है पर वैज्ञानिकों के सामने निर्णायक बनकर उपस्थित होने वाले सभी प्रश्नों को उठाया गया है इसलिए वैचारिक गंभीरता भी पैदा हुई है। ''बहिष्कृत''में दलित युवक के संघर्ष का चित्रण है, उसे जाति व्यवस्था पर आधारित समाज में मिले कटु अनुभवों का अंकन है। उसकी वेदना को सही ढंग से अभिव्यक्ति देने में अरूण साधु को सफलता मिली है। ''शापित'' लघु उपन्यास में अकालपीड़ितों के बिखरने और ध्वस्त होने की करूण कथा आई है। अरूण साधु समाज के प्रति प्रतिबध्द होकर निष्ठपूर्वक लिखने वालें में से एक हैं और कलात्मक मूल्यों की परवाह न करते हुए दस्तावज़ी शैली में उग्र जीवन के यथार्थ के पहलू सामने रखने का प्रयास करते रहे हैं। इधर उनका एक वृहत्काय उपन्यास ''शोध-यात्रा'' प्रकाशित हुआ है। यह एक चिन्तनशील व्यक्तित्व की जीवन के रूप और स्वरूप की तलाश है। यह गंभीर चिन्तनपरक उपन्यास है। अरूण साधु अबतक के कृतित्व के बल पर आठवें दशक के महत्त्वपूर्ण उपन्यासकारों की श्रेणी में आ गये हैं।

साठ के बाद मराठी उपन्यास में यथार्थवादी प्रवृत्ति प्रबल होती गई और परिणामस्वरूप मध्यमवपर्गीय सीमित घेरे को तोड़कर नए-नए अंचलों, प्रांतरों में जाने की ललक पैदा हुई है। मधु मंगेश कर्णिक ने ''माहीमची खाड़ी'' के बाद ''भाकरी आणि फूल'' (७२) में दलित जीवन की सड़ियल जिंदगी का यथार्थ प्रकट किया। इसमें आए महारों की जिंदगी के ब्यौरे, दलितों के बीच उत्पन्न हुए अनेक गुटों की विभाजित शक्ति, उनके विकास के बीच आने वाली अवरोधक मानसिकता इत्यादि के चित्रण से यह उपन्यास सशक्त बन गया है। प्रा.वि.शं. चौबुले ने इस उपन्यास का मूल्यांकन करते हुए सार्थक शब्दों में लिखा है..... ''भाकरी आणि फूल'' दलितेतर साहित्यकार द्वारा रचित दलित जीवनानुभव प्रकट करने वाला एक लक्षणीय उपन्यास है'' (ग्रंथसंवाद, प्र. १०४) मधु मंगेस कर्णिक कोंकण का आंचल मूर्त करने में विशेष रस लेते हैं, यह उनकी (१९७५) में प्रकाशित ''कातक'' रचना से स्पष्ट हो जाता है। ''जुईली'' में उन्होंने कोंकण में पैदा हुई एक जिद्दी लड़की के कलाकार के रूप में उभरने की कथा बताई है। ''सनद'' में उत्पादनवृध्दि महामंडल के कारनामों पर प्रकाश डाला है।

श्री ह. मो. मराठे भी अब तक आठ उपन्यास लिख चुके हैं परंतु जो सफलता उन्हें कहानीकार के रूप में प्राप्त हुई वह उपन्यासकार के रूप में नहीं। ''प्रास्ताविक'', ''कुरूक्षेत्र'' ''लग्न'' उपन्यास १९८५ में प्रकाशित हुए। सामाजिक यथार्थ का खासकर उद्योगपतियों, नौकरसाहों

और मजदूरों की जिंदगी के परस्पर जटिल संबंधों का चित्रण ह. मो. मराठे का खास क्षेत्र हैं।

अबतक यथार्थवादी उपन्यासकारों के कृतित्व के विवेचन में जानबूझकर दो महत्त्वपूर्ण उपन्यासकारों का नामोलेख नहीं किया गया-- पु. शि. रेगे और गौरी देशपांडे। इन दोनों के उपन्यास बाह्य यथार्थ से इतने दूर हैं कि लगता है कि उनके उपन्यासों के अंतर्गत चरित्रों की अपनी ही एक अलग सृष्टि है जिसका बाह्य जीवन की धकापेल से संबंध प्रायः नहीं है, अगर है तो बहुत क्षीण। लेकिन उनकी अपनी खास सृष्टि में जो भावों अनुभावों, संचारी भावों का स्वंदन होता है वह बहुत ही तरल, सूक्ष्म, अप्रतिम और अद्वितीय होता है। इनके चरित्र पाठ्कों की दुनिया से नहीं लिए जाते हैं, वे इनकी अपनी मानसिक दुनिया से रचे जाते हैं परंतु इसलए प्राणहीन नहीं होते। इन लेखकों की अपनी शर्तों पर इनका लेखन पढ़ा जाए तो एक अलग किस्म की ठोस अनुभव की दुनिया में हम यात्रा करते हैं।

पु. शि. रेगे मराठी के अपने ढंग के विशिष्ट कवि हैं और मर्ढेकर के समानांतर अलग किस्म की कविता लिखकर भी नए समीक्षकों द्वारा उन्होंने सम्मानपूर्वक स्वीकृति पाई है। उनका लघु उपन्यास ''सावित्री'' १९६२ में प्रकाशित हुआ और उसके अलग ठाठ के लिए सब ने उसे सराहा। ''सावित्री'' का परिवेश अलग है, अनोखा है, उसकी अनुभव करने की संवेदन क्षमता न केवल अतिशय तीव्र है अपितु वह चिंतनशीलता से धारदार भी बनी है। एक और ''सावित्री'' का अवकाश अंतर्राष्ट्रीय है, काल महायुध्द का है, तो दूसरी ओर सावित्री काल और स्थान के आयामों को लांघ कर चिरकालीनता के आयाम को छूती है। सावित्री के मन को लेखन ने अतिभौतिकीय स्तर दिया है और सावित्री अपने प्रेमी के संबंध में भी अतिभैतिकीय परंतु तरल काव्यात्मक है। इसमें घटनाएं बहुत कम घटती हैं। सारी घटनाएं मानसिक स्तर पर ही घटित होती हैं। उपन्यास का बहुत सारा भाग पत्रों से व्याप्त है। दोनों की मामसिकरता में कुछ ऐसी अतींद्रियता है कि शरीर से भी अधिक तीव्रता मन के मिलन में उन्हें मिलती है। रेगे की विलक्षण प्रतीकधर्मी कल्पना, बिंबधर्मी भाषा और काव्यात्मक शैली उपन्यास को बहुत ऊंचा स्तर प्रदान करती है। ''अवलोकिता'' एव ''रेणु'' उपन्यास भी पु. शि. रेगे के विशिष्ट पृथगात्म व्यक्तित्व की छाप लेकर प्रसिध्द हुए हैं। रेणु को पढ़ते समय लगता है एक स्तर पर पु. शि. रेगे काम संबंधी जटिलता और व्यामिश्रता का तरल काव्यात्मक ढंग से चित्रण कर रहे हैं परंतु कभी लगता है रेगे किसी विशिष्ट मूलभूत दृष्टि को लेकर जीवन को नहीं आंकते, उसकी नानाविध स्तरों की विविधता को पकड़ने का प्रयास करते हैं और निरंतर मानसिक गहनता और वैविध्यता को पकड़ने का प्रयास करते हैं रेगे का लेखन समस्त मराठी कथा लेखन में अलग ढंग का लेखन है जो उनकी तरल काव्यात्मक चिंतनशीलता से समृध्द सा लगता है।

गौरी देशपांडे परंपरागत भारतीय नारी के टैबूज से पूर्णतः मुक्त होकर प्रणय और यौन जीवन का चिंतन करने वाली लेखिका है। अपनी सर्वथा विशिष्ट संवेदना के कारण महत्वपूर्ण लेखकों की श्रेणी में आ विराजमान हुई है। ''एकेक पान गळावया'' उनका महत्त्वपूर्ण लघु उपन्यास है। गौरी देशपांडे का महत्व इसमें है कि वे स्त्री-पुरूष संबंध को उत्कट क्षण की ताजगी में देखती हैं परंतु जीवन को गंभीर नजरिए से देखने से मुक्त नहीं होना चाहती। उनकी सहसंवेदना में भावुकता नहीं

है परंतु मानवीयता ओतप्रोत है। गौरी देशपांडे का इधर प्रकाशित एक लघु उपन्यास ''मुकाम'' एक श्रेष्ठ रचना है। उपन्यास की कथावस्तु भारत और विदेशों के बीच प्रवाहित होती हुई मनुष्य और मनुष्य केबीच के भावात्मक अन्तस्तंबंधों की गहन तलाश करती है। नायिका मनस्विनी नारी है और अपने प्रेम की गहरीखोज के बीच न परंपरा को दखल देने देती है न समाज को। लेकिन अनुभव करती है कि प्रेम के उत्कट , तीव्र संवेदन जीवन को सार्थक भले ही करते हों, जीवन की एक प्रवृत्ति अपने जड़ों से जुड़ने की भी होती हैं। उसके सामने जब समस्या पैदा होती है कि अपने प्रेमी के साथ विदेश में रह कर ऐशोआराम की जिंदगी वह जिए या अपने देश और समाज में जाकर दरिद्रता और सब प्रकार के अभावों में जीने वाले अपंग समाज से जुड़े लोक को ही वरण करती है। जीवन की सार्थकता वैयक्तिक उत्कट संवेदन की पूर्ति में है परंतु उससे उच्चतर सार्थकता अपनी जड़ों से जुड़ने में है। यह वरण उसकी आत्मा की गहरी पुकार है। गौरी देशपांडे की अनुभूतियां प्रायः परंपरागत नारी की प्रतिक्रियाओं से पृथक होती हैं, मौलिक और अद्वितीय होती हैं। ''मुकाम'' में आकर लगाना है। गौरी देशपांडे ने अपने पूर्ववर्ती अनुभव-विस्तार की सीमाओं को अतिक्रमित किया है। जीवन की सार्थकता के नये आयाम अन्वषित किये हैं और इनमें उसका स्वत्व भी निहित है। किसी प्रकार के बड़बोलेपन से अलग भीतरी आत्मा की विकास-यात्रा का यह ''मुकाम'' हैं। लगता है गौरी देशपांडे अबतक जिन प्रश्नों से जूझ रही थीं उनके उत्तर उन्होंने अंदर से प्राप्त किये हैं। नारी मुक्ति की भी यह सर्वथा अलग दशा और दिशा है।

ग्रामीण उपन्यास

मराठी में ग्रामीण (आंचलिक) उपन्यास के कुछ वैशिष्ट्य ग. ल. ठेकळ (गावगुंड), चिंदरकर (महापूर), वरेरकर (सातलाखातीळ एक, रामजोशी, फाटको वाकळ) वि. ल. बर्वे (मुचकुंददरी), र. वा. दिघे) (सराई, रातजाई, पाणकळा आई आहे शेतात, पडरे पाण्या इ.), श्री. ना. पेंडसे (हत्या, गारंबीचा बापू, रथचक्र), गो. नी. दांडेकर जैतरे जैत, पडघवली, शितू, रानभूल, पूर्णामांयची लेकरे, पवनाकाठ्या धोंडी ई.) के उपन्यासों में प्राप्त होते हैं। व्यंकटेश माडगूळकर का बनगरवाडी प्रथम ग्रामीण उपन्यास माना जा सकता है। साठ के आसपास और बाद में यह प्रवृत्ति बहुत ही विकसित हुई। अण्णा भाऊ साठे के उपन्यासों में भी ग्रामीण तत्व प्रचुर मात्रा में पाए जाते हैं। ग्रामीण जीवन के अनुभव का असली संचय साठे के पास था। इसलिए भूख, वासना की निर्मम क्रीड़ा, मनुष्य की असहायता और शोषण के क्रूर कर्मों के भड़कीले चित्र उपस्थित करनेके बावजूद साठे के उपन्यास काफी लोकप्रिय हुए। मधु मंगेश कर्णिक ने भी आंचलिक स्पर्श उपन्यासों को दिया है। ग्रामीण जीवन को भड़कील रंगों में चित्रित करने के प्रयास बहुत हुए लेकिन घटनाओं के जाल में जीवन का सत्व और परिवेश का भान दोनों धूमिल हुए हैं।

उद्धव शेलके ने ''धग'', ''बाई बिना बुवा'' में ग्रामीण जीवन की अच्छी पृष्ठभूमि देकर मानवीय मन का भी बड़ा सराहनीय चित्रण किया है। श्री द.ता.भोसले ने भी ''मी आणि मांझा बाप'' (१९७०) में ग्रामीण परिवेश को हास्यरूप देकर पेश किया। बनगरवाड़ी के बाद शंकर पाटील का ''टारफुला'' (१९६४) उपन्यास सही अर्थ में सफल ग्रामीण उपन्यास कहा जा सकता है। ग्रामीण जीवन में जमींदार (पाटील) के शोषण के नानाविध रूपों का प्रतीतिपूर्ण साक्षात्कार इस उपन्यास

में होता है। गांव के गुडागिरी की यह प्रभावपूर्ण कथा ग्राम के भयावह और क्रूर यथार्थ पर प्रकाश डालती है, ग्रामीण जनता की असहाय अवस्था भी उभरती है। ग्रामीण तथार्थ का यह रूप पाटील ने ग्रामीण भाषा के माध्यम से बड़े कलात्मक नजरिये से प्रस्तुत किया है।

इसके पहले रणजित देसाई ने "मांझा गांव" (१९६०) में कुछ कृत्रिमता के स्पर्श से कलुषित परंतु नाट्यात्मक प्रसंगों की निर्मिति से बहुत रोचक ग्रामीण यथार्थ प्रस्तुत किया था। लेकिन यह यथार्थ वरिष्ठ वर्ग की नजर से देखा हुआ है अतः अपेक्षित वस्तुनिष्ठता नहीं आ पाई। हमीद दलवाई ने "ईधन" (१९६५) में राष्ट्रीय प्रवृत्ति से प्रेरित कोंकण के मुसलमान युवक की कथा बताई है जो चिपलूण की मुसलमानों की बोली प्रयोग से वैशिष्ट्यपूर्ण बनी है। यौन जीवन के मांसल चित्र इसमें कुछ उत्तेजक रूप में ही आए है। गाँव में रहने वाली जातियों के मानसिक तनावों को व्यक्त करने में लेखक को अच्छी सफलता मिली है।

आनंद यादव के "गोतावळा" (१९७१) की चर्चा की जा चुकी है। लगभग उसी समय रा. रं. बोराडे "पाचोळा" प्रकाशित हुआ जिसमें नगर और गांव के संबंधों का यथार्थ प्रस्तुत हुआ है। यांत्रिकीकरण से गॉव के हस्तोद्योग, पारिवारिक जीवन की व्यवस्था और अर्थतंत्र कैसे टूट कर बिखर जाता है, इसका सफल चित्र इसमें आंका गया है। मुख्य चरित्र पारवती के मुख से कही गई इस कथा में उस्मानाबाद (मराठवाडा) की बोली का प्रयोग है। अतः प्रत्ययाकारिता बढ़ गई है।

ना. धो. महानोर मराठी के अच्छे कवि हैं और ग्रामीण जीवन से परिचित ही नहीं, गॉव में रहकर खेती के प्रयोग भी करते रहे हैं। उनके उपन्यास "गांधारी" (१९७३) में गांधारी गांव कोही नायिका बनाया गया है। रजाकारों के अत्याचार से पीड़ित गांव स्वातंत्रोत्तर युग में पुनः नया रूप लेताहै परंतु स्वातंत्र-युग के राजनैतिक भ्रष्टाचार से दबा रहता है। महानोरजी की ग्रामीण कविता में भी रोमांटिक गहरे रंग हैं और उक्त उपन्यास में भी वे उत्तेजक रूप में चढ़ गए है। लेकिन ग्रामीण तथार्थ के समस्त घटकों का प्रभावपूर्ण चित्रांकन किया गया है।

महादेव मोरे ने विपुल वाङ्मय निर्मिति की। यथार्थ की अच्छी पहचान और पकड़ के बावजूद उनका कथा साहित्य अपेक्षित सफलता प्राप्त नहीं कर सका। उनके पास अनुभवों की कमी नहीं, विभिन्न क्षेत्रों के परिवेश का और विविध मानव-चित्रों का उपयोग भी वे कर लेते हैं परंतु बहुत बार प्रस्तुतीकरण में सपाटता आती है और यथार्थ को व्यक्त करने के प्रयास में कुछ बोथरापन आ जाता है। "बळी" (१९७३), "आडगार" (१९७८) लाईन (१९८०) उनके उल्लेखनीय उपन्यास हैं। शोषित जनता के प्रति आत्मीयता और प्रतिबद्धता ने मोरे के उपन्यास को अलग शक्ति प्रदान की है। एक अन्य उपन्यासकार चंद्रकुमार नलगे ने भी "आगीनफूल" (१९७४), "ग्रस्त" (१९७६) "केबानीसारू" (१९७९) इत्यादि उपन्यास लिखे। गांव के जीवन का ठोस परिचय रोमांटिक नागर दृष्टिकोण से बाधित होता है और अपेक्षित चिंतन की कमी उपन्यासों को बहुत ऊपर उठने नहीं देती। बाबा भांड का "जरंगाव", शंकर खंडू पाटील के "सरपंच", "बेईमान", "घुंगरू" माधव यादव का "बोरगांव", वि. वि. जोशी का "सरधा", शरद पोतदार का "महाखार", मनोहर का "पैलतीर", श्रीपाद जोशी का भी भूमिपुत्रा, अ. ना. पेडणेकर का "ऐलपैल" इत्यादि उपन्यासों

में ग्रामीण जीवन केपरिवर्तनों का भान रखते हुए, ग्रामीण यथार्थ चित्रित हुआ है।

दलित जीवन और उपन्यास

दलित साहित्य मराठी साहित्य की एक प्रभावपूर्ण प्रवृत्ति है। परंतु यह प्रवृत्ति कविता, कहानी और आत्मवृत्तात्मक लेखन के माध्यम से जितनी शक्ति के साथ प्रकट हुई उतनी उपन्यास के माध्यम से नहीं। दलितों के आत्मचरित्रात्मक लेखन को उपन्यास से अलग रखना कहां तक संभव है, यह विवाद का विषय है, क्योंकि आत्मचरित्रात्मक लेखन में उपन्यास के रंग कम नहीं आए हैं। (मराठी के प्रख्यात उपन्यासकार ना.सी. फड़के ने आत्मचरित्र लिखा परंतु वे मन ही मन जानते थे कि उपन्यास से उसे अलग करना कठिन है। अतः उन्होंने ही चतुराई से उसका शीर्षक दिया "माझे जीवनः एक कादंबरी") यहां केवल उपन्यास विधा का भान रखकर लिखे गए साहित्य का ही उल्लेख होगा। फिर विवाद का एक मुद्दा यह भी बनता है कि क्या दलितों द्वारा लिखा हुआ उपन्यास साहित्य ही दलित उपन्यास की चर्चा में आएगा या दलितेतर लेखकों द्वारा दलित जीवन के बारे में लिखा हुआ साहित्य भी। विवाद में न पड़कर यहां उन उपन्यासों का जिक्र किया जाएगा। जहां दलित जीवन का चित्रण दलितों की आंख से देखकर किया गया है। स्वाभाविक रूप में दलित लेखक ना.रा. शेंडे के आध्यात्मिक रंग लेकर अवतारित साहित्य को सही अर्थ में दलित उपन्यास नहीं कहा जा सकता।

"बळी" में दलित जीवन का प्रभावपूर्ण चित्रण हुआ है। मधु मंगेश कर्णिक, जयंवत दळवी ने भी दलित जीवन की ओर नजर डाली थी। अण्णाभाऊ साठे का जिक्र भी हुआ है। शंकरराव खरात ने "हात भट्टी" में झोपड़पट्टी के दलित जीवन का सामूहित चित्र प्रस्तुत किया है। हरिभाऊ पगारे ने आंबेडकर द्वारा दिए गए चवदार तालाब के सत्याग्रह को केन्द्र में रखकर "कालिंदी" नामक लघु उपन्यास लिखा। उन्होंने आंबेडकर के जीवन पर भी उपन्यास लिखा। हिं.गो. बनसोडे ने दलित मुक्ति के आंदोलन पर "मुक्ति संग्राम" नामक उपन्यास लिखा। ज. वि. पवार ने "बलिदान" उपन्यास में बाबा साहब आंबेडकर के महानिर्वाण के बाद दलित नेतृत्व की असमर्थता और सामान्य जनता की असमर्थता का प्रभावपूर्ण चित्र खींचा है। दलित साहित्य में जो उपन्यास जीवन दृष्टि, प्रसंग चित्रण, चरित्र चित्रण और परिवेश चित्रण की दृष्टि से सफल हुए हैं उनमें ज. वि. पवार के उपन्यास की गिनती की जा सकती है। श्री अशोक लोखंडे की कृति "निष्ठा" दलित नारी की इज्जत पर आक्रमण करने वाली घटना को केन्द्र बनाकर लिखी गई है जिसमें घटनाओं के चित्रण में रोचकता उत्पन्न करने के लिए अधिक नाट्यात्मकता का उपयोग किया गया है। नामदेव डसाल का उपन्यास "हाडकी हडवळ" में एक साहसी दलित स्त्री का प्रभावपूर्ण चित्र उरेहा गया है। बाबूराव बागूल का उपन्यास "सूड" की नायिका देवदास कन्या है और पुरुष के साधुत्व से प्रभावित होकर समर्पण करती है। नायिका के मानस प्रवाह के अंकन में लेखक को सफलता मिली है। सुधाकर गायकवाड ने समाज में लगे शूद्रत्व के कलंक को मिटाने के लिए संघर्ष करने वाले नागनाथ का चित्र खींचा है जो असफल होकर भी मन को प्रभावित किए बिना नहीं रहता।

प्रा. केशव मेश्राम मराठी के अच्छे कवि हैं। "हकीकत" में उन्होंने जीवन के अनुभव आत्मकथनात्मक ढंग से व्यक्त किए हैं। उनका उपन्यास "जटायु" बहुत ही प्रभावपूर्ण उपन्यास

है। मांग समाज का अभिमन्यु नामक युवक अपने परिवेश के साथ अनेक स्तरों पर संघर्ष कर रहा है । अपनी जाति के साथ, उच्च वर्णियों के साथ, परिवेश के साथ शिक्षित परंतु अपने समाज से प्रतिबद्ध युवकों की अस्लीयत का प्रभावपूर्ण चित्रण "जटायु" में किया गया है । मेश्राम का "पोखरण" भी उनका अनोखा उपन्यास है जिसमें आर्य-अनार्यों के संपर्क, संबंध, संघर्ष का चित्रण बहुत ताकत के साथ किया गया है ।

भीमसेन देठे का "इस्कोट" महाराष्ट्र के महार जाति के लोगों के बौद्ध धर्म ग्रहण करने के बाद उत्पन्न बौद्ध और बौद्धेतर के बीच के संघर्ष को केन्द्र बनाकर लिखा गया है । माधव कसबे का "नकुल" दलित जीवन का यथार्थ चित्र प्रस्तुत करने के स्थान पर प्रणणय के रोमानी चित्रण में खोकर बिखर जाता है । भाई तांबे ने "नियती" में एक बौद्ध तरुण की प्रतिशोध भावना का चित्रण किया है । जे. जी. माने का "मुक्ती" दलित स्त्री के जीवन, जिद्द और साहस का सशक्त चित्रत्र प्रस्तुत करता है । "मेलेलं पाणी" में अशोक व्हटकर ने ढोर जाति का विकास करने की आकांक्षा को व्यक्त किया है । भ. शि. शिंदे का "अमृतनाक" एतिहासिक है और अपने समाज के लिए बलिदान करने वाले अमृतनाथ नामक दलित युवक की करुण कथा का चित्रण इसमें किया गया है । उपन्यास पर रंजनवाद हावी हो गया है । प्रेमानंद गजवी के "जागर" में वैदर्भीय जीवन का अंकन है । दलित वर्ग के प्रतिशोध पर यह उपन्यास आधारित है । राजा जाधव ने दलित उपन्यास का विवेचन करते हुए निष्कर्ष निकाला है कि "प्रा. मेश्राम, बाबुराव बागुल, नामदेव ढसाळ के उपन्यासों का व्यापक जीवन और उसका काव्यमय प्रकटीकरण छोड़ दिया जाए तो अन्य लेखकों के उपन्यास लेखन में कच्चापन साफ दिखता है । इस श्रेणी में ज. वि. पवार का नाम लेना होगा।"

दलित लेखकों के पास जीवन का विलक्षण प्रभावपूर्ण अनुभव है । यह अनुभव ही अपने आप मे इतना दाहक, भयावह और प्रभावपूर्ण है कि उसका सरल निवेदन भी पाठ्क को झकझोर देता है । लेकिन बहुत बार रोमानी नजरिया हावी होता है । अनुभव को अधिक प्रभावी बनाने के लिए नाट्यमय बनाया जाता है जिससे कृत्रिमता उत्पन्न होती है । दलित लेखक अनुभवों के प्रति प्रतिबद्ध होकर निच्छल निवेदन करेंगे तो महत्वपूर्ण उपन्यास सामने आ सकते हैं । अनुभव का संचय भी कम नहीं है । हाँ, आत्मपूजन और आत्मरति की भावना अवरोधक बन सकती है । (दलित उपन्यास "टिपणी" में राजा जाधव के "चिंतन" पुस्तक से विशेष सहायता ली गई है)

अतीत की खोज

ह. ना. आपटे ने एतिहासिक उपन्यासों की जो नींव डाली थी, उस पर नाथ माधव, हड़प, गो. नी. दांडेकर इत्यादि लेखकों ने महाराष्ट्र के कुछ उज्वल ऐतिहासिक कालखंड के आरोह-अवरोह का चित्रण किया । इन सबको कहीं न कहीं राष्ट्रीय पुनर्जागरण की प्रेरणा उत्तेजित करती रही । १९६० के बाद इस दृष्टि में बदलाव आया । मराठी सामाजिक उपन्यासों की व्यक्तिवादी प्रेरणा थी वह प्रबल हुई और ऐतिहासिक वातावरण एवं समाज की स्थितीगति की अपेक्षा कुछ व्यक्तियों के चरित्रों पर लेखकों की दृष्टि केंद्रित हुई। रणजित देसाई के "स्वामी" ने ऐतिहासिक वातावरण और ऐतिहासिक व्यक्तियों को अवश्य लिया परंतु माधवराव पेशवा के व्यक्तित्व को मनोवैज्ञानिक कोण से उभारा । माधवराज की पत्नी रमा और माधवराव के वैयक्तिक प्रेम संबंधों को बड़ी नजाकत

के साथ चित्रित किया - अधिकार, सत्ता, वैभव इत्यादि से माधवराव को अलग कर व्यक्ति के रूप में उसके सुखदुख को देखा (शिवाजी के जीवन पर लिखा हुआ "श्रीमान योगी" रणजित देसाई का एक महत्वपूर्ण उपन्यास है । स्वामी की अंतर्भेदी दृष्टि का उसमें उतना स्पर्श नहीं है) फिर मराठी उपन्यास में नई बाढ़ आई । समस्त बाह्य यथार्थ के बीच सुगबुगाते व्यक्ति के आंतिरक कोणों को उभारने की प्रवृत्ति के साथ व्यक्ति के प्रति सामाजिक प्रतिष्ठत मान्यताओं को चुनाती देकर एक नए अस्पर्शित उपेक्षित परंतु महत्त्वपूर्ण चारित्रिक पक्ष को उभारने की । समाज द्वारा वर्षों से लांछित व्यक्तियों के सत्य पक्ष को सामने रखकर उन्हें न्याय देने की एक परिपाटी भी पड़ी । इस केलिए आवश्यक ऐतिहासिक प्रमाणों की छानभीन भी की गई । ना.स. इनामदार के "झेप" (६३) "झुंज" "मंत्रावेगळा", "शहेनशाह" उपन्यासों में लोक प्रचलित स्थापनाओं या विश्वासों को बदल कर रखने का बीड़ा सा उठया गया है। भीमराव कुलकर्णी ने "ओंकार" में आनंदीबाई (राघोबा दादा की कुटिल पत्नी) के लांछन को हटाकर उसे उज्जवल रूप में स्थापित करने का प्रयास किया है। इसका एक अच्छा परिणाम यह भी हुआ है कि व्यक्ति की अच्छाई-बुराई के ऊपर आकर भी अधिक व्यापक सांस्कृतिक दृष्टिकोण से अतीत को देखने का प्रयास किया गया। प्रो. रंगनाथ तिवारी ने "राग बिलावल" में अल्लाउद्दीन खिलजी के संगीत प्रेम को इसी दृष्टि से देखने का प्रयत्न किया है। यह शक्तिशाली उपन्यास एक अलग किस्म का ऐतिहासिक वातावरण उत्पन्न करता है। इंदुमति केळकर, प्रतिभा रानडे, नलिनी सहस्त्रबुद्धे ने क्रमशः "सुल्ताना रजिया", "बदनसीब" (बहादुरशाह जफर को नायक बनाया है।) उपन्यास प्रस्तुत कर चरित्रों को न्याय देने का अनुरोध किया। इधर पेशवे की प्रेयसी मस्तानी के भी भाग्य खुले हैं। मस्तानी के चरित्र पर दो उपन्यास प्रकाशित हुए हैं।

अतीत की ओर कुछ नई खोज को उपलब्धकरने की दृष्टि पौराणिक काल में भी विचरण कर रही थी। वि.स. खांडेकर ने "यताति", के माध्यम से समकालीन व्यक्तिवादी भोगवाद बनाम श्रेयमूलक समाजदृष्टि का द्वन्द्व उठया और पुराणकाल की खोज जारी हुई। उपेक्षितों के प्रति सहानुभूति, उनके लांछन को दूर कर न्याय देने की उदार मानवीय दृष्टि और कुछ वर्ण व्यवस्था में उच्च वर्ग द्वारा निम्न वर्ग पर हुए अत्याचारों के कारण उत्पन्न आत्मग्लानि का भाव-इन सब का कुछ ऐसा प्रभाव बना कि पुराणकालीन मिथक नई दृष्टि से आलोकित हुए। शिवाजी सावंत के सशक्त उपन्यास"मृत्युंजय" में कर्ण को जो नया रूप मिला उसको देखते ही देखते उपन्यास ने लोकप्रियता के चरम बिंदु को स्पर्श किया। उसी प्रकार उनके "छावा" (नायक संभाजी) को भी लोगों ने सिर आंखों पर उठया। कवि बा. भ. बोरकर ने भी "प्रियकामा" में दशरथ-पत्नी कैकयी को उज्जवल रूप में चित्रित करने का प्रयास किया है। वैसे इस प्रकार के कतिपय उपन्यास सामने आए। आनंद साधले ने भी अनेक पौराणिक आख्यानों को नई दृष्टि से रखने का प्रयत्न किया।

इन सब उपन्यासों को देखने पर लगता है कि अधिकांश उपन्यासों में मिथकीय तत्व उभारने की अपेक्षा वैयक्तिक दृष्टि से (जिसमें आधुनिक मनो वैज्ञानिक नजरिए का स्थूल सा रूप है) अतीत को खोजने का यह प्रयास है जो बहुत अध्ययन, चिंतन और गवेषणा बुध्दि की अपेक्षा नहीं करत---एक स्मार्ट चतुराई मात्र।

चरित्रात्मक उपन्यास

मराठी में आत्मचरित्रों की धारा बहुत सशक्त है और साठ के बाद से महिलाओं ने भी बेझिझक अपने अनुभवों को व्यक्त करने का बीड़ा उठाया है। अनेक दलित लेखकों ने भी आत्मचरित्रों के माध्यम से साहित्य में प्रवेश किया। परंतु यहाँ जिस विधा का वर्णन करना है वह आत्मचरित्र या चरित्र से संबंधित होकर भी कुछ अलग किस्म के रूप की सृष्टि करती है। चरित्रिक उपन्यास ऐतिहासिक उपन्यास की भांति जीवन की घटनाओं का ढांचा और व्यक्तियों का स्थूल बाह्य चरित्र स्वीकार करता है। परंतु उसके बाद उस व्यक्ति की बनावट को लेकर, व्यक्ति के संबंधों को लेकर एक नई कल्पना, एक नई खोज की स्वतंत्रता ली जाती है। यह लोक में मान्य और परिचित को नई दृष्टि से देखकर कुछ अपरिचित पक्ष को सामने लाना, उसे विलक्षण बनाना और यह सब करते हुए उसे अधिक जीवन्त बना देना लेखक की कल्पना शक्ति, मानव जीवन विषयक निरीक्षण और मनोवैज्ञानिक सूझ की बड़ी मांग करता हे। भीमराव कुलकर्णी ने "हरि नारायण" नामक (हरि नारायण आपटे) उपन्यास लिखकर इस प्रवृत्ति का सूत्रोपात किया। परंतु श्री. ज. जोशी के "आनंदी भोपाल" ने (बीसवीं सदी के प्रथम दशक में आनंदीबाई जोशी ने अपने पति गोपालराव की प्रेरणा से अमेरिका जाकर डॉक्टर की उपाधि पायी परंतु लौटकर असमय में मृतयु का शिकार हो गई -- उनके परस्पर विचित्र संबंधों की यह प्रभावपूर्ण कथा है।) इस कृति ने इतना यश प्राप्त किया कि मराठी में ऐसे उपन्यासों की भी एक बाढ़ आई। लेकिन भा. द. खेर (यज्ञ, सावरकर का जीवन चरित्र), मृणालिनी देवधर "उत्तरयोगी" (१९७२) (योगी अरविंद के जीवन पर), (सुमति देशपांडे, "जीवन स्वप्न", (शरतचंद्र चटर्जी पर) इत्यादि लेखकों को बहुत कम सफलता इसमें मिली। गंगाधर गाडगिल ने तिलक चरित्र को औपन्यासिक रूप देने का "दुर्दम्य" में महत्वाकांक्षी प्रयास किया है। और इस पर हुई प्रतिकूल समीक्षाओं के बावजूद यह कहना चाहिए कि गाडगिल को इसमें अच्छी सफलता मिली है। असल में आनंदी गोपाल की सफलता के बाद जोशी जी ने बड़ा महत्वपूर्ण व्यक्तित्व उठाया था -- १९२०-२४ के आसपास यौन विषयक खुलकर वैज्ञानिक चर्चा करने वाले और परिवार नियोजन का प्रचार करने वाले रा. धों. कर्वे (भारतरत्न धोंडो केशव कर्वे के सुपुत्र) को नायक बनाकर उन्होंने "रघुनाथची बखर" लिखा परंतु सामान्य की सीमा रेखा को भी वह लांघ नहीं पाया।

इस संदर्भ में गो. नी. दांडेकर के ज्ञानेश्वर, तुकाराम रामदास के जीवन पर लिखे उपन्यासों में ज्ञानेश्वर पर लिखित श्रेष्ठ उपन्यास "मोगरा फुलला" का जिक्र आवश्यक लगता है। यह निश्चय ही मराठी का एक श्रेष्ठ उपन्यास है।

अस्तित्ववाद की झलकियाँ

मराठी लेखकों में से किसी ने अस्तिवाद की विचारधारा को गहरे स्तर पर चिंतन का विषय बनाया है, ऐसा तो नहीं लगता फिर भी यह आवश्यक नहीं कि अस्तित्ववादी उपन्यास लिखने के लिए अस्तित्ववादी दर्शन का गहरा अध्ययन आवश्यक है। यह तो संवेदनशील लेखक की मानव जीवन के संबंध में बुनियादी सवाल उठने की बौद्धिक जिज्ञासा का प्रश्न है। मराठी में किरण नगरकर

के ''सातसवकं त्रेचाळीस'' में यह प्रभाव कुछ मुखर हुआ है। भाऊ पाध्ये के ''बॅ. अनिरुद्ध धोपेश्वरकर '' में ऊपरी स्तर पर प्रकट हुआ है। बसंत आबाजी डहाके के ''अधोलोक'' में प्रतीकात्मक स्तर पर व्यक्त हुआ है। कुछ अधिक प्रभावी रूप सरदेशमुख के ''एका राजाची बखर'' में देखने को मिलता है। डॉ. विलास सारंग के ''इन्कीच्या देशांत'' में भी इसकी आवाज गूँजती है। परंतु कुल मिलाकर अस्तित्ववाद के के माध्यम से जो जीवन की मूलभूत समस्याओं के बारे में, जीवन की विकट स्थितियों को लेकर चरम क्राइसिस के सवाल उठने चाहिए थे, वे शक्तिपूर्ण ढंग से नहीं उठाए गए।

कुछ अचर्चित तथ्य

अबतक के विवेचन में केवल मनोरंजन का उद्देश्य रखकर लिखे जानेवाले उपन्यासों का जिक्र नहीं किया गया है -- गुलशन नंदा, प्यारे लाल आवारा के स्तर के लेखक मराठी में भी काफी हैं। अद्‌भुत और रहस्यमय वातावरण निर्मित कर भय-कथा लिखने वालों का भी जिक्र नहीं किया गया है। इधर विज्ञान का वातावरण उत्पन्न कर वैज्ञानिक समस्याओं का फेंटसी के स्तर पर चित्रण करने वाले उपन्यास भी धड़ाधड़ प्रकाशित होने लगे है। सौभाग्य से जयंत नारळीकर जैसे विख्यात वैज्ञानिक भी कथा साहित्य लिख रहे हैं। स्त्रियों के लेखन पर अलग से विचार करना समानता के इस युग में आवश्यक नहीं है।

कुछ उल्लेखनीय लेखक और उनके उपन्यास

अब तक कुछ अच्छे अब तक कुछ अच्छे उपन्यास छूट गए हैं -- उनका उल्लेख जरूरी लगता है।

सुभाष भेंडे के ''जोगीण'' ''अंधारवाट'', अच्युत बर्वे का ''सुखद'' एस. का ''आदिमाया'', मनोहर तल्हार का ''माणूस'' मनोहर शहाणे का ''देवाचा शब्द'', प्रभाकर पेंढारकर का ''रांरग ढाग'' अनिल बर्वे का ''थैंक्यू मिस्टर ग्लाड'' और उनका ''अकरा कोटी गैलन पाणी'', डॉ. सदा कर्‌हाडे का ''एक स्पृश्याची डायरी'', राजेन्द्र बनहट्‌टी का लघुतम उपन्यास अखेरचे आत्मचरित्र। रंगनाथ पाठरे के कुछ अच्छे उपन्यास आये हैं। जिनमें 'चक्रव्यूह' और 'ताम्रपट' महत्वपूर्ण हैं। नामदेव कांबळी का 'राघव वेळ' रवींद्र शोभणे का कोंडी ये भी उल्लेखनीय उपन्यास हैं।

कुछ निष्कर्ष

मराठी के साहित्य को पढ़ते समय बार-बार यह लगता रहा कि अधिकतर साहित्य पर सुखवाद और व्यक्तिवाद का कुछ ऐसा प्रभाव है कि आत्मकेंद्रित अनुभव ही प्रामाणिक अनुभव है इसलिए अच्छे साहित्य का पर्याय है, कुछ ऐसी विचारधार (जिसका मूल कलावाद और विशुद्ध सौंदर्यवाद में है) जाने-अनजाने लेखकों को विराट यथार्थ दर्शन और अनेक स्तरीय अनुभव का सामना करने से अवरुद्ध करती है। दलित साहित्यकार भी आत्मवृत्तात्मक लेखन में ही अधिक रूचि दिखाते हैं या प्रतिक्रियात्मक और क्रोधजनित आक्रोश से प्रेरित होकर लिखते रहे हैं। इसलिए पहली रचना के बाद शक्ति अर्जित कर दूसरी अधिक सशक्त रचना में व्यस्त रहने के स्थान पर

पहली रचना की यशस्विता (जिसके रूप भी अनेक हैं और कारण भी) से कुछ शिथिलता अनुभव करते रहे हैं। जाने अनजाने लेखक को प्रतिष्ठित करके निःशेष कर देने का भी जैसे एक सूक्ष्म तंत्र बुद्धिजीवी वर्ग में विकसित होने लगा है... मैं मानता हूँ कि अनजाने में ही होता है ग्रामीण साहित्य की स्थिति भी कुछ ऐसी ही है। गांव के भयानक बिगड़े हुए व्यामिश्र यथार्थ का विराट साक्षात्कार (जो ''मैला आंचल'', ''परती परिकथा'', ''रागदरबारी'', ''लाल पीली जमीन के घर'' इत्यादि में होता है) कराने वाला सशक्त उपन्यास कौन सा है, इस प्रश्न का एकदम उत्तर देते नहीं बनता। कुछ अति आधुनिकता के समर्थ लेखक और समीक्षक भी जाने अनजाने आत्मरति के शिकार हो गए हैं। मराठी में प्रायः सुगठित सौष्ठवपूर्ण उपन्यास अधिक संख्या में लिखे जाते हैं परंतु बिखराव में तथा लूंजपूज रूपविधान में भी मन और मस्तिष्क को झिंझोड़ने की शक्ति विरल रूप में पाई जाती है। दुर्भाग्य से अनुवाद के रूप में आने वाले साहित्य का तो स्वागत ही कम होता है और उससे संस्कारके स्तर पर प्रभावित होनेकी बात तो बहुत दूर की है। हर साल तीन साढ़े तीन सौ उपन्यास प्रकाशित होते हैं। परंतु उपलब्धि के नाम पर अधिक से अधिक अच्छे उपन्यास की सीमा तक पहुँचा है, श्रेष्ठ तक नहीं। ललित के मई जून - १९८६ के अंक में प्रा. दिगंबर पाध्ये ने १९८५ में प्रकाशित उपन्यासों पर लेख लिखकर भाष्य किया है-

''यह सारा लेखन वाचनीय है और इसे कमोबेश रूप में वाचक वर्ग भी मिलेगा इसमें संदेह नहीं। परंतु साहित्य वृत्ति के महत्वपूर्ण सिद्ध होने के लिए क्या इतना ही प्रयाप्त है? यह प्रश्न है कि प्रसिद्ध होनेवाली रचनाओं में चुनाव करने की के प्रक्रिया के पीछे एक ही निकष सदैव होता है। यह भी नहीं कि चुनाव के इस निकष का संबंध कलात्मकता के साथ ही होता है। साहित्य कृति के माध्यम से होने वाले शाश्वत मानवीय मूल्यों के दर्शन, नई जीवन दृष्टि की पहचान, साहित्य कृती का सांस्कृतिक दृष्टि से महत्व, साहित्य निर्मिति में प्रयोगशीलता इत्यादि नानाविध कारणों को महत्व देकर यह चुनाव रहता है। भविष्य में चुनाव हो सकेगा ऐसा कितना लेखन किसी वर्ष में हुआ है, इस पर वर्ष का साहित्यिक दृष्टि से महत्व ध्यान में रखना समीचीन है। इस दृष्टि से १९८५ के उपन्यास को देखा जाए तो इस साल उपन्यास के क्षेत्र में कुछ महत्वपूर्ण घटित हुआ है, ऐसा नहीं दिखाता।'' प्रा. दिगंबर पाध्ये का यह कथन वर्ष १९८५ तक ही सीमित है अतः उसे पूरे उपन्यास साहित्य पर लागू नहीं करना चाहिए। परंतु हर साल के सर्वेक्षण में शायद इसी तरह की बातें पढ़ने को मिलती हैं। यह भी ध्यान में रखना चहिए कि महत्वपूर्ण उपन्यास हर वर्ष इनेगिने ही होंगे। लेकिन एक गंभीर समीक्षक की प्रतिक्रिया को यों ही नहीं हटाया जा सकता। कुल मिलाकरयह कहा जा सकता है कि अच्छे उपन्यासों के स्तर पर मराठी के कोई पंद्रह बीस उपन्यस आ सकतेहैं परंतु श्रेष्ठ उपन्यास के स्थान पर किसी उपन्यास को स्थापित करते समय पुनः विचार करना होगा। मराठी में जाने और अनजाने हावी हुई व्याकक्तवादी, विशुद्ध सौंदर्यवादी (और सुखवादी) विचारधारा उपन्यास जैसे व्यामिश्र जटिल, अनेक स्तरीय यथार्थ का बोध करा देने में अवरोधक सिद्ध होती है अतः उन सब कारणों से सजग रहना होगा जिनसे उपन्यास की शक्ति प्रखर सबल होती है।

प्रेमचन्द और प्रेमचन्दकालीन मराठी लघुकथा (कहानी) : तुलनात्मक दृष्टिपात

प्रेमचन्द उर्दू कथा साहित्य की परंपरा लेकर हिंदी में आए और हिंदी एवं उर्दू दोनों साहित्यों को उन्होंने नए मोड़ एवं नए आयाम दिए। उर्दू में छपी उनकी आरंभिक रचनाओं को देखने पर सुखद आश्चर्य होता है; क्योंकि यह स्पष्ट दिखता है कि कहानी के फॉर्म को उन्होंने भलीभाँति आत्मसात किया था और अपनी रचनाओं को इतनी प्रखरता से ढाला था कि सरकार को १९०९ में ही उनके कहानी संग्रह "सोज़े वतन" को जब्त करना पड़ा। कहानी जैसे ललित साहित्य को तत्कालीन सरकार ने अपनी कार्रवाही से जो सम्मान दिया वह संभवतः भारतीय साहित्य में अभूतपूर्व था। प्रेमचंद ने छोटी कहानी सबसे पहले १९०७ में ही लिखी (दुनिया का सबसे अनमोल रत्न)। प्रेमचंद पत्रकारिता से घनिष्ठ रूप में संबद्ध थे और एक विलक्षण संवेदनशील कलाकार के नाते अपनी आसपास की स्थितियों एवं उस समय के उग्र राजनैतिक वातावरण से गहन स्तर पर जुड़े हुए थे। उर्दू साहित्यकार शरर और सरशार के बीच की समीक्षात्मक बहस में सरशार की तरफदारी करते हुए उन्होंने यह कसौटी कायम की थी कि उपन्यास अपने ज़माने की तसवीर होता है। प्रेमचंद नाम से उनकी पहली कहानी छपी "बड़े घर की बेटी" १९१० में। इस कहानी के लगभग पूर्णता को पहुँचे कहानी के फॉर्म को मद्देनज़र रखते हुए यह निस्संदिग्ध रूप में कहा जा सकता है कि प्रेमचंद की रचनात्मक दृष्टि और समझ इसी समय परिपक्व थी।

मराठी लघुकथा (कहानी) की नींव डालने का कार्य करनेवाले हरिभाऊ आपटे की कथाएँ यद्यपि अपनी प्रदीर्घता और तकनीकी दोषों के कारण सही अर्थ में कहानी के रूप में स्वीकृति पाने में कुछ कठिनाई महसूस करती हैं फिर भी ऐतिहासिक परिप्रेक्ष्य में देखने पर "डिसेप्शिया", "काल तर मोठा कठिण आला", "पहिले भांडण" इत्यादि कथाओं को कहानी कहा जा सकता है। वैसे १८५० से १८६७ तक "ज्ञान प्रसारक" ने कुल १७ स्वतंत्र कथाएं प्रकाशित की थीं और "विविधविज्ञान विस्तार" ने १९८३ तक १२ कथाएँ प्रकाशित की थी। प्रेमचंद के बहुत पहले मराठी कथा की एक परंपरा बन रही थी। काशिताई कानिटकर, लक्ष्मीतनया, सहकारी कृष्ण, कृ. के. गोखले, श्री. बा. रानडे, ना. के. बेहरे, वा. गो. आपटे इत्यादि लेखकों ने लघुकथा को सांख्यिक दृष्टि से समृद्ध करने का प्रयास किया।

मराठी कथा : दूसरा दौर और प्रेमचंद की तत्कालीन कथा

मराठी 'लघुकथा' के दूसरे दौर (१८८९-१९१५) की कथाओं की प्रेमचंद की १९१५ तक की कथाओं से तुलना करने पर एक महत्वपूर्ण तथ्य यह परिलक्षित होता है कि यद्यपि यह काल साहित्यकार की सामाजिक संपृक्ति की दृष्टि से महत्वपूर्ण है, फिर भी मराठी लघु कथा अपने को जहाँ राजनैतिक चहलपहल और आबोहवा से अपने को पूर्णतः दूर रख रही है वहाँ प्रेमचंद राजनैतिक खतरों का सामना करते हुए प्रखर कथाएँ प्रकाशित करते जा रहे हैं और उनका यह साहस इसलिए भी सराहनीय है क्योंकि उनका एक कथा संग्रह पहले ही सरकार की अवकृपा की

भेंट हो चुका था। आश्चर्य यह है कि लोकमान्य तिलक महाराष्ट्र में राजनैतिक क्षेत्र में शेर की भाँति दहाड़ रहे थे, (जिनसे स्वयं प्रेमचंद काफी प्रभावित रहे) और उस काल की मराठी कहानी राजनैतिक माहौल से अपने को काटकर सामाजिक सुधारों के दायरे में ही उछलकूद कर रही थी। प्रश्न यह उत्पन्न होता है कि क्या सामाजिक सुधारवाद को प्राथमिकता देनेवाले प्राचार्य आगरकर की मान्यताओं को महाराष्ट्र के बुद्धिजीवी वर्ग ने तर्कसंगत मानकर बौद्धिक निष्ठा से अपनाया था या वह राजनैतिक कोप का भाजन न होने की दृष्टि से यह एक सुविधापूर्ण वैचारिक मुद्रा अपनाई गई थी। इस प्रश्न का अधिक विचार इसलिए भी आवश्यक है कि आगे चलकर कलावाद का जो और जिस तरह प्रभाव मराठी साहित्य पर पड़ा है उसका कहीं न कहीं गहरा संबंध बुद्धिवादियों के शील से है। १९१५ तक प्रेमचंद ने जो ३८-४० कहानियाँ लिखीं उनमें यह महत्वपूर्ण कहानियाँ हैं: दुनिया का सबसे अनमोल रत्न (१९०७), दूसरी तरफ (१९११), बड़े घरकी बेटी (१९१०), पाप का अग्निकुंड (१९१०), राजा हरदौल (१९११), रानी सारंधा (१९१०), शिकार (१९१०), पछतावा (१९१४), नमक का दरोगा (१९१४)। इन कहानियों पर सफलता-असफलता, यशस्विता का परिणाम, प्रभाव की क्षमता का मूल्यांकन, अनुभव की गुणवत्ता इत्यादि दृष्टियों से विचारकों में मतभेद हो सकता है परंतु तकनीकी दृष्टि से इनके कहानी होने में कोई मतभेद नहीं हो सकता। इनमें वैविध्य भी आश्चर्यजनक है। भारतीय इतिहास में आलोकित राजपूत संस्कृति एवं गुण संपदा का राष्ट्रीय भावना से प्रेरित अंकन है, राष्ट्रीय परिवेश का प्रखर स्पर्श है, सामाजिक शोषण का सशक्त संकेत है, मानवी मन की अद्‌भुत स्थिति और गति का इंगित भी है। प्रेमचंद बराबर अपनी कथा को जीवन से संबद्ध कर रखने के प्रति सजग हैं। "ईश्वरीय नशा" में मनुष्य के मन के कृष्ण-धवल रंगों का धूपछाँही खेल दिखाते हुए एवं संपत्ति हथियाने वाले मुंशी के अंतिम हृदय परिवर्तन का लेखाजोखा देते हैं और यह विशेष बल देकर रेखांकित करते हैं: "इसे कथा न समझिएगा, यह सच्ची घटना है।" यह कहानी मध्यवर्गीय संकीर्ण नैतिक मानदण्डों पर भी व्यंग्य करती है। प्रेमचंद को एक बहिर्मुखी सामाजिक कलाकार के रूप में देखने की जो परंपरा हिंदी समीक्षा में दृढ़ हो गई है उसके कारण उनकी कहानी का मनोवैज्ञानिक पक्ष दब गया है। १९१५ के पहले लिखी कतिपय कहानियों में यह पक्ष उभरकर आया है। उनकी "शिकार" (१९१०) कहानी में पति-पत्नी के संबंधों को लेकर एक समस्या उठायी गयी है। सौन्दर्य, समृद्धि और सद्‌भावना के बावजूद बाह्यतः किसी प्रकार की कमी न होते हुए भी राजकुमार और राजकुमारी के बीच अनबन और दुराव है और उसका कारण उच्च वर्ग में बढ़ती आत्मकेंद्रितता और अतिव्यक्तिवादी रूझान है। राजकुमारी एक सामान्य नौकरानी के अपने पति के साथ संबंधों से प्रेरित होकर राजकुमार के साथ जुड़ने का प्रयास करती है और दोनों के सेवाभाव से जुड़ने पर दांपत्य प्रेम में विलक्षण समरसता उत्पन्न होती है। आरंभ से अंत तक सामान्य मनोविज्ञान का मांसल स्पर्श देकर लिखी इस कथा में प्रेमचंद ने मानवीय मन की अपनी गहरी पहचान की प्रतीति करायी है। "पछतावा" (१९१४), "विस्मृति" (१९१५), "बड़े घर की बेटी" इत्यादि कतिपय कहानियों को भारतीय मनुष्य के मन की पृष्ठभूमि पर ही आकार दिया गया है। "विस्मृति" जैसी कहानी का अनावश्यक रूप में विस्तार कहानी कला की चुस्ती और एकाग्रता को अवश्य खंडित करता है। परंतु मानव मन का आधार कहीं नहीं खंडित होता।

"दूसरी तरफ" जैसी कहानी सुधारवादी मध्यवर्गीय बुद्धिजीवी की अछूतों के प्रति सक्रिय हमदर्दी को स्पष्ट एवं प्रभावपूर्ण ढंग से व्यक्त करती है। इस कहानी के आधार पर यह निश्चय से कहा जा सकता है कि प्रेमचंद पहले दलितों के साहित्यकार हैं। डॉ. कमल किशोर गोयनका ने इस कहानी को "आजकल" में प्रकाशित किया है। प्रेमचंद में भारतीय जातिवाद के ज़हर की जो तीव्र पहचान शक्तिशाली रूप में उत्तरोत्तर प्रकट होती है उसके सशक्त पदचिह्न कहानियों की बुनावट के धागों में प्रचुर मात्रा में लक्षित किये जा सकते हैं। मसलन "विस्मृति" में चौदह वर्ष के कालेपानी की सजा के उपरांत छूटकर आये भाइयों के स्वागत में ब्रह्मभोज होता है। प्रेमचंद लिखते हैं, "ब्राह्मभोज का दिन निश्चित हुआ। पूड़ियाँ पकने लगीं, घी की सर्वश्रेष्ठ ब्राह्मणों के लिए, तेल की पासी चमारों के लिए। काले पानी का पाप इस घी के साथ भस्म हो गया।" इस प्रकार की आर्थिक सामाजिक विषमता और आचरण की विसंगतियों की तीखी अभिव्यक्तियों से प्रेमचंद की कहानियों का तानाबाना बहुत ही सख्त एवं गझिन हो गया है। मराठी कथा की समसामयिक राजनैतिक संपृक्ति एवं मनोवैज्ञानिक संस्पर्श की तुलना में प्रेमचंद की कहानियों का प्रभाव निश्चय ही अधिक गहरा प्रतीत होता है। १९१५ तक जब प्रेमचंद की ७/८ अच्छी कहानियाँ – कहानी के तकनीक की दृष्टि से भी सशस्वी कहानियाँ मिलती हैं जबकि मराठी में यह स्थिति दिवाकर कृष्ण के आने के बाद हुई। इंदुमती शेवडे, वा. ळ. कुलकर्णी को उद्धृत करती हुई लिखती हैं "दिवाकर कृष्ण के पहले की कथा "गोष्ट" (गल्प) थी। वह श्रवर्णीय थी, वह अब "लघुकथा" बन गई।" वि. स. खांडेकर ने भी यह स्पष्ट लिखा है कि आधुनिक लघुकथा दिवाकर कृष्ण के साथ चली। ('पांच कथाकार': प्रस्तावना)।

मराठी कथा : तृतीय उत्थान

१९१५-२५ के तृतीय उत्थान में मराठी साहित्य पर मनरंजन के उद्देश्य का प्रभाव कुछ ऐसा बढ़ता गया कि सामाजिक संपृति के प्रति उदासीनता बढ़ गई। परिणामतः कहानी के संवेदन क्षेत्र का बहुत संकोच हो गया। नाटककार कोल्हटकर की चमत्कृतिप्रधान और कृत्रिम भाषा एवं रचना विधान का एवं केलकर के कलावादी आग्रह का प्रभाव बढ़ गया। मराठी कथाकार वि. सी. गुर्जर ने मराठी कथा को लोकप्रिय बनाया, परंतु पाठकवर्ग की अभिरूचि को न गहन संस्कार दिया, न उसका विस्तार किया। शहर की आपाधापी से दूर एक देहात में रहकर उन्होंने जो विपुल साहित्य रचा वह सराहनीय है, परंतु आसपास की घोर दरिद्रता, विषमता एवं सामाजिक अन्याय का जरा भी प्रभाव उनकी प्रणय प्रधान कथा पर नहीं पड़ा। यह दुखद आश्चर्य है। लगता है, काल की मार से बचने के प्रयास में गुर्जर ने अपनी कथा को वयस्क नहीं होने दिया। उनकी कथा प्रधान कहानी रहस्यमयता, उलझनपूर्ण घटनाक्रम एवं कृत्रिम माधुर्य भाव से पाठक को केवल जिज्ञासा-परितोष का हलका आनंद देकर समाप्त होती हैं। गुर्जर की कथा में अंकित संघर्षों को "चाय के प्याले में उत्पन्न तूफानों" से इंदुमती शेबडे ने उपमित किया है। कृत्रिम संयोगों, रहस्यमय घटनाओं के कुहरे में न व्यक्ति उभरते हैं, न उनका मनोवैज्ञानिक आधार। संवादों और हास्योत्पादक उक्तियों के आधार पर सामान्यतया पाठकों को बाँध रखना भले ही संभव बना हो, गुर्जर की कहानियाँ समृद्ध अनुभव का कलात्मक परितोष देने में समर्थ नहीं होतीं। दूसरे महत्वपूर्ण

कथाकार ना. ह. आपटे ने हरिनारायण आपटे के समय की उपदेशप्रधान कहानी की परंपरा को बनाये रखने में योगदान अवश्य किया, परंतु उनका कलाकार उतना सामर्थ्यशाली नहीं था। परिणामतः उनकी कथा कलात्मक प्रेरणा से उद्‌भूत न लगकर वस्तुपाठ के रूप में लिखी गई अधिक लगती है। इसीलिए उनके द्वारा प्रयुक्त कथन प्रणालियों का वैविध्य कलात्मक सार्थकता का स्तर प्राप्त नहीं करता। मध्यवर्गीय नैतिकता को चुनौती देनेवाली कोई रचना वे नहीं दे सके, न कथा को मध्यवर्गीय दायरे के बाहर ले जा सके। इनके अतिरिक्त वा. ना. देशपांडे की कथा आदर्शवाद के संस्कारों के प्रति प्रतिबद्ध है। देशपांडे के सामने पुरुष की समानता का दावा करनेवाली नारियाँ हैं, कथा में राजनैतिक वातावरण का भी निर्माण वे करते हैं, परंतु उनके पात्रों की संवेदना विश्वसनीय और जीवन से साक्षात् रूप में उद्‌भूत नहीं लगती। लगता है, मराठी कथा अब अधिकतर स्त्री-पुरूषों के प्रेम संबंधों के मूलभूत ढांचे के आसपास ही घूम रही हैं। इसमें कुछ अपवादात्मक रूप में शि. य. परांजपे और न. चि. केलकर ने राजनैतिक उद्देश्यों से कथा लिखी अवश्य परंतु उनकी प्रेरणा एवं उद्देश्य समसामयिक वातावरण के उभार में ही निःशेष हो गये। अब मराठी शिक्षित स्त्री अपने दुखों एवं समस्याओं को प्रस्तुत करने लगी। गिरजाबाई केलकर और आनंदीबाई शिर्के का नाम इस संदर्भ में महत्वपूर्ण माना जाता है। नई शिक्षा और नारी के व्यक्तित्व के विकास के फलस्वरूप परिवार के बदलते संबंधों का चित्रण इनकी कथाओं में आया है, परंतु रोमांटिक कल्पना, कथा को सुखान्त करने का आग्रह, संयोगों की भरमार, कृत्रिम घटनाओं की भीड़ से ये कथाएँ कलात्मक ऊँचाई नहीं प्राप्त करतीं। इन कथाकारों में कथा के तकनीक पर अधिकार एवं सहजता और संयम के कारण कैप्टन गो. रा. लिमये की कथा अधिक कलात्मक लगती है। परंतु जीवन विषयक गंभीर चिंतन की सातत्यपूर्ण साक्ष्य इनकी कथा नहीं दे पाती। इस समय केवल दिवाकर कृष्ण केलकर ही एक ऐसे लेखक थे जिनकी संख्या की दृष्टि से अत्यल्प रचना कला-गुणों की दृष्टि से अधिक महत्वपूर्ण मानी जा सकती है। उत्कट और तीव्र अनुभूति की सहज ईमानदार अभिव्यक्ति, कथा के कलेवर को कसावपूर्ण संक्षिप्तता देने का शिल्प कौशल, अनुभूति का अंतर्मुखी प्रकटीकरण, सूक्ष्म व्यंजना क्षमता और सहज संयम के कारण दिवाकर कृष्ण की कथा मराठी की विशुद्ध लघुकथा मानी गई। कथा के केंद्रीय अनुभव पर उनकी एकाग्र दृष्टि कथा की प्रभविष्णुता को बढ़ाती है और उनकी तरल काव्यात्म मानस-वृत्तियाँ उसका मूल्य बढ़ाती हैं। जीवन की करुणा एवं व्यथा का उदासीन अनुभव करानेवाली उनकी कथा की तुलना जयशंकर प्रसाद की कुछ कथाओं से की जा सकती है। हाँ, प्रसाद जी का व्यापक कैनवस और दार्शनिक गहराइयाँ दिवाकर कृष्ण के पास नहीं हैं। कुल मिलाकर इस समय की मराठी कथा ने कोई बड़ा कहानीकार नहीं दिया। दिवाकर कृष्ण की संभावना उनकी अल्परचना ने सीमित की।

इस समय अकेले प्रेमचंद ने संख्या एवं गुणवत्ता दोनों दृष्टियों से बहुत ही महत्वपूर्ण काम किया है। उनकी इस समय की करीब ७५-८० कहानियों में से पंचपरमेश्वर (१९१६), त्यागी का प्रेम (१९२१), बूढ़ी काकी (१९२१), सवासेर गेहूँ (१९२४), शतरंज के खिलाड़ी (१९२४), लागडाट (१९२१), बलिदान (१९१८), ज्वालामुखी (१९१७) विमाता (१९२१), विषम समस्या (१९२१) महत्वपूर्ण कहानियाँ इसी दौर में प्रकाशित हुईं।

प्रेमचंद की कहानियों में संवेदना की गहराई के साथ उसका विस्तार भी विशेष महत्वपूर्ण है। इस संदर्भ में एक महत्वपूर्ण तथ्य यह प्रस्तुत करना है कि अधिकतर मराठी कथा का मूलभूत पैटर्न प्रेम कथा का है। जबकि प्रेमचंद की कहानियों का ऐसा कोई एक ढाँचा नहीं बताया जा सकता। जीवन से सीधे जो चरित्र, घटनाओं एवं मानवीय संबंधों को वे ग्रहण करते थे उसकी विविधता ही इसका कारण है। जैसाकि उन्होंने कहा है कि मेरी कहानियों के आधार में कोई न कोई मनोवैज्ञानिक सत्य निहित होता है, इस काल की कथाएँ उनका साक्ष्य देती हैं। प्रेमचंद के मनोवैज्ञानिक आधार के बारे में यहाँ एक बात बलपूर्वक कहनी है। प्रेमचंद समाज से कटे हुए व्यक्ति को केन्द्र बनाकर उसके मानस की पर्तों को खोलने में रूचि नहीं रखते थे। उनकी दृष्टि व्यक्ति को उठती थी तो सामाजिक-सांस्कृतिक परिवेश के एक अभिन्न परंतु महत्वपूर्ण भाग के रूप में ही उठती थी। अतः उनकी कहानियों के पात्र जाने पहचाने और आसपास के लगते हैं – नये कथाकारों के इस दावे की कि उन्होंने हिंदी कहानी में आसपास की जिंदगी में रपटनेवाले पात्र दिये हैं, प्रेमचंद के चरित्रों के संदर्भ में पुनरीक्षा होनी चाहिए। प्रेमचंद यद्यपि पाश्चात्य कहानी विधा से भलीभाँति परिचित थे फिर भी उन्होंने अपनी कहानी के पात्रों की मानसिकता, जीवन की घटनाओं तथा पात्रों के परस्पर संबंधों के बारे में अपने को पूर्णतः भारतीय मिट्टी में ही शक्तिपूर्वक रोपकर रखा। यह सही है कि प्रेमचंद में वह काव्यत्म तरलता नहीं है जो दिवाकर कृष्ण के पास है और वह प्रेमचंद साहित्य की एक बड़ी सीमा भी है परंतु क्षतिपूर्ति करने वाले अन्य महत्वपूर्ण घटकों की प्रचुरता को अनदेखा नहीं किया जा सकता। संभवतः इस तरलता के कारण ही विषयों एवं अनुभवों का वैविध्य उनके पास है।

चतुर्थ उत्थान : १९२६-३५/३६

मराठी कथा के चतुर्थ उत्थान के पहले दस वर्षों में ना सी. फडके की विचारधारा एवं कलात्मक विधान का मराठी साहित्य पर इतना प्रचुर प्रभाव पड़ा कि जीवनवाद के प्रति प्रतिबद्ध वि. स. खांडेकर ने भी यह स्वीकार किया कि उन्हें फडके का अनुकरण करना ही पड़ा। यह घटना समस्त मराठी साहित्यकारों की मानसिकता की परिचायक है। ना. सी. फडके ने "प्रतिभासाधन" (१९३२) में नये लेखकों के सामने कथा का एक विशिष्ट ढाँचा रखा। असल में अनुभूति की गहनता, वैविध्य और प्रखरता के स्थान पर कथा साहित्य में कथावस्तु को अतिरिक्त महत्त्व देना आदि-मध्य-अन्त के विचार को कथा को आकर्षक, मनोरंजक बनाने की दृष्टि से नई शब्दावली में प्रस्तुत करना, कथा को कौतूहलप्रिय, उत्सुकतावर्धक और जिज्ञासापूर्ण बनाने के प्रयास की युक्तियों का विवरण देना इतना महत्वपूर्ण हो गया कि मराठी कथा कुछ अपवादों को छोड़कर दिशाभ्रमित रही। "अनेक प्रसंगों की चातुर्यपूर्वक प्रस्तुति या बुनावट ही अंतिम कथा है।" – यह ना. सी. फडके की कथा की परिभाषा थी। ध्यान रहे, इससे कुछ साल पहले कथानक में रूचि एक जंगली अवस्था की मानसिकता है, यह फोर्स्टर महोदय बता चुके थे। फडके की कल्पना-रमणीयता का सामना वि. स. खांडेकर भी शायद इसलिए नहीं कर सके कि वे स्वयं अपने पूर्ववर्ती नाटककार कोल्हटकर और गडकरी की रोमांटिक शैली के शिकार थे। एक फडके का ही यह अनुभव नहीं था, कुल मराठी बुद्धिवादी मन ही, जहाँ तक साहित्य का संबंध है, काफी अर्से

तक रोमानी बना रहा। आश्चर्य नहीं कि वि. दा. सावरकर की कविता के प्रति कुछ उन्मुखता इधर दस वर्षों में हुई है। जो स्थिति ऊपर वि. सी. गुर्जर की बतायी है वही मराठी के वि. स. खांडेकर की है। वि. स. खांडेकर १९२० से ध्येयोन्मुख बनकर शिरोडे नामक देहात में रहने जरूर लगे और उनकी कथाओं में देहात के प्रति बौद्धिक समर्पण है लेकिन कोई देहाती हलकू, मैकू, धीसा, माधो की मानसिकता का शक्तिपूर्ण संकेत नहीं है। कोई घासवाली चमारिन वर्गीय संबंधों के भान से सहज रूप में उच्च वर्ग को लताड़ती नहीं है।

इसी समय प्रेमचंद ने कहानी के संबंध में विचार व्यक्त किए हैं। प्रेमचंद और फडके के साहित्य विषयक विचार को मद्देनजर रखा जाय और फडके के मराठी कथा साहित्य पर प्रभाव को ध्यान में रखा जाय तो कतिपय बातें स्पष्ट हो जाती हैं। प्रेमचंद लिखते हैं, "वर्तमान आख्यायिका मनोवैज्ञानिक विश्लेषण और जीवन के यथार्थ और स्वाभाविक चित्रण को अपना ध्येय समझती है। उसमें कल्पना की मात्रा कम और अनुभूतियों की मात्रा अधिक होती है। इतना ही नहीं बल्कि अनुभूतियाँ ही रचनाशील भावना से अनुरंजित होकर कहानी बन जाती हैं।" आगे प्रेमचंद लिखते हैं, "सबसे उत्तम कहानी वह होती है, जिसका आधार किसी मनोवैज्ञानिक सत्य पर हो। " और यह भी – "चरित्रप्रधान कहानी का स्तर ऊँचा समझा जाता है।" आगे लिखते हैं : "अब हम कहानी का मूल्य उसके घटना विन्यास से नहीं लगाते। हम चाहते हैं कि पात्रों की मनोगति स्वयं घटनाओं की सृष्टि करे.... खुलासा यह है कि गल्प का आधार घटना नहीं, अनुभूति है। आज लेखक केवल कोई रोचक दृश्य देखकर कहानी लिखने नहीं बैठ जाता। उसका उद्देश्य स्थूल सौन्दर्य नहीं। वह तो एक ऐसी प्रेरणा चाहता है जिसमें सौन्दर्य की झलक हो और जिसके कारण पाठक की सुंदर भावनाओं को स्पर्श कर सके।"

प्रेमचंद यथार्थवाद के नंगे रूप से आने वाले खतरे को भी भलीभाँति जानते थे। इसलिए सावधान करने में नहीं चूकते। वे लिखते हैं : "अगर हम यथार्थ को हुबहू खींचकर रख दें, तो उसमें कला कहाँ है? कला केवल यथार्थ की नकल का नाम नहीं है। कला दीखती तो यथार्थ है, पर यथार्थ होती नहीं। उसकी खूबी यही है कि वह यथार्थ न होते हुए भी यथार्थ मालूम हो। उसका मापदंड भी जीवन के मापदंड से अलग है। कला का रहस्य भ्रांति है पर वह भ्रांति जिस पर यथार्थ का आवरण पड़ा हो।" प्रेमचंद के साथ अपने को जोड़ने के आकांक्षी लेखकों को इसमें निर्दिष्ट खतरे पर भी विचार करना चाहिए। प्रेमचंद के विचारों में सत्य और सौन्दर्य एवं यथार्थ और सौन्दर्य का जो समंजस्य एवं समन्वय है और साहित्य का जीवन के प्रति जुड़ाव और उसकी स्वायत्तता का जो संतुलित विवेक है उसे रेखांकित करना जरूरी है। अनुभूति और कल्पना के जिस अनुमान की ओर उन्होंने संकेत किया है, वह भी महत्वपूर्ण है।

यह वही समय था जब फडके और अन्य मराठी कथाकार अनुभूति में कल्पना की अतिरेकी मात्रा डालकर मराठी कथाकारों को जो रसायन पिला रहे थे, वह स्वास्थ्यकर नहीं था। यह आकस्मिक नहीं है कि नई कथा के प्रवर्तक श्री गंगाधर गाडगिल को श्री. ना. सी. फडके के साथ वाक्-युद्ध करना पड़ा और मराठी के कहानी के सम्राट स्व. वि. स. खांडेकर के बारे में लिखना पड़ा कि खांडेकर की समस्त निर्मिति सामान्य दर्जे की और निराशाजनक है। ना. सी.

फडके स्वयं मनोविज्ञान के अध्येता थे लेकिन उनकी कथा मनोविज्ञान के गहन स्पर्श से वंचित रही। म. ना. वंत लिखते हैं : "तंत्र के शिकार होने के कारण अनेक बार कथानक को प्राधान्य मिलता है इसलिए प्रा. फडके व्यक्ति के मन में बहुत गहराई में नहीं पहुँच पाते। इसी से मानवी स्वभाव की असंगतियों एवं वैचित्र्य के दर्शन उनकी कथा में उतना प्रभावकारी नहीं हो पाता।" उनके बारे में यह भी कहा गया है कि उनका जीवनदर्शन उथला और संकुचित है, विवाहपूर्व प्रेम उनकी कथा का साँचा बन गया है।

खांडेकर की सामाजिक दृष्टि, साहित्य की ओर देखने की जीवननिष्ठ वृत्ति एवं ध्येयोन्मुखता को मद्देनजर रखते हुए उनकी कथा का अध्ययन किया जाय तो कुछ निराश होना पड़ता है, उनकी कुछ बहु प्रशंसित कहानियों की प्रेमचंद की समकालीन कहानियों से तुलना अन्यथा नहीं होगी। १९२९ में खांडेकर की कथा "मातृहत्या" प्रसिद्ध हुई – एक कहार जाति का युवक शिवा अपनी बीमार लड़की को ढंग की दवा मिले, इसलिए धर्मांतर करता है। यह घटना अपने आप में अत्यंत संभावनापूर्ण है; परंतु खांडेकर के हाथ पड़कर स्थिति बड़ी विचित्र होती है। शिवा की माँ को यह पता चलने पर कि उसके बेटे ने धर्मांतर किया है वह "जय माउली" जयघोष करती हुई दौड़कर कुएँ में जान देती है और उसके पीछे दौड़नेवाला शिवा केवल इसलिए रूक जाता है कि वह बेहोश हो जाता है। "फाटका शर्ट" में हरिजनों की सेवा करने के लिए समर्पित विवाहित तरूण को अचानक तार आ जाता है कि हरिजनों पर बननेवाली फिल्म में उसे नायक की भूमिका करनी है। हमारे नायक के पास एक शर्ट भी नहीं होता जिसे पहनकर वह फिल्म इंडस्ट्री में जाए। उसकी पत्नी अपनी साड़ी के लिए जमा किए दस रूपयों से उसे एक शर्ट देती है। वहाँ जाकर वह एक अभिनेत्री के मोहपाश में उलझ जाता है। सौभाग्य से नशे में चूर वह अभिनेत्री उसका शर्ट पकड़ती है। शर्ट फट जाता है। उसका नशा एकदम उतर जाता है । वह अपनी पत्नी को बुलाता है। इस कहानी के मनोवैज्ञानिक पक्ष की प्रेमचंद की कहानी "नशा" से तुलना की जाय और हरिजन संबंधी सहानुभूति को 'सद्‌गति' या "ठाकुर का कुआँ" (१९२४) के साथ रखकर देखा जाय तो एक द्वितीय श्रेणी के कलाकार की सहानुभूति और एक सिद्धहस्त कलाकार की सहानुभूति एवं कलात्मक ऊर्जा की गुणवत्ता का फर्क भलीभाँति प्रकट हो जायेगा। "काउटचा पोशाख" में बैरिस्टर की पत्नी नौकरानी के लड़के को विदेशी कपड़े देती है लेकिन वह दरिद्र परंतु स्वाभिमानी लड़का इसलिए वे कपड़े नहीं लेता कि वे विदेशी हैं और वह स्वदेशी पहनना चाहता है – बैरिस्टर की पत्नी का हृदय परिवर्तनं होता है। इस हृदय परिवर्तन के लिए बैरिस्टर बाई को कोंकण की यात्रा करनी पड़ती है! इस प्रकार की हृदय परिवर्तन की कथा को प्रेमचंद की "लागडाट", "मैकू" इत्यादि के सामने रखकर देखा जाय तो प्रेमचंद की रचनात्मक कुशलता का भी परिचय मिल सकता है। यद्यपि ये दोनों कहानियाँ प्रेमचंद की श्रेष्ठ कहानियों में नहीं गिनी जातीं। खांडेकर की चमत्कारपूर्ण, कृत्रिम और भड़कीली कथा को भी मराठी में न केवल सम्मानित किया गया बल्कि कथा के क्षेत्र में उनको युगप्रवर्तक का श्रेय दिया जाता है। जिस सामाजिक एवं राजकीय विचार प्रवाहों के समावेश के लिए खांडेकर को सिर पर उठाया गया उस संदर्भ में भी अगर प्रेमचंद की वर्ग भावना की तीव्रता एवं विकृतियों को व्यंजित करनेवाली "सद्‌गति" (१९३४), "पछतावा" (१९१४), "रियासत का दीवान" (१९३४), "पूस की रात",

"दूध का दाम" (१९३४), "सवा सेर गेहूँ" (१९२४), "कफन" इत्यादि कहानियों की तुलना की जाय तो प्रेमचंद की महत्ता स्पष्ट हो जाती है। इन कहानियों की वास्तविकता के साथ उसकी सहज परंतु कलात्मक अभिव्यक्ति और विलक्षण व्यंग्यात्म कोण से उत्पन्न प्रखरता को देखा जाय तो प्रेमचंद की श्रेष्ठता स्वयंसिद्ध हो जाती है। मनोवैज्ञानिक गहनता की दृष्टि से प्रेमचंद की "बूढ़ी काकी", "ईदगाह", "बड़े भाई साहब", "गुल्ली डंडा", "नशा", "गिला" के समकक्ष बहुत कम मराठी की तत्कालीन कोई कहानी रखी जा सकती है। यहाँ यह बताना आवश्यक है कि वामनराव चोरघडे की कहानियाँ सामान्यतः प्रेमचंद्रोत्तर काल की कहानियाँ है। प्रेमचंद की "त्यागी का प्रेम", "तावान", "कुत्सा" जैसी अनेक कहानियों में उस समय के समाजसेवकों एवं राजनैतिक कांग्रेसी कार्यकर्याओं का जो असली रूप उद्‌घाटित हुआ है वह प्रेमचंद की पैनी यथार्थपरक दृष्टि का परिचय देता है। प्रेमचंद की राजनैतिक कहानियों में उस समय का समाज अपने बुरे-भले रूप में व्यक्त हुआ है। देशभक्तों के स्वागत में अपने बुढ़ापे में भी नाचनेवाली चौधराइन का सही और खरी भावुकता को व्यक्त करने वाली कहानियों से प्रेमचंद ने स्वाधीनता के पूरे माहौल का चित्रण किया है। उनमें समस्त भारतीय समाज का जटिल चरित्र स्पष्ट हो गया है। खांडेकर "दोन टोके" जैसी कहानी में स्वाधीनता का संघर्ष किसी विशिष्ट व्यक्ति के मन के माध्यम से व्यक्त करते हैं, तो लगता है खांडेकर एक कलाकार के रूप में अपने को अलग रखकर अपने चरित्रों को सामने प्रस्तुत कर कहानी नहीं लिख रहे हैं। वे एक ललित निबंधकार की भाँति अपने व्यक्तित्व को भी अपनी कथा में प्रस्तुत करने का मोह संवरण नहीं कर पाते। म. ना. वंत ने बहुत ठीक लिखा है : "उनकी लघुकथा का व्यक्तिचित्रण अनेक बार उनकी बुद्धिनिष्ठ कल्पना को व्यक्त करने का साधन बन जाता है।"

फडके और खांडेकर दो महत्वपूर्ण कहानीकारों की प्रेमचंद से तुलना करने का उद्देश्य यह है कि समूची मराठी कथा, जो प्रेमचंदकाल में लिखी गई, का स्वरूप स्पष्ट हो जाय। य. गो. जोशी, वि. वि. बोकिल, अनंत काणेकर, लक्ष्मणराव सरदेसाई, भा. वि. वरेरकर, कुमार रघुवीर, कवठेकर, दौंडकर ह. अनेक कथाकार उस समय कथालेखन कर रहे थे। य. गो. जोशी का फडके प्रणीत तंत्र का जानबूझकर किया हुआ विरोध उनकी लेखकीय स्वायत्तता की साक्ष्य है परंतु उनका कथाकार उतना बड़ा नहीं था। य. गो. जोशी की मध्यवर्गीय परिवार संबंधित कथा प्रेमचंद की अनेक कथाओं से तुलनीय है (उदाहरण के लिए प्रेमचंद पारिवारिक रिश्तों पर आधारित कथाएँ - "बड़े घर की बेटी", "विमाता सौत", "बेटोंवाली विधवा", "मिस पद्‌मा", "नया विवाह", "घर जमाई", "अलग्योझा" इत्यादि य. गो. जोशी में विलक्षण सहजता है, सहानुभूतिपरक गहन संस्पर्श है और परिवार में प्रतीत होनेवाले करूण प्रसंगों को संकेतित करने की आर्द्रता भी है। कहीं प्रेमचंद से भी अधिक वे हृदय को छू लेते हैं लेकिन वे नितांत मध्यवर्गीय पारिवारिक जीवन के कथाकार रहे। उनकी दृष्टि में प्रेमचंद की सी सतत विकसनशीलता नहीं है। प्रेमचंद के कलाकार का यह अद्‌भुत वैशिष्ट्य रहा कि वे अपने काल के साथ भीतर से विकसित होते गये। इसको उनकी कलात्मक बुनावट के भी आधार पर भी स्पष्ट किया जा सकता है।

प्रेमचंदकालीन मराठी कथा में जो थोड़ा-सा ग्रामीण चित्रण आया है वह नागरी अधिक है,

ग्रामीण कम। उनका सौन्दर्यप्रेमी मन प्रकृति के सुंदर रूपों पर मुग्ध अवश्य रहा परंतु ग्रामीण जीवन की नरक यातना, विषमता और दारिद्रता का दर्दनाक अस्तित्व तथा प्रकट -अप्रकट वर्गीय संघर्ष, जातिवाद की भयावहता के प्रति शायद ही कहीं प्रतिकृत हुआ। असल में इस समय की मराठी ग्रामीण या आंचलिक कथा ग्रामीण जीवन के यथार्थ का अवमान करनेवाली कथा है। प्रेमचंद की कथाओं में ग्रामीण चरित्रों एवं ग्राम्यजीवन की मानसिकता के कुछ ऐसे समृद्ध दर्शन होते हैं कि बाद में हिंदी में प्रवाहित आंचलिक कथा साहित्य की धारा को प्रेमचंद से ही जुड़ना पड़ता है। मराठी का दलित साहित्य इधर बहुत चर्चा का विषय हो गया है। असल में मराठी का दलित साहित्यकार मराठी में अपनी परंपरा किसी से जोड़ नहीं पा रहे हैं क्योंकि उनकी दृष्टि से उनके जीवन के संबंध में जो भी कुछ यदाकदा लिखा गया है उसका दलित जीवन से जरा भी संबंध नहीं है। प्रेमचंद की १९११ में लिखी "दोनों तरफ" कथा से लेकर "सद्‌गति", "ठाकुर का कुआँ", "दूध का दाम", "कफन" तक की कथाओं में जो दलित जीवन की यातनाओं का चित्रण है और उनकी नियति का जो गहराता हुआ यथार्थबोध है, वह निश्चय ही दलित संवेदना के विलक्षण निकट पड़ता है।

मराठी में स्त्री-पुरूषों के प्रणय का जो एक मुक्त स्वच्छंद (परंतु स्वैर नहीं) रूप फडके के कथा साहित्य में आया है, वैसा प्रेमचंद में नहीं आ पाया। यह मानना पड़ेगा कि फडके ने मराठी शिक्षित व्यक्ति को प्रेम करना सिखाया। स्त्री-पुरूष संबंधों में एक प्रकार की रूढ़िग्रस्त झिझक को दूर करने का प्रयास किया। यह फडके तथा खांडेकर का बुहत बड़ा योगदान है क्योंकि स्वस्थ स्त्री-पुरूष संबंध जीवन की एक बहुत बड़ी शक्ति है और प्रणय भी (कोई फडके इस समय हिंदी साहित्य को मिलता तो शायद स्त्री-पुरूष संबंधों को लेकर जो नैतिकतावादी परंतु अंदर से कुंठा से युक्त लेखन हिंदी में हुआ उस पर रोक लगती) लेकिन और भी गम हैं जीवन में मुहब्बत के सिवा - यह शक्तिपूर्ण और कलात्मक स्तर पर सिख गये हमारे प्रेमचंद।

स्वातंत्र्योतर मराठी साहित्यिक आंदोलनों के मूलस्त्रोत

कतिफ्य समालोचकों के मन में यह प्रश्न बार-बार उभरकर सामने आता है कि क्या स्वाधीनता प्रप्ति और साहित्यिक वादों-प्रवाहों में भी कुछ संबंध है? उनका प्रतिपादन कि क्या १९४७ के बाद मूलगामी परिवर्तन का संकेत देने में सक्षम कोई नवीन साहित्य-संप्रदाय या साहित्यिक वाद उत्पन्न हुआ है? वास्तविकता यह है कि मराठी साहित्य में नव-साहित्य निर्मिति के चरण चिन्ह १९४२-४३ से ही दिखाइ देने लगे हैं। 'फिर स्वातंत्र्योत्तर संकल्पना अपने आप में कहाँ तक सार्थक समझी जाए? स्वाधीनता प्राप्ति कीऔपचारिक तिथि का और साहित्यिक प्रवाहों का इस तरह संबंध अगर स्थापित किया जाए तो फिर मुश्किल स्थिति होगी। आलेचकों के एक दूसरे दलका प्रतिपादन है कि स्वाधीनता प्राप्ति से हमें क्या लाभ हुआ? लगता है कि इस दल ने स्वाधीनता प्राप्ति का अत्यंत संकुचित अर्थग्रहण किया है, उनके अनुसार स्वाधीनता प्राप्ति का अभिप्राय है राजनैतिक शासन में परिवर्तन। भारत के इतिहास के आधार पर कहा जा सकता है कि स्वाधीनता की संकल्पना का अर्थ भारतीय जनता १९२८-२९ के बाद धीरेधीरे समझने लगी थी। समाजवाद, जनतंत्र, धर्मातीतता की तीनों संकल्पनाओं का भान भारतीयों को किसी सुनहरी सुबह में अकस्मात नहीं हुआ है, ये तीनों संकल्पनाएं धीरे धीरे ही प्रतीत हुई हैं। अपनी सामयिक लोक चेतना के प्रति ईमानदार चिंतक स्वाधीनता प्राप्ति का आशय इन्हीं तीन तत्वों से समझते थे। इस बात को खुले मन से स्वीकार किया जाना चाहिए कि आत्मलीन, वैयक्तिक प्रतिभा के अत्यंत कायल और वैचारिकता से कतरानेवाले साहित्यकारों को सामायिक लोक चेतना का बोध जरा भी नहीं था। मराठी के दुदैव है कि इस प्रकार के लोक चेतनाहीन साहित्यकारों की संख्या बड़ी भारी रही है। जीवन के बदलते गतिशील आयामों, जीवंत परिवेश तथा स्थल-काल के परिवर्तित बोध से उत्पन्न धातों-प्रतिधातों से निरपेक्ष, ये साहित्यकार मात्र साहित्यिक आवर्तन के फेर में फँस कर तथाकथित साहित्य-सृजन के काम में लगे हुए थे। स्वातंत्र्योत्तर साहित्य-आंदोलनों का विचार मात्र १९४७ की राजनैतिक दृष्टि से औपचारिक महत्व की सीमा में बद्ध होकर करना अनुचित होगा। आवश्यकता है कि जिस समय से राजनीतिक स्वाधीनता का सही-सही अभिप्राय साहित्यकारों के लिए हृदयंगम हुआ उस समय को आरंभ बिंदु मानने की। इसी दृष्टि से विचार करने पर स्पष्ट होता है कि १९४७ की औपचारिकता की अपेक्षा १९४२ का समय, बावजूद युवक आंदोलन की असफलता के महत्वपूर्ण है। १९४२ के आंदोलन ने भारतीय युवा मन को स्वाधीनता के विलक्षण अर्थ का पहली बार बोध कराया था। १९४२ कें आसपास समूचे भारत के साहित्य में नवलेखन का आंदोलन आरंभ हो चुका था। इस समय के साहित्य में यद्यपि साहित्यिक-वादों और स्वातंत्र्य आंदोलन का सीधा और प्रत्यक्ष संबंध परिलक्षित नहीं भी होता है फिर भी यह निश्चित रूप से दिखाया जा सकता है कि युवा साहित्यकारों की मानसिक उड़ान और स्वातंत्र्य संकल्पना में दृढ संबंध है। युवा मन मुक्ति के लिए ललकता था और इसी मुक्ति-भावना का एक आयाम हे साहित्य-परंपराओं से मुक्ति पाने का। साहित्यिक और वैचारिक प्रभावों से मुक्त होकर लेखकीय व्यक्तित्व के प्रतिईमान निभाने का बोध युवा-पीढी को हुआ था। इसी समय मराठी कहानी और कविता में परिर्वतन के चिन्ह प्रकट हुए हैं।

'कला, कला के लिए' वाद ने लेखन की स्वाधीनता के विचार को काफी बल प्रदान किया है परंतु विचित्रता हे कि अपने सही मायने में 'कला कला के लिए' वाद मराठी में नहीं पाया था। श्री. ना. सी. फड़के के कलावाद ने सुखवाद के साथ समझौता किया है। उस स्थिति में सुखवाद के प्रभाव को मूलस्त्रोत का महत्व दिया जा सकता है, जब मराठी साहित्य का सर्जन करनेवाले साहित्यकार मध्यवित्तीय वर्ग से थे और मध्यवित्तीय वर्ग सुखवाद से बेहद प्रभावित था। ये दो भिन्न प्रेरणाएं साहित्य सृजन में काम करती रहीं हैं कि कलाकार आत्माविष्कार के लिए लिखे और कलाकार आनंद प्रदान के लिए लिखें। मराठी में कलावाद ने रोचकता और रंजनता के साथ समझौता कर लिया है। मराठी में वह युरोपीयन कलावाद नहीं पनप सका जो वैज्ञानिक प्रभुत्व के विरोध में और स्थूल उपयोगितावाद की प्रतिक्रिया में निर्माण हुआ था। मराठी में अभिव्यक्त कलावाद ने सैद्धांतिक और व्यावहारिक, दोनों ही स्तरों पर रोचकता के तत्व के साथ समझौता किया है। श्री. ना. सी. फडके से पहले श्री. न. चिं. केलकर ने कलावाद के संदर्भ में अपनी नकारात्मक भूमिका स्पष्ट की थी। उसका सार है कि कला के पीछे सत्य खोजने वाली और नैतिकता की समर्थक खुफिया पुलिस न लगाई जाए। जिसकी रुचि राजनीति में अधिक है, जो पेशे से पत्रकार है वह व्यक्ति अगर इस तरह का प्रतिपादन करता है वह व्यक्ति अगर इस तरह का प्रतिपादन करता है तो आश्चर्य नहीं होना चाहिए क्योंकि सामान्यतः मराठी बुद्धिजीवियों ने राजनीति और समाजनीति को ललित साहित्य के साथ रखने में कुछ अनिश्चितता और संकोच या दिखाया है। श्री. वा. म. जोशी, श्री. भा. वि. वरेरकर, श्री. वि. स. खांडेकर जैसे साहित्यकारों ने जीवनवादी प्रवृति का यद्यपि समर्थन किया फिर भी प्रत्यक्ष अपने लेखन में तीनों ने कलावाद के साथ समझौता ही किया है। कुल मिलाकर मराठी बुद्धिजीवी साहित्यकारों का यही सामान्य धर्म रहा हैं। 'रविकिरण मंडळ' के कवियों द्वारा लिखित कविता इसी समझौतावादी प्रवृत्ति की परिचायक है, यद्यपि कलावाद की वह कायल अधिक रही है। स्वातंत्र्यपूर्व काल में श्री. पु. य. देशपांडे की विचारधारा साहित्य में व्यक्तिवाद की प्रभावी प्रतिपादक रही है। (यह सर्व विदित है कि आपकी राजनैतिक मतप्रणाली साम्यवादी थी।) 'मुक्तात्मा' में प्रतिपादित समग्रता-बोध का निर्वाह श्री. माडखोलकर सुखवादी प्रभाव के कारण आगे चलकर नहीं कर पाए। उस समय की पीढ़ी में आचार्य प्र. के. अत्रे तथा कवि कुसुमाग्रज (श्री. वि. वा. शिरवाडकर) की विचारप्रणाली और सृजन में काफी हद तक एकता थी, और समानता थी। संक्षेप में कहा जा सकता है कि सुखवाद के गहरे प्रभाव के दर्शन अधिकांश साहित्य में अंकित स्त्री-पुरुष प्रेम संबंधों की संकीर्णता में होते हैं। शहराती परिवेश को अंकित करनेवाली मराठी कहानियों में ऐसी कथाएं बहुत कम हैं जिन में स्त्री-पुरुष प्रणय चित्रण के अतिरिक्त और किसी समस्या को अंकित किया गया हो। इस संदर्भ में श्री. य. गो. जोशी का नाम प्रमुख कहानीकार के नाते प्रसिध्द है। यह अवश्य है कि श्री. जोशी मध्यवित्तीय वर्ग की पारिवारिक समस्याओं की दलदल से ऊपर नहीं उठ पाए किंतु मराठी कहानी को साँचेबंद प्रणय प्रसंगों से मुक्ति दिलाने का श्रेय उन्हीं को देना चाहिए। प्रणय भावना से अलग, विविध भावनाओं का आविष्कार आपकी कहानियों में हुई है।

कहानियों में स्त्री-पुरुष प्रणय संबंधों की अभिव्यक्ति का विधायक पक्ष भी है। यह मानने का कोई कारण नहीं है कि इस प्रणयांकन में विदेशी प्रभाव कार्य प्रवण हुआ है। संस्कृत साहित्य एवं मराठी के लावणी-पोवाडा साहित्य में प्रणय का मूलस्त्रोत देखा जा सकता है। और यह भारतीय

साहित्यिक परंपरा अस्सल भारतीय परंपरा है। नागरी जीवन में छात्र और छात्राएँ एकसाथ अपनी शिक्षा पाने लगे थे, एक तरह से इस सहशिक्षा की पध्दति प्रचलित और रूढ़ हो चुकी थी। महाविद्यालयों और विश्वविद्यालयों के निर्माण से प्रणयानुभव के लिए अधिक व्यापक और दृढ़ आधार भूमि तौयार हो चुकी थी। इस पृष्ठभूमि पर प्रणयांकन का विधायक पक्ष उभरता गया। मध्यवित्तीय वर्ग के साहित्यकारों की दृष्टि में नारी समान अधिकार और सन्मान का स्थान पा चुकी थी। स्त्री को नवीन और विविध रूपों में अंकित किया गया, इन रूपों में से कुछ रूप यथार्थ थे और कुछ मात्र काल्पनिक थे। साहित्यकार को अपने जीवन में सामर्थ्य, सुख और सार्थकता की आकाक्षां थी जिसकी तलाश जब तब अपने ताहित्य में करने लगा था। साहित्य में अभिव्यक्त यह बोध महत्त्वपूर्ण था कि स्त्री मात्र भोग्या नहीं है, वह सहचरी भी है। स्त्री के प्रति यह समानता का भाव महत्त्वपूर्ण था। जीवन में प्रणय के आगमन से साहित्यकार को मुक्तता का एवं नवीनता का आधुनिकता बोध होता रहा। परंतु इस प्रणयाभिव्यक्ति की भी अपनी सीमाएं थीं। कतिपय प्रसंगों में इस वर्णन में मध्ययुगीन उत्तेजक श्रृंगार का प्रभासाम्य परिलक्षित होता रहा, यद्यापि इस वर्णन की भाषा आधुनिक थी। परंतु इसके कारण जो वैचारिकता की सीमा स्पष्ट दिखी वह अधिक महत्त्व की है। यौवन सुलभ तरुणाई के उन्मादक अनुभव को जीवन में सर्व श्रेष्ठ और मूल्यवान समझा जाने लगा। यह संकुचित दृष्टि जाने-अनजाने दृढ़ होती गई। कथासाहित्य में कहीं राजनीति और सामाजिक नीति का अंकन होता तो उसका आरंभ और अंत प्रणय के शाश्वत 'आदिबंध' के साथ होता था। इस विचार धारा का प्रबल स्त्रोत सुखवादी मानसिकता में है।

मराठी नव कहानी को प्रणयभावना से परहेज नहीं था, न ही उसने प्रणय को हीन समझकर समाप्त कर दिया था परंतु यह भी निश्चित है कि उसने प्रणय संबंधी परंपरानुगामी, मध्ययुगीन संकल्पनाओं को समाप्त कर दिया था। इस महत्त्वपूर्ण परिवर्तन का कारण वह है कि कहानीकारों की मानव-मन की ओर देखने की, उसे समझने की दृष्टि अधिक मुक्त हुई थी। मानव, स्वभावतःबुरा होगा या भला होगा जैसी पूर्वग्रह दूषित संकल्पनाओं के प्रभाव से कहानीकार मुक्त हो चुका था। इस परिणाम के कारणों की खोज दो क्षेत्रों में हो सकती है। पहला है सामयिक, साहित्यिक और वैचारिक परिवेश में स्थित मनोवैज्ञानिक क्षेत्र। दूसरा है समूचे जीवन के प्रति मुक्त दृष्टि से देखने की प्रेरणाओं का क्षेत्र। स्वाधीनता की आकांक्षी युवापीढ़ी की यह विशेषता थी। इस पीढ़ी की मराठी कहानी ने परंपरानुगामी ढाँचे को नकार दिया और मनुष्य के विविधतापूर्ण स्वभाव, उसकी मनोवृत्तियों और उसकी चेतना के प्रवाहों को महत्व दिया। इस परिवर्तन के अनुकूल ही, कहानी के शिल्पगत, रचनागत, नवीन प्रयोगों को भी महत्व प्राप्त होता गया। नई कविता ने न केवल छंद के बंधनों को नकारा परंतु काव्य विषय को और दृष्टि परंपरागत इकहरी नजर से को भी नकार दिया (इस बात को ध्यान में रखा जाए कि साहित्यांतर्गत नवीन प्रयोगों, प्रवाहों की अभिव्यक्ति सर्वप्रथम कहानी और कविता जैसी लघुविधाओं में होती रही है और बाद में उपन्यास जैसी विधाओं में।) बंधमुक्त होने के इस माहौल में, समाज और व्यक्ति के संबंधों में व्यक्ति को महत्व देनेवाली व्यक्तिवादी विचारधारा को नजरअंदाज नहीं किया जा सकता। साथ ही, स्वानुभूति की ईमानदार अभिव्यक्ति के आग्रह में और सुखवादी प्रवृत्तियों के साथ समझौता करनेवाले कलावाद में अंतर करना चाहिए। जीवन की कुरूपता और घोर यथार्थ की ओर से कलावाद ने बिना हिचकिचाहट

के अपना मुंह फेर लिया था। कुरूपता को नकारकर शौकीन प्रणय की ओर कलावाद उन्मुख हुआ अथवा कुरूपता का यथार्थ अंकन करने की अपेक्षा उसे दार्शनिक स्तर पर ले जाकर अभिव्यक्त किया। स्वातंत्र्यपूर्व काल में मराठी साहित्य पर गांधीवाद और साम्यवाद का जो प्रभाव हुआ उसका विश्लेषण करने पर स्पष्ट हो जाता है कि साम्यवाद का वैचारिक या चिंतनपरक आकर्षण मजदूरों के यथार्थ जीवन के प्रति कोरी सहामुभूति निर्मित करने की अपेक्षा अधिक कुछ नहीं कर सका। साम्यवाद की बौध्दिक चर्चा साहित्य में घुस गयी। वैचारिक स्तर पर साम्यवाद के नजदीक पहुंचकर साहित्यकार पीछे लौट पड़े हैं। मराठी साहित्य में अभिव्यक्त गांधीवाद देहातों के किसानों-हरिजनों के भीषण जीवन के दर्शन तक कराने में असफल रहा है। नव कहानीकारों ने अपनी सीमित यथार्थ लक्ष्यी दृष्टि के बावजूद ही सही परंतु जीवन की और मानव-मन की कुरूपता के दर्शन अवश्य कराए हैं। मानव-मन की विद्रूपता, उसका फालतूपन, उसकी दीन-हीनता, संकीर्णता. क्षुद्रता को अंकित करने में नव-साहित्य सफल हुआ है। मानव की आध्यात्मिक और धार्मिक निष्ठाओं की निरर्थकता और सारहीनता को साहित्य ने निर्भीकता से प्रकट किया। उदात्त और भव्य भावनाओं और जीवनमूल्यों का आत्मलुब्ध और आत्मसंतुष्ट सतहीपन स्पष्ट कर दिया। प्रणय के रोचक, भड़कीले, रोमांटिक रंगों का हल्कापन भी स्पष्ट कर दिया। मानव-मन की सूक्ष्मतर, जटिल उलझी हुई मनोवृत्तियों का दो टूक अंकन करनेवाली नव-कहानी और नई कविता की क्षमताओं को अस्वीकार करने में कृतघ्नता, अंधता एवं विवकेहीनता होगी। नवता का, आधुनिकता का यह आविष्कार आरंभ में कहानी और कविता तक ही सीमित था, धीरे-धीरे वह उपन्यासों में अभिव्यक्ति पाने लगा। श्री. गाडगिल और श्री मर्ढेकर के मराठी साहित्य की परंपराओं और मध्यवित्तीय वर्ग के दकियानूस संस्कारों के साथ होनेवाले व्यंग्यात्मक और वक्रतापूर्ण संबंधों को समझने के बाद ही, परवर्ती साहित्य में अभिव्यक्त और 'जेनरैशन गैप' के कारण अधिक प्रखर बने, टोपी उछालनेवाले, व्यंग्य और वक्रोक्ति पूर्ण विद्रोह को समझा जा सकता है। संक्षेप में अभिप्राय यह कि श्री गाडगिल और श्री मर्ढेकर की कहानी-कविता की पुख्ता बुनियाद के अभाव में श्री भालचंद्र नेमाडे की बुलंद इमारत उभर न पाती।

नव साहित्य के इस ऋण को कुबुल करने के उपरांत, उसकी कतिपय मर्यादाओं की ओर ध्यान दिलाना भी आवश्यक है। नवसाहित्य में एक गृहीत तत्व प्रतीत होता है कि कलाकार स्वयंभू होता है और उसका व्यक्तित्व अधिकांशतः नियतिकृत होता है। श्री. मर्ढेकर अपने प्रतिपादन में फ्रायड को उधृत करते हुए कह चुके थे कि कलाकार का व्यक्तित्व, उसके बचपन के चार-पांच वर्षों में उसपर हुए संस्कारों और उसके जीवन की घटनाओं का परिपाक होता है और एक बारगी बना यह व्यक्तित्व भविष्य में अपरिवर्तनीय ही रहता है। श्री मर्ढेकर के इस प्रतिपादन का प्रभाव, जाने-अनजाने सभी कहानीकारों पर हुआ है। परिणामतः कहानीकारों में यह धारणा दृढ़मूल होती गई कि पारिवर्तनशील और गतिशील यथार्थ का दृढ़ता पूर्वक सामना करना अपना काम नहीं, अपना काम सिर्फ जीवन की घटनाओं को अपनी विशिष्ट और बनी बनाई नजर के कॅमेरे से अंकित करना है। काफी कहानियों के सृजन की भूमिका अतीत के मोह में भी रही है। परिणाम का तीसरा आयाम है कि बीती घटनाओं और व्यक्तियोंसे मानसिक कार्यकारण संबंध स्थापित करने में कहानीकारों की रुचि हुई। इस बात को मूल्यात्मक और अत्यधिक महत्त्व प्राप्त हो गया कि कहामी

'लिख गई' अर्थात अकृत्रिम, सहज, स्वाभाविक रूप में कहानी का जन्म हुआ है। परंतु इस प्रक्रिया में सहज ही भुला दिया गया कि लेखक का व्यक्तिव्त पल-दर-पल बनता बिगड़ता और फिर बनता रहता है और इस व्यक्तित्व-निर्माण में अपना भी कुछ योगदान रहता है। इसके लिए आवश्यक है सतत और सतर्क प्रयत्न। इन प्रयत्नों में जोखिमों का सामना भी करना पड़ता है। नवसाहित्य में क्षीणतः यह आग्रहात्मक प्रवृत्ति भी दिखाई देती है कि यथार्थ के साथ द्वन्दात्मक संबंध रखनेवाला व्यक्तित्व संपन्न लेखक अपनी सूक्ष्म और मूलगामी दृष्टि से, दृढ़ता के साथ और सुनिश्चित रूप में यथार्थ को भी परिवर्तित करता है, कर सकता है। नव साहित्यकारों में इस आत्मविश्वास का भी क्षीण भान ही दिखाई देता है कि ललित साहित्य में वह क्षमता है कि वह समाज के मस्तिष्क रूप बुद्धिजीवी वर्ग की मानसिकता को झकझोर सकती हैं, और अपनी धारणाओं-संवेदनाओं की पुनर्रचना करने के लिए उसे विवश कर सकती है। परिणामतः साहित्यकारों में आत्मरति और सुस्ती आ गई और यह परिणाम सुखवादी प्रवृति को लगी दीमग के कारण हुआ है।

व्यक्तित्व की संपन्नता और व्यक्तिकेंद्रित या आत्मकेंद्रित वृत्ति के बीच अंतर है, इसे ध्यान में न रखने पर साहित्यक्षेत्र में गलत समझा जानेवाला व्यक्तिवाद पनपने का खतरा सदैव रहता है। मराठी ऐतिहासिक कहानियों, नाटकों और उपन्यासों में यह बहुत ही स्वाभाविक था कि स्वातंत्र्यपूर्व काल में मराठी ऐतिहासिक उपन्यास लेखन की प्रेरणा पुनरुत्थापन की रही हो। श्री. ह. ना. आपटे के प्रारंभिक उपन्यासों में सहज धर्म स्वरूप दिखाई देनेवाला सामाजिक प्रतिबद्धता का भान उनके परवर्ती प्रसिद्ध ऐतिहासिक उपन्यासों तक में दिखाई नहीं देता है। श्री हडप को समाज सापेक्ष ऐतिहासिकता का भान था परंतु सामान्य कलाकार होने से उसकी प्रभावपूर्ण अभिव्यक्ति वे न कर पाए। मराठी ऐतिहासिक उपन्यासों में इतिहास में भले-बुरे सिद्ध हुए महत्त्वपूर्ण व्यक्तियों के जीवन के आलेख अंकित हुए परंतु वे व्यक्ति जिस समाज में जन्मे, पनपे और महत्त्वपूर्ण सिद्ध हुए, उनके कर्तृत्व के, भले-बुरे स्वभाव के सूत्र जो तत्कालीन सामाजिक व्यवस्था में निहित थे, जिस सामाजिक व्यवस्था और यथार्थ के कारण उनके व्यक्तित्व के कोण उभरे और विशिष्ट सिद्ध हुए उस सामाजिक यथार्थ का अंकन मराठी ऐतिहासिक उपन्यास में नगण्य है। अन्य ऐतिहासिक उपन्यासकारों की तुलना में श्री गो. नी. दांडेकर का उदाहरण द्रष्टव्य है। अन्य ऐतिहासिक उपन्यासकारों की तुलना में श्री दांडेकर के पास इतिहासकालीन सामाजिक यथार्थ का ज्ञान और भान निश्चित रूप में अधिक था; परंतु सम्यक सामाजिक यथार्थ के परिणामों के गहरे भान के अभाव में जो कुछ हो सका है वह भी द्रष्टव्य है। छत्रपति शिवाजी ने कठोर उद्योगशीलता और कर्मठता के साथ अनेक महत्त्वपूर्ण कार्य सिद्ध किए हैं और श्री दांडेकर इसका बहुत ही रोचक वर्णन करते हैं। परंतु जिस आर्थिक बल पर शिवाजी अपने सारे कार्य सिद्ध कर सके थे उस आर्थिक पक्ष की ओर श्री दांडेकर जरा भी ध्यान नहीं देते हैं। ऐसे प्रसंगों में ऐतिहासिक उपन्यासकार उन्हीं परंपरानुगामी उपायों का अवलंब करते हैं। कहीं तहखाने में गुप्त खजाना मिल गया, कहीं सोने की मोहरों से भरा बहुत बडा घट मिल गया जैसी युक्तियों का ही सहारा लेते हैं। कतिपय उपन्यासकारों की रुचि किसी महान और लोकप्रिय व्यक्ति का चरित्र्य हनन कर विद्रोही वृत्ति का आनंद पाने में दिखाई देती है। परंतु व्यक्ति-विशेष के सामाजिक परिवेश को, व्यक्तित्व निर्माण की प्रक्रिया के साय रखकर जाँचने-परखने में किसी उपन्यासकार को कुतूहल और जिज्ञासा नहीं है। व्यक्तित्व और

सामाजिक परिवेश को आमने-सामने रखकर तौलने की और उनके पारस्परिक परिणामों को खोजने की चिंता किसी को नहीं रही हैं। परंतु लगता है कि इतिहास के अनुसंधान की प्रक्रिया में ही कहीं कसर बाकी रह गई है। इतिहास में अनुसंधान करनेवालों की रुचि भी सामान्य या असामाजिक बातों में अधिक रमी है। शिवाजी की भवानी तलवार खरी है या नकली है, शिवाजी और रामदास की भेंट हुई भी थी या नहीं, दक्षिण-यात्रा में संभाजी शिवाजी के साथ गया था या नहीं जैसे प्रश्नों पर विद्वान जितनी जोरदार, खंडनमंडनात्मक विवेचना करेंगे उतनी चर्चा सामायिक चेतना को अभिव्यक्ति देनेवाले सामाजिक परिवेश की नहीं करेंगे न उसके संबंध में अनुसंधान करने में अपनी रुचि दिखाएंगे। इस परिस्थिति में स्वाभाविक है कि ऐतिहासिक उपन्यासकारों को सामाजिक परिवेश का सम्यक भान न रहा हो। इसीलिए इन उपन्यासों को सही मायने में ऐतिहासिक नहीं कहा जा सकता, अधिक से अधिक उन्हें ऐतिहासिक व्यक्तिसंबद्ध उपन्यास कहा जा सकता है।

नव-साहित्य की व्यक्तिकेंद्रित प्रवृत्ति के परिणामों को मराठी ग्राम-कहानी के संदर्भ में अवश्य देखा जाए। यह प्रकट तथ्य है कि भारतीय समाजरचना में बहुत बड़े अंतर्विरोध का आगमन यंत्रसभ्यता के आगमन के साथ साथ हुआ है। बढ़ती हुई नागरी और महानगरीय सभ्यता और उध्वस्त होती जा रही ग्राम संस्कृति के बीच की दरार का ही यह अंतर्विरोध है। मराठी कहानियों में यह दरार अंतर्विरोध के संदर्भ में अभिव्यक्ति नहीं पा सकी है। ग्रामकहानी का शुभारंभ श्री व्यंकटेश माडगूलकर के हाथों हुआ है। अगर श्री माडगूलकर का सशक्त और असली कहानी साहित्य सामने न आता तो पूर्ववर्ती ग्राम-कहानी का नकलीपन, खोखलापन कभी बेचैन न कर पाता और न ही ग्राम-कहानी का विकास गतिशील हो पाता। श्री माडगूलकर ने अतिशय सहजता से ग्रामांचल को अभिव्यक्ति दी है। इस संदर्भ में प्रा. म. द. हातकणंगलेकर की टिप्पणी अत्यंत मार्मिक है, "१९४५ के आसपास 'मौज' और 'सत्यकथा' के माध्यम से ग्रामांचल को आंकित कर श्री माड्गलकर ने अनायास ही मराठी कहानी साहित्य में युगांतर उपस्थित किया है।" इस टिप्पणी में 'अनायास' शब्द का अपना महत्व है। ग्राम-कहानी लिखने के पीछे न कोई जिद्द, न कोई ईर्ष्या और न कोई आहवान भी. श्री गाडगील की कहानी को परंपरावादी कहानी का सामना करना था, परिणामस्वरूप उनकी कहानियों में परस्पर विरोधी तनावों के दर्शन होते हैं। श्री माडगूलकर की कहानी कथा का एक 'एक्स्टेंशन' बनकर सामने आती है।स्वानुभूति की प्रामाणिक अभिव्यक्ति उस का मूल उत्प्रेरक बिंदू है। प्रतिपाद्य के अनोखेपन के बाबजूद श्री माडगूलकर की कहानी का स्वागत हुआ था। परंतु क्या श्री माडगूलकर की कहानी परंपरागत कहानी साहित्य में नयी चुनौतियाँ देने वाली सिद्ध हुई? श्री माडगूलकर ने जो भी व्यक्ति देखे उनका यथार्थ चित्रण भर किया है। यह बात सही नहीं है कि श्री माडगूलकर देहातियों के साथ तादात्म्य स्थापित नहीं कर सके, परंतु सही बात यह है कि देहाती जीवन की तह तक जाकर उसको बींधने की पैनी और गहरी दृष्टि का ही उनमें अभाव रहा है। देहाती के स्थितिशील जीवन की विशेषतओं को उन्होंने अवश्य अंकित किया परंतु दुर्दशा प्राप्त, दीन-हीन,विवश कुरूप जीवन के लिए कारणभूत सामाजिक कारणों की तह तक वे नहीं पहुँचे हैं। समस्त ग्राम साहित्य के संबंध में कमोवेश रूप में यही कहा जा सकता है।

ग्रामजीवन के साहित्य को सैद्धांतिक आधार प्रदान करते हुए उसे अधिक सुगठि त रूप में और अधिक सतर्कता के साथ प्रस्तुत करने के प्रयत्न हाल में होने लगे हैं। ग्राम-कहानी की अंगीभूत

विशेषताओं की और व्यवच्छेदक लक्षणों की चर्चा आजकल जोरों पर है। कतिपय मठधीशों ने प्रयास किए कि इन चर्चाओं को निरर्थक कहकर इन प्रयत्नों की खिल्ली उड़ाई जाए। यहां तक उन्होंने कहा कि ये सारे प्रयत्न व्यक्तिगत महत्वाकांक्षा का परिणाम है। इस संदर्भ में दो-एक बातों की ओर ध्यान देना अवश्यक है। एक विशष्ट सीमा तक साहित्य सृजन की प्रक्रिया व्यक्तिगत ही कहलाएगी, साथ ही साहित्य रचना को विशिष्ट रूप बंध दिलाने के लिए, और निजी स्वातंत्र्य दिलाने के लिए तथा उसका प्रभाव अन्य विधाओं पर अंकित करने के लिए संगठित प्रयास की प्रवृति भी मराठी साहित्य के संदर्भ में नवीन नहीं है। जिस तरह पाश्चात्य साहित्य में इमॅजिजम, सिंबालिजम, दादाइजम आदि वादों की प्रस्थापना में संगठित प्रयत्न थे उसी तरह मराठी साहित्य में दलित साहित्य का आंदोलन अगर सुसंगठित रूप में न चलता तब क्या होता उसे अलग से कहने की आवश्यकता नहीं हैं। किसी साहित्यिक वाद या विचारप्रवाह को संगठित रूप देने में कुछ गलत नहीं है। 'ग्रामांचल का साहित्य अपनी स्वतंत्र सत्ता और प्रतिष्ठा स्थापित करना चाहता है' इस प्रकार के फतवे देने पर सामान्य पाठक का बुद्धिभेद होता है, वह भ्रम में पड़ जाता है परंतु इस फतवे के पीछे कार्यरत सामंतवादी प्रवृत्तियों को समझने में वह असमर्थ होता है। जब सुसंगठित रूप में काम करनेवाले दलित-साहितय का मराठी साहित्य में बहुत बड़ा योगदान समझा जाता है तब ग्रामांचल का साहित्य क्यों न संगठित प्रयत्न करे? इस तरह के आंदोलन खतरों से खाली नहीं होते हैं। पहला खतरा है कि इसी आंदोलन को साहित्य मात्र की शाश्वत गंगोत्री मानने का भ्रम फैलाया जाना। बाद में यही भ्रम दुराग्रह और अभिनिवेश बन जाता है। परिणामतः अन्य साहित्य-प्रवृत्तियों के प्रति असहिष्णुता की प्रवृत्ति बढ़ने लगती हैं। दूसरा खतारा है कि हर साहित्यिक प्रभाव असीम भाषा-साहित्यसागर का एक प्रवाह है, जिस तरह उसका उद्‌गम है उसी तरह उसे साहित्य सागर में कभी न कभी विलीन भी होना पड़ता है। इस महत्त्वपूर्ण तथ्य का सार्थक भान और विवेक न रखने पर अहंकार का प्रभाव ही बढ़ता जाता हे। दलित साहित्य का दुर्देव है कि आज इसमें ये सारे खतरे उत्पन्न हो गए हैं और इसकी तुलना में ठेकर खाकर विवेकवान ग्राम-साहित्य का नेतृत्व अधिक सजग और सर्तक हुआ है। अपने 'साहित्यातील ग्रामीणता' निबंध में ग्रामांचल साहित्य के व्यवच्छेदक लक्षणों का विवेचन करते समय आनंद यादव साफ साफ लिखते हैं "श्री खानोलकर की 'सनई' (शहनाई) कहानी की आत्मा ग्राम की नहीं है प्रत्युत यह किसी भी व्यापक मन की कहानी है।" अपनी बात को अधिक स्पष्ट करने के लिए लिखते हैं, "उससे कोई हानि नहीं होती है कि 'सनई' खास ग्रामांचल की कहानी नहीं बन पाई है। वस्तुतः यह लेखक की मानसिकता पर निर्भर करता है, व्यक्तित्व पर निर्भर करता है। मात्र ग्रामजीवन की होने से कोई कहानी अपनी श्रेष्ठता सिद्ध नही कर पाएगी। ऐसी कथा 'ग्राम-कथा' होती है वस!" इसी तरह समन्वयात्मक और विवेकी धारणा श्री यादव ने श्री जी. ए. कुलकर्णी की 'राधी' कहानी के संबंध में अभिव्यक्त की साहित्य की मार्मिक पहचान, वस्तुनिष्ठ और जिज्ञासू प्रवृत्ति, सीमाओं का भान रखने के विवेक को ध्यान में रखने पर ग्रामांचल साहित्य की ओर से स्वतंत्र अस्तित्व के लिए किए जानेवाले प्रयत्नों के प्रति ईर्ष्या नहीं होनी चाहिए।

श्री आनंद यादव द्वारा वांछित ग्राम-कहानी का स्वरूप अभी ग्राम कहानियों में परिलक्षित नहीं हो रहा है। ऐसी ग्रामांचल-कहानी सर्जक की प्रतीक्षा में हैं कि जिस में देहाती यथार्थ जीवन

की सारी पर्तें खोली गई हैं। इन पतों के पारस्परिक तनावों और संघर्षों का यथार्थ धरातल पर, तटस्थ और निरपेक्ष अंकन हुआ है और जिसके सर्जन का उद्देश्य भी ग्रामांकन रहा है। इस बात पर दुःख है कि ग्रामांचल के जिन लेखकों में ऐसी क्षमता और उर्वर प्रतिभा है वे लेखक या तो यश, अर्थ, प्रतिष्ठा जैसे मोहों के शिकार बन चुके हैं या नागरी जीवन के प्रति मोह उन्हें भ्रमित कर चुका है।

आखिर ग्रामांचल-साहित्य आंदोंलन के विरोध में उतना तहलका क्यों कर है? यह सर्व विदित है कि दलित-साहित्य-आंदोलन के कारण सफेदपोश, सुखवादी और आत्मकेंद्रित मन को जबरदस्त धक्का पहूँचा है। यही नहीं सफेदपोश वर्ग को अपनी गलती का एहसास भी तीव्र हुआ है। दलित-वर्ग के लिए कुछ करने के इरादे से अब यह वर्ग तैयार हो गया है। ग्रामांचल-साहित्य-आंदोलन के कारण यह बहुत संभव है कि अब दूसरा धक्का पहूँच जाए। शायद इस खतरे का भय हो जाने के परिणाम में ग्रामांचल साहित्य की विरोधी भूमिका यह वर्ग जाने-अनजाने रूपों में निभा रहा है। परंतु इतिहास का हवाला देकर कहा जा सकता हे कि यह भूमिका अधिक दिन नहीं निभेगी। दलित साहित्य आंदोलन के सिलसिले में भी उसीतरह की विरोधी भूमिक ज्यादा टिक नहीं पाई थी।

ग्राम-साहित्य आंदोलन में भी इसी तरह जबरदस्त धक्का देने की क्षमता है। अब तक लिखा गया ग्राम-साहित्य एक तरीके से सिंहावलोकन की रोमां टि क प्रवृतियों का प्रतिफलन है। देहाती धटनाओं, प्रसंगों और चरित्रों का भी, हास्यकी लहर दौड़ाने के लिए साधन रूप में उपयोग किया गया है। इस संदर्भ में ध्यान दिया जाए कि यह सारा साहित्य उन साहित्यकारों का सृजन है जिनका ग्रामांचल से जीवंत और संघर्षमय संबंध समाप्त हो गया है। और वे साहित्यकार अब देहाती से शहराती हो गए हैं। अपने संपूर्ण परिवेश और संस्कृति में ऐसे लेखकों द्वारा निर्मित रचनाओं पर शफेदपोश संस्कृति के प्रभाव में लिखे जानेवाले साहित्य की सामान्य विशेषता है कि इस साहित्य का स्वरूप विद्रोही मन को पुचकारने का ही काम अधिक करता है। दलित साहित्य आंदोलन ने जानबूझकर सफेदपोश संस्कृति के विरोध में ताल ठेक कर ललकार दी है। और परिणामतः दलित साहित्य में वर्णित दुःख, अपमान, बेचैनी उत्पन्न करता है और मानसिक सदमा पहुँचाता है। ग्रामांचल-साहित्य का पाठक भी अब तक अधिकांश में नागर ही रहा था, इसलिए बहुत स्वाभाविक था कि पाठकों की रुचि-अरुचि का सीधा परिणाम इस तथाकथित ग्रामांचल साहित्य पर होता। इसे अलग से प्रतिपादित करने की आवश्यकता नहीं है कि लेखक के सर्जन पर उसके पाठकों की रुचि का किस कदर प्रभाव रहता है। ग्रामांचल साहित्य पर आरोप करते समय यह भुला दिया गया-सा लगता है कि पाठ्कों की रुचि लेखक की स्वाधीनता को काफी सीमित कर देती है।

मराठी सफेदपोश साहित्य की दूसरी विशेषता के रूप में कहा जा सकता है कि इसने जान-बूझकर खुरदरे यथार्थ और विरूप परिवेश से आँख चुराई है, उसका सामना करने से जी चुराया है। यह सर्व विदित है कि स्वाधीनता के बाद भारतियों को तीन-तीन बार विदेशियों के सैनिकी आक्रमण का सामना करना पड़ा है। सद्यपि चीन-भारत समर में भारत को अपमानित होने की नौबत आई थी परंतु पाकिस्तान के साथ लड़े गए युद्ध में भारत अपना विश्वास फिर पा चुका और उसकी हिम्मत भी बढ़ सकी। बांगला देश के निर्माण का श्रेय भी भारत प्राप्त कर सका है। परंतु इन राष्ट्रीय आपत्ति के प्रसंगों से मराठी साहित्यकार कितनी मात्रा में और कहां तक प्रभावित हुआ?

पानशेत का प्रचंड बाँध टूट जाने पर न केवल भारी आर्थिक क्षति हुई परंतु बहुत सारे परिवार भी उध्वस्त हुए। एस इस संकट का कारण मात्र प्राकृतिक प्रकोप नहीं है, बहुत कुछ संभव है कि सामाजिक और राजनैतिक क्षेत्र का दिवालियापन और भ्रष्टाचार भी इसका कारण हो। इस प्रसंग का कारुण्य और कौर्य मराठी साहित्यकार को कहां तक प्रभावित कर सका है? इस विपत्ति से उबारने का काम, ध्वस्त जीवन को व्यवस्था देने का काम भी एक कुशल प्रशासक कर गया परंतु उसका साहस एवं धैर्य उसे किसी साहित्यविधा में नायकत्व प्रदान न कर सका। मराठी साहित्य का दुर्दैव है कि सामाजिक जीवन को गतिशील और प्रभावित करनेवाली चेतना भी उसकी निर्मित के लिए चुनौती नहीं दे सकी। वह चेतना उसे ऐतिहासिक काल से मिलती है। महाराष्ट्र में भारी सूखा पड़ा, जिससे अच्छे-भले परिवारों पर मारे मारे फिरने की नौबत आई, पत्थर कूटने के लिए उन्हें विवश होना पड़ा और उनकी ओर सहायता का हाथ जनसामान्यों ने उसी तत्परता से बढ़ाया, सारी सामाजिक व्यवस्था विघटित होकर फिरसे सुसंघटित होने के प्रयत्नों में लगी। परंतु संवेदनक्षम लेखक इस में अपनी रुचि न दिखा सके! सरकार का यांत्रिक प्रशासन, नौकरशाही, व्यापारियों की नीति, नवधन कुबेरों की उद्धत और बाजारू संस्कृति और सभ्यता, विदेशियों के प्रकट और पच्छन्न आक्रमण की विकराल संभावनाएं, सरकारी और सामाजिक नेतृत्व में होनेवाली उथल-पुथल, विद्यार्थियों के आंदोलन, मजदूर-वर्म में बढ़ता असंतोष, कतिपय युवकों के नवनिर्माण और रचनात्मक कार्यक्रमों के निमित्त किए गए छिटपुट प्रयत्न, जैसी कई नाटयात्मक और प्रभावशाली घटनाएँ बिना साहित्यिक स्पर्श के इतिहास के भंडार में इकठ्ठा होती गई है। स्वातंत्रयोत्तर भारत में सामाजिक और राजनीतिक विरूपता के दर्शन आए दिन हो रहे है परंतु इन विपरीत परिस्थितियों में भी नीति, सदाचार, निष्ठा का पल्ला पकड़कर चलनेवाले, सामाजिक मांगल्य के आकांक्षी वीर भी अपना साहस बटोरकर कार्यरत हैं परंतु आवश्यकता है खुली आँख से उन्हें देखने की, अपनाकार साहित्य में अंकित करने की। परंतु सफेदपोश साहित्य इनके आसपास तक नहीं पहुँचा है। अपने को काव्यसंसार का प्रजापति समझनेवाले, स्वयंभू प्रतिभा के धनी लेखकों से इसकी अपेक्षा रखना ही शायद गलत होगा क्योंकि वे उतना ही अंकित करेंगे जितना वे भोग चुके हैं। परंतु अपने अनुभवों और अमुभूतियों के दायरे को बढ़ाया भी जा सकता है, बल्कि बढ़ाना चाहिए, इसका भान स्वयंकेंद्रित लेखकों को हो तभी यह संभव है। परंतु दुर्दैव ही है कि मराठी लेखक इसे समझना नहीं चाहता है। कतिपय सफेदपोश लेखकों की ओर से अपनी अनुभूतियों के दायरे को विशिष्ट दृष्टि से बढ़ानेका प्रयत्न किया है। परंतु इन की दृष्टि और दिशा दारिद्रय में खटनेवाले श्रमजीवियों के जीवन के आसपास भी नहीं पहुँच पायी है। इनकी सीमा चरस और एल. एस. डी., मदिरा और मदिराक्षी तक जाकर समाप्त हो जाती है। लेखन में कुछ मजेदार युक्ति-विशेषों को अधिक महत्त्व दिया है। एक के बाद एक शराब की बोतल खोलने और नारी विषयक बातें करने में शालीनता एवं सभ्यता का भंग करने में ही ये कृतार्थता अनुभव करते है। बीच-बीच में वैश्विक सत्य की खोज से संबंध में दो-चार पंक्तियाँ लिखकर और मानव के भविश्य कें संबंध में विकल 'कन्सर्न' व्यक्त करने में इन्हें लगता है कि अपने साहित्य को विश्वात्मक स्तर प्राप्त हो गया है। आवश्यकता है पाठकों और आलोचकों के द्वारा इस छल प्रपंच और छद्म को सही-सही पहचान की। इस प्रवृत्ति केलेखकों की भाषिक अभिव्यक्ति को सजगता से देखना चाहिए। सफेद पोश सभ्यता के सांस्कृतिक मोड़ों से

गुजरते समय सामाजिक प्रतिबद्धता को माननेवाले लेखकों को चाहिए कि वे अधिक चौकस होकर ही इस रास्ते से गुजरे।

इसलिए कहना पडता है कि ग्रामांचल-साहित्य अभी सही मायने में अपने समस्त आयामों सहित अभिव्यक्ति पाने की प्रतीक्षा में है। इस तथाकथित ग्राम-साहित्यपर अभी सुखवादी प्रवृत्तियों और दुःखों के प्रति रोमांटिक आस्था का गहरा प्रभाव है। दूसरा तर्क समाजशास्त्रीय दृष्टि से अधिक संगत है। नागरी परिवेश में जीवन बिताने पर विशिष्ट सीमाओं के घेरे में ही दलित भावनाएं अभिव्यक्ति पा सकती हैं क्योंकि नागर जीवन में शिक्षित दलित को घुटन का अनुभव आता है कि ग्राम से शहर आने पर वह मध्यवित्तीय वर्ग की सभ्यता की स्वीकार करने में, उसमें घुला-मिला दिखाने के लिए दलित युवक विवश हो जाता है। शहरों की ग्राम युवकों को समा पाने की क्षमता अपनी चरम सीमा पर पहुँच चुकी है। ग्राम ही इन युवकों के लिए अब कुछ सुविधा युक्त सिद्ध होने लगे है। ग्राम के आसपास भी सुविधामय जीवन के अवसर भी उपलब्ध होने लगे हैं। सुशिक्षित, परंतु गाँव में रहने के लिए विवश युवा पीढ़ी का निर्माण अब पहली बार हुआ है। बहुत संभव है कि सही ग्रामांचल-साहित्य का निर्माम यही पीढ़ी करेगी। इस युवा पीढ़ी की ग्रामजीवन के संदर्भ में अपनी कई समस्याएं है और इनका हल ढूंढने में अगर संगठित स्तर प्रयत्न किए जाएं तो परिणामतः मराठी साहित्य उन्नत होगा यह निश्चित है। ग्राम-जनों में साक्षरता का प्रचार-प्रसार और प्रमाण अब अधिक है और उनकी स्वाभाविक आकांक्षा है कि उन्हें अपना साहित्य उपलब्ध हो। यह सामान्य सिद्धांत है कि अपने सामाजिक संदर्भो में ही साहित्य के विकास की दिशाएं खुलती हैं। अतः ग्राम-जनों की साक्षरता और सुशिक्षा तथा ग्रामांचल साहित्य में समवाय संबंध स्थापित करने की आवश्यकता है। इन दृष्टि से और इस दिशआ में प्रयत्न करने पर ही ग्राम-साहित्यकार अपने पाठक वर्म का निर्माण और उसे बढ़ाने का काम कर सकेंगे।

आखिर, ग्रामांचल साहित्य सही अभिव्यक्ति की प्रतीक्षा में है इस कथन से क्या अभिप्राय है? ग्राम संस्कृति अनेक दिशाओं से होनेवाले आक्रमणों से पीड़ित है। उद्योग प्रधान संस्कृति, मानवशक्ति का शोषण करने वाले महानगर और शहराती संस्कृति के बहाने कृत्रिम विदेशी संस्कृति, आक्रमण की प्रमुख दिशाएं हो। बढ़ते उद्योगों को आधार देने के लिए जंगल तोड़नेवाले ठेकेदारों का आक्रमण अधिक भीषण है। गांव के महाजनों, जमींदारों और किसानों-मजदूरों के बीच का शाश्वत संघर्ष भी महत्वपूर्ण है। नारी-शोषण के विविध उपायों-मार्गों से सभी परिचित हैं। जीवन के निखालिस आनंद को देनेवाली और मिट्टी के प्रति ईमान रखनेवाली ग्राम संस्कृति पर सुशिक्षितों की नकली संस्कृति हाबी होती जा रही है। मिट्टी से होनेवाले सहज संबंधों से उत्पन्न सहज भोलाभालापन, सादगी और निर्व्याज प्रवृत्तियों का लोप होने लगा है। जाति व्यवस्था के निर्मूलन की आवश्यकता को स्वीकार करने के बाबजूद हजारों वर्षो से खून में घुली जाति व्यवस्था बेचैन बना देती है। राजनीति के दाँव पेंचों की कलई तब खुल जाती है जब उसकी नीति जाति व्यवस्था को दृढ़ बनाते हुए अपनी उल्लू सीधा करने की स्पष्ट हो जाती है। इस संदर्भ में कठोर और दृढ़ कार्रवाई की आवश्यकता है। आज के समय में फिर से एक बार ग्राम संस्कृति, रीति-रिवाज, उत्सवपर्व और भाषा के संबंध में मूलगामी विचार करने की आवश्यकता है। उचित अस्मिता और आत्मसम्मान और नवीन जीवन पद्धति का स्वागत करने योग्य गतिशीलता के भान को विवेक के साथ समन्वित

करने की आवश्यकता आज अनिवार्य हो गई है। कुछ किया जाए तो अभी, वरना कभी नहीं-- ग्राम साहित्य को चाहिए कि वह अब इस तरह की समस्याओं का अंकन करे। यह चिंतन प्रणाली बौद्धिक विचार-मंथन से भी संभव है और कलाओं के माध्यम सेभी। साहित्य की चिरंतनता न केवल साहित्यकार की प्रतिभा पर निर्भर करती है परंतु वार्तमानक चैतन्ययुक्त, संवेदनक्षम, स्पंदना युक्त जीवन के प्रति दृढ़ और उत्कट प्रतिबद्धता पर भी निर्भर करतीहै।

मराठी दलित साहित्य के कारण समूचे मराठी साहित्य को एक प्रचण्ड धक्का मिल गया है। मराठी सफेदपोश साहित्य के लिए यह धक्का अधिक गहरा आघात दिलानेवाला सिद्ध हुआ है। परिणामतः अनेक विचारकों और आलोचकों ने अपनी सम्मतियों में संशोधन की आवश्यकता महसूस की है। मेरी नजरों में दलित साहित्य की श्रेष्ठता और महत्ता वैयक्तिक दलित कृतियों की अपेक्षा अपने सामूहिक रूप में दलित-साहित्य ने मराठी साहित्य में जो वैचारिक और प्रेरणात्मक, हलचल मचा दी और जो तरंग साहित्य सागर को प्रभावित कर गई उसमें है। दलित साहित्य अगर संगठित प्रयत्न न करता, अपनी अस्मिता के दर्शन न करता और अपनी क्षमताओं को न पहचानता तो मराठी साहित्य की सफेदपोश संस्कृति की परंपराओं ने इक्के-दुक्के दलित लेखक को और दलित रचना को अपने महोदर में कब का पचा लिया होता। दलित साहित्य ने निश्चयात्मक रूप में मराठी साहित्य परंपराओं से विच्छेद की एकांतिक भूमिका से अपना काम शुरू किया था। (इस एकांतिक भूमिका का एक स्पष्ट परिणाम यह हुआ कि कालक्रम की दृष्टि से जो लेखक प्रगतिशील थे उनकी विचारधारा में से ठीक कालसापेक्ष संकिर्ण भाग निकालकर उनके मानवतावादी व्यापक विचारों को नजरअंदाज करने की प्रवृत्ति ने जोर पकड़ा। आंदोलन की संगठनात्मक प्रवृत्तियों की दृष्टि से यह नीति या दाँव-पेंच भले ठीक हो परंतु सत्यान्वेषी विचारकों का यह भोंदूपन ही कहलाएगा)। इस एक छोर की भूमिका के कारण दलित साहित्य में उन प्रवृत्तियों का प्रभाव बढ़ता गया जो स्वतंत्र मार्ग पर चलने की शक्ति और आत्मविश्वास दिलाती और बढ़ाती हैं। शोषितों, पीड़ितों और दलितों का आत्मनिवेदन (आत्मकथन) होने के नाते इसे सहज ही मानवता का स्तर अपने आप प्राप्त हो गया है। इसका नकार, विद्रोह और तिरस्कार चूँकि अन्याय के विरोध में है, साहित्य में अंकित इन स्फोटक अनुभूतियों को स्वाभाविक रूप में मूल्यात्मक आधार प्राप्त हो सका है। सिंहावलोकन के उपरांत अंकित जीवनानुभवों की दाहकता असाधारण है और सुशिक्षा की सजगता ने उसे अधिक दाहक बनाया है। भारतीय जाति व्यवस्था में उन अनुभवों के अंगारे अभी शीतलता की तलाश में हैं, अपने धारदार कोणों को कोमलता दिलानेवालों की उन्हें अभी प्रतीक्षा है। चूंकि समय एक बेहतरीन दवा है दुखती रग फिर से कसकने की संभावना नहीं थी। यानी भोगे हुए यथार्थ के कौतुक में रमण करने की गुंजाइश नहीं थी। फिर भी यादों का स्वभाव है कि वे बार-बार जन्म लेती हैं और सहज है कि साहित्य में अभिव्यकत भी होती हैं। परंतु यादों की जुगाली करने की आदत अगरस्वभावधर्म बन जाए तो व्यक्तित्व नष्ट होने की स्थितिशील होने की नौबत आ जाएगी। इस लेखन में विविधता का अभाव है। अलग अलग भूमिकाओं से जीवन के अनुभवों को देखने, जाँचने-परखने की बहुआयामी और पैनी दृष्टि का भी इसमें अभाव है। 'हम' और 'तुम' (आप) के अनुकरण में आनेवाली वर्गीय दृष्टि लेखन को, अनुभवों को साँचेबंद बना देती है। क्रोध और आक्रोश की सर्वव्यापी अभिव्यक्ति के कारण अन्य अनुभूतियों की विविधता समाप्त सी हो जाती

है। प्रकृति के प्रति इस वर्ग के व्यक्तियों ने ध्यान तक नहीं दिया है। दलित साहित्य के एक अन्य दोष की संभावना को 'बलुतं' (दया पवार की आत्मकथा) के सहारे स्पष्ट किया जा सकता है। सर्व प्रथम इसे स्वीकार करने हुए कि 'बलुतं' मराठी की उत्कृष्ट आत्मकथाओं में से एकहै। निवेदन है कि उस आत्मपीड़ा को लेखक ने कहा है, क्या उसे टाला नहीं जा सकता था? इस तरह की बधिस्ता को क्या मानव जीवन की अटल नियति समझा जाए? 'बलुतं' का नायक अपनी विकलांग, कोढी, भीख मांगनेवाली मौसी के दर्शन एक बार करता है। कलात्मकता की दृष्टि से श्री दया पवार ने इसे दृश्यात्मकता के स्तर तक उठाया है। अपनी पहचान दिलाए बिना लेखक निकल जाता है। उसे पीड़ा है अपने सफेदपोश बनते जाने पर। यह स्वाभाविक भी है परंतु यहीं पर उपरोक्त सवाल उठते हैं। ये समस्याएं अगर अटल हैं, अनुत्तरित रहनेवाली हैं तो समाज के सभी स्तरों को उनका सतत भान रखना चाहिए। सफेदपोश संस्कारों के कुछ ही वर्षों के प्रभाव से अगर लेखक इन समस्या को लेकर निष्क्रिय और उदासीन बन जाता है तो कह देने की आवश्यकता है कि सफेदपोश वर्ग का मन दलित लेखकों से अधिक समझदार, अधिक विवेकपूर्ण प्रतिक्रियाओं की अपेक्षा करता है। दलित साहित्य का सामूहिक विकास अत्यंत महत्त्वपूर्ण है। इस साहित्य प्रवाह का भविष्य उसके दृढ़ संगठन और अस्मिता के सतत भान पर निर्भर है। इसी सिलसिले में एक बात कहना असंगत नहीं होगा। दलित साहित्यकार मित्रों मे अपने अनुभवों को कहानी, उपन्यास और कविता द्वारा अभिव्यक्ति अवश्य ही परंतु जब आत्मपरक अनुभूतियों की पूंजी समाप्त हो जाएगी तब? हर मित्र अंतर्मुख होकर अपने आप से इसे प्रश्न का उत्तर मांगे। प्रतिपाद्य की विलक्षणता के कारण पाठक से सीधे टकराने की क्षमता इन आत्मकथाओं में निश्चित है परंतु इसी पर संतुष्ट रहने में सार्थकता नहीं है। लेखक मित्रों को भोगे हुए दुःखों के परे पहुंचकर, उनसे ऊपर उठकर दुःख को नवीन रूपाकार देनेवाली परकाया प्रवेश की उस सिद्धि को प्राप्त करना चाहिए और चिर नवीन अनुभूतियों को खोजकर उन्हें साकार बनानेवाली प्रतिभा और कल्पना का अपना यंत्र भी कार्यक्षम और कार्यरत रखना चाहिए। सामाजिक यथार्थ के अन्वेषण में मात्र अनुकरणात्मक साहित्य सृजने से बचने के लिए आवश्यक है कि कल्पना और प्रतिभा का पोषण किया जाए। वरना समूचे यथार्थान्वेषी साहित्य के सामने यह खतरा आ सकता है।

मराठी नागर-साहित्य एक ओर सामाजिक यथार्थवाद से प्रभावित हो रहा है और दूसरी ओर अस्तित्ववाद से भी। सामाजिक यथार्थवादी उपन्यास साहित्य समस्यामूलक जीवन का अंकन करने के लिए कटिबद्ध है। इस व्रत में भी उसके अनुकरणात्मक होने का खतरा है। जब मानव जीवन के उदात्त, करूण और शोकात्मक अनुभवों को व्यंजना व्यावहारिक भाषा की अपेक्षा गीतिकाव्य के स्तर पर होने की अनिवार्य स्थिति आ जाती है तब लेखक को भाषा की क्षमता बढ़ाने के हेतु प्रतीकों और रूपकों की विपुल निर्मिति करनी पड़ती है और लयबद्धता इस अवस्था में स्वभावतः आती है। इस तरह की भाषा यद्यपि सामान्य जनभाषा से अलग होती है फिर भी मानव की सृजनशीलता के उन्मेष की वह परिचायक होती है। सामाजिक यथार्थवादी के नाते अगर इस तरह की भाषा के प्रति असिहिष्णुता बरती जाए तो वह निश्चिय ही साहित्य की समृद्धि को नकारनेवाला ओछापन सिद्ध होगा। गीतिकाव्य के स्तर तक ऊपर उठनेवाली अनुभूतियों की ओर असहिष्णुता का व्यवहार मानव की सर्जनशीलता का अपमान है।

यह कहना गलत होगा कि अस्तित्ववादी प्रवृत्तियों का मानव-स्थिति के संदर्भ में अविष्कार विदेशी प्रभाव के परिणामस्वरूप है।वर्तमान भारतीय स्थिति निश्चित रूप में मध्यविर्तीय वर्ग के मन के अकेलेपन, परायेपन और उसकी मानसिक विकृतियोंके सहज चित्रण के अनुकूल है। परंतु प्रकारांतर से यह निष्क्रिय व्यक्तियोंकी स्थितिशील मनोवृत्ति का संकेत देता है। त्रिशंकू की तरह अधर में लटकनेवाले मन की अटल नियति यही होती है। (सामाजिक यथार्थवादी दृष्टि और साहित्य को संस्कारिय करने की जिम्मदारी उठनेवालों को भी इस तरह के अस्तित्ववादी साहित्य के बारे में निर्णय करते समय अधिक विवेक का निर्वाह करना पडेगा।) संस्कृति के नाम पर कृत्रिम रितिरिवाजों, बाह्याडंबरों और असामाजिक तत्वों का जो प्रभाव परिलक्षित होता है उसके सहारे कहना पडता है कि स्वयं मध्यवित्तिय वर्ग के साहित्यकारों को अपनी अस्मिता को दुबारा ढूंढना पडेगा. वास्तविकता यह है कि नागर-साहित्य सृजन में रत भारतीय मन ही आज विभाजित है और इसने अभी पाश्चात्य संस्कृति के आघात को पूर्णतः पचाया नहीं है।

(प्रवरा नगर में सम्पन्नपरिसंवाद में (१,२,३ मई १९८१) मराठी में पढे गये निबंध का अनुवाद। 'महाराष्ट्र मानस' में ८२ में प्रकाशित।)

स्वातंत्र्योत्तर मराठी साहित्य

स्वातंत्र्य की प्राप्ति और मराठी साहित्य के रूप-परिवर्तन का सीधा सम्बन्ध जोडना मुश्किल है, क्योंकि मराठी का अधिकांश साहित्य राजनीति से साक्षात् रूप में कम टकराया। मराठी की राजनीतिक कविता को मराठी के प्रतिष्ठित समीक्षकों ने प्रायः उपेक्षा एवं अनादर से देखा, कवि सावरकर की कविता का जो मूल्यांकन हुआ, उसकी प्रेरणा साहित्येतर अधिक थी। प्रतिष्ठित कवियों की राजनैतीक कविता भी या तो विष्कंभक के रूप में लिखी गयी है अथवा समय के साथ रहने की बौद्धिक प्रतिज्ञा से प्रेरित होकर वह रची गयी है। वैसे नितान्त सामायिक जीवन का तात्कालिक बोध मराठी रचनाकारों को क्षीण प्रेरणा देता है। कुछ ऐसी सही अथवा गलत धारणा मराठी लेखकों के मन में दृढ़ हो गयी है कि सामायिक जीवन के संदर्भ में लिखे साहित्य में चिरकालिकता या शाश्वतता का मूल्य शायद ही उत्पन्न होता है। केशवसुत में सामाजिक बोध की जो आन्तरिक एवं सहज प्रतीति-क्षमता थी, वह विनायकराव सावरकर और कुसुमाग्रज को छोड़कर शायद ही अन्य किसी में उतनी शक्तिशाली रूप में अभिव्यक्त हुई हो। कुसुमाग्रज के क्रान्ति गीतों का स्वागत हुआ, परंतु उसमें उनकी विलक्षण कल्पना शक्ति का ही उत्कट स्वागत था, राष्ट्रीय काव्यधारा का कम था। सामान्यतः राष्ट्रीय एवं राजनैतिक पद्य सेवा-दल जैसी युवक संघटनाओं और क्रांति कार्य करने वाले युवा गुटों तक सीमित रहा। ये कवि भी प्रायः द्वितीय श्रेणी के ही कवि रहे। राष्ट्रीय भावधारा का आह्वान प्रथम श्रेणी के कवियों को उत्कट रूप में प्रेरणा नहीं दे पाया और मराठी के बौद्धिकों को भी उसका अभाव न खला, यह स्थिति कविता के मध्यवर्गीय पाठकों के बारे में बहुत कुछ कही जाती है। वैसे राजनीतिक आन्दोलनों एवं समस्याओं का चित्रण करनेवाले उपन्यस एवं कहानियां संख्या में कम नहीं लिखी गयी, लेकिन उनमें चित्रित वातावरण या तो उद्दीपन-विभाग का कार्य करता रहा अथवा रचना को लोकप्रिय बनाने का वह एक साधन बन गया। राजनीति और रचना के आशय का कलात्मक समन्वय करने की क्षमता पु. य. देशपाण्डे में थी, परंन्तु वे आगे नहीं बढ़ सके। मराठी साहित्य पर विशेषतः फड़के के बाद कला के लिए कलावाद, तंत्रवाद, सुखवाद और सौंदर्यवाद का कुछ ऐसा प्रभाव पड़ा था कि इसके विपरीत आवाज बुलन्द कर लिखनेवालों के साहित्य का उचित मूल्यांकन नहीं हो सका। केतकर, वरेरकर, सावरकर इत्यादि को उचित मूल्यांकन के लिए देर तक ठहर जाना पड़ा। आज भी मराठी के राष्ट्रीय काव्य के विश्लेषण एवं मूल्यांकन में मराठी के छात्र संकोच कर रहे हैं। कभी तो ऐसा भी लगता है कि साहित्य की प्रेरणा आत्माविष्कार न हो तो ऐसे साहित्य कों अकलात्मक साहित्य के खाते में डालने का प्रयास भी समीक्षक करते हैं। कम-से-कम यह डर तो उन्हें लगा ही रहता है कि कहीं साहित्येतर तत्व को तरजीह देने की गुस्ताखी तो नहीं हो रही है। यद्यपि यह स्थिति स्वातंत्र्योत्तर युग में बदली हुई-सी प्रतीत हो रही है, फिर भी शरश्चंद्र मुकतिबोध की अपेक्षाकृत उपेक्षा अभी इस बात को जम कर कहने नहीं देती। आश्चर्य की बात तो यह है कि व्यक्तिगत रूप में मुक्तिबोध की कविता की शक्ति को स्वीकार किया जाता है परन्तु नयी कविता की चर्चा के संदर्भ में जिन पांच-चार प्रमुख कवियों को एक सांस में गिना जाता है, उनमें मुक्तिबोध की तुलना में कम क्षमतावान कवियों को भी गिना जाता है। मूल्यांकन की यह चूक कहीं गहरे में गलत या भ्रान्त धारणा की उपज लगती है।

फिर भी सामान्यतः यह दिखता है कि स्वातंत्र्य-प्राप्ति के आसपास ही मराठी में एक जबर्दस्त

बदलाव प्रारंभ हुआ। यह प्रारंभ में कविता में परिलक्षित हुआ और तुरन्त बाद कहानी में संक्रमित हुआ और फिर उपन्यास में।

स्व. मर्ढेकर ने अपने पहले काव्य-संग्रह 'शिशिरागमन' में परम्परागत काव्य का अनुगमन किया था परन्तु बाद वाले संग्रह 'काही कविता' और 'आणखी काही कविता' ने मराठी कविता को आशय एवं अभिव्यक्ति, दोनों स्तरों पर नयी दिशा दी। द्वितीय महायुद्ध के भयानक अनुभव ने तथा बाह्य परिवेश में मनुष्य की हुई दयनीय अवस्था ने मर्ढेकर की संवेदना को कुछ इस प्रकार प्रभावित किया था कि उनकी कविता मानवीय नियति एवं मानवीय जीवन के कुल व्यापार के प्रति शोकात्म व्याकुल नजरिये से देखने लगी। राष्ट्रीय एवं राजनीतिक प्रत्यक्ष संदर्भ की अपेक्षा मर्ढेकर को समग्र मानवीय वैश्विक संदर्भ अधइक भयावह रूप में मनुष्य को निगलता हुआ-सा प्रतीत हुआ। सामान्य मध्यवर्गीय जीवन की घोर निष्फलता, कुल मानवीय जीवन की निरर्थकता, यांत्रिक जीवन की चक्की में पिसते फालतू मनुष्य की दयनीय अवस्ता, संवेदना को भोथरा बनाती जानेवाली बाह्य स्थितियों की आक्रमकता और आध्यात्मिकता से विहीन आन्तरिकता का सूनापन, वैज्ञानिक गति की मानवीय जीवन से असम्पृक्ति, मृत्यु के स्पर्श की भयाकुल जड़ता, प्रेम और श्रृंगार का बाजारू घिनौना रूप, मानव के परस्पर सम्बन्धों में बढ़ती जानेवाली दूरी और शुष्कता, ये मर्ढेकर के अनुभव संसार के महत्वपूर्ण घटक है। मर्ढेकर की संवेदना जितनी शक्तिशाली थी, उतनी ही उनकी अभिव्यक्ति भी धारदार थी। दोनों स्तरों पर नवीनता थी। सामायिक जीवन की कतिपय वस्तुएं, घटनाएं, स्थितियां, चमत्कारिक रूप में मर्ढेकर की कविता में संवेदना को संप्रेषित करने के लिए बिम्बात्मक रूप में प्रकट हुई। चूंकि उनकी काव्य-शैली एवं काव्यभाषा परम्परा से अनेक रूपों में विरोध भाव से जुड़ी हुई थी, इसलिए उनकी कविता पर अनेक आरोप हुए। दुर्बोधता, विदूषकीय मुद्रा, भावहीनता, अकारण तिरछापन, अश्लीलता, परम्परा के प्रति द्रोह ध्यान आकर्षित करने के लिए विचित्र शब्द संयोजन, दिखावटी स्मार्टनेस इत्यादि। लेकिन जैसा कि हर नये शक्तिशाली कवि के बारे में होता है, मर्ढेकर की कविता का युवा समीक्षकों के द्वारा स्वागत भी हुआ और धीरे-धीरे मर्ढेकर की कविता अग्नि-परीक्षा में खरे सुवर्ण की भांति निखर उठी। मराठी की भावुक, प्रदर्शन प्रिय, घिसे-पिटे शब्दों और बिम्बों के सांचों में ढलकर निकलने वाली, चिकनी-चुपड़ी तथा सामाजिक जीवन से असम्पृक्त कविता की प्रतिष्ठ कुछ कुछ खत्म हुई। मर्ढेकर की कविता ने मूल्यांकन के मानदण्ड भी बदले और पूर्ववर्ती कवियों की श्रेणियों में जोरदार बदलाव हुआ। उन्होंने नयी पीढ़ी की कविता को दूर तक प्रभावित किया और समीक्षा की उनकी अपनी नूतन प्रणालियां भी थीं जो काफी उत्तेजक सिद्ध हुई। मर्ढेकर की असमय मृत्यु ने साहित्य संसार में शून्य तो उत्पन्न नहीं किया, क्योंकि उसी के आसपास नयी पीढ़ी के सशक्त कवि उभर रहे थे, परन्तु मराठी पाठकों में एक विलक्षण गहरी उदासीनता भर गयी।

इस समय मराठी कविता की परम्परा को जीवनधारा से संयुक्त करते हुए अपने भावजगत की ताजगी, शक्तिमत्ता और गहनता तथा कल्पना की भावस्वरता के कारण वैशिष्टयपूर्ण कविता लिखने वले कुसुमाग्रज की लोकप्रियता में कमी नहीं आई थी। कुसुमाग्रज सामाजिक जीवन से जुड़े कवि थे। उनकी कविता में व्यक्तिवाद की अतिरेकी विशेषताएँ, चरम निराशा, असंगति एवं निरर्थकता का बोध, मनुष्य का फालतूपन इत्यादि नहीं था, परन्तु मर्ढेकर के साहित्यिक धक्कों से मराठी रसिकता कुछ ऐसी झकझोर उठी थी कि खास नये ढ़ंग की कविता ही उन्हें आकर्षित कर सकी।

वैसे अनिल भी अच्छी कविता लिख रहे थे। इधर उनका हाल ही में प्रकाशित काव्य-संग्रह 'दशपदी' मराठी में गौरव पूर्ण स्थान का अधिकारी है। इसी समय एक और कवि सृजनरत था जो केवल स्त्री-पुरुषों के सम्बन्ध को खासकर प्रेम-सम्बन्ध को विविध स्तरों पर अभिव्यक्त करता रहा। परन्तुभाषा और संवेदना की कुछ ऐसी नितान्त अलग-सी तरलता इस व्यकित्व में थी कि इसकी कविता कभी बासी नहीं पड़ी। प्राचीन संस्कारों से इस कवि का भाव-जगत् सर्वाधिक रूप में जुड़ा हुआ था। ये कवि थे पु. शि. रेगे। शब्द की शक्ति को जितनी गहराई से इस कवि ने परखा और प्रयोग में ढाला, उतना शायद ही और किसी ने किया हो। कुछ आध्यात्मिक रंग में डूबी इनकी इधर की कविता आज भी प्रभविष्णु लगती है।

मर्ढेकर के सामायिक कवियों में य. द. भावे, शरश्चंद्र मुक्तिबोध, विन्दा करंदीकर, मनमोहन के नाम उल्लेखनीय है। वैसे इन तीनों ने मार्क्सवाद से कुछ प्रभाव ग्रहण किया है। य. द. भावे ने दो संग्रह प्रकाशित कर लिखना प्रायः बंद किया। मुक्तिबोध अधिक सजग रूप में मार्क्सवादी रहे। मराठी कविता को प्रभावित करने वाले दूसरे महत्वपूर्ण कवि हैं विन्दा करंदीकर। अपने वैयक्तिक एवं सामाजिक भाव-जगत के प्रति ईमानदारी इस कवि में इस प्रकार थी कि यह विभाजन ही कुछ आरोपित प्रतीत हो। प्रचुर भावात्मक आवेश, बौद्धिक और चिन्तनात्मक ऊर्जा से उस आवेश का किया हुआ कलापूर्ण सन्तुलन, नये नये रूपों का अन्वेषण करने की सजग परिश्रमशीलता शब्दों को वांछित अर्थ देने की प्रगाढ़ क्षमता, पुराने काव्य-रूपों को तथा अप्रचलित शब्दों को नये ढंग से प्रयुक्त करने की सर्जनशील प्रयोगवादी प्रवृत्ति, अनुशासन और स्वच्छन्दता का विलक्षण काव्यात्म संयोजन, अनुभव की ओर कभी व्यंगात्मक या कभी हास्यपूर्ण, कभी चिंतनशील तो कभी रहस्यात्मक दृष्टि से देखने का दृष्टिकोण-ये कुछ ऐसे वैशिष्टय हैं जिन्होंने विन्दा करन्दीकर की कविता को एक अप्रतिम रूप तो दे ही दिया, नये कवियों ने उनको अपना पथ-प्रदर्शक भी माना। खासकर छंदों की पद्धतियों में किये हुए विविध परिवर्तन और आघात के तत्व को महत्व देकर किया हुआ छंद का प्रचलन मराठी काव्य पर महत्वपूर्ण प्रभाव डाल सका है। यह करंदीकर की ही देन है। जीवन के हर्ष, सुख, व्यथा, भय, करुणा, शोक, हास्य, उत्कट जिजीविषा इत्यादि कतिपय भावों को सामाजिक या वैयक्तिक जीवन के यथार्थ का रूप देकर करंदीकर ने अपनी कविता लिखी। जीवन को समग्रता में पकड़ने की आकांक्षा रखने वाला यह कवि कभी बालकों के लिए गीत रचना य काव्य रचना करता है जो कल्पना की चमत्कृति के कारण बड़ों को भी रसास्वाद कराती है। जीवन की असंगतयों देखकर विरूपिकाएं लिखता है। जीवन के रहस्यमय रूप के प्रति अन्तःकरण खुला करता है। पाश्चात्य कविता की परम्परा से गहन स्तर पर परिचय रखनेवाला यह कवि औपनिषदक काव्य सरणियों का भी उपयोग करता है। संभवतः मर्ढेकर के बाद इतना शक्तिशाली और उनसे भी अधिक वैविध्यपूर्ण कविता लिखने वाला दूसरा कवि मराठी में नहीं है।

नयी कविता के प्रवाह में काव्य भाषा, काव्य का आत्मतत्व, संरचना स्वरूप इत्यादि के प्रति जागरूक रहकर भी मंगेश पाडगांवकर ने अपनी पृथगात्मकता को न्यौछावर नहीं होने दिया। वैसे भावनात्मक स्तर पर बोरकर जैसे प्रकृति-सौंदर्य के प्रेमी और कोमलइता संवेदना से संपृक्त कवि से निकट का रिश्ता रखते हुए भी पाडगांवकर ने अपने काव्य क्षेत्र का स्वतंत्र रूप में विस्तार किया है। समृद्ध बिंबधर्मी भाषा के लिए तथा प्रकृति के प्रगाढ़ प्रभाव से फूल की तरह सहज खिलने वाली कविता के लिए और भाषा की सूक्ष्म गहन पैठ के लिए मराठी कविता पाडगांवकर ऋणी रहेगी।

कविता और गीत के बीच का अन्तर मिटा देने वाले बेहतरीन गीत मराठी में लिखने का श्रेय भी पाडगांवकर को है। वैसे इस संदर्भ में ग. दि. माडगुलकर, कवियित्री शांता शेलके तथा सुरेश भट के नाम भी अविस्मरणीय रहेंगे। श्री वसन्त बापट का शब्दों के लालित्य पर ध्यान अधिक रहता है। उनकी काव्य शैली पर अभिजात संस्कृत का प्रभाव है, उसी तरह लोकजीवन के लोकगीतों का भी। मनमोहन अजस्त्र प्रतिमा के धनी हैं परन्तु काव्य में अनुशासन की कमी के कारण वांछित प्रभाव नहीं डाल सके। फिर भी उनकी कुछ रचनाओंमें अनुभूति का तीव्र आवेश और कल्पना की प्रखर अभिव्यक्ति मिलती है। वा.रा. कान्त भी इस समय के एक महत्वपूर्ण कवि हैं।

लगभग १९४३-४५ के बीच मराठी लघुकथा, कहानी के क्षेत्र में भी एक महत्वपूर्ण परिवर्तन घटित हुआ। इस परिवर्तन ने मराठी काव्य की तरह कथा को भी प्रगल्भता दी। अनुभव के प्रति समर्पित साहित्यकारों ने पुरानी कथा रुढियों को तोड़कर नयी राहों का अन्वेषण किया। ध्येयवादी, आदर्शवादी, रोमांटिक, प्रकृतिवादी इत्यादि अनुभव को सीमित करने वाले शब्द नाकाम हुए। लेखक अनुभव के स्वत्व की खोज करने लगे। मनोरंजन की किस्सागोई पध्दति को त्याग कर तथा कथा को अनेक घटनाओं से सुसज्जित कर चमत्कृत करने की रूढि को छोडकर नये रूपों और भाषा की नयी सामार्थ्य का प्रयोग किया। गंगाधर गाडगील, अरविंद गोखले, पु. भा. भावे, व्यंकटेश माडगुलकर का नयी कथा में योगदन महत्वपूर्ण है। मध्यमवर्ग के समस्त मानसिक तनावों, द्वंदों और अनुभूति के ताने-बानों का सामर्थ्यशाली अंकन किया। ढोंग, दंभ, लुकाव-छिपाव और झूठे मूल्यबोध पर गंगाधर गाडगील ने कसकर प्रहार किये। दुर्बलता को ढाँकने की मध्यमवर्ग की दयनीय वृत्ति, नकली प्रदर्शनप्रियता इत्यादि पर आक्रमक हमले उनकी कथा में मिलते है। कभी व्यंग और हास्य के प्रयोग से कथा को प्रभावपूर्ण बनाया गया है तो कभी अत्यन्त, तरल काव्यात्म मधुर अनुभव को भी विलक्षण कलापूर्ण ढंग से पकड़ने का प्रयास किया गया है। गाडगील की मनोविज्ञान की पैनी समझ ने मराठी कथा-साहित्य को समृद्ध किया है। कभी फैंटसी के प्रयोग से भी कथा को बुनने का प्रयत्न उन्होंने किया है। कथा की ओर देखने का दृष्टिकोण बदलने में गाडगील की कथा ने महत्वपूर्ण हाथ बंटाया है तो अपनी पैनी समीक्षात्मक दृष्टि से मराठी आलोचना साहित्य को भी नये आयाम दिये। कतिपय उपक्षित रचनाओं को गाड़गील ने प्रतिष्ठित किया। गाड़गील की जीवन की ओर देखने की दृष्टि प्रायः मर्ढेकर की भांति निराशावादी रही। उनकी अधिकतर दुनिया धुन लगे मनुष्यों की रही। गोखले की दुनिया उस तरह कीड़ा लगी, सड़ी हुई नहीं है। सड़ी दुनिया में भी मानवता के दर्शन करना, मनुष्य मे छिपे उदात्त रूप को यथार्थ स्तर पर उभारना गोखले की कथा का कार्य है। मानव-मन की उनकी पैठ भी कम गहरी नहीं है। यथार्थ का सामना करने से भी वे कतराते हों, ऐसी बात नहीं है परन्तु केवल कुत्सित को देखकर वे संतोष नहीं करते। मध्यमवर्गीय नारी जीवन के कुछ सशक्त पहलु तथा दलित या पीड़ित व्याक्तियों में छिपे उच्च मानवीय स्त्रोत गोखले अंकित करते हैं। नये-नये क्षेत्रों की उपक्षित या अस्पर्शित जीवन के पहलुओं की छानबीन कर सब को कथा-रूप देने की गोखले की प्रवृत्ति ने उन्हें आज भी कथाकार के रूप में खत्म नहीं किया है। भारतीय संस्कृति के पु.भा. भावे के संस्कार अधिक गहरे हैं और उत्तरोत्तर उनकी आरंभ की मुक्त, स्वतंत्र स्वच्छन्द कथा को उन संस्कारों ने सीमित भी कर दिया, परन्तु शुरू शुरू के उभार में लिखी कुछ कहानियों में पाप-पुण्य, नीति-अनीति की सीमा रेखा पर घटित प्रसंगों के माध्यम से स्त्री-पुरुष संबंधों का उन्होंने सामर्थ्यशाली निवेदन किया हैं। उनके लेखन में

तीव्र ऊर्जा का आवेश है, आक्रमकता है। भावुकता का आवेग भी है परन्तु नयी कथा को ऊर्जस्वी स्वर प्रदान करने का श्रेय भावे को अवश्य देना होगा। व्यंकटेश माड़गुलकर ने सच्ची आंचलिक कथा मराठी में पहली बार लिख कर प्रायः एक समृद्ध अनछुए क्षेत्र को मराठी के लिए खुला कर दिया। गांव के वैविध्यपूर्ण चरित्रों के माध्यम से माड़गुलकर ने ग्राम्य जीवन के कतिपय यथार्थ पक्षों को अनावृत किया। यथार्थ के सूक्ष्म निरीक्षण की क्षमता माड़गुलकर में उच्च कोटि की है और अनुभव विश्व भी उनका अपना देखा-भोगा हैं, अतः आंचलिक साहित्य में पहली बार जबर्दस्त विश्वसनीयता ओर जीवन्तता आई। कतिपय दोष जो पूर्ववर्ती रचनाकोरों की रोमांटि क दृष्टि के परिणाम थे। माड़गुलकर की रचनाओं में निश्शेष हुए। दि. बा. मोकाशी, शांताराम, सदानन्द रेगे इत्यादि के नाम महत्वपूर्ण हैं। पु.श. रेगे भी अपनी अनोखी, परन्तु गुणवत्ता की दृष्टि से वजनदार कथाओं के लिए प्रख्यात थे।

१९५० के आस-पास मराठी उपन्यास में भी युगान्तर हुआ। काव्य और कथा के क्षेत्र में यह युगान्तर जितना स्पष्ट , प्रखर और सामर्थ्यवान तीत हुआ, उतना उपन्यास के क्षेत्र में नहीं। विभावरी शिरूरकरने लम्बे मौन के बाद (जो मौन साहित्य की दृष्टि से प्रायः सुखद ही रहा) 'बळी' नामक उपन्यास प्रकाशित किया। यथार्थोन्मुख लेखन करने वाले केतकर, वरेरकर की परम्परा में यह रचना सचमुच सर्वोत्कृष्ट मानी जा सकती है। गुनहगार दलित जीवन के घोर यथार्थ का अन्त तक निस्संकोच सामना करने में लेखिका को पर्याप्त सफलता मिली है। इससे कुछ पहले श्री.ना. पेंडसे ने लिखना प्रारंभ किया था। गो.नी. दाण्डेकर भी इस क्षेत्र में आये । इसी समय लिखी गयी कुछ अन्य रचनाओं से निष्कर्षित होता है कि अब मराठी के लेखकों ने प्रेम और मध्यमवर्गीय जीवन की सीमाओं में चक्कर काटते रहने की तथा रोमाटिक दृष्टि की अपर्याप्तत को समझा था। जीवन से गहन रूप में जुड़ी हुई स्थिति में ही साहित्य में महानता अवतरित होने की संभावना को अनुभव किया था। अपने अनुभव के खरेपन पर बल देने की बात को स्वीकार कर लिया था। परिणामतः पेडसे और दाण्डेकर ने प्रारंभ में अपने भोगे हुए जीवन के देश, काल, स्थिति को महत्व देते हुए आंचलिक उपन्यासों का निर्माण किया ओर कुछ शक्ति अजिंत करने के बाद अन्यान्य विविध क्षेत्रों नें परिश्रमपूर्वक संचार करने का प्रयास किया। अत्यन्त सामान्य मनुष्य को उन्होंने नायकत्व प्रदान कर मराठी परम्परा पर कुछ आघात किया। वस्तुतः यह केतकर ने बहुत पहले प्रारंभ किया था परंन्तु उन्हें वांछित सफलता नहीं मिली। इन लेखकों ने लेखकीय व्यक्तित्व का भव्य आवरण नहीं ओढ़ा, न कुछ भव्य दिव्य करने की ही आकांक्षा के वे शिकार हुए। परिणामतः अनेक कमियों और सीमाओं के बावजूद इन लेखकों की सच्चाई का जोरगार स्वागत हुआ। चरित्रों को जीवन्त और मूर्त व्यक्तित्व प्रदान करने की पेंडसेकी क्षमता बहुत ही बड़ी है। इसी समय कवि मर्ढेकर ने 'स्ट्रीम ऑफ अनकांशसनेस' को उपन्यास में लाने का असफल प्रयास किया। आंशिक सफलता इस दिशा में वसन्त कानेटकर को मिली भी।

अब तक साहित्य सूड़ो रोमांटिक मोह से बाहर आया था, अपनी सीमाओं और सामर्थ्य के अनुसार साहित्यिक रचना का धनुष उठाने की आवश्यकता को लेखकों ने समझा था, अपने अनुभव क्षेत्र के विकास की संभावना को स्वीकार करते हुए भी यह मान लिया गया था कि अनुभव की ईमानदारी रचना की प्राथमिक शर्त है। स्वातंत्र्य-पूर्व युग में साहित्य के प्रति जो भावुक धारणाएं थी, उनसे भी बाद के वयस्क साहित्य ने तथा समीक्षा ने सम्बन्ध काट लिया था। बाह्य तथा आन्तरिक

दोनों स्तरों पर यथार्थ वस्तून्मुखी दृष्टि का महत्व स्वीकार कर लिया गया था। साथ-साथ बाह्य यथार्थ का स्वरूप और वैयक्तिक अनुभव की परस्पर टकराहट के सर्जनशील केंद्र से ही उत्कुष्ट साहित्य की निर्मिति हो सकती है, यह मान लिया गया था। अनुभव को कलात्मक रूप प्रदान करते समय तन्मयता और तटस्थता दोनों अवस्थाओं का औचित्य आवश्यक समझा गया था। साहित्य में उत्तमता के साथ महानता लाने के लिए किसी विशिष्ट वाद से जुड़ने की अपेक्षा अनुभव को ग्रहण करनेवाले लेखकीय व्यक्तित्व के संघटन का ही अपरिसीम महत्व जाने-अनजाने लेखकों ने पहचाना था।

इस पृष्ठभूमि पर १९६० के बाद मराठी साहित्य में जो विकास हुआ तथा नयी प्रवृत्तियां उभरी, उनको स्थूल रूप में वर्गीकृत किया जा सकता है।

सातवें दशक के आरंभ में ही अस्तित्ववादी दर्शन साहित्यकारों के दरवाजे खटखटाने लगा था। यह कहना कठिन है कि प्रत्यक्ष विधिवत रूप में दर्शन की प्रणालियों से इन साहित्यकारों का प्रभाव पड़ा था। पाश्चात्य साहित्य का पठन-पाठन, खासकर सार्त्र, कामू इत्यादि लेखकों का प्रभाव, जोकि सातवें दशक की युवापीढ़ी की मनःस्थित के बहुत कुछ अनुकूल भी पड़ता था, अपनी जमीन की हवा में बढ़ता हुआ प्रदूषण, राजनैतक-सामाजिक तथा शैक्षणिक क्षेत्रों में फैले भ्रष्टाचार और भाई-भतीजावाद के कारण शिक्षित युवकों का सर्व-भक्षी अवरोध-यह कुछ ऐसी वास्तविकता थी जिसका प्रभाव सातवें दशक के आसपास लेखन करने वाले संवेदनशील लेखकों पर प्रत्यक्ष रूप में पड़े बिना नहीं रहा। अनुभूति के प्रति ईमानदारी तथा अमुभूति के अतिरिक्त किसी भी वैचारिक आरोपित निष्ठ को स्वीकार करने से इन्कार का सबक तो इन्होंने पूर्ववर्ती लेखकों से ही सीखा था।। स्वाभाविक रूप में विशेष रूप में उभरनेवाले लेखकों ने अपनी चेतना और अनुभूति के गहन आन्तरिक स्वत्व को ही महत्त्व देकर रचनाएं प्रस्तुत कीं। इस दशक में चिं. त्र्यं. खानोलकर (कवि आरती प्रभु) और दिलीप चित्रे विशेष महत्त्वपूर्ण रचनाकार रहे हैं -- अस्तित्ववादी विचारधारा के संदर्भ में। खानोलकर बहुमुखी प्रतिभा के धनी थे और संभवतः मराठी में इतनी बड़ी नैसर्गिक प्रतिभा शायद ही किसी को मिली हो। उपन्यास, कथा, नाटक, काव्य, ललितगद्य, बालवाड.मय, प्रायः सभी क्षेत्रों में खानोलकर ने उच्च्य कोटि की रचनाएं दीं। सूक्ष्म, तरल, तीक्ष्ण संवेदना, जीवन के अनुभव के अतल तक जाने की सहज क्षमता, अनुभूति को आकारित करने के लिए अत्यावश्यक शैल्पिक तथा भाषिक सामर्थ्य खानोलकर कोप्रकृति के वरदान के रूप में ही प्राप्त था। जीवन की विचित्रता, रहस्यमयता, तर्क के या अनुमान के कठ्घरों को तोडती-फोड़ती जानेवाली अमुभव की अजस्त्र धारा, जीवन की असंगतियां, मनुष्य को शोकाकुल करने वाली नियति की अजब क्रीडा, व्यक्ति के जीवन की अनबूझ पहेलियां, सम्बन्धों की तर्कहीन अवस्था, जन्म-मृत्यु, सृजनशक्ति इत्यादि के प्रति कलात्मक स्तर पर व्यक्त होनेवाली जिज्ञासा, मानवीय मन एवं चरित्र्य की अबूझ गहराइयां खानोलकर के साहित्य के कुछ महत्त्वपूर्ण विशेष हैं। खानोलकर की भाषा में बिम्बों की समृद्ध विपुलता के साथ विलक्षण ताजगी होती हैं जो गद्य एवं काव्य को अद्‌भुत रूप में प्रभावशाली बनाती है। घटनाएं, स्थितियाँ एवं चरित्र कब वैयक्तिकत्त्क का त्याग कर प्रतीकात्मक भव्य आशय ग्रहण करेंगे यह अनुमान के परे ही होता है। दिलीप चित्रे ने मुख्यतः कविता लिखीं, कुछ कहानियां भी। दिलीप चित्रे, जो इधर बुरी तरह से चुप हैं, युवावस्था में ही समीक्षा के क्षेत्र में कुछ आश्चर्यजनक सा पराक्रम कर गये। उनका लेखकीय व्यक्तित्व ही कुछ अलग-सा रहा और अनुभव के प्रति समर्पित

उनका लेखन भी कुछ ऐसी अमुभूतियों को व्यक्त करता रहा, जिन्हें शब्दों में पकड़ना आसान नहीं है परन्तु अमुभूति की गर्मी को महसूस किया जा सकता है। दिलीप चित्रे तथा उनके समकालीन युवा लेखकों में मन की गहरी अनुभूतियों, भावावस्थाओं को व्यक्त करने की जो प्रकृत्ति थी, उसके कारण किसी अन्य नाम के अभाव में शायद अधिक सार्थक रूप में भी अस्तित्ववादी भावावस्था कहा जा सकता है। वस्तुतः वसन्त आवाजी डहाके की कविता सही अर्थ में अस्तित्ववादी कविता है। नास्तिक अस्तित्ववादी इनकी कुछ कविता सशक्त अवश्य हैं तो अभी यह आभास होने लगता है कि अस्तित्ववादी गर्शन के वस्तुपाठ के रूप में यह कवि कविता लिख रहा है। मनुष्य के अकेलेपन की भयावह स्थितियां, यांत्रिकता के कारण उत्पन्न खोखलापन, आध्यात्मिक स्पर्श से वंचित आत्मा की अधर में लटकी भयाकुल स्थिति, बुद्धिवाद और मानवता वाद की कसौटी के क्षणों में वैयक्तिक एवं सामाजिक जीवन में मनुष्य की दयनीय हार, अंधःकार की ओर यात्रा का दाहक एहसास, वासना की असंयत बंदर-कूद और त्वरित बाद में आनेवाली निरर्थकता की तीखी चुभन और आत्म-ग्लानि, आत्मीय सम्बन्धों का नकलीपन, एक-दूसरे के साथ घृणा के सम्बन्धों में बंध कर जीवन काटने की बाध्यता, पल-पल प्रतीत होनेवाली आत्मा की कैद, ऊब और संत्रास की पीड़ादायी मार, निष्क्रियता की दुःखद प्रतीति और सब कुछ के प्रति अपयुक्ति का यातनामय बोध, जीवन की निरर्थकता की बौद्धिक स्वीकृति की कृष्ण छाया मे भी जीवन जीने की बाध्यता का कुंठित करता हुआ बोध, इत्यादि मानसिक स्थितियां प्रायः काव्य में आब बार दुहरायी जाने लगी हैं। अरुण कोल्हटकर, प्रभा गणोरकर, भालचंद्र नेमाडे, श्रीधर शनवारे, गुरुनाथ धुरी, तुलसी परब, फ. मु. शिंदे, चंद्रकांत पाटिल इत्यादि के नाम इस संदर्भ में उल्लेखनीय हैं।

मराठी में इधर नये नाटककार भी उभर रहे हैं। खासकर सतीश आलेकर, महेश एलकुंचवांर, अच्युत वझे और दिलीप जगताप, दिलीप परदेशी के नाम स्मरणीय हैं। लगता है इनकी रचनाएं भी जाने-अनजाने अस्तित्वबाद से प्रभावित हो रही हैं; आशय और अभिव्यक्ति दोनों स्तरों पर।

मराठी अपन्यास के क्षेत्र में भालचंद्र नेमाडे ने 'कोसला' उपन्यास लिखकर साहित्य क्षेत्र में बड़ी सनसनाहट उत्पन्न की थी। हर गांव से आये रईस जमींदार के सामान्य बेटे के विद्यापीठीय और छात्रावास के अनुभवों काचित्रांकन इस उपन्यास का विषय है। संभवतः पहली बार मराठी में यह अनुभव (विशुद्ध अनुभव विद्यापीठीय जीवन का) अपनी पूरी जटिलता के साथ व्यक्त हुआ है। कथा-रचना, भाषाशैली, चरित्र्य-चित्रण के सभी स्थापित मानडंडों को चुनौती देती हुई यह कथा, ढ़ांचों तो तोड़नेवाली यह अनुभव सम्पदा, अस्तित्व संबंधी कुछ मूलभूत प्रश्नों का पुनर्विचार करने को बाध्य करतीहै। (भालचंद्र नेमाडे का एक महत्त्वपूर्ण उपन्यास 'विढार' जो हाल ही में प्रकाशित हुआ है, जीवन और साहित्य की सीमा रेखाओं को धुलाता हुआ विराट जीवन के अंकन की ओर उन्मुख हुआ है।) लेकिन बाद में इस प्रकार के उपन्यासों में कुछ एकरसता सी आने लगी है। इस फार्मूले का काफी उपयोग किया गया है। इधर किरण नगरकर का बहुचर्चित उपन्यास 'सात सक्कं त्रैचाळीस' 'कोसला' के बाद महत्त्वपूर्ण उपन्यास है जिसमें जीवन को निरर्थकता और असंगतता का पर्याप्त शक्तिमत्ता के साथ एहसास कराया गया है। इसे सम्पूर्ण रूपेण सफल उपन्यास तो नहीं कहा जा सकता, परंन्तु युवा लेखक की क्षमता का प्रत्यय मिल ही जाता है। कुछ इसी विचारधरा के साथ रिश्ता बतानेवाली जयवंत दलवी की रचना 'स्वगत' थी। त्र्यं. वि. सरदेशमुख ने 'एका राजाची बखर' में अधिक गंभीरता से मानवीय मन के अकेलेपन का साक्षात्कार कराया।

जयवंत दलवी, भाऊ पाध्ये, साठोत्तरी उपन्यासकारों में सशक्त एवं महत्वपूर्ण हस्ताक्षर हैं। धन, क्षगातिका,बाईबिन बुवा, जैसी शक्तिशाली कृतियां देनेवाले उद्धव शेलके इधर व्यवसाय करने पर उतर रहे प्रतीत होते हैं। वैसे कुछ इसी संदर्भ में, परन्तु अनुभव की दाहकता के बजाय प्रयोग की प्रेरणा से और चमत्कार उत्पन्न करने के लिए चंद्रकांत खोत ने लेखन किया है।

मराठी लघुकथा के क्षेत्र में एक महत्त्वपूर्ण हस्ताक्षर है सामर्थ्यशाली कथा लेखक जी. ए कुलकर्णी। सामयिक मराठी कथा-साहित्य में सब से अलग और सर्वाधिक शक्तिपूर्ण यह व्यक्तित्त्व है। उनकी कतिपय कथाएं अस्तित्ववादी दर्शन से समृद्ध हैं। दूसरे प्रकार की कथाओं में मानवीय शोकात्म नियति के विलक्षण कलापूर्ण दर्शन उन्होंने कराये हैं। नयी और पुरानी शैलियों का कुछ ऐसा मिश्रण उनकी कथा में होता है कि उनकी कथा को परम्परा में फिट करना मुश्किल है। अतिशय जटिल एवं संमिश्र अनुभव को प्रचुर घटनाओं प्रसंगों और प्रबल व्यक्तित्वों के माध्यम से व्यक्त करने में वे सक्षम होते हैं। उनके द्वारा प्रस्तुत घटनाओं में गूढ़ता का अंश प्रचुर मात्रा में होता है परन्तु जहां तक आशय का संबंध है, जी. ए. की कथा पूर्णतः आधुनिक है। जीवन केअर्थ की खोज करने की छटपटाहट तथा जीवन की शोकात्म परिणतियों का साक्षात्कार कराने की जितनी शक्तिपूर्ण आकांक्षा जी.ए. की कथा में दिखती है, उतनी कहीं भी नहीं मिलेगी। जी.ए. में जो प्रचण्ड बौद्धिकता है और उत्तुंग कल्पना की सर्वगामी क्षमता है, उसके फलस्वरूप वे अपनें ही रूपों को तोड़ते हैं,मान्यताओं को अतिक्रांत कर जाते हैं। इस सामकर्थ्यशाली लेखक का निरंतर विकास यह मनवा लेता ही है कि मराठी में एक ऐसा साहित्यकार है जिसकी किसी भी वैश्वक श्रेणी के लेखक से तुलना की जासकती है।

मराठी कथा में कुछ ऐसे शक्तिशाली कथाकार भी है जो अवनार्मल जीवन के चित्रण में रस न लेकर नार्मल जीवन के सुख-दुखों की अभिव्यक्ति अतिशय कलात्मक ढंग से करते है। जयवंत दलवी, विद्याधर पुंडलिक, बालकृष्ण प्रभुदेसाई-ये कुछ महत्वपूर्ण नाम हैं। हास्य और करूण, दोनों प्रकार के अनुभवों को व्यक्त करने की जयवंत दलवी की क्षमता जबर्दस्त है। विद्याधर पुंडलिक की कथा में मनुष्य के अत्यंत कोमल तरल, उत्कट नाटयत्म अनुभवों की अप्रतिम अभिव्यक्ति होती है। विद्याधर पुंडलिक की संख्या में अल्प, परन्तु कला-गुणों से अत्यन्त समृद्ध कथा मराठी कथा के लिए गौरव की बात है। श्री. दा. पानवलकर जीवन के खुरदरे घोर यथार्थ अनुभव जीवंत पात्रों के माध्यम से व्यक्त करने में सफल होते हैं। अपराध प्रवृत्ति के लोगों के जीवन की कशमकश व्यक्त करने में उन्हें पर्याप्त यश मिला है। (इधर उच्च मध्यमवर्गीय जीवन की मूल्यहीनत और उसकी भयावह परिणतियों का समग्र चित्रांकन करने वाले जयवंत दलवी का समग्र चित्रांकन करने वाले जयवंत दलवी का उपन्यास 'अथांग' प्रकाशित हुआ है।)

मुख्यतः मध्यवर्ग की और उसके माध्यम से कुल मानवीय मनोवृति की चीर-फाड़ अपने मर्मभेद व्यंग्यात्मक कोण से करते हुए सफल नाटक प्रस्तुत करने में विजय तेंडुलकर को अदभुत यश मिला है। तेंडुलकर के नाटकों में जीवन के सम्बन्ध में एक स्वस्थ नैतिक दृष्टिकोण नाटयानुभव कोअर के रूप में उपस्थित होता है जिससे उद्भूत उनका तीक्ष्ण उपहास ,कुटिल हास्य मन को विचलित करता रहता है परंतु इसकी ओर समीक्षकों का ध्यान अभी नहीं गया है। 'शांतता कोर्ट चालू आहे', 'गिधाडें', 'सखाराम बीईंडर', में यह दृष्टिक्षेप क्रमशः तीव्र होता गया है। घाशीराम कोतवाल' में भी महाराष्ट्र की इतिहास के प्रति अस्मिता पर ही उन्होंने आघात किया है। इस आघात को पचाना

कुछ कठिन मालूम हो रहा है। इस प्रकार के लेखन को देखकर लगता है कि स्वातंत्र्य-पूर्व युग में अपनी ही वर्गीय प्रवृतियों को पुचकारता हुआ मध्यवर्गीय लेखक अब अन्तर्मुख होकर न केवल अपनी कमजोरियों को स्वीकार कर रहा है बल्कि अपनी चेतना पर तीव्र चोटें कर आत्मदंड दे रहा है, आत्मग्लनि की कचोट से तिलमिला रहा है। साठ के पहले लेखक उतना अपने प्रति निर्मम नहीं हो पा रहा था। अब वह अपने से न केवल घोर रूप में असन्तुष्ट है, बल्कि कृतकर्म के लिए अथवा निष्क्रयता के लिए बहुत अच्छे उदाहरण से समझा जा सकता है। प्रकृति के प्रति समर्पित, बिम्ब-समृद्ध-सुव्दर कवित लिखने वाले कवि पाडगावकर अपने को समय से जोड़ने और पुरानी कुछ आत्मसन्तुष्ट वृत्ति को छोड़ने का जानबूझकर परिश्रम कर रहे है। अतिशय सुकुमार उनकी कविता इधर जीवन के उग्र गंभीर और भयावह रूप का सामना करती प्रतीत होती है। उनकी लिखी 'वात्रटिका' संभवतः बीच की एक सीढ़ी थी। इधर करंदीकर की 'विरूपिका' भी इस संदर्भ में महत्वपूर्ण है। जीवन को विरूप करनेवाली असंगतियां ऊपर से चमत्कारिक और हास्यपूर्ण लगनेवाली छोटी कविताओं के माध्यम से व्यक्त की जाती है। उसमें निहित गंभीरता को पकडने में चूक हो जाये तो लेखक को कुछ असाहित्यिक संकट का भी सामना करना पड़ता है। आचार्य अत्रे ने काव्य-रूढ़ियों का विडंबन कुछ कुछ मजाकिया ढंग से। इधर विरूपिकाओं में जीवन की लूलभूत आसंगतियों का ही अनावरण होने लगा है। विडंबन की प्रेरणा काव्य रूढ़ियां थी, विरूपिकाओं की प्रेरणा जीवन-रूढियां है।

मध्यवर्ग के आत्मतुष्ट या किसी विशिष्ट विचार प्रणालीको निष्ठ के रूप में स्वीकार कर लेखन करनेवाले लेखक और मध्यवर्गीय जीवन की चीर-फाड़ करनेवाले लेखकों के बीच एक ऐसा भी लेखकों का वर्ग है जो किसी विचार-प्रणाली के प्रति समर्पित तो नहीं है। परन्तु ईमानदारी से जीवन जीते हुए मिलने वाले कटु-मधूर सुख-दुखमय अनुभवों का अतिशय कलात्मक ढंग से शब्दांकन करता है। चूंकि इनकी जीवन जीने की मूल आस्था में जीवन के प्रति गहन जुडाव और मांगल्य पर मूलभूत श्रद्धा होती है इनके अनुभव का अधिकांश हिस्सा वेदनामय होता है। इनकी ईमानगार अनुभूति की अभिव्यक्ति में गहराई से स्पर्श करने की क्षमता होती है। साहित्य एवं कलाओं के विकास का तथा उसके लिए अनिवार्य जनतांत्रिक वातावरण का यह एक स्पष्ट लक्षण है। इस संदर्भ में इंदिरा संत और श्रीमती शांता शेलके की उत्कृष्ट काव्य-रचना का उल्लेख करना होगा। श्रीनिवास कुलकर्णी के अप्रतिम ललित गद्य की भी स्मरण होना अनिवार्य है। इधर आरती प्रभु के काव्य-संग्रह 'नक्षत्राचे देणे' में भी जीवन की गहन वेदनापूर्ण अनुभूति गजल, गीत इत्यादी माध्यमों के द्वारा व्यक्त हुई है। इस लेखन पर नये-पुराने के लेबल नहीं लगाये जा सकते, फिर भी यह सार्थक और सफल लेखन है।

जबकि मध्यवर्गीय लेखक आत्मग्लनि की कडवाहट से अपनी अन्तरात्मा को निर्ममता से छीलने का प्रयास कर रहे हैं, मराठी के आंचलिक साहित्य में वैविध्य और ताजगी आ रही है। स्वतंत्र्योत्तर परिवर्तनों का एक शुभ परिणाम यह हुआ है कि जबकि स्वातंत्र्य-पूर्व काल में कोई माटे , वि. ल. बर्वे, दिघे जैसे उच्चवर्णीय लेखक ग्राम्य-जीवन के संबंध में लिखते थे, अब कृपि-कार्य करनेवाले, बैल-गाय चराने, गोबर सिर पर रखकर ढोने अथवा चूने और सीमेंट के बोरों को उठाने का काम करने वाले युवकों ने भी उच्च शिक्षा लेकर महत्वपूर्ण लेखन करना प्रारंभ किया है। और ऐसे लेखकों के अनुभव में कुछ ऐसा ताप, ऐसी ऊर्जा, ऐसा आघात करने का बल रहता

है कि रूप और शब्दों की रूढ़ प्रणालियों के प्रति लापरवाह होकर लिखा हुआ वाङ्मय बड़ा शक्तिशाली प्रतीत होता है (केशव मेश्राम, बाबूराव बागुल इत्यादि का लेखन)। पहले वाले लेखकों के लिए ग्राम्य जीवन या दरिद्रता में पले लोगों का नाटकीय जीवन सहानुभूति का विषय था, रूचि-परिवर्तन का स्वाद भी मिलता था, रोमांटिक भी बना जा सकता था। अब वह स्थिति नहीं रही। अब यह नया युवा लेखक प्रायः गाव से नगर की ओर आता है। महानगर की फुटपाथ की जिंदगी के भोगता है और इस दरिद्र जीवन के विद्यापीठ पर अनुभव का जो विराट पाठ पढ़ता है, उसे तेजस्वी भाषा में व्यक्त करता है।

मराठी ग्राम्य साहित्य या आंचलिक साहित्य इधर पंद्रह-बीस वर्षो में बहुत समृद्ध हुआ है। इस दिशा में सशक्त परिवर्तन का श्रेय व्यंकटेश माडगुलकर को है। जवर्दस्त सूक्ष्म निरीक्षण, जीवन का व्यापक अवलोकन और स्वाभाविक अभिव्यक्ति का सामर्थ्य माडगुलकर के पास था। फिर भी उनमें एक तटस्थता थी। ग्राम्य जीवन की विपन्न स्थिति करूण प्रसंगों, शोकात्म घटनाओं का तथा स्वातंत्र्य के बाद बदलते परिवेश का अतिशय प्रभावपूर्ण चित्रांकन शंकर पाटिल ने किया। शंकर पाटिल के कतिपय कथा-चरित्र स्थायी प्रभाव छोड़ जाते है। इनके ग्राम्य जीवन में निहित असंगतियों के साथ हास्योत्पादक प्रसंगों की कमी नहीं है। ग.मा. मिरासदार ने ग्राम्य जीवन का अधिकतर उपयोग शुद्ध हास्य उत्पन्न करने के लिए किया है। उनकी कथाओं में भी ग्राम्य जीवन का हार्दिकतापूर्ण निरीक्षण भी कम पैना नहीं है। आनन्द यादव ने ग्राम्य जीवन की दुःखद स्थितियों को जितना झेला है उतना शायद ही कुसी ने झेला होगा। उनके लेखन में ग्राम्य-जीवन के अधिक अंतरंग प्रसंगों का सुख-दुखःमय चित्रण मिलता है। बाह्य घटनाओं का पृष्ठभूमि के रूप में उपयोग कर ग्राम्य-मन का आंतरिक गहन अनुभव उत्कट रूप में साकार करने में आनन्द यादव को अदभुत सफलता मिली है। उनका उपन्यास 'गोतावळा' मराठी के इनेगिने श्रेष्ठ उपन्यासों में स्थान रखता है। जमींदार के यहां किसान के रूप में बेगारी करने वाले परंतु गांव की जमीन और जीवन से जुड़े हुए एक अतिशय सामान्य व्यक्ति का भाव विश्व और समस्त जीनव ट्रैक्टर के आगमन पर इखड़ जाता है। आनन्द यादव ने आज की बदलती परिस्थितियों और जीवन मूल्यों का शक्तिपूर्ण ढंग से संकेत करते हुए इस कथा-नायक के संवेदन विश्व का विलक्षण प्रत्ययकारी अंकन किया है। आनन्द यादव अपनी कथाओं और कविता में ग्रामीण बोली का उपयोग करते हैं जो चित्रात्मक और बिम्बधर्मी होती है। आनन्द यादव ने मराठी ग्राम्य साहित्य को दूर तक प्रभावित भी किया है। सखा कलाल, रा. रं. बोराडे इत्यादि नाम इस संदर्भ म उल्लेखनीय है। एक बात फिर भी खटकती है। यह समस्त साहित्य गांव की आन्तरिक एवं बाह्य वास्तविकता से परिचय करा कर मध्यवर्गीय पाठक की संवेदना का क्षेत्र विस्तृत कराता है, लेकिन प्रत्यक्ष गांव के लोगों के लिए इसकी कोई उपयोगिता अभी नहीं दिखती। उपयोगिता प्रचारात्मक या साधनात्मक मूल्य क रूप में नहीं। उसके लिए ग्राम्य जीवन क शिक्षा का स्तर एवं अल्प प्रसार भी कारण है। इस प्रकार के लेखन में अभी बिखराव के बाद शक्ति को समेटकर उठने की प्रेरणा यह साहित्य अभी नहीं दे पा रहा है। यह कार्य दलित साहित्य कर रहा है, इसलिए उसके साहित्य का रूप अधिक अग्निंधर्मी है।

मराठी के कुछ साहित्यकोरों ने महानगर और देहात के बीच का कस्बाई जीवन भी लेखन के लिए चुना है। यह परम्परा गो. नी. दाण्डेकर, श्री. ना. पेडसे, मधु मंगेश कर्णिक इत्यादि लेखकों द्वारा रूढ की गयी है। उद्धव शेलके, सुभाष भेंडे, ह. मो. मराठे इत्यादि लेखक इस दालन को

समृद्ध कर रहे है। इधर विशिष्ट जाति को लेकर बदलती आर्थिक-सामाजिक स्थिति में इसी अवस्था या दुर्दशा का चित्रण करने का प्रयास भी हो रहा है।

आंचलिक जीवन के चित्रण के संदर्भ में ही मराठी की समृद्ध प्रकृति कविता का उल्लेख करना अनुचित नहीं होगा। नगर जीवन के बढ़ते नाखूनों के कारण प्रकृति के रंग, गंध, रस, रूप के बाध से सौंदर्य-विद्ध होने की प्रवृत्ति बुरी तरह से क्षीण होती जा रही है। फिर भी मोटे तौरषर प्रकृति सौंदर्य स अभिभूत होनेवाले कवियों के दो वर्ग किये जा सकते है-प्रकृति के सान्निध्य में मुख्यतः उल्लास, हर्ष, आनंन्द और सुख से उत्तेजित होनेवाले कवि और अकेलेपन का एहसास, बेदना भूलने के लिए प्रकृति का अवलम्ब आदि करनेवाले कवि। पाडगांवकर, खनोलकर इत्यादि पहले प्रकार के कवि है जिनको प्रकृति के गोद में विशुद्ध आनंद मिलता है। अ.ना. पेडणेकर गुरूनाथ धुरी, ग्रेस इत्यादि कवि इसी कोटि में आते है। ग्रेस की तरल, सूक्ष्म, धूंधली, अस्पष्ट , अकथनीय मनोवस्थाए प्रकृति के रंग लेकर अवतरित होती हैं तब बहुत बार लगता है शब्दों के सूक्ष्म नाद का एवं ध्वनि सैदर्य का जादू अधिक हावी हो गया है और इस शब्द-मोह ने कविता को दुरूह बनाया है। ना.धो. महानोर प्रकृति कवि के संदर्भ में मराठी में संभवतः बालकवि केबाद का एक महत्वपूर्ण कवि है। ग्रामीण प्रकृति का जैसे इस पर नशा-सा चढ़ता है। समस्त मन प्राण से प्रकृति के प्रति आसक्त कवि बहुत कम होंगे। उसके व्यक्तित्व के अंतर्तम का 'कोअर' प्रकृति के सौदर्य से विमोहित होकर अकृत्रिम छंद में प्रकट होने में ही सार्थकता अनुभव करता है।

¨मराठी कविता का एक जुझारू रूप है---- सातवें दशक के आसपास एक जबर्दस्त व्यक्तित्व मराठी में उभरा नारायण सुर्वे। फुटपाथ और मजदूरों की दरिद्र बस्तियों में इसने शिक्षा ग्रहण की, निर्धन जीवन की कटुता भी भोगी, अवमानित जिंदगी के कड़ुवे प्रहार झेले। इससे इस कवि के काव्य में जबर्दस्त पेंठ और धार भी उत्पन्न हुई, परन्तु आश्चर्य यह कि सच्चे अर्थ में एक प्रतिबद्ध कवि होने के कारण उसकी कविता में वैयक्तिक कटुता या विद्वेष नहीं है, आक्रोश नहीं है, आत्मरति की भावना भी नहीं है। परिवार, समाज, देश, संस्कृति, परम्परा, नये जीवन का आदर्श इत्यादि सब के प्रति आत्मीयता और मजदूर और किसान जैसे श्रम-जीवियों के प्रति गहन आन्तरिक लगाव होने के परिणाम स्वरूम इसकी कविता में जीवन के समग्र रूप के प्रति कुल आशा, स्नेह और आस्था के जीवनदायी तथा प्रेरणादायी स्वर कलात्मक ढंग से व्यक्त होते रहते हैं। इस कवि में कलात्मक बोध की सहज पकड़ है। परिणामतः कलात्मक स्तर को खंडित न करते हुए भी इस कवि ने अपनी कविता को समाज के निम्नस्तरीय लोगों तक पहुंचा दिया है। अत्यन्त कोमल प्रगल्भ पारिवारिक अनुभवों को व्यक्त करने वाले इस कवि की वाणी जब व्यवस्था, स्थापित स्वार्थ और समाज का गत्यावरोध करनेवाली शक्ति के विरोध में आग उगलने लगती है तब दमकती तलवार का तेज शब्दों में प्रतिभासित होता है। संभवतः सभी स्तरों में लोकप्रियता और विदग्ध काव्य-प्रेमियों के बीच जितना सम्मान नारायण सुर्वे को मिला है, उतना और किसी को नहीं। नारायण सुर्वे की कविता ने मराठी के दलित लोगों की कविता को प्रेरणा और दिशा देने का महत्वपूर्ण कार्य किया है। सामाजिक और वैयक्िक जीवन की स्वीकृत दूरी को अथवा अन्तराय को समाप्त कर दिया है। लोकप्रियता और कलात्मक प्रौढ़ता के बीच माने गये अन्तर पर भी प्रश्न चिन्ह लगाया है।

मराठी में पिछले दस पंद्रह वर्षो में दलितों द्वारा लिखा हुआ साहित्य एक बड़ी शक्ति के

रूप में सामने आ रहा है, वैसे अण्णाभाऊ साठे, शंकरराव खरात इत्यादि लेखकों ने मराठी साहित्य में पर्याप्त ख्यात अर्जित की थी परन्तु इनक् लेखन पर मराठी की मध्यवर्गीय परम्परा का प्रभाव था। दलित जीवन के घोर यथार्थ की अनेक स्तरीय कटु खुरदरी अनुभूति की दुनिया को साकार किया बाबूराव बागुल ने। ये मराठी के सशक्त दलित कथाकार है और उनकी कथा ने शायद पहली बार झोपड़पट्टी के नारकीय जीवन की घोर वास्तविकता से परिचय कराया है। दलित साहित्य में सशक्त कवि हैं नामदेव ढसाळ दलित साहित्य का प्रमुख स्वर विद्रोह का है। विद्रोह पहले हिन्दूधर्म में दृढ़तापूर्वक व्यक्ति को जकड़ने वाली जातीय व्यवस्था के प्रति और बाद में आर्थिक विषमता को दृढ़ करनेवाली व्यवसथा के प्रति। उच्चवर्णीय के प्रति तीव्र गुस्सा, नफरत और परम्परा के अस्वीकार का भाव इसके साहित्य में आक्रोश के परू में व्यक्त होता है। प्राणों की बाजी लगाकर लड़नेवाले योद्धा के तेवर में ये लिखते हैं। ऐसी व्यवस्था ये चाहते हैं जो न्यायोचित विकास का अवसर दे सके। जाति, वर्ण, अर्थ के माम पर किसी प्रकार की विषमता न रहने दे। ये दया, सहानुभूति एवं करूणा नहीं चाहते। ये सम्पूर्ण क्रांति की ओर उन्मुख हैं। न्यायोचित अधिकार और समानता का हक चाहते हैं। जीवन का दाहक अनुभव कला की रूढ़ परिपाटियों को ही नहीं तोड़ता, बहुत बार कला-संबंधो अनिवार्य नियम एवं औचित्य को भी तोड़ता है। फिर भी इनके शक्तिपूर्ण साहित्य का मराठी में स्वागत किया गया है। दया पवार, राजा ढाले, राजा राजवाड़े, केशव मेश्राम, वामन निंबालकर, अर्जुन डांगले इत्यादिं उल्लेखनीय दलित साहित्यकार हैं। राजा राजवाडे का 'धुमसणारे शहर' उपन्यास प्रकाशित हुआ है। बम्बई के फुटपाथ की जिंदगी का असली वास्तविक चित्रण इसमें किया गया है और फुटपाथ पर जीवन काटने वाले लोगों की व्यवस्था के प्रति विरोध और विद्रोह को भी रेखांकित किया गया है। मराठी में स्थायी महत्व का लेखन यह कहां तक दे सका है, इसका निर्णय करना अभी मुश्लिक है, क्योंकि यह साहित्य आवेश में लिखा जा रहा है और उसका मूल्यांकन भी वस्तुनिष्ठ दृष्टि से करना समीक्षकों के लिए अनेक कारणों से कठिन हो गया है।

इधर पिछले दस-पंद्रह वर्षों में मराठी उपन्यास में और दो प्रकार की प्रवृतियाँ प्रवाहित हुई हैं। वैसे महाराष्ट्र का मन अपने प्रांत के इतिहास के प्रति बहुत जागरूक है। स्वातंत्र्योत्तर युग में पौराणिक और ऐतिहासिक वातावरण को लेकर काफी उपन्यास लिखे गये। वि.स. खाण्डेकर का 'ययाति' कतिपय दोषों के बावजूद प्रचण्ड रूप में लोकप्रिय बना। मनुष्य की सुखवादी प्रवृत्ति की अंतिम शोकात्म परिणतियों का चित्रांकन करने के लिए खाण्डेकर ने यह उपन्यास लिखा। इसके बाद पौराणिक और ऐतिहासिक उपन्यासों के प्रति लेखकों का उत्साह बढ़ गया। शिवाजी सावन्त नामक युवा लेखक ने कर्ण को न्याय देने के लिए 'मृत्युंजय' लिखा। रणजित देसाई ने माधवराव पेशवे की शोकात्म कथा को 'स्वामी' नामक उपन्यास में अत्यन्त सफलतापूर्वक शब्दांकित किया। फिर अनेक ऐतिहासिक उपन्यास उपेक्षित अवहेलित अथवा अपमानित व्यक्तियों के प्रति पुनर्विचार करने के हेतु लिखे गये। इनामदार के 'झुंज' का इस संदर्भ में नाम लिया जा सकता है। यद्यपि अपने चरित्र नायक अथवा नायिका के प्रति सहानुभूति उत्पन्न करने के लिए लेखकों मे पर्याप्त ऐतिहालिक असली-नकली सामग्री को जुटाया, कल्पना-शक्ति पर जबर्दस्त बल दिया, फिर भी बहुत सारे उपन्यास व्यक्ति-केंद्रित होने के कारण ऐतिहासिक परिवेश को ढंग से नहीं चित्रित कर सके। परिणानतः ऐतिहासिक रस कम उत्पन्न हुआ। शिवाजी जैसे लोकोत्तर युग प्रवर्तक व्यक्त होती रही,

उसका बहुत ही नाट्यात्मक चित्रण कानिटकर ने 'जेव्हा रायगडाला जाग येते' नामक सफल नाटक में भी चलने लगी। रंगमंच की दृष्टि से सफल परंतु साहित्यिक गुणों से कुछ असंतोषजनक अनेक नाट क खेले गये। आनंदीबाई, दूसरा बाजीराव जैसे इतिहास में लांछित व्यक्तियों को सहानुभूति देकर गौरवान्वित करने के प्रयास हो रहे है। महाभारत मराठी के लेखकों के लिए नयी-नयी व्याख्याओं का एक प्रेरणास्त्रोत बन ही गया है। इरावती कर्वे, दुर्गा भागवत, आनन्द साधले इत्यादि लेखकों ने नये कोण से देखने का प्रयास किया है। अब वह फिर से नये ढंग से ललित लेखकों के लिए चुनौती का श्रेत्र बनगा, ऐसा प्रतीत हो रहा है। अब वह फिर से नये ढंग से ललित लेखकों के लिए चुनौती का क्षेत्र बनेगा, ऐसा प्रतीत हो रहा है। इस संदर्भ में रत्नाकर मतकरी का नाटक 'आरण्यक' उल्लेखनीय है। वैसे विद्याधर पुंडलीक की रचना 'चक्र' (नाटक) भी इस दिशा में महत्वपूर्ण उपलब्धि थी।

कुछ सामाजिक एवं राजनैतिक जीवन में कर्तृत्ववान व्यक्तियों को नायक बनाकर उसके जीवन चरित्रों को औपन्यासिक रुप देने की चेष्टा भी हो रही है। श्री. ज. जोशी के 'आनंदी गोपाल' को इसमें लोकप्रियता मिली है। इसमें कुल २४ वर्ष की आयु मे एक लडकी ने विवाह के बाद शिक्षा लेना प्रारंभ कर अमेरिका से डाक्टर की उपाधि कैसे प्राप्त की और वैयक्तिक तथा सामाजिक जीवन में हिंदू समाज में उसे कितनी गहन मानसिक यातनाओं तो भोगना पड़ा, इसका प्रभावपूर्ण चित्र खींचा गया है। इसके बाद तिलक, सावरकर जैसे चरित्रों को लेकर अनेक उपन्यास लिखे गये। अब इस श्रेणी में ज्ञानेश्वर, तुकाराम जैसे संत भी आने लगे हैं। आंबेडकर, गाडगे महाराज भी औपन्यासिक नायक बनने लगे हैं।

विजय तेंडुलकर, चिं. त्र्यं. खानोलकर, तोरंडमल, रत्नाकर मतकरी, जयवंत दलवी, सतीश आलेकर जैसे लखकों ने अनेक गंभीर साहित्यिक नाटक लिखे है। इधर झोपडपट्टी के निवासियों की सत्-असत् प्रवृत्तियों के द्वंद एवं उनके भयावह जीवन-संघर्ष का पर्याप्त नाट्यपूर्ण चित्रण रमेश पवार ने 'गुरू' नामक नाटक में किया है। मराठी के हास्य वाङ्मय की भी एक बहुत बड़ी सशक्त परम्परा है जिसे इधर पंद्रह-बीस वर्षो में पु. ल. देशपाण्डे और जयवंत दलवी ने बहुत ही समृद्ध किया है। मराठी के ललित निबंध की क्षीण होनेवाली परम्परा को अपने सशक्त स्पर्श से विंदा करंदीकर ने ने पुनर्जीवित ही नहीं किया, बल्कि विलक्षण ताजगी दी। चिन्तन और कल्पना के कलापूर्ण समन्वय से इस विधा के प्रति पुनः पाठकों को उत्सुक किया। दुर्गा भागवत, इरावती कर्वे ने सुंदर ललित निबंध लिखे है।

नये सशक्त लेखकों एवं नयी-नयी प्रवृत्तियों का स्वागत करने का भाव प्रायः वयस्कों में दिखायी देता है। नये लेखक या समीक्षक भी एक-दूसरे की समीक्षा करते समय वस्तुनिष्ठ दृष्टि क परिचय देते है। दलित साहित्यकारों में कुछ शिकायत का भाव अवश्य है, परन्तु उनके वाङ्मय क भी दलितेतर समाज ने स्वागत ही किया है, यह बाबूराव बागुल जैसे कथाकार स्वीकार करते है। यद्यपि एक ओर मराठी का साहित्य अधिकाधिक यथार्थोन्मुख होता जा रहा है, फिर भी विशुद्ध सौंदर्य भावना से लिखी रचनाओं का भी स्वागत किया जाता है। ना. धों. महानोर की विशुद्ध प्रकृति सौंदर्य की कवित तथा १९३१ से आज तक प्रेम की विभिन्न सूक्ष्म तरल अनुभूतियों को शब्दांकित करनेवाले

वयस्क कवि पु. शि. रेगे की कविता तथा उनके अत्यन्त अन्तर्मुख साहित्य का आस्वाद लेने की स्थिति में मराठी रसिक अभी भी हैं। विजय तेंडुलकर नारायण सुर्वे, बाबूराव बागुल के गंभीर साहित्य के साथ पु. ल. देशपांण्डे के हास्य को भी मराठी पाठक प्रशंसा करता है। जीवन की वेदना और संग्रामपूर्ण स्थितियों का प्रभावपूर्ण चित्रण करनेवाले कवि रोमांटिक गीत भी लिखते हैं और बहां विभाजित व्यक्तित्व का आरोप लगाना मुश्किल प्रतीत होता है। यह साहित्य के प्रति सामान्यतः पूर्णग्रह रहित समर्पित स्वागतशील भाव किसी भी विद्रोही नूतन महान साहित्य के स्वागत के लिए उर्वरा भूमि तैयार रखता है। आखिर उत्कृष्ट और महान साहित्य के निर्माण में आकस्मिकता का अंश कम नहीं होता।

('महाराष्ट्र मानस' २५ अगस्त १९७८)

स्वातंत्रोत्तर मराठी कहानी

१९४७ की स्वतंत्रता प्राप्ति का साहित्यिक नये प्रवाहों से सीधे संबंध जोड़ना उतना समीचीन नहीं होगा क्योंकि चेतनाऔर प्रतिभा से उत्पन्न साहित्य धारा बाह्य यथार्थ के स्थूल रूप से पहली ही अपनी आंतरिकता में परिवर्तित हो सकती है, हो जाती है। अतः नयी कविता या नयी कहानी या नया नाटक स्वातंत्र्यपूर्व काल में १९४०-४२ के बाद ही परिवर्तित होता दिखाई पड़े तो आश्चर्य नहीं। हाँ, स्वातंत्र्यप्राप्ति की घटना ने लेखक को जिस तरह राजनैतिक स्तर पर मुक्त किया, निर्भय और बाधाहीन बनाया उस तरह जन-मानस में भी उन्मुक्त अभिव्यक्ति के बेहचक ग्रहण के लिए द्वार खोल दिया। मराठी कविता में जिस तरह केशवसुत के बाद मर्ढेकर की कविता में युगान्तकारी बदलाव के स्पष्ट, ठोस और दर्शनीय लक्षण प्रचुर मात्रा में दिख पड़े उसी तरह १९४३ के आसपास ही मराठी कहानी में बदलाव के ये चिन्ह नजर आने लगे। गंगाधर गाडगिल, अरविंद गोखले, पु. भा. भावे और व्यंकटेश माडगुलकर की कहानी मराठी में नयी कहानी की जोरदार धारा की प्रवर्तक मानी गयी। इनमें भी गाडगिल ने प्रत्यक्ष कहानी लेखन में और सैद्धांतिक धरातल पर मराठी नयी कहानी का पुरजोश समर्थन किया। इसलिए मराठी नव कहानीकार का श्रेय उन्हीं को दिया जाता है।

नयी कहानी में पहली बार यह लक्षित होने लगा कि इसमें अभिव्यक्त अभिवृत्तियों भारतीय परिवार व्यवस्था में पले पारिवारिक सदस्य की उतनी न होकर व्यक्ति की अधिक है, जो समाज और परिवार दोनों के प्रति कुछ चुनौती और प्रतिशोध भावना में खड़ा है। विभाजित परिवार में समंजस भूमिका में आवश्यक व्यक्तिवाद इस पीढ़ी में रचबस गया था। इसीलिए इस पीढ़ी की कहानियों में टूटे परिवारों और पारिवारिक संबंधों में आये नये बदलावों का सुखदुख प्रचुर मात्रा में मिलता है। रिश्तों में आये विकृत संबंधों के साथ, संबंधों का अतीतोन्मुख चित्रण भी प्राप्त होता है। इन लेखकों के व्यक्तित्वों में सिनिसिज्य, मसोचिज्य, सैडिज़्म, निराशा, कटुता, अवरोध, उपहास और बिडंबना की वृत्तियाँ पैदा होने लगी हैं। मनुष्य के विश्वास में दरार पड़ गयी है। असुरक्षा की भावना धीरे-धीरे जमने लगी है, अकेलेपन को भोगने और अपने अलग व्यक्तित्व को सुरक्षित रखने की इच्छा तीव्र होने लगी है, आत्मरक्षा की भावना से ही अहं और दंभ की दीवारें खड़ी होने लगी हैं, अनुभव की अपनी खास विशिष्टता को संजोने के साथ आत्मकेंद्रितता को बढ़ावा मिलता दख रहा है। १९६० के बाद जो प्रवृत्तियाँ अधिक जोरदार बनीं उनके अंकुर दृष्टिगोचर होते दिख रहे हैं। परिवार व्यवस्था में टूटने वाले, सूखने वाले और बिखरने वाले मनुष्यों के संबंधों की खोज और बोध मराठी नयी कहानी में बड़े पैमाने पर लिया जा रहा है। स्त्री-पुरुष संबंधों में स्वीकृत नैतिक मानों को चुनौतियाँ देने की मुद्रा में नयी कहानी उत्साह दिखाता दखती है। प्रेम का पहला उत्साहपूर्ण और तीव्र आवेग, जिस पर पूर्ववर्ती अधिकांश मराठी कहानी खड़ी थी, क्षीण होता दिख रहा है और कभी तो उसके प्रति पूरी बगावत की भावना व्यक्त होती है। द्वितीय महायुद्ध के वैचारिक और भावनात्मक प्रभाव मराठी नयी कहानी के अनुभव पर परिलक्षित होते हैं -- कभी सीधे, कभी मनुष्य और मनुष्य के बीच के संबंधों के माध्यम से। मनुष्य को आस्थावान बनाने वाली धार्मिक भावना और ईश्वरीय अस्तित्व के प्रति संदेहास्पदता के कारण तथा मनुष्य के स्थिर स्वभाव के

बारे में शंकाकुल होने के परिणाम स्वरूप मनुष्य का कृष्णधवल चित्र प्रस्तुत करने के स्थान पर उसकी परिवेश और विशिष्ट क्षण में उत्पन्न होने वाली कमियों, मनोवस्थाओं, क्षणों को महत्व दिया गया। यह अस्वाभाविक नहीं है कि इस बदले हए दृत परिवर्तनशील अनुभव संसार की शक्तिशाली अक्तिव्यक्ति पहले कविता में हो, लघुकाय कहानी में हो।

इस मानसिकता में लिखी गयी मराठी नयी कहानी ने कथानक प्रधान रंजनमूल्य को महत्व देने वाली या उद्देश्यवाद,नीतिवाद, आदर्शवाद, समाजवाद, जनवाद, रूपवाद या सौन्दर्यवाद इत्यादि विचारधाराओं से जुड़कर कहानी को सोद्देश्य बनाने की परंपरा पर नयी कहानी ने जोरदार प्रश्नचिह्न लगाया. कहानी जीवन के व्यक्ति के द्वारा लिखे गये अनुभव की विशिष्टता पर केन्द्रित होने लगी। कथानक मोह स्थिर चरित्रों का अंकन या बाह्य उद्देश्यों के हस्तक्षेप से वह अपने को मुक्त कर अधिक अन्तर्मुख होने लगी। अपने अनुभव के शोध और अपनेअनुभव के माध्यम से संसार के बोध पर बल देने लगी। विषय और विषयी के बीच का अंतर क्षीण हो गया। मनुष्य के अनुभव में उत्पन्न होने वाले तनावों और दरारों पर केन्द्रित कहानी अपनी संज्ञा को निरखने परखने लगी।

महायुद्धोत्तर जीवन के भयावह स्वरूप का अतिशय प्रामाणिक निरीक्षण एवं कलात्मक चित्रण गंगाधर गाडगिल ने किया। उनकी कहानी में मनुष्य या मन केन्द्र में है। मनुष्य के विविध रूपों और उसकी अनगिनती मानसिक स्थितियों को रोकने की अदम्य उत्सुकता गाडगीलजी में थी। मनुष्य मन के गहन कूपों पर प्रकाश डालने का काम गाडगिल ने किया। दारिद्रय में सड़े हुए व्यक्तियों से लेकर रईसी में विकृत हुए व्यक्तियों का एवं बालक से लेकर वृद्धों तक की मानसिकता का चित्रण गाडगिलजी ने किया। यह सब उन्होंने अभिजात कलाकार की निर्लिप्तता से किया। किसी भी पूर्वनिर्धारित दर्शन का मुखौटा उन्होंने नहीं स्वीकार किया। मनुष्य से संबंधित विविध विचार प्रणालियों का उन्होंने उचित अंश अवश्य स्वीकार किया परंतु किसी को सर्वतोपरि नहीं माना। उनकी कहानी में कथा का वैविध्य है, इसलिए शिल्प का भी वैविध्य है।

गंगाधर गाडगिल के साथ नय कहानी की श्रीवृद्धि करने वालों में स्व. अरविंद गोखले का भी हिस्सा महत्वपूर्ण है। दोनों ने मुख्यतः मध्यवर्गीय व्यक्ति के सुख दुखों, आस्थाओं, अनास्थाओं, स्तितियों का चित्रण किया। गोखले का मनुष्य परिवार में पला, संवेदनों से अन्यों से जुड़ा, बुद्धि से अधिक भावनात्मक अंश से संपृक्त है। गोखले मनुष्य को प्यार करने वाले लेखक हैं, गाडगिल की भाँति बहुत निर्लिप्त वे नहीं रह सकते। वे जीवन में पराजित उलझे हुए, अकेलेपन की वेदना से पीड़ित मनुष्य का चित्रण गोखले करते हैं परतु मनुष्य असंगतियों का पुंज है, ऐसा आभास वे नहीं देते। उनकी कहानी में चमत्कृतियों को भी स्थान मिला है। कुछ कथानक के प्रति सम्मोहन भी पाया जाता है। उनकी कहानी पाठक को भयभीत करने वाली, सुन्न करने वाली नहीं है, जीवन के प्रति अधिक समंजसता अपनाने के लिए प्रेरित करने वाली अवश्य है। संवेदनशील मनुष्य के दुःख की मर्मस्पर्शी अभिव्यक्ति गोखले करतेहैं। वह उतनी चिंतानोन्मुख नहीं है जितनी अनुभवपरक। व्यक्तियों, घटनाओं, जीवन-दिशाओं के बीच के विरोधों के आरोह-अवरोह उनकी कहानी में साकार होते हैं। मनुष्य के अनेक स्तर, अनेक रूप, अनेक प्रकार उनकी कहानी में प्रकट हुए हैं। सवलनशील, प्रमादशील व्यक्तियों के मन की खोज उनका प्रिय सरोकार है।

स्व. पु. भा. भावे की कंहानी में सांस्कृतिक लगाव अधिक दृढ़ रूप में पाया जाता है। भावों में आवेग और मनस्थितियों में प्रबलता उनकी कहानी की विशेषताएँ हैं। उनके मनुष्य उतने जटिल एवं बहु-आयामी नहीं हैं उनकी भाषा में प्रपात-सी गति और जोश है, वक्तृता का प्रबाव बीज प्राप्त होने पर वेअपनी जबरदस्त भाषा प्रभुत से कहानी बुनने लगतेहैं और जटिलता की अपेक्षा विस्तार में बह जाते हैं।

नयी कहानी में दि. बा. मोकाशी और प्रा. के. ज. पुरोहित ''शांताराम'' का स्थान भी महत्वपूर्ण है परंतु अफनी धीमी लय में जीवनानुभव के विविध रूप दोनों ने शक्तिमत्ता के साथ रेखांकित किये हैं। दोनों ने दुःख को शाश्वत और अटल नहीं माना, न सुख के अस्तित्व को इन्कारा। मनुष्य पर बहुत प्रेम करने वाले दोनों कहानीकार उसके सुखदुख, वासना, विकृति का उदारतासे चिंतन करते है। मनुष्य के मन का तल्लीनता से आकलन करने में पुरोहित जी को सफलता मिली है। वे मनुष्य के आदिमता का बड़ा मांसल चित्र प्रस्तुत करते हैं उनकी कहानी मे अन्य नयें कहानीकारों की अपेक्षा अपनी जमीन से जुडाव और भूमि से लगाव अधिक दिखता है। इसीलिए उनके मनुष्य सामान्य होकर पाठ्क को अपने आसपास के लगते हैं। इस आसपास के लोगों की जीवन -विधि को चित्रित कर पाठ्क को अधिक समंजस करने का कार्य दोनों कहानीकार करते हैं। शांताराम की कहानी सहानुभूतीशिल परंतु सुखमय जीवन व्यतीत करने वाले लेखक की कहानी अधिक लगती है। मोकाशी जो की कहानी अधिक धीमी गति में विकसित होती है। शांताराम ने अदिम लोकजीवन की सशक्त अभिव्यक्ति की है और अनेक प्रतीकात्मक कहानियों में अद्‌भुत सफलता पायी है। मोकाशी कभी मनुष्य की अध्यात्म भावना की परख करनें में रुचि दर्शाते हैं।

नये कहानीकारों में स्व. सदानंद रेगे की कहानी का अपना महत्व है। उनके मनुष्यों में विक्षिप्त टेढी तिरछी मानसिकता के व्यक्ति प्रचुर मात्रा में आते हैं। उनकी वैविध्यपूर्ण कहानी प्रयोगधर्मी भी है। रहस्यमय, मनोविश्लेषण प्रधान, तरल मनोवृत्तियों से भारित एवं कल्पना की चमत्कृति तथा फैंटसी से प्रभावित उनकी कहानी का अनोखा संसार सृजित करती है। स्व. पु. शि. रेगे की कहानी भी अपनी अनोखी आभा के लिए चर्चित रही है। स्त्री देह के प्रति आसक्ति के उत्कट चित्र उनकी कहानी में उरेहे गये हैं।

ऊपर नयी कहानी के शीर्षस्थ चार लेखकों में व्यंकटे श माडगुलकर का उल्लेख कियागया है। अपनी लेखन सीमाओं और शक्तियों को पहचान कर उन्होंने कहानी लिखी - उनको मराठी के पहले सशक्त आंचलिक कहानीकार को उचित श्रेय दिया जाता है और उनकी शैली की विशिष्टता एवं प्रभाव के लिए गाडगील जैसे महान कहानीकार भी उनका आदर करते हैं। विलक्षण निरीक्षण क्षमता, सहज-सिद्धि की तरह प्राप्त भाषा प्रभुता, अनायास कलात्मक संतुलन के कारण गहनता के परिमाण से कुछ उन्नीस उनकी कहानी विलक्षण प्रभुविष्णु बन गयी है। माडगुलकर ने यथार्थ का चित्रदर्शी रुप एक दृक्र-प्रतीति देने वाले चित्रकार की तरह खींचा है परंतु मन के गहरे रंगों का उपयोजन वे नहीं कर पाये। माडगुलकर को ग्राम्य जीवन के व्यक्तियों को शक्तिपूर्ण ढंग से मराठी में लाने का श्रेय दिया जाता है। यथार्थ के आर्थिक और सामाजिक आयाम जिस गहराई के साथ चित्रित होने चाहिए, वे नहीं हो पाये हैं। माडगुलकर ने जो देखा और भोगा उसका चित्रमय

रूप उनके साहित्य में आता है परंतु चिंतन और कल्पना के रूप उतने शक्तिशाली रूप में नहीं होते। (फणीश्वरनाथ रेणु को पढ़ने के उपरान्त ये सीमाएं अधिक खलती हैं) माडगुलकर की ग्राम्य कहानी ने मराठी की पूर्ववर्ती ग्राम्य कहानी की सीमाओं को उघाडा और रोमानी नजरिए से ग्राम्य जीवन के चित्रण की परंपरा को एकबारगी खत्म किया।

शंकर पाटील ग्राम्य चित्रण को अधिक आगे ले गये। उन्होंने अनुभव की जटिलता और तीव्रता के साथ ग्राम्य चित्रण को संपृक्त किया। तीव्र संवेदना, मनुष्य का मन, ग्राम्य परिसर के प्रसंग एवं धटनाएं--ये सारे घटक शंकर पाटील की कहानी में एकाकार हो गये हैं। उनकी हास्यपरक कहानी भी मनुष्य मन के बारे में भाष्य करती है। लेकिन शंकर पाटील की सीमा यह रही कि उन्होंने जो बचपन में देखा उतना ही रसात्मक ढंग से व्यक्त किया। बदलते परिवेश की गत्यात्मकता को वे विस्तार और वैविध्य में नहीं पकड़ पाये।

ग्राम्य जीवन का हास्य, व्यंग्य और विनोद के नजरिए से अच्छा उपयोग किया द.म. मिरासदार ने। शंकर पाटील ने गाँव के मनुष्यों को लाने का कार्य किया तो द.म. मिरासदार ने गांव की हकीकतों, घटनाओं और प्रसंगों को लाने में और हास्य का पुट दे कर चित्रण करने का काम किया।

इस दिशा में ग्राम्य कहानी को अधिक व्यपक और गहनता का आयाम दिया आनंद यादव ने।

समकालीन मराठी-कहानी पर विचार करने का अभिप्राय है गंगाधर गाडगील, अरविंद गोखले, पु. भा. भावे, माडगूलकर, शांताराम दि.बा. मोकाशी, शंकर पाटील, मिरासदार के परवर्ती कहानीकारों की रचनाओं पर विचार करना। उक्त कहानीकारों ने साठ के बाद भी अच्छी कहानियां लिखी हैं, परंतु समृद्ध कहानीकार के नाते इनका साहित्यिक व्यक्तित्व साठ से पहले संपन्न हुआ है। सदानंद रेगे और पु. शि. रेगे भी अपनी कहानियों लिख चुके थे। जी.ए. कुलकर्णी की कहानी-यात्रा का पूर्वार्थ, अर्थात् अस्तित्ववाद से प्रभावित कहानियों का कालखंड भी समाप्त हो चुका था। नियत तथा मनुष्य के बिच के संघर्ष का चित्र अंकित करने वाली, मनुष्य के आदिम बंध की कायल और उसको लगातार स्थापित करने वाली, सामाजिक और लौकिक जीवन की अपेक्षा अलग प्रकार के जीवन को अंकित करने वाली प्रतीकात्मक कहानी आलोच्य काल में प्रकर्ष के साथ ध्यान आकर्षित करती थी। विसंगति, निरर्थकता, फालतूपन का अहसास, पराभूत मानसिकता और निराशा का अंकन जी.ए. उत्तरार्ध में करते रहे है। अबकी बार अंतर इतना ही था कि परिस्थितियों का सामना करने वाले उनकी कहानियों के चरित्र अधिक पौरुषवान, अधिक कठोर और अधिक क्रियाशील बने हैं। इन सारे चरित्रों की आंतरिक समानता यद्यपि उनके बाह्यरूपों में छिपकर गौण हो जाती है तथापि सब में निहित एकात्मता छिप नहीं पाती। जी.ए. की उत्तरार्ध को कहानियां अदभुत घटनाओं और अपवादात्मक अवस्थाओं के कारण पाठक को चकित कर देती हैं। जी.ए. की भाषा द्वारा अंकित विलक्षण बिंबो की चमकदमक और चित्रात्मकता के कारण भी पाठक आकर्षित होकर बंध जाता है। कल्पना और बुद्धि का सम्मोहन निर्माण होता है। जी. ए. ने कहानी का संबंध दार्शनिक पहेलियों के चिंतन के साथ स्थापित कर मराठी कहानी को गहनता का नया आयाम दिया है। जी.ए. की कहानी एक और चमत्कृतिका प्रभाव देती है, दूसरी और काफी बेचैन भी करती है तो तीसरी और

वह बौध्दिक पहेलियों को सुलझाने की उत्सुकता भी उत्पन्न करती है। अगर जी.ए. कुलकर्णी मराठी-कहानी को दार्शनिक स्तर पर ले जाते हैं तो कमल देसाई ने अपनी कहानियों के द्वारा परिस्थिति-निरपेक्ष मानव-मन के स्वायत्त संसार को उद्‌घाटित किया है। मन की प्रबलता का अनुभव दिलाने के लिए उन्होंने अपनी कहानियों में स्वप्नों, दुःस्वप्नों, फैंटेसी, विक्षिप्तता और रहस्यरंजक्ता का काफी प्रयोग किया है। उन्होंने आत्मकेन्द्रित, संवाद से वंचित, चेतना की रहस्यमय शक्ति के कारण असहाय बने स्व-पीड़क चरित्रों का निर्माण किया है। इस निर्मिति में उन्होंने व्यावहारिकता, तर्क, सामाजिक यथार्थ आदि का भान शायद ही रखा है। आपकी कहानी कुल मिलाकर मानव मन की अतल गहराइयों की थाह लेने में मग्न है।

नई कहानी में मनुष्य की संशिलष्ट मानसिकता की थाह पाने के प्रयत्न हुए परंतु जीवन पर मौलिक प्रश्नचिन्ह अंकित करने वाली कहानियों का निर्माण साठ के बाद ही संभव हुआ।

जीवन में निहित दुःख को समूचो और सहज सहानुभूति के साथ अंकित करने वाले चि. त्र्यं. खानोलकर केवल सौन्दर्यप्रेमी ही नहीं थे बल्कि एक शापित गन्धर्व भी थे। उन्होंने इसी दृष्टिकोण से कहानियां लिखीं कि सौन्दर्य निर्मिति दुःख देने के लिए हो होती है फिर वह सौन्दर्य चाहे स्त्री का हो, मनुष्य में निहित महान गुणात्मक हो या चाहे लैंगिक हो। संख्यात्मक दृष्टि से कम होने के बावजूद प्रखर इंद्रिय-संवेदना, प्रतिभा निर्मिति के सहजात कौशल, मानव-मन और मन के व्यापारों के व्युत्पन्न मतित्व से प्राप्त बोध के कारण मराठी कहानी साहित्य में खानोलकर की कहानियां अत्याधिक प्रभावशाली रही हैं। खानोलकर की कहानियायों में भी नियति के सामने परास्त हुए चरित्र अंकित हैं। ये कहानियां नियति के अशुभ रूप की सर्वव्यापकता और सर्वग्रासिकता के विदीर्ण अनुभव कराती हैं। बावजूद नियति के प्रभाव के खानोलकर की कहानी आंतरिक वेदना को सहलाते हुए भी कभी सिनीसिज्म और अमानवीयकरण की कायल नहीं हुई। ऊपर मंडराती मौत की छाया में भी जिस तरह धरती से निकला नया अंकुर दुर्दम्य जिजीविषा को पालता है उसी तरह खानोलकर की कहानी भी मानव क्रूरता के साथ-साथ मानव संवेदना और सहानुभूति का भी अंकन करती है। खानोलकर की "हाक"कहानी अलौकिक प्रतिभी शक्ति की प्रतिनिधि है।

समूची सहनशीलता के साथ बहुत दुख के घूंट पीने वाले की संवेदना को शरच्चंद्र चिरभुले ने "श्री शिल्लक" (श्री शेष) में उत्कटता के साथ अंकित किया है। जीवन प्रवाह में तैर न पाने वाले मिसफिट के दुख को "कॉग्ज" में चित्रित किया है। बीच के कालख़ंड में शिथिल हुई भावोत्कट एकाग्रता को चिरमुले "एका जन्मातल्या गाठी" (१९८१) में फिर से प्राप्त करते है। आधुनिकता के गतिमान चक्र में चिरमुले ने परंपराओं और हिंदू-कर्मकांडों से अपने को विच्छेदित नहीं किया है। यद्यपि ये संबंध स्मृति स्तर के हैं, उन्होंने आधुनिकता के साथ इनका मेल बिठने का प्रयास किया है। भारतीय संगीत में गहरी पैठ और रसिकता चिरभुंले की अपनी विशेपताएं हैं। भारतीय संस्कृति के साथ आत्मीय संबंध के परिचायक रूप में ये विशेपताएं मानी जा सकती हैं। चिरभुले की अन्य विशेपताओं में औद्योगिक तनावों का भान, मनुष्य स्वभाव के सनकी और झक्कीपन को तलाशने की इच्छा और फक्कड़ व्यक्तियों के प्रति कायलता का उल्लेख किया जा सकता है। मराठी की श्रेप्ठ कहानियों में आपकी "वारसा" कहानी का समावेश करना चाहिए।

आधुनिक विज्ञान के कारण भयानक आकार प्राप्त यथार्थ के गहरे अहसास और सृजनशील व्यक्ति के बीच की उधेड़बुन से आतंकित कहानी अनिल डांगे की कलम से सहज भाव से उतरती है। विज्ञान द्वारा निर्मित पेचीदगियों में उलझे मनुष्य की मुक्ति न होने की दुःखद अनुभूति डांगे चित्रित करना चाहते हैं। डांगे ने पूर्ण निर्लिप्तता के साथ मानव के परिवेश और प्रवृत्तियों के बीच चलने वाले लगातार संघर्ष को अंकित किया है। इस भयानकता यथार्थता का विश्लेषण डांगे ने किसी वैज्ञानिक की भाँति खुली आँख औक ताटस्थ्य के साथ, बड़ी निर्ममता से किया है। बौद्धिकता के शीशे में से यथार्थ को देखने वाले डांगे उत्कट भावनाओं की प्रतीति शायद ही करा पाए हैं, सृजनशील लेखक की दृष्टि में इसे अवांछित स्थिति माना जाना चाहिए। संभव है इसीलिए कहानीकार डांगे इतनी जल्दी चुक गए। बिलास सारंग की कहानियों में भी मनुष्य की शौकान्त नियति के दर्शन होते हैं और बड़े प्रभावशाली ढंग से होते हैं। भावनाविहीन रूखापन, शून्य या रिक्तता का तीखा अहसास, जीवन की निरर्थकता और उद्देश्यहीनता, मात्र शारीरिक संवेदनाओं का अनुभव और सांस्कृतिक, आत्मिक मूल्यों के प्रति अनास्था, मनुष्य का सर्वव्यापी लघुरूप आदि का प्रभावशाली अंकन बिलास सारंग ने अपनी काहानियों में किया है। प्रभाव को तीव्र बनाने के लिए सारंग प्रतीकात्मकता को अपनाते हैं, विकृत और अतिशयोक्तिपूर्ण ब्यौरे देते हैं, चेतना-प्रवाह, फैटेसी, स्वप्न आदि का उपयोग कर लेते हैं। सारंग के यथार्थवाद के एक छोर पर अतियथार्थवाद है तो दूसरे छोरे पर प्राकृतवाद। जीवन के प्रत्यक्ष हवालों के साथ रिक्तता का इतना प्रभावशाली अनुभव मराठी में इससे पहले कोई कहानीकर नहीं दे पाया था। अमानवीकरण के रपटीले रास्ते से श्याम मनोहर की कहानी गुजरती है। अकेलेपन का तीव्र दुःखात्मक तिक्त अहसास आनंद जातेगांवकर की कहानी देती है, लेकिन वे जीवन को निरर्धक नहीं मानते हैं। मध्यमवर्ग के जीवन में रिक्तता का बढ़ता प्रभाव उन्हें खतरनाक लगता है। कुल मिलाकर सुख और श्रेय की लुप्त होती जा रही प्रक्रिया जातेगावकर का मुख्य प्रतिपाद्य और अंतर्वस्तु है। सन् पचहत्तर के बाद उक्त प्रकार की कहानियों का लेखन मद्धिम पड़ गया है और बदलते परिवेश में इसे स्वाभाविक ही समझना चाहिए।

जीवन में अडिग आस्था रखते हुए मानव-मन और आत्मा की टोह लेने वाले मराठी कहानीकारों ने बहुत ही कलात्मक कहानियों का निर्माण इस कालखंड में किया है। दिलीप चित्रे ने जन्म, मृत्यु, प्रेम, लैगिंक भावना, मानव-व्यक्तित्व और स्वातंत्र्य तथा उसे बंदी बनाने वाली परिस्थितियां, मानव सभ्यता और संस्कृति पर होने वाला चौमुखी आक्रमण आदि विषयों पर गंभीर चिंतनपरक परंतु अतिशय प्रभावशाली, दमदार कहानियां लिखी हैं। सतही स्तर पर निरी वैयक्तिक लगने वाली चित्रे की कहानी संस्कृति और समाज के साथ गहराई में अटूट आस्था के दर्शन कराती है।

विद्याधर पुंडलीक ने मन की संश्लिष्टता और उलझनों का मार्मिक और आकर्षक अंकन "माणूस असा का?" कहानी में किया हैं। इस प्रश्न के उत्तर के संकेत भी आप देते हैं। समूची मितव्ययता और कलात्मक सजगता के साथ पुंडलीक अपना प्रतिपाद्य अंकित करते हैं। पुडंलीक का कहानी-अनुभव मूलतः विशेष स्तरीय, संश्लिष्ट और सुसंस्कृत मनुष्य की मृत्युविषयक

संकल्पनाओं को ललकारने वाला है। रचना प्रक्रिया और आविष्करण में यही अनुभव बौद्धिकता और कल्पना से आवृत्त होकर अधिकाधिक समृद्ध और प्रभावशाली होता जाता है। विचार और कल्पना के विशेष स्तर पर प्राप्त भावधनता आपकी कहानी की निजी विशेषता है। आप कहानियों द्वारा उस सांस्कृतिक-जीवन के स्त्रोतों का भान और बोध कराते हैं जो चित्रित सांस्कृतिक-रीति-रिवाजों, धारणाओं, श्रद्धाओं, अंधविश्वासों और धार्मिक संस्कारों के विशद संदर्भो से पुष्ट हुए हैं। मनुष्य की मूलभूत समस्याओं की ओर प्रश्नाकुल दृष्टिपात करने वाली पुडंलीक की कहानियां आदि से लेकर अंत तक अपने अस्तित्व के अधिकार की धाक दिखाने वाले शब्दों में अंकित होती हैं। विभिन्न आयु और स्थिति के बच्चों से लेकर बूढ़ों तक के, स्त्री पुरूषों के मन की थाह लेने वाली पुंडलीक की कहानी गांभीर्य, चिंतनोन्मुखता, अनुसंधानात्मक प्रवृत्ति के साथ-साथ रंजक नटखट और मिष्किल प्रवृत्तियों का अहसास भी देती हैं। आपकी महाभारतकालीन मन की टोह लेने वाली कहानी ने "शेवटची रात्र" -- (आखरी रात) उत्सुकता का माहौल बनाया था साहित्य संसार में!

सात्विक कहानीकार पुडंलीक के व्यक्तित्व के साथ वि.शं. पारगावकर के कहानीकार का व्यक्तित्व मेल खाता है। यद्यपि पारगावकर की कहानी दलित-कहानी, ग्राम-कहानी और आंचलिक-कहानी के रूप में अपने दायरे को विकसित करती है, तथापि मध्यम वर्ग के पारिवारिक सुख-दु:खों के अंकन में वह सही मानों में रमती है। कलात्मक भावघन और सर्वाग सुंदर कहानियों के कारण पारगावकर मराठी साहित्य में प्रसिद्ध हैं। सम्यक् आस्था के साथ जीवन के सुख-दुखों का बयान देने वाली और मनुष्य की सहजात भरोसेमंद सहानुभूति से करूणार्द्र कहानीकार के नाते जयंवत दलवी की साख है। स्त्री-पुरूष संबंधों की तरल और सूक्ष्म, संयमित, अनिर्वचनीय ललक के अंकन में दलवी सफल हुए हैं। हास्य-व्यंगात्मक कहानीकार होते हुए भी नर्म, कोमल और धुन में रमने वाली भावनाओं को भी वे गहराई में पकड़ते है। निराश्रित, बेबारिस और भूले-भटके स्खलनशील व्यक्तियों के जीवन की भावोत्क्टता को भी आप सहानुभूति के साथ चित्रित करते हैं। मनुष्य विषयक सहानुभूति से ओतप्रोत कहानी मधु मंगेश कर्णिक भी लिखते हैं। बाह्य जीवन की विविध गतिविधियों का सूक्ष्म अंकन, प्रकृति के विविध रूपों और बाह्य प्रभावों की तद्रूप होकर अभिव्यक्ति आदि कर्णिक की कहानी कला की ध्यातव्य विशेषताएं हैं। आपकी भावानुभूति का दायरा यद्यपि विस्तृत नहीं है तथापि उस में आत्मीयता ओतप्रोत होती है।

पुडलीक, चिरभुले, जयवंत दलवी और कर्णिक की तुलना में काफी अलग ढर्रे की, लेकिन बहुत ही सशक्त कहानियां श्री. दा. पानवलकर ने लिखी हैं। किसी भी मूल्य-संघर्ष या चिंतन-प्रणाली से निर्लिप्त पानवलकर की कहानी मनुष्य के आदिम सत्व का प्रभावशाली आविष्कार करती हैं। आपके पौरूषयुक्त, हट्टे-कट्टे, ठेठ और चोखे चरित्रों के कारण तथा मध्यवर्ग की आशा-आकांक्षाओं को सीमा को लाँघने वाले संसार के अंकन के कारण भी मराठी कहानी अधिक शक्तिशाली हुई है। आपने अपनी "सूर्य" कहानी में व्यक्ति के कायाकल्प या कायापलट का जो ब्यौरा जिस ढंग से दिया है उससे उनकी मन की अतल गहराइयों को खोजने की क्षमता और कलात्मक कौशल का ही परिचय प्राप्त होता है। "जाभूळ" (जामुन) में चित्रित वयः संधि की अवस्था के प्रणय प्रसंगों

से आपके जीवन-बोध का परिचय मिलता है। पानवलकर भाषा का भाव के अनुकूल उपयोग करने में माहिर हैं, पात्रों की भाँति आपकी भाषा भी जोशीली, चित्रमय और बाँकुरी है। विजय तेंडुलकर ने भी मध्यम वर्ग की नैतिकता और बंढता पर आक्रमण करने वाली परंतु उपालंभ और कारुण्य के कारण स्तरीय अनुभव देने वाली कुछ कहानियां लिखी हैं। ए. वि. जोशी की कहानी भावनात्मक स्तर पर पानवलकर की कहानी के साथ मिलती-जुलती है। ए. वि. जोशी अपनी कहानियों में आर्थिक समस्याओं और लैंगिक प्यास के कारण बने संश्लिष्ट और उलझन भरे जीवन का चित्रण करते हैं। आपके चरित्र आदिम प्रवृत्तियों के वश में चलते हैं।

विजया राजाध्यक्ष अपनी कहानियों द्वारा स्त्री जीवन की समस्याओं और स्त्री के दुखों की ओर खुली आँख और खुले मन के साथ देखती हैं। महिलाओं के अपने निजी जीवन की अनुभव समृद्धि को राजध्यक्ष ने प्रभावशाली रूप में चित्रित किया है। स्त्री को झुलसाने और दहलाने वाले अनेक पारिवारिक दुखों, टीसों, कसकों को आपने अपनी कहानियों में शब्द बद्ध किया है। तारा बनारसे ने अपनी कहानियों में लगातार आत्मकेंन्द्रित चरित्रों का चित्रण किया है। अपनी व्यथा को धुनने की प्रक्रिया में से बनारसे की कहानी जन्म पाती दिखाई देती है। पारिवारिक जीवन के प्रसंगों की बारीकियों को तरल भावुकता के साथ अंकित करने में पद्मिनी बिनीवाले की कहानी अपनी सार्थकता तलाशती है। मृदुल मुलायम और नजाकत भरे भाव-जगत को प्रत्ययकारी भाषा में मूर्त करने में बिनीवाले सिद्धहस्त कलाकार है। सुधा नरवणे, उर्मिला सिरुर और अंबिका सरकार ने भी लक्षणीय कहानियां लिखी हैं, परंतु गौरी देशपांडे की कहानी संपन्न व्यक्तित्व की प्रतीति देती हैं। और इसीलिए सबसे अलग होने का प्रभाव उत्पन्न करती है। भारतीय स्त्रियों में शायद ही पाया जाने वाला प्रवृत्तिगत खुलापन, रूढ संवेदना विश्व के विरूद्ध सतत विद्रोह, नर्म विनोद, नटखपन, अपने व्यक्तित्व की स्वाधीनता की रक्षा का जागरूक भान आदि गौरी देशपांडे की कहानियों रेखांकित करने लायक विशेषताएं है। अति भावुकता और दिखावटी करुणोद्रेक की अपेक्षा कहानी को प्रगल्भ करुणामय बनाना आप अधिक पसंद करती है। मराठी कहानी परंपरा में इसीलिए देशपांडे की कहानी का अपना विशिष्ट स्थान रहा है।

परंपरा के प्रति प्रतिबद्धता के बावजूद अलग ढंग की प्रस्तुति के कारण बालकृष्ण प्रभु देसाई और श्रीनिवास कुलकर्णी की कहानियां उल्लेखनीय हैं। प्रभुदेसाई की कहानियों में झलकने वाली काव्यात्मकता और तरल भावनाओं की उतनी ही तरल अभिव्यक्ति आकर्षक है।

अच्युत बर्वे, रत्नाकर पटवर्धन ने महानगरीय जीवन के विविध क्षेत्रों का दमखम के साथ अनुभव कर स्तरीय कहानियों की रचना की है। इसी परंपरा के अन्य कहानीकार हैं म.वि.कोल्हटकर, क.दि.सोनटक्के, अशोक प्रभाकर मोटे, अरुण हेबळेकर और मोहन म्हाडदळकर।

ह. मो. मराठे लंबे अर्से से उपन्यास औक कहानी के क्षेत्र में जमे हुए हैं। परंत उनकी कहानियों का उत्कर्ष १९७५ के बाद ही देखा जा सकता है। उनकी कहानियों को पढ़ने पर बार-बार लगता रहा कि पत्रकारिता के व्यवसाय ने आपका बहुत उपकार किया है। जीवन के परिवर्तनशील स्वरुप पर और इस परिवर्तन के कारण उत्पन्न सामाजिक समस्याओं और पेचीदगियों पर पत्रकार मराठे की पैनी नजर बराबर लगी रही है। औद्योगीकीकरण के कारण उत्पन्न महानगरीय जीवन को उद्वेलित

करने वाली समस्याओं का आपने रहानी-लेखन के लिए किया है। औद्योगिक विकास की प्रक्रिया में समाज में अधिकारी-वर्ग और मजदूर या कर्मचारी वर्ग पैदा हुए, इन दोनों वर्गों के चारित्र्य को, इनके बीच के तनावों और संकटों को मराठे ने प्रभावशाली ढंग से चित्रित किया है। आधुनिक जीवन को ग्रसने पर तुले हुए अमानवीयकरण को, जो औद्योगिक विकास का अनिवार्य परिणाम है - - मराठे ने अनेक रूपों में देखा है। इसी के कारण उत्पन्न अपराध प्रवृत्ति के दशावतारों को भी वे साकार करते है। महानगरीय जीवन में स्त्रियों को दुर्दशाओं और दुखों केचित्र पाठक को जड़ से हिला देते हैं। सामाजिक और आर्थिक दलदल में धँसतो जा रही महिलाओं की यातनाओं का निर्मम चित्र आप अंकित करते हैं, साथ ही अपने स्वत्च के खातिर अपने व्यक्तित्व को निरवार कर विकसित करने के लिए सब सुख सुविधाओं की आहुति देकर भी समृद्ध करने वाली तेजस्विनियों को भी वे चित्रित करते हैं। पूर्ववर्ती कहानियों में वर्णित लैंगिकता को लेकर मराठे को कड़ी आलोचना और गलत फहमियों का शिकार होना पड़ा था। परंतु विगत दस-बारह सालों में मराठे ने लैंगिक शोषण में लगी पुरूष की कूरता के साथ व्यवस्था की कूरता का भी प्रभावशाली चित्रण किया है, जिससे आपकी कथा अधिक मात्रा में समाजोन्मुख हुई है। सत्तर-अस्सी कथाओं में व्यंजित बहु आयामी जीवन के व्यापक चित्र को देखकर विश्वास होता है कि मराठे में संश्लिष्ट जीवन की गहराइयों की थाह पाने वाला तगड़ा उपन्यासकरा ही कार्यान्वित है। मराठी में नागरी जीवन के दोनों आयोमों को, व्यापक विस्तार और अतल गहराई, अंकित करने में मराठे का योगदान बहुत महत्वपूर्ण है।

इस शताब्दी में उभरे कहानीकारों में महत्वपूर्ण हैं भारत सासणे। इनमें कई विशेषताओं का समन्वय हुआ है---स्वस्थ जीवन दृष्टि , व्यापक भावप्रबलता, सहजात कलात्मक कौक्षक, मन की थाह पाने की अद्भुत क्षमता, एक ओंख प्रखर और कठोर बाह्य यथार्थ पर तो दूसरी आंतरिक तरल भाव-प्रवृत्तियों पर एक साथ रखते हुए जीवनांकन करने का अनोखा ढंग, जीवन के अतर्क्य रहस्यों का खुले मन से स्वीकार, फैंटसी से लेकर फोटोग्राफिक अंकन तक की समस्त शैलियों का प्रयोग,ये कुछ महत्वपूर्ण विशेषताएं सासणे में समन्वित हुई हैं। सासणे की मौलिक प्रतीक-निर्माण की क्षमता के दर्शन ''जॉन आणि अंजिरी पक्षी'' में होते हैं तो दुखंती रग के अचूक पकड़ने वाले कौशल के दर्शन ''सये तुझे डोळे'' में होते हैं। ''लाल फूलों का पेड़'' में उन्होंने बॉझ स्त्री की टीस को अभिव्यक्ति दी हैतो ''मन का मोर'' कहानी में देहात में प्रचलित अंधविश्वासों के कारण ध्वस्त होते मानसिक आनंद को अभिव्यक्ति दी है। आप की प्रत्येक कहानी अनुभूति के स्तर पर परस्पर अलग है इसलिए अनुभूति के व्यापक दायरे का विचार करने का मतलब होगा प्रत्येक कहानी पर विचार करना। ''चिरदाह'' की चारों दीर्घ कहानियां जीवन की अलग-अलग परतों को उद्घाटित करती हैं। प्रतीकात्मकता एवं काव्यात्मकता का प्रभावशाली मेल तथा रहस्यरंजित वातावरण के कारण ''चिरदाह'' पाठक को अनुभूति के विशेष स्तर पर ले जाते है। कला को चरम सीमा पर ले जाने में दैहिक आकर्षणों की और तज्जन्य स्खलनों की प्रभावशाली अभिव्यक्ति ''डफ'' कहानी में हुई है। मराठी की श्रेष्ठ कहानियों में जिसका समावेश किया जा सकता है वह ''बाबी का दुख'' कहानी मन की अतलता की थाह पा लेती है। सासणे में विविधांगी और विविधरंगी प्रतिभा के दर्शन करने पर कुछ आलोचकों ने भ्रमवश उन पर जी.ए. कुलकर्णी के प्रभाव को रेखांकित करने

का प्रयास किया। परंतु ये प्रयास पूर्वग्रह दूषित लगते हैं, स्वस्थ और निरपेक्ष नहीं।

वसंत नरहर फेणे विगत पच्चीस वर्षो से कहानी में रमने वाले जीवट वाले कहानीकार हैं। अपनी कहानियों द्वारा फेणे गहराई में उतरकर मानवीय संबंधों को तलाशते हैं। कहानी विश्व बहुत विशाल और समृद्ध है आपका। वृद्धों की अकेलेपन की व्यथा को अंकित करने वाले फेणे बच्चों की दुनिया में भी सर्वांग डुबकियां लगाते हैं। मराठी कहानी में फेणे की कहानी का व्यवच्छेदक लक्षण हैं राजनैतिक वातावरण का चित्रांकन और इस पृष्ठभूमि पर मनुष्य-मन के खेलों का अंकन। मराठी कहानी में यह प्रवृत्ति सब से अलग है। राजनीति के प्रवाह में मन-प्राणों सहित अपने को बहा देने वालों की विवशताओं, पीड़ाओं और कसकों को फेणे ने मार्मिकता के साथ उद्घाटित किया है। इस प्रयत्न में फेणे कुछ महान् व्यक्तियों के जीवन को डाँवाडोल बनाने वाले क्षणों को पकड़ने में बहुत ही सफल हुए हैं। कुल मिलाकर फेणे की कहानियों में निहित चिंतन का दृढ़ धागा पाठक को भी ऊँचे स्तर पर ले जाता है।

ह. मो. मराठे की भाँति अरुण साधु भी बहिर्मुखी जीवन की कहानियॉ लिखते है। आमतौर पर साधु किसी विचार या समस्या को प्रतिपाद्य बना लेते हैं, इससे कहानी का आकार बँध जाता है तथापि कौशल में कुछ सरलता भी आ जाती है। परिणामतः कहानी निर्विकारता का प्रभाव पैदा करती है।

इस शताब्दी की अग्रिम पंक्ति के कहानीकारों में से एक हैं राजेन्द्र बनहट्टी। आपकी कहानियों में घटनाएं उद्दोपक रूप में घटित होती हैं, परंतु यह स्थिति केवल आरंभ में होती हैं, रचना-प्रक्रिया के विकास में मनुष्य मन के आंदोलनों, स्पंदनों, प्रक्षोभों और परिवर्तनों के क्रमिक विकास को अंकित करने हुए बनहट्टी मनुष्य मन की तह तक पहुँचते हैं। इस यात्रा में जिस तरह विकास की मद्धिम लय होती है उसी तरह अनलंकृत भाषा का मानसिक आंदोलनों को गहराने वाला सहज प्रभाव भी होता है। बनहट्टी की कहानियों की मौलकता और पृथगात्मकता इसी में है कि वे साधारण घटनाओं और साधारण चरित्रों की असाधारण "साईकी" के तानेबाने से बुनी जाती हैं। आपको "शेजारी" (पड़ोसी) कहानी की गणना मराठी की श्रेष्ठ कहानियों में को जा सकती है।

अनिल रघुनाथ कुलकर्णी को कहानियां तरल, उत्कट और मार्मिक अनुभूतियों को बहुत प्रभावशाली ढंग से अंकित करती हैं। कुलकर्णी ने जीवन के विविध अनुभवों को विशेष दृष्टिकोण से देखा है। इनकी भावघनता कहानी को पुख्ता आधार देती है। आपकी 'अस्त" कहानी मराठी की स्तरीय कहानियों में से एक है। आजकल कुलकर्णी प्रस्तुत संसार और अप्रस्तुत संसार, भूतयोंनि, पिशाचों का संसार, आदि की सीमारेखा के अनुभवों को अंकित करने में लगे हुए हैं। शैली, भाषा, शिल्प और रचना प्रक्रिया के सहजात गुण विशेषों के कारण वे सजीव और प्रभावशाली वातावरण का निर्माण अवश्य करते हैं परंतु इस प्रयास में कहीं ऐसा न हो जाए कि मनुष्य की अनुभूतयों की समृद्धता खो जाए।

सानिया बहुत वर्षों से लिखती रही हैं और आज उनकी कहानियों के "व्यक्तित्व" के संबंध में कुछ कहना संभव है। १९८० में आपका "शोध" कहानी-संकलन प्रकाशित हुआ और आज भी वे उतनी ही प्रभावशाली कहानियां लिख रही हैं। लगता है कि कमल देसाई की भॉति आपने

भी मानव मन की परिस्थिति-निरपेक्ष और अलग दुनिया बसा ली है और इस दुनिया के विविध अंगों को खोज, छानबीन, आप करती रही हैं। आपके अधिकांश चरित्र, विशेषतः स्त्री चरित्र अपनी आंतरिक तरंग और उर्मि के मुताबिक जीवनयापन करना चाहते है। परंतु आखिर में उनके पल्ले असफलता आती है। आंतर्केन्द्री चरित्र परस्पर संबंधों के व्यावहारिक निर्णय करने के लिए बाध्य होते हैं। इस उदासी में ऊबाऊपन, अकेलापन, एकरसता उनको कुदेरती ही नहीं, सोख भी लेती है। जिनकी पक्ड़ में से जीवन की ललक खिसक गई.है उनकी कहानियां लगातार जीवन के बिखराव का संकेत देती हैं, इन चरित्रों में विशेष सैडिज्म भी नजर आता है। यद्यपि यह सही है कि सानिया ने ऐसे चरित्रों का अंकन बहुत प्रभावशाली ढंग से किया है तथापि अब वे अलग रास्ते पर दो चार कदम चलें। (यह चाह है, मशविरा नही)

विगत दस वर्षों से मराठी कहानी के क्षेत्र में आशा बगे की अपनी साख है। इस अवधि में ह.मो. मराठे , भारत सासणे के बाद गुणात्मकता की कसौटी पर आशा बगे का नाम प्रभावशाली है। आशा बगे की कहानियों में अंकित अनुभव-विश्व सही और अच्छे माने में भारतीय परंपरा को समर्पित स्त्री का समृद्ध अनुभव-विश्व है। भारतीय परंपरा के स्वस्थ रूप का ताजा-टटका और नवीन रूप क्या हो सकता है इसकी प्रतीति आपको कहानियों से होती है। (विद्याधर पुंडलीक और शरच्चंद्र चिरभुले की भआँति आशा बगे को भी भारतीय संगीत के प्रति विशेष लगाव है।) आशा बगे को परंपरा से भारतीय जीवन में धुले हुए कर्मकांडों, व्रतों तीज-त्यौहारों, उत्सवों, कीर्तनों की बखूबी पहचान है। सुखमय जीवन में कॉटे की नाई सालने वाले प्रसंगों को मूर्त करने में सिद्धहस्त हैं। कॉटों की कसक चोखे सोने की तरह यथार्थ लगती है। सहज भाव से बनने वाले स्नेह बंधनों का उतने हीसहज भाव से क्षीण होकर लुप्त हो जाने का अंकन आशा बगे विलक्षण पैनेपन और तरलता के साथ करती हैं। स्त्री-मन की सूक्ष्मतम भावनाओं का बहाव आपकी कहानियों का प्रमुख धागा है, जिसमें अनेक प्रसंगों को पिरोकर वे आकर्षक माला बनाती हैं। यद्यपि आपके अनुभवों का दायरा सीमित है तथापि अपनी ससीमता में भी वह है बहुत सक्षम, उत्कट, नाजुक और कोमल। यह सौभाग्य की बात है कि अब इस सक्षम लेखिका का ध्यान दीर्घकथा और उपन्यास विधा की ओर गया है।

आलोच्य काल में (यद्यपि संख्यात्मक दृष्टि से कम हैं परंतु) जीवनानुभवों की गहराई, संश्लिष्टता, भावगनता, और इनके प्रति देखने के अपने निजी दृष्टिकोण के साथ लिखने वालों में एस.डी. इनामदार, प्रभाकर कक्ष्मण मयेकर, लक्ष्मण लोंढे और रंगनाथ पाठरे के नाम उल्लेखनीय हैं और आने वाले चार-पांच सालों में संभव है ये सब अग्रिम पंक्ति की ओर बढ़ेगे। एस.डी. इनामदार ने अलग ढंग की कहानी लिखी है। उनकी कहानी में केन्द्रवर्ती सूत्र को पकड़ना मुश्किल है परंतु यथार्थ के आघातों से बेतरतीब हुई संवेदना और भावना का शक्तिशाली चित्रण इनकी कहानी में मिलता है। कहानी की संरचना से, उसके कसाव और सौष्ठव से जानबूझकर छूट लेते हुए रचना का विखंडन एस.डी. इनामदार की कहानी का वैशिष्ट्य है। रंगनाथ पाठरे में शिल्पगत प्रयोगधर्मिता या आघात करने की प्रवृत्ति नहीं है परंतु उनकी कहानी शक्तिमत्ता के साथ नये अनुभवों का सामना करती है। इधर सुमेध वडावाला रिमबुड बहुत प्रभावशाली कहानियाँ लिखा रहे हैं। मिलिंद बोकिल,

जी. के. ऐनापुरे, प्रकाश संत, राजन खान नये उभरते कहानीकार हैं।

आजकल लेखिकाओं की कहानियों में सामाजिक व्यवस्था और स्त्री व्यक्तित्व और जीवन की विविध समस्याओं के बीच जारी संघर्ष के अंकन की प्रवृत्ति, अनेकविध रूपों में रूपायित होती रही है। कमल देसाई और सानिया की कहानियों में बाह्य परिवेश और स्त्री-मन के बीच अनुबंध अलक्षित रह गया था। नारी-समता, नारी मुक्ति आदि आंदोलनों के परिणाम स्वरूप लेखिकाओं की कहानियों में समाजोन्मुखता अधिक मात्रा में झाँकने लगी। प्रिया तेंडुलकर होनहार लेखिका है और उनकी कहानियों की पाठकों को प्रतीक्षा रहेगी। पद्मजा फाटक और दीपा गोवारीकर को कहानियाँ उनमें निहित नर्म और हल्के-फुल्के विनोद के कारण याद रहती हैं। वसुधा पाटील, ज्योत्स्ना देवधर, शिरीष पै, सरिता पदकी, शकुंलाल गोगटे, इंद्रायणी सावकार, गिरिजा कीर, छाया दातार, सुकन्या आगाशे, नीलम गोर्हे, अनुराधा वैद्य, रेखा वेजल इत्यादि महिलाओं की कहानियों में सामाजिक जीवन की अभिव्यक्ति भी होती है और नारी जीवन के अनेक अनछुए पहलुओं की भी।

मध्यम वर्ग के अनुभवों को अंकित करने वाली समकालीन मराठी कहानी का सरसरी तौर पर विहंगावलोकन अबतक किया गया। कलावाद के संकुचित घेरे से मराठी कथा मुक्त हुई इसी काल में, साथ ही संरचना विषयक मुद्दों को भी उसने आत्मसात् कर लिया है। उक्त कहानीकार मानव जीवन में उठने वाली अनेकानेक समस्याओं के प्रति जागरुक हैं, सब के मन में मध्यम वर्गीय सुखासीनता के प्रति असंतोष और एक सीमा तक घृणा और बेचैनी है। इन दस बारह वर्षों में मराठी कहानी में निहिलिज्म और सिनिसिज्म की गहरी छायाएं अंकित नहीं हुई। (उनकी जगह अद्भुतरम्यता आई, यह भी एक चकमा ही है।) सभी कहानीकारों ने मानो मन ही मन ठान लिया है कि व्यक्ति को आइंदा समूची परिस्थितियों और व्यवस्थाओं के विरुद्ध डट कर संघर्ष करना अनिवार्य हो जाएगा। इस संभाव्य संघर्ष परिणति सफलता में न हो लेकिन यह संघर्ष सार्थकता को अंकित करने वाले कहानीकारों को विश्वास है कि भले इस संघर्ष सार्थकता को अवश्य सिद्ध करेगा। इस तरह व्यापक अर्थ में मराठी कहानी अधिक प्रबुद्ध और अधिक प्रतिबद्ध हुई है।

इन दिनों में हास्य-विनोद की कहानियां भी काफी लिखी गई। रमेश मंत्री का नाम इस संदर्भ में उल्लेखनीय हैं। मराठी के सशक्त लेखकों ने विनोदी कहानियां लिखी हैं। गंगाधर गाडगिल, द. मा. मिरासदार, शंकर पाटील, जयवंत दलवी के नाम इस संदर्भ में उल्लेखनीय हैं। वसंत सबनीस, प्रभाकर ताम्हणे, मुकुंद टकसाले, बाळ गाडगिल ने विनोद एवं हास्य को कहानी का प्रमुख उपजीव्य बनाया। वि. वा. बुवा पूरी तरह से हास्य को समर्पित लेखक हैं महिला कहानीकारों में अनुराधा वैद्य, पद्मजा फाटक, दीपा गोवारीकर, मंदाकिनी गोडबोले के नाम लिये जा सकते हैं। अद्भुतरम्य और भयकहानी भी लिखी गई और रत्नाकर मतकरी का लेखन उसका उदाहरण है। आजकल मराठी कहानी को विज्ञान कहानी के कारण संपन्नता और समृद्धि प्राप्त हो रही है और इसकी समुचित कद्र की जानी चाहिए। वैज्ञानिक कहानीकारों में जयंत नारलीकर का नाम सर्वोपरि है। नारलीकर की कहानियों में विज्ञान से संबंधित समस्याओं, अनुसंधान प्रक्रियाओं तथा वैज्ञानिकों की मानसिकता का चित्रण रहता है। वे विज्ञान कथा को वैज्ञानिक दृष्टि के प्रसार का माध्यम मानते हैं। मराठी में निरंजन घाटे, सुबोध जावडेकर, लक्ष्मण लोंढे, बाळ फोंडके इत्यादि कहानीकार सक्रिय हैं। और

लगता है कि यह कथा रूप अपना स्वतंत्र स्थान बना लेगा। गुप्तचरों की और जासूसी कहानियां लिखने वाले श्रीकांत सिनकर ने मराठी के साथ-साथ हिंदी में भी नामवरी अर्जित की है। नारायण धारप ने अनेक प्रकारों की रोमहर्षक कहानियों द्वारा काफी लोकप्रियता प्राप्त की है। "कहानी कथन" के कई कार्यक्रमों का आयोजन कर व. पु. काले और गिरिजा कीर ने भी लोकप्रियता अर्जित की। अब समय आ गयाहै कि इन वाक् कहानियों के स्वतंत्र अध्ययन द्वारा उनकी विशेषताओं पर गंभीरता से ध्यान दिय जाए। कई बार वाक्-कहानियां भी साहित्यिक गुणों से समृद्ध होती हैं परंतु उनकी ओर उचित और आवश्यक ध्यान नहींदिया जाता। (मुझे पूरा भान है कि इस समीक्षण में भी इस त्रुटि की पूर्ति नहीं हो पाई है।) इसी के साथ अलग-अलग आयु के पाठकों के वर्गानुसार लिखी गई कहानियों पर भी अलग से विचार करने की आवश्यकता है। जिस उम्र के पाठकों के लिए (किशोर वर्ग) पढ़ने को अद्‌भुतनगरी की कुंजी के रूप में समझा जाता है उस विधा को स्वतंत्र विधा के रूप में सम्मानित किए जाने की आज आवश्यकता है। उक्त कहानी विधाओं पर इस संक्षिप्त लेख में अपनी सीमाओं के कारण मैं उचित विचार नहीं कर सका, परंतु इनके सम्मानित होने का और स्वतंत्र अस्तित्व का अहसास मुझे जरुर हैं।

विगत प्रन्द्रह-बीस वर्षों से आनन्द यादव ग्राम कहानी को रूपायित कर गतिशील बनाने के प्रयत्नों में बराबर लगे हुए हैं। ग्राम कहानी को सही माने में ग्राम कहानी बनाकर सार्थकता प्रदान करने का महत्वपूर्ण कार्य १९६० के बाद आनन्द यादव ने किया है। ग्रामवासियों के अंतर्मन की टोइ आपने बहुत गहरे उतरकर पाई है। ग्राम जीवन के ढहते मूल्यों, जीवन संघर्ष की दिन-ब-दिन बढ़ती जाती तीव्रता, ग्राम जीवन के व्यवहारों-व्यापारों का गहरा, सूक्ष्म और समृद्ध अनुभव आनन्द यादव के पास है। ईमानदार और यथार्थ अनुभव केसाथ यादव की दृष्टि हमेशा ग्राम संवेदना और भाव को तलाश कर तराशती रही है। आपकी कहानियों में सही-सही और हुबहू ग्रामवासी सजीव साकार हुए हैं। ग्राम जीवन के शोकाकुल अनुभवों को भी आपने पूर्ण क्षमता के साथ अंकित किया है। बिंबात्मक, ग्राम-बोली की खास ठसक के साथ अवतरित, चित्रमयी भाषा ने यादव की कथा को अभिव्यक्ति के स्तर पर भी प्रभावशाली बनाया है। कथ्य और भाषा एकात्म हैं इनकी कहानियों में। रा.रं.बोराडे भी ग्राम जीवन का यथार्थ निष्ठ और प्रभावशाली चित्रण कर पाए हैं। सखा कलाल, चारुता सागर के साथ महादेव मोरे का नाम अपने आप आ जाता है। महादेव मोरे ने ढाबेवालों मजदूरों, वेश्याओं, बेकार युवाओं, ड्राइवरों, पेन्टरो आदि केजीवन की यथार्थ विभीषिकाओं को जीवंत किया है। अपनी कहानियों में गढ़े हुए शिल्प की ढ़िलाई बांवजूद कहानियों में अंकित शोषण, क्रूरता, शारीरिक और मानसिक यातनाओं और यंत्रणाओं का सजीव रूप पाठक के मन-प्राणों को सुन्न कर देता है। विगत दस-बारह वर्षों में ग्राम कहानी के माध्यम से मराठी की विविध बोलियों ने मराठी साहित्य को समृद्ध किया है। भास्कर चंदनरशिव स्थिर परंतु पैनी दृष्टि से ग्राम जीवन के परिवर्तनशील यथार्थ को अंकित करते हैं। आनन्द पाटील, द. ता. भोलसे, बा. ग. केसकर, बाबाराव मुसले, व. बा. बोधे, उत्तम बंडू तुपे, गणेश आवटे, श्रीराम गुंदेकर और दे. शि. दुधवलकर का ग्राम कहानी को समृद्ध करने में सहयोग भी उल्लेखनीय है। फिलहाल ग्राम कहानी संकट विशेष से गुजर रही है। एक ओर शहर देहात में घुस रहा है, और देहात तथा शहर की सीमा रेखाएं अस्पष्ट हो रही हैं तो दूसरी ओर देहातों में बसे कहानीकार ग्राम को छोड़कर शहरों

में जा बसने लगे हैं। ग्राम के यथार्थ जीवन से दूर जाने और संभव है कि चुभती अपराध भावना के परिणाम स्वरुप ऐसे कहानीकार यथार्थ और प्रत्यक्षदर्शी चित्रण में दिन-ब-दिन कम रमते दिखाई जेते हैं। ग्राम के खेतों और काश्तकारी के ब्यौरैवार वर्णन उनके बिंब, उनके दृश्य रूप आजकल शायद ही होते हैं।

ग्राम कहानी से मिलती-जुलती कहानी इन दिनों लिखी गई है। उद्धव शेलके ने विदर्भ की जनता के सुख दुःखों और जीवन प्रणालियों को समूची सहानुभूतियों के साथ अंकित किया है। नागर या आधुनिकता के संस्कारों से काफी दूर परंतु दरिद्र व्यक्तित्वों की वेदनाओं को शेलके ने अपनी कहानियों के माध्यम से मुखर किया है। आ.ना.पेडणेकर ने दक्षिण कोंकण के दरिद्र परंतु छँटे हुए चरित्रों का परिचय समूची जीवंतता के साथ करा दिया है। वैसे कोंकण का इन्सान मधु मंगेश कर्णिक की कहानियों में अवतरित होता है। चित्रात्मक और संवेदनशील भाषा के कारण कर्णिक कोंकण के चल चित्र का अहसास देते हैं।

मराठी कहानी को दलित कहानी ने भी भरसक समृद्ध किया है। दलित साहित्य ने साहित्य विषयक सफेदपोश-मान्यताओं उखाड़कर मराठी साहित्य को जीवनोन्मुख बनाने में अपना योगदान दिया है। अण्णाभाऊ साठे और शंकरराव खरात ने दलितों के जीवन की विभीषिका को अपनी कई कहानियों में चित्रित किया है। बाबुराव बागुल की कहानी धमाके के साथ आई, उसने न केवल दलितों की अस्मिता को जगाया बल्कि झोंपड़पट्टी के बीभत्स, विदारक और मन प्राणों को थर्रा देने वाले लेखन ने सफेदपोश वर्ग में अपराध भावना बोध को भी जगाया। केशव मेश्राम ने भी विविध प्रकार की कहानियाँ लिखी हैं। कलात्मकता का भान रखते हुए आपने चित्रमय भाषा में विलक्षण दाहक अनुभवों को अभिव्यक्ति दी है। मेश्राम की कहानी न केवल चिंतनशील और अग्निधर्मी है बल्कि पैने व्यंग्य के साथ सुखासीन जीवन पर लगे मकड़ी केजाल को भी साफ करती है। भीमराव शिवराले, अर्जुन डांगले, माधव कोंडविलकर, योगेन्द्र मेश्राम, शरदकुमार लिंबाले, योगीराज वाघमारे, अमिताभ, वामन होवाल आदि कहानीकारों ने भी समूची मराठी कहानी को विलक्षण जीवनानुभवों, ज्वलंत, दाहक और बेचैन करनेवाले अनुभवों और जीवन-बोध के दायरे को विस्तार देने वाले अनुभवों से समृद्ध किया है। ग्रामीण साहित्य की तरह दलित साहित्य को भी समस्या विशेष का सामना करना पड़ रहा है। सुरक्षित दलित शहराती जीवन के सफेदपोश जीवन में समाए जाएंगे और परिणाम में अपनी स्वतंत्र अस्मिता और सच्चाई को देंगे। इस स्थिति के कारम उत्पन्न अलगाव, गॉव और परिवार की धरती से उखड़कर अकेले होने के अहसास को अंकित करने वाली कहानियां लिखी जाने लगी है। परंतु लगता है कि यह प्रक्रिया लम्बी नहीं चल पाएगी, दलित शब्द की व्याप्ति को अधिक व्यापक बनाकर, सहानुभूति के दायरे को भी इसी के साथ-साथ विशाल बनाकर व्यापक समाज जीवन की समस्याओं के समाधान के लिए संवेदना के यज्ञ को ज्वलंत बनाकर इस समस्या का समाधान संभव है। मुक्तिबोध के शब्दों में जड़ीभूत संवेदना को तरोताजा बनाने के लिए नए रास्तों की खोज अनिवार्य होती है। वैसे ज़ड़ता का सवाल मात्र दलित साहित्य के लिए नहीं है, समूचे साहित्य में व्याप्त अनुभूति की घेराबंदी को तोड़ने के लिए सर्जनशील को नवीन उपायों, तरीकों, मार्गों को ढूंढना ही पड़ता है।

विगत दस-पन्द्रह वर्षों में लिखी कहानी को देखने-पढ़ने पर एक विलक्षण निष्कर्ष पर हम पहुंचते हैं। ग्राम और दलित कहानी अब काफी शिथिल पड़ गई है और दोनों में भुक्त अंतर्वस्तु एकात्म होकर एक ही प्रकार का अनुभव दोनों देने लगी है। विपरीत इसके मध्यम वर्ग की कहानी अपने दायरे को बढ़ाकर अधिक, संवेदनशील, अधिक पैनी होती जा रही है। परंतु यह भी ध्यात्वय है कि इसका आंशिक श्रेय ग्राम और दलित कहानी द्वारा दिए गए धक्कों को भी है।

साठोत्तरी मराठी कथा : दशा और दिशा

आधुनिक मराठी कथा साहित्य में गई चेतना का जोरदार प्रारंभ १९४३-४४ के दरमियान हुआ। फड़के, खांडेकर के प्रभाव से इसके पहले की कथा कलावाद, रंजनवाद और स्थूल बोधवाद के कारण शिल्प और वस्तु दोनों स्तरों पर एक भँवर में फँस गई थी। शिल्पकौशल के नाम पर कथा की रचना को अधिक रोचक, अधिक सुगठित और अधिक कृत्रिमतापूर्ण बनाया जा रहा था। जीवनदर्शन, व्यक्ति के अंतर्मन की टटोल, सामयिक जीवन की जीवंत संवेदना का तीखापन, उध्वस्त होते जानेवाले मूल्यों की पहचान, नए जीवनमूल्यों की उपलब्धि की छटपटाइट, परिवेश के बदलते रूप की वेदना पूर्ण प्रतीति इत्यादि बातों की अपेक्षा कथा के चौखटे को सजाने सँवारने की ओर अधिक ध्यान दिया जाता था। कथा में प्रयोग के नाम पर जो भी कुछ हो रहा था वह कथ्य की अनिवार्य माँग नहीं थी बल्कि एक चमत्कारपूर्म प्रयत्न था जो कथालेखक की रचनाकुशलता के प्रति विस्मय उत्पन्न करने के उद्देश्य से किया जाता था। शीर्षस्थ कथाकार तक जीवननिष्ठ की बात करते हुए भी कारीगरी में व्यस्त थे और दोयम दर्जे के कथाकार जीवन के आकलन के प्रयास में बोधवादी नीरस कथाएँ लिख रहे थे। ऐसी स्थिति में जाने माने मध्यवर्गीय कठ्घरे को छोड़कर अधिक व्यापक क्षेत्र में जाने का प्रयास अगर लेखक करते भी थे तो हास्यास्पद हो जाते थे। अधिक से अधिक मध्यवर्ग को छोडकर अन्य वर्ग की जीवनव्यथा की छोटी सी झलक दिखाकर भावुक पाठ्कों की सहानुभूति और करुणा जगाने का कार्य करने में ये लेखक संतोष करते थे। कथ्य के प्रति निर्मम तटस्थता रखकर विभिन्न कोणों से कथाविषय को प्रस्तुत कर सकने की क्षमता का प्रायः अभाव ही था।

वस्तुतः द्वितीय महायुद्ध के गर्म हवाओं के झुलसा देनेवाले झोंके संवेदनशील लेखकों को विचलित करने में तथा उनको अपने सुखमय जीवन के सुरक्षित नीड़ से बाहर निकालने में समर्थ थे। भारतीय स्वातंत्र्य आंदोलन के उतार चढ़ाव जागरूक मन को अनिश्चितता के भँवरजाल में फँसाने के लिये पर्याप्त थे। आर्थिक, सामाजिक एवं राजनीतिक परिवेश किसी भी चिंतनशील व्यक्ति को अनिश्चित, अस्वस्थता, प्रश्नाकुलता की अजीब सी अवस्था में रहने को विवश करनेवाला था। जिस पीढ़ी को इस व्यापक परिवेश ने अनेक स्तरों पर झकझोरा था वह पीढ़ी कथालेखन के लिये १९४२-४३ के आस पास प्रेरित हुई थी। सामयिक स्थितियों की जटिलता और अस्तव्यस्तता ने कुछ सीमा तक मराठी कथाकारों की अंतश्चेतना को बेचैन कर दिया था, ऐसा इन नए कथाकारों के लेखन से अवश्य प्रतिभासित होता है। इन नए कथाकारों में प्रमुख हैं-गंगाधर गाडगील, अरविंद गोखले, पु.मा.भावे और व्यंकटेश माडगूलकर। पूर्ववर्ती मराठी कथा के कतिपय दोष इनको अखर रहे थे। खासकर फड़के प्रणीत तंत्रवाद ने मराठी कथा को बेहद जकड़ दिया था। यह तंत्रवाद निर्जीव था क्योंकि कथा की आंतरिकता एवं कथा के अनुभव की विशिष्टता से इसका लगाव नहीं था और यह पाठक को केंद्र में रखकर बनाया गया था। मनुष्य के मन का अच्छे या बुरे, सुष्ट और दुष्ट, ध्येयोन्मुख और आदर्शहीन इत्यादि दो वर्गों में विभाजन नए कलाकारों को स्वीकार्य नहीं था। मनुष्य के प्रकट मन की सीमा और शक्ति का इनको अच्छा ज्ञान था और अंतश्चेतना की गहन शक्तियों से भी ये अवगत थे। जीवन की सबलता और सरलता में इनका विश्वास नहीं था क्योंकि दिन-

ब-दिन उग्र होते जानेवाले जीवन संघर्ष ने जीवन की जटिलता से इनका परिचय कराया था। जो कथा महज करुणा, सहानुभूति, उदात्तता का भाव उत्पन्न करने के लिये लिखी गई हो, जो अपने कथानिविष्ट उद्देश्य के लिये जीवन की एकांगिता को लेकर समस्याओं का सरलीकरण करती हो, जो शिवत्व और सौंदर्य के लिये 'सत्य' को-खतरनाक और भयावह 'सत्य' को, अनदेखा करती हो, जो अश्लील के नाम पर अपनी मध्यवर्गीय कमजोरी को छिपा रही हो या वास्तविकता का सामना करने से कतराती हो, वह कथा इन नए कथाकारों को सही और सच्ची कथा नहीं लगती थी। स्त्री का पतिव्रता, प्रेयसी, विशुद्ध प्रेम करनेवाली निष्ठवान नारी, व्यभिचारिणी, वेश्या, इस प्रकार बंद कठघरों में विभाजन भी नये कथाकारों की दृष्टि से वास्तविकता से काफी दूर था। सबसे अधिक मनुष्य चरित्र का वर्टिकल विभाजन इन्हें अमान्य था। ये कथाकर सिद्धांततः मनुष्य को उसके यथावत् रूप को नैतिक या सौंदर्यवादी दृष्टिकोन के चश्मे से देखकर चित्रित करने की बजाय वे उसको पूरी जटिलता से पकड़ने के प्रयत्न में थे। जीवन के अनुभव को वे अपरिमित महत्व देना चाह रहे थे और यह अनुभव कहाँ तक नैतिक है, कहाँ तक उच्च मूल्यों के संस्कारों के लिये उपयोगी है, उसमें कहाँ तक चिरंतनता वा वैश्विकता है, यह उनके लिये महत्वपूर्ण बात नहीं थी। १९४३-४४ के बाद के कथाकारों को मनुष्य के मन ने और उसके अनुभव ने इतना आकर्षिक किया है कि यह उनकी सब से बड़ी शक्ति भी रही और कुछ समय के बाद वह सीमा भी हो गई। गोखले, गंगाधर गाडगील और पु.भा.भावे ने मनुष्य के मन का, वैविध्यपूर्ण अंकन अपनी कथाओं में किया। गोखले आज भी लिख रहे हैं ओर अन्य लेखकों की तुलना में उनकी कहानियाँ आज भी पाठकवर्ग को प्रभावित करती हैं। कभी तो यह भी शंका होती है कि गोखले का अपना खास पाठकवर्ग बन गया है। गोखले को कथा में मध्यम वर्गीय जीवन के अनेक स्तरों के अनेक उद्योग करनेवाले अनेक जातियों के विविध स्वभाव के स्त्री पुरुष हैं। महायुद्ध, गरीबी, राष्ट्रीय आंदोलन, जातीय संघर्ष की पृष्ठभूमि गोखले के कथापात्रों को मिली है परंतु गोखले का कथाकार पकड़ना चाहता है अपने पात्रों के मन को, मन के बेतरतीब प्रवाह को, उनके मूड को, जीवन में आस्थावान् उनके मानसिक केंद्रबीज को, उनके वैविध्यपूर्ण भावपुंज को। गोखले द्वारा चित्रित नारी के मन का कैनवस व्यापक भी है और गहराई से समृद्ध भी। परंतु गोखले की कथा में एक सीमा के बाद ठहराव आ गया। उनके मनोविशलेषण में सरलीकरण और सामान्यीकरण आ गया। कथाओं के आधारबिंदु के रूप में चमत्कृतिजन्य घटना की खोज वे करने लगे। निवेदन या निरूपण ने उनकी कथा की जीवंतता को क्षीण कर दिया। गोखले के साथ गंगाधर गाडगिल ने भी अत्यंत सशक्त कहानियाँ देकर मराठी कथासाहित्य को समृद्ध किया है। गोखले में करुणा, सहानुभूति, उदात्तता, मानवीयता और भारतीयता के प्रति गहन आस्था है और उनके कथालेखन में इसके कारण कुछ सीमाएँ भी उत्पन्न हुई हैं। गंगाधर गाडगील मनुष्य के मन को अपनी पैनी आँखों से बिना किसी आस्था के तह तक देखते हैं। अपने असली रूप में मनुष्य गंगाधर गाडगील के सामने आता है, तब बहुत ही हीन, दीन, विपन्न और दयनीय हो जाता है। समाज, राष्ट्र, परिवार, वैवाहिक पवित्रता इत्यादि के पर्दों को फाड़कर गाडगील मनुष्य को उसके आत्मकेंद्रित, स्वार्थी, भीरू रूप में जब खड़ा कर देते हैं तब पाठकों को वह विद्रूप लगने लगता है। गाडगील में मनुष्य के 'मूड' को चित्रित करने की क्षमता भी जबरदस्त रूप में है जो उनकी 'तलावांतील चांदणे' जैसी कथा में परिलक्षित

होती है। गाडगील ने व्यंग्य और विनोद की मुद्रा लेकर भी सफलतापूर्वक कहानियाँ लिखी हैं। गाडगील ने अपनी कथाओं में अनेक साहसिक प्रयोग किए हैं-कथा के चौखटे को तोड़ फोड़ दिया है, जीवन और मनुष्य की असंगतियों को आमने सामने रखकर मनुष्य की बेचारगी का मजाक भी उड़ाया है। कहीं चेतना प्रवाह का प्रयोग किया है तो कहीं अति यथार्थवादी शैली का भी प्रयोग किया है। इधर ६०-६२ के बाद गाडगील रुके हुए से प्रतीत होते हैं। क्वचित् प्रसिद्ध होनेवाली आपकी कथा ताजेपन का आभास नहीं देती। गाडगील और गोखले की कथा में महत्वपूर्ण अंतर यह है कि गोखले कथा के लिये अपवादात्मक स्थितियों का चित्रण करते हैं जो रोमांटिक प्रवृत्ति का परिणाम है जब कि गाडगील यथास्थिति से कहानियों के लिये सहज मसाला जुटाते हैं-- कभी सामान्य स्थितियों को एक छोर तक ले जाकर असामान्य बना देते हैं। गोखले की भाँति गाडगील भी एक बहुत बड़ी मंजिल तय करने के बाद रुक गए। इसका संभवतः एक कारण यह भी हो सकता है कि ठीक गोखले की विपरीत दिशा में जाकर वे सिनिसिज्म के शिकार हो गए। सिनिसिज्म एक सीमा तक अच्छी रचनाओं का कच्चा माल हो सकता है परंतु स्थायी रूप में सिनिसिज्म लेखक को मानवीय जीवन के प्रति उदासीन और परिणामतः अनुभव विश्व के प्रति उदासीन बना देता है। पु. भा. भावे रग-रग में जोश और आवेग अनुभव करनेवाले कथाकार हैं। उनकी कथा भावों और स्थितियों के उत्कट आवेग की कथा है-प्रांजल, प्रवाही और गतिमान्। प्रेम और वासना के कतिपय वैविध्यपूर्ण रूप भावे ने बिना संकोच और दुराव छिपाव के प्रस्तुत किए हैं। ढोंग, दंभ और झूठ पर मर्म तक प्रहार करते समय वे निर्भय हो जाते हैं। वे प्रचलित चारित्र्य विषयक संकल्पनाओं की चीरफाड़ करते हैं। भावे के मन में भारतीय समाज और संस्कृति के प्रति गहन आत्मोयता है और बहुत बार उनके आवेश में भड़कीलापन भी आ जाता है। धीरे धीरे भावे की कथा में हिंदू संस्कृति का आग्रह और अभिमान अधिक जाज्वल्य रूप में प्रकट होने लगा और उनकी कथालेखन की क्षमता भी क्षीण पड़ती गई :

नागर कथा के इन तीन शीर्षस्थ कथाकारों के साथ लगभग उसी समय ग्रामीण कथा या आंचलिक कथा साहित्य में नई चेतना उत्पन्न करनेवाले व्यंकटेश माडगुळकर का महत्वपूर्ण स्थान रेखांकित करना होगा । मराठी आंचलिक कथाल १९५५ के आसपास और उसके बाद पूरी उभार पर रही और उसको अपना स्वतंत्र वैशिष्टययुक्त तथा खास स्थान दिला देने में माडगुलकर की कथा ने महत्वपूर्ण कार्य किया है । माडगुलकर के पूर्ववर्ती कथाकार ग्रामीण जीवन में भूले भटके कभी जाते भी थे तो अपने नागर मन और संस्कारों को लेकर ही जाते थे, जैसे पिकनिक के लिये जा रहे हों । ग्राम्य के जीवन के प्रति अधिक से अधिक सहानुभूति, करुणा या दया जगाना ही इनका उद्देश्य रहता था । इसके विपरीत माडगुलकर ने गाँव को निकट से देखा ही नहीं था, ग्रामीण जनता के सुखदुःखों को अत्यंत आत्मीयता के साथ परखा भी था । गाँव के कतिपय व्यक्तियों को चित्रांकित कर माडगुलकर ने अमर बनाया । आपने ग्रामीण जनता के जीवन के यथार्थ को-अज्ञान, दरिद्रता, जीवनसंघर्ष को कथा का विषय बनाया है । ग्रामीण जनता के चित्रण में कभी गंभीरता या कभी हल्के फुल्के मजाकिए ढंग का प्रयोग किया है । एक बहुत अच्छे निरीक्षक होने के कारण उनकी दृष्टि छोटे-बड़े तफसीलों का कलात्मक उपयोग करना जानती है । वर्णन, विवरण देते समय आप पर्याप्त तटस्थता से काम लेते हैं । माडगुलकर की समग्र कथा पर दृष्टि डालने से यह प्रतीत

होता है कि आप बाह्य यथार्थ के कलात्मक प्रस्तुतीकरण में जितना अधिक रमते हैं उतना आंतरिकता को व्यक्त करने में नहीं । ऐसा भी लगता है कि माडगुलकर यथार्थ का चित्रण करते समय आंचलिक जीवन के विविध वर्गीय व्यक्तियों के अंतःसंबंधों की ओर ध्यान नहीं देते । लगता है व्यापक सामाजिक आकलन से परिस्थितियों और व्यक्तियों के परस्पर घात प्रतिघातों का जो महत्वपूर्ण पहलू साहित्यकार के लेखन में प्रविष्ट होना चाहिए वह माडगुलकर के लेखन में नहीं प्रविष्ट हुआ है। इसमें संदेह नहीं कि एक एक कथा में माडगुलकर को अद्‌भुत सफलता मिली है परंतु समूचे कथाविश्व के अध्ययन से माडगुलकर की समस्त व्यापकता के संबंध में जो आश्वस्ति होनी चाहिए, वह नहीं होती । माडगुलकर की कथा एक प्रकार से उनके अतीत जीवन का कलात्मक तटस्थ भोग है। यही कारण है कि इनकी कथा में तीखापन नहीं है, आग नहीं है, उत्तेजना नहीं है, व्यक्ति और समाज के संबंधो का सही आकलन क्षीण है ।

१९४५-६० केबीच इन प्रमुख रचनाकारों की प्रतिभा के संबंध में विवाद हो ही नहीं सकता। फिर भी इन कथाकारों ने जितनी नवचेतना कथा के स्वरूप के संबंध में उत्पन्न की उतने अनुभूति की व्यापकता की ओर ध्यान नहीं दिया । इनके सामने वैचित्र्यपूर्ण मन आते हैं, मांसल व्यक्ति आते है परंतु व्यक्तियों के बीच के परस्पर संबंधों का सामाजिक धरातल तथा इनके जटिल व्यवहारों के आधारभूत आर्थिक, सांस्कृतिक परिवेश का सही बोध ये कलाकार नहीं देते । गोखले अपने मानवतावाद के कारण, गाडगील सिनीसिज्म के कारण, भावे पुनरुज्जीवनवादी विचारधारा के प्रति समर्पित होने के कारण और माडगुलकर सामाजिक दृष्टि के सजग विकास में प्रयत्नशील न होने के कारण पुनरावृत्ति करने लगते हैं, रूक जाते हैं। यै जीवन के साथ प्रगतीशील चरण रखने में असमर्थ होने के कारण निस्तेज होते हैं। माडगुलकर की कथा ने एक महत्वपूर्ण कार्य किया। ग्राम्य जीवन के असंस्कृत, अशिक्षित, गँवार, अनाड़ी व्यक्तियों का जीवन साहित्य के लिये एक उर्वरा और एक मूल्यवान भूमि है, यह स्थापित किया । इसी रास्ते से अन्य आंचलिक कथाकार अपनी शक्तियों के साथ वेहिचक आने लगे ।

१६५५ के आसपास मराठी कहानी के क्षेत्र में अनेक प्रतिभाएँ अपनी क्षमता दिखाने लगी । वैसे कथा का क्षेत्र इतना वैविध्यपूर्ण होता है कि कथाकारों को प्रवृत्तियों के सीमित दायरे में रखकर उनका मूल्यांकन करना और खासकर सामान्य ऐतिहासिक रूप में उनके कृतित्व को प्रस्तुत करना एख तरह से सरलीकरण करना है परंतु सुविधा के दृष्टि से हमें कुछ महत्वपूर्ण प्रवृत्तियों के आघार पर कथालेखकों का विभाजन करना होगा।

मराठी की आंचलिक कथा

वैसे मराठी आंचलिक कथा के प्रति मुकाव हरि नारायण आपटे के समय से ही था । परंतु इसी प्रवत्ति को बढ़ावा मिला १९२० के बाद-संभवतः गांधी जी की 'देहात की ओर' घोषणा के कारण । फिर भी माडगुलकर के आगमन तक की मराठी आंचलिक कथा रोमांटिक दृष्टियों का ही परिणाम है। ठोकल, दिघे, इत्यादि मराठी लेखकों ने ग्राम्य जीवन के संबंध में कथाएँ लिखी थीं परंतु उसको आंचलिकता का रूप मिला व्यंकटेश माडगुलकर के कारण। माडगुलकर के पूर्ववर्ती लेखकों में श्री. म. माटे की ग्राम्य कथा अपने यथार्थ के प्रति समर्पण के कारण वैशिटयपूर्ण लगती

है। एक प्रकार से यह अच्छा ही रहा कि माडगुलकर पर उच्च शिक्षा और साहित्यिक परंपरा के संस्कार विशेष नहीं थे। इसके कारण मराठी की रोमांटिक और कुतक् परंपरा के शिकार होने से वे बचे। माडगुलकर की कथा में ग्राम्य जीवन का जो गहन निरीक्षण था, कथ्य को उसका खास व्यक्तित्व देने की जो भाषिक सामर्थ्य थी उसके कारण एक महत्वपूर्ण बात यह हुई कि महज रुचिवैचित्र्य के रूप में अनजाने क्षेत्र में जाने का सिलसिला सदा के लिये टूट गया। ग्राम्य जीवन का उपयोग पलायन या रंजन के लिये करना असंभव नहीं तो मुश्किल अवश्य है, यह प्रमाणित हुआ। अब ग्राम्य कथा या आंचलित कथा लिखना महज कल्पनाशक्ति या प्रतिभा का ही काम नहीं हैं बल्कि उसके लिये बाह्य और आंतरिक यथार्थ का भोक्ता होना आवश्यक शर्त है, यह सदा के लिये मान लिया गया। मराठी के आलोचना क्षेत्र में मर्ढेकर ने अनुभूति की ईमानदारी के संबंध में जो तलस्पर्शी विवेचन, विश्लेषण किया था, उसका भी प्रभाव यह पड़ा। साहित्यकार अपने भोगे हुए यथार्थ का क्षेत्र छोड़कर अन्यत्र जाने का साहस करने में संकोच करने लगे। इससे कुछ शक्ति भी उत्पन्न हुई और सीमाएँ भी बन गई।

ग्राम्य जीवन की कथा को समृद्ध करनेवाले दूसरे महत्वपूर्ण कथाकार हैं द. मा. मिरासदार। मिरासदार की दृष्टि माडगुलकर से बहुत भिन्न है। मिरासदार ने ग्रामीण लोगों के मनोविश्व को भलीभाँति परखा है। परंतु उनकी समस्याओं का ठीक तरह से आकलन नहीं किया है। मिरासदार ग्राम्य जीवन का चित्रण करते समय विनोदी या हास्य और व्यंग्य की मुद्रा अपनाते हैं। उनके कथा विषयों को देखने पर प्रतीत होता है कि स्वातंत्र्योत्तर काल में ग्राम्य जीवन में जो परिवर्तन हो रहा है उसकी ओर उनकी दृष्टि है परंतु इस परिवर्तन को उन्होंने अपनी विनोदप्रचुर घटनाबहुल कथा लिखने के लिये साधन के रूप में इस्तेमालं किया है। ग्राम्य जीवन की असंगतियों, विचित्रताओं का चित्रण उन्होंने किया है। उनके पात्रों में प्रायः दो प्रकार के व्यक्ति हैं - गाँवों के भोले, निरीह, सामान्य लोग और कुछ धूर्त, अल्पशिक्षित परंतु विलक्षण बुद्धिमान भी। मिरासदार का ध्यान जीवन के यथातथ्य दर्शन के प्रति कम होता है, विनोद, व्यंग्य, उपरोध इत्यादि से पाठकों के मुख पर हँसी की तरल रेखा उत्पन्न करने या कभी उनको ठहाके लगाकर हंसने को मजबूर बनाने की ओर उनका ध्यान अधिक होता है। मिरासदार नाटयपूर्ण, विचित्र प्रसंगों को चुनते हैं और कथा के अंत तक उनकी नाटकीयता और तीव्रता को बढ़ाते जाते है। रंजकता और विनोद पर मिरासदार इतना ध्यान केंद्रित करते हैं कि ग्रामीण जीवन की दरिद्रता, भूख और पीड़ा की ओर उनकी दृष्टि क्वचित् ही कभी पड़ती है परंतु मिरासदार की कथा के प्रसंग और प्रयुक्त भाषा उनके ग्राम्य जीवन की ठोस पहचान की साक्ष्य देते हैं।

माडगुलकर के बाद मिरासदार के साथ साथ आंचलिक कथा वाङ्मय को समृद्ध करनेवाले महत्वपूर्म कथाकार हैं शंकर पाटील। शंकर पाटील की दृष्टि मिरासदार के बिलकुल विपरीत है। वे जीवन की ओर बहुत गंभीर दृष्टि से देखते हैं। शंकर पाटील ने ग्राम्य स्त्री पुरुषों की सच्ची मानसिकता का, उनकी व्यथाओं और वेदनाओं का, उनके संस्कारों का जितनां प्रमाणिक और व्यापक रूप में चित्रण किया है उतना शायद ही किसी ने किया होगा। गाँव के पारिवारिक चित्र जितने जीवंत रूप में पाटील की कथा में मूर्त होते हैं उतने शायद किसी भी कथाकार के लेखन में नहीं

होते होंगे। पाटील ने भीषण दरिद्रता के बीच भी वात्सल्य, पत्नी धर्म, मानवीय जीवन के प्रति सहज सहानुभूति. धर्म के प्रति आस्था, परंपराओं को जीवित रखने की प्रचंड तड़फड़ाहट, अपार करुणा इत्यादि का अत्यंत सशक्त चित्रण किया है । यह चित्रण किसी आदर्शवादी या मानवतावादी जीवनदृष्टि को अपनाकर आरोपित रूप में नहीं हुआ है बल्कि ग्राम्य जीवन के साक्षात्कार के फल स्वरूप उभरा है । वैसे कुछ कथाओं में शंकर पाटील ग्रामीण जीवन की असंगतियों और विरोधाभासों की रेखांकित करते हुए अपनी विशुद्ध विनोदी दृष्टि का परिचय भी देते हैं। परंतु उनका कथाकार अधिक रमता है ग्रामीणों के मन को व्यक्त करने में । पाटील की विशेषता यह है कि ग्रामीण जीवन के भावजगत् का चित्रण करते समय उसके भीषण और भयावह यथार्थ के संदर्भ को वे नहीं भूलते । बल्कि आज महाराष्ट्र के ग्राम्य जीवन की सच्चाई के सारे पक्ष और संदर्भ सही रूपों में पाटील की कथा में ही अभिव्यंजित हैं । शंकर पाटील का वैशिष्ट्य यह है कि भाषा का उपयोग करते समय भी वे अपनी संतुलित कलादृष्टि का परिचय देते है । ग्राम्य पात्रों की भाषा अपनी खास है परंतु उनकी मनस्थितियों का बोध पाटील अपनी भाषा से कराते हैं । उनकी कथा में न परिवेश की अतिरंजना मिलेगी न वेदना की । भड़कीलापन तो कहीं भी नहीं है । अनुभव के संप्रेषण के लिये भावपरक कलात्मक तटस्थता उनमें सदैव परिलक्षित होती है ।

शंकर पाटील की कथा के बाद आंचलिक कथा को नए मोड तक ले जाने का अतिशय जटिल परंतु महत्वपूर्ण कार्य किया है आनंद यादव ने । अन्य कथाकारों से आनंद यादव का वैशिष्ट्य यह है कि ग्रामीण व्यक्तियों की मानसिकता को वे उनकी भाषा, उनके वाक्य प्रयोग और उनकी संवेदना के स्तर का आभास अबाधित रखते हुए व्यक्त करते हैं । अब तक के कथाकारों को परिवेश की स्थूलता को मानसिकता के नेपथ्य के रूप में स्थान देना पड़ता था । आनंद यादव ने ग्राम्य कथा के विकास की नई दिशा पहचानकर लेखन कार्य किया । ग्रामीण जनता की व्यथा, वेदना, उनके शोकपूर्ण अनुभव आनंद यादव का अपना खास क्षेत्र है । ग्राम्य जीवन के ट्रैजिक अनुभवों को पर्याप्त गहराई के साथ यादव व्यक्त करते है । अपने पात्रों के मन में प्रवेश कर उनकी आंतरिकता के साथ तन्मयतापूर्ण समाधि स्थिति में वह अंत तक रहते हैं । आनंद यादव की कथा में माडगुलकर का सूक्ष्म और वस्तून्मुखी निरीक्षण है (परंतु उनके स्थूल रूप या तपसिलों की आवश्यकता उन्हें नहीं पड़ती), शंकर पाटील की गंभीर करुणार्द्र जीवनदृष्टि है और कथा विशेष के केंद्रीय अनुभव के साथ प्रारंभ से अंत तक लयात्मक स्थिति में रहने की कविप्रकृति भी है। जातेजाते यह भी कहना अप्रासंगिक नहीं होगा की यादव एक अच्छे कवि भी हैं जिसका उनकी कथा के सौष्ठव में उन्हें अच्छा लाभ हुआ है ।

मराठी ग्रामीण कथा को म. भा. भोसले, ग. दि. माडगुलकर, सरोजिनी बाबर, अण्णाभाऊ साठे इत्यादि किंचित पुरानी पीढ़ी के कथाकारों ने तथा शंकर राव खरात, बाबा पाटील, नामदेव वटकर, हमीद दलवाई, चारुता सागर, सखा कलाल, रा. रं. बोराडे इत्यादि बाद की पीढी के कलाकारों ने समृद्ध किया है । रा. रं. बोराडे ने जीवन में ठेकरें खाने वाली,रेंगने, फिसलनेवाली, दुःख का बोझ वहन करने वाली ग्रामीण जनता की व्यथा को आकारित करने में एक सीमा तक सफलता पाई है ।

यद्यपि यह मराठी ग्राणीण कथा अत्यंत समृद्ध है, फिर भी कतिपय ऐसे प्रश्न हैं जो अस्पृष्ट रह गये हैं । गाँव जीवन की विविध जातियाँ और उनके अंतःसंबंध, नए विचारों के आगमन से होनेवाले वैचारिक परिवर्तन के सूक्ष्म आंदोलन, सामंतशाही या जमीनदारी के भोथरे होते जानेवाले नाखून और तज्जन्य परिस्थितियों, विवाह, जन्म, मृत्यू इत्यादि के अवसर पर होनेवाले कर्मकांड, साहुकारों की क्रमशः अंत होती जानेवाली स्थिति, शहरों का गाँवों पर होनेवाला विविध प्रकार का प्रभाव इत्यादि ऐसे संदर्भ हैं जिनको कथा विषय बनाना आवश्यक है । सौभाग्य से आनंद यादव ने इसमें काफी प्रगति की है। मराठी ग्राम्य जीवन की कथा पर समग्र दृष्टि डालने से यह प्रतित होता है कि मराठी कथाकार व्यक्ति पर जितना ध्यान केंद्रित करते हैं उतना सामूहिक जीवन पर नहीं ।

क्षेत्रीय जीवन के यथार्थ चित्र

साठोत्तरी कथालेखकों में उद्धव शेलके एक प्रमुख कथालेख हैं जो वैदर्भीय सामान्य जनता के सुखदुःखों के भाष्यकार हैं । उनके पास न कोई विशिष्ट जीवन दृष्टि या राजनीतिक, सामाजिक मतप्रणाली का आग्रह है, न कला के संबंध में विशिष्ट पूर्वनिश्चित धारणा । उनके पास एख जबरदस्त मानवीय सहानुभूति है और इनकी रचना दृष्टि प्रायः दलितों, पीड़ितों और उपेक्षितों की व्यथाओं, वेदनाओं को ढूँढती रहती है । उनके पात्रों पर न शिक्षा के संस्कार हैं, न नागर जीवन की आधुनिकता के । इनकी जिंदगियाँ महज जीवन शक्ति के आश्रय से फिसलती, फटकार खाती, गिरती पड़ती चल रही हैं । वस्त्र, आवास, अन्य मामूलीसा वैवाहिक पारिवारिक सुख इत्यादि निम्नतर अपेक्षाओं को लेकर भी यातनामय जीवन व्यतीत करने वाले मामूली लोगों का लघु मानव उद्धव शेल्के के रचनासंसार के पात्र है। इन मामुली लोगों को अपने जीवन संघर्ष के असली रूप की पहचान नहीं है, चारों ओर की बदलती दुनिया या व्यवस्था के प्रति इनमें कोई सजग चेतना नहीं है, अपनी कथाओं और परेशानियों के कारणों का ज्ञान इनको नहीं है, राजनीतिक हलचलों से इनका संबंध केवल चुनाव के दिन ही होता है, समाजवाद, क्रांति, वैयक्तिक स्वातंत्र्य, नागरिक अधिकार और कर्तव्य इत्यादि तमाम बातें इनके लिये अज्ञेय हैं। इन मामूली लोगों के क्षुद्र जीवन की नाटकीयता को कल्पना का हल्का सा स्पर्श देकर कथा को जीवंत रूप देना, कृत्रिमता, भड़कीलापन और कृतक् नाट्यात्मकता से बचते हुए कथा के माध्यम से यथार्थ के गहरे मान से पाठकों को एक सीमा तक प्रभावित करना उतना सहज और सरल कार्य नहीं है। उसके लिये बड़ी कल्पनाशक्ति आवश्यक है। परंतु इसके बाद कथा के रचाव या बुनावट के लिये शेलके कल्पना का सहारा नहीं लेते। इनकी कहानियाँ बिना किसी कृत्रिम उपाय के प्रारंभ होती हैं। शेलके ने मामूली लोगों के सैकड़ों रूप पाठकों के सामने रखे हैं और इनमें अनेक पेशों के, अनेक स्तरों के लोग हैं। ये प्रायः ईमानदार, समझौतापरस्त, असीम कष्टों को बिना शिकायत स्वीकार करनेवाले लोग हैं क्योंकि तमाम भौतिक दुःखों और अभावों के बीच इनकी जिजीविषा बड़ी प्रबल है। उनमें एक दूसरे के प्रति अकृत्रिम, सहज परंतु अनुत्कटसा स्नेह है और वात्सल्य, पारिवारिक स्नेह, पति पत्नी के बीच कर्तव्य और वासना के ताने बाने से बुने संबंध इत्यादि पारिवारिक परिवेश में ही इनके पात्र क्रियाशील हैं। ये किंचित् असंतुष्ट भी हैं परंतु इतने नहीं कि जीवन को खत्म करने पर तुल जायें। इतने जागरूक

भी नहीं कि विद्रोह और क्रांति की बात को सोचें। परिवार में परस्पर संबंधों के कारण उत्पन्न उलझनें, तकलीफें, दिक्कतें इनको किसी प्रकार से तोड़ने या घात पात पर उतरने नहीं देती। अपनी दिक्कतों को अटल मनकर ही मूक रूप में ये सहते जाते हैं। अन्न वस्त्र की मामूली जरूरतों के लिये ये कभी कभार प्रतारणा भी करते है, चालाकी या चापलूसी भी करते हैं परंतु इसके पीछे, भी इनकी निरीहता और विवशता साफ साफ दिखती है जिसके कारण हम उनको घृणा नहीं दे सकते। उन्हें आत्मप्रशंसा का 'शौक' है, छोटी बड़ी सहूलियतों या सुविधाओं की ख्वाहिश है परंतु कुल मिलाकर ये लोग पाठ्कों की सहानुभूति अवश्य अर्जित करते हैं। इनके पात्रों के माध्यम से हम विशेषतया वैदर्भीय जनता की और सामान्यतया संपूर्ण भारतीय सामान्य जनता की असलियतों को जान सकते हैं। शेलके विनोद और व्यंग्य का भी आश्रय लेते हैं परंतु यह सब मामूली जनता के यथार्थ की असंगतियों को सरल रूप में उद्‌धाटित करने के प्रयत्न से उत्पन्न होता है। शेल्के कभी मनोवैज्ञानिक सूझबूझ का भी परिचय देते हैं परंतु व्यावहारिक और स्थूल जीवन के बहुत पीछे, नहीं जाते। शेल्के नें जीवन के वैचारिक या आध्यात्मिक पक्ष के प्रति बिल्कुल ही रुचि नहीं है, जीवन के बाह्य यथार्थ की तुलना में उसके पीछे के अदृश्य सूक्ष्म शक्तिप्रवाहों के अंकन पर वे ध्यान नहीं देते, मानसिक तनातनी या सूक्ष्म चिंतनात्मक संवेदनाओं का रूपचित्रण भी वे नहीं करते। किसी भी लेखक को ऊँचाई पर प्रतिष्ठित करने के लिये मेरी दृष्टि में गहन चिंतन, जीवन का सूक्ष्म आकलन, मनुष्य के असाधारण प्रारूप को प्रस्तुत करने की क्षमता का होना आवश्यक है। अभी इन दिशाओं में शेलके की यात्रा शुरू नहीं हुई है और संभवतः इसके लक्षण भी कम हैं। परंतु इसमें संदेह नहीं कि अपनी अजस्त्र लेखन शक्ति के बलपर बैविध्यपूर्ण विस्तृत जीवन के यथार्थ चित्र प्रस्तुत कर शेलके ने मराठी कथाकारों में अपना स्थान निश्चित किया है। खेद की बात इतनी है कि मराठी की सौदर्यवादी एकांगी आलोचना की हाथी दाँत पर रंखांकित चित्राकृतियों को देखने से अभी फुरसत नहीं मिली है कि वह शेलके के कृतित्व का विचार कर सकें।

वैसे क्षेत्रीय जीवन के रंगों और गंध को लेकर अपन्यासकार पेंडसे भी हैं, दांडेकर भी हैं खानोलकर और शांता शेलके हैं।

मध्यवर्ग के सुख दुःख के चितेरे

वैसे हरिनारायण आपटे से लेकर आज तक मराठी साहित्य में अधिकतर मध्यवर्ग के सुख दुःखों, आशा आकांक्षाओं, वेदनाओं, व्यथाओं, समस्याओं और उलझनों का चित्रण हुआ है। यह इसलिये स्वाभाविक था। शिक्षा और साहित्य का उपभोक्ता वर्ग मध्यवर्ग ही रहा है। मराठी के साहित्यकारों की प्रमुख, प्रकृति भी यह रही है कि वे अपनी भोगी हुई जिंदगी के बाहर जाने का प्रयास बहुत कम करते हैं। फडके सुखवाद या कलावाद और मर्ढेकर के सौदर्यवाद से इसको बौद्धिक समर्थन भी मिला। परंतु यह दूसरा प्रश्न है। यहाँ साठोत्तरी कहानी का संदर्भ ध्यान में रखते हुए केवल उन थोड़े से लेखकों का उल्लेख होगा जिन्होंने अपने वैशिष्ट्य की छाप साहित्य पर अंकित की है।

श्री. दा.पानवलकर मराठी कथा संसार में एक अलग व्यक्तित्व लेकर उपस्थित हुए। अब तक उनके दो कथा संग्रह प्रकाशित हुए हैं 'औंदुवार' और 'सूर्य'। पानवलकर की कथा सामयिक

राजनीति, सामाजिक नैतिक मूल्यों का संघर्ष इत्यादि से दूर है और एक तरह से वे चिंतन की अमूर्तता से अलिप्त रहनेवाले कथाकार हैं। उनकी कथा विलक्षण रूप में मांसल और जीवंतता लिये हुए विशुद्ध कथा तत्व का प्रभाव पाठक पर डालती है। पानवलकर का प्रमुख क्षेत्र उन व्यक्तियों से भरपूर है जो सोना, अफीम, शराब इत्यादि तस्कर व्यापार में व्यस्त हैं। इनका और पुलिस विभाग का जीतोड़ मुकाबला भी उन का खास क्षेत्र है। पानवलकर जो स्वयं कस्टम विभाग में कर्मचारी हैं इस प्रकार की जिंदगी से भली भाँति परिचित हैं। वास्तव में पानवलकर की कथा खुफिया विभाग की कथाओं ---- जासूसी कथाओं के ढर्रे पर लिखे जाने की संभावना थी परंतु न केवल ऐसा होने से यह बचती है अपितु अपनी खास विशिष्टता के कारण सम्मानित भी हो गयी है। मानवीय जीवन और मन के कतिपय अनोखे पहलू या वैशिष्ट्य जो इस क्षेत्र में पाये जाते हैं पानवलकर की कथा के लक्ष्य हैं। उनकी कथा में आरंभ से लेकर अंत तक सुविद्य पाठक को उत्सुकता बढ़ेगी, कौतुहल बना रहेगा। एक घटना प्रधान कहानी पढ़ने का आनंद मिलेगा। फिर भी उनकी प्रत्येक कथा नई ताजी और टटकी लगती हैं। इस का मुख्य कारण यह हैं कि पानवलकर घटनाओं के पीछे क्रियाशील मनुष्य में तथा उनकी मानसिकता में रुचि रखते हैं। मनोवैज्ञानिक प्रणालियों का प्रत्यक्ष प्रयोग उन्होंने नहीं किया परंतु मनुष्य के मन की उनकी पकड़ अद्‌भुत है। ''सूर्य'' कहानी में उन्होंने ऐसे व्यक्तित्व को साकार किया है जो अपनी मूल कोमल और भावुक प्रवृत्तियों का गला घोंटकर एक जीवटवान, कठोर, पौरुषयुक्त पुलिस अफसर बन जाता है। इस परिवर्तन की समूची प्रक्रिया को पानवलकर ने हमारे सामने मूर्तकर दिया है। समाज की दृष्टि से स्खलित व्यक्ति की जीवन के प्रति प्रतिबद्धता को साकार करते समय इसके दुःख में उन्होंने नायक के मानसिक तनावों का विलक्षण प्रभावपूर्ण चित्र उरेहा है। ट्रायल में मध्यवर्गीय युवक के समलिंगी संभोग की प्रवृत्ति के रहस्यमय रूप का सूक्ष्म धगतल पर चित्रण किया है। शराब का व्यापार करने के लिये मजबूर युवक की परस्पर विरोधी दिशाओं में होनेवाली रस्साकशी का रूप यापरि सांडुनि दमयंती' नामक कथा में स्पष्ट रूप में मिलता है। 'औंदुबर' में एक सामान्य पोष्टमैन के जीवन के रोचक प्रसंगोंका मर्मस्पर्शी चित्रण करते हुए उनकी विलक्षण जीवट, परिश्रम शीलता, जीवन-संघर्ष की क्षमता को अंकित किया है। पानवलकर की कथाओं की रग-रग में उत्साह और जीवन की लालसा से युक्त स्त्री पुरुषों का मिश्रण मिलता है। अपनी डयूटी बजानेवाले कर्तव्यतत्पर छोटे बड़े लोगों के प्रत्यक्ष कार्य का रूपांकन आपने किया है। 'फल', 'लोळबलेला दिवस', 'पाणी घोडा आणि सगळं' 'सर्च', 'वगली', इत्यादि में। पानवलकर मनुष्य के वर्तमान क्षण की जीवंतता और स्पंदन को भी कभी पकड़ने का प्रयास करते हैं - 'साप', 'इसार', 'उगीच' इत्यादि में। पानवलकर की कथाओं के स्त्री पुरुषों में विलक्षण खुलापन है। उनकी कथा प्रायः पुरुष प्रधान होती है और स्त्रियों की ओर देखने का उनके पात्रों का दृष्टिकोण प्रायः परंपरागत ही होता है। पानवलकर पहले कथाकार हैं और अंतिम रूप में भी। इसलिये उन्हें मनुष्य के जो रूप सामने ठोस रूप में दिखाई पड़ते हैं उनको उनकी मानसिकता के संदर्भ के साथ प्रस्तुत करने में वे अधिक रमते हैं -- जीवन से परे हटकर या दूर जाकर अमूर्त चिंतन में उन्हें जरा भी रस नहीं है। उनकी शैली में विलक्षण नुकीलापन, प्रत्यक्षता, मूर्तिमत्ता और अपना खास रंग होता है।

मराठी के प्रख्यात नाटककार विजय तेंडुलकर ने भी कुछ, सशक्त कहानियाँ लिखी हैं ('गाणे' संग्रह)। आप मध्यवर्गीय जीवन के कठोर आलोचक हैं। उनकी पैनी अंतर्भोदिनी दृष्टि मध्यवर्गीय मनुष्य पर है तो उसका ढोंग, दंभ, समझौता परस्त वृत्ति, वासना को छिपाने के लिये औढ़ी हुई नैतिक मूल्यों की नकाब इत्यादि बातों पर जबरदस्ती व्यंग्यात्मक प्रहार करने लगते हैं। मनुष्य के मन के मन के परंपरा, नीति इत्यादि के पर्दे फाड़कर उसकी नंगी असलियत को सामने रखते समय विजय तेंडुल्कर की कलम विशेष धारदार होती है।

विद्याधर पुंडलिक अल्प लेखन करनेवाले परंतु गुणवत्ता की दृष्टि से महत्वपूर्ण लेखन करनेवाले कथाकार हैं। अब तक उनके 'पोपटी चौकट' और 'टेकडी वरचे पीस' दो कथा संग्रह प्रकाशित हुए हैं। विद्याधर पुंजलिक की कलात्मकता की परख अत्यंत महत्त्वपूर्ण है। बालकों के मन का चित्रण, प्रेम के विविध रूपों का अत्यंत नजाकत से किया हुआ अंकन, प्रौढ़ व्यक्तियों की अतृप्त आकांक्षाओं और वेदना का सहज अकृत्रिम प्रकटीकरण पुंडलिकजी का खास क्षेत्र है। इनकी कथाओं में एक प्रगल्भ मन का चुलबुलापन, शरारत या नटखटपन रहता है जो विज्ञ पाठकों को प्रसन्न मनस्थिति में रख देता है। 'पोपटी चौकट ' या 'आजी शरण येते' में अपनी अभिजात विनोदवृत्ति का परिचय देनेवाले विद्याधर पुंडलिक 'वार्ड नंबर सात' 'पत्थर' एक मांजरीची कथा ऐलतीर' में मनुष्य जीवन की करुणा को अत्यंत सूक्ष्मता के साथ संप्रेषित करते हैं कि मनुष्य के सुख दुःखों के पीछे नियति के हाथ हैं। उनकी कथा में जो वेदना व्यक्त होती है वह भौतिक आवश्यकताओं की पूर्ति के बाद संतृप्त मन की वेदना है--- चिरंतनता का स्पर्श लेकर। उनके पात्र अपने ही भाव विश्व में रमनेवाले, यथास्थिति से समझौता करनेवाले परंतु अत्यंत परिपक्व **(Mature)** व्यक्तित्ववाले होते हैं। आक्रोश, असंतोष, क्रोध, अस्वस्थता, क्षोभ पुंडलिक की कथा में बहुत ही कम है। जीवन के रूप के प्रति एक प्रौढ़ जिज्ञासा उनमें अवश्य है। विशुद्ध कलात्मक मूल्यों की कसौटी पर पुंडलिक की कथा अत्यंत सफल सिध्द होगी।

ए. वि. जोशी की कथाओं में खासकर ऐसे व्यक्ति आते हैं जिन की मुट्ठी से जीवन का श्रेय हाथ से बालू की भाँति खिसक गया है और उसके गीलेपन को हाथ में लेकर वे मसोसते रह जाते हैं। जीवन के अर्थ को शरीर की तीव्र यौन वासना में खोजने का प्रयत्न करनेवाले ए. वि. जोशी के पात्रों के हाथ में कुछ नहीं आता। उन की कुछ कथाओं में ऐसे व्यक्तियों की मानसिक संवेदना का भी चित्रण मिलता है जो अनैतिक एवं भ्रष्ट आचरण को स्वीकार करने के लिये विवश हो चुके हैं। भावुकता या करुणार्द्र दृष्टि का सहारा न लेते हुए इन स्खलनशील पात्रों की वेदना और विवशता के प्रति पाठकों की सहानुभूति को जागृत करने का कार्य ए. वि. जोशी करते हैं। इसका एक कारण यह भी है कि पात्रों की विकृतियों की अपेक्षा उनके असंगतिपूर्ण परिवेश की भीषणता की ओर जोशी संकेत करते रहते हैं। मध्यम वर्गीय संस्कारों, नैतिक मान्यताओं, आत्मतृष्टि की भावना को कुरेदकर अस्वस्थ करने में जोशी की कथा एक सीमा तक सफल होती है। ए.वि. जोशी के दो कथा संग्रह 'कृष्णाकाठचे देव' और 'बेलबुट्टी' प्रकाशित हो चुके हैं।

ज्ञानेश्वर नाडकर्णी के प्रथम कथा संग्रह 'पाऊस' में उनका कोई वैशिष्ट्यपूर्ण व्यक्तित्व नहीं उभरता परंतु दूसरे कथासंग्रह 'चिद्घोष' में उनकी क्षमता का परिचय मिलता है। मनुष्य मनुष्य

के बीच का वैचित्र्यपूर्ण संबध नाडकर्णी की कथा का केंद्रीय बीज होता है। इन वेचित्र्य पूर्ण संबंधों का व्यंग्यात्मक दृष्टिकोण से निरूपण करते हैं। इन वैचित्र्यपूर्ण संबंधों के पीछे चूंकि आकस्मिकता या दैव का हाथ अधिक होता हैं नाडकर्णी की कथाओं में न विशेष आक्रोश होता है न क्षोभ। नाडकर्णी की कथा में मूल बीज कल्पना कुछ, अनोखी सी और मौलिक भी होती है परंतु उसका क़था के माध्यम से यथेचित संप्रेषण करने मं उनकी कलात्मक क्षमता पूरी नहीं पड़ती दिखती। बहुत सा फैलाव और विखराव तो रहता है ही, शैली में इतिवृत्तात्मकता भी कथा के स्तर को दूषित करती है।

जयवंत दलवी नये कथाकारो में एक लोक प्रिय कथाकार हैं। दलवी की कथा प्रायः किसी प्रौढ़ व्यक्ति की अनुभूति या मूड के माध्यम से आकार ग्रहण करती है। प्रायः ये व्यक्ति जीवन के किसी न किसी दाँव में हारे हुए होते हैं। यह दाँव प्रायः प्रेम का होता है। संस्कार, संयम, नैतिक वर्जनाएँ, समाज का भय, पारिवारिक जिम्मेदारियाँ इत्यादि के कारण ये नायक प्रेम विवाह का निर्णय नहीं ले पाते और लौकिक दृष्टि से सफल गृहस्थी के बीच भी जो तीव्र अभाव या टीस का अनुभव करते हैं। उनके अनुभवों का निवेदन दलवी जी करते हैं। कभी - प्रेम और विवाह की आकांक्षाओं के अतृप्त रहने के परिणाम स्वरूप जो दर्द होता है उसका भी चित्रण दलवी करते हैं। कथा प्रायः संवेदना के स्तर पर कलात्मक रूपशिल्प को लेकर अवतरित होती है। दलवी की कथाएँ वैयक्तिक रूप में सफल है परंतु पाठ्क को बौद्धिक रूप से झकझोरना जीवन के किसी उपेक्षित या अपरिचित पहलू की झलक दिखाकर पाठ्क की मानसिक चेतना का विस्तार करना या जीवन के संबंध में एक समझदारी का भाव उत्पन्न करना अगर कथा की श्रेष्ठता के लियेआवश्यक माना जाय तो जयवंत दलवी की सीमाएँ स्पष्ट होती हैं। इनकी कथाएँ पढ़ते समय पाठ्क द्रवित होता है, उद्वेलित होता है, परंतु इस भावनिक ऊबडूब का कोई पुष्ट और स्थायी प्रभाव मन पर नहीं पड़ता।

श्री. ज. जोशी, दि. बा. मोकाशी, वि. शं. पारगाँवकर, अच्युत बर्वे, भाऊ पाध्ये इत्यादि कथाकार बहुत समय से लिख रहे हैं। मधुमंगेश पदकी, सरिता पदकी, कमल देसाई, विजया राजाध्यक्ष इत्यादि कतिपय कथाकारों ने मध्यवर्गीय जीवन को अपनी कथा का विषय बनाया है। इनमें कमल देसाई की कहानियों में तीव्र चुमन होती है जो संवेदनशील पाठ्क को विचलित करती है। विजया राजाध्यक्ष ने भी अपनी कथाओं से अपनी उज्वल संभावनाओं का सशक्त संकेत किया है। वामन इंगले, वामन प्रभु, मनोहर तल्हार, आनंद जातेगाँवकर इत्यादि कतिपय युवा लेखकों की कहानियों में जीवन के नये रूपों का अन्वेषण करने की धुन दिखाई पड़ती है। शं. न. नवरे, व. पु. काले इत्यादि लेखक भी रंजक कहानियाँ लिखकर कथासाहित्य के विस्तार में हाथ बँटा रहे हैं। दोनों की कहानियों में मानवीय भावों की उष्मा प्रभावित करती है।

मराठी की कथा पर समग्र रूप में दृष्टि डालने पर यह प्रतीत होता है कि यह कथा तात्कालिक राजनैतिक संदर्भ से प्रायः असंपृक्त है। समसामयिकता का बोध मराठी की कथा उतने तीव्र रूप में नहीं कराती। कथा में मध्यवर्गीय जीवन की आर्थिक दुर्दशा तथा उससे उत्पन्न असंतोष, क्षोभ खीझ, घुटन इत्यादि मनस्थितियों का चित्रण विरल है। मराठी कथाकार व्यक्ति के रूप ओर गठन में, विचित्रता और विशिष्टता में जितना रस लेते हैं उतना उनके सामाजिक परिवेश में लेते नहीं

देखते। जीवन की निरर्थकता का बोध मराठी कथाकारों ने कराया है परंतु उसका संबंध या मूल प्रत्यक्ष जीवन की वास्तविक स्थितियों में देखने की बजाय कथाकार समूचे जीवन की सार्थकता के प्रति ही संदेह व्यक्त करता दिखाई देता हैं।

जीवन के अर्थ की खोज

जीवन की संपूर्ण स्थिति को ही निरर्थक, असंगत और झून्यवत् समझनेवाले लेखकों में थे जी.ए.कुलकर्णी। उनके अबतक 'निळासावळा' (१९५६) 'पारवा' (१९६०) 'हिरवे रावे' (१९६२) 'रक्तवंदन' (१९६६) कथासंग्रह प्रकाशित हुए हैं । जी. ए. ने अपनी वैशिष्ट्यपूर्ण और मौलिक कथा शैली से मराठी पाठ्कों का ध्यान तुरन्त अपनी और खींच लिया था । कुलकर्णी अपनी कथाओं को मध्यमवर्गीय जीवन के भावों, विचारों, प्रसंगों, संबंधों के तानेवाने लेकर बुनते हैं परंतु इसके बाद सबकुछ चिरंतन समस्याओं को स्पर्श करते हुए दिखाई पड़ते हैं। जीवन की स्थूल समस्याओं की ओर जी. ए. ने विशेष ध्यान नहीं दिया । उनकी कथा के पात्र अजीब किस्म के व्यक्ति हैं - अन्न, वस्त्र, निवास की समस्याओं के लेकर झुकनेवाले या हारनेवाले व्यक्ति नहीं हैं। स्थूलता के पीछे जाकर जीवन के भीतरी अर्थ को खोजने की व्याकुलता से उनके पात्र पीड़ित रहते हैं । जी. ए. पूर्णतया निरर्थकतावादी कथाकार लगते हैं । इनके पात्र एक दूसरें का शिकार करते हुए दिखाई देते हैं। जी. ए. अपनी पात्रों को दोष नहीं देते क्योंकि वे सब अदृश्य शक्ति के खिलौने हैं । जी. ए. को मनुष्य की संकल्पशक्ति, निर्णय का अधिकार, जीवन के उदात्त मूल्य जैसी किसी बात में विश्वास नहीं है । कभी कभार साहित्य और संगीत जैसी सर्जनात्मक कलाओं के प्रति उनके मन की आस्था प्रकट होती है परंतु कुलमिलाकर जीवन की कभी खत्म न होनेवाली असंगतियों, विषमताओं, नियति के कुटिल दाँव पेंचों के सतत भान से यह आस्था भी क्षणिक सी लगती है । जी. ए. की कहानियों में वर्तमान समाज की गतिविधियों राजनैतिक सांस्कृतिक जीवन मूल्यों का प्रतिबिंब देखना या भविष्य की आस्था को खोजना आकाश कुसुम की खोज करना होगा । इनकी अनेक कथाओं में यह आभास मिलता है कि उनके पात्रों की कलात्मक उर्मियों को व्यवहारिक जीवन की जटिलताओं या फायदावादी स्थूल दृष्टिवाले व्यक्तियों ने जबरदस्त रुप में दबोचा है और परिणामतः उनके पात्र कठोर निर्थकतावादी, अस्तव्यस्त बन गये हैं ('गिधाडे' 'भाणूस नावचा वेटा' 'तक्षक' 'अखेरचा दिवस' 'पुरुष') परंतु यह भी संभवतः मानवीय विकृतायों या गंदगियों के आदि कारण के रूप मे जी. ए. को स्वीकार्य नहीं है। अपनी प्रारंभिक कथाओं में वासना का एक आदि कारण के रूप में जी. ए. चित्रण कर चुके थे परंतु आगे चलकर मानवीय नियति के मूल कारण के रूप में यह भी उन्हें अपर्याप्त लगने लगा । वस्तुतः मानवीय जीवन के अव्याहत बहनेवाले प्रवाह के उद्‌गम, विकास और परिणति के पीछे कोई एक दो या दस कारण नहीं देखते । इन के सभी पात्र जीवन के उस 'क्षण' को लेकर उद्विग्न हैं, आक्रोश भी कर रहे हैं, जब जीवन की निर्थकता का भीपण भान उनको होता है । ये प्रायः यह प्रश्न पूछते हैं, 'हर दिन गिद्व की भाँति पंख फैलाता आ जाये और जीवन का एक टुकड़ा तोड़कर चला जाये' - "यह सदैव ऐसा क्यों होता है?" जान की बाजी लगाकर किसी के पीछे शिकार की भाँति दौड़ा जाये और अंत में इसमें हाथ क्या लगता है? खून से लथपत असहाय धिनौना प्रेत ! यही तो अपने जीवन का अभिशाप है - यह अपना

आजीवन कारावास है । "दुनिया इतनी बड़ी है, लेकिन हम इस छोटे से गंदे कमरे में इस असहाय गाँव में सजा भोगते हुए जी रहे हैं और इस जैल से मुक्ति नहीं है।" "इस आकस्मिक अनुभव से वे दहल गये थे । समूचा जीवन जैसा मथा गया हो । उनका मन अस्वस्थ व्याकुल हुआ ।... लेकिन अपने जीवन से यह बदजात कोंपलें कैसे आयीं?" 'सब जगह धोखा, धोखा खानेवाला अकेला, मेले में स्टॉल्स अलग अलग परंतु बंचित ग्राहक एक ही ।' इस प्रकार जीवन में चरम निर्थकता का अनुभव करते हुए उनके पात्र प्रायः जीवन के अतीत और वर्तमान को देखते रहते हैं । तब जीवन के तमाम प्रसंग, जन्म से लेकर मृत्यू तक, असंबंद्ध, असंगत लगने लगते हैं, नाते रिश्तेदारों के अनमेल संबंध उनके सामने तीव्र रूप में इपनी निर्थकता लेकर उभर जाते हैं । जी. ए. के पात्र शब्द बदल कर बारबार यही पूछते हैं-अकेली लड़की का चेहरा, बैल के पीठ पर का डील, भिखारिन का गर्भ, पैर पर का दाग, कौन फेंकता है ये फाँसे ? क्यों ? कैसे ? कहाँ?" इन प्रश्नों के उत्तर नहीं है ।....... अगर नही है ते यह पात्र नाग के फन की भाँति विना वजह क्यों खड़े होते है ? जी. ए. के पात्र इसी प्रकार के प्रश्नों के भँवर में घूमते रहते हैं । जी. ए. की कथाओं में अतर्क्य, कार्य-कारण भाव रहित, आकस्मिक और अविश्वसनीय सी घटनाएँ घटती रहती हैं। इन तारतम्य बिहिन घटनाओं के माध्यम से जी. ए. मनुष्य जीवन की शून्यता, निरर्थकता और मूल्यहीनता के प्रश्न उपस्थित करते हैं। इनका हर पात्र दूसरे पात्र के अस्तित्व से भयभीत, असंतुष्ट , खीझा हुआ और बेचैन है। सच्चे अर्थ में जी. ए. मराठी के पहले अस्तित्ववादी कथा लेखक हैं। जी.ए. की सशक्त कहानियों को समग्र रूप में पढ़ते समय कुछ प्रश्न मन में उपस्थित होते हैं। जीवन की मामूली घटनाओं को लेने की बजाय अविश्वसनीय तारतम्य विहीन घटनाएँ ही हमेशा क्यों ली जाती हैं? यह पुरानी घटना प्रधान कहानी की प्रभाव है या पाठक के साथ समझौता है? इससे क्या लेखक की क्षमता की सीमा का भान नहीं होता? एकरसता आती है सो आएगी। कभी यह भी लगता है कि कथा का सूत्र पूर्वनिश्चित है, वैसे उस में मसाला भर कर सामने रखना है। कथा में सहज-स्फुटता (**Spontancity**) नहीं है। इन आक्षेपों के बावजूद जी.ए. की कथा में अपना अंगभूत सामर्थ्य कम नहीं है, मौलिकता और विशिष्टता की छाप कम स्थायी नहीं है। और उन्होंने मराठी कथा साहित्य को बहुत कुछ दिया है।

मराठी कथाकारों में सदानंद रेगे १९५० से कविताएँ, कहानियाँ लिख रहे हैं परंतु इनके महत्वपूर्म कथा संग्रह १९५० के बाद ही प्रकाशित हुए हैं। सदानंद रेगे की कथा मराठी साहित्य में उनकी विक्षिप्तता, विलक्षणता और विचित्रता के लिये विशेष रूप से विख्यात है। रेगे के पात्र मध्यवर्गीय होते है और उनके जीवन के स्थूल और सूक्ष्म संघर्ष को उनकी छोटी बड़ी अतृप्त आकांक्षाओं के रेगे ने अवश्य चित्रित किया है। परंतु रेगे इन सब का उपयोग परिवेश के रूप में करते हैं। उन की फैंटसी या जीवन विपयक अनोखी सूझ बूझ कथा के ढाँचे को, संगति, संवाद, कथा का कलात्मक विन्यास आदि बातों को तोड़ फोड़ कर कब उगेगी इस का अनुमान नहीं किया जा सकता। राजनीति, समाज स्थिति, नैतिक धारणाएँ रेगे के लिए महत्वपूर्ण चीजें नहीं है उनके लिए महत्त्वपूर्ण है उनकी अपनी विलक्षण कल्पना शक्ति। लगता है यह रेगे की बड़ी शक्ति भी है और सीमा भी। मनुष्य की संवेदना का अच्छा चित्रण करने की क्षमता रखते हुए उनका कल्पना और विलक्षणता का प्रेमी मन मनुष्य के भावविश्व का मजाक उड़ाता सा प्रतीत होता है। प्रायः

उनकी प्रत्येक कथा फैटसी के किसी न किसी रूप में परिणत हुए बिना पूरी नहीं होती। जब वे कुछ थोड़ी सी कथाओं में फैटसी के शिकार नहीं होते, तब मध्य वर्गीय तनावों को और मानसिक वेदना को व्यक्त करने वाली सुंदर कथाएँ लिख जाते हैं। अपनी अधिकांश कथाओं में रेगे मृत्यु की किसी न किसी कल्पना से रूप से जूझते प्रतीत होते हैं। कतिपय पात्र उन की कथाओं में मर जाते हैं जैसे कि मृत्यु एक मामूली सी चीज हो। दरिद्रता, मृत्यु, राजनीतिक नैतिक मूल्यों के एहसास तथा मनुष्य जीवन के प्रति आदर या उदारता का अभाव इत्यादि के कारण रेगे की कथा 'सिनिकल' कथा मालूम होती है। मृत्यु के बाद की भूत प्रेत पिशाच योनि में भी रेगे रुचि दर्शाते हैं। 'मासा आणि इतर विलक्षण कथा' संग्रह की अधिकांश कथाएँ इसी अपर योनि की अदभुत कथाएँ है। बहुत बार रेगे की कथाएँ प्रतीकों का रूप लेकर अवतरित होती है। बहुत बार यह आभास उत्पन्न करती हैं कि वे बहुआयामी कथाएँ है परंतु तर्क, संगति और संघटना का अभाव तथा केद्रीय तत्व की रहस्यमयता के कारण ये कथाएँ पाठक के मन से फिसल जाती हैं।

शरच्चंद चिरमुले अपनी कुछ थोड़ीसी वैशिष्टपूर्ण रचनाओं के बलपर मराठी के सशक्त कथाकारों के रूप में प्रतिष्ठित हुए हैं। चिरमुले का ध्यान पात्रों की उत्कट संवेदनाओं पर केद्रित रहता है और उत्कटता या उत्तेजकता उनके पात्रों का धर्म है। ये पात्र एक ओर परंपरागत मूल्यों का महत्व माननेवाले है तो दूसरी और अपनी उत्कट संवेदना के कारण असामान्य बनते हैं। 'श्री शिल्लक' का विश्वेश्वर भावुकता के आवेश में अपनी पत्नी को दान के रूप में एक स्वामी को अर्पित करता है और स्वामी उस दान को स्वीकार भी कर लेते हैं। इन दोनों के बीच आंदोलित विश्वेशवर की पत्नी सरस्वती की कथा अबूझ, रहस्यमय रूप लेती है और उसके व्यक्तित्व में विलक्षण जटिलता उत्पन्न होती है। इस जटिलता को चिरमुले ने व्यक्त करना चाहा है। उनके पात्रों को प्रायः एक तरह की अतृप्ति और बेचैनी व्याकुल किये रहती है। उनके जीवन के पासे ही कुछ, इस प्रकार के पड़े हुए होते हैं कि उनका अभीप्सित, वांछित, श्रेय उनके हाथ से निकल जा चुका होता है। नियति के द्वारा दिये गये दुःख को सहना ही इनके हाथ में रह जाता है। एक प्रकार की गंभीरता का बोध चिरमुले की कथा पढ़ते समय पाठक को होती है क्योकि उनके पात्र यह सवाल उठाते है कि जीवन का अर्थ क्या है? जीवन में व्यथा का स्थान क्या है? चिरमुले के पास कोई स्पष्ट उत्तर नहीं है। 'एकेकाची अखेर' 'आवर्त' 'युधिष्ठिराचारम' जैसी कथाओं में जीवन के ट्रैजिस रूप का सशक्त एहसास कराते हुए चिरमुले किसी अदृश्य भंवर शक्ति का संकेत करते हैं जो हरेक को अपने में लील लेता है। चिरमुले की कथाओं के लिये जीवन की काल्पनिक घटनाएँ, कल्पित प्रसंग, कल्पित संवेदन आवश्यक होते हैं। प्रश्न यह होता है कि जीवन की सार्थकता जीवन की ट्रैजिडी के लिये उस प्रकार कृत्रिम स्थितियों की आवश्यकता है?

मराठी के प्रख्यात कवि नाटककार और उपन्यासकार चि. त्र्यं. खानोलकर की प्रतिभा ने अपनी सामर्थ्य कथा के क्षेत्र में भी उतनी ही प्रभविष्णुता के साथ दिखायी है जिनकी अन्य क्षेत्रों में पेंडसे की भाँति खानोलकर की भी अनेक कथाओं में कोंकण का वातावरण छाया रहता है परंतु खानोलकर की कथा प्रायः प्रांतीयता या आंचलिकता की सीमाएँ पार कर मानव जीवन की वैश्विकता को छुती रहती हैं। सामान्यतः खानोलकर की कथा में मनुष्य अपने आत्मकेंद्रित, स्वार्थी,

भीरू रूप में आता है और उसकी दयनीयता के बावजूद उसके वात्सल्य, प्रेम और असीम व्यथा के कारण श्रध्देय भी लगता है। खानोलकर मनुष्य की आंतरिकता और विशेष रूप में उसकी अवचेतन मन की दशा का अत्यंत कलात्मक रूप में प्रकटीकरण करते हैं। खानोलकर मराठी के एक अजस्त्र प्रतिभा से संपन्न कथाकार हैं और कथा बीज की पकड़, उसका निर्वाह, प्रभाव, मनुष्य स्वभाव का दिग्दर्शन, जीवन के विविध रूपों की अभिव्यक्ति इत्यादि बातों में उन्हें अपने सहज प्रतिभा ज्ञान का विशेष योग मिलता है। उनकी बिंब निर्माण क्षमता और प्रतीक सृष्टि अपूर्व शक्तिशाली है और उन की भाषा से लेकर कथा तक अति यथार्थवादी (Surrealist) प्रवृत्ति की मिलती है. उनकी कथा दुर्बोध भी मानी जाती है परंतु परंपरागत कथा विषयक मान्यताओं को एक ओर रखकर कथा पढ़ी जाय तो मनुष्य और उसके जीवन के संबंधों में अनोखा आलोक मिल जाता है।

मराटी में अपनी भौतिक प्रतिभा से वैशिष्ट्यपूर्ण लेखन करने वाले एक युवा लेखक दिलिप चित्रे की 'ऑर्फियस' में संग्रहित कथाओं ने मराठी कथा को एक नयी दिशा और समृद्धि दी है। चित्रे कथाकार हैं, कवि हैं, उपन्यासकार हैं और साहित्य के मूलगाभी प्रश्नों का तलस्पर्शी विवेचन, विश्लेषण करनेवाले चिंतक भी हैं और अपने लेखन में व्यक्तित्व के समग्र अंगों का उपयोग करते हैं। उनकी कथा कभी जीवन के चिंतन में रमती है, कभी अत्यंत अनोखे व्यक्तित्वों का आंतरिक परिचय प्राप्त करने में लीन होती है। अनुभव को अत्यंत संवेदनशील अंतः करण से ग्रहण करना और उसकी अर्थवत्ता की खोज करना दिलिप चित्रे का प्रयत्न है और इसी में से उनकी कथा सृष्टि जन्म लेती है। दिलिप चित्रे अपने व्यक्तित्व की स्वतंत्रता और भौतिकता को प्रयत्नपूर्वक सुरक्षित रखने वाले लेखक हैं। अतः किसी भी लेखक के या वाङ्मयीन परंपराओं के संस्कारों की हुकूमत स्वीकार नहीं करते। इसलिये उनकी प्रत्येक रचना में अपना स्वतंत्र वैशिष्ट्य है। दिलिप चित्रे अपनी कथाओं में मनुष्य जीवन के बुनियादी प्रश्नों से जूझते हैं जैसे अस्तित्व की समस्या, वासना पर नीति. सुविधा, परंपरा आदि के दबावों के कारम जीवन में उत्पन्न होनेवाले अनेकांगी झूठ और कायर समझौते, सभ्यता और संस्कृति की आड़ में होने वाला सहज मनुष्य का विशेषतः स्त्री का अवरोध, अस्मिता की खोज इत्यादि उत्कट अनुबव को ग्रहण करने के उपरांत इसके रेशे रेशे का विश्लेषण करने की चित्रे की आदत से उनकी कहानियों पर वौद्धिकता की गहरी पर्त छायी हुई रहती है। चित्रे की कहानियों पर न किसी के संस्कार हैं, न उनकी कहानियों का अनुकरण भी किया जा सकता है। किसी भी वैचारिक या संवेदनात्मक चौखटे को न स्वीकारते हुए आत्मविशिष्टता की खोज चित्रे की सर्जना का मूलमंत्र है।

दलित जीवन के चित्रण की नयी चेतना

यह कहा जा चुका है कि मराटी कथा अधिकतर मध्यवर्गीय सुखदुःखों के आवर्त में चक्कर काटती रहती है। मध्यवर्ग की व्यथा, वेदना सामाजिक आर्थिक जीवन के भयावह संदर्भो से उत्पन्न होने की अपेक्षा वह मनुष्य मन की एक अलग स्वयंभू सत्ता मानकर उसमें से उत्पन्न होती दिखायी गयी है। स्पष्ट शब्दों में सुविधा भोगी मनुष्य की व्यथा-वेदना का चित्रण अधिक हुआ है। आंचलिक कथा का भी कतिपय लेखकों ने रंजकता के लिये उपयोग किया है। परिणामतः हजारों वर्षो से

पीड़ित, उपेक्षित, अवमानित समाज को यह साहित्य अपने खास जीवन के संदर्भ से असंपृक्त लगा। महाराष्ट्र में शिक्षा प्रचार और शिक्षा विषयक सुविधाओं के कारण दलित वर्ग की शिक्षा और साहित्य के संस्कार लेकर जो पीढ़ी आयी यदि उसे मराटी साहित्य में शब्दांकित भाव जगत् अपने संवेदना-विश्व से बहुत दूर का लगा हो यह स्वभाविक था। जनतंत्रवादी विचार धारा के प्रभाव और नीग्रो आंदोलन के यथार्थ ने इस स्थिति को अधिक जटिलता दी समस्त मराठी साहित्य को नकारने की एकांतिक भूमिका भी उन्होंने अपनायी। अण्णा भाऊ साठे, शंकरराव खरात इत्यादि लेखक दलित वर्ग में से उमरे परंतु इन के लेखन के मूल में मराठी साहित्य की रोमांटिक परंपराओं का गहरा प्रभाव था। दलित साहित्य के पुरस्कर्ता इनसे भी संतुष्ट नहीं थे। दलित साहित्य को इस प्रकार परिभाषित किया गया है कि जो साहित्य दलितों द्वारा लिखा हुआ हो और दलित जीवन की अनुभूतियों को व्यक्ति करते हुए यथास्थिति के प्रति प्रक्षोभ और विद्रोह उत्पन्न करतो हो वही दलित साहित्य है। फिलहाल इसमें अंतर्निहित साहित्यिक धारणाओं का औचित्य हम ढ़ोड़ दें फिर भी यह निस्संदेह एक अच्छी शुरुवात है। मराठी के सौंदर्यवाद, कलावाद, रूपवाद से प्रभावित साहित्य को अधिक जीवननिष्ठ बनाने की संभावना का यह शुभारंभ है। इस संदर्भ में यह भी महत्वपूर्ण तथ्य ध्यान में रखना उचित होगा कि मराठी के शीर्षस्थ आलोचक वा. ल. कुलकर्णी जो शुद्ध साहित्यिक मूल्यों के प्रति विशेष, सजग रहे हैं, आज कल यह कहते हैं कि रूप की चिंता न करते हुए लेखकों को अपने जीवनानुभव को व्यक्त करना चाहिये। इस संदर्भ में मराठी कथाकार बाबूराव बागूल का नाम विशेष रू प में रेखांकित करना होगा जिन्होंने 'मरण स्वस्त होत आहे' नामक अपने पहले कथा संग्रह में झोपड़पट्टी के नारकीय जीवन का अत्यंत वस्तून्मुखी, और यथार्थ अंकन किया है। वैसे जसवंत दलवी ने 'चक्र' नामक उपन्यास में और मधुमंगेश कर्णिक ने 'माहीमची खाडी' नामक उपन्यास में इस विषय का चित्रण किया था। फिर भी जिस भयावह और घोर यथार्थ का प्रक्षोमपूर्ण वर्णन बाबूराव बागूल ने किया है उसकी यथार्थता तक दूसरा कोई पहुँच नहीं सकता। इसका एक कारण यह भी है कि बाबूराव बागूल का यह आँखों देखा ही नहीं भोगा हुआ जीवन है। मराठी में यह माना जाता है कि बाबूराव बागूल का लेखन सच्चे अर्थ में दलित साहित्य का लेखन है।

आज मराठी कया एक और से रू पवादी, सौंदर्यवादी और रंजकतावादी द्दष्टियों के संकुचित दायरों को तोड़कर बाहर आ रही है और जीवन का सामना करने के लिये कटिबद्ध है। प्रचलित नैतिक मूल्यों और परंपरागत संस्कारों के प्रति जो विद्रोह विजय तेंडुलकर, दिलिप चित्रे, इत्यादि कथाकारों में परिलक्षित होता है उसमें इस प्रक्रिया को बल ही मिल रहा है। जी.ए. कुल्कर्णी, खानोलकर, ए. वि. जोशी अपनी कथाओं के माध्यम से अस्वस्थ करनेवाले, पीड़ा देनेवाले प्रश्न उठा रहे हैं। मराठी कथा के विकास और विस्तार के बीच आनेवाली समस्त दीवारें ढह रहीं हैं। आशा है आठ्वें दशक की कथा पूर्ववर्ती कथा के आगे सभी स्तरों पर गतिमान होगी।

समकालीन मराठी कहानी

समकालीन शब्द की सैद्धन्तिक चर्चा करते रहने में समय गँवाने के स्थान पर इतना ही कहा जा सकता है कि प्रस्तुत आलेख में पिछले दस-बारह वर्षो की मराठी कहानी की रूपरेखा प्रस्तुत की जाएगी। सामान्यतः मराठी में हर साल साढ़े तीन से चार हजार तक कहानियाँ छपती हैं। इस आलेख में केवल उन्हीं कहानीकारों का उल्लेख होगा जिन्होंने दस-बारह वर्षो में अपना स्वतंत्र स्थान एवं पृथगात्म व्यक्तित्व स्थापित किया है और जिनमें अगले पाँच-दस वर्षो में और उभरने की क्षमता परिलक्षित की जा सकी है। चूँकि बल प्रवृत्तियों पर देना है अतः कहानीकारों का वैयक्तिक मूल्यांकन भी संभव नहीं है, केवल अर्थपूर्ण विशेषताओं का संकेत ही किया जा सकता है।

मराठी साहित्य में कहानी और लिरिकल कविता संख्या और गुणवत्ता की दृष्टि से अन्य साहित्य विधाओं से अधिक महत्वपूर्ण है।

महाराष्ट्र में दीपावली के अवसर पर ढाई सौ से तीन सौ दीपावली-अंक प्रकाशित होते हैं और सामान्यतः मराठी कहानीकारों की प्रवृत्ति यह बनने लगी है कि जून से अगस्त/सितंबर तक परिश्रमपूर्वक कहानियाँ रचकर दीपावली अंकों में प्रकाशित की जायें। 'सत्यकथा' जैसी शीर्षस्थ मासिक पत्रिका के किसी भी अंक में छपना लेखकों के लिये गौरव की वात रहती थी क्योंकि उसका अर्थ यह माना जाता था कि लेखक की गुणवत्ता पर मुहर लग गई है। शीर्षस्थ साहित्य मर्मज्ञों के पास पहुँचना भी सम्भव बनता था। परंतु 'सत्यकथा' के बंद होने पर एकमात्र सहारा रह गया है दीपावली अंकों में छपना, इसका एक अन्य कारण भी है। पिछले पाँच-छः वर्षो से मराठी प्रकाशक द्वारा एक 'अक्षर दिवाली' नामक वार्षिक संकलन प्रकाशित किया जाता है । इसमें समस्त दीपावली अंकों से महत्वपूर्ण लेख, कविताएँ, कहानियाँ, एक लघु उपन्यास इत्यादि सामग्री प्रकाशित की जाती है । उभरते साहित्यकारों के लिए यह एक उत्तेजनपूर्ण क्षण रहता है । लेकिन जमे हुए, पहुँचे हुए और सिद्ध कहानीकार दीपावली अंको में छपना पसंद करते हैं, इसका एक कारण अतिरिक्त अर्थ लाभ भी है । (इसीलिए 'अक्षर दिवाली' के एक संपादकीय से यह प्रश्न उठ्या गया था कि दिपावली अंको का प्रकाशन साहित्य के स्वास्थ्य का निर्देशक है या वह सूजन है) लेकिन 'हंस' जैसी मासिक पत्रिका, जो अच्छी कहानियाँ दे रही है, को छोड़कर सशक्त कहानियाँ दिपावली अंकों में ही छप जाती हैं । इसका प्रमाण प्रस्तुत किया जा सकता है ।

मराठी में एक साहित्य प्रेमी दंपती हैं - राम कोलारकर और सौ. जया कोलारकर । वे पिछले दस वर्षो से एक महत्वपूर्ण प्रकल्प पर एकलव्य की निष्ठ्ठा से काम कर रहे हैं । १९७० से दोनो हर वर्ष की सर्वोत्कृष्ट मराठी कथा का खण्ड प्रकाशित करते आ रहे हैं । अब तक १६ खंड प्रकाशित हुए और १९७६ तक वे आये हैं । (इस लेख में लगभग उसके बाद वाले लेखकों और उनकी कहानियों का विशेष विचार किया जायेगा) उन खंडो को देखने पर पता चलता है कि हर साल चुनी हुई कथाओं में अधिकांश कहानियाँ दीपावली विशेषांकों से होती हैं । १६ वे खंड की प्रस्तावना का कुछ अंश देखने योग्य है । 'इस मंजिल पर आके पीछे देखने पर यह स्पष्ट होता है कि १९७० से ७६ दशक में सामान्यतः चालीस हजार कहानियाँ प्रकाशित हुई । उनमें

से हमारी चुनी हुई कहानियों की संख्या १८८ है, हमारे चुनाव में आये कहानीकारों की संख्या ८१ है । इनमें ५८ पुरुष हैं, २३ महिलाएँ ।'

चालीस हजार कहानियों में से केवल १८८ कहानियों का चुना जाना कहानी की गुणवत्ता पर क्या भाष्य करता है ? - फिर भी मेरा अपना निष्कर्ष यह है कि मराठी कहानी अन्य विधाओ में सशक्त विधा है । इसका कारण यह है कि गुणवत्ता की दृष्टि से कितनी ही कहानियाँ वैश्विक वाङ्.मय की कसौटी पर पर टिकने वाली सिद्ध होगी । यह उपन्यास के बारे में नहीं कहा जा सकता है (हाँ कुछ नाटक निश्चय ही विश्व-स्तर के हैं ।)

प्रस्तुत लेखन के लिए एक विस्तृत निबंध 'कथा' शीर्षक से १९८० में कोल्हापुर में सम्पन्न चर्चासत्र के लिए लिखा था जो बाद में 'मराठी साहित्य प्रेरणा व स्वरूप' (१९५०-७५) शीर्षक से प्रकाशित पुस्तक में प्रकाशित हुआ हैं । (पृ. संख्या १३६-१८३) उक्त निबंध में ७५ तक के मराठी कहानीकारों के कृतित्व का लेखा-जोखा दिया गया है । प्रस्तुत निबंध में उसके बाद की कहानी का स्वरूप स्पष्ट किया जायेगा । उस लेख में जिन कहानीकारों की संभावना के प्रति संकेत किया गया था उनमें से एक-दो ही टिके रहे या विकसित हुए ।

वैसे १९४३-४५ से लिखनेवाले कुछ कहानिकार आज भी लिख रहें हैं और तो अरविन्द गोखले जैसा कहानीकार आज भी सशक्त कहानियाँ दे रहा है । गंगाधर गाडगील, शांताराम (के. ज. पुरोहित), आनन्द यादव, विजया राजाध्यक्ष, केशव मेश्राम लिख रहे हैं और कुछ सशक्त कहानियाँ भी बीच-बीच में दे रहे हैं । १९८७ में एख शोकजनक घटना घटी । मराठी के शीर्षस्थ काहनीकार जी.ए कुलकर्णी की केवल ६३ वर्ष की अवस्था में रक्तदोष से मृत्यु । वैसे पिछले पाँच-सात वर्ष स्व. जी.ए कुलकर्णी सहसा साहित्यिक दृष्टि से मूक हो गये थे । लेकिन संभावना थी कि यह मूकता, यह मौन, भावी सशक्त साहित्य के पूर्व का विराम चिह्न होगा लेकिन नियति ने उसे पूर्ण-विराम ही कर दिया।

मराठी नई कहानी ने जिन दिशाओं में मराठी कहानी को विमुक्त कर मोंड़ दिया था, उन दिशाओं में मराठी कथा अधिक गति के साथ अग्रसर हुई। पिछले बीस वर्षों में दलित साहित्य और ग्रामीण साहित्य की प्रवृत्तियों ने मराठी साहित्यकारों की सुखवादी प्रवृत्ति पर आघात कर उन्हें सामाजिक जीवन की समस्यात्मकता के प्रति विचारोन्मुख होने को बाध्य किया था। साहित्यकार मानवीय मनोविज्ञान का भाष्यकार या विस्तारक मात्र नहीं होता। वह जीवन को समग्रता में देखना चाहता है। इस मनोविज्ञान की विचित्रता और वैविध्य के पार्श्व में उपस्थित सामाजिक, आर्थिक, राजनैतिक और सांस्कृतिक स्थितियों को भी उसे बराबर मद्देनज़र रखना होगा, गहराई के लिए या तीव्रता के लिए यह बिलकुल ही जरूरी नहीं है कि अनुभव के परिवेशीय आयाम को नज़रअन्दाज़ कर दिया जाय, बल्कि परिवेशीय सजग बोध जीवनानुभव को और गहन स्तर ही नहीं देता है, बल्कि उसे और अधिक सशक्त बनने में योग देता है। इन बातों को मराठी कथा ने इधर अपने खून में अनुभव किया है। विशेष ध्यान देने की बात यह है कि यंत्रवाद से उत्पन्न भयावह शून्यता का बोध देने वाली कथा लिखने वाले कहानीकार इस दशक में लगभग मौन हैं।

मराठी कहानी की केंद्रवर्ती प्रवृत्ति मध्यवर्ग के जीवन चित्रण की रही है और इस दशक में (१९९७५-८५) उसका लक्षणीय विस्तार हुआ है। इस संदर्भ में अपनी विपुल, समृद्ध और सशक्त कहानी लेकर प्रतिष्ठित हुए श्री ह. मो. मराठे के महत्त्वपूर्ण कहानी संग्रह हैं - घोड़ा (१९८२), दाँव (१९८३), वीज (१९८६), ज्वालामुखी (१९८६), युद्ध (१९८६)। सौभाग्य से मराठे, साहित्य की व्यक्तिवादी और कलावादी धारा से कभी सम्मोहित नहीं हुए और न प्रयोग की नवीनता के पीछे लगकर उन्होंने कभी अपनी ऊर्जा को बिखरने दिया। पेशा उन्होंने पत्रकारिता का अपनाया, जिसमें अनुभव के पीछे लगने की शर्त आवश्यक होती है और अनुभव कक्षा को विस्तारित करने के सुअवसर भी।

मराठे ने जीवन के बदलते जाने वाले रूप पर एवं उसमें उभरने वाली समस्याओं पर बराबर अपनी धारदार नज़र रखी। मराठे ने नागर जीवन के रूप को विद्रूप गति देने वाली औद्योगिक विकास की समस्याओं का मुख्य रूप से सामना किया। मशीनों के आगमन से उत्पन्न होने वाले बेकारों का और उनके बीच उत्पन्न होने वाला अनेक स्तरीय संघर्ष, विलक्षण मानसिक तनाव, अधिकारी वर्ग की कुटिल विद्रूप मानसिकता और उसके विकसित होते जाने में जीवन की विवशता का बोध, फैक्टरियों में हड़ताल और उसमें दिखने वाले नेतृत्व के विविध अच्छे-बुरे रूप, मजदूर संगठन का भ्रष्टाचारी नेतृत्व, अधिकारी वर्ग में आपसी स्पर्धा, उनमें वर्तमान मत्स्यान्याय का स्वरूप, उनके अंतर्मन में व्याप्त हो रही भय और असुरक्षा की भावना। यह दाहक यथार्थ मराठे की कथा में उजागर होता है। मराठे किसी विशिष्ट विचारधारा के प्रति समर्पित नहीं हैं। (उसका अर्थ यह नहीं कि उनमें दृष्टि का अभाव है बल्कि वे मानवीय जीवन की वास्तविकता को खुली आँखों से देखकर चित्रित करते जाते हैं) इसलिए उनकी कहानी में जो यथार्थ व्यक्त होता है वह एकांगी न होकर बहुआयामी है। वे मजदूरों की दयनीय अवस्था और उससे उत्पन्न समस्याओं का चित्रण करते समय अधिकारी वर्ग की भोगवादी वृत्ति पर भी प्रखर प्रकाश डालते हैं। मराठे की कथाओं में आज के जीवन की ताज़गी और प्राणवत्ता को चरने वाले भयावह अमानवीकरण के अनेक रूप प्रकट होते हैं, नागर जीवन में मनुष्य के निर्वासित होते जाने की तेज़ प्रक्रिया गोचर होती जाती है। जीवन में व्याप्त होती जाने वाली अपराध वृत्ति के विविध वर्गीय रूप भभी शक्तिपूर्वक साकार हो गए हैं।

ह. मो. मराठे के नागर जीवन में उत्पन्न नारी विषयक यातना के भी नानाविध चित्र खीचे हैं और अपने सांस्कृतिक और सामाजिक प्रतिबंधों से सामना कर अपने व्यक्तित्व को मुक्त करने वाली तेजस्विनी नारी के कभी अपराजेय होने वाले तो कभी टूटने और बिखरने वाले प्रारूप भी प्रस्तुत किये हैं। इन चित्रों में कहीं भी भावुकता नहीं है, लेकिन ठंडी तटस्थता भी नहीं है-- एक साक्षी कलाकार की समानुभूति अवश्य है। नारी के केवल तेजस्वी रूप उनके सामने नहीं होते, उसकी पारिवारिक द्रावक स्थितियों और विविशताओं केबीच उसके सेक्सशोषण के विविध रूप भी मराठे ने पर्याप्त मानवीय करुणा के साथ चित्रित किए हैं। मराठे की कथा में अभिलक्षणीय परिवर्तन यह हुआ है कि वे अब 'सेक्स' के पार्श्व में विद्यमान पुरुष की पाशविकता और व्यवस्था की क्रूरता का बोध भी बड़ी सामर्थ्य के साथ संकेतिक करते हैं। नागर जीवन में मकान की समस्या ने नारी

जीवन की यातना को कितनी क्रूरतम स्थितियों तक पहुँचा दिये है इसको काफी भेदकता के साथ मराठे उभारते हैं।

पत्रकारिता ने मराठे की कथा की कलात्मकत को दूषित किया है? उनकी पत्रकारिता के जीवन से संबंधित 'माकडीण आणि पिल्लू' या 'छोटे मासे' जैसी कथाऐं इस आरोप का न केवल खंडन करती हैं बल्कि यह भी जताती हैं कि पत्रकारिता का व्यवसाय एक कथाकार के लिए सुअवसर भी है। ह. मो. मराठे सामान्यतः व्यक्ति-मन से अधिक परिवेश से उद्‌भूत व्यथा का चित्रण करने में रुचि रखते हैं परंतु उनकी 'लाव्हा' जैसी शक्तिशाली कथा यह स्पष्ट करती है कि एक व्यक्ति को उसकी पूरी समग्रता के साथ चित्रित करने में मराठे की कला सक्षम है। फिर भी यह मानना पड़ेगा कि कहीं-कहीं पत्रकारिता की घटना-वर्णनात्मकता हावी हो जाती है, कहीं सामान्य सी बात, जिसका संकेत किया जा सकता है, को चित्रमय रूप देने में कथाकार अनावश्यक शक्ति व्यय करता है। फिर भी अपनी सत्तर-अस्सी कहानियों के माध्यम से ह. मो. मराठे ने जिस महानगरीय यथार्थ को मर्मभेदक ढंग से अभिव्यक्ति दी है उसको समग्र रूप में देखने पर मानना पड़ता है कि उनमें एक बहुस्तरीय जीवन को स्पर्श करने वाला उपन्यासकार बैठ है(वैसे वे उपन्यासकार भी हैं) मराठी कथा के नागर क्षेत्र को विस्तार और गहराई देने में ह. मो. मराठे का योगदान सर्वाधिक महत्त्वपूर्ण है।

इस समकालीन कहानी के परिदृश्य में स्वस्थ जीवन दृष्टि, व्यापक आशयधनता, कलात्मक कौशल का सहज अवदान, मनुष्य के मन को संकेतिक करने की सूझ-बूझ, एक नज़र प्रखर वास्तविकता पर रखते हुऐ भी आंतरिक व्यक्तित्व की तरलता को लुप्त न होने देने की मानवीय भाव-गहनवृत्ति, जीवन की निगूढ़ता पर दृष्टि रखने की आकांक्षा, फन्तसी से लेकर फोटोग्राफिक चित्रण तक वैविध्यपूर्ण लेखन के प्रारूपों का उपयोजन करने की क्षमता इत्यादि लेखकीय गुणों का संश्लेष भारत सासणे के कृतित्व में हुआ है। अपने प्रथम कहानी-संग्रह 'जॉन आणि अंजिरी पक्षी' से ही भारत सासणे ने अपनी सशक्त संभावनाओं का संकेत किया था। इसी शीर्षक की कथा में नये प्रतीक उत्पन्न करने की क्षमता का परिचय मिलता है। मनुष्य की दर्द करती हुई धमनी को पकड़ने की अच्छी क्षमता के दर्शन 'सये तुझे डोले' जैसी कथा कराती है तो मनुष्य की दुर्बलता का संकेत 'कावले उड़ाले स्वामी' या 'एक पैशाची गोष्ट' करती है। मनुष्य के अनछुए परंतु यथार्थ दुःख को शब्दों में बाँधने की कला उनकी कथा 'स्वप्न झिरपता प्रकाश में दीखती है जिसमें बच्चा न होने के फलस्वरूप धार्मिक कर्मकांड में नारी को जिस बेदर्दी से नंगा किया जाता है, उसका प्रभावपूर्ण चित्रण है। 'लाल फुलांचे झाड' (१९८४) में सासणे का कलाकार अधिक शक्तिशाली बनता है। पुत्रवती न होने से उत्पन्न नारी जीवन की व्यथा वे 'लाल फुलांचे झाड़' में अधिक कलात्मकता से दर्शाते है तो गाँव की परंपरागत निष्ठाओं या विश्वासों से गर्भवती के मन का नैसर्गिक आनंद कैसे उध्वस्त होता है, उसका चित्रण 'मनांतलामोर' में वे करते हैं।

कभी जीवन की तेज गति में सार्थकता के क्षणों को बिना भोगे व्यर्थ कर देने वाले वयस्क व्यक्ति का दुःख वे 'भिंत' में साकार करते हैं वे तो विवाह की सामाजिकता के सामने प्रणय का जादुई महल उद्धवस्त होने का यथार्थ 'जादूचा वाडा' में चित्रित करते हैं । एक बूढे के संस्मरणों

के माध्यम से उसके मानस की व्यथा का निगूढ़ स्तर व्यक्त करते हैं तो उच्चवर्णिकों में आज भी सूक्ष्म स्तर पर वर्तमान विषयक अभिमान को हल्के परंतु कलात्मक ढंग से संप्रेषित करते हैं। (लिंपण) उनकी 'नवा सूर्वोदय' कहानी अधिक सामाजिक संस्पर्श को लेकर आती है। आज भी भटकते परिवारों की अवस्था का यथार्थ कितना मानवीय सहानुभूति से परे रह गया है इसको संकेतित करते हुए उनमें उत्पन्न जिजीविषा और नये जीवन की आकांक्षा को व्यंजित करते हैं।

असल में भारत सासणे का कलाकार चार दीर्घ कथाओं में ('चिरदाह' १९८५) शक्ति पूर्ण ढंग से सामने आते है। प्रतीकात्मकता और काव्यात्मकता से कथा के प्रभाव को उत्कट करते हुए वे एक उद्योगपति को, जो संवेदना और संस्कारों के धरातल पर मुक्त हो गया है, दरिद्र लोगों की बस्ती में से घुमा लाते हैं। यह दो दुनियाओं की कहानी प्रतीकात्मक संकेत करती है कि कैसे दरिद्रों की दुनिया तथाकथित उच्चवर्गियों की दुनिया पर आक्रमण कर रही है। आप्पासाहेब को परंपरागत संस्कारों से मुक्त होने पर दरिद्रों की दुनिया कुछ अद्भुत आभासित होने लगी।

'चिरदाह' में एक विवाह विच्छेद चाहनेवाली स्त्री की मुक्ति का रास्ता तथाकथित सामाजिक कार्यकर्ताओं के बल पर रहते हुए भी कैसे अवरुद्ध रहता है, इसका करुण चित्रण है। पुरुष जाति, वर्ण, आर्थिक स्थिति आदि की दीवारों को भले ही लाँघ ले, नारी के अक्षत कौमार्य की अपेक्षा रखने वाला संस्कार वह त्याग नहीं सकता। नारी जीवन का यह चिरदाह है।

'एका प्रेमाची दास्तान' में प्रौढ अविवाहित नारी और विवाहित पुरुष के संबंध का कुछ तीखा और निष्करुण-सा पर्दाफाश किया है।

भारत सासणें में जीवन की गूढता को देखने की ललक है। 'डफ' मे मुसलमानी वातावरण में पाठक को वे ले जाते हैं। कला को उच्चतम स्तर (यहाँ 'डफ' को बजाने की कला) पर ले जानेकी राह में आने वाले संकट का, जो मनुष्य की दैहिकता से उत्पन्न होता है, सशक्त बोध कराया है। इधर १९८७ में उनकी एक कहानी 'बाबीचे दुःख' सासणे की मनोवैज्ञानिक पकड़ को उदाहृत करती हैं।

भारत सासणे की सामान्यतः हर कथा अलग समस्या को, अलग मानसिकता को और अलग परिवेश को लेकर अवतरित होती है। वे अपनी बात सीधे नहीं कहते - व्यंजित करते हैं (कुछ-कुछ निरमल वर्मा की भाँति) पिछले दस-बारा वर्षों में कहानीकारों की प्रथम पंक्ति में सासणे निश्चय ही आ गए हैं।

वैसे वसंत नरहर फेणे पिछले पच्चीस वर्षों से कहानी लिख रहे हैं परंतु उनकी पहचान इधर दस-बारह वर्षों में ही हुई है। मनुष्य और मनुष्य को बीच के संबंधो की गहराई में जाकर टटोल करने की कला फेणे को सिद्ध है। फेणे वृद्धों की अकेलेपन की भावना को साकार करते हैं तो छोटे बच्चों की दुनिया में भी तन्मयता से रमते हैं लेकिन मराटी कथा में फेणे अलग पहचान जो बनेगी वह राजनैतिक वैचारिक परिवेश के चित्रमय रेखांकन में व्यंजित मानसिकता की ('ध्वजा', 'अन-अन्तकथा', 'पेर्तेव्हा पेर्तेव्हा') सशक्त अभिव्यक्ति के कारण राजनैतिक परिवेश का अनेक स्तरीय चित्रण उन्होंने अनेक कथाओं में किया है ('एक तप', 'मर्चंटचा बाप', 'पतझड़', 'बान

जाले बान', 'स्वप्नाचा अर्थ') राजनैतिक प्रवाह मे जीवन के बिखराव से व्यथामय जीवन काटने वाले स्त्री-पुरुषों का सशक्त चित्रण वसंत फेणे ने किया है। एक प्रतिभाशाली साहित्यकार की प्रतिभा को अपने साहचर्य से विकसित करने वाली स्त्री और उसके उदार एवं सहिष्णु पति के साझे जीवन पर प्रकाश डालती हुई साहित्यकार के घटियापन का पर्दाफाश करने वाली फेणे की कथा 'स्थूल आणि सूक्ष्म' सचमुच स्त्री-पुरुष संबंधों की स्थूलता और सूक्ष्मता को प्रभावपूर्ण ढंग से रेखांकित करती है। फेणे ने कुछ कथाओं मे महान व्यक्तियों के (कार्ल मार्क्स) भावात्मक अनोखे क्षणों को पकड़नेका प्रयास किया है ('ऐस आणि पैस') तो 'शत्रुघ्न' कहानी में विएतनाम युद्ध से लौटे अमेरिकन सैनिक की मानसिकता में पैदा हुई ग्रंथि को व्यक्त किया है। फेणे की कथाओं में चिंतन का मजबूत धागा कला को एक उँचा स्तर प्रदान करती है।

कुछ-कुछ ह. मो. मराठे की भाँति बर्हिमुखी जीवन का चित्रांकण करने वाले अरुण साधू ने भी कहानीकार के रूप में (वे मुख्यतः उपन्यासकार हैं) अपना स्थान बना लिया है। अरुण साधू कहानी में किसी विचार या समस्या को आधार बनाते हैं। लेखक और उसका वैयक्तिक जीवन एवं लेखन के संबंधों की कहानी (फसवणूक), मराठी युवक की आत्मकेंद्रित आस्मिता (रमण दिवेकरची अफलातून मराठी अस्मिता) कम्प्यूटर और मनुष्य की स्वतंत्रता (बंड़खोर), दुर्घटना ग्रस्तों के अस्पताल का भ्रष्टाचार (सामेष्ठ), लेकिन कभी फंतासी का भी उपयोग करके भी कथा गढ़ते हैं (एक माणूस उडतो त्याची गोष्ट)। इसी शीर्षक से उनका संग्रह १९८२ में छपा था। १९८६ से प्रकाशित 'मुक्ति' संग्रह की कहानियाँ अधिक शक्ति का परिचय देती है। परंतु अरुण साधू घटना एवं प्रसंगों को ठंडेपन से आमने सामने रखते हैं। परिणामतः अपेक्षित उँचाई एवं अर्थधनता नहीं प्राप्त होती, साधू जटिलता में प्रायः नहीं उतरते फिर भी उनकी 'प्रेमभेट', 'माणूस', जैसी कहानियाँ अच्छी बनी हैं।

श्री रत्नाकर पटवर्धन ने भी सामाजिक जीवन की समस्याओं को लेकर अपनी विशिष्ट शैली में सफल कहानियाँ लिखी हैं जिनमें आदिवासियों के जीवन से संबंधित 'वनवासी' एक सफल कहानी है 'आत्मयज्ञ' भी काफी पसंद की गयी।

शरच्चंद्र चिरमुले वैसे लम्बे अर्से से लिख रहे है परंतु जिन कुछ सापेक्षतः पुराने कथाकारों ने समय के साथ कदम रखकर ताजा कहानियाँ दी हैं उनमें चिरमुले जी का नाम अवश्य लेना पड़ेगा। उनका का एक 'जन्मातल्या गाठी' (१९८५) संग्रह मराठी समीक्षकों के मान्यता प्राप्त कर चुका है चिरमुले के मन में ब्राम्हण संस्कृति के कर्मकाण्ड एवं मंत्रादिक विधियों का अच्छा संस्कार है, संगीत में गहरी पैठ है, उनकी निवेदन शैली विलक्षण आकर्षक है, ब्यूरोक्रेसी की अच्छाइयों और बुराइयों की अपनी पहचान उन्हें है, उद्योग क्षेत्र का ज्ञान है और मनुष्य के स्वभाव की विचित्रता के प्रति उनमें रुचि है। इन सबका परिणाम यह हुआ है कि उनकी कहानियाँ पाठक को-विदग्धपाठक को निश्चय ही सम्मोहित करती हैं। उनकी कहानियों में उपस्थित कलंदर जीवन जीने वाले मुक्त व्यक्तियों का चित्रण कहानी की बेहद रुचिकर बनाता है। 'वारसा' जैसी कहानी मराठी में श्रेष्ठ कहानियों में गिनी जा सकती है। संगीत कला के चार स्तरों को चार व्यक्तियों के माध्यम से प्रतीकित करते हुए परम्परा और सृजन व्यक्तित्व के अनुबंधो का बड़ा ही कलापूर्ण चित्रण इसमें किया गया

है । कभी उनकी कहानी का अंत नाट्यात्मकता के लिए विश्वसनीयता को गँवा बैठता है ('एक जन्मातल्या गाठी', 'इदं न मम', 'एक दिवस कळण्याचा') 'शोध इतिहासाचा' जैसी कहानी मनुष्य की विचित्रता को रेखांकित करती हुई इतिहास की वस्तुनिष्ठता को ही चुनौती देती है । लेखक की मेधी की इयत्ता को भी वह उजागर सकती है ।

इधर राजेन्द्र बनहट्टी की कहानियाँ एक नया रास्ता पर्याप्त शक्तिमत्ता के साथ तय कर रही हैं। बनहट्टी ही की कथा में घटनाएँ केवल उत्तेजना देने वाले आरम्भ बिन्दु होते हैं। मनुष्य की मानसिकता में होने वाली चहल-पहल, प्रक्षोभ और परिवर्तन का क्रमशः विकास दिखाते हुए उनकी कहानियाँ मनुष्य स्वभाव के गहरे तल की खोज करती हैं। इस खोज में एक धीमी लय होती हैं। भाषा का अनलंकृत परन्तु शक्तिशाली रूप इस लय को प्रभावपूर्ण बनाने में योग देता है। सामान्य घटनाओं एवं सामान्य मनुष्यों की असामान्य 'साईकी' के तानों-बानों से रची बनहट्टी की कथा अपनी मौलिकता और पृथगात्मता से प्रभावित करती है। उनकी 'गंगार्पण' कहानी संग्रह १९८४ में प्रकाशित हुआ, उसके बाद छपी उनकी कहानी 'शेजारी' मराठी की उत्कृष्ट कथाओं में गिनी जायगी।

अनिल रघुनाथ कुलकर्णी की कहानियाँ भी उत्कट, तरल और संवेदनापूर्ण अनुभव, शक्तिमत्ता के साथ संप्रेषित करती हैं। कुलकर्णी की कथा में परम्परागत जीवन के कतिपय अनुभव अनोखी दृष्टि से झिलमिला कर नवीनता की ताज़गी देते हैं। इधर हाल ही में प्रकाशित उनकी 'अस्त' नामक दीर्घ कथा जारण-मारण एवं रंगमंच इत्यादि की असलियत पर प्रकाश डालती हुई मनुष्य के अकेलेपन और उस अकेलेपन को पूरने के विचित्र उपाय (अर्थी बनवाने से लेकर श्मशान में फूँक आने तक के क्रियाकर्म) का अवलम्ब करने वाले युवक की हताशा को गहरी ताकत के साथ व्यक्त करती है। अनिल कुलकर्णी की कथा में भावनात्मकता का आयाम कहानी को चिरकालिकता का स्पर्श देता है।

इधर संख्या में कम परन्तु जीवनानुभव की गहराई और गहनता व्यामिश्रता और जटिलता को मौलिक ढँग से गंभीरतापूर्वक व्यक्त करने वाले तथा कहानी को एक गंभीर विधा के रूप में अपनाने वाले लेखकों में एस.डी.इनामदार, प्रभाकर लक्ष्मण मयेकर, लक्ष्मण लोंढे, रंगनाथ पाठरे को उल्लेख आवश्यक है।

वैसे महिलाओं की कहानी को अलग से रेखाँकित कर लिखने की आवश्यकता नहीं है. परन्तु दो महिलाओं ने समकालीन मराठी कथा पर अपनी विशिष्ट नारी मुद्रा अंकित की है और इस विशिष्टता में उनका महिला होना महत्त्वपूर्ण है क्योंकि उनकी कथा की संवेदना ही नारी संवेदना है। श्रीमती सानिया का कहानी संग्रह 'शोध' १९८० में प्रकाशित हुआ और उसके बाद भी उनकी सशक्त कहानियाँ प्रकाशित होती रही हैं। सानिया की कहानियाँ मनुष्य की वेदना की कहानियाँ होती हैं और यह वेदना बाह्य कारणों की वनिस्वत आंतरिकता से उत्पन्न है, यह दिखाने में एक सहज सिद्धता इन लेखकों को प्राप्त है। मराठी कहानी में परम्परागत ढंग से रूप तत्व के जो साहित्यिक संस्कार हुए हैं उसका भी यह परिणाम है।महत्वपूर्ण तथ्य यह है कि प्रायः सभी महत्वपूर्ण लेखक जीवन और साहित्य की ओर गंभीरता से देख रहे हैं (वस्तुतः यह सर्वेक्षण ऐसे ही लेखकों तक सीमित है) और जीवनानुभव को ग्रहण करते समय किसी भी विशिष्ट विचारधारा, संवेदनतंत्र

का साँचा, सौंदर्य के नियमों का (?) दबाव, प्रयोगशीतलता का अतिरिक्त उत्साह इत्यादि से ये लेखक आक्रान्त नहीं है। यह द्रष्टव्य है कि शरच्चंद्र चिरमुले एवं आशा बगे का व्यक्तित्व ब्राह्मण-संस्कारों से प्रभावित होनेके बावजूद उनकी कहानी की संवेदना सेक्यूलर है। मराठी कहानीकार अपनी मध्यवर्गीय संवेदना को विस्तार दे रहे है और जीवन के जटिल रूप से आँखें मिला रहे हैं। ह. मो. मराठे उसे उद्योग के विश्व से गहरे स्तर पर परिचित करा रहे हैं, वसंत नरहर फेणे उसे राजनैतिक परिप्रेक्ष्य में ले जा रहे हैं (लेकिन मनुष्य के मनस्तत्व को बराबर केन्द्र में रखते हुए) आशा बगे, चिरमुले परम्परा के प्रति अर्थपूर्ण रिश्ते को निवाह रहे है और अनुभव के माध्यम से (मात्रा जानकारी के स्तर पर नही) संगीत कला से समन्वित कर एक अनोखी अनुभव सृष्टि से साक्षात्कृत करते हैं। ज्वलंत सामाजिक समस्याओं को कहानी का प्रारूप देने में अरुण साधू हिचकिचाते नहीं हैं, सामाजिक, राजनैतिक सांस्कृतिक परिवेश से गहन स्तर पर जुड़ते हुए एवं कल्पना और भावतत्व का गहरे स्तर पर संश्लेष करते हुए समृध्द कहानियाँ भारत सासणे दे रहे हैं। सामान्य मनुष्य की साइकी की (किसी भी मनोवेत्ता की उँगली न पकड़ते हुए) विचित्रता राजेन्द्र बनहट्टी दिखाने में लगे हुए हैं, स्त्री-पुरुष संबंधों की असलियत को खोजने का प्रयास सानिया कर रही हैं। यह एक मराठी कहानी की समृध्दि का शुभ लक्षण है। ये मराठी कहानीकार सर्वप्रथम मानवीय स्वभाव के सत्य को टोहने की कोशिश में लगे हुए हैं। प्रायः वे वर्तमान परिवेश की भयावहता के प्रति सजग हैं और व्यक्ति और समाज के सम्बन्धों की सही जमीन को खोजने की तलाश में हैं। प्रायः सभी में मध्यवर्गीय संवेदना की सुख-लिप्सा के प्रति गहरे स्तर पर असंतोष है और अपनी विवशताओं से ये जूझ भी रहे हैं। (कुछ आत्मतृप्त सी दिखनेवाली आशा बगे भी 'मैत्रिण', जैसी कहानियों में आन्तरिक चुभन से परेशान हैं) इस दौर में (१९७५-८७) सिनिसिज़्म या निहिलिज़्म की मुद्राएँ बहुत प्रभावपूर्ण ढंग से नहीं उभरी। कहीं-न-कीं व्यक्ति को समस्त परिवेश से जूझने की तैयारी करनी होगी-सफलता का न सही, सार्थकता का रास्ता वहीं से प्राप्त हो सकता है, यह मन में गहरे में संस्कार बन गया है।

इस दौर में मराठी में केवल हास्य को महत्व देकर भी अच्छी कहानियाँ लिखी गयी हैं। श्री. सोनटक्के और रमेश मंत्री के नाम सहज में सामने आते हैं। भय-कथा भी लिखी गयी, रत्नाकर मतकरी ने गंभीरतापूर्वक इस दिशा में काम किया है। निगूढ़ तत्व की खोज करनेवाली कथा भी लिखी गयी है। वैज्ञानिक कथा भी काफ़ी लिखी गयी (जयंत नारलीकर का नाम सामने आता है) पुलीस और जासूसों की कथा भी लिखी गयी (सिंनकर ने काफी लोकप्रियता प्राप्त की) इस प्रकार की कतिपय कहानियाँ धारप ने लिखी हैं। लोकप्रिय कहानीकारों ने जनानुरंजन का अपना व्रत बड़े उत्साह से जारी रखा है। इन सबका विचार होना चाहिए परन्तु यह मेरी सीमित शक्ति के बाहर है। खास कर बालकों की रूचि और मानसिकता को लेकर किसी कहानी का गम्भीरतापूर्वक विचार होना चाहिए। मैं तो यह कहूँगा शेष सब काम टी. वी. को सौंपा जा सकता है परन्तु जिस उम्र में पढ़ने की विलक्षण पैशन रहती है उस उम्र के लिए अर्थात् बच्चों और किशोरों के लिए लिखे गये साहित्य को अब अत्यधिक महत्व देने की आवश्यकता है।

पिछले पन्द्रह बीस वर्षों से मराठी में ग्राम्य कहानी (ग्रामीण कथा) की एक आन्दोलन के

रूप में उभारने का प्रयत्न मुख्यतः मराठी के प्रतिभाशाली लेखक आनन्द यादव कर रहे हैं। ग्रामीण कहानी को आन्दोलन के रूप में गतिमान करने के प्रयास के मूल में दलित साहित्य की धारा के उत्थान का तथ्य भी प्रेरक के रूप में रहा है। दलित साहित्य का मराठी के सभी समीक्षकों ने उत्साह से स्वागत किया (प्रतिकूल आलोचना भी की परन्तु ध्यान तो देना ही पड़ा) तुलना में धीमी गति से लिखी जा रही ग्रामीण कथा कुछ उपेक्षित रही। मराठी के नागर लेखकों ने ग्रामीण जीवन की वास्तविकता को, उसकी विफलताओं और असंगतियों को हास्य के लिए इस्तेमाल किया अथवा शंकर पाटील जैसे लेखक ने गम्भीर नज़रिए से ग्रामीण कथा लिखी भी तो ग्रामीण मानस के चित्रण पर अधिक बल दिया। माडगूलकर ने अच्छे व्यक्ति चित्र प्रस्तुत किए। परन्तु ग्रामीण समाज की बहुस्तरीय और बहु-आयामी स्थिति-गति और खास कर आर्थिक, राजनैतिक परिवेश में बदलते ग्रामीण समाज की प्रत्यक्षता का सीधा साक्षात्कार कराने वाली कहानी कम लिखी गयी। यह डॉ. आनंद यादव कीशिकायत रही थी। इस दिशा में फिर प्रयास शुरू हुआ और पिछले पन्द्रह वर्षों में प्रचुर ग्रामीण लेखक उभरे। ग्रामीण कथाकारों ने मराठी भाषा की विविध प्रादेशिक बोलियों का उपयोग किया-नागपुरी, खानदेशी, मराठ्वाड़ी, कोंकणी आदि मराठी की अनेक बोलियाँ।

इधर समकालीन कहानी लेखकों में भास्कर चंदनशिव के संग्रह 'मरणकला' (१९८३) काफ़ी सशक्त लगा। उनकी कहानियाँ सही अर्थ में आज की ग्रामीण वास्तविकता के साथ परिचय कराती हैं। गाँव की दरिद्रता, शोषण के विविध रूप, गाँव का जातिवाद, परिवार के टूटते शीराज़े, बिखरते भाइयों-बहनों में आपसी बैर और तनाव, आज भी जबकि सामन्तवाद कानूनी दृष्टि से ख़त्म हुआ है परम्परागत दबंग वृत्ति, गुलामी प्रथा का अवशेष, कर्ज की मार के तले दबे लोगों की विवशता, अनुसूचित जातियों की सुविधाएँ न मिलने से उत्पन्न होने वाली मानसिक दरार, शिक्षित ग्रामीण युवक और उसके ग्रामीण परिवार के बीच की खाई, इत्यादि वास्तविकता के पहलुओं का प्रत्यक्षदर्शी चित्रण चंदनशिव करते हैं। ग्रामीण मनुष्यों को उनके परिवेश के साथ उभारने की उनकी सामर्थ्य भी उल्लेखनीय है। (मेंगटचा, मुरलण्णा, येडगण्या इ.)। कहीं परिस्थिति की विसंगतियों के बीच से उभरने वाला उनका हास्य भी करुणा और हँसी को एक साथ पैदा करता है। उनकी भाषा शक्तिशाली है। राजनैतिक वातावरण का स्पर्श क्षीण है परन्तु यथार्थ है।

आनन्द पाटील की कहानियों में गाँव से नगर में आये शिक्षित व्यक्ति की अनेकविध समस्याओं और मानसिक तनावों का सशक्त परिचय मिलता है। प्रा. द. ता. भोसले के दो कहानी संग्रह आये हैं ('पाळत' १९७७, 'पाऊस' १९८३) प्रा. भोसले ग्रामीण व्यक्तियों के घोर द्रारिद्र्य की समस्याओं का प्रभावपूर्ण चित्रण करतेहैं। वे ग्रामीण जनता की ऐसी समस्याओं से सामना कराते हैं जिनका उत्तर मात्र मृत्यु है। वा. ग. केसकर भी ग्रामीण मन की व्यथाओं का धीमी ध्वनि में अच्छा चित्रण करते हैं। इनके अलावा बाबाराव मुसले, व. वा. बोधे, उत्तम तुपे, गणेश आपटे, श्रीराम गुंदेकर, दे. शि. दुधवलकर इत्यादि अनेक कथाकार गरामीण कथा को समृद्ध कर रहे हैं।

ग्रामीण कहानी के सामने एक समस्या है। नगर बड़ी गति से गाँव में प्रवेश कर रहा है और नगर और गाँव की सरहदों को मिटा रहा है। गाँव की शिक्षित पीढ़ी नगर में जाकर बस रही है और गाँव के यथार्थ से ऐसे दूर हटना चाह रही है कि अतीत की स्मृतियों के रूप में भी मुड़कर

देखने से घबरा रही है या अपराध बोध से पीड़ित हो रही है। गाँव के खेत के काम के ठोस चित्र इसीलिए ग्रामीण कहानी में कम आ रहे हैं। फिर यथार्थ का केवल गोचर रूप बहुत समय तक बाँधे रख सके, यह संभव नहीं : किसी अधिक सक्षम कहानीकार की प्रतीक्षा है।

मराठी के दलित साहित्य की दो सशक्त विधाएँ हैं कहानी और कविता। आत्मकथाएँ भी अब एकरसता का बोध देने लगी हैं। दलित साहित्य ने पहली बार मराठी में ऐसे अनुभूत और क्षीण रूप में परिचित अनुभव-विश्व की ओर पाठकों का ध्यान खींचा कि जिसका संवेदन और सम्प्रेषण दलितों के बीच से उभरा लेखक वर्ग ही अधिक सामर्थ्य के साथ कर सकता था। भारतीय जीवन में सर्वथा उपेक्षित, अवमानित और अत्यधिक दरिद्र वर्ग की हज़ारों वर्षों की भोगी हुई तेजाबी वास्तविकता मध्यवर्गीय समाज के सामने आयी और इस दाहक कठोर यथार्थ ने सफ़ेदपोश व्यक्ति की आँखें खोलीं। इधर दस-बारह वर्षों में केशव मेश्राम के तीन कहानी संग्रह प्रकाशित हुए हैं— 'खरवड' और 'पत्रावल' और १९८७ में प्रकाशित 'गाव आणि आभाव'। मेश्राम कवि हैं, निबंधकार हैं, समीक्षक हैं और व्यक्तिरेखा चित्रकार भी हैं। वे प्रौढ़ कलाकार हैं। उनके अनुभव में दाहकता है, भाषा में विलक्षण चित्रमयता है। कलाकार की सजगता के कारण यथार्थ किस शर्त पर कला में रूपांतरित होता है इसका अच्छा ज्ञान उन्हें है। परिणामतः उनकी कहानियाँ चिन्तनशील, अनुभव - समृद्ध और अग्निधर्मी होती हैं। अपने आवेग और आवेश को संयम से संतुलित करना वे जानते हैं। मराठी कहानीकारों में केशव मेश्राम का स्थान महत्वपूर्ण है। उनकी धारदार उपहास वृत्ति समाज के तथाकथित ऊँचे वर्ग को कुतरती है, परेशानी करती है। निम्नस्तर में जन्मे बालकों और युवकों का मनोविज्ञान वे बड़ी सूक्ष्मता से जानते हैं।

अमिताभ का 'पड' १९८० में प्रकाशित हुआ। दलित जीवन के अनुभवों को खासकर जाति प्रथा के जहर को बड़ी कुशलता से अमिताभ रेखांकित करते हैं। अपनी बुद्धि और अध्यवसाय के बल पर समाज में ऊपर उठना चाहने वाले दलित युवकों की पीड़ाओं का प्रभावपूर्ण चित्रण अमिताभ करते हैं। दलितों को नया जीवन संदेश देकर न उनमें उत्साह उत्पन्न करनेवाले बाबासाहेब आंबेडकर जैसे आदर्शों का उनकी कहानी में कलात्मक समायोजन हुआ है।

योगिराज वाघमारे का दूसरा कहानी संग्रह 'बेगड़' (१९८०) में प्रकाशित हुआ था। उनकी कहानी में तीखापन और आवेग है परन्तु अभी संभावनाओं का संकेत होता है। उनकी 'बेगड़' कहानी एक अच्छी कहानी है। दलित पैंथर के आंदोलन के चित्र भी वाघमारे ने खींचे हैं। दलितों के पारिवारिक पीढ़ीगत और दरिद्रजन्य संघर्ष उनकी अनेक कथाओं में चित्रित हुआ है। अर्जुन डाँगले ने दलित नारी पर होने वाले अत्याचारों को सशक्त अभिव्यक्ति दी है। दलित मन के सघर्ष के साथ कशमकश को भी व्यक्त किया है। खासकर दलित जातियों के बीच के आपसी वैमनस्य और जात्याभिमान पर उन्होंने तीखी प्रतिक्रियाएँ व्यक्त की हैं। वामन होवाल ने कुछ अलग शैली अपनाई है। कहानी कथन की कला से उनकी कथा में संम्प्रेषण की अच्छी सामर्थ्य आयी है और अपने अनुभवों की ओर तटस्थ होकर खिलाड़ी वृत्ति से देखनेकी उन जैसी समझ बहुत कम लेखकों में है। माधव कौडविलकर की कहानियों में चमार जीवन की कथाओं के साथ उनके काम के जो तफ़सील आते हैं वे महत्वपूर्ण हैं। वैसे दलित कथा इधर कुछ आत्म परीक्षा में लगी हुई है और

उसका अगला उत्थान शायद स्थायी कृतियों को जन्म देगा। दलित लेखकों और विचारकों को भान हुआ है कि निषेध, क्रोध और अतिरेकी उत्साह में लिखे गये साहित्य में टिकाऊ कम निकलता है, यह आत्मपरीक्षण महत्वपूर्ण है।

दलित कथा अधिकांशतः गाँव से शहर की ओर आये और शिक्षा पाकर नागर बने लेखकों द्वारा लिखी गयी कथा है। नागरीकरण की प्रक्रिया में दो बातें निश्चय ही होने वाली हैं या हो रही हैं। गाँव से अलगाव, दुराव और नगर में सुविधापूर्ण जीवन का अवसर एवं नागर वातावरण में ऊँच-नीच के भेदभाव की क्षीणता। अतः स्वाभाविक है कि दलित साहित्य अपनी पुरानी भावभूमि पर टिका नहीं रह सकता, कुछ नये की खोज में उन्मुख होना ही होगा-मुक्तिबोध के शब्दों में 'जड़ीभूत संवेदना को तरोताज़ा बनाने के नये रास्ते खोजने होंगे।' दलित साहित्य को इस संकट का सामना करना है।

एक विचित्र निष्कर्ष सामने आता है। मध्यवर्गीय संवेदना का विकास हो रहा है, विस्तार हो रहा है और वह व्यापक जीवन स्तरों से सामना करने को कटिबद्ध है। शहर में उत्पन्न होनेवाली व्यक्तिवादी सिनिसिज़्म की मुद्राओं से वह कुछ अलग हो रहा है। जबकि ग्रामीण साहित्य और दलित साहित्य अपनी जड़ों से या तो कटकर नागर हो रहा है या आवर्त में कुंठित हो रहा है।

रास्ता क्या है?

यद्यपि अस्तित्ववाद समग्र जीवन दर्शन के रूप में तो अपनाया नहीं जा सकता और ऐसा कुछ उसका दावा भी नहीं है परंतु उसने और कुछ न सिखाया हो, दो बातें अवश्य सिखायी हैं। एक अपना दायित्व बोध और जीवन से रूबरू होकर जीने की प्रतिबद्धता और दो, अपने ऑथेटिक रूप को जानकर ईमानदारी से जीना। नये अनुभव का रास्ता इसी से खुलेगा और कहानी में दम इसी से पैदा होगा। फिर नागर, ग्रामीण, दलित-यह सब तो सुविधा के लिए वर्गीकरण है-एक सीमा तक साथ देने वाला।

मराठी नाटक

महाराष्ट्र के लोगों में अगर सब से अधिक किसी चीज के प्रति प्रेम और लगाव है तो वह नाटक है। मराठी नाटक और रंगमंच की परंपरा सौ वर्षों से अधिक दीर्घ है। मराठी नाटक जन प्रिय होने का एक प्रमुख कारण नाटक और संगीत का सुचारु मेल है जो अण्णासाहब किर्लोस्कर, (जो मराठी नाटक एवें रंगमंच के जनक कहे जाते हैं) ने 'सौभद्र' नामक नाटक में किया था। लोक प्रचलित लोकसंगित की धुनें परंपरागत संगीत के रूप और क्लासिकल संगीत के अद्‌भुत मेल से मराठी नाटयसंगीत का निर्माण हुआ है और ह्रदय को स्पर्श करने की उसकी शक्ति विलक्षण है। सौभाग्य से बालगंधर्व अलौकिक सुंदर अभिनेता (नाटक में स्त्री का काम करते थे) और उतने ही बड़े पैदाइशी नाटय संगीत के मधुर गायक थे। बालगंधर्व के अलौकिक प्रभाव ने नाटक के प्रति महाराष्ट्र के मानस को ऐसा आकर्षित किया कि नाटयप्रेम उन मानस का एक अविभाज्य अंग बना। गाँवों से रोटीरोजी के लिए आये लोगों और गाँव में जाकर उत्सवों, पर्वो के अवसर पर नाटक खेलना उत्सव का महत्वपूर्ण अंग बन जाता था। इस प्रदीर्घ परंपरा में अनेक प्रकार के मोड आये। संगीत के स्थान पर गद्य-नाटक भी चलने लगे, राजनैतिक जारगण पैदा करनेवाले नाट क भी खेले गये, समस्यालक गंभीर नाटक भी आये और खालिस मनोरंजन के लिए फार्स जैसे हस्यप्रधान नाटक भी अभिनीत किये गये। उस प्रदीर्घ परंपरा से ही आज का मराठी नाटक अनेक दृष्टियों से समृद्ध हुआ है और आज भारतभर में बंगला के समक्षक मराठी का नाटक और रंगमंच वैभवशाली माना जाता है।

महाराष्ट्र में बंबई, पुणे जैसे बड़े और सांस्कृतिक दृष्टि से संपन्न नगरों में दर्जनों नाटय-संस्थाएँ कार्य कर रही हैं। व्यावसायिक और एमेच्योर दो प्रका के नाटक खेले जाते हैं परंतु एमेच्योर रंगमंच पर उम्मीदवारी करनेवाला कलाकार और नाटककार भी कभी न कभी व्यावसायिक नाटक में पदार्पण करता है जैसा कि इधर अभिनेताओं के लिए रंगमंच फिल्म में प्रवेश पाने की एक सीढी बन गया है। सौभाग्य की बात वह है कि बंबई और पुणे में संघटित व्यावसायिक नाटय संस्थाएँ नाटक के कुछ प्रयोग में भी छोटी छोटी नाटय प्रेमी संस्थाएँ नाटक प्रदर्षित कर पुणे बंबई की नाटय प्रतियोगिताओं में भाग लेती है। इनमें से कुछ अभिनेता और अभिनेत्रियों को बंबई/पुणे का बड़ा क्षेत्र भी हासिल हो जाता है। जिला स्तर पर और तहसिलों के स्तर पर हर साल अनेक नाटय स्पर्धाएँ आयोजित होती है. और उनमें सेकड़ो नए नाटक खेले जाते हैं। इस उत्साहपूर्ण वातावरण को एक उदाहरण में समझा जा सकता है १९८१ में कुछ ७३ नये नाटक महारष्ट्र में खेले गये। इस संख्या में उन सैकड़ो नाटकों का शुभार नहीं है जो पहले से खेले जाते रहे। उसका कारण यह है कि नाटक के प्रति आकर्षण गाँव से लेकर बड़ें नगरों तक मराठी समाज में वर्तमान है। एक अन्य महत्वपूर्ण कारण भी है। अन्य प्रातों के तुलना में महाराष्ट्र में नारी शिक्षा का प्रारंभ जल्दी हुआ और १९४८ के आसपास स्त्रियाँ भी नाटक में भूमिकाएँ करने के लिए आगे आयीं। आज तो यह स्थिति है कि सैकड़ो शिक्षित और उच्च वर्ग की महिलाएँ नाटक को एक सन्मानित व्यवसाय मानकर निष्ठापूर्वक अपना करिअर बना रही हैं। इसका का एक अन्य परिणाम यह भी हुआ है कि स्त्री-पुरुष संबंधों को कतिपय पहुलों पर निस्संकोच भाव से न केवल लिखा ही जाता

है अपितु नाटक में स्त्रियाँ निस्संकोच रूप में किसी भी प्रकार का अभिनय करती हैं। छोटे-छोटे शहरों में भी स्त्री-पुरुष मिलकर नाटक देखते हैं। और एक सुंदर सामाजिक वातावरण बन जाता है जो नाटक के विकास के लिए उपयोगी साबित होता है। आज छोटे गाँवे के स्कूलों में और छोटे कस्बों या शहरों के कॉलेजों में वार्षिकोत्सव के अवसर पर सर्वाधिक महत्त्व दिया जाता है नाटक को। संपूर्ण नाटक के अभिनय के लिए और मनोरंजन के कार्यक्रमों में छोटे एकांकी से लेकर नाटकों के छोटे बड़ें अंशों तक अतिनीता करनेकी धूम है।

इस लेख में हम केवल उन्हीं प्रवृत्तियों का एवं नाटकों का उल्लेख करेंगे जो पिछले ४५ वर्षों में महाराष्ट्र में महत्वपूर्ण माने गये।

मराठी में संगीत नाटकों की परंपरा क्षीण हुई थी जिसे "मंदारमाला" "गौरीशंकर" नाटकों से पुनः जीवन मिला और "कटयार काळजात घुसली" नाटक ने तो कमाल हासिल किया। दो संगीत प्रणालियों के बीच की प्रतियोगिता के आधार पर लिखे गये इस नाटक में क्लासिकल संगीत ही प्राण है। इसके हजारों खेल महाराष्ट्र भर में खेले गये। पिछले १०/१२ वर्षों में लोक गीतों के विविध रूपों पर आधारित परंतु जीवन की गंभीर समस्या से-कौर्व और वासना से टकराने वाले 'घाशीराम कोतवाल' का नाम सारे भारत भर में मशहूर हुआ है। पिछले चार कुछ वर्षो में श्री. पु.ल देशपांडे के तीन पैशाचा तमाशा में दक्षिन और पश्चिम संगीत प्रणालियों का उपयोग कर समाज के सांस्कृतिक अवमूल्यन पर व्यंग किया गया है। इसका निर्देशन जब्बार पटेल ने किया है। कुछ नाटकों में मराठी फिल्मों की तरह लावनी और तमाशा (नौटकी सदृश्य लोक नाटक) का प्रयोग भी किया गया। परंतु लगता है संगीत नाटक की परंपरा उतना तेज नही हो पा रही है।

व्यवसाहिक रंगमंच पर कुछ मेलो ड्रामैटिक ढंग से जीवन की प्रखर समस्याओं का भी मंचन अनेक नाटको में किया गया है। परंतु अधिक गंभीर स्तर पर समस्यात्मक नाटक को प्रस्तुत किया है जयवंत दलवी के 'पुरुष' तोरडमल के झुंज, विजय तेंडुलकर के 'कमल' और 'कन्यादान' में मराठी के वरिष्ठ नाटककार वसंत कानेटकर ने शेक्सपीयर के चार विषादान्त नाटकों के मेल करने की महत्वकांक्षा से नाटक लिखा 'गगनभेदी' जिसकी सफलता के बारे में समीक्षको में मत भेद है। रत्नाकर मतकरी ने 'दुभंग' 'माझ काय चुकल' जैसे गंभीर नाटक प्रस्तुत किये है। शं.ना. नवरे का नाटक 'थरार' भी इस संदर्भ में उल्लेखनीय है। लेकिन इन समस्त नाटकों में विशाम बेडेकर कारा लिखित 'टिळक आणि आगरकर' की अत्यधिक चर्चा हुई। वैसे जीवन की अति सामान्यता फूहड़ना के खिलाफ प्रनिक्रिया के रूप में कानेटकर ने 'हिमालयाची सावली' जैसे मान्यवर कर्ययोगी व्यक्तियाँ पर नाटक लिखे परंतु नायक का नाम बदल दिया पर बेडेकर ने टिलक और आगरकर के मैत्री के घनिष्ठ संबंध्दों, वैचारिक मतभेदों और परिणाम में आयी सबंधो की कटुता को लेकर बहुत ही दर्जेदार नाटक लिखा और उसका नाटयत्मक प्रस्तुतिकरण भी अव्वल दर्जे का रहा। इस श्रेणी के अनेक नाटक इधर लिखे गये जिनका सब का नामोल्लेख भी संभव नहीं है।

व्यवसायिक रंगमंच पर गंभीर नाटकों की परंपरा के साथ-साथ केवल मनोरंजन का उद्देश सामने रखकर भी अनेक नाटक लिखे गये हैं। मधूकर तोरडमल के 'म्हातारे अर्क बाईत गर्क' के अलावा राम नगरकर की पुस्तक 'रामनगरी' का नाटय रूपान्तर 'राम नगरी', 'कशात काय

अन लफडयात पाय' 'भानगडीशिवाय घर नाही' इत्यादि नाटक विशुद्ध हँसाने के उद्देश्य से लिखे गये हैं। इसी संदर्भ में इधर मराठी की एक बोली मालवणी का उपयोग करके 'वस्त्रहरण' नाटक प्रस्तुत किया गया जिसके सैकड़ों में प्रयोग हुए। गाँव जीवन के यथार्थ के साथ ग्रामीण हास्य इसका वैशिष्ट्य है। वस्त्रहरण की सफलता के बाद इसी शैली में मधु मंगेश कर्णिक का 'केला तुका झाला माका' नाटक नाटय प्रेमी भीड को खींच रहे है। 'साठीची काठी तरणी ताठी', इन नाटकोंका केवल उदेश है तीन घंटो तक श्रोताओं को हँसा कर उनको राहत देना। बहुत बार इनका हास्य फूहड़ भोंडा और अश्लीलता की सीमा तक चला जाता है।

श्रोताओं की वासना को कुरेद कर भीड़ को खींचने वाले हिट एण्ड हॉट नाटकों की लहर आभी और लगता है वह अब उतार पर है। 'ऑण्टी', 'जंगली कबूतर ' जैसे नाटकों के खिलाफ काफी चिल्लयों मची लेकिन अंततोगत्वा ऐसे नाटको का आकर्षण इसलिए ख़त्म हुआ कि इनके पास मराठी दर्शक को देने लायक कुछ नही था।

इधर दलितों ने अपनी समस्याओं को प्रस्तुत करने के लिए और दलित संवेदना को जगाने के लिए अनेक नाटक प्रस्तुत किए। इन के पीछे दलितों की जागरूक अस्मिता तो है ही उनपर किए जाने वाले आरोपों का जवाब देने की आकांक्षा भी है। 'आवत', 'थांबा रामराज्य येतंय', 'देश विकायचा आहे', 'हा देश माझा नाहीं', 'आम्ही देशाचे मारेकरी', 'बाबा साहेब आंबेडकर' जैसे नाटक इसी के परिणाम हैं।

बाल रंगमंच के लिए सुधा करमरकर और रत्नाकर मतकरी बहुत सक्रिय हैं।

प्रयोगधर्मी एमेचारे रंगमंच भी सक्रिय है। आय.एन.टी.का गोंधळ गॉसिप ग्रुप का 'थरार' भूमिका थिएटर का 'भियाची गोष्ट', नाटक उल्लेखनीय है। 'वासुदेव सांगती' नामक प्रयोग में महाराष्ट्र में वासुदेव- परंपरा को नाटयात्मक रूप दिया गया है। लघु नाटकों में 'चुहे', 'श्रीपुण' ने उद्यवर्गीत जीवन पर व्यंग्यात्मक भाष्य प्रत्सुत किया है। एक या दो अंको के नाटक भी लूब चल रहे हैं। रत्नाकर मतकरी के लोककथा में सामान्य शोषित गॉव की असहाय जनता पर किए गए अन्यायों को सशक्त वाणी दी गयी है। 'गोपी', 'जुलूस', 'लागला तर घोडा नाही तर झेब्रा' जैसे नाटको में आज के जन जीवन की विदारक वास्तवता का अंकन किया है। इन में कथा का पुराना रूप पूरी तरह तोड़ दिया गया है। अपनी बात को प्रभावपूर्ण करने के लिए फॅटसी, विडंबना, हास्य, कार्टूनी शैली की अतिशयोक्ति इत्यादि उपादानो का प्रचुर प्रयोग किया जाता है। खर्चीला नेपथ्य और साजसज्जा से ऊब कर केवल अभिनय के द्वारा सम्प्रेषण पर अधिक बल दिया जाता रहा है। इधर एक एकांकी 'डिक्टेटर' जो प्रदीप काले के दिग्दर्शन में कॉलेज के छात्रों ने खोली उसमें केवल अभिनय है, शब्द नहीं. हैं और खेल खेल में मनुष्य की हिंस्त्रता कैसे उभरती है और डिक्टेटर कैसे पैदा होता है, इसका प्रभावपूर्ण प्रस्तुतिकरण किया गया है। एक तरह से अनपेक्षित, अप्रत्पाशित, अनोखे रास्तों पर चल कर जीवनानुभव को बताने के लिए नये युवा नाट्ककार उत्सुक हैं। इसी संदर्भ में विना परंपरागत रंगमंच के चौराहे पर या कही आँगन में नाटक खेलने के अनुशासित प्रयोग हो रहे है। इनमें मराठी साहित्य संमेलन का स्थिति गति की लेकर बड़ा काव्यात्मक और विनोदपूर्ण प्रयोग किया अरविंद विश्वनाथ ने 'चला संमेलनाला' इधर नुक्कड नाटकों के द्वारा जन जागृति करने में युवक उत्साह से भाग ले रहे हैं।

स्वातंत्र्योत्तर मराठी नाटक

मराठी नाटक की महती परंपरा डेढ सौ वर्षों की है । विष्णुदास भावेने एक ओर संस्कृत नाट्य परंपरा, दूसरी ओर भोसले राजघराने द्वारा प्रवर्तित तंजावरी नाटक परंपरा से अलग स्वतंत्र मराठी नाटक परंपरा का शुभारंभ किया । लोक कलाओं के आधार से बनी यह नाटय परंपरा आगे अनेक अन्य दिशाओं से आयी। परंपराओं से पुष्ट होती हुई आगे चलकर इतनी विस्तारित हुई कि मराठी साहित्य की सर्वाधिक वैशिष्टयपूर्ण विधा बन गयी । १८५७ में बंबई विश्व-विद्यालय की स्थापना हुई । अंग्रेजी पढ़ने की परंपरा सुदृढ हुई । शेक्सपीयर के नाटकों का भी नाटक विधा पर प्रभाव पड़ा । लोक कला से प्रभावित नाटक विधा का संगीत से संबंध जुड़ा । मराठी में संगीत नाटक एक बहुत समृद्ध परंपरा है । लोकसंगीत, हल्का-फुल्का गीत-संगीत और रागदारी पर आधारित विशिष्ट प्रकार का नाट्य संगीत, इन तीन प्रकार के संगीत रूपों से मराठी नाटक ने श्रोताओं को नाटक की ओर खींचने का कार्य किया है । बाल गंधर्व से लेकर वसंतराव देशपांडे तक के सैंकड़ो अभिनेताओं के अनगिनती पद या गीत मराठी दर्शक के मन में तरंगित होते रहे हैं। नगर से कस्बों तक और कस्बों से गाँवों तक नाटक में जो विलक्षण रुचि मराठी मन में पैदा हुई है, उसका बहुत सा श्रेय संगीत को दिया जा सकता है । आरंभिक युग में (१८४३-१९४३) नाटक में स्त्रियों का अभिनय पुरुष अभिनेता ही करते थे । १९४३ के आसपास इसमें जो क्रांतिकारी बदलाव आये उनमें धीरे-धीरे पुरुषों द्वारा स्त्रियों की भूमिका की प्रणाली का बंद होना भी है । इधर छोटें गाँवो में भी पुरुष स्त्री भूमिका में नहीं आते । संगीत नाटक ने १९२० तक अभूतपूर्व प्रभाव मराठी मानस पर डाला था, लेकिन बाद में मामा वरेरकर, अत्रे इत्यादि के गद्य प्रधान नाटकों ने अभिरुचि में बहुत परिवर्तन ला दिया । १९२० से १९५० का काल मराठी नाटक की कुछ उतरती ऊर्जा का काल है इसमें सिनेमा के आगमन का भी जोरदार धक्का उसे पचाना पड़ा । लेकिन बरेरकर, अत्रे, माधवराव जोशी, श्री. वि. वर्तक, रांगणेकर ने अनेक प्रकार के प्रयासों से रंगमंच को जीवित रखा। १९३३ में "नाट्य मन्वंतर" नामक नाट्यसंस्था ने "आंधळ्याची शाळा" नामक नये ढंग का नाटक प्रस्तुत किया । यॉर्नसन के "गारमेंट" का यह रूपान्तर श्री वि. वर्तक ने किया था और मराठी पर आगे दृढ होते जाने वाली इब्सेन की नाट्य-परंपरा का यह प्रथम चिह्न था । १९४३ में डॉ. भालेराव के निर्देशन में रंगमंच शताब्दी के उपलक्ष्य में जो नाट्य महोत्सव संपन्न हुआ, उसमें महाराष्ट्र के रंगमच प्रेमियों में एक अभूतपूर्व उत्साह उत्पन्न हुआ और मराठी नाटक के विकास के लिए सचेत होकर कार्य करने को आवश्यकता ध्यान में आयी। परिणामतः नाट्य व्यवहार में चैतन्य पैदा हुआ। इस समारोह में जो मराठी के पुराने-नये नाटक खेंले गये उनमें पृथ्वीराज कपूर ने "दीवार" नाटक का प्रयोग भी किया। यहाँ से कुछ नये ढंग के नाटक प्रस्तुत किये गये। मराठी नाट्य सृष्टि में नया जोश ही नहीं पैदा हुआ, नये प्रयोग का श्रीगणेश भी हुआ।

१९५०-५१ के आसपास भारतीय विद्या भवन द्वारा आयोजित आंतर महाविद्यालयीन प्रतियोगिता में अनेक नये अभिनेता, दिग्दर्शक, लेखक नाट्य सृष्टि में उभरे। इस एकांकी प्रतियोगिता में दामू कैंकरे, विजया मेहता, नंदकुमार रावते, रत्नाकर मानकरी, अरविंद देशपांडे, सुलभा देशपांदे, कमलाकर सारंग, विजय तेंडुलकर, बबन प्रभु, माधव बाटवे जैसे तरुण कलाकार सामने आये

जो १९५० के बाद नाट्य क्षेत्र में अग्रिम पंक्ति में स्थानापन्न हुए। इन्हीं के साथ इस दशक में वसंत कानेटकर, पु. ल. देशपांडे, शं. गो. साठे, व्यंकटेश माडगुळकर, गो. नी. दांडेकर, आदि नाटककार सामने आये। पुणे में प्रा. भालवा केलकर, डॉ. श्रीराम लागू, बासुदेव पालंदे आदि की "प्रोग्रेसिव ड्रेमेटिक एसोसिएशन" संस्था महत्वपूर्ण थी। १९६० के आसपास बंबई में "रंगायन" संस्था स्थापित हुई जिसने मराठी के प्रयोगधर्मी नये नाटक के निर्माण एवं मंचन में महत्वपूर्ण भूमिका अदा की. विजया मेहता, विजय तेंडुलकर, अरविंद देशपांडे, माधव वाटवे, श्री. पु.भागवत आदि ने इस संस्था के विकास में और प्रकारान्तर से प्रयोगधर्मी नाटक के विकास में महत्वपूर्म कार्य किया। ६०-७० के बीच के दस वर्ष "रंगायन" के महत् कार्य के रहे। १९६०-७५ के काल में अनेक शक्तिशाली नाटककार सामने आये जिनमें विजय तेंडुलकर के साथ चिं. त्र्यं. खानोलकर, सतीश आलेकर, महेश एल.कुंयवार, अच्युत बझे, वृंदावन दंडवते, गो.पु.देशपांडे, रत्नाकर मनकरी, श्याम मनोहर, इ. नाम उल्लेख्य हैं। इसके अतिरिक्त पु. शि. रेगे, गंगाधर गाडगील, कुसुमाग्रज, (वि.वा.शिरवाडकर) कानेटकर, तोरडमल इत्यादि नाटककारों ने भी महत्वपूर्ण नाटक लिखे। इस काल में अनेक पश्चिमी परंपरा से नाटकों के रूपांतर एवं अनुवाद हुए। (कुछ नाटककारों ने चौर-कर्म भी किया), हिंदी, कन्नड, बंगला जैसी भारतीय भाषाओं के मराठी में अनुवाद मंचित हुए, नाटककारों ने जीवन के विविध और विलक्षण अनुभव शक्तिशाली ढंग से प्रस्तुत करने के लिए मंच पर अनेक प्रयोग किये। नाटक केवल संवादों के माध्यम से ही प्रस्तुत करते हुए नेपथ्य, प्रकाश योजना, पार्श्वसंगीत, लोक कलाओं का सृजनात्मक प्रयोग, संगीत का नाट्यधर्मी उपयोग आदि का ऐसा सृजनशील मेल करा कर नाट्यवस्तु को संप्रेषित करने की परिपाटी उत्पन्न हुई। दिग्दर्शक का महत्त्व बढा। अन्य पार्श्वभूमि पर कार्य करने वालों को भी कलाकार के रूप में प्रतिष्ठा मिली। संवाद एक ओर यथार्थानुगामी भी हुए तो दूसरी ओर विलक्षण कसाव, अल्पाक्षरत्व और ध्वन्यात्मकता के फलस्वरूप समृद्ध हो गये।

मराठी में आज चार-पांच स्तरों पर नाटक खेले जा रहे हैं। सामान्य दर्शक की रुचियों, सरोकारों का विचार ध्यान में रखते हुए उसका मनोरंजन करते हुए, भावात्मक आवाहन करते हुए उस पर सत् संस्कार करने वाले परंपरागत नाटक खेले जा रहे हैं। इनके प्रयोग हजारों की संख्या में होते हैं। कानिटकर जैसे प्रतिभाशाली नाटककार भी इस मोह के शिकार हो जाते हैं। दूसरे स्तर पर ऐसे भी नाटक जो दर्शक की सेक्स भावना को उभाड़ कर उसे उत्तेजक सुख प्रदान करने के लिए ही लिखे और खेलै जाते हैं। परंतु प्रायः इनके प्रयोग अधिक नहीं होते। तीसरे स्तर पर दर्शक को दो तीन घंटे केवल हास्य विनोद से बांधे रखने वाले विशुद्ध फार्सिकल नाटक हैं। चौथे स्तर पर परंपरा और प्रयोग के बीच समन्वय करने वाले परंतु गंभीर दृष्टि से प्रेरित होकर लिखे गये नाटक भी खेले जाते है जो व्यवसायिक दृष्टि से भी असफल नहीं होते। असल में ये नाटक व्यवसायिक नाटक और प्रयोगधर्मी नाटक के बीच का अंतर धूमिल कर देते हैं और सार्थक नाटक माने जा सकते हैं। पांचवें स्तर पर ऐसे नाटक हैं जो दर्शक की अभिरुचियों की परवाह न करते हुए तथा परंपरागत मंचीय अभिवृत्तियों, अभिनयों एवं संस्कारों की अवहेलना करके लिखे जाते हैं। ये कथ्य और शिल्प दोनों दृष्टियों से प्रयोगशील होते हैं और ४०/५० दर्शकों के सामने २/३ प्रयोग के बाद लुप्त हो जाते हैं। खास कर छबिलदास हायस्कूल के छोटे मंच पर ये नाटक संपन्न

होते रहे हैं। वैसे प्रयोगशील नाटक और व्यवसायिक नाटक के बीच की रेखा को क्षीण करने वाले नाटक भी लिखे और खेले जा रहे हैं। व्यवसायिक रंगमंच और प्रयोगशील रंगमंच के बीच समन्वय भी नाटक की दृष्टि से लाभदायी हो सकता है। वसंत कानेटकर, विजय तेंडुलकर, रत्नाकर मलकरी, चिं. त्र्यं. खानोलकर इस संदर्भ महत्वपूर्ण कार्य कर रहे हैं। एक और नाटकों का प्रकार है। वे हैं पौराणिक या ऐतिहासिक नाटक जिनके माध्यम से किसी व्यक्ति का नये कोण से चित्रण किया जाता है। प्रस्तुत आलेख में ऐसे ही नाटककारों एवं नाटकों का उल्लेख किया जाएगा जो सार्थक हैं। अर्थात् जिन्होंने नाटक को गंभीर रूप में कुच योगदान किया है।

स्वातन्त्र्योत्तर काल में ललित कलादर्श जैसी कुच पारंपारिक ढंग की नाट्य संस्था ने पुराने और नये नाटकों को मंचित कर लोगों की नाट्याभिरुचि को बनाये रखा और विकसित भी किया। वि.वा.शिरवाडकर (कुसुमाग्रज) ने 'वैजयंती' (१९५०) नाटक लिखा। इसमें नारी की दैहिक पवित्रता और सर्वनाशी हिंसा की संभावना के बीच का द्वन्द्व है जो मानुषिक मूल्यों को तरजीह देता है। १९५३ में कर्ण के जीवन पर "कौंतेय" नाटक उन्होंने लिखा, १९५४ में "राजमुकुट"। १९५५ में विजय तेंडुलकर का महत्वपूर्म नाटक 'श्रीमन्त' मंचित हुआ। इसमें मध्यवर्गीय संस्कृति पर व्यंग्यात्मक दृष्टि से प्रखर प्रकाश डाला गया हैं। दर्शक को झकझोरने वाले प्रश्न पूछ कर बेचैन करना तेंडूलकर का खास वैशिष्टय है। प्रश्नों के मूल में प्रखर नैतिक गत्यात्मक दृष्टि होती है और स्तोत्र मानवीय मूल्यों का होता है। "माणूस नावाचे बेट" में मनुष्य के अकेलेपन की समस्या को ले कर लिखे गये नाटक से तेंडुलकर एक मौलिक प्रतिभाशाली नाटककार के रूप में स्थापित हुए। वसंत कानेटकर का 'वेडयाचे घर उन्हात' (१९५७) एक मनोवैज्ञानिक नाटयानुभव को प्रकट करता है। यह नाटक बहुत चर्चित रहा। श्री. पु. ल. देशपांडे ने "तुझं आहे तुझपाशी" (१९५७) लिख कर पहल की थी। गांधीवाद के अव्यवहारिक अतिरेकपूर्ण आचरण तथा जीवन को आनंदमय मानकर सहजता से प्रवृत्तियों की विवेकपूर्म परितृप्ति करते हुए जीने वालों के दृष्टिकोण के बीच का द्वन्द्व इस नाटक की मुख्य वस्तु है। बहुत ही हल्के-फुल्के वातावरण से क्रमशः जीवन की गंभीरता की ओर यह नाट्यानुभव दर्शक को ले जाता है और चिन्तनोन्मुख करता है। असल में पु. ल. देशपांडे का यह लोकप्रिय नाटक इस बात का सबूत है कि प्रतिभाशाली लेखक भी दर्शकों की अभिरुचि से समझौता करते समय भावानुभव की मूल गंभीरता को क्षति पहुँचाता है। गो. नी. दांडेकर का अपने उपन्यास पर आधारित "शितू" १९५८ में प्रकाशित हुआ। इसी साल विजय तेंडुलकर का "मधल्या भिंती" भी सामने आया। मध्यवर्गीय परिवार में मनुष्य और मनुष्य के बीच की दरारों पर यह नाटक भाष्य करता है। १९५९ में "चिमणीचं घर होतें मेणाचं" नाटक विजय तेंडुलकर ने प्रस्तुत किया। १९६० में रत्नाकर मनकरी का "वर्तुळाचे दुसरे टोक" और व्यंकटेश माडगुलकर का "तू वेडा कुंभार" मंचित हुए। १९६० तक के थे कुछ अलग दिशाओं का संकेत करने वाले महत्वपूर्ण नाटक हैं।

उसके अलावा भा.वि.वरेरकर, आचार्य अत्रे, मो.ग.रांगणेकर, आदि स्वातंत्र्यपूर्व काल के शीर्षस्थ नाटककार भी स्वातंत्र्योत्तर काल में नाटक लिख रहे हैं। १९५० में मंचित मुक्ताबाई दीक्षित का "जुगार" उल्लेखनीय नाटक रहा। अनन्त काणेकर, माधव मनोहर, चि. द. मराठे, पु. ल.

देशपांडे, पु. भा. भावे, गो. गं. पारखी इत्यादि के मौलिक एवं रूपांतरित नाटक भी मंचित हुए। बबन प्रभु के रूपांतरित फार्सो ने काफी लोकप्रियता प्राप्त की। श्री विद्याधर गोखले और श्री बाळ कोल्हटकर, पुरुषोत्तम दारव्हेकर मध्यवर्गीय अभिरूचि का प्रसादन करने के लिए नाटक लिख रहे थे। बाल कोल्हटकर के "दूरितांचे तिमिर जावो" नामक भावुक कारुण्यपूर्ण नाटक ने नाट्य प्रयोग की संख्या की दृष्टि से उच्चांक प्राप्त किया। नाना जोग ने "हेम्लेट" को तीन अंकों में बाँधकर कर प्रस्तुत किया।

१९६० के बाद उपरोल्लिखित प्रवृत्तियों को पुष्ट करने वाले नाटक लिखे ही जा रहे थे। लेकिन मराठी नाटक कोअपने विशिष्ट व्यक्तित्व से समृद्ध करने वाले नाटककारों में महत्वपूर्ण हैं। विजय तेंडुलकर, बसंत कानेटकर, कुसुमाग्रज, विश्राम बेडेकर, चि.त्र्यं. खानोलकर, व्यंकटेश माडगुलकर, महेस एलकुंचवार, मधुकर तोरडमल, सुरेश खरे, विद्याधर पुंडलिक, रत्नाकर मतकरी, जयवंत दलवी, वसंत सबनीस, गो.पु.देशपांडे, सतीश आलेकर, अनिल बर्वे।

स्वातंत्रोत्तर काल में शिरवाडकर के कुछ महत्वपूर्म नाटक आए। वैजयंती (१९५०) ने विशेष ध्यान आकर्षित किया। कुछ अच्छे फार्स या विनोदी नाटक आए जो प्रायः रूपांतरित थे। (कवडी चुंबक, १९५१, आचार्य प्र.के.अत्रे, अंमलदार, १९५२, पु.ल.देशपांडे) लेकिन नाटक प्रेमी सहृदयों का ध्यान खींचा दो नाटकों ने -- "श्रीमन्त" (१९५५, विजय तेंडुलकर) और 'वेडयांच घर उन्हात' (१९५७, वसंत कानेटकर) १९६० के बाद इन्हीं दो नाटककारों ने अपने अपने ढंग से नाटक विधा और रंगमंच को प्रभावित किया। कानेटकर के "प्रेमा तुझा रंग कसा" नाटक ने हल्के फुल्के वातावरण में दर्शकों का एक रोमांटिक अनुभव से प्रसादन किया। जब कि विजय तेंडुलकर लगातार दर्शक की नैतिक कल्पनाओं को झकझोरते रहै। मध्यवर्गीय दर्शकों को अपने नैतिक मूल्यों और आचरण की असंगतियों का भान कराते हुए उसे अपनी मानसिक चीरफाड़ करने के लिए विवश करते रहे। कानेटकर ने कुछ व्यवसायिक नाटक लिखे जो नाट्यानुभव की दृष्टि से श्रेष्ठ नहीं परंतु भीड़ खींचने में सफल हुए। इनमें 'मत्स्यगंधा' जैसा संगीत पौराणिक नाटक भी हैं। "अश्रूंची झाली फुले" "घरात फुलला पारिजात" जैसे नैतिक संस्कार करने वाले भावुक नाटक हैं, "लेकुरे उदंड जाहली" जैसी संगीतात्मक कामदी भी है;" "इथे ओशाळला मृत्यू" जैसा संभाजी के अंतिम दिनों की ट्रैजिक घटना के कारुण्य को प्रकर्ष रूप में व्यक्त करने वाला नाटक भी है। कानेटकर 'तू वाढवी राजा', "जिथे गवताला भाले फुटताल" जैसे ऐतिहासिक नाटक लिखकर मराठी इतिहास के सुवर्ण युग की रोमहर्षक गाथाएं प्रस्तुत करते हैं। कानेटकर ने "मला काही सांगायचंय" जैसे सामाजिक नाटक भी लिखे। उनके चरित्रात्मक नाटकों ने ("हिमालयाची सावली," "वादळ माणसाळतंय") भी काफी लोकप्रियता अर्जित की। कानेटकर के नाटकों में विलक्षण वैविध्य है। उन्होंने शेक्सपीयर के चार त्रासदी नाटकों को एक नाटक में प्रस्तुत करने का प्रयास किया -- "गगनभेदी" जो बहुत सफल नहीं हुआ। कानेटकर ने संगीत "मीरा मधुरा" नाटक भी लिखा। कुल मिलाकर व्यवसायिक आकर्षण ने कानेटकर के नाटकों में कुछ इकहरापन, कुछ अतिरेकी भावुकता और स्थूल घटनाओं की आकस्मिकता उत्पन्न की। फिर भी वे स्वातंत्र्योत्तर युग के एक महत्वपूर्ण नाटककार हैं।

असल में शक्तिशाली और सार्थक नाटकों की लगातार निर्मिति से मराठी रंगमंच की गुणात्मक इयत्ता को बढ़ाने का कार्य विजय तेंडुलकर ने किया। ''मी जिंकलो, मी हरलो'' नाटक में एक साहित्यकार का आत्म संघर्ष है जो लौक्कि यश की दृष्टि से सफल है परंतु साहित्यिक श्रेय की दृष्टि से समझौते करते हुए हार गया है। यह महानता की और जाने का रास्ता अवरुद्ध करने वाला मोह है जो प्रभावपूर्ण ढंग से तेंडुलकर ने प्रस्तुत किया है। तेंडुलकर ने हिंसा और सेक्स को प्रवृत्तियों का चिंतन किया है और अपने नाटकों के माध्यम से प्रस्तुत किया है। ''शांतता! कोर्ट चालू आहे!'' ''गिधाडे'', ''सखाराम बाईडर'', ''घाशीराम कोतवाल,'' ये उनके श्रेष्ठ नाटक लगभग उन्हों प्रवृत्तियों के जटिल रूप प्रस्तुत करते हैं। मनुष्य जीवन की गूढ़ता और व्यामिश्रता को भी तेंडुलकर प्रकट करते हैं। उनके ''कन्यादान'' नाटक ने वैचारिक धरातल पर आदर्श स्तर पर विचरने वाले बुद्धिजीवियों का जीवन के विदूप से साबका पड़ने पर जो विचलन होता है उसका बड़ा सशक्त रूप प्रस्तुत किया है। ''कमला'' में नारी के शोषण के विविध रूपों का संकेत करते हुए मूल्यों के प्रति समर्पित पूरूषों के हल्के कद का बड़ा शक्तिपूर्ण पर्दाफाश किया है। इधर ''नियतीच्या बैलाला'' और ''सफर'' उनके दो छोटे नाटक प्रसिद्ध हुए हैं जो जीवन की विलक्षण वास्तविकता अतिवास्तव के धरातल पर व्यक्त करते हैं। विजय तेंडूलकर ने नाटकों में अनेक प्रयोग भी किये हैं। घाशीराम कोतवाल में लोक-संगीत का जो सार्थक प्रयोग किया गया है, उससें लोक संगीत की ओर मराठी नाटक बड़े वेग से आकर्षित हुआ है। पिछले चालीस वर्षो में मराठी के सर्वश्रेष्ठ नाटककार के रूप में निस्संदिग्ध रूप में विजय तेंडुलकर का ही नाम लिया जा सकता है। उनके बाद आने वाले प्रखर प्रतिभा के धनी महेश एलकुंचवार, सतीश आलेकर इत्यादि नाटक्कारों ने यह स्वीकार किया है।

मराठी के बहुमुखी प्रतिभा के लेखक स्व. चि. त्र्यं. खानोलकर (आरती प्रभु) ने आश्चर्य में डालने वाले महत्वपूर्ण नाटक लिखे। १९६६ में उनका ''एक शून्य बाजीराव'' नाटक मंचित हुआ और अस्तित्ववाद के प्रभाव का प्रत्ययकारी दर्शन दर्शकों को हुआ। आश्चर्य इसलिए कि आरती प्रभु पाश्चात्य साहित्य पढ़ने वाले व्यक्ति नहीं थे। साहित्यिक और बौद्धिक वातावरण में व्याप्त अस्तित्व वादी दर्शन के विचार उन्होंने भले ही सूंघ लिये हो परंतु उनकी जीवनानुभव के रूप में नाट्यात्मक शक्तिशाली अभिव्यक्ति सचमुच आश्चर्य पैदा करती है। आगे चलकर उनके ''सगे सोयरे'' ''श्रीमंत पतीची राणी'', ''अवध्य'', ''कालय तस्मै नमः'', ''रखेली'', ''अभोगी'' नाटक प्रकाशित हुए। इनमें ''अवध्यं'' और ''कालाय तस्मै नमः'' विशेष महत्वपूर्ण हैं।

रत्नाकर मतकरी बहुप्रसवा प्रतिभा के धनी हैं। ''वर्तुळाचे दुसरे टोक'' (१९६०) के बाद १९७२ में उनका ''विर्‌हाड बाजळं'' नाटक आया और इसके बाद उनके लेखन में वेग पैदा हुआ। उसी साल ''प्रेमकहानी'' नामक एक अच्छा नाटक प्रकाशित हुआ। लेकिन मतकरी के ''लोककथा ७८'' ने उनके सामर्थ्य को पहचान करायी। राजनैतिक और सामाजिक सद्यः स्थिति पर उनके प्रखर व्यंग्यात्मक प्रहार दर्शक को विलक्षण झकझोरते हैं। फिर उनके नाटकों का सिलसिला चल पड़ा, जिनमें कुछ अच्छे नाटक हैं, तो कुछ सामान्य। ''अश्वमेंघ'', ''खोल खोल पाणी'' उनके विशेष महत्वपूर्ण नाटक हैं, जिनमें मतकरी की मनोवैज्ञानिक पैठ का परिचय मिलता हैं। मतकरी की पांडवों

की अंतिम परिणति पर आधारित ''आरण्यक'' भी सशक्त कृति हैं। मतकरी ने ''विठ्ठल रखुमाई'' नाटक को गडरियों के मानस में व्याप्त विठ्ठल पदुबाई की मिथक कथा के आधार से प्रस्तुत किया हैं।

१९७० के बाद नाटककारों में मराठी के सशक्त कथाकार जयवंत दलवी का नाम महत्वपूर्ण है। १९७३ में उनका ''संध्याछाया'' मंचित हुआ और जीवन का ट्रेजिक बोध विलक्षण तीव्रता में प्रस्तुत करने की दळवी की क्षमता प्रकट हुई। पुत्रों के दूर जाने पर अकेले पड़े दंपती की तीव्र अकेलेपन की यह शोकात्म नाट्यानुभूति आरंभ से अंत तक एक तनाव के गहराते मूड़ में दर्शक को पीड़ित करती है । उनके ''महासागर'' में मनुष्य की काम भावना की विचित्रता और उसकी शोकात्म परिणति का चित्रण है । ''दुर्गी'', ''सावित्री'', ''पुरुष'', ''मुक्तता'', ''पर्याय'', ''वॅरिस्टर'', ''नातीगोती'' उनके अन्य नाटक हैं जो जीवन को गंभीर दृष्टि से देखने के उनके प्रयास को उदाहृत करते हैं । विकृत मानसिकता के व्यक्तियों के प्रति उनका विशेष झुकाव है ।

सुरेख खरे ने १९६७ में '' स्वर जुळता गीत तुटे '' लिख कर और मंचित करवा कर नाट्य सृष्टि में प्रवेश किया और लगातार सामाजिक नाटकों में सामाजिक प्रश्नों कों प्रस्तुत कर वे सफल नाटककारों की श्रेणी में आ गये । ''मला उत्तर हवय'' १९६७, ''पप्पा सांगा कुणाचे'' १९६९, ''काचेचा चंद्र'' १९६९, ''सखी शेजारीणी'' १९७०, ''असुनी नाथ मी अनाथ'' १९७३, ''मतंरलेली चैत्र वेल'' १९७९ इत्यादि नाटकों ने यह स्पष्ट किया कि सुरेश खरे के पास गंभीर और लिरिकल दोनों प्रकार के नाटक लिखने की क्षमता है । उनकी नाट्यवस्तु इकहरी होती है परंतु प्रभावी संवाद लिखने की उनकी क्षमता नाटकों को सशक्त बनाती है ।

१९६१ विश्राम बेडेकर का ''नरो वा कुंजरोवा'' नाटक सामने आया । बहुत कम परंतु महत्वपूर्ण लेखन करने वाले विश्राम बेडेकर का ''वाजीव पाऊलं आपुले'' रुपांतरित होकर भी पूर्णतः देशी लगता है (मूल नाटक ''सेंड मी नो फ्लॉवर्स लेखक नार्मन बराडा, कॅरॉलर मूर'') जीवन विषयक तृषा और मृत्यु की आशंका के बीच का तनाव गंभीर और हल्के-फुल्के स्तर पर प्रकट किया गया है । बेडेकर का मौलिक नाटक''टिळक आणि आगरकर'' है । दोनों महान मित्रों के संबंधो को लेकर महाराष्ट्र मे अनेक प्रकार की सही गलत धारणाएं हैं । उनके पारस्परिक संबंधों का बड़ा मर्मस्पर्शी चित्र यहाँ प्रस्तुत किया गया है ।

साठ के बाद कुसुमाग्रज भी लिखते रहे । उनके ''नटसम्राट'' ने नाटक के क्षेत्र में अभिनय कला, रसात्मक प्रसंग निर्मिति, प्रयोग संख्या, लोकप्रियता, समीक्षकों की बौद्धिक चर्चा आदि दृष्टियों से कीर्तिमान स्थापित किया । एक प्रतिभाशाली अभिनेता की सेवानिवृत्ति के बाद के अकेलेपन और चार निराशा की यह करुण शोकांत कथा पीढ़ियों के द्वन्द्व और तनाव को विलक्षण शक्तिशाली रूप में चित्रित करती है ।

कुछ जीवन की भयावहता, असंगतिपूर्णता, दुखमयता से विद्ध नाटककारों ने बहुत महत्वपूर्ण नाटक लिखे हैं । महेश एलकुंचवार (रुद्रवर्षा, १९६८, गार्बो १९७३, वासनाकांड १९७८, पार्टी१९८१, वाडाचिरेबंदी) सतीश आळेकर (महानिर्वाण १९७४, महापूर १९७५), अच्युत वझे (चल रे माझ्या भोपळ्या टुणुक टुणुक, लागला तर घोडा) इत्यादि नाटककारों ने अपनी संभावनाओं

का अच्छा परिचय दिया है । ये तीनों नाटककार कालदंश से विद्ध मनुष्य के अनुभव का, उसकी विचित्र मानसिकता का और असंगतियों का गहरा बोध देते हैं । मधुकर तोरडमल न केवल अच्छे अभिनेता और दिग्द्दर्शक हैं, अपितु वे एक अच्छे नाटककार भी हैं। उनका "काळे बेट लाल बत्ती" नाटक मनुष्य में छिपी हिंस्त्र प्रवृत्ति को उत्तेजित होते दिखाता है । मनुष्य की असत् प्रवृत्ति उतनी ही नैसर्गिक है जितनी उसकी सत् प्रवृत्ति । "भोवरा" में भी इसी का वैयक्तिक स्तर पर संकेत है । अनिल बर्वे के कुछ नाटक (थैंक्यू मिस्टर ग्लॉड नक्षलवादी युवक की मानसिकता और उस पर किये गये अन्याय का प्रभावी चित्र), "हमीदाबाई की कोठी", (मनोवैज्ञानिक नाटक) , "पुत्र कामेष्टी", "आकाश पेलताना" गंभीर दृष्टि से लिखे गये हैं और मंचीय दृष्टि से सफल भी रहे हैं । वृंदावन दंडवते भी एक महत्वपूर्ण और शक्तिशाली नाटककार हैं जिन्होंने शब्द को महत्व न देकर दृक्-तत्त्व को महत्त्व दिया है । मूक अभिनय पर वे बल देते हें । संभवतः इसीलिए बीस के आसपास नाटक लिखने के बाद भी दंडवते के नाटकों की विशेष चर्चा नहीं हुई । एक नयी दृष्टि से उनके नाटक देखने की जरूरत है ।

मराठी की संगीत नाटक की परंपरा कुछ क्षीण हो गयी थी । उसको जिलाने के लिए कुछ नाटक लिखे गये । इसमें लोक संगीत से लेकर शास्त्रीय संगीत पर आधारित गानों का समावेश रहता है ।कथा या संवाद केवल गीतों के लिए खूँटी का काम देते हैं । इस दृष्टि से विद्याधर गोखले के प्रयास उल्लेखनीय हैं । पौराणिक घटनाओं पर आधारित एक कल्पना लोक में ले जाने वाले उनके नाटकों में संगीत की प्रचुरता है । ("जय जय गौरीशंकर", "संगीत स्वरसम्राज्ञी" इत्यादि) इस संदर्भ में दो संगीतिक घरानों के द्वन्द्व पर आधारित "कट्यार काळजात घुसली" (१९६७) ने विलक्षण लोकप्रियता अर्जित की । वैसे पुरुषोत्तम दारवेकर ने इससे पहले कुछ सफल नाटक लिखे थे (व-हाडी मानसं, चंद्र नभीचा ढळला (रूपांतरित) परंतु 'कट्यार' को अद्‌भुत लोकप्रियता मिली। उनका "अबोल झाली सतार" भी एक उल्लेखनीय नाटक है । असल में नाट्यवस्तु और संगीत की एकमेकता केवल एक ही नाटक में हुई है - वह है "कट्यार काळजात घुसली" (लागे करेजवौ कटयार)

मराठी में श्रोताओं की नस को पकड़ कर संवाद कौशल से इन्हें प्रभावित करने वाले तथा भावुक नाटकों के माध्यम से कौटुंबिक भावना प्रधान नाटक लिखने वाले नाटककारों में मधुसूदन कालेलकर, बाळ कोल्हटकर व्यावसायिक दृष्टि से बहुत सफल नाटककार हुए ।

पुणें, मुंबई जैसे नगर में फैक्टरियों और कारखानों में काम करने वाले कामगारों की रंगभूमि भी विकसित हुई है । यह नाटक का विशुद्ध शौक है जिन्होंने रंगमंच को जीवित रखा है । वीसों नाटककारों के सैकड़ों नाटकों के हजारो प्रयोग कामगार मंचपर होते रहे हैं । वसंत दुदवडकर, मुरारी शिवलकर, वसंत जाधव, आबासाहेब आचरेकर, आत्माराम सावंत, प्रेमानंद तोडणकर, दत्ता आयरे, नामदेव सूर्यवंशी, शांताराम पाटील, पा. तु. पाटणकर, विनायक पाटिल, नेकमानकर बोरकर, श्री गणेश हिर्लेकर, ये कुछ प्रमुख नाम कुछ नाटकों के सात-आठ संस्करण प्रकाशित हुए। वसंत जाधव के "देवता" नाटक के १५ संस्करण प्रकाशित हुए । मराठी पत्रकारों ने भी कामगार मंच को पर्याप्त सहायता दी ।

दलित साहित्य का दलित रंगमंच भी अलग से विकसित हो रहा है । फिलहाल दलित मंच के केंद्र बंबई, नागपूर, औरंगाबाद, पुणे जैसे नगर ही हैं। समाज प्रबोधन द्वारा दलितों का उत्थान और उसके लिए संघर्ष की भूमिका, इस मंच के उद्देश्य हैं । दलित जनता की पीड़ा, शोषण और अत्याचार को प्रस्तुत करनाही इनका अभिष्ट है अतः समान्यतः इनका स्वरूप दुखमय होता है । प्रेमानंद गज्वी प्रमुख नाटककार हैं जिनका "देवनवरी" महत्वपूर्ण है-प्रेमानंद गज्वी प्रखर प्रतिभा के नाटककार हैं जिनकी मानवीय सहानुभूति व्यापक है । उनके "किरवंत" नामक नाटक में मृत लोगों का क्रियाकर्म करने वाले ब्राम्हणों को किस प्रकार ब्राम्हणों द्वारा ही निष्कासित किया जाता है, इसका विलक्षण प्रभाविष्णु चित्रण है । लगता है गज्वी मनुष्य के स्वभाव में निहित शोषण करने की हिंस्त्र प्रवृत्ति की सर्वव्यापकता का साक्षात्कार करा रहे है। उनके "तनमाजोरी" में जमीनदार और बेगार करने को वाध्य आदिवासियों के बीच का संघर्ष चित्रित है । "जय जय रघुवीर समर्थ" एक अन्य नाटक आया है । दत्ता भगत के "वाटा पळवाटा" में आंबेडकर जी से प्रेरित परिवर्तवादी आंदोलन में भाग लेने वाली तीन पीढ़ियों का चित्रण है । दत्ता भगत भी एक महत्वपूर्ण दलित मंच के लेखक हैं। इधर स्त्री मुक्ति के आंदोलन से प्रेरित नारी जीवन की समस्याओं और उसकी स्वतंत्रता के प्रश्नों को लेकर मराठी नाटककार उत्साह से लिख रहे हैं । ज्योती म्हापसेकर ने "मुलगी झाली हो" (१९८३) का मंचन किया और देखते ही देखते उसके हजारों प्रयोग संपन्न हुए । इसके पहले अशोक पटवर्धन ने कुछ नुक्कड़ नाटक प्रस्तुत किये । दहेज विरोध को लेकर लिखा हुआ "जमुरा" बहुत यशस्वी हुआ ।सामान्य लोगों के मन को विलक्षण पकड़नेवाली गीत रचना के माध्यम से इसे बहुत रोचक बनाया गया है । प्रशांत दळवी ने 'स्त्री' नामक नुक्कड़ नाटक के माध्य से नारी के विकास को अवरुद्ध करने वाली अवस्थाओं का चित्रण किया है । इधर प्रशांत दळवी का "चारचौघी" नाटक स्त्री मुक्ति की एक अलग दिशा को प्रस्तावित करता है और काफी लोकप्रिय हो गया है ।

मराठी में कुछ नाटक केवल हास्य उत्पन्न कर मनोरंजन करने की दृष्टि से भी लिखे और मंचित किये जा रहे हैं। इस संबंध में वसंत सबनीस और बबन प्रभू के नाम महत्वपूर्ण हैं। वसंत सबनीस के "विच्छा माझी पुरी करा" ने लोकप्रियता के शिखर को प्राप्त किया था । बबन प्रभू के "झोपी गेलेला जागा झाला", "चोरावर मोर", "दिनूच्या सासूबाई राधाबाई", "माकड आणि पाचर, "पिलूचे लग्न" भी काफी पसंद किये गये ! इधर वसंत सबनीस का "गेला माधव कुणी कडे" काफी पसंद किया जा रहा है । अत्रे कें "मोरुची मावशी" के पुनरुद्धार ने जबरदस्त लोकप्रियता प्राप्त की है । पुरुषोत्तम बेर्डे का "शांतेचं कार्ट चालू आहे", "कार्टी प्रेमात पडली", इत्यादि इसी कोटी में आते है । मालवणी भाषा का उपयोग कर मंचित "वस्त्रहरण" विलक्षण लोकप्रिय हुआ (लेखक गंगाराम गवाणकर) प्र.ल.मयेकर का "पांडगो इलो रे इलो" तथा मधु मंगेश कर्णिक का "चाकरमानी" इसी श्रेणी में आते है ।

कुछ नये नाटककार : नये नाटक

इधर श्री प्र.ल. मयेकर के "अग्निपंख" में सामन्तशाही के अस्त को प्रतीकित किया गया है और नये समतावादी मूल्यों के उदय का संदेश दिया है । नाटककार प्रभावपूर्ण संवाद लिखने

की कला में माहिर है और प्रसंगों को तीव्रता में उभारता है। ''तक्षकभाग'' में शोषक शोषित संघर्ष की कहानी है। संगीतात्मक नाटक ''रातराणी'' बदलते मानवीय रिश्तों की करुणार्द्र गाथा है जिसे संगीत के उपयोग से प्रभाविष्णु बनाया गया है।

सई परांजपे ने कुछ हल्के फुल्के विनोद के माध्यम से जीवन पर भाष्य किया है : सखे शेजारी।

अजित दळवी एक समर्थ नाटककार पिछले दस वर्षों से उभर रहे हैं। सामाजिक या राजनैतिक भ्रष्टाचार से संबद्ध नैतिक मूल्यों का आवाहन करने वाली विषयवस्तु को कलात्मक नाट्यमय रूप देने की क्षमता में अजित कुलकर्णी एक महत्त्वपूर्ण हस्ताक्षर हैं। उनका इधर मंचित नाटक ''डॉक्टर, तुम्हीसुद्धा...'' एक अच्छा नाटक है जो वैद्यकीय व्यवसाय में चल रही करीआरिस्ट प्रवृत्ति और त्वरित रईस होने की वृत्ति का पर्दाफाश करता है। मनुष्य के सत् असत् का सनातन संघर्ष इसी से प्रतीकित होता है। कुछ नाटककारों ने जीवन की समस्यामूलकता को शोकात्म अनुभव के माध्यम से प्रस्तुत करने का अच्छा प्रयास किया है। असंगति के प्रभावपूर्ण दर्शन कराने ने में मकरंद साठे विशेष सक्रिय हैं (''रोमन साम्राज्याची पडझड'', ''चारशो कोटी विसरभोळे'')

शोकात्म या अरुचिकर अनुभवों और जीवन तथ्यों को कुछ ऊपरी स्तर पर हास्य का पुट देकर या मजाक उडाते हुए प्रस्तुत करने की (वोटींग फॉर द गोदो वाली) शैली को सफलतापूर्वक शाम मनोहर ने अपनाया है (''हृदय'', ''चकृत'' इत्यादि नाटक) चेतन दातार एक समर्थ संभावनापूर्ण नाटककार हैं जिनका ''झुल्वा'' येल्लमा जोगतिणी समाज का यथार्थ प्रस्तुत करता है। परिवार व्यवस्था में युवा वर्ग के व्यक्तित्व विकास को अवरुद्ध करने वाली स्थितियों के चित्रण के साथ (''बोल बाबी बोल''-सुधीर कवडी) वृद्धों को समस्याओं एवं उनके शोषण का चित्रण भी किया जा रहा है (''आई रिटायर होते आहे''-अशोक पाटोळे)

गो.पु. देशपांडे ने राजनैतिक यथार्थ और चिंतन को लेकर जो नाटय लेखन मराठी में शुरु किया था उसको कुछ विस्तार अजित दळवी ने ''शतखंड'' में दिया। इसमें समकालीन राजनैतिक वास्तव का चित्र उभारा गया है। शआफत खान का ''मुंबईचे कावळे'' भी बहुत पसंद किया गया। प्रशांत दळवी ने उपभोक्ता संस्कृति पर अच्छा व्यंग किया है (दगड की माती) यथार्थ के विविध विविध स्तरों पर यह नाटक अपने अभिप्राय को व्यक्त करता है। च.मां.बांदेकर ने आर्य चाणक्य को राष्ट्रवादी दृष्टि से व्याख्यायित किया है।

दिलिप चिंत्रे के दो नाटक ''मिठू मिठू पोपट'' और ''सुतक'' दर्शक को नये जीवनाभुव की ओर आकृष्ट करते हैं। काम हो या अन्य जीवन के आचरण चित्रे का लेखन दर्शक को अधिक अन्तर्मुखी कर पुनर्विचार करने के लिए बाध्य करता है।

एक वैशिष्टयपूर्ण प्रयोग

मराठी मानस पर इतिहास हावी है। शिवाजी एवं उसका युग उनके लिए प्रेरणा और श्रद्धा की चीज है। कतिपय नाटक एवं उपन्यास इस श्रद्धा से प्रेरित होकर रचे गये हैं। यह स्वाभाविक है कि मराठी मानस को अस्मिता की सुदृढ़ नींव देने का कार्य शिवाजी ने किया। बाबासाहेब पुरंदरे शिवाजी, शिवकाल और शिव-चिंतन से आविष्ट व्यक्ति हैं। उन्होंने एक महान प्रयोग ''जाणता

राजा'' नाटक के लिए किया । ७०० x ५० फीट के रंगमंच पर ढाई सौ कलाकारों को ला कर उन्होंने शिवकाल का वास्तविक चित्र प्रस्तुत किया । इसका पूरा मंचन तीस-पैंतीस हजार दर्शकों को रोमांचित करने में सफल हुआ । कोल्हापुर में करीब पन्द्रह बार इसका मंचन हुआ । शिवाजी के राज्याभिष्येक का दृश्य इतना भव्य और वास्तवदर्शी था कि कुछ समय के लिए समूचा दर्शक वर्ग शिव युग में सक्रान्त हो गया ।

मराठी एकांकी ने मराठी नाटक को योगदान किया है । अनेक स्तरों पर छात्रों के लिए होने वाली प्रतियोगिताओं में अनगिनती एकांकी प्रस्तुत किये जाते हैं । गाँव गाँव में इसके कारण उत्साह की लहरें फैलती है । मराठी के शार्षस्थ नाटककारों ने एकांकी लिखें । तेंडुलकर के एकांकी विशेष मह्तवपूर्ण स्वीकृत हुए । कुछ एकांकियों पर बाद में महत्वपूर्ण नाटक भी लिखे गये ।

मराठी रंगमंच एक स्वतंत्र विधा है, जिस तरह फिल्म एक स्वतंत्र कला बन गयी है उसीतरह नाटक भी एक स्वायत कलारुप और एक संस्था बन गयी है । इसमें नाटककारों के साथ समर्पित अभिनेताओं और विजया मेहता, सत्यदेव दूबे जैसे समर्पित प्रतिभाशाली निर्देशकों के महान कार्य का लेखाजोखा जबतक नहीं लिया जाता तब तक मंच का या नाटक विधा का सही चित्र प्रस्तुत नहीं हो सकता । उसी तरह मराठी में भारतीय भाषाओं या अन्य पश्चिमी अनूदित रुपांतरित नाटकों ने भी महत्वपूर्ण योगदान किया है । बालरंगमंच एक स्वतंत्र अध्ययन की वस्तु है जिसको रत्नाकर मनकरी-प्रतिभा मनकरी, सुधा करमरकर जैसे व्यक्तियों का योगदान स्वतंत्र अध्याय की अपेक्षा करता है । कभी तो श्रीराम लागू, दिलीप प्रभावळकर, मच्छिंद्र कांबळी, भक्ती बर्वे जैसे प्रतिभाशाली अभिनेता समूचे नाटक को कंधो पर उठा ले जाते है । नये युवा निदर्शकों ने भी गजब की ताकद और कल्पनाशक्ति दिखायी है । असल में किसी भी सीमा में नाटक पर बात करना अनेक प्रतिभाशाली व्यक्तियों पर अन्याय करना ही होता है । इधर समस्या के प्रति प्रतिबद्धता, लेखक की जीवन दृष्टि, कलात्मक मूल्य, जीवन व्याख्या और परिवर्तन के लिए चुनौतियां या आवाहन् के बीच मराठी नाटक में कोई अलंघ्य अतंर नहीं मना जा रहा है । और नाटक को एक गंभीर विघा मानकर उसके प्रति समर्पित युवकों की भी कमी नहीं है । नुक्कड नाटक और वार्षिक प्रतियोगिताओं के माध्यम से समाज संपृक्ति बढ़ रही है । स्वाभाविकतः नाटक को एख जीवन के महत्वपूर्ण सांस्कृतिक उपादान के रूप में महाराष्ट्र में विशेष स्थान प्राप्त है, यह बहुत बड़ी बात है ।

स्वातंत्र्योत्तर मराठी कविता

स्वातंत्र्य की प्राप्ति और मराठी साहित्य के रूप-परिवर्तन का सीधा संबंध जोड़ना मुश्किल है क्योंकि मराठी का अधिकांश साहित्य राजनीति से साक्षात रूप में कम टकराया। मराठी की राजनैतिक कविता को मराठी के प्रतिष्ठित समीक्षकों ने प्रायः उपेक्षा एवं अनादर से देखा, कवि सावरकर की कविता का जो मूल्यांकन हुआ, उसकी प्रेरणा साहित्येतर अधिक थी। प्रतिष्ठित कवियों की राजनैतिक कविता भी या तो विष्कंभक के रूप में लिखी गयी है अथवा समय के साथ रहने की बौद्धिक प्रतिज्ञा से प्रेरित होकर वह रची गयी है। वैसे नितांत सामयिक जीवन का तत्कालिक बोध मराठी रचनाकारों को क्षीण प्रेरणा देता है। कुछ ऐसी सही अथवा गलत धारणा मराठी लेखकों के मन में दृढ़ हो गई है कि सामयिक जीवन के संदर्भ में लिखे साहित्य में चिरकालिक्ता या शाश्वतता का मूल्य शायद ही उत्पन्न होता है। केशवसुत में सामाजिक बोध की जो आंतरिक एवं सहज प्रतीति-क्षमता थी वह विनायकराव सावरकर और कुसुमाग्रज को छोड़कर शायद ही अन्य किसी मं उतनी शक्तिशाली रूप में अभिव्यक्त हुई हो। कुसुमाग्रज के क्रांति गीतों का स्वागत हुआ परंतु उसमें उनकी विलक्षण कल्पना शक्ति का ही उत्क्ट स्वागत था। राष्ट्रीय काव्यधारा का कम था। सामान्यतः राष्ट्रीय एवं राजनैतिक पद्य सेवादल जैसी युवक संघटनाओं और क्रांतिकार्य करने वाले युवा गुटों तक सीमित रहा। ये कवि भी प्रायः द्वितीय श्रेणी के ही कवि रहे। राष्ट्रीय भावधारा का आवाहन प्रथम श्रेणी के कवियों को उत्क्ट रूप में प्रेरणा नहीं दे पाया और मराठी के बौद्धिकों को भी उसका अभाव न खला, यह स्थिति कविता के मध्यवर्गीय पाठ्कों के बारे में बहुत कुछ कह जाती है। वैसे राजनितिक आंदालनों एवं समस्याओं का चित्रण करने वाले उपन्यास एवं कहानियां संख्या में कम नहीं लिखी गईं लेकिन उनमें चित्रित वातावरण या तो उद्दीपन-विभाव का कार्य करता रहा अथवा रचना को लोकप्रिय बनाने का वह एक साधन बन गया। राजनीति और रचना के आशय का कलात्मक समन्वय करने की क्षमता पु.य.देशपांडे में थी परंतु वे आगे नहीं बढ़ सके। मराठी साहित्य पर विशेषतः फडके के बाद कला के लिए कलावाद, तंत्रवाद, सुखवाद और सौन्दर्यवाद का कुछ ऐसा प्रभाव पड़ा था कि इसके विपरीत आवाज बुलन्द कर लिखने वालों के साहित्य का उचित मूल्यांकन नहीं हो सका। केतकर, वरेरकर, सावरकर इत्यादि को उचित मूल्यांकन के लिए देर तक ठ्हर जाना पड़ा। आज भी मराठी के राष्ट्रीय काव्य के विश्लेषण एवं मूल्यांकन करने में मराठी के अनुसंधित्सु छात्र संकोच कर रहे हैं। कभी तो ऐसे साहित्य को अकलात्मक साहित्य के खाते में डालने का प्रयास भी समीक्षक करते हैं। कम से कम यह डर तो उन्हें लगा ही रहता है कि कहीं साहित्येतर तत्व को तरजीह देने की गुस्ताखी तो नहीं हो रही है। यद्यपि यह स्थिति स्वातंत्र्योत्तर युग में बदली हुई सी प्रतीत हो रही है फिर भी शरत्चंद्र मुक्तिबोद की अपेक्षाकृत उपेक्षा अभी इस बात को जम कर कहने नहीं देती। आश्चर्य की बात तो यह है कि व्यक्तिगत रूप में मुक्तिबोद की कविता की शक्ति को स्वीकार किया जाता है परंतु नई कविता की चर्चा के संदर्भ में जिन पांच चार प्रमुख कवियों को एक सांस में गिना जाता हैं। उनमें मुक्तिबोध की तुलना कम क्षमतावान कवियों को थी गिना जाता है। मूल्यांकन की यह चूक कहीं गहरे में गलत या भ्रांत धारणा की उपज लगती है।

फिर भी सामान्यतः यह दिखता है कि स्वातंत्र्यप्राप्ति के आस-पास ही मराठी में एक जबरदस्त

बदलाव प्रारंभ हुआ। यह प्रारंभ में कविता में परिलक्षित हुआ और तुरंत बाद कहानी में संक्रमित हुआ और फिर उपन्यास में।

स्व. मर्देकर ने अपने पहले काव्य संग्रह ''शिशिरागम'' में परंपरागत काव्य का अनुगमन किया था परंतु बादवाले संग्रह ''काही कविता'' और ''आणखी काही कविता'' ने मराठी कविता को आशय एवं अभिव्यक्ति दोनों स्तरों पर नई दिशा दी। द्वितीय महायुद्ध के भयानक अनुभव ने तथा बाह्य परिवेश में मनुष्य की हुई दयनीय अवस्था ने मर्ढेकर ही संवेदना को कुछ इसप्रकार प्रभावित किया था कि उनकी कविता मानवीय नियति एवं मानवीय जीवन के कुल व्यापार के प्रति शोकात्म व्याकुल नजरिये से देखने लगी। राष्ट्रीय एवं राजनीतिक प्रत्यक्ष संदर्भ की अपेक्षा मर्ढेकर को समग्र मानवीय वैश्विक संदर्भ अधिक भयावह रूप में मनुष्य को निगलता हुआ सा प्रतीत हुआ! सामान्य मध्यवर्गीय जीवन की घोर विष्फलता, कुल मानवीय जीवन की निरर्थकता, यांत्रिक जीवन की चक्की में पिसते फालतू मनुष्य की दयनीय अवस्था, संवेदना को भोथरा बनाती जानेवाली बाह्य स्थितियों की आक्रामकता और आध्यात्मिकता से विहीन आंतरिकता का सूनापन, वैज्ञानिक गति की मानवीय जीवन से असंपृक्ति, मृत्यु के स्पर्श की भयाकुल जड़ता, प्रेम और श्रृंगार का बाजारू घिनौना रूप, मानव के परस्पर संबंधों में बढ़ती जानेवाली दूरी और शुष्कता ये मर्ढेकर के अनुभव संसार में महत्त्वपूर्ण घटक हैं। मर्ढेकर की संवेदना जितनी शक्तिशाली थी उतनी ही उनकी अभिव्यक्ति भी धारदार थी। दोनों स्तरों पर नवीनता थी। सामायिक जीवन की कतिपय वस्तुएं, घटनाएं, स्थितियां, चामत्कारिक रूप में मर्ढेकर की कविता में संवेदना को संप्रेषित करने के लिए बिंबात्मक रूप में प्रकट हुई। चूंकि उनकी काव्यशैली एवं काव्य भाषा परम्परा से अनेक रूपों में विरोध भाव से जुड़ी हुई थी इसलिए उनकी कविता पर अनेक आरोप हुए। दुर्बोधता, विदूषकीय मुद्रा, भावहीनता, अकारण तिरछापन, अश्लीलता, परंपरा के प्रति द्रोह, ध्यान आकर्षित करने के लिए विचित्र शब्द संयोजन, दिखावटी स्मार्टनेस इत्यादि। लेकिन जैसा कि हर नये शक्तिशाली कवि के बारे में होता है मर्ढेकर की कविता का युवा समीक्षकों के द्वारा स्वागत भी हुआ और धीरे-धीरे मर्ढेकर की कविता अग्निपरीक्षा में खरे सुवर्ण की भांति निखर उठी। मराठी की भावुक, प्रर्दशन प्रिय, घिसेपिटे शब्दों और बिंबों के सांचों में ढलकर निकलनेवाली, चिकनी चुपड़ी तथा सामाजिक जीवन से असंपृक्त कविता की प्रतिष्ठा एकबारगी खत्म हुई। मर्ढेकर की कविता ने मूल्यांकन के मानदंड भी बदले और पूर्ववर्ती कवियों की श्रेणियों में जोरदार बदलाव हुआ। उन्होंने नई पीढ़ी की कविता को दूर तक प्रभावित किया और समीक्षा व्यापार में नये मुद्दों का समावेश कराया। यहाँ यह भी ध्यान में रखना जरूरी है कि मर्ढेकर स्वयं सौन्दर्य मीमांसक थे और समीक्षा की उनकी अपनी नूतन प्रणालियां भी थीं जो काफी उत्तेजक सिद्ध हुई। मर्ढेकर की असमय मृत्यु (१९५६) ने साहित्य संसार में शून्य तो उत्पन्न नहीं किया क्योंकि इसी के आसपास नई पीढ़ी के सशक्त कवि उभर रहे थे परंतु मराठी पाठकों में एक विलक्षण गहरी उदासीनता भर गई।

इस समय मराठी कविता की परंपरा को जीवन धारा से संयुक्त करते हुए अपने भाव-जगत की ताजगी, शक्तिमत्ता और गहनता तथा कल्पना की भास्वरता के कारण वैशिष्ट्यपूर्ण कविता लिखने वाले कुसुमाग्रज की लोकप्रियता में कमी नहीं आई थी। कुसुमाग्रज सामाजिक जीवन से जुड़े

कवि थे। उनकी कविता में व्यक्तिवाद की अतिरेकी विशेषताएं, चरम निराशा, असंगति एवं निर्थकता का बोध, मनुष्य का फालतूपन इत्यादि बातें नहीं थी परंतु मर्ढेकर के साहित्यिक धक्कों से मराठी विद्यापीठीय रसिकता कुछ ऐसी झकझोर उठी थी कि खास नये ढंग की कविता ही उन्हें आकर्षित कर सकी। वैसे अनिल भी अच्छी कविता लिख रहे थे। उनका काव्य संग्रह "दशपदी" मराठी में गौरव के स्थान का अधिकारी है। इसी समय एक और कवि सृजनरत था जो केवल स्त्री पुरुषों के संबंध को खासकर प्रेम संबंध को विविध स्तरों पर अभिव्यक्त करता रहा। परंतु भाषा और संवेदना की कुछ ऐसी नितांत अलग-सी तरलता इस व्यक्तित्व में थी कि इसकी कविता कभी बासी नहीं पड़ी। यद्यपि प्राचीन संस्कारों से इस कवि का भाव-जगत सर्वाधिक रूप में जुड़ा हुआ था। यह कवि है पु. शि. रैगे। शब्द की शक्ति को जितनी गहराई से इस कवि ने परखा और प्रयोग में ढाला उतना शायद ही और किसी ने किया हो। कुछ आध्यात्मिक रंग में डूबी इनकी कविता आज भी प्रभविष्णु लगती है।

मर्ढेकर के सामायिक कवियों में य. दि. भावे, शरच्चंद्र मुक्तिबोध, विंदा करंदीकर, मनमोहन के नाम उल्लेखनीय हैं। वैसे इन चारों ने मार्क्सवाद से कुछ प्रभाव ग्रहण किया है। य.दि. भावे ने दो संग्रह प्रकाशित कर लिखना प्रायः बंद किया। मुक्तिबोध अधिक सहज रूप में मार्क्सवादी रहे। मराठी कविता को प्रभावित करने वाले दूसरे महत्वपूर्ण कवि हैं विन्दा करंदीकर। अपने वैयक्तिक एवं सामाजिक भाव जगत के प्रति ईमानदारी इस कवि में इस प्रकार थी कि यह विभाजन ही कुछ ओरोपित प्रतीत हो। प्रचुर भावनात्मक आवेश, बौद्धिक और चिंतात्मक ऊर्जा से उस आवेश का किया हुआ कलापूर्ण संतुलन, नये-नये रूपों का अन्वेषण करने की सजग परिश्रमशीलता शब्दों को वांछित अर्थ देने की प्रगाढ़ क्षमता, पुरांने काव्य रूपों को तथा अप्रचलित शब्दों को नये ढंगसे प्रयुक्त करने की सर्जनशील प्रयोगवादी प्रवृत्ति, अनुशासन और स्वच्छंदता का विलक्षण काव्यात्मक संयोजन, अनुभव की ओर कभी व्यंग्यात्मक या कभी हास्यपूर्ण, कभी चिन्तनशील तो कभी रहस्यात्मक दृष्टि से देखने का दृष्टिकोण---ये कुछ ऐसे वैशिष्ट्य हैं जिन्होंने विन्दा करंदीकर की कविता को एक अप्रतिम रूप तो दे ही दिया, नये कवियों ने उनको अपना पथ-प्रदर्शक भी माना। खासकर छंदों को पद्धतियों में किये हुए विविध परिवर्तन और आघात के तत्व को महत्व दे कर किया हुआ छंद का प्रचलन मराठी काव्य पर महत्वपूर्ण प्रभाव डाल सका हैं। यह करंदीकर की ही देन है। जीवन के हर्ष, सुख, भय, करुणा, शोक, हास्य, उत्कट जिजीविषा इत्यादि कतिपय भावों को सांमाजिक या वैयक्तिक जीवन के यथार्थ का स्तर देकर करंदीकर ने अपनी कविता लिखी। जीवन को समग्रता में पकड़ने की आकांक्षा रखने वाला यह कवि कभी बालकों के लिए गीता रचना या रचना करता है जो कल्पना की चमत्कृति के कारण बड़ों को भी रसास्वाद कराती है। जीवन की असंगतियों को देखकर विरूपिकाएं लिखता है। जीवन के रहस्यमय रूप के प्रति अंतःकरण खुला रखता है। फन्तासी का सशक्त प्रयोग करता है। पाश्चात्य कविता की परंपरा से गहन स्तर पर परिचय रखने वाला यह कवि औपनिषदिक काव्य सरणियों का भी उपयोग करता है। संभवतः मर्ढेकर के बाद इतना शक्तिशाली और वैविध्यपूर्ण कविता लिखनेवाला दूसरा कवि मराठी में नहीं हैं।

नई कविता के प्रवाह में काव्य भाषा, काव्य का आत्मतत्व, संरचना स्वरूप इत्यादि के प्रति जागरू क रह कर भी मंगेश पाडगांवकर ने अपनी पृथगात्मता को न्यौछावर नहीं होने दिया। वैसे भावनात्मक स्तर पर बोरकर जैसे प्रकृति सौन्दर्य के प्रेमी और कोमल संवेदना से संपृक्त कवि से निकट का रिश्ता रखते हुए भी पाडगांवकर ने अपने काव्य क्षेत्र का विस्तार किया है। समृद्ध बिंबधर्मी भाषा के लिए तथा प्रकृति के प्रगाढ़ प्रभाव से फूल की तरह सहज खिलनेवाली कविता के लिये और भाषा की सूक्ष्म पैठ के लिए मराठी कविता पाडगांवकर की ऋणी रहेगी। कविता और गीत के बीच का अंतर मिटा देने वाले बेहतरीन गीत मराठी में लिखने का श्रेय भी पाडगांवकर को है। इधर पाडगांवकर ने कबीर सूर, मीरा के बेहतरीन अनुवाद कर मराठी काव्य को विस्तार किया है। बोरकर, करंदीकर के काव्यास्वाद से कविता समीक्षा को भी समृद्धि ही है। वैसे इस संदर्भ में ग.दि. माडगुळकर और कवयित्री शांता शेळके के नाम भी अविस्मरणीय रहेंगे। श्री वसंत बापट का शब्दों के लालित्य पर ध्यान अधिक रहता है। उनकी काव्य शैली पर अभिजात संस्कृत का प्रभाव है। उसी तरह लोक जीवन के लोक गीतों का भी। मनमोहन अजस्त्र प्रतिभा के धनी हैं परंतु अनुशासन की कमी के कारण वांछित प्रभाव नहीं डाल सके। फिर भी उनकी कुछ रचनाओं में अनुभूति का तीव्र आवंग और कल्पना की प्रखर अभिव्यक्ति मिलती है।

इस पृष्ठभूमि पर १९६० के बाद मराठी साहित्य में जो विकास हुआ तथा नई प्रवृत्तियां उभरी उनके स्थूल रूप में वर्गीकृत किया जा सकता है।

सातवें दशक के आरंभ में ही अस्तित्ववादी दर्शन साहित्यकारों के दरवाजे खटखटाने लगा था। यह कहना कठिन है कि प्रत्यक्ष विधिवत् रूप में दर्शन की प्रणालियों से इन साहित्यकारों का साबका पड़ा था। पाश्चात्य साहित्य का पठन पाठन, खास कर सार्त्र, कामू इत्यादि लेखकों का प्रभाव जो कि सातवें दशक की युवा पीढ़ी की मनःस्थिति के बहुत कुछ अनुकूल भी पड़ता था, अपनी जमीन की हवा में बढ़ता हुआ प्रदूषण, राजनैतिक सामाजिक तथा शैक्षणिक क्षेत्रों में फैला भ्रष्टाचार और भाई-भतीजावाद के कारण शिक्षित युवकों का सर्वभक्षी अवरोध-ये कुछ ऐसी वास्तविकता थी जिसका प्रभाव सातवें दशक के आसपास लेखन करने वाले संवेदनशील लेखकों पर प्रत्यक्ष-अप्रत्यक्ष रूप में पड़े बिना नहीं रहा। अनुभूति के प्रति ईमानदारी तथा अनुभूति के अतिरिक्त किसी भी वैचारिक आरोपित निष्ठ्रा को स्वीकार करने से इन्कार का सबक तो इन्होंने पूर्ववर्ती लेखकों से ही सीखा था। स्वाभाविक रूप में सातवें दशक में विशेष रूष में उभरने वाले लेखकों ने अपनी चेतना और अनुभूति के गहन आंतरिक स्वत्व को ही महत्त्व देकर रचनाएं प्रस्तुत कीं। इस दशक में चिं. त्र्यं खानोलकर (कवि आरती प्रभु) और दिलिप चित्रे विशेष महत्वपूर्ण रचनाकार रहे हैं, अस्तित्ववादी विचारधारा के संदर्भ में। खानोलकर बहुमुखी प्रतिभा के धनी थे और संभवतः मराठी में इतनी बड़ी नैसर्गिक प्रतिभा शायद ही किसी को मिली है। उपन्यास, कथा, नाटक, काव्य, ललित गद्य, बाल वाड्.मय प्रायःसभी क्षेत्रों में खानोलकर ने उच्च कोटि की रचनाएं दी हैं। सूक्ष्म, तरल, तीक्ष्ण, संवेदना, जीवन के अनुभवके अतल तक जाने की सहज क्षमता, अनुभूति को आकारित करने के लिए अत्यावश्यक शैल्पिक तथा भाषिक सामर्थ्य खानोलकर ने प्रकृति के वरदान के रुप में ही पाया है। जीवन की विचित्रता, रहस्यमयता, तर्क के या अनुमान के कठ्घरों

को तोड़ती फोड़ती जानेवाली अनुभव की अजस्त्र धारा, जीवन की असंगतियां, मनुष्य को शोकातुल करने वाली नियति की अजब क्रीडा, व्यक्ति के जीवन की अनबूझ पहेलियां, संबंधो की तर्कहीन अवस्था, जन्म-मृत्यु, सृजनशक्ति इत्यादि के प्रति कलात्मक स्तर पर व्यक्त होने वली जिज्ञासा, मानवीय मन एवं चरित्र की अबूझ गहराइयां खानोलकर के साहित्य के कुछ महत्त्वपूर्ण विशेष हैं। खानोलकर की भाषा में बिम्बों की समृद्ध विपुलता के साथ विलक्षण ताजगी होती है जो गद्य एवं काव्य को अद्‌भुत रूप में प्रभावशाली बनाती है। घटनाएं, स्थितयां एवं चरित्र कब वैयक्तिका का त्याग कर प्रतीकात्मक भव्य आशय ग्रहण करेंगे, यह अनुमान के परे ही होता है। दिलिप चित्रे ने मुख्यतः कविता लिखीं, कुछ कहानियाँ भी। दिलिप चित्रे, युवावस्था में ही समीक्षा के क्षेत्र में कुछ आश्चर्यजनक सा पराक्रम कर गये। उनका लेखकीय व्यक्तित्व ही कुछ अलग सा रहा और अनुभव के प्रति समर्पित उनका लेखन भी कुछ ऐसी अनुभूतियों को व्यक्त करता रहा जिन्हें शब्दों में पकड़ना आसान नहीं है परंतु अनुभूति की गर्मी को महसूस किया जा सकता है। दिलिप चित्रे तथा उनके समकालीन युवा लेखकों के मन की गहरी अनुभूतयों, भावावस्थाओं को व्यक्त करने की जो प्रवृत्ति थी उसके कारण किसी अन्य नाम के अभाव में शायद अधिक सार्थक रूप में भी अस्तित्ववादी भावावस्था कहा जा सकता है। दिलिप चित्रे ने तुकाराम को नये और सामासिक संदर्भ में देख कर कविता की परंपरा के अल्पज्ञान सूत्रों को जोड़ा है। वस्तुतः बसंत आवाजी डहाके की कविता सही अर्थ में अस्तित्ववादी कविता है। नास्तिक अस्तित्ववादी इनकी कुछ कविता सशक्त अवश्य है तो कभी यह आभास होने लगता है कि अस्तित्ववादी दर्शन के वस्तुपाठ के रूप में यह कविता लिखी जा रही है। मनुष्य के अकेलेपन की भयावह स्थितियां, यांत्रिकता के कारण उत्पन्न खोखलापन, आध्यात्मिक स्पर्श से वंचित आत्म की अधर में लटकी भयाकुल स्थिति, बुध्दिवाद और मानवतावाद की कसौटी के क्षणों में वैयक्तिक एवं सामाजिक जीवन में मनुष्य की दिखने वाली दयनीय हार, अंधकार की और यात्रा का दाहक एहसास, वासना की असंयत बंदरकूद और त्वरित बाद में आने वाली निरर्थकता की तीखी चुभन और आत्मग्लानि, आत्मीय संबंधों का नक्लीपन, एक दूसरे के साथ घृणा के संबंधों में बंध कर जीवन काटने की बाध्यता, पल-पल प्रतीत होने वाली आत्मा की कैद, ऊब और संत्रास की पीड़ादायी मार, निष्क्रियता की दुखद प्रतीति और सब कुछ के प्रति असंपृक्ति का यातनामय बोध, जीवन की निरर्थकता को बौद्धिक स्वीकृति की कृष्ण छाया में भी जीवन जीने की बाध्यता का कुंठित करता हुआ बोध, इत्यादि मानसिक स्थितियाँ जो डहाके में ईमानदार अनुभव के उद्रेक के रूप में थी, इधर प्रायः काव्य में अब बार-बार दुहरायी जाने लगी हैं। अरुण कोलटकर, प्रभा गणोरकर, भालचंद्र नेमाडे, श्रीधर शनिवारे, गुरू नाथ धुरी, तुलसी परब, फ. मु. शिंदे, चंद्रकांत पाटील, रजनी परुवेकर, अनुराधा पाटील इत्यादि के नाम उल्लेखनीय हैं।

आंचलिक जीवन के चित्रण के संदर्भ में ही मराठी की समृद्ध प्रकृति कविता का उल्लेख करना अनुचित नहीं होगा। नगर जीवन के बढ़ते नाखूनों के कारण प्रकृति के रंग, गंध, रस, रूप, के बोध से सौन्दर्य-विद्ध होने की प्रवृत्ति बुरी तरह से क्षीण होती जा रही है। फिरभी मोटे तौर पर प्रकृति सौन्दर्य से अभिभूत होने वाले कवियों के दो वर्ग किये जा सकते हैं। प्रकृति के सानिध्य में मुख्यतः उल्लास हर्ष आनंद और सुख से उत्तेजित होने वाले कवि और अकेलेपन का एहसास, वेदना भूलने के लिये प्रकृति का अवलंम्ब करने वाले कवि पाडगांवकर खानोलकर इत्यादि

पहले प्रकार के कवि हैं जिनको प्रकृति की गोद में विशुद्ध आनन्द मिलता है। आ.ना. पेडणेकर, गुरू नाथ धुरी, ग्रेस इत्यादि कवि इसी कोटि में आते हैं। ग्रेस की तरल, सूक्ष्म, घुघंली, अस्पष्ट , अकथनीय मनोवस्थाएं प्रकृति के रंग लेकर अवतरित होती हैं तब बहुत बार लगताहै शब्दों के सूक्ष्म नाद का एवं ध्वनि सौन्दर्य का जादू अधिक हावी हो गया है और इस शब्द-मोह ने कविता को दुरूड बनाया है। लेकिन ग्रेस की कविता में सम्मोहन जादू है जो कविता प्रेमी को बलार आकर्षित करता है। ना. घौ. महानौर प्रकृति कवि के संदर्भ में मराठी में संभवतः बालकवि के बाद के एक महत्वपूर्ण कवि हैं। ग्रामीण प्रकृति का जैसे इस पर नशा सा चढ़ता है। समस्त मन प्राण से प्रकृति के प्रति आसक्त कवि बहुत कम होंगे। उसके व्यक्तित्व के अंतरतम का "कोअर" प्रकृति के सौन्दर्य से विमोहित होकर अकृत्रिम छंद में प्रकट होने में ही सार्थकता अनुभव करता है। इधर मराठी की अपेक्षाकन ग्रामीण परिवेश में प्रचलित बोलियॉ में कविता लिखने की ओर बहुत रुझान दिखती है। विठ्ठल वाघ, सोनावणे, भुजंग मेश्राम, इंद्रजित भालेराव इ. नाम उल्लेखनीय हैं। जनजीवन से सहज रुप में जुड़ने का यह परिणाम है।

मराठी कविता का एक जुझारू रूप है-- सातवें दशक के आसपास एक जबरदस्त व्यक्तित्व मराठी में उभरा नारायण सुर्वे। फुटपाथ और मजदूरों की दरिद्र बस्तियों में इसने शिक्षा ग्रहण की, निर्धन जीवन की कटु ता भी भोगी, अवमानित जिंदगी के कड़ुवे प्रहार झेले। इससे इस कवि के काव्य में जबरदस्त ऐंठ और धार भी उत्पन्न हुई परंतु आश्चर्य यह कि सच्चे अर्थ में एक प्रतिबद्ध कवि होने के कारण उसकी कविता में वैयक्तिक कटुता या विद्वेष नहीं है, आक्रोश नहीं है, आत्मरति की भावना भी नहीं है। परिवार, समाज, देश, संस्कृति, परंपरा, नये जीवन का आदर्श इत्यादि सबके प्रति आत्मीयता और मजदूर और किसान जैसे श्रमजीवियों के प्रति गहन आंतरिक लगाव होने के परिणामस्वरूप इसकी कविता में जीवन के समग्र रूप के प्रति कुल आशा स्नेह और आस्था के जीवनदायी तथा प्रेरणादायी स्वर कलात्मक ढंग से व्यक्त होते रहते हैं। इस कवि में कलात्मक बोध की गहन पकड़ है। परिणामतः कलात्मक स्तर को खंडित न करते हुए भी इस कवि ने अपनी कविता को समाज के निम्न स्तरीय लोगों तक पहुंचा दिया है। अत्यंत कोमल प्रगल्भ पारिवारिक अनुभवों को व्यक्त करने वाले इस कवि की वाणी जब व्यवस्था, स्थापित स्वार्थ और समाज का गत्वावरोध करने वाली शक्ति के विरोध में आग उगलने लगती है तब दमकती तलवार का तेज शब्दों में प्रतिभासित होता है। संभवतः सभी स्तरों में लोकप्रियता और विदग्ध काव्य प्रेमियों के बीच जितना सम्मान नारायण सुर्वे को मिला है उतना और किसी को नहीं। नारायण सुर्वे की कविता ने मराठी के दलित लोगों की कविता को प्रेरणा और दिशा देने का महत्वपूर्ण कार्य किया है। सामाजिक और वैयक्तिक जीवन की स्वीकृत दूरी को अथवा अन्तराय को समाप्त कर दिया है। लोकप्रियता ओर कलात्मक प्रौढता के बीच माने गये अंतर पर भी प्रश्नचिह्न लगाया है।

मराठी में पिछले १०-१५ वर्षो में दलितों द्वारा लिखा हुआ साहित्य एक बड़ी शक्ति के रूप में सामने आ रहा है वैसे अण्णाभाऊ साठे , खरात इत्यादि लेखकों ने मराठी साहित्य में पर्याप्त ख्याति अर्जित की थी परंतु इसके लेखन पर मराठी की मध्यवर्गीय परंपरा का प्रभाव था। दलित जीवन के घोर यथार्थ की अनेक स्तरीय कटु खुरदरी अनुभूति की दुनिया को साकार किया बाबूराव

बागुल ने। ये मराठी के सशक्त दलित कथाकार हैं और उनकी कथा ने शायद पहली बार झोपडपट्टी के नाटकीय जीवन की घोर वास्तविकता से परिचय कराया है। दलित साहित्य में सशक्त कवि हैं नामदेव ढसाल। दलित साहित्य का प्रमुख स्वर विद्रोह का है। विद्रोह पहले हिंदू धर्म में दृढ़तापूर्वक व्यक्ति को जकड़नेवाली जातीय व्यवस्था के प्रति और बाद में आर्थिक विषमता को दृढ़ करने वाली व्यवस्था के प्रति। उच्च वर्णीय के प्रति तीव्र गुस्सा, नफरत और परंपरा के अस्वीकार का भाव इनके साहित्य में आक्रोश के रूप में व्यक्त होता है। प्राणों की बाजी लगाकर लड़ने वाले योद्धा के तेवर में ये लिखते हैं। ऐसी व्यवस्था ये चाहते हैं जो न्यायोचित विकास का अवसर दे सके। जाति, वर्ण, अर्थ के नाम पर किसी प्रकार की विष्मता न रहने दे। ये दया सहानुभूति एवं करूणा नहीं चाहते। ये संपूर्ण क्रांति की और उन्मुख हैं। न्यायोचित अधिकार और समानता का हक चाहत हैं। जीवन का दाहक अनुभव कला की रूढ़ परिपाटियों को ही नहीं तोड़ता बहुत बार कला संबंधी अनिवार्य संयम और औचित्य को भी तोड़ता है। फिर भी इनके शक्तिपूर्ण साहित्य का मराठी में स्वागत किया गया है। मराठी कविता की व्यक्ति केंद्रित मधुर भावार्थ व्यक्ति में कैद कविता पर दलित धारा ने प्रहार किया है।

साठोत्तरी मराठी कविता दलित साहित्य से प्रभावित हो कर कुछ अधिक जनोन्मुख हो गयी। राजनैतिक संदर्भ जीवन से अनिवार्यतः आ जुड़ा समग्रता में जीवन पर ध्यान रखने वाले कवि को इसकी जीवन को विरूप करने वाली क्षमता पर चिन्तन करना ही पड़ा। प्रकृति और प्रेम की सौन्दर्यपूर्ण अभिव्यक्ति करने वाले मंगेश पाडगावकर ने "सलाम" संग्रह में अपने अनुभव संसार को खंडित होते देखा। विलय होते देखा, और इनकी अभिव्यक्ति में व्यंग्य और विद्रूप के स्वर प्रबल होने लगे। करंदीकर ने "बिरूपिका" के माध्यम से जीवन की भयावह असंगतियों और विद्रूपताओं का शक्तिपूर्ण ढंग से पर्दाफाश किया। यह स्वर मराठी में धीरे-धीरे प्रबल होता गया। दलित कवि निषेध, नकार, विद्रोह और आवेश की भूमिका में आक्रामक तेवर में व्यवस्था पर प्रहार करने लगे। जीवन विध्दता की इस पीड़क मार ने मराठी के विलक्षण सशक्त गजल लिखने वाले कवि सुरेश भट को भी नहीं छोड़ा है। उनके गजलों में दुनियादारी के दुख से प्राप्त करुण अनुभव शक्तिमत्ता के साथ व्यक्त होते हैं।

मराठी में कुछ कवियों ने अस्तित्ववाद विचारधारा से प्रभावित हो कर जो कुछ जीवन के यथार्थ से प्रेरित होक अपने अकेलेपन और निर्वसन की अभिवृत्तियां व्यक्त करना शुरू किया। विलास सारंग ने असंगति और निरर्थकता से पीड़ित होकर कविता लिखी। अपने उखड़ेपन, उदासीनता और कहीं टिक न पाने की बाध्यता को दुखपूर्ण अभिव्यक्ति सारंग ने दी। रजनी परुलेकर को जीवन के अशुभ का बोध अनेक स्तरों पर पीड़ित करता है। वसंत पाटणकर नारायण कुलकर्णी कवठेकर, अशोक बागवे, विवेक मोहन राजापुरे, गुरूनाथ सामंत, वसंत गुर्जर, वसंत पाटणकर, मन्या ओक आदि कवियों में यही अभिवृत्तियां कमोवेश रूप में प्रकट होती हैं। ये कवि प्रायः नागर संवेदना से संपृक्त हैं। उत्तम कोलगांवकर की कविता ग्राम्य यथार्थ को प्रभावपूर्ण ढंग से व्यक्त करती है।

असल में द.भा. धामणस्कर इन कवियों में इसलिए अलग-अलग लगते हैं क्योंकि युग संवेदना से पीड़ित होने के बावजूद कहीं गहरी आस्था उन्हें जीवन से पूर्णतः विरत नहीं करती। वे प्रकृति

के विविध सर्जनात्मक रूप पेड़ों के माध्यम से देखते हैं। कुछ जीवन में आस्था और सौन्दर्य में सहज सार्थकता भाव शंकर वैद्य की कविता में भी मिलते हैं। वासंती मजुमदार, अरूणा ढेरे, निरंजन उजगरे, अंजलि कीर्तने, नितिन तेंडुलकर प्रायः जीवन की विरूपता से वि द्ध हो कर भी इतने हताश नहीं लगते कि सौन्दर्य और जीवन में आस्था न रह जाय। अरूण म्हात्रे भी इसी वैचारिक श्रेणी में लिखने वाले सशक्त हस्ताक्षर हैं। इधर निरंजन उजगरे ने रहस्यवादी भावबोध से प्रभावित रह कर अच्छी कविता लिकी है। वैसे प्रकृति से विरोध भाव में जीने वाली तकनीकी संस्कृति के सर्वस्पर्शी विनारा की ट्रैजिक लीला से विध्द हो गये हैं मराठी में कुछ समकालीन कवि अन्तर्मुखी होकर अपनी मानसिकता, मनोवस्था, अभिवृत्तियां, दृष्टिकोण आदि का तलस्पर्शी अन्वेषण करते हैं। अनुराधा पाटील की सशक्त कविता इस अंधेरी मानस-यात्रा का परिणाम है।

मराठी कविता इधर बहिर्मुखी और अन्तर्मुखी दोनों प्रकार से यात्रा करती हुई अपने समकालीन जीवन के गहरे दुख को गहराई से व्यक्त कर रही है।

मराठी कविता में व्यंग्य विनोद

प्राचीन मराठी कविता में व्यंग्य और विनोद विरल रूप में मिलता है।

तुकाराम ने आलसी और कामचोर महिला पर व्यंग्य किया है जो अस्वस्थ रहने का बहाना बनाकर पड़े पड़े अच्छा खाना पसन्द करती है। उन्हों ने ऐसी महिला का भी मजाक उड़ाया है जो पंढरपुर की यात्रा पर तो जाना चाहती है परंतु गृहस्थी का जंजाल नहीं छोड़ सकती। एकनाथ महाराज तो समाजोन्मुत्व कवि थे और जनता के लिए जो भारू ड उन्होंने लिखे उनमें प्रयुर हास्य और व्यंग्य की सामग्री है।

आधुनिक मराठी कविता में व्यंग्यत्मक खंडकाव्य लिखने का श्रेय श्री. मोगरे को जाता है। कुछ विद्वान यह श्रेय 'संगीत हजामत' लिखने वाले श्री. मंगेशराव तेलंग को देते हैं। यह रचना १८८९ में प्रकाशित हुई श्री. रिसबूड उर्फ कवि केसरी ने 'सुधारणा वरणांकुश' शीर्वक से सामाजिक व्यंग्य से भरपूर काव्य लिखा। १९१३ में श्री. जोशी ने 'शब्दशूर' नामक रचना प्रसारित की। इस विनोदपूर्ण कविता में एक बड़बोले सिपाही की असलियत को अर्थात् उसके डरपोक स्वभाव को खोल कर दिखाया है। सबमें मनोरंजक काव्य मुकुंद गणेश पाटील ने 'कुलकर्णी-लीलमृत' शीर्षक से लिखा जिसकी काव्यात्मकता और हास्य के लिए उस समय की स्तरीय पत्रिका केसरी ने बड़ी सराहना की थी। 'मेघदूत' की पैरोडी जिमं मराठी में 'विडंबन' कहा जाता है 'बल्लवदूत' नाम से श्री. ना.ग. लिमये ने की। श्री. सहस्त्रबुद्धे उर्फ रामात्मज कवि ने 'काकदूत' विडंबन काव्य लिखा। उन्होंने 'भगवद्गीता' का विडंबन 'चहागीता' नाम से किया। काव्यदीपिका नामक पुस्तक में विडंबन या उपहास काव्य का इतिहास प्रस्तुत करते हुए मराठी के विद्वान समीक्षक श्री. ना.म. भिडे ने उपर्युक्त तथ्यों का हवाला दे कर यह स्पष्ट किया है कि विडंबन काव्य, जो कि विनोद का ही एक अंग है, का प्रयुर लेखन मराठी में हुआ था और इसी पार्श्वभूमि पर मराठी के प्रख्यात बहुमुखी प्रतिभाशाली लेखक आचार्य अत्रे प्रविष्ट हुए और उन्हों ने 'झेंडूची फुले' नामक विडंबन काव्य को प्रयुर लोकप्रियता प्राप्त करा दी। सैंकड़ो कविताएँ मराठी में उसके बाद प्रकाशित हुई। एक तरह से विडंबन काव्य का शुभारंभ आचार्य अत्रे जी के पहले भलेही हुआ हो, उसका मार्ग प्रशस्त करने का श्रेय श्री. अत्रे जी को जाता है। इनके आगे पीछे कतिपथ कवियों ने हास्यव्यंग परक कविता लिखीः साधुदास, काव्य शेखर, देव, मायदेव, गुप्ते, सप्रे, आपटे, दत्तप्रसन्न कारखानीस, बाबुलनाथ, मनमोहन इत्यादि। परंतु अत्रे के बाद अनंत काणेकर ओर शा.शं. रेगे के प्रयास सफल माने जाते हैं। वैसे जयकुष्ण उपाध्ये के 'चालचलाऊ भगवद्गीता' और श्री.चं. ग. दीक्षित के 'कालेजचे विश्व' को काफी लोकप्रियता मिली। माधवराव जोशी ने मराठी के प्रख्यात नाटककार खांडिलकर के लोकप्रिय पदों का विडंबन कर के अपने 'विनोद' नामक नाटक में उनका उपयोग किया है। आज इतिहास मे ये बहुत सारे नाम कुछ धूमिल हो गये हैं परंतु आचार्य अत्रे की विडंबन कविता का संग्रह 'झेंडूची फुले' आज भी लोकप्रिय है। उसकी नौवीं आवृति के प्रकाशन के समय एक प्रदीर्घ विद्वत्तापूर्ण प्रस्तावना लिखते हुए डॉ. सं.ग. मालशे ने लिखा है कि आचार्य अत्रे की गंभीर कविता को 'झेंडूची फुले' ने मात दे दी क्यों कि आचार्य अत्रे कवि के रूप में उतने नहीं जितनी विडंबन काव्य के प्रणेता के रूप में पहचाने जाते हैं।

विडंबन काव्य व्यंग्य का ही एक प्रकार है और उसका उद्देश्य विशुद्ध हाण्य का निर्माण करना होता है। अच्छी और लोक प्रिय कविता को व्यंग्यपरक रूप दे कर इस प्रकार उपस्थित किया जाता है कि पाठक के मन में कविता का मूल रूप और उसका विकृत विंब उभरे और असंगति के बोध से चमकृत हो कर पाठक का मनोरंजन हो जाय। श्री. भिडे ने उन्हें उचित उदाहरण दे कर इस का स्वरूप समझाने का प्रयास किया है। यह एक ऐसा आयना होता है जिसमें अच्छे और सुंदर व्यक्ति का विकृत रूप प्रतिच्छायित हो जाए और विशुद्ध हास्य उत्पन्न हो जाय जिसमें वह व्यक्ति भी हिस्सा ले सके जिसका रूप विकृत हुआ है। मूल कविता के विभिन्न घटकों, शब्द रचना की प्रणाली, शैली की विशिष्टता, लय, छंद, बिंब आदि का विकृतीकारण या विरूपीकरण किया जाता है। आधुनिक मराठी के प्रवर्तक कवि केशवसुत की 'आम्ही कोण' कविता या रेवरंड तिलक की कविता 'पाखरास' के सात सात विडंबन विभिन्न कवियों ने किये हैं। कहा जाता है कि कवि ग्रे की एक कविता के ८४ विडंबन हुए और शेक्सपिअर के स्वगत **To be or not to be** के ५४ विडंबन हुए।

आचार्य अत्रे ने अपने समकालीन कवियों की कविताओं के बहुत विडंबन प्रकाशित किए। गिरीश, यशवंत, माधव ज्यूलियन इन तीन रविकिरण मंडळ के कवियों की कविताओं के काफी विडंबन काव्य किये गये।

असल में विडंबन कविता में सफलता तभी प्राप्त होती है जब विडंबन करनेवाले ने कवि की बारीकियों को समझा हो, विशिष्ट कवि की अन्तर्वस्तु, बाह्य उपादान, जीवन दृष्टि और अनुभव ग्रहण की प्रणाली को भली भाँति परखा हो। एक तरह से विडंबन काव्य तभी सफल हो सकता है जब कवि में दूसरे कवि की कविता में डूबने की रसिक क्षमता हो।

मराठी में कुछ कवियों ने सामाजिक रूढियों और विसंगतियों को व्यंग्य का शिकार अवश्य बनाया। कवि गोविंदाग्रज अर्थात् नाटककार गडकरी ने कुछ इस प्रकार की कविता लिखी थी, माधव ज्यूलियन ने 'सुधाकर' काव्य में काफी व्यंग्य और परिहास का प्रयोग किया। लेकिन बहुत सारी विनोदी कविता विडंबन कविता के रूप में ही प्रकाशित होती रही, और अधिकांश कविता का मुख्य उद्देश्य विनोद द्वारा मनोरंजन था और अधिकांश कविता कविता के विडंबन के रूप में लिखी जाती रही।

१९४५ के आसपास नई कविता के तहत इस स्थिति में बदलाव आया।

नई कविता के प्रमुख प्रवर्तक स्व. बा.सी. मर्ढेकर वृत्ति से इतने गंभीर थे कि उनकी कविता हास्य के लिए हल्कीफुल्की नहीं बनती थी, विज्ञान की बढती यांत्रिकता और उसके लपेट में आये मनुष्य की अमानवीयता और अकेलापन, महायुद्ध की भीषणता और उससे उत्पन्न जीवन विषयक निरर्थकता और शून्यता का बोध के परिणाम स्वरूप मर्ढेकर की संवेदना इतनी भयावह यातना और तीव्र तकलीफ के बीच से गुजरी थी कि व्यंग्य उनकी कविता का प्रमुख स्वर बन गया था। इसमें हास्य या विनोद की गुंजाईश कम थी। यह व्यंग्य विनोद या हास्य का भाग है यह कहना मुश्किल है। यह व्यंग्य त्रासदी का ही अनुभव देने वाला है। यह आमूलचूल परिवर्तन मर्ढेकर के बाद की कविता का एक प्रमुख लक्षण है। मर्ढेकर ने बहुत सी कविताओं के लिए मराठी का हजारो

वर्ष पुराना अभंग या ओवी छंद का ही उपयोग किया और उसके माध्यम से मनुष्य की क्षुद्रता और छद्मता पर करारा व्यंग्य किया। इस व्यंग्य की एक विशेषता यह है कि उसकी चोट से उन्होंने अपने को भी नहीं बचाया। भगवत् भक्ति के लिए लिखे गये अभंगों का उपयोग भयावह यथार्थ से उत्पन्न खीज, क्रोध, आक्रोश, निराशा, अश्रद्धा, उब और निरर्थकता के तीव्र आवेगों को व्यक्त करने के लिए किया और उसी तरह जीवनविषयक अपने भाष्य को काव्यात्मक दृष्टि से व्यक्त करने के लिए किया। मनुष्य के व्यवहारों में होनेवाली अनगिनती असंगतियों को मर्ढेकर ने पकड़ कर व्यंग्यात्मक ढंग से बड़े आवेश के साथ व्यक्त किया है। महानगर के विषम जीवन की निरर्थकता का सशक्त चित्र उन्होंने 'पिंपात मेले ओल्या उंदिर' कविता में खींचा है जो मराठी में बहुत बडी चर्चा का विषय बना था। यह कविता अभंग छंद में नहीं है। कुछ प्रख्यात पंक्तियों में तोड़मोड़ करके इनमें गजब का व्यंग्यात्मक नया अर्थ भरना मर्ढेकर का खास अपना ढंग था। कभी ग्रामीण शब्दों या मुहावरों का प्रयोग कर मर्ढेकर ने 'फलाटदादा फलाटदादा' जैसी कविता में अनेक अर्थों का सूचन किया है। यांत्रिक जीवन में थकेहारे मनुष्य के उत्साह और आनंद से शून्य जीवन का प्रभावपूर्ण चित्र मर्ढेकर प्रस्तुत करते हैं तो कविता के शब्द शब्द में भरा हुआ व्यंग्य तिलमिलाने लगता है। वैसे देखा जाय तो मर्ढेकर की समस्त कविता के अनुभव के मूल में स्थितियों और वस्तुओं को तिरछी नज़र से देखने के अभ्यास से उत्पन्न व्यंग्य ही केंद्रीय भाव है।

व्यंग्य और विनोद विं.दा. करंदीकर की कविता का केंद्रीय तत्व तो नहीं था परंतु उनकी कविता इतनी बहु-आयामी और बहु-रूपिया है कि विनोद भी उसमें प्रसंगवश आ जाता हैं और व्यंग्य जो समकालीन कविता का मुख्य स्वर बन गया है, वह भी प्रचुर मात्रा में आता है। उनका अंतिम काव्य संग्रह 'विरूपिका' में तो व्यंग्य हाशिये से केंद्र मै प्रविष्ट हो गया है।

करंदीकर की बहुकेंद्रीय कविता में सामाजिक विषमता और अन्याय के विरोध में व्यंग्य का स्वर बीच बीच मे बुलन्द होता है। १९४४ में लिखी उनकी दीर्घ कविता 'कीर्तन' में छोटे कस्बे में हो रहे कीर्तन का प्रसंग चित्रण है। कीर्तन का समग्र वातावरण हल्के परंतु पैने व्यंग्य और हास्य से जीवन की असंगतियों का संकेत करता हुआ सामाजिक जीवन के दंग पर व्यंग्यात्मक प्रहार करता है। पूर्वरंग में एक ओर कीर्तन में अद्वैतपरक अध्यात्म चर्चा और दूसरी ओर श्रोताओं के अनेक स्तरीय दंदफंद के दैत को उभार कर विनोद और व्यंग्य का मिलाजुला वातावरण उत्पन्न किया है तो 'उत्तरंग' अकालग्रस्तों के लिए अनाज का गुदाम लुटातेवाले दामाजी की कथा बताते हैं और मंदिर के बाहर भक्ति भाव से कथा सुनने के लिए उत्सुक अर्ध उपासा महारों और चमारों की ओर संकेत दे कर हिंदू मानस के दोगलेपन पर करारा वार करते हैं। अनेक सूक्ष्म चित्रों के साथ मुख्य प्रसंग का कलात्मक उभार अपनी बनावट में सधन है और अनोकांगी समृद्ध व्यंग्य को प्रकट करता है। उसमें अन्तर्भूत हास्य भी पाठक को पैनी छूरी से काटता हुआ अन्तर्मुख करता है। करंदीकर की एक व्यक्तिरेखात्मक कविता 'धोंडया न्हावी' ऊपर से हास्य और व्यंग्य का जामा पहने हुए आभ्यंतरित दर्द और करुणा का गहरा स्पर्श दे जाती है। यह कोकण के एक नाई की व्यक्तिरेखा है ओर इसमें नाई का गुणदोषपूर्ण स्वभाव चित्रण और दयनीय जीवन चित्रण आकारित हुआ है। कविता सामाजिक और आर्थिक व्यवहारों का कटु और करुणापूर्ण अनेक स्तरीय व्यंग्यात्मक

तथ्यों का उद्घाटन करती है। ऊपर से हास्यात्मक लगनेवाले छोटे छोटे प्रसंगों के माध्यम से करंदीकरे धोंडया नाई के जीवन की विवशता, लाचारी और दुख को अभिव्यक्ति देते हुए उसके अभ्यन्तर में छिपी प्रच्छन्न मानवीयता को उभारते है। यह धोंडया नाई बच्चे की दवा के लिए उधार लिए कर्ज को चुकाने के लिए भैसा बेचने का अश्वासन औरों को भी दे चुका होता है लेकिन गांधी हत्या के अवसर पर अपने मन की आकांक्षा व्यक्त करता है कि अगर गांधी यहाँ आते तो उनकी दाढी मुफ्त में करने की उसकी इच्छा थी। कविता में अंतिम मोड पर धोंडया नाई का व्यक्तित्व ही ऊँचाई पर नहीं जाता महात्मा गांधी के सामान्य जनजीवन पर पडे विलक्षण प्रभाव को उदाहरण करते हुए पर करना बहुत ऊँचाई को छूना हैं। सामाजिक जीवन की अनेक असंगतियों के बीच धोंडया नाई के स्वभाव और जीवन का यह चित्र मराठी कविता की हास्य व्यंग्य प्रवृत्ति का एक अत्याधिक महत्वपूर्ण उदाहरण है। वैसे अनेक कविताओं में एक दो शब्दों के द्वारा भी हास्य या व्यंग्य का प्रभावपूर्ण संवेदन करंदीकर उत्पन्न करते हैं। करंदीकर ने विशुद्ध हास्य निर्मित करने की अपनी क्षमता का परिचय बालको के लिए लिखी हुई कविता में दिया है जो कविताएँ बालक और वयस्क एक ही साथ बड़ी रुचि में पढ सकते हैं। व्यंग्य का भाव उनकी कविता में इतना प्रबल होता है कि उनके अंतिम संग्रह 'विरूपिका' में वह हाशिये से केंद्र में आ जाता है। इन विरूपिकाओं का वैशिष्टय यह है कि वे किसी राजनैतिक, सांस्कृतिक विचार के खूँटे से बद्ध होकर की गयी व्यंग्यात्मक प्रतिक्रियाएँ नहीं हैं। एक समर्थ कवि-मन अनुभव को विरूपिका के माध्यम से व्यक्त करने के लिए क्यों विवश हो जाता है यह महत्वपूर्ण प्रश्न है। साँचे में ढाल कर बात करनी हो तो कहा जा सकता है कि दार्शनिक, आध्यात्मिक, सांस्कृतिक, धार्मिक, राजनैतिक सभी जीवनांगो को ये विरूपिकाएँ स्पर्श करती हैं। ये यथार्थ की बौद्धिक प्रतिक्रियाएँ नहीं हैं। इन में है कल्पना का चमत्कार और इस चमत्कार की नींव में प्रेरक तत्व है भावोद्रेक। इस भावोद्रेक को धार और संयम देती है बौद्धिक पैनी क्रीडा, इस बौद्धिक क्रीडा में सक्रिय रहती है चिन्तनगर्भ व्याकुलता। इस सारे संमिश्रण को विंदा. करंदीकर ले जाते हैं फन्तासी के स्तर पर परंतु यह फन्तासी मजबूती से बंधी हुई रहती है यथार्थ के चीमड़ धागे से। फन्तासी और यथार्थ की यह क्रीडा परिपक्व सहृदय के मन में उत्पन्न करती हैं अनुमानित और व्यंजित अर्थो की अनन्त शलाकाएँ और कभी उसे एक शब्द से भी हंसाती हैं तो कभी चमत्कृति से बौद्धिक गुदगुदी उत्पन्न करती हुई चिन्तनोन्मुख भी करती है। कभी व्यंग्य से सिंझोड़ती हुई पाठक को समृद्ध करती है। पैश मंगेश पाडगावकर तांबे, बोरकर की सौंदर्यवादी परंपरा में लिखने वाले मराठी के नई कविता के सशक्त हस्ताक्षर रहे हैं और उनके कुछ गीत और गीति कविताऐ अपनी सर्वांग सुदरता में बेजोड हैं। लेकिन सांस्कृतिक परिवेश की असंगतियों, आर्थिक विषमताओं और राजनैतिक विकराल सहस्त्रमुखी छद्म ने इस सौदर्यप्रेमी कवि को भी पूरी तरह बदलने को बाध्य किया। वैसे 'वात्रटिका' के माध्यम से हल्काफुल्का व्यंग्य और हास्य उत्पन्न करने वाला यह कवि 'सलाम काव्यसंग्रह में भयावह और दमघोंटू यथार्थ में सामान्य मनुष्य की विवशता और भय का चित्रण करते हुए स्थितियों की रक्तपिपासु क्रूर शक्तियों पर व्यंग्य करता है। 'मैफल' जैसी कविता में कभी मध्यवर्गीय कलाप्रेमी बौद्धिक की मुद्रा लेकर अन्तर्मुख होता है और कला का बाजार करने वालों पर व्यंग्य करता है। सफेद पोश संस्कृति और मध्यवर्गीय बौद्धिकों की असंख्य छद्म मुद्राओं पर किए आक्रामक व्यंग्य मे पाडगांवकर की कविता

अधिक धारदार बनती है। राजनैतिक नेताओं ओर उनके झूठे आडंबरोंपर निर्भय व्यंग्य करनेवाली पाडगांवकर की दो कविताएँ 'पुरुषसिंह' और 'कुंपण' (याने फेन्स) महाराष्ट्र भर में बड़ी लोकप्रिय बनी। 'सलाम' में सत्ताधारियों की दहशत का और सामान्य मनुष्य के भय का सर्वव्यापी हिंसक खेल तीव्र व्यंग्यात्मक स्वर में अभिव्यक्त हुआ है।

मराठी की दलित कविता का प्रधान स्वर निषेध, आक्रोश, क्रांति की आकांक्षा के साथ उच्च वर्णीयों के प्रति घृणा का है और व्यंग्य उनका प्रमुक हाथियार है। दलित कविता के शीर्षस्थ हस्ताक्षर नामदेव ढसाल ने उच्च वर्णीय हिंदू समाज का व्यंग्यात्मक ढंग से मज़ाक उड़ाया है और उनकी कविता में पैनापन और भरपूर ऊर्जा होती है। केशव मेश्राम ने भी धारदार व्यंग्य की छूरी से सामाजिक और धार्मिक असंगतियों को काटने की कोशिश की है और उनकी विशेषता यह है कि वे सदैव कला की शर्तों पर ही व्यंग्य का इस्तेमाल करते हैं। मराठी के महत्वपूर्म कवि नारायण सुर्वे की कविता में भी व्यंग्य का उपयोजन है परंतु स्थितियों और वस्तुओं का पूरा भान रखनेवाले परिपक्व व्यक्ति के एहसास से उनका व्यंग्य विलक्षण संयत और कलापूर्ण बन गया है। इधर व्यंग्य मराठी कविता का प्रमुख स्वर बन गया है अतः सब का उल्लेख असंभव है।

विशुद्ध हास्य का अनुभव मालवणी, व-हाडी इत्यादि बोलियों में रचित कविता में प्रचुर रूप में मिलता है और मंच के लिए लिखी कविता में इसका काफी उपयोग होता है।

रामदास फुटाणे हर दिन की सामाजिक राजनैतिक घटनाओं पर व्यंग्य करते हुए लिखी प्रतिक्रिया व्यक्त करते है। चार पंक्तियों की कविता चारोळी - (चार ओळी अर्थात् चार पंक्तियाँ चारोळी) में भी व्यंग्यात्मक प्रतिक्रिया होती है। इधर चारोळी मराठी का एक सस्ता काव्य-रास्ता बन गया है जिस पर अनेक कवि दौड रहे हैं।

मराठी साहित्य में दलित साहित्यधारा

पिछले बीस-पच्चीस वर्षों में मराठी साहित्य में दलित-साहित्य धारा ने न केवल अपनी अलग पहचान बनाई है, अपितु मराठी साहित्य में अपूर्व योगदान भी किया है। इस साहित्य के स्वरूप एवं योगदान की जाँच-पड़ताल करने से पहले उसके उद्‌भव की स्थितियों को देखना आवश्यक है।

यद्यपि 'दलित' शब्द विशिष्ट जातियों का वाचक नहीं है, फिर भी दलित साहित्य के उद्‌भव पर विचार करते समय कुछ जाति-विशिष्ट संदर्भ ध्यान में रखना आवश्यक हो जाता है। दलित साहित्य के एक प्रमुख लेखक नामदेव ढसाल ने दलितों की परिभाषा दी है: "दलित यानी अनुसूचित जातियाँ, बौद्ध, कष्ट उठानेवाली जनता, मजदूर, भूमिहीन मजूर, गरीब किसान, खानाबदोश जातियाँ, आदिवासी 'दलित' शब्द की यह जातिनिरपेक्ष व्यापक परिभाषा है।" असल में जिन जातियों को महात्मा गांधी ने 'हरिजन' कहा था, वे ही जातियाँ दलित नाम से पहचानी गई। लक्ष्मण शास्त्री जोशी के शब्दों में "दलित मानवीय प्रगति में सबसे पीछे पड़ा हुआ और पीछे ढकेला गया सामाजिक वर्ग है। महाराष्ट्र के हिंदु समाज में महार, चमार, डोम इत्यादि जिनजातियों को गाँव के बाहर रहने के लिए बाध्य किया गया, उनको 'अछूत' या 'दलित' कहा गया। इसका मूल अर्थ धीरे-धीरे परिवर्तित होता गया, जिसकी चर्चा हम बाद में करेंगे। इन जातियों में पिछले २०-२५ वर्षों में अभूतपूर्व सजगता, आत्माभिमान और अस्मिता पैदा हुई। दलितों का साहित्य इसी अस्मिता का उद्रेक है।

इस विलक्षण चेतना का विस्फोट जिन स्थितियों में हुआ उनको देखना भी जरूरी है। महाराष्ट्र सामाजिक और सांस्कृतिक सुधारों की दृष्टि से सापेक्षतः अधिक उर्वरा भूमि रही है। ब्रिटिशों के राज में बंगाल के बाद महाराष्ट्र में ही सामाजिक सुधारों का सक्रिय रूप देखा जा सकता है। आरंभ में महाराष्ट्र की शास्त्री-मंडली ने जनूऊ, चुटिया और उत्तरीय की निरुपयोगिता देखी, संस्कृत भाषा के स्थान पर अंग्रेजी भाषा सीखने की आवश्यकता महसूस की। समता, स्वातंत्र्य, भातृ-भाव, वैचारिक उदारता, बुद्धिवाद, विज्ञान-निष्ठ इत्यादि मूल्यों का हमारी बुद्धिपर तो प्रभाव पड़ा, लेकिन हिंदू समाज में मजबूरी से बैठी जाति-व्यवस्था के कारण हमारे हृदय पर एवं समूचे व्यक्तित्व पर उनका प्रभाव नहीं पड़ा। परिणामतः इन मूल्यों की गंगा निम्न जातियों के मस्तक पर तब तक अवतरित नहीं हुई, जब तक उन्होंने स्वयं अपने सिर नहीं उठाए। प्रार्थना-समाज, परमहंस-सभा, मानवधर्म सभा इत्यादि के द्वारा स्थापित संस्थाओ का अल्पकालिक क्षीण इतिहास महाराष्ट्रीय बुद्धि जीवियों की वैचारिक उदारता और ठोस सक्रियता के बीच द्वंद्व का और जातिव्यवस्था की जकड़बंदी की जीत का इतिहास है। लेकिन ऐतिहासिक प्ररिप्रेक्ष्य में देखते समय यह भी मान लेना होगा कि उच्चवर्गीय बोद्धिकों का यह प्रयास उस रिसते जल जैसा है, जो बोध की अभेद्य दीवार को कमजोर करता है। इसी समय (१८२७-९०) बीच की जातियों से ही एक ऐसा तेजस्वी सक्रिय व्यक्तित्व उभरा, जिसने एक ओर ब्राह्मणों की आत्मकेंद्रिकता और स्वार्थवादिता पर प्रखर हमला किया, तो दूसरी ओर अब्राह्मण जाति में अभूतपूर्व जागृति पैदा की। इस व्यक्तित्व का नाम है ज्योतिबा फुले। माली फूलों का व्यवसाय करनेवाली जाति) जाति में जन्मे फुले ने नए ज्ञान की गंगा को

समाज में व्यापक रूप में ले जाने की दृष्टि से स्कूल खोले। १८५८ में लड़कियों के लिए स्कूल खोला, मजदूरों के लिए रात्रि-शाला खोली, १८६८ में हरिजनों के लिए पानी का हौज खुला कर दिया और 'सत्य शोधक समाज' नामक संस्था की स्थापना कर,ब्राह्मणों मे कैद समाज-सुभार के प्रवाह का निचली जनजातियों में ले जाने का सफल प्रयास किया। लेकिन फुले के बाद यह आंदोलन ब्राह्मणविरोध में कुछ अधिक उलझा और मराठा इत्यादि बीच की जातियों में शिक्षा प्रसार तक सीमित रहा। महाराष्ट्र के राजनैतिक और सामाजिक जीवन में ब्राम्हण और मराठा जातयों का पारस्परिक वैमनस्य सर्वश्रुत है। इसके बाद भारतीय समाज की जाति-व्यवस्था पर प्रखर आघात करनेवाले दो महान व्यक्तित्व उभरे--राष्ट्रीय स्तर पर महात्मा गांधी और महाराष्ट्र में डा. भीमराव उर्फ बाबासाहब आंबेडकर। महाराष्ट्र के दलितोद्धार के भव्य आंदोलन का प्रत्यक्ष संबंध डॉ. बाबासाहब आंबेडकर के महान शक्तिशाली व्यक्तित्व से है।

डॉ. बाबासाहब आंबेडकर (१८ ९१-१९५६) के सामाजिक कार्य का शुभारंभ लगभग उसी समय हुआ, जिस समय राजनैतिक क्षेत्र में महात्मा गांधी ने अपने हाथों में नेतृत्व के सूत्र ग्रहण किए। चितक श्री ना.रा. शेंडे लिखते हैं। "वैसे देखा जाए तो महात्मा गांधी और डा. आंबेडकर के कार्य का आरंभ १९२० से ही हुआ। सूक्ष्म एवं सापेक्ष दृष्टि से देखने पर यह पता चलता है कि गांधीजी ने जिस नीति एवं मुस्तैदी से अपना कार्य चलाया, उसी नीति को डा. आंबेडकर ने भी स्वीकार किया। साबरमती, दांडी इत्यादि स्थानों पर जिस समय गांधीजी ने सत्याग्रह किया, सामान्यतः! उसी समय आंबेडकर जी ने महाड और नाशिक का सत्याग्रह चलाया। एक का सत्याग्रह राजनैतिक तो दूसरे का सामाजिकता से राजनीति की ओर उन्मुख सत्याग्रह था--यही अंतर है। पूर्णतः प्रतिकूल परिस्थितियों के बीच आंबेडकर का १९२७ को महाड के चवदार नामक तालाब पर किया हुआ सत्याग्रह अस्पृश्यों के मृतवत भाग को चेतना देकर मानवीयता का अधिकार स्थापित करने एवं सम्मानपूर्वक जीवन जीने के लिए विशेष रूप से आधार बना। यद्यपि डा. आंबेडकर और महात्मा गांधी के बीच तीव्र राजनैतिक मतभेद थे, फिर भी राष्ट्रीय और सामाजिक संबंध में दोनों के कार्य की अंतिम आकांक्षा एक थी। अपने हकों, अधिकारों एवं अस्तिता के लिए संघर्ष करने की तकनीक के लिए डा. आंबेडकर महात्मा गांधी के निश्चय ही ऋणी थे। यहां यह भूलना नहीं चाहिए कि आंबेडकर यद्यपि सवर्णो और निम्न वर्णो में संघर्ष की संभावना देखते थे और उसके लिए अपने बंधुओं को तैयार कर रहे थे, फिर भी इस संघर्ष को रक्तलांछित बनाना नहीं चाहते थे। क्योंकि अस्पृश्यों के हित में, उसकी असफलता का अनुमान उनकी व्यवहारवादी बुद्धि ने कर लिया था।

आंबेडकर हताशा में महात्मा गांधी से पूछते थे कि "मेरा देश कहां है?" यह प्रश्न बाद में दलित साहित्य में बार-बार पूछा जाता रहा है। जो कार्य लोकहितवादी से लेकर तिलक तक उच्च वर्णो ने सवर्णो में किया, जो ज्योतिबा फुले ने मराठा, माली, तेली जैसी बिचौली जातियों में किया, वही कार्य या उससे भी प्रभावी कार्य आंबेडकर ने महार, चमार, डोम जैसी जातियों में किया। आंबेडकर का कार्य इसलिए कठिन था कि ये जातियां समाज के अत्यंत निचले स्तर पर थीं। आर्थिक दृष्टि से भयानक दरिद्र थीं, शैक्षणिक दृष्टि से बहुत ही पिछड़ी हुई थीं और शहरों

की अपेक्षा गांवों में फैली हुईं, नारकीय जीवन बिताने को बाध्य थीं। मनु से लेकर आज तक हिंदूसमाज ने उन्हें मनुष्य के रूप में देखा ही नहीं था।

स्वतंत्रता के बाद डा. आंबेडकर के अनुयायी समाज ने शिक्षा के क्षेत्र में मिली सुविधाओं से लाभ उठाया। १९६० तक दो पीढ़ियां उच्च शिक्षा लेकर आई। इस संबंध में एक बात का विशेष उल्लेख आवश्यक है। महाराष्ट्र में १८४०-४२ से ही एक उदार वैचारिक परंपरा का निर्माण हो चुका था। बालशास्त्री जांभेकर से लेकर सुधारवादी शास्त्रियों की पंडित परंपरा ही महाराष्ट्र में मिलती है। दादोबा पांडुरंग, लोकहितवादी, ज्योतिबा फुले, विष्णुबुवा ब्रह्मचारी, न्यायमूर्ति रानडे, डा. भंडारकर पहली पीढ़ी के सुधारवादी विचारक थे। न्यायमूर्ति रानडे, चिपलूणकर, आगरकर, तिलक, गोखले इत्यादि चितकों ने आपसी मतभेद के बावजूद नई दिशाओं में विचार करने की और उदारतापूर्वक मानवीय धर्म स्वीकार करने की दृष्टि से समाज को प्रेरणा दी थी। इस उदारता के कारण पीड़ित स्त्रियों की समस्याएं भी उभर कर आई।

अन्य प्रांतों की अपेक्षा महाराष्ट्र में हरिजनों की शिक्षा एवं उनके न्यायोचित अधिकारों के लिए अधिक अनुकूलता है। यह महत्वपूर्ण तथ्य है कि दलित-साहित्य के स्वागत के लिए भी महाराष्ट्र की जनता तैयार थी। हजारों वर्षो के अन्याय, अत्याचार और शोषण के लिए एक तरह के अपराध बोध की कचोट महाराष्ट्र के चितकों के मन में है, जिसके कारण दलितों की समस्याओं एवं उनके साहित्यिक अविष्कारों पर विचार करते समय ये अतिरक्त भावुकतासे पेश आते हैं। इसका परिणाम दलित साहित्य के मूल्यांकन में दिखता है। १९६० तक आते-आते दलितों के शिक्षित युवा वर्ग में न केवल तीव्र आत्माभिमान की चिनगारियां उत्पन्न हुईं, अपितु मनु से लेकर अब तक उच्च वर्णियों द्वारा किए गए अन्यायों एवं शोषण के कारण तीव्र घृणा और गुस्से की भावना भी उत्पन्न हुई। अपनी नियति को नया मोड़ देने के लिए सर्वांगीण क्रांति की भावना उनमें भरी। डा. आंबेडकर ने 'मनस्मृति' को सार्वजनिक रूप से जलाकर कर, एवं अपने निर्वाण के पूर्व, जातिव्यवस्था रहित बौद्ध धर्म को अंगीकार कर, प्रतीकात्मक रूप में विरोध, निषेध, नकार और विद्रोह की उग्र संभावनाओं के द्वार खोले थे।

दलित साहित्य के स्थान को लेकर पर्याप्त चर्चा मराठी साहित्य में हुई है। इस चर्चा में अपने साहित्य को प्रतिष्ठित करने के लिए दलित साहित्यकारों ने आवेश और तर्क के साथ जिस प्रकार हिस्सा लिया, उसी प्रकार उसका सहानुभूतिपूर्वक आकलन करने की दृष्टि से प्रस्थापित मध्यमवर्गीय बौद्धिकों ने भी भाग लिया। इस संदर्भ में श्री. म. भी. चिटणीस, श्री. रा. भि. जोशी, श्री. मे. पु. रेगे, रा. ग. जाधव, श्री.लक्ष्मणशास्त्री जोशी, प्र. श्री. नेरुरकर, सदा क-हाडे, प्रा. क्ष्यं. वि. सरदेशमुख, नारायण आठ्वले, नरहर कुरुंदकर, भालचंद्र फडके इत्यादि नाम महत्वपूर्ण हैं।

प्रारंभ में दलित साहित्य निम्न जातियों द्वारा लिखा साहित्य माना गया। एक प्रकार से जनतंत्रवाद की परिभाषा की धुन पर, दलितों का दलितों के लिए दलितों द्वारा लिखा हुआ साहित्य कहलाता रहा। इस परिभाषा को अब काफी विस्तृत किया गया है, लेकिन परिभाषा में एक महत्वपूर्ण मुद्दा निश्चित था। दलितों की यह मान्यता है और काफी हद तक सही भी है कि जिस नारकीय यथार्थ को दलित भोग रहा है, उसका अनुभव दलितेतर लेखक को अपनी व्यापक और गहन

सहानुभूति एवं उर्जस्वी प्रतिभा के बावजूद नहीं हो सकता। एक मेधावी शिक्षित मेहतर युवक को परिस्थितियों के दबाव से मैले की टोकरियां सर पर उठानी पड़ रही हों तो उसकी आंतरिक खीज, गुस्सा और यथास्थिति के प्रति विद्रोहभाव उच्चवर्ण के व्यक्ति को नहीं हो सकता। सामूहिक भोज के बाद यह जानने पर कि खिलानेवाले सेवकों में एक महार जाति का व्यक्ति था, अगर कोई ब्राम्हण कै कर देता है तो उससे होने वाले अपमान की तीव्रता सहज सहानुभूति के आधार पर नहीं महसूस की जा सकती। स्वच्छ रहन-सहन के लिए सजग चमार शिक्षक को उच्चवर्णीय समाज के मुहल्ले में रहने के लिए स्थान नहीं मिलता, तो उसकी तिलमिलाती वेदना का सही बोध दूसरे को कैसे हो सकता है? झोपडपट्टी के यथार्थ का सही अंकन जयवंत दलवी या मधुमंगेश कर्णिक नहीं कर सकते। उसे प्रत्यक्ष करने के लिए भोगे यथार्थ की व्यथा हो, तो यह कोई बाबुराव बागुल ही कर सकता है। सरकारी सहायता से घर बनाने वाले पर भी गांव के सवर्णियों द्वारा कुएं में विष्ठा और जूते डालवाकर दलितों की जिंदगी मुश्किल कर देने पर, निर्वासित होने की विलक्षण तीव्र यातना योगिराज वाघमारे ही मूर्त कर सकता है, क्योंकि इसने उसको पचाया है। अपनी जवान बहु-बेटियों की इज्जत लुटते देखने की और पुरुष होकर भी षंढ होने की पीड़ा का यथार्थ भुक्तभोगी ही तीव्रता से व्यक्त कर सकता है। यद्यपि सिध्दांततः यह सही है कि सहानुभूति और प्रतिभा के बल पर किसी भी क्षेत्र में कलाकार का प्रवेश निषिद्ध नहीं है फिर भी इतिहास यह बताता है कि भोगे हुए यथार्थ का साहित्यिक निर्मिति के स्वरूप से घनिष्ठ संबंध है। यही कारण है कि दलितों यह लगता है कि उनकी व्यथा और वेदना को, कष्ट और त्रास को दलित लेखक ही वाणी दे सकता है।

फिर भी जैसे-जैसे दलितों ने अपनी वास्तविकता को अधिक बारीकी से देखा और व्यूह में फसे अपने रूप को निहारा तो उन्हें भी यह स्वीकार करना पड़ा कि दलित केवल जातिवाचक शब्द बनकर अपनी शक्ति को खो देगा। फिर दलित शब्द उन सबको समेटनेवाला व्यापक शब्द बना, जो आर्थिक और सामाजिक दृष्टि से शोषित हैं, जिनमें मजूर किसान भी है और स्त्रियां भी जिसका विरोध दलित लेखक करना चाहता है। दलित साहित्य के एक चिंतक श्री यशवंत मनोहर लिखते हैं, ''शोषितों की जाति शोषित। शोषण के सामाजिक, आर्थिक एवं सांस्कृतिक इत्यादि सब प्रकार के शोषितों के सब रिश्तेदार घटक दलित हैं। एक तरह से दलित साहित्य वह है जो दलित संवेदना से लिखा गया है। इश दलित संवेदना का थोड़ा बहुत विवेचन अपेक्षित है।''

दलित संवेदना का एक प्रमुख रूप है नकार। यह नकार समस्त यथास्थिति के प्रति है।जिस वर्णजाति पर आधारित हिंदू समाज में निम्न वर्णो को भीषण यंत्रणा मिलती है, उस वर्ण जाति-व्यवस्था का नकार दलित संवेदना का एक भाग है। यह नकार और भी अधिक व्यापक है। इस समाज के सवर्णों को जिन धार्मिक मान्यताओं ने सुविधाएं दीं और बहुसंख्यक जातियों को गुलाम बनाकर उनसे आजीवन श्रम और सेवा लेने की सुविधा प्रदान की, उन सबके प्रति प्रबल नकार। यह नकार उस कर्मविपाक सिद्धान्त का है, जिसने मनुष्य-कर्तृत्व के समस्त सूत्र अपने हाथ में लेकर अपनी लीला में सबको मनमाना जोत लिया। यह नकार उस आत्मलोक का भी है, जिसने इहलौकिक मानवीय जीवन को महज एक गीला वस्त्र बना दिया, जो कभी भी छोड़ा जा सकता है।। यह नकार उन सब भारतीय हिंदू संस्कारों के प्रति है, जिन्होंने मनुष्य की इस भौतिक जीवन की यात्रा को

एक काल्पनिक स्वर्ग-नरक और पाप-पुण्य के इंद्रजाल में फंसाकर शोषण और अन्याय को धार्मिक रूप देकर विद्रोह भाव को मूलतः खो दिया। यशवंत मनोहर अपनी एक लंबी कविता में सीधे प्रहार करते हैं--

मैं पोतता हूं उबलता कोलतार,
तुम्हारे तथाकथित देवता के मुहं पर, देवता को खड़ा करनेवालों के षडयंत्रकारी शब्दों पर।

भारतीय आस्तिकतावादी संस्कृति एवं उसको सुदृढ़ करनेवाली 'गीता' एवं 'मनुस्मृति' को, हेय बनानेवाली समाजव्यवस्था को नकारते हुए नामदेव ढसाल गालियों पर उतरकर आवेश में टूट पड़ते है:

"मेरी नजर से तुम पूरे उतर चुके हो, तुम्हारे लिए मुझ में न आदर है। न गुणगान करने की इच्छा। लगता है पान खाकर तुम पर ढेर सारा थूक दूं डुबो दूं बिष्ठ के मटके में। मैं तुम्हें गालियां देता हुं। तुम्हारे पाखंड़ीपन को गालियां देता हूं।"

अपने नकार को उच्चवर्णीय मार्क्सवादियों के द्वारा भी मूलभूत रूप में व्यक्त न किए जाने की शिकायत करते हुए दलित-लेखक की विशिष्टता को रेखांकित करने का प्रयास यशवंत मनोहर करते हैं: "मराठी साहित्य में किसी भी मार्क्सवादी ने यहां ने यहां के विकट ईश्वर के विरोध में, उसका गौरव गानेवाले संतों के विरोध में, उसके सगुण-निर्गुण विरोध में, देवालयों के विरोध में बागुल की भांति प्रखर स्वर बुलंद नहीं किया। जाति एवं वर्णवादी शक्ति के विरोध में व्यापक भूमिका नहीं निभाई । गीता, मनुस्मृति, ज्ञानेश्वरी, गुरूचरित्र, उपनिषद् वेद जैसी विभिन्न कंपनियों के जहर के विरोध में आवाज नहीं उठाई। वे अध्यात्म, संतों एवं उनकी निष्ठाओं का गुणगान ही करते रहे। मार्क्स की विजय भारत में हो, इसीलिए दलित साहित्य की प्रतीक्षा करनी पड़ती है। साहित्यिक की संवेदना दलित संवेदना हो तो मार्क्स के प्रति अलग से आदर रखने का कोई कारण नहीं है।" यह अतिरेकपूर्ण वक्तव्य दलितों के उग्र असंतोष को रेखांकित करता है। अतिरेकपूर्ण इसलिए कि मार्क्सवादियों ने उपर्युक्त तरह के विचार मराठी में कई बार व्यक्त किए हैं।

दलित साहित्य केवल नकार का साहित्य नहीं है। नकार एक भावनात्मक प्रतिक्रिया है, जबकि विद्रोह वैचारिक, विद्रोह दलित-कविता के केंद्र में है और इसी कारण दलित-कविता केवल दलितों द्वारा लिखी कविता न रहकर नए समाज की संरचना के स्वप्न देखकर लिखी गई क्रांतिधर्मी कंविता हो जाती है। यशवंत मनोहर लिखते हैं: "दलित यानी क्रांतिमान संवेदना। दलित यानी परिवर्तन निष्ठ जीवन मार्ग। दलित विचार यानी समता, सुअवसर, स्वतंत्रता का विचार। दलित यानी सभी प्रगतिशील शक्तियों को ह्दय में समेटनेवाला दर्शन। दलित यानी सुसंस्कृत, अशोषित और स्वस्थ-नीरोग मानवीय जीवन का संकल्पन।"

दलित साहित्य धार्मिक और साहित्यिक सभी परंपराओं के प्रति विद्रोही है, क्योंकि मध्यकालीन संतों में चोखामेला जैसे दलित व्यक्ति की वेदना भी सामायिक धार्मिक कर्म विपाक और वर्णधिष्ठित समाज के वैचारिक शिकंजों से बाहर नहीं आ सकी। मराठी भाषा के लिए गौरवपूर्ण ज्ञानेश्वर और तुकाराम जैसे कवियों से भी दलित कविता विद्रोह करती है, क्योंकि विश्व को घर

समझनेवाले और जीवजंतुओं में ईश्वर की उपस्थिति देखनेवाले इन संतों ने ब्राम्हणों की श्रेष्ठता का गद्‌गद्‌ होकर वर्णन किया है और शूद्रों को चंड़ाल कहकर उनके प्रति घृणा का भाव व्यक्त किया है। यहां तक कि शूद्र के घर भोजन करनेवाले और प्यासे गधे को पानी पिलाकर जीवन देनवाले एकनाथ की महत्ता को भी ये कि एक धोखा मानते हैं।

मनुष्य का सर्वांगीण शोषण करनेवाले धर्म के ढोंगी रूपों पर विजली की तरह दलित कविता टूट पड़ती है। पुरोहितवाद, धार्मिक कर्मकांड़, मठमहंत, देवालय, व्रत-सब कुछ के प्रति, जो पाप-पुण्य की कल्पनाओं के सहारे मनुष्य की भोली श्रध्दाओं की पुष्टि करता है और शोषणव्यवस्था और यथास्थिति के अबाध रास्ते खोल देता है, दलित साहित्यकार गर्जना के स्वर में विद्रोह करते हैं। केशव मेश्राम दलित कविता के बारे मं लिखते हैं: "संकीर्ण सड़े धर्म पर, वर्गीय प्रवृत्ति पर, ढ़ोंगी व्यवस्या पर, पुरानी परंपराओं पर, गुलगुलेपन पर, स्वैराचार के आविष्कार पर वह हमला करता है। इसलिए कोमल भाषा में, लयबद्ध मनोरंजक बोली में बोलने का उसके लिए कोई प्रयोजन नहीं है। स्वयंसिद्ध श्रेष्ठत्व का दंभ भरनेवाले सब दंभों से उसकी दुश्मनी है, संकुचित धर्म के लक्षणों से उसकी पूरी शत्रुता है।"

दलित साहित्य विद्रोही है, क्रांतिधर्मी है, लेकिन उसका विद्रोह नकारात्मक नहीं है। वह न वैयक्तिक निराशा, कुंठा, आत्मनिर्वासन की भावना से उपजा है, न वह जीवन को निरर्थक, फूहड़ या शून्य मानता है। मराठी साहित्य पर, अस्तित्ववादी प्रभाव के बहाने जो व्यक्तिगत आत्मकेंद्रित मानसिकता की कविता लिखी जा रही है, दलित साहित्य उसका जमकर विरोध करता है।

दलित साहित्य समाज से प्रतिबद्ध है। वर्णों, वर्गो एवं अन्य संकुचित भेदों पर आधारित समाज-व्यवस्था का विरोधी दलित-साहित्य अपनी मूलभूत निष्ठाओं में सामाजिक संवेदना का साहित्य है। असल में दलित-संवेदना का साहित्यकार व्यक्तिगत मान, अपमान एवं क्रोध से विचलित होकर भी अपनी व्यक्तिगत बात नहीं करता। दलित साहित्य के सामूहिक अभिव्यक्त मानते हुए बाळकृष्ण कवठेकर ने लिखा है, "अधिकांश दलित कविताएं बहुत बार समूह के स्वर में बोलती हैं। ऐसे समय कवि एक व्यक्ति न रहकर, एक प्रचंड़ समाज का प्रतिनिधि बनता है और समाज के मन की भावनाएं बोलने लगता है। संपूर्ण समाज ही ऐसे समय नायक पद पर प्रतिष्ठित होता है।" इसका परिणाम यह होता है कि समाज का बहुत बड़ा शोषित भाग इस कविता को आत्मीय स्तर पर ग्रहण करता है।

दलित साहित्यकार साहित्य को अपनी क्रांति का एक महत्वपूर्ण साधन मानता है। साहित्य की स्वायत्तता, विशुद्धतवाद या सौदर्यवाद, साहित्यकार की समाज-निरपेक्ष स्वतंत्रता इत्यादि को वह उच्च वर्ग की विलासमय एवं आत्मकेंद्रित मनोवृत्ति की उपज मानता है। उसका पूरा विश्वास है कि साहित्य और जीवन दो अभिन्न वस्तुएं हैं, दोनों का गठिन संबंध ही दोनों के लिए लाभदायी है। दलित साहित्यकार अपना एक स्वतंत्र सौंदर्यशास्त्र बनाने का भी दावा करते हैं। वे वैयक्तिक सुखदु:खों के जाल में अटकी मानवीय संवेदना की अपेक्षा सामाजिक सुख-दु:ख की अभिव्यक्ति करनेवाली क्रांतिधर्मी संवेदना को ही साहित्य का या कला का सही द्रव्य या आशय मानते हैं। रूप या अभिव्यक्ति के समस्त घटक इसी सामाजिक आशय सेअनिवार्यत: संबद्ध होते हैं। इसका एक

परिणाम यह हुआ कि साहित्य में शिल्प विषयक नूतनता या प्रयोग की ओर से दलित साहित्य उदासीन है। कला और अ-कला के बीच का अंतर बहुत बार धूमिल होने में हुआ है।

दलित साहित्य अपने अनुभवों से सोए बंधुओं को जगाकर दलितों पर, उनमें अस्तिता और आत्माभिमान उत्पन्न करने में विश्वास रखता है कि जो शिक्षित पीढ़ी इधर जाग रही है, उससे उनके एहसास की सार्थकरता भी प्रकट होने लगी है। अपनी गुस्सेभरी चुनौतियों से अन्याय, शोषण अत्याचारों के विरोध में उगली आग से एंव व्यवस्था को तोड़फोड़ देने की जिद से उन्होंने स्थापित स्वार्थवालों के मन में मानसिक बेचैनी भी उत्पन्न की है, इस में संदेह नहीं। इस प्रक्रिया में दलित साहित्य में आवेश और आह्‌वान के साथ बहुत अधिक 'रेह्‌टरिक' भी पैदा हुआ है, जो साहित्यिकता पर प्रश्न चिन्ह लगाता है। अधिकतर कविताओं में आत्मशोध के स्थान पर समाज को या स्थापित स्वार्थवालों को संबोधित कर शोषितों की अमानवीय अवस्था का अंकन किया गया है। दया पवार लिखते हैं-----

"ऐ महान देश,
कितने दिन चलेगा
तुम्हारा यह पंक्तिभेद
हम गांव के बाहर रहते हैं
इसमें हमारा क्या दोष है ?
देश के बाहर तो नहीं रहते ?
हमारी पंगत सदैव देर से बैठती है
वह भी कूड़े-करकट के ढ़ेर पर !"

शब्दों की शक्ति पर अपना विश्वास प्रकट करते हुए 'गांव कुसा बाहेरची' कविता में वामन निंबालकर लिखते हैं-

"शब्दों से ही जलते हैं घर, द्वार, देश
और आदमी भी
शब्द बुझाते हैं आग भी
शब्दों से जलनेवाले आदमियों की"

बहुसंख्य दलित साहित्यकार अपने और समाज के शोषित या शोषक संबंधों को अपनी कथाओं और कविताओं के माध्यम से बेरोकटोक अभिव्यक्ति दे रहे हैं। उनके समने आज कलात्मकता की समस्या नहीं है, समस्या है अपने अंदर की आग को बाहर फेंककर समस्त यथास्थिति को जला देने की।

लेकिन एक उज्वल भविष्य की प्रकाश किरणों से दलित कविता आलोकमान है। वे अंधेरे से उजाले की ओर गतिमान हैं। सुरंग में जाते समय यह आस्था उन्हें सक्रिय बनाए हुए है। कि वे भी अपने बंधुओं के साथ खुली हवा में आनेवाले हैं-स्वच्छदंता के गीत गाने के लिए। भीमसेन देठे 'मुझे जीना है...' में लिखते हैं !

"जीवन की झुग्गी लेकर। तुम चाहती हो ठहरना बस्ती में। उदास रात्रियों को कुढ़ते हुए मत सहलाओ मेरे उध्वस्तको। सागर से डर से लिपट कर। कल के सूर्य की प्रतिक्षा कर रहा हूं मैं। तुम इस तरह पुराने संदर्भ को संजोते हुए। बादलों को फोड़ते हुए। गिराओ मत खिसकनेवाली उल्काओं को। तुम सुनहरी किरणों में भीगना चाहती हो न ? तो अपना कफन खुद ही बांधना सीखना होगा।"

"यह कीड़े-मकोड़े के अस्तित्व-को नकारनेवाला जीदन मुझे ना मंजूर है/अभी भी विचार करो। यदि अफने मुलायम स्वप्नों के आशशपास ही रुकना चाहती हो/तो तुम चली जाओ मेरी बस्ती में मैं जीना चाहता हूं।"

दलित साहित्य से मराठी के अधिकांश सुखवादी साहित्य की कृत्रिमता एवं तथाकथित कलावाद का फीकापन उजागर हुआ है। दलित साहित्य की इस यथार्थोन्मुखी क्रांतिकारिता का केंद्र सामान्य मनुष्य के जीवन के संबंध में व्याकुल लगाव हैं। नए के निर्माण की प्रयोजनीयता का मूल उद्देश इस सामान्य शोषित मनुष्य के जीवन को नए सिरे से रचने की आकांक्षा है। नामदेव ढसाल अपनी प्रलयंकार वाणी में उद्घोषित करते हैं-"आदमी को चाहिए कि वह रास्ते खोद दे, बीज उखाड़ दे, दियों के खंभे उलटा दे, पुलिस-रेल्वे स्टेशनों को तोड़ दे, बसें, ट्रेन, कारें, गाड़ियां जला दे। साहित्यसंघ, शालाएं, कालेज, अस्पताल, हवाई अड्डे, राजधानियां, हवेलियां, झोपड़ियाँ, भूखी बकाल बस्तियां... इन सब पर हाथ बम-हाइड्रोजन बम गिरा दे।आदमी को चाहिए कि प्लेटो, आइंस्टाईन, आर्किमिडीज, साक्रेटीस, मार्क्स, अशोक, हिटलर-बिटलर, कामू, सार्त्र, काफ्का बादलेअर, रेम्बो, एजरा पाऊंड, हाफकिन्स, गेटे, मायकोवस्की, मैक्सिम गोर्की, ऐरिसन-मेरिसन, कालिदास, तुकाराम, व्यास, शेक्सपीयर, ज्ञानेश्वर वगैरे वगैरे...सबको उनके शब्दों के साथ नालियों के मेन होल खोलकर उनमे टांग दे।" लेकिन इस विध्वंस के बाद नामदेव सामान्य आदमी की ओर से लिखते हैं-"मनुष्य को चाहिए कि वह मनुष्य को प्यार करें।"(सवाल यहीं है कि नामदेव जिनको खत्म करना चाहते है उनको खत्म कर क्या जीवन का स्वाद बचेगा?)

दलित साहित्यकार जब अपनी परंपराओं के उत्सको खोजने लगता है तब उसे एक क्षीण आधार मिलता है। ईश्वर, धर्म और कर्मकांड का विरोध करनेवाले चार्वाक पंथ में उन्हें अपनी परंपरा का बोध होता है और उसकी हार में एक प्रकार की सहानुभूति का करुण सुखद तत्व भी मिलता है। भारतीय परंपरा में चार्वाकों पर हुई उच्च वर्णों के हमले में और अपनी नियति में दलित कवि विलक्षण समानता देखता है। दलित कवियों के लिए चार्वाक आदि विद्रोही है। उसी के सामने वे विनम्र हैं। चार्वाकों का ईश्वरविरोध और भोतिकवादी निष्ठ उनके लिए आदर्श हैं। दलित साहित्यकारों के लिए गौतम बुद्ध और उनका धर्म भी जातिभेद रहित समाज का विकल्प रखने के कारण श्रद्धेय हैं। भारतीय आस्तिकतावादी संस्कृति में बुद्ध 'आऊटसाइडर' था। बुद्ध उनके लिए न महात्मा है न भगवान। वह उनके लिए विवेकवादी चिंतक हैं, जिसने शोषण को अबाधित रखनेवाली अध्यात्मभाषा का कुहरा नष्ट करने का प्रयास किया। समस्त मराठी संत की परंपरा को ठुकराकर दलित साहित्यकार अपना रिश्ता आधुनिक महर्षि ज्योतिबा गोविंदराव फुले से जोड़ते हैं। वे उन्हें आश्वस्त करतें हैं कि "तुम्हारी कब्र पर बुझी मशाल सुलगाकर अब हमने कंधों पर ले लिया है।"

मराठी कवियों में केशवसुत उन्हें कुछ निकट के लगते हैं। केशवसुत के बाद वे शरच्चंद्र, मुक्तिबोध और विंदा करंदीकर की सामाजिक संवेदना केप्रति अपना लगाव व्यक्त करते हैं। जीवन को निरर्थक मायामय एवं शून्य मानने वाले कलाकार से वे अपना मतभेद ही नहीं व्यक्त करते, संघर्ष पर उतरना चाहते हैं। इस में संदेह नहीं, एक अभूतपूर्व जिजीविषा समस्त विपरीत स्थितियों के बावजूद, दलित संवेदना में परिव्याप्त है।

दलित साहित्य सामान्यतः कविता और कहानी के माध्यम से ही विस्फोटित हुआ है। वर्षों से दबी अभिव्यक्ति के लिए आकुल अनुभूति सीधे कविता के माध्यम से ही आग उगलते लावे की तरह प्रकट होजाए, तो आश्चर्य नहीं। नाटक या उपन्यास जैसी लंबी बुनावट एवं जटिल संरचना की अपेक्षा करनेवाली साहित्य विधाओं के लिए जिस फुरसत और धीरज की जरूरत है, वह इन लड़ाकू साहित्यकारों के पास नहीं है। इसीलिए सामान्यतः दलित साहित्य भावों का उद्रेक करानेवाली कविता ओर कहानी का ही आश्रय लेता है। अपवाद स्वरूप केशव मेश्राम के 'हकीकत', 'जटायु', 'पोखरण' जैसे लघु उपन्यास हैं। इधर आत्मचरित्रात्मक लेखन विधा में भी दलित साहित्यकारों ने उल्लेखनीय कार्य किया है। दया पवार के 'बलुत' को बहुत ही सफलता मिली । माधव कोंडविलकर के 'मुक्काम पोस्ट देवचेगोठणे' को भी निरपवाद रूप में सराहना मिली। प्र.ई.सोनकांबले का 'आठ्वणीचे पक्षी' उल्लेखनीय है। इन तीनों का अनुभव भी अपने आप में मराठी साहित्य के लिए कुछ नया है और उनकी निश्छल अभिव्यक्ति ने उनमें एक ताजगी, जीवंतता उत्पन्न की है। दलितों का आत्मचरित्रात्मक लेखन मध्यमवर्गीय बुद्धजीवी के लिए अननुभूत संवेदनओं और अनुभवों का भंडार खोलता है। लेकिन कुल मिलाकर दलित-साहित्य को भी अपने अनुभवों को वृहत्तर माध्यम का सहारा लेने की दिशा में बहुत परिश्रम करना होगा। वस्तुतः दलितों के पास लोक कलाओं की समृद्ध परंपरा है। परंतु उनके उपयोग से वे नाट्य-रचना के क्षेत्र में अभी नहीं जा पा रहे हैं। इसका एक कारण संभवतः यह भी हो सकता है कि लोक-कलाओं की परंपराएं देवी-देवताओं के अंद्धविश्वासों के इर्दगिर्द बंध गई हैं और दलित साहित्यकार इनसे विद्रोह की मुद्रा में लगे हैं। दूसरा कारण यह भी है कि दलित रंगमंच का निर्माण करना धन इत्यादि साधनों की अपेक्षा करता है। मराठी का नाट्यप्रेमी अनुभव के ट्रेजिक नाट्य रूप पर धन खर्च करने का आदी नहीं हुआ है। दलित साहित्य में अनुभव का जलता अंगार है, परंतु उपन्यास जैसी विधा के लिए अनुभव की ओर देखने की जिस तटस्थता, वस्तुन्मुखी एवं बहुआयामी दृष्टि की जरुरत होती है, वह उनके पास नहीं है।

दलित साहित्यकार साधन के रूप में साहित्य का उपयोग करता है और अपनी कला की ओर उदासीन रहता है। असल में इससे सामाजिक जागृति जैसी बात तो शायद हो भी सकती है, लेकिन इस उदासीनता से रचना को साहित्य का स्तर मिलना मुश्किल हो जाता है। हर नई धारा में आरंभ में जिस तरह से बाढ़ सी आती है, कुछ ऐसा दलित साहित्य के बारे में भी हुआ है।

दलित साहित्य का यथोचित मूल्यांकन अनेक कारणों से नहीं हो पा रहा है। एक तो संवेदनशील उच्च्य वर्ग के मन में दलितों के प्रति किए गए अन्याय को लेकर कुछ ऐसा अपराध बोध है कि उनके साहित्य का स्वागत एवं मूल्यांकन करते तमय समीक्षक अधिक संवेदनशील और

उदार हो जाता है। साहित्य के निकषों का स्थान कुछ साहित्यिक निकष ले लेते हैं। अति प्रशंसा का दलित साहित्यकारों पर अच्छा असर नहीं पड़ रहा है। दलित साहित्यकार जिस तरह यह दावा करता हैं कि उनके अनुभवों को दलितेतर व्यक्ति केवल सहानुभूति या प्रतिभा के आधार पर सही रूप में व्यक्त नहीं कर सकता, उसी तरह वे यह भी सोचते हैं कि दलित का मूल्यांकन भी दलितेतर व्यक्ति नहीं कर सकता। क्योंकि वह उस आग के भीतर से कभी जा ही नहीं सकता। फिर दलित माहौल में दलित साहित्य के साहित्यिक स्तर का सवाल उपस्थित करते हुए बोलना भी खतरे से खाली नही हैं। दलितों पर किए जा रहे अन्याय में एक यह बात भी शामिल है कि दलितेतर व्यक्ति उनके साहित्य की अपेक्षा करते हैं या अवमूल्यन करते हैं। स्पष्ट शब्दों में कहना होगा कि इस प्रकार का भय दलितेतर व्यक्तियों के मन में है। लेकिन इधर दलित साहित्यकारों में ही कुछ ऐसे समीक्षक उभर रहे हैं, जो स्पष्टतः यह स्वीकार करने लगे हैं कि अभी दलित साहित्य में अतिरिक्त आवेश, भड़कीलापन और अ-कलात्मक तत्व काफी मात्रा में है। जब दलित साहित्य को दलितों के बीच से ही सही समीक्षक मिलेंगे, तभी स्थिति अधिक व्यवस्थित होगी। दलित लेखकों में एक आत्मतुष्टता का भाव भी उत्पन्न हो रहा है, जो परस्पर एक दूसरे की प्रशंसा में पुष्ट होता है।

मराठी साहित्य को मध्यवर्गीय सुखवाद, कलावाद, सौंदर्यवाद ने बहुत अधिक प्रभावित किया है। साहित्य की सामाजिकता या जीवन के प्रति प्रतिबद्धता की बात करते हुए भी मराठी साहित्यकार की सामाजिक चेतना में जो तात्कालिकता होती है या जीवन के गतिशील यथार्थ से तणावपूर्ण संबंध होते हैं, उनके प्रति वे उतने सजग नहीं रह पाते। मराठी की मनोरंजनवादी प्रवृति एवं सुखवादी प्रेरणा ने ग्रामीण साहित्यकारों को भी ग्रामीण यथार्थ का व्यापक उद्‌घाटन करने से रोका। इस प्रवृत्ति ने अण्णाभाऊ साठे या शंकरराव खरात जैसे दलित साहित्यकारों को भी अपनी ओर आकृष्ट किया। दलित साहित्य ने इस स्थिति को चुनौती दी। आज अगर जीवन के उग्र यथार्थ की ओर साहित्य अभिमुख है तो उसका श्रेय दलित साहित्य के आंदोलन को ही जाता है। अपनी सोच में अंततः जीवनवादी होते हुए भी वा. ल. कुलकर्णी जैसे समीक्षक अभिव्यक्ति को अत्यधिक महत्व देते थे। परिणामतः उनकी समीक्षा जीवनानुभव का मूल्यांकन करने से सहमती थी। दलित साहित्य को लेकर उन जैसे प्रगल्भ समीक्षक को भी यह कहने को बाध्य किया गया कि दलित साहित्यकार बिना कलात्मकता की परवाह किए, अपने खुरदरे अनुभवों को व्यक्त करें। असल में साहित्य के संमिश्र कला-प्रकारों का संबंध संरचना की बारीकियों एवं रूपाकारों की अपेक्षा जीवनानुभव की गहनता, जटिलता, सूक्ष्मता, तीव्रंता और प्रखरता से है। यह आज लगभग एक स्वीकृत मान्यता है। इसे स्वीकार कराने मे दलित साहित्य की विस्फोटक अभिव्यक्ति ने अप्रत्यक्षतः बहुत काम किया है। सामाजिक चेतना, समाजसुधार प्रगतिशीलता, साहित्य की उद्देश्यपरकता, प्रतिबद्धता, यथार्थोन्मुखता इत्यादि बातों का जिक्र आते ही, संकीच में बिदकनेवाली मराठी समीक्षा या उसे प्रचार के खाते में डालकर संतुष्ट होनेवाली समीक्षा-दृष्टि आज निश्चय ही असमंजस की स्थिति में आ गई हैं।

('महाराष्ट्र मानस' डॉ. बाबासाहेब आंबेडकर विशेषांक)

दलित साहित्य : एक दृष्टि

दलित साहित्य के विस्फोटक आविर्भाव ने मराठी साहित्य पर प्रत्यक्ष एवं अप्रत्यक्ष आघात कर बहुत बड़ा प्रभाव पैदा किया है।

मराठी साहित्य पर्याप्त जीवनोन्मुख नहीं था। ना. सी. फडके के कलावाद का छद्मवेष धारण कर मराठी साहित्य में पनपा रंजनवाद, मर्ढेकर का सौंदर्यवाद, आशय पर हावी होकर अकड़ कर चलने वाला रूपवाद, तकनीक का भ्रष्ट प्रभाव इत्यादि के सम्मिलित परिणाम से मराठी में कुछ सुखवादी प्रवृत्तियाँ पल गयीं। जन्मजात प्रतिभा पर निर्भर रह कर व्युत्पत्ति और अभ्यास से कुछ तिरछा व्यवहार कर विचरने वाले आत्मकेंद्रित साहित्यकारों ने परिश्रमपूर्वक किसी जीती-जागती, धधकती जीवन समस्या के साथ संघर्ष करना टाल कर जितना सूझा, जितना सहज पकड़ में आया उसी को व्यक्त करने में साहित्यिक ईमानदारी या आत्मनिष्ठा का गौरवपूर्ण नाम देकर लिखना जारी रखा। खुरदरे और व्यामिश्र जीवन के यथार्थ से दो हाथ करने के स्थान पर साहित्यिक रूढ़ियों और कल्पनाओं के मिश्रण से साहित्य की निर्मिति का यांत्रिक कार्य चलने लगा। जीवनवाद का पक्ष लेने वाले साहित्यकार भी जाने-अनजाने इस दुष्चक्र में फँस गये और रंजनवाद की उंगली पकड़ कर जीवन्त शक्ति खो बैठे। इस पर दलित साहित्य ने आक्रमक हमला किया और आत्मकेंद्रिलता से भिन्न दिशा में सोचने और चलने की जरूरत का भान कराया। मध्य वर्ग के बाहर भी बहुत बड़ा जीवन है और वह चेतना के द्वार पर धड़क दे रहा है, इसका भान दलित साहित्य ने करा दिया। वर्तमान जीवन एवं कला के समाज का सही विचार करना हो और अपने सरोकारों को अधिक अर्थपूर्ण बनाना हो तो मुध्य वर्ग के बाहर के जीवनकी विद्रूपता और विषमता को टालना आत्मघात होगा, इसका सशक्त भान दलित साहित्य ने करा दिया। अपनी ही वृत्ति-प्रवृत्तियों को सँजाते हुए बैठने की आत्मतुष्ट कोमल भाववृत्ति पर दलित साहित्य ने तीक्ष्ण खरोंचें पैदा कर इस बात का तीव्र भान कराया कि इस भाव वृत्ति में सतत मग्न होना सामाजिक एवं सांस्कृतिक अपराध है। बौद्धिक युक्तिवाद से या उदारमनवाद की चर्चा से जो पचास वर्षों में साध्य न होता वह दलित साहित्य ने सिद्ध किया - साहित्य को सही अर्थ में यथार्थोन्मुख कर जीवन विषयक समस्याओं का सामना करने के लिए कटिबद्धध किया। दलितों एवं उपेक्षित की ओर केवल सहानुभूति से ही नहीं, सक्रिय आंतरिक लगाव से देखना आवश्यक है; इसका तीव्र भान पैदा किया।

दलित साहित्य ने दलितों में जो अस्मिता उत्पन्न की उस अस्मिता ने उन्हें अपने जीवन का भयावह विद्रूप एवं जुगुप्सामय जीवनावस्था का दुख सीधे व्यक्त करने का सामर्थ्य दिया। शब्दों का तथाकथित सौंदर्य, छंदों का संयम, लय की तरलता, लक्षणा एवं व्यंजना की समृद्धि, रूपविषयक भान का आभिजात्य इत्यादि की पर्वाह न करते हुए अपने मन का आशय आक्रमक एवं त्वेषपूर्ण भाषा में व्यक्त करनेवाली कविता के रूप में प्रबल आवेश में व्यक्त हुआ। आंशिक रूप में जीवन की घटित घटनाओं का निरूपण करनेवाली कहानियों के रूप में वह प्रकट हुआ। लेकिन बहुत बड़े पैमाने पर आत्मचरित्रों के रूप में वह सामने आया। इसका विचार आगे करेंगे।

दलित साहित्य को मध्यवर्गीय मनोवृत्ति से उपजी प्रतिकूल समीक्षा का सामना करना पड़ा। उसी तरह दलित साहित्य को अतिरेकपूर्ण प्रशंसा करनेवाले मध्यवर्गीय लेखकी एवं समीक्षक भी

मिले। इस सत्य को नकारना संभव नहीं है कि दलित साहित्य को विपुल पुरस्कार देने वाले परीक्षकों में मध्यवर्गीय लेखक/समीक्षक भी थे। सम्मान के उच्च पदों पर दलित लेखकों को प्रतिष्ठित करने की समझदारी भी दिखायी गयी। इसके पीछे वाङ्मय का वस्तुन्मुखी मूल्यांकन एवं अपराधबोध दोनों बाते सक्रिय रहीं।

इस छोटी सी टिप्पणी में दलित साहित्य में पैदा हुए दोषों, न्यूनों एवं आवर्तों की चर्चा करने की इच्छा है।

दलित साहित्य आक्रमक विद्रोही बाना धारण करनेवाली परंपराओं पर टूट पड़ने वाला एवं उच्चवर्णियों की संकीर्ण मनोवृत्तियों एवं दलितों के साथ किये गये निर्घृण एवं अपमानजनक व्यवहारों की धारदार चीरफाड़ करने वाला, दलितों द्वारा भोगी हुई यातनाओं के भयावह यथार्थ का प्रभावी और प्रतीतिपूर्ण चित्रण करनेवाला साहित्य है। लेकिन इसी के साथ मनुष्य और मनुष्य के बीच के प्रेम एवं आत्मीयता के अनगिनती धागों को दुर्लक्षित करने वाला यह साहित्य हुआ है। शिकायत, निषेध, नकार, चिढ़, गुस्सा, विद्रोह इनसे पैदा हुआ साहित्य कुछ जोशीला, ओजपूर्ण हो सकता है परंतु दीर्घकाल तक सातत्यपूर्ण बुनावट का साहित्य रचने के लिए मनुष्य विषयक आत्मीय उष्मा की जरूरत है। दलित साहित्य प्रखर अवश्य है परंतु सामाजिक आशय की दृष्टि से कुछ बौना भी हुआ है। इसकी अधिक मीमांसा आवश्यक है।

दलित साहित्य के अंतर्गत विपुल मात्रा में लिखे गये आत्मचरित्रात्मक साहित्य को पढ़ते समय यह भान होता हे कि इनके नायक कुछ आत्मकेद्रित हैं। हिंदू समाज की जातीयवादी व्यवस्था ने ही मनुष्य को कुछ स्वयंकेद्रित बनाया है। अधिक विचार करने पर लगता है दलित आत्मचरित्रों का नयात दरिद्रता के कारण परिवार में ही कुछ उखड़ा हुआ निर्वासित-सा लगता है। इस नायक के पारिवारिक संबंधों की जाँच करने परा पता चलता है कि दलित साहित्य में माँ का बिब या प्रतिमा कुछ कुछ ठीक ठक लगती है पर दलित नायक एवं उसके भाई-बहन, दलित नयाक और उसका पिता, दलित नायक और उसकी पत्नी के वीच के संबंध बहुत कुछ दूरस्थ और निष्प्रेम लगते हैं। औरों से प्रेमपूर्णक व्यवहार करते हुए सुखदुखों को बॉटते चले जाने की प्रवृत्ति की तुलना में जीवन संघर्ष में (और यह जीवन संघर्ष अति भयानक है) किसी तरह टिके रहने की और नोचखरोच करते हुए टिके रहने की स्वकेंद्रित प्रवृत्ति परिवार में बढ़ने लगती है। मनुष्य के प्रति प्रेम और सहानुभूति उत्पन्न होने औरउनका परीध विस्तारित होते जाने की तथा उसकी गहराई और व्यामिश्रता बढ़ती जाने की। (यह गहराई दूसरे के लिए उत्पन्न आस्था, उसके लिए किये त्याग एवं समर्पण भावना से तथा अपार करुणा से पैदा होती है।) स्थितयाँ या परिवेश दलित नायक को परिवार में नहीं प्राप्त होता। स्नेह से वंचित नायक मावता के गर्म अंतः प्रवाहों को अपने भाव-पुंज में प्रवाहित नहीं रख सकता। परिणामतः प्रेम, समर्पण, त्याग, करुणा पर आधारित प्रसंगों के उत्कट एवं आर्त चित्रण की ताकद क्षीण होती जाती है। प्रवृत्ति का विचार करते समय वैयक्तिक अपवादों को छोड़ना पड़ता है। नारायण सुर्वे की कविता में पारिवारिक प्रेम, लगाव और आत्मीयता के विलक्षण प्रीतीतिकारी संबंध देखे जा सकते हैं। माँ-बाप,पत्नी एवं बच्चों के साथ अतिशय प्रेम से भरापूरा यह व्यक्ति मित्रों से भी उतने ही स्नेहपूर्ण उत्कट अनुबंधों से बॅधा हुआ है। महान साहित्य की

निर्मिति की संभावनाएँ ऐसे भाव-बंधों में निहित होती हैं। यह नारायण सुर्वे की कविता में दिखता है इसीलिए उनकी कविता शक्तिमान कविता लगती है। दलित साहित्य के केन्द्र में विद्यमान नायक भावनात्मक रिश्तों को पर्याप्त ताकद के साथ समझने वाला नहीं लगता। इससे क्या होता है? अपने वैयक्तिक जीवन के बारे में कुछ कह चुकने के बाद अनुभवाभिव्यक्ति की प्रक्रिया में कुछ खालीपन पैदा होता है। परिणामतः पहली रचना के बाद की नर्मिति में वह आग नहीं परिलक्षित होता।

किसी भी लेखक में महान होने के लिए मनुष्य के विविध रूपों की खोज करनेकी जिज्ञासा और कल्पनाशक्ति जरूरी होती है। अपनी स्वकेंद्रितता या आत्मप्रेम भूलकर दूसरों की मनः स्थितियों में परकाया प्रवेश करना पड़ता है। इसके लिए प्रतिभा के नक्षत्रों की देन तो चाहिए ही, लेकिन उसी के साथ स्वकेंद्रितता को ठुकरा कर मानव मन के नानाविध रंगों-तरंगों में घुलमिल कर नये रंग अपनाने की जल-वृत्ति की आवश्यकता है। दलित लेखक को मिलने वाली पारिवारिक परिस्थिति इसके लिए प्रतिकूल है। विशाल मानवता से सहानुकंपा का अनुभव पारिवारिक रिश्तों, मित्रता के बंधों तथा सामाजिक समस्याओं की चुनौतियाँ स्वीकार कर समाज के विद्यमान यथार्थ से संपर्क करने में। (केवल अपने को मिले अन्यायपूर्ण अनुभवों से चिढ़ कर टूट पड़ने में नहीं।) उपलब्ध होता है। इन तीन स्तरों पर दलित वाङ्मय की जाँच की जाय तो विशेष संतुष्टि का अनुभव देने वाली कुछ नहीं हाथ लगता।

दलित साहित्य में प्रकृति सौंदर्य का प्रतीतिपूर्ण अनुभव पढ़ने को नहीं मिलता। इसका कारण यह हो सकता है कि दलित साहित्य नायक अपने भयावह जीवन संघर्ष में सिर उठाकर देख पाने में समर्थ नहीं हो पाता लेकिन प्रकृति सौंदर्य का आवाहक आकर्षण ''लक्जुरी'' है, बूर्ज्या सौंदर्य चेतना है, यह समझने का कारण नहीं है। यह मान्य करना होगा कि सृस्टि के साथ तादात्मतापूर्णक रमने की क्षमता कहीं कम हो गयी है। साहित्यकार को महान होने के लिए स्वेतर सृष्टि के लिए अपने मन के दरवाजे और खिड़कियाँ खुली रखनी पड़ती हैं। जमीन के साथ लगाव एवं प्रकृति के साथ आत्मीयता अभावग्रस्त जीवन में कैसे उपलब्ध हो सकती है, कैसे बढ़ सकती है, यह प्रश्न ठीक है। लेकिन इसके फलस्वरूप साहित्य विषयक चेतना कुछ खास घेरे में ही विचर रही है, यह नकारा नहीं जा सकता।

दलित साहित्य सीमित आवर्त में क्यों घूम रहा है, इसकी कारण मीमांसा करते समय उपरोक्त बातों का विचार करना ज़रूरी है। हमें पारिवारिक प्रेममय वातावरण ही नहीं मिला, धरती नहीं मिली, जमीन का अपना टुकड़ा ही नहीं मिला, समाज ने कभी आत्मीयता दी ही नहीं फिर आप हमारे साहित्य से ये अपेक्षाएँ क्यों कर रहे हैं? यह प्रश्न चुभनेवाला एवं अपराधबोध उत्पन्न करनेवाला अवश्य है। लेकिन यह भी सही है कि किसी भी लेखक को महान बनते समय लेखन करने के लिए चारों ओर की खड़ी जेल की दीवारों को तोड़नाही पड़ता है। क्योंकि साहित्य केवल समाज का प्रतिबिंब ही नहीं होता। साहित्यकार के साहित्यिक व्यक्तित्व का वह प्रभावपूर्ण, अनेक स्तरीय, बहु आयामी अभिव्यंजन होता है।

रास्ता क्या है ? यह रास्ता किसी भी महान साहित्य की मुद्रा अंकित करनेवाले साहित्यकार को स्वीकारना ही पड़ता है। वह रास्ता है प्रचंड प्रेम, सहानुभूति की सक्रिय कृतिशील अभिव्यक्ति

को आयत्त करने के लिए व्यक्तित्वांतरण करने की प्रक्रिया का इसके लिए आत्मतुष्टि और स्वकेंद्रितता के बाहर लगातार आते रहने की, हर क्षण अपने को समृद्ध करते जाने की निरंतर भावात्मकता/महान साहित्य का सतत सान्निध्य इस प्रक्रिया में महत्वपूर्ण योग दे सकता है। वहाँ भी महान साहित्यकारों के नामोल्लेख से अधिक उनके ध्यानपूर्वक, मनोयोगपूर्वक आस्वादन की आवश्यकता है। आखिर आत्मविश्वास्तार का यह रास्ता भ्रम का रास्ता नहीं होता, छलने का रास्ता नहीं होता। आखिर किसी भी प्रकार के नये पुराने सोंदर्यशास्त्र को खड़ा कर साहित्य को महान घोषित कीजिए। पाठ्क एक ही प्रश्न पूछेगा - इस साहित्य ने मेरी मानसिक कक्षा को कितना विस्तार दिया, मेरे भावों की संगठ्ना को कितनी नयी संरचना दी, मेरी अन्तर्वृत्तियों को कितनी सघनता और धार दी।

एक साहित्यिक प्रवृत्ति पर प्रभाव डालनेवाली प्रवृत्ति के रूप में दलित साहित्य ने बहुत बड़ा कार्य किया। लेकिन महान साहित्यिक कृतियाँ कितनी दीं, इस प्रश्न का संतोषजनक उत्तर नहीं मिलता।

आकंठ दिपावली अंक (मराठी) १९८९ में प्रकाशित आलेख का हिंदी अनुवाद। यह वागर्य (गलकत्ता) में भी १८९८ में प्रकाशित हुआ।

मराठी साहित्य में गांधीवाद

कोई भी युगीन विचारधारा साहित्य पर अपना अनेक प्रकार से प्रभाव डालती है, यह निर्विवाद तथ्य है। बीसवी सदी में स्वच्छंदतावाद, गांधीवाद, रहस्यवाद, मार्क्सवाद, राष्ट्वाद, दलितवाद, स्त्री-मुक्तिवाद आदि विचारधाराओं ने साहित्य को प्रभावित किया। यहाँ मराठी साहित्य में गांधीवाद पर विचार करना है।

गांधीवाद ने साहित्य को अनेक प्रकार से प्रभावित किया। गांधीजी के व्यक्तित्व, कृतित्व एवं विचार से प्रभावित लेखकों की जीवन दृष्टि ही गांधीवादी बनती है और परिणामतः उनकी रचना भी गांधीवादी बनती है। गांधीजी ने जीवन का विचार विशिष्ट दृष्टि से किया। वे सत्य को सर्वाधिक महत्व देते थे और अहिंसा को सत्य की ओर ले जाने वाला साधन मूल्य वे मानते थे। साधनों की शुचिता के बिना सत्य की ओर नहीं जाया जा सकता यह उनकी दृढ़ मान्यता थी। अतः साधनों की शुचित और साध्य-साधन में अभेद उनकी जीवनदृष्टि की महत्वपूर्ण नींव थी। व्यापक अर्थ में ब्रह्मचर्य को वे आचार धर्म मानते थे। मुख्यतः वे धार्मिक वृत्ति के थे लेकिन उनके धर्मविचार की नींव व्यापक मानवीय मूल्यों पर स्थित थी। इसीलिए सभी धर्मो और संप्रदायों का समावेश कर वे धर्म का विचार कर सकते थे। चौर्य कर्म (स्तेय), शोषण, आर्थिक, सामाजिक और धार्मिक विषमता, स्त्रियों के बारे में अनुदार विचार, मनुष्य को हीन माननेवाला कोई भी विचार, जात, धर्म, वर्ण, वंश, राष्ट्र इत्यादि संकल्पनाओं के सहारे फैलने वाली असहिष्णुता इत्यादि बातें गाधी जी को अमान्य थी। ईश्वर में श्रद्धा और निर्भयता गांधीची को महत्वपूर्ण बातें लगती थी। उनका आग्रह था कि व्यक्ति का आचरण, समाज कारण, राजकारण इन सब का विचार उपर्युक्त जीवन मूल्यों का आधार बना कर ही किया जाना चाहिए। विज्ञान एवं तकनीकी विकास अन्ततोगत्वा मनुष्य विरोधी होगा जो वह गांधीजी के लिए स्वीकार्य नहीं था। शोषण पर आधारित समाज व्यवस्था उन्हें अस्वीकार्य थी इसीलिए महानगरीय सभ्यता के प्रति उनमें आस्था नहीं थी। अर्थव्यवस्था एवं समाज संगठन में वे विक्रेंद्रितता के इच्छुक थे। ग्रामाधिष्ठित समाज व्यवस्था के वे हिमालय थे। प्रचलित सफेदपोश शिक्षा प्रणाली से उनका विरोध था क्योंकि उनकी धारणा थी कि यह व्यवस्था विद्यार्थियों के मन पर संस्कार करने वाली एवं शील-संवृद्धि करने वाली न हो कर उसे आसपास के यथार्थ से समाज से और लोक कल्याण के उद्देश्य से दूर ले जाने वाली थी! नैतिक दृष्टि उनके सभी विचारों के मूल में थी इसीलिए स्त्री-पुरूष संबंधों में भी नैतिक मूल्यों का उनका आग्रह दृढ़ था। स्वातंत्र्य, निर्भयता, करूणा, त्याग, सेवा, अन्याय विरोध के लिए आत्मक्लेश सहकर सत्याग्रह करने और विरोधी का छद्म परिवर्तन करने का संकल्प, आत्मबलिदान की सहर्ष उद्यतता इत्यादि से प्रभावित लेखकीय व्यक्तित्व हो और उपरोल्लिखित जीवनदृष्टि लेखक को स्वीकार्य हो तभी गांधीवादी व्यक्तित्व से सहजतापूर्वक और अपरिहार्यतः गाधी से भारित वांङ्मय प्रकट हो सकता है।

यहीं पर गांधीजी की साहित्य विषयक दृष्टि भी ध्यान मे लेना जरूरी है। उन्होंने सत्य और शिव को सर्वाधिक महत्व दिया। सौंदर्य सत्य एवं शिव को मूर्तता देना है अतः वह साधन मूल्य है। उन्हें काम प्रेरणा के संबंध में यत्किंचित स्खलनशील वृत्ति अस्वीकार्य थी। (आधुनिक साहित्यकारों

का अधिकांश विद्रोह काम जनितसमस्याओं का चत्रण करते समय प्रबल होता है। व्यक्तिवादी दृष्टि से काम संबंधों का प्रस्तुतिकरण महात्मा गांधी के विचार व्यूह से मिलता जुलता नहीं था। आत्माभिव्यक्ति के रूप में साहित्य का उद्देश्य उन्हें अग्राह्य तो नहीं था परंतु साहित्य के मूल में अवस्थित आत्मा अत्यंत पवित्र वासनाओं के उदातीकरण की प्रक्रिया से गुजरी हुई हो, यह आवश्यक था। इस स्वरूप की ओर ले जाने वाली आत्मिक यात्रा की छटपटाहट) जो उनकी अपनी आत्मकथा में मिलता है) गांधीजी साहित्य में चाहते थे। जहॉ निकष गांधीवाद के प्रभाव को देखते समय महत्वपूर्ण था। गांधीजी का मूल्यव्यूह आत्मवादी था और जड़वादी मूल्यों से ऐंद्रिय संवेदना के सुख को अंतिम प्राप्य माननेवाली सुकवादी जीवन दृष्टि से उनका विरोध था। गांधीजी भारतीय भाषाओं के बड़े समर्थक थे और भारतीय भाषाओं की अस्मिता को जगाये रखने में गांधीजी की शिरकत बहुत वड़ी थी। गांधीजी भारतीय भाषाओं के बड़े समर्थक थे। मातृभाषा के माध्यम से शिक्षा एवं संपर्क भाषा के रूप में हिंदी, यह उनका महत्वपूर्ण विचार था। भाषा की उनकी अपनी खास शैली थी। सरल, सादी, सीधे हृदय को छूने वाली प्रभावपूर्ण भाषा उनको रूचती थी। लेखक के अनलंकृत संवादातुर भाषा से झलकनेवाली ईमानदारी उन्हें महत्वपूर्ण लगती थी।

मराठि साहित्य का गांधीवादी विचारधारा के संदर्भ में विचार करते समय यह बात मन में आती है कि गांधीजी का मराठि मिश्रित साहित्य पर जो प्रभाव पड़ा उसमें अपेक्षित गहराई नहीं थी। गांधीजी के विचारों का अनुगमन करने वाले और उनके विचारों को विविध दृष्टियों से अधिक समृद्ध करने वाले चिन्तक महाराष्ट्र में अवश्य हुएं परंतु सृजनशील साहित्य पर यह प्रभाव कुछ-कुछ सतही लगता है।

आचार्य मिनोबा भावे, आचार्य भागवत, आचार्य जावडेकर, आचार्य दादा धर्माधिकारी, श्री देवगिरीकर, श्री पु.य. देशपांडे, आप्पासाहब पटवर्धन, आचार्य काका कालेलकर, साने गुरूजी इत्यादि चिन्तकों ने महात्मा गांधी के बुनियादी विचारव्यूह को स्वीकार कर उसका राजनयिक सामाजिक, आर्थिक एवं सास्कृतिक दृष्टि से अधिक सूक्ष्म विचार किया। गांधीजी के विचारों का अधिक वौद्धिक विश्लेषण कने वालों में प्रा. गोवर्धन पारीख, प्रभाकर पाध्ये, नाना गोरे, एस. एम. जोशी, मधु लिमये, प्रा. नलिनी पंडित, पां.वा. गाडगील, इत्यादि विचारकों का उल्लेख करना होगा। बिनोवा भावे का भूदाम आंदोलन का विचार आचार्य जावडेकर का सत्याग्रही समाजवादी विचार, आचार्य भागवत का विज्ञान के विकास के मूल में आध्यात्मिक प्रेरणा का विचार, दादा धर्माधिकारी की स्त्री विषयक जीवन दृष्टि इत्यादि विचार महत्वपूर्ण हें।

महात्मा गांधी के विचार ब्यूह का विरोध करने वाले भी चिंतक महाराष्ट्र में थे। हिंदुत्ववादी विचारधारा से परभावित राष्ट्रीय स्वयंसेवक संध, लोकमान्य तिलक से प्रभावित बुद्धिवादी वर्ग, कट्ट र मार्क्सवादी विचारक, स्वातंत्र्यवीर सावरकर और डॉ. भीमराव आंबेडकर इत्यादि ने गांधीवाद का विरोध कया। एस्.ए. डांगे, न.चिं. केलकर, लालजी पेंडसे, डॉ. मुंजे इत्यादि नाम भी इस में उल्लेखनीय है।

ललित साहित्य का विचार करते समय पहले ही यह स्पष्ट कर देना आवश्यक जान पड़ता है कि गांधीजी के विचार-व्यूह के प्रति पूर्णतः समर्पित हो कर साहित्य निर्मित करने वाला एक

ही व्यक्तित्व महाराष्ट्र को प्राप्त हुआ -- वह है - साने गुरूजी । अन्य अनेक लेखकों ने गांधीवादी विचारों एवं जीवन प्रणालियों का उपयोग अपने साहित्य में कया या गांधीवाद की परीक्षा करने का प्रयत्न किया।

वा.म. जोशी ने ''इंदू काले व सरल भोळे'' उपन्यास का नायकत्व गांधीविचारधारा से प्रभावित विनायक राव भोले को प्रदान किया। लेकिन वे स्वयं कहते हैं कि वे पूर्णतः गांधीवादी नहीं हैं। ग्रामोद्धार के लिए वे शहर की अच्छी नौकरी छोड़कर देहात में आते हैं, एक अछूत लड़की को घर में रखते हैं, उना विवाह भी अन्तर्जातीय है। लेकिन इस संबंध में जो विभिन्न मानसिक तनाव उपन्यास में आने चाहिए थे, वे नहीं आते। आखिर ढाई आने का वाउचर न रखने के लिए एक गांधीवादी कार्यकर्ता उनको अपमानित करता है। यह अपमान विनायकराव को बहुत दुख देता है। आखिर वे इस निष्कर्ष पर आते हैं कि गांधीवादी विचारधारा के अतिरेक को टाल कर व्यावहारिक स्तर पर समाज सेवा का कार्य अपनी स्वभाव प्रकृति का विचार करके ही करना होगा। मामा बोरकर ''फाटली बादल'' ''मी - राम जोशी'' उपन्यासों में गांधीवादी सैद्धांतिक चर्चा में न उलझ कर गांधी जी के गॉव की ओर चलो'' से परेरणा ले कर रचनात्मक कार्य का अनुगमन करते हैं। लेकिन देहात का यथार्थ लेखक के हाथ से खिसक जाता है। खद्दर का प्रचार, हस्तोद्योग, श्रमदान, सफाई, अछूतोद्धार जैसे कार्यक्रमों का वर्णन पढ़ते समय लगता है। मामा बोरकर गांधीवादी कार्यक्रम पर हास्यपरक भाष्य तो नहीं कर रहे हैं? गांधीवाद के बाह्य आयाम को ही वे गांधीवाद समझ वैठे । वि.स. खांडेकर के व्यक्तित्व से गांधीवाद से मिलने वाले संवादी रंग अधिक थे। लेकिन उन्होंने भी गांधीवाद का स्वीकार मनःपूर्वक नहीं किया था। ''कांचनमृग'' से ''दो ध्रवु'' उपन्यासों तक वे गांधीवाद से प्रभावित लगते हैं। नायक का शहर ठोड़कर देहात जाना, शिक्षा का प्रचार करना, मिल मालिक का संपत्ति दान, मजदूरों को बेकार करने वाले यंत्र के आविष्कार का त्याग, रईस वर्ग के भोगदादी स्वभाव के प्रति नफरत, गरीबों के प्रति सहानुभूति इत्यादि बातों से यह प्रतीत होता है कि खांडेकर गांधीवाद से प्रभावित हैं लेकिन आगे चल कर ''उल्का'' में उनका वयस्क नायक क्रांति विरोधी होता है। क्षेत्र ध्रुव में उन्हें गरीब और रईस के बीच का अंतर अनुल्लंध्य प्रतीत होने लगता है। लेकिन आगे ''क्रौचबाध'' में वे फिर हृदय परिवर्तन में विश्वास करने लगते हैं। यह कहा जा सकता है कि खांडेकर का भावनात्मक रूख गांधीवाद की ओर है और गांधी के प्रति उनमें असीम आदर और श्रद्धा भी है। परंतु बुद्धिवादी मन गांधीवाद में आधस्त नहीं है। लगभग समूचे महाराष्ट्र के सर्जनशील लेखकों की यही मानसिकता है।

इसके अपवाद हैं साने गुरूजी और कंटक। प्रेमा कंटक के दो उपन्यास ''काम आणि कामिनी'' और ''अग्नियान'' गांधीवादी भूमिका को अपना कर लिखे गये। ''काम आणि कामिनी'' में प्रेमा कंटक ने नायक को गांधीवादी रूप देने का प्रयास किया परंतु प्रत्यक्ष में वह ''ॲब्नॉर्मल'' हो गया। यह गवाही स्वयं लेखिका ने ही दी है। इसका अर्थ यह हुआ कि गांधीवादी दर्शन का प्रत्यक्ष जीवन में प्रयोग करने वाली व्यक्ति निर्जीव बनता है। लेखिका ने स्पष्ट रूप में यह भी कहा है कि उसे वैवाहिक जीवन का अनुभव न होने से उसमें सफलता नहीं मिली होगी। यह लेखिका का मूल्यांकन सही है। ''अग्गनियात्रा'' में गांधीजी के रचनात्मक कार्यक्रम का प्रतीतपूर्ण चित्रण है। विशेषतः

साहित्यिक व्यक्तित्व एवं कृतित्व

हमारा सन्त नामदेव

समूचा मध्ययुगीन भारतीय सन्त साहित्य विलक्षण समृद्ध है और सन्त साहित्य में जिसने महान कवि हुए उनकी समकक्षता करनेवाला दूसरा युग-साहित्य नहीं है। इस युग के भक्त कवियों में मनुष्य जीवन के मूल्यों एवं दार्शनिक विचारधारा को ले कर अद्‌भुत समानता है। ये सारे सन्त ईश्वर के प्रति समर्पित और ऐहिक जीवन की ऐंद्रिय सुख संवेदना के प्रति उदासीन हैं। भगवान उनके लिए अंतिम प्राप्य है और उसकी ओर जाने का रास्ता उनकी दृष्टि में भगवत्-भक्ति ही है। चूँकि यह भगवान उच्चतम मूल्यों का विग्रह है, भगवान की सही भक्ति एक प्रकार से आदर्श मनुष्य की उदात्त सेवा ही है, अतः मनुष्य जीवन से वह दृढ़तापूर्वक जुड़ी है। नामदेव उसी सन्त परंपरा के प्रमुख आधार स्तंभों में से एक थे।

नामदेव का जन्म २६ अक्टूबर १२७० में हुआ और मृत्यू ३ जुलाई १३५० में। नामदेव के पिताश्री का नाम दामाशेटी था और माता का नाम गोणाई । सामान्यतः यह माना जाता है कि मराठवाडा में नरसी-बामणी गाँव के रहनेवाले दर्जी परिवार में नामदेव का जन्म हुआ। लोक प्रचलित यह भी मान्यता है कि विठ्ठल की मनौती के फलस्वरूप नामदेव के पिता-माता को पंढरपुर में यह पुत्ररत्न प्राप्त हुआ। यह निश्चित है कि नामदेव पर विठ्ठल भक्ति का जो गहरा संस्कार हुआ वह उनके परिवार का ही विरसा था।नामदेव का विवाह राजाई नामक स्त्री से हुआ और उन्हें नारायण, महादेव, गोविंद और विठ्ठल नामक चार पुत्र हुए। नामदेव की विठ्ठल के प्रति भक्ति बढ़ने लगी और गृहस्थ धर्म के प्रति उदासीनता भी। परिणामतः उनकी भक्ति का घर में विरोध भी होने लगा, लेकिन नामदेव पर भक्ति का नशा ऐसा चढ़ा था जो अन्त तक नहीं उतरा।

नामदेव और ज्ञानेश्वर की भेंट १२९१ के आसपास हुई और ज्ञानेश्वर के अनुरोध पर वे तीर्थयात्रा करने निकले। वैसे नामदेव के गुरू विसोबा खेचर माने जाते हैं। ज्ञानेश्वर के साथ यात्रा में जीवन और जगत् संबंधी उनके ज्ञान का विस्तार हुआ। तीर्थयात्रा से लौटने पर ज्ञानेश्वर ने १२९६ में समाधि ली और नामदेव ने उर्वरित जीवन के ५४ वर्ष भागवत धर्म के प्रचार में लगा दिया इसी उद्देश्य से नामदेव ने दक्षिण और उत्तर की कई यात्राएँ कीं। "कीर्तन के रंग में नाचे और दुनिया में ज्ञानदीप लगाएँ"। यह नामदेव के जीवन का उद्देश्य था।

उत्तर भारत में यात्रा करते समय उन्होंने हिन्दी सिखी और कतिपय रचनाएँ हिन्दी में की। गुरूग्रंथ साहब में उनके ६१ पद समाविष्ट हैं। नामदेव के करीब सवा सौ पद हिन्दी में हैं। कहा जाता है पंजाब में नामदेव की शिष्य परंपरा बड़ी है। नामदेव के कुछ शिष्य पंढरपुर आये। पंजाब में नामदेव के कई मंदिर आज भी दिखाई देते हैं। राजस्थान एवं उत्तरप्रदेश में भी नामदेव के मंदिर विद्यमान हैं। उत्तर भारतीय संत रैदास या रविदास, घना, रज्जव, तुलसीदास, पीपा, रामानंद, कबीर आदि ने नामदेव का गौरवपूर्ण उल्लेख किया है। गुजरात के महान कवि संत नरसी मेहता ने नामदेव का अनेक बार उल्लेख किया है। मीराँबाई के एक पद में उल्लेख आता है कि भगवान ने नामदेव की कुटिया छवायी थी। नामदेव ने दक्षिण यात्रा में श्री शैल शिखर, अरुणाचलम्, चिंदंबरम्, विष्णुकवी, रामेश्वर आदि स्थानों को देखा। दक्षिण के दर्जी लोगों ने अपनी जाति को नामदेव जाति कहना शुरु किया। समूचे भारत में नामदेव ने यात्राएँ कीं।

अस्सी वर्ष के बाद उन्होंने प्राणत्याग करने का निश्चय किया और विठ्ठल से आज्ञा मांगी, असाढ़ वद्य त्रयोदशी को उन्होंने महासमाधि ली। पंढरपुर के देवालय के महाद्वार की पहली सीढ़ी पर ही समाधि स्थान तैयार किया गया क्योंकि नामदेव की इच्छा थी कि विठ्ठल के दर्शन के लिए आये भक्त की पदरज उनके माथे पर लगे। यह भी कहा जाता है कि नामदेव के अनेक परिवारवालों ने उसी समय समाधि ली।

नामदेव के पदों के संकलन को 'नामदेव गाथा' कहा जाता है। अनेक विद्वानों ने गाथाएँ संपादित कीं परंतु इस दिशा में हुए प्रयास उतने शास्त्रीय नहीं हैं। महाराष्ट्र शासन द्वारा नियुक्त नामदेव गाथा समिति ने नामदेव गाथा संपादित की हैं। इसमें मराठी २१०७ और हिन्दी २३७ अभंग हैं। कुछ विद्वानों ने नामदेव के कुल अभंग चार-पाँच सौ ही बताए। नामदेव के नामपर अनेक उच्चवर्ती संतों और कवियों ने रचनाएँ लिखीं। नामदेव के अनेक अभंगों में अपने चरित्र के कुछ प्रसगों, कुछ घटनाओं का उल्लेख किया गया है। अतः अभंगों के आधार पर नामदेव का चरित्र भी प्रस्तुत किया जाता है। परंतु अभंगों की प्रमाणिकता के संबंध में संदेह प्रकट करते हुए संत साहित्य के प्रकांड विद्वान डॉ. श्री. दे. कुलकर्णी ने अनेक अभंगों को प्रक्षिप्त बताया है।

नामदेव के अभंगों में विठ्ठल भक्ति उत्कट रूप में व्यक्त हुई है। भक्ति की प्रक्रिया में अपने छोटे छोटे अपराधों, गलतियों को बड़ा पाप कह कर पीड़ित होना प्रायः सभी संतों का वैशिष्ट्य दिखता है। नामदेव भी इसके अपवाद नहीं हैं।

नामदेव के अभंगों में परिवार के सदस्यों के साथ उनके संघर्ष का रूप नाटयमय ढंग से चित्रित हुआ है। नामदेव भक्ति मार्ग में पारिवारिक कर्तव्यों के प्रति उदासीन रहे और धन कमाने की ओर ध्यान न दे पाये। इसको लेकर नामदेव की माँ और नामदेव के बीच हुए संघर्ष का मनोरम वर्णन अंभगों में मिलता है। आखिर नामदेव की माँ गोणाई भगवान को भी आड़े हाथों लेती है। नामदेव की पत्नी के स्वर में तीखापन है। वह कहती है - "लावोनि लंगोटी जालेती गोसावी। आमची उठाठेवी कोण करी।। "अर्थात् लंगोटी लगाकर आप तो संन्यासी हुए, हमारी फिक्र कौन करेगा। रजाई चिढ़कर पूछती है।" काय खावे आता दिवस किती। घालू या पोरास काय आता।।" अर्थात् अब हम क्या खायें इनके विठ्ठलने तो हमे भीख माँगने को बाध्य किया। मैं कितने दिन अनशन करूँ और इन बच्चों को क्या खिलाऊँ? आखिर निराशी और हताश होकर वह ज़हर खाने का निश्चय करती है- "बाळेंसहित विष घेईन मी आता। पाहे पंढरीनाथा बुडवीन घर।" अर्थात् बच्चों के साथ मैं अब ज़हर खा लूँगी और देख पंढरीनाथ मैं घर को डुबों दूँगी। लेकिन इस समस्त पीड़ा के बीच नामदेव की विठ्ठल भक्ति अविचल रही।

नामदेव भगवान विठ्ठल के प्रेम में लीन होकर उत्कटता से गा उठतें हैं।

प्रेमपिसे भरले अंगी। गीतें छंदें नाची रंगी।
कोण वेळे काय गाणे। हे तो भगवंता नेणें।।

अर्थात् प्रेम के पागलपन का शरीर पर दबाव पैदा होने पर गीत एवं पद लिखे जाते हैं। नाच में तल्लीन होना होता है। किस समय क्या गाया जाय यह तो भगवान को ही मालूम नहीं होता। आगे वे लिखते हैं ऐसे बोल बोलूँगा कि जिनसे विठ्ठल डोलने लगे, सभी अंगों में प्रेम भर

जाता है। वाणी में रखुमाई का उद्घोष रहता है, कीर्तन के रंग में नाचा जाता है। दुनिया में ज्ञानदीप लगाये जाते हैं। कहा जाता हे कि नामदेव ने सौ करोड़ अभंग रचने की प्रतिज्ञा की थी और प्रतिज्ञा को पूर्ण करने की जिम्मेदारी पांडुरंग पर छोडी। अतः पांडुरंग ने सरस्वती को नामदेव की जीभ पर विराजमान होने को कहां।

नामदेव ने मुक्तक स्वरूप की रचना की। उनकी अभंगवाणी एक प्रकार से उनके उत्कट अनुभवों की अभिव्यक्ति है। उसमें भक्ति भावना की तीव्रता है, आत्मकथात्मक प्रसंगों का सहज प्रकटीकरण है, कीर्तन के अवसर पर श्रोताओं के सामने अवसर के अनुसार प्रकट किये हुए भाव एवं विचार हैं, विठ्ठल के प्रेम के आवेश में उत्पन्न तरंगों की निश्छल अभिव्यक्ति हैं। नामदेव ने विशेष अध्ययन नहीं किया था परंतु उस समय के वातावरण में व्याप्त दार्शनिक विचार उन्होंने अपनी सहज बुद्धि से ग्रहण किये थे। वे कबीर की तरह ही बहुश्रुत थे। नामदेव के गुरू योगाचार्य थे। अतः योगमार्ग संबंधी उल्लेख उनकी कविता में इसीलिए आये हैं। ज्ञानदेव के सानिध्य के कारण उनकी प्रकांड विद्वत्ता का प्रभाव भी नामदेव ने ग्रहण किया था। विठ्ठल के अनेक रूप नामदेव की कविता में आते है परंतु मुख्य माता का रूप अधिक उत्कट रूप में प्रकट होता है। माँ के निश्छल, निःस्वार्थ, असीम और निरपेक्ष प्रेम का नामदेवजी पर बहुत जबर्दस्त आकर्षण था। वे लिखते हैं - तुम मेरी माँ हो, मैं तुम्हारा नन्हा बालक हूँ। हे पांडुरंग तुम मुझे अपने प्रेम का दूध पिला दो। तुम माँ हो तो मैं बछड़ा हूँ, पांडुरंग दूध को रोकना नहीं। तुम हरिणी मैं छौना हूँ, पांडुरंग, मेरे सांसारिक बंधन छुड़वाने में सहायता करो। तुम पक्षिणी हो मैं अंडज हूँ। पांडुरंग, मुझे चारा खिला दो। कछुवे की नज़र सदैव अपने बालक पर रहती है वैसी ही दया पांडुरंग तुम मुझ पर करो। भक्ति में इतने एकाग्र हैं कि कहते हैं कि विठ्ठई विना आँखों को कुछ नहीं दिखाई पड़ता और अन्य सभी बातों के प्रति सर्वथा ऊब पैदा हो गयी है।

प्रायः नामदेव सभी देवताओं के प्रति सहिष्णु हैं और समभाव से ही देखते हैं। परंतु विठ्ठल के प्रति तीव्र प्रेमावेग में वे कभी कभार एकाग्र तल्लीनता का अनुभव करते हैं। वे कहते हैं - शिव विष्णु दोनों एक ही अवश्य हैं, वेदोंने यही स्पष्टतः कहा है, नामदेव कहते हैं कि इनको लेकर पर-भाव नहीं रखना चाहिए। जो विष्णु है वही शिव है जो शिव है वही विष्णु है। पंढरी का महात्म्य, नामस्मरण की महत्ता, देह कष्ट के प्रति अरुचि, उनके अभंगों के अन्य विषय हैं। यद्यपि धीरे धीरे सगुण भक्ति से वे निर्गुण भक्ति की ओर उन्मुख हुए दीखते हैं, फिर भी मुक्ति पर भक्ति को तरजीह देने में संकोच नहीं करते। वे भक्तिरस को प्राप्त करने के लिए बार बार जन्म लेना चाहते हैं। वे कहते हैं जो पंढरपुर की वारी छोड़ कर मुक्ति की माँग करते हैं वे भिखारी हैं। वे लिखते हैं कि भक्ति के आनंद और उत्कट संवेदन में ही मुक्ति हैं। वे पांडित्य पर विश्वास नहीं करते। वेदों को पढ़ने का श्रम क्यों कर रहे हैं? अपनी वाणी से सतत हरिनाम लो। कहीं उनका उपदेश है नाचते, उड़ते, रोते, गिरते, आते, जाते, हँसते, बोलते, खाते वे मुख से हरिनाम लेना पसन्द करते हैं। नामदेव ने उपहास अनुष्ठ्रन दान-व्रत यज्ञ आदि का अवलंब करने की अपेक्षा हरिनाम स्मरण को महत्व दिया है। शरीर को दंडित कर कृच्छ साधना करने वाले की वे भत्सर्ना करते हैं। अघोरी पूजाओं का विरोध करते हैं। नामस्मरण, कीर्तन, भजन पर आधारित वैष्णव

धर्म जाति भेद, पंथभेद, लिंगभेद से ऊपर उठता है। वे कहते है: "ब्राह्मण हो शूद्र वैश्य नाहीतर।सर्वांसी आधार नाम सत्य। सोवळे ओवळे उंच नीच वर्ण नाही देखे गुण दोष काही।" अर्थात्, ब्राह्मण वैश्य, शूद, नारी कोई भी हो सभी का आधार हरिनाम है। पवित्र अपवित्र, ऊँच नीच वर्ण ऐसा कुछ भी अन्तर यहाँ नहीं है।

नामदेव मराठी साहित्य के पहले गीति कवि हैं। गीति काव्य के वैशिष्ट्य उनकी रचना में प्रचुर मात्रा में दिखते हैं। उन्हें अलंकारों का आकर्षण नहीं है। वे विशिष्ट भाव का प्रभाव उत्पन्न करने के लिए पुनरूक्ति का सहारा लेते हैं। प्रायः उनकी भाषा बोली भाषा के निकट रही है और उसमें संस्कृत प्रचुरता का अभाव है; क्योकि वे लोक कवि थे। वात्सल्य, करूणा और भक्ति रस उनकी कविता में प्रचुर रूप में प्रकट हुए हैं, अपनी पीड़ा, दीनता, विवशता का आर्त स्वर में प्रकटीकरण करते हुए विठ्ठल से भक्ति का वरदान माँगते हैं।

नामदेव महाराष्ट्र के भागवत धर्म के अग्रयणी प्रचारक हैं और उन्होंने अपनी उत्तर दक्षिण की यात्राओं में मराठी से अन्य भाषाओं में रचनाएँ की हैं। उनकी प्रचुर हिन्दी रचना पायी जाती है। उत्तर भारत के संतों को प्रभावित करने वाले वे एकमात्र मराठी संत हैं। उत्तर में हिन्दू-मुसलमान धार्मिक संघर्ष से भी उनकी हिन्दी रचना प्रभावित है। नामदेव का एक हिन्दी पद द्रष्टव्य है।

हिंदु अंधा तुरकु काला
दुहाँ से गिआनी सिआणा।
हिंदु पूजै देउरा मुसलमान, मसीहत
नामे सोई सेविआ जई देहुरा न मसीत।।

हिंदू-मुसलमानों के धर्म भेद के संघर्ष में प्रायः सभी सन्तों ने महान मानवीय मूल्यों का समर्थन करते हुए इस संघर्ष की व्यर्थता को बताया है। नामदेव ने भी यह कार्य किया है।

नामदेव की हिन्दी पर मराठी का प्रभाव है। वह व्याकरण की शुद्धता की पर्वाह नहीं करते, लोक संप्रेषण ही उनका प्रमुख उद्देश्य रहा है। नामदेव भारतीय भाषाओं में सहिष्णुता और भावात्मक एकता उत्पन्न करनेवाले पहले मराठी के हिन्दी सेवी कवि थे। सर्वधर्म समभाव रखनेवाली उदार और मानवीय मूल्यों से ओतप्रोत वैष्णव भक्ति को जनसामान्यों में प्रचार प्रसार करनेवाले जन कवियों में नामदेव शीर्षस्थ कवि थे।

संत नामदेव की हिन्दी सेवा

भक्ति आंदोलन से प्रेरित मध्ययुगीन भारतीय साहित्य विलक्षण समृद्ध साहित्य है और उसकी समानता करनेवाला कोई साहित्यिक युग बाद में व्यापक पैमाने पर भारत में नज़र नहीं आता। इस युग के भक्त कवियों में मनुष्य जीवन के मूल्यों एवं दार्शनिक विचारधारा को लेकर अद्‌भुत समानता है। यह सारे भक्त ईश्वर के प्रति समर्पित और ऐहिक जीवन की ऐंद्रिय सुख संवेदना के प्रति उदासीन हैं, भगवान उनके लिए अंतिम प्राप्य है और उसकी ओर जाने का रास्ता भगवत् भक्ति ही है। चूँकि यह भगवान मनुष्य के उच्चतम मूल्यों का विग्रह है, भगवान की सही भक्ति एक प्रकार से आदर्श मनुष्य की उदात्त सेवा ही है अतः मनुष्य जीवन से वह दृढ़तापूर्वक जुड़ी हुई है। नामदेव ऐसे ही महान भक्तों में से एक थे, उनका जन्म १२७० इ. स. में हुआ और १३५० इ.स. में उनकी मृत्यु हुई. वे महाराष्ट्र के महान संतं एवं वारकरी संप्रदाय के प्रवर्तक ज्ञानेश्वर के समकालीन थे और दोनों की भेंट १२९१ में हुई। ज्ञानदेव से वे बहुत प्रभावित हुए और दोनों ने मिल कर भारत के तीर्थों की यात्रा की, तीर्थ यात्रा से लौटने के बाद ज्ञानदेव ने १२९६ में समाधि ली और नामदेव ने जीवन के शेष ५४ वर्षों में भागवत धर्म का प्रचार किया।इस प्रदीर्घ काल में नामदेव ने अनेक बार दक्षिण और उत्तर की अनेक यात्राएँ की। दक्षिण के कुछ दर्जी अपने को नामदेव कहलवाने लगे। कुछ जातियों ने भी अपनी जात नामदेव जात मानी। नामदेव के व्यक्तित्व की सहज प्रभावपूर्णता और सम्मोहकता इससे प्रकट होती है। गुजरात, मध्य प्रदेश, सिंध, पंजाब, हिमाचल प्रदेश में नामदेव ने यात्राएँ की और सत्संग किया। इसी का फल है कि उन्होंने संपर्क भाषा के रूप में हिन्दी की उपयोगिता और महत्व को जाना और हिन्दी में अनेक रचनाएँ की। नामदेव अनेक भाषाओं के जानकार थे परंतु मराठी के अतिरिक्त हिन्दी में ही सर्वाधिक रचना उन्होंने की। यह इस बात का प्रमाण है कि आवागमन केआधुनिक साधनों के अभाव में भी जब पैदल तीर्थ-यात्राएँ भारत भर में होती थी, तब संपर्क भाषा के रूप में हिन्दी को सहज रूप में हिन्दी को सहज रूप में स्वीकार किया गया था। वैसे ज्ञानेश्वर से लेकर तुकडोजी महाराज तक महाराष्ट्र के सैकडों संतों ने हिन्दी में थोड़ी बहुत रचनाएँ की हैं परंतु नामदेव की हिन्दी सेवा विशेष महत्वपूर्ण मानी जाती है। एक दक्षिण के मराठी संत की हिन्दी रचना का इतने बड़े पैमाने पर गुरुग्रंथ साहब में समाविष्ट किया जाना भारत के लोक-मानस की अखंडता का प्रमाण है। इससे बढ़कर भारतीय एकात्मता का और प्रमाण क्या चाहिए?

नामदेव ज्ञानेश्वर की भाँति ज्ञानी भक्त नहीं थे। वे भक्ति का प्रचार करनेवाले भावुक भक्त थे। अतः उनके पदों में भक्त की व्याकुलता, पीड़ा, प्रतीक्षारतता, आतुरता व्यक् हुई है। भगवान के प्रति वे इतने समर्पित थे कि तल्लीनता में उन्हें सर्व विठ्ठल ही नज़र आता था। वे विठ्ठल को माता मानकर एक निष्पाप बालक की भाँति उसके साथ अपना नाता जोड़ते हैं।

वारकरी समन्वयवादी उदार पंथ है। इसमें विष्णु और महादेव एक ही भगवान के रूप हैं। नामदेव जैसे सौजन्यशील, विनयी और सहिष्णु व्यक्तित्व के अनुकूल यह बात थी। वे कहते हैं।

इसी राम को वे विठ्ठल कहते हैं और यह विठ्ठल ही विठ्ठल नज़र आता है। वे इस सर्वत्र व्याप्त विठ्ठल के साक्षात्कार से अनुभूत होकर बोलते हैं।

जब जाऊं तब बीठ्ल भेला
बीठ्लियाँ राजाराम देवा।।
आऊँ तो बीठ्ल जाऊँ तो बीठ्ल।
बीठ्ल व्यापक माया।।
नामा का चित हरिसुं लागा।
ताथें परम पद पाया।।

उसी तर इस भगवान की विश्वव्यापकता का यह उत्कट अनुभव देखिए :-

सबै घट रामु बोले राम बोले
रामु बिना को बोले रे।।
एकल माटी कुंजर चींटी
भाजन है बहु नाना रे।।
अस्थावर जंगम कीट पतंगम
घटि घटि रामु समाना रे।।
सकल चिन्ता राखु अनंता
अऊर तजहु सभ आसा रे
प्रणवे नामा भए निहकामा
को अकुल को दासा रे।

राम, विठ्ठल, गोविंद, केशव, माधव, कृष्ण, नारायण, हरि सब नामदेव के लिए एक ही हैं-विठ्ठल है, ब्रह्म हैं।

नामदेव के लिए सभी रूपों में एक ही भगवान दिखते हैं उसी तरह उनके लिए मनुष्य भी जात, धर्म, भाषा, प्रदेश, पंथ आदि से परे और ऊपर है। मनुष्य मनुष्य के बीच भेद उत्पन्न करने वाली सभी दीवारों को गिराने के लिए मध्ययुगीन संतों ने अपनी वाणी प्युक्त की थी। नामदेव इसी परंपरा के अगुआ थे। हिंदु और मुसलमान धर्मभेद के नाम पर लड़ते थे और मानवीय मूल्यों को होम करते थे। उस समय संतों ने भेदों के परे विद्यमान एक तत्व का - भगवान का सशक्त संकेत करके भारतीय एकात्मता को सुरक्षित रखा। नामदेव का यह मन्तव्य देखिएः-

हिंदु अंधा तुरकु काला
दुहा ने गिआनी सिआणा
हिंदु पूजै देहुरा मुसलमानु मसीन
नामे सोई सेविआ जई देहुरा न मसीत।।

नामदेव आंतरिक सात्विक विशुद्ध भक्ति-भावना के कायल थे। धर्म या संप्रदाय के नाम पर चल रहे पाखंड को वे स्वीकार नहीं करते थे। वे कर्मकांड का मखौल उड़ाते हुए बोलते हैंः-

आनीले कुंभ भराइले उदकु ठकुर कऊ इसनानु करऊ
बहआलिस लखजी जल महिं होते बीठ्लू मैला काई करऊ

हम गागर भरकर पानी लाते हैं और भगवान को नहलाते हैं परंतु वह पानी शुद्ध कहाँ होता है। उसको लाखों जीव मैला किए हुए होते हैं।

इसी तरह वे बोलते हैं ठाकुर पर फूल चढ़ाते हैं लेकिन वह भ्रमरों द्वारा जूठा किया हुआ होता है। दूध की खीर बनाकर नैवेद्य अर्पित करते हैं परंतु वह दूध बछड़े की जूठन होता है।

यह युक्तिवाद, यह तर्क और यह पाखंड के प्रति फटकार कबीर की पूर्ववर्ती परंपरा है। पाखंड करनेवालों को वे साफ बता देते हैं।

पाखंड भक्ति राम नहिं रीझै
बाहरी अंधा लोग पतीजे

एक पद में पाखंड पर आघात करते हुए वे कहते हैं:-

भगत भला बाबा काइला
बिन परतीतें पूजै सिला
न्हावै छोवै करै सनान।
हिरदै आंषिन माथै कान।।
गलि पहि रैं तुलसी की माला।
अंतरगति कोइला सो काला।।
नामदेव लडे ये पेढा बलू
भीती लाव उदरि हिंगलू

नामदेव ने भक्ति का अधिकार सब के लिए प्रदान किया जो वारकरी पंथ की एक विशेषता रही।

नामदेव ने अपनी विरहार्तता विलक्षण उत्कट आवेश में और साफ शब्दों में व्यक्त की है:

तुम बिन धीर येकु रहुँ नहिं न्यारा
सुन केसव यह नियम हमारा।।
जहाँ तुम गिरिधर तहां हम चकौरा
जहाँ तुम चंदा तहां मैं चकोरा।।
जहाँ तुम तरूवर तहाँ मै पंछी
जहाँ तुम सरोवर तहाँ मैं मच्छी।।
चहाँ तुम दिवा तहाँ मै बत्ती
जहाँ तुम पंथी तहा मैं साथी।।
जहाँ तुम शिव तहाँ मैं बेलपूजा
नामदेव भाव नहीं दूजा।।

नामदेव की भाषा विभिन्न भाषाओं के संस्कार ग्रहण कर बनी सधुक्कडी भाषा है जिस में व्याकरण के नियमों का पालन नहीं है, किसी भी अन्य भाषा के शब्दों, प्रभावों से परहेज नहीं है। वे अनेक जातियों के भक्तों से सत्संग करते थे अतः उनके व्यवसायों के शब्द नामदेव के पदों

में भरपूर पाये जाते हैं। वे समाज के शिक्षक थे अतः उन्हें अपनी बात को स्पष्टतापूर्वक लोगों के सामने रखना महत्वपूर्ण था, भाषाकी शुद्धता, नियमबद्धता, अनुशासन, सौष्ठव एवं सौंदर्य को उन्होंने साफगोई के सामने जरा भी महत्त्व नहीं दिया। उनकी हिन्दी सबी भाषाओं का और सभी भाषिक अदाओं का स्वागत करने वाली समन्वयी हिन्दी भाषा थी। नामदेव की हिन्दी पर उनकी मातृभाषा मराठी का प्रभाव तो है ही। उसके साथ अवधी, ब्रज, राजस्थानी, पंजाबी का भी प्रचुर प्रभाव है। उनके करीब सवा सौ हिन्दी पद ही प्राप्त हैं। लेकिन उनकी लंबी आयु और विपुल यात्राएँ देखते हुए अनुमान है कि सैंकडों पद उन्होंने रचे होंगे।

नामदेन भारतीय भाषाओं में सहिष्णुता और भावनात्मक एकता उत्पन्न करनेवाले पहले मराठी हिन्दी सेवा कवि थे।

राष्ट्रीय चेतना के स्वरः राजवाडे

इतिहासाचार्य विश्वनाथ कैशव राजवाडे का जन्म १२ जुलाई १८६४ को कोंकण में वरसई नाम गांव में हुआ। कोंकण से बहुत सारे ब्राह्मण परिवार जन्मभूमि छोड़कर राजाओं के आश्रय में गये। उनमें यह जोशी परिवार था। शिवछत्रपति के राजवाडे में स्थान मिलने के कारण जोशी परिवार राजवाडे नाम से पहचाना जाने लगा। विश्वानाथ केशव राजवाडे बहुत मेधावी थे और बचपन में बहुत नटखट , शारीरिक खेलकूद में रुचि रखनेवाले और दंगई थे। स्कूल की शिक्षा में मन नहीं लगता था क्योंकि यह शिक्षा राजवाडे की बुध्दि एवं कुशाग्रता को संतोष देनेवाली नहीं थी। बचपन में ही उनके मन में शिक्षा व्यवस्था, पाठ्यक्रम, शिक्षक सबके प्रति असंतोष पैदा हुआ था जो अन्त तक कायम रहा। बचपन से उन्हें कसरत का भारी शौक था और वह युग भी ऐसा था जब कि यह माना जाता था कि राष्ट्र सेवा के लिए बल की उपासना आवश्यक है। राजवाडे १८९० में बी.ए. पास हुए परंतु पाठ्यक्रम की शिक्षा में उनका जरा भी मन नहीं लगता था। वे हर दिन ५/६ घंटे पाठ् यक्रम के अतिरिक्त पुस्तकों को पढ़ने में रुचि लेते थे। राजवाडे को लगता था कि शिक्षा प्रणाली के कारण मानसिक दुर्बलता आती है और कर्तुत्व शक्ति का विनाश होता है। उस समय सभी विषय अंग्रेजी में पढाये जाते थे। अतः राजवाडे को १२ से १६ वर्षों की उम्र तक एक दुष्ट आदत ने घेर लिया। उनके शब्दों में यह दुष्ट आदत और कोई नहीं थी। अंग्रेजी में बोलने, लिखने और विचार करने की थी। राजवाडे ने अपने शिक्षकों को इसलिए दोष दिया है कि उन्होंने मराठी पुस्तकों से जरा भी परिचय नहीं कराया। उन्होंने कृतज्ञतापूर्वक लिखा है कि अंग्रेजी के प्रभाव से उन्हें विष्णुशास्त्री चिपलुणकर ने मुक्त किया, काव्येतिहास संग्रह में प्रकाशित ऐतिहासिक पत्रों ने और परशुरामपंत गोडबोले की मराठी कविता ने उनमें मराठी के प्रति रूचि उत्पन्न की। अंग्रेजी के शिकंजों से मुक्त होने के बाद राजवाडे ने मराठी की सेवा की। उनसे यह पूछे जाने पर कि आप अंग्रेजी में लिख कर ख्याति क्यों नहीं प्राप्त करते। राजवाडे ने जवाब दिया था कि अगर उनके लेखन को कोई पढ़ना चाहता है तो वह मराठी सीखे। यह मातृभाषा के प्रति ज्वलंत अभिमान राष्ट्रीय अस्मिता का ही एक रूप था।

राजवाडे का विवाह १८८८ में हुआ था परंतु एक बच्चे को जन्म दे कर पत्नी की मृत्यु हुई। बच्चा भी चल बसा। तीन वर्ष का वैवाहिक जीवन भोगने के बाद राजवाडे ने अखंड ज्ञानार्जन और ज्ञानदान के लिए ब्रह्मचर्य पालन कया। वह युग ही ऐसा था कि ज्ञानार्जन और ज्ञानदान राष्ट्रसेवा का ही एक महात्वपूर्ण साधन माना जाता था। १८९४ में "भाषांतर" नामक मासिक पत्रिका का प्रकाशन राजवाडे ने शुरू किया। उसका उद्देश्य यह था। "इस मासिक में योरप और ऐशिया के प्राचीन एवं अर्वाचीन ग्रंथकारों के ग्रंथों के भाषांतर प्रसिध्द होंगे। मनोविज्ञान, तर्कशास्त्र, आध्यात्मविद्या, अर्थशास्त्र, इतिहास, व्यवहार, नीति, राजनीति इत्यादि शस्त्रों को परिचय महाराष्ट्र के पाठकों को हो। इस उद्देश्य से यह प्रयास जारी रहेगा। "राजवाडे समकालीन राजनैतिक स्थिति के प्रति जागरूक थे और जानते थे कि भारत की अस्मिता को एवं ऐतिहासिक महान स्मृति को अंग्रेज नष्ट कर रहे हैं। अतः राष्ट्र के विकास के लिए साहित्य, सांस्कृतिक विचार, वैज्ञानिक दृष्टि का विकास वे अत्यावश्यक समझते थे और इसके लिए ग्रंथों का निर्माण

वे आवश्यक समझते थे। ३७ महीनों तक चले इस मासिक पत्रिका के विषयों की व्याप्ति देखकर आश्चर्य होता है।

इतिहास की स्मृति जीवित रखने के लिए वे इतिहास का भारतीय दृष्टि से विश्लेषण और चिन्तन महत्वपूर्ण मानते थे। उन्होंने अपना समग्र जीवन इतिहास के साधनों को जुटाने के लिए लगा दिया। ग्रांट डफ के इतिहास में मराठें के प्रति जो घोर अन्याय हुआ है वह राजवाडे की प्रचंड ज्ञान-अग्नि भडक उठने के लिए प्रेरक सिध्द हुआ। पैदल घुमक्कडी कर खानपान की असुविधाएँ झेल कर कभी कभी बीस बीस घंटों तक जाग कर पुरानी पोथियों को पढ़कर उन्होंने इतिहास के साधनों की पहला खंड १८९८ में प्रकाशित किया। ४८० पृष्ठें के इस ग्रंथ में १२७ पृष्ठ राजवाडे ने प्रस्तावना लिखी है जो इतिहास के अध्ययन एवं दृष्टि को नया रूप देने वाली है। १९८१ तक ५२८५ पृष्ठें के २२ खंड उन्होंने प्रकाशित किए. ज्ञान के विविध क्षेत्रों में उनकी जिज्ञासा इतनी प्रचंड थी कि व्याकरण, भाषा विज्ञान, समाजशास्त्र इत्यादि विषयों में भी उन्होंने नयी स्थापनाएँ की। महानुभावों के ग्रंथ जिस गोपनीय लिपि में लिख जाते थे। उसके रहस्य को खोलने का भी यशस्वी प्रयास राजवाडे जी ने किया। वे स्वदेश और स्वभाषा हित समानार्थी मानते थे। स्वभाषा विकास के लिए स्वराज्य आवश्यक समझते थे। इस प्रकार राजवाडे का हर कार्य राष्ट्रीय चेतना के यज्ञ में समिधा के समान रहा है।

राजवाडे की की मृत्यु का दिसंबर १९२६ को हृदय गति बंद होने से हुई।

राम गणेश गडकरी का साहित्य: सामर्थ्य और सीमा

राम गणेश रडकरी मराठी साहित्य सृष्टि में एक अद्‌भुत चमत्कार थे। महाराष्ट्र में इतनी लोकप्रियता और ख्याति बहुत कम लेखकों को मिली जितनी स्व. गडकरी को मिली।

नाटक, कविता और हास्यपरक साहित्य तीनों क्षेत्रों में गडकरी ने बीसवीं सदी के प्रथम दो दशकों में जो चमत्कार दिखाया वह चकित कर देता है। उस समय अधिक जब हम उनके साहित्य का समीक्षात्मक अवलोकन करते हैं और पाते हैं कि उनके लेखकीय व्यक्तित्व में विलक्षण गुण और बहुत बड़े दोष, जबर्दस्त शक्ति और उसे अवरुद्ध करनेवाली बहुत बड़ी सीमाएँ एक साथ दृष्टिगोचर होती हैं।

गडकरी के साहित्यिक गुणों और विशेषताओं में सबसे अधिक जो चीज मन को बेधती है, वह है उनके स्तरीय विरोधाभास। सामान्यतः काव्य और विनोद या हास्य एक स्थानपर इतने अधिक अनुपात में कम देखने को मिलता है। भाषा की क्रीड़ा से और विचित्र प्रसंगों के संयोजन से हास्य उत्पन्न करनेवाला यह लेखक करुण रस में सामान्य जनता को सराबोर करने की विलक्षण क्षमता रखता था। अनुभव की उत्कटता और तरलता के साथ कल्पना की चपल क्रीड़ा भी गडकरी के नाटक एवं काव्य में दिखायी देती है। आदर्श, मंगल और पवित्रता के प्रति समर्पित यह लेखक जीवन की भीषणताओं, भयावहता और क्रूरताओं से भी रूबरू होने में नहीं हिचकता था। वात्सल्य, प्रणय और श्रृंगार के भव्य और सुंदर चित्र खींचने में तन्मय होनेवाला यह लेखक हिंस्त्र और निर्घृण अमानुष प्रसंगों के चित्रण में भी कम नहीं रमता था। मनुष्य के स्वभाव की बारीकियों को पकड़ने में सिद्‌धहस्त इस नाटककार के यथार्थ बोध की सराहना करते समय उसमें असमय व्यक्त होनेवाली प्रतिभा को देखकर पाठक अवाक् होता है और समझ में नही आता कि लेखक को कोसा जाय तो कितना! भावुकता में त्याग और समर्पण करनेवाले तथा उच्च मानवीय मूल्यों के लिए जीनेवाले चरित्रों की पंक्ति में अहम् केन्द्रित और दुष्ट व्यक्तियों को जब दर्शक देखता है तो लेखक की बहुरूपिया शक्ति के प्रति नत मस्तक होता है। गंभारता और हल्कीफुल्की हास्य पटुता के सह अस्तित्व को देखकर गडकरी के चमत्कारिक व्यक्तित्व से पाठक या दर्शक स्तब्ध रह जाता है। लेकिन इन समस्त शक्तियों के बावजूद राम गणेश गडकरी अपेक्षित ऊँचाइयों को नहीं छू पाये, यह भी एक दुखद तथ्य है। शेक्यपियर के नाटकों से गहरे स्तरपर प्रभावित गडकरी अठरह नाटक लिखकर आधा शेक्सपियर बनना चाहते थे परंतु कुल ३५ वर्ष की उम्र में केवल साढ़े पांच नाटक ही लिख पाये और संभवतः हर नाटक में कुछ विलक्षण शक्ति के रहते हुए भी किसी कारण 'एकच प्याला' को छोड़कर कोई नाटक चिरकालिक या शाश्वत का स्पर्श लेकर नहीं निर्मित हुआ। मराठी के शायद ही किसी नाटककार में गडकरी जितना "पैशन" है, कल्पना शक्ति है, भाषा की अद्‌भुत शक्ति है परंतु कुछ ऐसे लेखकीय व्यक्तित्व के मूलभूत दोष भी हैं जिनके कारण समस्त शक्तियों का सानुपातिक संयोजन नहीं हो पाया। उन दोषोंपर विचार करने पर पहली बात जो सामने आती है वह यह कि गडकरी में 'पैशन' है परंतु पेशन्स नहीं। विलक्षण स्फोटक प्रतिभा में एबंडन्स है परंतु संयम निहायत नहीं। विलक्षण स्फोटक प्रतिभा का दोष यह है कि फॉर्म की, रूप बन्ध की चेतना बिलकुल नहीं है। उनकी भाषा से कल्पना की,

वक्रोक्तियों की, उपमा, रूपकों, दृष्टान्तों की, अनुप्रास और नाद की, वक्रतापूर्ण अभिनेय स्वरावली की चिन्गारियाँ बरसती है परंतु उनसे कोई ढंग का आकार नहीं बनता जिसमें अनुपात हो, सप्रमाणता हो औचित्य हो। उनके संवादों में चिंतन की गहराई और सूक्ष्मता को देखकर मन प्रभावित तो होता है परंतु उनकी कलात्मक प्रासंगिकता, प्रयोजनीयता और स्थिति की अनुकूलता के प्रति लापरवाही देखकर बहुत बड़े अपव्यय के दुखद बोध से सुधी पाठक का मन उचट जाता है अनेक चिरस्मरणीय पात्रों के निर्माण की क्षमता को देखकर मन श्रद्धा से भर उठ्ता है परंतु जब नाटक के पूरे संदर्भ में उन पात्रों की विचिकित्सा करने लगते हैं तो उनकी अनावश्यकता और फिजूलखर्ची को देखकर मन उब भी जाता है। अद्‌भुतता, अतिशयोक्ति, अतिरेक फिर वह पात्र की भाषा को लेकर हो, पात्र की नाट्यात्मकता की अनिवार्यता को लेकर हो या प्रसंगों और स्थितियों को लेकर हो, गडकरी के नाटकों में इस तरह आसन जमाय हुए हैं. कि ईश्वर की इस उदारता पर तरसने को मन होता है।

गडकरी के नाटकों को मराठी जनता ने बेहद प्यार किया क्योंकि उस समय उसने रूप को लेकर, शब्दों-संवादों, चरित्रों, घटनाओं, प्रसंगों और स्थितियों की फिजूलखर्ची को लेकर गडकरी के नाटकों से सवाल नहीं पूछे। उनके चमत्कृतपूर्ण ढ़ंग से संयोजित उत्कट भावात्मक प्रसंगों में मराठी दर्शक बह गया। खासकर स्त्री की पवित्रता, उसका पतिव्रत्य धर्म उसकी पति और पुत्र के प्रति होतात्म्य निष्ठ, उसकी पारिवारिक भक्ति ,इत्यादि आदिबन्धों को नाटक में खुलते और खिलते देखकर मराठी दर्शक खूब रोया। ईश्वर में गहरी निष्ठ, नियति की अद्‌भुत लीला के प्रति आश्वस्ति और दुष्ट शक्ति के शिकंजे में फँसकर तड़पते हुए भी आदर्श मूल्यों के प्रति अविचलित श्रद्धा के भव्य प्रसंगों में तर्क और संभवनीयता की शंकाओं को किनारे रख कर समाज तल्लीन हुआ। नाटक के विराट दुर्ग की सी भव्यता को सिर ताने देखकर वह इतना चमत्कृत हुआ कि उसके ऊबड़खाबड़ , बेतरतीब और अनुपातहीन रूप का समग्र दर्शन कभी कर ही नहीं पाया। गडकरी के हर नाटक में षड़यंत्र है, साजिश है गोपनीय भेद हैं, तल घर हैं पिटारे हैं, बुरकाधारी पात्र हैं, खून है, चोरी है, डकैती है। (एकच प्याला इसका कुछ अपवाद अवश्य है।) और सबसे अधिक इन सब में लेखक की मनमानी है-कुछ लोग इसे उर्दू मंच का प्रभाव मानते हैं, कुछ शेक्सपियर का भी। यथार्थ के समपकालीन प्रश्नों को अद्‌भुतता का ऐसा जामा पहनाया गया है कि गडकरी के नाटकों को पढ़ना है, देखना है और आस्वाद में डूबना है तो वह कला की शर्तोंपर नहीं गडकरी के लेखकीय गुणों की प्रचुरता की शर्तोंपरही संभव है। ट्रेजिडी में गुणोंकी अत्यधिकता विनाश का कारण है, उनकी अनुपातहीन समृद्धि, संयमहीन प्रचुरता, औचित्यहीन शक्ति प्रदर्शन। उनके लोकप्रय होने का आंशिक श्रेय बालगंधर्व के अभिनय को भी जाता है। बालगंधर्व ही नहीं, महाराष्ट्र के अनेकानेक महान अभिनेता। उसके लिए कारण है दर्शकों की भोली-भाली विभूतिपूजक श्रद्धा भी। उनके 'प्रेमसंन्यास' को देखकर मराठी के शीर्षस्थ नाटककार स्व. खाडिलकरने कहा था- 'गडकरी जी, आपने तो चार-चार नाटकों का मसाला इसमें ठूँस-ठूँसकर भर दिया है।' यह ऊपर से प्रशंसात्मक लगने वाली टिप्पणी गडकरी की शक्ति को स्वीकार करती हुई उनकी रचना के प्रति निहायत कमजोरी पर भी भाष्य करती है।

गडकरी कवि थे और केशवसुत के बाद १९२० तक के कुछ इनेगिने महत्त्वपूर्ण कवियों में से एक थे। गडकरी की भाषा को वैविध्यपूर्ण सामर्थ्य का उदार अवदान ईश्वर प्रदत्त था। रत्नागिरि के सिंधुदुर्ग को देखते समय दुर्ग की नींव में राजसंन्यास नाटक का बीज अंकुरित हुआ। उन्होंने तय किया कि इन्हीं लहरों के ताण्डव नृत्य में वे संभाजी महाराज और विवाहिता तुलसी के आदिम रक्त-आकर्षण की अद्‌भुत लीला दिखायेंगे। नाटक ऐतिहासिक था अतः गडकरी जी ने इतिहास कालीन भाषा को आत्मसात करने के लिए शिवकालीन ऐतिहासिक दस्तावेजों, बखरियों, शाहिरों के पवाड़ों, लावनियों को लगभग कंठस्थ किया। उर्दू का लोभ उनकी भाषा में, काव्य भाषा में भी पहले से शुमार था। संस्कृत से भी लगाव था। जन्मजात मेघा और प्रतिभा शक्ति के साथ-साथ अथक परिश्रम के प्रति भी गडकरी में कम लगाव नहीं था। गडकरी के राज संन्यास नाटक का यह प्रसंग इसलिए याद आया कि उनकी कविता में भी शब्द की वह शक्ति विद्यमान है जो ईश्वरप्रदत्त भी है और अथक परिश्रम से अर्जित भी।

गडकरीने गोविंदाग्रज नाम से कविता लिखी। नाटक में उन्होंने अपने को श्रीपाद कृष्ण कोल्हटकर का शिष्य बताया तो काव्य में केशवसुत का। लेकिन जिद्दी गडकरी में एक ओर अपने श्रद्धेय गुरूजनों के प्रति भक्तिभाव था तो दूसरी ओर एक तरह का स्पर्धाभाव भी। नाटक में वे निश्चय ही कोल्हटकर को मात दे सके परंतु काव्य में केषवसुत से स्पर्धा नहीं कर पाये। यहाँ भी कल्पना की विद्युतशक्ति, भाषा की विलास क्षमता और भावना की सूक्ष्मता और उत्कटता, आवेग इत्यादि गुणों में केशवसुत से अधिक समृद्‌धि लेकर गडकरीजी आये। परंतु शक्ति का असंयत उपयोजन, अतिरेकपूर्ण अभिव्यक्ति, कृत्रिमता की सीमा को छूने वाली कल्पना ने उन्हें सफलता की ऊँचाई पर जाने से रोका। कहीं वे 'स्मशानांतले गाणें' 'घुबडास' जैसी कविताओं में विद्रूपता का सामना करते हैं तो कभी 'मुरली' जैसी एकाध प्रभावशाली कविता में रहस्यवादी अनुभूति का सशक्त प्रकटीकरण करते हैं। "फुटकी तपेली" कलगीचे गाणें' जैसी कविताएँ प्रतीकात्मकता के बाबजूद अपेक्षित प्रभावी नहीं डालतीं। उनकी प्रणय-कविता में भी कल्पना की क्रीड़ा अनुभूति के स्त्रोतों को अविकल बहने नहीं दैती। कहीं प्रणय-कविता स्वप्नमय बेहोशी में ऊबडूब करती है, उनकी निराशामय करुण मनःस्थिति पाठकों को स्पर्श करती है। परंतु कल्पनाशक्ति का उपयोग करते समय गोविन्दाग्रज इतने अधिक उत्साहित होते हैं कि कविता की प्रकृति एवं स्वरूप का ध्यान भूलते प्रतीत होते हैं। (प्रसिद्ध कविता 'राजहंस माझा निजला' इसका सटीक उदाहरण है।) गोविन्दाग्रज की कविता लोकप्रिय हुई, परवर्ती कवियों ने अनुकरण करने का भी बहुत प्रयत्न किया परंतु ना. सी. फडके की कल्पना को उधार लेकर, कहना चाहिए कि गोविंदाग्रज की भाषा का शिवधनुष्य किसी से उठया नहीं गया। जिन्होंने उठया वे चारों खाने चित्त हो गये। उनकी लोकप्रियता काव्यगुणों की असलियत की पहचान के फलस्वरूप नहीं है, यह स्पष्टतः कहना होगा। उनकी लोकप्रियता का मर्म उनकी भाषा-क्रीड़ा की चमकृति में है, कल्पना की अतिरेक पूर्ण आतिशबाजी में है, विराधपूर्ण वर्कोक्तियों में है और यह मानना पड़ेगा कि भाषा का ऐसा स्वभाव और किसी कवि में नहीं दिखायी देता। लेकिन जिसे मराठी की कविता-भाषा पर अधिकार करना है, कविता की शक्ति से सही और गलत स्त्रोतों की पहचान करनी है, कल्पना की क्रीड़ा का व्यायाम करना है, उसके लिए गोविदाग्रज की कविता का अध्ययन आवश्यक है। एक तरह से

सही कविता के विवेक को बनाये रख कर गडकरी की कविता का अध्ययन किया जाय तो बहुत बड़ी शक्ति अर्जित की जा सकती है इसलिए गोविन्दाग्रज अपने आप में बड़े कवि न हों पाये हों, कवियों के कवि वे हैं।

गडकरी जी का हास्य परक साहित्य या विनोद मराठी का एक महत्त्वपूर्ण आभूषण है। वैसे गडकरी जी के गुरु श्रीपाद कृष्ण कोल्हटकर एक समर्थ विनोदी साहित्यकार थे। और यह मानना पड़ेगा कि पैनी बुद्धि और भाषा की विनोद परक क्रीड़ा के अजस्त्र कौशल के बावजूद गडकरी इस क्षेत्र में अपने गुरु को मात नहीं दे सके। फिर भी नाटकों में निबन्धों में एवं लेखों में तथा कविता में प्रचुर रूप में बिखरा हुआ गडकरी जी का विनोद मराठी का एक शक्तिशाली भंडार है।

नाटकों में गडकरी का विनोद तीन स्तरोंपर सक्रिय है। करुण प्रसंगों, गंभीर स्थितियों के बाद मानसिक राहत के रूप में गडकरी जी ने विनोद का इस्तेमाल किया है। इसके लिए उन्होंने खास विनोदी चरित्रों की सृष्टि की है और हास्य से सराबोर प्रसंगों को भी रचा है।

'प्रेम संन्यास' में उन्होंने विधवा-विवाह, बाल-विवाह, विषम-विवाह इत्यादि सामाजिक समस्याओं को लिया है और उनपर खूब चर्चाएँ अपने पात्रों से करवायी हैं वे इतनी हैं। कि तर्क, युक्ति और तात्विक चर्चा के बीच गडकरी यह भूल जाते हैं कि वे एक नाटक लिख रहे हैं जिसमें संवादों का स्वरूप बहस और चर्चा से अलग होता है। लीला और जयंत के प्रणय की करुण गाथा एवं खलनायक कमलाकर के भयावह दुष्कृच्यों से राहत दिलाने के लिए गोकुल जैसे चरित्र की सृष्टि की गयी है। यह भूलक्कड़ पात्र है और अपने भूलक्कड़ी स्वभाव से पाठकों और श्रोताओं का बहुत मनोरंजन करता है।

भूलक्कड़ गोकुल और उसकी झगड़ालू पत्नी मथुरा के बीच के संवाद हास्य की विस्फोटक सामग्री है। 'पुण्य प्रभाव' में दो के स्थानपर पाँच विनोदी चरित्रों का निर्माण किया गया है। हर चरित्र का दुनियाँ की ओर देखने का विशिष्ट अतिरेक रंजित दृष्टिकोण है जो हास्य की सृष्टि करता है। स्त्री के प्रति सदैव संदेह की दृष्टि से देखनेवाला सुदाम, अपने सौन्दर्य एवं अपनी सम्मोहन कलापर बहुत अधिक विश्वास करनेवाला मूर्ख कंकण, लोगों के मजाक के लिए तत्पर नुपूर, आभूषण - प्रिय दामिनी और अपने मालकन की नकल कर विवाह रचाने के लिए अति आतुर किंकणी, ये चरित्र अपने संवादों और अभिनव से बहुत हास्य परक स्थितियों उत्पन्न करते हैं। उदात्त मानवीय मूल्यों पर जीवन को समर्पित करने के लिए सदैव तत्पर ईश्वर, भूपाल और वसुंधरा की पृष्ठभूमि में और वसुंधरा और भूपाल जैसे उदात्त पात्रों को अपने दुष्कर्म के फाँस में घेरकर क्रूरता से पेश आनेवाले वृन्दावन के खलत्व की पृष्ठभूमि में ये चरित्र अपने चारित्रिक एवं स्वभागवत छिछोरेपन से जो हास्य पैदा करते हैं वह निश्चय ही दर्शक की करुण मानसिक अवस्था को ढील देता है। विवाहिता तुलसी और महाराज संभाजी के अवैध प्रणय-संबंध की यातनामय परिणति तथा मराठी राज को खत्म करने पर तुली परिस्थिति की गंभीरता के बीच राजसंन्यास में जीवाजी कलमदाने और देहूँ दप्तरी के माध्यम से कुछ तनाव को ढील देने का कार्य कराया गया है। एकच प्याला में खलनायक तलिराम अपने शराब पुराण तथा शराबियों के आर्य मादिरा मंडल द्वारा सुधाकर और सिंधु के क्रमशः ट्रैजिक होती जानंवाली स्थितियों के

विलक्षण करुण प्रसंगो के बीच रोते- कलपते दर्शकों को हास्य की दावत देते हैं करुणोदात्त नाटक की गायिका सिंधु के पार्श्व में बेलगाम जबान से पुरुष जाति पर प्रहार करने वाली अपनी ठसक से दर्शकों को आकर्षित करती है । मृत्यू के कुछ घंटे पूर्व गडकरी ने नाटक पूर्ण किया 'भावबंधन' । इसमें भी खलपुरुष घनश्याम के षड़यंत्र में फंसे निरपराध चरित्रों के जीवन की तड़फड़ाट को सहय बनाता है इन्दु-बिन्दु नामक दो काली कलूटी और विद्रूप लड़कियों के द्वारा आयोजित हास्य, महेश्वर जैसे व्यक्ति का वेशांतर, इन्दुबिन्दु के हाथ उसका एक शिकार के रूप में फँस जाना और उससे उत्पन्न विनोद तथा सदैव विषयांतर करने की आदत से मजबूर भोले-भालेभूलक्कड़ परंतु ह्रदय से अतीव सज्जन धुंडीराज के लंबे चौडे हास्य परक वक्तव्य ।

गडकरी ने इन नाटकों में हास्यपरक प्रसंगो का भी सृजन किया है जो ठहाके पैदा करता है । भाषिक विनोद पूर्ण प्रसंगों के रचाव में पाठक उनकी कृत्रिमता भूल जाता है । गडकरी ने हास्य के लिए कुछ लेख भी लिखे । अपने गुरु कोल्हटकर के निबंध 'सुदाम्याचे पोहे' गडकरी के सामने आदर्श के रूप में थे । लेकिन शब्द-क्रीड़ा के वैविध्यपूर्ण चमत्कारों के बावजूद गडकरी को कोल्हटकर जैसा विनोद उत्पन्न करने में उतनी सफलता नहीं मिली । 'कवीचा कारखाना' जैसा मिबंध उल्लेखनीय है । हास्य ओर करुण की लुकाछिपी का जो खेल गडकरी के नाटकों में है वही उनके ठकी के विवाह को लेकर लिखे गये निबंधो में है । कोल्हटकर के अनुकरण पर तिंबूबाना, बालकराम और आभा भटजी के रूप में तीन चरित्रों का निर्माण उन्होंने खास हास्यपरक प्रसंगो के लिए किया है । 'स्वंयपाक घरातील गोष्टी' भी अच्छा विनोदी लेख है । वैसे 'वेडयांचा बाजार' नामक पहले नाटक में किसी न किसी बात के पीछे पागल व्यक्तियों को इकट्ठ लाकर हास्य उत्पन्न किया गया है । यह पहला नाटक बहुत ही सामान्य है । परंतु गडकरी के बौध्दिक कौशल में समाविष्ट हास्य -परकता का सशक्त सबूत देता है ।

गडकरी में सामाजिक सुधार की बड़ी ललक थी क्योंकि उन्नीसवीं और बीसवीं सदी के प्रथम दो दशकों के साहित्य की वह प्रमुख प्रेरणा रही और सामाजिक रुढ़ियों, रीति-रिवाजों, और असंगतियों पर व्यंगात्मक प्रहार भी गडकरी ने किये । मूकनायक लेख बहुत ही प्रभावपूर्ण है । (स्मरण रहे गुरु कोल्हटकर का नाटक था 'मूकनायक') जिसमें मध्यवर्गीय निष्क्रिय सामान्य मनुष्य के क्षुद्र जीवन का खाका खींचा गया है और उसके सभी प्रकार से मूक होने पर भाष्य किया है । जीवन के प्रौढ निरीक्षण को ऊपर से निरीह हास्य परक लगनेवाली शैली में शायद ही इस प्रकार आकार दिया गया हो। 'दीड पानी नाटक' भी तथाकथित विद्वान की जीवन विषयक नासमझी को उजागार करता है ।

लेकिन गडकरी का असली विनोद और हास्य स्वतंत्र लेखों की अपेक्षा नाटकों में अधिक परिपुष्ट हुआ है क्योंकि ये फुटकर लेख खालीपन का काम था बहुत आकांक्षा के साथ किया हुआ नहीं ।

स्व. गडकरी के नाटकों का मंचन बहुत ही कठिन है और आज के युग में बिना मंचीय आवृत्ति बनाये असंभव भी है । परंतु स्मरण रखना होगा कि उनके 'एकच प्याला' ने मराठी रसिकों को करीब चालीस वर्षों तक एक तरह से सम्मोहित किया था और ऐसे भी रसिक थे

जिन्होंने इस ट्रेजिडी को दसों बार देखा था । उनका भावबंधन भी महाराष्ट्र के नाटय प्रेमी समाज का कंठहार बना रहा । अधूरे 'राजसंन्यास' का मंचन भी उसके करुणोदात्त प्रसंगों के लिए, भाषा के चमत्कार के लिए कम स्वागतार्ह नहीं रहा ।

गडकरी का समग्र साहित्य और खासकर उनके नाटक और कुछ कविताएँ समस्त कलात्मक दोषों और त्रुटियों के बावजूद मराठी साहित्य में अमर रहेगे । ये चीजें सामान्य पाठक के लिए शायद कम महत्वपूर्ण रहेंगी परंतु जिस लेखक को मराठी भाषा का सामर्थ्य देखना है, भाषा में निहित कल्पनाशक्ति से साक्षात्कृत होना है, भाषा की क्रीड़ा कितने प्रकार की, कैसी हो सकती है इसे एक अध्ययन के रूप में गौर करना है, उसे गडकरी का साहित्य, शक्ति-गुटिका के रूप में प्रयुक्त करना होगा । गडकरी ने जिस करुण, गंभीर, करुणोदात्त करुणरम्य, भावात्मक प्रसंगों का निर्माण किया है उनसे अभिभूत हुए बिना मराठी नाटय-सृष्टि में अमृत स्पर्श से चिरजीवित नाटय का निर्माण संभव नहीं है । गडकरी के अत्यधिक समृद्ध साहित्यिक गुणों के साथ साहित्यिक सौष्ठव की तृटियों के कारण किस तरह एक शेक्सपिअर की ऊँचाइयों, गहराइयों और विशदताओं को छू सकने की संभावनाओं से युक्त महान कलाकार (असमय मृत्यू के कारण भी) पंख टूटे गरुड़ की तरह मन पसंद उड़ाने भरकर आसमान को व्यापने में असमर्थ हो जाता है, इसका का उदाहरण गडकरी के नाटक हैं । शक्ति की अतिशयता अपव्यय के कारण कैसे वैश्विक महानता को छुते-छुते अधूरी पड़ जाती है, यह गडकरी का साहित्य स्पष्ट करता है । लेकिन गडकरी फिर भी साहित्यकारों के साहित्यकार रहेंगे क्योंकि कलात्मक संयम, औचित्य, समानुपात, संतुलन इत्यादि के अभाव में भी विरचित उनका साहित्य शक्ति से ओतप्रोत है ।

गडकरी के साहित्य का सही पाठक वही है जो शैलीगत यथार्थ की शर्तें, लौकिक एवं व्यवहारिक जीवन की समान्तरता, संभवनीयता, विश्वसनीयता, उपयोगितावादी प्रासंगिकता इत्यादि निकषों को दूर रखकर कल्पना के अद्भुत विश्व में स्वेच्छया प्रवेश करने को आतुर हो, कलात्मक त्रुटियों के बावजूद प्रतिभा की शक्तिमत्ता से प्रभावित होनेके लिये सहर्ष उद्यत हो, भावात्मक प्रसंगों में बहकर अश्रुपात करने को कमजोरी न मानता हो, कल्पना की अनेक स्तरीय क्रीड़ा से चमःकृत होने में अपने कलात्मक बीध का अवमान न समझता हो और भाषा की शक्ति के श्रद्धापूर्वक दर्शन करने में अपना परम भाग्य समझता हो।

गडकरी के साहित्य को मराठी साहित्य से निकाल दिया जाय तो जो शून्य पैदा होगा उसकी कल्पना भी सह्य नहीं है, गडकरी वाड्मय से संबद्ध रसिकता की स्मृति एवं संस्कार को मिटा देने पर बड़ी दरार पैदा हो जायेगी-लेखक की महानता का यह एक प्रमाण है। गडकरी का अनुकरण खूब हुआ, कभी हास्यास्पदता भी पैदा हुई परंतु गरू ड़ की उड़ान का अनुकरण कैसे संभव है? गडकरी की असफलताएँ भी साहित्यकारी के लिये मार्गदर्शक हैं।

मराठी के महान चिंतक वि.का. राजवाडे स्वाभिमानपूर्वक कहते थे कि किसी को मेरे लेख पढ़ने हों तो वह उसके लिए मराठी सीखे, मैं अंग्रेजी में नहीं लिखूंगा। तुलसीदास के रामचरित मानस के आस्वाद के लिए हिन्दी सीखनी चहिये। अनुवाद से उसका झिलमिल आभास भी संभव नहीं है। गडकरी के साहित्य का आस्वाद करना हो तो मराठी सीखनी पड़ेगी और यह परिश्रम

व्यर्थ नहीं होगा। क्योंकि उससे जो शक्ति मिलेगी वह साहित्यकार को निश्चय ही कुछ सीढ़ियाँ ऊपर उठायँगी। कुछ साहित्यकार ऐसे होते हैं जिनकी सहित्यिक क्षमता के संस्कारों के साथ जिया नहीं जायेगा तो समकालीन यथार्थ की चुनौतियाँ भी शक्ति के साथ झेली नहीं जा सकतीं, गडकरी उनमें से एक हैं। भाषा की शक्ति और उसके उपयोजन की कमजोरियाँ भी गडकरी-वाड्.मय के अध्ययन से समझी जा सकती हैं। मुझे लगता है मराठी भाषा का बिम्बधर्मी रूप, उसकी नादमय अर्थवत्ता, सूक्ष्म सै सूक्ष्म भाव-तरंग को सहजता के साथ व्यक्त करने की अदभुत सामर्थ्य, अनेकविध रसों को अभिव्यक्त करनेकी शक्ति इत्यादि गुणों का जो वैभय ज्ञानेश्वरी में तेरहवी सदी में उन्मेषित हुआ था कुछ उसका युगानुकूल स्वरूप गडकरी-वाङ्मय के रूप में आंशिक रूप में प्रतिभासित हुआ।

स्व.रामगणेश गडकरी की जन्मशताब्दी १९८४-१९८५ के बीच महाराष्ट्र में धूमधाम से मनायी गयी। अनेक स्थानोंपर गडकरी के नाटकों का नये पुराने व्यावसायिक अभिनेताओं, नाटक मंडलियों और शौकिया युवा अभिनेताओं द्वारा मंचन हुआ, नाटकों की रंगमंचीय अवृत्तियाँ बनाकर नयी दृष्टि से दिग्दर्शन किया गया, गडकरी के साहित्य का पुनर्मूल्यांकन किया गया, समाचार पत्रों, नियकालिकाओं द्वारा विशेष अंक प्रकाशित किये गये, गडकरी के आवास के पुनरुध्दार का निश्चय किया गया। सरकारी और गैरसरकारी स्तर पर उत्साहपूर्वक गडकरीजी की साहित्य सेवाओं को स्मरण किया गया। गडकरीजी के संपूर्ण साहित्य को एकत्र प्रकाशित करने के दो प्रयत्न हुए। डॉ. भीमराव कुलकर्णी के विस्तृत समीक्षा त्मक संपादकीय के साथ एक आवृत्ति प्रकाशित हुई है। महाराष्ट्र राज्य साहित्य-संस्कृति मंडल ने दो भागों में ११५० पृष्ठों की संपूर्ण गडकरी ग्रंथावली प्रकाशित की है और वह केवल ७५ रूपयों में उपलब्ध है। मराठी के महान साहित्यकार स्व. प्रह्लाद केशव अत्रे द्वारा लिखित गडकरी वाड.मय की प्रदीर्घ प्रस्तावना को इसमें संग्रहीत किया गया हैं।

सौभाग्य की बात है कि हिन्दी में स्व. गडकरी की साहित्य-सेवा का परिचय देने के लिए दो युवक मैदान में उतरे हैं-राजकुमार 'तृपित' व किरण वाडीवकर। इन युवा लेखकों के प्रयत्न में मुझे उनके उज्ज्वल भविष्य के दर्शन हुए। उन्होंने स्व.गडकरी के साहित्य को पढ़ा, उसपर लिखे हुए समीक्षात्मक ग्रंथों का अच्छा अध्ययन किया और हिंदी प्रेमी जनता या एक प्रकार से समस्त भारत के अधकांश पाठकों के सामने प्रस्तुत ग्रंथ के माध्यम से मराठी के इस प्रखर तेजवान दीप को रखा है। उन्होंने गडकरी क नाटकों की कथावस्तु के साथ हर नाटक की समीक्षा भी प्रस्तुत की है, गडकरी के काव्य की प्रवृत्तियों का समीक्षात्मक सर्वेक्षण किया है, गडकरी के विनोदी साहित्य की झाँकी भी दो है। जहाँ तक मेरी जानकारी है हिंदी में गडकरी पर लिखी हुई यह पहली पुस्तक है। भारत में परस्पर परिचय का जो प्रयत्न चल रहा है उस में प्रस्तुत पुस्तक का अपना महत्व है। इस पुस्तक के द्वारा अगर गडकरी के साहित्य के लिए हिन्दी प्रेमियों में उत्सुकता और अनुवाद की प्रेरणा जगी तो यह प्रयास सार्थक समझा जायेगा । मध्ययुग में भारतीय भाषाएँ अपनी-अपनी स्वतंत्र गृहस्थी बनाने में प्रवृत्त हुई परंतु सांस्कृतिक दृष्टि से एखता के अद्भुत प्रयास मध्ययुगीन संतों, भक्तों, और साहित्यकारों ने किये । भाषाओं की अपनी

स्वतंत्र सत्ता और अस्मिता के बावजूद विलक्षण समानता के सूत्र मध्ययुग में दिखते हैं । आधुनिक युग में अनेक प्रकार की भोतिक सुविधाओं के होते हुए भी परस्पर आदान प्रदान की इच्छा कुछ क्षीण होने लगी थी । टैगोर, साने गुरुजी जैसे व्यक्तियों ने आन्तरभारती के महान स्वप्न देखे । सांस्कृतिक एकता के इस स्रोत को भूलने नही देना है तो साहित्यिक आदान-प्रदान का परस्पर स्नेहपूर्ण परिचय का सुदृढ सेतू आवश्यक है । इस सेतू को बनाने में श्री राजकुमार 'तृषित' और किरण वाडिवकर ने रामका नाम लेकर कुछ पत्थर समुद्र में फेके हैं । मै इसका मनःपूर्वक स्वागत करता हूँ । और दोनो युवकों के प्रयास के लिए उनका हार्दिक अभिनन्दन करता हूँ । मैं यह नहीं कहता कि पुस्तक निर्दोष है परंतु महन सेतू में कुछ उबड़-काबड़ पत्थरों का भी अपना महत्व है । यहाँ तो दोनो युवकों ने काफी तराशकर पत्थरों को फेंका है । मैं हिंदी प्रेमी जनता को आवाहन करता हूँ कि इस पुस्तक को पढ़ें और गडकरी के साहित्य को पढ़ने के लिए मराठी भी सीख लें । गडकरी की भाषा मेंहंदी और उर्दू का विलक्षण स्वीकार है (उनकी प्रसिद्ध कविता 'मुरली' की पहली पंक्ति है- 'बजाव-बजाव मुरली') गडकरी उन महान आत्माओं में से एक थे जिन्होने विविधतापूर्ण भारतीय संस्कृति की आन्तरिक एकता को पहचान ही नहीं लिया था, अपितु सांस्कृतिक मूल्यों के लिए आत्मिक स्तर पर वे समर्पित थे । उनकी प्रखर महाराष्ट्र निष्ठ भारतीय एकात्मता का एक सशक्त रूप था । अन्यथा 'वज्र भाषा के वाल्मिकि' कहकर तुलसीदास को याद कैसे करेंगें ? गडकरी उन महान लेखकों में से थे जिनकी रक्तशिरा में रामायण, महाभारत से लेकर मध्ययुगीन संतों तक की साहित्यिक, सांस्कृतिक धरोहर प्रवाहमान थी । इन दोनो युवको ने गडकरी को केवल इसीलिए नहीं चुना कि उनकी जन्मशताब्दी १९८४ में धूमधाम से मनायी गयी बल्कि गडकरी के आत्मिक सामर्थ्य की साक्षात पहचान ने उन्हें आविल कर दिया । एक अत्यंत उचित चुनाव के लिए भी दोनों धन्यावद के पात्र हैं । मैं अपनी उम्र का फायदा उठते हुए दोनों को आशीर्वाद भी देता हूँ कि प्रस्तुत प्रयास को वे केवल शुभारंभ का बिंदु समझें और अपनी पूरी शक्ति के साथ भारतीय एकात्मा ता के भावात्मक प्रयास में अपना योगदान करें ।

बहुमुखी प्रतिभा के धनी सावरकर

२८ मई १८८३ स्वातंत्र्यवीर सावरकर जी का जन्म दिन। आज उनका जन्म शताब्दि दिन।

भारतीय स्वातंत्र्य युग के संघर्षमय युग का यह वैशिष्ट्य रहा है कि दादाभाई नौरोजी से लेकर नेहरू तक कितने ही महान व्यक्तित्व जीवन के जुझारू वीर भी रहे हैं और चिन्तक और कलाकार भी। इन हिमालयीन भव्यता के समृद्ध व्यक्तित्वों के बीच स्वातंत्र्यवीर सावरकर अपने वैशिष्टपूर्ण व्यक्तित्व के लिए प्राख्यात हैं। श्रीमान विनायक दामोदर सावरकर एक ओर प्राण हथेली पर रख कर स्वातंत्र्य के लिए समुद्र में कूदनेवाला क्रांतिकारी भी हैं और दूसरी ओर भव्योदात्त और सुकोमल अनुभुतियों के चितेरा साहित्यकार भी। यह भी आश्चर्यजनक संयोग है कि भारत के वे प्रातः स्मरणीय देशभक्त राजनीति के क्षेत्र में विवशता से आये क्यों कि तिलक प्रथमतः गणित के अध्येता बनना चाहते थे, महात्मा गांधी धार्मिक प्रवृत्ति के व्यक्ति थे, नेहरु सौंदर्यान्वेषी सत्यप्रेमी थे तो सावरकर कलाकार थे। सावरकार ने लिखा है। "मैं प्रवृत्ति से कवि और कलाकार हूँ। लेकिन परिस्थितियों ने मुझे राजनीतिक पुरुष बनाया है।" असल में सभी प्रतिभा का ईश्वरीय वरदान पाकर जन्मे थे और इसीलिए जिस भी क्षेत्र में विवशता से आये उसे अपने चरणचिह्नों से आलोकित कर अपने पीछे आने वालों के लिए राह प्रशस्त कर गये।

तात्यासाहब सारकर क्रांतिकारी देशभक्त थे, पराधीन भारत की दयनीय दशा देखकर उनका कवि हृदय भाव विह्वल होता था और स्वतंत्र, स्वयंपूर्ण और शक्तिसम्पन्न भारत के महान व्यक्ति देखने के लिए उनकी कल्पना बार बार सीमाहीन आकाश में उड़ानें भरती थी। वे प्रकृति से साहित्यकार थे, शब्दों के धनी थे और जितनी उत्तेजक वाणी से हजारों श्रोताओं को सम्मोहित कर उनमे आवेश और सक्रिय चैतन्य भर सकते थे उतनी ही प्रभावपूर्ण लेखन शक्ति से लाखों पाठकों को मंत्रमुग्ध कर उनकी सोयी अस्मिता को जगाते थे, उन्हें अभिभूत कर सकते थे।

साहित्य का ऐसा कोई क्षेत्र नहीं है जो मान्यवर सावरकरजी की लेखनी से अछूता रहा हो। वे मुख्यतः एक सशक्त कवि थे, अपनी वैचारिक और भावनात्मक उथलपुथल को व्यक्त करने के लिए उन्होंने नाटक लिखे। अपने जीवन की नाट्यमय और रोमांचकारी घटनाओं का यथावत प्रकटीकरण करने के लिए आत्मचरित्र लिखा, जिस मैजिनी के वीर चरित्र से युवावस्था में ही प्रेरित हुए उसका चरित्र प्रस्तुत किया, १८५० की उथलपुथल में राष्ट्रीयता के प्रथम ज्वालाग्राही उन्मेष को देखकर एक इतिहास कविता के रूप में उस काल की अग्निचेतना को 'अठराशे सत्तावनचे स्वातंत्र्यसमर' नामक ग्रंथ में शब्दबद्ध किया, अपने अंदमान के जेल जीवन में बिताये दिनों में प्राप्त सर्वथा अलग अनुभवों को अभिव्यक्त करने के लिए उपन्यास लिखा। भारतीय समाज के सुखदुखों से एकाकार होकर अध्ययन और सूक्ष्म चिन्तन से अद्भूत उनके विशिष्ट शैली में लिखे निबंधों और प्राबन्धों का मराठी में अपना खास स्थान है। उनके समूचे लेखन का उद्देश्य भारतीय समाज का प्रबोधन करना था। राष्ट्रीय चेतना के दुर्द्धर्ष आवेग ने उनके समूचे साहित्य को भावोत्कर कवि का स्पर्श किया है। दर्शन, धर्म, राजनीतिशास्त्र, समाजशास्त्र और संस्कृति के अध्ययन ने उनके विचारों को बुद्धिवाद की मजबूत नींवदी है, वहाँ उनकी अलोंकिक

तर्कपूर्ण बुद्धि ने उन्हें धारदार भी बनाया है। उनकी विज्ञाननिष्ठ ने उनकी बुद्धिवादी जीवन दृष्टि को जहाँ वास्तववादी और उपयोगितावादी बनाया है वहाँ उनकी कवित्व शक्ति ने उन्हें महान मूल्यों के लिए समर्पण करने का सक्रिय सामर्थ्य भी प्रदान किया है।

भारतीय स्वातंत्र्य का अजपा जप करने वाले वीर सावरकर की कविता भावुक कोमलता और भव्योदात्त ओजस्विता, उज्ज्वल कल्पना और तत्त्वचिंतन के मणिकांचन योग से संपृक्त है। सावरकर बचपन से संस्कृत और मराठी कविता से प्रभावित रहे हैं। सन्त कवि रामदास की अक्खड और फक्कड शैली, मराठी शाहीरों की वक्तृत्वपूर्ण संबोधनपरक सरल अभिव्यक्ति मराठी के पंडित कवियों का संस्कृत परंपराओं को वाहन करने वाली वाणी का खास प्रभाव सावरकर की काव्यशैली पर रहा है। पुराण और इतिहास के साथ अंग्रेजी कवियों के अनुवाद का प्रभाव भी उनके काव्य में प्रेरक तत्व के रूप में रहा। परिणामतः सावरकर की कविता खंड काव्य या प्रदीर्घ काव्य का रूप लेकर अवतारित हुई। ('कमला') कविताएँ मराठें के कुछ अतुलनीय पराक्रम की पृष्ठभूमि लेकर लिखी गयी। 'गोमांतक' में पुर्तुगीजों के हिंदुओपर किये गये अत्याचारों पर लिखा हुआ खंड काव्य है। जिनमें शुद्धिकरण की समस्या को उठाया गया है। पर वैसे चौदह पंद्रह वर्ष की उम्र से ही सावरकर वीरों के हौतात्म्य से प्रभावित हो कर पवाडे लिखते थे। सवाई माधवरावाचा रंग, नवरत्न तानाजी मालुसरे, बाजी प्रभु देशपांडे उनके द्वारा लिखे गये पवाडे थे। बचपन से ही मित्रमेळा नामक संस्था के लिए राष्ट्रीय भावों से भरे संवाद और पद लिखने का काम उन्होंने किया था। देश और अपने समाज से दूर विदेशों में उन्हें अकेलेपन की भावना कविता लिखने के लिए प्रेरित करती थी। उन्होंने अपना सब कुछ मातृभूमि के लिए समर्पित किया था। उनकी 'ने मजसी ने परत मातृभूमीला/सागरा प्राण तळमळला' कविता राष्ट्रीय विप्रलंभ काव्य का एक भव्य शिल्प है। जगन्नाथाचा रथोत्सव; अज्ञेयाचे रुद्धद्वत्, सूत्रधारास, मरणोन्मुख इत्यादि कविताओं में उनकी आध्यात्मिक रुझान व्यक्त हुई है। कुलमिलाकर सावरकर की कविता स्वातंत्र्यप्रेम और देशभक्ति का धधकता हुआ अग्निकुंड है। विचार, भावना और कल्पना का यह अद्‌भुत रसायन पाठक को भावित ही नहीं करता, सक्रिय भी करता है।

सावरकर का गद्य सहित्य भी कम शक्तिशाली नहीं है। उनके तीन नाटकों - 'उःशाप' 'संन्यस्त खड्‌ग' और 'उत्तरक्रिया' में संन्यस्त खड्‌ग मंचन की दृष्टि से अधिक प्रभावपूर्ण रहा। उन्होंने नाटयकला को उदाता का मंगल संस्कार करनेवाला एक साधन माना। उःशाप का मूल विषय है अस्पृश्यता निवारण और उसका नायक है संत चोखामेळा संन्यस्त खड्‌ग के माध्यम से उन्होंने बौद्ध की अहिंसा, निवृत्तिपरकता और आत्मघाती वैयक्तिकता का पर्दाफाश कर शक्तिमूलक कर्मयोग को अपनाने का संदेश दिया है। उत्तर क्रिया में माधवराव पेशवे की महानता को रेखांकित करते हुए बलात्कार की शिकार नारियों के प्रश्न को उठाया है। एक तरह से सावरकरजी ने अपने समय की समस्याओं को ऐतिहासिक वातावरण के माध्यम से उठा कर जीवन की अखंडता का बोध कराने का प्रयास किया है। तकनीक की भी दृष्टि से दोषपूर्ण उन नाटकों में प्रक्षुब्ध करने की शक्ति अवश्य है।

सावरकर अपने 'मोपल्याचें बंड' उपन्यास में हिंदुओं पर किए गये अत्याचारों का

प्रभावपूर्ण विवरण है जो प्रचार की भूमिका में भी रौद्र और वीभत्स रस का, मराठी उपन्यास साहित्य के लिए कुछ अनोखासा चित्रण करता है। 'काळेपाणी' उपन्यास अधिक सफल है जिसमें मन को भयकंपित करनेवाली घटनाओं के निर्माण से अद्‌भुतता का समावेश किया गया है। अंदमान द्वीप की पृष्ठभूमि पर लिखे इस उपन्यास में रफीउद्दीन नामक खल पुरुष का व्यामिश्र चित्र प्रभावपूर्ण हुआ है। उपन्यासों की तुलना में सावरकर की कहानियाँ असफल हैं उनमें संयम एवं व्यंजनशक्ति का अभाव है।

सावरकर के समस्त साहित्य में उनका निबंधलेखन विशेष महत्त्वपूर्ण माना जाएगा। उनके निबंधों में समाज को बुद्धिवादी और वैज्ञानिक दृष्टि से चिंतन करने की प्रेरणा दी गयी है, वर्तमान समय की समस्याओं का सर्वांगीण चित्रण किया गया है। विज्ञान को सनातन धर्म मानकर उसी के प्रकाश में सामाजिक, सांस्कृतिक जीवन का चित्रण करने का आग्रह किया है। सावरकर की राष्ट्रीय भावना इतनी तीव्र और प्रखर थी कि उनके चिन्तन ने एक और राष्ट्र को हिंदु समाज तक सीमित करने को बाध्य किया तो दूसरी ओर हिंदु समाज की परंपरागत व्याप्ति को अधिक विस्तृत करने का प्रयास भी किया। राष्ट्र को जीवन्त और शक्तिशाली बनाना उन का एक मात्र लक्ष्य रहा। अतः उनके सारे विचारों, भावों का लक्ष्य क्षात्रधर्म को पुनर्जीवन करने की ओर रहा।

सावरकर की प्रतिभा बहुप्राण थी। क्रांति की आग और मानवीय भावों की कोमलता का अद्‌भूत संगम उनके लेखन में था। भव्य स्वप्न देखने की उत्तुंग कल्पना के साथ अपने समाज की वर्तमान रुढ़ीजर्जरता ओर निगातेगामी जाति व्यवस्था पर व्यंग्य करने की जुझारु प्रखरता भी उनमें थी। तीखे तर्कों एवं भेदक युक्तियों के साथ चेतावनी देनेवाली भाववाहिनी प्रबलता भी उनमें भी। उनका साहित्य कांति की आधुनिक गीता है।

स्वातंत्र्यवीर सावरकर का आधुनिक दृष्टिकोण

भारतीय पारतंत्र्य के जो भी दोष और हानियाँ बतायी जा सकती है लेकिन उसके एक महान लाभ का निर्देश करना होगा। वह लाभ यह है कि इसी पारतंत्र्य के युग में भारत में राजा राममोहन राय से लेकर आंबेडकर तक अनेक विराट व्यक्तित्व पैदा हुए। इन प्रखर और विराट व्यक्तित्वों में स्वातंत्र्यवीर सावरकर का नाम अत्यंत महत्वपूर्ण है।

स्वातंत्र्यवीर सावरकर का व्यक्तित्व बहु आयामी था और उनके व्यक्तित्व का एक एक पहलू भी अपने आप में विलक्षण तेजस्वी था। वे जितने आवेश पूर्ण राष्ट्रवादी ये उतने ही प्रखर बुद्धिवादी भी थे। हजारों युवकों को क्रांतिकारी विचारों से उत्तेजित करने की प्रबल क्षमता के साथ राष्ट्र के संगठन के लिए आवश्यक तत्त्वों के प्रति उनकी दृष्टि आकर्षित करने वाली गंभीर वैचारिकता भी उनमें थी। हिंदू धर्म की गतिशील सर्वसमावशक बारतीय संस्कृति, इतिहास और परंपराओं के प्रति अभिमान से पूर्ण उनके हृदय में अंध और निगतिगामी रूढ़ियों को तोड़ने की लडाकू आकांक्षा थी। भारतीय स्वातंत्र्य के बाद के समाज को नये सिरे संगठित करने का चिन्तन करनेवाले और भविष्य के उज्ज्वल सपने देखनेवाले सावरकर अपने उद्देश्यों को साकार करने के लिए व्यावहारिक जमीन पर चलना आवश्यक समझते हैं। वे बहुआयामी प्रतिभा के साहित्यकार ये और उनके साहित्यिक व्यक्तित्व का क्रेंद्रबिंदू उनका कवि हृदय था। साहित्यकार के साथ संगठन कुशल, कर्मठ राजनीतिज्ञ भी थे। उत्तेजक नेतृत्व को उनका प्रक्षोमक वक्तृत्व जैसे सहायक होता था परंतु उनके वक्तृत्व में वाक्‌सामर्थ्य के साथ चिन्तन-मनन का गहन सहयोग भी था। राष्ट्र भक्ति और हिंदू समाज की प्रगति उनकी श्रद्धा के महत्वपूर्ण अवलंब थे परंतु यह श्रद्धा, इतिहास के अध्यपन और वर्तमान के सूक्ष्म निरीक्षण से विवेक संपृक्त बनी थी। सावरकर के बहु आयामी समृद्ध व्यक्तित्व के केवल एक अंग का उनकी आधुनिक दृष्टि का यहाँ संक्षिप्त परिचय देना हैं।

सावरकर भारत की संस्कृति और परंपरा की ऊर्जा को अपने खून में अनुभव करनेवाले राष्ट्रप्रेमी सेवक थे और भारतीय अध्यात्म की महान परंपराओं से उनका गहन परिचय था। परंतु आधुनिक मनुष्य की बुद्धिवादी चिन्तनशीलता ने उन्हें आत्मालोचन करने को बाध्य किया था। सावरकरने प्रखर बुद्धिवादी दृष्टि से यह महत्वपूर्ण मत निस्संदिग्ध स्वीकार किया कि आध्यात्मशास्त्र का उपयोग समाज के स्तरपर नहीं, वैयक्तिक स्तर पर किया जा सकता है। समाज एवं राष्ट्र दृढ़ संगठन एवं प्रगति के लिए वे ऐहिकतावादी, विज्ञाननिष्ठ, बुद्धिवादी तत्वों का ही उपयोग उचित समझते थे। इसलिए हिंदुओं का संगठन करते समय वे उन तमाम रुढियों को खत्म करना चाहते थे जो हजारों वर्षों से मनुष्य को कर्मकांड में व्यस्त, आत्मकेंद्रित और जीवन की महत्वपूर्ण समस्याओं से पलायनवादी बना रही थीं।

भारतीय समाज सामान्यतः इतिहास बोध के प्रति उदासीन रहा है परंतु सावरकर इतिहास के केवल अध्येता और लेखक ही नहीं थे अपितु इतिहास के बोध से वे अपने राष्ट्रीय व्यवहार को नियंत्रित करने के आकांक्षी थे। इसीलिए विभिन्न राष्ट्रों के इतिहास के अध्ययन से उन्हों ने यह निष्कर्षित किया कि बिना संघर्ष के किसी को स्वातंत्र्य की प्राप्ति नहीं होती। सावरकर के समकालीन महात्मा गांधी अहिंसा का पाठ भारत को सिखा रहे थे और इसी कारण प्रतिकार में

सावरकर सशस्त्र क्रांति का समर्थन बड़ी तेज धार से करते थे। भातीय मनुष्य को वे सदैव अपने अधिकारों के लिए सजग रहना सिखाना चाहते थे इसीलिए महायुद्ध के छिड़ने पर हिन्दुओं को उन्होंने सेना में भरती होने के लिए उत्तेजित किया। उनका उद्देश्य यही था कि इस बहाने युद्ध और रणनीति का पाठ भारतीय सीख सके। सुभाषचंद्र बोस इस मुद्दे पर सावरकरजी से सहमत थे। यह सर्वविदित है कि बोसजी की सेना में वही रणवीर शामिल ते जिन्होंने युद्ध के पाठ सीखे थे। सावरकरजी ने एक श्लोक में लिखा है कि सशस्त्र क्रांति का यह व्रत हमने अंधेपन से नहीं स्वीकारा बल्कि इतिहास और मनुष्य स्वभाव के अध्ययन में प्राप्त आलोक में स्वीकार किया है। सावरकरजी की समाज को सशस्त्र क्रांति का पाठ देने की आकांक्षा के मूल में भारत को शक्तिशाली बनाने की नीति है और वह अद्देश्य इस मान्यता पर आधारित है कि विभिन्न राष्ट्रों में संघर्ष होना अटल है और उसके लिए सतत तत्पर रहना जरूरी है।

उन्नीसवीं सदी में भारतभर में जो सुधार और पुनरुत्थान का आंदोलन प्रारंभ हुआ था उसका वैचारिक प्रभाव सावरकर के चिन्तन पर पड़ा था और वे सामाजिक सुधारों के बारे में बुद्धिवादी, वैज्ञानिक दृष्टि सम्पन्न आगरकर से बहुत प्रबावित थे। सावरकर भारतीय संस्कृति और परंपराओं का वही अंश अपनाना चाहते थे जो समसामायिक समस्याओं के हल में उपयोग में आ सके। पुराचीन परंपराओं से चिपककर जीवन जीने की अपेक्षा समसामयिक समस्याओं के दबाव में अपने चिन्तन को तेज़ कर नये मूल्यों का अन्वेषण करना और उन्हें परंपरा से संपृक्त कर जीवन को प्रगतिशाली बनाना आधुनिकता का एक महत्वपूर्ण लक्षण है। सावरकर इसलिए मनुष्य की शक्ति और ऐहिक सुखों को बढ़ाने वाले विज्ञान को वरदान मानते थे और उससे उत्पन्न तंत्र-ज्ञान को मनुष्य के लिए हितकर समझते थे। वे व्यापक अर्थ में उपयोगितावादी थे। इसी कारण वे 'श्रुतिस्मृति पुराणोक्त' को, जो हिंदुओं में श्रद्दा का आलंबन था, त्याज्य समझते थे। वे लिखते हैं, "सचमुच हमारी हिंदु संस्कृति की परंपरागत विशिष्ट प्रवृत्ति, लक्षण का महासूत्र क्या है?" अपवाद छोडकर उसे एक शब्द में बताना है तो वह शब्द है "श्रुतिस्मृति पुराणोक्त"। जो ग्रंथ अपौरुबेय समझे गये उनमें समाविष्ट संस्कृति भी सहज ही अपरिवर्तनीय समझी जाती है और जो लोग अपने ऊपर उन ग्रंथों का शासन चलने देते हैं वे श्रुतिस्मृति पुराणोक्त के, पुरातनपन के गुलाम हो जाते हैं। दो पंक्तियों में समूचे विश्व को और समस्त काल को बंदिस्त करने का पगला हठ वे भले ही करें फिर भी वह चंचल, नित्य नूतन, अदमनीय और अमोध प्रकृति शक्ति सदा के लिए बंद थोड़े ही रहने वाली है। जब प्रकृति और काल इस तरह अपने को अपरिवतनीर्य और त्रिकालाबाधित समझने वाले धर्मग्रंथों के ताड़पत्रों का चूरा करते हुए सदैव स्वच्छंद होहल्ला मचाते रहते हैं तब उन ग्रंथों के आगे कदम न रखने का मूर्ख हठ ठनने वाले लोगों की संस्कृति उन धर्मग्रंथों की प्राचीन संस्कृति से आगे कभी विकसित न होगी, यह क्या कहने की जरुरत है?" आगे सावरकर इन ग्रंथों को सम्मानपूर्वक ग्रंथालय में रखकर विज्ञान युग का पन्ना उलटने का परामर्श देते हुए स्पष्ट शब्दों में लिखते हैं कि आज योग्य क्या है यह बताने का अधिकार प्रत्यक्षनिष्ठ, प्रयोगक्षम विज्ञान का है।

इस ऐहिकतावादी, विज्ञाननिष्ठ, बुद्धिवादी दृष्टि से सावरकर जब हिंदू समाज, भारतीय

संस्कृति, वर्तमान समस्याओं, राष्ट्रीय और वैधिक नीति का विचार करते हैं। स्वाभाविक रूप में वे हिंदु धर्म में भूतदया जैसे मानसिक संस्कार से उत्पन्न कमजोरियों की खिल्ली उड़ाते हैं, हिंदुओं की पाप-पुण्य की अवधारणाओं, व्रतों, त्योंहारों में प्रचलित मूर्ख रीतिरस्मों, स्वर्ग-नरक संबंधी विचारों, यज्ञ इत्यादि कर्मकांड़ों पर प्रखर वैचारिक हमला करते हैं और इनसे मुक्त हो कर जीवन जीने की सलाह देते हैं। हिंदु धर्म में गाय को कितना महत्त्व धार्मिक दृष्टिसे दिया जाता है, यह स्पष्ट है। सावरकर ने गाय को 'गोमाता' मानकर उसके शरीर में तैंतीस कोटि देवताओं का अधिवास मानने वाले अंध धर्म पूजकों पर प्रखर व्यंग्य करते हुए जो लेख लिखे हैं उनमें सावरकर की आधुनिक जीवन दृष्टि का उज्ज्वल रूप स्पष्ट होता है। वे गाय को उपयुक्त पशु के रूप में मानकर उसकी ओर देखने का आग्रह करते हैं। सावरकर की रूढियों का पर्दाफाश करने की निर्भिक दृष्टि का परिचय इन लेखों में होता है और धार्मिक मन में यह लेखन चुभनेवाला अंजन डालता है।

सावरकरने इस नजरिए से हिंदुओं के सामाजिक संगठन का भी विचार किया है और वे हिंदु समाज में गहरे धँसे जातवादी संस्कारों को जड़ मूल से उखाड़ना चाहते हैं। जाति और वर्ण व्यवस्था का समाजशास्त्रीय से ऐतिहासिक अध्ययन कर नये समाज के लिए इस दृष्टि से परिवर्तन सावरकर प्रस्थापित करते हैं। यहाँ भी वे इस वैज्ञानिक तथ्य को स्वीकार करते हैं कि जातिभेद के मूल में आनुवंशिक गुण विकास का तत्व हो सकता है परंतु अनुवंशिक गुण विकास के तत्व का आधुनिक परिवेश में विचार करते हुए वे निस्संदिग्ध स्वीकार करते हैं कि मनुष्य जातियाँ मनुष्य निर्मित हैं, पोथी निर्मित हैं अतः शुद्ध अनुवंश का तथ्य टिकता नहीं है। वे यह सवाल रखते हैं कि तुकाराम के बाद दस बारह पीढ़ियों में कोई तुकाराम नहीं पैदा हुआ तो फिर अनुवांशिक गुण विकास को कैसे स्वीकार किया जाय। हिंदु समाज को एकता के सूत्र में बाँधने के लिए सावरकरजी ने जातिभेद का विरोध किया, छुआछूत की अवधारणाओं पर जबर्दस्त व्यंग्य किया। उन्होंने सहभोजन का सक्रिय कार्यक्रम हाथ में लिया, व्यवसाय को जात पर आधारित न रखकर खुले रूप में अपनाने को प्रोत्साहित किया और जाति के बंधन तोड़कर विवाह का समर्थन किया। अस्पृश्यता के विरोध में उनके विचार प्रखर थे वे कुत्ते बिल्ली को प्यार से पालने वाले लोगों का अपने ही हरिजन बांधवों के प्रति घृणित व्यवहार देखकर तिलमिला उठते थे और आंबेडकर के प्रखर विचारों का समर्थन भी करते थे। सावरकर केवल लेखक नहीं थे, वे सक्रिय कार्यकर्ता भी ये अतः उनके नेतृत्व में अस्पृश्यता विरोधी कार्यक्रम रत्नागिरी जैसे जातिवाद के गढ़ में उन्होंने सम्पन्न कर दिखाये।

कुलमिलाकर यह कहा जा सकता है कि सावरकर के विचारों और आचरण में भारतीय उज्ज्वल परंपरा और समयानुकूल प्रगतिशील आधुनिक दृष्टि का ऐसा मणिकांचन योग है कि उसकी तेजस्विता को पूरी तरह आत्मसात करना आज भी कठिन है।

आधुनिक कर्मयोगी : गाडगे महाराज

गाडगे महाराज अपनी सहज प्रचण्ड प्रतिभा, कर्मयोग और जनता के प्रति प्रेम के बल पर विलक्षण कार्य कर गये।

महाराष्ट्र की भूमि ऐतिहासिक वीर पुरुषों और कर्मठ सन्तों की भूमि है। महाराष्ट्र में ऐहिक और आध्यात्मिक मूल्यों की समन्वय भूमि पर विचरण करनेवाले कतिपय सन्त एवं महात्मा पैदा हुए हैं। एकनाथ महाराज और तुकाराम ऐसेही सन्त थे। रामदास ने तो अपने ऐहिक कर्तव्यों कोधर्म की सुदृढ़ बैठक पर स्थापित कर उन्हें पूर्ण करने की प्रेरणा दी। मधय्युग में कतिपय सन्त निम्न श्रेणी या वर्ग से भी ऊपर आये और जनता पर अपना संस्कार छोड़ गये। आधुनिक युग में भी निचले तबके से पैदा हुए सन्त कर्मयोगियों की संख्या कम नहीं है। गाडगे महाराज नाम से प्रख्यात सन्त भी अपनी सहज प्रचण्ड प्रतिभा, कर्मयोग और जनता के प्रति प्रेम के बल पर विलक्षण कार्य कर गये । गाडगे महाराज महान असंग्रही और निरासक्त व्यक्ति थे । उनके शरीर पर फटे पुराने कपड़ों की धज्जियों को गूंथ कर बनायी कंथा और हाथ में मिट्टी के बर्तन (मराठी में इसे 'गाडगे' कहते हैं) के सिवा कुथ नहीं रहता था । इसीलिए उन्हें 'गाडगे महाराज' कहा जाता था ।

कुल-वृत्त

महाराष्ट्र में विदर्भ की उर्वरा भूमि में शेणगांव (तहसील दर्यापुर, जिला अमरावती) में २३ फरवरी १८७६ को श्री सन्त गाडगं महाराज का जन्म हुआ । धोबी जाती में पैदा हुए इस बालक पर जन्मतः सफाई के संस्कार हो गये थे । क्योंकि बाद में गाडगे महाराज ने महाराष्ट्र को सफाई का सबक सिखाया । धोबियों का पैदाइशी पेशा गाँव के लोगों के कपड़े धोने का था और बदले में गाँव के हर घर से रोटी या सालाना अनाज, कपड़ा इत्यादि जीवनापयोगी चीजें मिलती थीं । गाडगे महाराज की वंश परंपरा इस प्रकार है : जयाजी-नागोजी-राणोजी-झिंगराजी-ड़ेबूजी (संत गाडगे महाराज) । ड़ेबूजी के पिताजी श्री झिंगराज नें जब होश संभाला तब तक अंग्रेजों का राज्य कायम हो चुका था । झिंगराजी अपने पिता राणोजी और चाचा जानोजी का लाड़ प्यार पाकर कुठ स्वच्छन्द तबीयत के आदमी बन गये थे । घर भी अच्छा खातापिता था और जाति में प्रतिष्ठा भी थी । झिंगराजी शराब के शौकिन और प्रतिष्ठा के भूखे हो गये । उस जाति में नाना कारणों से बकरे की बली देकर देवी देवताओं को संतुष्ट करने की पद्धति प्रचलित थी । मनौतियों को पुर्ण करने के लिए मुर्गे भी काटे जाते थे और सामूहिक शराब का दौर भी चलता था । पिता की मृत्यू के बाद तेरहवीं में झिंगराजी ने खूब शराब पी और पिलायी, बकरे काटे, भोजन हुआ । शराब और प्रतिष्ठा की बूरी लत में झिंगराजी ने खेतीवाड़ी, जानवर, आभूषण इत्यादि सब बेच डाला । स्थिति यहाँ तक आयी कि अंत में ड़ेबू को साथ लेकर झिंगराजी की पत्नी सखूबाई को मजूरी के लिए दूसरों के यहां जाना पड़ा ! एक दिन सब कुछ गँवाकर झिंगराजी अपनी पत्नी और पुत्र ड़ेबू को लेकर आश्रय के लिए अपने मौसेरे भाई के पास गया । वैसे सखूबाई का मयका अच्छा खातापिता परिवार था परंतु उस स्वाभिमानी सखूबाई ने मायके जाने की अपेक्षा मौसेरे

भाई के घर आश्रय के लिए जाना उचित समझा । अपनी शराबखोरी की आदतों और संगी साथियों की बेईमानी के अनुभव से झिंगराजी को पश्चाताप तो हुआ परंतु देर बहुत हो चुकी थी । अपनी बिगड़ी अवस्था की पीड़ा को भोगने के लिए वह अधिक दिन तक जीवित नहीं रह सका । मरते समय अपनी पत्नी से उसने यह अवश्य कहा कि बच्चे को शराब और देवी-देवताओं के चक्कर से वह बचाये रखे । झिंगराजी के मृत्यु के बाद सखूबाई का भाई चंद्रभान कोळसकर अपनी विधवा बहन और छोटे डेबू को लेकर दापुरें (पूर्ण नदी के किनारे पर बसा गांव) गाँव में आया । इन दोनों निराधार माँ बेटे को वहाँ आश्रय मिला ।

कर्मयोग का प्रारंभ

मामा के घर डेबू और उसकी माँ को काफी कठोर परिश्रमी जीवन बिताना पड़ा । घर में लोग भी काफी थे और काम भी । सखूबाई ने अच्छी तरह जान लिया था कि कठोर परिश्रम ही उसके आत्मसन्मान को बचा सकता है । अपने छोटे लड़के को भी निरंतर उद्योग करने की और शारीरिक श्रम करने की प्रेरणा देती रहती थी । यह देखकर कि अपने काम का भार विधवा ननद ने उठाया है, भाभी बड़ी प्रसन्न हुई । डेबूजी जान से मामा के घर काम करता था । प्रारंभ में जानवरों का चराने का काम उसके जिम्मे था । उसका अधिक ध्यान पशुओं को धोधुलाकर साफ करने में लगा रहता था । उसके देखीदेखी उसके साथीदार भी सफाई में अधिक ध्यान देने लगे । एक बार डेबूजी को कही महादेव की पिंडी मिल गयी । डेबू के जीवन में परिवर्तन आया । पिंडी की पूजा करना, जल से अभिषेक करना, भजना करना उसने शुरू किया । माँ से तथा गाँव के लोगों से सुनेसुनाये भजन गाये जाते, ताल और लय के लिए पत्थरों और डिब्बों से काम लिया जाता । नदीं में तैरना, अपने एवं जानवरों के शरीरों को साफ रखना, भजन पूजन से मन को परिष्कृत करना डेबू का क्रम बन गया । नंगे पैरों से कांटो के बीच जानवरों के पीछे दौड़ना, बासी रोटियां खाना और साथियों के साथ खेलना डेबू के भावी जीवन के कठोर परिश्रम के लिए नींव का कम कर रहा था । गायें चराने वाले लड़के विभिन्न जाति के थे । परंतु सामूहिक जीवन में उंच-नीच के भाव से ऊपर उठना डेबू ने यहां से सीखा था । अतः खाने पीने के मामले में या भजनपूजन के बारें में किसी प्रकार का छुआछूत का विचार नहीं रहता था । अनजाने में ही डेबी का मानसिक जीवन ऊंचा होता जा रहा था । डेबू का गला अच्छा था और भजन वह अच्छा गाता था । गांव की भजनी मंडली में डेबू का स्थान धीरे धीरे से अनिर्वाय बन गया । आसपास के गांवों में भजन के लिए डेबू इस मंडली के साथ जाया करता, लोकप्रियता भी प्राप्त करता था । घर के लोगों को यह अच्छा नहीं लगा क्योंकि इसमें काम का नुकसान हो सकता था । परंतु परिश्रमी डेबी रात रात जाग कर भजन गा कर घर आता तो श्रम भी दुगने उत्साह से करता था । डेबू अच्छा खिलाड़ी था, चपल था, उसकी काठी मजबूत थी । उसमें जोश भी काफी था । अपने दोस्तों में वह प्रिय था । वह तेरह साल का हो गया तो मामा ने उसे खेतों में हल चलाने का काम दिया । यह डेबू की पदोन्नति थी । खेती का काम डेबू ने बड़ी लगन से सीखा । डेबू जो भी काम हाथ में लेता उसको संपन्न कर उसमें प्रावीणता प्राप्त करता था । अब डेबू घर का सम्मानित सदस्य हो गया । चूंकि डेबू के अपने खेत नहीं थे, उसके विवाह में कठिनाइयाँ आयीं । आखिर डेबू के

रूप और गुणों की ओर देखकर तथा उसकी परिश्रमशीलता से प्रभावित होकर कमालपुर के धनाजी खल्लारकर ने अपनी कन्या कुंताबाई से डेबू की शादी की । एक निराधार लड़के की शादी हुई और घर में बहु आयी । उससे बढकर सुख सखूबाई के लिए क्या था ?

साहुकार के खिलाफ अभियान

मामा चंद्रभान ने तिडके साहुकार से कर्जा लिया था जिसका व्याज देना भी मुश्किल हो गया था । रकम बढ गयी तो साहुकार ने जमीन गिरवी रख ली । डेबू ने कर्ज मुक्ति के लिए अनवरत परिश्रम किये । एख ओर जी तोड़ मेहनत वह करने लगा तो दूसरीं ओर खर्च में कटौती भी करने लगा । खाने का तेल, कपड़ा, त्यौहार या पर्वपर होनेवाला खर्च डेबू ने कम कर दिया । चंद्रभान दुःखी होकर मर गया । कर्ज के भार से दुःखी होकर मामा की मृत्यु हुई, यह बात डेबू के दिल पर चोट कर गयी । उसने नौकर चाकर कम किये, खुद श्रम अधिक करने लगा । काम करते करते अभंग गाता और ईश्वर भजन करता । उशका एक लक्ष्य था-खूब परिश्रम कर मामा को कर्ज से छुड़ा लेना । डेबू के लिए काला अक्षर भैंस बराबर था परंतु उसकी बुध्दि तीव्र थी । साहुकार को अनाज देकर जब उसने पावती माँगी तो साहुकार अचरज में आ गया क्योंकी पहली बार उसके पास पावती माँगी गयी थी । साहुका के साथ संघर्ष का बीज पड़ा । डेबू को चंद्रभान के द्वारा रेहन रखी जमीन के बारे में कुछ मालूम नहीं था । जब साहुकार जमीन पर कब्जा करने आया तो डेबू हैरत में गया । डेबू ने निश्चय किया कि वह अपनी जमीन साहुकार को नहीं देगा । लोग घबरा गये, नाते-रिश्तेदारों ने डेबू को समझाया परंतु डेबू ने अपने आराध्य देवता महादेव के सामने प्रतिज्ञा की थी कि जमीन साहुकार को हड़पने नहीं देगा । साहुकार जमीन जोतने आया तो अपने साथ लठैतों को लेकर । डेबू ने साहुकार के घोड़े पर हमला किया, डर कर साहुकार भाग गया तो उसके लठैत भी चम्पत हो गये । फिर साहुका ने समझ कर जमीन पर कब्जा करने का विचार छोड़ दिया । यह एक ऐसी घटना थी कि सारा गाँव हैरत में आ गया और डेबू में आत्मविश्वास की लौ अधिक तेजी से जलने लगी । उसका प्रकाश फैलने लगा ।

जीवन-यज्ञ का आरंभ

डेबू का जीवन बदलने लगा । डेबू को लड़की हो गयी-आलोका । धोबी जाति की प्रथा के अनुसार शराब और बरके के मांस का भोजन देने की आवश्यकता पैदा हुई । डेबू ने बकरे को काटने का विरोध किया-यह समूची परंपरा का विरोध था । कुछ लोगों ने निरामिष भोजन नहीं किया परंतु डेबू अपनी बात पर अड़ा रहा । डेबू को आलसी और निठल्ले लोगों ले चिढ थी । वह अब ईश्वर चिंतन भी करने लगा । परंतु उसके ईश्वर चिंतन में विवेक और व्यवहारकुशलता का समन्वय था । एक बार दीक्षा लेने के हेतु वह दौलतगिरी नामक गोसाई के पास गया परंतु उसने जब देखा कि गुरु को प्रसन्न करने के लिए शराब जुटानी पड़ती है तो डेबू वहां से लौट आया । एक बार स्नान करते समय टेंट , से रुपया नदीं में गिर गया । डेबू को एक प्रश्न झनझना गया -समूचा जीवन क्या इस रुपये की तरह नहीं है जो एक बार खिसकने पर पुनः नहीं मिलता ? डेबू का मत ईश्वर विषयक विचारों से व्याप्त हो गया । उधर आलोका के बाद

डेबू को एक लड़की और एक लड़का भी हुआ । लड़का मुद्गलअ समय मर गया । डेबू वहुत उदास हो गया । एक दिन अचानक एक पहुँचे हुए महात्मा के दर्शन हुए । डेबू ने उनकी सेवा की । दोनों एक दिन साथ रहे । उन्होंने डेबू को मंत्र दिया 'रामकृष्णहरि' । अनुमान है डेबू को मंत्र देनेवाले साधू का नाम बाबाजी चैतन्य या राघव चैतन्य या केशव चैतन्य था । डेबू ने घर छोड़ दिया । उस समय कुंताबाई के पेट में तीन महीने का गर्भ था । लेकिन निश्चयी डेबू की मुक्त आत्मा पिंजरा छोड़ कर बाहर निकल गयी थी । बाहर जाते समय उन्होंने फटा पुराना वस्त्र पहना था और हाथ में थी एक लकड़ी और एक मिट्टी का घड़ा (गाडगे) !

आध्यात्मिक यात्रा

गाडगे महाराज की एक अलग किस्म की आध्यात्मिक यात्रा शुरू हो गयी थी । ज्ञानेश्वरी के प्रवचन उन्होंने सुने थे, तुकाराम और ज्ञानबा के अभंग भजनों में गाये थे । उनके संस्कार इस आदमी के मन पर गहरे घर कर गये थे । अपनी किर्ति अपने कानों से नहीं सुननी चाहिए, अपनी विशिष्टता की स्मृति भी लोगों को नहीं होनी चाहिए, चतुर ज्ञानी अपनी बुद्धि का प्रदर्शन नहीं करता, अपनी महत्ता का पता नहीं लगने देता, लोगों के द्वारा लांछित होना पसंद करता है, पगले का स्वांग भी रचता है, मान और अपमान से विचलित नहीं होता, निंदा या प्रशंसा से प्रभावित नहीं होता, धूप एवं ठंड का शरीर पर परिणाम नहीं होने देता, भय का स्पर्श नहीं होने देता-यह सब महाराष्ट्र के संत पुरुषों के अभंगो, पदों एवं गीतों द्वारा डेबू ने सुना था । इस सबको अपने आचरण का मानदंड बनाकर उसने जीवन जीना प्रारंभ किया । भूख, प्यास या अन्य शारीरिक व्याधियों के परे जा कर तितीक्षा का पाठ पढ़ना डेबू ने शुरू किया । अपने शरीर को श्रम के द्वारा वे कष्ट देते थे । मानों शरीर से बदला चुका रहे हों । उन्होंने तय किया कि वे रोटी माँग कर खायेंगे लेकिन बिना परिश्रम के रोटी नहीं तोड़ेंगे । उनकी जीवन प्रणाली ही बदल गयी । ईश्वर की खोज में लवलीन इस आदमी की दाढ़ी मूँछें बढ़ गयीं, बाल बढ़ गये । फटे कपडों की चिंदियाँ इकट्ठा कर उन्होने काँटे से सीकर लुंगी के रुप में इस्तेमाल करते चिंदियाँ मस्तक पर लपेटने लगे । पास में एक मिट्टी का घड़ा रखते थे । किसी घर के सामने खड़े होकर रोटी माँगते । कोई काम करने को कहता तो पूरा काम कर लेते, कोई झिड़कता तो चुपचाप चले जाते । रोटी हर घर से आधी ही लेते । नहीं मिलती तो पत्तियाँ चबाकर पेट को शांत करते । कभी लोग हर प्रकार का काम लेते और बाद में रोटी लेकर आते तो देखते कि बाबा कहीं गायब हो गया है । कभी इस व्यक्ति पर मजाक करने की सनक सवार होती । सवर्णों की बावड़ी के पास जा कर पूछते "हम अछूतों की बावड़ी यह ही है न?" लोग अछूत के छू जाने से चिढ़ते, डाँटते, मारते, पीटते । डेबूजी शांती से मार खाते और चल पड़ते । एक बार एक घर से पुरणपोली (एक महाराष्ट्रीय व्यंजन) की महक आ गयी । डेबूजी ने रोटी मांगी तो गृहदेवता रोटी लेकर बाहर आये । डेबूजी ने पूछा, "घर में तो पुरनपोली बन रही है, हमारे लिए यह रोटी ?" गृहदेवता बिगड़ गये । गुस्से में पूछते 'क्या चाहिए ?' डेबूजी उत्तर देते 'पुरणपोली' । गृहदेवता मारपीट कर पूछते "अब क्या चाहिए ?" मारपीट कर जब गृहदेवता स्वयं थक गये तब डेबूजी शांती से वहाँ से निकल गये । कँटीली टहनी से भी पीटा गया था । सौ काँटे शरीर में उलझ गये थे ।

डेबूजी काँटे निकाल रहे थे । उससे किसी ने पूछा-'क्या कर रहे हैं?' तो डेबूजी ने शांती से जबाब दिया, "पुरणपोली खा रहा हूँ" । एक गजब की तितिक्षा औऱ सुखदुख के प्रति समबुद्धि डेबूजी में उत्पन्न हुई थी ।

कोई काम करनेवाला थक जाता तो उसका कम खुद करने लगते । बूढ़ी को बोझा उठाये देखते तो उसका बोझा खुद लेते । कृतज्ञतापूर्वक बूढ़ी कहती, "रोटी ले जाओ बेटा !" तो उत्तर देते "पेटमें जगह नहीं है अम्मा , पेट पूरा भर गया है !!" सचमुच आध्यात्मिक आनंद से उनका पेट भरा रहता । किसी देवालय में जाते देखते की आंगन गंदगी से भरा है तो पासवालों से झाड़ू मंगाते और आँगन साफ करते, आसपास की गंदी नालियाँ औऱ गलियाँ भी साफ करते । हाथ पैर धो के आँगन में आते तो देखते कोई रोटी लेकर आया है तो आधी रोटी हाथ पर ले कर घड़े में पानी लेकर रोटी खाते, पानी पीते और चल पड़ते । कब किसी पेड़ के तले दिन गुजारते, शाम होती तो दो पत्थर हाथ में लेकर भजन शुरू करते । उनके लयबद्ध भजनसे आसपास के लोग जमा होते । फिर गाँव से मृदंग, मंजिरे लाये जाते औऱ कायदे से भजन प्रारंभ होता था-सब कुछ उत्स्फूर्त, बिना किसी पूर्व तैयारी के । भजन या कीर्तन पूरा होता तो लोग पूछने आते कि बाबा कहाँ से आये, क्या करते हैं, तो उसके पहले ही डेबूजी वहाँ से चल पड़ते । किसी मोहपाश में बंधना वे महीं चाहते थे । बा़बा जानते थे-"गंगा बहती भली । साधू चलता भला ।" महाराज का मन कैसा था ? ज्ञानेश्वर के शब्दों में "व्यापक आणि उदास । जैत का आकाश । तैसे जयाचें मानस । सर्वत्र गा ।" (व्यापक औऱ उदास आकाश की तरह जिसका का मन सर्वत्र होता है) ।

महाराज घूमते थे । किस्म किस्म के लोग, प्रदेश, वनवनान्तर, प्रकृति परिवेश देखते । ईश्वर की सृष्टि में विषमता देख अनेक प्रश्न उनके मन को सालते । पंढरपुर जैसे स्थान पर फैली गंदगी और स्वार्थ देखकर वे सोचते ईश्वर मंदिर में कैद नहीं है । दलितों के दुःखों का महाराज ने सूक्ष्म औऱ सम्यक् निरीक्षण किया था । उनके अभावों का, दैव एवं दुर्गुणों का भी निरीक्षण उन्होंने किया था । पशुओं के साथ मनुष्य का निर्घुण व्यवहार उन्हें कष्ट देता था । बलि प्रथा, हर पत्थर को सिंदूर लगा कर उसकी पूजा करना, गंदगी-बाबाजी नें इनके विरोध में अपने आवाज उठने की ठनी ।

जन सेवा में ईश्वर सेवा

दापोरे के पास ऋणमोचन नामक स्थान पर हर पूस के महीने में मेला लगता था । इस मेले में भीड़ होती थी । नदी पर घाट नहीं था, स्नान करने की व्यवस्था ठीक नहीं थी, कीचड बहुत होता था, बूढ़ों को काफी तकलीफ होती थी । बाबा के मन में आया कि कुछ व्यवस्था करनी चाहिए । उन्होंने अकेले जमीन खोदना शुरू किया । वे जमीन खोद रहे थे कि उनकी माँ, उनकी पत्नी औऱ उनके बालबच्चों को लेकर आयी । गद्‌गद् होकर माँ ने बाबा का ध्यान खीचने का प्रयत्न किया । लेकिन स्थितप्रज्ञ बाबा अब पत्नी, माता, बालबच्चे-सबसे ऊपर हो गये थे । उन्हें घरबारी बनाने का निश्चय करके माता आयी थी परंतु बाबा अब बंधन में फँसला नहीं चाहते थे । उन्होंने माता से कहा, "मैं छोटे से झोपड़े में रहता था और छोटे से खेत के लिए झगडा करता था, अब सारी पृथ्वी ही मेरा घर हो गयी है । घर घर जाता हूँ । आधी रोटी माँग कर खाता हूँ

। लोगों के काम में हाथ बटाता हूँ । काम करते समय हरिनाम लेता हूँ आनंद आता है ।"

धीरे धीरे लोग मात्र समझ गये । यह आदमी मामूली नहीं है । लोग बाबा के इर्दगिर्द इकट्टा होने लगे, बाबा के साथ भजन, कीर्तन करते, काम में भी हाथ बँटाते । बाबा के कीर्तन का ढंग अनोखा था क्योंकि उसमें सारे श्रोता भाग लेते थे । बाबा हजारों श्रोताओं प्रश्न पूछते, श्रोता प्रश्नों के उत्तर देते, छोटे छोटे प्रश्न पूछ कर बाबा उनके गले उनकी व्यावहारिक असंगितियों, स्वार्थों, गलत परंपराओं को उनके गले उतारते । हजारों लोगों का मजाक उड़ाते और लोग भी इस मजाक में शामिल होने में संकोच न करते । अपनी ही गलतियों, दोषों, दुष्ट विचारों, संकीर्णताओं पर लोग हँसते और लोकजीवन का अप्रत्यक्षतः परिष्कार होता रहता था । बाबा उनको सामान्य व्यवहारिक जीवन से संबंद्ध उपदेश देते थे । त्योहारों के लिए कर्ज न करें, साहुकार से मुक्त रहें, व्यर्थ अडंबर में धन और समय खर्च न करें, गरीबों की सेवा भगवान की सेवा है, मूक कष्ट करने वालों का गाय, बैल आदि का ध्यान पहले रखना चाहिए । बाबा ब्रम्हज्ञान नहीं समझाते थे, माया, सिद्धी, मोक्ष की बाते नहीं करते थे । ठोस व्यावहारिक जीवनको ही ईश्वरमय मानकर उसे अधिक सुन्दर रुप में जीने का रास्ता बताते थे । इसमें कहीं छल, कपट, ढोंग या झूठ नहीं था ।

बाबा का बढ़ता प्रभाव

बाबा के कीर्तन की ख्याति गाँव गाँव में फैल गयी । व-हाड़ी (महाराष्ट्र की एक बोली) भाषा में अनपढ़ लोगों की बोली में बोलनेवाले इस निरक्षर महाज्ञानी की कीर्ती दिन दूनी रात चौगुनी बढ़ने लगी । दहेज प्रथा, बलि प्रथा, छुआछूत, शराब का प्रचलन इत्यादि सामाजिक रोगों के विरोध में आवाज उठाने के लिए बाबा को किसी पुस्तकालय में जाकर अध्ययन करना नहीं पड़ा । अपनी सहज बुद्धि और प्रतिभा के बल पर उन्होंने जीवन की कितनी ही पहेलियों का सामना किया । बाबा केबारें में अनेक खबरें भी फैलने लगी । बाबा किसी के घर नहीं रहते, पेड़ तले सोते हैं, चार घरों में आधी रोटी माँग कर पेट भरते हैं, सिवा रोटी के कुछ नहीं खाते, काम की मजूरी नहीं लेते, अचानक आते हैं, गुप्त होते है इत्यादि । बाबा पैदल घूमते । रेलगाड़ी में यात्रा करनी पड़ती थी तो टिकट नहीं लेते थे और बेंच पर भी नहीं बैठते थे । टिकट कलेक्टर के द्वारा पूछे जाने पर हाथ जोड़कर चुप खड़े हो जाते, कभी पिट जाते, तो कभी बीच में ही उतार दिये जाते थे । जहाँ कीर्तन करना होता वहाँ झाड़ू लेकर जमीन साफ करते, लोग पूछते तो कहते कि किसी बाबा का कीर्तन है । रात को लेग आचरज में आते यह देखकर कि सफाई करने वाला झाड़ूवाला बाबा ही कीर्तन कर रहा है । बाबा को अभंग, पद, ओवियाँ खूब याद थी । जमी हुई जनता को पहले बढप्पन देकर खुश करते और लोगों का मन वशीभूत हुआ जानकर उनके दोषों पर उंगली रखना शुरु करते । कभी लोगों की विशेषतः नारियों की बोलचाल की हूबहू नकल कर श्रोताओं में हँसी की लहरे तरंगित करते । फिर एकदम सामूहिक भजन प्रारंभ करते "राधा कृष्ण, राधा कृष्ण–" कीर्तन खत्म होने पर लोग पैर पकड़ने दोड़ते तो उन्हें दूर ढके कलते और गुप्त हो जाते । गाँव गाँव जाते-कोई पूर्व योजना नहीं, पूर्व तैयारी नहीं । महाराष्ट्र की अनपढ़ जनता पर सदाचार और सद्भावना के संस्कार डालने में बाबा जी का योगदान अनुपम है ।

बाबा-एक कुशल संगठक

बाबा के प्रति लोगों में इतनी श्रद्धा उत्पन्न हुई कि बाबा जो भी काम हाथ में लेते उसके लिए सैंकडों कार्यकर्ताओं की भीड़ जुटती। किसी काम में मजूरी भी बाँट दी जाती तो किसी काम के लिए केवल दो जून भोजन की ही व्यवस्था रहती। निश्चित समय पर काम शूरू होता, निश्चित समय पर भोजन आदि के लिए काम रुक जाता। बाबा खुद हर प्रकार का काम करते। सैंकड़ों की संख्या में काम करने वाले लोगों में अद्‌भुत अनुशासन दिखता था। कहीं कामचोरी नहीं, प्रदर्शन नाहीं, आलस नहीं। सैंकड़ों लोग पत्तलों पर भोजन करते परंतु भोजन के पहले और बाद में कहीं भी गंदगी का नामोनिशान नहीं रहता था।

बाबा ने नदी पर घाट बनवाये, गरीबों के लिए धर्मशालएँ बनवायीं, पुल बनवाये। बाबा कोई काम हाथ में लेते तो हजारों रूपयों की आर्थिक सहायता बिना माँगे आने लगती। यहाँ तक कि जिन तिड़के साहुकार ने बाबाजी के साथ झगड़ा किया था उन्होंने बाबाजी के काम के लिए हजारों रूपया खर्च किया। हर पाई का हिसाब रखने में बाबा बहुत सतर्क थे। उन्होंने अपने चारों ओर ऐसे व्यक्तियों का संगठ्न किया था जो बाबा के कर्म-यज्ञ में जीवन की आहुति देने के लिए सहर्ष तैयार होकर आये थे। बाबा मनुष्य स्वभाव के अद्‌भुत पारखी थे और अपने हर कार्यकर्ता का स्वभाव, उसकी क्षमताएँ और सीमाएँ, उसके दोष भली भाँति परख लेते थे। बाबा स्वयं अनासक्त जनसेवक का जीताजागता आदर्श थे। उनकी पत्नी जब जब उनके पास रहने आयी तो झोपड़ी बनाकर रहने की व्यवस्था की परंतु और लोगों की ही तरह उसे भी काम करना पड़ता तभी रोटी मयस्सर होती। बाबा की पत्नी और बच्चों के लिए कोई, बाबा के प्रति भक्ति से गेहूँ, तेल, मिठई लाकर देता और बाबा को पता चलता तो वह सब सामान बाबा गरीबों को बाँट दिया करते थे। कभी चुपके से पत्नी की झोपड़ी में जाकर जो भी चीजें सुरक्षित रखी मिलती उन्हें बाहर लाकर दीनदुखियों को बाँट देते। इसका परिणाम यह होता था कि बाबा के पास स्वार्थी लोगों का रहना ही असंभव बन गया था।

बाबा के व्यक्तित्व से, सेवा भाव से, उनके कीर्तनों से अनेक लोगों के जीवन की दिशाएँ बदल गयीं। उनमें कुछ तो ऐसे भी थे जिन्होंने बाबा के कार्य में सर्वतोपरि योगदान करना ही अपना जीवितकार्य मान लिया था। बाबा धर्मशालाएँ बनवाते थे, मंदिर बनवाते थे परंतु सब बन ज़ाने के बाद उसका ट्रस्ट बना कर उससे मुक्त होते थे। बाबा किसी भी संस्था के किसी पद पर कभी नहीं रहे। बाबा ने अनाथ पशुओं के लिए संरक्षण हेतु संस्थाएँ खोलीं, बड़े बड़े कुएँ खुदवायें। यह सब काम करते समय उनका उद्देश्य सामान्य श्रमजीवी या दलित और पीड़ित जनता की सेवा करना ही रहा। तुकाराम की इस उक्ति को उन्होंने सदैव आर्दश माना- "जे का रंजले गांजले। त्यांसी म्हणे जो आपुलें। तोचि साधू ओळखावा । देव तेथेचि जाणावा।" (जो दिन दुखियों की सेवा करता है, उन्हें अपनाता है, उसी को साधू समझना चाहिए और देवता भी वहीं होता है।)

बाबा की निःस्पृहता

बाबा की निःस्पृहता का उल्लेख ऊपर किया जा चुका है। सामान्यतः व्यक्तिगत जीवन में

अनासक्त रहनेवाला व्यक्ति दो नाजुक मुद्दों में कमजोर होता है-एक अपनी कीर्ति और अपनी संतान का भविष्य। बाबा दोनों मामलों में सच्चे निःस्पृह थे। बाबा की लड़की का विवाह पत्नी का भाई बलीराम अपने खर्चे से करना चाहता था परंतु बाबा ने इसका विरोध किया औप कहा कि लड़की की माँ घर घर जाकर भीख माँग कर लड़की का विवाह करे। आखिर वही हुआ। दूल्हे और दुल्हन को नदी में नहलाया गया। भीख माँगकर अनाज इकठ्ठ किया गया और मिट्टी की थाली में रोटी भाजी खिलाकर विवाह संपन्न किया गया। विवाह शाम को था परंतु विवाह के अवसर पर बाबा स्वयं रुके नहीं। उन्हें कीर्तन के लिए जाना था सो चल गये। रात को आकर देखते हैं तो खाने के बाद कूड़ा करकट वहीं जमा है। हाथ में झाडू लिया और सफाई करने लगे। सगे संबंधियों को भी सफाई करनी पड़ी। बाबा ने विवाह की भेट माँगी और जो पैसा जमा हुआ वह बैलों के सानी पानी पर खर्च किया। विवाह के बाद लड़की की असमय मृत्यु हुई परंतु यह अनासक्त पिता वहाँ नहीं गया। अपनी पत्नी और बच्चे को एक उजाड़ गाँव में झोपड़ी बनवाकर उसमें छोड़कर जनसेवा के लिए चल दिए। जाते समय कह गये- "बिना श्रम के खाना ठीक नहीं। खूब मेहनत करो और भीख माँग कर खाओ।" बाबा की पत्नी होने के नाते अगर कोई उनकी पत्नी का विशेष आदर करता था तो गाडगे महाराज नाराज हो जाते थे। बाबा की इस जिद के कारण बाबा के पुत्र का विवाह समारोह भी विचित्र रहा। बंबई के मारुतराव धोबी ने गोविन्द को अपनी लड़की देने का निश्चय किया। विवाह में शर्त यह थी कि विवाह बाबा के अनुसार होगा। बाबा वरली के पहाड़ पर गये। जगह साफ की। पानी नहीं था तो शिष्यों ने पानी की व्यवस्था की। पुत्र और बहू को आमने सामने खड़ा कर दिया गया। एक दूसरे ने गले में मालाएँ ड़ाली-विवाह हो गया। विवाह, रजिस्टर्ड विवाह, वैदिक विवाह, इत्यादि। परंतु बाबा का विवाह विधान शायद सबसे क्रांतिकारी था। लेकिन इस विवाह की बात बाबा के शिष्य समुदाय को जब मालूम हुई तब स्थिति पलट गयी। बड़ी भीड़ इकठ्ठा हुई, कारें आयीं, लंबी बारात निकली। बैलगाड़ी में दूल्हे-दूल्हन को बिठया गया-पीछे हजारों का समूह चल रहा था। शादी होने के तुरंत बाद बाबा ने अपनी पत्नी से कहा - "हो गयी शादी? चल अब यहाँ से अपने गाँव!" बाबाजी की निःस्पृहता कठोरता की सीमा तक पहुँची थी। माता की मृत्यु के समय बुलाने पर भी अपना कीर्तन छोड़कर नहीं गये। मानों मृत्यु और जीवन की अशाश्वतता को उन्होंने जीवन का ही एक नित्य अंग मान लिया था। किसी भी लोभ और मोह के परे केवल एक साधक मात्र रह गये थे। अपने मन से वे इतने निस्संग हो गये थे कि अपने पुत्र की मृत्यु की खबर पाकर भी अपने कीर्तन के क्रम को उन्होंने नहीं छोड़ा। वे अपने प्रति भी इसी प्रकार निर्मोही हो गये थे। अंतिम बीमारी में भी उन्होंने सहज स्फूर्ति के आवेग में आकर दो घंटों तक कीर्तन किया। गीता के निष्काम कर्मयोग का इतना ज्वलंत उदाहरण मिलना मुश्किल है।

बाबा की निःस्पृहता कठोरता की हद को छुती थी परंतु यही बाबा साँपों को मारने के विरुद्ध थे। वृद्धों की दयनीय दशा देखकर उन्होंने पंढरपुर की धर्मशाला के पीछे झोपड़ियाँ बनवायीं और वृद्धों को वहाँ रखने की व्यवस्था की। अपाहिजों के लिए अन्नछत्र का प्रबंध किया। कोढ़ियों की सेवा वे स्वयं करते थे। अन्नछत्र में एक पंक्ति में लूले लंगड़ों, अंधों, कुष्ठ रोगियों को हरिभजन करते हुए अनुशासन में भोजन करते देखना बाबा के कर्तृत्व का एक रोमांचक अनुभव

था। बाबा अनुशासन के बड़े पाबन्द थे। अनेक कार्यकर्ताओं को सामूहिक रूप में झाड़ू लेकर सफाई करते हुए देखना, भोजन का सुप्रबंध देखना तथा बाबा की निगरानी में चल रहे अन्य कामों को देखना भी एक अपूर्व अनुभव था। बाबा एक घूमता फिरता विद्यापीठ थे जिसमें हजारों सामान्य लोगों ने जनसेवा की प्रेरणा पायी, वैयक्तिक और सामूहिक शुद्ध आचरण के सबक सीखे, श्रम का मूल्य समझा, जनहित को ध्यान में रखते हुए वैयक्तिक सुखदुख को होम करने का महान पाठ पढ़ा, गलत और स्वार्थी परंपराओं एवं रूढ़ियों को विवेक के बल पर ठुकराने का साहस सीखा। बाबा के इस विद्यापीठ का वैशिष्ठ्य यह है कि इसमें जीवन के कर्म और जीवनसंबंधी विचार में कहीं भी अन्तराल नहीं था। बाबा के कतपय शिष्यों ने बाबा की ही भाँति कीर्तन और भजन से जनता को संस्कारित करने का काम किया। बाबा के ड़ेढसौ कीर्तनियों में हर जाति के लोग हैं। लेकिन बाबा ने अपना मठ स्थापित नहीं किया, गुरुत्व को जरा भी प्रोत्साहन नहीं दिया। बाबा के शिष्यों ने बलिप्रथा को बंद करने में इतनी सफलता पायी कि जहाँ पाँच सात हजार बकरों की बलि दी जाती थीं वहाँ पाँच पचास बकरे ही बलि दिये जाने लगे। बाबा के अनुयायियों के लिए कुछ बातों का कठोरतापूर्वक पालन करना पड़ता था: शारीरिक श्रम, व्यसन मुक्ति, खानपान में समानता, निर्लोभता, संपत्ति के बारे में विलक्षण सावधानी, इत्यदि। बाबाजी खुद लिखना नहीं जानते थे लेकिन उनके द्वारा लिखाये गये जो सेकड़ों पत्र उपलब्ध हैं उनसे बाबाजी की दूरदर्शिता, मनुष्य स्वभाव का गहरा ज्ञान, संगठन कौशल, मानवीय मूल्यों के प्रति गहन लगाव, अनुयायियों को काबू में रखने की तथा उन पर सतर्क नजर रखने की क्षमता, आचरण की शुद्धता का विलक्षण आग्रह इत्यादि कतिपय वैशिष्टयों का पता चलता है। बाबाजी सुंदर अक्षर, साफ लखावट और सरल भाषा के प्रेमी थे।

गाडगे महाराज को दलितों के नेता आंबेडकर के प्रति अपार स्नेह और आदर था। आंबेडकर भी महाराज की महत्ता से परिचित थे और उनका आदर करते थे। कहा जाता है कि दलितों कें उद्धार के लिए हिंदू धर्म को त्याग कर मुसलमान या अन्य कोई धर्म स्वीकार ने की इच्छा जब आंबेडकरजी ने उनके सामने प्रकट की तब गाडगे महाराज ने अपनी असहमति दर्शायी थी और आंबेडकर ने आश्वासन दिया था कि वे मुसलमान धर्म नहीं स्वीकार करेंगे। आगे चलकर आंबेडकर ने बौद्ध धर्म की दीक्षा ली। यह सर्वविदित है। गाडगे महाराज की तबीयत १९५६ के आसपास बहुत खराब हो गयी थी। अनेक प्रकार के उपचार किये जा रहे थे। बेहाल अवस्था में उन्होंने जब सुना कि डॉ. आंबेडकर निर्वाण को प्राप्त हुए (६ दिसंबर १९५६) तो अपने निकट के नाते रिश्तेदारों की मृत्यु के प्रति भी उदासीन गाडगे महाराज दुःखी हुए।साँस छोड़कर कहा–"बहुत काम करना बाकी था-और कुछ दिन जरूरी था" –लेकिन स्थितप्रज्ञ महाराज ने तुरंत व-हाड में नागरवाडी नामक स्थान की ओर प्रस्थान किया। ध्यान रहे कि आंबेडकर का जीवित रहना वे काम के लिए ही आवश्यक समझते थे। इस प्रकार कार्य ही इनके लिए देवता था।

देहत्याग

गाडगे महाराज ने जीवन भर अपनी देह को गुलाम बनाकर उससे काम लिया। अन्त में

बाबा की देह ने ही उनसे बदला लेने का निश्चय किया था। बाबा इतने दुर्बल हो गये कि रेलगाड़ी में उन्हें कुर्सी पर बिठकर ले जाना पड़ता। लोगों को पता चलता कि महाराज ट्रेन से जा रहे हैं तो सैंकड़ो की संख्या में लोग स्टेशनों पर इकठ्ठ होते और अपने आराध्य के दर्शन करने के लिए व्याकुल होते। डॉक्टरों ने उपाय करने का पराकाष्ठ का प्रयास किया। बाबा ईश्वर पर भरोसा कर दवाइयां लेने से इन्कार करते थे। उनकि तबियत बिगड़ती गयी। उन्हें इर्विन अस्पताल में रखा गया। बीच में बेहोश हो जाते। होश आने पर कामकाज के बारे में पूछताछ करते। डॉक्टरों ने उपचार की पूरी तैयारी की परंतु बाबा मृत्यु के लिए तैयार थे। अंत में उन्होंने लोगों से कहा, "हमने आजतक आप से कुछ नहीं मांगा, अंत में माँग रहे हैं-पैसा इकट्ठ कर अस्पताल का बिल दिया जाये"। बिल चुकाकर बाबा सातपुड़ा के पास नागरवाडी में गोरक्षण केंद्र में जाने के लिए निकले। गाड़ी में उनके भक्त बैठ गये। उनकी पत्नी कुंताबाई बैठ्ने लगी तो बाबा ने कहा, "आप उतर जाइए। यहीं पर रहकर मधुकरी माँग कर खाइए।" भजन करते हुए यात्रा शुरू हो गयी। लेकिन बीच में बाबा की तबियत बहुत बिगड़ गयी। गाड़ी अमरावती की ओर मोड़ दी गयी, बाबा हताश हुए परंतु रास्ते में ही उन्होंने देहत्याग किया (१९ दिसंबर १९५६) – इस महान हठी आदमी ने अपनी इच्छा पूरी की। नागरवाड़ी के रास्ते पर उन्हें मृत्यु आयी। बाबा ने कभी पहले यह इच्छा प्रकट की थी कि उनकी मृत्यु पर किसी को बुलाया न जाया, म्युनिसिपालटी के लोग उन्हें जला देंगे, उन पर समाधि न बनवायी जाय। लोगों के सामने समस्या पैदा हुई क्या किया जाय, दहन कहाँ किया जाय। अंत में यह तय हुआ कि बाबा का दहन करने के बाद ऐसी भूमि पर उनकी समाधि बनवायी जाय जो किसी एक व्यक्ति के अधिकार में न हो। अमरावती के राठेड नामक एक सम्पन्न भक्त ने दहन और समाधि के लिए एक एकड़ जमीन अर्पण की। महाराष्ट्र के प्राख्यात सामाजिक कार्यकर्ता, राजकीय नेता, सभी तबके के असंख्य लोग, लेखक, पत्रकार बाबाजी के दहन के अवसर पर उपस्थित थे। शहर में दूकानें, कम्पनियाँ, स्कूल, सार्वजनिक संस्थाएँ बंद रखी गयी। कहा जाता है बाबाजी की अन्तयात्रा इतनी प्रचण्ड थी कि अमरावती के इतिहास में इतनी बड़ी अन्तयात्रा कभी नहीं हुई थी।

बाबाजी के स्वभाव को लेकर निश्चित कुछ कहना मुश्किल होता है। वे तुकाराम के शब्दो में वज्र की तरह कठोर भी थे ऐर फूल से सुकुमार भी थे। खुद पढ़े लिखे नहीं थे परंतु ज्ञान-विज्ञान के प्रति प्रचण्ड आस्था थी और विद्वानों के प्रति पराकाष्ठा का आदर था। ईश्वर में प्रचण्ड आस्था थी परंतु इस आस्था को श्रम, लोकसेवा, मानवयात्र के प्रति समता की भावना के आड़े आने नहीं दिया। ढेर सारा धन इकट्ठा किया और पाई पाई सार्वजनिक कार्य में लगा दी। समाज के निम्नतम स्तर के कल्याण को प्राथमिकता दी। बाबा ने शरीर और मन दोनों को शुध्द रखा और दोनों से मानवीय मूल्यों एवं आदर्शों के लिए गुलाम क़ी भाँति काम लेने का प्रयास किया। सारे समाज को तथा पशुओं को स्नेह प्रदान करनेवाला यह व्याक्ति अपने परिवार वालों के प्रति बेहद कठोर था। शायद पारिवारिक स्नेह बंधनों को वह अनासक्त महात्मा मायापाश मानता था। बाबाजी के जीवन को, उनके चरित्र और व्याक्तित्व को देखकर इस बात में संदेह नहीं रहता कि गीता के स्थितप्रज्ञ के लक्षण अतिशयोक्तिपूर्ण नहीं थे। बाबा गीता के कर्मयोग को साक्षत् जी रहे थे।

साने गुरुजी : व्यक्तित्त्व एवम् कृतित्त्व

आधुनिक महाराष्ट के समाज के शील जिन महान मानवों ने बनाया उनमें पूज्य साने गुरुजी का नाम श्रध्दापूर्वक और कृतज्ञता भाव से लिया जाना चाहिए। महाराष्ट्र का यह सौभाग्य रहा है कि जिस प्रकार मध्य युग में ज्ञानेश्वर, नामदेव, एकनाथ, तुकाराम , रामदास एवं अन्य अनेक सन्तों ने उसके चारित्र्य को आकार दिया, उसी प्रकार उन्नीसवीं शती के उतरार्ध में और वीसवी शती के पूर्वार्ध में रानडे, गोखले, लोकमान्य तिलक, आगरकर, महर्षि कर्वे, महात्मा फुले, डॉ. आंबेडकर, वीर सावरकर, विनोबा भावे जसे मनीषियों ने एवं अन्य अनेक महान व्यक्तियों ने महाराष्ट्र की राजनैतिक दृष्टि को जागरुक और प्रखर बनाया। सामाजिक चेतना को व्यापक बनाकर समता और मानवता के उज्जवल पाठ पढ़ाये, अपने अधिकारों के लिए लड़ना और सामाजिक कर्तव्य के लिए स्वार्थ को तिलांजली देकर जीना सिखाया। स्वहित का त्याग कर सामाजिक हित के लिए अनेक क्षेत्रों में संस्थाएं स्थापन कर जनजीवन को कम यातनामय बनाने की प्रेरणा दी। इसी श्रेणी में महाराष्ट्र के वरद पुत्र साने गुरुजी का नाम लिया जा सकता है, जिन्हों ने अपनी सरसवाणी से मराठी जनता के स्वाभिमान और स्वातंत्र्याकांक्षा को चेताया, अपने सरल, प्रासादिक, रसपूर्ण लेखन से बालकों से लेकर वृद्धोंतक के मानस पर साधुत्व के संस्कार किए, महान भारतीय परंपरा के अमृत तत्वों को अपने व्यक्तित्व की विशिष्टता के प्रति दक्षता बरत कर समस्त महाराष्ट्र की जनता को अपने तूफानी प्रचार कार्य से विलक्षण रूप में प्रभावित किया। साने गुरुजी केवल राजनैतिक नेता एवं प्रचारक नहीं थे, मात्र साहित्यकार नहीं थे, सिर्फ समाज के सुधारक नहीं थे, वे सन्त व्यक्तित्त्व के निष्काम कर्मयोगी पुरुष और सामान्य जनता के दुखदर्द के प्रति एकाकार होकर हर क्षण जीने और मरने को उद्यत, चैतन्य की एक अनोखी अभिव्यंजना थे।

साने गुरुजी (सदाशिव पांडुरंग साने) का जन्म पालगड में (तहसिल दापोली, जिला रत्नागिरी) २४ दिसंबर १८९९ को हुआ. लेकिन उनकी शिक्षा अनेक शहरों में हुई। सज्जन पिता की परंपरा प्राप्त शील की उज्ज्वल धरोहर और माता की ओर से कोंकण के परिवार का दारिद्रय ही विरासत में मिला। दो जुन भोजन की समस्या भी रिश्तेदारों का तिरस्कार और अपमान परोस कर ले आयी और अनाथ बच्चे की भांति उन्हें माधुकरी पर भी निर्भर रहना पड़ा। शिक्षा के लिए असीम कष्ट उठाने वाले साने गुरुजी बचपन से साहित्य के बड़े प्रेमी रहे। वेदों और पुराणों से लेकर लोक कथाओं और लोकगीतों का भारतीय अक्षय भण्डार साने गुरुजी के लिए अलिबाबा की गुंफा की तरह प्रचुर बौद्धिक एवं भावनात्मक समृद्धि देनेवाला रहा। बचपन में ही वाल्ट विटमन के (Leaves of Grass) का अनुवाद 'तृणपर्णे' नाम से साने जी ने कर रखा था। आगे चल कर अनेक ग्रंथों के अनुवाद आपने किए। बी.ए. में इतिहास और अर्थशास्त्र लेकर सर्वाधिक अंक प्राप्त किए और अनेक स्तरों पर जूझते हुए एम.ए. परीक्षा उत्तीर्ण की। इसके वाद अंमलनेर के 'तत्वज्ञान मंदिर' में प्रवेश लिया। राष्ट्रीय भावना से प्रेरित इस शिक्षण संस्था में साने गुरुजी ने अपना महत्त्व स्थापित किया। और वे अंमलनेर के प्रताप हायस्कूल में शिक्षक बने। यह स्कूल उसी राष्ट्रीय प्रेरणा से शुरू हुआ था जिस प्रेरणा से तिलक, आगरकर और चिपलूणकर ने पुणे

में 'न्यू इंग्लिश स्कूल' स्थापित किया था। साने गुरुजी ने वहाँ अपने छात्रों में असित प्यार और आदर प्राप्त किया। स्कूल के सिमित समय के अतिरिक्त छात्रों को अधिक जिज्ञासू, अधिक ज्ञानानुरागी और देश के हालात के प्रति सजग बनाने के लिए अथक परिश्रम किए। चर्चा, काव्यपाठ, 'विद्यार्थी' नामक पत्रिक इत्यादि के द्वारा सामान्य शालेय परिसर को सानेजी ने उदग्र चेतना से भर दिया। साने गुरुजी ने ज्ञान और शील के जो अद्‌भुत संस्कार उस समय किए उसकी यादें आज भी उस परिसर में अनुगूंजित हो रही हैं। लेकिन साने जी की कार्यशक्ति का दायरा बढ़ रहा था। उनकी ऊर्जा अधिकाधिक तीव्र बनती जा रही थी। १९२९ में संपूर्ण स्वातंत्र्य का प्रस्ताव काँग्रेस ने पास किया और सानेजी की कवित्व शक्ति हर्ष विभोर होकर उछलने लगी। १९३० में गांधीजी ने दांडीयात्रा प्रारंभ की सानेजी ने अपने को देश की स्वाधीनता के महायज्ञ में झोंक दिय। तबसे एक जनता के अनिभिषिक्त नेता को एक पराधीन देश में जो भी यातनाएं दी जा सकती थीं वे साने गुरुजी को सहन करनी पड़ी। जेल यात्रा, जेल में कठोर शारीरिक श्रम, बाहर आने पर पुनः जेल में ठूँस दिये जाने तक अविराम जनता जागृति का कार्य यह सिलसिला मृत्यू तक चलता रहा। लेकिन जिन महान व्यक्तियों ने जेल की यातना को उर्वरा भूमि पर पड़े हलों एवं कुदाल-फावड़ों के घावों की तरह झेल कर साहित्य और संस्कृति के रूप में विपुल धान्य की सृष्टि की, उन महानुबावों में पूज्य साने गुरुजी का नाम अग्रिम पंक्ति में रखा जायेगा।

वामन मूर्ति का विलक्षण तेज

साने गुरुजी का बाह्य व्याक्तित्व बहुत ही सामान्य था। ठिणगी कद काठी, दुर्बल शरीर, चेहरे पर अत्याधिक विनम्रता, बहुत ही संकोचशील और लज्जालू स्वभाव। कुल मिलकर साने गुरुजी के नितांत सीधेसादे खद्दर के लिबास में उनका बाह्य व्यक्तित्व ऐसा कुछ भाव नहीं जगता था कि उनको भीड़ से अलग कर देखने की क्षीण उत्सुकता जगे (इसलिए तो उनके स्कूल के प्रमुखों को यह आकांक्षा थी कि यह युवक कहां तक छात्रोंको अनुशासन में रख पाएगा) लेकिन जब यही कुछ करुण और दयनीय सी मूर्ति मंच पर अपनी धीमी लय में बोलना प्रारंभ करती थी और धीरे-धीरे वाक्‌प्रवाह की गति तेज होने लगती थी। शब्दों की अविरत वर्षा होने लगती थी। छोटे-छोटे उत्कट भाव से ओतप्रोत वाक्य जनता पर बरसने लगते थे, तब एक अद्‌भुत समाँ बंध जाता था। साने गुरुजी की कुछ निस्तेज सी वामन मूर्ति विलक्षण उर्जा से जनमानस को राष्ट्रीय भावना से अभिभूत करती थी। स्वयं साने गुरुजी के व्यक्तित्वांतरण का वह जादू जिन्होंने देखा है वही उसका साक्ष्य दे सकते हैं। इस धारा प्रवाह वक्तृत्व में क्या रहता था? एक आन्तरिक समृद्ध व्यक्तित्व की अभिव्यंजना इस वक्तृत्व में रहती थी, पारदर्शी ईमानदारी। इस ईमानदारी से निकलती थी साने गुरुजी के त्यागमयी, सात्विक व्यक्तित्व की आभा, इस आभा में प्रकट होता था उनका सामान्य से सामान्य आदमी के प्रति आन्तरिक लगाव, उनकी भूख की समस्या से पीड़ित आत्मा की कातर चीत्कार, पराधीनता से व्याकुल हृदय की व्यथा और स्वाधीनता की प्राप्ति के लिए सबकुछ करने के लिए प्रतिज्ञाबद्ध व्यक्ति की औजस्विता; सिरपर कफन बांधकर मातृभूमि की लौह शृंखलाओं को तोड़ने के लिए निकले वीर का शहीदाना तेज; सामाजिक और आर्थिक विषमता और असंख्य कलुषताओं के प्रति विद्रोही चुनौतीपूर्म हुंकार। इस भावपूरित

वाणी में जब तब प्रकट होते थे भारतीय साहित्य के दृष्टान्त, लोक साहित्य के प्रचुर संकेत, विश्व, साहित्य के कतिपय उदाहरण। कहीं अपने विद्वान होने की गर्व-गंध का अस्पस्ट सा स्पर्श भी किसी श्रोता के घाणेंद्रिय को उत्तेजित नहीं करता था। बल्कि कहीं वाक्-धारा के उस अजस्त्र प्रवाह में वैयक्तित हल्का सा संकेत आ भी गया तो अपनी सीमाओं और दुर्बलताओं का। साने गुरुजी ने सदैव दूसरे की महानता को ही देखा और अपनी लघुता को। कभी तो दूसरों के दोषों में भी सानेजी ने महानता ही ढूंढ़ी और अपनी लघुता पर लज्जा का अनुभव किया। भारतीय मनुष्य के लिए यह शील नया नहीं है। संतों के कतिपय पदों में यही व्यक्त हुआ है जो सूर के एक पद में – 'मौंसम कौन कुटिल खल कामी' अपने दोषों की राई को पहाड़ सदृश देख कर मन के अंहकार को तोड़ते जाने की और दूसरों के तिल जैसे सदगुण को अपने सात्विक स्वभाव की दुर्बिन में पहाड़ जैसे देखने की यह एक आत्मा के विस्तार की अन्तर्मुखी प्रक्रिया है जो भारतीय संतों मे प्रचुर रूप में थी और आधुनिक युग में साने गुरुजी जैसे विरल व्यक्तियों में देखने को मिलती थी।

भगवान सब का है

अपने इस वाक्-यज्ञ की पवित्र गंध से साने गुरुजीने महाराष्ट्र का कोना-कोना परिव्याप्त किया था। इस का चरम उत्कर्ष उस समय हुआ जब पंढरपुर के विठ्ठल मंदिर के बंद दरवाजे उन्होंने हरिजनों के लिए खुले करवा दिये। इसके लिए परंपरा और रूढ़ि के उस गढ़ में जाने के पहले और वहां प्राणांतिक उपोषण करने से पूर्व साने गुरुजी ने जो प्रचार का अभियान शुरू किया था उससे महाराष्ट्र भर में जन मानस की समूची सहानुभूति उन्होंने अपने प्रश्न के पक्ष में उभारी थी। साने गुरुजी के प्राणांतिक उपोषण ने पंढरपुर के बडवों की रही सही उज्जड़ता को भी धाराशायी कर दिया। महाराष्ट्र के दलितों के आन्दोलन की चर्चा में अब साने गुरुजी का नाम प्रायः सुनने को नहीं मिलता। आक्रमण करनेवाली रूढ़िवादिता पर सशक्त आक्रमण करनेवाली इस महान आत्मा को निष्पक्ष इतिहास भूल नहीं सकेगा। साने गुरुजी को अनेक बार जेल यात्रा करनी पड़ी। उसका महत्वपूर्ण कारण भी उनकी वाणी में निहित जनमानस को प्रेरित कर सकने की अजस्त्र क्षमता ही थी, जिससे ब्रिटिश सरकार बहुत ड़रती थी। उसके कुछ पहले १९३६ में कांग्रेस का अधिवेशन लेने के प्रयास में पूज्य एस.एम.जोशी के साथ साने गुरुजी ने जो खानदेस जिले का दौरा अपने भाषणों से अनुगूंजित किया वह भी एक उनके वाक्-यज्ञ का ही भाग था। सानेगुरुजी ने 'टोल टैक्स' के खिलाफ लड़कर किसानों पर होनेवाले अन्याय को दूर किया, बंद मिल के भूखे मजदूरोंको संघटित कर मिल खुलवाने का सफल प्रयास किया। उसके लिए तापी नदी में देह त्याग करने का निर्णय भी घोषित किया। जनता को कॉंग्रेस में लाने के लिए इक्कीस दिन का उपवास करके लोक जागृति की युवकों में संघटन का कार्य किया। सेवादल के कार्य में हाथ बंटाया। बयालीस के आन्दोलन में कांग्रेस के उज्ज्वल इतिहास को जनता के सामने प्रस्तुत कर अद्भुत जागरण उत्पन्न किया। वे कहा करते थे कि उनके शरीर के रोम-रोम में कांग्रेस-कांग्रेस शब्द फूटता सुनाई पड़ेगा। वह समूचा परिदृश्य ही जादूभरा था, मंत्र शक्ति से संचालित था।

देश भक्तों के लिए जेल कठोर परिश्रम का एवं यातना का केंद्र रह। परंतु वह उनके बहुश्रुत

होने के लिए, गुरु-शिष्य संबंध स्थापन करने के लिए, लेखन कार्य के लिए महत्त्वपूर्ण साधना-भूमि भी रही। पंडित नेहरू से लेकर सामान्य लेखक तक के लिए साहित्य-सेवा का वह एक उर्वरा क्षेत्र भी था। साने गुरुजी ने जेल जीवन के कष्टमय प्रसंग को अजस्त्र लेखन कार्य के लिए सुअवसर में परिणत किया था। साने गुरुजी ने अनेक प्रकार का लेखन किया। लेकिन एक महत्त्वपूर्ण कार्य जो उन्होंने किया वह था जेल में विनोबाजी के गीता पर दिये प्रवचनों को अक्षरशः लिपिबद्ध करना। साने गुरुजी की लिखावट बहुत सुंदर थी और लेखन में गति भी थी। अगर विनोबाजी के वे प्रवचन साने गुरुजी ने न लिख लिये होते तो संभवतः हवा में ही विलीन होते। अपने श्रोताओं को अपनी वाणी से अभिभूत करने वाले साने गुरुजी विनोबाजी के सामने संकोच से सिर भी न उठते थे। लेकिन यह संकोचशील व्यक्ति अन्याय का प्रतिकार करने के लिए वज्रकठोर होता था। नासिक जेल में रोच नामक जेल अधिकारी के अपमान करने वाले आदेशों की सविनय अवज्ञा करते समय उन्होंने पाशवी शारीरिक यातनाएं झेली परंतु अपनी प्रतिज्ञा को टूटने नहीं दिया। ये शारीरिक यातनाएं जहाँ अंग्रेज अधिकारियों की पशुता को उदाहृत करती थी वहीं पर साने गुरुजी की आत्मिक शक्ति का परिचय देता थी।

साने गुरुजी वक्तृत्व करते समय जिस तरह एक आवेश में आते थे उसी तरह लिखते समय भी आवेश में आते थे। 'भारतीय संस्कृति' पुस्तक को उन्होंने पुणे में तिलक रोड के नारायण भुवन में कुछ ही दिनों में पूर्ण किया। मेरी राय में भारतीय संस्कृति का नवनीत, इस ग्रंथ में सरल, प्रसादपूर्ण, भावभरी शैली में व्यक्त हुआ है और युवा मानसपर संकार करने की विलक्षण शक्ति इस में है। 'भारतीय संस्कृति' को लिखते समय साने गुरुजी अपनी आत्मा में उसे जी रहे थे और वह जीने की प्रक्रिया अनायास वाणी का रूप ले रही थी। जब लिखने का भूत सवार होता तब अदभुत आवेश उन में उत्पन्न होता था। तोलस्तोय का साहित्य मीमांसा करनेवाला ग्रंथ 'What is Art' उन्होंने चार दिनों में मराठी में अनूदित किया था।

साने गुरुजी का साहित्य वैविध्यपूर्म है। उपन्यासकार, कहानीकार, कवि, जीवनी लेखक, निबंधकार इत्यादि विविध भूमिकाओं में आपने साहित्य सृजन किया है। महाराष्ट्र के बालकों एवं स्त्रियों के लिए उन्होंने खास प्रकार का साहित्य रचा। लेकिन उनके साहित्य को लेकर मूल्यांकन करते समय समीक्षक विचित्र स्थिति में अपने को पाता है। उनके 'श्यामची आई', 'श्याम' आदि की इतनी आवृतियाँ बिक गयी थी कि मराठी के शीर्षस्थ उपन्यासकार भी उनसे ईर्ष्या करते थे। उनकी कहानियों के संग्रहों की इतनी आवृत्तियाँ हुई कि शायद धार्मिक ग्रंथ ही उनकी बराबरी कर सकते थे। फिर वह साहित्य लोगों की कुरुचि को कुरेदनेवाला, उनकी सुप्त इच्छाओं और आकांक्षाओं की काल्पनिक परितृप्ति करने वाला भी नहीं है। साने गुरुजी का साहित्य मनुष्य में निहित आदर्श पूजन की वृत्ति को उभारने वाला साहित्य है। साने गुरुजी स्वयं सात्विक वृत्ति के व्यक्ति थे और उनकी सात्विकता कुछ उनके कलाकार से भी बदलती रही। परिणामतः वे चरित्रों का वैविध्य उत्पन्न नहीं कर सके। व्यामिश्र चरित्रों का सृजन भी उनके लिए प्रायः मुश्किल था। उनके साहित्य में सरलता है, भोलापन है, इक हरापन है। भावनाओं का उलझनपूर्ण चित्र वे नही दे सके। न उनके चरित्रों में मनोवैज्ञानिक गहराइयाँ और व्यक्तित्व के अनेक आयामी रूप देखने

को मिलते है। लेकिन दूसरे प्रकार से उनके साहित्य में शक्ति आयी है। कला की सूक्ष्म कारीगरी उन में नहीं है, सरल निवेदन है। अंदर से कुछ उमड़-उमड़ कर सीधे बाहर आकर पाठ्क से साक्षात्कार करना चाहता है। लेकिन उनकी गजब की अनुभवों की पवित्रता, निष्पापता ओर आवेग मराठी साहित्य की शक्ति उनका सात्विक भावावेग है। इस भावावेग की निर्मलता और उत्स्फूर्तता को शायद ही कोई छू सकता है। साने गुरुजी की साहित्य विषयक दृष्टि उनके उपन्यास 'धडपडणारी मुले' १९३७ की प्रस्तावना में व्यक्त हुई है। "मेरे मन में जो सैंकडों कल्पनाएं आती रहती, विचारों की जो भीड़ उमड़ती, जो स्वप्न दिखते, जो स्मृतियाँ उभरतीं, जो दृश्य स्मरण होते, जो व्यक्ति खड़े होते, उन सब में से यह पुस्तक निर्मित हुई है। मैं यह सब अपने मन के संतोष के लिए लिख रहा हूँ"। अपनी आत्मनिष्ठ लेखन प्रक्रिया का स्पष्टीकरण 'आस्तिक' (१९४०) उपन्यास की प्रस्तावना में भी उन्होंने किया है। अपने ऊपर लगाये गये आरोपों को पुनरुक्ति, एकरसता इत्यादि स्वीकार करते हुए वे लिखते हैं, "पुस्तकों के नाम अलग, अंदर के पात्रों के नाम अलग, थोड़े बहुत प्रसंग अलग, लेकिन वही विचार वही भावनाएं। मैं अलग क्या दे सकता हूं?" "अंतरीचे धावे स्वभावें बाहेरी" मन में जो है वही बाहर प्रकट होगा। वृक्षों को हर साल नये नये पल्लव आते हैं वह क्या उनके पहले वाले पल्लवों से अलग होते हैं? वही तो होतेहैं। फिर भी हम कौतुक से उन्हें देखते हैं। आनेदित होते है। वही मेरी स्थिति है। वही विचारों ओर भावनाओं के पल्लव सर्वत्र दिखेंगे।" साने गुरुजी स्वयं अपनी शक्ति ओर सीमाओं से परिचित हैं।

लाजवती की बेल में सूर्यफूल

वैसे देखा जाय तो जब मराठी में फड़के के कलावाद का प्रभाव छा गया था, उनके साहित्य से सुखवाद का उन्मादक रस पाठ्कों को प्राप्त होता था तब साने गुरुजी को उनके समकक्ष खड़ा होना पड़ा। वैसे बड़े कलाकार के लिए आवश्यक बहुरुपियेपन की देन फडके, खांडेकर किसी को नहीं मिली थी और कला के नाम पर जिस तकनीकी बहुलता को उन्होंने प्रश्रय किया था वह सब नकली थी। लेकिन बौध्दिकों की रुचि उस लेखन में थी। साने गुरुजी की निर्मिति कवि हृदय की निर्मिति थी। लेकिन उस में बिखरे उत्कट काव्य को समीक्षकों ने नजर अन्दाज किया। एक आचार्य अत्रे थे जिन्होंने साने गुरुजी पर मृत्युलेख लिखते समय उनके साथ सहक रूप में न्याय किया। आचार्य अत्रे के कुछ विचारों को यहां उद्धृत करना आवश्यक लगता है। आचार्य अत्रे उनके वक्तृत्व का वर्णन करते है। "लाजवती की बेल में मानों सूर्यफूल आये हों।" इन सूर्यफूलों के दर्शन उनके उपन्यासों के संवादों में, वक्तृत्व में, संभाषण में, प्रकृति वर्णन में, प्रणय चित्रण में होते हैं परंतु उन्मादक, राजस प्रणय वर्णन के चरपरे स्वाद के सामने सानेगुरुजी के प्रणय में सन्निहित सात्त्विकता के उन्मेष पसन्द आना कठिन था। अत्रेजीने लिखा है "गुरुजी मातृहृदय के कवि थे। उनके रोम रोम में और कण कण में लोकोत्तर प्रतिभा का काव्य भरा हुआ था। तुलसीदास, मीराबाई, कबीर और तुकाराम के रक्त में जो काव्य था वही गुरुजी के पिंड में था।" मराठी साहित्य में जब उन्मादक प्रणय की फसल उग आयी थी तब राजनीतिक क्षेत्र में महात्मा गांधी के नेतृत्व में आध्यात्मिक राजनीति का नया प्रयोग चल रहा था। राजनीति, समाजनीति,

ज्ञानार्जन के आध्यात्मिकीकरण के इस नूतन प्रयोग में जिन मराठी उपन्यासकारों ने अपनी आंतरिक श्रद्धा और आस्था से साहित्य के माध्यम से योगदान किया, उनमें साने गुरुजी का स्थान अग्रिम पंक्ति में है। राजनीति के प्रति कुल शिक्षित समाज में जो उदासीनता की भावना थी उसके कारण तथाकथित बौद्धिक वर्ग में साने गुरुजी का सात्त्विक साहित्य उतना सम्मानित नही हो पाया।

साने गुरुजी के वाङ्मय में सामायिक जीवन के आदर्शवाद, ध्येयवाद और आत्मिक मानववाद प्रचुर रूप में प्रतिबिंबित हुआ है। एक ओर काम के प्रभाव में मन को काम वासना की गुहा मानने वाले साहित्यकारों के प्रभा मंडल में गुरुजी का मनुष्य की ऊर्ध्वगामी चेतना को शक्तिपूर्ण ढ़ंग से अभिव्यक्ति देने वाला साहित्य महत्त्वपूर्ण लगता है। आचार्य अत्रे ने इस बात के मर्म को भली भांति पकड़ा है। "नंदूरबार का नन्हा शिरीष कुमार, माथेरान का कोमल मनोहर कोतवाल, नौं गोलियां झेलनेवाला वड़ज का परशुराम पहलवान, फांसी पर लटकाया गया कराची का हेमु और नागपुर का विष्णु, इन शहीदों के बलिदान के पवाडे जब अपनी काव्यमयी वाणी से गाने लगते थे तब बीस बीस, पचीस पचीस हजार लोगों की आंखों से आंसुओं के स्त्रोत बहने लगते थे।" पत्थरों को हिलाने वाले, पहाड़ों को वाणी देने वाले और आकाश को गद्‌गद करने वाले जितने प्रसंग इस देश में घटित हुए उनकी नोंद गुरुजी ने अपने वाङमय में कर रखी है।" आनंद से हौतात्म स्वीकार करनेवाले तरुणों की मानसिकता का प्रत्यक्ष परिचय और अनुभव गुरुजी को था। साने गुरुजी के साहित्य में इस प्रकार के प्रयत्नशील युवकों के प्रत्यक्षदर्शी चित्र सहज में आये हैं।

मनुष्यत्व की जीवंत ऊर्जा

'धडपडणारी मुले' (१९३७) में छात्रों के मन में प्रवेश कर उनके व्यक्तित्व को नये ढ़ंग से संघटित करने वाले कर्मयोगी शिक्षक की आत्मोत्सर्गपूर्ण कथा बतायी गयी है। निरपेक्ष, प्रेममय और त्यागमय जीवन की यह कथा स्वामी के मनुष्यत्व की जीवन्त ऊर्जा सद्‌भिरुचिपूर्ण पाठक को बाँधे रखती है। स्वामीजी में आत्मिक और आध्यत्मिक जिज्ञासा है और उसमें से कभी उत्पन्न होने वाली उदासीनता पूरे कर्म-चक्र के बीच मन को करुणापूरित करती है (साने गुरुजी ने १९५० में स्वेच्छया देह त्याग किया। उसके पहले लिखे पत्र में साने गुरुजी की जन्मजात उदासीनता व्यक्त हुई है। स्वामी साने गुरुजी का ही प्रतिरूप है) गांधीवादी रचनात्मक कार्यक्रम का उत्तेजनापूर्ण वातावरण निर्मित किया गया है। यह कार्यक्रम तत्कालीन छात्र वर्ग का जीवन बना था लेकिन दुर्भाग्य से मराठी उपन्यास में इसका चित्रण लगभग नहीं मिलता। 'धडपडणारी मुले' 'पुनर्जन्म' (१९३९) में सात्त्विक प्रणय की धारा का प्रभावपूर्ण चित्रण है। १९४० में प्रकाशित 'क्रांति', 'आस्तिक', 'सती' उपन्यासों में भी मनुष्य की उदात्तता का साक्षात्कार कराने वाली, त्यागमय ऊर्ध्वगामी प्रेम का चित्रण करने वाली उनकी कलम बहुत ओजस्वी लगती है। क्रांति में सामयिक, राजनैतिक वातावरण का प्रभावी चित्रण है। तो 'सती' में प्रणय की शोकांतिका है जो प्रेम और कर्तव्य के बीच उदास रास्ता निकालती हुई समाप्त होती है। 'आस्तिक' में नाग और आर्य संघर्ष की पौराणिक कथा के माध्यम से सामयिक हिंदू मुसलमानों की संघर्ष गाथा को समाप्त करने के

लिए आत्मत्याग और हौतात्म्य की आवश्यकता का प्रतिपादन करती है। साने गुरुजी ने 'गोड शेवट '(१९४३) में खानदेश के एरंडोल गांव को उभार कर उसकी पृष्ठभूमि में जगन्नाथ और गुप्ता के अपूर्व मित्र-प्रेम की मधुर गाथा प्रस्तुत की है। जगन्नाथ और तमिल कन्या कावेरी के अनोखे प्रेम की उत्कट अभिव्यक्ति मन को स्पर्श करती है। दयाराम भारती का क्रांतिकारी व्यक्तित्व इस उपन्यास का महत्त्वपूर्ण वैशिष्ट्य है। 'रामाचा शेला' (१९४४) भी एक मधुर और आर्त प्रणय की कथा है। उदय और सरल का प्रेम बहुत दुर्भाग्यापूर्ण मोड़ लेकर सफल हो जाता है। लोक सेवा की गंगा में दोनों अपनी जीवन सरिता को मिला देने में जीवन की सार्थकता का अनुभव करते है।

साने गुरुजी के उपन्यासों में तकनीकी दोष बहुत हैं और फड़के के तकनीक संबंधी विचारों के प्रभाव में ये दोष रसिक हृदय को अधिक खुबते भी थे। लेकिन सानेजी के साहित्य में सात्त्विक भावनाओं की उत्कट अभिव्यंजना का जो उत्कर्ष है वह इन दोषों को नगण्य करता है। मराठी मन को उदात्तता के जो अनुभव मिलते हैं उनमें स्वभावगत हीनत्व का विरेचन होकर अल्पकाल केलिए ही क्यों न हो, उच्च सात्त्विक मनःस्थिति का प्रत्यय देने की क्षमता निश्चय ही साने गुरुजी के साहित्य में हैं।

'श्यामची आई' महान ग्रंथ

साने गुरुजी का महान ग्रंथ है 'श्यामची आई'। यह माता के गौरव एवं महत्त्व का पवित्रोज्वल स्तोत्र है। श्याम अपने दोस्तों से शाम के समय अपनी माता से संबंधित स्मृतियों को बता रहा है और इन स्मृतियों से श्याम की माता का महान चरित्र विकसित होता दिखता है। एक तरह से भारतीय परिवार में संस्कृति के महान मूल्यों की जो धरोहर वर्षों से सुरक्षित रहती आयी है वह माता के व्यक्तित्व के माध्यम से। इसीलिए 'श्यामची आई' केवल श्याम की व्यक्तिगत माता की जीवनी न रह कर भारतीय संस्कृति में जो कुछ सनातन और मंगल है उसका प्रतिनिधित्व करती है। 'श्यामची आई' एक महान सांस्कृतिक ग्रंथ भी है। अतिशय रोचक कथन भंगिमा के माध्यम से पारंपारिक आदर्श का वस्तुपाठ इस में प्रस्तुत किया गया है। इसमें निर्मित कतिपय घटनाओं के बीच से गुजरते हुए पाठक सात्विक भावों के बोध से विभोर होता रहता है। करुणा, वात्सल्य और शांति के रसानुभवों से पाठक अपनी दृष्टि ओर भावनात्मक दुनिया का विस्तार होता हुआ अनुभव करता है। सरल, निश्चल और सादगीपूर्ण भाषा की सरसता काव्यात्मक अनुभवों का स्थान स्थान पर बोध कराती है। 'श्याम'– दो खंडों में श्याम के व्यक्तित्व विकास की यह कथा लोकप्रिय हुई। मराठी में प्रथम श्रेणी के ग्रंथों का चुनाव करना हो तो उस में 'श्यामची आई' का निश्चय ही स्थान देना होगा।

साने गुरुजी ने लोक हृदय का संस्कार करने के उद्देश्य से कहानी लेखन किया। सामान्यतः उनके सामने किशोरावस्था या युवावस्था के संवेदनशील पाठक ही थे। बहुत कर उपदेश प्रदान करने की शिक्षक की प्रवृत्ति भी कलाकार पर हावी होती है। विस्तार से समझा समझा कर निवेदन करने की पद्धति पर ऊब पैदा करती है परंतु गुरुजी के भावुक हृदय की ईमानदारी मन को छुए वगैरे नहीं रहती। असल में कहानीकार के रूप में गुरुजी को अद्‌भुत सफलता मिली है

'गोड गोष्टी' के छः भागों में बालकों और किशोरों के लिए ये कहानियां लिखी गयी है और ये इतनी लोकप्रिय हुई कि पचास से ऊपर आवृत्तियां प्रकाशित हुई। साने गुरुजी लिखते हों या बोलते हों, जब उनके सामने संस्कारशील बालकों और किशरों का श्रोतृ समुदाय उपस्थित रहताहै, तब गुरुजी की वाणी और कलम में एक विलक्षण शक्ति उत्पन्न होती थी। इसी श्रोतृवृंद के लिए गुरुजी ने देश विदेश के साहित्य के विविध अनुवाद भी किए। गुरुजी ने महान व्यक्तियों की जीवनियां लिख कर भी मराठी युवकों को सत्कर्म के लिए बलिदान की प्रवृति का संदेश दिया। उन्होंने पहली जीवनी लिखी 'लोकहितवादी यांचे चरित्र' जो प्रकाशिल नहीं हो सकी। अतः १९२५ में प्रकाशित 'गोपाळ कृष्ण गोखले' ही पहला जीवनी ग्रंथ माना जायगा। इसके अतिरिक्त 'ईश्वरचंद विद्यासागर' 'राजवाडे यांचे चरित्र' 'बेंजामिन फ्रँकलिन' चरित्र, 'गौतम बुद्ध', 'रवींद्रनाथ टागोर', 'शिशिकुमार घोष' आदि ग्रंथ प्रसिद्ध किए। साने गुरुजी का उद्देश कलात्मक जीवनी लेखन करना नहीं था, महान व्यक्तित्वों के परिचय से युवकों को संस्कारित करना था।

कवि हृदय का व्यक्तित्व

साने गुरुजी कवि हृदय के साहित्यकार थे परंतु मराठी के काव्यतिहास में साने गुरुजी की कविता को विशेष सम्मान नहीं दिया जाता। काव्य संग्रह 'पची' में उन्होंने अपने हृदय के सहजस्फूर्त भावों को वाणी दी है। भक्तिपरक उनकी रचना उसके मानस का संतों के साथ घनिष्ठ जुड़ाव व्यक्त करती है। रवीद्रनाथ टागोर का प्रभाव भी लक्ष्य किया जा सकता है। अनेक कविताओं में जीवन संबंधी अनेक विचारों/दृष्टियों को व्यक्त किया है - सामाजिक विषमता और धार्मिक कट्टरताको देखकर कविहृदय व्याकुल होता है। साने गुरुजी ने देशभक्तिपर कविता भी प्रचुर मात्रा में लिखी है। वैसे साने गुरुजी के व्यक्तित्व में कवि हृदय केंद्र में है परंतु उनकी कविता में काव्यत्व की गुणवत्ता बहुत नहीं है। इसीलिए साने गुरुजी की कविता मराठी साहित्य में आधुनिक काव्य के संदर्भ में विशेष स्थान नहीं प्राप्त कर सकी। साने गुरुजीने अपने विचारों और भाव वृत्तियों को पद्य में छंद बद्ध पंक्तियों में वाणी दी इतनाही कहा जा सकता हैं। 'सत्याग्रही प्रबंध' काव्य में देशभक्तिपर भावनाएं व्यक्त हुई हैं। सत्याग्रही में युवा सत्याग्रही की मृत्यु होने पर उसके रोते, विसूरते मातापिता के पास वह रात को प्रेतात्माके रूप में आकर उनका सांत्वन करता है। यह एक दीर्घ विलापिका ही है। सत्याग्रही की नौ सालकी विधवा पत्नी को लेकर पितामाता शोकाकुल है। कुल मिलाकर कवि हृदय के इस साहित्यकार को कविता में उतनी सफलता नहीं मिली, यह विरोधाभास है लेकिन वास्तविकता को व्यक्त करता है। केवल भावुक हृदय होने से और सपाट भाषा में अपने भावुकतापूर्ण उद्‌गारों को व्यक्त करने से कविता नहीं बनती। भावों का काव्य में रुपांतरण होने के लिए जिस तरह की कलात्मक क्षमता का होना आवश्यक या वैसी कलात्मक क्षमता साने गुरुजी के पास नहीं थी। अतएव कवि के रूप में साने गुरुजी अगर मराठी साहित्य में प्रतिष्ठित नहीं हुए तो आश्चर्य की बात नहीं है। वैसे साने गुरुजी को इस बात की चिन्ता नहीं थी कि उन्हें कवि के रूप में स्वीकृति मिल रही हैं अथवा नही क्यों कि उनकी कविता एक तरफ प्रचार के लिए, उद्‌बोधन के लिए लिखी गयी थी तो दूसरी ओर वही साने गुरुजी के भाव विह्‌वल मन का आर्त उद्‌गार था, वह सही अर्थ में आत्मप्रकाशन की बेचैनी ही थी। साने

जी के समस्त लेखन में यही विरोधाभास हैं। वे आंतरिक व्याकुलता से विवश होकर लिखते थे लेकिन अपेक्षा यही रहती थी कि जनता उससे प्रेरणा पाए, अच्छे विचारों के उसके भावों को अपने व्यक्तित्व में स्थान दे। इस वोराधाभास का हल यही है कि साने गुरुजी की आत्मा इतनी महान थी कि उस में वैयक्तिकता उस अर्थ में नहीं थी जिस अर्थ में आधुनिक मनुष्य वैयक्तिक बने रहना चाहता है। उनकी वैयक्तिकता में ही समाष्टि का हित साने गुरुजी जैसे लेखकों के लिए वैयक्तिक बना हुआ था। यह स्वान्तः सुखाय लिखने वाले तुलसीदास की परंपरा हैं, यह अलग से कहने की आवश्यकता नहीं।

सद्‌हेतु और व्याकुलता से लेखन

साने गुरुजी प्रचार कार्य करते समय भी अविरत लेखन करते रहते थे। साहित्य के हर रूप को अपने प्रचार कार्य में जोतने के लिए तालाचल रहते ते। इसी भावना से उन्हों ने दो नाटक भी लिखे। 'ते आपले घर' नाटक का विषय अस्पृश्यता के प्रश्नपर केंद्रित है। सुधारक बनाम सनातनी धर्माभिमानी के बीच का संघर्ष इस में चित्रित है, नाटक में सुधारक गणपतराव का पुत्र राजा एक प्रकार से साने गुरुजी का ही प्रतिरूप है। वैयक्तिक सुख एवं आशाआकांक्षा को समष्टि के सुखदुख से एकाकार करने पर जो विशाल भावनासे ही जीवन जीना चाहिए यह मानवतावादी दृष्टिकोन नाटक में परिव्याप्त है। गणपतराव को यातना देने वाले दिनकरराव को शारीरिक पीड़ा होना, राजा के क्षमा करने पर वह पीड़ा नष्ट होना और उसका हृदय परिवर्तन होना इत्यादि नाटयांश में कृत्रिमता है। हृदय परिवर्तन की घटना गांधीवादी आस्था से प्रेरित है। यह अलग से कहने की जरूरत नहीं है। आदर्श की झोंक में गुरुजी लिखते हैं कि समस्त महार-बस्ती ने शराब पीना छोड़ दिया; असल में सानेजी का ध्येयवाद और आदर्शवाद उनके कलाकर पर जब हावी होता था तब वे बेधडक मन की उर्मियों को ही तरजीह देते तो। इस उर्मि में लंबे प्रचारात्मक भाषण आते थे और संवाद की कला क्षतिग्रस्त होती थी। नाटक के प्रवेशों में तारतम्य कम रहता था। देस की समस्या को लेकर छोर नाटक नहीं हैं। इस अभाव की पूर्ति के लिए साने गुरुजी ने 'ते आपले घर' शीर्षक से छोटा नाटक लिखा। फिर सुविधा के लिए स्त्री पात्र उसमें से निकाल दिये। गुरुजी को इस बात की चिन्ता नहीं थी कि वे लिख रहे हैं वह कला के स्तर को प्राप्त करता है कि नहीं। वे कहते है "मैं बड़ा कलाकार नहीं हूँ। इसलिए लिखता हूँ कि रहा नहीं जाता। महाराष्ट्र के कलाकारों को यह लेखन नहीं पसन्द आता तो भी उसमें जो सद् हेतु और व्याकुलता है उसको देख कर परमेश्वर कौतुक करेगा, उसके बारे में मुझे आशंका नहीं है।" इस विश्वास के सामने कलात्मकता की कसौटी साने गुरुजी के साहित्य को टससे मस नही होता। साने गुरुजी ने मारिस मेटरलिंक के नाटक का रूपांतर किया 'नीलापक्षी।' यह मराठीकरण है, केवल अनुवाद नहीं। इसमें निहित आध्यात्मिकता और प्रतीकात्मकता ने संभवतः साने गुरुजी को इसके अनुवाद के लिए प्रेरित किया होगा।

साने गुरुजी सक्रिय जीवन में भी लेखन के अतिरिक्त प्रचुर स्वाध्याय करते थे और उसकी विस्तृत परिधि को देखते हुए आश्चर्य होता है। उनके स्वाध्याय और चिन्तन का फल महाराष्ट्र को उन्होंने अनुवादों और स्वतंत्र निवंध रचना के माद्यम से दिया। उनके निबंधों में संस्कृति, धर्म

समसामायिक परिस्थिति, सामाजिक समस्याएँ, राजनैतिक परिवेश आदि का विवेचन मिलता है। 'संस्कृतीचे भवितव्य' (राधाकृष्णन के The Future of Civilization का मराठी रूपान्तर) 'राष्ट्रीय हिंदु धर्म' 'समाजधर्म' (भगिनी निवेदिता के Religion and Dharma का मुक्त अनुवाद) अनुदित ग्रंथ हैं। उसी तरह 'स्वदेशी समाज' टैगोर के ग्रंथ का सुंदर अनुवाद है। 'खेडयात जाऊन काय करणार?' महात्मा गांधी के लेखों के अनुवाद का संकलन है। 'कला म्हणजे काय?' तोलस्लेय के ग्रंथ का अनुवाद हैं। साने गुरुजी का मधुर, प्रसादपूर्ण शैली में किया हुआ गीताभाष्य या गीता के दर्शन का भावनात्मक आकलन 'गीता हृदय' नाम से प्रकाशित है। उनके भारतीय संस्कृति ग्रंथ की तरह ही यह मौलिक और सुंदर ग्रंथ है। इन दोनों ग्रंथों का अध्ययन भारतीय संस्कृति के मर्म को जानने के लिए आवश्यक है। 'गोड निबंध' में साने गुरुजी ने अपने काँग्रेस पत्र में प्रकाशित लेखों का संकलन किया है। इसमें सामाजिक वातावरण के दबाव के साथ गुरुजी के हृदय की जो अकृत्रिम अभिव्यक्ति है वही इन निबंधों की साहित्यिकता को सुरक्षित करती है। 'स्वराज्य संस्थापक श्री शिवराय' में सानेगुरुजी ने श्री शिवाजी का स्फूर्तिमय जीवन पाठकों के सामने खडा किया है। राष्ट्रीय प्रवृत्ति को चेताना इसका प्रमुख उद्देश्य है। साने गुरुजी के निबंध वाङ्मय में इस प्रकार की वैयक्तिकता या व्यक्ति निष्ठता नहीं है जो ललित निबंध में इस समय अपेक्षित थी। परंतु हृदय की निश्छल अभिव्यक्ति और महान उद्देश्यों के प्रति समर्पित वृत्ति से आयी है। अतः उनका विचारांत्मक लेखन भी मन को आल्हाद देता हुआ पाठक को अधिक समृद्ध करता है।

साने गुरुजी सन्त परंपरा धरोहर

साने गुरुजी महाराष्ट्र के लोकप्रिय लेखक रहे। इस लोकप्रियता की जड़ में समाज मन की सात्विक वृत्ति है, आदर्शोन्मुखता है, आत्माकी ऊर्ध्वगामी प्रवृत्ति है। इसलिये साने गुरुजी बड़े कलाकर तो नहीं थे लेकिन महान कलाकार से भी जो संभव नहीं बनता वह लोक हृदय को संस्कारित करने का कार्य साने गुरुजी ने बड़े पैमाने पर किया। अतः उनका नाम उन थोड़े से महामानवों में लिया जायेगा जो भारतीय संस्कृति के अमृत मंथन में से निकले मूल्यों के नवनीत को मध्ययुगीन महान सन्तों की उज्ज्वल परंपरा में रहकर जनमानस को स्वस्थ एवं पुष्ट बनाने के लिए परोसते चले गये।

शोषण के खिलाफ आवाज

साने गुरुजी ने अस्पृश्यता, स्त्रियों का पुरुषों द्वारा किया जानेवाला शोषण, हिन्दु-मुसलमान एकता की समस्या, देहातों की आर्थिक अवनति, सनातनियों की रुदिग्रास्त दुष्टता, बालकों के नानाविध प्रश्न इत्यादि विषयों को लेकर प्रचुर लेखन किया उनकी आत्मीयता एवं लगाव का एक महत्वपूर्ण प्रश्न भारत की विविध भाषाओं में सन्निकटता लाना और साहित्यों के आदान-प्रदान से भारतीय एकात्मता की भावना को, भावनात्मक, वैचारिक और सांस्कृतिक नींव देना था। इसी उद्देश से उन्होंने आन्तरभारती की संकल्पना को सतत सामने रखा। मराठी के एक महत्वपूर्ण पत्र 'साधना' के संपादक के नाते उन्होंने इन संकल्पना को आकार देने का प्रयास

किया। असल में 'आन्तरभारती' की संकल्पना एक ऐसा सुंदर स्वप्न है जिसे अधिकाधिक मूर्त करते जाने में ही साने गुरुजी के व्यक्तित्व और कृतित्व का सही अर्थ में स्मरण करना होगा। गुरुजी आदर्श के सपने देखते थे। परन्तु सपने देखने वाला व्यक्तित्व अथवा कवि-हृदय का व्यक्ति निष्क्रिय होता है, इस मान्यता पर गुरुजी ने अपनी निरंतर सक्रियता से प्रहार कर तोड दिया। उसी तरह आस्तिकता मनुष्य को कार्यक्षेत्र से विरत करती है या बुद्धिवादी कार्यक्रम को हाथ में लेने से रोकती है जैसे मान्यताओं को भी साने गुरुजी ने ध्वस्त किया। असल में यह निस्संदिग्ध रूप में कहा जा सकता है कि भारतीय परिवेश में जितना प्रचण्ड कार्य आस्तिक वृत्ति के महामानवों ने किया उसका शतांश भी तथाकथित बुद्धिवादी लोगों ने नहीं किया। चैतन्यमय मूल्यों का पूंजीभूत आदर्श देखने वाले व्यक्ति सांसारिक कार्य से विरत हो ही कैसे सकते है?

साने गुरुजी भारतीय समाज जो जातिवाद, धर्मवाद एवं अन्य अनेक प्रकार की रूढ़ियों में शिथिल हो गया है, कि अपनी समस्त कमजोरियों के बावजूद अपनी मूलभूत चेतना का परिचय देते रहते थे। समस्त दुर्बलताओं के बीच समाज अच्छे बूरे की पहचान प्रातिभ ज्ञान से करता है। उसका समाष्टिगत निर्णय सामान्यतः गलत सिद्ध नहीं होता। इसके विपरीत पिछले दो सौ वर्षों से आधुनिकता और बुद्धिवाद के संस्कारों को ग्रहण करने वालें भारतीय शिक्षितों का छोटा तबक़ा सिवा अपनी स्वार्थसाधना के जीवन को उदात्त रूप में ग्रहण नहीं कर पाया। साने गुरुजी इस छोटे तबके में आदर के पात्र नहीं हो पाये यह समझ में आता हैं लेकिन सामान्य जनता के वे कंठहार रहे यह भी इतना ही सत्य है। इस सामान्य भारतीय जनता ने अपनी प्रातिभ समझ लेकर लोकमान्य तिलक को सर आंखों पर किया, महात्मा गांधी को प्राणपण से प्यार किया। इस जनता की समझदारी को पुष्ट करने का कार्य जिन महा मानवों ने किया है उन में साने गुरुजी का नाम अग्रिम पंक्ति में रहेगा।

कुसुमाग्रज : अजातशत्रु स्थितप्रज्ञ कवि

आज समस्त मराठी मानस विलक्षण सुखानुभव से ओतप्रोत है। महाराष्ट्र के लोकप्रिय नाटककार और कवि को भारत का सर्वश्रेष्ठ प्रतिष्ठित ज्ञानपीठ पुरस्कार करीब चौदह वर्षों के बाद प्राप्त हुआ है। संयोग की बात यह है कि पहला ज्ञानपीठ पुरस्कार प्राप्त करनेवाले स्व. वि. स. खांडेकर की यह उत्कट इच्छा थी कि उनके बाद यह पुरस्कार कुसुमाग्रज (वि. वि. शिरवडकर) को मिलना चाहिए। संयोग की बात यह भी है कि दोनों लेखक लेखकीय गुणवत्ता के साथ सामान्य जनता के सुखदुख से आंतरिक आत्मीयता से एकाकार होनेवाले महान व्यक्तित्व के रूप में लोकप्रिय रहे हैं। संयोग यह भी है कि कुसुमाग्रज की कवित्व शक्ति को पहचानने वालों में सर्व प्रथम स्व. वि. स. खांडेकर रहे हैं जिन्होंने यह मनःपूर्वक चाहा था कि उनका कविता संग्रह प्रकाशित हो जाय और उन्हीं की पहल से कुसुमाग्रज का पहला काव्यसंग्रह 'विशाखा' छपा भी। 'विशाखा' मराठी साहित्य में एक 'घटना' के रूप में १९४२ में अवतरित हुआ। पहले दो काव्यसंग्रहों (जीवन लहरी १९३३, जाईचा कुंज १९३६ (शिशुगीत) काव्य) से कुसुमाग्रज की प्रतिष्ठ उतनी नहीं हुई थी। लेकिन इसका कारण यह नहीं कि 'विशाखा' की खांडेकर द्वारा लिखी सुंदर भूमिका नहीं बल्कि जनमानस को आवाहन करनेवाली उनकी कुछ श्रेष्ठ रचनाएँ है ('दूर मनो-यात', 'हिमलाट', 'स्वप्नाची समाप्ती', 'अहि-नकुल', 'किना-यावर', 'आगगाडी व जमीन', 'क्रांतीचा जयजयकार', 'कोलंबसाचे गर्वत्रीत', 'पृथ्वीचे प्रेमगीत', 'सात' इ.) 'विशाखा' की इन कविताओं का प्रभाव कुछ ऐसा है कि उसके बाद कुसुमाग्रज के अनके काव्यसंग्रह प्रकाशित हुए ('समिधा' शिशुगीत) 'किनारा', 'मेघदूत', 'मराठी माती', 'चिगत', 'हिमरेषा', 'वादळवेल' छंदोमयी, मुक्तायन, श्रावण (शिशुगीत) लेकिन कुसुमाग्रज की प्रतिष्ठा निर्भर है 'विशाखा' काव्यसंग्रह पर। उनकी कुछ कविताओं का रसिकों और काव्य के मर्मज्ञ पाठकों पर ऐसा कुछ सम्मोहनकारी प्रभाव है कि १९८७ में डॉ. उषा देशमुख के संपादकात्व में कुसुमाग्रज की एक कविता (करीब ४८ पंक्तियाँ) 'गर्जा जय जयकार क्रांतिचा' का सांस्कृतिक और सौंदर्यात्मक दृष्टि से विवेचन कराने वाले तथा कविता की अदभुत मंत्र-शक्ति का निवेदन करने वाले लेखों का एक दाई सौ पृष्ठौ का ग्रंथ ही प्रकाशित हुआ और वह काफी लोकप्रिय भी हुआ। केवल एक कविता पर, जो दीर्घ कविता भी नहीं है, एक पुस्तक का संपादित किया जाना, कविता के प्रभाव को स्पष्ट करता है। यह कवि उन सभी प्रकार के मोहों से दूर रहा जिनका शिकार सामान्यतः लोकप्रिय व्यक्तित्व होता है। एक तरफ रसिकों के हृदय का यह अनर्भिषिक्त सम्राट सस्ती लोकप्रियता के रास्तों से तो सैकड़ों कोस दूर रहा ही, प्रतिष्ठित मार्गों का भी अनुगमन इस निस्संग व्यक्ति ने कभी नहीं किया। यह कवि कभी भीड़ के पास नहीं गया, सम्मान, गौरव,प्रतिष्ठित व्याख्यान, काव्य-मंच सभी से दूर रहा। सुंदर व्यक्तित्व, प्रभावपूर्ण वक्तृत्व शक्ति, जनता की कवि की शारीर उपस्थिति के लिए व्याकुलता और ललक यह सब था लेकिन इस उदासीन व्यक्ति ने कभी हल्के स्तर पर जनानुरंजन नहीं किया। किसी भी सृजनशील साहित्यकार को सर्वाधिक विचलित करती है कीर्ति-रंभा लेकिन यह परंपरा से नाता जोड़नेवाला व्यक्ति इस रंभा के सम्मोहन से सदैव दूर रहा। परंतु इस निरपेक्ष कवि का भाग्य देवता ऐसा विलक्षण कि साहित्य

के सभी सम्मान इसका पीछा करते हुए आये और गले पड़ गये। कीर्ति-सम्मोहन जब वशीभूत नहीं कर सका तब कनक और कांता के मोह की क्या मज़ाल जो पास भी फटके? संयम और संतुलन से अनुशासित यह कवि सफल नाटककार होने के बावजूद नाटकीय दुनिया के तमाम सम्मोहनों से दूर रहा। स्थितप्रज्ञता का एक लक्षण यह कि अपने नाटक के पहले सार्वजनीन प्रयोग के अवसर पर भी यह कलाकार तटस्थ, उदासीन, अविचलित, प्रशान्त यह व्यक्ति नये लेखकों के यश से कभी भयभीत नहीं हुआ और दोस्तों की बैठकों में अनुपस्थित व्यक्ति की निंदा में कभी सम्मिलित नहीं हो सका। आज के साहित्यकार के लिए निंदा-रस जैसे अद्वितीय रस में भागीदारी न करना जितना कठिन है उतना ही किसी न किसी रूप में आत्मप्रशंसा का हिस्सेदार न होना। लेकिन तात्यासाहब (कुसुमाग्रज का संबोधन-नाम) की इन दोनों के प्रति अरुचि को मराठी के प्रायः सभी लेखक और मित्र स्वीकार करते हैं। मराठी के लेखक शायद ही किसी एक मुद्दे पर सर्वथा सहमत हुए हों लेकिन तात्यासाहेब के व्यक्तित्व की स्थितप्रज्ञता पर अब तक कहीं विवाद का स्वर सुनने में नहीं आया। एक विलक्षण आत्मविश्वास तात्यासाहब को अपनी कवित्व-शक्ति पर रहा है। उनकी एक कविता में उन्होंने लिखा है-"विजय के लिए कभी नहीं थी मेरी कविता/इसीलिए वह कभी न थी भयभीत हार से/नहीं कभी वह अड़ बैठी थी जन्म के लिए/ इसीलिए वह भयभीत नहीं है मृत्यु भय से/" चूँकि तात्यासाहब के लिए कविता आंतरिक अनिवार्य आवेगमय अविष्कार थी। व्याति या आत्मविज्ञान, प्रचार या उपदेश की प्रेरणा से नहीं रची जाती थी, उनकी कविता में स्वयंभूता है, अस्तित्व का अपना खास तर्क है। तात्यासाहब की कविता में मौलिकता और परंपरानिष्ठता, व्यक्तित्व का आग्रह और समष्टि के प्रति उन्मुखता, सांस्कृतिक मूल्य और सौंदर्यमूल्य, व्यक्ति-मानस और समूह मानस, प्रेय और श्रेय अपनी द्वंद्वात्मक भूमिका में कभी नहीं रहते। तात्यासाहब का विचार है कि कविता व्यक्ति-मानस से विनिर्मित होती है लेकिन वह प्रादुर्भूत होती है समष्टि-मानस की गहन गुहा से भी स्व. वा ल. कुलकर्णी ने कुसुमाग्रज के मन की खोज करते हुए लिखा है कि व्यक्तिगत सुखदुःख पर मात करना, वैयक्तिक सुख्रदुःख से अपनी दुनिया को व्याप्त करने की अपेक्षा समिश्र मन से एकरूप हो कर अनुभव व्यक्त करना कुसुमाग्रज के मानस का धर्म है। समाज-मानस के साथ एकरूपता स्वधर्म बनने पर बहुत से द्वंद्व तिरोहित होते हैं।

कुसुमाग्रज की कविता का प्रमुख वैशिष्टय यह रहा कि वे अपने समाज के साथ साथ काल की गति के साथ भी जागरूकतापूर्वक गतिशील रहे। १९४२ के आसपास के भारतीय परिवेश का क्रांतिधर्मी पहलू उनकी कविता में प्रकट हुआ। उसका अत्यंत काव्यात्मक और सामर्थ्यशाली प्रकटीकरण 'गर्जा जयजयकार क्रांतिचा' जैसी सर्वांग सुंदर और पूर्ण कविता में हुआ। हार में भी विजय का स्वप्न देखने की अभिमन्यु-वीरता उनके कोलंबसाचे गर्वगीत में प्रचण्ड आवेश के साथ प्रकट हुई। समाज में व्याप्त अनेक स्तरीय संघर्ष का विलक्षण नाटयमय प्रकटीकरण 'अहि-नकुल' कविता के माध्यम से विस्फोटित हुआ। सामाजिक और राजनैतिक श्रेय के लिए अपने वैयक्तिक प्रेय और श्रेय को न्योछावर करने की युवा मानस की दहकती आकांक्षा 'स्वप्नाची समाप्ती' जैसी नितांत सुंदर कविता में प्रकट हुई। क्षुद्र व्यक्ति के साथ भौतिक सुख की अपेक्षा महान व्यक्तित्व के प्रति आकर्षण में चिरवेदना और अभाव से पीडित आत्मिक दुख को स्वीकार करनेवाली नारी

का ऐतिहासिक संकल्प 'पृथ्वीचे प्रेमगीत' में विराट प्रतीक के माध्यम से प्रकट हुआ। ये और ऐसी कविताएँ भारतीय जन-मानस की अभिव्यक्ति के लिए आतुर भावना संसार को विलक्षण शक्ति के साथ चित्रमय वाणी में आकारित करती हैं। भव्यता, औदात्य, सर्वस्व समर्पण, अग्निपथ का आनुगमन, उत्तुंग आदर्श का उत्कट आकर्षण कुसुमाग्रज की कविता के भाव-संसार के कुछ तत्त्व हैं। कविता अग्निपूजक भी है और सौंदर्य का आस्वादन करानेवाली भी। ये कविताएँ गेयता के साथ नाता नहीं तोड़ती बल्कि गेयता के पंखों पर बैठकर विराट आशय के आकाश में प्रभावपूर्ण उड़ानें लेती हैं। इनकी लोकप्रियता का कारण भी उनकी गेयता है जो एक साथ आशय को शक्तिशाली करती हुई जन-स्मृति में पत्थर पर आकारित चित्र की भाँति अमिर छाप छोड़ती है। कुसुमाग्रज की काव्यशक्ति अनुभव बीज की नाटयधर्मिता को बही मार्मिक ढंग से पकडती है और विविध विरोधी घटकों के संयोजन से अनुभव का कलात्मक विस्तार करती है। इसी में उनकी प्रभावपूर्णता का रहस्य छिपा है। कुसुमाग्रज रूपक और प्रतीक का आश्रय ले कर अपनी कविता के भावशय को अनेक आयामी बनाते हैं और साथ साथ अपनी भास्वर विंवधर्मी भाषा से काव्याशय को जीवन्तता का स्पर्श भी देते हैं। आशय के धरातल पर स्वातंत्र्यवीर सावरकर से रिश्ता जोड़नेवाली कुसुमाग्रज की कविता भाषा शैली के धरातल पर कहीं दीप्ति और चमत्कृति में खांडेकर और गोविंदाग्रज की शैली से भी जुड़ती है। (परंतु खांडेकर के अतिरेक को टालते हुए)। जब जब कुसुमाग्रज को बाहर की परिस्थितिने चुनौती दी तब तब उनका कवि उत्कटतापूर्वक काव्य के धरातल पर प्रतिक्रत हुआ है और इसका उदाहरण १९६२ के आसपास चीनी आक्रमण की पृष्ठभूमि पर लिखी उनकी कविता में प्रचुर रूप में मिलता है।

यह सही है कि बीच के काल में कुसुमाग्रज की कविता मर्ढेकर की कविता के सम्मुख कुछ उपेक्षित हुई। मर्ढेकर की महायुद्धोपरान्त की अन्तर्मुख कविता ने भारतीय बौद्धिक की हताशा,पराजेयता, विफलता को बड़े प्रभावपूर्ण ढंग से शक्तिमत्ता के साथ अभिव्यक्त किया। उस युग की मानसिकता से जो सिमिसिज़्म से देशित रही, मर्ढेकर का निकट का रिश्ता रहा। यद्यपि कुसुमाग्रज की कविता में इस युग के भी क्षीण स्वर व्यंजन हुए है लेकिन कुसुमाग्रज का स्वभाव और स्वधर्म परास्त मानसिकता को व्यक्त करनेवाले कवि का नहीं था। मनुष्य की सृजनशीलता में उनकी आस्था अधिक दृढ़ थी, मनुष्य के उज्ज्वल भविष्य के प्रति उनका विश्वास अधिक गहरा था अतः मर्ढेकर के युग में - नयी कविता के युग में कुसुमाग्रज की कविता कुछ उपेक्षित हुई। परंतु भविष्य के प्रति गहन आश्वास्त (क्या आज इस तारीख में दूसरा उपाय है?) में विश्वास मन को आज भी कुसुमाग्रज की वाणी अपने पास आने के लिए आवाहित करती है और जीवन जीने में आस्था भी पैदा करती है। श्री. पु. ल. देशपांडे ने कुसुमाग्रज के प्रभाव को व्यक्त करते हुए लिखा है "फल ज्योतिषी मनुष्य का जन्म नक्षत्र देखते हैं, उस शास्त्र में मेरी जरा भी गति नहीं है। अतः मेरा जन्म नक्षत्र मुझे मालूम नहीं। लेकिन मेरी तरूजाई जो जन्मी वह कुसुमाग्रज द्वारा मराठी साहित्य के आकाश में छोड़े हुए विशाखा के नक्षत्र पर। वे आगे लिखते हैं, आसपास की घटनाओं के संस्कार जिस के मन पर जाने अनजाने अंकित हो रहे थे उनके उस पुवा-काल के उद्‌गाता थे कुसुमाग्रज-कुसुमाग्रज हमारे हीरो नही थे, वे हम में से एक थे। मेरे अंतःकरण के स्वरकोष में जिस तरह बालगंधर्व गाते ही रहते थे वैसे कुसुमाग्रज कवितापाठ करते हुए वास्तव्य करते थे। हमारी

संवेदनाओं को वाणी मिलती थी उन्हीं की कविता पंक्तियों के माध्यम से। उनकी कुछ पंक्तियों को उद्‌धृत करने का मोह होता है। कुसुमाग्रज की प्रतिभा को उस समय के समीक्षाओं ने देखा तो दहकते यज्ञकुंड से प्रकट होने वाली असुर संहारिणी दुर्गा के रूप में। वस्तुतः वह उमा की तरह विविध रूप धारिणी है। उसे क्रांतिकारकों द्वारा किए गये सर्वस्व के होम की तरह ही मझले घर के मंद दीप की बाती का आकर्षण है। वह जानती है कि जीवन समुद्र की तरह है। वह केवल सुंदर नहीं और केवल भीषण भी नहीं।"

कवि कुसुमाग्रज की कविता में नाटय सक्रिय है और उनके नाटकों में काव्यात्मक प्रसंगों का रसपूर्ण परिपाक है। कविता की मूल प्रकृति यहाँ भी वर्तमान है। भव्यता की आराधना, पौरुष और पराक्रम की पूजा। 'दुसरा पेशवा' नाटक में बाजीराव का रुढीयों को तोड़कर नये मूल्यों को जीने का साहस दिखानेवाले दुर्ध्दर्ष व्यक्तित्व का और उसके साहस में प्राणपण से साथ देने वाली मस्तानी के समर्पण भाव का बड़ा ही प्रभावशाली चित्रण किया गया है। कौन्तेय नाटक में साहित्यकारों को सदैव आकर्षित करनेवाले महाभारतीय कर्ण के विभाजित व्यक्तित्व का नाटयमय बीज विकसित किया गया है। शोकान्त नाटक की गंभीर वेदना, मूल्यधर्मी संघर्ष, वैचारिक और भावनात्मक स्पंदन का तीव्र रूप, मन को तकलीफ में डालने वाली जीवन-जिज्ञासा इत्यादि वैशिष्टय कुसुमाग्रज के शोकान्त नाटकों में प्रकर्ष रूप में दृष्टिगोचर होते हैं। "ययाती आणि देवयानी" में देवयानी, ययाती, कच के व्यक्तित्व संबंधों का मनोवैज्ञानिक गहराई के साथ चित्रण किया गया है। महाभारत जहाँ मूक है केवल संभावना की ओर क्षीण संकेत करता है वहाँ से प्रसंगों और पात्रों को उठा कर उन्हें शक्तिसंपन्न करना कुसुमाग्रज का लेखन-वैशिष्टय है। 'वीज म्हणाली धरतीला' झाँसी की रानी के अग्निधर्मी व्यक्तित्व के दाहक दर्शन कराता है।

शिरवाडकरजी का 'नटसम्राट' मराठी नाटक का एक चरम उन्मेष है। नाटयानुभव की शोकान्त गंभीरता अन्त तक बनाये रख कर और चरित्रों के मनोवैज्ञानिक स्वरूप को उभार कर भी उसे आश्चर्यजनक रूप से लोकप्रिय बना देने की किमया कुसुमाग्रज इस नाटक में कर सके हैं। अनेक प्रकार की व्याख्याओं को प्रेरणा देनेवाला यह नाटक मराठी रंगमंच के महान अभिनेताओं को अपनी शक्ति अजमाने के लिए आवाहन करता रहा है। शेक्सपिआर कुसुमाग्रज का प्रिय नाटककार है परंतु महान नाटककार से बहुत कुछ ग्रहण कर के भी अपनी मौलिकता सुरक्षित रखते हुए अस्सल देशीय रूप में उसका कलात्मक उपयोजन करने की क्षमता में शिरवाडकर के समान क्षमता बहुत कम लेखकों ने दिखायी है। वैसे "वैजयन्ती" जैसा रूपान्तरित नाटक भी शिरवाडकर की प्रतिभा में नया रूप धारण करता हैं और उसपर मौलिकता की छाप लग जाती है। 'दूरचे दिवे' (१९४६) नामक पहले नाटक में ही उनका यह वैशिष्टय सामने आया था, 'आमचे नाव बाबूराव', 'विदूषक', 'एक होती वाघीण', 'आनंद' उनके कुछ अन्य नाटक हैं।

काव्य और नाटक, ये दो विधाएँ है और इन विधाओं में उनका मराठी साहित्य को योगदान निश्चय ही उन्हें मराठी के इनेगिने शीर्षस्थ सर्जनशील लेखकों की पंक्ति में सम्मान से स्थापित करता है। कुसुमाग्रज ने उपन्यास लिखे (वैष्णव, जान्हवी, कल्पनेच्या लाटावर) उनकी कहानियाँ अबतक छे संग्रहों में छपे हैं। अपने समकालीन साहित्यकारों तथा कुछ रचनाओं पर लिखा उनका

समीक्षात्मक लेखन भी अभी अप्रकाशित है। साहित्यविषयक समस्याओं पर उनका चिन्तनपरक लेखन और उनके भाषण भी उनकी जागरूकता का परिचय देते हैं। कुछ पुस्तकों का संपादन भी उन्होंने किया है।

कुसुमाग्रज के लेखन के संबंध में विस्तार से लिखा गया है और लिखने के लिए काफी कुछ शेष है। परंतु महाराष्ट्र की शिक्षित जनता कुसुमाग्रज को वरेण्य मानती है उसका प्रमुख कारण उनका सामाजिक समस्याओं के प्रति उन्मुख करुणा से आपूरित मानस और उनकी लेखक की है। विपन से और नागरिक की हैसियत से सक्रियता। बडे सम्मानों और सभाओं के प्रति उदासीन यह व्यक्ति बाबा आमटे जैसी मानव सेवी महान आत्मा के दर्शन के लिए विलक्षण व्याकुल हो जाता है। बडे नगरों की तड़कभड़कवाली संस्थाओं के निमंत्रणों को ठुकरो कर गॉव के छोटे स्कूल में बच्चों के सामने भाषण देने के लिए स्फूर्ति से यह व्यक्ति चल पड़ता है। साहित्यान्तर्गत प्रतिबिंबित मूल्यधर्मी जीवन को प्रत्यक्ष जीने का प्रयास करने वाले विरल लेखकों में कुसुमाग्रज हैं। इसीलिए आचरण की पवित्रता को सर्वाधिक सम्मान प्रदान करनेवाली मराठी जनता कुसुमाग्रज को अपना मित्र समझती है। आज की तारीख में मराठी मानस अपूर्व आनंद का अनुभव कर रहा है।

वि. वा. शिरवाडकर 'कुसुमाग्रज' के उपन्यास

वि. वा. शिरवाडकर ने अपना काव्य कुसुमाग्रज नाम से लिखा और अपना गद्य शिरवाडकर नाम से। कुसुमाग्रज का कवि रूप और नाटककार रूप मराठी मन पर ऐसे छाया है कि उनके उपन्यासकार को कुछ अवहेलना और उपेक्षा का ही भागी बनना पड़ा। संभवतः एक आदर्शवादी और रोमांटिक वृत्ति के लेखक को कविता में जो सहायता प्राप्त होती है वह यथार्थ को प्राणभूत वैशिष्ट्य स्वीकार करनेवाली उपन्यास विधा को नहीं। कुसुमाग्रज ने भी इस विधा को बहुत समर्पित भाव से नहीं लिया। उन्होंने तीन ही उपन्यास लिखे। उनकी आंतरिक राष्ट्रीयता या देशाभिमान की भावना, आदर्श पर पतिंगे की तरह समर्पित होनेवाली ज्वालाग्राही उत्स्फूर्तता, सामान्य में तेजस्विता के कण देखने और उसे प्रज्वलित करने की कवि-आकांक्षा, मनुष्य के भावनात्मक उदात्तता का स्पर्श करने की व्याकुलता और विराट के लिए समिधा बनने की आतमाहुति की भावना इत्यादि उनके वैशिष्ट्य "वैष्णव" में सहजता से व्यंजित हुए हैं। भारतीय समाज मानस के प्रति भक्ति और उन्हीं की परंपरा में विनिर्मित माहात्मा गांधी के प्रति श्रद्धा इत्यादि वैशिष्ट्य "जान्हवी" में उत्कटता से व्यक्त होते हैं। यह सब कवि की रोमांटिक वृत्ति के अनुकूल पड़ता है। दूसरे उपन्यास में उपन्यासकार ने अपनी वृत्ति के अनूकूल विषय, वातावरण और चरित्रों की खोजवीन की। तीसरे उपन्यास में अपनी सहज प्राप्त कल्पना शक्ति की क्रीडा के लिए अनुकूल विषय उसने ढूंढ़ा। इस तरह उपन्यासकार शिरवाडकर पर कवि कुसुमाग्रज सदैव हावी रहा।

वि. वा. शिरवाडकर जी का उपन्यास "वैष्णव" १९४६ में प्रथम प्रकाशित हुआ। उपन्यास की पृष्ठभूमि में १९४२ का स्वातंत्र्य आंदोलन है। "वैष्णव" में शिरवाडकर जी मुख्यतः दो बातों को प्रस्तुत करना चाहते हैं। एक महात्मा गांधी के अपरिभाषेय प्रभाव-सम्मोहन में किस तरह भारत का दो ढाई सौ आबादीवाला छोटा-सा गाँव और उस छोटे गाँव का एक सामान्य-सा शिक्षक आ जाता है और राजनैतिक वातावरण में आत्मोत्सर्ग की प्रभापूर्ण स्थिति जनता के स्वभाव का अंग बन गई थी। दूसरी बात यह कि एक सामान्य परंतु संस्कारवान शिक्षक के स्वभाव में और व्यक्तित्व में आमूलचूल परिवर्तन होता है और इस परिवर्तन की जड़ें जितनी महात्मा गांधी के अद्वितीय व्यक्तित्व से जल खींचती हैं उतनी ही वे भारतीय वैष्णव संस्कारों में भी पनपती हैं।

वैसे "वैष्णव" उपन्यास बहु-आयामी नहीं हैं। न उसमें जीवन का व्यापक एवं बहुस्तरीय परिवेश समाविष्ट है, न बहु-आयामी मानवीय चरित्रों का उद्‌घाटन। यह तो एक अति सामान्य देहात के जीवन में बुदबुदे की तरह उत्पन्न चेतना की दीप्ति को प्रस्तुत कर समाप्त होने वाला दीर्घ कहानी जैसा उपन्यास है। इसमें १९४२ के जून से अगस्त तक की तीन महीने की एक झलक-सी दृष्टि के सामने मूर्त होती है और कहीं गहरे प्रभावित भी करती है।

सौ डेढ़ सौ घरों का छोटा-सा दरिद्र गाँव, अपने रोजमर्रा की जीवनचर्या में उलझा हुआ। उसके दरिद्र प्रायमरी स्कूल का एक सामान्य-सा शिक्षक जो ट्रेनिंग की परीक्षा भी ढंग से उत्तीर्ण नहीं हो सका। उसमें स्वभावगत अद्वितीयता कहीं है तो इतनी ही के वह गाँव के समूह में नहीं

बैठता। अकेले रहना पसन्द करता है। हमेशा नीचे देखकर चलता है जो उसके अन्तर्मुख स्वभाव का परिणाम है या आत्मविश्वासहीनता का, यह निश्चित करना कठिन हो जाता है लेकिन उसमें अकेले में प्रकृति के निरावरण विराट में रूपों को देखने और चमत्कृत होने की क्षमता है। देश के राजनीतिक माहौल से विशेष परिचित नहीं है लेकिन उसके घर की महात्मा गांधी की पुरानी तस्वीर को वह उतनी ही भक्ति से हाथ जोड़ता है जितनी भक्ति से सुबह श्री दत्त की मूर्ति को। उसकी एक मात्र आंतरिक स्वप्न सदृश आकांक्षा है कि कभी महात्मा गांधी के चरणों पर मस्तक रखने का अवसर मिले। "उनके एकान्त जीवन प्रवाह में उन्मिलित वह एक मनोहर स्वप्न-कमल था।"

बाईस रुपये महीना पाने वाले मास्टर की गृहस्थी को चला रही है उसकी पत्नी उमा और गार्हस्थ्य जीवन में निश्छल आनंद का झरना बह रहा है एक छोटे लड़के अरुण के अस्तित्व का। हमेशा झगड़े से बचने वाले मास्टर के जीवन में भंवर पैदा होते ही हैं। एक दुष्ट ब्राह्मण की विधवा बहू आश्रय के लिए आ जाती है। गाँव के दुष्ट रईसों के षडयंत्र से रंभाजी पाटील के अकस्मात् हस्तक्षेप के परिणाम स्वरूप मुक्त हुई सुंदर तरुणी पद्मावती। स्थिति खूब नाटकीय है और नाटक विधा में महारत हासिल करनेवाले शिरवाडकर जी कृत्रिमता और गड़कीलेपन की सीमा रेखा पर आनेवाली घटनाओं का निर्माण करते हैं। गाँव में इनका गुट बनता है और ऊपर से मीठी जबान बोलने वाले मुख्याध्यापक की सहायता से गरीब मास्टर की बाईस रुपयों की अस्थायी नौकरी भी छुड़वा ली जाती है। स्कूल की दशा, अधिकारियों का रवैया, मुख्याध्यापक की दृष्टता, रईसों की सांठगाँठ इत्यादि स्थितियाँ व्यंग्यात्मक ढंग से प्रकट होने के बावजूद उपन्यास की कुछ अतिनाटकीयता नज़रअन्दाज नहीं होती।

परन्तु इस अति नाटकीयता के दोष को क्षीण करनेवाली प्राणभूत विशेषता यहीं पर बलपूर्वक प्रकट होती है। वह है संकोचशील, भीरू शिक्षक विनायकराव का कवच फोड़ कर बाहर आना और स्वाभिमानपूर्वक पंख फड़फड़ाना, विनायकराव शिक्षण अधिकारी और दृष्ट मुख्याध्यापक को अपने तीव्र शरसंधान से विद्ध करता है। कुसुमाग्रज जी का नाटककार यहाँ सजग हो कर विनायकराव के मुख से वक्तृत्व करता है। लेकिन यह धैर्य आकस्मिक नहीं है। पद्मावती जैसी सुंदर, शीलवान युवती के मधुर साहचर्य से विनायकराव का पौरुष अपनी जमी राख झाड़ कर तेज प्राप्त कर रहा था। प्रश्न अवधि के लंबे या अरूप होने का नहीं है-क्षण में संवलित ऊर्जा का है। यह विनायकराव के व्यक्तित्वांतरण की पहली सीढ़ी है। संत मालोजीराव के वैष्णव-स्वभाव के व्याख्यान का आंतरिक प्रभाव विनायकराव के व्यक्तित्व पर पड़ता है। महाराष्ट्र संत तुकाराम ने वैष्णव व्यक्तित्व का वर्णन करते हुए लिखा है कि वे नवनीत की भाँति कोमल हैं और प्रसंगवशात् वज्र से भी कठोर होते हैं। यह वैष्णव परंपरा वह है जो आवश्यकता पड़ने पर शिवाजी की राजनीति में भी दखल देती है-निष्काम वैराग्य भाव स, विनायकराव को अपनी अस्मिता की पहचान में यह संत मालोजीराव का व्याख्यान सहायक होता है।

"वैष्णव" उपन्यास का एक महत्वपूर्ण वैशिष्ट्य यहाँ प्रकट होता है। भारत की सामान्य जनता महात्मा गांधी के सम्मोहन में खिच गयी। क्यों? अनेक कारणों में एक महत्वपूर्ण कारण

यह भी है कि भारतीय सामान्य जनता के "वैष्णव" स्वभाव का और महात्मा गांधी के "वैष्णव" व्यक्तित्व को जोड़ मुकम्मिल बैठ गया। "वैष्णव" उपन्यास की भारतीयता यहाँ सशक्त रूप में प्रकट होती है और कुछ कृत्रिम नाट्यमय घटनाओं के बावजूद विनायकराव को बाहर निकालने के लिए अधिकारी अपने चपरासी को बुलाता है तो वहाँ कहीं से वीर पुरुष रंभाजी पाटील उपस्थित हो कर अधिकारी को लांछित करता है और मास्टर साहब की इज्जत को बचा लेता है। यह रंभाजी पाटील फिर एक बार बैकार और भूख से पीड़ित मास्टर साहब को आर्थिक सहायता दे कर दृष्टात्मा रतन शेट से पैसा लेने के मोह से बचाता है । यह पाठक को गहरे स्तर पर छू लेता है।

एक ओर घोर दारिद्र, अपमानित करने वाले प्रसंग और पत्नी को कालकवलित करने वाला बुखार इत्यादि के बीच से गुजरते हुए मास्टर साहब को अनेक अच्छे बुरे अनुभव मिलते हैं और छोटे से गाँव में गुजारा करने लायक काम न मिलता देख कर विनायकराव पत्नी की मृत्यु के बाद पद्नावती पर अरुण की जिम्मेदारी छोड़ कर बंबई चले जाते हैं। बमबई का ईलत् चित्रण (वैसे लेखक परिवेश चित्रण के विस्तार में नहीं उलझता) है। सर्वथा अपने प्रतिकूल वातावरण को देखकर भी इस नगरी में राजनैतिक आंदोलन की जो बिजली फैल रही थी और उसमें महात्मा गांधी के व्यक्तित्व की जो ऊर्जा घुल रही थी उसको देखकर विनायकराव वैयक्तिक सुखदुख और वैयक्तिक कर्तव्य का विचार छोड़ देते हैं और अपने राष्ट्रोय संग्राम की बलिवेदी पर सहर्ष आत्मार्पण करने वाले सामान्य मित्रों से प्रेरणा लेकर स्वयं इस महान यज्ञ में समिधा बन जाना चाहते हैं। यह विनायकराव के व्यक्तित्वांतरण की दूसरी सीढ़ी थी।

विनायकराव बंबई के राष्ट्रीयता के मंत्र से प्रभावित वातावरण से स्फूर्ति ले कर मुरारीवाडी को स्वतंत्र करने की आकांक्षा से गाँव लौटते हैं। और रंभाजी पाटील की सहायता से अंग्रेज सरकार की शासकीय इमारतों पर कब्जा करते हैं। शिरवाडकर ने सारे वातावरण का शब्द चित्र प्रभावपूर्ण ढंग से उरेहा है। भीख और आत्मविश्वास से हीन व्यक्ति सशस्त्र क्रांति का छे सात दिनों तक नेतृत्व करता है। रंभाजी पाटील गोलियों से भून जाता है तो अंत में बंदूक हाथ में लेकर मोर्चा संभालने वाले विनायकराव को पीछे से फौजी पकड़ लेते हैं। व्यक्तित्वांतरण की पूर्णता की यह तीसरी मंजिल है। इसके पहले पद्मावती से देह समर्पण का उत्कट सुख भी विनायकराव को प्राप्त होता है।

व्यक्तित्वांतरण की इस प्रक्रिया में वैष्णव परंपरा का सहज भान जादूई प्रभाव उत्पन्न करता है। लेखक ने भारतीय मध्ययुगीन संत परंपरा की चारित्र्यगत विशेषता को भारतीय जन मानस की चेतना से संपृक्त कर दिखाया और वैष्णव परंपरा के आलोक को पुनः प्रज्ज्वलित कर दिखाया। "वैष्णव जन तो तेन कहिए" भजन को नित्य प्रार्थना में सम्मिलित करनेवाले महात्मा गांधी के विलक्षण मंत्र शक्ति उत्पन्न करने वाले व्यक्तित्व को लेखक ने औदात्यपूर्ण भाषा में संकेतिक किया है।

लेखक की रोमांदिक वृत्ति आदर्शवाद से गठबंधित होकर व्यक्त होती है और भारतीय स्वातंत्र्य संधर्ष का यह सुवर्णमय पृष्ठ गरिमामयी शब्द संरचना से पाठक को अभिभूत करता है।

इसमें भावुकता है और कुछ प्रसंग लेखक की कविवृत्ति को कुछ असंगत ढंग से व्यक्त करते हैं। विनायकराव एक व्यक्ति नहीं है। वह भारतीय जनता का प्रतिनिधि है जो अपने स्वभाव को वैष्णवी प्रकृति को भुला बैठी है। लेखक उस प्रकृति के प्रति पुनः सजग करना चाहता है। इसमें सफल भी होता है। इस परिप्रेक्ष्य में देखने पर उपन्यास की मूल्यवत्ता बढ़ जाती है।

उपन्यासकार का रिश्ता स्व.वि.स. खाडेकर से घनिष्ठ रूप में जुड़ा हुआ है। और भाषा पर भी खांडेकर का प्रभाव स्पष्ट है। परंतु खांडेकर की चमत्कृति प्रियता और अलंकार प्रचुरता यहाँ संयत हो गयी है और स्पष्ट शब्दों में कुसुमाग्रज की आलंकारिक भाषा घटना, प्रसंग, व्यक्तित्व, भाव को अधिक सामर्थ्य के साथ व्यक्त करती है। अच्छे अर्थ में कुसुमाग्रज के कवि ने गद्य के औदात्य को शक्तिपूर्ण बनाया है। कुसुमाग्रज खांडेकर की तरह जब तब जीवन पर अति मुखर हो कर भाष्य नहीं करते, भाष्य को व्यक्तित्वों के द्वारा व्यंजित करते हैं। परंतु सामान्य मनुष्य के भीतर की महानता देखने की ललक और मनुष्य के दुख में मनः पूर्वक सहभागी होने की प्रामाणिक इच्छा दोनों में समान रूप में विद्यमान है।

१९५२ में प्रकाशित शिरवाडकर जी का दूसरा उपन्यास "जान्हवी" एक अलग किस्म का उपन्यास है। यह प्रश्न उत्पन्न हो सकता है कि इसे उपन्यास कहा जाय या जीवन विषयक चर्चा के एवं वैचारिक मंथन के लिए एक स्थूल कथा का साधन मात्र। बहुत बार निबंध, वक्तृत्व और उपन्यास के बीच का अन्तर तिरोहित हो गया है। परन्तु एक तरह से यह असफल उपन्यास एक महत्वपूर्ण रचना है इसमे संदेह नहीं। उपन्यास संबंधी सामान्य अवधारणाओं को लेकर इसे पढ़ा जाय तो कतिपय दोष दिखाये जा सकते हैं परंतु वह विभिन्न जीवन दृष्टियों की टकराहट के लिए साधन के रूप में इस्तेमाल किया गया एक ढांचा भी है। परंतु इसमें उठाये गये प्रश्न जीवन के अहम प्रश्न हैं और प्रासंगिक भी है। अरविंद घोष की भाँति एक समय के सशस्त्र क्रांतिकारी कारावास से बाहर आने पर वैयक्तिक साधना के रास्ते को अपना कर एक पर्वतीय प्रान्त में निवास करते हैं। वे साधक महन्त शरीर और आत्मा का द्वैत मानकर (अंततोगत्वा अद्वैत में विश्वास करते हुए भी) शरीर की मांग को नकार कर ध्यान धारणा करनेवाले योगी हैं। इनके पदचिहनों पर चलनेवाले वसुदेव भी ससस्त्र क्रांतिकारी हैं जो पुलिस से बचने के लिए महन्तजी के आश्रम में आए हैं धीरे धीरे उनके सच्चे अनुगत बनकर रहते हैं। महन्त ने शरीर की मांग को नकार कर ध्यान धारणा करनेवाले योगी हैं। इनके पदचिन्हों पर चलनेवाले वसुदेव भी सशस्त्र क्रांतिकारी हैं जो पुलिस से बचने के लिए महन्तजी के आश्रय में आए हैं और धीरे धीरे उनके सच्चे अनुगत बनकर रहते हैं। महन्त ने शरीर की मांग को सदैव दबाया है, नकारा है। जब कि वसुदेव ने एक समय स्त्री-देह को भरपूर भोगा है। मोह के क्षणों में इसीलिए वसुदेव अपने को बचाते हैं जब कि महन्त पुत्री की तरह अपने मित्र की कन्या के यौवन को भोगने के मोह के शिकार हो जाते हैं। अपनी आन्तरिक व्यथा के दाह को अपने को अग्नि में अर्पण कर मिटा देते हैं। इसमें एक लगभग दो तिहाई उपन्यास समाप्त होने पर प्रवेश करने वाले चित्रकार हैं जो देह और आत्मा जैसे द्वन्द्व को नहीं मानते और भोग, शरीर की वासना इत्यादि का विचार उच्च और अनोखी नैतिक धारणा को लेकर करते हैं। जान्हवी जो निसर्ग कन्या-सी सुंदर बाल विधवा है

अन्त में इसी चित्रकार के साथ अपने जीवन को जोड़ती है। मानवीय दृष्टिकोण से नैतिक मूल्यों का चिन्तन इसकी महत्वपूर्ण विशेषता है। महानता क्षणिक स्खलन देखने पर भी मानवीय क्षमाशील नजरिए से उसको देखने की जो विशाल दृष्टि यहाँ व्यक्त हुई है वह भी प्रभावित किए बिना नहीं रहती।

असल में अनुभव के ताप में तपे विचार को जो चिन्तन के स्तर पर आते है उपन्यास के सही कथ्य के रूप में स्वीकार करने का अभ्यास हो जाय तो प्रस्तुत उपन्यास विदग्ध पाठकों को औपन्यासिक आनन्द अवश्य देगा। पहाड़ी प्रान्त के प्रकृति चित्र जीवन्त बन कर अलग से प्रभावित करते हैं।

शिरवाडकर जी का तीसरा उपन्यास "कल्पनेच्या तीरावर" (१९५६) एक बिल्कुल अलग किस्म का उपन्यास है। उन्होंने आरंभ में "लेंस लास्ट होरायज़न" एवं "एरेवान" उपन्यासों का उल्लेख किया है। प्रस्तुत उपन्यास का स्वरूप उससे समझा जा सकता है।

यह एक ऐसे यात्री का यात्रा वर्णन है जो हिमालय की यात्रा करते समय उत्सुकता से निषिद्ध स्थान पर गया और संयोगवशात् वहाँ निर्मनुष्य हवाई जहाज में बैठ कर शशशृंग नामक देश में उतर जाता है। इस देश की समस्त व्यवस्था भारतीय समाज व्यवस्था से अलग प्रकार की है। यहाँ के रीतिरिवाजों, भाषा, कायदेकानूनों और नैतिक विचारों को समझने का प्रयास करता है। यह विचित्र देश है। यहाँ भोजन एवं भोजन से संबंधित काम अश्लील माना जाता है और वह वैयक्तिक मामला है। स्त्री-पुरूष संबंधो में जरा भी रूचि रखनेवाला नहीं है। वहाँ समाज व्यवस्था में स्वास्थ्य के लिए सामाजिक नियंत्रण है और नाई और डाक्टर में समानता है। विद्वानो की वादविवाद सभा की अध्यक्षता नाई करता है और उसका समापन भी एक असामान्य विद्वान की तरह कर सकता है। यहाँ के सम्मान समारोहों में भोजन को स्थान नहीं हैं। सुगंधित रूमालों का आस्वाद लिया जाता है। स्वास्थ्य की नैतिक जिम्मेदारी डॉक्टरों पर है। यहाँ के कवि भी विलक्षण हैं और यहाँ का युद्ध अहिंसक है। यहाँ के गायन का प्रकार भिन्न है। यहाँ थोड़े समय के लिए एक स्वर्ग में जाने का प्रबंध है जहाँ से लौटने पर पता चलता है कि मरने के बाद कितना चिरकालिक स्वर्ग सुख प्राप्त होने वाला है। अतः मृत्यु यहाँ विशेष भय की वस्तु नहीं है।

लेखक ने अपनी कल्पना से कुछ ऐसे प्रदेश का वर्णन किया है कि उसकी कवि प्रतिभा के प्रति श्रद्धा-सी उत्पन्न होती है। असल में कवि की कल्पना शक्ति ने उसकी मेधा को उत्तेजित कर कतिपय नैतिक मान्यताओं को दूसरी दृष्टि से देखने का अवसर प्रदान किया है। रश्मिनी या कामिली जैसे युवतियों के सौदर्य का प्रभाव वर्णन करने में कवि की बिंबधर्मी भाषा ने लालित्यपूर्ण विलास किया है। नृत्य घर का वर्णन हो या स्वर्गलोग का, चित्रमय शैली के कारण आरेखन में भास्वरता उत्पन्न होती है। संगीत संबंधी कल्पना कुछ कार्टूनी चित्रकला का हास्योत्पादक रूप ग्रहण करती है तो कवि संप्रदायों की परिकल्पना में १९५०-५५ के समय का कविता का माहौल मन में जाग्रत हो कर कपोल-हास्य उत्पन्न होता है। नैतिक मान्यताओं तथा ईश्वर के अस्तित्व संबंधी विवेचन में कुसुमाग्रज जी की समृद्ध वैचारिक दृष्टि की प्रतीति मिलती है।

सामान्यतः उपन्यासकार के सामने समाज का ठोस रूप में रहता है जिसके सहारे वह एक काल्पनिक प्रतिसृष्टि उत्पन्न करता है। परंतु इस तरह की ठोस वास्तव सृष्टि का आधार छोड़ कर जब कोई लेखक कल्पना के पंखों पर बैठकर एक अलग सृष्टि में ले जाता है और जब केवल फन्तासी की सहूलियते या सुविधाएँ न लेकर एक दूसरी सृष्टि की रचना करना चाहता है तब वह अपने को जोखिम में डालता है और अपनी प्रतिभा के सामने अनेक प्रकार की चुनौतियाँ प्रस्तुत करता है। भारतीय समाज और उससे कभी हजारों वर्ष पहले अलग पड़े "शशशुंग" समाज में मूलतः अन्तर नहीं है(जैविक स्तर पर)। जो अन्तर है वह मूलतःनये समाज को सुस्थिर और सुरक्षित रूप देने के लिए नयी नैतिक मान्यताओं को ले कर है। अतः इस प्रकार की कुछ साम्य रखने वाली परंतु समान्तर चलने वाली सृष्टि निर्मित करना कठिन काम है। सचमुच इसमें लेखक को सफलता मिली है।

नायक इस प्रकार की सुखमय सृष्टि का त्याग कर अपने देश वापस लौटता है। वैसे उसके अपने देश में कोई खींचने वाला नाता-रिश्ता नहीं है। परन्तु अनेक त्रुटियों और दोषों से युक्त अपने देश की मिट्टी का आकर्षण अपने आप में एक ऐसी चीज है जिसके कारण स्वर्ग का कोना छोड़कर नायक वापस अपने देश में आता है। अपने देश को छोड़कर अधिक सुविधा, अधिक सुख, अधिक साधन प्राप्त करने के लिए किए गये प्रवासी भारतीयों का एक वेदना संपृक्त चित्र मनपर उभर आता है। गायन, काव्य संप्रदाय, बिना खूनखराबे का युद्ध इत्यादि प्रसंगों में लेखक की कल्पनाशक्ति का सराहनीय वैभव प्रकट हुआ है। नैतिक कल्पनाओं के विवेचन में लेखक की मानवीय दृष्टि और उसकी समंजस समृद्ध मानसिकता का प्रभाव मन पर पड़ता है।

कुसुमाग्रज के उपन्यास साहित्य का मराठी उपन्यास के क्षेत्र में उत्साहपूर्वक स्वागत नहीं हुआ। उनके कवि रूप ने और नाटककार के यश ने संभवतः उनके उपन्यासों के प्रति कुछ उदासीन किया। "जान्हवी" के सीमित क्षेत्र ने उसे बहुत ऊँचे नही उठने दिया। लेकिन वैचारिक टकराहट पर आधारित उपनन्यास के रूप में "जान्हवी" का स्वागत अपेक्षित था। एक महत्वपूर्ण कल्पना क्रीडा के रूप में "कल्पनेच्या तीरावर" का विचार होना चाहिए था। संभवतः उपन्यास और यथार्थ, उपन्यास और समाज के संबंधों की संकुचित मान्यताओं के कारण उपर्युक्त उपन्यासों की विशिष्टता का आवश्यक नोटिस नहीं लिया जा सका।

उपन्यासकार के रूप में शिरवाडकर जी निश्चय ही मराठी के प्रथम श्रेणी के उपन्यासकरों में नहीं आते। वे प्रथम श्रेणी के कवि हैं और नाटककार भी हैं। परंतु उनकी रचनाओं का उल्लेख न कर उपन्यास पर लिखना शायद उचित नहीं होगा।

वि. शं. पारगांवकर की कहानी : एक सर्वेक्षण

वि. शं. पारगांवकर मराठी के एख ख्यातनाम लेखक हैं और १९५३ से आजतक तीस वर्षों से अधिक उन्होंने मराठी वाङ्मय सेवा की है । उनकी पहली कहानी १९५३ में 'सत्यकथा' जैसी बहुत उच्च कोटि की मासिक पत्रिका में छपी । (मराठी लेखकों पर सत्यकथा का ऐसा दबदबा था कि 'सत्यकथा' में छपना स्तरीय लेखन होने पर मुहर लगाता था ।) पहली ही कहानी का 'सत्यकथा' में छपना लेखके लिए गौरव की बात थी और चुनौती की भी । चुनौती की इसलए कि लेखन का विशिष्ट स्तर बरकरार रखने की जिम्मेदारी आ पड़ी थी । वि. शं. पारगांवकर ने इस जिम्मेदारी को सफलतापूर्वक झेला, यह कहने में अत्युक्ति नहीं होगी ।

वि. शं. पारगांवकर ने अनेक विधाओं में अपनी कलम का संचार कराया लंकिन पारगांवकर जाने जाते हैं और जाने जाएँगे मुख्यतः कहानीकार के रूप में । वैसे संख्या की दृष्टि से जाएँ तो उनके कहानी संग्रह पाँच निकले हैं । मतलब लगभग सौ कहानियाँ उन्होंने लिखी हैं और उपन्यास करीबन बारह । फिर भी वि. शं. पारगांवकर कहानीकार के रूप में ही क्यों मुख्यतः जाने जाते हैं? इसका उत्तर यही है कि उनके अधिकतर उपन्यास कहानी के विस्तार में भले ही बड़े हों, उनका कलाकार कहानी विधा में ही समस्त शक्ति के साथ प्रकट हुआ है । उनकी बारह औपन्यासिक कृतियों में 'कालचक्र' उपन्यास मराठी में एक विशिष्ट महत्त्वपूर्ण उपन्यास माना जायेगा । 'कालचक्र' में मराठ्वाडा (मगहाराष्ट्र का एक पूर्वांचल) के बीड नामक शहर के एख खानदान की तीन पीढ़ियों का चित्रांकन है । यह कहना उचित नहीं होगा कि इन तीन पीढ़ियों का यह आलेख किसी प्रकार "समग्र" है (जैसी की स्वयं पारगांवकर की अपनी मान्यता है) मतलब उसमें परिवेश और मनुष्य के विविध आयामी जीवन - संबंधो का व्यामिश्र चित्र नहीं है (उन में एक अच्छा समीक्षक बैठा है वह न केवल दूसरों की रचनाओं की समीक्षा करने में सक्रिय है अपितु अपनी कथा के सौदर्यं पर बराबर नजर गड़ाए रहता है) "कालचक्र" मे पारगांवकर ने पीढ़िगत बदलाव का दर्शन कराया है-मॅझिली पीढ़ि की वारुणा के नजरिये इसके अनुभव की परिधि सीमित हो गयी है क्योंकि वारुणा संवेदनाशील और संस्कारित व्यक्तित्ववाली स्त्री भले ही हो, उसके के स्वभाव में, परंपरानिष्ठता ही अधिक है और उसकी बौद्धिक कूवत में पारिवारिक संबंधों का भावात्मक तंतुजाल ही अधिक है । अर्थात् जीवन को आधार और आश्रय देनेवाले आर्थिक एवं राजनैतिक सूत्र वारुणा की नजर से पूर्णतः ओझल हैं। इससे उपन्यास में एक सीमित सौष्ठव अवश्य उत्पन्न हुआ है परंतु श्रेष्ठ उपन्यास पर हक बताने वाले जीवन के व्यापक और उलझे तथ्य और सत्य उपन्यास में नहीं आ पाए। समस्त व्यक्ति -चरित्र एवं भावनात्मक संबंधों एवं मनुष्य की - मध्यवर्गीय मनुष्य की - चित्तवृत्तियों के आंदोलनों, स्पंदनो एवं हरकतों का ही अत्याधिक महत्त्च है। एक उपन्यासकार के रूप में यह सीमा बहुत बडी सीमा है। "कालचक्र" को पढ़ते हुए और पूर्ण करते समय यह प्रश्न मन में उभरता है कि कालचक्र के विकराल दरौंतों से पीडित व्यक्तियों की चीत्कार क्या इसमें सशक्त रूप में आ पायी हैं? कालचक्र के नीचे दबे व्यक्तित्वों पर काल की गुरुगंभीर मुद्रा किस तरह अंकित हुई हैं? क्या इस दबाव के विरोध में कोई व्यक्तित्व प्रतिषेध का स्वर बुलंद करता है? "कालचक्र" एक तरह से भारतीय मध्यवर्गीय

परंपरा के साँचे में, जो अधिकांश सामन्तवादी मानसिकता से बना है, पैदा हुए व्यक्तित्वों के जीवन की कुछ करुण सी कहानी है। इसमें व्यक्तित्व अंदर से परिवर्तित नहीं होते। "कालचक्र" का स्थितिशील स्वीकार ही उनका अभ्यास है। फिर भी उदासीनता का एक गहरा स्वर समस्त उपन्यास में व्याप्त है। यह उदासीनता जीवन की अनाकलनीयता के कारण उत्पन्न हुई है। कुछ तरल उद्विग्नता का एहसास यह उपन्यास कराता है। वि. शं. पारगांवकर का दूसरा महत्त्वपूर्ण उपन्यास "अंतरिता" है। पारगांवकर मानवीय सुखदुःख, हर्षखेद, ईर्ष्या-प्रेम, शृंगार-डाह इत्यादि भावनाओं का उत्कट प्रकटीकरण पारिवारिक जीवन की पृष्ठभूमि पर ही करते हैं। इस परिवार के तानेबाने केवल परंपरागत संस्कारों से बुने हुए होते हैं। सामान्यतः राजनैतिक गतिशील सामाजिक जीवन का संस्पर्श उन्हें नहीं होता। ऊपर ऊपर से यह आश्चर्य होता है कि राजनैतिक विषयोंपर लेखन करनेवाले बहुश्रुत वि. शं. पारगांवकर उपन्यास में मानों राजनीति से किनारा काट कर केवल मध्यवर्गीय व्यक्तियों की मानसिकता से ही वास्ता रखते हैं। पारगांवकर के व्यक्ति अपनी वृत्तियाँ लेकर आते हैं और जीवन में जीते जाते है। विशेष कुछ घटित नहीं होता, वही होता है जो जीवन व्यवहार में सामान्य क्रम में होता है। लेकिन इस सामान्य क्रम में जो मानसिक स्पंदन और उव्देलन होता है, उसी का बडी कुशलता से अंकन पारगांवकर करते हैं। "अंतरिता" में मथुरा केंद्र में है, जो यह मालूम होने पर कि वह बाँझ है, पति का विवाह स्वयं दूसरी स्त्री से - कृष्णा से करवाने में पहल करती है।अपने मन को हर पल उदात्तता की ओर उन्मुख करती हुई अपने कर्तव्यों का पूरा पालन करती है। पारगांवकर ने दो सौतों के बहन जैसे पारस्परिक व्यवहार, उनके बीच के कुछ तनावों और सामंजस्यता को बडी धीमी लय में उजागर किया है। परिश्रमी, कर्मठ, अनुशासनप्रिय, ऊपर से कुछ कठोर परंतु हृदय से मृदु और न्यायप्रिय तात्या का प्रभावपूर्ण चित्र पारगांवकर ने उरेहा है। लेकिन पारगांवकर ने बराबर नजर रखी है तात्या के मानसिक उव्देलन पर और क्रमशः गहरी होती जाने वाली उनकी उदासीनता पर। इस उदासीनता का संबंध है पत्नी कृष्णा की मृत्यु से, उन्मार्गगामी लडके की करतूत से - कर्तृत्ववान और दूसरों पर उपकार करने वाले मनुष्य को शायद नियति का यह शाप है कि वह अन्त में अपने ही लोगों से मात खाए। तात्या का यही अंजाम हुआ। पारगांवकर के ये ही दो उपन्यास विशेष महत्त्वपूर्ण माने जा सकते हैं। सामान्यतः धीमी लय में उदासीनता का छंद संयत ढंग से अलापना कम लेखकों के बस की बात है और आधुनिक मन इस उदासीनता के छंदों को बहुत अधिक पसंद करने लगा है।

इसीलिए कुछ अच्छे रसिक लेखकों ने पारगांवकर की इन कृतियों को मुक्त कंठ से सराहा है।

पारगांवकर के कथा साहित्य में कामवासना की तृप्ति एवं अतृप्ति से उत्पन्न शारीर-मानस विकृतियों के चित्र भी रहते हैं (अपरंपार) किशोरावस्था में उत्पन्न शारीरिक, मानसिक परिवर्तन और भिन्न नारियों के साथ के संबंध में गूढता का चित्रण भी उन्होंने किया हैं (गोंदण) विवहोत्तर साझे जीवन में एक दूसरे के साथ पूरी ईमानदारी और निष्ठ से रहने के लिए प्रतिबद्ध स्त्री के मन की यातना (वैशाखातील वादळ), बचपन में किसी लडकी से निगूढ प्रेम का रिश्ता बन जाने

के बाद उत्पन्न गांठ जो जीवन को सीधे जीने नहीं देती (ललिता), किसी परिवार में विक्षिप्त बनने की वंशगत वास्तविकता के कारण जीवन का बिखराव (शेवगा वेडा झाला) - इन सब उपन्यासों के सर्वेक्षण से पता चलता है कि पारगांवकर मनुष्य के मन की एक पृथगात्म दुनिया के अन्वेषण में अधिक रस लेते हैं। अतः ये उपन्यास जीवन के यथार्थ की बहुआयामी खोज में नहीं रचे जाते। मतलब यही है कि वि. शं. पारगांवकर का मूल लेखकीय व्यक्तित्व कहानी विधा के अधिक अनुकूल है और संख्या में उपन्यासों की संख्या अधिक होने पर भी एक महत्त्वपूर्ण उपन्यासकार के रूप में वे अपना स्थान नहीं बना पाए। फिर भी उनके दो उपन्यास निश्चय ही अपनी सीमा में समर्थ उपन्यास हैं।

राजनैतिक संदर्भ से पूरी तरह से परिचित पारगांवकर ने अपने सृजनशील साहित्य को उससे पूर्णतः बचाकर रखा है। इसका कारण यही है कि वे परिवेश और मनुष्य के मन को समान्तर रूप में देखते हैं और साहित्य का इलाका उन्होंने मानव मन की विचित्रताओं को खोजने के लिए सुरक्षित कर रखा है।

पारगांवकर बहुत परिश्रमी और अध्यवसायी लेखक हैं और अपने अनुभव विश्व के विस्तार में कभी "निगूडा" जैसा आदि मानव के जीवन संबंधित उपन्यास वे लिखते हैं तो कभी "अयोनिजा" जैसा द्रौपदी की मानसिकता और व्यक्तित्व का चित्रांकन करनेवाला उपन्यास भी लिखते हैं। कभी ग्रामीण जीवन के चित्रण का भी प्रयास करते हैं, तो कभी दलित जीवन की व्यथाओं को भी वाणी देने का प्रयत्न करते हैं। लेकिन उनकी कला का चरमोत्कर्ष ऐसे प्रयासों में नहीं है। वे मध्यमवर्गीय मानसिकता के ही चितेरा हैं जो वर्ग एक ओर परंपरा से जुडा हुआ हैं और दूसरी ओर आधुनिक जीवन की चुनौतियाँ उसे परेशान करती हैं। ऐसे वर्ग की भावनात्मक उथलपुथल, स्पंदन और हलचल से पारगांवकर अत्यधिक लगाव रखते हैं जो आधुनिक या नये मूल्यों को अपनाने की कोशिश में विशेष परेशान नहीं है बल्कि अपने परंपराप्राप्त भावविश्व को संजोए हुए चल रहे हैं। लेकिन इनके सूक्ष्म लयबद्ध और सौंदर्यसमृद्ध चित्रण में पारगांवकर को बहुत ही बडा यश प्राप्त हुआ है। पारगांवकर ने अपने आत्मविश्लेषण में ठीक ही कहा है, ... इस अनुभव की अतिसूक्ष्म छटाओं को सौंदर्य का आकार देने की ओर मेरे मन की दिलचस्पी रहती है।

पारगांवकर मुख्यतः साहित्य में सौंदर्यवादी दृष्टि से प्रभावित लेखक हैं। उन्हीं के शब्दों में "कथा लेखन पौर्णिमा की चाँदनी में क्रीडा करने का एक प्रकार है। पौर्णिमा की चाँदनी के साथ एक प्रकार की आल्हाद संपृक्त शीतलता होती है, एक प्रसन्न वातावरण के निर्माण की किमया उसमें रहती हैं, उसी तरह एक आर्तता, अनाम व्याकुलता, धूसर भय का वातावरण भी उसमें रहता हैं। सूर्यप्रकाश में चरों ओर के परिसर का जो रूप रहता है वह मूलतः वैसा ही रहते हुए भी चंद्रकिरणों के मंद प्रकाश में वह सारा बदला हुआ-सा लगता हैं। किसी भी कलाकृति के बारे में यही होता है। प्रत्यक्ष जीवन को जीते हुए जो अनुभव सामने आते है और मन में संचित होते रहते हैं- उन्हीं अनुभवों को कला के रूप में हम साकार करते हैं। तब उनमें जैसा कि ऊपर मैंने कहा है, परिवर्तन होता है। वास्तव का नाटय, तृप्त अनुभवों का दाहक रूप, व्यवहार में प्रतीत

होनेवाली शुष्कता और व्यक्ति-व्यक्ति के व्यवहार में व्यक्त होने वाली वास्तव व्यावहारिक तात्कालिकता, इन सब के रूप कला के आविष्कारों में बदल जाते हैं और उन्हें एक आल्हाददायी, अनोखा कलारूप प्राप्त होता है।" यह साहित्यिक भूमिका एक तरह से भारतीय अलौकिकतावादी भूमिका हैं जिसका प्रयोजन विशुद्ध आनंद देता है। निश्चित रूप में यह रसवाद से अपना नाता कायम करनेवाली भूमिका है। यह आश्चर्य नहीं है कि रस को कबाडा माननेवाले नये कहानिकारों से यह भूमिका अलग है और अनुभव की ओर कुछ तिरछी दृष्टि से देखकर जीवन की असंगतियों, विरूपताओं और विषमताओं पर कठिन प्रहार करनेवाले नये कथाकारों की अपेक्षा वि. शं. पारगांवकर का साहित्यिक रिश्ता नये कथाकारों के पूर्ववर्ती साहित्यकारों में प्रो. ना. सी. फडके से अधिक जुडता है। वि. शं. पारगांवकर अपनी कथाओं का विश्लेषण करते समय "अनुभव के नाजुक तंतुओं" की बात करते हैं। "अलग अलग रंग" की बात करते हैं और कलाकृति की कलात्मकता पर बल देते हुए "व्यक्तियों के भावजीवन" का विशेष रूप से जिक्र करते हैं। वे लिखते हैं," साहित्यकृति एक कलाकृति होती है और यही उसकी एकमेव प्रतिज्ञा होती है। लेकिन साहित्यकृतियों में जीवन के अनेक अनुभवों का चित्रण किया हुआ होता है और इस चित्रण की मुद्राएँ पाठक के मनपर सदैव अंकित होती रहती हैं। ये अनुभव अनेक बार नैतिक होते हैं। उसी तरह वे राजनैतिक, सामाजिक, सांस्कृतिक, तात्त्विक और आध्यात्मिक भी हो सकते हैं। लेकिन इन सभी अनुभवों का संदर्भ साहित्यकृति में चित्रित व्यक्तियों के भाव - जीवन से होता है। भाव जीवन से इन अनुभवों को अलग कर उनका अर्थ लगाना कलाकृति की अद्वितीयता (युनिकनेस) की ओर ध्यान न देना है या उससे द्रोह करना है। मुझे सदैव यही लगता रहा है।" असल में नई कथा भाव जीवन के बदले हुए परिवेश पर जोर दे रही थी, पारगांवकर कलाकृति के समूचे संदर्भ को व्यक्तियों के भाव जीवन तक सीमित करते हैं। फिर ऊपर से यह लगता हैं कि पारगांवकर सभी प्रकार के अनुभवों को कलाकृतियों में स्थान देना चाहते हैं। लेकिन उन्हें व्यक्तियों के भाव जीवन से सीमित करना चाहते हैं। यही कारण है कि राजनैतिक अभिज्ञता के रहते हुए भी पारगांवकर के कथा साहित्य में राजनैतिक परिवेश नहीं आता, सांस्कृतिक मूल्यविषयक संघर्ष के बिंदु कम उजागर होते हैं।" सामाजिक और आर्थिक विषमता की धारदार अभिव्यक्ति विरल रूप में होती है। नैतिक मूल्योंको चुनौती देनेवाले प्रसंगों एवं व्यक्तियों का चुनौतीपूर्ण ढंग से पारगांवकर ने कहीं चित्रण नहीं किया है। इसलिए - "अंतरिता" उपन्यास के पारगांवकर के अपने विश्लेषण से सहमत होना कठिन हो जाता है। अंतरिता "देहात के समग्र जीवन का" अंकन करनेवाला उपन्यास नहीं लगता, जैसा कि लेखक स्वयं मानता है, वह संतान के लिए पति का दूसरा विवाह करवाने में पहल करनेवाली मधुरा के मन की कहानी है और अपने दृढ कर्तृत्व के बावजूद अंत में असफल और उदास होनेवाले तात्या के मन की कहानी है, कुछ मात्रा में दूसरी पत्नी का स्थान ग्रहण करनेवाली कृष्णा की कथा है। इसमें विभिन्न जातियों के यथार्थ, पारिवारिक जीवन के बाहर के संघर्ष, देहात के समाज जीवन का चित्रण बहुत ही क्षीण मिलता हैं। इसमे ग्रामीण जीवन का समस्यात्मक रूप होशिये पर भी नहीं आ पाया।

अपनी सीमाओं के बावजूद वि. शं. पारगांवकर मराठी के एक अच्छे कहानीकार हैं।

मराठी साहित्य पर ना. सी. फडके का विलक्षण प्रभाव है। वह भला भी है - बुरा भी है। समस्त मराठी कथा साहित्य को शिल्प की दृष्टि से सजग करने, चुस्तदुरुस्त अभिव्यक्ति के लिए अटूट परिश्रम करने एवं अपने जाने पहचाने अनुभवक्षेत्र तक सीमित रह कर ईमानदारी से उसी की अभिव्यक्ति करते रहने की ओर ना. सी. फडके ने अपने सर्जनात्मक एवं समीक्षात्मक लेखन से मराठी लेखकों को अक्षरशः खींच लिया था। परिणामतः फडके का विरोध करनेवाले पर भी उनके प्रदेय का प्रभाव पडे बिना नहीं रहा। जहाँ तक संभव हो सके नाटयात्मक प्रभाव उत्पन्न करने के लिए चुस्तदुरुस्त कथोपकथनों का प्रयोग, एक प्रमुख तकनीकी हथियार था, जिससे कथावस्तु को पर्याप्त रोचक बनाया जा सकता था। पारगांवकर ने नाटक तो नहीं लिखे परंतु कथाओं में सहज स्वाभाविक प्रभावपूर्ण कथोपकथन, - जिनके बीच हल्का सा हास्य का पुट हो, थोडीसी वक्रता हो, बौद्धिक क्रीडा हो, कुछ चमत्कृति हो, का प्रचुर प्रयोग पारगांवकर करते हैं। उनके कथोपकथनों को पढते समय पाठक सहज रूप में चरित्रों के भावों से तन्मय हो जाता है छोटे छोटे प्रसंगों का तफसील के साथ वर्णन करते हुए उनको चित्रमय रूप में उपस्थित करने की ओर भी प्रा. ना. सी. फडके ने ध्यान आकर्षित किया था। इन तफसीलों के माध्यम से घटनाओं और प्रसंगों के गतिशील दृक्चित प्रस्तुत करने के काम में पारगांवकर को सफलता मिली है। प्रत्यक्ष घटित होनेवाले प्रसंग के साहचर्य से स्मृत्यात्मक अतीत का अवलोकन और प्रत्यक्ष और अतीत अवलोकन की मधुर क्रीडा ना.सी.फडके के तकनीक का एक महत्त्वपूर्ण औजार था। पारगांवकर ने अपनी कहानियों में इस क्रीडा का रमणीय उपयोजन किया है। पारगांवकर की अपनी भाषा शैली भी बहुरूपिया है। विलक्षण मधुर और नजाकत से भरी भावाभिव्यक्ति प्रक्षोभ के समय कठिन भी बन कर आती है। ईर्ष्या, डाह, प्रक्षोभ के समय कठिन भी बन कर आती है। पारगांवकर को भाषा का अद्भुत उपादान मिला है - भाषा की बिंबधर्मिता। बिंबधर्मिता केवल कविता की भाषा का ही वैषिष्ट्यय नहीं है। गद्य कोभी वह काफी समर्थ बनाती है। इस बिंबधर्मी भाषा का एक समर्थ रूप रूपकों और दृष्टान्तों में होता है। इस दृष्टि से संकलन की पहली ही कथा 'डोंगरमिठी' द्रष्टव्य है।

"ज़ीवन और मृत्यू के बीच के अन्तर में कहीं पर मुझे उस काले भीषण बिल्ले की आँखें तैरती हुई सी दिख रही थी।" (बिल्ली)

"दौडते समय उसके शरीर की अलग अलग लूभावनी आकृतियाँ बन जाती थीं। जौर से दौडते समय वह किसी टूरिंग कार जैसी दिखाई देती। भोंकते समय लगता था मानो कार का हॉर्न ही बजा रही हो। उसकी लाल आँखें कार के दिये हों। इस का का प्रतीक मैंने उसके मन पर ऐसे अंकित किया था कि 'पापी कार' कहने पर तुरंत वह आँगन में वर्तुलाकर फेर धर कर दौडने लगती। दौडते दौडते भोंकती रहती। (पापी)

"..... उसकी गोरी ठुड्डी पर हर तिल गर्भ से उपर आये मुलायम केल के पत्ते जैसा दिख रहा था।" (चिडियाँ)

"..... सोने के वर्ख की चूडियों से दर बारह हाथ की शोभा बढ़े और वर्ख निकल जाने पर निर्जीव कांच की दयनीयता उजागर हो उस तरह पहली बहार समाप्त होने पर उनके मूल

रूप खुल गये थे।" (चक्रवाक)

"सुमित्रा की बुद्धि कुंठित हुई और उसी समय उसके पेट में विलक्षण हलचल हुई। रेशम के मुलायम गोले पर जैसे हाथ टिक गये हों। मोर का पंख पलकों पर से हौले हौले सरकता जाय उस तरह सुमित्रा रोमांचित हुई" (चंद्र आणि चिमणी)

लेकिन आज का यह चित्रमय रूप यहीं तक सीमित नहीं है। इस प्रकार के रूपकों, दृष्टान्तों, प्रतीकों से भाषा में भावाभिव्यक्ति की कसावपूर्ण शक्ति अवश्य पैदा होती है। पारगांवकर व्यक्तियों के बाह्य रूप और आकार का, उनकी असंख्य हलचलों, क्रियाओं का बड़ा सशक्त चित्रांकन करते हैं और मन की सक्षम, निगूढ और धूसर अनुभूतियों को चित्ररूप देने में भी उनकी भाषा उनकी सहायता करती है। इस तरह का, भाषा की समृद्धि का अवदान बहुत कम लेखकों के भाग्य में आता है।

फडके ने मराठी कहानी को आदि-मध्य-अन्त के प्रति सजग किया और आज यह सजगता सामान्यतः कहानी को कल्चर का एक भाग बन गयी है। एक फर्क अवश्य हैऔर वह महत्त्वपूर्ण है - ना. सी.फडके पाठक में उत्सुकता उत्पन्न करने के लिऐ बाह्य प्रसंगों की चमत्कृति का उपयोग अधिक करते थे। नयी पीढ़ी के लेखक अधिक अन्तर्मुखी घटनाओं अर्थात् चित्तवृत्तियों और चरित्र की विशेषताओं का उपयोग करते हैं। फडके ने परिवेश चित्रण में प्रकृत्ति का उपयोग कैसे करना चाहिए, इस पर विस्तार से प्रकाश डाला था। पारंगावकर को एक बात का श्रेय देना चाहिए कि प्रकृति के दृक्चित्रों का शब्दमय रेखांकन करने की कला में वे सिद्धहस्त हैं। ये दृक्चित्र कहानी के भावानुभव में प्रायः रचेपचे रहते हैं।

जहाँ तक तकनीक का प्रश्न है पारगांवकर की कहानी में नुख्स निकालना मुश्किल हैं।

वि.शं.पारगांवकर के साहित्यविषयक दृष्टिकोन और उनके लेखकीय व्यक्तित्व में अद्वैत है। लेखक की कहानियों के अनुभवों के माध्यम से उनके लेखकीय व्यक्तित्व का अन्वेषण किया जाय तो क्या दिखता है? लेखक सामान्यतः जीवन की स्थितिगति से प्रसन्न है। वह जानता है कि जीवन में दुःख है, पीडा है, विषमता और दारिद्रय है, लेकिन फिर भी जीवन में सुख की, संतोष और परितृप्ति की उपलब्धि भी हो सकती है। उनकी कथाओं में बाह्य जीवन की विषमता का जहाँ चित्रण है वहाँ एक तरह की दूरस्थ तटस्थता है। "इमारत" कथा देखिए। सोन्या सपकाळ की पीडा स्वप्न में भले ही इमारत का ध्वंस देखे, प्रतयक्ष में इमारत स्थिर ही है। इस शोषण पर आधारित इमारत का - - समाजव्यव्स्था का ज्ञान तो लेखक को है लेकिन उसके साथ मानो एक अटल नियति के साथ किया हुआ समझौता भी है। "पितर जेवायला येतात" कथा में भी ब्राह्मण सखाराम के सामने कोई विक्ल्प नहीं है। वह मांस खानेवाले महारों के बीच रहने को बाध्य है। अपने कमरे में उसकी पत्नी भले ही धूत वस्त्र पहन कर श्राद्ध के अवसर पर ब्राह्मण को भोजन कराये लेकिन यह स्थिति अटल है। लेखक यहाँ भी न स्थिति के पक्ष या विपक्ष में अपना रुख व्यक्त करता है, न ब्राह्मम सखाराम को सहानुभूति दे रहा है। वह दूरस्थ है। "ढंग" में लेखक एक आपबीती-सी सुनाता है। यह थोडा-सा नोस्ताल्जिक अनुभव है, विशेष उत्कट नहीं। अपने पुराने सरोकारों से चिपके ने के लिए लेखक बारिश में भीगते हुए भी छोटी किसान बेटी की सहायता

करता है - - अपने सफेदपोश पोशाक की पर्वाह न करते हुए मेमने को उठाकर बच्ची के बाप के पास ले आता है। उनकी (कुळ) कथा मे भी इसी प्रकार का प्रसंग है। स्थितियों का एक दर्द उसके पास है परंतु यह दर्द दिशाहीन, दिग्भ्रमित, किंकर्तव्यविमबढ व्यक्ति के दर्द-सा भावुक प्रभाव उत्पन्न कर स्तब्ध हो जाता है। 'पायाखालची जमीन' में भी भाइयों के संबंधों का वही भावुक चित्र है जो अन्त में यहाँ समाप्त होता है : गाँव की मिट्टी, बचपन से जिसपर यथेच्छ खेला, मलिन हुआ, वह पैरों के नीचे की जमीन, जिसने माँ-बाप से अधिक ममता की, वह अंधेरे में निश्चल खडा अंजीर का वृक्ष, इन सब से दगडू अलग हो नहीं सकता था। परिवेश की यथार्थता से उत्पन्न बोध को एक बारगी दूर हटाकर दगडू के मन की यह उछाल यथास्थिति का ही संकेत देती है। "भजन" कहानी भी कभी समाप्त न हो सकनेवाली दरार का संकेत दे कर समाप्त होती है, "माळावरचा आंबा" में शोषक - शोषित के बीच के सनातन संबंधों की एक झाँकी है। "कुळ", कहानी में तो लेखक के गाँववालों के स्तर पर आने पर संघर्ष खत्म होता है और भावुक हृदयपरिवर्तन भी होता है। इन कहानियों में मध्यवर्गीय दृष्टि से निम्न स्तर के जीवन को देखने की सहानुभूतिशील दृष्टि व्यक्त अवश्य हुई है, परंतु लगता है कि लेखक ने यथास्थिति से समझौता कर लिया है। सारे आर्थिक और सामाजिक तथा नियति प्रदत्त अभिशाप मान कर जैसे लेखक केवल यथार्थ के दृक्चित्रन देना चाहता है। यहाँ पर वह बहुत बडा अन्तर स्पष्ट होताहै, दलित संवेदना और मध्यवर्गीय संवेदना का। यही कारण है कि 'बीज' (बिजली) में खेत को खाने वाले प्रचण्ड यटवृक्ष से खौफ खाते हुए,और उसका गुस्सा इथ्या पर निकालते हुए भी अंत में वटवृक्ष के उखड जाने पर तुक्या रो पडता है। कभी लगता है यह वटवृक्ष वीज, इमारत, फॅक्टरी की गंगाजमनी बस्ती, भजन ये सारे प्रतीकात्मक रूप ग्रहण कर समाजव्यव्था और परंपरा को प्रतीकित करते हैं। इस सब विवेचन का अर्थ यही है कि जब अपनी सीमित मध्यवर्गीय दृष्टि को लेखक विस्तार देना चाहता है - किसानों, श्रमिकों, दलितों के जीवन में झाँकना चाहता है तब एक स्थितिशील मानवीय नजरिये से ही देखता है। मैं लेखक के राजनैतिक लेखन का यहाँ हवाला नहीं चाहता। मैं केवल कहानी की खिडकियों से ले़खकीय व्यक्तित्व की ओर झाँक रहा हूँ। और उसकी कहानियाँ एक करुण - सा संवेदन उभारकर समाप्त हो जाती हैं।

लेखक का असली मन पारिवारिक सुखदुखमय प्रसंगों के चित्रण में, पारिवारिक संबंधों के तानेबाले का निरीक्षण करने में ही कलात्मक उत्कर्ष प्राप्त करता है। लगता है लेखक ने बचपन की संस्कारशील उम्र में पारिवार में शांत, परितृप्त जीवन जिया है। उसका मन संबेदनशील है, एक तरह की कोमल आत्मीय दीठ से वह वस्तुओं, स्थितियों और मनुष्यों को देख रहा है। 'कोंबडा' (मुर्गा) मोर - (मोर) स्वाति - (स्वाति), पाच ही ससे - (पाँच छः खरगोश), चंद्र आणि चिमणी - (चंद्र और चिडिया), चिमण्या - (चिडियाँ) इत्यादि कहानियों में यह दृष्टि स्पष्ट होती है। ऐसा व्यक्ति दुख को भी समेटना चाहता है, बल्कि जीवन में दुख के खट्टे, तीखे, कडुए, स्वाद की ओर उसकी नजर बार बार जाती है। यह दुख उसके लिए सुखमय जिंदगी जीते हुए जीने का एक अतिरिक्त बोध पैद करती रहती है। लेकिन इस दुख के साथ मुक्ति के रास्तों का अन्वेषण वह करना नहीं चाहता और उन मुक्ति की राहों के लिए जिंदगी दाँव पर लगाना तो और भी नहीं चाहता। ऐसे लेखक के दुख और दर्द के अनुभवों पर सुख की एक मलई की पर्त रहती है, या

एक खट्टी मिठास होती है। वह कुरेदती है लेकिन स्वाद के भीतर ही। पारगांवकर ने ठीक ही कहा है कि उनके लिए साहित्य का अनुभव पौर्णिमा की चाँदनी में क्रीडा का अनुभव है : आल्हाददायी, अनोखा, सौंदर्य का प्रारूप।

पारगांवकर की कुछ कहानियाँ निश्चित रूप से बेहतर बनी हैं। मुझे उनकी 'स्वाति' कहानी अद्भुत रूप से सफल कहानी लगी। स्वाति, स्वाति की मां और स्वाति के पिता तीन व्यक्तियों के परस्पर संबंधों की यह करुणार्द्र कहानी है। यह एक पारिवारिक आदिम बंध है जो बहुत सारी कहानियों में पाया जाता है। कबूतरों को प्यार करनेवाली स्वाति, कन्या के अव्यवहारिक, अनुशासनहीन व्यवहार से और वर्तमान में उसके भविष्य की चिंता से झुलसी उद्विग्न ममतामयी माँ और कन्या के खेलने कूदने के दिनों में उदारता और असीम प्यार से कन्या के छोटे अपराधों पर छाया डालनेवाला पिता। यह एक प्रकार के भावनात्मक तरल संबंधों की कहानी है जिसमें माता-पिता के लाड प्यार और प्रक्षुब्धता के क्षणचित्र बडी कलात्मकता से लेखक ने रेखांकित किए हैं। बच्चों की सहज प्रवृत्तियाँ और उनको अनुशासित कर उन्हे कुछ बनाने की आकांक्षा रखनेवाली माँ के बीच के द्वंद्व की यह कहानी एक वैश्विक भावनात्मक सत्य पर आधारित है। कुछ अद्भुत वक्र तरलता इस कहानी को निरंतर आर्द्र बनाये रही है। बहुत ही संयत ढंग से लेखक ने भावनात्मक व्याकुलता को व्यक्त किया है। इस द्वंद्व में सब अपनी अपनी भावनात्मक व्याकुलता से परास्त होते है। कोमल परंतु सीधे कलाकार के हाथों से कहानी की संवेदना को क्रमशः तीव्रता की ओर ले जाया गया है।

"मोर" भी मध्यवर्गीय पारिवारिक जीवन के संदर्भ में लिखी गयी सफल कहानी है। बच्चे और माँ-बाप के रिश्ते यहाँ बदल गये हैं। माँ बच्चे के द्वारा रेखांकित आडीतिरछी रेखाओं को सुंदर मोर मानने को तैयार है, बच्चे को सराहने को तत्पर है। यहाँ पिता बच्चों से कुछ दूरस्थ है। इस दुरस्थता का कारण एक तनाव है जो आर्थिक परिस्थिति की कुछ विपरीतता के कारण पैदा हुआ है। धीरे धीरे मोर प्रतीकात्म अर्थ ग्रहण करने लगता है। मोर उन स्वप्नों का प्रतीक है जो विवाह के अवसर पर देखे जाते हैं, परंतु पूरे नहीं होते। लडके की आडीतिरछी रेखाओं से मोर बनता है और वह स्वीकारने को पत्नी तैयार है, पिता स्वयं मोर का चित्र बनाकर देने को तैयार हो जाता है। असली मोर तो नहीं दिया जा सकता, चित्र ही सही। धीरे धीरे करुण गंभीर स्वर कहानी के अनुभव में व्याप्त होने लगता है। मन के बिखराव और श्रेय के खिसक जाने का एक दर्द है जो पाठ्क के मन को प्रभावित करता है। यह मध्यवर्गीय जीवन की त्रासदी का चित्र है जो बडे सधे हाथों खींचा गया है। यहाँ न भावुकता है न अतिरेकपूर्ण क्रंदन। अपने रंगहीन श्रेयहीन जीवन को स्वीकारने की समझदारी है क्योंकि यह सब ऐसा ही होता है - नियति है। उखडेपन की और उदासीनता की चरमसीमा यह है : 'मेरा मन कोने में फेंकी गयी पुस्तक की तरह बिखर गया होता है और इस कारण प्रयास करनेपर भी मैं मोर का चित्र नहीं बना पाता।' बच्चों को सुख का आभास देने की क्षमता भी इस उखडे मन में न रही। यह पारिवारिक संबंधों की कथा भी है। मनुष्य के अकेलेपन की कथी भी है और जीवन में अटल दुख की कथा भी है; एक साथ क्षणचित्र भी और स्थायी चित्र भी। मुझे लगता है वि.शं.पारगांवकर की यह कहानी

उनकी ही श्रेष्ठ कथा नहीं है प्रत्युत् मराठी की कुछ महत्त्वपूर्ण कहानियों में इसे आदर के साथ रखा जा सकता है।

पारगांवकर की एक बहुत ही निर्दोष और संपूर्ण सफल कहानी है कोंबडा (मुर्गा)। वयस्क दांपत्य की प्रणयकथा जो जीवन के साझे सुखदुःख के अनुभवों के बीच पककर अत्यधिक आंतरिक और समृद्ध हुई है। इस प्रणयानुभव के लिए बहुत मेधावी होना जरूरी नहीं है, न बहुत विदग्ध। इसके लिए जरूरत है परस्पर के लिए सुख दुख बाँटने और समर्पित होते रहने की। पति की किंचित कामातुरता और शरीर में बल न होते हुए भी पति को सुख देने की वयस्क पत्नी की तत्परता का बडा तल्लीनतापूर्वक चित्रण पारगांवकर ने खींचा है। परिवेश की विपरीतता के बीच विकसित यह प्रणय उस रात का क्षण - चित्र है परंतु इस क्षण के आने तक, पूर्ण होने तक दोनों ने कितना एक दूसरे के लिए सहा और एक साथ भोगा होगा, इसकी पूरी पुख्ता नींव पारगांवकर ने डाली है। दोनों की स्मृतियों के माध्यम से एक दुसरे के मन में आनेवाली बातों को सहज ही बिना शब्दों के आदान-प्रदान के, खून में अनुभव करनेवाले ये वयस्क पति-पत्नी। कितनी सार्थकता के पंछी अपने साझे जीवन में उडाये होंगे दोनों ने। यह समस्त भावानुभव जीवन के समंजस आकलन के बाद ही कल्पित और शिल्पित किया जा सकता है। शरीर और मन के द्वैत को पार कर प्राप्त होनेवाला यह अनुभव पारिवारिक जीवन का एक स्पष्ट सार्थक अनुभव है जो विरल रूप में ही किसी कलाकार की पकड में आता है।

पारगांवकर की "बेट (द्वीप)" कहानी एक अप्रतिम स्मृतिकथा है। यह वही स्मृति है जो वर्षो तक कथा निवेदक के मन में कहीं गहरे अतल में पड़वर अन्दर अन्दर से ही पकती रही। कौनसी घटना किस रूप में मन में पडी रहेगी और कितना महत्त्व प्राप्त करेगी, इसके तार्किक नियम बनाना या खोजना असंभव है। कुँए पर तैरने के लिए गया हुआ किशोर और त्रिंबक पटवारी की लडकी रूपा की पहली परंतु सदैव स्मरणीय भेंट की घटना पर आधारित यह कथा है। वैसे कुआँ, वह पासवाला टापू इत्यादि के प्रतीकात्मक अर्थ भी निकाले जा सकते हैं। परंतु अमिधा में ही उन्हें लेना कहानी के आस्वाद को बढाता है.... अपने जीवन को उस घटना की धुरी पर रखकर चलना कुछ अतिशयोक्त लग सकता है परंतु कहा नहीं जा सकता मनुष्य के जीवन में कौन-सी क्षुद्र-सी घटना भी उसके नैतिक मानदण्ड को बनाये रखे। यह ऐसी आपबीती है जिसे चाहे अभिधा में पढा जाय तो भी रस आता है और चाहे तो उसके मन के ध्वन्यर्थ को अन्वेषित कर रस लिया जाय तो भी आस्वाद मिलता है।

जीवन में तर्क या बुद्धि को चुनोती देनेवाली अजीब घटनाएँ घटित होती रहती हैं। वैसे भी मनुष्य के पारस्परिक संबंधों में उत्पन्न होनेवाली अनगिनत भावनाओं, वासनाओं का आधार तर्क में कहाँ खोजा जा सकता है? "चक्रवाक" में बापू को हृदय का दौरा पडने पर उनकी पत्नी और मित्र देविदास के बीच अप्रत्याशित भाव क्षण भर के लिए जागृत होते हैं। राधा आधार के लिए देविदास के हाथ दृढता से पकडती हैऔर देविदास पुरुष की अभिलाषा से राधा को आलिंगन में बांध लेता है - इस घटना को दृक्चित्र में उपस्थित करने के बाद अपनी बिंबधर्मी भाषा का अद्भुत प्रभाव डालते हुए पारगांव्कर लिखते है : "बरसात की बौछार से बचने के लिए दीवार

की ओट में खडा रहा जाय और उतने में दीवार का कोना ही शरीर पर आ कर गिर जाय - कुछ ऐसा ही हुआ।" फिर पारगांवकर लिखते है - "जन्मजन्मांतर में, युगयुगांतर में जो घटित नहीं हो सकता था, ऐसा निश्चित था, वह क्षण में घटित हुआ। यह कैसे हुआ? इसका वहाँ कोई उत्तर नहीं था। उत्तर के परे, शब्दों के परे जा कर काम करनेवाली कुछ सुप्त भावनाओं का वह खेल था। उन भावनाओं को शब्दों का रूप नहीं था, लेकिन शक्ति का रूप था" - - लेकिन यह अनाकलनीय आकर्षण ही तर्कातीत था ऐसा नहीं। कहानी को गहराई मिली है देविदास और कमळ के - पति पत्नी के एक दूसरे के साथ रहकर भी काट रही अकेलेपन की स्थिति के चित्रण से। इन दोनों की गृहस्थी में बापू-राधा की पुत्री शांता जैसी कोई संतान नहीं है। यह तथ्य ध्यान में लाने पर कहानी का प्रभाव बढता है और इन वाक्यों का मन पर विचलित-सा करनेवाला, बेचैन - - सा करनेवाला प्रभाव, झकझोने लगता है। "टटोलते टटोलते हुए दोनों अंधेरे में ही कुछ खोज रहे थे। अंधेरे में खोज रहे थे या अंधेरे को ही खोज रहे थे। यह ध्यान में नहीं आ रहा था।" मानव संबंधों की यह दारुण नियति, यह अंधार-यात्रा संवेदनशील पाठक के मन को धीरे धीरे कुतरती रहती है। इस प्रकार की गंभीर अनुभव की कहानियाँ पारगांवकर की सौ कथाओं में आठ दस ही होंगी। लेकिन एक अच्छे कहानीकार के पद पर हक बताने के लिए इतना पर्याप्त है।

यह मानना पडेगा कि पारगांवकर अपनी कहानी का क्षेत्रविस्तार करने का सजग प्रयास करते हैं। दलित जीवन, ग्रामीण जीवन, छोटे शहरों का जीवन वे सब कुछ को समेटना चाहते हैं। एकाध "खळे (ऑगन)" जैसी अच्छी ग्रामीण कथा लिखते हैं। ग्रामीण परिसर से उनका अच्छा खासा संबंध भी दिखता है "खळे" जैसी करुण गंभीर कहानी के साथ "हिकमत" जैसी ग्रामीण लोगों की धूर्तता को व्यक्त करनेवाली कहानी भी वे लिखते हैं। लेकिन उनकी कहानी में तब गहराई आती है जब मध्यवर्गीय भाव - विश्व का चित्रण वे करने लगते हैं। चिडियों, बिल्लियों, कुत्तों को केंद्र में लाकर लिखी उनकी काहनियों में यह भावविश्व ही आरोपित होता है। "चिमण्या" में दस वर्ष के बाद गर्भवती बननेवाली घर की स्वामिनी का चिडियों के साथ पहले के व्यवहार और गर्भवती बनने के बाद के व्यवहार में जमीन आसमान के आये अन्तर को पारिवारिक वातावरण में इतनी मधुरता और नजाकत केसाथ पारगांवकर ने चित्रित किया है कि ऐसी निर्दोष रसात्मक कहानियां इधर कम पढने को मिलती हैं। दांपत्य जीवन की असली धुरी संतान की प्राप्ति और उसके कारण पैदा होनेवाली मानसिक उदात्तता पर आधारित यह कहानी मुझे सही अर्थ में भारतीय अनुभव की कहानी लगी। कुतिया को केंद्र में रखकर लिखी "पापी" कहानी में पारगांवकर के तेवर बदलते हुए दीखते हैं। क्योंकि यह कुतिया अलग घर में आती है जिसमें गृहस्थधर्म कम है, व्यक्तिवाद अधिक है। विरक्तिधर्म को अपनानेवाले बडे चाचा का कुंठजनित छद्म उद्घाटित करते समय लेखक कहीं भी मुखर नहीं होता। पारगांवकर आक्रमण भी करते हैं तो कहानी के अनुभव की मूलभूत शर्त का पालन करके और इस आक्रमण में कटुता नहीं होती स्थितियों के निरीक्षण से आयी तटस्थ होती है। इसीलिए यह आक्रमण अधिक प्रभवापूर्ण और वजनदार लगता है। एक वाक्य है... "अरी, उसका विवाह नहीं हुआ है न, इसलिए उसके व्यवहार में ऐसी विक्षिप्तता है। तुम उसकी ओर ध्यान ही मत देना" - - - पापी कुतिया का साथीदार की खोज में बेताब होकर बाहर जाते रहना और बडे काका का बढता गुस्सा

इनके बीच का संबंध काका की कुंठित मानसिकता पर अच्छा प्रकाश डालता हैं। पापी कुतिया को एक खासा व्यक्तित्व प्रदान करने में पारगांवकर सफल हुए हैं। पारगांवकर की एक अच्छी कहानी है "मांजर" (बिल्ली)। यह भी एक निगूढ अनुभव को व्यक्त करती है। हिन्दू मन का एक वैशिष्य यह है कि वह जन्मपुनर्जन्म को मानता है, मनुष्य के अनेक योनियों में होने के नाते भी एक ऋणानुबंध की परिकल्पना मन के अतल में पालता रहता है। एक साल पहले मृत कन्या के विषाद को मन के अन्तस्तल में सहते हुए कहानी का निवेदक घर में वर्षो बाद आयी बिल्ली को देखता है। उसके निर्भय होकर गोद में आ बैठने को देखकर एक किस्म का खास रिश्ता उत्पन्न हुआ अनुभव करता है, माँ की बीमारी के अक्सर पर आयी और उसकी मृत्यु के तुरन्त बाद लापता होनेवाली बिल्ली की स्मृतियाँ कहीं लेखक के मन में पल रही हैं। - - - इन सब में वह एक विशिष्ट गूढता का भावानुबंध देखता है। इस भावानुबंध की पृष्ठभूमि में उसकी पत्नी नंदा के साथ उसके भावात्मक संबंध कहानी को एक अलग आयाम दे रहे हैं। नंदा को बिल्ली का आगमन बिलकुल पसन्द नहीं है क्योंकि मभी बचपन में उसने एक बिल्ली को बिल्ली के बच्चों को खाते हुए देखा था। जालीदार खिडकी के बाहर बिल्ली को जिसने नंदा के हाथ से मार खायी है, निवेदक देखता है और महसूस करता है कि बिल्ली को नंदा नहीं समझ सकेगी क्योंकि दोनों के बीच उलझनदार लोहे की जाली है। निवेदक अपने और बिल्ली के बीच के निगूढ ऋणानुंबंध को स्पष्ट रूप में देखना चाहता है। निरीक्षण की सूक्ष्मता, बिल्ली के व्यक्तित्व को साकार करने की कला और बिंबधर्मी भाषा ने इस कहानी को प्रभावशाली बनाया है। यह अपनी जगह पर महत्वपूर्ण बात है ही। पत्नी नंदा और लेखक के बीच के ग्राईस्थ्य संबंधों की चीमट नजाकत भी कहानी को भावात्मक उत्कटता प्रदान करती है। लेकिन कहानी की आत्मा है बिल्ली और निवेदक के निगूढ संबंधों की मुलायम जिज्ञासामें। यह कहानी व्यावहारिक अनुभव के परे जा कर एक आध्यात्मिक-सा स्वर धीमे से पैदा करती है जो मन और मस्तिष्क को एक साथ विचित्र रूप में मधने लगता है। कहानी की बुनावट के रेशिमी तंतुओं को और भी बारीकी से विश्लेषित किया जा सकता है। लेकिन यहां उसकी गुंजाइश नहीं है। लेकिन मानना होगा पारगांवकर एक ही साथ जिन कहानियों में असमृध्द मार्मिक अनुभव और अनगिनत सौदर्यस्थल विनिर्मित कर सके है ऐसी कहानियों में मांजरी.... (बिल्ली) कहानी का समावेश करना होगा। यह आसपास के प्राणियों की दुनिया भी मनुष्य को उसकी निराशा और उदासीनता में कैसे आधार प्रदान करती है, इसका संकेत पारंगांवकर ने ..चंद्र आणि चिमणी... (चंद्र और चिमणी) में किया था। लेकिन वहाँ कहानी का टेक्श्चर इतना समृद्ध नहीं हो पाया था जितना मांजरी....(बिल्ली) में है। पारगांवकर की सौ कहानियों में दस बाहर कहानियाँ निश्चित रूप से ऐसी हैं जिनमें सर्वस्पर्शिकता है, वैश्विकता है और अच्छी कहानियों की किसी भी कसौटीपर वे खरी उतरती हैं। प्रो.ना.सी. फडके से उसका शिल्पपक्ष के संदर्भ में जो रिश्ता है उसको विवेचित करने में मुझे पारगांवकर का अधिक्षेप नहीं करना था। इधर नयी कहानी क्रे आगमन के बाद प्रो. ना. सी. फडके के संबंध में एक कटु प्रतिक्रिया का तूफान-सा उठा और उसमें फडके के मराठी साहित्य के अवदान को नजरअन्दाज कर दिया गया। पारगांवकर जब नई कहानी की शक्ति के साथ सीमाओं का संकेत करते हैं,उन्होंने स्पष्ट शब्द में नहीं निर्दिष्ट किया कि नई कहानी से उनको क्या शिकायतें है और उन्होने उसमें

अपनी ओर से क्या जोडा है तब संभवतः उनको यह कहना था कि परंपरागत कहानी में जो शिल्पविषयक अत्यधिक जागरू कता थी उसका कुछ मजाक-सा नई कहानी के लेखकों ने उडाया। (इस पर पारगांवकर भी आपत्ति कर सकत हैं) एक बात सही है, नई कहानी जब अत्यधिक अन्तर्मुख होने लगी तब कुछ दुर्बोधता के मोह में भी फँसी, कुछ परंपरा को तोडने के लटकों में फँस गयी, तो कहीं वैयक्तिक मुद्रा अंकित करनेके अतिरेक से चूक गयी। धातव्य है कि नई कहानी के शीर्षस्थ लेखक स्व. पु. भा. भावे ने बाद में नई कहानी के विरोध में आवाज बुलन्द की थी। पारगांवकर ने इन मोहों, लटकों एवं मुद्राओं से अपने को बचाया है और कहानी के केंद्रीय भावानुभव को एकाग्र करते समय शिल्प का विशेष ध्यान रखा है। अनुभव को तिरछी दृष्टि से देखने की अपेक्षा या निर्वैयक्तिकता, तटस्थता के नाम पर ठंडापन लाने की अपेक्षा कहानी की अन्तर्वस्तु के साथ तल्लीन होना, तदाकार होना और गर्माहट के साथ भावानुभव को व्यक्त करना पारगांवकर ने अनुचित नहीं समझा। मद्धिम आँच पर पकी ऐसी अनुभव समृद्ध कथाएँ लोकप्रिय बनने की संभावना कम होती है और खास ध्यान आकर्षित करने की दृष्टि से भी कुछ यश प्राप्त करती लेकिन कहानी के कुल इतिहास में इनका बहुत बडा महत्व होता है। मेरी अपनी राय में पारगांवकर की कथा का महत्त्व इस लिए कि उन्होंने भारतीय परंपरा को बहुत झकझोरा नहीं बल्कि उसकी आंतरिक शक्ति को पहचान कर बहुत मुखर न होते हुए आधुनिक अनुभव के साथ उसे संश्लेषित किया। पारगांवकर की कहानी में अन्तर्मुखता है और इस अनुभव में संज्ञाप्रवाह, अनुभव की शृंखला का टूटना बिखरना, शब्द साहचर्य के आधार पर अनुभव संगठ्न, अवचेतन मन का अतिरेकपूर्ण उपयोजन इत्यादि बातें वे इस्तेमालं में नहीं लाते। चेतन मन और अवचेतन मन के समन्वित रूप पर ही उनकी कहानी विकसित होती है। पारगांवकर की कहानी एक सन्तुलित व्यक्तित्व की कहानी है इसलिए वह पाठ्क की आँख में तीखी रोशनी फेंक कर उसे विचलित नहीं करती लेकिन अधिक समझदार अवश्य करती हैं।

मैने पारगांवकर की कहानियों के हिन्दी अनुवाद नहीं पढे लेकिन इनके अनुवादों की कठिनाइयों को मैं जानता हूँ। अगर भाषा की नजाकर को सूक्ष्म हरकतों को, संवेदना की भाषागत लय को नहीं पकडा गया तो आधे से अधिक प्रभाव खत्म हो जायगा। मुझे लगता है कि अनुभव करते समय केंद्रिय संवेदना के अनुकूल छोटी छोटी घटनाओं, व्यक्तित्व की रेखाओं और मानसिक हलचलों के द्वारा कलाकार शिल्पपक्ष को कैसे सजगतापूर्वक सँवारता है इसका अच्छा नमूना ये कहामियाँ प्रस्तुत करती हैं। इस दृष्टि सेहिंदी के कहानी लेखकों को और सुधी पाठ्कों को ये कहानियाँ निश्चय ही कुछ दे सकती हैं। गृहस्थधर्म में, आधुनिक जीवन में, प्रणय, शृंगार और परिपक्व दांपत्य प्रेम को सही रूप ये कहानियाँ प्रस्तुत करती हैं। प्राणियों, दलितो, पीडितों के बीच के मानवीय संबंधसूत्रों को भी ये कहानियाँ उजागर करती हैं। मुझे विश्वास है हिन्दी के पाठ्क मराठी, के इस कहानीकार का प्रसन्नता के साथ स्वागत करेंगे और आधुनिक भारतीय मानस की एकात्मता का अनुभव करेंगे जो विश्व - मानस का एक संवादी घटक है।

ज्योत्स्ना देवधर की कथा

श्रीमती ज्योत्स्ना देवधर मराठी पाठकों के लिए एक सुपरिचित ही नहीं खासा आत्मीय नाम है। पिछले २५ व्रषो से श्रीमती ज्योत्स्ना जी ने प्रचुर साहित्य रचना की और मराठी में अपना एक खास पाठक वर्ग निर्मित किया है। यह भी एक विचित्र कथा है। मराठी मातृभाषा भाषी हिंदी में लिखते हैं कुछ अच्छा खासा नाम भी प्राप्त करते हैं परन्तु हिंदी वातावरण में पला व्यक्ति बचपन की सहज भाषा सीखने की उम्र को पार कर मराठी प्रान्त में आता है और प्राथमिक स्कूल की पुस्तकों को पढ़ने से प्रारंभ कर उस भाषा में एक सृजनशील लेखक के रूप में खासा स्थान प्राप्त कर लेता है, यह अनहोनी है जो घट गयी है। इसीलिए ज्योत्स्ना दीदी का लेखन मराठी में एक चमत्कार है। शायद एक कवि मराठी में हुए जिनका नाम तिवारी है। इस संदर्भ में दूसरा नाम याद नहीं आ रहा है। ज्योत्स्ना दीदी के पिता राजस्थान में स्टेट ऑडिटर थे। ज्योत्स्ना जी का जन्म भी राजस्थान में हुआ और बचपन भी वहीं बीता। चारों ओर वातावरण हिंदीमय था लेकिन परिवार का मूल मराठी संस्कार धुलपुँछ कर साफ नहीं हुए थे वे। पर्दावर्दा भी नहीं करती थी। आसपास की राजस्थानी लड़कियाँ शिक्षा के लिए स्कूलों में प्रायः नहीं जाती थी, परन्तु महाराष्ट्रीय परिवारों की लड़कियाँ शिक्षा के लिए स्कूलों में गयीं और आठवीं तक की शिक्षा हिंदी के माध्यम से उन्होंने वहाँ ग्रहण की। व्यक्तित्व - विकास के लिए व्याकुल ज्योत्स्नाजी की आत्मा उस वातावरण में अवश्य छटछटाती रही होगी। रूढ़ियों के जबरदस्त दबाव का एहसास और स्वाधीनता के लिए तड़पती आत्मा के उर्जस्वी उन्द्वेलन के बीच का तनाव, ज्योत्स्नाजी की कतिपय कहानियों का मूल आद्यबन्ध सा बन गया है।

सोलह वर्ष की अवस्था में ज्योत्स्ना जी बहु बन कर देवधर परिवार में महाराष्ट्र में आयीं। पुणे रूढ़ियों के शिकंजों से मुक्त शहर नहीं है परंतु रानडे, फुलें, लोकहितवादी, गोखले, आगरकर, तिलक के सामाजिक और राजनैतिक दासता के विरुद्ध किए संघर्ष के आयासों से संस्कारित विद्या का केन्द्र है। मुक्ति के लिए लालायित ज्योत्स्ना दीदी के सामने कुछ खुला आकाश फैल गया, उन्मुक्त हवा के झकोरे उनकी बंद आत्मा को चुनौती देने लगे, अवचेतन में दबी विकास की आकाँक्षाएँ अंकुरित होकर उन्हें कर्म क्षेत्र में उतरने के लिए आवाहन करने लगीं। विवाह के तुरंतु बाद एक वर्ष में ही दीदी माँ बन गयीं और ७-८ वर्ष गृहस्थी के कर्तव्य को पूरा करती रही, फिर मैट्रिक होने की इच्छा से क्लासवास में जाना शुरु किया तो निसर्ग ने फिर मातृत्व की जिम्मेदारी लाद दी। फिर ५/६ वर्ष पारिवारिक कर्तव्यों में दीदी उलझ गयीं। शादी के बाद पंद्रह वर्षो के उपरान्त मैट्रिक से एम.ए.तक की परीक्षाएँ सम्मानपूर्वक पास हुई। प्रौढ़ वय में जो देखा, पढ़ा, अनुभव किया वह उनके भावी लेखकीय व्यक्तित्व को समृद्ध कर रहा था। ज्योत्स्ना जी के लेखन में पारिवारिक बंधनों में बँधी स्त्रियों की सिसकती वेदना को जिस प्रकार वाणी दी गयी है उसी प्रकार नारी जीवन को सार्थकता के क्षण प्रदान करनेवाली मातृत्व की गरिमामयी भावना भी व्यक्त हुई है। इस संबंध में ध्यान में रखने की बात यह है कि व्यक्तित्व के विकास के लिए सभी प्रकार के कृत्रिम बंधनों को तोड़ कर उनसे बाहर आनेका आवाहन करनेवाली ज्योत्स्ना जी की कथा निसर्ग को - प्रकृति को कभी अवहेलित्त नहीं करती। पंखों को बंधम मानने से क्या लाभ?

उन्हीं से तो आकाश में उन्मुक्त संचरण करना है और उनके थकने पर पेड़तले बसेरा भी करना है। श्रीमती ज्योत्स्ना जी की कथा में विवाह बंधनों के खलाफ कहीं आक्रोश है तो उसके मूल के अनैसर्गिक बंधनों के प्रति ही बगावत का भाव है-यह एक ऊच्च प्रकार की नैतिकता है जिसके आधार पर ज्योत्स्नाजी की कथा सूदृढ़ रूप से विराजमान है।

ज्योत्स्नाजी ने मराठी साहित्य में काफी लोकप्रयिता प्राप्त की है और खासकर उनकी लोकप्रियता का काफी श्रेय उनकी सशक्त भाषा तथा चित्रमयी शैली को दिया जाता है। जब ज्योत्स्नाजी ने पुणे में आकार पढ़ाई आरंभ की तब सोचा बी नहीं होगा कि वे एक ऐसी भाषा की ख्यातिप्राप्त लेखिका बन जायेंगी जिस का उन्होंने डर पाल लिया था। ज्योत्स्ना दीदी ने नागपुर से मैट्रिक और इंटर की परीक्षाएँ पास कीं जरूर लेकिन 'मराठी' विषय छोड़कर। लेकिन दीदी की जीवट का कमाल है कि १९५९ में बी.ए. हुई तो हिंदी प्रमुख विषय के साथ मराठी के दो परचे लेकर! यह काम आसान नहीं था। दीदी व्यावहारिक मराठी तो समझ-बोल लेती थीं लेकिन साहित्यिक मराठी का संस्कार उन पर नहीं था। ज्योत्स्ना दीदी की लगन और परिश्रमशीलता का यह फल कि उन्होंने मराठी के दो परचे सफलतापूर्वक दिये। इसके लिए उन्होंने प्राथमिक स्कूल की पुस्तकों से अध्ययन और अभ्यास प्रारंभ किया। उनके अन्दर का विकासेच्छु मन इस बीच भी अनेक दिशाओं में यात्रा करता रहा। कभी वक्तृत्व - प्रतियोगिताओं में सन्माननीय पुरस्कार जीते, कभी नाटकों में अभिनय किया और इसमें पर्याप्त सफलता भी उन्हें मिली। 'धर्मयुग' में कहानियाँ छपी, यूथ फेस्टि वल - प्रयोग में प्रथम पुरस्कार प्राप्त किया। और इस बीच हिंदी और मराठी के सामायिक साहित्य से प्रचण्ड संस्कार ग्रहण किए।

मराठी स्त्री जब तक आर्थिक दृष्टि से आत्मनिर्भर नहीं बनती तब तक उसे सच्ची स्वतंत्रता का एहसास नहीं होता। ज्योत्स्नाजी ने १९६० पुणे आकाशवाणी पर महिला विभाग की संयोजिका के रूप में सेवा करना प्रारंभ किया। यह एक बड़ा क्षेत्र था, बड़ा अवसर था, उनके सुप्त कर्तृत्व को उद्दीपित करनेवाला कार्यक्षेत्र था। उन्होंने अपने मराठी-लेखन की प्रेरणाओं पर प्रकाश डालते हुए लिखा है : "घर की चारदीवारों से बाहर मैं रेडिओ की विशाल दुनिया में आकर खड़ी हुई, पहले बहुत हैरान हो गयी, घबरा गयी। लेकिन मुझे यह काम अच्छा लगा। इस मराठी विश्व में आकर भाषा के ठाठ और गठन से परिचय हुआ। मराटी के एक भी लेखक को मैने पूर्णतः अखंड रूप में पढ़ा नहीं था। किसी के संस्कार मैने नहीं लिये थे। लेकिन मेरी नौकरी ने माँग की थी-मराठी लिखने की, पढ़ने की। भाषण लिखना, संबाद रचना, रूपक तैयार करना, चालीस-पचास मिनटों के बंधन में नानाविध कार्यक्रम को संगठित करना। परिणाम यह हुआ कि समय के बंधन से संक्षेप में लिखने की आदत-सी पड़ गयी। कार्यक्रमों का संयोजन करने के निमित से विविध प्रकार और विविध विषयों पर लिखा लेखन पढ़ने का काम सहज में होने लगा। विचारों को दिशाएँ मिलीं, दृष्टि विस्तारित हुई। यह नहीं लगा कि मराठी के अमुक विषय में मुझे रस नहीं आता, अमुक विषय अपना नहीं है... इसी समय अँग्रेजी भी पढ़ने लगी। और इसी समय मैं रसभीनी हिन्दी के क्षेत्र से समृद्धतरं के क्षेत्र में अत्यंत सहजतापूर्वक, स्वाभाविक रूप में उतर आयी-जल का प्रवाह जमीन के नीचे से दूसरे प्रवाह के साथ एकरूप हो जाता है, उसी प्रकार

प्राकृतिक मिलन सम्पन्न हो गया।" ('स्त्री', अप्रैल १९७७) यह भाषा परिवर्तन की प्रक्रिया सहज लगती है लेकिन उसके पीछे दीदी की कठोर साधना है, इसे कौन इन्कार करेगा। वैसे हर अच्छे गायक को श्रोतृवृंद के सामने गाते समय सहजता का अभास उत्पन्न करना पड़ता है परंतु उस सहजता के पीछे जो प्रदीर्घ तपस्या रहती है वह सहृदयों से छिपी नहीं रहती। ज्योत्स्नाजी की सहज सुंदर मराठी भाषा के पीछे उनके नारी-व्यक्तित्व की नैसर्गिक उपस्थिति तो है ही परंतु यह 'सहजता' अर्जित है और इसीलिए मूल्यवान भी है, रसभीनी भी है।

ज्योत्स्नाजी हिन्दी मैं लिख रही थीं, रचनाएँ प्रकाशित हो रही थीं परंतु हिंदी लेखन से लगभग पूर्ण बिदाई लेकर मराठी-संसार में ही अपने को झोंक देने के लिए एक निमित्त हो गया। एक प्रकार मायके से ससुराल आयी बहु आरंभ में मायके के आकर्षण से स्मृतियों में दंग रहती है उसी प्रकार ज्योत्स्ना दीदी का हिंदी लेखन था। एक दायित्ववान गृहिणी की भांति वे अपने को ससुराल में रमे रहने के लिए भीतर से तैयार कर रही थीं। जिस प्रकार बच्चे के जन्म के बाद बहु गृहस्थी में रम जाती है और मायके की तीव्र यादें धूमिल होती हैं उसी तरह ज्योत्स्नाजी का हिंदी लेखन भी बिरल होता गया। और आज वे मराठी की प्रमुख लोकप्रिय लेखिका बन बैठी है। वैसे किसी परिवर्तन की प्रक्रिया में आकस्मिकता नहीं होती वर्षो से उसकी भीतरी प्रक्रिया को किसी आकस्मिक निमित्त का अवलंबन मिलता है और लगता है कि यह निमित्त ही परिवर्तन का कारण है। ज्योत्स्ना दीदी का एक रेखाचित्र 'कमळाक्का' प्रतिष्ठित दैनिक 'महाराष्ट्र टाइम्स' में प्रकाशित हुआ और उसका अच्छा खासा स्वागत भी हुआ। ज्योत्स्नाजी को उनके अन्दर के भाषा-परिवर्तन की दिशा को एक बड़ी विश्वासपूर्म मंजिल मिल गयी। इस 'स्वागत' ने उनके दिल में जबरदस्त आत्मविश्वास पैदा किया-उन्हें लगा कि उनको अपना स्वर मिल गया है। उन्होंने लगभग पूर्णतः मराठी में लिखना शुरू किया।

आज ज्योत्स्नाजी की लेखन-संपदा सराहनीय ही नहीं आश्चर्यजनक भी है। श्रीमती ज्योत्स्नाजी के अबकर तीस से ज्यादा प्रकाशन है जिनमें १५ उपन्यास प्रकाशित हैं। 'घर गंगेच्या काठी' नामक प्रथम उपन्यास की तीन आवृतियाँ प्रकाशित हुई हैं, 'कल्याणी' उपन्यास की तीन और 'कुवरनी,' वाळूचे फूल आदि उपन्यास की दो-दो आवृत्तियाँ प्रकाशित हुई है। 'घर गंगेच्या काठी' (१९६७) उपन्यास को महाराष्ट्र सरकार की ओर से श्रेष्ठ उपन्यास पुरस्कार का प्रथम-प्रकाशन पुरस्कार प्रदान किया गया। वैसे उनके हिंदी कथा संग्रह 'अंतरा' को १९६४ में ही केंद्र सरकार का पुरस्कार प्राप्त हुआ था। उनके सामान्यतः सभी उपन्यास काफी लोकप्रिय रहे परन्तु 'पडझड' और 'एक श्वास आणरवी' के द्वारा ज्योत्स्नाजी को विशेष प्रतिष्ठ मिली। ज्योत्स्नाजी के लगभग १० कथासंग्रहों में दो-ढाई-सौ के आसपास कहानियाँ प्रकाशित हुई हैं। उनके 'कल्याणी' उपन्यास के नाटयरूपांतर ने भी मराठी-नाटय रसिकों का ध्यान आकर्षित किया है।

ज्योत्स्नाजी की कथा भावुक नहीं परंतु भावनाप्रधान है। उसनें अथ से इति तक ईमानदारी है, उस में सरलता और सहजता और अद्भुत प्रवाह है जो पाठक को आंरभ से अन्त तक अपने साथ बहा ले जाता है। ज्योत्स्नाजी की कथा का आधार ठोस जीवन-व्यापार, और उसमें अन्तर्निहित असंगतियाँ हैं। 'शायद कोई हैं,' जैसी कथा में जीवन की सुरक्षा, प्रतिष्ठ और

परिवार के स्वास्थ्य के लिए वैयक्तिक भाव-संसार को कुचल कर समझौता करने को बाध्य नारी की विवशता है। अपने मोम के सुदृढ़ घर में वर्षा में भीगते कौए को-पूर्वप्रेमी को आने नहीं देना चाहती। 'प्रतिष्ठ' में भी एक नारी की आत्मग्लानि है जो सुखमय गृहस्थी जीवन की सुरक्षा के लिए अपने पूर्व-प्रेमी के प्रति सारे कौतूहल एंव आकर्षण को दबाकर मारना चाहती है लेकिन बहुत बडे श्रेय से वंचित हो जाती है। इसी से मिलती जुलती कथा है 'मरुभूमि का गुलाब ।' सीमा को उसके कैशोर्यावस्था में कुणाल ने तीव्रता से प्यार किया था जिसे वह अपनी कच्ची उम्र के कारण समझ नहीं पायी थीं परंतु कुणाल के अपघात में मर जाने पर उसकी बहन द्वारा भेजी गयी डायरी से उसे उस उत्कट और निष्ठवान प्रेम का पता चलता है। परंतु अब जब वह किसी दूसरे की पत्नी बन गयी है, केवल इस पुरान्री प्रीत की हकीकत को एकान्त में झेल रही है - पीडित हो रही है। 'आ, लौट के आ जा,' कहानी कभी प्रसाद की तो कभी जैनेंद्र की छाया का आभास उत्पन्न करती है। यह एक दूसरे केलिए बेचैन प्रणयी जीवों की तडपन की कथा है। जिनके बीच स्त्री के विवाह की दीवार है। परंतु यह दीवार अब उतनी मजबूत नहीं रही है। दीपा कहती है, "सच मानो कमलेश मेरा प्यार इतना लघु नहीं, इतना मर्यादित नहीं कि वह सिर्फ पति और संतान तक ही सीमित रहे । कमलेश जब से तुम्हें प्यार किया है, सोचती हूँ नारी उतनी ही तीव्रता से उतनी सचाई से, और उतनी ही गइराई से दो पुरुषों को..... तुमसे प्यार करने के बाद मैं अपने पति को, बच्चों को अधिक प्यार दे पा रही हूँ। तुम्हारे प्यार ने मुझे और बड़ा बना दिया है। उनपर अपना प्यार लुटा सकती हूँ। हाँ, ठीक है कमलेश, लेकिन मेरा जीवन, मेरा संसार, मेरी गृहस्थी तो तुम्हारे बिना सूनी हो जाएगी।" -यह एक संवेदनाशील एवं ईमानदार नारी का आत्मनिवेदन है जो विचार करने के लिए बाध्य करता है। ऐसी कतिपय कहानियों में ज्योत्स्नाजी ने विवाह की दीवार के आर-पार रहनेवाले दो प्रणयी जीवों की व्यथा का चित्रांकन किया है।

यहीं पर इस प्रकार की कहानियों की लोकप्रियता का एक कारण समझमें आ जाता है। असल में नागर जीवन में जहाँ नारी-पुरुष घर के बाहर कर्म - क्षेत्र में एक दूसरे से मिलने बतियाने लगे हैं, भावनाके स्तर पर दोस्ती या प्रणय के कोमल तंतुओं में उलझते जा रहे हैं, ऐसी मानसिक स्थितियाँ पैदा हो रही है। लेकिन हमारे सामाजिक और नैतिक अवरोधों के कारण या तो उन स्थितियों से पलायन करते हैं या चोरीचुपके झेल रहे हैं। श्रीमती ज्योत्स्नाजी की कतिपय कथाएँ इस मानसिकता को निष्कवच करती हैं-पाठकों को इस में अपनी मानसिकता की स्पष्टता दिखती है, अधिक संवेदनाशील भोग मिलता है। ज्योत्स्नाजी की कथाएँ पाठक को अपनी-सी लगती हैं, उनमें वह खो जाता है और अपने को ही जानने के लिए उन्हें पुनः-पुनः पढ़ना भी चाहता है।

श्रीमती ज्योत्स्नाजी की कहानी में एक दूसरा भावनात्मक मूल-बंध या आद्य बंध पाया जाता है। स्त्री और पुरुषों के बीच वासना की अतृप्ति का उद्वेचन। इस प्रकार की कतिपय सशक्त कथाएँ इस संकलन में नहीं आ पायी हैं यह दूसरी बात है। उनकी सशक्त कथा है 'पुरुष' जिसमें एक विशिष्ट परिवार में ब्याही गयी तीन स्त्रियाँ (तीन पीढियाँ) वासना की अतृप्ति का अभिशाप भोगती हैं क्यों कि उस घर का पुरुष है ही नही। पहली पीढ़ी को स्त्री ने अपना जीवन इस

अभिशाप में होम कर दिया क्योंकि सामाजिक बंधनों को तोड़ने की क्षमता उसमें नहीं थी और न वह समय भी उसके लिए अमुकूल था। वह आपनी बहू से कहती हैं,: "बहू, दुःखी मत होना। काँटों और पत्थरों के गर्भ की वृद्धि करने की अपेक्षा बाँझपन ठीक होता है। वासना के कुंड में अनिच्छा से जलते रहने की अपंक्षा रीतापन, अकेलापन बहुत सुखमय होता है। "यह बहू अपनी बहू से कहती है," जाओ। सुखी बनो। किसी बलवान पुरुष को खोजो, सुख लो। सुख दो। ईश्वर ने उंगली बर ज्यादा मिट्टी लगाकर भेजा है इसलिए किसी को पुरुष कैसे कहा जायगा? पुरुष होना होता है; धमनियों में नसों में पौरुष प्रवाहित होना होता है-" स्त्री पुरुषों के बीच के प्रचण्ड शारीरिक आकर्षण और उसके विभिन्न सुखमय-दुःखमय रूपों की कहानियाँ भी ज्योत्स्नाजी ने लिखी हैं। इन कहानियों में स्त्रियाँ अपनी वासनाओं का सामना करती है। न केवल उन्हें स्वीकार करती हैं, बल्कि कहीं उनकी तृप्ति के लिए आक्रामक भी बनती हैं, और इस में निर्बल पड़नेवाले पुरुष के प्रति उनका मन बुझ जाता है। संपूर्ण पुरुष को जैवी धरातल पर पाने की स्त्री की आकांक्षा ज्योत्स्नाजी की कहानियों में प्रबल रूप में व्यक्त होती है। इस में किसी प्रकार की झिझक नहीं, संकोच नहीं, दुरावछिपाव नहीं-एक ठेस आक्रामक आकांक्षा। ऐसी कहानियों में वर्षों से नैतिक एवं अन्य प्रकार के दबावों के तले रौंदा नारी मन अपनी अस्फुट आकाँक्षाओं को स्पष्टतः देखे और आत्मीयतापूर्वक उन्हें स्वीकार करे तो आश्चर्य नहीं।

ज्योत्स्नाजी की कहानियों में रंगों ओर नाद की ऐंद्रिय अनुभूतियों की तुलना में स्पर्श की ऐंद्रिय संवेदना स्वाभाविक रूप में अधिक आवेगमय रूपों में प्रकट होती है। अपनी स्वातंत्रता के एइसास में ऐठी सतो दीदी को पता चलता है कि उसने सारी उमर खो डाली। यह परिवर्तन तब होता है जब देखती है कि उसकी नौकरानी अपने मुन्ने को कसकर छातियों से लगाकर दूध पिलाती है और उसके दूघसने ओठें को चूमती है (चोरी)। उनके प्रणय करनेवाले स्त्री पुरुष ही स्पर्श में खो नहीं जाना चाहते, बल्कि 'पुरुष' की अतृप्त बहू सास की गोद में सोना चाहती है, 'मिसाफिट' में माँ अपनी बटी के स्पर्श में अपने पूर्व-प्रेमी के स्पर्श की खोज करती है। स्पर्श भावनात्मक आदन-प्रदान का एक महत्वपूर्ण उपादान है और ज्योत्स्नाजी की कथाओं में उसका पूरा उपयोग किया गया है ।

ज्योत्स्नाजी मनुष्यों के परम्पर संबंधो एवं रिश्तों की विविधता की खोज करने में भी काफ़ी रस लेती हैं । उनके तर्कातीत रूप को देखकर चमत्कृत होती हैं । 'कैक्टस' जैसी सुंदर कहानी इन अनोखे मानवीय संबंधो पर प्रकाश डालकर चमत्कृत करती है । 'रॅगिंग' जैसी कहानी में समस्त मनवीय जीवन में विविध रुपों में चल रहे 'रॅगिंग' का और उस धरातल पर स्थापित क्रूर संबंधों का पर्दाफाश बड़ी सशक्त शैलीमें वे करती हैं । 'अनचाहा' में मानवीय जीवन की विविधता का बोध कराती हैं । यह विचित्रता तर्क से, संभवनाओं के अन्दाजों के पकड़ में नहीं आती । कभी 'छोटे चाचा' जैसे कहानी और व्यक्तिरेखा की सीमारेखा पर स्थित रचना में मानव का एक अनोखा नमुनाही वे अत्यंत कुशलता से पेश करती हैं ।

सामान्यतः ज्योत्स्नाजी की कहानियाँ राजनैतिक संबंर्भ को अलग रख कर ही लिखी गयी हैं । वे मध्यमवर्गीय जीवन की मानसिक समस्याओं के आसपास विचरती हैं परंतु 'ॲगनी' जैसी

अत्यन्त सशक्त कथा में जब वे लोककथा के प्रतीकात्मक उपयोजन से देश की समस्त वैश्विक संदर्भ में स्थितिगति का लेखा-जोखा प्रस्तुत करती हैं तब सुखद आश्यर्य होता है और लगता है कि ज्योत्स्नाजी की कथा एक नयी दिशा में भी जा सकती है, अधिक समर्थ और विविधता से परिपूर्ण हो सकतीहै । 'नाटक' जैसी कहानी का मनोवैज्ञानिक स्पर्श कथ्य को काफी गहराई प्रदान करता है । पुरुष का शोषण और शोषित नारी का उसके विरोध के लिए कटिबद्ध निर्णयात्मक रुख 'गोल गोल गोलैया' मैं किंचित रहस्यमय और कृत्रिम लगनेवाले घटना विन्यास के बावजूद आत्मनिर्भर नारी का रूप प्रकट करती है ।

ज्योत्स्ना देवधर की कथा चरित्रों के वैशिष्ट्यपूर्ण रूपों को प्रस्तुत करने में उतनी नहीं रमती जितनी मानवीय (विशेषतः नारी की) वेदना को वाणी देने में सक्रिय होती है । उनके सामने व्यक्ति की अपेक्षा व्यक्ति का दुख और उस दुख का सामाजिक एवं नैतिक समस्यात्मक संदर्भ आ जाता है । इसीलिए उनकी कथा विशिष्ट व्यक्तियों की छाप अंकित कर प्रभावित करने की अपेक्षा व्यक्तियों के दुखों से प्रभावित करती है । ऐसी कथाओं का आधार जैसे कि पहले कहा गया है भावनात्मक धरातल होता है और इसीलिए वे पाठकों के भावनात्मक अंग को अधिक छूती हैं । ज्योत्स्नाजी अनुभवों को मनोवैज्ञानिक स्तर पर ले जाती हैं इसीलिए उनके पाठकों को अनुभूति की गहराई का आनंद मिलता है ।

उनकी कथा हृदय कों स्पर्श करने में चरितार्थ होती है। उनके सामने वह मध्यमवर्गीय स्त्री-पुरुषों का तबका है जो अपने मंतव्य को कहीं गहरे स्तर पर अनुभव तो करता है परंतु विलक्षण स्पष्टता, सुव्यवस्थित आकार, निर्भयता की दीप्ति और आवेगमय उर्जा श्रीमती ज्योत्स्ना के कथा लेखन में ही पाता है ।

इधर ज्योत्स्नाजी का एक अच्छा उपन्यास 'पडझड' प्रकाशित हुआ है । ज्योत्स्नाजी ने पिछले १५-२० वर्षों से मध्मवर्गीय परिवारों के गठन और विघटन का सूक्ष्म निरीक्षण किया है और वहसमस्त निरीक्षण गहरी संवेदना के साथ औपन्यासिक रूप लेकर 'पडझड' में अवतरित हुआ है । आज के वैश्विक संदर्भ में भारतीय परिवार व्यवस्था पर होनेवाले आघातों से हमारी परिवार व्यव्यस्था और उनकी नैतिक जडें उखड़ गयी हैं-'पडझड' का यह केंद्रिय विचार-बिंदू है । एक तरह से ज्योत्स्नाजी की अब तक की लेखकीय यात्रा का यह बड़ा पड़ाव हैं । ज्योत्स्नाजी के लेखन पर अश्लीलता का आरोप नही लगाया गया, उनके विरोध में अभियान नहीं किया गया । इसका एक महत्वपूर्ण कारण मेरी राय में यह है कि अपनी रुढ नैतिकता को चुनौती देनेवाली कथाओं के आधार में नैतिकता का कालच्युत स्वरूप और उससे उत्पन्न होनेवाली सडाँध का सही परिचय देने का कार्य भी ज्योत्स्नाजी की कथा करती है और उससे असहमत हो पाना असंभव होता है। कभी ज्योत्स्नाजी मानवीय दुख का चिन्तन करते हुए ऐसे बिंदु पर आतीहैं जहाँ उन्हं लगता है कि जिन रूढ नैतिकता में या सामाजिक दृढ़ दीवारों में मुक्ति का अवरोध हुआ है उनको मात्र तोड़ने पोड़ने में भी मानवीय मुक्ति सार्थक नहीं होती और उन्हें भी लगता है कि शायद 'मुक्ति' एक मृगजल है। आगे क्या है? ततः किम्? यहाँ से दो रास्ते निकलते हैं-एक अध्यात्म का। १९६६ में पाँडिचरी जाकर ज्योत्स्नाजी ने माताजी के दर्शन किए थे। उसके बाद भी वे वहाँ जाती

रही हैं। माँ के स्पर्श से आशीर्वाद से अभिभूत हुई थी; मनःशांति लेकर आयी थी। इसका परिणाम 'उत्तरयोगी' जैसे उपन्यास में हुआ था। परंतु वहाँ से पूर्णतः आश्वस्त नहीं हुई लगती हैं। दूसरा रास्ता अस्तित्ववादी दर्शन का है-अपने जीवन की सार्थकता की आत्मपरक खोज जिसका एक महत्वपूर्ण भाग है। दोनों के लिए प्रखर वैचारिक क्षमता की आवश्यकता है। ज्योत्स्नाजी की अगली यात्रा देखने के लिए मैं उत्सुक हैं। उन्हें प्रस्थान तो करना ही होगा।

श्रीमती ज्योत्स्नाजी की लोकप्रियता का एक विलक्षण प्रभावपूर्ण उपादान उनकी भाषा है। उनकी कहानियों में व्यर्थ विस्तार नहीं होता, उलझन और चक्कदार गति नहीं होती। जो वे कहना चाहती हैं उसे सफलता पूर्वक कह देती हैं-चरित्रों और घटनाओं को माध्यम बनाकर उनके संवाद भी काफी अच्छे होते हैं। कुछ कहानियाँ इतनी छोटी होती हैं जैसे कि एक घटना का बयान देकर समाप्त होती हैं। परंतु उनकी भाषा में सहज लालित्य हैं, संवेगों का संवाहन करने की अद्भुत क्षमता है, पाठक को अंततक अपने कथ्य के पास बाँधे रखने का संमोहन है। उनकी भाषा की शक्ति का सही और पर्याप्त परिचय उनकी प्रस्तुत संकलन में समाविष्ट कथाओं से शायद नहीं होगा क्योंकि ज्योत्स्नाजी की हिंदी पर मराठी का प्रभाव है। ज्योत्स्नादीदी अपने मराठी ससुराल में वर्षों तक इतनी रमी रही कि अपने मायके को भूल गयी थी। अब जब फिर वे अपने मायके आ गयी हैं, ससुराल की स्मृतियों को कैसे भूल सकती हैं। लेकिन मेरा विश्वास है, कुछ ही दिनों में ज्योत्स्नाजी हिन्दी में भी वही शक्ति अर्जित करेंगी, जो उन्होंने प्रयास पूर्वक मराठी में की थी।

उनकी नयी यात्रा के प्रारंभ में प्रस्तावना का रूमाल हिलाकर हार्दिक शुभेच्छा व्यक्त करता हूँ।

चिं. त्र्यं. खानोलकर : शापित गंधर्व

चिंतामण त्र्यंबक खानोलकर मराठी के विलक्षण बहुप्रसू प्रतिभा के धनी साहित्यकार थे। उपन्यास, काव्य, नाटक, कहानी - सभी विधाओं में उन्होंने अप्रतिहत संचार किया और हर विधा पर अपनी विशिष्टता की छाप छोड़ी। कविता उन्होंने आरती प्रभू नाम से लिखी। खानोलकर उन इनेगिने साहित्यकारों में से एक हैं जिनके वैयक्तिक जीवन और कलात्मक कृतित्व के बीच सीधा सम्बन्ध जोड़ना असंभव है, क्योंकि दोनों के बीच का उन्तराल उनकी अजस्र कल्पना शक्ति की चकित कर देने वाली क्रीड़ा पाट देती है। सृजनशील लेखख के लिए यह गौरव की बात है। खानोलकर का जन्म वेंगुर्ले (जिला रत्नागिरी) में कुडाळ नामक छोटे -से कस्बे में हुआ (जन्मः ८ मार्च, १९३०)। मृत्यु के पहले के कुछ पांच-सात वर्ष छोड़ दिये जायं, तो इस ईश्वर प्रदत प्रतिमा के धनी ने अपना सम्पूर्ण जीवन घोर दारिद्रय और उससे पैदा होने वाली मानसिक कठिनाइयों के बीच ही बिताया। लेकिन सौंदर्य और सत्य की एक निष्ठवान भक्त की भांति अर्चना की। पिता की छत्रछाया से बचपन में ही वंचित इस बालक को माता ने किसी प्रकार पाल पोसा। कुडाळ में एक अति सामान्य-सा भोजनालय चलाया जिसमें काव्य की नशीली खुमारी में तंद्रिल अवस्था में सदैव रहने वाले इस कलाकार ने गल्ले की देखभाल का काम संभाला था। रोटी-कपड़े के जुगाड़ की ओर से उदासीन रहकर अपनी माता को कष्ट में रखना, कविता जैसी अनर्थकारी तथा साहित्यिक पुस्तकों जैसी अनुत्पादक बातों में डूबकर भोजनालय में आने वाले ग्राहकों से रूखा तथा उपेक्षा का व्यवहार करना, कुडाळवासी लोगों की दृष्टि में एक बड़ी विक्षिप्तता थी। लेकिन चिंतामण का आन्तरिक विश्वास प्रबल था किं उसके जीवन का सही प्रयोजन साहित्य निर्माण ही था। इस अजस्र आत्मविश्वास ने उससे साहित्य के प्रति मधुरा भक्ति का उज्वल स्रोत उत्पन्न किया और मन में एक फौलादी पर्दा भी तैयार हुआ, जिसपर वह बाहरी अवमान, उपेक्षा, निंदा और कटूक्तियों के सहस्त्र प्रहार झेल सकता था। इसी आस्था के बल पर उसे मैट्रिक परीक्षा उतीर्ण करने का अनुरोध करने वाले मित्रों से वह यह कहा करता था कि कवि के लिए मैट्रिक पास होने का कोई मतलब नहीं होता। यह बात दूसरी है कि बम्बई में आने पर (१९५४) उसकी प्रतिभा की सही पहचान करने वाले मित्रों के आग्रह पर वह मैट्रिक उतीर्ण भी हुआ। परन्तु मां, भाई, पत्नी, बच्चे-सबका भार सिर पर होते हुए भी इस पैदाइशी कलाकार ने कभी जमकर नौकरी नहीं की। इसके परिणामस्वरूप उसको और उसके परिवार को जो भयानक पीड़ा भोगनी पड़ी, उसकी कल्पना ही की जा सकती है। इसका कुछ भार उसके मित्रों को भी उठाना पड़ा। उसके समस्त साहित्य में वेदना का अथाह प्रवाह गतिमान है, उसके लेखन में पीड़ितों के प्रति सहज सहानुभूति की अजस्र धारा है, आर्थिक दृष्टि से सम्पन्न वर्ग के पापों एवं अन्यायों के प्रति प्रखर व्यंग्यात्मक रुख है, व्यवस्था के प्रति कटु कठोर रुझान है। आरती प्रभू की कतिपय कविताओं में उसकी आत्म-साक्षात्कार की उत्कट स्थितियों, निजी पहचान की सधन प्रतीतियों और बाह्‌य की जड़ता की अमानवीयता का तीखा बोध घुल-मिलकर एकीकृत हो गया है। उनकी एक कविता का अंश यहां उद्धृत किया जाता है जिसमें आरती प्रभू के कलाकार की सहीं अवस्था एवं उसके स्वरूप की बिम्बात्मक अभिव्यक्ति मिली है?

कटु अम्रांतील हवा वाहते या प्रारब्धीं
आणि विर्घळे मीठ मनातील शब्दीं शब्दीं
रानफुलांतिल परी शापिली या बाघेने,
नागफडेवर घड़ा मघावा दिला परीने....
(हवा बह रही कटु अम्र की इस किस्मत में
नमक घुल रहा और मानस का शब्द शब्द में
इस बाधा से शापित हो गयी विपिन कुसुम की परी
और रख गयी नाग फन पर मधुघट को वह परी)

चिं. त्र्यं. खानोलकर के कलाकार का व्यक्तित्व स्वयंभू था और उसके निर्माण में बाह्य प्रेरणाएं निमित्त मात्र थीं। उसकी प्रतिभा की युवावस्था में ही पहचान करने वालों में श्री प्र.श्री.नेरुरकर (मराठी के एक साहित्यकार) थे जिनके हाल ही में लिखे एक लेख में 'आरती प्रभू' के काव्य-वाचन के प्रथम अनुभव के साथ उनकी कविता के कतिपय वैशिष्ट्य व्यक्त हो गये हैं।

"वह कविता केवल पड़ ही नहीं रहा था, लयसुर में गा रहा था। उसके पैरों के दोनों अंगुठे नीचे बिछी हुई दरी पर हौले-हौले ताल दे रहे थे। कविता गाते समय कवी नागफणि के फूल की नाई हिलहुल रहा था। शब्दों में, नाद में, ताल में खो-सा गया था। रात गहरा रही थी, दीया जल रहा था, कवि खिल रहा था। कुड़ाल गांव को उसकी कतई खबर नहीं थी। कवि की हर पंक्ति पर बा.भ.बोरकर की कविता की, उसके पद-लालित्य एवं कोमल वर्ण-शब्दों के अचूक चयन की, अर्थ सुन्दर, भाव-लय और नाद माधुर्य की सही सही छाप मुझे प्रतीत हो रही थी। फिर भी हर कविता में प्रकृति के बिबों की जगमगाहट में एक तीव्र-सी कवि की आंतरिक वेदना का भान हो ही रहा था। कारुण्य एवं व्याकुलता की श्रोता को विह्वल कर देने वाली लय चुभती जा रहा थी। यद्यपि यह कवि बाह्यतः निश्चय ही अनुकरण कर रहा था, फिर भी अन्दर से वह नितान्त अनोखा था, स्वतंत्र था, स्वयंभू था-आंग्ल कवि शेले की भांति अंदर से गहरे स्तर पर मर्म-बिद्ध था, लहू-लुहान था। यह प्रतीत हो रहा था कि बचपन में ही इस कवि को मानवीय दुःख के कटु जहर का घूंट पीना पड़ रहा था।

('आयुध', दिवाली अंक, १९७७)

यह सही है कि चिं. त्र्यं. खानोलकर को जीवन में कटु जहर का प्याला बार-बार पीना पड़ा और उसकी तीव्र वेदना समूचे साहित्य की नस-नस में व्याप्त हो गयी है। परंतु उसके वैयक्तिक जीवन के दुःखों और साहित्यान्तर्गत वेदना के बीच लम्बा अन्तराल है। यह अन्तराल उसके सृजनशील व्यक्तित्व की समृद्ध उर्वरता के कारण है। ध्यातव्य है दारिद्रता की असहनीय पीड़ा, कवि-व्यक्तित्व की गहन उपेक्षा का दुःख, बाजारी संस्कृति की ऊपरी चक्काचौंध और भीतरी रिक्तता का उपहास, तथाकथित प्रतिष्ठितों के छद्म व्यवहार का निर्मम फर्दाफाश, जीवन की व्यर्थता, असंगति एवं दुखान्तों का गहन व्यथापूर्ण बोध 'आरती प्रभू' की कविता में अधिकतर लय और छंद के माध्यम से हुआ है। परंपरागत शब्दों का प्रयोग करते समय आरती लक्षणा और व्यंजन का प्रचुर प्रयोग अनायास करते हैं और शब्द की धन्यात्मकता का भी समृद्ध उपयोग करते

हैं। उनकी कविता में अनुप्रासों और यमकों के साथ तुकों का विभिन्न स्तरों पर अर्थवाही प्रयोग, भाषा की संभवनाओं के प्रति सुखद विस्मय उत्पन्न करता है। उनकी कविता मौलिक बिम्बो तथा गहन अर्थ प्रतीति कराने वाले प्रतीकों से लहलहाती दिखती है। फिर भी यह आरोप काव्य का कोई काष्ठ-रसिक ही करेगा कि उनकी कविता नितान्त नयी, ताजी और समकालीन (भी) नहीं है। शब्दों की अपर्याप्तता का एहसास हर क्षण हो, ऐसी समर्थ और विशिष्ट अनुभव समृद्धि के होते हुए भी आरती ने शब्दों के प्रति कृतघ्न असन्तोष नहीं व्यक्त किया, बल्कि शब्दों के विविध स्तरों पर संयोजन से ही उसने अपने को व्यक्त करने का प्रयास-सार्थक और समर्थ प्रयास किया। उसने अपनी काव्य-शक्ति के संगुफन को सपाट बयानी से भी ढकने का प्रयास नहीं किया। कविता, कहानी, नाटक, उपन्यास-सभी विधाओ में यथार्थ की रोजमर्रा केजीवन में घटित होने वाली घटनाओं एवं खानोलकर के साहित्यसंसार में घटित होने वाली घटनाओं में (घटना में चरित्र और कर्म-व्यापार भी शामिल है) विलक्षण अन्तर दिखाई पड़ता है और यह अन्तर उनकी प्रवण्ड कल्पना शक्ति के कारण उत्पन्न हुआ है। महत्वपूर्ण बात यह है कि उनकी तरल, बिम्बधर्मी कल्पना स्थितियों, व्यक्तियों, भावनाओं को अनोखा रूप अवश्य देती है परंतु अतिशय संवेदनशील, सहिष्णु भुक्तभोगी की गहन पीड़ा के घाव प्रभावपूर्ण ढंग से पाठक को मर्मबिद्ध करते हैं।

खानोलकर के उपर्युक्त अन्तराल को एक अन्य प्रकार से भी समझा जा सकता है। चिं.त्र्यं. असामान्य स्थितियों (अॅब नार्मल सिच्युऐशन्स) के कलाकार हैं। 'रात्र काळी...घागर काळी', 'अजगर', 'कोंडुरा', 'चानी', 'अगोचर', 'पाषाण पालवी', 'भागधेय', ये चिं. त्र्यं. खानोलकर के सफल एवं सशक्त उपन्यास तथा 'एक शून्य बाजीराव', 'अवध्य'-ये प्रगल्भ नाटक, 'सनई' कहानी संग्रह की 'सनई', 'हडकुळा आणि गलेलठ्ठ', 'एक फाटका माणूस', 'हाक' जैसी कहानियां, 'राखी पाखरू' कथासंग्रह की 'बळी', 'राजूची गोष्ट', 'काळोखातील पांढरपेशा खड़क', 'घनदाट' जैसी महत्वपूर्ण कहानियां एक साथ पढ़ी जायं तो खानोलकर की असामान्य स्थितियों का अर्थ सहज रूप में खुलेगा।

'रात्र काळी... घागर काळी' में अत्यन्त सुन्दर नारी के विफल जीवन का बड़ा ही प्रत्ययपूर्ण अंकन खानोलकर ने किया है। लक्ष्मी (नायिका) के ज्योर्तिमय लावण्य की परिधि में पुरुष खींचे चले आते हैं परंतु उसके उन्मादक, प्रखर एवं सुवर्ण की भाति दीप्तिमान सोंदर्य को भोग कर उसकी वासना तृप्ति करने का पौरुष किसीं में नहीं रहता। वस्तुतः यह स्थिति ही कुछ एकांतिक एवं अतिरेकपूर्ण है परन्तु चिं. त्र्यं. खानोलकर की सम्मोहक भाषा, प्रतीकों और बिबों की मुक्त बिखरावट, वासना की अतृप्ति से उत्पन्न मानसिक विकृतियों की कलात्मक विवृत्तियां, विभिन्न अनुभवों की आवेगपूर्ण उत्कट अभिव्यक्ति और प्रसंगों या सौंद्रर्य प्रभाव को अत्यंत काव्यात्मक स्तर पर व्यक्त करने की क्षमता इत्यादि के सम्मोहक जाल में लेखक पाठक को इस तरह पकड़ लेता है की अवास्तविक, अतिशयोक्तिपूर्ण एवं असामान्य प्रसंगो का भान रहता ही नहीं! यज्ञ-कुंड की भांति पवित्र, निष्पाप और लावण्यमयी यह नायिका वासना की अतृप्ति के कारण धीरे-धीरे मलीन पड़ जाती है। उपेक्षा, अवमान और अतृप्ति के कारण उसके स्वभाव में धीरे-धीरे निर्दय निस्संगता, वाछिंत की प्राप्ति के लिए कुटिल दांव खेलने की कपट-पटुता,

आक्रामकता, हिंस्त्रता आती जाती है। यह समस्त प्रक्रिया इतनी शक्तिमता के साथ खानोलकर ने प्रस्तुत की है कि उपन्यास में आनेवाली कतिपय असामान्य स्थितियां ओझल हो जाती है। खानोलकर किसी पात्र को प्रतिनिधी नहीं बनाते, नारी के प्रतिनिधित्व का ठेका वे किसी चरित्र को नहीं देते। वे टाइप के नहीं, विशिष्ट के; व्यष्टि के कलाकार हैं! उनका विशिष्ट व्यक्ति भी इतना अधिक विशिष्ट होता है कि उसे 'सामान्य' कहा नहीं जा सकता। उनके 'अजगर' उपन्यास की समूची चरित्र-सृष्टि और घटना-विन्यास ही असामान्य है। कार्य-कारण के आधार पर चरित्रों का संगठ्न, बाह्य यथार्थ का ठोस चित्रांकन, घटनाओं का तर्क एवं संभवनीयता के आधार पर संयोजन - 'अजगर' इन सबसे किनारा करता है। रूढ यथार्थ के घेरे में न आने वाला जीवन इसमें उफनता है। विक्षिप्त, विचित्र, अतर्क्य दिखने वाले व्यक्तियों की अतिय़थार्थवादी सृष्टि है। लेकिन खानोलकर की दृष्टि जीवन की मूलभूत समस्याओं से जूझ रही है-अस्तित्ववादी प्रश्नों से टकराहट ले रही है। जीवन निर्वाह की दौड़-धूप के बाद उन्हें अस्तित्व 'नाननेन्स' प्रतीत होता है। तुफान में टूंटे जहाज की तख्ती, निरुद्देश्य चहल-कदमी, चिरातुर प्रतीक्षा, रहस्यमय शक्ति से संचालित लट्टू-जीवन के प्रति ये प्रतिक्रियाएं 'अजगर' में विभिन्न चरित्रों के माध्यम से जीवन्त औऱ ठोस बनायी गयी हैं। धीरे-धीरे बोध होता है कि समस्त जीवन ही एक विराट 'अजगर' है, जो व्यक्तित्वों को अपने पेट में खींचकर पचा रहा है। यह उपन्यास अस्तित्व संबंधी कतिपय प्रश्न उठता हुआ पाठक को भयग्रस्त, प्रश्नाकुल, विचलित एवं अन्यमनस्क कर देता है। कोमल और कठोर, नाजुक और भयावह, प्रेमपूर्ण और हिंस्त्र, निरीह और उग्र, पवित्र और जुगुप्सामय सृष्टि रचने में खानोलकर, समान रूप से सिद्धहस्त दिखने लगते हैं। असल में विभिन्न भावों एवं वासनाओं के चरम आवेगमय रूपों की अपमानित होने पर गृह-त्याग करता है परन्तु रास्ते में उसे एक स्वामी मिलता है जो उसे घर वापस जाने का आदेश देकर साथ में गर्भपात की एक जड़ी भी देता है। ब्रम्हचर्य का पालन करने को कहता है। आश्चर्य यह कि परशुराम पंत न केवल वापस चले जाते हैं, ब्रम्हचर्य का पालन करने लगते हैं अपितु उनका सारा जीवन उस जड़ी के मानसिक प्रभाव से नियंत्रित हो जाता है। जड़ी का भूत इस तरह सवार है कि तात्या झूठ , पाखण्ड और पाप के हिस्सेदार बनकर दमित वासना के परिणामस्वरूप अपनी पत्नी पर ही बलात्कार करते हैं और वह एक विरक्त मनुष्य को पतन के रास्ते पर ले जाने की अपराधी अपने को मानकर आत्महत्या करती है! तात्या घंटी का नाद सुनते रहते हैं, अचानक उनकी 'सुतारीण' से भेट होती है और जीवन की दिशा ही बदल जाती है। खानोलकर की 'चानी' में असामान्य घटनाओं, स्थितियों एवं व्यक्ति-चित्रो की तुलनात्मक दुष्टि से विरलता है। गाव की सोल्बर के अत्याचार से पैदा हुई एक लड़की, जो निम्नतर वर्ग में पैदा हुई है, अद्‌मुत रूप से सुंदर दिखायी गयी है। इस सुन्दरता के साथ उसे कुछ ऐसा अद्‌मुत आकर्षक व्यक्तित्व प्रदान किया गया है कि हर क्षण पाठक अनुभव करता है कि उसका किसी वन-परी से ही साक्षात्कार हो रहा है। खानोलकर की कलम के स्पर्श से ही उसमें कुछ ऐसा चैतन्य उत्पन्न हुआ है कि यह चैतन्य औपन्यासिक संसार में विलक्षण जीवन्त प्रतिभासित होता है परन्तु बाद में एक सुंदर परंतु भयावह स्वप्न सृष्टि में विचरकर लौटने का-सा प्रभाव मन पर रहता है। खानोलकर का एक सिद्धान्त है - 'अत्यधिक सौंदर्य शाप होता है'। रात्र काळी.... घागर काळी' की लक्ष्मी, 'वानी'

की वानी, 'कोडूंरा' की पार्वती, 'अगोचर' की नंदिनी, भागधेये की हसन मियां की पत्नी-सभी स्त्रियां इस सिद्धान्त को चरितार्थ करती हैं। उनके सौंदर्य वर्णन में, सौंदर्य के प्रभाव के वर्णन में चिं. त्र्यं. खानोलकर का कवि रचनारत रहता है और प्रायः यह सौंदर्याकन अपने आपमें एक अद्‌भुत सृष्टि उत्पन्न करता है। 'अगोचर' के प्रारंभ में ही एक त्रिकालज्ञ, पहुंचा हुआ स्वामी पापकर्मी आनंद देसाई के घर आकर रहना स्वीकार करता है और यह जानते हुए भी कि उसके आधार पर आनंद देसाई पैसा खींच रहा है और वह घोर पापी है, स्वामी वहीं रह जाता है। इसमें ऐसे व्यक्तियों के परस्पर संबधों का आख्यान है जिन्हें शायद 'नामंल' नहीं कहा जा सकेगा। इसमें आद्योपान्त ऐसी नाटकीय स्थितियां हैं जो किसी दूसरे कलाकार के हाथ में पड़कर 'मेलोड्रैमेटिक' ही लगतीं। परन्तु खानोलकर के कलात्मक स्तर पर गंभीर दार्शनिक 'एप्रोच' और परिवेश चित्रण की काव्यात्म शैली के कारण सब कुछ सशक्त रचना के रूप में ढल जाता है। 'पाषाण पालवी' दो विलक्षण व्यक्तियों के संबंधों की शोकान्त कथा है। नायक घड़ी के कांटे की तरह नियमानुसार चलने वाला, अत्यन्त अनुशासित, संयमी, दृढ़ चरित्र व्यक्ति है जो चरित्रवान रहने के लिए बाध्य भी है, क्योंकि उसका कुल गांव में सम्मानित है और कुल में उत्पन्न व्यक्तियों के मरने पर उसकी समाधि बांधी जाती है। नायिका टी.बी. के मरीज की पत्नी है जो उसके लिए उसकी सम्मति से ही जारकर्म करती है। लेकिन यह भी एक चरित्रवान महिला है। 'चांफा' के नायक का आचरण असामान्य डौबनार्मल मनोविज्ञान का ही विषय लगता है। 'मागधेय' में अद्‌भुत रूप-सुंदरी, हसन मियां, जो शरीर से बलवान परन्तु मन से मूर्ख और गुलाम वृति का व्यक्ति है, से व्याही गयी है और अनपढ़ यह स्त्री पातिव्रत्य के गहन संस्कार के बल पर सामन्त के लड़के का अंत तक विरोध करती है। यह पूरी कथा आदिम जीवन की गंध लिए अवतरित होती है और इसमें ब्राह्मणों के प्रति देहाती श्रमिकों की पूजा की भावना को अतिशयोक्त रूप दिया गया है। इसमें हसन मियां का चरित्र भी कुछ एकांतिक रंगों में चित्रित किया गया है। शोषक और शोषितों के बीच का यह चित्रण भी कुछ असामान्य भड़कीले रंगों मे प्रस्तुत हुआ है। खानोलकर के उपन्यासों में अद्‌भुत रूप सें सुंदर स्त्रियों का विद्रूप और मूर्ख पुरुषों के साथ विवाहित होना और पातिव्रत्य संस्कार के बल पर तेजस्विता के साथ इस स्थिति का सामना करना एक खास पैटर्न-सा बन गया है।

खानोलकर का पहला प्रौढ़ नाटक 'एक शून्य बाजीराव' भी एक विलक्षण स्तर पर घटित होता दिखता है। बाह्यतः विदूषक लगने वाले परन्तु बुद्धि, प्रतिभा प्रत्युत्पन्नमतित्व, जीवन की विलक्षम समझ, सत्य के प्रति पूर्णतः समर्पण, तथा मृत्यु से निर्भयतापूर्वक सामना करने की क्षमता इत्यादि वैशिष्ट्यों से सम्पृक्त नायक बाजीराव एक निराले स्तर पर विचरता है। हंसते और हंसाते हुए वह प्रेक्षकों को ऐसा कुछ सुना देता है जो संवेदनशील और बुद्धिमान पाठक को निश्चय ही द्रवित करता रहता है। उसका गौरी के प्रति आकर्षण और प्रेम भी विस्मयकारी है। उसकी दृष्टि से जीवन संगति-शून्य और संवादहीन चीज है - बालू पर मछलियों का तमाशा। सिर्फ शारीर मूख का दंश बिद्ध करता है।। खानोलकर ने प्रतीकात्मकता के सहारे इस नाटक को अर्थ के कतिपय स्तर प्रदान किये हैं। खानोलकर का सर्वश्रेष्ठ नाटक 'अवध्य' (यह मराठी समीक्षकों की कटु आलोचना का लक्ष्य हुआ, परन्तु माधव मनोहर जैसे प्रतिष्ठित और वयस्क समीक्षक ने

सही कहा था कि 'अवध्य' के निमित्त मारठी नाटक 'वयस्क' हो गया है।)। लोकप्रियता एवं अर्थोत्पादन को सामने रखकर झूठ लेखन करने वाले एक मूलतः उत्कृष्ट प्रतिभाशाली लेखक की अपराध भावना का यह तीखा अंकन है। यह अपराध भावना इसलिए भी पैदा हुई है कि किसी समय उसने एक निष्पाप लड़की को धोखा दिया था। उस अपाराध भावना को भूलने के लिए गलत आत्म-समर्थन शुरु होता है। जीवन के संबंध में नकली दर्शन, असंयत काम-व्यापार, लोकप्रिय लेखन, झूठी प्रतिष्ठा का सिलसिला प्रारंभ होता है। सर्जनशील और संवेदनशील व्यक्ति के मन मे कहीं बहुत गहराई में उपस्थित विवेक शक्ति का भान एवं उसकी चुमन भूलने के लिए किया गया झूठा आवरण - इनके बीच का तीव्र संघर्ष 'अवध्य' में प्रबावपूर्ण ढंग से चित्रित किया गया है। मनुष्य के आर्थेंटिक अस्तित्व और अन-आर्थेंटिक अस्तित्व के बीच का यह संघर्ष जीवन का प्रगल्भ अनुभव है। अंत में मनुष्य के ये दोनों 'अस्तित्व' 'अवध्य' ही होते हैं - मनुष्य को इनके बीच छटपटाने में अपार व्यथा ही मिलती है। 'अवध्य' एक बाह्य यथार्थ के स्तर पर विलक्षण नाटक लग सकता है परन्तु जीवन की गहन पहचान प्रतीकात्मक स्तर पर जो इसमें प्रकट हुई है, वह चकित करती है। उस समय अधिक जब चिं. त्र्यं. खानोलकर ने किसी भी पाश्चात्य दार्शनिक लेखक की शायद कोई रचना नहीं पढ़ी हो। अस्तित्व संबंधी मूलभूत प्रश्नों से जूझते हुए ही 'अजगर', 'एक शून्य बाजीराव', 'अवध्य' जैसी उत्कृष्ट रचनाएं लिखी गयीं जो चिं. त्र्यं. की जन्मजात प्रतिभा का परिणाम है। इसके अतिरिक्त 'कालाय तस्मै नमः', 'गुरु महाराज गुरु', 'सगे सोयरे' इत्यादि कतिपय नाटक और 'गणूराया', 'त्रिशंकू', 'खडक' इत्यादि लघु उपन्यास भी खानोलकर ने लिखे। एक नाटक में जो प्रेत योनी का भी समावेश हुआ है। खानोलकर की साहित्यिक सृष्टि में अगोचर तत्वों का प्रचुर समावेश रहता है। खानोलकर की प्रतिभा में महानता के स्तर पर स्थायी रूप से विराजमान होने के लिए जिस बौद्धिक तत्व की शक्तिमत्ता अपेक्षित होती है, उसकी कमी थी। उसने अपनी प्रतिभा में आयी दार्शनिक वस्तु को सचेत रूप में कभी परखने का प्रयत्न नहीं किया। परिणामतः उसकी 'वस्तु' वह गरिमामय स्थान नहीं ले सकी जो टालस्टाय, दोस्तोव्हस्की, सार्व, जैनेंद्र, अज्ञेय इत्यादि लेखकों को मिली है।

व्यक्तियों, घटनाओं, प्रसंगों, स्थितियों और जीवन-चित्रों की समस्त असामान्यता पाठक झेल ही नहीं लेता, अपितु उनमें आद्योपान्त डूब जाता है। खानोलकर के रचना-विश्व का मूल रूप मानवी जीवन के भयावह शोकान्त का है। इसमें काम और हिंसा का भयावह व्यापार है। 'रात्र काळी,,, घागर काळी' की नींव ही काम की अतृप्ति है और इसके विविध रूप अंकित किये गये हैं। सामान्यताः खानोलकर के साहित्य में स्त्री-पुरुषों के काम-संबंधों का चित्रण उल्लास, विलास और परितृप्ति के स्वस्थ धरातल पर नहीं किया जाता। 'भगधेय' की हसनमियां की सुंदर पत्नी प्रारंभ में अपना शरीर-सुख से प्राप्त कर लेती थी और संतृप्त भी थी परन्तु बाद में हसन मियां को सामन्त का लड़का हत्या करने का काम सौप देता है और हसन मियां का पुरुषत्व सूखने लगता है। कोंडूरा के तात्या दमित वासना से कुछ ऐसे विकृत हो जाते हैं कि पार्वती जैसी सुंदर स्त्री और उसके विद्रुप पति के साहचर्य को सहन नहीं कर सकते और उसके गर्भपात के षड्यंत्र में शामिल होते हैं, यही तात्या अपनी पत्नी पर बलात्कार करते हैं जिसका परिणाम उसकी आत्महत्या में होता है। सामान्यतः काम और बलात्कार की कतिपय घटनाएं खानोलकर के

उपन्यासों में बार-बार आती हैं। सम्पन्न वर्ग के कतिपय व्यक्ति अपनी पाशवी वासना की परितृप्ति के लिए निष्पाप, निरीह और सुंदर स्त्रियों के जीवन को मसल देते दिखाये गये हैं। 'कोंडुरा' का नाराबा जड़ये, 'चानी' का सोल्जर, आप्पा बामण, 'अगोचर' का आनंद देसाई, 'मागधेय' का सामंत - ये सब लगभग एक ही किस्म के चरित्र हैं जो भिन्न-भिन्न नाम लेकर आते हैं। नारोबा जडये और आनंद देसाई तो अपनी मामियों एवं बहुओं को भी नहीं छोड़ते। काम अत्याचार का सामूहिक रूप 'पाषाण पालवी' में मिलता है। खानोलकर की कतिपय नारियां पुरुषों द्वारा फंसायी जाती हैं, पवित्रता नष्ट होने की तीव्र व्यथा से ये नारियां आत्महत्याएं करती हैं। 'रात्र काळी', से 'भागधेय' तक हत्याओं और आत्महत्याओं का यह लम्बा सिलसिला मिलता है। काम की अतृप्ति, प्रबलता, आक्रामकता, हिस्त्रता और अंततोगत्वा विनाश - चिं. त्र्यं. के साहित्य का महत्वपूर्ण पक्ष है। उनका मनुष्य कैसा है? समय के काले जलप्रवाह पर मनुष्य की काली गागर दिशाहीन होकर औंधी बह रही है - जल उसमें नहीं आता। खानोलकर को पहले ही उपन्यास में इस 'सत्य' का प्रतीकात्मक प्रखर एहसास हुआ था। मानव जीवन की सार्थकता का यह तीखा बोध खानोलकर के साहित्य में अंत तक व्याप्त हुआ है। ध्यातव्य है - लक्ष्मी विवाह तय होने के निमित मधुर स्वप्नमय स्थिति में अंबादेवी के दर्शन करने जा रही है। काम का विलक्षण अवसन्न करने वाला रूप खानोलकर के साहित्य का एक महत्वपूर्ण पक्ष है।

काम के इस प्रबल आदिम आविष्करण में सामान्यतः नारी को ही अपार यंत्रणा सहनी पड़ती है और इसके मूल में भारतीय स्त्री के दैहिक पवित्रता के गहन संस्कार भी हैं। काम वैसे भी हमारे समाज में इधर हजार-डेड़ हजार वर्षों में सम्मानित ऐषणा नहीं मानी जाती थी।

खानोलकर की रचनाओं में कतिपय स्त्रियां अनुचित संबंधों की ऊपज हैं और आश्चर्य यह है कि अद्‌भुत सुंदरता के साथ विनाश का शाप भी इनको मिला हुआ है। कुल मिलाकर जन्म और मृत्यु के बीच का यह जीवन स्त्री हो या पुरुष, दोनों के लिए सुखमय नहीं है। स्त्री से नोंच-खरोंचकर सुख प्राप्त करने वाले सम्पन्न वर्ग के इनेगिने व्यक्ति कुछ हद तक सुखी होते परन्तु ये मानवीय स्तर पर बहुत कम विचरते हैं।

खानोलकर की चरित्र सृष्टि का विचार करते समय एक विचित्र तथ्य सामने आता है, वह यह कि इनके कतिपय स्त्री-पुरुष किसी ख़ब्त या सनक के पीछे पागल होकर अपना जीवन झोंक देते हैं। ये ऐसे सनकी या खब्ती होते हैं कि अपनी समझ का बुद्धिवादी या तार्किक विचार विश्लेषण करने की जैसे इनके पास क्षमता ही नहीं है। खानोलकर के पात्र भावनावेश की प्रचण्ड गति से परिचालित होतेहं। 'रात्र काळी...' का दिगंबर इस समझसे अपनी पत्नी के पास नहीं फटकता कि वह इतनी सुंदर है तो शुद्ध कैसे हो सकती है। इस विक्षिप्त समझ का भूत उसपर इस तरह सवार होता है कि एक बार बलात्कार सदृश 'संभोग करके (जिसके परिणामस्वरूप सदाशिवराव का जन्म हुआ) यह पुरुष गृह-त्याग करके सदा के लिए चला जाता है और अंत तक अर्द्ध-पागल-सा रहता है। जाई इस विचार में अपना सारा जीवन झोंक रही है कि उसके पेट में बड़े व्यक्ति का (दिगंबर ब्राह्मण का), बीज पड़ गया है। बामन, दास्या, केमळेकर, दाजी सब लक्ष्मी के उन्मादक सौंदर्य केपास खिंचकर निर्जीव की मांति विचरते रहते हैं। 'अजगर' में समस्त

चरित्रसृष्टि ही सनकी और ख़ब्ती है - पागलपन की सीमारेखा पर विचरती है। यह दुनिया ही अद्‌भुत है - अतियथार्थवादी सृष्टि है यह। 'कौंडूरा' के परशुराम पंत किसी अपरिचित स्वामी के आदेश पर जीवन बर्बाद करते हैं। 'चांफा' में विष्णु अपनी लूली-लंगड़ी बहन के लिए शायद अविवाहित रहता है और वासना की अतृप्ति के परिणामस्वरूप कुछ विक्षिप्त-सा हो जाता है। 'पाषाण पालवी' का विक्रम अपने कुल की प्रतिष्ठ और गरिमा में कैद होकर यंत्रवत्‌ बन गया है। 'अगोचर' की नंदिनी का पति अच्युत इस सन्देह से अपनी पत्नी के पास नहीं आता कि वह उसके बड़े भाई की - आनंद देसाई की रखैल है। लगता है एक छोटी-सी बुद्धि या तर्क की पतली-सी भी किरण इस सृष्टि में प्रवेश करती तो बहुत-से प्राणी व्यथा पाने से बच जाते परन्तु खानोलकर के चरित्र प्रायः बुद्धिवाद या तर्क के स्तर पर नहीं आते। खानोलकर के चरित्रों की इन मूलभूत सनकों पर प्रश्नचिह्न लगाने पर आगे का सारा विश्व ही अविश्वसनीय होगा। लेकिन उनकी शर्तों पर इस दृष्टि में प्रवेश किया जाय तो मानवीय जीवन के निगूढ़ और प्रगाढ़ रहस्यमय भावनात्मक क्षेत्रों का ऐसा चमत्कार प्रतिभासित होता है कि उस प्रभाव में सारी बौद्धिकता धरी रह जाती है। यह निश्चय ही लेखक की क्षमता भी है और दुर्बलता भी। खानोलकर अपने पात्रों को किसी बाह्य लकब से विशिष्टता नहीं देते, इनकी लकब अन्तर्मन की होती है और उनका संबंध भी मानवीय मन की अतल गहराइयों से होता है। मनोवैज्ञानिक दृष्टि से अध्ययन करने के लिए खानोलकर की चरित्र-सृष्टि एक महत्वपूर्ण भंडार है। धार्मिक संस्कारों या सामाजिक नियंत्रणों के कारण दबी वासना, मनुष्य में निहित जन्मजात हिंस्र-भाव (जिसका एक रूप धन कमाने और पापी मार्ग से वासना-पूर्ति में होता है), भारतीय स्त्री-पुरुषों के मन में दैहिक पवित्रता का अंकित दृढ़ संस्कार यह आदिम रूप है जिससे छनकर ख़ब्ती स्त्री-पुरुषों के चरित्र इस सृष्टि में विचरते हैं। इसके साथ अपराध भाव का तीखा दंश इनके चरित्रों को सालता है। कुछ मिलाकर व्यापक परिप्रेक्ष्य में देखने से खानोलकर की चरित्र-सृष्टि का एक भाग देह से मन से सुंदर है - निरीहता, पवित्रता, भोलापन, समर्पण, निष्ठ, वात्सल्य का चरम रूप इसमें मिलता है तो दूसरा भाग इस सौंदर्य और शिवत्व को लगे घुन का है। सुंदरता में कतिपय छिद्र पड़ गये हैं और ये छिद्र लाइलाज कैंसर के हैं। खानोलकर की रचना-सृष्टि इसी कारण गंभीर धरातल पर आसीन दिखती है - भड़कीली, अविश्वसनीय लगने वाली समूची नाट्यात्मकता और उसकी अतिरंजितता इसी दार्शनिक धरातल को पाने से संतुलित बन गयी है। यह दार्शनिक धरातल बौद्धिक आयास से सिद्ध नहीं है, प्रातिभ-ज्ञान की सहज उपज है।

इस दार्शनिक धरातल का स्वरूप अधिक विस्तार से समझना आवश्यक है, क्योंकि यह उलझन में डालता है।

खानोलकर के साहित्य में सुदंर और विद्रूप, शिवत्व और अशिवत्व, सत्य और असत्य का जीवन्त लोक है और इसमें अशुभ (इविल) का पक्ष अधिक शक्तिशाली है। निश्चय ही खानोलकर इस समस्या से जूझते हैं कि यह कैंसर, यह विद्रूप या अशुभ क्यों है और उसपर कैसे विजय पायी जा सकती है। खानोलकर का यह संघर्ष बौद्धिक सचेत रूप में प्रायः नहीं है - वह अवचेतन मन पर है और उसका गोचर रूप चरित्रों की बनावट एवं उनके परस्पर संबंधों के माध्यम से प्रकट

होता है - यही और मात्र यही उसकी कलात्मकता है। वैसे विलक्षण प्रतिभा की देन से उपकृत इस लेखक में अपूर्व बौद्धिक चिन्तन की ओर रुचि कम थी। इनका सारा दार्शनिक रूप उनकी मूर्त, सगुण साकार, ठोस चरित्र सृष्टि को सम्यक् रूप से देखने पर खुलता है।

खानोलकर उस रूप में सामाजिक रचनाकार नहीं हैं जो मानवीय जीवन की समस्त समस्याओं का मूल समाज की वर्तमान व्यवस्था में फैली आर्थिक और सांस्कृतिक विषमता में खोजते हैं और उनका हल भी समता पर आधारित व्यवस्था के निर्माण में। लेकिन एक अच्छा निरीक्षक होने के कारण उनकी रचनाओं में शोषित और शोषकों के बीच के अन्यायपूर्ण, आतंककारी, पापाचारमूलक, क्रूरहिंस्र संबंधों का बहुत तीखा चित्रण मिलता है। अशुभ के भयावह, क्रूर, वंचक रूप के विग्रह बनकर आते हैं आप्पा बामण (चानी), नरोबा जड्ये (कोंडूरा), आनंद देसाई (अगोचर), सामंत (भागधेय) - ये सब स्थापित और शोषक वर्ग के व्यक्ति हैं और निष्पापता पर बलात्कार इनके जीवन का प्रमुख प्रेरणा-सूत्र है। सामान्यतः इनके जघन्य दुष्कृत्यों के लिए कोई ऐहिक या पारलौकिक दण्ड नहीं मिलता। आनंद देसाई अंत में आग में अवश्य जलकर मर जाते हैं परन्तु उनके साथ उनकी सति की भांति पवित्र पत्नी और वह पहुंचा हुआ त्रिकालज्ञ स्वामी भी मर जाता है। 'भागधेय' में वे अंत में बताते हैं हसन मियां आज भी सामंत की घोड़ी के पीछे दौड़ रहा है - महज़ उनकी सनक को पूर्ण करने के लिए। लगता है शिव और सुंदर के अशुभ के साथ संघर्ष में अशुभ तगड़ा है - अपराजेय है। कोई काव्यात्म न्याय (पोएटिक जस्टिस) खानोलकर की सृष्टि में सम्पन्न होता नहीं दिखता। न इन पापात्माओं के लिए मानसिक भी यंत्रणा मिलती दिखती है। शोषक और शोषितों के बीच के वर्गीय संघर्ष के संबंध खानोलकर के साहित्य में अपवादात्मक रूप में दिखाई देते हैं। 'त्रिशंकू' में उसकी झलक अवश्य मिल जाती है। यहां तक अलग प्रकार के जीवन का दर्शन है। ब्राह्मणों ने विशिष्ट जाति की स्त्रियों को वेश्या जीवन स्वीकारने को बाध्य किया और उनका उपयोग अपनी वासना-तृप्ति के लिए कर लिया। उच्च जाति के गर्व एवं धार्मिक ढोंग तथा निम्न जाति पर किये गये अन्यायों के खिलाफ दाहक द्वेष की प्रतिक्रिया निम्न जाति में उत्पन्न हो रही है। इस पृष्ठभूमि पर ब्राह्मण युवक नाना, देवदासी की सुंदर कन्या सुशी और ब्राह्मणकन्या, काशी के बीच प्रेम-संबंधों की विलक्षण उलझन एवं उसमें निहित आकर्षण और कारुण्य का सुंदर रेखांकन इसमें किया गया है। खानोलकर का दृष्टिकोण वर्गवादी नहीं है, अतएव ब्राह्मण-ब्राह्मणेतर या सम्पन्नों और विपन्नों के बीच के उग्र संघर्ष का स्वरूप इस संघर्ष को नहीं मिलता। कुल मिलाकर मानवता के संस्कारों से सम्पन्न परन्तु संकल्प की शवित का पूरा आधार न होने के परिणामस्वरूप मध्यवर्ग की 'त्रिशंकू' जैसी व्यवस्था इसमें चित्रित की गयी है। बीच-बीच में प्रा. नाबर की दार्शनिक परिचर्चाओं का व्यंग्यात्मक कोण से उपयोग किया गया है और यह दिखाया गया है कि जीवन के भंवर में फंसे व्यक्ति की शाब्दिक आतिषबाजी का कोई उपयोग नहीं होता। 'गणूराया' में व्यवहारी मध्यवर्गीय परिवार में जकड़े हुए और रीढ की हड्डी मजबूत न होने वाले युवक की डरपोक वृत्ति के कारण भावनाशील एवं संवेदनशील स्वाभिमानी युवती को कितनी मानसिक यंत्रणा भोगनी पड़ती है, इसका चित्रण है। वैसे कविताओं, कहानियों, उपन्यासों में मध्यवर्गीय ढुलमुल चरित्र पर खानोलकर ने प्रहार किये हे परन्तु यह सब उनकी मानवीय संवेदना और निरीक्षण के बल पर किया गया

है। कुछ मिलाकर खानोलकर 'सोशल रेलेवन्स' के साहित्यकार उतने नहीं प्रतीत होते, जितने वे मानवीय चिरन्तन वेदना के भाष्यकार लगते हैं।

सामाजिक के बोध का एक महत्वपूर्ण पहलू खानोलकर के द्वारा चित्रित गांव पंचायत के स्वार्थ-पोषक, क्रूर और अमानवीय स्वरूप-चित्रण में प्रकट होता है। पंचायत शोषक वर्ग के हाथ का साधन बन गयी है। 'चानी' और 'अगोचर' में इसका प्रत्ययकारी चित्रण मिलता है।

खानोलकर के साहित्य संसार में एक अधिदैविक सता का बहुत बड़ा धरातल वर्तमान है। यह सही है कि उनके चरित्र जिस भारतीय गांव की पृष्ठभूमि पर पलते हैं, वह करोड़ों देवताओं में विश्वास, ईश्वर के विविध रूपों में आस्था रखने वाली तथा अधिदैविक सृष्टि के निरन्तर प्रकोप से भयग्रस्त है। वह भूमि अन्य धार्मिक रूढ़ियों, कर्मकाण्डों, अबौद्धिक संस्कारों की भूमि है। अतः अधिदैविक सता का निरन्तर संकेत अथवा चित्रण चरित्र-चित्रण की ही मांग है। लेकिन यहां तक रुकना खानोलकर के कृतित्व के प्रति अन्याय करना होगा। यह अधिदैविक सता खानोलकर के जीवन विषयक दृष्टिकोण में महत्वपूर्ण भूमिका अदा करती है। 'रात्र काळी...' में अहर्निश यज्ञकुंड चलाने वाले व्रतस्थ यज्ञेश्वर बाबा अपनी लावण्यवती पुत्री लक्ष्मी को दिगंबर से केवल इसलिए ब्याहते हैं कि वह रुद्रपाठ इतनी प्रभावकारी वाणी में करता है कि यज्ञ का अंगार आग उगलते लगेगा। इस धार्मिक ब्राह्मण की यज्ञकुंड-सी पवित्र पुत्री विवाह के पहले अंबा के दर्शन करने और आशीर्वाद मांगने जाती है। परन्तु उसे जीवन में क्या मिता है? - काले विशाल जलप्रवाह में काली औंधी गागर की भांति बहते जाना - नरर्थक, बांझ। दैविक सता लक्ष्मी के शोकाकुल जीवन से जैसे असंपृक्त है। 'कोंडुरा' में तो अधिदैविक सता परशुराम पंत और उनके कारण अन्य व्यक्तियों के जीवन के साथ क्रूर क्रीड़ा करती है। 'कोंडुरा' - गांव का सम्मानित देवता गांव के सुख-दुःख से जैसे निस्संग है और अपनी अबाध गति में भीषण ध्वनि करता जा रहा है। लगता है यह अधिदैविक सता मानवीय जीवन में एक गर्जन की ध्वनि के अतिरिक्त कुछ नहीं फेंकती। सुतारिण, अनुसूया (तात्या की पत्नी) को उनकी समस्त धार्मिक श्रद्धा, व्रत-वैकल्य नहीं बचा पाते। दोनों बलात्कार किये जाने पर अपराध भाव से पीड़ित होकर आत्महत्या करती हैं। 'चानी' की भीषण नियति से जगदम्बा जैसे तटस्थ है - उसके सामने निरीह वानी पर गांव के लोग सामूहिक रूप में टूट पड़ते हैं लेकिन जगदम्बा की बड़ी-बड़ी पीतल की आखें जरा भी दयार्द्र नहीं होती। अधिदैविक सता का अधिक गोचर एवं मूर्त रूप अगोचर में मिलता है। स्वामी त्रिकालज्ञ हैं, पहुचे हुए सन्त हैं। परन्तु उनके कृतित्व की भी सीमाएं हैं - वे भी जैसे किंचित् तटस्थता छोड़ते हैं परन्तु कुछ नहीं कर सकते। वे पापाचार से आनन्द देसाई को नहीं बचा पाते, अपने शिष्य अच्युत को नंदिनी के पास नहीं भेज सकते, तालू की रक्षा नहीं कर सकते। बड़ी भाभी की महानता से परिचित होकर भी उसको घर में निरंतर जलते रहने से नहीं बचा पाते। खानोलकर मानो निष्कर्षित करते हैं - अधिदैविक सता है, निश्चय ही वह है। परन्तु उसकी गतिविधि, उसका सही रूप, उसका और मनुष्य सृष्टि का सम्बन्ध - मनुष्य की समझ से परे हैं। उसके अपने नियम हो सकते है - परन्तु मनुष्य की धार्मिकता, पवित्रता, व्रतस्थता, सदाचरण, पुण्य इत्यादि से उसका कोई संबंध बौद्धिक स्तर पर स्पष्ट करना असंभव है। ये दोनों समानान्तर संसार हैं। खानोलकर

की रचनाओं में यह सब तर्क के धरातल पर नहीं प्रकट होता। लेकिन उनका यह कलात्मक अन्वेषण उनके साहित्य के धरातल को एक गंभीरता, उच्चाशयता, ऊंचाई और गहराई देता है।

खानोलकर के जीवन वित्रण का कुल रूप देखा जाय तो यह मानना पड़ेगा कि खानोलकर नियतिवादी हैं। राखी 'पाखरू' कथा-संग्रह की समीक्षा करते समय मेरे लिखे लेख में से कुछ पंक्तियां उद्धृत करना समीचीन होगा, क्योंकि उनके समस्त साहित्य पर वे वस्पॉ होती हैं। "खानोलकर की कथाओं में नियति' अशुम (इविला) रूप में प्रस्तुत होती है और वह शक्तिपूर्ण तथा सर्वव्यापी है। वह एक भयानक खेल खेलने वाली अभिनेत्री है। अनेक रूपों में वह सामने आती है.... यह असत् शक्ति प्रबल है और उसके सामने मानवी शक्ति दुर्बल ठहरती है। इस असत् का कठोर निषेध करने वाले व्यक्ति उनकी कथाओं में प्रायः नहीं हैं। जो विरोध है, वह क्षणिक एवं कमजोर है। .... वे किंचित् तनकर खड़े भी हो जाते हैं तो तुरन्त टूटकर बिखर जाते हैं। व्यक्ति और नियति के बीच का विरोध उग्र संघर्ष का रूप नहीं लेता। स्वातंत्र्य जैसी मूल्य कल्पना समझने की बौद्धिक क्षमता इनमें नहीं होती। जीवन के यातनामय रास्ते पर चलते समय इनके सामने कोई विकल्प नहीं होते, अतः कोई वरण का सवाल ही पैदा नहीं होता। नियति के सामने अधिकतर व्यक्ति भेड़ की तरह गर्दन झुकाकर समर्पित होते हैं .... खानोलकर की कथा में व्याप्त नियति 'इविल' है और उसकी विरोधी शक्तियां दुर्बल हैं, अतः उनके संघर्ष (?) का अटल परिणाम शोकान्त है, यह सही है और पूर्व-नियत भी। फिर भी असत् के इस सर्व-व्यापित्व एवं शक्तिमता के दर्शन कराने वाली उनकी कथा सिनिजिज्म की ओर झुकने वाली नहीं है, डीह्यूमेनाइजेशन की और वह नहीं ले जाती। इसका कारण उससे बचने वाली कुछ श्रदाएं, आस्थाएं या प्रवृत्तियां खानोलकर में दिखायी देती हैं। उनके सामान्य पात्रों में विलक्षण अपनत्व होता है। खानोलकर की कथा - इविल की काया में बढ़ने वाला कोमल अंकुर है। मृत्यु की छाया में बढ़ने वाला जीवन का अंकुर। (समाज प्रबोधन, नवम्बर-दिसम्बर, १९७२)

समस्त भयावहता, यंत्रणा और कष्ट के वावजूद खानोलकर जीवन को जीने योग्य मानते हैं। जीवन में वे कला-सौंदर्य और ईश्वर में भक्ति को विलक्षण महत्व देते हैं। पहली का जितना सशक्त रूप वे दिखा पाये, दूसरी का उतना नहीं। उनकी शायद एक मराठी में उपेक्षित कथा, जो अत्यन्त सशक्त कथा है, 'हाक' ('सनई' कथा-संग्रह) में उन्होंने इस बात को प्रभावकारी ढंग से कलात्मक रूप दिया है। उसकी चर्चा करते हुए 'समाज प्रबोधन' के एक दूसरे लेख में मैंने लिखा था : 'खानोलकर की अन्य कथाओं में मनुष्य की वेदना, अतृप्ति, पश्चाताप, आत्मकेंद्रितता है, उसका फातूपन, विवशता, क्षुद्रता का अंकन है।' लेकिन 'हाक' में सार्थकता, तृप्ति, मानवीय भय के परे आत्मिक शांति की भावना व्यक्त हुई है। चित्रकार आबू काका और उनका विठ्ठल-भक्त सेवक सख्या, दोनों बुढ़ापे में सन्तुलित, परितृप्त जीवन जी रहे हैं। दोनों के आसपास अंधेरे में काला नाग (मृत्युं, अशुभ) घूम रहा है। समस्त कृष्ण रंग की पार्श्वभूमि पर एक कलाकार और एक भक्त की श्वेत से साक्षात्कार से उत्पन्न सार्थकता और तन्मयता का चित्रम है। चित्रकार से भी अधिक सार्यकता विठ्ठल-भक्त सख्या को प्राप्त होती है। दोनों मृत्यु को, अशुब को अपनी सार्थक परितृप्ति के सामने कुछ नहीं गिनते। श्वेत रंग का साक्षात्कार करने वाले कलाकार आबू

काका तथा स्वयमेव श्वेत रंग बन गया सख्या और इनकी शुभ की संवेदना के विरोध में वह कृष्ण नाग - अन्धेरे की पृष्ठभूमि पर। जीवन और मृत्यु, सृजन और नाश, शुभ और अशुभ की संधिकालीन क्रीड़ा-दिवस की समाप्ति पर यही चले, यही स्वाभाविक। काल आता है, अन्धेरा आता है लेकिन मनुष्य अपनी सृजन-क्षमता की देन के आधार पर उससे निस्संग बन सकता है, सार्थकता और सफलता के विलक्षण सुखानुभव ले सकता है, यह कितनी परितृप्ति की बात है। द्रष्टव्य है 'हाक' में खानोलकर ने जो सफलतापूर्वक कलात्मक स्तर पर का, वही 'अगोचर' में दादू भट के मृदंग वादन और स्वामी के जलते समय अंतिम शब्दों में परितृप्ति में कहा - 'हजारों हाथों से भगवान, मूझे सीने से लगा लो, मैं प्रतिश्रुत हूं। दादू देव के मृदंग की ध्वनि कान पर आ रही है। उस लय की दिशा में मेरी आत्मा को यात्रा करनी है।' भक्ति और कला की अन्तिम प्रयोजन-रूप एकमेकता में खानोलकर की गहन आस्था भी और दोनों के मूल में अवस्थित सृजनशील शक्ति में उनकी गहरी श्रद्धा थी। शायद यही कारण है उनके समस्त साहित्य में स्त्री-पुरुषों के प्रणय के उल्लासमय रूप की अपेक्षा निर्माण-देवता माता के वात्सल्य के रूप अधिक तृप्तिकर अधिक उत्कट और अधिक पवित्र हैं।

विजय तेंडुलकर

अब तक अखिल भारतीय पुरस्कार जिन लेखकों को मिले हैं वे अपनी भाषा के महान लेखक अवश्य थे परंतु दो एक अपवाद छोड़कर वे प्रायः अपने भाषा क्षेत्र तक सीमित रूप में परिचित रहे। टैगोर, शरतचंद्र और प्रेमचंद का अपवाद स्वतंत्रपूर्व युग में छोड़ दें तो स्वातंत्र्योत्तर युग में संचार माध्यमों की वृद्धि के बावजूद स्थिति में बहुत बदलाव नहीं आया है। वि. स. खांडेकर अवश्य तामिल और गुजराती में लोकप्रिय लेखक रहे, वात्स्यायन हिन्दी प्रदेश के बाहर आंशिक रूप में प्रख्यात थे। लेकिन ऐसा कोई लेखक नहीं था जो अपनी कृतियों के बल पर समूचे भारतीय साहित्यकारों और पाठ्कों के बीच विख्यात हो चुका हो। लेकिन श्री. विजय तेंडुलकर के बारे में यह निस्संशय कहा जा सकता है कि वे हिन्दी के माध्यम से समस्त भारत में प्रसिद्ध है और कन्नड, गुजराती, बंगाली जैसी कुछ प्रमुख भाषाओं में उनकी कृतियों के तुरंत अनुवाद के बल पर वे प्रख्यात हुए। वे केवल लोकप्रिय साहित्यकार नहीं हैं अपितु उनकी कृतियों मंचित भी हुई है और प्रायः हर भाषा के अग्रिम दस्ते के साहित्यकारों ने उनके लेखन को सराहा है। उनके नाटकों के हिन्दी अनुवाद तो तुरंत होते हैं अन्यान्य भाषाओं में भी शीघ्र गति से होते हैं। उनके "शांतता कोर्ट चालू आहे" का अनुवाद प्रायः सभी भारतीय भाषाओं में हुआ है। "अशी पाखरे येती" नाटक का अनुवाद हिन्दी अंग्रेजी, गुजराती, कन्नड और तेलुगु में हुआ। 'सखाराम बाइंडर' का हिन्दी अंग्रेजी, गुजराती, बंगाली, कन्नड एवं फ्रेंच में हुआ। "घाशीराम कोतवाल" हिन्दी के साथ अंग्रेजी में भी अनूदित हुआ है। "बेबी" का हिन्दी गुजराती, अंग्रेजी में हुआ है। "कमला" का हिन्दी के साथ गुजराती, बंगाली, अंग्रेजी में अनुवाद हुआ है। "कन्यादान" का हिन्दी के साथ बंगला में अनुवाद भी हुआ है। "चिरंजीव सौभाग्य कांक्षिणी" का अनुवाद हिन्दी और अंग्रेजी में हुआ है। यहाँ दो बातें ध्यन में आती हैं। एक, जिन भाषाओं में रंगमंच सक्रिय है वहाँ तेंडुलकर का अनुवाद त्वरित होता है गुजराती, हिन्दी। दूसरी बात यह कि अपने सम्पन्न रंगमंच के बावजूद अगर तेंडुलकर के नाटकों को अनूदित किया जाता है तो वह रंगमंच की किसी अभाव की पूर्ति के लिए नहीं, बल्कि तेंडुलकर के नाटकों की अंगभूत सामर्थ्य के कारण। तेंडुलकर के आठ नौ नाटकों का अंग्रेजी में अनुवाद होना इस बात का भी सबूत है कि भारत का अग्रणी शिक्षित तबका भी तेंडुलकर की साहित्यिक महानता को स्वीकार करता है।

तेंडुलकर की साहित्य सेवा का अखिल भारतीय स्तर पर सम्मान हुआ है। संगीत नाटक अकादमी ने १९७१ में उन्हें पुरस्कृत कर उनके कृतित्व का गौरव किया। "मंथन" चित्र की पटकथा के लिए १९७७ में भारत सरकार ने उन्हें पुरस्कार प्दान किया। "आक्रोश" चित्र की पटकथा एवं संवाद के लिए फिल्मफेयर के भी दो पुरस्कार १९८० में उन्हें प्राप्त हुए। "अर्ध सत्य" चित्र के लेखन के लिए १९८३ में फिल्मफेयर पुरस्कार मिला। "शांतता कोर्ट चालू आहे" नाटक के लेखन के लिए उस वर्ष की भारतीय नाट्य कृतियों में सर्वोत्कृष्ट नाटक के रूप में कमलादेवी चट्टोपाध्याय पुरस्कार १९७० में उनको दिया गया। महाराष्ट्र शासन के राज्य पुरस्कार उनके कतिपय नाटकों को प्राप्त हो चुके हैं। भारत सरकार से १९७३-७४ में देश में बढ़ती हिंसा विषय पर अध्ययन के लिए मे नेहरु स्कॉलरशिप प्राप्त हुई। १९८४ में "पद्मभूषण"

उपाधि से उन्हें सम्मानित किया गया। १९८६ में आकाशवाणी एवं दूरदर्शन पर "प्रोड्यूसर एमरिटस" की हैसियत से नियुक्ति हुई। १९९१ में मध्यप्रदेश शासन ने उन्हें "कालिदास गौरव" पुरस्कार से सम्मानित किया। महाराष्ट्र के कुसुमाग्रज प्रतिष्ठान का 'जन्मस्थान' पुरस्कार का पुरस्कार भी सर्व प्रथम उन्हें दिया गया। अपनी समृद्ध नाट्यपरंपरा केलिए भारत में विख्यात बंगाली शिक्षित जनता ने तो तेंडुलकर को इतना प्यार दिया कि सात मई १९९२ में सम्पन्न हुए दीक्षांत समारोह में शीर्षस्थ आठ प्रतिभाओं में तेंडुलकरजी को भी डी. लिट. की मानद उपाधि से रवींद्र भारती यूनिवर्सिटी ने सम्मानित किया। श्री तेंडुलकर कितनी ही संस्थाओं के अध्यक्ष एवं उपाध्यक्ष रह चुके हैं।

तेंडुलकर का नाट्यक्षेत्र में स्थान इतना महत्त्वपूर्ण रहा है कि महाराष्ट्र में स्व. अरविंद देशपांडे की स्मृति में जो नाट्य महोत्सव हुआ उसमें तेंडुलकर के समस्त नाटकों का महोत्सव मनाया गया। इसी अवसर पर "तेंडुलकर नाटक आणि नाटकवाले" शीर्षक से एक पुस्तक (पृ. सं. २०८) प्रकाशित की गयी। इस पुस्तक में तेंडुलकर के नाटकों के निर्देशकों एवं अभिनेताओं ने विस्तार से अपने अनुभव व्यक्त किए हैं। पुस्तक को पढ़कर लगता है कि तेंडुलकर ने न केवल मराठी नाटक को एक नयी दिशा दी बल्कि चोटी के अभिनेताओं और निर्देशकों को भी कुछ नया कर दिखाने के लिए जबर्दस्त प्रेरणा दी। पुस्तक में इकतीस नाटक से संबद्ध कलाकारों ने अपने अनुभव और अपने विचार व्यक्त किए हैं। नाट्यमहोत्सव के आयोजन द्वारा तथा स्वतंत्र पुस्तक प्रकाशित कर ऐसा सम्मान और किसी का नहीं हुआ था। विजया मेहता ने कहा है, "श्रीमंत" का जो बोलबाला हुआ है, उसका कारण मुझे लगता है कि अभिनय की एक अलग प्रणाली उससे उत्पन्न हुई।" इस अभिनय की प्रणाली का श्रेय निर्देशिका विजया मेहता अपनी ओर न लेते हुए विजय तेंडुलकर के लेखन को देती हैं। वे आगे लिखती है, यह अभिनय की प्रणाली कैसे निर्मित हुई? मेरी राय में तेंडुलकर का लेखन उसका कारण है। उस समय लेखन या मामा वरेरकर, मो. ग. रांगणेकर का - तेंडुलकर ने पहली बार शब्दों के परे जो न उच्चारित अर्थ है, इसका भान कराने का प्रयास किया। उस समय बहुत लोग चिढ़ाया करते थे कि आपके तेंडुलकर के वाक्य प्रायः अधूरे होते हैं। लेकिन इन अधूरे, आधे छोड़ दिये गये वाक्यों में कुछ प्रचंड निर्मित करने की ताकद थी। इसलिए मुझे लगता है तेंडुलकर का लेखन एवं जो कुछ अभिनय की प्रणाली मैं खोज सकी - इन दोनों का मेल स्थापित हुआ। "अपने अभिनय के लिए ही नहीं अपने निर्देशन के लिए भारत भर में प्रख्यात विजया मेहता का यह मन्तव्य तेंडुलकर की प्रयोग धर्मिता और नूतनता पर प्रकाश डालता है। तुलना में आधुनिकता के संस्कारों से कम प्रभावित परंतु परंपरागत मराठी नाट्य सृष्टि की अद्‌भुत सेवा करनेवाले वयोवृद्ध नाट्यमहर्षि भालचंद्र पेंढारकर लिखतें हैं, "तेंडुलकर को प्रतिभाशाली दर्जेदार नाटककार मानता हूँ। – उनका संवाद लेखन धारदार-नुकीला होता है, उसमें काव्यमुण भी प्रचुर हैं – सखाराम बाइंडर देखते हुए मुझे लगा कि नाटक किस प्रकार लिखना चाहिए इसके तकनीक का भान इस लेखक में पूरा पूरा है।" हिन्दी मराठी चित्र सृष्टि और मराठी नाट्यसृष्टि को अपने अभिनय से समृद्ध करनेवाले श्रीराम लागू "गिधाडे" पढ़कर आवेष्टित से हो गये थे। समाज के सांस्कृतिक क्षय के परिणामस्वरूप मानसिक विकृतियों से युक्त लोगों की भोगवादी प्रवृत्ति पर कशाघात करनेवाले इस नाटक के बारे में लागू

लिखते हैं, "केवल सुसंस्कृत होकर नहीं काम होगा, सबल भी होना आवश्यक है। यह बल शारीरिक या शस्त्रबल नहीं। नैतिक बल होगा। कुसंस्कारों को रोककर सुसंस्कार करने की सामर्थ्य उस बल में आवश्यक है। तभी गिध्दों की उत्पत्ति समाप्त होगी और सुसंस्कृत मनुष्य का जीना सहज होगा।" – कुछ ऐसे विचार नाटक की समाप्ति पर मन में घुमडते रहते हैं। डा. श्रीराम लागू ने कन्नड नाटककार श्री गिरीश कर्नाड के "टाईम्स ऑफ इंडिया" में लिखी टिप्पणी को उद्धृत किया है। गिरीश कर्नाड लिखते हैं, "गिधाडे का प्रयोग हुआ और महाराष्ट्र की अवस्था कुछ ऐसी हुई कि किसी शांत मनुष्यों से आबाद बाज़ार में अचानक बम विस्फोट हुआ हो।" उस समय महाराष्ट्र की स्थिति एवं गिधाडे नाटक का प्रभाव कर्नाडजी ने यथोचित शब्दों में व्यक्त किया है।

अखिल भारतीय ख्याति के निर्देशक पंडित सत्यदेव दूबे "बेबी" नाटक के संबंध में अपने अनुभवों को व्यक्त करते समय लिखते हैं, "तेंडुलकर का वैशिष्टय यह है कि समस्त चरित्रों को हयूमनाइज करते हैं और वैसे रहने देते हैं। किसी प्रकार के जजमेंटस् नहीं आरोपित करते।" - - बेबी से प्राप्त होनेवाली इनसाइट एक अर्थ में चोकोविअन है। उसमें सामाजिक अंश प्रमुख आया है परंतु सामाजिक परिवेश के ये व्यक्ति उतने ही इंडिवीडयुअलस् भी हैं। – बेबी को ढंग से देखा जाय तो बेबी की व्यक्तिरेखा में हमें हिन्दू संस्कृति एवं दर्शन की झलक मिलती है।" तेंडुलकर के सभी नाटकों में टू-डायमेन्शनल व्यक्ति रेखाएँ भी धारदार ढंग से रेखांकित होती हैं। परिचित मनोविज्ञान सहायता नहीं करता तो भी ये व्यक्ति रेखाएँ जीवन्त होती हैं।" – "बेबी ने भयानक तकलीफ दी। एक तरह से यह खूब ट्रबलसम इरिटेटिंग नाटक है।" वे आगे लिखते हैं, "इस शतक के कौन से भारतीय नाटक अगले शतक में जाएँगे? टिकेंगे। धर्मवीर भारती का अंधायुग, गिरीश कर्नाड का तुघलक और विजय तेंडुलकर का बेबी। तेंडुलकर का 'पंछी ऐसे आते हैं', "खामोश कोर्ट चालू है" बेचैन करनेवाला है। लेकिन तेंडुलकर का सर्वोत्कृष्ट नाटक बेबी है। वैसे जिन निर्देशकों और अभिनेताओं ने तेंडुलकर का जो जो नाटक किया वह उनकी दृष्टि से किसी न किसी कारण से सर्वोत्कृष्ट रहा है। मतलब तेंडुलकर के प्रायः सभी नाटक खास ऊँचे दर्जे के रहे हैं। मराठी के एक अच्छे युवा नाटककार और निर्देशक चेतन दातार "बेबी" से विलक्षण प्रभावित रहे। मराठी के तेंडुलकर के बाद की पीढ़ी के एक नाटककार श्री. रत्नाकर मतकरी लिखते हैं, "विजय तेंडुलकर ने नयी पीढ़ी को एक नयी भाषा शैली दी, कम शब्दों की, अर्थपूर्ण या प्रसंगोपात नये बनाये शब्दों के क्रियापद विहीन छोटे छोटे वाक्यों की। यह शैली आज इतनी सर्वमान्य हुई है कि आज हम विचार भी नहीं करते कि उसे कौन ले आया। लेकिन मेरी राय में वह तेंडुलकरजी ले आये।"

तेंडुलकर के नाटयोत्सव में विशेष महत्वपूर्ण घटना है एक परिसंवाद। अन्य भारतीय भाषाओं में अनूदित नाटकों एवं भारतीय रंगमंच पर तेंडुलकर के प्रभाव को केंद्र में रखकर यह परिसंवाद सम्पन्न हुआ। परिसंवाद से यह पता चलता है कि तेंडुलकर का प्रभाव अनेक भारतीय भाषाओं के रंगमंच पर पड़ा।

इसी अवसर पर विजय तेंडुलकर चित्रपट महोत्सव भी सम्पन्न हुआ जिसमें तेंडुलकर के

नाटकों पर आधारित फिल्मों को प्रदर्शित किया गया। भारत में संभवतः तेंडुलकर ही एक ऐसे व्यक्ति है जिनके नाटकों पर भी उत्सव मनाया गया और फिल्मों को लेकर भी। यह तेंडुलकर की भारत में स्वीकृत महत्ता का प्रमाण है। २६ से ३१ जनवरी (१९९२) तक छे दिनों में तेंडुलकर के छे चित्रपट दिखाये गये। "मंथन" (हिन्दी) निर्देशक श्याम बेनेगल, इसमें अभिनय करनेवाले कलाकार स्मिता पाटील, गिरीश कर्नाड, नसीरुद्दीनशहा; "आक्रीत" (मराठी) निर्देशक अमोल पालेकर अभिनेता - अमोल पालेकर, चित्रा पालेकर, रेखा सबनीस; "आघात" (हिन्दी) निर्देशक गोविंद नीहलाणी, अभिनय - गोपी, नसीरुद्दीन शहा, ओम पुरी; "सामना" (मराठी) निर्देशक जब्बार पटेल, अभिनय - डॉ. श्रीराम लागू, निळू फुले; "कमला" (हिन्दी) निर्देशक जगमोहन मुंदडा अभिनय - दीप्ती नवल, मझहर खान; "शांतता कोर्ट चालू आहे" (मराठी) निर्देशक सत्यदेव दुबे, अभिनय - सुलभा देशपांडे, अरविंद देशपांडे। इन फिल्मों से तेंडुलकर की सामाजिक प्रतिबद्धता का पता तो चलता ही है, यह भी स्पष्ट होता है कि उनका कलाकार जीवन को विद्रूप करनेवाले अमानवीय तत्वों से संघर्ष करता है। तेंडुलकर ने करीब १८ फिल्मों की पटकथा लिखी, "ईमान" (हिन्दी) फिल्म की कथा उनकी अपनी है। इसके अतिरिक्त "२२ जून १८९७" के संवाद लिखे। दूरदर्शन के लिए दो मालिकाएँ भी लिखी - दिंडी (मराठी), स्वयंसिद्धा (हिन्दी)।

यह बात यहाँ विशेष रूप से बतानी होगी कि महाराष्ट्र में पिछले चालीस वर्षों में नाटयकला के क्षेत्र में उच्च उपाधिधारी कलाकारों की प्रचुर उपस्थिति नाटक को एक गंभीर अनुशासन, सांस्कृतिक उन्नयन और कला के प्रशिक्षण का महत्वपूर्ण अंग मानती आयी है। परिणामतः एक नाटक को प्रस्तुत करने के लिए नेपथ्य रचना से लेकर वाचिक और आंगिक अभिनय तक इतना सूक्ष्मतापूर्वक चिन्तन मनन चला है (उक्त पुस्तक "तेंडुलकर नाटक और नाटकवाले" से पूर्ण पता चलता है) कि नाटक के सर्वश्रेष्ठ कला होने का प्रमाण प्राप्त होता है। डॉ. लागू, डॉ. जब्बार पटेल दोनों मेडीकल डॉक्टर हैं। विजया मेहता, सुलभा देशपांडे, महेश एलकुंचवार इ. सब उच्च विद्या विभूषित है। इधर विशिष्ट सांस्कृतिक और शैक्षणिक योग्यता के अभाव में नाटक के मंच पर पदार्पण मुश्किल हो गया है। पचपन के बाद सारे निर्देशक, अभिनेता, अन्यन्य कलाकार तेंडुलकर के नाटक से जुड़ने में गौरव महसूस करते रहे हैं। प्रायः सभी ने यह मत प्रकट किया है कि तेंडुलकर के नाटकों में शिरकत करना उनके लिए एक चुनौतीपूर्ण काम रहा है और प्रयोग की यशस्विता तक उन्हें अजीब बेचैनी में रहना पड़ा है। नाटयसृष्टि के इस परिवर्तन का श्रेय भी कुछ अंशों में तेंडुलकर के नाटकों को जाता है।

जिस तरह हिन्दी सिनेमा अखिल भारतीय स्तर पर अपनी लोकप्रियता के कारण (यहाँ उसके स्तर की बात नहीं की जा रही है) पहुँच गया है उसी तरह विजय तेंडुलकर अपने नाटकों के साहित्यिक गुणों के कारण पहुँचे हैं। इसका पता लगाना मुश्किल है कि तेंडुलकर के नाटकों के प्रयोगों से प्रभावित होकर उनके नाटकों के अनुवाद अन्य भाषाओं में होते हैं या उनके नाटकों की संहिताएँ (टेक्स्टस्) पढ़ कर। आज भारत में अखिल बारतीय रंगमंच जैसी संस्था आकारित हो गयी है जिसमें हिन्दी के स्व. मोहन राकेश, कन्नड के गिरीश कर्नाड, बंगाल के शंभु मित्रा

बादल सरकार, मराठी के विजय तेंडुलकर, कानेटकर, महेश एलकुंचवार, हिन्दी के सत्यदेव दुबे जैसे रंगकर्मी नाटककार अखिल भारतीय स्तर पर प्रतिष्ठित हैं। इनमें विजय तेंडुलकर का स्थान सर्वोच्च है – संख्या और गुणवत्ता दोनों दृष्टियों से। हिन्दी रंगमंच को तो महत्वपूर्ण योगदान तेंडुलकर का है ही, गुजराती रंगमंच पर भी आज तेंडुलकर के नाटक महत्वपूर्ण स्थान बनाये हुए है। भारतीय अंग्रेजी वर्ग भी उनके कृतित्व से प्रतिष्ठित हुआ है। तेंडुलकर के लोककला पर आधारित नाटक "घाशीराम कोतवाल" के १६ प्रयोग अमेरिका के अनेक शहरों में १९८५ में हुए जिसमें नीग्रो, चीन, जापानी, रुसी, मोरोक्को, सिंहली और भारत के अभिनेताओं ने भाग लिया था। प्रयोग अंग्रेजी में हुआ। विदेशी दर्शकों ने उसका अभूतपूर्व स्वागत किया और मनःपूर्वक अभिनंदन भी। अपने एक पत्र में विजय तेंडुलकर ने लिखा है– "अमेरिका (याने वहाँ के भारतीयों को अलग कर) दर्शकों ने नाटक बहुत बड़े पैमाने पर देखा और अच्छी तरह देखा। उसके बाद के "ओवेशन्स" बहुत जोरदार रहते थे परंतु शायद वह अमेरिकन दर्शकों की आदत भी मान ली जाय तो भी नाटक के प्रयोग के दौरान वे नाटक मे "इन्वॉल्व" रहते और उसके बाद जो नाटक के विषय और फार्म के बारे में बोलते थे वह समझदारी से बोलते थे। भाषा की अड़चन भी वहीं नहीं आयी।" विजय तेंडुलकर के इसी नाटक के जर्मन और लंदन में हुए मराठी प्रयोग भी वहाँ के दर्शकों ने बहुत पसंद किए। विजय तेंडुलकर के नाटकों का वैशिष्ट्य यह है कि विशेष रूप में स्थानीय रंग और परंपरागत लोक-कलाओं के प्रयोगधर्मी उपयोजन के बावजूद "घाशीराम कोतवाल" जैसा नाटक हिन्दी में एवं अन्यान्य भारतीय भाषाओं में ही नहीं, विदेशी मात्रा के माध्यम से भी विदेशी दर्शकों तक पहुँच जाता है। निश्चय ही साहित्यिक गुणों के कारण। मतलब यह है कि विलक्षण देशीयता या आंचलिकता और वैश्विक अनुभवात्मक आवाहन का मणिकांचन संयोग तेंडुलकर के नाटकों में हुआ हैं। संभवतः नाटयसंहिता को मद्देनजर रखते हुए भारतीय रंगमंच को तेंडुलकर के समकक्ष अन्य किसी नाटककार का अवदान है अथवा नहीं यह विचारणीय प्रश्न है। आज की तारीख में सच्चे अर्थ में भारतीय साहित्यकार तेंडुलकर ही हैं। वैसे नाटक एक सामूहिक कला है और उसकी सफलता असफलता में परंपरा, दर्शकों की रुचि, नाटक के प्रस्तुतीकरण का क्षण, अभिनेताओं का अभिनय, निर्देशक की समझ और कौशल सभी का प्रभाव पड़ता है। परंतु यहाँ भी तेंडुलकर का एक वैशिष्ट्य है। इस वैशिष्ट्य को, उनकी ताकद को मराठी के संवेदनशील प्रयोगधर्मी नाटककार सतीश आलेकर ने समर्थ और सार्थक शब्दों में व्यक्त किया है। सतीश आलेकर लिखते हैं, "इस नाटककार के निर्मिति के पास से गुजरते हुए एक बात ध्यान में आती है। वह यह है कि इतने नाटकों की समर्थ निर्मिति से उनके प्रयोगों से जो चर्चाएँ, वाद उत्पन्न होते हैं, उनका प्रवाह अन्ततोगत्वा संहिता के पास आकर ही रुक जाता है। एकाध अभिनेता, अभिनेत्री या निर्देशक छोड़ दें तो सारी चर्चा संहिता (टेक्स्ट) पर ही केंद्रित होती है। भारत में उनके नाटकों को कोई टाल नहीं सकता। मुझे लगता है कि यही नाटककार तेंडुलकर को प्राप्त सर्वोच्च सम्मान है।"

महाराष्ट्र में नाटक मराठी सुसंस्कृत जनता के सांस्कृतिक अनुभव का महत्वपूर्ण हिस्सा बन गया है। ऐतिहासिक पर्यवेक्षण से एक बात समझ में आती है वह यह हैकि इस नाटयानुभव में १९४३ तक रंजनवाद प्रबल रहा। वैसे खाडिलकर ने "कीचक वध" जैसे गंभीर नाटक लिखे

परंतु उन्हें अन्त में संगीत के साथ समझौता करना पड़ा। गडकरीजी ने भी "एकच प्याला" जैसे गंभीर नाटक लिखे - (ध्यातव्य है "एकच प्याला" में हास्यरूप प्रसंगों का उपयोग करना पड़ा और इसके गीत स्वयं कवि होते हुए भी गडकरीजी ने नहीं लिखे वि. सी. गुर्जरजी ने लिखे) विचारों से आधुनिक परंतु प्रयोगधर्मी के नजरिए से परंपरा से जुडे वे नाटक रहे। १९४३ में "आंधळ्याची शाळा" नाटक से कुछ परिवर्तन आया। इसी समय मराठी रंगमंच के कुछ उतार पर वरेरकर और आचार्य अत्रे ने समस्यात्मक नाटक लिखकर रंगमंच को जीवित रखा इब्सेन की यथार्थवादी जीवनानुगामी नाटयकला का प्रभाव मराठी रंगमंच पर दिखने लगा परंतु १९५० के बाद १९५५ के आस पास लक्षणीय परिवर्तन हुआ। मराठी के ज्येष्ठ साहित्यकार पु. ल. देशपांडे के "तुझ आहे तुझ पाशी" नाटक में भी गंभीर जीवनदृष्टि और रंजनवाद का समन्वय दिखता है। स्पष्टतः दिखता है कि मराठी दर्शक की रंजनवादी अभिरूचि के साथ वह एक तरह का समझौता है। लगभग इसी परिदृश्य में जब विजय तेंडुलकर के नाटक "श्रीमंत" (१९५५), माणूस नावाचे बेट (१९५८), मधल्या भिंती (१९६०) आते हैं तो एक परिवर्तन की रेखा स्पष्ट हो जाती है। गंभीर जीवन दृष्टि से प्रेरित ये नाटक किसी भी प्रकार रंजन मूल्य से समझौता नहीं करते। आरंभ में स्वागत की दृष्टि को गहराते जानेवाले ये नाटक दर्शकों की भीड़ खींचने में प्रायः असफल हो जाते हैं। यह स्वाभाविक था। परंतु धीरे धीरे इस असफलता ने नये नाटयानुभव के प्रति कौतूहल तथा उत्सुकता से लेकर आत्मीयता तक दर्शकों की अभुरूचि को परिवर्तित किया। आज तो यह स्थिति है कि उनके उस समय असफल नाटकों को भी रूचि से देखने वाला एक अच्छा वर्ग महाराष्ट्र में पैदा हुआ है। यह स्थिति केवल विजय तेंडुलकर के नाटकों तक सीमित नहीं रही है, उसकी एक समर्थ परंपरा बन गयी है। तीस पैंतीस वर्षों में मराठी दर्शक की अभिरूचि अधिक गंभीर हुई है और वह जीवनानुभव की गंभीरता, गहनता, प्रखरता और समकालीनता से विध्द होने की स्थिति से संपृक्त नाटयानुभव को स्वेच्छया स्वीकार करने लगा है। हल्के फुल्के रंजवादी नाटयानुभव से गंभीर जीवन संबद्धता के उत्पन्न हुए ट्रैजिक यथार्थवादी जीवनानुभव के प्रति मराठी दर्शक को अभिमुख करने का महत्वपूर्ण कार्य विजय तेंडुलकर ने किया है। उसी रास्ते पर चिं. त्र्यं. खानोलकर, सतीश आलेकर, रत्नाकर मतकरी, प्रशांत दळवी, महेश एलकुंचवार, प्रेमानन्द मज्नवी जैसे नाटककार गतिमान हुए। ऐसा नहीं है कि आज रंजनावादी नाटकों का दर्शक ही खत्म हुआ। वह भी बड़े पैमाने पर है परंतु प्रौढ अभिरूचि के दर्शक बड़ी संख्या में जीवन की त्रासदी से विद्ध नाटकों को ही सार्थक रचना मानते हैं। समर्थ अभिनेता भी अर्थार्जन का समीकरण अनदेखा कर ऐसे नाटकों में अपने को झोंक देने में जीवन की सार्थकता मानते हैं। एकदम व्यावसायिक नाटक और प्रयोगधामी नाटक के बीच की खाई बड़ी हो गयी है। इस संबंध में सतीश आलेकर के कृतज्ञता के शब्दों को उदाहृत करना समीचीन जान पड़ता है। "यह आदमी पिछले चालीस वर्षो से नाटक लिखता आ रहा है। ये नाटक पारंपारिक, केवल मनोरंजनात्मक, लोकप्रिय नाटकों से भिन्न हैं, – उनके नाटकों के कारण ही पिछले चालीस वर्षो में इस अलग किस्म के रंगमंच की जड़ें अब अंकुरित हो गयी दिखती हैं। उनके नाटकों ने नाटक के नये अनुभव का सामना करने की आदत दर्शकों को लगायी, उसके कारण जो वातावरण तैयार हुआ उसी के कारण दर्शक नाटक के नयेपन से अब घबराता नहीं। इतना ही नहीं वह सीमित रूप में

ही क्यों न हो ऐसे नाटकों को आश्रय देता है – उनके नाटकों के अनुवाद के कारण ही मराठी नाटक दूर दूर पहुँचा – इसी प्रकार की पृष्ठभूमि उनके नाटकों ने पिछले चालीस वर्षों में तैयार की और बनीबनायी अनुकूल पृष्ठभूमि का लाभ मुझ जैसों को हुआ। नयेपन के स्वागत के लिए अनुकूल वातावरण न होता तो पता नहीं मेरे नाटकों का क्या होता?" यह मन्तव्य तेंडुलकर के बाद की पीढ़ी के प्रायः सभी शीर्षस्थ नाटककारों का है। पुणे में अंग्रेजी विभाग की ओर से आयोजित एक सेमिनार में महेश एलकुंचवार ने कहा कि कभी ऐसा भी लगता है तेंडुलकर अब नहीं लिखेंगे तो अच्छा होगा। क्योंकि एक वटवृक्ष के नीचे औरों का बढ़ना मुश्किल हो रहा है। तेंडुलकर हर आगामी नाटक में क्या प्रयोग करेंगे और कहाँ ले जाएँगे इसका अनुमान करना ही मुश्किल हो जाता है। (शब्द सुनी सुनाई रपट से) सचमुच तेंडुलकर के इधर के दो नाटक "नीयतीच्या बैलाला" (हिन्दी अनुवाद "हत् तेरी किस्मत") "सफर" इसी बात को प्रमाणित करते हैं।

विजय तेंडुलकर ने मनुष्य को परंपरागत आदर्शों की शृंखलाओं को आधुनिक जीवनानुभव के हथोडे से तोड़ कर ढाँचे में आबद्ध मनुष्य के मानस को, उसकी नैतिक संकल्पनाओं को गहरे धरातल पर झकझोरा (श्रीमंत, मधल्या भिंती, शांतता कोर्ट चालू आहे, घाशीराम कोतवाल, कन्यादान, कमला इ.)। मध्यवर्गीय कलाकार के प्राणांतिक द्वन्द्वात्मक प्रश्न को "मी जिंकलो मी हरलो" जैसे नाटक में पेश किया। जीवन की बाह्य सफलता-किर्ति, रुतबा, अर्थप्राप्ति इ. और उसकी श्रेय-संकल्पना के बीच के संघर्ष को प्रखर अभिव्यक्ति तेंडुलकर ने दी। "शांतता कोर्ट चालू आहे।", "गिधाडे", "सखाराम बाइंडर" में तेंडुलकर ने मनुष्य के गहरे मनोवैज्ञानिक धरातलों का अन्वेषण किया और "घाशीराम कोतवाल" जैसे नाटक में सामूहिक मानस की गहन वास्तविकता पर प्रकाश डाला। हिंसा और काम भावना के व्यामिश्र एवं जटिल जाल को प्रस्तुत करने का सफल प्रयास किया। वैसे हिंसा और सेक्स के स्वरुप, संबंध और स्थिति की गहरी पड़ताल करना तेंडुलकर के साहित्य प्रयास का एक महत्वपूर्ण आयाम है। मनुष्य की क्रूरता, अहंकार, दंभ, छद्म, छलकपट, स्वार्थ, स्वभाव में छिपी असंगतियाँ देखने में और उनको मन की गुहा से ऊपर उठाने में तेंडुलकर को विशेष रूचि है। स्त्री-पुरुष संबंधों के बीच के तनाव बहुत बार तेंडुलकर के लेखन में आये हैं। मनुष्य के प्रति देखने का कोई विशिष्ट साँचा उन्होंने कभी स्वीकार नहीं किया। अपनी दृष्टि, निरीक्षण और मूल्यांकन की प्रणाली को सदैव खुला रखा। इसी वजह से मनुष्य के विद्रुप को उन्होंने बेपर्दा किया और अनेक नैतिक समस्याओं को उभारा। स्वाभाविकता विशिष्ट साँचे को स्वीकार कर चलने वाले समूह को उनके नाटकों ने झकझोरा। तेंडुलकर ने किसी भी तरह के आदर्श को नकली मुखौटा ओढ़कर देखने और जीने की परंपरा का या आदत का पर्दाफाश किया। इस साहस को लोग नहीं झेल पाये। वितंडावाद बहुत हुआ। "शांतता कोर्ट चालू आहे" से लेकर "कन्यादान" तक यह वाद का सिलसिला चला। तेंडुलकर के कुछ नाटकों ने मराठी दर्शक वर्ग को काफी बेचैन किया और कभी वे नाटक के खिलाफ लिखकर और बोलकर ही संतुष्ट नहीं हुए बल्कि बहिष्कार की सीमा तक मामला पहुँचा। इसका एक कारण यह अवश्य रहा कि "गिधाडे" जैसे नाटक की भाषा उन्हें रास नहीं आयी या घाशीराम कोतवाल में किया हुआ नाना साहब फडणीस का विडंबन उन्हें नहीं जँचा। कभी स्टेज पर अभिनेत्री का कपडे

बदलना या सखाराम बाईंडर की भाषा पसन्द नहीं आयी। लेकिन ये कारण ऊपरी थे। लगता है तेंडुलकर के नाटक गहरे स्तर पर दर्शक को प्रभावित करते थे और जिस मानसिक वास्तविकता को, कुंठा और वासना को हमारी सामाजिक प्रणालियों में उन्होंने छिपा लिया था तेंडुलकर ने उन्हें अवचेतन का वह भयावह तल दिखाया। कुछ आदर्श कुछ स्वप्नरंचन, कुछ वास्तविकता से पलायन करने की प्रवृत्ति, कुछ रोमेंटिकता इ. के कारण जो दबा था उससे परिचित होने पर दर्शक मन सह नहीं पाया। "कन्यादान" में यह नहीं सहा गया कि शोषित वर्ग का व्यक्ति भी स्वयं भयानक शोषण करता है, उच्च राजनैतिक आदर्शवाद में भी छद्म की सूक्ष्म धारा होती है, सिद्धान्तवादी व्यक्ति भी जीवन के किसी विकट प्रसंग में समझौता करने को बाध्य होता है। "कमला" में यह चोट आम पुरुष को "असह्य" थी कि वह पत्नी को सुख सुविधाएँ देकर अपनी गुलाम बना लेता है और स्वयं भी व्यापक और निगूढ व्यवस्था का गुलाम है। "सखाराम बाईंडर" में यही सहना मुश्किल था कि पुरुष नारी का यौन शोषण करते हुए सभी मूल्यों को ताक पर रखकर भयानक रूप में हिंसक हो सकता है और ऊपर से सरल लगने वाली नारी प्रसंगोपात् आत्मकेंद्रित और चालाख बन सकती है, यह भी पचाना मुश्किल था कि खुले काम संबंधों में कही विवेक पीड़ा देता है। "गिधाडे" में मध्यवर्गीय समाज की मूल्यात्मक क्षय और विनाश की अवस्था और उसी समय सरल व्यक्तियों का निःशक्त असफल प्रतिकार देखना असह्य था। घाशीराम में अपनी पुत्री को जीवन रक्षा के लिए बेच डालने की विवशता और उससे उत्पन्न घोर प्रतिशोध की भावना और उसके परिणाम स्वरुप क्रोध और हिंसा तथा तथाकथित उच्च पदस्थों की भोग-() का नग्न रूप देखने का अनुभव निश्चय ही भयावह था। "शांतता कोर्ट चालू आहे" में मनुष्य की दूसरे मनुष्य का शिकार करते समय क्रीडा का आनंद लेने की प्रवृत्ति और ऐसे व्यक्तियों के बीच अपने एक होने की प्रतीति को मान्य करना कहीं मुश्किल था। तेंडुलकर ने मनुष्य के जो रूप देखे और उनका चित्रण करते समय मानवी की अंधेरी गुफाओं का दृक्-प्रत्यय दिया। ये रूप तेंडुलकर ने देख चूँकि उनके लेखकीय मानस में मूल्यों के प्रति संसक्ति, मनुष्य के प्रति अचार करुणा, मनुष्य संबंधों में खुलापन और प्रेम, किसी भी हालत में "सत्य" को जानने की जिज्ञासा और किसी भी विशिष्ट विचारधारा से मुक्त होकर मनुष्य को देखने की लेखकीय वृत्ति, वैचारिक आग्रहों या पूर्वगृहों से मुक्त निरीक्षण प्रवृत्ति इत्यादि बातें मौजूद हैं। असल में लेखक के मूल दृष्टिकोण तक जाकर प्रभाव ग्रहण करने की क्षमता के अभाव के कारण नाटकों के ऊपरी स्तरों को देखा गया। यही कारण है कि काल के बीत जाने पर तेंडुलकर ने नाटक स्वीकृत ही नहीं हुए, सम्मानित भी हुए। आखिर लोगों को अपनी संकुचितता का भान हुआ और तेंडुलकर की सत्यपरकता का भी विश्वास हुआ। विचार करने की, प्रगतिशील विचार को सहन करने की, ताकद नहीं। इस मानसिक क्षितिज के विस्तार में तेंडुलकर का योगदान निश्चय ही बड़ा है।

तेंडुलकर ने कभी "कावळ्याची शाळा" जैसा फार्स भी लिखा (पुरस्कार मिले परंतु लोकाश्रय नहीं मिला) "अशी पांखरे येती" जैसा आह्लाददायी नाटक भी लिखा। लेकिन ऐसे नाटकों में वे अधिक रमे नहीं।

नाटक में नाटयानुभव और रंगमंचीय कोण दोनों दृष्टियों से प्रयोगधर्मिता तेंडुलकर के

नाटय कृतित्व का महत्वपूर्ण पहलू है। परंपरागत लोकनाटय के विविध रूपों का प्रयोग करके वे "घाशीराम कोतवाल" जैसा नाटक प्रस्तुत करते हैं। इसका प्रभाव लक्ष्मीनारायण लाल, सर्वेश्वर दयाल सक्सेना, मणिमधुकर जैसे हिन्दी नाटककारों पर भी पड़ा।

विजय तेंडुलकर वैसे बहुआयामी लेखक हैं। कविता को छोड़कर वे सभी विधाओं में अच्छा साहित्य लिख सकते हैं। वे पत्रकार रहे हैं। और दैनिकों में हर दिन ललित निबंध लिखकर उन्होंने "कोंवळी उन्हें" शीर्षक से जो पुस्तक प्रकाशित की वह बहुत ही लोकप्रिय हुई। उनकी कहानीकार के रूप में भी तेंडुलकर सफल रहे। परंतु नाटक के क्षेत्र में ही उनको इतना समय देना पड़ा कि अन्य विधाओं को कुछ दूर रखना उनकी विवशता थी। विजय तेंडुलकर को आज सरकारी - गैर सरकारी स्तर पर प्रचुर पुरस्कार मिले हैं, अनेक अखिल भारतीय सम्मान प्राप्त हुए हैं। उनके नाटकों को समाज के सुसंस्कृत और साहित्य के जानकार समुदाय में मान्यता मिली है। लेकिन इस संदर्भ में एक बात का जिक्र आवश्यक है। रवींद्रनाथ टैगोर की तरह औपचारिक शिक्षा विजय तेंडुलकर को नहीं मिली। उनके आरंभिक नाटक उस समय भी ऐसे विचलित करने वाले थे कि दर्शक वर्ग से भी उन्हें सहारा नहीं मिला। आरंभिक कुछ नाटकों के प्रयोग तो प्रतिकूल समीक्षा और निंदा के भाजन बने (वे नाटक आज सराहे जा रहे हैं - "कावळ्यांची शाळा", "श्रीमंत" इ.) तेंडुलकर के नाटकों गें जो बवंडर खड़ा किया उसका परिणाम उन्हें और उनके परिवारवालों को बुरी तरह से भुगतना पड़ा। सखाराम बाईंडर और घाशीराम कोतवाल के बाद नैतिक प्रश्नों को लेकर और ऐतिहासिक तथ्य की समस्या को लेकर जो तूफान पैदा हुआ उस दौरान उनको जान से मारने तक की धमकियाँ दी गयीं और पीटा भी गया। लेकिन तेंडुलकर ने सबका सामना जिस शांति और बौद्धिक संवाद से किया वह उनकी सहिष्णुता और आत्मविश्वास का परिचायक है। आरंभ में (चालीस साल पहले) कुछ उनके नाटय प्रयोग को देखने के लिए एक दर्जन से कम लोग आते थे। अब तेंडुलकर के नये नाटक की उत्सुकता और कौतूहल से प्रतीक्षा होती है। संक्षेप में तेंडुलकर को आज की सफलता प्राप्त करने के लिए विलक्षण संघर्ष करना पड़ा। विरोध की अग्नि में झुलस कर बाहर आना पड़ा। एक साहित्यकार के नाते उन्होंने सभी प्रकार की कीमत अपने साहित्य के लिए चुका दी है।

के. ज. पुरोहित की कहानी

प्रा. के.ज. पुरोहित १९४० से लिखते आ रहे हैं। १९४२ में उनका पहला कहानी संग्रह "संत्र्यांचा बाग" प्रकाशित हुआ। नवोदित कहानीकार की कहानी का मराठी में अच्छा स्वागत भी हुआ। संयत भाषा, प्रभावपूर्ण कथन भंगिमा, विषय का वैविध्य एवं नवीनता इ. वैशिष्टयों के सात कहानी के ललित निबंद (मराठी में लघु निबंध) के साथ रूपात्मक रिश्ते का भी जिक्र हुआ। वैसे शांताराम ने लेखन की शुरुवात ललित निबंध लिख कर की और कुछ ही समय के बाद निबंध विधा से नाता तोड़कर कहानी के निए अपने को पूर्णतः समर्पित किया । चालीस से अधिक वर्षों तर लिखते रहने के बावजूद और दो सौ से अधिक कहानियाँ मराठी का अच्छी प्रतिष्ठित पत्रिकाओं में छपने के बावजूद १९८२ तक किसी समीक्षक ने उनकी कहानी का जमकर विचार नही किया । हाँ, कहानीकार के रूप में उन्हें मौखिक प्रतिष्ठ अवश्य मिली । १९८२-८३ में मरठी के प्रख्यात सौंदर्य शास्त्र के अध्येता डॉ. रा.भा.पाटणकर ने शांताराम की कहानी की ओर दीर्घ समीक्षा लिखकर ध्यान आकर्षित किया । उनकी पुस्तक "कथाकार शांताराम" मराठी के प्रतिष्ठि त प्रकाशन प्रतिष्ठन मौज ने १९८८ में प्रकाशित की । मराठी के युवा समीक्षक डॉ. विलास खोले ने शांताराम की चुनिंदा १९ कहानियों का संकलन प्रकाशित किया जिसकी भूमिका बहुत ही उमदा है । शांताराम की कहानी के मूलभूत वैशिटयों, उनकी शक्ती एवं सीमा का वस्तुनिष्ठ विवेचन डॉ. पाटणकर और डॉ. खोले दोनों ने किया है । असल में मराठी मे नयी कहानी के अग्रिम दस्ते के कहानीकारों में प्रा. के.ज.पुरोहित क उल्लेख गौरवपूर्ण ढंग से होना चाहिए था परंतु उनको उचित न्याय मिलने में कुछ विलंब हुआ । इस विलंब की मिमांसा की जा सकती है । लेकीन एक बात रेखांकित करना जरूरी है । वह यह है पुरोहित जी की कहानी में त्वरीत ध्यान आकर्षित करने लायक स्मार्टनेस न हो परंतु दीर्घकाल तक जीवित रहने की क्षमता अवश्य है । इस क्षमता का विवेचन आगे किया जायेगा । लेकीन आज दसवें दशक में चालीस/ पचास वर्षों के बाद जब शांताराम की कहानी को पढ़ा जाता है तो उसमें ऐसे अनेक गुणों का सन्नीवेश देखकर लगता है कि साहित्य को दिर्घजीवि बनाने वाले ये गुण हैं ।

गृहस्थ की कहानी

के.ज.पुरोहित की कहानी एक गृहस्थ की कहानी है । मराठी की नयी कहानी का प्रारंभ से रुझान व्यक्ति की पृथगात्मकता और विशिष्टता को, उसके खास अपने सुख-दुख को चित्रित करने की ओऱ था । (मुझे लगता है कि हर भारतीय भाषा की नयी कहानी के केंद्र में व्यक्ति का हर्ष केद है, सुखदुख है, विशिष्टता है जब की पंपरा में लिखा गयी कहानी में गृगस्थ की मानसिकता है ।) शांताराम का लेखकीय व्यक्तित्व भी "'गृहस्थ' की अवधारणा से प्रतिबद्ध है और उनकी कहानी के स्वरूप पर उसका प्रभाव पड़ा है । व्यक्ति समाज से अपनी पृथगात्मकता को सुरक्षित रखना चाहता है, उसके लिए वह सामाजिक और नौतिक पारंपारिक मुल्यों से टकराता भी है । गृहस्थ में यह आगात से प्रतिघात से निरस्त्र करने की अपेक्षा आघात को पचाकर संतुलित रह कर अपनी सहिष्णुत वृत्ती से उपर उठने की एक समझदारी होती है । उसकी

सामाजिकता की जडे लोक जीवन में गहरे गयी हुई होती हैं और नैतिक ता का उसका परिप्रेक्ष्य त्तकालिकता से प्रभावित न हो कर वह अधिक व्यापक और समा जीवन की भलाई से प्रतिबद्ध होता है । परिणामतः ऐसे लेखक की रचनाओं में उभरी चकीचिक्य कम परंतु भीतरी जीवन शक्ती भरपूर होती है । शांताराम की कहानी में यह जीवन शक्ती विद्यमान है ।

शांताराम की कहानी का एक महत्वपूर्ण वैशिटय यह है कि उनकी कहानी में गतिशील परंपरा और कालोचिल आधुनिकता के समन्वित रूप के साथ उपस्थित है ठेस भूगोल । यह अच्छा ही हुआ की शांताराम का बचपन और यौवन बंबई के बाहर नागपूर में बीता । यह सही है कि महानगर की सुविधाएं न मिलने से कुछ साहित्य-बाह्य लाभों से वे थोड़े वंचित रहे । मसलन संचार साधनों का उपयोग करते हुए एक प्रतिष्ठित लेखक के रूप में पाठ्कों के गौरव-वलय के बीच रहनेकी सुविधा उनके नहीं मिली । परंतु इससे एकबहुत बड़ा लाभ हुआ । वे अपनी लोकभूमि की जडों से मजबुती से जुड़े रहे । परिणामतः उनकी कहानी में अपनी गाँवों, कस्बों, छोटे शहरों का एक मांसल संसार मिलता है । लगता है की लेखक अपने जन्म स्थान को और उसके आसपास के प्रान्तर को भलीभाँती जानता ही नहीं, उसको गहरें में प्यार भी करता है । शांताराम के कथा साहित्य में आंचलिकता का स्पर्श गहन रूप में अनेक स्तरों में परिलक्षित कियाजा सकता है । उनकी कहानियों को पढ़ते समय लगताहै कि हम देश-विदेश की मिट्टी, कीचड़, उसके रंग और गंध से संवेदित हो रहे है, वहाँ की विभिन्न ऋतुओं से, वर्षा, धूप, ठंड से हमारा वास्ता पडा रहा है । धान के खेतों की महक, वृक्षों की पत्तियों की सरसराहट, फूलों की गंध से हम अभिभूत हो रहे हैं, शांताराम खेती के काम की समूची प्रक्रिया से भी परिचित हैं । खेती और जीवन के पारस्पारिक संबंधों में हो रहे बदलाव से भी भलीभाँती अवगत हैं । जमीन से जुड़ाव का यह अंतःसूत्र उनको सामान्य लोकजीवन से भी जोड़ता है । कृषी से यह संबंध उनको भारतीय पंरपराओं से भी स्वस्थ रूप में जोड़े हुए है । यह कारण है कि आधुनकता के कांचन से उनकी आँखे चौंधिया नहीं गयी हैं । धरती जिस तरह अपने स्वास्थ की चीजें सोख लेती है उसी तरहशांताराम आधुनिकता से वही तत्व स्विकार कर लेते हैं जो उनके व्यक्तित्व में गहरी तोड़फोड़ नहीं पैदा करते । इसीलिए भी शांताराम ही कथा सृष्टी एक स्वस्थ मानस की उपज है, विकृतीयों और कुंठओं से ग्रस्थ व्यक्ति की नहीं । भोग और त्याग के उचित समन्वय से निर्वाह करने वाले गृहस्थ मन का साक्षात्कार उनकी कहानी पढ़ते समय होता है । लगता है विशिष्ट अंचल के बासियों से हमारा परिचय हो रहा है । आदिवासियों के स्वभाव और नडत्यों की थिरकन कथा उनकी महुए की शराब से हम घेर लिए गये हैं और उनकी काम वासना की आदिम गंध से हमारे रक्त में उथल-पुथल मच गयी है । उनकी नैतिक, अनैतिक, रीति-रिवाजों से चमत्कृत भी हो रहे हैं और प्रभावत भी । वहाँ के काश्तकार, ब्राम्हण विभिन्न जातीयों के लोग (भारत में जो लेखक समाज में वर्तमान जात-पात अवस्था के खुरदुरे तत्य से अपरिचित होगा वह भारतीय लेखक ही नहीं है) शांतारामकी कथा में आते हैं । विशेषतः नानाविधी स्वभाव की, विविध अवस्थाओं की कर्मठ स्त्रियाँ शांताराम की कहानीयों को जीवन्तता देती है । विभिन्न स्तोरं के लोग खास अपनी बोली का ढंग लेकर अपनी छाप छोड़ जाते है । अच्छा हि हुआ की अमिट संस्कार के दिनों में शांताराम नगर में आकर अपने आसपास के लोंगों से नाता तोड़ नहीं बैठे

। आदिवासियों की बस्तियों से लेकर छोटे-बड़े कस्बों में बहने वाली नदियों के प्रवाह की दशा और दिशाओं से शांताराम का खास परिचय है। नदी के प्रवाह पर थिरकने वाली डौंगियों और डोंगियों वालों से भी परिचय रखते हैं। जंगलों और जंगलों में रहने वाले मनुष्यों एवं पशुओं से शांतारम का रिश्ता जुड़ा हुआ है। (सिंग, गिलहरी, शेर, रेलँरेलॅ, देवता का खेल, चक्र, पेटूक, सब अच्छा है, निर्वासित पोतराज, चुरणं, मैय, विच्छेद काका काकी, अतिरेकी, रानपंक्षी इत्यादि)। बाजारों और सड़कों की सुबह-दुपहर-शामो की अलग अलग अदाओं में वे रस ले सकते हैं। कुल मिलाकर शांताराम की कथा का व्यापार परिदेश से गहरे जुड़ाव का बोध देती है। इसीलिए उनकी कथा भूगोल का बड़ा सशक्त रेखाओं वाला चित्र उभरती है। "उगीच योहा" जैसी कहानी में इसी गहन जुड़ाव से ऐंद्रिय संवेदनाओं का बिंबधर्मी विलास उत्पन्न होता है।

रक्त की पुकार

शांताराम में जीवन की आदिम रक्त-गंध की तीव्रता का गहरा एहसास है। मनुष्य की आदिम वासना उस रक्त में क्या उथल-पुथल मचाती है और मनुष्य का तर्क, विचार, आचरण की रूढ़ियों, संकल्प शक्ति, निर्णय शक्ति, विवेक आदि की लटबंदियों को कैसे ध्वस्त करती है इसका गहरा बोध शांताराम की कहानियों देती है। शिक्षित मध्य वर्ग में कभी ये बुद्धि को ध्वस्त करने की प्रक्रिया शराब से शुरू होती है। (नशा, खिलौना) तो कभी किसी आवेग के क्षण में। 'धूल' में मध्यवर्गीय नैतिकता की दृढ़ दीवारें किसी क्षण में कैसे हिल सकती हैं, इसका संकेत मात्र किया गया है। यह बात दूसरी है कि "धूल" का निवेदक अपने को बचा सका। शांताराम की यथार्थोन्मुख दृष्टि इस तथ्य को भी अनेक बार प्रकट कर चुकी है कि मध्यवर्गीय नैतिकता की जमीन उतनी पुरन्ता नहीं है। "उद्रेह" की नायिका अपने व्यभिचारी और खूनी पति से बेहद खफा है और उसने निश्चय किया है कि वह उससे कभी नहीं मिलेगी। लेकिन गहरी घृणा की दीवार तीन साल के बाद पति के घर आने पर ढह जाती है। वासना की प्रबल लहर में दोनों एक दूसरे से लिपट जाते है। घृणा बरकरार है, हिंसा और दूसरे को तोड़ रखने की प्रतिहिंसा भावना ने दोनों को उन्मत्त किया है। वासना वट वृक्ष की टहनी की तरह किसी भी अवरोध को दबा कर अपना अभिप्सित पूरा कर ही लेती है। अपनी आंतरिक उर्मियों को दार्शनिक मुद्रा में लपेट ने वाले "शंकरगुरू" की असलियत यही है कि शंकर का शंकरगुरू बनने के बाद भी वासना को दबाना उसके लिए संभव नहीं हुआ बल्कि अवसरों की सुलभता के परिणामस्वरूप वह बहुत आसान हुआ। "पीले लिफाफे" का मनोहर अपनी एक समय की प्रेयसी पर बलात्कार करता है। वैसे दफ्तर से दी गयी शिष्यवृत्ति की रकम मीरा वापस करे क्योंकि यह नैतिकता की मांग है, इस दृष्टि से उसे समझाने गया गनोहर मीरा के उन्कार करने पर नीति-अनीति की मान्यताओं को ठुकरा कर मीरा से बदले की भावना से गुस्से में बलात्कार करता है (मीरा एक सीमा तक विरोध करती है लेकिन फिर प्रवाह में अपने को छोड़ देती है।) वह जिस उद्‌देश्य से कलकत्ता आया था वह उद्‌देश्य एक प्रतिशोध, गुस्सा, अतृप्त वासना के आवेग में खत्म हुआ। लौटते समय उसकी मानसिकता यह थी: गाड़ी के डिब्बे में वह अपने स्थान पर स्थिर बैठ था फिर भी गाड़ी आगे बढ़ रही थी इसीलिए उसकी यात्रा हो रही थी। उसी प्रकार उसका जीवन उसके विचारों,

योजनाओं, संकल्पों की पर्वाह न करते हुए उनसे बिना पूछे आगे बढ़ने वाली थी। इतना ही उसे दिखा था, इतना ही उसे एहसास हो रहा था।" (शांताराम में एक किस्सागोई बैठ है जो मित्रों के बीच बैठकर विस्तार से इधर-उधर फैलते हुए अपनी कथा बताता है। परिणामतः "पीले लिफाफे" जैसी कहानी कुछ पसर जाती है, उतनी एकाग्र नहीं बन पाती। ("दूसरी आई" में पुरूथ की वासना का एक क्रूर पहलू प्रकट किया गया है और उसके नीचे प्रवाहित करूणा के गर्म स्तोत से कहानी को एक मूल्यवान अनुभव का स्तर प्राप्त हुआ है। एक स्त्री दूसरी स्त्री को सौत के रूप में स्वीकार करती है क्योंकि पुरूष की वासना की आग सहजा उसके अकेले के लिए असंभव था। अपनी सौत का यह उपकार उसे सौत के प्रति कृतज्ञ भावना से सदैव आर्द्र रखता है। परिवार बच जाता है। (शांताराम भारतीय परिवार व्यवस्था के एक अनोखे रूप को संकेतित करते हैं। किसी धटना, वस्तु, व्यक्ति, स्थिति का अनदेखा पहलू प्रकट करना शांताराम की कथा का एक महत्वपूर्ण वैशिष्ट्य है (बहु पत्नी प्रणाली का एक अपना विशिष्ट प्रयोजन था और वह पुरूष और स्त्री की प्राकृतिक वासना-शक्ति की विषमता पर निर्भर था। किसी समय बंगाली परिवारों मं पौढ़ नारियाँ अपने पतियों को सजा कर वेश्याओं के पास भेजती थी क्या। परिवार बचाने का यह रास्ता था? (माया जैसी आदरणीय अविवाहित समाज सेविका एक अवस्था में श्रीरंग जैसे अति सामान्य व्यक्ति से विवाह करने को तैयार होती है- माया ती लिलषचा में करूणा की एक अन्तर्धारा प्रवाहित अवश्य है परंतु शांताराम केवल संकेत करते हैं। लेकिन यह नहीं भुलाया जा सकता कि श्रीरंग पहला पुरूष था जिसने छिपी वासना की क्रीड़ा का इस प्रकार हम संकेतपूर्ण निर्देश शांताराम अनेक कहानियों में करते हैं। "काही झालं नाही (कुछ नही हुआ)" के गुणवंत की कमजोरी का पर्दाफाश उनकी छात्रा शीला करती है। यह कमजोरी दांभिकता का रूप लेकर चल रही है। यह कमजोरी उस गृहस्थ की है जिसकी पत्नी है, घरगिरस्ती है परंतु शीला के प्रति उसमें कहीं वासनात्मक आकर्षण भी है। वासना का यह संयत रूप लेकर चल रही है। यह कमजोरी उस गृहस्थ की है जिसकी पत्नी है, घरगिरस्ती है परंतु शीला के प्रति उसमें कहीं वासनात्मक आकर्षण भी है। वासना का यह संयत रूप "प्रवासी" में भी प्रकट होता है। पैसे के पीछे लगे कंजूस वसनजीभाई सहयात्री तरूण दंपति का आपसी उत्तेजक प्रणय देखते हैं। तो वह वसनभाई और उनकी पत्नी दोनों को कुछ विचलित करता है। "अतिरेकी", "विवस्त्र", "रती", "वाघ" आदि कहानियों में यह रक्त का तर्क अजीबोगरीब रीति से सामने आता है।

शांताराम आदिवासी दुनिया से भी भलीभाँति परिचित हैं। "बली" कहानी में नागों गोंड की औरत धनीचंद माखाड़ी से संबंध रखती है तो नागो धनीचंद को कत्ल करता है। लेकिन पति-पत्नी की आदिम रक्त की रवानी में फर्क नहीं आया। दोनों प्रेम से साथ रहे। मिन्कि ("अतिरेकी" कहानी) हरिप्रसाद के साथ संबंध करती है। इस मोह की कारण मीमांसा संभव नहीं है क्योंकि मिन्कि चार सामान्य आदिवासियों की तरह ही थी, उसमें विशे, कुछ नहीं था। मिन्कि के पति ने उससे पूछा, "काली चमड़ी से गोरी चमड़ी में कुछ अधिक होता है?" मिन्कि ने बाद में उत्तर दिया, "मैं शर्माती नहीं हूं। डरती बी नहीं हूं। मैं क्यों गयी, यह मुझे ही नहीं मालूम। फिर कहती हूं कि मालूम ही नहीं हुआ। पहले भी नहीं, बाद में भी नहीं। समझने के परे होता है यह सब। मुज पर विश्वास करो।" पति जातन हॅसिया लेकर उसके साथ हरिप्रसाद की ओर चलता है और

शराब पिलाने के बहाने हँसिये से उसका खून करता है, मिन्कि के सामने। दोनों ठंडे दिमाग से वहाँ से चल पड़ते हैं। आदिवासियों की यह आंतरिक लहर "चक्र" में भी संकेतित है।

आदिवासियों की तर्कातील रक्त- पुकार समझ में आती है क्योकिं उनकी जीवन मिट्टी से जुड़ा हुआ है और जब कबी यह नाता टूट जाता है और नागर जीवन की चकाचौंध या तथाकथिक सांस्कृतिक जीवन का तामझाम उन्हें अपनी मिट्टी से दूर ले जाता है तो उनकी आत्मा छटपटाने लगती है और उखड़े हुए ये लोग तब तक नहीं सुकुन पाते जब तक पुनः अपनी मूल जिंदगी से न जूड़ जायें। शांताराम ने "रानपाखरू" (रानपंछी) में बहुत ही समर्थतापूर्वक इसकी प्रतीति कराया है।

लेकिन खून की तर्कातीत उछलकूद नागर जीवन में नारी में भी देखी जा सकती है और इसके विभिन्न रूप शांताराम ने दिखाये हैं। शांतारां का कहीं यह विस्वास है कि किसी विशेष क्षण में कोई कास नारी पुरुष उसके बुलाने पर विवश-सा असहाय-सा दौड़ा चला आता है (जाळे)। कुछ इसी प्रकार का रहस्यमय सम्मोहनाकर्षण बिंदा गोंडी ने बाबूराव कसकर पर डाला था जिसके परिणामस्वरूप वह आदिवासियों के लिए आयोजित शिविर के सम्पन्न होने पर लौटते समय खून की कै कर मर गया। (चेट्रक) (शांताराम कुछ रहस्यमय जीवनानुभव में विश्वास करते हैं, यह उनकी कहानी "देवी" भी प्रमाणित करती है।) "काका काकी" कहानी में काका और मोती के संबंदों में भी यह तर्कातीत रहस्यमयता विद्यमान है। "गंधा" कहानी इसी संदर्भ में परंतु कुछ अलग दृष्टि से उल्लेख है। एक कॉलेज की लड़की के पीछे बैठने वाले लड़के ने उसके बालों से फूल निकाल लिया। उसे रष्टिकेट करने का निर्णय लिया जाता है। परंतु उसके पिता ने एक अनोखे तथ्य की ओर ध्यान दिलाया। उसकी माँ के शरीर से एक ऐसी मादक गंद आती थी जो पुरुष को उन्मत्त बना देती था - यही स्थिति लड़की के बारे में थी। पारस्परिक आकर्षण की गूढ़ता का कुछ जैविक आधार देने क प्रयास यहां कियागयाहै। वैसे शांताराम उन्मादक, उत्तेजक शरीर संवेदना खी गर्माहट को सें प्रेरित करने में प्रायः सफल हो जाते हैं परंतु कहीं भी उसमें भड़कीलपन या लिजलिजी भावुकता नहीं होती।

शांताराम ने नारी के आक्रामक वासना के रूप को भी दर्शाया है. सत्यभामा ने अपने मालिक अनंतराव को ऐसे ही फॉसा था। असल में पहला वयस्क. विधुर अनंतराव की ओर से हुई थी परंतु एक बार पैर फिसलने पर अनंतराव सत्यभामा की गुरफत में आ ही गये (सत्यभामा)। अनंतराव का प्रतिष्ठित रूप और उनका सत्यभामा के साथ वासनात्मक रिश्ते वाला रुप, इनके बीच का विरोध कहानी के नाट्य गुण को बढ़ावा देना है।

नारी के विविद रूप : दुख और वेदना और विद्रोह

नारी किसी पुरुष की इच्चा के विरुद्ध उसे रति क्रीड़ा के लिए प्रवृत्त कर सकती है, उसे उत्तेजित कर अपना शरीर सुख प्राप्त कर सकता है, उसमें सुख के चरम क्षण तक पहुँच सकती है, पुरुष को थका भी सकती है। स्त्री के कुछ इस प्रकार के रूप को जैविक आधार कहाँ तक हैयह एक प्रस्न हैपरंतु शांताराम की वर्णन शैली और चित्रात्मक प्रस्तुतीकरण की भंगिमा

विश्वसनीय अवश्य है। शांताराम की कहानी "खेळणं (खिलौना)" में कुच नशे की अवस्था में यह रुप मिलता है परंतु आंशिक रूप में। परंतु "रती" में रती खन्ना एक विलक्षण आक्रामक स्त्री है। औद्योगिक विकास में कुछ पुरातन मूल्य ध्वस्त हो रहे हैं, कुछ नये बन रहे हैं। नारी शिक्षा और स्त्री-पुरुत्र की समकक्षता के फलस्वरुप औद्योगिक प्रतिष्ठनों में नारियाँ भी अपनी क्षमता का परिचय दे रही हैं। शांताराम ने "रती" में इस दिसा में विकसित करियारिस्ट नारी कुछ पा रही है तो कुच खो भी रही हैं। भोग उसका चरम साध्य है और उसके लिए अर्त और अधिकार को समस्त परंपरागत मूल्यों को ताक पर रक कर अर्जित कर रही है। अपने सौन्दर्य औप पुरुष की कमजोरियों से इसमें उसे अधिक लाभ मिल रहा है। रती खन्ना के जीवन में त्याग, करूणा, दया, कृतज्ञता, निष्ठ इत्यादि मूल्यों का महत्व नहीं है। किसी भी तरह से अपनी सुख सुविधा के लिए अपने प्रतिष्ठन की आर्तिक प्रगति यही एकमात्र उद्देश्य है। रती प्रेम को महत्व नहीं देती, सेक्स के लिए वह किसी भी स्तर तक उतर सकती है। शांताराम ने इस अत्याधुनिक नारी का एक महत्वपूर्ण वैशिष्ट्य दिखाया है। वह सेक्स को खरीद सकती है और खरीददार के रूप में वह जिससे खरीदती है उसके प्रति यत्किंचित भी भावनात्मक धरातल पर जुड़ी नहीं है। भानात्मक उलझाव से सर्वथा अलग केवल शरीर धरातल पर ऐंद्रिय संवेदनाओं का आदान-प्रदान (अधिकार आदान ही) उनका वैशिष्ट्य है। एक तरह से यह पुरुष वेश्यागमन है। वैसे सेक्स के सुक के लिए रती टाइपिस्ट अनिता के साथ भी रस ले सकती है। ड्राइवर अन्चर, जिसका वह अपनी वासना-पूर्ति के लिए उपयोग करती है, को वह बार-बार अपना स्थान दिखाती है और किसी भी तरह से भय न करती हुई नोकरी से निकाल देने की धमकी भी देती है। वासना पूर्ति तथा अर्थ और अधिकार प्राप्ति के लिए प्रयत्नशील नारी जब सबी परंपराओं और मूल्यों को तिलांजलि देती है तो उसका रूप क्या हो सकता है इसको रती खन्ना प्रतीकित करती है। "रती" का पूर्व पदचिह्न "खेळणं" कहानी में परिलक्षित हुआ था जहाँ आधुनिक युवती पार्टी में खुलकर सेक्स पर बहस कर सकती है परंतु पुरुष को उत्तेजित कर मजा लेने तक वह सीमित है।

वैसे शांताराम की कहानी में नारी के विविध रूप हैं। नीति-अनीति का विचार दिमाग से निकाल कर अपना स्वार्थ देखने वाली निम्न जाति की सत्यभामा है तो पति और पुत्र के निकम्मेपन के कारण परिवार के लिए खून जलाने वाली "गोणिका" भी है। शांताराम ने परिवार के लिए खटने वाली वयस्क महिलाओं के बड़े प्रभावपूर्ण चित्र खींचे हैं। गोपिका पति और पुत्र को कोसती भी है और उनके प्रति अपना कर्तव्य अतिरिक्त सजग भाव से निभा भी रही है। उसकी एकमात्र इच्छा है कि उसका निकम्मा पुत्र नोकरी करे। वह जिस बैंक अधिकारी के घर काम करती है वह उसे रात को भोजन बनाने के लिए बुलाता है जब उसके गर के लोग बाहर गये हैं। उसका अर्थ स्पष्ट हैं। वयस्कता में भी अपने शरीर की गठन को मजबूत रखने वाली गोपिका का वह योन शोषण करना चाहता है और गोपिका यह जानती है। शांताराम ने कहानी का अंत विलक्षण प्रबावपूर्ण ढंग से किया है। उसने पुत्र और पति से कहा कि बैंकवाले ने रात को बुलाया है – "उसको लगा कि बार-बार सुनने पर (कि वह अकेली है घर में) पिता - पुत्र का नशा उतरेगा और वे क्रोध से भड़क उठेंगे। लेकिन ऐसा कुछ भी नहीं हुआ।" दोनों ने उसे वहाँ जाने का अनुरोध ही किया। "पिता पुत्र के शब्दों को सुनते ही उसका शरीर जलने लगा लेकिन वह

क्षणभर के लिए। अपनी आँख की अग्नि कोउसने मानों उड़ेला और वह सांत हो गयी. करीबन शांत। किंचित अस्वस्थता थी – मशीन से धागा उतरने के बाद जैसा लगता है, कुछ वैसा।" (यह परिवार दर्जी का है अतः इसीसे संबंदित बिंबो का इस्तेमाल किया गया है)... "कोई अपुन को जिंदगी की राह पर ढकेल दे और पट्टी लगाई हुई आँघों के साथ, बँधे हुए हाथ पैरों के साथ चलते चले जायें, जावनी से आज तक यही हुआ। इसके बाद भी यही होगा, यही होगा।"... समूचे जीवन का यह है निष्कर्ष जिसे पहले से जीवन्त प्रत्यक्षता दी गयी हो। अन्त में .. "जंगल की रेत राह पर वह मुड़ी तब अंधेरा बढ़ गया। उसको लगा अंधेरे की आँख में सुइयाँ खोंप दूं। अंधेरे के गले पर कैंची चलायी जाय, अंधेरे की नाक पर अंगुस्नान रगड़ा जाय। वह आगे चली थी, अंधेरा गहरा होता गया ..." यह राह, यह अंधेरा, यह प्रतिशोध की भावना, यह प्रतिहंसा – गोपिका के नयी दिशा का कलेवा है जहाँ अंधेरा ही अंधेरा है। यह एक कर्मठ नारी की भयानक विवशता भी है और पति, पुत्र और यौनशोषण करने वाले पुरुष समाज के लिए अपना सतित्व दाँव पर लगा रही है – यह भी एक कठोरतम तपस्या है।

कुछ अलग ढंग का स्त्री का दुख "राधाबाई" (चंद्र माझा सखा संग्रह १९६९) में व्यक्त हुआ है। राधाबाई भी एक परिवार के लिए खटनेवाली परित्यक्ता है। पति ने तीन बच्चों को पैदा कर घर छोड़ दिया वह साधु बन गया। राधाबाई ने कुच काम कर दो लड़कियों को शादी करा दी और पुत्र की शिक्षा पूरी करा कर उसकी भी शादी करा दी। लेकिन राधाबाई को कहीं भी सुख नहीं है। किसी पुरुष के बलात्कार का विरोध करते समय कुंकू पुँछ गया, मंगलसूत्र टू ट गया। राधाबाई ने उस निरर्थक हुए सौभाग्य चिन्हों का उपयोग छोड़कर विधवा व्रत धारण किया। वब अन्याय के प्रतिकार का एक रूप था। दुर्भाग्य ने राधाबाई को नहीं छोड़ा। पुत्रवधु से सन्मान और आराम मिलना दूर रहा, अपमान के कडवे घुँट ही पीने पड़े और गुर्भाग्य ने अंतिम प्राहर किया - उसका पति वापस आया था और परिवार में रहना चाहता था। पुत्र की ईच्छा थी कि पिता रहे परंतु राधाबाई इसके लिए तैयार नहीं थी। इस बिडंबना को झेलने के लिए वह कर्मठ और स्वाभिमानी नारी तैयार नहीं हुई। वह कभी न लौटने का निर्णय कर तीर्थ यात्रा पर जाती है। समाज में नारी के पुरुष के अन्याय के विरोध में विद्रोह भावना इधर की नारी मुक्ती के आंदोलन में पैदा नहीं हुई है। शांतारमने अपनी अनेक कहानीयों में बड़े संयत ढंग से विद्रोह के नानारूप दिखाये है।

शांताराम ने नारी के दुःख को शक्तिपूर्ण कथात्मक अभिव्यक्ति दी है। उनकी अभिव्यक्ति का एक वैशिष्टय यह है कि उसका स्वर कभी उँचा, कर्कश्य और सीधी मा करनेवाला नहीं होता। वे धीमी स्वर (लो-टोन) में प्रायः अभिव्यक्ति करतें हैं और सुधी पाठक को गहरे में ल्पर्श करते हैं। आश्यर्य यह है कि प्रायः गणशप की पसरीली शैली में बात करने वाले शांताराम खर्ज-स्वर में नारी विषयक वेदना को और उसको विद्रोह को व्यक्त करते हैं। उनका करुणा का आंतरीक स्पर्श भी मुलायम परंतु खरा खरा होता है। उपरोल्लिखित "गोपिका" की प्रतिक्रिया हि उसका साध्य है। "राधाबाई" का निर्णय भी इसी को शक्तिपूर्ण ढंग से संकेतित करता है। प्रायः अशिक्षित नारीयों द्वारा अपने आत्म निर्णय से अभिव्यक्त प्रतिक्रिया पुरुष समाज की परंपरागत

अन्याय प्रणाली पर जबरदस्त चोट है। दोनो कहानियों को पढ़ते समय लगता है सदियों से हमारे द्वारा पीड़ित और अवहेलित ये हमारी ही माताएं-सहीं गहरे में करुणा का स्पर्श विचलित करता है।

"चुरणं" कहानी में काशी की अशिक्षित मजदूरनी है। पतिका साहुकार के सामने कुरते की तरह पूँछ नीचे डालकर व्यवहार करना काशी को कभी पसंद नहीं आया। वह साहूकार के भी ताने मारने से कभी पीछे नहीं हटी। पतिको मुनिम बनने का मो था लेकिन काशी जानती थी की यह केवल शब्द का मोहजाल है। मुनिम बनने पर झोपड़ी छोड़कर साहूकार के घर में रहने के लिए आया। गंगप्पा काशी से मजूरी करने के लिए न जाने की सलाह देता है। क्योंकी साहूकार के घर की औरतें मजूरी करने नहीं जाती। जो गर्भवती काशी फटकार कर जबाब देती है : "तुम टेढे पाँववाले हो और तुम्हारी बहन अंधी। वह क्या काम कर सकेगी। बच्चा पैदा होने पर तुरंत काम करना शुरु करुंगी - समझे ? हम लोगों में औरते ं काम नहीं करती, यह तुम्हें आज ही कैसे समझ में आया ?" वह पुरुष वर्ग पर करारा प्रहार था परंतु भाषा में कही भी अतिरेक नहीं, भड़कीलापन नहीं है। काशी "मुनीम" की असलीयत जानती थी। अतः उसने अपना काम कभी नहीं छोड़ा। भारतीय परिव्यवस्था के गहरे संस्कारों को शांताराम भलीभाँती जानते हैं और उनके रचना संसार में यह भारतीयता का गहरा भान सर्वत्र विद्यमान है। गंगप्पा की सभी कमजोरीयों को काशी ने झेला, सहा और निभाया। लेकिन बड़े लोगों की तरह यह नकलनबीस मुनीम भी जब किसी दुसरी औरत में फँसा तो काशी का गुस्सा बेकाबू हो गया। उसने घर छोड़ने का निर्मय लिया। "परिवार के संस्कारों पर पड़े आघात के विरोध में तिलमिलाते स्वर में उस तेजस्विनी ने कहा, "कही भी जाऊँगी, यहाँ नही रहूँगी, देखतेक्या हो ?" हाँ वैनगंगा नदी मेंजाकर डूब नहीं मरुंगी। लेकिन एक बता रही हूं। तुम मेरे पीछे मत आना। मुझे मत रोकना। अब खत्म हुआ। मेरे पीछे पीछे आओगे और मुझे रोकोगे तो मैं सीधी तमाशा में जाऊँगी और समूचे गाँव के सामने तमाशा के कृष्ण हाथ में स्तन देकर कहूँगी, "यह चुरो" - इस कथन की तीव्रता की प्रचिती पूरी कहानी में संदर्भ में ही हो सकता है और उसकी कलात्मकता भी समढ में आती है। क्योंकी संदर्भ में तमाशा का महत्व है, खेत पर धान चूरने के काम का महत्व है। मजदूर से खोकले मनीम बने गंगाप्पा की करतीत का भी संदर्भ है। कहीं भी अलग से नाटकीयता नहीं है, आँखो को चोंधियाने वाले तत्वों को उपयोग नहीं है। अनुभव की पूरी समृद्धता और कलात्मक प्रस्तुतीकरण अंतीम प्राहर को आवेग, ताव्रता और प्रभाविष्णुता देता है।

भारतीय समाज के श्रमकर वर्ग की यह अंगभूत तेजस्विता देखने के बाद उसका मध्यवर्गीय रुप भी देखना समुचित होगा।

शांताराम ने विवा की उम्र बढ़ने से होने वाली व्यथा-वेदना का संकित किया हि है। विवाह के बाद गृहस्थी में नारी की मानसिक अवरुद्धता का भी चित्रण किया है। पति-पत्नी संबंध में पति का नाहक चिड़चिड़ापन और अधिकार करने की प्रवृत्ती और पत्नी की पीड़ा, असीम सहिष्णुता और जीवन क्रम को चलाए रखने के लिए, वंश सातत्व को बनाये रखने के लिए उसकी चल रही

छटपटाहट का भी शक्तिपूर्ण संकेत स्थान-स्थान पर किया है । ("गोपिका", "राधाबाई", "दूसरी आई", "कचकच", "छूं", "वायफल", "मावशी", "संध्याराग", "काका काकी", इत्यादि) शाताराम ने शिक्षित अशिक्षित भारतीय नारीयों के शक्तिस्थानों का, कमजोरीयों का, सीमाओं का सशक्त निर्देश किया है ।

कुछ कहानियों में नारी के कुछ बदलते रूपों का भी भलीभांती संकेत किया गया है । "मायादेवी" और "दिक्षा" में गुणसंपन्न नारीयों के विवा की उम्र बढ़ जाती है, परिणामतः उनके ओर लपके कुछ गुंडे टाईप के तरुणों को स्विकार करने के लिए वे विवश हो जाती है । परंतु कहानियों की अंतिम दिशा भिन्न है । मायादेवी श्रीरंग के साथ विवाह करने के निर्णय में संतुष्ट नहीं है, उसकी प्रतिक्रिया व्यामिश्र है । वह रो भी रही है और यह रोना आनंद का नहीं हैं । कही गहरे में अपने समाज सेविका होने और प्रतिष्ठ प्राप्त करने की व्यर्थता का बोध उसको साल रहा है । फिर भी श्रीरंग से विवा करने का निश्चय वह व्यक्त करती है । श्रीरंग उससे पूछता है- "लेकिन इसमें रोनेलायक क्या है ? इसका अर्थ मेरी तो समझ में नहीं आ रहा है ।" उस पर मयादेवी जबाब देती है, "मेरी भी समझ में कहाँ आया है ? यह क्या जरुरी है की हर घटना का कुछ अर्थ होना ही चाहिए ? घटना तो बस एक ही जानती है-घटिल होना ।" यह प्रतिक्रिया एख गहरे व्यामिश्र मानसिक जाल को संकेतित करती है । इसके विपरीत "दिक्षा" में अर्चना प्रताप को पास आने देती है परंतु एक सीमा के बाद उसको दूर करती है । वह भी यही कहती है, "अपने को क्या लग रहा है यह बहुत सारे लोगों की समझ में ठीक तरह से नहीं आता । तुम भी उन्हें से हो ।" प्रताप दूर चला जाता है परंतु उसका व्यक्तित्वांतरण होता है । वह पहलेजैससा आक्रमक नहीं रहता, उसकी बलिष्ट देह भी सुखे वृक्ष की तरह देखने लगती है । उसने इतना ही जाना कि मनुष्य के साथ गुस्सा करने से, घृणा करने से कुछ नहीं होता । जरुरत है मनुष्य को समझने की । मनुष्य के प्रति आंतरीक लगाव उसमें पैदा हुआ था । शांताराम की कहानियों में मनुष्य और मनुष्य के बीच के आतंरीक स्नेहमय लगाव पर बल है और लगता है त्रुटीयों, दोषों, कमजोरीयों, के बावजूद मनुष्य को समझना और उसे स्नेह देना उनकी कथा का एक प्रमुख अन्तर्वर्ती मूल्यसूत्र है ।

"सुलभा सुळे" में शांकताराम नारी की संकल्प शक्ती और तेजस्विता का एक अनोखा रूप प्रस्तुत करते हैं । लेकिन यह रूप इकहरा नहीं है-व्यामिश्र है क्योंकी मनोविज्ञान की नींव मजबूत है । सुलभा सुरेश देशमुख के साथ विवाह करने का विचार त्याग देती है, उसके लिए प्रेम को वह तिलांजली देती है । आधुनिक व्यक्तित्व जागृत नारी अपनी अस्मिता पर चोट कभी नहीं सहन करती । विवा को अवसर पर प्रेम को अलग रख कर व्यवहार की बातें, घरवालों की बातें सामने लाने वाले पुरुष की अवसर वादिता पर यह कहानी प्रहार करती है । शांताराम अनुभव को प्रायः खर्ज स्वर में व्यक्त करते हैं । सुलभा की असमिता पर चोट होने के कारण उभरी प्रतिक्रिया शब्दों का, तेजतर्रार गुस्से अभिव्यक्ति का यह बड़बोली भावुकता का रास्ता नहीं अपनाती । उसकी समस्त सक्रियता (तीन तीन प्याले काफी पीना, होटल का बील खुद चुकाना, घर आने पर भरपूर भोजन करना, बापूसाहब देशपांडे को उनकी लड़की के ब्याह के लिए प्रयास करने का संदेश

भेजना, स्कूल जाते समय जरूरत से ज्यादा प्रसाधनों का उपयोग करना और स्कूल में अतिरिक्त काम के लिए योजनाएं पेश करना इत्यादि) उसके अंदर के विद्रोह कोव्यक्त करती है । अंत में शांताराम लिखते हैं, "पांडे को तो सुलभा का बर्ताव समझ में नहीं आया । पांडे की समझ में नहीं आया तो जोशी मैड़म की समझ में क्या आएगा ? इतने अनुभव के बाद भी जो जोशीमैडम की समझ में नहीं आनेवाला था वह कु. मंदा साठे की समझ में आना नितांत असंभव था ।"- असल में कहानी के व्यंगार्थ की पकड़ न हो तो शांताराम की कहानी भी कुछ समझ में आती है क्योंकी वहाँ घटना की उछलकूद कम, बात ज्यादा बोलती है । (शांताराम कुछ महत्वपूर्ण कहानियों कीओर मराठी पाठकों का भी ध्यान न जाने का यह भी एक कारण है ।)

कुछ इसी प्रकार की तेजस्विता "'डॉक्टर' कहानी की डॉ. सुमतीबाई पाध्ये भी दिखाती हैं । अविवाहित रह कर अपनी प्रैक्टिस और लोकसेवा का कार्य प्रतिष्ठपूर्वक चलाने वाली डॉ. सुमती बाई वयस्कता में अज्जासाहेब आठ्वले के साथ प्रेम के सूत्रों में बँध जाती हैं । किसीप्रकार का हिसाब न रखते हुए उन्होंने अपने को वकील साहब को समर्पित किया । परंतु प्रत्यक्ष विवाहबद्ध होने की बात जब सुमतीबाई ने उठायी तो वकील साहब अपनी प्रतिष्ठ का हिसाब करने लगे । वे विधुर थे और विवा कर भी सकते थे । परंतु वे अपनी प्रतिष्ठ को दाँव पर लगाना नहीं चाहते थे । वैसे ही संबंध बनाये रखना चाहते थे । सुमती बाई ने उनकी यह हिसाबी प्रवृत्ती देख कर उनको सदा के लिए विदा किया । काम-काम अपने को पूरी तरह अपने काम में लगाया । यहां भी व्यक्तित्व की अस्मिता पर चोट थी और यह व्यक्तित्व जागृत नारी इसे सहन कर सकी ।

"विभावरी" में विवाहित विभावरी अपने डॉक्टर पती को को अपराध की बदनामी से बचाती है । वह बड़े अधिकार के सामने यह कहती है कि पति के साथ नग्न विहार करने वाली औरत और कोई नहीं थी, वह स्वयं भी । परंतु उसने पति को सबक सिखाने का निश्चय किया । विभावरी पति के साथ तालाब पर नग्न विहार करनेक आनंद लेना चाहती थी । असल मेंयह एक पति की बेईमानी का प्रतिशोध था । पति जो खुलापन और स्वंछदता दूसरी औरत से चाहता है, वह अपनी पत्नी में देखना पसंद नहीं करता । पत्नी विभावरीपति को ताकिद देती है - "अब भी आपकी तैयारी नहीं है । हर्ज नहीं । मैं प्रतिक्षा करने को तैयार हूं । लेकुन उसमें अड़चन इतनी हि है कि फिर हमें एक दूसरे के सहवास के लिए खूब प्रतिक्षा करनी होगी । क्योंकि मैने तय कर लिया है कि पहलेतालाब पर वह लोक विलक्षण अनुभव लूं और तब घर का रोजमर्रा अनुभव लूं - निश्चित ।" अपना पत्नी धर्म वह नहीं छोड़ती, तलाक की बात नहीं करती, पति को तीखे शब्दों में कुछ नहीं बोलती । शांताराम की कहानी का वह स्वभाव भी नहीं है । वह लौटने पर अपने थके पति से कहती है, "आप थके हुए लग रहे हैं, चाय पिलाती हूं आप फिक्र न करें उतना एक छोड दे तो कुछ भी फर्क नहीं पड़ेगा ।" - यह विलक्षण सत्याग्रह जो पुरुष के लिए बड़ा ही तकलीफ देह है । भारतीय नारी की यह आधुनिकता है जो परंपरा की गरीमा को सुरक्षित रखते हुए प्रभावपूर्ण भी और कालोचित भी । इस संदर्भ में शांताराम की कहानी "यात्रा" एक महत्वपूर्ण कहानी है । यह बहिर्मुखी यात्रा को है क्योंकि हपली बाक लोकसेवा के लिए

समर्पित और विख्यात चिन्तक दादासाहब अपनी पत्नी के साथ व्याख्यान के दोरे पर निकलते हैं - ट्रेन से । यह यात्रा भितरी भी है क्योंकि दादासाही की पत्नी एक निर्णय पर आने के लिए अंदर से यात्रा कर रही है । दादासाहब करीबन एक निर्दोष महनीय व्यक्ती है । लेकिन एक अलग किस्म की स्वकेंदितता उनमें है । उनकी समूची असामान्य जीवन यात्रा में उन्होंने अपना निर्णय किसी पर प्रत्यक्षतः नहीं आरोपित किया और अपना निर्णय किसी से पूंछ कर नहीं लिया । सेवा, त्याग, निष्काम कर्मयोग का भी एक स्वकेंद्रीत अंहकार होता है । दादासाहब की कामवासना (इसमें भी वे पत्नी के अतिरिक्त किसी के साथ संबंध नहीं रहें) भी कुछ निलिप्त, यांत्रिक ढंग की है, जोशपूर्ण परंतु स्वकेंद्रित । पत्नी नोकरी भी करती था, परिवार में भी खटती थी । यात्रा से लौटने पर उसने निर्णय लिये-एक, नोकरी छोड़ देती है । दो, दादासाहब की भोग की सहयोगी भी वह नहीं होगी । रात को वे आवेग से अलिंगन में बांधने लगे तब उसने कहा, "मैने नोकरी छोड़ दी है ।"

शोषण, हिंसा, लोभ के विरोध में सदा भाषण करने वाले दादासाहब कहीं यौनशोषण में भागी थे-भले ही यह शोषण नीति सम्म्त, धर्मसम्म्त था । इस शोषण के विरोध में पत्नी का विरोध पुरुष को तीव्र रुप में दंश करने वाला था ।

व्यक्तिशः मुझे शांताराम की कहानी चंद्र माझा सखा (चाँद मेरा दोस्त) इस संदर्भ में भी और अनेक अन्य कारणों से प्रिय है । वैसे शांतारामकी अनेक कहानियों में पुरुष नीरपेक्ष जीवन जीने की नारी की जीद्द परिलक्षित हुई है । परंतु प्रस्तुत कहानी में अनुभव का मिजाज ही अलग है । प्रायः शांतारामकी कथा में जीवन के यथार्थ का खुरदरा और जमीन से छूता चलता अनुभव होता है । बहुत कम स्थानों पर वह काव्यात्म, लिरिकल मनोवस्ता में पहुँचते है । इस कहानी में यह अवस्था सफल रुप में पैदा हुई है । इतना भी कहानी की यशस्विता के लिए कम नहीं है । परंतु इसमें कुछ अधिक है, अधिक मूल्यवान है जो जीवन पर भाष्य करता है-कतात्मक भाष्य, कलात्मक संरचनामूलक भाष्य । प्रायः जीवन की ठोस जमीन पर यथार्थ केसहारे चलते-चलते स्त्री को भयावह घुटन होती है – "नींद से जब मैं जगी, सच कहा जाय तो आधी अधूरी जागृति से जब मैं पूर्णतः जागृत होकर उठी तब आसपास की सॉसों से मेरे जी घुटने लगा। अब तक मैं घुटन भरा जीवन ही जी रही थी, लेकिन अब लगने लगा कि कहर वर्षा हो गया। क्या इसमें से कहीं मुक्ति नहीं है? – मैं अंधेरे में इधर उधर देखने लगी। लेकिन जो प्रकाश में नहीं दिखा वह अंधेरे में इधर उधर देखने लगी। लेकिन जो प्रकाश में नहीं दिखा दिखा वह अंधेरे में क्यों दिखेगा? लेकिन अंधेरे में मुझे दिखा - प्रकाश किरण।" यहॉ से चंद्र की करिण में सेमिली स्पर्श सुख की कोमलता और उसमें उत्पन्न मन की आनंदावस्था का बहुत ही प्रभावपूर्ण, प्रतीतिकर चित्रण है। इस अवस्ता में जीवन को सार्थक करने वाले आनंदानुभव का सर्वोच्च क्षण उसे प्राप्त होता है। (शांताराम यहॉ अध्यात्मिक परिभाषा का ज़रा भी उपयोग नहीं करते, यह ज्ञातव्य है।)"मुझे सिर्फ इतना ही भान हुआ कि मैं एक विशुद्ध, स्वच्छ चॉदनी के विश्व में आ पहुँची हूं। इस स्थान पर आने पर मेरे व्यक्तित्व का कण-कण एक मस्त सुगंध से भर गया। चॉदनी के उस सौरभ से मैं अभिभूत हुई। चॉदनी का सौरभ... उस रात का वह मेरा अनुभूत सौरभ चंद्र प्रकाश

काही ता ... मेरे शरीर को सुख देने वाला, मन को गुदगुदाने वाली वह रेशम से भी मुलायम स्पर्श चॉदनी का ही था।" ... "वह स्वच्छ, तळम, सुगंधमय प्रकाश मनःपूत भोगती हुई में वहीं खड़ी रही. अब व्याकुलता नहीं रही, अस्वस्थता नहीं रही, जड़ता का भान समाप्त हुआ, अंधेरे का पीछा खत्म हुआ। अब केवल प्रकाश, केवल आनंद, केवल प्रसन्नता। मैं संपूर्ण आनंदमय हो गयी था। मेरे व्यक्तित्व के सारे बोझ गल रहे थे - वस्त्र का बोझ, शरीर का बोझ। अपने सारे वस्त्र गल गये हैं, देह का जू उतर गया है। और मैं केवल प्रकाशमय, केवल आनंदमय हो गयी हूं। इतना ही भान शेष था ..."

यथार्थ (गृहस्थी, बच्चे, सास ससुर, बहन, दवाइयॉ, बीमारियॉ, अर्थ का कष्ट अवहेलना, उपेक्षा और सबसे अधिक पति की शंका भरी नज़र की पीड़ी) में दम घुटता है। नारी कभी इस यथार्थ में चंद्र किरण का स्पर्श चाहती है। निष्कलुष, निर्मल, विशुद्ध मित्रता का स्पर्श चाहती है। (जो प्राय : पति उसे नहीं देता) यह जो नारी की चिर अतृप्ति, घुटन और पीड़ा है उसमें कभी "बाहर" का आगमन आवश्यक है जो प्रायः नहीं होता। होता भी है तो पति नाम के प्राणी की शंका से संदेह से सारा आनंद छितर कर तकलीफ देता है।

क्या इस प्रकार के विशुद्ध के मित्रता के क्षणों को स्वीकार करने की उदारदिली पुरूष दिखाएगा? पति दिखाएगा?

यहॉ पुरूष को अन्तर्मुख कर कहानी समाप्त होती है। बहुत कुछ अनुमान और कल्पना में छोड़ कर।

स्त्री-पुरूष संबंध में इस प्रकार की विशुद्ध आनंदमय मुक्ति संभव है। शांताराम केवल जोरदार प्रश्न हल्के से उठाकर अलग हो जाते है। वैसे गंपशप में शब्दों की बौछार करने वाले शांताराम विशेष संदर्भ में नापतोल कर बोलते हैं, मूल रह सकते हैं जो मूकना अनुभव की असीम गहराई की संकेत करती है।

स्त्री-पुरूषों के बीच निष्कलुष, शुद्ध, निर्मल आनंद की बौछारें आती रहनी चाहिए (देखिए शिरवा-बौछार) अन्यथा रोजमर्रा का जीवन बहुत ही यांत्रिक और पीड़ादायी होता है। "रात्र" कहानी में भी शांताराम ने कुछ ऐसा ही सूचित किया है।

भारतीयताः परिवार में आस्था

शांताराम एक गृहस्थ कथाकार हैं और परिवार के गहरे संस्कार उनके मन में अंकित हैं। भारतीय मनुष्य मूलताः परिवार का संदस्य है। इसीलिए अभावों, कुंठओं, समस्याओं और पीड़ाओं के बीच भी वह परिवारव्यवस्था को यथासंभव सुरक्षित रखना चाहता है। "नशा" में शराब के नशे में मन के कुछ वंधनहीन होने पर हर कोई अपने पारिवारिक दुख का रोना रोने लगता है परंतु पत्नी का संदेश आने पर वे भाग खड़े होते हैं। फिर हरेक को अपनी पत्नी की याद आने लगी और सब भाग गये। लेखक के मेजबान पंडित तो अपनी पत्नी केबारे में जो बोल गये थे उसे भूल जाने के लिए प्रार्थना कर रहे थे। "नशा" कहानी संरचना के स्तर पर तो सफल है ही, कथा के स्तर पर भी महत्वपूर्ण है। क्वब में नशा करते हुए धारे-धीरे आदमी कैसे स्वच्छंद

होता है, तनावहीन और मुक्त होता है, इसके साथ कुछ ठेकर लगने पर नशा कैसे उतरता है, इसका बहुत ही सफल अनुभव रचा गया है। नशे का आरोह और अवरोह बड़ी कुशलता के साथा व्यक्त किया गया है।

"प्रत्यय" जैसी कहानी जीवन के भूमि और ताप को व्यक्त करती हुई भी जीवन के वाशिक सातत्य, आस्था को दृढ़ करती है और परिवार के खट्टे -मीठे अनुभवों के बीच उसकी सार्थकता और उपयोगिता की प्रतीति करानी है। "वळण" जैसी कहानी, जो दो वर्षो की बच्ची को लेकर लिखी गयी है, जो लेखक लिखता है, उसके व्यक्तित्व का भीतरी अंश वात्सल्य सेसरोबोर ही होगा। इस तरह शांताराम की कहीनी अंश वात्सल्य से सरोबोर ही होगा। इस तरह शांताराम की कहानी में पत्नी को लेकर एक गौरव, अपरिसीम स्नेह और कृतज्ञता बोध का भाव बार-बार व्यक्त होता है। उसी तरह विवाह संस्था की महत्ता का भी संस्कार उनकी कहानी में व्यक्त होता है। उसी तरह जिस एक रस जीवन प्रणाली को ठुकराने का फैशन कथा-कहानी में चल पड़ा है उसकी अटलता और जीवन के लिए उपयोगिता का भी समर्थन शांताराम की कहानी करती है। (उदाहरण "जुळवणी") असल में "जुळवणी" जैसी प्रणय कहानी उस समय की प्रकाशित कहानियों से इसलिए अलग है क्योंकि इसमें विवाहपूर्ण प्रणय में अनुस्थूल शारीरिक सुख की कुछ गहरे में जातक मीमांसा की गयी है और उसके लिए उपयुक्त माध्यम विवाह की प्रयोजनीयता को स्वीकार किया गया है।

विवाह संस्था की प्रतिष्ठा

शांताराम की कहानी का एक वैशिष्ट्य यह है कि वे प्रणय या प्रेम को कभी अतिरेकी रोमांटिक रंग नहीं देते बल्कि उसकी जड़ को संकेतित करते हैं और विवाह संस्था के महत्त्व को प्रतिष्ठित भी करते है। "जमिनीवरची माणसं" कहानी में स्नेहलता का विवाह उसी व्यक्ति से होता है जिसको उसने ट्रेन में देखा है, जिससे वह प्रभावित भी हुई है। परंतु पंद्रह वर्ष की सुखमय वैवहिक जिंदगी के उपरान्त एक ऐसी घटना घटित होती है जिस के कारण स्नेहलता के मन में उथल-पुथल मच जाती है और लगता है कि पैरों तले की जमीन खिसकती जा रही है। उस्के पति विजय सफल कौटुंबिक जीवन को बिताने के बाद/बावजूद एक विवाहित स्त्री सौ. सुब्रहयायम् के प्रेम फॅस जाते हैं। बहुत उद्विग्नता, तड़फडाहट और व्याकुलता के बाद स्नेहलता सुब्रहमण्यन से मिल कर स्थिति को अंतिम परिणीत देने का निश्चय करती है। सुब्रहमण्यन के साथ की बातचीत में (जो शांताराम की संवाद लिखने की कुशलात का एक उदाहरण है) स्नेहलता एक अंतिम ब्रह्मास्त्र का प्रयोग करती है। वह पूछती है, "बढे जी हैं तब तक तुम ऐश करना चाहती हो। शायद कुछ मतलब साधना होगा। लेकिन बढ़ेजी के मर जाने के बाद उनके नाम का कुंकू (सिंदूर) तुम पोछोगी या मैं ?" स्नेहलता को भी स्वयं को भी यह भाषा अच्छी नहीं लगी थी परंतु इस यथार्थ ने काम कर दिया। सुब्रहमण्यंन ने उसके सामने शरणागीत स्वीकार की। बाद का लेखकी भाष्य विवाह को भरमक्कम जमीन कहता है और यह भी दृढ़ता से कहता है– यह जमीन थी, आकाश नहीं।

शांताराम की कहानियों में अतिरेकपूर्ण रोमांटिक प्रणय की खिल्ली भी उछायी गयी है और विवाह की यथार्थ जमीन का कलात्मक स मर्थन भी मिलता है।

भारतीयता: पिता होने का गहन आनंद

शांताराम के पूर्णतः भारतीय गृहस्थ होने का प्रमाण देने वाली एक सशक्त मनोवस्था-मूडपरक कहानी है "जाणीव" (भान) प्रथम संतान के जन्म की वार्ता मिलने पर एक तीव्र संवेदनशील मनोवृत्ति का यह आत्मकथन है। अनेकस्तरीय आनंद का एक फब्बारा सा मन में उत्पन्न हुआ है। पिता चाहता है कि मॉ का स्तनपान करते समय बच्चे के मुँह में शहद की उंगली चटाने के लिए उसका वहां उपस्थित होना जरूरी है। मनोवृत्ति के प्रवाह में डूबने नये बच्चे का जिना अपनी अनुभूति के विकास का सारा इतिहास विलक्षण संवेदनशील भाषा में व्यक्त करता है। माता और पिता होने के उपरान्त भावनात्मक विकास का यह सशक्त चित्र जितना तरल काव्यात्म है उतना ही भारतीय मानसिकता की प्रतीति देनेवाला भी है। उनकी दूसरी इसी प्रकार की एक मूड की कहानी है "पुके" (कुहरा)। निवेदक के दूसरा लड़का हो गया है और वह अत्यधिक प्रसन्नता में पत्नी के मायके गया है। लेकिन वह वहाँ अधिक दिन रह नहीं पाया। अकेला कहीं सुंदर स्थान पर ला गया है और प्रसन्नता, संतोष ताजगी, स्नेहपूर्ण लगाव के मूड में पत्नी को अपने अकेले चले आने का स्पष्टीकरण देते हुए लिख रहा है। अब बाहर जो कुहरा था वह छॅट गया है और भीतर जो आंतरिक समंजसता है वह स्पष्ट हुई है। मन ती असंतुष्टि का, चुभन का वह सालता बोझ भी कम हुआ है क्योंकि चिन्तन ने उसको अधिक समझदार बनाया है। वैसे चिन्तन को लेकर उसको यह मुगालता नहीं है कि वह कहीं गहरे चिन्तन में डूबा है। वह लिखता है– "सामान्य, सारा लेकिव अपना – तुम्हारा और मेरा सत्य खोजता हुआ मैं बैठ हूँ। वही मैं तुम से कह रहा हूँ।" असल में यह भारतीय मानस है जो अपने परिवार से – पत्नी, बच्चों से गहरे लगाव से जुड़ा हुआ है। वह नहीं चाहता कि पत्नी शरीर से पतली ही रहे, कुछ मुटापा भी उसे ठीक लगता है क्योंकि वह लशरीर को नहीं पत्नी के मन से जुड़ा हुआ है। "तुम्हारे ध्यान में आया? अपने छोटे मुकाम में मैं सतत तुम्हारी ओर देखता रहता था–जैसे किसी भरेपूरे फल की ओर देखा जाय।" वह यह भी कहता है–"बच्चों के कारण पत्नी का अपनी ओर ध्यान न देने की बात को लेकर कुछ लोग नाराज हो सकते है। लेकिन वैसा मेरा अनुभव नहीं है।"-भारतीय मन पूरे परिवार को समग्रता में देखता है, इसलिए बच्चों की ओर पत्नी का ध्यान देना उसे नहीं खटकता, उसे लगता है कि वह बच्चे के ख्याल में अपना भी ख्याल कर रही है। क्योंकि बच्चे पति-पत्नी दोनों की फिक्र का केन्द्र बनते हैं। दोनों त्याग करते हैं तो दोनों बच्चे को पालने का अतव सुख भी पाते हैं। निवेदक कहता है, "अरी, ये तो चलता ही रहेगा। विभा पैदा हुई तब तुम्हारी थोड़ी उपेक्षा मुझसे हुई। अब मनोज के पैदा होने पर मेरी कुछ उपेक्षा तुम्हारी ओर से हो रही है। यह तो चलता रहता है। ये सहज बातें मन में क्यों चुभती रहनी चाहिए। उलटे, नैसर्गिक नियम से जो जो घटित होता जाता है वह अधिक अप्रिय कष्टकर, त्यागपूर्ण हो भी तो भी अपनाना ही होगा, पसंद भी करना होगा, ऐसा मुझे लगता है। प्रकृति के नियम मुझे कष्टकर भी लगें तो भी वे मुझे पसन्द हैं। अच्छी नहीं लगती है अनैसर्गिकता, कृत्रिमता। निसर्ग की अवस्था

में सदैव तो रहा नहीं जा सकता, यह मैं मानता हूँ लेकिन सही जीना वही है। इस भावना को मैं नहीं छोड़ सकता।" इस प्रकार चिंतनपरक अवस्था में निवेदक बच्चों, पत्नी के प्रति-परिवार के प्रति अत्यधिक लगाव की भावना व्यक्त करता है।

शांताराम बहुत ही उदार मन के व्यक्ति हैं। नीति के प्रश्नों को लेकर उनका नज़रिया संकीर्ण नहीं है, काफी व्यापक है। मनुष्य के मन की विशेषता पुरूष मन की कुछ ऐसी स्थिति है कि वैवाहिक दृष्टि से पूर्णतः सुखी पति के मन में भी कभी कभार अवचेतन चेतन मन के बीच के स्तर पर कुछ विवाहेतर वासना पूर्ति की इच्छा उत्पन्न होती है। सुखमय वैवाहि जीवन जीनेवाले और परिवार के प्रति समर्पित व्यक्ति के मन में यह विचार कुछ उत्साह और भय का व्यामिश्र सच लेकर उभरते हैं। शांताराम की "वाघ" (शेर) कहानी इसी स्तर पर घटित होती है। वासना शेर का रूप लेकर खड़ी है और निवेदक को उस शेर से सामना करने का साहस नहीं होता। वह जवाँमर्द पान खा कर ही अपने घर लौटता है। कुछ वासना की अतृप्ति, कुछ पान की किमया घर में प्रवेश करने पर उसे वह शेर का बच्चा वहीं दिखाई देता है। लेकिन पालतू बिल्ली पर वह नहीं झपटता। सोयी पत्नी को वासना का शिकार नहीं बनाना चाहता। कुछ अवरोध का प्रभाव बाहर के व्यवहार में भी पड़ता है परंतु स्थिति सोने और जागने के बीच बेचैनी की हो जाती है। अपनी वासना को घर के बाहर ले जाने से संकोच करना और घर को भी उसकी दहशत से बयाना गृहस्थ का प्रयास है।

शांताराम की प्रतीकात्मक कहानी बौद्धिक सघनता से बोझिल नहीं होती। छोटे मांसल संवेदनात्मक तफसीलों से जीवन्तता का अनुभव देती है। शएर के प्रति आकर्षण और भय दोनों होते हैं अतः वासना का यह प्रतीक बहुत ही सटीक है। बाहर का पान भले ही मुंह में रंग जाय और घर का पान तुलनात्मक ढंग से कुछ फीका लगे परंतु गृहस्थ को परंपरा में आस्था रखनी ही पड़ती है।

शांताराम की कहानी में जनरेशन गैप प्रायः नहीं दिखती क्योंकि वे स्वयं परंपरा की दृढता में विश्वास रखते हैं। गृहस्थ को परंपरा में आस्था रखनी ही पड़ती है।

अनुभव : रूप, शक्ति और सीया

परंपरा के साथ कुछ थोड़ी सी स्वतंत्रा, छूट लेनेवाले युवा पति पत्नी भी एक तरह का पापबोध अनुभव करतेहैं (पाप)। शांताराम विवाह की रस्मरीतियों की सामाजिकता को स्वीकर करते हैं। नयी परिस्थितियों में विघटित होने वाली संयुक्त परिवार व्यवस्ता को सवीकार करते हुए उसके एकल युनिट के रूप में परिवार को पूर्णतः स्वीकृति शांताराम ने दी है। गृहस्थ धर्म में एक दूसरे के साथ प्यार, अपनापन, एक दूसरे के लिए त्याग, समर्पण, सहिष्णुता, इत्यादि मूल्यों को महत्व दिया जाता है। परिवार के बाहर के लोगों के साथ भी ऐसे ही संबंध प्रायः स्थापित किये जाते हैं। चूँकि प्रकृति, मनुष्य स्वभाव की विविधता, जीवन जीने के लिए अनिवार्य समझौते आदि को शांताराम महत्व देते हैं। उनके मनुष्यों में गहरे नैतिक संघर्ष और उनसे उत्पन्न होनेवाले तनाव प्रायः नहीं होते। कहीं तनावपूर्ण मनोवृत्तियों का अंकन अवश्य मिलता है परंतु वह स्थायी

या चिरकालिक दशा नहीं होती। मतलब यह है कि कृचित कहीं शेर दिख भी जाये तो वह तत्कालिक होता है, पूर्व प्रेयसी से मुलाकात हो तो कुछ उकेलन और उद्विग्नता के बाद सरोवर शांत होता है, प्रायः मनोवृत्तिगत तनाव की स्थिति मानसिक स्तर पर होती है, व्यवहार में वह लगभग समझौते के आधार पर समाप्त होती है। शांताराम में नैतिक मूल्यों के प्रति कुछ खुलापन भी है। दूसरे के दृष्टिकोण को समझने और उसे सीमा तक स्वीकार कर चलने की प्रवृत्ति है। अपनी और केवल अपनी दृष्टि को ही सब कुछ मान कर वे नहीं चलते और विविधता से युक्त दुनिया में सब के रहने का अधिकार स्वीकार करते हैं। उनमें अहं की मात्र लगभग नहीं है। अतः अहं की रगड़ से उत्पन्न "टेंशन" प्रायः नहीं है। उसी तरह सेक्स के मामले में भी एक परितृप्त गृहस्थधर्मी मनोवृत्ति होने के कारण कुंठाओं से उत्पन्न भँवरजाल भी नहीं है।

मानवीय गर्माहट : चिरजीविता का कारक

लेकिन एक दूसरे महत्त्वपूर्ण बिंदु पर शांताराम की कहानी अधिक समर्थ भी हुई है। उनकी दूसरे के लिए समाई, खुलापन, दूसरे के दृष्टिकोण को समझने की प्रवृत्ति, स्वीकार भाव, लचीलापन इस सब के कारण उनकी कहानी में जबर्दस्त मानवीय गर्माहट (ह्यूमन वार्म्थ) पैदा हुई है जो साहित्य को स्थायित्व देती है। वे जिस स्थान पर पैदा हुए, जिए उस स्थान के प्रति और उस स्थान के लोगों और लोक जीवन के प्रति गहरी संसक्ति उनकी कहानी में बार-बार झलकती है। इसलिए नागपूर के आसपास का प्रदेश, चांदा और चामोर्शी का प्रान्तर और वहाँ के लोग उनकी कहानी में जीवन्त रूप में चित्रांकित होते रहे हैं। अनेक कहानियों में नोस्तालिक वृत्ति से उत्पन्नमांसलता और जीवन्तता से धड़कता ठोस संसार प्रतिभासित होता है। इसीलिए शांताराम तथाकथित देशी कथाकारों से अधिक देशी हैं।

विवाह पूर्व प्रेयसी : गृहस्थ का पलायन

शांताराम की अनेक कहानियों में विवाह पूर्व प्रेयसी या प्रेमी का जिक्र आता है या कुछ कहानियाँ उसको प्रमुखता देकर लिखी गयी हैं। "हूँ श्वान लागे पादी" कहानी में मित्र के विवाह में प्रसन्न है और पत्नी के प्रति समर्पित भी है परंतु पूर्व-प्रेयसी की चुभती याद को भूल नहीं सका है। वैवाहिक जीवन की संतुष्टि और पत्नी के प्रति समर्पित निष्ठा के कारण चेतन मन में पूर्व प्रेयसी को टालने का विचार है, अवचेतन मन का तकाजा उससे अकेले में मिलने का है। मिलते भी हैं और अधिक सानिध्य के लिए दूसरे दिन दफ्तर मिलने की बातचीत होती है। मिलने का समय होने पर निवेदक बहाना बनाकर वहाँ से भाग जाता है। लेकिन रात को स्टेशन पर उसे पहुँचानें फिर चला जाता है। दोनों में उत्सुकता, चुभन है। पूर्वाकर्षण के चिह्न भी अवशिष्ट हैं परंतु एक सीमा के आगे दोनों नहीं बढ़ सकते। ऑफिस में उसकी प्रेयसी के स्वच्छंद जीवन की कहानियाँ पहले से फैली हुई हैं परंतु निवेदक जानता है – वह ऐसी नहीं थी। पत्नी मायके चली जाती है जो प्रेयसी से मिलने निवेदक उसके गाँव चला जाता है। कारण? – "रक्त की अंध गति। लेकिन उसे भी अंध क्यों कहा जाय? क्षण भर में वह धृतराष्ट्र की भाँति अंधी-सी लगती है, तो क्षण में उसे सहस्त्राक्ष इंद्र की तरह अलौकिक दृष्टि प्राप्त होती है। क्या है पता नहीं। इतना सही

है कि इस अतार्किक एहसास की शरण में जाना पड़ता है। जाना ही होता है।" निवेदक लीलाबाई के घर तो जाता है। (जाते समय टांगेवाला कह देता है की लीलाबाई के बंगले पर उसने बहुतों को पहुँचा दिया है।) दोनों में बातें होती हैं। लीला वह शहर छोड़कर एक सर्वथा दूसरे प्रांत में जाने का विचार कर रही है। निवेदक भी उसे यही सलाह देता है। फिर रात को ही अपने घर वापस जना चाहता है। लीला भी शांति से कहती है...जाओ। वह अपनेघर वापस चला आता है। दोनों को एक दूसरे की याद श्वान के भौंकने की भाँति आती है, कुछ निष्पन्न नहीं होता। संभवतः दोनों ही नहीं चाहते। वे पूर्व-प्रेम को फिर प्राप्त नहीं कर सकते। मानव जीवन की यह विचित्र लीला सामने रखी है शांताराम ने। विवाह एक महत्वपूर्ण बंधन है।

"वेढा" (घेरा) में भी पत्नी और बच्ची को ट्रेन में बिठा आने के बाद वह लौटता है तो देखता है कुछ ही समय के उपरान्त उसकी पूर्व परिचिता पचीस-तीस वर्षों के बाद उसके घर आती है। रिक्षा में दोनों साथ बैठे थे, एक दूसरे की गर्माहट का सुख भोग रहे थे, निवेदक ने कुछ अधिक पहल की थी तो उसने डाँटा था। परंतु वह स्मृति उसके मन में गहरे बैठी है। वह परिचिता अपनी लड़की के ब्याह तय करने के लिए आयी है और चाहती है कि निवेदक उसकी मदद करे। वह मन से मदद करना चाहता है। परंतु इससे अधिक कुछ घटित नहीं होता। वह जानबूझ कर लंबे रस्ते से रिक्षा लेकर आता है और उसे स्टेशन पर पहुँचाता है। पचीस-तीस वर्ष से जो भावना उसके मन में कुनमुनात रही वह खुल गयी, नंगी हो गयी थी। उस भावना ने उसे घेर लिया था-पता नहीं और कितने वर्षों तक वह घेरे रहेगी। परंतु विवाहित निवेदक कहीं भी आगे नहीं बढ़ता।

यह जीवन की एक स्थिति है और भारतीय मानस की एक मनोवैज्ञानिक अवस्था है – इसे स्वीकार कर लिखी इस प्रकार की कहानियाँ एक तरह से मनोवैज्ञानिक भान की प्रतीति देती हैं।

"उद्विग्न सरोवर" में निवेदक की एक उमा उसके पूर्व प्रेयसी के बारे में कुछ सूचनाएँ बीच-बीच में दे कर उसके मानसरोवर में लहरें पैदा करती है, उद्विग्नता भी, लेकिन सुखमय विवाहित जीवन में ये लहरें अधिक आंदोलित नहीं करतीं। उमा संजीवनी को भी निवेदक के बारे में बताती रहती है। एक दन संजीवनी अपनी लड़की के लिए निवेदक के लड़के से शादी तय करने आती है। लेखक उद्विग्न है। वह हीं चाहता की पूर्व कथा जो अधूरी रही थी, वह इस प्रकार पूर्ण हो। लेकिन वह अधिक दखलन्दाजी नहीं करेगा। चुप रहेगा। शांताराम के अधिकांश नायक ऐसा ही करते हैं। कहानी निश्चय ही पाठक के मन में कुछ लहरें पैदा करती है।

भारतीय सामान्य युवक की प्रेम कथा का एक रूप "माझं प्रेम" में प्रस्तुत किया है। कॉलेज जीवन में कविता लिखने वाला रोमांटिक तवियत का युवक प्रेम विवाह करना चाहता है। नीला साठे से इकतरफा प्यार करने भी लगता है। परंतु समय के अनुसार कविता लिखना भी बंद होता है और विवाह भी कर लेता है माँ-बाप की इच्छा से। सुखी भी होता है। वर्षों बाद नीला साठे से मुलाकात होती है पहले वह उसे पहचानता भी नहीं। वह अब पहलेवाली सुकुमार सुंदर नीला साठे नहीं रही। निवेदक को आश्चर्य यही होता है कि वह उसे पहचान भी कैसे नहीं पाया। वैसे कहानी सामान्य ही है। परंतु आम मध्यवर्गीय जीवन की स्थिति को अंकित करती है। शांताराम

का परंपराओं की ओर देखने का दृष्टिकोण इसमें प्रकट होता है। ढेरों नयी कहानियों मेंजब प्रेम को सब कुछ, सर्वस्व, सर्त्रोपरि मूल्य का महत्व मिल रहा था तब शांताराम का विवाहोत्तर प्रेम को गौरवान्वित कहना उनकी मौलिकता और भारतीयता (देशीयता भी) का परिचायक है।

शांताराम ऐसे व्यक्तियों से जिन्हें मिले अर्सा हो गया, एक गर्म स्नेह के साथ मिलते हैं और कभी खुश होते हैं तो कभी कुछ उद्विग्न भी। चालीस वर्षों के बाद मिले एक मित्र का व्यक्ति चित्र है "मुका राणु"। गरीबी के बावजूद यह मित्र खुश रहता है क्योंकि वह अपने बच्चों को प्यार करता है। शांताराम की कहानी में अपने और दूसरों के बच्चों के प्रति विलक्षण कोमल भाव जगह-जगह व्यक्त हुआ है जो एक गृहस्थ की विशेषता है। कभी गाँव के लोगों के प्रति ममत्व का खामियाना उठना पड़ता है–"काय गाववालं?" कभी कहानी व्यक्ति चित्र की सीमा पर अवस्थित रहती है–"चमत्कारिक मनुष्य" परंतु मानवीय गर्माहट की प्रतीति अवश्य देती है। मनुष्य और मनुष्य के बीच मित्रता के संबंध को शांताराम बड़ी शिद्दत से उभारतेहैं– "मैत्र; झुंज"। तो कभी मृत्यु को स्वीकार करने की साहसी मुद्रा में बूढ़ों को उपस्थित करते हैं–"अण्णा।"

शांताराम की कहानी में मानवीय गर्माहट प्रचुर मात्रा में प्राप्त होती है। वह एक ऐसा तत्व है कि तकनीकी कमियों के बावजूद पाठक को यह तत्व छूता है, उद्वेलित करता है। साहित्य की जीवन्तता इसी पर निर्भर है। उसके अभाव में बौद्धिक दृष्टि से पैनी, तकनीकी दृष्टि से निर्दोष रचनाएँ बहुत दिन नहीं टिकतीं। शांताराम के लो जीवन के साथ जुड़ाव की बात कही गयी है। यह जुड़ाव मार्क्सवादी य गाँधीवादी दर्न से पैदा नहीं हुआ है, बौद्धिक नहीं है, इसीलिए सहज है और सहजता गर्माहट को एक स्तर देती है। वैसे भी शांताराम की कहानियों में चिंतनपरकता बार-बार होती है परंतु जीवनदर्शन के लिए न वे मार्क्स की ओर देखते हैं, न गाँधी की ओर। उनकी मनुष्य और उसके जीवन संबंधी सोच उनके सहज निरीक्षण और जीवन में प्राप्त अनुभव के आधार पर विकसित हुई है। इसीलिए उनकी सामान्य और अभिजन दोनों वर्गों के प्रति उन्मुखता सहज, उस्फूर्त और अनुभव घटित है।

अनुभव के दायरे का विकास

शांताराम मुख्यतः मध्यवर्ग के कथाकार हैं परंतु कभी-कभी वे बहुत निम्न वर्ग की ओर भी उन्मुख होते हैं। "पुलावर" कहानी में पुल पर रहने वाले भिखमंगों की दुनिया की सैर करायी है। वस्तुतः यह एक स्थिति या अवस्था का चित्र मात्र है। लेकिन इसी में से व्यापक भ्रष्टाचार का पर्दाफाश करने का प्रयत्न किया गया है। तुलना में "संध्याराग" कहानी अधिक कलात्मक है। भिमी और किशन प्रसाद बुढ़ापे में मिलते हैं। एक दूसरे से विवाहबद्ध होकर साथ रहना चाहते हैं। दोनों एक दूसरे को अपने जीवन में घटी घटनाओं का बयन देते हैं और मंदिर में जा कर देवता के सामने फूल चढ़ाते हैं, सात फेरे डालते हैं। निम्नवर्ग में भी कुछ नैतिक तत्व किस प्रकार जीवित हैं और इन संस्कारों ने उन्हें कैसे मनुष्यता का स्तर प्रदान किया है, उसको यह कहानी व्यक्त करती है।

"पोतराज" एक ऐसे युवक की कथा है जो उस पर थोपे गये धार्मिक आवर्णों को तोड़कर

अपने बंधन से अपने को मुक्त कर सामान्य जीवन जीना चाहता है। समाज की निम्न स्तर की जातियाँ धार्मिक श्रद्धाओं के अनुसार हर साल भीख माँगते हुए आरध्य देवता के स्थान तक की यत्राएँ करती है। लोगों की अवहेलना और अवमान के शिकार जुलूस (पोहा) में चलने वाले इन लोगों में कुछ लोग खास ढंग की हिजड़े जैसी सूरत बनाकर अपनी पीठ पर कोड़े की मार लगाते चले जाते हैं, शेष लो भजन करते हुए जाते हैं। ऐसे ही एक हुजड़े (जिसे पोतराज कहा जाता है) की बगावत की यह कथा एक तरह स निम्न जातियों में होने वाली वैचारिक तब्दिलियों की परिचायक है। शांताराम ने पूरे पोहे (जुलूस) का चित्र प्रभावपूर्ण ढंग से चित्रित किया है। इस बगावत के मूल में रक्त का विद्रोह है क्योंकि पोतराज मंगु हिजड़ा भी नहीं है और पोहे की मालकिन युवति चंद्रा से वह प्यार करता है। उसको लेकर वह भागता है। देवता, धारमिक संस्कार, सामाजिक रूढ़ियाँ, अंधश्रद्धा इत्यादि के खिलाफ यह बगावत निम्न वर्ग की जागरूकता, चेतना को प्रतीकित करती है। द्रष्टव्य है, पोतराज को हनुमान की मूर्ति पसन्द नहीं, बुद्ध की मुद्रा पसन्द है।

शांताराम की एक बहुत सफल और अच्छी कहानी है "मैत्र"। खेत मजूरों की मित्रता मैत्री और नशे के आवेग में तय किया कि सारजा (महादेव की लड़की) और किसनर (नामदेव का लड़का) की शादी करा देंगे और नशा उतरने के बाद भी जबान रखने के लिए यह शादी करा दी गयी। सारजा लक्ष्मण को प्यार करती थी। किसन से ब्याह होने पर दोनों में वह आंतरिक हार्दिकता कभी पैदा ही नहीं हुई। "सारजा चेहरे पर न पूँछी जानेवाली वेदना लेकर जी ही थी। किसन और लक्ष्मण दोनों पागल जैसे हो गये थे। तीनों की आपसी गहरी आत्मीयता को उभार कर शआंताराम ने कहानी के अनुभव में एक गहरी मानवीयता पैदा की है। लक्ष्मणा एक रात को सारजा को भगा ले जाता है, पीछे किसन है। एक स्थान पर सारजा को नीचे रख कर लक्ष्मण उससे पूछता है– "क्या विचार है?" सारजा वापस जाना चाहती है। लक्ष्मण कहता है : "ले जाता हूँ वापस लेकिन तुझे हँसना होगा। किसना ने क्य गुनाह किया है? मैंने भी ऐसा क्या गुनाह किया है कि तू दिन भर रोनी सूरत लेकर जी रही है? मैं नहीं देख सकता ऐसा चेहरा। तेरा न पूँछने वाला रोता चेहरा देखता हूँ तो लगता है मैं अपना चेहरा लोगों को न दिखाउँ। अब बहुत हुआ। तेरे चेहरे की यह रोनी सूरत मैं पोंछ दूँगा ही। यह रोना मैं मार्कण्ड देवता के सामने नदी में डूबो दूँगा; नहीं तो तुझे डुबाऊँगा। अब नहीं छोड़ूँगा। एसा क्या गुनाह किया है हम दोनों ने? हँसो-हँसो" प्रसंग का दर्शक किसन भी भीतर से आर्द्र हो उठा। उसने दोनों को मिला दिया। किसन के ये विचार द्रप्टव्य हैं : "मनुष्य हो या जमीन–दोनों समान होते हैं। अपना-अपना काम मनुष्य भी करते हैं, जमीन भी। लेकिन दोनों को हँसना हो, खिलना हो, फूलना हो तो दोनों को भी प्रेम से सँभालने वाला हाथ मिलना चाहिए।" शांताराम प्रचालित नैतिक मान्यताओं को बौद्धिक तर्क या युक्तिवाद से नहीं प्रेम से ढहा देने के पक्ष में हैं। प्रस्तुत कहानी उनकी इसी गहन मानवीयता को उदात्त करती है। प्रस्तुत कहानी को उन्होंने तीन व्यक्तियों के संवाद के माध्यम से उभारा है, संवाद में नागर और आंचलिक भाषा का गंगाजमनी मेल है, घटनाओं को प्रस्तुत करते समय पाठक की उत्सुकता को जगाये रखा ही है लेकिन प्रमुख बल लक्ष्मण, किसन और सारजा के पारस्परिक मैत्र संबंधों पर हैं। यह कहानी मानवीय गर्माहट के गहन स्पर्श से बड़ी शक्तिशाली हुई है।

शांताराम की एक महत्वपूर्ण कहानी है "सगळं उत्तम आहे" (सब अच्छा है)। भीख मांगने के अपराध में पकड़ा गया जॉन खेत में कीचड़ बनाने के काम पर लगा हुआ है। मनुष्य के लिए उसकी भूख इतनी जबर्दस्त है कि मनुष्य के अस्तित्व की आहट मिलते ही वह बेताब होता है, व्याकुल होता है, उसके हृदय की गति बढ़ जाती है। वह किसी अपरिचित व्यक्ति से पूछता है, "क्यों सेठ्जी जमीन खरीदी क्या?" मुकादम का भारी हाथ भी उसे अच्छा लगता है क्योंकि वह मानवीय स्पर्श है। मुकादम और जॉन में अपनत्व की भावना बढ़ने लगती है। उसके साथीदारों के स्पर्श की याद आती रहती है। एक अंधी भिखारित के साथ उसकी घनिष्ठता भी बढ़ती है। उसकी आंतरिक भावना यह है-"खेत अपना नहीं होता। न हो अपना, करना क्या है? आँख के लिए हरा हरा कुख और पेट के लिए रोटी मयस्सर है तब मालिकी से क्या करना है?" असल में जॉन ने इतना दुख भोगा है कि वह जीवित रहा यही बड़ी बात है। लेकिन जोन जीवित ही नहीं है उसकी जिजीविषा इतनी प्रबल है कि किसी भी स्थिति में अपने अस्तित्व के लिए रास्ता निकाल लेती है। बेकारी, अवषर्ण, भूख सब से सामना करता हुआ जॉन आखिर अपनी पत्नी भीमा की बेइमानी का दुख भी उठाता है। अपनी लाड़ली बेटी शांता को भी छोड़कर जाना पड़ता है। यादें हैं केवल दुख की और काम है जो खंड-खंड में उसे काम के आनंद से (एलिअनेट) निर्वासित करने वाला। निर्वासन के जितने भी रूप हो सकते हैं, सब जॉन की किस्मत में आये हैं। परंतु उसकी मनुष्य की भूख बरकरार है। अंधी राधा से कुछ घनिष्ठता बढ़ता है तो वह उससे अपनी इच्छा बताता है – वह उसमें बोना चाहता है। राधा मन नहीं दगी, बोने देगी। लेकिन कब बोना है, यह निर्णय वह करेगी। जानू हर सुख को और दुख को उठा रहा है। लेकिन उसकी मनुष्य की उपस्थिती की भूख मरती नहीं। प्रश्न के उत्तर में मौन रह कर टालने वाले साहब ने जब एकबार उत्तर दिया तो जोन खुश हो जाता है। कहता है, "उत्तम, उत्तम कही भी अचछा हो तो ठी क है। उत्तम!" – जॉन को खुशी में देखकर आवास के साथी कहते हैं, "अरे आज बुड्ढु बहुत खुश दिख रहा है।" यह बुड्ढु कहता है– "उत्तम है! सब उत्तम है।"

विलक्षण जिजीविषा और मनुष्य के प्रति प्रचण्ड भूख लिये जॉन का यह चरित्र निर्वासन की भाषा करनेवाले पर एक जबर्दस्त व्यंग्य करता है। सभी प्रकार के अभावों में भी यह आदमी अंदर की मनुष्यता को मरने नहीं देता। शांताराम की १०/१२ सर्वोत्कृष्ट कहानियों में से यह एक सभल कहानी मानवीय गर्माहट को संप्रेषित करनेवाली।

फिर भी शांताराम मनुष्य के दुख से और उस दुख की प्रचण्डता से अपरिचित नहीं हैं।

मनुष्य में एक आकांक्षा होती है अपने जड़ों से जुड़ने की लेकिन स्थितियाँ होती हैं कि उसकी आकांक्षा को ध्वस्त करने पर आमादा होती हैं। विच्छेद में गोंड जाति का हिरामन जानकी दुर्गा से विवाह करता है अपने समाज से उखड़ जाता है, अनेक सुखदुखों का सामना कर अपनी क्षमता पर फैक्टरी में मैनेजर बनता है। उसके सामने विकल्प है – अपने ही गाँव की भूमि पर खुलने वाली फैक्टरी को विकसित करने का या बंबई में जाकर फैक्टरी में काम देखने का। वह पूरे मन से अपने गाँव से जुड़ना चाहता है। परंतु अनुभव यह है कि वहाँ के लोग उसको अपना मानने को तैयार नहीं क्योंकि उसने अपनी जात को छोड़ा है। निरुपाय हो कर हिरामन बंबई जाने

का निश्चय कर लेता है। मनुष्य की गर्माहट को सोखने वाली जाति व्यवस्था के शिकंडों का विचार भी शांताराम की कहानी करती है। (विच्छेद)

इस मानवीयता के संकट का एक शक्तिशाली पहलू उभरा है शांताराम की "परागंदा" (निर्वासित) में। यह एक बहुत ही सशक्त कहानी है।

बांगला देश से आये हिंदु निर्वासियों की अनेक स्तरीय वेदना के साथ एक वैश्विक निर्वासितता का अंतःप्रवाह भी कहानी में प्रवाहित है।

माधव सिद्मशेट्टीवर और विजय बस में बैठे है बंगला निर्वासितों पर तीखे अभियोग कर रहे हैं। मजे की बात यह है कि वैसे देखा जाय तो माधव भी यहाँ का मूल निवासी नहीं हैं, अनेक वर्षों से वह यहाँ है। बस में बैठे दो बंगला निर्वासित तोरुण मोजुमदार और ओरखय इन आरोंपों का तीखापन झेल रहे हैं- उनमें कुछ सत्य है, कुछ झुठ। एक और समस्या तरुण की है- उसकी लड़की एक ऐसे ही निर्वासित, जो हैदराबाद से आया है, को प्यार करती है। तोरुण बांगला देश से आने को तैयार नहीं था। वहाँ जो कुछ होगा धर्म परिवर्तन के साथ भोगने को तैयार था। परंतु मित्रों के कहने पर आया। लेकिन यहाँ आने पर वह अपनी लड़की को () से को ब्याह में देने को तैयार नहीं है। मुजीब तोरुण मुजुमदार का और घर का प्रिय बन गया है परंतु धर्म का अभिमान आड़े आ रहा है। सब प्रकार से उखड़े निर्वासितों में कहीं यह धर्म विषयक अभियान शेष है। तोरुण और औक्खाय मुजीब को वह प्रदेश छोड़ने को कहते हैं। मुजीब तैयार है- वह पाकिस्तान की उसकी समझ है कि वह नागपुर की सीमा पर है। पूरी कथा में करुणा की अनेक धाराएं प्रवाहित हैं। शांताराम ने जीवन की स्थिति के बारे में सूचनाएं, संकेत दिये हां अतः कहानी व्यामिश्र बनी है। लेकिन मुजीब को निर्वासित कर देने में तोरुण की विवशता भी सबसे बड़ी अन्तःसलीला है। शांताराम अपनी कथा में करुणा का भड़कीला प्रदर्शन नहीं करते, शब्दों से उसे प्रकट नहीं करते, भाष्य भी नहीं करते। कुछ घटनाओं औप पात्रों के संवादों के माध्यम से सब कुछ व्यंजित होता है – प्रबल रूप में। कहानी में अंत में दोनों मित्र अपना दुक शराब में डुबे देते हैं – दुख भी अंतहीन है और दिशाहीन भी। शिव की प्रार्थना भी दिशाहीन है और जिंदगी की दयनीयता और अकिंचनता का संकेत करती है – प्रार्थना ही नहीं, पूरा जीवन। शराब की बेहोशी में दोनों दिशाहीन हो गये हैं – पूरा जीवन दिशाहीन हो गया है. बहुत ही कम कहानियाँ इस कलात्मक ऊँचाई को छू पाती हैं।

जीवन चित्र

वैसे शांताराम की अधिकांश कहानियों में जीवन के चित्र ही हैं। परंतु कुछ कहानियों में उन्होंने केवल जीवन की स्थिति को ही चित्रांकित किया है।

"चक्र" इस प्रकार की एक महत्वपूर्ण कहानी है। वैसे शांताराम की दृष्टि इसी जीवन के रूप और प्रश्नों पर है, मनुष्यों पर है। परंतु कभी कभार कुछ तात्विक प्रश्न भी उनको सालते हैं और वे निखालिस कहानी का रूप लेकर अवतारित होते हैंष शांताराम "चक्र" में जीवन, मृत्यु और जीवन सातत्य (वंश परम्परा) के कुछ रहस्यमय प्रश्नों में अभिभूत हैं। अर्थात् इन प्रश्नों के

उत्तर उनके पास नहीं है, कहानीकार के रूप में वे प्रश्न रखते हैं ताकि पाठक में यह चिन्तनोन्मुखता पैदा हो। मंथन के दरिद्र ब्राह्मण रंगनाथ बुवा का बेटा श्रीहरि बाप और दादा की अचानक मृत्यु के बाद गॉव के अन्य ब्राह्मण रसोइयों के साथ पिरोंच्या आता है। वहाँ से सीताराम शास्त्री के साथ चपराके आता है। वे उसके जीवन को दूसरे ही दिशा देते है। सीताराम शास्त्री के साथ रह कर वह श्रीहरिशात्री बना। वहाँ आदिवासी लड़की पोंची के साथ संबंध बढ़े, पानी की तरह दोनों एक हो गये। लेकिन इन संबंधों को लेकर विशेष कुछ नहीं हुआ – सब कुछ सहज रूप में लिया गया। उधर पोत्री की शादी धर्मा देव्हारी के साथ होती है, इधर श्रीहरि की शादी सामनूर के त्र्यंबक शास्त्री की कन्या राधा के साथ। कहीं कुछ समस्या नहीं है– सहजता है। वंश सानत्य एक मात्र जीवन का उद्देश्य है। गोविंदा को जन्म देने के बाद राधा मर गयी। श्रीहरि शास्त्री उस गाँव को छोड़ना चाहते हैं परंतु पोंची का पति धर्मा देव्हारी उसे इस विचार से विरत करता है। गोविंदा और पोची की कन्या गोरजाई साथ-साथ बढ़ते हैं। गोविंदा साँप के काटने से मर जाता है। श्री हरिशास्त्री अब उस गाँव छोड़ने का मन बनाकर निकले ही है तो धर्मा देव्हारी बता देता है कि गोरजाई गोविंदा का बच्चा पेट में धरे हुए है – श्री हरिशास्त्री मंथन जाने का विचार छोड़ देते है।

यह जन्म-मरण और वंश सानत्य की कथा है। कहीं कुछ दार्शनिक भाष्य नहीं है। परंतु बाहर प्रकृति के सृष्टि, विकास, लय का जो "चक्र" चल रहा है वही मनुष्य जीवन में भी है जन्म, वंशसातत्य मृत्यु। इस चक्र को कौन कैसे और क्यों प्रारंभ करता है, गति देता है और विनाश भी करता है इसके बारे में कुछ कहा नहीं जा सकता। सृष्टि और मनुष्य के चक्र का एक मिलाजुला संवेदनात्मक बोध देती हुई यह कहानी समाप्त होती है। शांताराम की कथा में भूगोल का तत्व कितना प्रभावी है और कहानी के अनुभव को वह कैसे दिशा और विस्तार देता है, इसका सशक्त प्रमाण इस कहानी में मिलता है। जाति, धर्म, वर्ण सब अपने स्थान पर हैं परंतु चक्र की गति इनसे अतिक्रान्त होकर किसी अनंत तत्व से चलती है – एक अनोखा अनुभव देती है यह कहानी। ब्राह्मण और आदिवासी जीवन के तपसील कहानी की मांसलता को और ठोसपन को दृढ़ करते हैं। सबसे बड़ी बात है सबके बीच संबंधों की सहजता। नागर मनुष्य यह सोचने लगता है कि नीति के नाम पर हम जो कुँठएँ, अहं पालते हैं उनका क्या प्रयोजन है। अनेक प्रकार के चिंतन की ओर यह कहानी उन्मुख करती है।

जीवन की स्थिति को लेकर शांताराम की एक बहुत अच्छी कहानी है "वाढ" (वृद्धि)। शांताराम ने इसमें एक व्यंग्य की पतली-सी धारा प्रवाहित की है। शांताराम का व्यंग्य प्रायः आक्रामक नहीं होता। वह बहुत ही नज़ातक के साथ प्रस्तुत की जाती है। चर्च मे सत्यवान ईमानदारी से काम करके मर गया तो उसका छोटा भाई शिवराय उसके स्थान पर रहने लगा। शिवराम ने बड़ी चालाकी से फादर के उदार और दयालू स्वभाव का और धर्मग्रंथ की आज्ञाओं का फायदा अपने स्वार्थ के लिए उठाना शुरू किया। शिवराम की यह चालाकी, यह दाँवपेच बहुत ही कुशलता से शांताराम ने चित्रित किये हैं। एक तरह से भावनात्मक ब्लैकमेलिंग का यह प्रकार था। इस प्रक्रिया में शिवराय सिबॉस्टियन शिवा भी बनता है और अपने से पाँच साल बड़ी मदीना

पर डोरे भी डालतचा है। धीरे-धीरे शिवराम की चाल से फादर भी अस्वस्थ होते हैं और मरीना भी शिवराम को सुधार आनेकी इच्छा से उसके कब्जे में जाने लगती है।

कहानी का सारा विकास और उसकी संरचना कलात्मक है। जिस तरह से अनेक युक्तियों से शिवराम अपना साम्राज्य फैलाता है उनमें लेखक की चतुराई और कुशलता भी दिखती है और जीवन की पहचान भी।

शांताराम की कतिपय कहानियाँ जीवन स्थिति या यथार्थ के पहलुओं को प्रस्तुत करती हैं। उनका विस्तार से विवेचन संभव नहीं है परंतु शांताराम का वैशिष्ट यहाँ बताना होगा। शांताराम जीवन की सामान्य सी घटनाओं और मामूली व्यक्तियों को उठते हैं और सहज रूप में उनको प्रस्तुत करते हैं। कभी मनोवैज्ञानिक स्पर्श दे कर, कभी जीवन की असंगतियों का निर्देश कर, कभी जीवन की कटु वास्तविकता का संकेत कर वे कहानी को विकसित करते हैं। "पाचोळा", "तटस्थ", "नाटक", "चेहरा", 'व्यवस्था", "योगायोग", "समर्थन", "वादळ", "निदान", "बहने" इत्यादि अनेक कहानियों का निर्देश किया जा सकता है । "देवाचे शेत", "सौदा" जैसी कहानियों में आंचलिकता के मांसल स्पर्श के साथ अवैध संबंध कासंकेत भी होता है जो आंचलिक वातावरण से पूरा मेल खाता है ।

कुछ कहानियों का विशेष उल्लेख आवश्यक है । ललित निबंध और कहानि की सीमा पर उनकी एक कहानी है "विवस्त्र" । शांताराम ने एक कलंदर, फक्कड़, स्वच्छंद व्यक्तित्व का निर्माण किया है । जंगल के वातावरण में यह व्यक्तित्व अधिक ही परिपुष्ट होता है । सामान्यतः नीति-अनीति के विवेक को ताक पर रखकर स्त्रियं से संबंध रखने वाले युवक ने एकबार परिचित के घर जाने पर आकस्मिक रूप में उनकी स्त्री का नग्न रूप देखा - विशुद्ध, पवित्र, नग्न सौंदर्य । शांताराम का कलात्मक वैशिष्ट्य यह है कि एक सर्वथा विपरीत भोगच्छू युवक द्वारा देखे गये इस सौंदर्य की छाप को उन्होंने विश्वसनीय बनाया है । असल में वह स्त्री उस प्रकार निर्मल, विशुद्ध व्यक्तित्व की थी या नहीं यह प्रश्न यहाँ उठता ही नहीं है । प्रश्न इतना ही है कि स्त्री की ओर योगवादी दृष्टी से देखने वाले एख युवक ने एक सौंदर्य की अविस्मरणीय झलक का अनुभव किया और वह सौंदर्य उसे वासनाहिन, स्वार्थरहित, कुछ अलौकिक - सा लगा । इस सौंदर्य की छाप की अद्वितीयता के लिए ही पहले की विस्तृत निवेदक की चारित्रिक पार्श्वभूमी आवश्यक है । (अन्यथा, यह कहानी अनावश्यक फैली हुई लग सकती है ।) शांताराम के कलाकार को इसका भान है - "उस स्मृती में कुछ निखरा-सा, स्वच्छ, शुद्ध था । इस प्रकार के अनुभव के लिए, भावना के लिए मेरा व्यक्तित्व अनुरूप नहीं था परंतु किसी संघन काले पत्थर पर सुवर्ण की रेखा सदा के लिए अंकित हो जाये उस तरह वह अनुभव अंकित हुआ और स्थिर हुआ । उस अनुभव से संबंध था तो केवल मेरा और किसी का भी नहीं ।"- अर्थात उस स्त्री का भी नहीं, जरुरी नहीं उस स्त्री का समूचा व्यक्तित्व वैसा है तिथरा, स्वच्छ, शुद्ध । यह भी जोड़ना होगा कि वह अनुभव उस क्षण का था और उसका पूर्वापार कोई संबंध नहीं था । इसिलिए बाद में व्यवहार के लिए कुछ अनैतित स्तर पर उतरते समय निवेदक का कुछ देर के लिए अस्वस्थ होना भी स्वाभाविक था और उसके समूचे व्यक्तित्व के अनुकूल भी यह था के वह उसके लिए बीमा ले और उसको जैसी

चाहता था उस रूप में बाद में ले ले । यहाँ तक एक वौयक्तिक अनुभव था । शांताराम उसे एक अत्याधुनिक जीवन से जोड़ते हुए वैश्विक गति के साथ बहुत कलात्मकता से जोड़ते हैं, बहुत स्वाभाविक विकास के रूप में । इस प्रकार "विवस्त्र अवस्था में जो ढक गया था वह रेशमी ऊँचे कपड़ो से स्पष्ट दिख रहा था । नंगेपन से भी अधिक स्पष्ट था । मैं भी तैयार था । मुझे बुरा नहीं लगा था । उसमें बुरा क्या लगता था ? जंगर हो या शहर, व्यवहार व्यवहार है । उस पर अन्य भावनाओं, अप्रस्तुत स्मृतीयों का बोझ नहीं चाहिए । कुछ स्मृतीयाँ नाक मन में घर कर बैठी हों तो उन्हं उठाकर फैंक देना चाहिए । जो आवंछित हे उसको मन में बोना जरुरी नहीं । अपनी तरफ से न बोते हुए भी मन में ऐसा कुछ लगा हो कितने ही वर्षों तक बढ़ा हो तो निग्रहपूर्वक उसे उखाड़कर फेंक देना चाहिए । थोड़ी पीड़ा हो भी तो भी सहन करनी चाहिए । दिखाना चाहिए है कि पीड़ा हुई ही नहीं... आगे ही आगे जाने वाले व्यक्ति को अतीत के बंधन किस काम के ? कल का आज से क्या संबंध ? उसे तोड़ देना चाहिए । मेरी सफल व्यवहारी दृष्टी के लिए वह कठिन नहीं है । कठिन क्यों ? आसान ही है ।"

कहानी वैयक्तिक है परंतु आज की औद्योगिकी और तकनीकी अंधी, विवेकहीन, मूल्यहीन घुड़दौड में जो नयी दृष्टि पैदा हो रही है – मूल्यहीन, विवेकहीन प्रगति की–उसको प्रभावपूर्ण ढंग से उजागर करती है। यह जगत्-गति की कहानी है। समूचे व्यक्तित्व को समग्रता में ध्यान में नहीं लिया जाता तो यह सब ध्यान में नहीं आएगा। फिर शांताराम का एक लेखकीय शील है – वह यह है कि जो कथा से नहीं उभरता वह दर्शन, वह तत्वचिंतन वह बलात् नहीं थोपते और अनुभव की स्वायत्त गरिमा की भी सुरक्षा करते है। शमशेर के शब्दों में "बोलेगी बात ही"।

शांताराम की जीवन दृष्टि एकांगी या इकहरी नहीं है। सर्वस्वीकृत स्थितियों घटना की दूसरी तरफ भी वे प्रायः देखते हैं। सामान्यतः इधर अनेक वर्षों में राजनितिज्ञों की ओर देखने का दृष्टिकोण कुछ एकांगी हुआ है जिसमें यह माना जाता है की ओर देखने का दृष्टिकोण कुछ एकांगी हुआ है जिसमें यह माना जाता है कि सार्वजनिक जीवन में यश राजनीतिज्ञों पर निर्भर रहता है और यह यश तभी प्राप्त होता है जब उनका राजनैतिक लाभ हो। जीवन इससे अधिक व्यामिश्र है। इस पूरी प्रक्रिया में मन का बड़ा हाथ रहता है और जरूरी नहीं कि यह मन लौकिक अर्थ में मन का व्यापार इतना निगूढ होता है कि संबद्ध व्यक्ति को भी उसकी स्थिति-गति का पता नहीं चलता। शांताराम की कहानी इसी निगूढ़ता को संकेतित करती है। राजनीतिज्ञों (नेताओं) का एक मानवीय पक्ष भी होता है और उसकी उपेक्षा नहीं करनी चाहिए। यह शांताराम ने देवराज धकाने जाल के कारण जिस ब्राह्मण कन्या सूशीला से विवाह नहीं कर पाये उससे दिनकर राय ढगे का विवाह हुआ था। पचीस वर्षों के अंतराल के बाद भी इन मजबूत अदृश्य जुड़ाव ने धकाने ने ढगे के पीछे अपनी शक्ति लगायी। वैसे सुशीला पचास की थी, पाँच बच्चों की माँ थी, स्वास्थ बहुत गिर गया था। परंतु मनुष्य मन का यह वैशिष्टय है – पुरानी स्मृतियों से मजबूती से जुड़ना। शांताराम ने इसे दिखाया है ही, मंत्री और उसके संबंधों की विविध आयाम व्यामिश्रता भी दिखायी है। इसके साथ सुशीला की मानसिकता की विचलितता दिखाकर तथा मंत्री महोदय की विवेकपूर्ण कैफियत प्रस्तुत कर शांताराम ने कथा के अनुभव की व्यामिश्रता का चित्रांकन किया है। यह

जीवन स्थिति भी है और जगत् गति भी। (शांताराम और भी कहानियाँ इस सूत्र के अंतर्गत आती हैं-अतीत की स्मृति और जुड़ाव – परंतु "यश" सबसे व्यामिश्र है।)

आभास और प्रतीक

सामान्यतः शांताराम यथार्थ की भूमि पर चलने वाले कहानीकार हैं। उनके चरित्र, घटनाएँ और जीवन दृष्टि वास्तविकता को केन्द्र में रख कर ही संपन्न होती हैं। लेकिन कुछ कहानियाँ उन्होंने ऐसी भी लिखी है जो आभास जगत् का एहसास कराती है और प्रतीकात्मक ढंग से लेखक का मंतव्य व्यक्त करती है।

उनकी तीन कहानियाँ बहुत चर्चित हुई। एक "सिंग", दो, "गिलहरी" और तीसरी "शेर" की चर्चा हम कर चुके हैं। सिंग १९५२ में "सत्यकथा" नामक मराठी की शीर्षस्थ साहित्यिक पत्रिका में छपी थी। पौगंडावस्था से तरूणाई की अवस्था में आते समय की वेदनाओं, तकलीफों, सुखात्मक संवेदनों से इस कहानी की संरचना हुई। यह अवस्था ऐसी हैजिसमें काया पलट की प्रक्रिया चलतीरहती है और अपनी पहचान को लेकर बड़ा व्यथामय प्रश्नचिह्न खड़ा रहता है। वह न किशोरा में रहना चाहता है न युवतियों में स्वीकृत तथा आदृत होता है। भीतरी और बाहरी शारीरिक और मानसिक पीड़ा भोगता हुआ वह सांभर का बच्चा आखिर शिकारियों द्वारा गोली से मार दिया जाता है और सांभर को उठाकर गाड़ी में से ले जाते समय सिंग अड़चन होंगे और वे किसी काम के भी नहीं। यह सोचकर सिंगों को काट दिया जाता है।

इस प्रकार की कहानियों में पहली कठिनाई होती है कि लेखक को अपनी कल्पनाशक्ति से अतिरिक्त काम लेना पड़ता है और कहानी की संरचना कोइस प्रकार बुनना पड़ता हैकि कथ्य-विषय की वास्तविकता बरकरार रहे और मनुष्य की संवेदना, भावना और बुद्धि प्राप्त पाठकों को भी अपने मनोभावों की पहचीन निरूपण में मिले। यह दुहरा कार्य बहुत ही कठिन होता है और शांताराम ने इसे पूर्णतः निभाया है। सांभर की शाररीरिक अवस्था एवं जीवन विषयक स्थितियों का ध्यान रखते हुए ही पौगंडावस्था के किशोरों की मानसिकता और अपनी पहचान के लिए छटपटान ने मनुष्य की सारी स्थितियाँ व्यक्त की गयी हैं। फिर जिन सिंगों की बजह से यह सादी तकलीफ और सुखदुख की गाथा प्रारंभ हुई उन्हीं की अनुपयोगिता का संकेत् कर जीवन की असंगति बोध की ओर तीव्रता से उन्मुख किया गया है। जीवन की अस्तित्व के लिए लड़ाई और उसकी एक तरह की अंतिम निरर्थकता में परीणति दिखाकर शांताराम ने पाठक को कुल जीवन पर सोचने के लिए बाध्य किया है।

शांताराम की दूसरी कहानी "गिलहरी" १९५३ में मौज दिवाली अंक में प्रकाशित हुई थी और इसकी लोकप्रियता ने लेखक की प्रतिष्ठ्य दृढ़ रूप से स्थापित की। गिलहरी और लेखक के बीच चल रहे संवाद और निवेदन के माध्यम से यह कथा प्रस्तुत की गयी है। इसकी रमणीय काव्यात्मकता एक वैशिष्ट्य है। यहाँ भी दो स्तरों पर लेखक ने निवेदन को रखा है। एक गिलहरी के रूपविन्यास और क्रीडा विन्यास का स्तर है तो दूसरा प्रतिभा की रचना प्रक्रिया का। वैसे यह कहानी प्रेमभावना की प्रकृति कोभी उदाघाटित करती जाती है। लेखक की शैली में अद्‌भूत लोच और लचीलापन है और आत्मीयता का रस पूरे कथ्य को आस्वाथ बना गया है। "गिलहरी"

मराठी में बहुत सफल कथा रूप में चर्चित हुई और मान्यवर कहानी लेखकों का मानना है, जो सही है, कि यह एक वैश्विक स्तर की कहानी है। कहानी में तरलता और प्रसन्नता है, काव्यात्मकता की रसयात्रा है। कहीं प्रसन्न हास्य है तो कहीं उदासीनता का हल्का मूड़ भी है। कुल मिलाकर अपनी अनेकार्थता के साथ विलक्षण अभिव्यक्ति के लिए भी यह कहानी शांताराम की ही नहीं मराठी की एक णहत्वपूर्ण उपलब्धि हैं।

"शेर" कहानी की चर्चा हो चुकी है।

शांताराम की कहानी में करूणा के स्त्रोत

वैसे शांताराम का लेखकीय व्यक्तित्च खुला, बातुनी और मुक्त स्वभाव का है, कुछ फक्कड़ सी परंतु उनका कलाकार गंभीर भी है और चिन्तनपरक भी। उनकी अनेक कहानियों में जो पैथॉस (करूणा) का अंतःप्रवाह है वह शब्दों से अधिक घटितों और चरियों की सक्रियता से प्रकट होता है। जब उनका कलाकार पीछे मुड़कर आपबीती को व्यक्त करता है तब यह प्रवाह धीमी गति से प्रवाहित होने लगता है। उनकी एक कथा है "धूल"। सवा रूपये के लिए एक पागल सी जवान सत्री कोदूसरी स्त्री धमकी दै रही है कि अगर वह पैसा नहीं दगी तो वह उसका दोवर्ष का बच्चा वह ले जायेगी। उस पागल औरत ने पैसे बच्चे के कपड़ों के लिए लिये थे। दूसरी महिला अपने पति और सास की तकलीफ से एक मेहतर के साथ भाग आयी थी और पिर मेहतर की मारपीट से उकता कर वहाँ से भाग आयी थी। अब शरीर बेचकर निर्वाह करती है। दांगिवाला कहता है – "काह का ऐश साहब? नरक-सा जीवन है उसका। उसे हम मुफत में थोड़े ही कुछ देते हैं? मुफ्त की चीज उसे चाहिए भी नहीं। वह हमें लूटता है– हम उसे लूटते हैं। बस इतना ही। इतना ही क हम पुलिसवालों से अच्छे। वे लफंगे उसे मुफ्त में लूटते हैं।" पिर उस मेहतर से उसकीचल रही खिंचाखिच का इतिहास।

पूरी कहानी में मध्यवर्गीय नैतिक मूल्योंकी दृष्टि से निवेदक देख रहा है और वास्तविकता इतनी भयावह है कि वहाँ मध्यवर्गीय नैतिकता ही अपने आप में एक पाप है, अनैतिकता है, अन्याय है। लेखक व्याख्यान नहीं देता लेकिन मध्यवर्गीय नैतिकता का पर्दाफाश करता है निवेदन की प्रतिक्रिया के व्दारा "मेरे मुंह से शब्द नहीं निकल रहा था, मैं बिलकुल हड़बड़ा गया था। आगे वाली सीट पर बैठी ढेला हुमच हुमच कर रोना सुनकर मैं अधिक ही चकरा गया था। एक बुरे चरित्र की औरत को मैं लेता जा रहा था और वह फूट फूट कर रो रही थी। ऐसा कुछ अर्थ किसी ने निकाला तो? उस कल्पना से मेरा सिरबधिर होने लगा।"– औरत की स्थिति की अपेक्षा लोग अर्थ क्या निकाल सकते हैं इसको लेकर चिन्तित यह व्यक्ति किसी प्रकार ढेला की मुक्ति के लिए दस आने तो है परंतु जब ढेला आकर पैर छूता है तब उसके स्तनों को पैरों के छूने से वह भी अपने सामने नग्न होता है। इधर ढेला अड़ गयी है कि वह मुफूत में पैसे नहीं लेगी, वह निवेदक को बिठीएगी। आखिर ढेला सबके पैसा वापस कर मेहतर के साथ का निर्णय करती है। तांगेवाला निवेदक के डाँटने पर प्रत्युत्तर देता है: साहब आप नाहक गुस्से का स्वांग भर रहे है। आप जैसे अनेक लोगों को मैंने इसके पहले अनेक स्थान पर पहुँचा दिया है। आप जैसे परदेशी लोगों को क्या मैं पहचानता नहीं हूँ? आप जैसे हमारे भाग में नहीं आये होते तो मोटर स्टैं ड पर देखी थी

वैसी पागल औरत देखने को कैसे मिलता? साहब आप नाहक बन रहे हैं।"... आगे वह यह भी कहता है, "आप बन नहीं रहे होंगे तो डर रहे होंगे।" टांगेवाले ने ढेला से खुश रहने को कहा और उधर ढेला से खुश रहने को कहा और उधर ढेला भी मेहतर के साथ में हँस रही थी। यह निम्नवर्ग की जिजीविबा है।

पूरी कहानी ऊपर के स्तर पर मध्यवर्गीय संस्कृति और नीति की अवधारणाओं का पर्दाफाश करती हुई निवेदक के भीतर की कमजोरी को उघाड़ता दिखाई देती है। लेकिन उसके बहुत गहरे समूची स्थितियों का व्यंग्य यह है कि ढेली हो या बच्चे को पकड़े वह पागल सी औरत हो–सबकी भयावह दुर्दशा के लिए यह मध्यवर्गीय संस्कृति कम जिम्मेदार नहीं है। निवेदक पर यह सब प्रकट होता है – अंत में वह बताता है : "अंदर नल था। मेरा शरीर धूल से भरा था। स्नान के लिए भी पर्याप्त समय था। लेकिन स्नान करने को मेरा मन तैयार नहीं हो रहा था। वह मिट्टी वैसी ही शरीर पर रहने देकर मैं गाड़ी की प्रतीक्षा करने लगा।"

यह धूल मिट्टी के आदमी की जिजीवीबा है। यह कहानी का अंत जबर्दस्त प्रभावशाली है और मध्यवर्गीय पाठक से अन्तर्मुख करता है – धूल पाठक के मन पर भी जमती है।

असल में गिडगिडाकर रुलाने और आँसुओं को निकालने के लिए काफी मसाला इस कहानी की घटनाओं में था परंतु लेखक ने उसे तार-तार कर बिखेर दिया है और एक गहन आंतरिक प्रभाव को साधा है।

नारी का शोषण, उसका दुख, उसका दुर्भाग्य शांताराम के विषय हैं परंतु वहाँ भी गलदाश्रु भावुकता नहीं, करुणा की अंतःसलीली है। "सगळं उत्तम आहे।" जैसी कहानी भी इसी पैथॉस को सँजाये हुए अकुलाहट के बीच के तनाव को गहराई से व्यक्त किया गया है। "काका काकी" में काकी का दुख भी कुछ शब्दों में आता है तो बहुत कुछ संवेदनशील पाठक की भागीदारी पर छोड़ दिया गया है। "चक्र" में श्रीहरि के दुख को भी इसी प्रकार व्यक्त किया गया है। लेकिन इस संदर्भ में शांताराम की कहानी "निर्वासित" (परागंदा) विशेष रूप में उल्लेखनीय है। असल में शांताराम हास्य और व्यंग के कथाकार नहीं हैं, वे गंभीर पैथास के कहानीकार हैं जो कहानी की चिरंतनता का मुख्य आधार है।

शांताराम की कहानी में नाटयात्मक दर्शन की अपेक्षा निवेदन पर अधिक बल है और प्रथम पुरुषी निवेदन में वे अधिक रमते हैं। कभी तृतीय पुरुषी निवेदन में प्रथम पुरुषी निवेदन की दखलंदाजी होती है क्योंकि लेखक चरित्र की मनोवृत्ति से या वर्ण्य अनुभव से अध्क एकाकार हो जाता है। शांताराम संवादों का उपयोग कम नहीं करते कभी तो पूरी कहानी अदिकांश संवादों से पूरी की जाती है कहानी का प्रारंभ कभी गप्पे मारने की है शैली में होता है और शांताराम कहानी के केन्द्रीय भाग के पहले फैलाव भी करते हैं। लेकिन इस विस्तार में पाठक रस लेने लगता है क्योंकि गपोड़ निवेदक की भाषा मेंचुस्ती होतीहै, भंगिमा में ऐसी पारदर्शिता होती है कि पाठक बातों में सहज बह जाता है। शांताराम की कथा में यह सहजता इतनी अधिक होती है कि पाठक के ध्यन में उनकी संरचना की कुशलता और प्रभाव को गहराने के लिए दिये गये घटनाओं के कौशल्यपूर्ण संयोजन की ओर ध्यान ही नहीं जाता। यह सहजता प्रयास साध्य भी होसकती है।

जैसे किसी आसानी से तार पर चलने वाले सर्कसपट की चाल हो। परंतु शांताराम के बारे में लगता है कि वह उनको सहज प्राप्त देन है। शांताराम को अपने कथ्य पर, अपनी अनुभव संपदा एवं जीवन दृष्टि की मौलिकतापर ऐसा विश्वास है क वे तकनीकी उपादानों का जानबूझ कर प्रयोग कर पाठक को अलग से ध्यान देने के लिए आवाहन नहीं करते। शांताराम कथा केप्रवाह में अने परिवर्तन हौले से करते हैं ल्किन उनकी यह प्रयोगधर्मिता खास सूक्ष्मतापूर्वक देखने पर ही परिलक्षित की जा सकती है। शांताराम की शब्दयोजना भी अनेक प्रकार की है। कभी वे शब्दों का भरपूर उपयोग करते हैं और बात को स्पष्टतापूर्वक प्रस्तुत करतेसमय लगता है शांताराम पाठक की क्षमता पर विश्वास नहीं करते। परंतु ऐसा नहीं है। उनके निवेदक की अंगभूत गुण विशेषता पर यह सब निर्भर करता है। कभी अत्यल्प शब्दों में भी गहरी बात की व्यंजना करते हैं।

शांताराम के पास शब्दों का विपुल भंडार है। नागर और ग्रामीण प्रदेश के अनुसार शब्दों का इस्तेमाल वे करते ही हैं, मराठी की प्रमाण भाषा के क्षेत्रों के बाहर की बोलियों से भी वे शब्दों का संग्रह करते हैं। लेकिन इसमें भी अनावश्यक प्रयोगधर्मिता का तामझाम नहीं होता।.

मराठी के नागर रुप एवं कुछ शैलियों को लेकर यह आरोप लगाया जाता है कि अंग्रेजी ने मराठी को बुरी तरह से प्रभावित किया है व्यक्तिशः मैं इस आरोप में विशेष तथ्य नहीं देखता। और मराठी ने संत साहित्य तथा महानुभाव साहित्य की खरी-खरी मराठी की परंपरा को खंडित/ बाधित विकृत किया है। इसका यहाँ विस्तार से विवेचन करने की गुंजाईश नहीं है परंतु शांताराम की भाषा एक ठेस प्रमाण है कि मराठी का खॉटी मराठी का स्वभाव यहाँ सुरक्षित है, सुरक्षित ही नहीं भरपूर जोश में मौजूद है। आश्चर्य तो यह है कि प्रा. के.ज. पुरोहित अंग्रेजी के प्राध्यापक हैं और अंग्रेजी वाङ्मय के अध्येता भी लेकिन उन्होंने अपनी मराठी भाषा को गलत ढंग से प्रभावित होने नहीं दिया। इसका एक महत्वपूर्ण कारण यह भी है कि शांताराम ने अपनी परंपरा- वैचारिक, भावनात्मक, भाषात्मक से अपने को कहीं भी विच्छेदित नहीं किया। लेकिन यह परंपरा भारतीय संस्कृति एवं परंपरा की प्रकृति के अनुसार सदैव जीवनोपयोगी नयी प्रवृत्तियों को समेटने और समोने वाली है।

शांताराम का योगदान

शांताराम ने नयी कहानी के प्रारंभ के भी कुछ पहले लिखना शुरु किया परंतु उन्होंने अपनी सांस्कृतिक परंपरा को अतिरेक ढंग से कभी तोड़ने का प्रयास नहीं किया। आधुनिक विचारों को समय की मांग के अनुसार स्वीकार अवश्य किया परंतु आधुनिकता के नाम पर आने वाली अप्रवृत्तियों को नहीं स्वीकार किया। स्पष्ट शब्दों में शांताराम ने अपनी सांस्कृतिक परंपरा में सम्मानित मध्यम मार्ग को कभी नहीं अस्वीकार किया। समाज और व्यक्ति के बीच के संबंधों को एक दूसरे के विरोध में न देखकर समन्वित रूप में ही देखा। यह समन्वित रूप उन्हें गृहस्थ धर्म में दिखा जहाँ परिवार में सुरक्षा है तो एक दूसरे के लिए थोड़ा बहुत त्याग करने की जरूरत भी है। स्त्री पुरुष संबंधों में विवाहपूर्ण प्रणय एक उभरती वास्तविकता थी तो शांताराम ने उसे स्वीकार किया परंतु इसलिए परंपरागत विवाह प्रणाली को अस्वीकार भी नहीं किया। शांताराम

की अनेक कहानियों में वैवैहित नीति को सुरक्षित रखने की ओर रूझान है। उनके अनेक नापक पूर्व प्रेयसियों से मिलने पर भी वैवाहिक यौन-नीति का उल्लंघन नहीं करते। शांताराम की कहानी में जनरेशन गेप को भारतीय समाज की एक अटल स्थिति के रूप में स्वीकार नहीं किया गया है। परिवार व्यवस्ता के विरोध में कहीं तीखा स्वर नहीं है।

शांताराम की कहानी में सामाजिक परिवर्तनों की समझ प्रकट हुई है. जमीन से क्रमशः होने वाली दूरी, गॉव जीवन से नगर जीवन की ओर बढ़ना आकर्षण, अपनी जात, समाज और गॉव से उखड़ कर निर्वासित होने की स्थिति, गृहस्थी पर होने वाले चौतरफा आक्रमण, नैतिक मूल्यों के प्रति बढ़ती अनास्था, औद्योगिक और तकनीकी सभ्यता में स्त्री-पुरुषों के संबंधों में आये उलझाव और व्यामिश्रता एवं व्यक्ति को एक वस्तु के रूप में इस्तेमाल करने की स्वकेंद्रित प्रवृत्ति की बढ़ती विद्रूपता, स्त्री के यौन शोषण की बढ़ती क्रूरता, राजनैतिक ताकत का व्यापक होता जाने वाला क्षेत्र ये कुच ऐसे तथ्य हैं जो शांताराम की कहानी में प्रतिबिंबित हुए हैं। उन्होंने निर्वासन और एलियनेशन की स्थितियों की ओर भी संकेत किया। शांताराम की कहानी में दरिद्र और ढहता ब्राह्मण समाज है, मध्य वर्गीय नौकरीपेशा वर्ग है, क्लबों की जिंदगी में खुलने वाला मध्य वर्ग है, अनेक जातियों और पेशों के लोग हैं इनसे शांताराम का गहरे स्तर पर परिचय दिखता है।

इस सबके बावजूद शांताराम की कहानी में मूल्यों में आस्था का एक संतुलित रूप उभरता है। जो निराशावादी होने नहीं देता। इसका स्त्रोत परिवार में पारस्परिक ईमानदारी और जुड़ाव की भावना में है। एक छोर को जा कर नैतिक समस्याओं को शांताराम ने प्रायः नहीं उठाया। लेकिन भारतीय नारी के विविध स्तरीय दुखें, समस्याओं और तनावों का चित्रण है।

शांताराम की कहानी नयी कहानी की बढ़ती व्यक्तिवादिता और व्यक्ति केंद्रितता के विरोध में एक संतुलित जीवन व्यवस्था के प्रति प्रतिबद्ध है। उन्होंने रोमॉटिसिज्म और रियालिज्म में भी एक अलग किस्म का समन्वय किया।

शांताराम की कहानी में संपूर्ण नागर या संपूर्ण ग्रामीण ऐसा कुछ विभाजन नहीं है। एक तो उनकी कहानी में आदिवासी जीवन का चित्रण काफी मांसल रूप में चित्रित हुआ है और वेदर्भीय जीवन की ठेस झांकी मिलता है। नयी कहानी में नागर कहानी में भूगोल क्षीण होता जा रहा था और कहानी अधिकतर मनुष्य के मन के आसपास आयी था, ग्रामीण कहानी में भूगोल जरुरत से ज्यादा था और सीमित था। शांताराम की कहानी में यहॉ भी एक तरह का संतुलन दिखता है।

शांताराम ने मध्यवर्गीय परिधि के सामान्य व्यक्तियों को अधिकतर चित्रित किया। उनके सुख-दुखों, तनावों, समस्याओं से परिचित कराया। सामान्यतः मानवीय गर्माहट से भरपूर उनके पात्रों के साथ संवाद करना एक रूचिकर अनुभव है।

शांतारम ने मराठी भाषा की परंपरा को गद्य के क्षेत्र में सुरक्षित ही नहीं रखा उस् अधिक उर्वरा भी बना दिया। लगता है शांताराम के पास शब्दों का भंडार उनके समय के किसी भी अन्य

महत्वपूर्म लेखक से अधिक है। उनकी भाषा मे जीवन की धड़कन है और शब्दों में मांसल स्पंदन। शांताराम ने मराठी भाषा की खास प्रकृति को सुरक्षित ही नहीं रखा, उसको अधिक समृद्ध भी बनाया। देशीयता का विचार करते समय शांताराम का यह योगदान महत्वपूर्ण है।

शांताराम अनेक प्रकार के विरोधों के बीच संतुलन धर्मी लेखक हैं और एक महत्वपूर्ण लेखक है। उनकी कहानी में नैतिकता का संस्कार अलग सेनहीं है, वह उनके कश्य के विकास का एक अनिवार्य अंग बन गया है। शांताराम ने पिछले पचास वर्षों में अनेक प्रभाव ग्रहण कियेजिमें नयी कहानी का भी है। अंग्रेजी के प्राध्यापक होने के नाते पूरी पश्चिमी कहानी परंपरा उनके सामने थी, नयी कहानी का समानान्तर-प्रवाह भी था। परंतु शांताराम ने सबको पचा कर अपने पृथगात्म व्यक्तित्व के अनुसार अपना मौलिक कहानी संसार रचा। इस कहानी संसार की वृथगात्मकता, मौलिकता, रूप वैशिष्ट्य, कथ्य की समृद्धता, समाज समीक्षण, मनुष्य के मन की एवं संबंधों की तलाश, मानवीय गर्माहट इत्यादि घटकों को ध्यान में रखा जाय तो शांताराम मराठी कहानीकारों की शीर्षस्थ पंक्ति में महत्वपूर्ण स्थान पर विराजमान होंगे।

दिलीप चित्रे की कथा

एक ओर साठोत्तरी मराठी कथा, नियतिवाद की उँगली पकड़कर, जीवन की निरर्थता को लेकर कुढ़ती हुई, निरूद्देश्यता से उत्पन्न निष्क्रियता की जुगाली करती हुई, मानव संस्कृति के विनाशं की वेदना का अनुभव करती हुई रास्ता तय करती दिकती है; तो दूसरी ओर मानव जीवन पर आस्था रख कर, मनुष्य के मन के सूक्ष्म स्वरों को खोलने और आभ्यंतरिकता को टोहने, सुख दुःख के मूलभूत स्वरूप को सामान्य एवं असामान्य स्वभाव को अन्वेषित करना चाहती है तो कभी उसकी अनोखी भाव-वृत्तियों का आस्वादन कराती है, जीवन के अवरोधों का चिन्तन भी करती है और विकास के चिन्ह देखने का प्रयास भी। यह कथा नाना विध क्षेत्रों में पैठ कर अनुभव-वैविध्य का फैलाव देखने और गुनने की भी उम्मीद रखती है। कभी वह बाह्य व्यवहार एवं व्यापारों पर दृष्टि केंद्रित कर उनके उलझे संबंधों और रिश्तों को देखने में रू चि दिखाती है तो कभी अन्तर्मुख होकर मनुष्यों के बीच वर्तमान भाव-संबंधों का चिन्तन करती है। कभी वह मानव संस्कृति पर हो रहे तकनीकी विकास के आक्रमण से पीड़ीत होती है और अपना सृजनशील जीवन सुरक्षित रखने केलिए सोच में डूबती है, तो कभी संस्कृति-संक्रमण के स्वरूप का चिन्तन भी करती है। यह कथा विविध वर्गों, जातियों, स्तरों में तो जाती ही है साथ ही मनुष्य की विभिन्न अवस्थाओं में, उसमें होने वाले परिवर्तनों का जटिल रूप भी देखती है। इस प्रकार की कथा के मूल में जीवन विषयक आस्था सक्रिय होने के कारण दिक-काल बंधनों के परे भी वह उन्मुकत संचार करने की आकांक्षी है। प्रबल जीवनेच्छा से भरी हुई इस प्रकार की कथा को कल्पना का साहचर्य प्राप्त होने पर एक भी ऐसी अवस्था , स्थिति, काल, व्यक्ति नहीं बचता जो इस कथा की पकड़ से मुक्त रहेगा। सौभाग्य से शून्यवादी और अनास्था से जड़ बनने वाले कथाकारों के साथ जीवन में विलक्षण आस्था रखकर जीवन का जहर पचाने वाले कथाकर भी मराठी में लिख रहे हैं। १९६० के बाद दिलीप चित्रे के लेखकीय व्यक्तित्व ने और उनके लेखन ने मराठी कथा में भी जिज्ञासा और विवाद दोनों को जन्म दिया। चित्रे ने संख्या की दृष्टि से बहुत कम लेखन किया, परंतु उनकी हर कहानी कुछ अलग वैशिष्ट्य और अनोखापन लेकर अवतरित हुई है। दिलीप चित्रे की कहानी की दुर्बोधता के कारण कहिए या उनके अनोखे अनुभव-संसार के कारण; अस्तित्ववादी लेखक का लेबिल उन पर लगाया गया। साथ-साथ निराशावादी, अश्लीलता के प्रचारक इत्यादि आरोप भी उन पर किये गये। वस्तुतः दिलीप चित्रे की कहानी का साक्ष्य कुछ अलग ही बात कहता है। अपनी कहानी के संबंध में लिखते समय दिलीप चित्रे ने अस्तित्व का भान वैशिष्ट्य पर बल दिया है। जीना, मृत्यु की अटल स्थिति में भी जीना दिलीप ने इस बात को तो महत्व दिया ही है, उन्होंने 'प्रेम' को भी अतिशय महत्व दिया है। इसी में जीवन का हर क्षण उत्कटता से और सृजनशील वृत्ति से जीने पर चित्रे बल देते है। इस तरह उत्कट रूप में जीते समय को अवरुद्ध करने वाले सामाजिक और सांस्कृतिक अवरोधों को नकारने का दायित्व भी आता है और समकालीन जीवन के प्रति जागरूक रह कर जीने की अनिवार्यता भी उत्पन्न होती है। पर उच्च प्रकार का नैतिक दायित्व दिलीप चित्रे ने कहानियों के माध्यम से दिखाया है.

दिलीप चित्रे की कुछ कहानियों का विश्लेषण इसलिए भी आवश्यक है कि उनके अनोखे स्वरूप के कारण उनकी सही मार्मिकता को पकड़ने का प्रयास कम हुआ है। उनकी प्रेम संबंधी संकल्पना का आकलन करने के लिए उनकी कहानी जारचं स्वागर विश्लेषणीय है। परंपरागत कथाशिल्प पर भी वह आघात करती है, क्योंकि परंपरागत वैचारिक अवधारणा पर उसे आघात करना है। वैचारिक मोनोलॉग और अन्तर्मुख अनुभव से छन कर निकली कथा के बीच की सीमा रेखा पर यह प्रभावी कथा लेखन हुआ है। 'प्रेम' संकल्पना या अनुभव के इर्दगिर्द आदत, रूढ़ि, परंपरा और नैतिक संस्कार का जो घना कुहरा जमा हुआ है उसे भेदकर आंतरिक उत्कट अनुभव से शरीर-अशरीर भेद को अतिक्रांत करता हुआ अपार आस्था, उत्कटता और तन्मयता से रसाबसा यह प्रणयानुभव व्यक्त करते समय चित्रे ने एक ओर स्त्रियों के साँचे में आबद्ध एक रस, निर्जीव पति प्रेम के स्वरूप पर आघात किया है तो दूसरी ओर पुरुष की निर्घृण, आत्मकेंद्रित, बलात्कारी प्रवृत्ति को भी उजागर किया है– एक सूक्ष्म भावानुभव को चित्रेजी ने व्यापकता और गहनता का परिणाम दिया है. जीवन की चैतन्यशील सर्जनात्मक प्रेरणाओं का इसमें स्वीकार है। आत्मान्वेषण और आत्मशोध करने वाली यह कहानी पाठ्क को भी अन्तर्मुक करती हुई अपराधबोध से विगलित करती है। अनुभव के भावनात्मक और चिन्तनशील, दोनों परिमाणों में संतुलन रखने वाली यह एक मूल्यवान कहानी है। चूँकि दिलीप चित्रे उत्कटतापूर्वक जीने में सार्य़कता मानते बैं और इस उत्कटता का एक विलक्षण सार्थक रूप उनको स्त्री और पुरुष के शरीर संबंधों में दिख जाता है उनकी कथाओं में यह एक केंद्रीय तत्व बन गया है। इन संबंधों का मांसल, अनेक आयामी चित्र, चित्रे की कहानी में मिलता है। जहाँ तक खून में उबलनेवाली वासना की परितृप्ति का सवाल है, दिलीप चित्रे के चिन्तन का साम्य डी.एच.लॉरेन्स से देका जा सकता है।

जीवन के चैतन्य आत्मबोध और उत्कटता को सोखने वाली परंपराओं और लोक-व्यवहारों पर चित्रे व्यंग्यात्मक प्रहार करते हैं – यह व्यंग्य अतिशय सूक्ष्म होता है। स्त्री-पुरुष के उत्कट शरीर संबेधों का यांत्रिकीकरम करने वाले पति-पत्नी संबंधों पर चित्रे बार-बार आघात करते हैं (दहा हजार शब्द), सुरक्षाकवच के लिए अपने को दबाकर रखने को बाध्य करने वाली और प्रणय के अंकुर खोंटने वाली सुसंस्कृत एवं परंपरा-समृद्ध दुनिया पर चिढ़ते हैं (मेथिड्रिन), मन की ग्रंथियों एवं शिष्टता के झूठे मुखौटों के कारण अपने को संभोग सुख से वंचित करने वाली स्त्री के समाप्तप्राय शुष्क जीवन की कता प्रस्तुत करते हुए भारतीय जीवन में सृजनेच्छा को नियंत्रित करने वाली मान्यताओं के ख़िलाफ़ चित्रे पैना व्यंग्य करते हैं (केसाळ काळंभोर पिल्लू), अथवा इंद्रिय तिरडी आणि अनंत काळ) अथवा कभी स्त्री पुरुषों के वासनात्मक संबंधों का चित्रण करते हैं (अंधारातल ॲप्रेंटिस – इस कथा को राजनैतिक पार्टी का दिया हुआ परिवेश कुछ वैयक्तित रुचि-अरुचि के स्तर पर उतर आने का संकेत देता है, जो कलात्मक नहीं लगता) यौन विषयक अज्ञानता के कारण या तत्संबंदी विकृत सामाजिक दृष्टि के कारण युवकों में बड़ती नपुंसकता के निगूढ़ वायरस की कथा एक कटु सत्य को उजागर करती है (व्याहरस) – इन समस्त कथाओं में एक सूत्र है। वह यह है कि हमारे समाज में जीवन के अत्यंत महत्वपूर्ण पक्ष को लेकर, काम जीवन को लेकर विकृत धारणाएँ घर कर बैठी हैं। इसके कारण न केवल जीवन

के उत्कट आनंद से हम वंचित रहते हैं, बल्कि हर क्षेत्र में हमारी सृजनेच्छा का विलास भी कुंठित होता है, हम असमय में मृतवत् जीवन जीते जाते हैं।

चित्रे की एक महत्वपूर्ण कहानी है – टईपरायटर। नार्मल एबनार्मल के संघर्ष में सामान्य लोग असामान्यों पर किस तरह सबी प्रकार से बलात्कार करते हैं, इसका प्रतीकात्मक स्तर पर प्रकटीकरण चित्रे ने इसमें किया है। अपने वैयक्तिक वैशिष्ट्य के बारे में अतिशय जागरूक चित्रे को सामान्यों का यह आक्रमण अनेक स्तरों पर दंश करता है। इसमें भी स्त्री को स्त्रीत्व से वंचित करने वाले समाज के प्रति तीव्र प्रतिक्रिया व्यक्त हुई है।

चित्रे की स्कॉपिओ एक अतिशय सशक्त कहानी है. विनष्ट हो रहे पारसी समाज के संबंध में लिखी यह कथा एक स्तर पर वैयक्तिक अनुभव को प्रकट करती हुई सामाजिक सांस्कृतिक संदर्भो से बहुत ही वज़नदार बन गयी है। िसमें निहित वेदना को मनोविज्ञान का गहरा स्पर्श मिला है। पारसी समाज आज चेहराविहीन होता जा रहा है। इस ट्रेज़िक नियति के कारुणिक बोध को नर्गिस के जीवन्त, सप्राण, व्यक्तित्व के माद्यम से व्यक्त किया गया है. अपने पागल से भाई को नर्गिस के लिए कभी न कभी आत्मसमर्पण की आग में कूदने के लिए मन को तैयार करने वाली नर्गिस न नये विचारों का तीखापन स्वीकार कर सकती है, न अपने जातिगत संस्कारों को तोड़-फोड़ सकती है। नर्गिस का यह प्रश्न – "पागल भाई को जीवन्त रखाना है तो उसकी वासना की पूर्ति का विचार भी करना होगा कि नर्गी और यह काम दूसरा कौन करेगा?" – मानवीय करुणा और असहायता के गहरे अन्तर्मन्थन से उभरता है जो संवेदनशील पाठक को सुन्न कर देता है। एक विवशता और वेदना को समूचे जातीय स्तर पर नर्गिस भोग रही है। ध्वस्त हो रहे पत्थर के प्रचंड प्राचीन शिल्प के झिलमिलाने वाले चैतन्य का जीवन्त स्पर्श यह कहानी देती है।

चित्रे की कथा-भाषा खास वैशिष्ट्यपूर्ण है। विशेषणों का सटीक प्रयोग आशय को विविधांगी बना देता है, निगूढ़, तलस्पर्सी अनुभव के कोण को अचूक शब्दों में पकड़कर मूर्त करने की चित्रे की ताक़त विलक्षण है। अनुभव के विलक्षण रूप को पकड़ने के लिए चित्रे जब अवचेतन के विविध रूपों को शब्दबद्ध करते हैं तब उनकी क्षमता सुखद आश्चर्य पैदा करती है। व्यावहारिक जीवन से कोसों दूर रहै मन की अतल गहराइयों का चित्र अंकित करने के लिए चित्रे शब्दों के सहारे जब गहरे तल में डुबकी लगातेहैं और अर्थभरी मछली को वाक्य में गूँथ देते हैं तो जीवनानुभव की अनेक अनछुई वास्तविकताएँ सामने आती हैं। चित्रे चूँकि सशक्त कवि भी हैं, उनकी भाषा, संवेदना की भाषा है – चित्रमय, अनेक इंद्रियों को एक साथ छूने वाली, उत्ट और समृद्ध।

ऐसा नहीं कि चित्रे की कथा सर्वांगपूर्म और निर्दोष है। कभी वे एकांगी भूमिका ग्रहण करते हैं। केसाळ काळंभोर पिल्लू में मिसेस राणे को उनकी नींद में तेरह चौदह वर्ष का बालक भोग लेता है – अवास्तव लगता है। उनका एक चरित्र सदानंद छत्तीस वर्षो की उम्र में भी स्त्री-पुरुष संबंध को लेकर बहुत ही नादान दिखाया गया है। वैसे ये डिटेल की भूलें कथा के आशय को उतना नुक़सान नहीं पहुँचातीं। लेकिन जब चित्रे लिखते हैं, "बोध का संचार निरंकुस रखने के लिए उसी तरह अपना आत्मबोद क़ायम रखने के लिए सामूहिक बोध का स्वीकार न करते हुए

स्वेच्छया स्वीकारी हुई असुरक्षा स्वाधीन लेखक को अपनानी पड़ती है।" — तब आत्मबोध और सामूहिक बोध के बीच का एक संघर्षमय वोरोध वे मानकर चलते हैं, यह भूमिका अतिरेकपूर्ण लगती है। क्योंकि सामूहिक बोध आत्मबोध के लिए न केवल संबादी होती है, संरक्षण भी देता है, इसको वे प्रायः भूलते हैं। 'प्रेम' को विशेष महत्त्व देने वाले लेखक की यह वैचारिक एकांगिता आश्चर्य में डालती है।

दिलीप चित्रे को मृत्यू के अनुभव के विविध रूप देखने का शौक है। लेकिन यह मृत्यू के अनुभव की प्रत्यय प्रतीति एक भुलावा है। मृत्यू के अस्तित्व से जीवन में पैदा हुए भय, शोक, उत्कटता, गतिशीलता, कर्मण्यता, व्याकुलता इत्यादि का अनुभव स्वाभाविक है और आवश्यक भी है, लेकिन मृत्यू के अनुभव की साक्षात् प्रतीति देने वाली कता संभवतः मृत्यू के द्वारा से वापस लौटे एकाध दोस्तोएवस्की के लिए ही संभव है।

दिलीप चित्रे की कथा ऊपर से वैयक्तिक लगती है लेकिन वह अनेक धागों से संस्कृति और समाज से संपृक्त है. उसकी यह संपृक्ति उसे बहुत वजनी बना देता है। चित्रे की कहानी ने परंपरागत मराठी कहानी को अनेक प्रकार से मुक्त कर दिया। वर्जना को त्याग कर जीवनानुभव को खली आँखों से देखने का साहस पैदा किया। चित्रे की कथा जीवन की सृजनशीलता को अवरुद्ध करनेवाली हर बाधा से टकराती है अतः ऊपर ऊपर से देखने वालों को अश्लील-सी प्रतीत होती हुई भी वह गहन स्तर पर नैतिक प्रश्नों से संब्द्ध है और एक उच्च नैतिक जीवन-व्यवहार को मनुष्य और मनुष्य के बीच संचालित देखना चाहती है। उनकी कहानी ने यह स्पष्ट किया कि एक ही समय आत्मान्वेषण और समग्र जीवन का अनुसंधान करनेवाली कहानी में, कहानी के घटक के रूप में आयी घटनाओं में तार्किक कालिक संबंध एवं ऊपर से अन्विति का आभास पैदा करने वाले किसी सूत्र की आवश्यकता नहीं है। कथा की घटनाएँ, प्रसंग, स्वप्न, दिवास्वप्न, स्वगत सबकी अनिवार्य उपस्थिति का निकष है उस कथा के केंद्रीय भाव को पल्लवित-पुष्पित करने की क्षमता। चित्रे कता में वाच्य घटना और आंतरिक संवेदना का द्वन्द्व मिट जाती है, काव्यात्मकता और गद्यात्मक शैली के बीच भी अंतर ओझल हो जाता है। सामने आता है एक जीवन्त, ठोस, अनोखा, समग्र जीवनानुभव। और यह जीवनानुभव इसलिए ठोस है कि उसके व्यौरे बिंबधर्मी भाषा के धनी कवि चित्रे बड़ी सूझबूझ के साथ संयोजित करते हैं।

नारायण सुर्वे की कविता

मेरे लिए यह एक सुखद बात है के मेरे मित्र प्रा. पांडुरंग कापडणीस ने मराठी के एक वरिष्ठ और श्रेष्ठ कवि श्री. नारायण सुर्वे की महत्त्वपूर्ण कविताओं का हिंदी में अनुवाद कर नारायण सुर्वे की काव्य शक्ति का सही रुप प्रस्तुत करने का प्रयास किया है। वैसे नारायण सुर्वे हिंदी कविता प्रेमियों के लिए अपरिचित नाम नहीं हैं। उनकी अनेक कविताओं का अनुवाद हिंदी में पत्र-पत्रिकाओं में छपा है और डॉ. मनोज सोनकर ने 'माझे विद्यापीठ' की समस्त कविताओं का अनुवाद प्रकाशित किया है। प्रश्न स्वाभाविक रुप में यह उठता है कि फिर और अनुवाद का प्रयोजन क्या है। असल में नारायण सुर्वे की अबतक की समस्त कविता को ध्यान में रखकर प्रा. पांडुरंग कापडणीस नेअपनी दृष्टी से कुछ महत्त्वपूर्ण कविताओं को प्रस्तुत किया है। दूसरी बात यह भी है कि कविताओं का अनुवाद कितनी ही बार होता ही जाये कुछ नयी आभा, नयी भंगिमा और नया तेवर प्रकट होता है। नारायण सुर्वे की कविता अनेक अनुवादाकों और कविता प्रेमियों को उत्प्रेरित करती है और अनेक अनुवाद सामने आते हैं तो यह सुर्वे ती की कविता की सामर्थ्य ही है।

नारायण सुर्वे मराठी के श्रेष्ठ कवियों में स्वीकृत हुए हैं। एक अनाथ बालक बचपन में एक कामगार के द्वारा पाला पोसा जाता है और किशोर अवस्थासेही उनकी शिक्षा दुनिया के खुले विद्यापीठ में होने लगती है। बंबई का फूटपाथ, झोपडपट्टी, मजदूरों का दारिद्र और उनके शारिरिक कष्ट, शोषितों की नरक यातनाएँ, देसी शराब में यातनाओं को भूलने का प्रयास करनेवाले लोग, विवशता की चरम सीमा तक पहुँची वेशाएँ, पेट की आग बुझाने के लिए अपना बचपन और यौवन घोर परिश्रम में झोंक देने वाले युवक, जीवन की मजबूरीयों और तानाशाही पुलिस केबीच पिसते मनुष्य- यहथा नारायण सुर्वे की यथार्थ। लेकिन यह भी अधूरा चित्र है। इसके बीच विवेक करते हुए जीवन जीने की जन्मजात प्रवृत्ती और मनुष्य के प्रति प्रगाढ आंतरिक लगाव इत्यादि असाधारण गुणों के आधार पर यह सर्वहारा बालक एक मराठी का श्रेष्ठ कवि बन जाता है। नारायण सुर्वे की अभावग्रस्त जिंदगी का, उनके अपार कष्ट का,उनके जीवन संघर्ष का स्वरुप अलग से देखने की जरुरत नहीं है। उनके समूचे काव्य में इसका ठोस प्रतिबिंब मिलता है। जन्मजात शुभ में आस्था और आशावादि को मार्क्सवादी विचारधारा ने संबल दिया। नारायण सुर्वे जैसे व्यक्तित्व के निर्माण में इस विचारधारा का योगदान है, यही इस विचारधारा का सकारात्मक पक्ष है। सुर्वे ने मनुष्य को प्यार किया है। एक मजदूर के रुप में, एक शोषित के रुप में, एक गृहस्थ के रुप में (बाप, भाई, बच्चें, पति सभी के रुपों में) जात और धर्म विभाजित रेखाएँ तो जन्म से ही नष्ट हुई थी। सुर्वेकी कविता पीछले चालीस वर्षो में विकसीत हुई है तो इसलिए की उन्होंने अभावग्रस्त जिंदगी में अपने स्नोह के स्त्रोत को सूखने नहीं दिया। इसका प्रमाण उनकी कविता देती है। यही कारण है की उनकी कविता पहली अभिव्यक्ती के ज्वार के उरतरने के बाद भी क्षीण नहीं हुई। नारायण सुर्वे ने दलित, पीडित और शोषित जिंदगी के समूचे संदर्भ काव्यात्मक स्तरपर मराठी कविता में पहली बार प्रतिष्छित किये। उनके जीवंत बिंबो में इस जिंदगी का खून प्रवाहित है। उनकी भाषा में सामान्य मनुष्य से लेकर विदग्ध सहृदय तक एक ही समय स्पर्श करने की

जबर्दस्त क्षमता है। सामान्य मनुष्य उनकी कविताओं में अपने सुख-दुखों, ईर्ष्या-खेदों, घृणा-प्रक्षोभ को अनुभव करता है और काव्य प्रेमी उनकी भाषा और काव्य-काल की बारीकियों को देखकर चमत्कृत भी होता है। मराठी कविता का क्षेत्र विकसित करनेवाले एवं नयी भाषा भंगिमा से उसे समृद्ध करनेवाले केशवसुत, मर्ढेकर, करंदीकर, बोरकर, शिरवाडकर (कुसुमाग्रज) की पंक्ति में नारायणण सुर्वे अपनी विशिष्टता,पृथगात्मता और काव्यशक्ति के साथ विद्यमान हैं।

प्रा. पांडुरंग कापडणीस अनेक वर्षों से सुर्वे की कविता का अनुवाद कर रहे हैं। प्रा. कापडणीस स्वयं एक कवि है और हिंदी के यशस्वी प्राध्यापक भी। उनकी अनुवाद निश्यच ही पाठ्कों को प्रभावित करेगा। यहाँतक संभव है कापडणीस ने सुर्वे की कविता के बीच अपने को आने नहीं दिया है। सुर्वे की कविता की लय, चित्रमयता, बिंब योजना, संकेत पूर्णता को बनाये रखने का प्रयास किया है। परंतु नारायण सुर्वे कू ऊपर से सहज दिखनेवाली बाषा अनुवाद के लिए चुनौतियाँ देती हैं। मराठी के खास देशी शब्दों द्वारा जिंदगी के धडकन को प्रभावपूर्ण ढंग से व्यक्त करने का सुर्वेजी की भाषा एक तेवर हिंदी में (या किसी भी दूसरी भाषा में) पूर्णताः संप्रेषित कना असंभव है। प्रा. कापडणीस ऐसे स्थलों के प्रति सजग रहे है। परंतु अंतत्वोगत्वा कविताका अनुवाद मूल त्वचा को अलगाकर दूसरी त्वचा का आरोपण करना ही होता है।

मुझे विश्वास है कि प्रा. कापडणीस के अनुवाद के माध्यम से नारायण सुर्वे को हिंदी का कविता प्रेमी पाठ्क वर्ग बिंब-प्रतिबिंब भाव से समझेगा।

प्रा. कापडणीस को स्नेहपूर्वक आशीर्वाद।

भारतीय संत परंपरा : तुकडोजी महाराज

प्रायः यह माना जाता है कि आधुनिक युग में संतों और भक्तों की तथा भक्त कवियों की परंपरा बहुत क्षीण हुई है। यह भी माना जाता है कि भक्त एवं संत आधुनिक युग की सामाजिक समस्याओं से जूझने में असमर्थ रहे हैं। आधुनिक वैज्ञानिक और बुद्धिवादी युग में भक्तों की कोई प्रासंगिकता नहीं है। परंतु साहित्य की ओर देखने का एकांगी दृष्टिकोण छोड़ दें और आधुनिकता को लेकर उत्पन्न आग्रहों को एक ओर रख कर विचार करें तो पता चलेगा कि आधनिक युग में भी भक्ति असंगत नहीं हुई है, भक्त सामाजिक दृष्टिकोण से असंपृक्त नहीं हैं और सामाजिक समस्याओं से जूझने की अजस्त्र क्षमता दिखानेवाले महान व्यक्तित्वों की परंपरा लुप्त नहीं हुई है। महाराष्ट्र में उन्नीसवीं सदी के उत्तरार्ध में और बीसवीं सदी के प्रथमार्ध में ऐसे अनेक संत पैदा हुए हैं जिन्होंने तथाकथित शिक्षा प्रतिष्ठनों में ऊँची उपाधियाँ न पायी हों, अंग्रेजी भाषा का क, ख, ग भी वे न जानते हों परंतु जनता के विद्यपीठ में प्राप्त अनुभव से उन्होंने बहुत बड़े ज्ञान की पूँजी प्राप्त की है और भारत की श्रव्य परंपरा से जो ज्ञान उन्हें प्राप्त हुआ, उसके बल पर विलक्षण सामाजिक कार्य किया है। ऐसे महान् व्यक्तित्वों में एक गाडगे महाराज थे और दूसरे संत तुकडोजी महाराज थे। वैसे अन्य आधुनिक संतों के नाम भी लिये जा सकते हैं। महाराष्ट्र में ज्ञानोबा से विनोबा तक संतों की जो अखंड परंपरा रही है, उसमें तुकडोजी महाराज का स्थान महत्वपूर्ण है।

तुकडोजी महाराज का नाम है माणिक बंडोजी ठाकूर। उनका जन्म विदर्भ में अमरावती जिले के मावली गाँव में २९ अप्रैल १९०९ को हुआ। उनकी मृत्यु १- नवंबर १९६८ में हुई। ठाकूर परिवार का कुल दैवत पंढरपूर के विठोबा हैं। विठोबा महाराष्ट्र के वारकरियों का दैवत है। अटूट श्रद्धा, निश्छल भक्ति, उज्ज्वल चरित्र, महान जीवन मूल्यों केप्रति समर्पण वारकरी पंथ का स्वभाव धर्म है। ठाकूर परिवार भी इसका अपवाद नहीं था। इस परिवार में परंपरा से चली आयी भक्ति की धरोहर माणिक ठाकूर को भी मिली। बचपन से ही विठ्ठल के भजन, पूजन, नामस्मरण में उनकी रुचि थी। स्कूली शिक्षा माणिकजी को रास नहीं आयी। उन्होंने तीसरी कक्षा में ही स्कूल को छोड़ दिया। उनका ननिहाल वरखेड गाँव में था। वहाँ के महाराज आडकुजी को उन्होंने अपना गुरू बनाया। तुकाराम के कतिपय अभंग माणिकजी को कंठस्थ थे और बहुत भक्तिभाव से तल्लीन हो कर तुकाराम के अभंग वे गाते थे। वैसे वे अपनी रचनाएँ भी कभी कभार करते थे। एक दिन उनके गुरूजी आडकुजी ने उन्हें 'तुकडया' कह कर पुकारा और कहा, "तुम कितने दिन तुका कहे, तुका कहे" कहोगे? अब तुकडया कहे कहते जाओ" - गुरू का आदेश था कि तुम अपनी मौलिक वाणी सुनाओ। एक तरह से यह गुरू कृपा की उदार धारा ही थी जिसमें माणिकजी का अन्तर्मन नहा कर तेज प्राप्त कर सका। परिणाम यह हुआ कि माणिकजी ने अपनी मौलिक रचना करना प्रारंभ किया और गुरू का दिया हुआ नाम 'तुकडया' स्वीकार कर "तुकडया कहे" के प्रयोग से अनगिनत अभंग रच डाले। धीरे धीरे वे भी 'तुकडोजी' नाम से प्राख्यात हुए और तुकडोजी महाराज बने। वे संत थे, परंतु ईश्वर को सद्गुणों के रूप में देखते थे। उन्होंने अनेक भक्तिपरक अभंग लिखे। उन्होंने सामाजिक गलत रुढ़ियों पर प्रहार कर जनता को सुधारों के लिए प्रवृत्त किया। वे राष्ट्रीय आंदोलनों में भी सक्रिय भागीदारी करते थे। अतः जनता के विद्यापीठ में राष्ट्र संत तुकडोजी महाराज की उपाधि प्रदान हुई।

उन्होंने जागरूक आँखों से समाज को देखा और समाज की दुष्ट प्रवृत्तियों पर आघात किये। जातिवाद का फैलता हुआ जहर, धर्मभेद का बढ़ता उन्माद, अंधश्रद्धा की जीवनघाती रूढियाँ, सामाजिक आचरण की विद्रूपताएँ आदि पर प्रहार करते हुए उन्होंने जनता को सामाजिक सुधारों के लिए उत्साहित किया। एक तरह से जो कार्य मध्ययुग में कबीर और

नानकजी ने किया या आधुनिक युग में गाडगे महाराज कर रहे थे, उसी प्रकार का कार्य संत तुकडोजी ने आधुनिक युग में किया। वे जनता के बीच जा कर कीर्तन करते थे, भजन गाते थे। उनके कीर्तनों, भजनों और गीतों से जनता बहुत आकर्षित होती थी। भगवान के नाम पर चलनेवाले ढकोसलों और ढोंग का पर्दाफाश करते हुए उन्होंने जन-सेवा के माध्यम से ईश्वर सेवा का रास्ता सामान्य लोगों को दिखाया। अपने गुरू के प्रति आदर व्यक्त करते हुए उन्होंने अनेक गाँवों में 'गुरूदेव सेवा मंडल' जैसे संगठनों की स्थापना की। शुद्ध, संयत एवं सादगीपूर्ण जीवन निर्वाह की प्रणाली तथा समाज और राष्ट्र के लिए समर्पित भाव से जीवन जीने की पद्धति पर उन्होंने बल दिया। अच्छी आत्मा के लिए स्वस्थ शरीर की आवश्यकता वे मानते थे। उन्होंने संत रामदास की भाँति युवकों में उत्साह उत्पन्न करने और स्वार्थपूर्ण जीवन के लिए व्यांयाम पर जोर दिया। कसरत का महत्व सिखाने के लिए 'आदेश रचना' नामक ग्रंथ भी लिखा।

संत तुकडोजी महात्मा गांधीजी के संपर्क में आये और १९३० के सत्याग्रह में उन्होंने भाग लिया। गांधीजी के सान्निध्य में आने पर धीरे धीरे उनका परिचय पंडित नेहरु, राजेंद्र प्रसाद, मौलाना अबुल कलाम आजाद जैसे नेताओं से हुआ और राष्ट्रीय कार्य को उन्होंने प्राथमिकता दी। राष्ट्र कार्य के विविध अंगों पर उन्होंने करीब चालीस छोटी बड़ी पुस्तकें प्रकाशित कीं। उनका एक बड़ा ग्रंथ है 'ग्रामग्रंथ'। यह ४,६७५ ओवियों का ४१ अध्यायों में बँटा एक काव्यग्रंथ है। १९४२ के आंदोलन में भाग लेने के फलस्वरूप उन्हें जेल में बंद कर दिया गया। जेल में उन्होंने 'सुविचार स्मरणी' नामक ग्रंथ लिखा। स्वतंत्रता प्राप्ति के बाद भी वे सामाजिक और राष्ट्रीय कार्य करते रहे। दलितोद्धार, भूदान आंदोलन, जातिनिर्मूलन आंदोलन में उन्होंने विशेष रूचि ली।

१९५५ में विश्वधर्म एवं विश्वशांति के हेतु आयोजित परिषद में भाग लेने के लिए वे जापान गये। अनेक विद्वानों को उन्होंने अपनी निश्छल और प्रभावपूर्ण वाणी से सम्मोहित किया। प्रयाग में १९६६ में सम्पन्न विश्व हिंदू परिषद के वे अध्यक्ष भी रहे। उनके विचार प्रदर्शन का माध्यम भाषणों के साथ भजन भी था। उनकी आवाज में पौरूष का ओज था और प्रभावित करने की विलक्षण क्षमता थी। भाषा में सादगी थी, परंतु श्रोताओं को मंत्रमुग्ध करने की शक्ति थी। आडंबर रहित, आंतरिक पवित्र आत्मा से उच्चरित उनकी सीधी भाषा पाठकों को खींचने में समर्थ थी। अलंकारविहीन उनकी प्रांजल और प्रसादपूर्ण काव्यभाषा में दिये गये उपदेशों में जो काव्य प्रकट होता है वह उनकी आंतरिक उदात्त ऊर्जा का परिणाम था। उनका ईश्वर अमूर्त नहीं था - जन जीवन के सदाचरण में ही वे ईश्वर की उपस्थिति देखते थे। उनकी अन्तर्बाह्य शुचिता और सादगी का प्रभाव जनता पर तुरंत पड़ जाता था। धार्मिक एकता और जातिपांति रहित समाज जीवन के लिए उन्होंने अथक परिश्रम किये। उनकी मृत्यु अमरावती जीले में मोढटी गाँव में हुई। वहीं पर उनकी समाधि भी है। उनके द्वारा स्थापित गुरूकुंज नामक आश्रम में आज भी समाज सुधार का कार्य चल रहा है। महाराष्ट्र समाज में पवित्र गुणों में निष्ठा बनाये रखने का जो कार्य वारकरी पंथ ने किया उसकी परंपरा को आधुनिक युग में युगानुकूल रूप देते हुए अधिक दृढ़ करने का महान कार्य तुकडोजी माराज ने किया है।

साहित्यिक रचनाएँ : अन्र्तदर्शन

ययाति : एक विश्लेषण

खांडेकर ने 'ययाति' की कथा को मुख्यतः ययाति और गौणतः देवयानी, शर्मिष्ठा की स्मरण-गाथा के माध्यम से बताने का प्रयत्न किया है। ययति उस कथा को कुछ तटस्थतापूर्वक प्रस्तुत कर रहा है, उसमें क्रमहीन स्मृतियों का बेतरतीबी से बहने वाला सैलाब नहीं है। बचपन से वानप्रस्थ तक के जीवन की क्रमिक कथा है। केवल आत्माभिव्यक्ति के प्रबल आवेग से घटनाओं के क्रम को तोड़-फोड़ कर कार्य-कारण भाव की परवाह न करते हुए अन्तर्मन को मथित करने वाली स्मृतियों, संवेदनात्मक आघातों अथवा अवचेतन के अतल में चल रहे उद्वेलन के द्वारा तर्कातीत रूपों में व्यक्त होने वाली, बन्धनों को ठुकरा कर ऊपर उठने वाली जीवन-गाथा यह नहीं है। एक परिपक्व मन के द्वारा तटस्थतापूर्वक अपने जीवन का वेध लेते हुए बतायी हुई यह कथा है। स्वभावतः इस में नियोजन का, सचेत रूप में घटनाओं के अर्थ को खोजने का, संगति बिठने का प्रयास अधिक है।

यह चरित्रों के आत्मनिवेदन के माध्यम से लिखा गया उपन्यास है। यह शैली खांडेकर के अधिक अभ्यास की रही है। लेकिन यहाँ इस से एक महत्त्वपूर्ण लाभ यह हुआ है कि वातावरण के निर्माण के लिए अन्य शैली में जो कुछ करना पड़ता, उतना यहाँ नहीं करना पड़ा, क्योंकि आत्मनिवेदन की शैली में बहुत कुछ गृहीत मान लिया जाता है। चूंकि यह तीन प्रमुख चरित्रों के द्वारा बतायी गयी कथा है, इस में लोक-जीवन के चित्रण से बचना सरल हो गया है। एक ओर संक्षेप और कसाव आ गया है तो दूसरी ओर जीवन का विस्तार एवं उसकी ठोस पृष्ठभूमि नहीं आ पायी है। यह रचना तत्कालीन सामयिक जीवन से इतनी दूर है कि यह प्रश्न उठाया जा सकता है कि इसे पौराणिक क्यों कहा जाय? ययाति के पिता नहुष की मृत्यु होती है, ययाति राजा बन जाता है। ययाति लम्पट हो जाता है, राज्य का काम देवयानी चलाने लगती है। इन सब का जन-मानस पर क्या प्रभाव पड़ता है, यह प्रश्न मन में आता है, परन्तु खांडेकर के द्वारा अपनाये रूप के कारण ऐसे प्रश्नों के प्रति खांडेकर की उदासीनता बहुत नहीं खलती । हाँ, जीवन के वैविध्यपूर्ण विराट रूप का प्रस्तुतीकरण खांडेकर नहीं करते, यह देख कर उपन्यास की महत्ता का एक महत्त्वपूर्ण आयाम उपेक्षित हुआ, ऐसा अवश्य लगता है।

दूसरी ओर से भी यह ययाति-गाथा संकुचित हो गयी है। यह एक महान् सम्राट की जीवन-गाथा उतनी नहीं लगती जितनी कि संयोग से राजा बने व्यक्ति की पारिवारिक कथा लगती है। भोगवाद के अंतिरेकी रास्ते पर घिसटते हुए, फिसलते हुए जाने वाले व्यक्ति की यह कथा है। वैयक्तिक जीवन में जिन बातों का उसे मूल्य चुकाना है, उन का परिणाम साम्राज्य पर हो सकता है, होता है, ऐसा कुछ भान इस उपन्यास में नहीं दिखाई देता। देव-दानवों की शत्रुता की प्रचंड घटना, कच एवं शुक्रचार्य की सिद्धियों का प्रबल सामाजिक महत्त्व, यह सब ययाति के परिवार और वैयक्तिक जीवन तक सीमित हो कर आता है। ययाति राजा के रूप में सामने नहीं आता। भोग और त्याग की रस्साकशी में भोग की दुर्निवार आकर्षण-शक्ति से खिंचता जाने वाला सामान्य मनुष्य ही वह अधिक लगता है। फलतः उपन्यास का कैनवस सीमित हुआ है। वैसे किसी भी विराट जीवन की कथा व्यक्ति की कथा ही होती है, परिवार की होती है, परन्तु जीवन के अनेक

स्तरों का स्पर्श करती हुई, प्रभाव डालती हुई सतत भासमान होती है। खांडेकर का ययाति बहुत ही अकेला-सामाजिक जीवन से जिस का विशेष सम्बन्ध नहीं है– लगता है। दास-दासी, यज्ञ, रथ, ऋषि, शाप, वर, गुप्त, सुरंग इत्यादि के बीच-बीच में आने वाले सन्दर्भ परिवेश को अधिक व्यापक एवं ठोस नहीं बनाते।

खांडेकर इस उपन्यास में जीवन पर भाष्य करना चाहते हैं। ऐतिहासिक तथ्यों का प्रस्तुतीकरण, ऐतिहासिक वातावरण का निर्माण, ऐतिहासिक ख्यात व्यक्तियों एवं घटनाओं का पुनर्मूल्यांकन एवं नया अन्वेषण वे इस उपन्यास के द्वारा नहीं करना चाहते। वे इस पौराणिक कथा या चरित्रों के माध्यम से एक दृष्टिकोण प्रस्तुत करना चाहते हैं। खांडेकर अपने सामायिक जीवन का, परिवेश का 'इन्वाल्व्ड' हो कर विचार करते हैं। बीसवीं सदी की दुनिया संहारक शक्ति की छाया में जी रही है। बाह्य जीवन का नियन्त्रण करने की इस की शक्ति अभूतपूर्व है। परन्तु उसे आत्मा पर विजय प्राप्त करने में यश नहीं मिला। शक्ति और विवेक का साहचर्य दुनिया को नया रूप दे सकता है, परन्तु शक्ति और अविवेक का साथ दुनिया में भयानक उत्पात उत्पन्न कर सकता है। यहीं पर खांडेकर को शुक्राचार्य प्रतीक के रूप में मिला – शक्ति और अविवेक का साथ, अपनी कन्या के प्रति अन्ध-प्रेम से अपनी शक्ति का दुरुपयोग करने वाला, आत्म-प्रतिष्ठा का भूखा और क्रोधी। इस की मन्त्रशक्ति का विरोध मन्त्र-शक्ति से ही हो सकता है। अतः विवेक और शक्ति का समन्वित प्रतीक खांडेकर ने कच में प्राप्त किया। आज के भोगवादी जीवन का प्रतीक बन गया है ययाति। भोगवाद के दुष्परिणामों का चित्रण करते समय उन्हें त्याग, सेवा लोकमंगल का आदर्श भी रखना था, अतः कच के द्वारा यह कार्य किया गया। भोग और त्याग, काम और धर्म, शक्ति की साधना और लोकमंगल की कामना, गार्हस्थ्य धर्म और संन्यास, खांडेकर इन के बीच समन्वय करना चाहते हैं। "काम-वासना, काम-भावना, प्रेम-भावना और भक्ति-भावना ये एक ही वासना के क्रमशः सूक्ष्मतर, सुन्दरतर, उन्नत व उदात्त होते जाने वाले चार रूप हैं" — यह भी खांडेकर का मन्तव्य है। कच पूर्णतः उदात्तता की ओर यात्रा करता है, शर्मिष्ठा कुछ सीमा तक करती है, देवयानी को बहुत कष्ट उठाने पड़ते हैं। अनेक टेढ़े-मेढ़े रास्तों से गुजर कर ययाति इस यात्रा के अन्त तक पहुँचता है। दमन के रास्ते यति नहीं पहुँच सकता। वासना नैसर्गिक है, यह खांडेकर स्वीकार करते हैं लेकिन संयम व त्याग मनुष्य की सांस्कृतिक उपलब्धियाँ हैं। वासना को इन के द्वारा नियन्त्रित करना होगा। अतिरेक फिर वह त्याग का हो या भोग का, स्वीकार्य नहीं है। इस आशय की अभिव्यक्ति के लिए खांडेकर पात्रों की योजना करते हैं। कुछ आलोचकों की यह धारणा कि खांडेकर अपने आशय को निश्चित अभिव्यक्ति देने वाले पात्रों का निर्माण करते हैं और यही कलाकार के रूप में उन की सीमा भी है। क्योंकि रचना में हेतुपूर्वकता उत्पन्न होती है, एकांगिता आती है, कहीं जड़ता भी। जीवन के प्रवाह का स्वच्छन्द रूप, सहजता, उत्स्फूर्त ताज़गी वहाँ नहीं होती। प्रयत्नपूर्वक की गयी बन्दिश के कारण कृत्रिमता आ जाती है। आकस्मिकता, संयोग के कारण कच्चापन दीखता है। चरित्रों को साधन का स्तर प्राप्त होता है, जो कला के लिए शायद घातक भी है। ये आक्षेप किये जा सकते हैं और ये सही भी हैं। परन्तु जो आशय वे व्यक्त करना चाहते हैं, वह व्यक्त नहीं होता, यह कहना अन्याय है। यह भी कहा जा सकता है कि खांडेकर जिस वर्णनात्मक, निवेदनात्मक शैली को अपनाते हैं, उस

के कारण वह आशय उतने प्रभावपूर्ण ढंग से सुधी पाठक तक नहीं पहुँच पाता – कलात्मक स्तर पर।

चरित्र-योजना की उद्देश्यपरकता

खांडेकर ने 'ययाति' में चरित्रों की योजना किस प्रकार की है, इस का अधिक विश्लेषण करना होगा। ययाति की यात्रा है भोगवाद से त्याग की ओर। वह भोगेच्छा से युक्त है, परन्तु जन्मतः वैसा नहीं है। भोगवाद के रास्ते पर उस का घोड़ा सरपट दौड़ने लगा देवयानी जैसी सुन्दर परन्तु आत्मकेन्द्रित, नासमझ पत्नी के कारण। देवयानी के प्रभाव को गहराई मिलती है शर्मिष्ठ के विरोधी स्वभाव के चरित्र से। देवयानी गुस्सैल, अपने शक्तिशाली पिता का गौरवगान करने वाली, हर क्षण आत्मगौरव और झूठी प्रतिष्ठ की भूखी। शर्मिष्ठ दैत्य राजा की कन्या होकर भी जाति के लिए सर्वस्व न्यौछावर करने वाली, देवयानी की दासी बनना स्वीकार करने वाली, संयम और त्याग से जीवन जीने वाली, प्रेम बाँटने वाली, ययाति को समझने की क्षमता से युक्त है। साहसी, वीर और असीम सत्ता के होते हुए भी ययाति देवयानी के सामने हतबल है, क्योंकि शुक्राचार्य का क्रोध तथा उन की शाप-वाणी की काली छाया के नीचे ययाति सतत काँपता रहता है। खांडेकर ने ऋषियों की शाप-वाणी से ययाति के भयग्रस्त मन का बहुत ही कलात्मक चित्रण किया है। शुक्राचार्य के व्यक्तित्व को निष्प्रभ करने वाला व्यक्तित्व है कच। अतिरेकी मार्ग की अनुपयोगिता बताने वाला यति का चरित्र कच के व्यक्तित्व को अधिक उभारता है। बारीकी से देखा जाय तो ययाति का मित्र माधव और उस के बाद का मन्दार, दासी अलका और बाद की मुकुलिका, यदु और पुरु, शुक्राचार्य और अंगिरस – इन सब परस्पर विरोधी रंगों से चित्रित चरित्रों को प्रयत्नपूर्वक आमने-सामने रख कर प्रभाव को गहराने का प्रयास किया गया है। ययाति की माता और पुरु की माता शर्मिष्ठ के बीच का विरोध भी स्पष्ट है। खांडेकर का 'विरोध-प्रेम' केवल पात्रों तक नहीं होता; वह छोटी-छोटी घटनाओं कल्पनाओं तक में देखा जा सकता है। मसलन फूलों को मसलने वाला ययाति और उन्हें पौधों पर ही रहने देने वाला कच, अतिरेकी दमन से पागल होने वाल यति और अति भोग से पागलपन की सीमा तक पहुँचने वाला ययाति, काव्य-प्रेमी कच और शिकारी ययाति, संजीवनी के लिए दानवों के राज्य में स्वजाति के लिए जान पर खेलने वाला कच और मुकुलिका के आलिंगन में अपने अकेलेपन को तथा मृत्यु-भय को डुबोने वाला ययाति, कर्तव्य के लिए अपने प्रणय को भगिनी-प्रेम का उदात्त रूप देने वाला कच और एक बार बहन के रूप में रिश्ता जोड़ने के उपरान्त भी ज़हर पीकर मरने वाली अलका को चूमने वाला ययाति, मनुष्यों को शाप देने की सिद्धि के लिए तप करने वाले शुक्राचार्य और शापग्रस्त व्यक्तियों को यातनाओं से मुक्त करने की शक्ति अर्जित करने वाला कच – खांडेकर इस प्रकार विरोधी तत्त्वों की संयोजना करके उपन्यास को प्रभावपूर्ण बनाने का प्रयास करते हैं।

फिर भी, खांडेकर जो प्रभाव उत्पन्न करना चाहते हैं, वह उतने शक्तिशाली ढंग से उत्पन्न नहीं होता, यह वास्तविकता है। ऐसा क्यों है?

ययाति : शापग्रस्त जीवन का अकेलापन

खांडेकर ने ययाति का चरित्रांकन करते समय अपनी ओर से पर्याप्त ज़ोरदार प्रयास किया है। 'नहुष की सन्तान सुखी नहीं होगी' इस शाप-वाणी ने समस्त परिवार को धीरज से प्राप्त करने के बजाय नोच-खसोट कर प्राप्त करना चाहता है। शाप के भय से वह देवयानी के सामने सदैव झुकता रहता है, अपमान सहन करता है, शुक्राचार्य के सामने लाचार भी होता है। शाप-भय के साथ उस में अकेलेपन की यातनामय भावना भी खांडेकर बड़े कौशल से उत्पन्न करते हैं। अपने सौन्दर्य के लिए बच्चे को दूध न पिलाने वाली माँ पर वह क्रोध करता है। 'माँ मुझे प्यार नहीं करती, अपने सौन्दर्य को प्यार करती है'— यह गाँठ उस के अकेलेपन को तीव्र करती है ययाति और ययाति की माता के सम्बन्ध द्रष्टव्य हैं। राज्याभिषेक के अवसर पर ययाति बड़े भाई को खोजने की इच्छा व्यक्त करता है। माँ उसे उतने ही आनन्द से बिदा करती है। नहुष की मृत्यु के बाद माँ का दुःख खत्म होता है और वह राज्य के कार्य में ध्यान देने लगती है। ययाति-अलका के पुनर्मिलन पर अलका को झूठे सन्देह से ज़हर भी पिलाती है। ययाति और उस की माता के सम्बन्ध कुछ इस ढंग से खांडेकर ने चित्रित किये हैं कि ययाति को उन में कुछ खटके तो जरूर, कमी महसूस अवश्य हो, लेकिन निश्चित रेखांकित करना करना अम्मभव हो जाये। परिणामतः अकेलेपन की भावना अधिक गहरी हो जाती है। यति के अभाव में उसे अपने समकक्ष मित्रों की कमी खटकती है। अलका के बाद मुकुलिका उस के जीवन में आती है,परन्तु अकेलेपन की भावना वह बाजारू औरत कम नहीं कर सकती। यह बात दूसरी है कि मुकुलिका के प्रति उस के मन में यौन आकर्षण भी है और घृणा भी है। कच का किंचित् काल के लिए साथ और माधव का निरपेक्ष प्रेम, इन से वह प्रभावित अवश्य होता है। देवयानी उस की रिक्तता को भर देगी, उस के अकेलेपन की वेदना को भुला देगी, इस अपेक्षा से वह देवयानी से जुड़ने का प्रयत्न कता है, परन्तु वहाँ उसे निराश होना पड़ता है। शापवाणी देवयानी-ययाति सम्बन्धों को शोकान्त आकार देती है। मधु-मिलन की प्रथम रात ही उसे अपार दुःख और निराशा दे जाती है। "मैं धड़ाम से बिस्तर पर लुढ़क गया। पिता जी को मिला वह भयानक शाप! बिल में से फुफाकरते हुए निकले क्रुद्ध नाग की तरह वह मेरे स्मृतिकोश से ऊपर आ गया, 'ये नहुष के बच्चे कभी सुखी नहीं होंगे'।" लेकिन इस आघात का जितना कुशलतापूर्वक उपयोग खांडेकर को आगे कर लेना चाहिए था, उतना वे नहीं करते। ययाति को देवयानी का मन प्राप्त नहीं होता, परन्तु फिर भी वह उस का सुन्दर शरीर चाहता है। ययाति-देवयानी सम्बन्ध शरीर के स्तर पर ही रखने में खांडेकर ने बड़ा चातुर्य दिखाया है। पहले प्रेम की उत्कट स्मृतियों को देवयानी भूल नहीं सकती, अतः ययाति के साथ समरस नहीं हो पाती। फलतः भोग के बावजूद ययाति अतृप्त ही रहता है। अतृप्ति की यह चुभन ययाति को सालती रहती है। 'तुम किसकी?' लाड़-प्यार से पूछे गये इस प्रश्न का देवयानी द्वारा दिया हुआ ठंडा, तर्क-कठोर उत्तर उसे चुभता है। अपने कवच में से बस काम के लिए सिर ऊपर निकालने वाले प्राणी की तरह देवयानी उसे लगती है। देवयानी के मन में शुक्राचार्य है यह ययाति को मालूम है, कच भी है यह पाठकों को ज्ञात है। ययाति के प्रेम की भूख देवयानी के कारण कभी शान्त नहीं होती। ययाति कहता है: "ऐसे भयावह एकान्त में मुझे दिन

बिताने थे!" यह अकेलापन खांडेकर ने स्थान-स्थान पर व्यक्त किया है। ययाति की काम-वासना काम-भावना के स्तर तक चढ़ी अवश्य, परन्तु उसे प्रीति-भावना की तृप्ति मिलने वाली नहीं थी। वह तृप्ति अल्प काल के लिए मिली शर्मिष्ठ के कारण। परन्तु ययाति की प्रेम-भावना को मानो अपूर्णता का, अतृप्ति का शाप मिला था।

ययाति के जीवन में चरम बिन्दु है देवयानी द्वारा ययाति को उस के पास आने से सदा के लिए रोकना। यह भी खांडेकर ने बड़े कौशल से चित्रित किया है। शर्मिष्ठ तथा उस के पुत्र पुरु को जान से मार डालने का षड्यन्त्र करने वाली देवयानी कलाकार के रूप में उत्कृष्ट नृत्य-मुद्राभिनय करती है। कलाकार के रूप में प्रणय के विविध रंग तथा उत्तेजक, उन्मादक अभिनय कर रसिकों को रिझाने वाली देवयानी मेरे साथ बधिर, शुष्क या केवल व्यावहारिक ढंग से बर्ताव कैसे करती है, मिलन के उत्कट क्षणों में दूसरे ही विचार उस के मन में क्यों आते दीखते हैं, इस वेदना देने वाले प्रश्न ने ययाति को अत्यधिक रिक्त किया, अकेला बना दिया। इधर शर्मिष्ठ और पुरु की सुरक्षा के बारे में शंका, शर्मिष्ठ का सदा के लिए विरह, अपनी असहायता का दुखद अहसास, माधव की बीमारी–इन सब से पीड़ित हो कर ययाति मद्य ग्रहण करता है। माधव की मृत्यु, उस की वाग्दत्ता वधू माधवी की व्यथा से ययाति का अकेलापन और भयावह हो उठता है। विक्षिप्तता और मृत्यु का आव्हान, इन के बीच ययाति का मन मानसिक पीड़ा अनुभव करता है। इसी स्थिति में मद्यपान बढ़ जाता है, वासनाएँ उत्तेजित होती हैं। इस विचलित मानसिक अवस्था में वह देवयानी के महल में चला जाता है। उसे वहाँ मिलता क्या है? कभी पास न आने की प्रतिज्ञा करनी पड़ती है और शुक्राचार्य के शाप-भय से वह कहता भी है – "मैं तुम्हें कभी स्पर्श नहीं करूँगा।" यहाँ से ययाति के अधःपतन का सिलसिला शुरू हो जाता है। इस पतन के अँधेरे गर्त में उसे ले जाते हैं मुकुलिका और मन्दार लेकिन असली कारण है अकेलेपन का भयावह अहसास, शाप-वाणी का स्थायी भय, मृत्यु-भय।

इस के बाद ययाति के भोगमय जीवन की कथा खांडेकर विशेष चित्रात्मक रूप में नहीं प्रस्तुत कर सके। सम्भोग, रति-क्रीड़ा, बेरोक वासना का प्रभावी चित्रण खांडेकर के बस की बात नहीं है। वैसे नये जीवन की बहुत तफ़सील खांडेकर ने दी है, माधवी और तारका के शोकान्त जीवन का उल्लेख भी किया है, सुनहरे बालों की लड़की के लिए ययाति का हठ मनोवैज्ञानिक की दृष्टि से महत्वपूर्ण है, लेकिन यहाँ वह निर्जीव ढंग से आ गया है। फिर अपने सफ़ेद बाल और सुनहरे बालों के आकर्षण के बीच का विरोध सतहीपन का आभास ही अधिक उत्पन्न करता है। आगे वाला पूरा प्रसंग द्रुत गति से घटित होता है और आकस्मिकता तथा संयोगों की भीड़, देवयानी का हृदय परिवर्तन, वानप्रस्थाश्रम–लगता है यह उपन्यास को समेटने की अधीरता है। परिणामतः नाटयात्मकता के स्थान पर भड़कीली नाटकीयता आ गयी है।

खांडेकर के 'ययाति' में बहुत अधिक आत्मकेन्द्रितता है और भी सुखवादी-भोगवादी मनुष्य की अथवा समाज की वह मूलभूत प्रवृत्ति होती है। अतः ययाति को पाठक पूरी सहानुभूति नहीं दे पाता। उस के दुःख का, अकेलेपन और भय की भावना का कुछ तटस्थापूर्वक अवलोकन ही वह करता है। शत्रु के द्वारा यदु के पकड़े जाने पर ययाति की आत्मकेन्द्रितता, संवेदनहीनता

व निष्क्रियता निर्मम लगती है। खांडेकर ने ययाति-यदु सम्बन्धों की उपेक्षा की है। अतः यौवन माँगने की ययाति की प्रार्थना विशेष प्रभाव उत्पन्न नहीं करती, दयनीय लगती है। अठ्ठारह वर्षों में ययाति का मानसिक दृष्टि से विकास हुआ ही नहीं। इस का एक कारण यह हो सकता है कि वह अपने को मद्य और मीनाक्षी में डुबो लेता है। परन्तु मन्दार-जैसे व्यक्ति का पूर्वेतिहास मालूम होने पर भी एक राजा का उस के अधीन होना, पूर्णतः उस पर निर्भर रहना युक्ति-संगत कम, कथा के चमत्कृतिपूर्ण जोड़ के लिए दिखाया गया अधिक मालूम पड़ता है। आश्चर्य इस बात का है कि एक ओर देवयानी की अवहेलना, उपेक्षा, अपमान से पीड़ित इस व्यक्ति को अलका, माधव, शर्मिष्ठा, कच इत्यादि के निरपेक्ष प्रेम का अनुभव केवल बाह्य घटना की तरह लगता है--उस के मन पर इन का विशेष गहन प्रभाव नहीं पड़ता। ययाति की यह एकांगिता और उस की साधारणता (मीडियाक्रिटी) कुल उपन्यास के आशय को प्रतीकात्मकता से झेलती-सी प्रतीत नहीं होती। खांडेकर असाधारण चरित्रों का निर्माण नहीं कर पाते। इस उपन्यास में उस की बहुत आवश्यकता थी।

देवयानी : अधूरे व्यक्तित्व की सीमाएँ

खांडेकर ने देवयानी का चित्रण करते समय बहुत ध्यान नहीं दिया। देवयानी जैसी पिता के गौरव पर हर क्षण निर्भर रहने वाली, झूठी प्रतिष्ठा की भूखी, गर्वोद्धत लड़की अत्यन्त सुन्दर होने पर भी कच के प्रेम का आलम्बन बनी, यह केवल इसलिए स्वीकार किया जायगा कि खांडेकर बताते हैं : देवयानी ययाति की लम्पटता पसन्द नहीं करती थी। वह कच का प्रेम चाहती थी। लेकिन वह नहीं मिला, इसलिए जीवन भर प्रेमभंग की वही स्मरणी लिये वह बैठना नहीं चाहती थी। तामसी स्वभाव के शुक्राचार्य की यह अति लाड़ली बेटी प्रतिशोध की भावना से जलती रहे, यह ठीक ही है। स्वामिनी बन कर जीवन बिताने का उस का विचार भी स्वाभाविक है। लेकिन जिस तरह देवयानी ययाति को विवाह के लिए बाध्य करती है, उस में गरिमा, शिष्टता नहीं है। वह एक तरह से गले पड़ जाती है। देवयानी-ययाति के वैवाहिक सम्बन्ध अतृप्ति के रहें और उस में से ययाति का असहनीय अकेलापन उत्पन्न हो, इस के लिए देवयानी के मन पर कच और शुक्राचार्य का प्रभाव दिखाने में खांडेकर ने बहुत मार्मिकता दिखायी है। परन्तु अनेक बातें खटकती हैं। प्रथम भेंट में सास के साथ देवयानी जिस तरह व्यवहार करती है, वह मूर्खतापूर्ण लगता है और शायद खांडेकर दवेयानी को मूर्ख नारी के रूप में रखना नहीं चाहते थे। मधु-मिलन की रात का पान के बीड़ों का प्रसंग बचकाना लगता है। (फिर ययाति को शर्मिष्ठा के बनाये बीड़े अधिक अच्छे लगते हैं, यह मधु-दान के दिन कैसे मालूम होता है?) शुक्राचार्य की लड़की का शराब से घृणा करना समझा जा सकता है, परन्तु 'शराब की गन्ध दूर से भी सही नहीं जाती' यह कहना और ययाति का इस पर कुछ प्रतिवाद, मधु-मिलन की ही रात में कच का उल्लेख 'वह शराब का शत्रु था' देवयानी की बुद्धि पर सन्देह उत्पन्न करता है। नगरोत्सव के प्रसंग में देवयानी की अनोखी प्रतिक्रियाएँ, उस का सनकी स्वभाव, उस की स्वच्छन्दता इत्यादि बातें पति को मुट्ठी में करने के विजयोन्माद के सम्बन्ध में बहुत कुछ बताती हैं, परन्तु राजा की पत्नी के रूप में उस की गरिमा के पूर्णतः प्रतिकूल लगती हैं। दस्यु को परास्त करने के लिए अभियान पर जाते समय

शुक्राचार्य का पत्र पा कर उस उल्लास में मुहूर्त को टालना उस के पास सामान्य बुद्धि के अभाव को प्रदर्शित करर्ति है यह एकांगिता संम्भवतः इस लिए उत्पन्न की गयी है कि ययाति के प्रति पाठ्क में सहानुभूति पैदा हो और ययाति-शर्मिष्ठ के सम्बन्धों के प्रति पाठ्क में उदारता आ, जाये। परन्तु असल में देवयानी आवश्यकता से अधिक बुद्धिहीन हो गयी है। इस बात की ओर खांडेकर का ध्यान नहीं गया। देवयानी के मन पर शर्मिष्ठ के बारे में की गयी कच की प्रार्थना का कोई प्रबाव नहीं पड़ता, यह कच के प्रति उस की प्रेम-भावना पर प्रश्नचिह्न लगाता है। दस्युओं द्वारा यदु के पकड़े जाने पर देवयानी के मानसिक मन्थन की कल्पना की जाती है। उस का अकेलापन, बीच में उसे सालने वाली कर्तव्यच्युति की भावना पाठ्क को छूती है, परन्तु इस से देवयानी के व्यक्तित्व में समृद्धता नहीं आती। शुक्राचार्य की तपस्या के समाप्त होने की खबर सुनते ही पति से बदला लेने की उस की भावना तीव्र हो जाती है। पति को अपमानित करने की आकांक्षा जागती है। देवयानी को शुक्राचार्य क्रोध में आ कर पहली बार डाँटते हैं –"तुम मूर्ख हो, पागल हो। किस समय किस तरह बरतना चाहिए, इस का तुम्हें बिल्कुल ज्ञान नहीं है।" देवयानी के कुल व्यक्तित्व का विचार करने पर क्रोध में कही गयी यह बात ही उस का ठीक मूल्यांकन करती है। वह कहती है, "विवाह के होम में पिछले अट्ठरह साल से मैं जलती आ रही हूँ।" यह जलना खांडेकर प्रत्ययकारी रूप में प्रस्तुत नहीं कर सके हैं। निवेदन के स्तर पर उस का उल्लेख है। देवयानी की अतृप्त वासना कहीं प्रकट हुई ही नहीं। ययाति को स्पर्श न करने की शपथ दिलाने के पहले जो विचार उस के मन में झाँक जाते हैं, वे अट्ठरह वर्षों में कहीं उसे स्मरण ही नहीं होते। साभान्यतः आत्मसमर्थन करने वाला यह व्यक्तित्व आखिर तक अप्रगल्भ ही रहता है। देवयानी के इस प्रकार के एकरस, अति साधारण व्यक्तित्व के कारण उपन्यास में जो भावनात्मक स्थितियाँ तीव्र रूप में उत्पन्न होनी चाहिए थीं, जो अन्तर्मंथन गहरे स्तर पर उत्पन्न होना चाहिए था, ययाति और देवयानी के बीच व्यक्तित्व की जो कलात्मक टकराहट होनी चाहिए थी, उस सब से उपन्यास वंचित रह जाता है। यह बहुत बड़ी खामी है।

शर्मिष्ठ : लेखक के व्यक्तित्व से मिलता चरित्र

शर्मिष्ठ का व्यक्तित्व खांडेकर के व्यक्तित्व से कुछ मिलता हुआ लगता है। दासी बनने की देवयानी की शर्त कलाकार के लिए एक चुनौती थी। कच ने एक तरह से देवयानी को प्रभावित किया था तो शर्मिष्ठ को दूसरी तरह से। कच-देवयानी के असफल प्रेम का और कच के स्वजाति के लिए आत्मोत्सर्ग का, कर्तव्य-भावना का शर्मिष्ठ पर प्रभाव दिखाया गया है। पूरे 'ययाति' उपन्यास की दुर्घटनाओं के पीछे अगर शापवाणा है तो सभी आदर्श घटनाओं के पीछे कच का व्यक्तित्व प्रत्यक्ष अथवा अप्रत्यक्ष रूप में है। शर्मिष्ठ के प्रेमार्त मन का भी पर्याप्त शक्तिमत्ता के साथ खांडेकर ने अंकन किया है। देवयानी ययाति को जो न दे सकी, वह कुछ समय के लिए शर्मिष्ठ दे सकी। वह ययाति की काम-भावना को प्रीति-भावना के स्तर पर ले आती है, परन्तु भक्ति-भावना के स्तर तक ले आने में उस का भाग्य ने साथ नहीं दिया। शर्मिष्ठ को मृत्यु के मुँह से ययाति बचा लेता है। बस इस के अलावा प्रायः रिश्तों के बारे में ययाति दुर्बल ही दिखाया गया है। एक सीमा तक ही यह राजा शर्मिष्ठ को प्रेम दे सका। पत्नी की अपेक्षा माता के रूप में ही

स्त्री प्रायः अधिक सही और सार्थ रूप में जी लेती है, यह शर्मिष्ठ के सन्दर्भ में अधिक सशक्त रूप में खांडेकर दिखाते हैं। फिर भी आश्चर्य इस बात पर होता है की जीवन के अनेक आरोहों-अवरोहों के बीच से गुज़र कर भी अलका (पुरु की प्रेयसी) के बारे में शर्मिष्ठ किंचित् काल अनुदार हो जाती है : "पृथ्वी के चिराग का आसमान का सितारा होने की आकांक्षा रखना कैसे ठीक होगा?" लेकिन इसे मनुष्य की दुर्बलता माना जा सकता है। ययाति का वार्धक्य पुरु के द्वारा अपना लिये जाने पर वहाँ शर्मिष्ठ को लाने में खांडेकर ने निश्चय ही चातुर्य दिखाया है। ययाति के आत्मकेन्द्रित मन में अपनी लम्पटता, भोग-लालसा और स्वार्थीपन के प्रति घृणा पैदा होना और जीवन की कीमत पर पुरु का यौवन वापस देने का संकल्प उस के मन में उठना आवश्यक था। इस के लिए शर्मिष्ठ की उपस्थिति आवश्यक थी। परन्तु जिस तरह यह प्रसंग घटित किया गया है, उससे कृत्रिमता अधिक उभर आयी है।

तकनीक सम्बन्धी त्रुटियाँ

ययाति में अनेक दोष भी हैं। नाटय-स्पर्धा, उस में दिये गये पुरस्कार, विभाजित पुरस्कार, देवयानी और शुक्राचार्य तथा शर्मिष्ठ और उस के पिता के बीच पत्राचार, उपन्यास की पौराणिकता का पहले से ही क्षीण आभास अधिक खंडित करते हैं। बाह्य परिस्थितियों में होते जाने वाले परिवर्तनों की ओर खांडेकर का ध्यान नहीं रहता। राजकन्या शर्मिष्ठ दासी बन कर आती है। वह रहती है राजमहल में ही, लेकिन हिमालय के तले गाँव में जा कर रहने पर परिस्थिति के परिवर्तन और उस से उत्पन्न मानसिक यातनाओं का खांडेकर विचार भी नहीं करते। पौराणिक वातावरण के निर्माण से तो खांडेकर ने अपने को बचा ही लिया है, अनेक प्रकार की अन्य छूट भी उन्होंने ली है। उस समय के सांस्कृतिक विचारों, दर्शनों, संस्कारों का खयाल खांडेकर ने प्रायः नहीं रखा है। कच की कविता ययाति को याद नहीं रहती, यति का चिन्तन शर्मिष्ठ को याद नहीं रहता। यह याद न रहना एक प्रकार से प्राचीन काल के अध्ययन का दायित्व टालना है। मन्दार की विचार-प्रणाली में चार्वाक के विचार खांडेकर को प्रतिबिम्बित दीखते हैं। परन्तु खांडेकर ऐसा कुछ अपनी ओर से बताना नहीं चाहते। शर्मिष्ठ को अशोक वन में प्रतिशोध की भावना से प्रेरित हो कर रखा जाता है, परन्तु वहाँ वह रानी की भाँति ही रहती है। देवयानी के म में शर्मिष्ठ के प्रति घृणा थी, दुष्टता थी और प्रतिशोध-भावना भी थी। उस के साथ राजकन्या के दासी हो जाने की बात को ले कर कुछ मानसिक उद्वेलन देवयानी के मन में दिखाया जाता तो देवयानी अधिक साहनुभूति का भाजन बनती और अशोक वन में शर्मिष्ठ का मालकिन की भाँति रहना शायद अधिक स्वाभाविक लगता। देवयानी भी अधिक आयामों में चित्रांकित हो कर अधिक जीवन्त लगती। खांडेकर की एक प्रिय कल्पना बार-बार उपन्यासों में आती रहती है–प्रणय को एकदम 'भाई-बहन' के रिश्ते में बदल देना। इस शब्द से भावना का परिवर्तन ऐसे होता है जैसे परिवर्तन की कल दबायी गयी हो। ययाति-अलका के सम्बन्ध ऐसे ही दिखाये गये हैं (इसी लिए बाद में सुनहरे बालों का आकर्षण अधिक निर्जीव लगता है।) पुरु दस्युओं के हाथ से जान पर खेल कर यदु को लौटा लाता है – यह तो बचकानी लड़ाई का तर्क प्रतीत होता है।

शक्ति और सीमा

खांडेकर के उपन्यास में महत्ता के गुण कम हैं, चरित्र साधारण हैं, शिल्प-सम्बन्धी कमियाँ तो बहुत हैं। परन्तु समस्त उपन्यास में खांडेकर के चिन्तनशील मन की व्याकुलता का परिचय मिलता है। यह चिन्तन अपने आप में मौलिक नहीं है, न मौलिक शैली एवं कोण से प्रस्तुत किया गया है। लेकिन इस चिन्तन के पीछे जो व्यक्तित्व रचना-रत है उस की सदाशयता, जीवन के प्रति प्रतिबद्धता, सामयिक समस्याओं से सम्पृक्ति, समाज के प्रति अतिशय निश्छल लगाव, तेज़ी से भ्रष्ट होने वाले जीवन में मूल्यों के प्रति उदग्र चिन्ता इत्यादि की प्रतीति बार-बार होती रहती है। चक्रव्यूह के केन्द्र में टूटे पहिये से लड़ने वाले अभिमन्यु की आस्था जिस तरह अभिभूत करती है, उस तरह यह रचना-रत व्यक्तित्व पाठकों को मुग्ध करता है। फिर ऐसे व्यक्तित्व तेज़ी से विलुप्त होते जा रहे हैं, इस का भी अपना अलग आकर्षण है।

खांडेकर के इस उपन्यास ने मराठी के लेखकों को पौराणिक विषयों, चरित्रों, घटनाओं को लेकर लिखने के लिए बहुत बड़ी प्रेरणा दी है। यह कलाकार की शक्ति का ही द्योतन करता है।

मोगरा फुलला

पिछले सात सौ वर्षों तक मराठी लोक-मानस को अनेक प्रकार से प्रेरणा देकर उसकी संस्कृति और उसके स्वभाव-धर्म को ज्ञानेश्वर ने अक्षुण्ण रखा। ज्ञानेश्वर का आज के क्षण में प्रभाव देखना हो तो बंबई जैसी महानगरी के चंद शिक्षितों को देखना समीचीन नहीं होगा। इस प्रभाव को सही रूप में देखने के लिए महाराष्ट्र के छोटे गाँवों, कस्बों और छोटे शहरों को देखना चाहिए। वैसे बंबई की बहुसंख्यक मराठी जनता पर यहाँ जहाँ चालो में अपनी विकृतिको बचाते हुवे रहा है वहाँ भी यह प्रभाव दिखाई पड़ेगा। नामदेव, ज्ञानेश्वर, तुकाराम आदि संतों की जन्मतिथियों, पुण्यतिथियों के अवसर पर, पंढरपुर की असाढ़ और कार्तिक एकादशी के दिन निकलनेवाली वारकरियों की यात्राओं में, गणेशजी के आगमन और विसर्जन के समय जो अभूतपूर्व उत्साह समाज में फैलता है वह इस देश की एक वास्तविकता है जिसे नजर-अन्दाज कर जो भी लेखन होगा वह यथार्थ के एकांगी पक्ष की ही तस्वीर उभारेगा। यह सोचने की बात है कि प्रचार प्रसार के साधनों की बहुतायत के अभाव में भी संतों ने यह अद्भुत उत्साह सामान्य जन समाज में कैसे उत्पन्न किया। भक्ति और ज्ञान का अद्भुत समन्वय महाराष्ट्र के संतों का महत्त्वपूर्ण वैशिष्ट्य है। ज्ञान समन्वित भक्ति में कभी शृंगार का अतिरेकी मांसल रूप महाराष्ट्र-भक्ति-मार्ग में नहीं दिखाई दिया, न गृहस्थ धर्म को भ्रष्ट करनेवाली प्रवृत्तियों को विशेष प्रश्रय मिला। महाराष्ट्र के लोकमानस में ज्ञानसमन्वित भक्ति की प्रवृत्ति का सशक्त प्रवर्तन करने में ज्ञानेश्वर का महत्त्वपूर्ण योगदान है। स्वाभाविक रूप में ज्ञानेश्वर के प्रति भक्ति और कृतज्ञता की उत्कट भावना मराठी मानस में अनेक रूपों में प्रकट होती है।

इधर पिछले दस वर्षों में मराठी उपन्यास साहित्य में चरित्र्य-उपन्यास की एक सशक्त धारा प्रवाहित हुई है। महाराष्ट्र में विविध क्षेत्रों में काम करनेवाले महान या वैशिष्ट्यपूर्ण व्यक्तियों के चरित्रों का उपन्यास के माध्यम से अन्वेषण, आकलन का प्रारंभ हो गया है। ज्ञानेश्वर जैसे अलौकिक व्यक्तित्व को भी इस अन्वेषण आकलन की प्रक्रिया का बिंदु बनाना स्वाभाविक था। इस चरित्र उपन्यास की विधा के मूल में अनेक प्रेरणाएँ एवं उद्देश्य कार्यान्वित हैं। कथा नायक के शील एवं व्यक्तित्व का अन्वेषण और सही मूल्यांकन, उपेक्षित महान व्यक्तित्व की महत्ता की प्रतिष्ठापना, गलत कोण से मूल्यांकित व्यक्तित्वों की नयी व्याख्या, इतिहास के रोलर के नीचे दबी मानवीय महत्ता की दृष्टि से अनुपम घटनाओं और व्यक्तित्वों का अन्वेषण, महानता के महावस्त्र के नीचे छिपी मानवीय दुर्बलताओं का उद्घाटन, अन्याय से पीड़ित व्यक्तित्वों का पुनर्मूल्यांकन कर काव्यात्म न्याय प्रदान करने की आकांक्षा इ. कतिपय उद्देश्य चरित्र उपन्यास की प्रवृत्ति को गति देते रहते हैं। अतः लोकमानस में प्रतिष्ठित ज्ञानेश्वर के व्यक्तित्व और कृतित्व का औपन्यासिक चित्रांकन समय की माँग ही है।

मराठी में वैसे कुछ कहानियाँ, एकांकी ज्ञानेश्वर को लेकर लिखे गये। तीन उपन्यास भी प्रकाशित हुए हैं --- 'मुंगी उडाली आकाशी' (पद्माकर गोवईकर); 'इंद्रायणीच्या काठी' (रवींद्र भट) और 'मोगरा फुलला' (गो. नी. दांडेकर)। इनमें 'मोगरा फुलला' एक यशस्वी और महत्त्वपूर्ण उपन्यास है और मराठी के प्रख्यात उपन्यासकार गो. नी. दांडेकर ने उसे लिखा है। इस संक्षिप्त

लेख में इसी उपन्यास का परिचय प्रस्तुत करेंगे।

श्री गो. नी. दांडेकर का लेखकीय व्यक्तित्व इस विषय के लिए सर्वथा योग्य था और यह सौभाग्य की बात रही कि श्री दांडेकर ने इस विषय को अपनी प्रतिभा की वस्तु बनाया।श्री दांडेकर की अंतरात्मा भारतीय संस्कृति से पूर्णतः एकात्म हो गयी है। उनका सौंदर्य-बोध, साहित्यिक और सांस्कृतिक अभिरुचि, जीवन दृष्टि, अध्ययन और चिन्तन-मनन का विषय सब पुराचीन भारतीय संस्कृतिसे परिपुष्ट हुआ है। दांडेकर सामान्यतः पुनरुत्थानवादी लेखक हैं और यंत्रयुगीन अभिशापों से त्रस्त जीवन से कहीं उनका मेल नहीं बैठता। उन्होंने अपने सामाजिक उपन्यासों में जिन व्यक्तियों का जीवन चित्रण किया है वे सामान्यतः पुराने मूल्यों और कृषि सभ्यता के सदाशयतापूर्ण आदर्शों से जुड़े हुए हैं। उनके पैरों के तले की जमीन खिसक रही है परंतु अपने सद्भावनापूर्ण उद्देश्यों, मानवीय परंपराओं को दृढ़तापूर्वक वे पकड़े हुए हैं। इनके संस्कारित शील से पाठक भी प्रभावित होता है जो उनकी मान्यताओं से असहमत होता है। दांडेकर की विशिष्ट मानसिकता के परिणामस्वरूप अनेक दोषों के बावजूद उनके कथा लेखन में तन्मयता, उत्कटता और आर्द्रता उत्पन्न होती है। प्रायः दांडेकर के चरित्र इकहरे, जटिलता और तनाव से असंपृक्त परंतु भावुक होते हैं। दांडेकर की शैली में हरिदास या कीर्तनियों का वक्तृत्वावेश और प्रवाह रहता है, रसपूर्ण चित्रात्मकता होती है इसलिए पाठक को मुग्ध करनेकी क्षमता भी है। 'मोगरा फुलला' (१९७५) में उन्हें अपने समूचे लेखकीय व्यक्तित्व के अनुकूल वस्तु मिली अतः स्वाभाविक रूप में इस उपन्यास ने सफलता के कई आयाम छुए।

यह ज्ञानेश्वर के परिवार की कथा है। ज्ञानेश्वर के समय की सामाजिक, राजनैतिक स्थितियों का वर्णन करना कथा का प्रयोजन नहीं है परंतु व्यक्तित्वों की विश्वसनीयता और ठोस मूर्तता के लिए पृष्ठ भूमि के रूप में जितना आवश्यक है उतना बाह्य यथार्थ का चित्रांकन किया गया है। इस परिवार कथा को निवेदित करने के लिए दांडेकर ने अत्यंत अनुकूल शिल्प का प्रयोग किया है। ज्ञानेश्वर की माता रूक्मिणी की घनिष्ठ सहेली कावेरी इस कथा की प्रमुख निवेदिका है, पिता विठ्ठलपंत के साथ अभिन्न मित्र के रूप में रहे और ज्ञानेश्वर के परिवार से एकात्म हुए भट्टदेव निवेदक हैं, कुछ कथांश ज्ञानेश्वर के नाना गोविंदपंत के मुखसे कहलवाया गया है तो कुछ अल्प सा भाग जनी दासी के माध्यम से कथा निवेदक को चुनते समय प्रसंग और उसके स्वरूप तथा व्यक्ति के रूप की अनुकूलता का ध्यान सदैव रखागया है। इसके फलस्वरूप उपन्यास में वर्णन आत्मनिवेदन का उत्कट संवेदनशील और नाटकीय रूप लेकर अवतरित हुआ है और समस्त उपन्यास में एक अत्यंत निकटता का, प्रत्यक्षता का, उत्कट अनुभूति से सिक्त भावतरल वातावरण उत्पन्न हुआ है।

ज्ञानेश्वर के परिवार का एक सम्यक् चित्र प्रस्तुत करते हुए ज्ञानेश्वर के जीवन का मोगरा कैसे खिलता गया, उसकी मधुर गंध सर्वत्र कैसे फैलती गयी, जीवन कार्य के समाप्त होने पर शैवधर्म संप्रदाय के अनुसार उन्होंने उत्फल्ल मन से और कृतकृत्य भाव से संजीवनी समाधि में अपनी लौकिक जीवन लीला को कैसे समाप्त किया इसका अत्यंत उत्कट निवंदन गो. नी. दांडेकर ने इसमें किया है। भारतीय जीवनमूल्यों से संस्कारित जीवन दृष्टि निश्चित किस प्रकार की हो सकती है इसका भी एक जीवंत चित्रमय दर्शन एस उपन्यास के माध्यम से कराया गया है।

मन से विरक्त परंतु गुरु के आदेश का पालन करने के लिए कर्तव्य बुद्धि से गृहस्थ धर्म का पालन करनेवाले पिता और अत्यंत धर्मपरामण पतिव्रता माता की चार संतानों की यह करुण गंभीर जीवनगाथा है। यं संतानें हैं --- निवृत्ति, ज्ञानदेव, सोपान और मुक्ताबाई । दुनियादारी से नितांत अलग और अद्वितीय। एक ओर जीवन का हर व्यवहार या व्यापार ढंग से और नीतिसंगत चले इसलिए समस्त शक्तियों के साथ प्रयास करनेवाली परंतु दूसरी ओर कमल पत्र की तरह दुनियादारी से निर्लिप्त, संसार के प्रति विलक्षण स्नेहभाव रखनेवाली परंतु उतनी ही आत्मानंद में निमग्न, एक-दूसरे पर अटूट प्रेम करनेवाली परंतु प्रसंगोपात उस प्रेमभावना से भी सहज रूप में अनासक्त होनेवाली, सामाजिक तथा लौकिक दृष्टि से अपार दुःख भोगनेवाली परंतु निजी दृष्टि से आनंद के महानंद में ऊबडूब करनेवाली -- इस प्रकार की सामान्य दुनियादारी से अलग संतानों का प्रभावपूर्ण चित्रांकन गो. नी. ने अत्यंत समरसता से किया है।

इस उपन्यास का अनुभव आत्मानंद के स्पर्श से प्लावित है। भावात्मक प्रसंगों का रेखांकन करते समय गो. नी. चैतन्य शक्ति से अभिमंत्रित हुए से लगते हैं। उनकी रसपूर्ण वर्क्तृत्वशैली उनकी सहायता करती है। भावभीने प्रसंगों को बड़ी रसाविल दृष्टि से उकेरा गया है। दांडेकर ने ज्ञानेश्वर के जीवन के इतिहास में छिपे महत्वपूर्ण भाव-प्रसंगों का कलात्मक सूझबूझ के साथ पुनर्नवीकरण किया है, उनके व्यक्तित्व पर प्रभाव डालनेवाले व्यक्तित्वों, प्रसंगों को मूर्त और रसमय रूप दिया है, कतिपय घटनाओं के शुष्क ब्यौरों में प्राण भर दिये हैं। बैराग्य की ओर उन्मुख विठ्ठलपंत के मन के उस भावोन्मीलन का सशक्त अंकन किया है। जब रुक्मिणी जैसी सुंदर युवति के साथ विवाह करने के लिए वे तैयार हो जाते हैं। परित्यक्ता रुक्मिणी श्रीपादस्वामी के चरणोंपर दुःखावेग से गिर पड़ती है और श्रीपादस्वामी उसे आशीर्वाद देते हैं - इस करुणार्द्र प्रसंग की करूण कोमलता की पूरी सशक्त व्यंजना गो. नी. करते हैं। बहिष्कृत और निराधार रुक्मिणी ज्ञानेश्वर को जन्म देती हैं और उस प्रसंग में उसकी प्रिय सखी कावेरी और भट्टदेव के भावाकुल हृदय का पूरी तन्मयता के साथ साक्षात्कार गो. नी. कराते हैं। प्रिय सहेली का पति और उसका पुत्र भीख माँगने के लिए द्वार पर आते हैं तब की कावेरी की कातर मनोवस्था का बड़ा संवेदनपूर्ण चित्र गो. नी. खींचते हैं। अपनी तथाकथित भूल के लिए समाज अपनी संतान को सजा न दे इसलिए देहदण्ड का प्रायश्चित तक स्वीकारने को तैयार विठ्ठलपंत की धीरोदात्तता, निवृत्ति की तल्लीन समाधि अवस्था, निवृत्ति और ज्ञानदेव के आध्यात्मिक साक्षात्कार के संयत आनंदोद्रेक, माता के चरित्र पर लांछन लगानेवाले गाँववालों की कटुता पर समबुद्धि ज्ञानेश्वर का रुष्ट होकर प्राणत्याग की जिद में दरवाजे की सांकल लगाकर अंदर बैठना, इस प्रसंग में भट्टदेव इत्यादि की असहायता और मुक्ताबाई के भावसमृद्ध अभंगों का प्रकटीकरण (ज्ञानेश्वर को सांकल खोलकर बाहर आने और प्राणत्याग न करने के हेतु संबोधित कर गाये गये भावपूर्ण अभंगों को 'ताटीचे अभंग' कहा जाता है--- दांडेकर ने इस संदर्भ का बेजोड़ अंकन किया है।) ज्ञानेश्वर के ग्रंथ निर्माण की प्रेरणाओं का विलक्षण भावपूर्ण उद्घाटन, ज्ञानेश्वर के लोकमानस पर विजय और फलस्वरूप उत्पन्न होनेवाला भावभक्ति से परिपूर्ण वातावरण, एक गुस्सैल और शुष्क वृद्ध पंडित से दुर्लभ पोथी को पुरस्कार रूप में प्राप्त करने का ज्ञानेश्वर का प्रयास, ज्ञानदेव-नामदेव और ज्ञानदेव-चांगदेव की भेंट , अत्यंत करूण-गंभीर संजीवनी समाधि प्रसंग और इस प्रसंग में स्थितप्रज्ञ निवृत्ति की भावाकुलता--इस प्रकार कतिपय भावगर्भ प्रसंग गो.नी.

की कलम ने जीवंत कर दिये हैं। केवल धार्मिक भावुक व्यक्ति ही नहीं सहृदय कोई भी पाठक इस से प्रभावित हुए बिना नही रहेगा। यहाँ दुःख समर्पण लेकर आता है और आत्मिक सुख का भंडार देकर चला जाता है। ज्ञानेश्वरी के प्रवचन प्रसंगों में उपन्यासकार और प्रवचनकार की सीमारेखा के धूमिल हो जाने का खतरा था परंतु प्रवचनों का भावगर्भ संदर्भ प्रस्तुत कर दांडेकर ने इस खतरे का निराकरण किया है। ये प्रवचन ज्ञानेश्वर के कृतित्व के उत्कर्ष थे-उनको न टाला जा सकता था, न औपन्यासिक स्तर पर कलात्मक ढंग से आसानी से प्रस्तुत किया जा सकता था लेकिन गो.नी. इसमें सफल हो गये हैं।

गो. नी. के कुछ चरित्र बहुत ऊँचाई पर जाते हैं। ज्ञानेश्वर के जन्म के अवसर पर प्रिय सहेली की सहायता कर कृतार्थता का अनुभव करनेवाली कावेरी पिता से झगड़ा करती है तब उसकी भव्यता मुग्ध करती है। सख्यत्व, मित्रत्व का सम्बन्ध चित्रित करने में गो. नी. सिद्धहस्त हैं। विठ्ठलपंत और भट्टदेव, कावेरी और रूक्मिणी के चित्र इस दृष्टि से देखने योग्य हैं। यह विरक्त भट्टदेव ज्ञानेश्वर के परिवार में एक अलग किस्म की गृहस्थी का सुख भोगते हैं। भट्टदेव का इकहरा परंतु सात्विक रंगों में रंगा व्यक्तित्व प्रभविष्णु है। जो संन्यासी विठ्ठलपंत को विवाह के लिए उत्साहित करते हैं और तब से ज्ञानदेव की संजीवनी समाधि तक अनेक कटु मधुर प्रसंगों के साक्षी रहे हैं। एक प्रकार से वे ज्ञानेश्वर के भक्त ही थे।

योग और ज्ञान के महत्व को स्वीकार करके भी इस उपन्यास में उपन्यासकार ने भक्ति के उत्कट आनंद की सतत काव्यात्म प्रतीति दी है। शरीर और सांसारिक जीवन के प्रति कुछ अनासक्त सा दृष्टिकोण रखते हुए भी उनसे उपलब्ध होने वाले अलग प्रकार के आनंद का प्रत्यय गो. नी. ने इसमें दिया है। मोगरे की गंध महत्वपूर्ण है, सारतत्व वही है परंतु जिन पंखुड़ियों में वह बंद या समाविष्ट रहती है उसका भी महत्व कम नहीं होता। शरीर व जीवन के संबंध में कहा गया, है - यह शैवों का सर्वात्मवाद है। गो. नी. के उपन्यास में भी इसकी प्रतीति सतत आती रहती है। ज्ञानेश्वरादि के व्यवहारों से चेतन्य तत्व छलकता रहता है; उसके सभी भौतिक व्यवहार इस चेतन्य से भावभारित हो जाते है।

इस उपन्यास में तत्कालीन जीर्ण रूढ़ियों एवं परंपराओं का प्रतिनिधित्व करनेवाला कावेरी का पिता है। विट्ठल पंत के साथ इसके संघर्ष का कारण धार्मिक है क्योंकि संन्यास ग्रहण करने के बाद फिर से गृहस्थाश्रम में प्रवेश करनेवाले व्यक्ति को हिंदुओं का आचरण धर्म प्रश्रय नहीं देता। परंतु इस विरोध का आंशिक कारण वैयक्तिक भी है क्योंकि रूक्मिणी के साथ कावेरी के पिता अपने आलसी बेटे का ब्याह करना चाहते थे जो सम्भव नहीं बना। वस्तुतः वैयक्तिकता और सामाजिकता का यह जोड़ ठीक नहीं बना, न उसकी कोई सार्थकता भी थी। कावेरी एक ओर अपनी अभिन्न सहेली पर किये गये अन्याय और दुष्टता से विद्ध है, दूसरी ओर इस बात की कचोट भी है कि इस अन्याय के मूल में भावात्मक अधिष्ठान भी मिला है।

इस उपन्यास की सफलता का एक अन्य कारण उसका परिवेश चित्रण है। तत्कालीन रीतिरिवाजों का अचूक ज्ञान लेखक को है और उसकी बारीकियों से वर्णन करने की क्षमता भी विलक्षण है। सबेरे उठकर जल के लिए नदी पर जाना, जमीन को लीपपोत कर रंगोली से सजाना,

फूल बिनना, पूजा की तैयारी करना, पशुओं का कौरान्न माँगना, दायें मुँहवाला शंख, शुभाशुभ भावना, कठपुतली का खेल, सपने में भविष्य सूचनाएँ, गांक्पंचायत का अधिकार, बहिष्कार इत्यादि के तानेबाने से बुनी तत्कालीन वास्तविकता का यह परिवेश-वस्त्र बहुत ही विश्वसनीय प्रतीत होता है। लेकिन परिवेश को अत्यधिक मूर्त रूप देने के लिए गो. नी. दांडेकर ने एक अन्य मार्ग का अवलंब किया है। वैसे गो. नी. दांडेकर का एक वैशिष्ट्य यह है कि वे जिस स्थान या अंचल का चित्रण करना चाहते हैं उसका सम्यक् अध्ययन करते हैं और वहाँ की बोली का विशेष उपयोग वातावरण निर्माण के लिए कर लेते है। महाराष्ट्र की कतिपय बोलियों का उपयोग गो. नी. ने अपने उपन्यासों में किया है। प्रस्तुत उपन्यास में ज्ञानेश्वरकालीन मराठी बोली का उपयोग किया गया है। सामान्यतः पाठक इस भाषा के बल पर अनायास उस वातारवण में सीधे प्रवेश करता है जिसका चित्रण गो. नी. करना चाहते हैं। आश्चर्य यह है कि यह भाषा पुरानी होकर भी दुर्बोध नहीं है और उसमें ताजगी का स्पर्श है। ज्ञानेश्वरी, अमृतानुभव तथा ज्ञानेश्वर के अभंगों के सतत अध्ययन, चिन्तन और मनन तथा पठण-पाठण के कारण ही यह संभव हो पाया है। आज का पाठक जो मात्र रसिक है, सह्दय है, वह गो. नी. दांडेकर का ऋणी है क्योंकि उपरोक्त सब का निचोड़ (रस) उन्होंने 'मोगरा फुलला' उपन्यास के माध्यम से प्रस्तुत किया है। सचमुच इस रचना के मोगरे की गंध बहुत समय तक मन को विभोर करती रहती है।

मृत्युंजय

कहा जाता है कि नोबल पुरस्कार प्राप्त वैज्ञानिक अपना पुरस्कार योग्य कार्य उम्र केतीसवें वर्ष पहले ही कर जाते हैं। लेकिन साहित्य के संदर्भ में यह शुरूवात होती है और धीरे धीरे विकास होने लगता है। लेकिन इसके कुछ अपवाद हैं। सोलह वर्ष की अवस्था में ज्ञानेश्वरजी ने ज्ञानेश्वरी जैसा अद्‌भुत ग्रंथ लिखा जो काव्य, दर्शन, जीवन प्रणाली का आदर्श, विश्व्-दृष्टि, ऐतिहासिक महनीय स्थान एवं परवर्ती प्रभाव सभी दृष्टियों से एक मानक ग्रंथ माना जाता है। आधुनिक साहित्य में ऐसे चमत्कार विरल पाये जाते हैं। हिंदी में एक अपवाद डॉ. धर्मवीर भारती हैं जिनकी श्रेष्ठ रचनाएँ उम्र के तीसवें वर्ष के पहले प्रकाशित हुई। दूसरे मराठी के महत्वपूर्ण लेखक शिवाजी सावंत हैं जिनका 'मृत्युंजय' १९६७ में प्रकाशित हुआ वे केवल २७ वर्ष के थे। १९६८ में दूसरा संस्करण, ६९ में तीसरा और १९७१ में चौथा। पाँच वर्ष में प्रस्तुत उपन्यास की २५ हजार प्रतियाँ हाथोहाथ बिक गयी। इस प्रकार का आश्चर्य मराठी में धार्मिक ग्रंथों का होता हो तो हो परंतु आधुनिक साहित्य में उपन्यास विधा के क्षेत्र में भी ऐसा चमत्कार कम हुआ है-- नहीं के बराबर। इस उपन्यास को महत्वपूर्ण पुरस्कार भी मिले। १९६७ में महाराष्ट्र राज्य का शासकीय पुरस्कार, 'केसरी' (मराठी की महत्त्वपूर्ण दैनिक पत्रिका) का न. चिं. केळकर पुरस्कार १९७२ में प्रतिष्ठा प्राप्त 'ललित मासिक पुरस्कार' १९७३ में 'पूनमचंद भुतोडिया पुरस्कार' (बंगाली) १९८६ में और १९९५ में मूर्तिदेवी पुरस्कार (भारतीय ज्ञानपीठ)। 'मृत्युंजय' के हिन्दी में १४ संस्करण प्रकाशित हुए। बंगाली, मलयालम, कन्नड, अंग्रेजी अनुवाद १९८९ से १९९५ के बीच प्रकाशित हुए। १९९३ में प्रकाशित गुजराती अनुवाद के दो संस्करण प्रकाशित हुए और गुजराती अनुवाद के लिए पुरस्कार भी गुजरात राज्य की ओर से प्राप्त हुआ। अभी तेलुगु, उड़िया, राजस्थानी अनुवाद हो रहे हैं। रुस में भी अनुवाद की संभावनाएँ हैं। आश्चर्य नहीं कि इसपर आधारित नाटक १९७५ में प्रतिष्छित प्रकाशन कान्टिनेन्टल द्वारा प्रकाशित हुआ। इसका आकाशवाणी पर धारावाहिक प्रसारण हुआ और चंद्रलेखा नाटय प्रतिष्ठन ने 'मृत्युंजय' के ७५० प्रयोग मंचित किये। जहाँ तक लोकप्रियता के शिखर को छूने का प्रश्न है 'मृत्युंजय' ने उच्चांक स्थापित किया है।

वैसे शिवाजी सावंत बहुप्रमवा लेखक नहीं है जो अच्छी बात है। इसका साक्ष्य उनका दूसरा उपन्यास 'छावा' देता है जो 'मृत्युंजय' के उपरान्त करीब बारह वर्षो के बाद प्रकाशित हुआ। छत्रपती संभाजी महाराज के जीवन संघर्ष पर आधारित छावा उपन्यास उतना ही महत्वपूर्ण उपन्यास है। १९८० में महाराष्ट्र राज्य पुरस्कार प्राप्त इस उपन्यास के भी पाँच संस्करण मराठी में १९८९ तक निकले। भारतीय ज्ञानपीठ ने १९८४ में 'छावा' का पाँचवाँ संस्करण प्रकाशित किया। 'छावा' पर लिखे नाटक के भी ३५० से अधिक प्रयोग मंचित हुए।

व्यक्तिरेखाओं का एक संकलन 'अशी मने असे नमुने' प्रकाशित हुआ जिसके तीन संस्करण हुए हैं और हिन्दी में 'ऐसे लोग ऐसी बातें' शीर्षक से वह अनुवाद वाणी प्रकाशन से छपा है। इसके अतिरिक्त 'लढत' नामक चरित कहानी भी दो खंडो में प्रकाशित हुई है और ललित निबंधों का संग्रह 'शेलका साज' नाम से छपा है। अभी श्रीकृष्ण चरित्र पर उपन्यास लिखने में

लेखक व्यस्त है।

इस संक्षिप्त टिप्पणी से कुछ बाते स्पष्ट हो जाती हैं। श्री. शिवाजी सावंत कर्ण, संभाजी, श्रीकृष्ण जैसे विराट व्यक्तित्वों के प्रति भक्तिभाव से समर्पित लेखक हैं और भारतीय संस्कृति के महान पक्ष का जहाँ मूर्त साक्षात्कार हुआ वहाँ उनका साहित्यकार नतमस्तक होकर उस भव्य साक्षात्कार को शब्दबद्ध करने के लिए कृत संकल्प हुआ। शिवाजी सावंत वीरता, तेजस्विता, स्वाभिमान, अस्मिता, ईमानदारी, समर्पण की सहज वृत्ति सत्य के प्रति प्रतिश्रुति, उदारता, मानवीय उष्मा, वैयक्तिक स्वार्थ की समिधा का महान के लिए होम करने की आकांक्षा इत्यादि महान आत्मिक गुणों के प्रति प्रतिबद्ध साहित्यकार हैं। साठ के बाद समस्त भारतीय साहित्य में अस्तित्ववाद मनुष्य के अकेलेपन का चर्वण, व्यक्तिवाद का अस्वस्थ छोर–अतिवैयक्तिकतावाद, लघुता के प्रति रुझान, पराजित मानसिकता की जुगाली का विकृत आनंद, महानता के प्रति संदेह और तुच्छताभाव, ऊर्ध्वगामी आत्मिक संकल्प के प्रति तिरस्कारयुक्त शंकावृत्ति, नैसर्गिकता के नाम पर निगतिगामी प्रवृत्तियों के सैलाब का वरण (?) इत्यादि वृत्तियाँ जीवन में और साहित्य में हावी हो रही थीं। उस समय शिवाजी सावंत कुछ दूसरी दिशा में यात्रा कर रहे थे आत्मा की सहज पुकार पर। यह मनुष्य की अपराजेय अस्मिता का रास्ता था, मनुष्य और मनुष्य के बीच के आत्मीय संबंधों को किसी भी कीमत पर सुरक्षित रखने के लिए प्रतिबद्ध लेखक का रास्ता था। स्वाभाविक था कि इसके लिए बाह्य यथार्थ का सामाजिक परिदृश्य छोड़कर लेखक भारतीय मिथकों के द्वारा आत्मिक शक्ति संचयन का प्रयास कर रहा था। उसके सामने विघटन के लिए चुनौतियाँ देनेवाली तमाम वास्तविकताओं के बीच आत्मिक विखंडन को बचाते हुए हराती हुई लड़ाई लड़ने और आत्मिक शक्ति को बाह्य प्रलोभनों के मध्य सुरक्षित, एकाग्र और अखंड रखने का प्रश्न महत्वपूर्ण था। संभवतः कहीं भीतर भारतीय संस्कृति से पालितपोषित सामान्य जनता भी यही मार्गदर्शन लेखक से चाहती थी, भले ही आधुनिकता की सतही पहचान से सम्मोहित छोटासा उच्च शिक्षितों का तबका इसे पिछड़ापन मानता रहा हो, अतीतोन्मुखी प्रवृत्ति मानता रहा हो। वस्तुतः ऐसी रचनाओं में जो आत्मिक संस्कार होते रहे वे सामान्य जनता को आश्वस्त करनेवाले लग रहे थे। विघटन की शक्तिशाली लहरों के बीच जिजीविष और मूल्य संस्कार को जीवित रखने वाली लाइफ बोट के रूप में इस प्रकार की रचनाएँ प्रेरणा देती रही हों। यहीं प्रश्न उत्पन्न होता है कि पाँच वर्षों में पचीस हजार प्रतियों बिक जाने वाली पुस्तक का यथोचित गौरव मराठी के तथाकथित समीक्षकों ने क्यों नहीं किया। 'मृत्युंजय' संभवतः आधुनिकता के सम्मोहन में जीनेवालों को रास नहीं आया जब कि अपनी मिट्टी और संस्कृति से सहज प्राणतत्त्व खींचने वाले समाज ने इससे अपना जीवनाधार प्राप्त अवश्य किया। लोकप्रियता अच्छे साहित्य की निर्विवाद कसौटी नहीं है लेकिन यह भी जरूरी नहीं कि वह सदैव उपेक्षणीय होती है। असल में ऐसी रचनाएँ समीक्षक के चिन्तन को चुनौतियाँ देती हैं और उन पर विचार करने पर महत्वपूर्ण साहित्य के कुछ लक्षण भी सामने आते हैं।

'मृत्युंजय' ने सामान्य पाठक को क्यों गहरे स्तर पर प्रभावित किया इसका एक महत्वपूर्ण कारण साठोत्तर साहित्य के संदर्भ में मिलता है। धीरे धीरे मराठी में दलित साहित्य का उद्भव

हो रहा था। १९५० में मालती बेडेकर की 'बळी' जैसी रचना ने समाज में अंतिम स्तर के लोगों को गुनहगार करार दी गयी जाति को लेकर एक वास्तविकता का जलता अंगार साहित्य के आँचल में डाल दिया था। १९६० में 'कोसला' ने गैर रोमांटिक एन्टी हीरो की अंतरंगता की ओर ध्यान आकर्षित किया था। ग्रामीण साहित्य के अन्तर्गत उपेक्षित जनजीवन का मैला अंचल प्रकट हो रहा था। कहीं नारियाँ अपने सैंकडों वर्षों की गुलामी के विरोध में स्वर बुलंद करने के लिए शक्ति अर्जित कर रही थीं। कुलमिलाकर उपेक्षितों, अवमानितों और लांछितों का स्तर प्रबल हो रहा था। प्रतिष्ठितों के खिलाफ आक्रमक निषेध और विरोध का भाव उद्वेलित हो रहा था। इस सारे माहौल के मूल में उपेक्षित शक्ति और अवमानित ऊर्जा का स्थापितों के प्रति, सत्ताधीशों के प्रति विद्रोह भड़क रहा था। 'मृत्युंजय' में एक अभिजात स्तर पर विवेक की अनुकूलता में भारतीय मानसिकता के इसी निषेध, विरोध और विद्रोह का पूँजीभूत स्वर प्रबल रूप में उजागर हुआ। सामान्य जनता ने इसे अपनी ही आंतरिक, अवचेतना में अवस्थित, अमूर्त भावना को विलक्षण प्रभावी शब्दों में अभिव्यक्त होते देखा। अनेक रूपों में कुचली गयी मानवीयता के मूल तेज को 'कर्ण' के रूप में उठते हुए देखा।

यह कर्ण सद्भावनाओं से भपूर, सदाचरण से पूर्णतः मंडित, त्याग, समर्पण, सत्याग्रह से प्रेरित, दानशील और उदार एक आदर्श गृहस्थ के रूप में सामने आया। वृषाली और सुप्रिया का आदर्श पति, अपने बच्चों को जी जान से प्यार करनेवाला पिता, अपने शोण जैसे भाई से निरपेक्ष स्नेह करनेवाला वरिष्ठ बंधु, अपने माँ बाप को अतीव प्रेम और आदर से देखनेवाला पुत्र, अपनी भाभी के प्रति वात्सल्यभाव से भीगा देवर, बडों का आदर करनेवाला युवक, गुरुजनों के प्रति समर्पित छात्र, अपने मित्र के लिए सर्वस्व समर्पण करनेवाला मित्र, अपने शब्द एवं वचन के प्रति निष्ठवान पुरूष इत्यदि कर्ण के विविध रूप एक भारतीय गृहस्थ के आदर्श रूप हैं। अपने आदर्शरूप गृहस्थ की कुछ गलतियाँ, कुछ दोष, कुछ विकृतियाँ समाज क्षमाशील दृष्टि से स्वीकार कर लेता है। कुछ मूलभूत मूल्यों के प्रति समर्पण और विचार और आचरण में फाँक न होने पर समाज पुरूषार्थ का साक्षात्कार कराने वालों के प्रति भक्तिभाव से झुकता है। समाज की यह प्रवृत्ति 'मृत्युंजय' के नायक के प्रति श्रद्धान्वत बनाने के लिए पर्याप्त थी।

एक ओर एंटी हीरो के प्रारूप ऊँचे तबके में स्वीकार्य हो रहे थे तो दूसरी ओर वह मिथकीय हीरो लोक में परम आदर पार रहा था।

इसमें एक और गहरी बात छिपी हुई थी। एंटी-हीरो की मानसिकता यथार्थ का भान कराती है, आंतरिक संसार की अंधेरी गुफाओं का अन्वेषण कर पाठकों को अन्तर्मुख करती है परंतु जीवन के मूल्यों के प्रति, आदर्शों के प्रति, संस्कारों के प्रति आस्था नहीं जगाती। जितना बड़ा यह सत्य है कि उग्र और रपटीले यथार्थ का भान जीवन के यथावत् रूप को प्रत्यक्ष करता है, मानसिक क्षितिज को कुछ विस्तार देता है उतना बड़ा यह भी सत्य है कि मनुष्य मनुष्य के रूप में जीना चाहता है और पशु के या नैसर्गिक मनुष्य के ऊपर उठकर जीवन जीना चाहता है। साहित्य का संस्कार यह है कि मानसिक क्षितिज के विस्तार के साथ उसकी मानवता को भी वह जगाये रखे, उसे बल दे, उसे ऊर्जा दे। इन दो दृष्टियों के समन्वित ऐक्य में कोई विरोध नहीं है,

असंगति नहीं है। 'मृत्युंजय' जैसी रचनाएँ यह कार्य करती हैं।

कुछ खास मराठी के संदर्भ में एक बात कहनी होगी। १९५०/५५ के बाद मराठी साहित्य की दो भाषिक प्रवृत्तियों के प्रति कुछ वितृष्णा सी उत्पन्न हो गयी थी। एक प्रवृत्ति प्रा. ना. सी. फडके की भाषा की थी - सुखवादी दृष्टि से परिचालित कोमल, साफ, चिकनी, सरल, प्रवाहपूर्ण भाषा। दूसरी वि. स. खांडेकर की भाषा - अलंकारयुक्त कुछ चिन्तनपरक मुद्रा लेकर हर छोटी बड़ी घटना को प्रतीकात्मक बनाकर जीवन पर, हर समय भाष्य करने को लालायित, दृष्टान्तों से चमत्कृत करने वाली, कुछ उपदेशों को बाँटने के लिए आतुर भाषा। मृत्युंजय पद खांडेकर की भाषा का प्रभाव है का ही नहीं कुछ छोटी घटनाओं, वस्तु-निर्देशों या व्यक्तियों को कथावस्तु के प्रवाह में इस प्रकार बुनना कि ऐसा लगे कि रेशमी वस्त्र पर रेशिम के रंगीन धागों से बीचबीच में रंग-चमत्कार किया गया हो। इसमें संयोगों, आकस्मिकताओं और सूचकताओं को इस प्रकार पिरोया जाता है और प्रतीकोंक ऐसे उपयोग किया जाता है कि किशोर वयीन पाठ्क इस 'चमत्कार' से अवाक् रह जाय। साठ के बाद खांडेकर और फडके दोनों की शैलियों के प्रति घोर वितृष्णा पैदा हुई। 'मृत्युंजय' के साहित्यकार को इसके लिए कुछ नुकसान उठना पड़ा। असल में समीक्षकों ने यह नहीं देखा कि आरंभ में कुछ झिलमलानेवाली भाषा आगे चलकर बहुत ही सरल, गंभीर, गरिमामय, अर्थसमृद्ध और निरलंकृत होती जाती है। यह भी नहीं गौर किया कि मिथकीय वातावरण के निर्माण में खांडेकर की भाषा कुछ सहायक भी बनती है (देखिए: 'ययाति')। 'कर्ण', 'अर्जुन', 'श्रीकृष्ण' को मंच पर लाना हो तो आधुनिक चरित्रों की पोशाक में नहीं लाया जा सकता। लेकिन खांडेकर की भाषा के प्रति कुछ अतिरिक्त वितृष्णा का परिणाम 'मृत्युंजय' को भी भोगना पड़ा। (खांडेकर को सामान्य पाठक ने बहुत ही पसंद किया।)

यह एक दिलचस्प बात होगी कि मृत्पुंजय और महाभारत का कुछ तुलनात्मक अध्ययन किया जाय। महाभारत की घटनाओं, चरित्रों और अभिप्रयों को मृत्युंजय में कौनसे नये झटके दिये गये हैं, कौन से परिवर्तन किये गये हैं, इसका ब्पौरेवार विवेचन करना अध्ययन की एक दिशा हो सकती है। लेकिन यहाँ उस दिशामे न जाकर कुछ महत्वपूर्ण संकेत करने हैं।

'मृत्युंजय' में कर्ण में समूचे व्यक्तित्व को केंद्र में रखा गया है। यह व्यक्ति केंद्रित उपन्यास है यद्यपि यह व्यक्तित्व विराट है। लेखक ने यह माना है कि जहाँ तक महाभारत में घटित घटनाओं, प्रसंगों और चरित्रों के इतिहास का प्रश्न है, उसे प्रतिबिंबित करना उसका उद्देश्य नहीं हो सकता। लेखक को तो कर्ण के मन में प्रवेश करना है। विभिन्न घटितों की नींव में रही मानसिक प्रेरणाओं और उनके मानसिक प्रभावों का चित्रांकन करना है। महाभारतकार की दृष्टि घटनाओं के वृत्तकथन पर है, व्यक्ति के मानसिक द्वन्द्वों, अवचेतन के स्पंदनों को व्यक्त करने के लिए महाभारतकार के पास समय नहीं है। हाँ, कहीं कहीं ऐसे संकेत हैं, ऐसे अंगुलि निर्देश हैं, ऐसी मूक जगहें हैं जिनको विस्तार दे कर खंडकाव्य लिखे जा सकते हैं, नाटक रचे जा सकते हैं, उपन्यास निर्मित किये जा सकते हैं। महाभारत को उपजीव्य बनाकर यही तो आधुनिक लेखकों ने किया है। व्यक्ति कर्ण को उसके गार्हस्थिक परिवेश में चित्रित करना 'मृत्युंजय' का एक महत्वपूर्ण उद्देश्य है। कर्ण का मानसिक उद्वेलन, अवचेतन के दबाव से विवेक को विकृत

करनेवाली स्थितियाँ, नैतिक मूल्यों पर प्रश्नचिह्न लगाने के लिए समर्थ भावनात्मक अवस्थाएँ, मूल्यभ्रष्ट जीवन व्यापार का साथ देने के लिए विवश कृतज्ञता बोध और मित्र प्रेम से लगातार द्वन्द्व करता हुआ धर्म विचार और कर्तव्य-बोध, इनके बीच का अनेक स्तरीय तनाव मूर्त करना लेखक का प्रमुख उद्देश्य है। कर्ण को वह उसके मूल 'अस्तित्व' में पकड़ना चाहता है। स्वाभाविक रूप में कर्ण के मनोगत का माध्यम ही इसके लिए उपयुक्त होने के कारण उपन्यास को मनोगत प्रधान संरचना मिली। चूँकि कर्ण अन्यों के बीच भी, खासकर के परिवार के बीच में इसकी महानता का रेखांकन करने के लिए कुंती, वृषाली, शोण के दर्पण रखे गये। उसके मित्रप्रेम के सर्वाधिक महत्वपूर्ण आयाम को व्यक्त करने के लिए दुर्योधन का आयना रखा गया और कर्ण की महानता और लघुता दोनों के बीच संतुलन उत्पन्न करने के लिए श्रीकृष्ण के मनोगत का दर्पण रखा गया। कर्ण को हमें उसके मन से भी देखना होगा और इन सबके बीच रखकर भी। इसीलिए विभिन्न व्यक्तित्वों के मनोगतों की रोशनी के बीच कर्ण को मंच पर रखा गया है। अन्त में श्रीकृष्ण के माध्यम से मानो कर्ण के व्यक्तित्व का एक समग्र चित्र प्रस्तुत हुआ है जो संतुलित भी है और दृष्यमान भी। परिणामता वैयक्तिक रूप में कर्ण की मानसिकता में जो विकृतियाँ है वे भी उजागर हुई हैं। ये विकृतियाँ स्थितियों की निर्मिति थी अतः कर्ण का मूल महाभाव उनसे लांछित नहीं होता इस तथ्य की ओर शक्तिपूर्ण ढंग से लेखक ने ध्यान आकर्षित किया है। कर्ण के विभिन्न आकस्मिक विकारों के परे जो उसकी आत्मिक महानता थी उसकी ओर सशक्त संकेत करने में लेखक सफल हुआ है। मूल महाभारत में उसके जीवन के वे पक्ष एक पारिवारिक सद्गृहस्थ के रूप इसमें रेखांकित कर घर को प्यार करने वाले भारतीय मानस को लेखक ने कर्ण के प्रति सदाके लिए अनुकूलित मनादशा में रखा है। परंतु फिर भी कर्ण एक अधूरा व्यक्तित्व है। कृष्ण की संपूर्णतः के परिप्रेश्य में कर्ण वैयक्तिक रूप में महान है परंतु समग्र रूप में वह शिखर ऊँचाइयों को यदाकदा स्पर्श करता हुआ भी असंख्य शिखरों में से एक है। बाह्यतः यशस्वी, अर्जुन और वास्तविकता में महान कर्ण के बीच का अन्तर भी श्रीकृष्ण के मनोगत में व्यक्त हुआ है। शापदग्ध कर्ण की दुर्भाग्यपूर्ण कमजोरियों से लाभ उठकर श्रीकृष्ण ने अर्जुन को कैसे सुरक्षित रखा, इसका भी चित्रण इसमें हुआ है। एक तरह से मूल महाभारत में जो बिखरे हुए रूप में हैं वही यहाँ केंद्रित रूप में आने से अधिक प्रभावपूर्ण हुआ है। "कवच-कुंडलों का दान कर, अनेक मर्मभेदक अभिशापों की मरणप्राय भारी गठरी पीठपर ढोकर, वचनों का मुक्त दान करते हुए, साक्षात् तेज की खान के होते हुए भी केवल अति सामान्य जीवन को सहते और जीते वह यहाँ तक आया था। हाथ में सुरक्षित रखी हुई - अंतिम वैजयंती शक्ति भी घटोत्कच पर फैक कर वह अब पुनः पूरा रीत गया था, अकेला पड़ गया था।" इस प्रकार के वाक्यों में समस्त बिखरी हुई बातों को इकट्ठ कर एक कसाव-सा पैदा किया गया है। श्रीकृष्ण के मनोगत में कर्ण के समूचे व्यक्तित्व और जीवन प्रणाली पर जो बार बार भाष्य किया गया है, इसमें भी कर्ण के जीवन को समग्रता में समेटा गया है। कुछ ऐसे निरीक्षण जो कर्ण की विशेषता को रेखांकित करते हुए कर्ण के जीवन की समझ को नया आयाम देते हैं, कृष्ण के मनोगत में भरपूर मात्रा में हैं। अपने पुत्र को जन्सते ही अश्वनदी में त्याग देने वाली उस माता की कीर्ति को, जब वह वैभव के शिखर पर थी, अगर किसी ने सही रूप में संभाला है तो वह कर्ण ने और सभी तरह के शारीरिक, मानसिक और

आत्मिक अवरोधों को स्वीकार कर। भरी सभा में पांचाली को लांछित कर ओढ़े हुए पाप को उसने कुंती जैसी महान नारी का गौरव सुरक्षित रख कर अंशतः धो नहीं डाला था? ऐसे कतिपय निरीक्षण श्रीकृष्ण के मनोगत में प्रकट होना स्वाभाविक था क्योंकि समस्त विराट दुनिया में श्रीकृष्ण ही सम्यक् योगी थे। श्रीकृष्ण के इस मनोगत के कारण ही कर्ण, अर्जुन इत्यादि सभी की शक्तियों के साथ उनकी सीमाएँ भी प्रकट हुई हैं और कुल मनुष्य जीवन में दैव का जो अदृश्य हाथ है, उसका स्वरूप भी प्रकट होता है। कुछ बारीकी से देखें तो पता चलता है सभी के मनोगत अन्तनोगत्त्वा कर्ण के प्रायः सभी व्यक्तित्व-आयामों को प्रस्तुत करते हैं।

असल में महाभारत जैसी महान रचना पर आधारित कृति का निर्माण करते समय लेखक के सामने अनेक चुनौतियाँ आती हैं। पहले तो महाभारत की घटनाओं और व्यक्तित्वों की मूल रेखाओं को यथावत् रखकर उनमें कुछ नवीनता पैदा करनी होती है। इसमें लेखक की नयी दृष्टि का होना जरूरी होता है क्योंकि नवीनता केवल नया चमत्कार नहीं है, नवीनता नयी स्थितियों के संवेदनशील संपर्क में पैदा होती है। कर्ण जैसे विराट और गुणवान व्यक्तित्व के विनाश की दुखान्त कहानी जीवन की सार्थकता, मानव जीवन का प्रयोजन, मनुष्य संबंधों की स्थिति, मनुष्य का अंतिम आवेग, उसकी संस्कारशीलता, उसका विवेक, उसकी मूल्य चेतना, मनुष्य के जीवन में निर्याति का स्थान, उसका भाग्य इत्यादि कई प्रश्नों को उभारती है और इन प्रश्नों की प्रासंगिकता उसके सामायिक परिवेश के भान से व्याख्यायित होती है। कथ्य से लेकर शिल्पबोध तक मिथकीय स्वरूप ओर आधुनिकता के बीच का पारस्पारिक तनाव रचना को जीवन्तता देता है। मृत्युंजय में यह नवीनता 'कर्ण' के व्यक्तित्व के मूल्यांकन में है। उसके दोषों, कमियों, विकारों के बावजूद उसकी महानता को सुदृढ़ रेखाओं में अंकित करना ओर उसे कलाकार की ओर से न्याय देना (not poetic justice but poet's justice) 'मृत्युंजय' के रचनाकार का मुख्य उद्देश्य है। उससे भी बढ़कर कर्ण को उसकी आंतरिकता के माध्यम से रेखांकित करना उपन्यासकार का कलात्मक उद्देश्य है। आधुनिक दृष्टि में आयी मनोवैज्ञानिक पहचान का, मनुष्य को उसके भीतर से समझने के आग्रह का यह परिणाम है। घटित घटनाओं और ऐतिहासिक चरित्रों के साथ तालमेल रखते हुए एवं विश्वसनीयता बनाये रखते हुए कर्ण की आंरिकता को प्रकट करना एक महत्त्वपूर्ण चुनौती है और 'मृत्युंजय' के लेखक ने उसे सफलतापूर्वक झेला है। यह सही है कि इस में लेखक अवचेतन की अंधी गुफाओं की तलाश में गहरें जा नहीं पाया फिर भी कर्ण की संवेदना, उसके सुखदुःख और उसकी दिपदिपाती अर्जुन के प्रति चिरंतन ईर्ष्या को उसके अवमानित व्याक्तित्व के अहंकार को, दंशित अहंकार की कड़ुवाहट और ज़हर को काफी सामर्थ्य के साथ लेखक ने चित्रित किया है। कर्ण के जन्म से लेकर मृत्यु तक की महत्त्वपूर्ण घटनाओं के बिंदुओं को लेखक ने अपनी कल्पनाशक्ति से जोड़ते हुए ठेस आकार देने में सफलता प्राप्त की है।

मिथकीय घटनाओं की अतार्किकता, चमत्कारिकता, अतिशयोक्ति, संयोगों और आकस्मिकता की भरमार इत्यादि को पूर्णतः बौद्धिकता और तर्क के घेरे में लाना असंभव है क्यों कि मिथकीय तत्त्व का ही वह लोप होगा। फिर भी उसे आधुनिक पाठक के लिए रुचिगम्य करना एक चुनौती

है। इसका तरीका आधुनिक लेखक के पास यही है कि वह घटनाओं का आवश्यकता के अनुसार संकेत तो करे लेकिन बल चरित्रों के व्यक्तित्व पर दे, उनकी आंतरिकता को दे। एक साथ हजारों बाणों का जाल बुनाना, रथों के चारों ओर बाणों का पिंजरा बनाकर रथी और सारथी को उसमें कैद करना, विभिन्न मंत्रों से बाणों को भारित कर विभिन्न प्रकार की रणनीति को अपनाना, माया का भ्रमजाल उत्पन्न करना, लाखों हाथियों को गदा प्रहार से खत्म करना, द्यूत में जरासंघ की हड्डियों से फाँसे बनाकर कर खेलना और मनमाना दाँव खेल सकना, शाप से जीवन प्रभावित होना, ये समस्त घटनाएँ इस उपन्यास में बरकरार रखी गयी हैं। लेकिन लेखक का बल कर्ण, अश्वत्थामा, कुंती, शोण, वृषाली की मानसिकता पर है। यह दूसरी बात है कि कहाँ तक लेखक ने प्रत्यक्षतः फ्रयड युंग के साहित्य से साक्षात् संबंध रखा है और उससे प्रेरणा लेकर मनोवैज्ञानिक छानबीन की है। कभी यह सर्जनशील लेखक को भटका भी लेता है। लेकिन साठ से आसपास यह बात समूचे साहित्यिक माहौल में व्याप्त थी कि मनुष्य को जानने के लिए उसके अन्तर्मत की थाह आवश्यक है और एक सृजनशील लेखक अपनी कल्पना के बल पर यह कर सकता है। रूसी महान लेखकों ने किसी मनोविज्ञानवेत्ता से परामर्श कर नही लिखा था। शिवाजी सावंत ने कर्ण के मन को टटोला है, उसके प्रेम, क्रोध, घृणा, ईर्ष्या, मत्सर, वात्सल्य, उद्वेग, साहसिकता, धैर्य, अपने उज्ज्वल कुल का अबोध एहसास, अपमान की सालनेवाली पीड़ा आदि भावों का सफलतापूर्वक सम्प्रेषण किया है। उसकी अकेलेपन की पीड़ा को तीव्रता से व्यक्त किया है। "वैसे देखा जाय तो हरेक का जीवन एक अज्ञातवास होता है। दुःख से दूर जाने के लिए स्वीकारा गया। लेकिन अधिक प्रभावी दुखों से घिरा हुआ। मेरा जीवन भी वैसा न था। पचहत्तर वर्षों का यह दीर्घ पट्टा घटनाओं, भावनाओं, उत्कर्षो अपकर्षो के कितने बोझिल मोड़ लेकर आया था। किसी की संगति नहीं लग रही थी। आगे भी वह कभी लगेगी या नहीं? कौन जाने? द्रौपदी के प्रति आकर्षण, विकर्षण, गुस्सा और प्रेम की व्यामिश्र भावना को चित्रांकित किया है, उसको लेकर एक पश्चात्ताप की जलती पीड़ा का अनुभव उसने किया है - "अच्युत, उस विशालाक्ष, शामल भावगंधित द्रौपती से कहना कि– कि कर्ण के अंतःकरण की वीणा की एक भग्न तार तुम्हारी अवेहलना के बोध से सदैव कर्कश्य स्वर में झंकृत ही होती रही। लेकिन पाँच पतियों की पत्नी होते हुए भी पातिव्रत्य के पावित्र कलश पर पहुँची उस एकमेव आर्या से - पांचाली से - कहो कि कि संभव हो तो इस कर्ण को क्षमा करना" –कर्ण ने भरी सभा में वस्त्र उतारे जाते समय द्रौपदी को बुरे शब्दों में लड़ा था। परंतु वह आवेश ऐसे भयावह खोखल से निकला था कि कर्ण का उस पर वश नहीं चला। अपने गलत होने का एहसास, अपने भटक जाने का गुमराह हो जाने का तीखा बोध और विवेक का लगातार दंश – इस मनःस्थिति में बैचेन आत्मा की पीड़ा का भान लेखक करा सका है यह छोटी उपलब्धि नहीं है। असल में कवचकुंडल के दान का जरा भी दुख कर्ण को नहीं होता, भूल से मारी गाय के कारण मिले शाप का दुख उसे होता है परंतु भय नहीं, परशुराम ऋषि की वंचना के फलस्वरूप मिले शाप से पीड़ा होती है और इस बीच मृत्यु को रोकने वाली एक एक शक्ति से वह वंचित हो रहा है इसका भी उतना दुख उसे नहीं होता क्योंकि उसे अपनी वीरता और शस्त्रविद्या पर पूरा विश्वास था। परंतु द्रौपदी के संबंध में हुई भूल उसके मर्म को बार बार पीड़ित करती रहती है - किसी सितार पर बज रही करुण धुन की तरह।

कर्ण का समूचा जीवन नियति के चपेटों से मार खाता हुआ बिखर जाता है जब कि इस में उसका अपना कोई दोष ऐसा नहीं होता जिसके लिए उसे इतनी बड़ी सज़ा मिले। स्वाभाविक रूप में ऐसे समय कर्ण अन्तर्मुख हो कर जीवन के अर्थ की तलाश करता है, जीवन में असंगतियों के बीच कार्यकारण भाव देखने का असफल प्रयास करता हैं। 'मृत्युंजय' का कर्ण महाभारत के कर्ण से इस बिंदु पर अलग है, अधिक व्यामिश्र है, अधिक जटिल है। अपने सूर्यपुत्र होने का पता श्रीकृष्ण द्वारा लगने पर अतीव आनंद से कर्ण का उत्तेजित होना स्वाभाविक है और लेखक ने इसका अनेक प्रकार से जीवन्त चित्रण भी किया है। परंतु 'मृत्युंजय' का कर्ण बार बार अन्तर्मुख हो कर जीवन की अर्थवत्ता के बारे में सोचता है "घटनाओं के असंख्य तीक्ष्ण दाँत हृदय में कसने लगे! साक्षात् तेज का पुत्र होते हुए भी इस प्रदीर्घ जीवन क्रम में अपमान वंचना, अवहेलना, उपेक्षा के सिवा मैंने क्या अनुभव किया था। कहाँ से मैं कहाँ आया था। जीवन का अर्थ क्या है? किसी के अपराध की हृदय को निचोड़ डालनेवाली इतनी बड़ी सज़ा किसी और को मिले, यही जीवन है साक्षात सूर्यपुत्र के होने पर भी नियति की कितनी क्रूर थप्पडें खाता आया था मेरा जीवन। या – या जिस अग्निमध्य से मैं जन्मा था उस अग्नि का कभी विस्मरण न हो जाय इसलिए नियति ने यह जीवन की आग मुक्तहस्त से मेरे सुवर्ण मस्तक पर उँडेल दी थी" श्रीकृष्ण पांडवों के प्रति पूर्णतः झुके हुए थे और श्रीकृष्ण के प्रति कर्ण के मनमें अतीव आकर्षण था, सम्मोहक खिंचाव था (इस मुद्दे पर लेखक ने अधिक स्पष्टतापूर्वक विवेचन कहीं नहीं किया है) पांडवों की ओर कर्ण को मोड़ने के लिए प्रयत्नशील श्रीकृष्ण से कर्ण कहता है, " ....लेकिन किसी प्रकार का द्यूत न खेलते हुए भी जीवन भर के लिए जो घोर, घृणामय अज्ञानवास मैंने स्वीकारा है उसके लिए तुम्हारे न्यायप्रिय मन में कहीं भी तीव्र यातनाएँ होती हैं क्या? अगर वे होतीं तो...तो पांडवों की तरफ आने का आग्रह तुम मुझे न करते। घननील कृष्ण, एक राजनैतिक कूटनीतिज्ञ के रूप में आकर भी तुम मुझे भावनात्मक आवाहन कर रहे हो। केशव, यह कटु है परंतु सत्य है। स्पष्टतापूर्वक बोल रहा हूँ इसलिए उदार हृदय से मुझे क्षमा करो। तुम महान हो, दिव्य हो। मेरे मन में तुम्हारे प्रति शब्दातीत नितान्त प्रेमादर है। इसीलिए जो महायज्ञ तुम करने जा रहे हो उसमें मेरी देहकी सुवर्ण समिधा मैं निःशंक मन से सहर्ष अर्पित करने जा रहा हूँ। संसार में कभी हुआ नहीं, होगा भी नहीं, ऐसा दिव्य महायज्ञ वह होगा। पुरूषोत्तम पांडवों और कौरवों के समझौते का समय कभी का निकल चुका है।..."

कर्ण के जीवन को ट्रेजेडी का संस्पर्श देने में लेखक सफल हुआ है परंतु यह संस्पर्श है, पूर्णतः ट्रेजेडी नहीं है और इसमें भारतीयता की रक्षा भी हुई है। महाभारत के विराट घटनाचक्र में किसी एक व्यक्ति के सुखदुख को इतना महत्व नहीं मिलता कि वह त्रासदी की रसवत्ता प्राप्त कर सके। चूँकि मृत्युंजयकार ने कर्ण के त्रासद जीवन की गाथा को ही सभी घटनाओं और चरित्रों के केंद्र में रखा है, त्रासदी की रसात्मकता यहाँ पुष्ट हो सकी है। जीवन में नियति की क्रूर क्रीड़ा महानता क्षण, मूल्यवान के व्यय होने का पीडाबोध यह सब इसमें है और जीवन की अणतार्किकता या असंगतिपूर्ण का संकेत भी है। फिर भी यह पूर्ण अर्थ में त्रासदी नहीं है क्योंकि कर्ण की मृत्यु पाठकों के लिए उतनी दुःखमय नहीं है। पाठक की समूची पक्षधरणत श्रीकृष्ण और पांडवों की ओर है जिसके कारण कर्ण का विनाश हुउसे पीड़ा में भी आनंद दे रहा है। दूसरी बात यह है कि

स्वयं कर्ण अपनी मृत्यू को सहर्ष स्वीकार करता है - उसकी अव्याख्याथित यातना की वही एक मात्र मोक्षदा है। वह अंतिम इच्छा प्रकट करते समय कहता है कि श्रीकृष्ण उसका अंत्यसंस्कार करे और कुमारी भूमि पर करे। सर्वज्ञ कृष्ण उसका अभिप्राय नहीं समझ सके। तो कर्ण ने कहा, "जिस भूमिपर....कभी कभी भी तृणांकुर भी उगे नहों। मेरे दुख...वे वे कभी पुनः पुनः इस मार्य भूमि पर..कभी किसी रूप में न उगें। इसलिए....इसलिए वे पंचमहाभूत कुमारी भूमि में लय...लय... " यह मृत्यु नहीं है, महानिर्वाण है। लेखक ने विलक्षण समुचित शब्दों में इसको समर्पित किया है – यह लौकिक मृत्यु नहीं है अतः यहाँ मृत्यु-भय नहीं है। यह भारतीय दृष्टि है। फिर मृत्यु कर्ण के लिए भी भय की, सब कुछ समाप्त हो जाने की स्थिति नहीं है भले ही वह इस पृथ्वीतल पर पुनः जन्म लेना न चाहे। मृत्यु जहाँ मोक्ष है वहाँ त्रासदी का परिमाण उस तीव्रता में नहीं मिलता। यह जरूरी नहीं कि त्रासदी ही साहित्यिक महानता का मूल्य हो–एकमात्र मूल्य हो।

कर्ण के मन की अन्तर्मुखी यात्रा यह एक महत्वपूर्ण प्रस्थान बिंदु था महाभारत से अलगाने का और लेखक को उसमें पूर्ण सफलता मिली है। यह सही है कि मूल महाभारत में युद्धों का जाल बहुत बड़ा है और उसमें काफी पुनरुक्ति भी है अतिशयोक्ति भी है। 'मृत्युंजय' का लेखक आधुनिक बनाने के प्रयास में लड़ाइयों का स्वरूप विशेष नहीं बदल सका और वह उचित ही था क्योंकि 'मृत्युंजय' के मिथकीय वातावरण को वह त्यागना नहीं चाहता था। लेकिन जहाँ तक चरित्रों की बनावट का सवाल है लेखक ने प्रायः सभी चरित्रों को ठोस मूर्त आकार देकर उनके विभिन्न व्यक्तित्वों को खड़ा किया है। दार्शनिक अश्वथामा का एक विलक्षण प्रभावपूर्ण व्यक्तित्व मृत्युंजयकार ने खड़ा किया है। कुंती का दुख महाभारत में निवेदित होता है, वृत्तान्त के रूप में बताया जाता है, 'मृत्युंजय' में वह संवेदनात्मक धरातल पर प्रयुत किया गया है। महाभारत में जो कथन है उसे यहाँ चित्रमय वाणी दी गयी है। एकाध जगह लेखक ने घटनाओं को कुछ अधिक तर्कसम्मत या वास्तविकता के रूप में चित्रित करने का प्रयास अवश्य किया है। जयद्रथ वध प्रसंग में सूरज का कृष्ण द्वारा ढँक देना यहाँ सूर्य ग्रहण के रूप में प्रस्तुत किया गया है परंतु ऐसे प्रसंग बहुत कम हैं।

शिवाजी सावंत प्रसंगों को रसात्मक बनाने की कला में महारत हासिल कर सके हैं। कर्ण और शोण के बीच का भाईचारा वृषाली और कर्ण के बीच का वैवाहिक प्रेम संबंध, अपने कवच एवं कुंडलों के प्रति कर्ण की लगातार चिन्ता और जिज्ञासा, अर्जुन के प्रति आहत कर्ण का चिरंतन वैरभाव, कर्ण-दुर्योधन मित्र संबंधों का स्वरूप, कर्ण का शर संधान कौशल और उसका अपमान, कर्ण के प्रति कुंती की पीड़ा और उसका वात्सल्य, दुर्योधन की सत्ता की लालसा, शिशुपाल वध प्रसंग, द्यूत प्रसंग, द्रौपदी वस्त्रहरण प्रसंग, मृगया प्रसंग और दुर्योधन का संकट, कर्ण का दिग्विजय प्रसंग, ब्रह्मास्त्र प्राप्ति के लिए कर्ण के प्रयास और नियति का उल्टा दान, श्रीकृष्ण का कर्ण को पांडवों में लाने का प्रयास, कुंती कर्ण भेंट ये ऐसे कतिपय स्थल हैं जिन्हें शिवाजी सावंत ने रसमय एवं चित्रमय रूप दिया है और उपन्यास की लोकप्रियता का वह एक महत्वपूर्ण कारण भी है।

मृत्युंजयकार की चित्रमय, ऊर्जासंपृक्त, प्रवाहपूर्ण, अभूर्त को मूर्त रूप में खड़ा करनेवाली

भाषा भी एक प्रतिभा की देन है। यहाँ वृत्तान्त कथन चित्रमय साकार बन जाता है। ताश्विक, दार्शनिक एवं भावनात्मक संवादों में नाटयात्मकता का आयाम निर्मित करने में लेखक सफल हुआ है। संवादों की विशदता में प्रकट होनेवाली आवेगमयता और प्रासादिक प्रवाह पाठक को बाँध लेता है। युद्ध वर्णन में विविध बाणों के नामों सहित तथा विविध आयुधों के प्रयोग से वीर रस की पुष्टि में सहायता तो मिलती ही है, विश्वसनीयता से पाठक अभिलूक भी होता है। लेखक ने भूप्रदेश के ज्ञान का भी अच्छा परिचय दिया है।

मृत्युंजय का समस्त परिदृश्य भारतीय संस्कृति के प्रति अस्मिता पर खड़ा है। महाराष्ट्र का उच्च शिक्षा प्राप्त तबका संभवतः इस आस्मिता को पचा नहीं सका। पश्चिमी दर्शन और आधुनिकता की चकाचौंध में जो कुछ भारतीय है उसके प्रति हिकारत की दृष्टि कम से कम संदेह की दृष्टि का शिकार पाठक 'मृत्युंजय' का सही पाठक हो ही नहीं सकता।

मृत्युंजय कर्ण के प्रति लेखक की समर्पित भावना निश्चय ही कहीं कहीं वास्तविकता के चित्रण में बाधक सिद्ध हुई है। कर्ण ने अर्जुन के साथ युद्ध में प्रायः हर समय हार खाई है। यह महाभारत का सत्य 'मृत्युंजय' में आते आते कुछ धूमिल हो जाता है। यद्यपि कर्ण के साथ वाक् युद्ध में कृपाचार्य जैसे वीर इसका संकेत देते हैं फिर भी ऐसे समय कर्ण गुस्से में मूल प्रश्न को हटाता है। वस्तुतः अन्तर्मुखी कर्ण को अपने समय समय हुए पराजयों की मानसिक मीमांसा करनी चाहिए थी। संभवतः लेखक की समर्पित वृत्ति ने उसे यह करने नहीं दिया। मूल महाभारत में कहीं कर्ण स्वयं पांडवों के विरोध में दुर्योधन को उकसाता है लेकिन ऐसे प्रसंगों को टाल दिया गया है। पांचाली वस्त्रहरण प्रसंग में भी कर्ण अन्तर्द्वंद्व का सहारा लेकर कर्ण के अक्षम्य अपराध को सौम्य रूप दिया गया है। कर्ण के प्रति लेखक का रुझान भावात्मक अधिक है अतः कुछ तीव्र नैतिक प्रश्न टल गये हैं।

महाभारत को देखना और परखना एक प्रकार से संस्कृति और परंपरा की पुनर्परीक्षा है। महाभारत ने प्रतिभाशाली लेखकों को कल्पना-क्रीड़ा वाक्-विलास और गरिमामय भाव रंजन के लिए प्रेरणा दी है। प्रायः सभी महत्वपूर्ण भारतीय भाषाओं में लेखकों ने महाभारत से प्रेरणा ग्रहण की है। ऐसे लेखन में मृत्युंजय का स्थान महत्वपूर्ण है। हिन्दी के पाठक को महाभारत से प्रभावित रचनाओं में केदारनाथ मिश्र का खंडकाव्य 'कर्ण' और रामधारी सिंह दिनकर का विलक्षण रसात्मक खंडकाव्य 'रश्मिरथी' का स्मरण होना स्वाभाविक है। लेखक ने इन दोनों रचनाओं का अपनी प्रेरणा के संदर्भ में कृतज्ञतापूर्ववक उल्लेख किया है। मृत्युंजय व्यक्ति कर्ण की महानता का और उसकी मानसिकता का अन्वेषण करता है। धर्मवीर भारती की श्रेष्ठ रचना अंधायुग (यद्यपि कर्ण का उससे संबंध नहीं हैं) यहाँ पाठक की स्मृति में उभरना स्वाभाविक है। 'अंधयुग' में अनेक स्तरों पर आधुनिकता और परंपरा के बीच का तनाव व्यक्त होता है, वह मूल्यभ्रष्ट प्रतिष्ठितों के प्रति युवा वर्ग के तीखे विद्रोह को प्रतीकित करता है। 'अंधायुग' अनेक स्तरों पर अपनी प्रतीकात्मक जीवन अभिव्यक्ति से पाठक को झकझोरना है और अनेक अर्थों का व्यंजन करता है। मृत्युंजय व्यक्तिपर ध्यान केंद्रित करने वाली रचना है। उसमें कुछ इकहरापन है। अंधायुग समकालीन जीवन के प्रति सोचने को बाध्य करना है जब कि मृत्युंजय कर्ज के व्यक्तित्व पर

अधिक केंद्रित होने से पाठक कर्ण की मानसिकता में डूब जाता है। लेखक ने 'अर्ध्यदान' (चौथे संस्करण की भूमिका) में अपनी रचना को प्रदीर्घ भावकथा कहा है, जो सटीक है। अंधायुग पूरे युग की भयावह त्रासदी है। यह कुछ तुलनात्मक मंतव्य उभरने का कारण भी 'मृत्युंजय' का मन पर पड़ा प्रभाव है।

मराठी का युग-प्रवर्तक उपन्यास : 'कोसला'

मराठी उपन्यास के क्षेत्र में 'कोसला' एक तरह से युग-प्रवर्तक रचना मानी जाएगी। सन् १८९०-९३ के दौरान हरिनारायण आपटे कृत 'पण लक्षात कोण घेतो', उपन्यास की रचना हुई थी। इस उपन्यास के साथ मराठी उपन्यासों का प्राचीन दौर समाप्त हो गया। उस समय के वीर और शृंगार की जगह मानवीय जीवन-दर्शन और उसके गंभीर चिंतन को रचना के स्तर पर 'उद्घाटित' करने की क्रांतिकारी परंपरा शुरू हुई। लगभग यही स्थिति सन् १९६३ में 'कोसला' की रचना के साथ दोहराई गयी। अब तक यह माना जाता रहा है कि उपन्यास लेखन के लिए खास ढंग की कथा-वस्तु और चरित्र-चित्रण जरूरी होते हैं। पाठकों के मन में उपन्यास का यह खाका बैठ गया था, लेकिन 'कोसला' ने इसे जोरदार ढंग से आहत किया। इसके साथ भाषा, शैली, पात्र रचना, वातावरण, आदर्शवाद, रोमांसवाद आदि सभी तरह की धारणाओं पर फिर से बहसें शुरू हुईं। आलोचकों और लेखकों, दोनों को 'कोसला' ने रचनाशीलता के बारे में फिर से सोचने पर मजबूर किया। 'कोसला' ने इस तथ्य का पहली बार एहसास कराया कि उपन्यास का रूपबंध उस केंद्रीय तत्व से निर्मित होता है जिसमें मानवीय जीवन का कोई अनुभव प्रमुख होता है और शेष सारे तत्व गौण एवं उसके सहायक होते हैं। प्रस्तुत उपन्यास ने अब तक की तमाम स्वीकृत संकल्पनाओं पर वार किये जिनमें और तत्वों के साथ विशुद्ध साहित्य-शास्त्रीय वैचारिक तत्व भी शामिल थे। वास्तव में 'कोसला' उन श्रेष्ठ रचनाओं में गिनायी जा सकती है जिनके कारण रचनाधर्मिता की तमाम प्रेरणाओं और प्रवृत्तियों पर पुनर्विचार की जरूरत महसूस होती है। अंग्रेजी में जो स्थान जेम्स जॉयस के 'युलिसिस' को, टी. एस. इलियट के काव्य को या फिर मराठी कविता में स्वर्गीय मर्ढेकर की कविता को और कहानी साहित्य में गंगाधर गाडगिल को दिया जा सकता है वही स्थान, उपन्यास साहित्य में 'कोसला' को दिया जाना चाहिए। इस पृष्ठभूमि पर 'कोसला' का स्वरूप, विशेषताएं, उसकी उपलब्धियां और सीमाओं का विवेचन करना होगा। मराठी में अब तक 'कोसला' पर लंबी बहसें हुई हैं।

मराठी उपन्यासों की भाषा एवं शैलीगत रूढ़ियों को 'कोसला' ने जिस स्तर पर तोड़ा है, इसकी चर्चा करते हुए मराठी के ख्यातनाम लेखक एवं आलोचक श्री दिलीप चित्रे कहते हैं--'कोसला' में कला-चेतना के बाह्य तत्वों को बिलकुल अहमियत नहीं दी गयी है। इतना ही नहीं, शैलीगत रूढ़ियों का नकार ही लेखक के लिए एक नैतिक मूल्य क्यों है-- यह अपने -आप साबित हो जाता है।''

हरिनारायण आपटे ने चरित्रात्मकता के विकास के लिए उस भाषा का उपयोग किया था जो पात्रों के मनोवैज्ञानिक व्यापारों, भावावेशी उद्वेलनों और मध्यवर्गीय संस्कारों के अनुरूप थी। वा. म. जोशी, केतकर, वरेरकर आदि लेखकों ने इसी परंपरा को आगे बढ़ाया। प्रो. ना. सी. फड़के ने अपनी खास तराशी हुई भाषा का प्रयोग किया। परिणामतः कृत्रिम शैली से अलंकृत लेखकीय व्यक्तित्व अनुभूति पर हावी होकर रचना को एकरस बना गया। इसी क्रम में वि.स. खांडेकर, माडखोलकर, पु. य. देशपांडे आदि उपन्यासकारों ने आरोपित शैलियों से भाषा को बदला। जाहिर था कि अलंकृत शैली में विकसित रचनाएं आशय के स्तर पर बिलकुल घटिया और एकरस होते

हुए भी रसिकों का मन मोहती रहीं। आज भी इस तरह की अनुभूतिशून्य बाह्य आलंकारिता का प्रभाव कम नहीं है।

रचनागत चैतन्य भाषा में उद्घाटित होता है। इसीलए भाषायी धारणाओं में बेहतर परिवर्तन करने वाली कोई भी कृति साहित्यक क्रांति एवं संवेदनात्मक क्रांति का कारण बन जाती है। मराठी में 'कोसला'ने यह क्रांति की है। संवेदनाओं के स्तर पर क्रांतिकारी परिवर्तनों का जहां तक सवाल है--' पण लक्षात कोण घेतो' की तुलना में 'कोसला' को वरीयता हासिल है, क्योंकि 'पण लक्षात कोण घेतो' में व्यक्त संवेदनाएं, अनुभव तथा विचार तत्कालीन महाराष्ट्रीय प्रगतिशीलता के लिए नये नहीं थे। आखिर 'कोसला' की भाषा का रूप क्या है? इस सवाल का जवाब देने से पहले देखना यह पड़ेगा कि भाषा का वह कौनसा रूप है जो 'कोसला' में नहीं है। इसके पहले हमें मराठी उपन्यासों के प्रचलित मुहावरों का विश्लेषण करना होगा। मराठी के उपन्यासकार अब तक उस भाषा का प्रयोग किया करते थे, जिसे हम अजित भाषा कह सकते हैं। 'कोसला' का नायक पांडुरंग सांगवीकर प्रचलित भाषा और मुहावरे पर व्यंग करते हुए अपने दोस्त जोग का मजाक उड़ाता है। कहता है, 'जोग, तुम्हारे निबंध बड़े दलिद्दर होते हैं। तुम्हारी बातचीत भी बड़ी घटिया और गंदी होती है। तुम्हारे पास बात करने की तमीज भी नहीं है। जब देखो तुम्हारी शैली वही तुकाराम जैसी पोंगापंथी संतबानी और सुभाषितों के पेच से भरी पड़ी होती हैं।'

खांडेकर की अलंकृत भाषा-शैली का निषेधात्मक संकेत करते हुए पांडुरंग कहता है, 'सत्य ही प्रकाश है--इस तरह अगर कोई बकता रहे और बकने वाला अगर यही वह जोग हो, तो बताइये, क्रोध नहीं आयेगा?' रेस्टोरेंट को रेस्तरां कहने वाले अपने मित्र जोग को पांडुरंग 'कामटा' कहता है। उसे जब पता लगा कि इचलकरंजीकर का नाम मधुमिलिंद है, उसने उसे मृदु कहकर उसकी बड़ी खिल्ली उड़ाई है। फैशननुमा वेशभूषा से रौब झाड़ने वाले मित्रों के बारे में उसके मन में जो तिरस्कार है वही तिरस्कार अलंकारयुक्त भाषा के बारे में भी है। अर्थात इसे विरोधाभास ही कहिये कि नेमाड़े की अपनी भाषा भी बहुत ही वैशिष्ट्यपूर्ण है। 'कोसला' में वक्तृतापूर्ण शैली को व्यंग्य का विषय इसलिए बनाया है कि लेखक को परंपरागत भाषायी रूढ़ियां और संकेत पसंद नहीं हैं। उसका विश्वास है कि भाषा की रूढ़ियां दूसरे स्तर पर विचारों, व्यवहारों और मूल्यगत रुढ़ियों का ही परिणाम होती हैं। इसलिए पिटी-पिटाई भाषा का प्रयोग वैचारिक एवं संवेदनात्मक दकियानूसीपन का परिचायक है। इस स्थिति में लेखकीय स्वतंत्रता पर रोक आ जाती है। आधुनिकता-बोध के आविष्कार पर अंकुश लग जाता है। मुक्त प्रतिभा के धनी लेखक रचनागत परिपाटियों को अस्वीकृत कर देते हैं--- वे कोई रूढ़ि पैदा नहीं करते। वे भाषायी ताजगी और नवीनता की तलाश में लगे रहते हैं। यही सजगता उसके व्यक्तित्व का अटूट हिस्सा बन जाती है। 'कोसला' के लेखक ने इसी सजगता का परिचय दिया है। सिर्फ 'कोसला' में ही नहीं, लेखक नेमाड़े ने अपनी बाद की रचनाओं में भी भाषागत रुढ़ियों पर हमला किया है।

इसके अलावा भाषायी रूढ़ियो के बारे में लेखक नेमाड़े के विरोध की एक ऐतिहासिक पृष्ठभूमि भी है। मराठी गद्य के पास एक हजार वर्ष की अपनी परंपरा हैं। ब्रिटिश युग में भारतीय बुद्धिजीवी वर्ग ने अंग्रेजी को, शेरनी के दूध का स्थान दिया था। उन्होंने विक्टोरियन मुहावरों को

भाषायी आदर्शों के रूप में स्वीकार किया था। मराठी इन्हीं भाषायी मुहावरों से पुष्ट होती थी। नतीजा यह हुआ कि मराठी भाषा जातीय चेतना में विकसित न होकर विदेशी प्रेरणा में पलने लगी थी। शब्द चयनों, वाक्य रचनाओं, विराम चिन्हों, परिच्छेदों आदि के प्रयोगों में, अंग्रेजी प्रारूप को आत्मसात कर लिया गया था। अंग्रेजी के संयुक्त वाक्य प्रयोगों, उसकी कृत्रिम लय, बलाघात पद्धति आदि ने मराठी को पूरा किताबी हुलिया प्रदान कर दिया था। परिणामतः बोली के सहज-अकृत्रिम सौन्दर्य से वह वंचित रह गई। सहज आवेगों की जगह शब्दनिष्ठ एवं स्वरयुक्त आरेंगों को महत्व दिया जाने लगा था जिससे रागात्मक आविष्कार कुंठित हो गया था। नेमाड़े ने इस स्थिति का विरोध किया है।

यह काम किसी सामान्य लेखक के बस की बात नहीं, इसके लिए बहुत ही समझदार एवं जागरूक लेखकीय चेतना की जरूरत होती है। यहां भाषायी रूढ़ियों का विघटन मात्र नवीनता के आग्रह का परिणाम नहीं है। वह नयी भाषानीति के प्रतिबद्धतापूर्ण स्वीकार का ही नतीजा है। इस संदर्भ में मराठी के एक श्रेष्ठ आलोचक ज्ञानेश्वर नाडकर्णी की राय देखी जा सकती है। उनके अनुसार, 'भाषा की शतप्रतिशत पुनर्निर्मिति बहुत थोड़े लेखकों के बूते की बात है। नेमाड़े का 'कोसला' इस ढंग का पहला उपन्यास है। फ़िर भी इसमें अनुभवों, संवेदनाओं और उसके लिए प्रयुक्त अभिव्यक्त भाषा के बीच लेखक की कोई दखलंदाजी नहीं है। इसमें लेखकीय हस्तक्षेप बिलकुल ही नहीं है।'

'कोसला' की शुरूआत ही ऐसे कुछ विशिष्ट शब्दों के प्रयोगों से हुई है जो मराठी के लिए अब तक अपरिचित थे। 'मिसाल' के तौर पर,' 'वगैरा' शब्दों का पहली बार प्रयोग किया गया है। आगे-आगे ये लटके जरूर कम होते गये हैं। लेकिन पाठक शुरू में ही इनसे प्रभावित हो जाता है जिससे उसका ध्यान भाषा की तरफ सहज खिंचा चला जाता है। इस क्रम में पाठक लेखक की भाषायी सूझ से अधिकाधिक परिचित होता हुआ उसमें व्यंजित सहज भाव को अपने भीतर महसूस करने लगता है। ऊपर-ऊपर से यह भाषा बहुत ज्यादा अ-साहित्यिक अर्थात जनसाधारण की व्यावहारिक भाषा की तरह लगती है। इसी कारण सांगवीकर अपनी कथा-बयानी की ईमानदारी के कारण विश्वसनीय बन जाता है। वह सौ में निन्यानवे लोगों जैसा लगता है। हम आश्वस्त हो जाते हैं कि यह आदमी हमसे कोई बात छिपायेगा नहीं, झूठे आदर्शों और नकली नैतिकता का आवरण कभी ओढ़ेगा नहीं। इसके विपरीत शुरू में अपने पिता के बारे में बेबाक राय देकर वह अपने जीवन-विषयक दृष्टिकोण के प्रति पाठकों के मन में उत्सुकता पैदा कर देता है।

'कोसला' की भाषा जो अपने नायक की तरह ऊपर-ऊपर से अबोध एवं सपाट लगती है, भीतर से पैने व्यंग्यों, स्फोटक उपहासों, अर्थगांभीर्य तथा अंडरस्टेटमेंट आदि के कारण समृद्ध बनी है। वास्तव में 'कोसला' के नायक की विशेषता, 'कोसला' की भाषा की ही विशेषता है।

नेमाड़े की भाषा न तो नागरी सभ्यता के कृत्रिम लटकों से भरी पड़ी है और न आंचलिक प्रयोगों की भरमार से लैस है। पांडुरंग सांगवीकर ग्रामीण संस्कारों में पला हुआ

युवक है। शहरी जीवन व्यतीत करते रहने के बावजूद अपने ग्रामीण संस्कारों पर नागरी संस्कारों को उसने हावी नहीं होने दिया।

ग्रामीण और नागरी भाषा के समन्वित प्रयोगों के प्रयास मराठी में इससे पहले भी हुए हैं। र. वा. दिघे, श्री. ना. पेंडसे, गो. नी. दांडेकर आदि के उपन्यासों में इस समन्वय को देखा जा सकता है। लेकिन 'कोसला' की विशेषता यह है कि इसमें प्रयुक्त भाषा की तमाम विशेषताएं नायक पांडुरंग सांगवीकर के व्यक्तित्व से प्रस्फुटित हुई हैं। यही फर्क 'कोसला' को प्राचीन परंपरा से अलगाता है। 'कोसला' का नायक खास व्यक्तित्व का धनी है। उसकी अपनी एक खास बोली है, जिसे पूरी तरह खोलकर दिखाना आसान नहीं है। 'वगैरा', 'मिसाल के तौर पर,' महान, ग्रेट ', 'भयानक,' साला, भंपक, भंकस, बंडल, प्रचंड़ , भलतंच-- इन शब्दों का अलग-अलग संदर्भों तथा अलग अर्थों में प्रयोग किया गया है। प्रसंगो में गहरी व्यंजना लाने के लिए कहावतों और महावरों का भी अनायास प्रयोग किया गया है। कहीं-कहीं संदर्भो को पैना बनाने के लिए नये शब्द भी गढ़े गये हैं। फिर भी प्रयोगों में उसने (लेखक ने) इतनी कुशलता का परिचय दिया है कि भाषा अनायास और सहज लगे। इसीलिए तो पाठ्कों का ध्यान भाषायी लटकों की तरफ खिंच जाने की बजाय वस्तु पर केंद्रित हो जाता है। और यह सारी प्रक्रिया अत्यंत सहज और अनायास है। लेकिन कभी-कभी नेमाडे अपने पाठ्कों को भाषायी धक्के देते नजर आते हैं। खासकर उन शब्दों और वाक्य-रचनाओं पर, जिनकी अर्थवाही क्षमता निरंतर प्रयोग के कारण बिलकुल सपाट और स्थिर बन गयी हैं, वे टूट पड़ते हैं। यहीं पाठ्क चौंक जाता हैं। इस बहाने लेखक ने प्रचलित संकेतों, धारणाओं तथा विचारों पर हमला किया है और नवीनता के आग्रह का संकेत किया है।

खास बात यह है कि 'कोसला' की भाषा अपनी व्यक्तिगत पहचान को सामान्यीकृत करते हुए भी आम आदमी के साथ जुड़ जाती हैं।(नेमाडे ने 'कोसला' को सौ में से निन्यानबे लोगों को समर्पित किया है।) व्यक्तिगत सार्वजनीन, नागरग्रामीण, सामान्य-विशिष्ट , सपाट -घुमावदार, सहज-कठिन, सुगम-दुर्गम, काव्यात्मक-व्यावहारिक, यथार्थवादी-रोमांटिक, ऐहिक-स्वप्निल, प्रतिबद्ध-अप्रतिबद्ध, नयी-पुरानी, प्रमाण भाषा-बोली भाषा आदि परस्पर विरोधी द्वैतात्मक स्थितियां नेमाड़े की भाषा में एक साथ पायी जाती हैं।

लेखक नेमाड़े और नायक पांडुरंग सांगवीकर का क्या रिश्ता है? क्या 'कोसला' को आत्मचरितात्मक उपन्यास कहा जा सकता है? इन प्रश्नों का सीधा जवाब संभव नहीं है। आम तौर पर लेखक अपने व्यक्तिगत जीवन में घटित घटनाओं, परिचित व्यक्तियों और परिवेशों का अपनी रचनाओं में भरपूर इस्तेमाल किया करता है। नेमाड़े ने भी ऐसा ही किया है। लेकिन उपन्यास को पढ़ते हुए ऐसा नहीं लगता कि लेखक अपनी जीवनी बयान कर रहा है। वैसे देखा जाय तो यह सवाल रचनात्मक साहित्य से जुड़ा हुआ एक जटिल प्रमेय है। आखिर क्या कारण है कि कोई कलाकृति आस्वादन की प्रक्रिया में हमें इतनी अपील कर जाती है कि हमारे लिए उसका सारा परिवेश अपना लगे और लगे कि कृति

का नायक खुद लेखक ही होना चाहिए। 'कोसला' में इस क्षमता का स्पष्ट संकेत है। इस संबंध में मराठी के एक विद्वान आलोचक डॉ. गंगाधर पाटिल की राय है-- 'पांडुरंग सांगवीकर परिवेशगत सामाजिक व्यापारों की तरफ कभी बहुत अबोध एवं साफ नजर से देखता है, तो कभी पूवंग्रहों से नियंत्रित नजरिये से इन पर टिप्पणी करता है। नायक का रचनाबोध श्रध्दा-अश्रद्धा, पूर्वग्रह एवं साफगोई, विक्षिप्तता एवं गंभीरता आदि परस्पर विरोधी तत्वों से प्रभावित लगता हैं।'

लेखकीय तटस्थता का रचनात्मक लाभ यह होता है कि लेखक अपनी स्वतंत्र रचना-दृष्टि का परिचय दे सकता है। नायक से कई सवाल कर सकता है। भोंडी प्रचारात्मकता से बच सकता है। मौका पड़ने पर नायक पर निंदाव्यंजक टिप्पणी भी कर सकता है। कुल मिलाकर नायक को उसकी सीमाओं तथा उपलब्धियों समेत उभार सकता है।

'कोसला' के नायक का विशिष्ट व्यक्तित्व ही उपन्यास की विशिष्ट भाषा के लिए जिम्मेदार है। हमने पहले ही कहा है कि निर्माता और नायक के बीच इतने संकुल संबंधों की मिसालें मराठी उपन्यास में लगभग नहीं के बराबर हैं। प्राचीन दौर का लेखक अपने नायक तथा नायिका के द्वारा अपनी खुद की मूल दृष्टि को जबान देता था। चलते-चलते परंपरागत आदर्शो की खिल्ली भी उड़ाई जाती थी।

'कोसला' में जिंदगी जीने की एक विशिष्ट प्रक्रिया अपने सहज रूप में विस्तार पा गयी है। यहां लेखकीय तटस्थता और अनाग्रहता उस चरम सीमा को छू गयी है जहां विधात्मक अभिव्यक्ति की मजबूरी अगर छोड़ दे तो और कोई प्रयोजन नहीं बच जाता है। तब पाठक के लिए दो विकल्प बच जाते हैं। या तो वह अपनी औकात के अनुसार कुछ ग्रहण कर सकता है या नहीं तो पूरा खाली बचा रहता है। इसके पहले 'रणांगण' (विश्राम बेडेकर) जैसे उपन्यास में इसी स्तर की अभिव्यक्ति की अनिवार्यता देखी जा सकती है।

पांडुरंग सांगवीकर एंटी-नायक है। उम्र के सिर्फ पच्चीस बरसों की जिंदगी में वह एलिएनेशन (अलगाव) की पीड़ा का सहयात्री बन गया है। 'कोसला' के लेखक ने 'वस्तुतत्व' की कतई परवाह नहीं की है। सिर्फ इतना ही नहीं, उसने पाठकों एवं आलोचकों में एक ऐसा क्रांतिकारी रूप विकसित किया जिससे रूपवाद एवं तंत्रवाद को महत्व देनेवाली रचनाओं की मूल्यवत्ता पर ही शक किया जाने लगा। कहना नहीं होगा कि 'कोसला' ने इस अर्थ में मराठी में क्रांति की है। इसके साथ मूल्यांकन के पुराने प्रतिमान बदल गये और परंपरागत मूल्य-श्रेणी भी बदल गयी! इस स्थिति की ओर इशारा करते हुए ल. ग. जोग कहते हैं, "उसमें कोई आश्चर्य नहीं है कि 'कोसला' को पढ़कर पाठक संभ्रमित हो जाते हैं, रूक जाते हैं और परेशान हो जाते हैं। निश्चित रूप से ऐसी कोई वजह होनी चाहिए जिसके रहते लेखकों के मन में इस तरह की किंकर्तव्यमूढ़ता का भाव पैदा हो। वास्तव में 'कोसला' ने 'कथावस्तु', विशाल कैन्वस, पारिभाषिक जंजाल को हास्यास्पद ठहरा दिया है। इस उपन्यास में वह चीज है ही नहीं जिसे हम 'कथावस्तु' कह सकते हैं। तब फिर

रहस्यमयता विछोह-मिलन-समाधान आदि तत्वों का तो सवाल ही पैदा नहीं होता।

'कोसला' का पच्चीस वर्षीय युवा नायक जो मराठी पाठकों के लिए नितांत नया था, ऐहिक स्तर पर असफल, समाज की ओर से तिरस्कृत और अपनी जगह हद दर्जे का अंतर्मुखी व्यक्ति है। वह अपनी जीवन-यात्रा का बयान कर रहा है। कथा की शुरूआत नायक की ऐहिक असफलताओं के संकेतों से हुई है। कथनशैली कुछ-कुछ आत्म-चरित्रात्मक ढंग की है। कथायात्रा का एक निश्चित कार्यक्रम भी है। सांगवी जैसे एक देहात का युवक पूना जैसे ज्ञान का मायका कहलाये जाने वाले शहर में शिक्षा प्राप्त करने के लिए आया है। शहरी संस्कृति और शहरी माहौल में रच-बस जाने का वह प्रयास करता रहता है। अंत में बगैर परीक्षा पास किये फिर से सांगवी लौट आता है। इस पूरी अवधि को छह हिस्सों में विभाजित किया गया है। पहले हिस्से में मैट्रिक पास करने तक के अपने पारिवारिक माहौल का आलेख प्रस्तुत किया गया है। दूसरे हिस्से में पूना के फर्ग्युसन कॉलेज में दाखला लेने के बाद कॉलेज के दो वर्षो की अवधि का मनोवैज्ञानिक तथा परिवेशगत विवरण प्रस्तुत किया गया है। यह देहाती लड़का क्रमशः अपने गंवारपन के खोल को चीरकर नागरी संस्कृति में मुक्त विचरण की क्षमता को बढ़ाता जा रहा है। तीसरे हिस्से में आगे दो वर्षो, अर्थात, जूनियर और सीनियर बी. ए. की अवधि से संबंद्ध प्रसंगों का जिक्र हुआ है। इस हिस्से में सांगवीकर के व्यक्तित्व में कतिपय लक्षणीय आयाम जुड़ गये हैं। यात्रा का यही वह बिंदु है जहां वह धूर्त लोगों द्वारा ठगाया जाता है, जिसमें उसे पीड़ाओं से गुजरना पड़ता है। पर आखिर तक परीक्षा पूरी नहीं कर पाता। पढ़ाई के बहाने सांगवो, मुंबई और पूना रहकर ऐश करता रहता है। पर आखिर फिर एक बार परीक्षा का पक्का निश्चय कर लेता है। पांचवें हिस्से में सांगवी को घटनास्थल बनाकर पारिवारिक तथा गांव के माहौल से संबंद्ध अंतर्कथाए प्रस्तुत की गयी हैं। नायक के जीवन की यह अवधि व्यावहारिक दृष्टि से विफलताओं से भरी पड़ी है। नायक की समूची मानसिकता विफलता-बोध से आक्रांत है। परिणामतः वह क्रमशः अधिक अंतर्मुखी होता चला जाता है। पर पारिवारिक स्तर पर अति विफलतापूर्ण यह अवधि उसके लिए आध्यात्मिक दृष्टि से काफी उर्वरा है। इस स्तर पर नायक की आध्यात्मिक जिज्ञासाएं क्रमशः बढ़ रही हैं। छठें और अंतिम हिस्से में मानसिकता के स्तर पर एक गहरे रिसे हुए परायेपन का बोध है तो दूसरे स्तर पर तीव्र आध्यात्मिक जिज्ञासा उभरती है। भौतिक स्तर पर नायक की प्रस्तुत जीवन-यात्रा की असफलताओं की गाथा है। शुरुआत में काफी कुछ बहिर्मुख पर धीरे-धीरे क्रमशः अंतर्मुख होता हुआ यह युवक अंत में एक तरह से आत्मकेंद्रित बन जाता है तथा एलिएनेशन की पीड़ाओं को भोगता है। संक्षेप में, नायक की यह आत्म-बयानी मात्र घटनाओं का विवरण नहीं है, अपितु एक बहुआयामी व्यक्तित्व के आंतरिक परिवर्तनों का लेखा-जोखा है। वैसे देखा जाय तो नायक के यात्राक्रम में जो भी घटित होता है वह कहीं भी अजनबी नहीं है। किसी भी युवक की जिंदगी में इस तरह के हादसे हो सकते हैं। कोई भी छात्र इस तरह के माहौल से परिचित हो सकता है। इसी तरह के लोगों से उसका वास्ता पड़ सकता है। देहात का वातावरण, वहां के लोग-कोई चीज अपरिचित एवं अजीब नहीं है। पर नेमाडे

की यह खूबी है कि परिचित लगने वाली इन सामान्य स्थितियों को वे कला की ऊंचाई देते हुए उन्हें असाधारण बना सके हैं। इसलिए 'कोसला' की साफबयानी की विशेषता यह है कि उसमें मात्र किसी भी व्यक्ति का आत्म-कथन नहीं है, बल्कि इस बहाने स्वयं को पाठकों के रू-ब -रू प्रस्तुत करने की विशिष्ट भूमिका विकसित हुई हैं। इस अर्थ में समूची निवेदन-प्रक्रिया अपने बारे में कुछ कहने एवं जानने की इच्छा से प्रेरित है,इसलिए इसकी प्रकृति आत्म-शोधात्मक है।

पांचवें हिस्से में कुछ लोककथाएं समाविष्ट की गयी हैं। इन छोटे -छोटे देहाती लोगों के किस्से-कहानियों में संकेतित जीवन-दृष्टि अपनी जगह बहुत ही निराली और खास है। वास्तव में यह हिस्सा लेखकीय रचनाशीलता का अनोखा चमत्कार है।

उपन्यास का बहुत बड़ा हिस्सा लेखक की उन प्रतिक्रियाओं में उद्घाटित हुआ है जो नायक और उससे मिलने-जुलने वाले लोगों के बीच आंतरक्रियात्मक स्तर पर विकसित हुई है।

पांडुरंग सांगवीकर परिवार के बीच सुख का अनुभव नहीं करता है, क्योंकि मानसिक स्तर पर वह वहां डाइजेस्ट हो ही नहीं सकता है। इसकी अहम वजह है-- उसका बाप। अपने बाप के बारे में उसके मन में तीव्र घृणा का भाव है। 'बचपन से ही पिताजी के साथ मेरी कभी पटी नहीं। एक तो यह कि उनकी देहकाठी असली बाप की तरह भयंकर रूप से भारी-भरकम है। पोला के त्यौहार पर गांव के बुर्जुग लोग यूं ही दिलबहलाव के लिए कबड्डी वगैरा खेलों की बाजियाँ लगाते रहते हैं। तब खेल के मैदान में पिताजी का वह नंगा बदन मुझे बड़ा अश्लील लगता है। मेरा पूरा लड़कपन उनकी धाक में बीता।''

क्या पांडुरंग के पास कोई ऐसी मौलिक क्षमता है जिसके रहते वह खुद को संक्रमित कर पाता है? तमाम आलोचकों ने इस क्षमता को नकारा है। क्या 'कोसला' में इसका कोई प्रमाण मौजूद है? कुछ लोगों की राय में पांडुरंग सांगवीकर विशिष्ट कथन-पध्दति के कारण बुद्धू करार दिया गया है। लेकिन वास्तव में वह वैसा नहीं है। गौर से देखा जाय तो पता चल सकता है कि नायक ने छोटी-छोटी घटनाओं, विवरणों या लोगों से पेश आने के अपने तरीकों से अपनी खासी प्रतिभा और बौद्धिक क्षमता का परिचय दिया है। इन प्रतिक्रियाओं की मुद्रा व्यंग्य, विनोद, उपहास, हास्यास्पदता और छींटाकशी जैसे कोई व्यंग्य तत्वों में उद्घाटित हुई है।

'अजनबीपन का बोध,' अकेलेपन की यातना' आदि विदेशी धारणाओं की तलाश के बावजूद भी हमें यह नहीं भूलना चाहिए कि 'कोसला' की प्रेरणास्थली आद्योपांत महाराष्ट्र की सामाजिक चेतना है। और फिर इसे भी हम समझ लें कि पांडुरंग पर सामान्यतः यह आरोप लगाया जाता है कि वह सभी घटनाओं की ओर बिलकुल कोरी निगाह से देखता है या कि हर तरह की मूल्य-व्यवस्था को नकारता है, पूरा सही नहीं है। पिता के प्रति पांडुरंग का विरोध अर्थ-केंद्रित मूल्य-व्यवस्था के प्रति विरोध का परिचायक है। मात्र धन को सब-कुछ समझने वाली जीवनदृष्टि के प्रति विरोध का विस्फोट है। संक्षेप

में, मूल्यहीनता के प्रति जागरूक मूल्य-बोध का संघर्ष यहाँ चित्रित हुआ है। धूर्त पिता की बदमाशियां, झूठापन, पाखंड आदि के बारे में पांडुरंग के मन में भयंकर खीझ है। लेकिन उसके मन में प्रेम और करुणा जैसे संवेदनों के प्रति कोई आस्था नहीं है, सो बात नहीं। हां, वह कथनी और करनी के बीच सुसंवाद का पूरा-पूरा हामी है।

रामप्पा के प्रति उसकी संवेदना देखिए---'मुझे काले भुच्च रामप्पा के प्रति हमेशा तरस आता रहा है। एक प्रकार का प्यार। मेरी यही आदत किसी चीज से भयंकर लगाव....।'

मूल्यों के प्रति इतना सचेत नायक क्या बाधाओं के प्रतिकार की क्षमता नहीं रखता? जरूर उसके पास प्रतिकार की क्षमता है। हां, उसकी यह क्षमता कभी कभी सक्रिय स्तर पर प्रकट हुई है, लेकिन कभी-कभी भय-ग्रंथि के कारण कहो या किसी और मूड के कारण कहो-यकायक ठंड़ी पड़ जाती है। फिर भी यह कहना गलत है कि पांडुरंग का व्यक्तित्व एकांगी और एक-आयामी है। उसमें सक्रियता और निष्क्रियता -दोनों एक साथ उद्‌घाटित हुई हैं। उसका व्यक्तित्व सम्मिश्र है। वास्तव में उसके जानदार व्यक्तित्व का यही रहस्य है। मौका आने पर कभी वह भावुकता में बहकर औरों से लड़ पड़ता है तो कभी भीतर-ही-भीतर कुछ न कर पाने के कारण कसमसाता रहता है। संस्कारशीलता उसका स्थायी भाव है। मूल्यों के प्रति उसकी प्रतिबद्धता कहीं भी विचलित नहीं हुई है। जिंदगी के अभावों से जूझने की लियाकत तो उसके पास है ही, पर जीवन को तहस-नहस करने वाली वृत्तियों से दो-चार होने की अंतःशक्ति भी उसके पास कम नहीं है। लगता है, आलोचक उसके एलिएनेशन के बोध को तूल देने की प्रक्रिया में उसके उक्त गुणोंको नजरअंदाज कर गये हैं । वास्तव में नायक की यही वह अंतःशक्ति है, जिसका सीधा प्रभाव पाठकों पर पड़े बिना नहीं रहता। जैसे जैसे पाठक उपन्यास से गुजरता चला जाता है नायक की व्यंग्यात्मक प्रतिक्रियाओं की अपने-आप दाद देता हुआ नायक की मानसिकता को समझने का प्रयास करता है। यही वह बिंदु है जहां ऊपर-ऊपर विदूषकीय लगने वाले इस व्यक्तित्व के भीतर प्रवाहित मूल्यधर्मिता पाठकों को अपनी ओर आकृष्ट किये बिना नहीं रहती। अगर ऐसा नहीं हो पाता तो बकौल कुरूंदकर 'पाठक उपन्यास पढ़ते, हंसते,और छोड़ देते। लेकिन ऐसा नहीं होता। 'कोसला' के पांडुरंग को आलोचकों ने गंभीरता से लिया है।'

हमारे आलोचकों ने, लगता है, 'कोसला' में उभरे एंटी-हीरो पर बहुत अधिक बल दिया है। यह सही है कि पांडुरंग कोई पारंपरिक नायक नहीं है। पर फिर भी लोगों ने उस पर अस्तित्ववादी शब्दावली को कुछ ज्यादा ही थोपा है। माना कि वह आत्म-केंद्रित है, आउट साइडर है, उसे शायद अपना स्वर नहीं मिला है। वह संभ्रम की स्थितियों से गुजर रहा है।

हां, हमें डॉ. गंगाधर पाटिल की इस टिप्पणी से सहमत होना पड़ेगा कि 'मर्ढेकर ने जिस प्रकार अपनी कविता में पहली बार आधुनिक मनुष्य की उस भयानक क्षति का संकेत किया जिसे वह इस युग में महसूस कर रहा है। उसी तरह एलिएनेशन को 'कोसला' में पहली बार अभिव्यक्ति मिली है।' ऐतिहासिक दृष्टि से यह मत गलत नहीं कहा जा

सकता। इस क्रम में डॉ. अशोक केलकर का मानना है, 'अनुभवों का विघटन, उनका वर्गीकरण, असल में यह तो एक शुरूआत होती है। ' जमीन को बोआई के लिए तैयार करना पड़ता है। और फिर उसमें अकेलेपन के बोध को बोना पड़ता है।...आधुनिक मनुष्य का संवेदना-जगत इसी अकेलेपन के मुख्य बोध से नियंत्रित है। इसी बोध की एक नस्ल शेक्सपियर के हैमलेट से अपना रिश्ता जोड़ती है तो दूसरी बुद्ध एवं जैनों के दर्शन तक पहुंचती है। समकालीन मराठी साहित्य में इसका संकेत मर्ढेकर की रचनाधर्मिता में मिलता है। लेकिन अपेक्षतया मर्ढेकर भी तो अंततः आशावादी एवं आनंददायी लेखक थे। पीड़ाएं अब असीम हो गयी हैं।... मनुष्य का संवेदनशील होना बुरा नहीं है। लेकिन आज वह तो मात्र संवेदना ही बन गया है। तब तो सम् निकलकर केवल वेदना शेष रह जाती है। इस स्थिति में सामाजिक जीवन से संपर्क ही समाप्त हो जाता है।.... जैसा स्वये बांधोन कोसला मृत्यु पाये।' (जिस प्रकार कोसला का कीड़ा अपने चारों तरफ खोल बुनता है और उसी में अपनी मृत्यु को निमंत्रित करता है।) यह अच्छी बात है कि 'कोसला' का नायक खतरे के इस निशान तक आ तो जाता है लेकिन उसमें घिर जाने से पहले अपना कायांतर कर लेता है, क्योंकि उसके पास कायांतरण की अंतःशक्ति है। इसी क्रम में लगभग सभी आलोचकों ने 'कोसला' के एलिएनेशन की चर्चा की है। पर आखिर सवाल यह रह जाता है कि क्या सचमुच यह एलिएनेशन पांडुरंग सांगवीकर की समग्र जीवन दृष्टि का अंतिम तत्व है? या ऐसा तो नहीं है कि यह बोध जीवन-क्रम के लिए विशिष्ट बिंदु पर निर्मित हुआ है? हाँ, आप पांडुरंग की कायांतरण की क्षमता को अगर नजर-अंदाज कर दें तो संभवतः आलोचकों की यह राय सही लग सकती है। शिक्षा-संस्थाओं में न बैठना क्या निर्णय-क्षमता का परिचायक नहीं है? या तो आप परीक्षा पास कर लो, अपनी क्षमता बढ़ा लो और फिर शिक्षा-संस्थाओं के खिलाफ सक्रिय बन जाओ। लोगों में आमूल परिवर्तन लाना तुम्हारे बस की बात शायद नहीं हो सकती। लेकिन इस संदर्भ में अपना रवैया जरूर बदला जा सकता है। माना कि माता, पिता, बहन, रिश्तेदारों के संस्कारों से खुद को मुक्त करना मुश्किल है, पर इनसे संबद्ध स्वयं की आकांक्षाओं को सीमित करके अपने दृष्टिकोण में परिवर्तन असंभव नहीं है। मेरा खयाल है कि पांडुरंग सांगवीकर इसी रास्ते खोल को तोड़कर बाहर निकालने का प्रयास करता है। इसीलिए उसका यह व्यक्तित्वांतरण भविष्य की सक्रिय जिंदगी की भूमिका बनता है।

पांडुरंग खुद के बूते खड़ा रहने के इरादे से मुंबई चला आता है। वह नहीं चाहता कि पिता के पैसों का मोहताज रहे। लेकिन उसके इस इरादे को उसी के रिश्तेदार विफल कर देते हैं। अब अगर कोई कहे कि पांडुरंग ऐसी स्थिति में अपना सिर क्यों नहीं फोड़ लेता, क्यों नहीं प्रतिकार करता? बात सही है। वह अपनी इच्छाओं को जरूर रोक लगाता है और मजबूर होकर सांगवी लौट आता है और खुद को व्यस्त रखता हैं पर लेकिन फिर भी फरार झगडू नौकर को अपने बाप ने जिस ढंग से धोखा दिया था उसके बदले के इरादे से उसे वह ढूंढ़ निकालने की काफी कोशिश भी करता है। इसमें संदेह नहीं, वह अपने परिवार और घर से एक अर्थ में पराया हो गया था। उसके मन में अपने 'मकान' को लेकर

एक भयंकर घृणा का भाव है, क्योंकि वह 'मकान' उसकी दृष्टि में अच्छे कहलानेवाले नींव-तत्वों पर खड़ा है। मैट्रिक पास हाने से पहले उसने कहा था, 'आखिर यह मकान खोखला होकर ढह जायगा। अच्छा ही होगा' इस सबके होते हुए भी आदमियों से उसे नफरत नहीं है। बस्ती की युवक टोली में वह शरीक हो जाता है, उनके साथ घुल-मिल जाता है, वक्त गुजारता है। इस क्रम में आंतरिक स्तर पर बेचैनी का अनुभव करता हुआ अस्तितत्वगत सवालों से जूझने की कोशिश करता है।

मराठी उपन्यासों के विकास क्रम में 'कोसला' की चरित्रात्मकता जितनी नयी है, उतनी ही उस उपन्यास की भाषा, शैली एवं संरचना-विधि भी नयी है। इस नयी तरह की चरित्रात्मकता को जिसमें अनुभूति की ईमानदारी कूट-कूट कर भरी है, व्यक्त करनेके लिए जरूरी है कि उतनी ही खरी, अनगढ़ और अकृत्रिम भाषा संरचना का प्रयोग किया जाय। इसीलिए 'कोसला' केनायक की ईमानदार कथाबयानी को लेकर पाठकों के मन में कई तरह के संभ्रम पैदा हुए हैं। इस संदर्भ में उपन्यास के प्रकाशक रा.ज.देशमुख की प्रकाशकीय टिप्पणी विचारणीय है। "मेरा खयाल है कि मराठी में इस विषय पर इस ढंग से लिखा गया 'कोसला' शायद पहला ही उपन्यास है। अगर पहला न भी हो, फिर भी इसमें किसी को संदेह नहीं होना चाहिए कि लेखक ने जो भी और जैसा भी लिखा है, बहुत ही दिलचस्प एवं पठनीय है। ऐसा नहीं लगता कि लेखक कोई व्याख्यान दे रहा है। अपने अनुभवों और निरीक्षणों की उसने ईमानदार अभिव्यक्ति दी है।" प्रस्तुत संस्तुति मेरी दृष्टि में काफी महत्वपूर्ण है। व्याख्यान शैली से मुख्य कथाबयानी का इस तरह का प्रयास मराठी उपन्यास के लिए नया था। अब तक औपन्यासिक अनुभवों को व्याख्यानपरक शैली में व्यक्त करने की परिपाटी चली आयी थी। ह. ना. आपटे, वा. म. जोशी, केतकर, वरेरकर, फड़के, खांडेकर, पु. ल. देशपांडे, माडगुळकर-इन सभी उपन्यासकारों का पाठक व्याख्यान शैली का पूरा अभ्यस्त था। इसीलिए तो उन उपन्यासों की वैचारिकता को उनकी रचनात्मकता से आसानी से अलग किया जा सकता है। इनके विचार-तत्वों पर अलग से बहसें भी की जा सकती हैं। वास्तव में चरित्रात्मकता और विचारात्मकता के संबंध बड़े जटिल एवं संकुल होते हैं, होने चाहिए। उंपर्युक्त उपन्यासकार इस रूपांतरण में सफल नहीं हो सके थे। 'कोसला' ने पहली बार इस ठहराव को तोड़ा। इसकी शैली ने इतना जबरदस्त चकमा दिया कि विद्वान आलोचक भी धोखा खा गये। इसीलिए तो शुरू-शुरू में 'कोसला' की वैचारिकता और बोध को समझने में काफी गड़बड़ी हुई। रा.ज.देशमुख ने और एक महत्वपूर्ण बात कही है, 'इस उपन्यास को पढ़कर अगर किसी पालक, शिक्षक और समाज के किसी सदस्य का मन बेचैन हो जाय और उसके मन में सवाल उठे की पांडुरंग सांगवीकर खुद के और समाज के बारे में इसी ढंग से क्यों न लिखता-बोलता है, कि इसी शैली में अपने विचारों को व्यक्त करने की उसे क्यों जरूरत महसूस हुई, कि समाज की ओर देखने का उसका यही जाविये-निगार क्यों है? तो जानिए, हम ने उपन्यास से काफी कुछ हासिल किया।' कइयों ने इस बेचैनी का अनुभव किया। पर कुछ आलोचक 'कोसला' के बड़प्पन को स्वीकार करते हुए भी उससे पूर्णतया संतुष्ट नहीं हैं। इसका कारण शायद मराठी पाठकों की उस

अभिरुचि में ढूंढ़ना होगा जिसका वह अभ्यस्त हो चुका था। इस संदर्भ में प्रा. चंद्रशेखर जहागिरदार की टिप्पणी दृष्टव्य है--'हमें कोसला' को एक साहित्यिक संस्कार के रूप में लेना होगा। संस्कार इसीलिए, कि उस उपन्यास ने परंपरागत औपन्यासिक रचनाशीलता, भाषासंरचना, समकालिकता तथा मराठी पाठकों की अभिरुचि आदि पर निश्चित, पर अपना मुकम्मिल प्रभाव छोड़ा है और मराठी उपन्यासों के लिए नयी दिशा का संकेत किया है।'

इस टिपण्णी पर गौर करने की जरूरत है। 'कोसला' जैसी किसी कृति का निर्माण न केवल मराठी के लिए बल्कि सभी भाषाओं में पाठकोंकी अभिरुचि के सवालों को पुर्नमूल्यांकित करनेकी आवश्यकता पैदा करता है। नरहर कुरंदकर जैसे ख्यातिप्राप्त रसिक, आलोचक एवं वक्ता ने 'कोसला' के पक्ष-विपक्ष में अपनी राय प्रकट की है। पर कभी-कभी लगता है कि उनकी टिपण्णी भी उसी गलत-फहमी का शिकार है जिससे मराठी का परंपरागत अभ्यस्त पाठक पीड़ित रहा है। वे कहते हैं-'पांडुरंग बचकाना है, अबोध है। वह कुछ-कुछ शरारती और गैर जिम्मेदार है। लेकिन वह बुरा नहीं है। उसका रवैया कुछ विक्षिप्त और अजीबसा जरूर लगता है, पर ईमानदार नहीं लगता। क्योंकि उसमें अहंकार है, वह संवेदनशील और भावुक भी है। सत्य की परतों का वह आकलन जरूर कर सकता है, लेकिन मुकम्मिल सत्य को जान पाने की प्रौढ़ता उसके पास नहीं है...पांडुरंग को भी गंभीरता से लिया जाना संभव नहीं लगता... उसको यह भ्रम है कि वह कोई बहुत बड़ा विद्रोही चिंतक है, लेकिन वास्तव में उसके पास विचारों की उड़ान नहीं है, इसीलिए वह आम आदमी की तरह समझौतावादी युवक बनकर रह गया है। अगर इस उपन्यास को बिटनिक गुट का सफल कहा जाना पड़े तो शर्त यह होगी कि पांडुरंग को गंभीरता से लिया जाना चाहिए जो संभव नहीं लगता।... इस शर्त के पूरी होने पर ही पाठक बेचैनी का अनुभव कर सकता है। जब तक पांडुरंग हमारे मनोरंजन का विषय बना रहता है और जब तक हम पांडुरंग की हर अदा को गंभीरता से न लेकर उस पर मुस्कराते रहेंगे तब तक कोई गंभीर सवाल पैदा ही नहीं होंगे।' खुशकिस्मती से मराठी के सभी विद्वान आलोचक इस तरह धोखा नहीं खा सके हैं। पांडुरंग को कतिपय आलोचकों ने बड़ी गंभीरता से लिया है। कइयों ने उसे पढ़कर बेचैनी का अनुभव भी किया है। पु.ल.देशपांडे ने कहा है, 'इस नये लेखक ने हमारी पिढ़ी के रचनाकारों को झपकियाँ लेते हुए पकड़ लिया है। दे कॉट अस नैपिंग।' आजादी के पूर्व से चली आयी आदर्शवादी एवं दिवास्वप्नी परंपरा को कोसला ने बुरी तरह तोड़ दिया था।

इसमें कोई शक नहीं की 'कोसला' का कथ्य आकर्षक एवं पठनीय है। पर यह कोई उसकी खास विशेषता नहीं हैं। इसमें बौद्धिक लटकों का इतना सहज इस्तेमाल किया गया है कि उनके कारण संवेदनाओं का प्रवाह कहीं भी बाधित नहीं हुआ है। आकर्षक पठनीयता का यही रहस्य है। सांगवीकर के व्यंग का क्षेत्र बहुत व्यापक है। यहाँ कॉलेज की लड़कियां, प्रेम, प्राध्यापक, किताबें, परीक्षाएं, पूना के विद्वान व्यक्तियों आदि पर व्यंग किया गया।

पांडुरंग अपनी पैनी व्यंग दृष्टि से उस रोमांटिक वृत्त को तहस-नहस करता है, जिसमें व्यंग्य लक्ष्य आमतौर पर घिरे रहते है। परिणाम यह होता है कि इन्हें पड़कर हम कभी मुस्काराते रहते है तो कभी इनके कारण भीतर से बुरी तरह झिंझड़े जाते हैं। कभी शोर का ठहाका लगाने से अपने आप को रोक नहीं पाते। पांडुरंग की खास व्यंग शैली है। वह कभी सीधे-सीधे किसी को अपने व्यंग्य का लक्ष्य बनाता है, तो कभी विशेषण के प्रयोग से स्थिति की हवा निकाल देता है। नतीजतन पाखंड का मुलम्मा अपने आप छूट जाता है। हम विनोद और करुणा का एक साथ अनुभव करने लगते हैं। कुल मिलाकर पांडुरंग सांगवीकर की रचना-यात्रा रास्ते में उसे मिले अनेकविध व्यक्तियों के संबंध में उसकी अपनी प्रतिक्रियाओं की गाथा है। परिणामतः दूसरे के बारे में नायक की प्रतिक्रियाओं से हटकर पात्रों की मानसिकता को गहराई से समझ पाना संभव नहीं होता। यहां इसकी गुंजाइश नहीं बनती। इसीलिए कभी-कभी लगता है कि मानसिकताओं को कम महत्त्व दिये जाने के कारण 'कोसला' का रचना-संसार कुछ सीमित हो गया है। फिर भी कॉलेज और होस्टल का छात्र जगत तथा सांगवी के लोगों का संवेदना-जगत जितने असरदार ढंग से चित्रित हुआ है उसमें उक्त सीमा निश्चय ही लांध गयी है। आमतौर पर पांडुरंग खुद को केंद्र बनाकर दूसरों की तरफ देखता है। दूसरों के केंद्र से खुद की तरफ नहीं देखता। (संभव है, आत्मकथनात्मक शैली की यह सीमा हो।) इसलिए नायक को इस बात की जितनी पीड़ा है कि वह दूसरों व्दारा भोगा जा रहा हैं, उसके मुकाबले दूसरे उसके व्दारा कैसे भोगे जा रहे है, इसकी विशेष चिंता नहीं है। परिणामतः उसकी पीड़ाएं सीमित हो गयी हैं। इसीलिए अकेलेपन की मानसिकता और उससे एकाकीपन के बोध को जिस तीव्रता से फैलाया जाना जरूरी था शायद संभव नहीं हो पाया है। उदाहरण के लिए, आत्महत्या करने के प्रयासों की बनी हताशा का अपेक्षित चित्रण नहीं हो पाया है। प्रस्तुत प्रसंग पाठकों को पूरी तसल्ली नहीं दे पाता। असल बात यह है कि 'कोसला' हमें बहुत बड़ी उम्मीदें देता है। कभी-कभी लगता है कि जो शिकायत पाडुरंग ने सुरेश के बारे में की है, कि 'वह खुद को पूरी तरह किसी के हवाले नहीं कर सकता', यही शिकायत हमें पांडुरंग से है। पांडुरंग को हम यह कहते हुए सुनते हैं कि, 'मतलब कुल मिलाकर नौकरी वाली बात हवा में रह गयी थी। अपने से यह सब कुछ जमने वाला नहीं है। जहां-तहां घर बाधा बन खड़ा हो जाता है। हमारे पैर पूरी तरह घर में फंसे हैं। इकलौते बेटे ठहरे।' लगता है, अटके पड़े रहने का बोध पूरा विस्तार नहीं पा सका है। खैर । आखिर इस तरह की आबध्दता समूचे भारतीय मानस की ही सीमा होती है, या फिर विशेषता हो सकती है। यही कारण है कि 'कोसला' को बार-बार पढ़ते रहने की हवस बरकरार रहती है। पढ़कर असंतुष्टि का कुछ भाव भी बचा रहता है।

इस असंतुष्टि के बावजूद 'कोसला' ने मानवीय संबंधों के जिस विस्तृत पट का परिचय दिया है, अपनी जगह बेजोड़ है। किसी को शक नहीं होना चाहिए कि इतनी व्यापक चेतना को रूपायित करने वाला दूसरा उपन्यास मराठी में दुर्लभ है।

तसल्ली देनेवाली एक और बात यह है कि खुद लेखक नेमाड़े 'कोसला' का खोल तोड़कर आगे निकल गये हैं। बाद के उनके तीन उपन्यास 'बिढ़ार', 'ज़रीला' और 'झूल' प्रकाशित हो चुके हैं और पांचवां उपन्यास 'हिंदू' शीघ्र ही प्रकाश्य है। इन रचनाओं ने भालचंद्र नेमाडे को मराठी साहित्य में ऊचीं प्रतिष्ठा दी है तथा उनका स्थान निश्चित कर दिया है।

नटरंग

डॉ. आनंद यादव मराठी के प्रख्यात कथाकार हैं। उनके उपन्यास "गोतावळा" ने आंचलिक साहित्य में एक मानक स्थापित किया है। बाद में "नटरंग" उपन्यास भी काफी चर्चित रहा। बिल्ली को एक आदिम नारी शक्ति का प्रतीक बना कर लिखा हुआ "माउली" लघु उपन्यास भी डॉ. आनंद यादव की जबर्दस्त निरीक्षण शक्ति, जीवन को समग्रता में देखने की जीवन दृष्टि एवं मानवेतर प्राणियों के प्रति उनकी संलग्नता का परिचायक है। उसके बाद डॉ. आनंद यादव ने आत्मकथात्मक उपन्यास की विधा को गहरे आयाम देते हुए कलात्मकता के शीर्ष बिंदु तक पहुँचाया "झोंबी" में। इस पर उन्हें साहित्य अकादमी का पुरस्कार भी मिला। वैसे आनंद यादव की प्रायः हर पुस्तक पर राज्य शासन के या अन्य प्रतिष्ठित पुरस्कार प्राप्त हो चुके है। "झोंबीं" को साहित्यकारों, समीक्षकों एवं सुधी पाठकों की अभूतपूर्व सराहना मिली। सामान्य पाठकों ने अक्षरशः सैकड़ों पत्र भेज कर आनंद यादव के उपन्यास के प्रति अपनी आशंसात्मक प्रतिक्रिया व्यक्त की। उसके बाद "नांगरणी"और "घरभिंती" नामक दो भाग प्रकाशित हुए और चौथा भाग अभी प्रकाशित होने को है। समीक्षकों और सामान्य पाठकों का इस प्रकार का स्वागत बहुत कम कलाकृतियों के हिस्से में आता है। डॉ. आनंद यादव ने कहानियाँ भी लिखी है, ललित निबंध भी लिखे हैं और कविताएं भी। उनकी विशेषता यह है कि अपनी सृजन प्रक्रिया और कुल साहित्य की सृजन प्रक्रिया के बारे में वे आरंभ से सजग रहे हैं और इस विषय पर उनकी एक महत्वपूर्ण पुस्तक भी प्रकाशित हुई है। उनमें प्रतिभा और सजग परिश्रम या व्युत्पन्नता का मणिकांचन योग है। उनका महत्वपूर्ण वैशिष्ट्य यह भी है कि उन्होंने मराठी के ग्रामीण साहित्य के आंदोलन का नेतृत्व भी किया है। उनके व्यक्तित्व में ग्राम्य जीवन का खुरदरा यथार्थ उनकी रचनाओं में समाविष्ट होता है लेकिन कलात्मक मूल्यों की अवमानना न करते हुए। उनमें गरीबी के प्रति घृणा अवश्य है परंतु ईर्ष्या और द्वेष पर उसका महल खड़ा नहीं है। शोषकों की अनेक स्तरीय अमानवीयता की पहचान करुणा के प्रभाव में अमानवीय नहीं होती। जीवन के घोर संघर्ष ने उन्हें जीवन से न निर्वासित किया है, न भोग की अतिरेकी लालसा ने उन्हें आत्मकेन्द्रित बनाया है। उनकी समाज, विशेषतः शोषित समाज के प्रति प्रतिबद्धता किसी विशिष्ट दर्शन या जीवन दृष्टि से परिसीमित नहीं है, न वह दिखावटी, नकली और निरे शब्द की अग्नि में पलनेवाली एकांगी है। कहीं जीवन में गहरी आस्था ने उन्हें शोषण, गरीबी, फटेहाली को ऊर्ध्वगामी जीवन की प्रक्रिया में आवश्यक सीढ़ी के रूप में स्वीकार किया है। इससे वे कहीं समझौतापरस्त नहीं हुए हैं, न चरम निराशा से हतोत्साह। अतिवर्षा और अवर्षण से उत्पन्न अकालों का सामना करने वाले किसान की जिजीविषा उनमें विद्यमान है जो पस्त हिम्मती में भी अनाज बोकर नये निर्माण में, सृजन प्रक्रिया में संलग्न होता है।

"नटरंग" में आनंद यादव के लेखकीय व्यक्तित्व के प्रायः सारे उपरोल्लिखित वैशिष्ट्य शक्तिशाली ढंग से व्यक्त हुए हैं।

"नटरंग" एक कलाकर की त्रासदी है परंतु इस त्रासदी में भी वह भारतीय संस्कारों के अनुसार अपनी कलात्मक सर्जना की जिद्दोजहद नहीं छोड़ता। इस जिद्दोजहद का स्रोत भारतीय मिथकीय/दार्शनिक संस्कार में निहित है जिसकी चर्चा बाद में करेंगें।

"नटरंग" के कलाकार का संघर्ष अनेक स्तरीय है और उसके अनगिनती तनावों का रूप

भी व्यामिश्र है।

संघर्ष का एक रूप जीवन की भयावह दरिद्रता और कलात्मक ऊर्जा के बीच के तनावपूर्ण संबंध में परिलक्षित होता है। दूसरा रूप कलाकार का परिवार और कलाकार के व्यक्तित्व के बीच के संघर्ष में व्यक्त होता है। तीसरा रूप मांग समाज की जीवन विषयक रूढ़िग्रस्त मान्यतओं और कलाकार की आत्मचेता आकांक्षाओं के बीच प्रकट होता है। चौथे स्तर पर यह संघर्ष कला का उपयोग पेट के लिए करने वाले सहयोगियों और कला के विशुद्ध और निरूद्देश्य रूप के प्रति समर्पित कलाकार के बीच के संबंधों में उजागर होता है। संघर्ष का एक महत्वपूर्ण कलात्मक आयाम कलाकार के गहरे मानसिक अंतर्द्वन्द्व को लेकर भी प्रकट होता है। अपनी खोखली प्रतिष्ठ और मान-अपमान की दोगली धारणाओं के बल पर रौब गाँठने वाले राजनैतक क्षेत्र में धन के बल पर उभरने वाले संस्कृतिहीन क्रूरधर्मा नवधनाढ्यों के साथ चल रहे संघर्ष ने भी औपन्यासिक अनुभव को एक सामाजिक/ रोजनैतिक/आर्थिक स्तर दिया है। इन सारे केन्द्रों को समाविष्ट कर एक उच्चतर भूमिका पर ले चलने वाली भारतीय जीवन दृष्टि ने समस्त अनुभव को एक गरिमा दी है।

वैसे संघर्ष, तनाव, द्वन्द्व के और भी अनेक रूप झिलमिलाते हैं। लेखक का महत्वपूर्ण वैशिष्ट्य यह है कि ये सारे तनाव गणितीय पद्धति से या तर्क और बौद्धिकता के आधार पर व्यक्त नहीं होते बल्कि कलात्मक शर्तो का सहज पालन करते हुए महत्वपूर्ण जीवनानुभव के अंगों-उपांगों के रूप में प्रकट होते हैं।

आनंद यादव ने कलाकार के रूप में समाज के सब से निचले स्तर के मांग समाज के अत्यधिक दरिद्र युवक को चुना है और स्वाभाविकतः उन्हें उसकी कला के रूप में उनके लिए उपलब्ध "तमाशा" को चुनना पड़ा। ये दोनों चुनाव एक तरह से चुनौतियाँ हैं। कलाकार का व्यक्तित्व समाज द्वारा आंशिक रूप में निर्मित हो सकता है परंतु उसका रूप पैदाइशी ही होता है। जिस समाज में गुणा जन्मा है उसमें कलाकार को विकसित करने वाली स्थितियों का प्रायः अभाव है। फिर भी हमारी लोक कलाएं न केवल पैदा हुई हैं, टिकी हैं बल्कि विकसित भी हुई हैं। कैसा है यह समाज? जाति व्यवस्था के सबसे निचले छोर पर यह आर्थिक अभावों में जैसे-तैसे जी रहा है। शरीर की शक्ति और कष्ट करने की क्षमता को छोड़ इनके पास कुछ भी नहीं है। इनका परंपरागत पेशा रस्सियाँ बुनना,छींके बनाना इत्यादि अब नये औद्योगीकरण के आक्रमण से बुरी तरह से प्रभावित हुआ है और अपनी अस्मिता और जातिगत प्रतिष्ठ को बनाये रखकर जीना केवल पेट की आग बुझाते हुए जीना मुश्किल होता जा रहा है। "नटरंग" के नायक गुणा का पिता इस पतझड़ की अवस्था को प्रतीकित करते हुए दुख की जुगाली करता हुआ नीम के तले बैठ रहता है। उसकी पत्नी बुढ़ापे में मौतियाबिंदु से अंधी हो कर झोंपड़ी के कोने में बैठ कर समय काट रही है और उसकी आँख की रोशनी के लिए दो ढ़ाई सौ रूपये का इन्तजाम करने में बालू मांग असमर्थ है। गुणा अकेले खेत पर मजूरी करता है और उसकी आय में किसी प्रकार पाँच छै मुँह कभी कभार खा सकते हैं। गुणा की पत्नी दारिका फटे वस्त्र पहन कर दिन ढकेल रही है और बच्चे भूख के मारे सूखते जा रहे हैं। दारिका हो या बालू जीवित रहने की आपाधापी में अपने भावात्मक संबंधों को सँजोने की स्थिति में नहीं हैं। विलक्षण विवशता में जीने वाले ये लोग कभी हफ्ते में एकाध बार नहाते हैं। सफाई उनके लिए ऐयाशी है। मातंग समाज के दारिद्र्य का चित्र आनंद यादव ने कुछ ठोस

रेखाओं के द्वारा परंतु प्रभावपूर्ण ढंग से व्यक्त किया है। सुविधा यही है कि लगभग बस्ती के सभी घरों की यह अवस्था है। युवक बेकार हैं, कभी चोरी भी करते हैं दारू बेचते हैं, पुलिस की मार खाते हैं, उनके लिए दो बार रूखी रोटी मिल जाय तो लगातार कोड़े खाने को भी तैयार हैं।

इस यथार्थ के भयावह रूप में गुणवंत के ज़ेहन में कला का बीज पड़ा हुआ है जो ऊपर उठने के लिए मिट्टी को फोड़ने वाले अंकुर की तरह उदग्र है। परिवेशदत वास्तविकता और कला-बीज के बीच का तनाव आनंद यादव ने वड़ी बारीकी से चित्रित किया है। अनेक स्तरों पर गुणवंत के कलाकार के पृथगात्म व्यक्तित्व को आनंद यादव ने दर्शाया है। कलाकार अपनी कला के प्रति कुछ ऐसा प्रतिबद्ध होता है कि उसका कला प्रेम कभी अमानुषिक आत्मकेन्द्रितता को छूता है। मेले में शामिल होने के लिए गुणवंत जमीन मालिक के पास पूरे हफ़्ते की मजूरी एकमुश्त चाहता है। उसे इस बात की फिक्र नहीं है कि उसका परिवार क्या खाएगा? बाल-बच्चे क्या खाएँगे? वह यहां तक कहता है कि बाल बच्चों के लिए मेला देखने को काफी समय है। वह मेला देखने की आतुर खुमारी में एक तरह के नशे में है। कलाकार कला के आस्वादन के क्षणों में एक तीव्र स्वप्नमयी भूमि में विचरता है। लेखक ने थोड़े से वाक्यों में इसका सशक्त संकेत किया है। "मन एक जगमगाती दुनियां में बसा। वह अपनी सुध भूल गया।......ऐसा लग रहा था जैसे अप्सराएं धरती पर उतर आयी हों।" तमाशा समाप्त होने के बाद जब राजा, रानी, राजकुमारी की दीनता और विवशता प्रकट हुई तो उसका जी भर आया। राजाओं और प्रजाओं जैसे बने मनुष्यों का फिर मनुष्य होना उससे देखा नहीं जा रहा था।" एक अजीब धुंध में वह अपने गाँव वापस लौटता है।

वह कला की जिस दुनिया में विचरता है उससे उसे नीचे खींचने वाले अनेक प्रसंग हैं। लौटते समय चाय पिलाने वाला गरीब बच्चा भी तमाशा को लेकर उसे फटकारता है। खास कर नचनियों को लेकर। "नचनियाँ तो कोई नामर्द ही बनें।" लेकिन गुणवंत कुछ थोड़े से समय के लिए ही क्यों न हो अपनी खुमारी अपनी कला की मदहोशी से बाहर नहीं आना चाहता। एक दिवा-स्वप्न की अवस्था में वह अपने गाँव लौटता है जहाँ उसे गोबर पाथना है, गंदगी उठानी है, मोट हाँकनी है, शारीरिक काम करने हैं-दो जून रोटी के लिए तमाशा की तंद्री में घर लौट कर वह सुस्ताता है, काम पर नहीं जाना चाहता, अकेले बापू के कमरे में घुस कर सो जाता है, नाचने वाली औरतों के साथ अपनी कल्पना में चाय पीता है। कभी बाहर की गंदगी, पिता के ताने, दारकी की झुंझलाहट, बापू और उसका भैंसा उसे यथार्थ की भूमि पर लाना चाहते हैं परंतु वह अपनी अलमस्त दुनिया को छोड़ना नहीं चाहता। इस दुनिया और अपनी दुनिया में अंतर है। "इसकी दुनिया न्यारी है, तमाशे की दुनिया भी न्यारी है। बापू की समझ में यह सब क्या आएगा।.... सरला शामा नाचने लगती है तब वे सरला-शामा नहीं होती, यह उनकी समझ में क्या आएगा?-- कला के सिद्धांतों को जानने की बुद्धि उसके पास नहीं है परंतु कला-संसार की अलौकिकता का अनुभव उसकी जन्मजात कलात्मक समझ ने उसे दिया है। आनंद यादव आरंभ से गुणवंत के कलाकार की दुनिया की अलौकिकता का भान जागृत रखते हैं-- यह दुनिया अलौकिक भी है और लोक जीवन से जुड़ी हुई भी। लोक से जुड़ी कला और कला का अंतिम अलौकिक संसार, इसके बीच के तनावपूर्ण संबंध को लेखक ने आद्योपान्त ध्यान में रखा है और यथासंभव उसके संकेत किये हैं।

अपने अंदर के कला जीवन को सुरक्षित रखने और उसका विकास करने के प्रयत्न में गुणवन्त अपनी समूची शक्ति लगाता है।

परिवार उसके कलाकार को पनपने नहीं देना चाहता। सामान्य स्त्री की तरह बच्चों को जन्म दे कर यथाशक्ति उनका पालन करनेवाली द्वारकी उसे हर प्रकार से लौकिक जीवन की ओर खींचती है। अपने कुल की इज्जत बचाकर रखने वाला उसका बाप गुणवन्त के तमाशा में जाने का विरोध ही नहीं करता अंत में फाँसी लगा कर आत्महत्या भी करता है। बच्चों की अभावग्रस्त जिंदगी उसे बीच-बीच में पीड़ा भी देती है। लेकिन उसका कलाकार का व्यक्तित्व उसके विवेक पर भी इतना हावी हो जाता है कि वह पिता को जान से मार डालने पर आमादा होता हैं, पत्नी को घर से बाहर निकालने के लिए तैयार है, उसकी गर्भवती अवस्था की मृत्यु-समीपता भी उसे विशेष विचलित नहीं करती, उसके ससुर की धमकियों की वह पर्वाह नहीं करता है, "रात-दिन किसी की गुलामी हमें नहीं चाहिए।"

शून्य से वह तमाशा को साकार करता है। लेखक ने उसके कलाकार के चित्र में अधिक गहराई भरने के लिए उसकी वग बनाने, कथा का विकास करने, लावणी लिखने की प्रक्रिया को बड़ी बारीकी और कौशल से व्यक्त किया है। रचना की प्रक्रिया में आने वाले उत्साह और ऊर्जा के क्षण, पस्तहिम्मती के क्षण, सृजन के विस्फोट के पहले की बेचैनी, सृजन के दौरान का अलौकिक सुख और सृजनोत्तर मानसिकता की उत्फुल्लता का बड़ा प्रतीतिपूर्ण रेखांकन किया है। अपने रचने के क्षणों को अबाधित रखने की गुणवंत की कौशिश बड़ी शक्ति के साथ व्यक्त हुई है। कलाकार अपने चरित्रों की मानसिकता को कैसे जीता है, विविध चरित्रों के मन में कैसे पैठता है, अपने अंदर से ही विभिन्न स्वभाव की मूर्तियों को कैसे बाहर निकालता है, इसका बड़ा प्रभावपूर्ण चित्रण लेखक ने किया है। यह स्वंय लेखक की आंतरिक सृजन यात्रा की अंतर्मुखी दौड़ है। खेतों में, मोट पर वैठते समय, बैलों को हाँकते समय सभी मनः स्थितियों में वह स्वयं जी रहा है, उसका कलात्मक दर्शन कराया गया है।

गुणवंत के सामने कैवल एक कलाकार की समस्याएँ नहीं थीं। उसके एक सामूहिक कला का निर्माण करना था और उसके पास घोर दारिद्र्य के सिवा कुछ नहीं था। पैसे इकट्ठे करने से लेकर भूखे पेट पस्तहिम्मत होने वाले सहयोगियों में उत्साह भरने तक सारा काम गुणवंत को करना पड़ता है। तमाशा के लिए लड़कियाँ ढूँढ़ने में आये अनुभव भी एक ओर हास्य उत्पन्न करते हैं तो दूसरी और उसमें छिपी यथार्थ की कृष्ण छायाएं मन को झकझोरती हैं। खासकार वर्षा की मार, खेतों में काम और अन्न का अभाव इन सबके बीच उत्पन्न आशा-निराशा का धूपछाँही खेल बड़ी कुशलता से चित्रित किया गया है। एक ओर कला की सम्मोहक उमंगें और दूसरी और अपने और परिवार के लिए शारीरिक परिश्रम करने की मजबूरी के बीच हिल्लोलित तड़फड़ाहट का बहुत प्रभावी चित्रण लेखक ने किया है।

तमाशा के लिए लड़कियां ढूँढ़ते समय समूची मातंगवाड़ी में तमाशा के प्रति जो व्यर्थ की नफरत है उसकी पृष्ठभूमि पर गुणवंत के प्रयास की अकटोविकटता प्रकट होती है। गुणवंत अपनी जाति के बद्धमूल संस्कारों से टक्कर ले रहा था और प्रायः जाति इस प्रकार के प्रयास को क्षमा

नहीं करती। तमाशा में चार पैसे मिलने पर हुई कुछ समृद्धि से जाति के लोगों में ईर्ष्या और गुस्से का जो भाव पैदा होता है, उसने गुणवंत के परिवार को लगभग तहस-नहस कर डाला। डॉ. आनंद यादव ने गुणवंत के परिवार का और मातंगवाड़ी के युवाओं एवं दारिका से जलने वाली औरतों का जो हिंसक संघर्ष धीरे-धीरे प्रस्तुत किया है वह लेखक की मनोवैज्ञानिक पैठ का एक महत्वपूर्ण उदाहरण है।

गुणवंत के सामने एक वैयक्तिक मनोवैज्ञानिक समस्या जो पैदा हुई वह नचनियों का प्रबंध करते समय सामाजिक रूढ़िग्रस्त मान्यता के परिणामस्वरूप अंत में गुणवंत को ही राजा के स्थान पर नचनियाँ होना पड़ता है। नचनियों की तजबीज में न केवल सामूहिक मानस की अमानवीयता उभरती है और जो आगे भयावह रूप ग्रहण करती है बल्कि उसमें से कुछ डार्क-ह्यूमर भी पैदा होता है। कला के प्रति समर्पित गुणवंत भी नचनियाँ बनने के प्रस्ताव से अपनी विशुद्ध कलात्मक भूमिका से नीचे आ जाता है। आनंद यादव ने इस मातंग के निमित्त गुणवंत के मानस को बड़ी सूक्ष्मता से बिलोया है। एक और तमाशा, जो उसके जीवन की चरम सार्थकता है, उसको तोड़ने की बात आयी और दूसरी ओर पुरूष में से स्त्री को निकालने की कलात्मक चुनौती भी आयी। (नचनियों का काम भी कुछ मामूली नहीं है... राजा ही होगा। अध्याय चौदह) गुणवंत की नचनियां बनने की स्वीकृति उसके अंदर के असली कलाकार की पूर्ण अभिव्यक्ति थी। इस नशे में वह न दारिका की पर्वाह करता है, न ससुर की धमकियों की। उसे बहुत बड़ी कीमत चुकानी पड़ती है--- उसका बाप आत्महत्या करता है। परंतु यह आगे होनेवाली लौकिक दुर्दशा का प्रारंभ था।

उधर तमाशा साकार होता है, पैसे मिलने लगते हैं, प्रतिष्ठ भी मिलती है। गुणवंत को परिषद में मूर्ति दे कर सम्मानित भी किया जाता है। परंतु गुणवंत की असली व्यथा उभरी थी तमाशा के कलाकारों की सरकार के सामने आत्मसम्मान खो कर भीख मांगने की बढ़ती प्रवृत्ति को देखकर। उसका कलाकार व्यथित होता है, अपमानित अनुभव करता है।

यह कलाकार अपने सहयोगियों से खफा है क्योंकि वे पैसे की, सुविधाओं की फिक्र में हैं, कला की अपेक्षा अन्य प्रतिष्ठ की बातों को अधिक महत्व देते है। गुणवंत नयना को चाहता है---एक कलाकार के रूप में। लेकिन वहाँ भी उसे घोर निराशा ही मिलती है। वह भी अर्थिक समझौते को महत्व देती है, बुढ़ापे का ख्याल करती है। अंत में वह कहता भी है---"देव किन्नरों की यह कला किसी की समझ में नहीं आई। मेरी....गंगू मेरे रक्त मांस में एक रूप होकर रही। मेरी आदर्शमाया। जग की आदि माता। स्त्रियों की मूल स्त्री। मुझ में साकार हुई। स्त्री होकर भी न दारकी समझ सकी न नयना ही समझ पाई। दारकी को सिर्फ दुनियादारी समझ में आई। नयना को इतने सालों में नाच भी समझ में नहीं आया। सिर्फ ताल और ठेका नाचती रही। रक्त में पैर ले जा कर उसने नहीं डुबोए। सूखे ही रहे। उसके पैर बिना तन्मयता के ही नाचे। कैसे दिल लगेगा फिर उन पर ? (अध्याय चौदह) कलाकार जिस रक्त से कला रचता है, जिस तन्मयता में डूबता तिरता है वह है कला की चरम सार्थकता का क्षण। कलाकार गुणवंत उस स्तर तक पहुँचता है और अपने अंदर से कला के क्षण की सार्थकता को पहचानता है। नयना केवल कारीगरी की सीमा में रही।

लेकिन इस कलाकार की त्रासदी का क्षण भी यहीं था। कयोंकि जिनके बीच वह सृजन कर

रहा था उनमें कला की न समझ थी, न कद्र।

अंत में राजनैतिक कार्यकर्ता माने का गुंडों के द्वारा तमाशा को नष्ट करवाना एक प्रकार से कला विषयक समाज की मूढ़ता का ही परिणाम था। माने की गुंडागिरी एक तरह से कला के प्रति बधिर समाज का प्रतीकात्मक रूपायन है--केवल वैयक्तिक मान-सम्मान की बात नहीं है।

गुणवंत पर बलात्कार इसी कला संवदेना से शून्य समाज की छिछली और अश्लील प्रतिक्रिया है। गुणवंत शारीरिक दृष्टि से ही नहीं टूटता, कलाकार की दृष्टि से भी टूटने के बिंदु तक आता है। इस टूटन का एक रूप गुणवंत का पागलपन था। क्या वह पागल हो गया था? या उसके अंदर का कलाकार अपनी जिजीविषा का परिचय दे रहा था? असल में वह जहाँ समाज की दृष्टि से पागल था लेकिन इसके अंदर के कलाकार की वह चुनौती थी। कृष्ण त्रासदी की स्वर्ण-रेखा। वह घर से बच्चों और पत्नी द्वारा परित्यक्त है। यह पारिवारिक त्रासदी विलक्षण वेदना पूर्ण है। जब सहनशील पत्नी का दबा गुस्सा लावे की तरह फूट पड़ता है और जिगर का टुकड़ा पुत्र राज्या भयानक घृणा से अपने पिता को लांछित करता है। समाज द्वारा लंछित है, सहयोगियों द्वारा दूर पड़ा है---एक विलक्षण अकेलापन। इस अकेलेपन की दरार में उसके कलाकार का कोई साथी नहीं होता। उसे अपनी समस्याओं से अकेले ही लड़ना पड़ता है। हार और जीत का कोई महत्व नहीं है।

आनंद यादव ने मातंगवाड़ी की हालत को देखा भी है और शायद किसी न किसी रूप में भोगा भी है। इसी कारण सारे हालात विश्वसनीयता का परिमाण ले कर व्यक्त हुए हैं। प्रसंगों को चित्रवत् आकार देने की और उन्हें रसवान बनाने की लेखक की क्षमता विलक्षण है। करुण प्रसंगों के साथ विनोदपूर्ण, हास्यपरक प्रसंगों की निर्मिति की क्षमता उसके पास है। हास्य में अश्लील संकेत हैं जो तमाशाई जीवन का अविभाज्य भाग है। हास्य में निष्कलुषता है और कृष्ण रंग का विनोद भी। अभावों की जिंदगी में हँसने की कला मातंगवाड़ी के युवक जानते है। तमाशा के रूप पर लेखक की पकड़ अच्छी है जिसके कारण पूरा औपन्यासिक माहौल जीवन्त हो गया है। मनोवैज्ञानिक स्पर्श की क्षमता भी है। गँवई गाँव की भाषा की, स्वाभाविक चित्रमयता, नाद-सौंदर्य, प्रभविष्णुता के कारण पूरा परिवेश चैतन्य से जीवन्त हो उठ्ता है। पार्वती परमेश्वर के आदिम अद्वैत संबंधों को आंतरिक प्रतीति से जानने की ताकत भी उसमें है। इसीलिए यह रचना केवल तमाशाई जीवन तक या कलाकार की त्रासदी तक सीमित नहीं रहती, कहीं गहरे स्पर्श करती है। एक मूल्यवान और समृद्ध जीवनानुभव पाठ्क के आँचल में सहजता से आ जाता है।

झाड़ाझड़ती

मराठी उपन्यास की यथार्थवादी जीवन दर्शन की परंपरा प्रायः क्षीण है। स्वातंत्र्यपूर्व युग में ना.सी. फडके ने कलावाद का पुरस्कार कर मराठी उपन्यास को प्रभावित किया। हरि नारायण आपटे की यथार्थवादी परंपरा को रोमांटिक परंपरा की और मोड़ा। और उसके कारण उत्पन्न अनेक व्यवधानों को अतिक्रान्त करना मराठी साहित्यकारों के लिए मुश्किल हो गया था। १९५० में प्रकाशित विभावरी शिरूरकर (मालतीबाई बेडेकर) के ''बळी'' ने मराठी उपन्यास को यथार्थोन्मुख करने की दिशा में पहला सशक्त कदम उठया। फिर १९६० में उद्धव शेलके के ''धग'' और १९६२ में भालचंद्र नेमाड़े के ''कोसला'' ने यह कार्य अधिक सफल रूप में संपन्न किया। लगभग इसी समय उद्भावित दलित साहित्य धारा और ग्रामीण (आंचलिक) साहित्य धारा ने इस यथार्थवादी जीवन दर्शन की परंपरा को अधिक सशक्त किया। इस बीच गो.नी. दांडेकर के ''माचीवरचा बुधा'' जैसे उपन्यास ने भी कुछ महत्वपूर्ण कार्य किया। डॉ. आनंद यादव के अतिशय कलात्मक उपन्यास ''गोतावळा'' ने इस दिशा को अधिक ठोस कलात्मक रूप दिया। भाऊ पाध्ये और जयवंत दलवी ने भी कुछ सशक्त कदम उठये। विश्वास पाटील का उपन्यास ''झाड़ाझड़ती'' मराठी के यथार्थवादी उपन्यासों में एक ऐसा शक्तिशाली उपन्यास है कि लगता है मराठी के यथार्थवादी उपन्यासों की परंपरा में यह एक सर्वश्रेष्ठ उपन्यास है। इसको पढ़ते समय प्रेमचंद के ''गोदान'' (खासकर इसकी आवडाई और गोदान की धनिया का रूपसाम्य द्रष्टव्य है।) और फणीश्वरनाथ रेणु के ''मैला आंचल '' की स्मृति हिंदी पाठक के मन में ताजा हो सकती है। स्वंय विश्वास पाटील इन दोनों को बहुत पसन्द करते हैं और यह कहना अत्युक्ति नहीं होगी कि हिंदी में जो स्थान ''गोदान ''और'' मैला ऑचल'' का है वही मराठी में ''झाड़ाझड़ती'' का भी है। यह निश्चित करना कठिन होगा (और उसकी जरूरत भी नहीं है।) कि इन तीन उपन्यासों में सर्वाधिक सशक्त रचना कौनसी है। यथार्थ पर सूक्ष्म गिद्ध-नजर, समाज की स्थिति-गति की समग्र समझ, लोक के प्रति गहरी आत्मीयता, समाज के विभिन्न वर्गो एवं जातियों की कार्य प्रणाली का सूक्ष्म निरीक्षण, प्रसंगों और घटनाओं को चित्रवत् उभारने की क्षमता, समाज मानस की विभिन्न अवस्थाओं का ज्ञान और उन्हें रसात्मक रूप प्रदान करने की क्षमता, स्थितियों और अवस्थाओं के अनुसार मनः स्थितियों की परिकल्पना कर उन्हें साकार करने की कलात्मकता, जीवन के वैविध्यपूर्ण रूपों को प्रस्तुत करने की कुशलता इत्यादि कतिपय बातों में इन तीनों कलाकारों में कमोबेश रूप में अद्भुत समान शक्ति के दर्शन होते हैं। लेकिन कुछ ऐसे भी वैशिष्ट्य हैं जहां विश्वास पाटील का स्थान लगभग एकमेवाद्वितीयम है। खासकर गाँव जीवन में उपस्थित मानवेतर प्राणियों (पशुओं और पक्षियों) की जीवनावस्थाओं, केलि क्रीड़ाओं, हरकतों, स्वभाव वैशिष्ट्यों, रूपों और प्रवृत्तियों का अद्भुत ज्ञान विश्वास पाटील के पास है। उसी तरह वृक्ष वेलियों, झाड़-झंखाडों, घासफूस, विभिन्न फसलों का उनका ज्ञान भी विलक्षण प्रत्ययपूर्ण है। कुल मिलाकर परिवेश के विभिन्न घटकों (जिनमें वर्षा, गर्मी, जाड़ा इत्यादि ऋतुएें है, सूखा और अतिवर्षा के संकट हैं, पशु, पक्षी, हवा, जल के पारस्परिक संतुलन/असंतुलन के संबंध हैं, मनुष्य और सृष्टि की पारस्परिक रिश्तेदारी है, उनके संवादी और विरोधी संबंध हैं। का विश्वास पाटील का सहज (जो निरंतर अभ्यास के फलस्वरूप अर्जित से सहज में परिवर्तित

होता है।) ज्ञान अद्‌भुत है जो प्रस्तुत उपन्यास की स्नायविक शक्ति को अत्याधिक तेज करता है। खासकर विभिन्न प्रकार के श्रमजीवियों के कार्यो का चित्रात्मक अंकन विश्वास पाटील अत्यधिक प्रभावपूर्ण ढंग से कर सकते हैं। किसान, परवालची, नाई, चमार, शिकारी, घर आंगन के सारे काम करने वाली औरतें, लाश को ढोने का काम करने वाले लोग-सबके कार्य की लेखक को बारीक तफसीलों में जानकारी है।

"झाड़ाझड़ती" के लेखक के सामने काल द्वारा दी गई एक और चुनौती है। १९९० में यह रचना प्रकाशित हुई है। समाज में यथार्थ का एक भयावह रूप उभर रहा है, उभरा है। उसका एक आयाम सोशिओं-पोलिटिकल मनुष्य-चरित्र है। यह भयानक रूप से व्यामिश्र चरित्र है। मनुष्य उपभोक्तावाद के सर्वस्पर्शी जाले में कैद हो गया है। उसकी स्थिति उस मक्खी की तरह है जो अपने सर्वनाश को जानते हुए भी जाल में अधिकाधिक फँसमें में, उलझने में रस पा रही है। एक प्रकार से वह मृत्यु के सम्मोहक इशारों के वशीभूत हो गया है और उसकी जीवनधर्मी विवेकशीलता तिरोहित होती जा रही है। वह एक तर्कातीत, विवेकातीत जीवन प्रणाली की ऊपरी चकाचौंध की गिरफ्त में ऐसा फँस गया है कि केवल दृष्टिहीन, दिशाहीन दौड़ने में हॉफने के सिवा उसके हाथ में कुछ नहीं आ रहा है। बाह्‌य व्यापारिक चक्र की गति के सामने वह अपनी अंदरकी हकीकत देखने के लिए खड़ा रह नहीं सकता। एक निरर्थक, सम्मोहनभरी सत्ता की दौड़ में स्वंय एक अपने ऊपर की सत्ता का गुलाम बन गया है। राजनीति उसके लिए सुविधाओं को जुटाने का साधन बन गयी है। उसकी समस्त सामाजिकता, धर्म नीति, मानवीय मूल्य, रिश्तेनाते, गुट संबंध इत्यादि को यह राजनीति आकारित करती है। इस तरह के समाजराजनैतिक मनुष्यों का वर्ग और उसके द्वारा आकारित समाज संबंध और मूल्य आज पहली बार किसी उपन्यासकार के सामने अपना घिनौना मुख बा कर खड़े हैं। यह पूरा यथार्थ भयानक रूप से विकृत हो गया है। यह एक समकालीन लेखक के सामने ऐसी चुनौती है जो उसकी संवेदना पर विलक्षण आघात चहुं-ओर से कर रही है। इस सबके विकल्प का ज्ञान उसे नहीं है।

"झाड़ाझड़ती" सात गोंवों के विस्थापितों के दर्दनाक हालातों की भयावह और भीषण त्रासदी है, जो एक ही साथ मनुष्य के स्वभाव के बारे में कुछ चिरंतन प्रश्न बहुत तल्खी से उठा कर पाठक को गहरे में बेचैन करती है और साथ ही साथ हमारे देश, समाज, परिवेश, राजनीति और संस्कृति संबंधी कतिपय अहम प्रश्न उठाती है। यह त्रासदी मध्यवर्गीय मनुष्य की सुखवादी प्रवृत्ति को झखझोरती ही है, हमारे पूरे सांस्कृतिक सोच और वांछित जीवन प्रणाली के संदर्भ में नये सिरे से विचार करने के लिए उकसाती है। संवेदना को झकझोर कर आकुल करते समय. जीवन चिन्तन की ओर भी गंभीरता से उन्मुख करती है। भले ही इस चिन्तन को कुछ निष्कर्ष तक ले जाना कठिन हो गया हो।

"झड़ाझड़ती" की केन्द्रीय अंतर्वस्तु है बड़े बाँध के परिणाम स्वरूप होने वाला मनुष्य जीवन का सर्वमुखी विनाश। यह विनाश जैविक तो है, नैतिक, सांस्कृतिक, सर्वस्तरीय है। लेखक ने इसका विराट विद्रूप बड़ी शक्तिमता के साथ चित्रित किया है।

यह किसी विशिष्ट व्यक्ति को केन्द्र में रखकर लिखा हुआ उपन्यास नहीं है, न किसी परिवार

को। यह समूचे लोक जीवन की त्रासदी है। अतः इसमें व्यक्ति, परिवार, वर्ग, समूह जो भी कुछ आता है वह लोक जीवन के किसी अंश का प्रतीक बनकर आता है। वैसे यह कथा बताने के लिए लिखा हुआ भी उपन्यास नहीं है जबकि पूरे परिवेश की यह व्यथा-गाथा है। यह उन समूहों की भी त्रासदी है जो ऊपर से कुछ समय के लिए विजयी हुए दिखते हैं। वास्तव में हर व्यक्ति कहीं पराजित है, कहीं कुछ मूल्यवान चीज खो चुका है। समस्त समाज और परिवेश ही नायक बन कर अपनी हार का इज़हार कर रहा है।

लोक मानस की अद्‌भुत पहचान

''झाड़ाझड़ाती'' की विनाश-गाथा का प्रमुख हिस्सेदार बॉंध के कारण विस्थापित वह वर्ग है जो अपनी छोटी-सी जमीन, छोटा सा झोंपड़ीनुमा घर, छोटी सी हैसियत, छोटी-छोटी नैतिक महत्वकांक्षाऐं औरै छोटे -छोटे सुख की परिकल्पनाएँ ले कर जी तोड़ संघर्ष कर रहा है, पसीना बहा रहा है। इसमें गरीबों की तरफ से सह्याद्रि की तरह खड़ा वसंत खैरमोडे प्राइमरी स्कूल का टीचर है जो हरिजन हो कर भी अपनी नेकी, उदारता, अविरल संघर्षशीलता, दृढ़ता, ईमानदारी, असहायों, दारिद्रों और अभावग्रस्तों के प्रति सक्रिय सहानुभूति के कारण सभी विस्थापियों के हृदय का ताज बन कर जी रहा है। उसकी पत्नी हिरा है जो गॉव के लिए समर्पित पति के कारण पीड़ित भी है और असहाय भी। क्योंकि मास्टर उसकी नहीं सुनते और नौकरी को संभाल कर घर की ओर पूरा ध्यान नहीं देते। मास्टरजी की लड़की शेवंता है जो मास्टर जी के लिए ''मोरनी'' है और जीवन में सब कुछ है। मास्टरजी के बड़े भाई दादू येसकर हैं जो गॉव की सीमा पर हरिजन बस्ती में रह कर गॉव की सीमा पर ध्यान रखते है। गोम्या कोळी है जिसका परिवार तो है परंतु उसका प्राणों से प्रिय भैंसा हल्था ही उसका सर्वस्व है। दोनों ने अपना जीवन गॉव को पखाल से पानी देने में गुज़ारा है-बदले में हर परिवार से रोटी के टुकड़े उसे मिलते हैं। दोनों संतुष्ट हैं अपनी स्थिर जिंदगी से। दोनों के लिए जीवन की सार्थकता एक दूसरे के सानिध्य में रह कर गॉव को पानी देते रहने में है। गोम्या की भॉति गॉव के अन्य छोटे कारीगर हैं जो गॉव के लिए काम करते हैं और बदले में हर घर से रोटी का टुकड़ा या कुछ अनाज पा कर जीवन जी रहे हैं। इनमें बंडू नाई है, पांडू येताल है, दादा बढ़ई है, चमार है-- बारह प्रकार के बलूतेदार हैं जो ग़ॉव को अपनी सेवा दे कर उनकी रोटी पर पले हैं लेकिन कहीं कोई असंतुष्टि नहीं है। दुख है जो उसके लिए गॉव नहीं, समाज नहीं उनका कर्म जिम्मेदार है, प्रावत्तन जिम्मेदार हैं। अपने अपाहिज पति को प्यार और कर्तव्य भाव से संभालते हुए अपने लड़के हैबती के विवाह का सपना पालने वाली आवडाई इस उपन्यास का वसंता खैरमोडे जैसा ही महत्वपूर्ण किरदार है। एक तरह से पूरे जांभली गॉव की यह कर्मठ माता है जो कभी पस्त होती भी है तो भी प्रायः पूरे गॉव की हिम्मत बनी हुई है, नैतिकता क़ी चट्टान सदृश नींव बनी है। वह अपने बूढ़े पति गोंईदा की गृहस्थी को यथातथा निकाल ले जाना चाहती है और उसके कमरतोड़ परिश्रम के बदले अदनी सी आकांक्षा है -- एक खपरैल का छोटा घर और अपने लड़के हैवती की सुखमय गृहस्थी। हैबल की भी बड़ी आकांक्षाएँ नहीं हैं। वह अपने सखाराम मामा की लड़की रूपा के साथ शादी करना चाहता है और सरकारी नौकरी में पर्मनंट होकर जीना चाहता है। आवडाई का मौसेरा भाई है सुभानजी जिसने आवड़ाई के एक

लड़के गुणवंता को गोद लिया है और बंबई में नौकरी करता है। वह गॉव के युवकों का आधार भी है और आवडाई के पीछे पहाड़ की तरह खड़ा रहता है। उसकी इच्छा है कि अवडाई और हैबती उसके साथ रहें या सुख में जीवन व्यतीत करें। गॉव की देवी कालू बाई का पुजारी दिगू अन्ना है जिसका पूरा विश्वास है कि कालू बाई अपने गॉव की रक्षा करेगी और बाँध होने नहीं देगी। हैबती मराठा है और उसका मित्र शिवराज सणगर (कोरी) है जो अपनी पत्नी नकुसा के साथ प्रसन्नता से रह रहा है। उसकी गृहस्थी में सुख को पूर्णता देने के लिए एक बच्चा भी पैदा हुआ है। दोनों पति पत्नी जीवन में जी तोड़ परिश्रम करते में कोताही नहीं करते। उनकी छोटी सी इच्छा है कि तीनों नमक रोटी खा कर ही सही एक साथ जीवन जिएँ। पांडू येताळ अपने भरेपूरे परिवार में कुछ चिंतित अवश्य है क्योंकि पत्नी की असम.य मृत्यु के बाद उसने अपने बच्चों को अकेले बड़ा किया है और गृहस्थी इतनी फैल गयी है कि स्थान के अभाव में अपने युवा लड़के की शादी नहीं कर सकता है। जांभली गॉव के पास ही पहाडों में रहने वाली आदिवासियों का राजा कुशाप्पा है जो अपनी अभिजात परंपराओं को निवाहने में उदारतापूर्वक खर्च करता है और बड़ी प्रतिष्ठ, सम्मान और आदर पाकर सुख से जी रहा है। उसकी दो लड़कियाँ हैं जिनकी शादी की समस्या कभी उसको उठनी है। गुरूजी लैटमोडे के साथ उनके नेतृत्व में चलने वाले जांभली के अनेक युवक हैं जिनमें म्हाकू भोसले गुरू जी से भी आगे जाने की क्षमता रखता है। म्हाकू के साथ अनेक युवक हैं जो बाँध के कारण विस्थापित होने के आतंक में जी रहे हैं।

विश्वास पाटील नें गॉव की स्थिति -गति का प्रभावपूर्ण चित्र उपस्थित कर उनकी छोटी -छोटी मनुष्योचित आकांक्षाओं का बड़ा संकेतपूर्ण चित्र उरेहा है। इन छोटे गॅवई मनुष्यों में एक बहुत बड़ा अंतर आया है। इनके बीच के जातपॉत के दृढ़ संस्कार लगभग समाप्त हुए हैं। वसंत खैरमोडे महार जाति के है। परंतु गरीब मराठें और अन्य जातियों में उनके प्रति विलक्षण श्रद्धा और प्रेम है। समाज में धीरे-धीरे जातपाँत की कॅटीली बाड़ झुलस रही है और अपने हितों और उद्देश्यों को लेकर आत्मीयता के सूत्र पैदा होने लगे हैं। इसीलिए खैरमोडे के बड़े भाई भले ही अपनी ही जातबिरादी में झोपड़ी बनवाना चाहते हों, खैरमोडे गुरू जी में ऐसा कुछ संकोच नहीं हैं। विवाह, पुत्र जन्मोत्सव के अवसर पर उन्हें ससम्मान बुलाया भी जाता है। यद्यपि शिवराज सणगर के पुत्र के नामकरण संस्कार के समय नुपुसा के भाई के न आने पर मराठा जात का उसका मित्र हैबती अपनी माँ आवड़ाई के कहने पर भाई बनकर भानजे के प्रति अपना कर्तव्य अदा करता है और कुछ हँसी का भी हल्काफुल्का वातावरण बनता है फिर भी खैरमोडे जी की डॉट पर सब खत्म होता है। विश्वास पाटील ने हर जात के खास वैशिष्ट्यों से परिचित होने का प्रमाण दिया है परंतु महाराष्ट्र के गॉवों की बदली हुई मानसिकता को भी उन्होंने मद्‌देनजर रखा है। बॉध के भय की छाया में पल रहे जांभली गॉव के लोगों में एक विलक्षण आत्मीयता पैदा हो गयी थी। उनके छोटे -छोटे सुखों एवं उनकी अपनी सी आकांक्षाओं का चित्रण कर दारूण अनुभव की प्रत्यकारिता के लिए विश्वास पाटील ने कलात्मक पृष्ठभूमि निर्मित की है। जिस तरह अमरू दों और केलों से लदे पेड़ बुलडोझर के नीचे रौंद दिये जाते है और तीव्र पीड़ा का एहसास कराया गया है उसी तरह गॉव के छोटे -छोटे सुखों को अपनी धन दौलत की, सत्ता और अधिकार की बड़ी महत्वाकांक्षाओं के नीचे निर्दय भाव से रौंदंने की प्रक्रिया को दिखा कर एक विलक्षण प्रभाव

लेखक पैदा कर सका है। पाठक की समस्त आत्मीयता और गहरी सहानुभूति को बॉधग्रस्त पीड़ितों के प्रति उत्पन्न कर उस संवेदनात्मक पार्श्व पर क्रूरता, हिंसा और अमानवीयता का भीषण चित्र अंकित किया है।

महार जात का दादू येसकर मछुआरा जात के गोम्या को तमाखू पीने का निमंत्रण देता है और बॉध के संकट की चर्चा दोनों आत्मीय भाव से करते हैं -- जात आड़े नहीं आती। गोम्या और उसके भैंसे के बीच वही आत्मयता छोटे प्रसंगों के माध्यम से दर्शायी है और एक पारस्पारिक आत्मीयता का सूत्र गॅवई जीवन को कैसे मानवेतर प्राणियों और प्रकृति के विभिन्न रूपों के बीच संवाद की स्थिति में बांधे रहता है बीच में घनघोर वर्षा के कारण जीवन अस्तव्यस्त होने के बावजूद यह संवाद सूत्र टूटता - बिख़रता नहीं। असल में प्रकृति के भाषण रूप का मनुष्य सामना कर सकता है परंतु मनुष्य ही जब मनुष्य के सामने संकट पैदा करता है तब सामान्य मनुष्य की नीयत का संतुलन बिगड़ने लगता है। इसके स्थान -स्थान पर चित्रमय संकेत लेखक देता जाता है। जांभली में वर्षा में लोग अनेक प्रकार की आपात्तियों का सामना करते हैं, जाड़े में ठंड से ठिठुरते हैं, धूप में परेशान होते हैं। लेकिन इस सब के बावजूद जीवन जीने का उत्साह उनमें है, काम करने की स्फूर्ति उनमें है, बहुत ही निम्न कोटि का भोजन करने पर भी भूख कहीं नदारद नहीं होती। जिनका जिजीविषा से यह जीवन स्पंदित है। लेकिन जो प्रकृति नहीं कर पायी वह मनुष्य ने कर दिखाया।

लेखक सामान्य लोकजीवन की हर सुख और दुख की नस से परिचित है। वे विवाह के अवसर पर कैसे तल्लीनता से आनंद मनाते हैं, पुत्र के जन्म पर नाचते गाते हैं, पुत्रियों के विवाह के लिए औकात से कहीं अधिक खर्च करने में संकीच नहीं करते, नामकरण विधि के समय स्त्रियाँ कैसे अपने मायके के आदमियों की प्रतीक्षा करती हैं, पहली जचगी को मायके में संपन्न किया जाता है और अगर यह नहीं होता तो हैबती की पत्नी फुला का बाप कैसे व्यथित होता है और हैबती की माँ आबडाई उसे दिलासा देकर कैसे उसकों शांत करती है, बीमारी के अवसर पर पड़ोस के लोग शारीरिक श्रम के लिए कैसे तैयार रहते हैं, मृत्यु के अवसर पर परंपरागत विधान को कैसे सख्ती के साथ पाला जाता है और समस्त गॉव के लोग भाईचारे के सूत्र में बेंध कर कैसे अपनी पारिवारिक आत्मीयता का प्रमाण देते हैं -- लोकजीवन के छोटे -से-छोटे विधान पर कैसे अद्‌भुत रूप से लेखक की पकड़ विद्यमान है, इसके अनगिनती उदाहरण उपन्यास में बिखरे हुए हैं। असल में लोकजीवन के प्रति यह आत्मीयता, यह सूक्ष्म पहचान, यह गहन निरीक्षण -- यह सब बौद्धिक तर्क और युक्ति से या घोषणा से नहीं उत्पन्न होता, यह तो लेखक की सहज आंतरिक लोक संपृक्ति की संवेदनात्मक अभिव्यक्ति है। यही कारण है कि बॉध पीड़ितों की व्यथा - वेदना को लेखक ने केवल बौद्धिक विलास या कल्पना प्रसूत केलि के रूप में नहीं प्रस्तुत किया है -- यह सब लेखक का भोगा हुआ दर्द है (पर जरूरी नहीं कि लेखक स्वयं बाढ़ पीडित हो) इस उपन्यास की प्रचण्ड क्षमता लेखक की लोकजीवन के प्रति गहरी संवेदना का परिणाम है।

लेखक भारतीय गृहस्थ धर्मी व्यक्ति है। इसीलिए मॉ और बच्चों में, पति और पत्नी में, भाइयों में, भाई और बहनों में, पिता और पुत्री में, पिता और पुत्रों में जो अनगिनती स्नेह सूत्र दृश्य-अदृश्य रूप में विद्यमान रहते हैं उनकों विभिन्न संदर्भों, प्रसंगों, घटनाओं में देख सका है, उभार

सका है। आबडाई और उसका पति गोईंदा, आबडाई और उसका मौसेरा भाई सुभानराव, आवडाई और उसके पुत्र हैबती, गुणवंत, आवडाई और उसकी पुत्रवधु फुला के बीच कितने ही संवेदनात्मक प्रसंगों से उपन्यास का अनुभव संसार समृद्ध हुआ है। खैरमोडे मास्टर और उनकी पत्नी हिरा, गुरूजी और उनको समय-असमय डाँटनेवाला पांडोबा येताल, पांडोवा पेताल और उसका तरूण अविवाहित लड़का, शिवा और हैबती, हैबती और शिवा की पत्नी नकुसा -- इन समस्त संबंधों में ऐसा स्वस्थ गृहस्थधर्मी सूत्र वर्तमान है जो भारतीय परिवार के कर्तव्य, संयम, समंजसता और स्नेह भाव पर आधारित संबंधों का परिचय देता है। उपन्यास पढ़ते समय प्रायः हर व्यक्ति और प्रसंग के साथ ऐसा कुछ लगता है कि इस भारतीयता के साथ घनिष्ठ रूप से जुड़कर सामूहिक मानस का अनुभव कर रहे हैं।

लेखक के लोकजीवन से गहरे जुड़ाव के अनेक उदाहरण इसमें बिखरे पड़े हैं। हैबती की पत्नी फुला की गर्भावस्था की अनेक स्थितियों, उसके प्रति आबडाई की गहरी चिंता, जचगी के अवसर पर आयी प्राकृतिक कोप की कठिनाइयाँ और भाईचारे से बँधे लोगों की सहायता, गर्भावस्था का शारीरिक, मानसिक दुख, गर्भ के बाहर आने पर फुला की परितृप्त मानसिकता इत्यादि का जो व्यौरेवार चित्रण लेखक ने किया है वह उसकी लेखकीय सहानुभूति, पर-मानस प्रदेश की सिद्धि और सहज निरीक्षण का सशक्त प्रमाण है। ऐसे अनेक उदाहरणों से उपन्यास की अनुभव वस्तु समृद्ध और अनेक आयामी हो गयी है। देखिए: "हैबली के लड़का हुआ था, पर प्रसन्नता से दरवाजे पर झूमने के लिए हैवती अपने घर में नहीं था। बूढ़ा पांडू येताल थाल लेकर बारिश में ही बाहर आया। वह प्रसन्न था मानो उसके ही घर में पोता जन्मा हुआ हो। वह भावडाई के ऑगन में जोर-जोर से थाल बजाने लगा। सारे लोग देखने लगे। थकी-मॉदी आबडाई ने वालक को गोद में लिया। वह बार-बार उसके कोमल भाल चूमने लगी। अभी भी बादलों की गड़गड़ाहट हो रही थी। आबड़ाई की आँखें भर आयीं। बच्चे को छाती से लगाकर उसने आसमान की ओर देखा। भगवान को एक गाली देर वह बोली, "ऊपर बादलों में बेठकर चैन मत करो। नीचे आकर बॉध पीडित के घर जन्म ले लो। देखते हैं तुम्हारा देवतापन टिकता है या नहीं" यह पूरा प्रसंग लेखकी जन-जीवन की मानसिकता से हुई एकमेकता का परिचायक है और ऐसे प्रसंग उपन्यास में बहुत हैं। इसी संदर्भ में अनेक मृत्युओं के प्रसंगों को देखा जा सकता है। बॉध के संकट की अटलता देखकर आबडाई का पति गोईदा डूब कर मर जाता है-- समूचे गाँव पर उसका प्रभाव पड़ता है। बुलडोझर के नीचे आकर शिवराम की मृत्यु होती है, आबडाई के भाई सुभान को हृदय विकार से खेत पर ही मृत्यु आती है, हैवती की हत्या की जाती है, खैरमोडे गुरूजी की नींद में मृत्यु होती है-- इन समूचे अवसरों पर लोक हृदय की पीड़ा को जो प्रभावपूर्ण आकार दिये गये हैं वे लेखक के जुड़ाव का प्रमाण है। लेकिन सुभानराव की मृत्यु पर जिस प्रकार उसके शव को उसकी भूमि में जलने केलिए ले जाते समब कष्ट उठये जाते हैं उसका विदीर्ण करने वाला अद्‌भुत दृक्-चित्र लेख़क की निरीक्षण क्षमता और गाँव जीवन की पकड़ का प्रमाण है। मृत्यु के बाद शरीर की हालत का वर्णन लेखक की निरीक्षण शक्ति का अद्‌भुत परिचायक है।

इसी संदर्भ में शिकार के विविध रूप और प्रसंग भी द्रष्टव्य हैं।

लोक जीवन से गहरे जुड़ाव का एक अन्य प्रमाण है लेखक द्वारा किया हुआ श्रम कार्यों का, विशेषतः खेती विषयक कार्य का (खेत की जोताई, बैल और भैंसे को जोतने की अवस्था में होनेवाली कठिनाइयों, जमीन को भूनना, बीज रोपना, गोड़ाई, अनाज काटना, निगरानी करना इत्यादि) चित्रमय विवरण। आबडाई हैबती, नुकुसा, फुला घर में, बगीचे में, खेत में जिस तरह श्रम का काम करते हैं उससे प्रतीत होता है कि लेखक का यह निरीक्षण केवल आँख द्वारा किया हुआ नहीं, उससे उसकी आत्मा जुड़ी हुई है। कुसा राजा शिकार के अनेक वर्णन और उसके द्वारा किये गये शिकार के बाद का गाँव के उपस्थिति में बँटवारा, भिन्न प्राणियों के मांस का स्वाद इस सब के वर्णन लेखक की आत्मप्रतीति का इलाका लगता है।

ग्रामीण जीवन में पुत्र या पुत्री की शीदी के लिए जिस तरह लोगबाग चिंतित होते हैं उससे भी लेखक के गहरे ग्रामीण मानस के प्रतीतिपूर्ण परिचय का पता चलता है। बसंत खेरमोडे और उसकी पत्नी अपनी पुत्र के विवाह के लिए, आवडाई हैतती के विवाह के लिए, पांडोवा येताल जवान पुत्र के विवाह के लिए जिस प्रकार चिंतित हैं, सोचते हैं वहाॅ सब गाँव का मानस साकार हो गया है।

गाँव के इन लोगों में अपनी मिट्‌टी के प्रति गहरा लगाव है। यह मात्र निर्वाह के साधन के कारण नहीं है। इसलिए उससे उखड़ने की कल्पना न सह सकने के कारण गोईंदा आत्महत्या करता है, आबडाई सुभानजी के साथ सुविधामय जीवन जीने से इनकार कर अपने गाँव की मिट्‌टी में ही सब के साथ जीना मरना चाहती है। नहीं बेटे , मैं अपने गाँव के साथ जाऊँगी - गाँव की मिट्‌टी छोड़कर मैं कैसे जी सकती हूँ ? लगभग हर व्यक्ति जांभली गाँव के पानी में डूबने पर अतीव दुखी होकर साझे जीवन की - घर की, गाँव की स्मृतियों को तीव्र वेदना से अनुभव करता है। ढिगु अण्णा पुणे जाता है और फिर गाँववालों की हालत देखने के लिए वापस आ जाता है। उसके वापस आने पर गाँववालोंसे मंदिर बनवाने का अनुरोध करने में स्वार्थ अवश्य है, परंतु स्वार्थ के भीतर की तह गाँव के लोगों और मिट्‌टी से जुड़ाव भी है। सुभान का बंबई छोड़कर अनेक संकटों के बावजूद गाँव में आना और अपने गाँव की मिट्‌टी में अपनी देह छोड़ने की इच्छा रखना इसी जुड़ाव का परिणाम है।

किसी भी लेखक के लोक मानस और परिवेश के जुड़ाव का एक प्रणाम है उसके व्दारा उचित संदर्भ में प्रयुक्त मिथक, लोक गीत, लोक मानस में प्रचलित आस्थाओं और विश्वासों का सहज एवं उत्स्फ़ूर्त चित्रण। जांभली की जनता काळूबाई देवी के प्रति श्रध्दान्वित है। उसके मंदिर विषयक दंत कथाओं का बड़ा कुशल उपयोग लेखक ने कर लिया है। कालू बालू की जन्म कथा, गुरव के सपने में काळू बाई का आना, दिन की किरण पहुँचने के पहले मंदिर का कार्य पूर्ण करने की शर्त, काम पूरा न होने के कारण उत्पन्न दहशत इत्यादि का कुशल प्रयोग लेखक ने कर लिया है। पशुओं की देवी ताजमाई बालू और बापू नामक बंधु की कथा और उनका पहाड़ों के रुप में आमने-सामने रहना, कभी न मिलने का दिया हुआ शाप और बारिश में उनकी मिलने की व्याकुल आकांक्षा और व्यर्थ की गड़गड़ाहट, मामा भानजों का हल के रुप में नक्षत्रों के रुप में आकाश में आगमन, आबडाई, फुला, नकुसा के मुँह में आटा पीसते समय सहज आनेवाली ओवियाँ, उसमें

से प्रकट होने वाले दर्द की कचोट, इठलाई आम पर प्रेत के निवास की भय-कथा, कंठबाई का प्रेत से आवेष्टित होना और गाँव के लोगों को उनकी समस्याओं से नजात देने का प्रयास -- ये बीच-बीच में आने वाले लोक विश्वासों के आड़े-तिरछे धागे लोक मानस की लेखक की पकड़ को शक्तिपूर्ण ढंग से प्रकट करते हैं।

अज्ञेय ने भारतीय मानस की पहचान का एक संकेत दिया है - ग्रामीण अनुभव की उपस्थिति। अंततोगत्वा आज भी भारतीय लोक जीवन ग्रामीण परिवेश से जुड़ा हुआ है। यह जुड़ाव उनके पारस्परिक संबंधो में प्रखरता से परिलक्षित होता है। गाँव के लोक एक ही मिट्टी से जुड़े होने के कारण और ग्रामीण जीवन की निर्भरता, लेनदेन की व्यावहारिकता से अधिक कर्तव्य भावना पर स्थित होने के कारण भारतीय ग्रामीण समाज एक दूसरे से भीतर सेजुड़ा हुआ है। यहाँ बलुते-प्रजाली है। नाई, सुनार, लुहार, गाँल की सीमा का रक्षक महार, पखालची चमार ये सब बलुतेदार हैं जो गाँव का सामान्य काम करते हैं और बदले में हर दिन रोटी या साल भर में अनाज पाते हैं। परिणाम स्वरूप परस्पर हार्दिकता अधिक होती है। लेखक ने पूरे अनुभव संसार में इसका अच्छा भान रखा है। जातपाँत की प्रखरता के बावजूद यहाँ सौमनस्य है। घर केंन्द्र में है। समस्त लोकमानस में यह रिश्ता फैला हुआ है। इसीलिए नकुसा के बच्चे के नामकरण के अवसर पर आबडाई अपने पुत्र हैबली को उसका भाई बनाती है और खैरमोडे मास्टर जेल में डेढ़ सौ रुपये निकाल कर खरीदारी के लिए देते हैं। इसी कारण खैरमोडे मास्टर की लड़की शेवंती पर बलात्कार होने पर समूचे गाँव के युवक बलात्कार करने वालों को कड़ा सबक सिखाते हैं। गाँव के रिश्तों में कर्तव्यभावना असामान्य (एब्नार्मल) प्रवृत्तियों नहीं दिखती। अपवाद राजनैतिक सत्ता के कारण उत्पन्न गुंडागिरी करने वाले का है जो बाद का है। और उसका संबंध गाँव की मिट्ट्री से नहीं, मिट्ट्री के बलात्कारपूर्ण उपभोग से हैं।

यथार्थ का भयावह स्वरूप

बड़े बाँध केवल आर्थिक विकास के लिए उठाया गया वैज्ञानिक प्रगतिशील चरण नहीं होता। वह एक संस्कृति संहारक दैत्य का विनाशक कदम भी है। बड़े बाँध की मूल संकल्पना से लेकर उसके पूरे सम्पन्न होने तक एक भयावह संकट से लोक जीवन तबाह होता है। ''झाड़ाझड़ती'' इसका समूचा सर्वांगपूर्ण चित्र प्रस्तुत करता है। यह एक राजनैतिक, सामाजिक, सांस्कृतिक, आर्थिक सभी दृष्टियों से गुत्यमगुत्था स्थिति है। और लेखक ने उसके उलझे और गुथे हुए रूप का समग्र दर्शन कराया है।

स्वाधीनता के पहले जो ग्रामीण नेतृत्व उभरा था वह सामान्य जनता से जुड़ कर और गांधीजी जैसे मूल्यधर्मी नेतृत्व की छाया में उभरा था। शिंगाडे पाटील ऐसा ही एक व्यक्तित्व था। धीरे-धीरे लोकतंत्र का भ्रष्ट रूप, सत्ता के लिए करने पड़े समझौते, आपसी स्वार्थ के लिए होनेवाली स्पर्धा इत्यादि के कारण शिंगाडे पाटील में भी परिवर्तन होता है। अच्छाई और बुराई का एक व्यामिश्र व्यक्तित्व उनके रूप में हम देखते हैं। शिगाडे पाटील के लिऐ जो परिश्रम से अर्जित था वह उनके पुत्र सर्जेराव के लिए सहज मं प्राप्त हुआ था। नैतिक मूल्य और राजनीति का संबंध इस पीढ़ी

में पूर्णतः तिरोहित या मानवीयता एवं नैतिक मूल्य इस पीढ़ी के लिए आवश्यकता के दिखावे की चीजें थीं और मुख्य बात थी किसी भी प्रकार से सत्ता में स्थान और उसके लिए अकूत धन जो किसी भी रास्ते से प्राप्त किया जा स के। पच्चीस वर्षी तक जो माँग शिंगाडे पाटील करते रहे परंतु जो खटाई में पड़ी थी, वह माँग सर्जेराव के अनुरोध पर धृतराष्ट्री स्वभाव के पिता ने आमरण उपोषण करके उछाली। महात्मा गांधी के स्त्याग्रह तंत्र की इस परिणति पर लेखक द्वारा किया गया करारा व्यंग्य है। असल में शक्कर का कारखाना चाहिए ताकि असीम धन प्राप्त किया जा सके, शक्कर के कारखाने के लिए जमीन का दिखाना जरूरी है जिस पर सिंचाई हो सके, इसके लिए बड़े बाँध की संकल्पना अमल में लाना जरूरी है। राजनीति, अर्थनीति और राष्ट्रीय विकास नीति का यह यथार्थ लेखक ने पैनी दृष्टि से पकड़ा है।

इस रणनीति के तहत एक गुंडा वर्ग समाज में पैदा हुआ है। जांभली का सरपंच दत्तु करवंदे, उपसभापति लाला जाधव, लाला कांबले जैसे ठगों का गुट बाँध पीड़ितों को सब प्रकार से लूट कर उनका शोषण कर अपना स्वार्थ सिद्ध करने की दिशा में बेलगाम दौड़ रहा है। हर व्यक्ति को उसका मूल्य देकर खरीदा जा सकता है, यह इस वर्ग का मूलभूत सिद्धांत है। उन्होंने अपने अनुकूल नौकरशाहों का एक तबका अपने अनुकूल बना लिया है। सरकारी नौकरों के भ्रष्टाचारों की पद्धतियाँ, कानून को अपने अनुकूल मोड़ने की उनकी जबर्दस्त क्षमता, जनता के हितों के प्रति संवेदनहीन बधिरता, शासकीय तंत्र पर दबाव डालने वाले तथाकथित नेताओं के पीछे रह कर अपनी सुरक्षा के लिए सामान्य जनता के दुखदर्द को पूर्णतः न्योछावर करने की बेरहमी, बाँध पीड़ितों के प्रति अमानवीय कठोर रुख, उनकी सामान्य-सी माँगों को नकारते समय कानूनी बारीकियों की बाल की खाल निकालने की प्रवृत्ति, वरिष्ठ के आगे जी हुजूरी की नकली विनम्रता और गरीबों के सामने घायल साँप की भाँति फन उठकर फुफकारने और डॅसने की आदत इत्यादि प्रवृत्तियों से युक्त नौकरशाही के एक बहुत बड़े वर्ग-चरित्र को लेखक ने खींचा है। इसका दस्तावेजी विवरण यहाँ नहीं है बल्कि छोटे प्रसंगों और जीवन्त घटनाचक्रों के बीच से गुजरते हुए पाठक यह सब अनुभव करता है। पाठक के मन में इस समूचे वर्ग के प्रति उतनी ही घृणा पैदा होती है जितनी गुंडागिरी करने वालों के प्रति होती है। यह लेखक की वांछित सफलता है। इस भ्रष्टाचार से सडियल बने वर्ग के बीच देशमुख और पवार जैसे कुछ सज्जन अधिकारी भी हैं जो चित्र को एकांगी नहीं बनाते बल्कि संतुलन और समग्रता देते हैं। लेखक की कलात्मक खूबी यह है कि यह सब विलक्षण प्रभावपूर्ण चित्र यथार्थ की प्रकृत भूमि को कहीं भी नहीं छोड़ता।

लेखक यह अवश्य कहता है(बल्कि वसंत खैरमोडे कहते हैं) कि बाँध पीड़ितों के लिए शासन ने जो नियम बनायें हैं वे अच्छे हैं और उनका जनहित को ध्यान में रखकर कार्यान्वयन किया जाय तो बाँध पीड़ितों की सारी समस्याएँ हल हो सकती हैं। दुर्भाग्य से नेताओं, उनके मातहत गुंडों और नौकरशाही के पुर्जों का जो चरित्र स्वाधीनता युग में बन रहा है वह इतना जनविरोधी, हिंसक, आत्मकेन्द्रित और मूल्य विरोधी है कि सामान्य मनुष्य उनके साथ संघर्ष में आत्महत्या करने, हत्या का शिकार बनने या धोखाधड़ी से सर्वथा वंचित होने में निःशेष हो जाता है। लगभग अंत में लेखक वर्णन करता है, "पंद्रह वर्षों की जानलेवा यात्रा में प्रायः सभी महिलाओं की जवानी

झुलस गयी थी। हड्डियाँ ढीली हो गयी थीं। बनू बहन की जिंदगी बबूलकी टहनी पर सूख रही बिंदी के समान हो गयी थी। देवी-देवताओं के मंदिर चले गये। गोविंद, पांडू येताल, मास्टरजी जैसे देवतुल्य लोग चल बसे। नकुसा, फुलवंती की माँग सूनी हुई। शेवंता को सौभाग्य रास नहीं आया, बाधक ही हुआ और आज। आज हम अपने ही मुल्क में पराये हो गये हैं। ओ! कैसे हुआ? पर हमें कोई सीना तानकर चलने भी नहीं देता। हाँ, मावल की महिलाओं को फर्श धोने, बर्तन मॉजने के लिए काफी बुलावा आता है। जंगल का राजा कुशाप्पा भी घुँघरू लाठी लिये चरवाहे की भाँति तुम्हारे दरवाजे पर खड़ा रहेगा। नाविक हरिबाबू की देह की शान ही चली गयी। पुण्यशील सुभानज की देह जंगल में ही बीच-मार्ग में गल गयी। ''यहाँ की सफेद इमारतें, ठकठक करती गाड़ियाँ, सूटबूट पहने लोग-- स्वर्ग का स्वप्न बाहर से अवतारित हुआ है। जांभली के विकास का चमकता हुआ बूट परिसर के सीने पर जम कर खड़ा है। उसके तले में छोटी बड़ी कीलें लगी हुई हैं। उनकी चुभन, कसक, आग और आँच को सहन करते करते हमारी साँस घुट गयी है।'' औपन्यासिक अनुभव से गुजरा हुआ पाठक गहराई और विस्तार दोनों आयामों में अनुभव करता है कि यह समूचा भाष्य महाकाव्यीय अनुभव के बीच से गुजरने के बाद भरत वाक्य के रूप में लिखा हुआ है।

एक तरह से पूरे उपन्यास में मुख्य जो द्वन्द्व उभर कर आया है वह शोषक और शोषितों के बीच का है। अपनी जमीन, घर, समाज, रिश्तेदारी, परिवेश से उखड़े हुए बाँध पीड़ित गरीबों का एक तबका है जो अपने परिश्रम से रूखी रोटी खाकर सम्मानित ढंग से जीना चाहता है परंतु वह उसके लिए संभव नहीं बनता। आबडाई लगभग अंत में कहती है, ''आप बाँध जरूर बनवाइए। पर हमें जीते जी मरण नहीं चाहिए -- बस, आपके दरबार में यही एक मांग है।'' हर बाँध पीड़ित व्यक्ति की इतनी ही इच्छा है। लेकिन यह पूरी नहीं होती। दर्दनाक त्रासदी से समूचा वर्ग पीड़ित और कुंठित है। इस शोषित वर्ग के बीच से नक्सलवादी संगठ्न जैसे संगठ्न निर्मित होते हैं जिनकी सारी जिम्मेदारी शासकीय वर्ग पर है। हैबती के वध के बाद उसके हत्याअरों को सुरक्षा देने वाले नेताओं, शासकीय कर्मचारियों के खिलाफ एक अग्नि पैदा हो रही है। लेखक ने ऐसी अनेक स्थितियाँ बड़ी शक्ति के साथ उभारी है जिनमें हैबती के जीवन को चहुओर से घेरनेवाली असुरी शक्तियाँ हैं, गुरूजी की पुत्री शेवंती पर बलात्कार कर बड़े लोगों के वरद हस्त से छुटकारा पाने वाले छगनलाल जैसे युवक हैं। भारतीय जनता खासकर कृषि संस्कृति में पनपने वाली सामान्य जनता दुख को पीने वाली शांतिप्रिय जनता है। गुरुजी खैरमोडे समस्त अपराधी जगत के कारनामों से परिचित होते हुए भी हिंसा का रास्ता नहीं अपनाते, न आबडाई हिंसा का रास्ता अपनाने की सलाह देती है। लेकिन इस सब की भी एक सीमा होती है। संभवतः गांधीजी भी कहते कि एक सीमा के बाद शांति रखना, अहिंसक बने रहना भी भीरुता है, उससे हिंसा श्रेयस्कर है -- वह सीमा आ गयी है। लेखक अपनी और से कुछ नहीं कहता। यथार्थ के भयावह और असली रूप को पाठक के सामने केवल रखता है। पाठक जानता है कि सिर पटक पटक कर मरने के अतिरिक्त इस अन्याय की फौलादी दीवार से कुछ नहीं मिलने वाला है। अन्याय के हिंसक रास्ते से सामना करते हुए मृत्यु को प्राप्त क्यों न किया जाय? इस रास्ते पर अनचाहे पाठक सोचने लगता है।

हैबती की हत्या और उसके जल्लादों को मुक्त विचरते देखकर युवकों की स्थिति क्या होती है? म्हाकू का क्रोध कम नहीं हो रहा था। वह बेकाबू हो गया था। खैरापुर निवासी पुनर्वासित बाँध पीड़ितों के साथ गहरी दुश्मनी निभा रहे थे। अकेले पंढरी पाटील को छोड़, बाँध पीड़ितों का साथ देने वाली कोई नहीं था। बीच में आंवेपुर में जो हडताल की गयी थी, उसमें कुछ ज्यादा हाथ नहीं लगा था। गाँव की रखवाली करने वाले, उसके कल्याण के लिए रात-दिन खटने वाले खैरमोंडे मास्टरजी पहले ही संसार छोड़ कर चले गये थे। जिसके पूरे जीवन की बरबादी हुई उस हैबती को भी बुरी मौत मिली थी। बाँध पीड़ितों को कहीं से बी न्याय मिलने की आशा नहीं। सत्ता विरोध में है। कानून विरोधकों का जासूस है। जिन्होंने हमारे बलिदान के बल पर लाभ पाया, वे बेईमान हैं। बाँध पीड़ितों को आबडाई का आधार पहाड़ सा लगा था पर हैबती की हत्या के कारण उसके हाथ-पाँव ढीले पड़ गये हैं। अब हम किसकी ओर देखें? यों कुढ़ते हुए मरने से बदला लेकर मरना अच्छा है। इस बेहया जीवन का कुछ अर्थ है--

"गोट बस्ती के युवक आम के तले, गहरे अंधेरे में घात लगाकर बैठे थे। म्हाकू, बाबू, दामू, गजू शिका--सभी युवक जमा हुए थे। युवकों के बदन उमड़ रहे थे, दहक रहे थे। वे बौखला गये थे, बिगड़ गये थे। उनकी धमनियों धधक उठी थी। युवक अब पूरी तैयार में थें। केरोसिन का हिब्बा, चार मशालें और पच्चीस निर्भीक युवक। राधू भिवा पुलिस के हाथ नहीं आ रहा है न। लाभक्षेत्र के दुष्टों, हमें मूर्ख मत बनाओं। वह गॉव के बाहर, नये बंगले में सोया है। युवकों अब हम किसी की नहीं सुनेंगे। उसके दरवाजे पर फटफटिया हे, जीव है, बैल हैं, बारदान हैं, हम कुछ भी नहीं छोड़ेंगे। घर के लोगों के साथ सब-का-सब आग में जल कर खाक हो जाना चाहिए। अभी जरा और रात होने देते हैं। आज राजू का कुछ भी नहीं बचेगा।"

यह आग यों ही नहीं पैदा हुई है। सहिष्णु और संयमशील संस्कृति में यह चिनगारियॉ पैदा हो रही हैं जो उसकी पूरी कारण मीमांसा औपन्यासिक अनुभव के शर्त पर लेखक ने पहले कर दिखायी है। बाँध पीड़ितों के साथ नेताओं ने धोखा किया है, शासकीय कर्मचारियों ने किया है। उनके ही अपनों ने -- दत्तू करवंदे , लाला जाधव जैसे दुष्टों ने उनको नारकीय यंत्रणा दी है, डॉक्टरों ने पोस्टमार्टम की झूठी रपटें दी हैं, न्यायालयों में अपराधियों और गुंडों को स्थगिती मिली है, कानून की दरारों से सत्य, न्याय और मानवीय मूल्यों का जनाजा निकाला गया है। लेखक ने समस्त स्थितियो के बड़े प्रभावपूर्ण संवेदनात्मक चित्र उभारे हैं और उपरोक्त निष्कर्षो तक पाठक को संवेदनात्मक राह से आने के लिए विवश किया है। उपन्यास पढ़ते समय शोषित वर्ग की बहुस्तरीय यातना का समग्र चित्र झकझोरता रहता है। इस पीड़ा के बीच से गुजरते हुए अन्याय का हिंसात्मक ढंग से विरोध करने वाले युवावर्ग के प्रति न केवल सहानुभूति जगती है बल्कि उसमें हिस्सेदार बनने के लिए गहरी मानसिक चुनौती भी मिलती है।

लेखक इस निष्कर्ष पर नहीं आता कि शोषक और शोषितों की यह लड़ाई कभी खत्म हो सकती है। बाँध के पानी पर और पर्यटन स्थलों पर उच्च वर्गीय तबका ऐश कर रहा है, भोगवाद के ऊपरे समस्त मूल्यों की कुर्बानी देकर अपनी प्रगति और अपना विकास कर रहा है। भले ही मुख्य मंत्री के आगमन के अवसर पर कोई विपरीत स्थिति पैदा न हो जाये इसलिए बाढ़ पीड़ितों

के संगठन के नेताओं को कुछ आश्वासन दिये जाते हैं फिर भी यह केवल आचार धर्म की उदारता थी। लेखक अंत में लिखता है, ''मुख्यमंत्री के स्वागत के लिए कमानें सजने लगीं। जंगली कॉलोनी तैयार हो रही थी। बाँध पीड़ित अपना बोरिया बिस्तर, पोटलियों तथा पोटलियों में रूखी सूखी रोटियाँ संभालकर अपनी-अपनी बस्तियों की ओर लौटने लगे। इस तरह आगे भी खूब लड़ना था, झगड़ना था। अब भी समस्याओं के पहाड़ शेष थे। क्या झाड़ाझड़ती इतनी जल्दी समाप्त होगी?''

जिस यथार्थ का अनेक मुखी संघर्षमय रूप लेखक आरंभ से अंत तक दिखा रहा है, उसका अंत संभव नहीं था। शोषितों के पास केवल है संगठ्न करने की क्षमता और अपने को निरंतर झोंकने की तैयारी। शोषकों के पास है भयावह हिंस्त्र नाखून जो कभी प्रकट होते हैं, कभी छिपा कर रखे जाते है। कभी मायावी चरित्र धोखाधड़ी का भ्रमजाल पैदा करता है। इसका अंत क्या है, कैसे है, कब है? लेखक के पास सीधा उत्तर तो नहीं है परंतु इस विराट अनुभव को प्रस्तुत करते हुए उसने अपने शील और स्वभाव के अनुसार उत्तर दिया है। उसने इस शोषण, अन्याय, हिंसा, धोखाधड़ी का असली रूप दिखाया है और पाठ्क एक विलक्षण बेचैनी का अनुभव करता हुआ सोचने को बाध्य होता है--- वह किस तरफ है? वह निस्संदिग्ध रूप में शोषितों की तरफ है। संभवतः यह उत्तर कम महत्वपूर्ण नहीं है। यही लेखक की सार्थकता भी है।

लेखक ने कानूनी दरारों का, नौकरशाही के खौफनाक चेहरे का, उसकी अमानवीय हरकतों का जो अनेकांगी चित्र प्रस्तुत किया है वह उसकी अजस्त्र निरीक्षण शक्ति, बौद्धिक पैनापन और यथार्थोन्मुख कल्पनाशक्ति को उदाहृत करता है।

यथार्थ प्रस्तुति की औपन्यासिक शर्ते

लेखक ने निश्चय ही वर्णन या इतिवृत्त कथन का सहारा लिया है। किसी भी महाकाव्यीय अनुभव के संप्रेषण के लिए इतिवृत्तकथन का भरपूर सहारा लेना ही पड़ता है। लेकिन लेखक ने वृत कथन में जीवन्तता पैदा करने के लिए अनेक कलात्मक कौशलों का सहारा लिया है। घटनाओं को चित्रमय रूप में दृक बिंबात्मक प्रतीति कराने की लेखक की क्षमता अजस्त्र है. चरित्रों की मूलभूत विशिष्टताओं को जीवन्त रेखओं में शब्दबद्ध करने की ताकत भी सराहनीय है। चरित्रों में विलक्षण वैविध्य उत्पन्न करने की चुनौतयों को लेखक ने सफलतापूर्वक झेला है क्योंकि उसके अनुभवाशय की शतधा गति को प्रवाहित करने के लिए वह अनिवार्य शर्त थी। एक विशाल पट पर जितनी ठेस रेखाओं में चित्र उभारे जा सकते हैं, घटनाओं को स्पंदनशील किया जा सकता है वह सब करने की कलात्मकता लेखक के पास जन्मजात है।

रसात्मक प्रसंगों की परिकल्पना

यथार्थवाद के बढ़ते आग्रह के बावजूद और उपन्यास विधा के प्राणतत्व के रूप में उसकी स्वीकृति के बावजूद यह माना जाना चाहिए कि यथार्थ के रूप जब तक संवेदनात्मक उद्वेलन का रूप ग्रहण नहीं करते तब तक वे इतिहास या दस्तावेज की हैसियत से ऊपर नहीं उठते। विश्वास पाटील को इसका पूरा भान है। इसीलिए वे जीवनविषयक अपने निरीक्षण को, काल और स्थान की ठेस प्रत्यक्षिता को जीवन्त घटनाओं और स्पंदनशील प्रसंगों में तब्दील तो करते ही हैं, उसे

संवेदनात्मक ठेस स्पर्श भी देते हैं। इस प्रकार के संवेदनात्मक ठेस स्पर्श के लिए प्रथम आवश्यक है चरित्रों की मानसिकता को पूरे संदर्भ में पहचानना और उसमें अनुप्रवेश करना। यह निस्संदिग्ध रूप में कहना चाहिए कि इस कार्य के लिए महत्काय उपन्यास में जिस क्षमता की अपेक्षा लेखक से की जा सकती है, वह क्षमता विश्वास पाटील के पास है।

विश्वास पाटील ने बाँध के कारण होने वाली विस्थापित अवस्था के भय से पूरी जांभली के लोगों की मानसिकता को पहचाना है और उनके उखड़ेपन, आशंका, भय, असहायता, निराशा, अनिश्चितता, कुंठितता, क्रोध, क्षोभ, हिंसक प्रतिशोध की इच्छा, विद्रोह, डर, तडफड़ाहट , व्याकुलता, रोनाधोना इत्यादि भावपुंज का सामूहिक और वैयक्तिक स्तर पर प्रकर्ष पूर्ण विभावन किया है। बाढ़ पीड़ितों की जिजीविषा, संघर्षशीलता, शारीरिक परिश्रम की तैयारी, बांझ क्रोध, गुस्सा इत्यादि का भी बड़ा प्रभावी रेखांकन किया है।

वैयक्तिक स्तर पर हैबती के रूपा के प्रति आकर्षण और उसके द्वारा अवमानित होने पर होने वाली तीव्र हताशा का तथा फुला और हैबती के जैविक आकर्षण का क्रमशः दांपत्य प्रेम की सघनता में परिणत होने वाले प्रेम का ठेस चित्रण किया है। हैबती के नौकरी में पर्मनन्ट होने के लिए किये गये व्यर्थ प्रयासों की दारूण मानसिक परिणति का, आत्महत्या की सीमा तक ले जानेवाली मनः स्थिति का आवेगपूर्ण चित्रण किया है। हैबती और राघु भिवा के बीच के संघर्ष से उत्पन्न अनेक स्तरीय मनोवस्था को चित्र-सादृश्यता दी है उसके जीवन के चरम निराशा भरे क्षणों का ठेस रेखांकन किया है। बच्चों के प्रति कोमल भावना को अभिव्यक्ति दी है। राघू भिवा के हत्यारों द्वारा मार दिये जाने पर उसकी जीने की इच्छा का बड़ा करूण चित्र उरेहा है। आबडाबाई और गुरू जी की विभिन्न अवस्थाओं में हुई अनगिनती मनोदशाओं को सशक्त वाणी दी है। आरती का थाल उड़ाकर बाँध का विरोध करने की आबडाबाई की तेजस्विता परिस्थिति की मार से किस तरह कभी अभ्राच्छादित होती है, किस तरह फिर तेज बनती है, इसका बड़ी प्रतीतिपूर्ण चित्रांकन किया है। पत्नी, माँ, दादी सास, जांभलवाड़ी के युवकों की मार्गदर्शिका प्रोत्साहनदात्री के रूप में उसके सशक्त वर्णन कराये गये हैं। गुरू जी का कर्मठ , कर्तव्यपरायण, संघर्षशील, साहसी, अध्ययनशील, मित्रों की सहायता के लिए तत्पर, निष्काम सेवाभावी व्यक्तित्व खड़ा करते समय उनके सुखदुखों के अनेक चित्र लेखक ने प्रस्तुत किये हैं। गुरूजी का पिता का रूप सर्वतोपरि विलोभनीय है और उतनी ही दारूण मानसिकता का परिचय दिया है जब उनकी लाड़ली मोरनी शेवंती पर बलात्कार होता है। हजारों रूपयों की रिश्वत को ठुकरानेवाला यह व्यक्ति शासकीय निर्ममता और नौकरशाही की अमानवीयता के आगे कभी हताश भी होता है, अपमान को निगल कर झुक भी जाता है। गुरूजी की अनगढ़ विराट मूर्ति प्रेमचंद के रंगभूमि के अंधे सूरदस की याद दिलाती है। अंत में हिंस्त्र शक्तियों द्वारा उन पर पड़ी मार से शारीरिक दृष्टि से विकल हुए गुरूजी अपनी मोरनी के अंधकारमय भविष्य से व्यथित होते जाते हैं, थक जाते हैं -- थकान में मृत्यु ही उन्हें मुक्त करती है। लेखक ने गुरूजी और गाँव के लोगों के संबंधों का जीवन्त रूप साकार किया है। चरम निराशा की स्थिति में गुरूजी की ईमानदारी के प्रति संदेह व्यक्त करने वाले अधीर युवकों के द्वारा अपमानित किये जाने पर गुरूजी की अपमानित हताश पीड़ा को बड़ी गहराई से वाणी

देने में लेखक सफल रहा है।

हैबती और शिवाराम की मित्रता, शिवराम की बच्चे की मधुर स्मृतियों से आल्हादित होने वाली मानसिकता में ही बुलडोझर के आघात से हुई भयावह करूण मृत्यु, नकुसा और विरजा का अनाथ होना, गुणवंता और हैबती का बंधु प्रेम, आबडाई और सुभाना का भातृ-प्रेम, गुणवंत और कुशप्पा का स्नेह, कुशप्पा का अपनी लड़की के विवाह के लिए जोखिम उठने की असफल साहसिकता, गोम्या और हल्या भैंसे का विलक्षण मृदु रिश्ता, बंड्या नाई और शिवा चमार का सहयोग ऐसे अनगिनती भावात्मक संबंधों की तलस्पार्शी मानसिकता को लेखक ने प्रतीतिपूर्ण बनाया है। गुरूजी पर लगाये गये व्यर्थ आरोपोंसे हुई अपराधबोध की तीव्र कचोट , म्हाकू और हैबत के बीच के स्नेह संबंधों में होने वाले उतार-चढ़ाव ये सारे प्रसंग बड़े रसात्मक बन गये हैं। बलात्कार के उपरांत शेवंता की मानसिकता और गुरूजी की दर्दभरी कचोट बड़ी तीव्रता से उभारी गयी है।

वर्षा के समय गाँव वालों की दयनीय अवस्था और उसमें भी गायब व्यक्तियों को बचाने के लिए किये गये प्रयास, बुलडोझर के नीचे अमरूद और केले के बागों को मसलते देख होने वाली अपार पीड़ा, दोस्तों, रिश्तेदारों की मृत्यु के एवं अन्य दुखों के समय होने वाली मानसिक वेदना, बाँध पीड़ितों के प्रति लाभवाले लोगों की होनेवाली निर्ममता, खीझ, क्रोध, क्षमा की भावना, हर बार नौकरशाहों, स्थानिको और शोषकों द्वारा होने वाली वंचना से उत्पन्न दुख इत्यादि का विश्वसनीय चिन्तन लेखक ने किया है।

कुल मिलाकर यह निस्संदिग्ध शब्दों में कहा जा सकता है कि विश्वास पाटील ने इतिहास और औपन्यासिक अनुभव संसार दस्तावेज और औपन्यासिक यथार्थ के बीच के अंतर को हर प्रसंग में, हर व्यक्तित्व रेखांकन में ध्यान में रखा है। क्योंकि वे भूलतः एक सशक्त कलाकार हैं--- महत् जीवन के चितेरा कलाकार।

दो दुनियाओं की मानसिकता

यह निस्संदिग्ध रूप में कहा जा सकता है कि विश्वास पाटील ने जहाँ शोषितों की दुनिया की मानसिकता का सफल रेखांकन किया है वहाँ शोषकों की मानसिकता का भी बड़ा सशक्त चित्रण किया है। एक प्रकार से बड़े लेखक के लिए अपेक्षित भिन्न प्रकार के वर्गो एवं व्यक्तियों की मानसिकता में काया प्रवेश की सफलता विश्वास पाटील के उपन्यासकार का एक महत्वपूर्ण गुण है। सौतेली माँ की मृत्यु का झूठ दाखिला तैयार कर उसकी जमीन लूटने वाला दत्ता करवंदे हो या हैबती और आबडाई के साथ वंशपरंपरागत दुश्मनी निभाने वाला क्रूर लाला जाधव हो, जमीन के मुआवजे को लेकर बांध पीड़ितों की असहायता से स्वार्थ सिद्ध करने वाला तात्या कांबले हो या अपनी जमीन पर उगे ईख के समृद्ध खेतों या चने की लहलहाती फसल को देख कर किसी भी स्थिति में हैबती को खेत न देने का संकल्प करने वाला क्रूर राधु भिवा हो, बांधपीड़ितों की समस्याओं से वैयक्तिक स्वार्थ सिद्ध करने वाले अफसर हों विश्वास पाटील ने सब की मानसिकता का और उसमें निहित भिन्नता का पूरा ध्यान रखा है। इसलिए इनका शोषक वर्ग भी अपने वैयक्तिक व्यक्तित्व में काफी अलग लगता है। विशेष रेखांकित करने की बात यह है कि हर व्यक्ति के अलग-अलग कार्य क्षेत्र

की पूरी जानकारी लेखक को है। हैबती को दो सौ चालीस दिन पूरे न करने देने वाला अफसरों का तबका हो, उसको जमीन का कब्जा देते समय धोखा देने वाला अफसर हो या जिल्हाधिकारी देशमुख के आदेश पर भी जमीन संबंधी फाईल चार दिनों तक गायब करने वाले कर्मचारी हों, उनके करतूतों की पूरी जानकारी लेखक को है। इस पूरे वातावरण में काफी विश्वसनीयता और जीवन्तता लेखक उत्पन्न कर सका है। इसीलिए विश्वास पाटील द्वारा चत्रित नौकरशाही अमूर्त, आकारहीन नहीं होती, उसे ठोस आकार और मूर्तता प्राप्त है।

बाढ़ पीड़ितों के साथ दुश्मनी केवल अफसरों और स्वार्थी शोषकों की ही नहीं है, अपितु लाभक्षेत्र में रहने वाले सामान्य लोग भी उसके साथ गुस्सा, द्वेष, ईर्ष्या और निर्ममता से पेश आते हैं। बाढ़ पीड़ितों और लाभ क्षेत्रों के लोगों के बीच का अनेक स्तरीय संघर्ष-संबंध लेखक ने बड़ी ताकत और सूझबूझ के साथ चित्रांकित किया है। बीच में गर्भवती फुलवंता को कुछ दया दिखानेवाली और गोएठे में कुछ दिनों के लिए स्थान देने वाली अनुबाई या बाढ़ पीड़ितों के प्रति सहानुभूति रखने वाला पंढरी पाटील जैसे अपवादात्मक व्यक्तियों के चित्रण से यह लाभ क्षेत्रों के साथ बाढ़ पीड़ितों का मानवताहीन संबंध अधिक संतुलित और विश्वसनीय बना है।

इधर चालीस वर्षों में भारत में एक धनाद्‌य वर्ग बढ़ा रहा है जो ग्रामीण जनता और नगर की ग्रामीण जनता का बड़े सूक्ष्म ढंग से शोषण कर रहा है। बाँध पीड़ितों की जमीनों को अनपेक्षित रकम दे कर खरीदने और उसका बंगले, होटल, आवास-स्थान, पर्यटन स्थल इत्यादि सब में परिवर्तन करने वाले बिल्डरों का वर्ग। इनके आसपास ही सामान्य जनता को सम्मोहक भाषा में आकर्षित कर उनकी जमीने हड़पने वाली विचौलियों दलालों का भी वर्ग पनप रहा है। यह प्रगति है क्योंकि इस काम में जमीन पर काम करने वाले लोग अपनी जमीन छोड़ कर मजदूरी पर काम करने और कुछ कुछ शारीरिक परिश्रम से अधिक सुविधाएं प्राप्त करने वाले नागर जीवन की लकदक से प्रभावित हो रहे हैं। दत्तू करवंदे की सौतेली माँ बूढ़ी बन कर बर्तन मांजने, पोंछा देने का काम कर रही है और कुशाप्पा राजा जंगल का राज छोड़कर रखवाली करने का काम कर रहा है। ये वर्ग अपनीं जमीन और अपने मूल से उखड़ रहे हैं। विश्वास पाटील ने बाँध की बड़ी दीवार को देखते हुए अपने अतीत की दर्दभरी यादों में खोने वाले जांभलीबासियों की मानसिकता का बड़ा धारदार चित्र खींचा है। हैबती की हत्या के बाद उसके चिह्न मिटा कर अलग हटने वाले हिंसक वर्ग का बड़ा प्रभावी चित्र विश्वास पाटील ने खींचा है। इसमें स्टे देने वाले न्यायाधीश हैं,पोस्टमार्टम करने वाले डॉक्टर हैं, पैसे के धुएँ से आँख बंद कर निर्दय बने हुए पुलिस कर्मचारी हैं, वोट की राजनीति का विचार कर मानवीय मूल्यों को ताक पर रखने वाले लोकतंत्र में पनपने वाले सर्जेराव जैसे नेता और उनके कार्यकर्ता हैं। पाटील लिखते हैं--- "विकास के दॉत होते हैं, नाखून होते हैं, मद होता है। भावना नहीं होती, मन नहीं होता। "खैरमोडे हों, उनकी लड़क शेबंता हो, हैबती हो--- सब इसी नाखून, दाँत और मद के शिकार हैं।"

इस प्रगति और विकास के नाम पर अगर कोई वर्ग पनपा है तो वह नव धनाद्‌यों का है जो शीघ्रातिशीघ्र संपन्न बनता जा रहा है। इसकी वैयक्तिक जाति खत्म हो गयी है। मंत्री सुब्बरावअण्णा पाटील की लड़की ने जॉन फर्नान्डिस से प्रेम-विवाह तय किया। पाटील बहुत खुश हैं क्योंकि कन्या

का चुनाव ठीक है। जॉन की पैसा इकट्ठा करने की क्षमता जबर्दस्त है।

राधु भिवा, जगनलाल, लाला जाधव, दत्तू काबंळे कुछ अनपढ़ लोग हैं क्योंकि अपनी हिंस्रता दबा नहीं सकते। सर्जेराव, सुब्बाराव अण्णा पाटील, जॉन फर्नान्डिस सभ्य हैं क्योंकि अपनी अन्दरूनी आकांक्षाओं को दबा सकते हैं। लेकिन सब के मूल में पनप रही है भयानक हबस --- किसी तरह धन और सत्ता प्राप्त करने की।

''झड़ाझड़ती'' केवल बाँध पीड़ित समाज की व्यथा-गाथा न रह कर समूचे देश में जो सांस्कृतिक मन्वंतर हो रहा है जिसका चेहरा ऊपर से अलग है, हृदय भीतर से अलग है उसका बड़ा खौफनाक चित्र प्रस्तुत करता है। विकास और प्रगति के नाम पर बन रहे राजनैतिक, सामाजिक, सांस्कृतिक परिवर्तन से विश्वास पाटील चादर हटा देते हैं और उनकी असलियत से, खूँ ख्वार आदिमता से पाठक को रू -ब-रू कराते हैं।

एक शिक्षितों का छोटासा तबका कभी तकनीकी ज्ञान के सहारे, कभी कानूनी विद्या के सहारे, कभी वैद्यकीय उपाधियों के बल पर, कभी शासकीय नियमों और अधिकारों के आधार पर, कभी राजनीतिक सत्ता के माध्यम से अकिंचन जनता का कैसे सब प्रकार से शोषण कर निःशक्त बनाता जा रहा है, इस जीवनानुभव का प्रभावी संप्रेषण ''झड़ाझड़ती'' का मुख्य कथ्य है। इस प्रक्रिया के समग्र रूप की तीव्रता से पहचान करा देना और उसके खिलाफ पाठक के मन में उच्च कोटि की घृणा जगा देना ''झड़ाझड़ती'' की सार्थकता है और यह कार्य बड़े प्रभावपूर्ण ढंग से विश्वास पाटील ने किया है। ''गुणवंत की आँख नहीं लग रही थी। वह बिस्तर पर छटपटा रहा था। बाँध के खातिर जब गाँव के गाँव उठ रहे थे तब लोग जानवरों की तरह चिल्ला रहे थे। यह दृश्य उसकी आँखों के सामने बार-बार खड़ा रहता था। उसे डोझर के नीचे दबा हुआ शिवराम दिखाई दे रहा था। भालू के द्वारा जख़्मी किया गया फरलू बहेलिया तिलमिलाता हुआ दिखाई दे रहा था। चारों और व्यथा, वेदनाओं की आहें गूंज रही थीं। जलते सुरंगों की तरह।शौकीनों के बंगले आसपास के पंक्षियों की तरह नीचे उतर रहे थे। उतर कर जलाशय के दोनों किनारों पर धीरे-धीरे बस रहे थे। बिजली बत्तियों का लाल उजियाला बाँध के पानी में बदन को फैला कर प्रतिबिंत हो रहा था। होटलों, बंगले में, छोटी-छोटी चीजों के लिए मजदूरी करने वाले, आह भरने वाले, कुढ़ने वाले मानव प्रांत के सपूत दिखाई दे रहे थे। हम जंगल सिवान के आदमी गरीब बेचारे मेमनों की तरह हैं। वे रूपमेंवाले, पढ़े लिखे लोग चालक सियार जैसे होते हैं। वे बहुत चालाकी से मेमनों को निगल डालते है। विकास के बहाने कानून भी उन्हीं की सहायका करता है। हमेशा विकास विकास के ही नारे। विकास की थैलयां उनका साथ देती है। वे एक होकर सिवान जंगल पर हमला करते हैं। हमले भी कैसे? मार पड़ेगी पर जख्म नहीं होंगे। उस मार को हम ही कराहते, कुढ़ते सहन करते रहेंगे। हम जंगल-सिवान में रहने वाले बिखरे हुए पंछी। खैरमोडे मास्टरजी सच ही कह रहे थे। --- ''संसार पलट जाय तो पलट जाय, धरती हिल जाये वो हिल जाए, पर वे कल अमीर थे, आज अमीर हैं और कल भी अमीर रहेगे। ''यह गुणवंता की मानसिक तकलीफ लेखक विश्वास पाटील की अपनी भी तकलीफ है। यह केवल परकाया प्रवेश की प्रतिभ सिद्धि नहीं है, भोगे हुए यथार्थ की कराह है। यह भी ध्वनि निकलती है-- सारी शिक्षा का अंतिम प्रयोजन क्या है?

विश्वास पाटील की भाषा और शैली के अनेक गुणविशेष उनकी सर्जनशीलता की पहचान कराते हें और अनुभवाशय की तीव्रता को बढ़ाते हैं। पाटील का उपन्यास बृहत्काय है परंतु सपाट कहीं भी नहीं होता। उनके लेखन में कसाव है। एकाध वाक्य में पूरे जीवन का ठोस रेखा-चित्र वे खींच सकते हैं। उदाहरणः-

"रास्ते के किनारे पर कभी सूख कर झुलसे हुए पेड़ों पर अब हरीभरी टहनियाँ डहडहा रही थीं; पर मास्टरजी अब ठूँठ जैसे हो गये थे। पूरी जिंदगी परेशानी में बीती। नसीब में केवल लड़ना और झगड़ना ही आया। सुख और शांति कभी देखी ही नहीं।"

"काली माई, तू ने मेरी सारी उम्मीद, उम्र और जवानी पगली आशा के पीछे जला डाली। उसी तरह जैसे चूने की धानी का बैल अपने पैरों को जलाता है।"

"बचपन में गाँठवाली मीठी शेव माँगने वाली मास्टरजी की मोरनी सचमुच ही मास्टरजी के हृदय की गाँठ बनी हुई थी। पर आज? आज वही गाँठ पित्त की गाँठ बन टूट कर पूरे बदन को जला रही थी। इतनी सुंदर लड़की को गरीब के घर जन्म ही क्यों लेना था?"

"मास्टरजी ऊपर से हट्टे ,-कट्टे , इमली के पेड़ की तरह चीमट दिखाई देते थे, पर जड़ की ओर से निरंतर खोखले बनने इमली के तने की भाँति उनका पूरा बदन खोखला बन गया। बाँध पीड़ितों की अनन्त समस्याएँ, जिंदगीभर की परेशानी और अब शेबंता की यह बहती हुई व्यथा--इन सब के कारण मास्टरजी बहुत ही व्यथित रहते।"

"ये धूर्त लोग बड़े चूहों की तरह होते हैं। एक बार अगर चूहे को भुरभुरी जमीन मिल जाय तो वह छेद बनाते-बनाते भीतर ही चला जाता है। वह मिट्टी को लगातार बाहर फेंकता रहता है और आखिर अनाज के कुछले तक पहँच जाता है। लाभक्षेत्र के लोगों की जाति उसी चूहे की तरह होती है।"

इस प्रकार के सुगठित, पैन, धारदार भाष्य इसलिए पाठक के मन पर प्रभावपूर्ण ढंग से अंकित हो जाता है क्योंकि इसके पूर्व लेखक जीवन्त रूप में इनका संदर्भ चित्रण कर चुका होता है। व्यक्तियों की तरह स्थितियों को भी बहुत चुटीले और सटीक ढंग से व्यक्त करते हैं विश्वास पाटील ---

"लेकिन सुनता कोन है? एक मर्तबा नंद का नाम दे गया तो निचली जनता और ऊपर के अधिकारियों का नेताओं का मतलब समाप्त। फिर बैठे बोंब मारते हुए तुम्हारी किस्मत तुम्हारे साथ। विद्वान लोग नीचे कारखानों के रेस्ट हाऊस में विकास पर चर्चा करने के लिए मुक्त।सत्ता की गाड़ी, तुक्या का पेट्रोल, मीम का कारखाना और श्याम्या के अखबार में रंगीन फोटो के साथ चर्चा का सर्वेक्षण ! मरने वाले मरा करें ठिठुर कर।"

"डूब क्षेत्र की बारह रैयत की नाक में दम कर दिया है इस पानी ने ! लोगों का सत्यानाश कर दिया। स्त्रियाँ विधवा हुई। गाँव टूट गये, कोई इधर बसा कोई उधर चला गया। शेष लोग भीतर फँस गये। सिकुड़े सहमे जीवन निभाने लगे। हमारी आँखों का पानी उधर लाभ-क्षेत्र में कल-कल बह रहा है। इस पानी के बल पर पथरीली जमीन में भी गन्ने के पोर बढ़ गये हैं, गले में

शक्कर भर रही है। शक्कर से प्राप्त होने वाली दौलत घंटों में आंगन में थाड़थाड़ नुत्य कर रही है, पर जिसके सीने पर पैर रखकर बाँध की प्रचंड दीवार बनवायी गयी है उनकी अवरुध साँसें किस ने सुनी है?''

इस निष्कर्ष रूप भाष्य के संदर्भ में विश्वास पाटील पूरी जीवन लीला के दर्शन कराते हैं।

लाला से अधिक दत्तू घबरा गया था। अनेक प्रकार के झूठे हस्ताक्षर कर झूठे कागजात तैयार कर जमीनें लूट ली थी। यह सारा पाप जीवनभर सफेद टोपी के सहारे उसने पचाया था।

इस प्रकार के स्थितियों के व्यापक चित्रण के बाद किया हुआ अंतिम भाष्य गीत के मुखड़े की तरह पाठक के मन अंकित हो जाता है।

विश्वास पाटील जिस ग्रामीण परिवेश का चित्रण कर रहे हैं वहाँ की लोक भाषा (बोली) से उनका गहरा परिचय है। (मुझे मालूम नहीं है परंतु ऐसा लगता है विश्वास पाटील ने गाँव में रह कर गायें चरायी होंगी, खेतों में हर प्रकार का काम कर पसीना बहाया होगा, गाँव के भूमिपुत्रों के साथ उनकी हार्दिक अंतरंगता रही होगी -- अन्यथा शब्दों की यह संपदा और उसके कलात्मक उपयोजन की यह क्षमता असंभव है।) अतः उस खास ढंग की बोली की खास लय, ठसक, मुहावरा, शब्द संपदा सब का वे उपयोग इस तरह करते हैं कि पूरा वातावरण जीवन्त हो उठता है। केवल संवादों में ही नहीं वर्णन, विवरण, कथन सब में वह खास बोली का ठाठ मिलता है। लगता है मराठी के ग्रामीण साहित्य में खास शब्दों की इतनी जमावट पहली बार हुई है। प्रकृति की विभिन्न मुद्राओं, रूपों का वर्णन हो या लोक जीवन की प्रणालियों और कार्यों का तो, लेखक खास बुनावट की भाषा का इस्तेमाल करता है। बंदरों, हिरनों, सुअरों, भैसों, बैलों, पंक्षियों की खास ध्वनियों का ही प्रयोग किया गया है। इससे विलक्षण चित्रमयता और जीवन्तता पैदा हुई है। असल में भाषा इतनी वैशिष्टयपूर्ण है कि किसी भी दूसरी भाषा में अनुवाद करते समय मुश्किलें पैदा होगी क्योंकि इस खास त्वचा का प्रत्यारोपण असंभव-सा लगता है।

विश्वास पाटील के पास ग्रामीण शब्दों का अकूत भंडार है और ग्रामीण मानस जिन मुहावरों का उपयोग बार-बार करता है, जिन शब्दों का प्रयोग दैनंदिन जीवन में करता है उसकी अद्‌भुत जानकारी उनके पास है।। परिणामतः शब्दों, भाषा प्रयोगों और शैली की प्रयुक्ति द्वारा वे पाठक को सीथे चरित्रों की मानसिकता में, उनके व्यवहार और व्यापार में ले जाते हैं। यह कहते हुए मुझे संकोच नहीं है कि ग्रामीण भाग का यह ठाठ मराठी में केवल आनंद यादव के पास है और हिंदी में प्रेमचंद और रेणु के पास। कहीं तो ग्रामीण मुहावरों के सटीक और प्रभावशाली उपयोजन में पाटील इन सबसे आगे दिखते है। इस प्रकारके भाषा और शैली के उदाहरण ही देने हों तो दो तिहाई पुस्तक उद्‌धृत करनी पड़ेगी।

''आखिर डेढ़ घंटा देर कर एसटी भसकसे गाँव में घुसी और गुर्राती हुई हाटवटी में आकर रूकी''

''वह सरपंच है?अरे वह तो गाँव का दुश्मन है। क्यों उस भैंसे को दोहेंगे। ''कितना ही दोहो दूध थोड़े ही देने वाला है?''

"निचली जमीन खास थी। ऐसा तानाबाना कि मनुष्य को बोया जाता तो भी वह उगेगा।"

"कन्दिल की बात की तरह उसका जिया फड़उड़ाने लगा।"

"बीच में ही किसी को बॉध की याद होती और लगता सिर पर झाडू पड़ गयी हो।"

"बाघ का बछड़ा है, जंगल में पैदा हुआ है, पहाड़ से टक्कर लेगा।"

"पुलिस अधिकारी हाथ के केन के साथ हरकतें कर रहा था, कमर के पिस्तौल की गर्माहट उसके चेहरे पर फैली थी।"

"अब गॉव को पूरी जिंदगी रोते कलपते बितानी होगी। सब को जलना पड़ेगा इस चिता की तरह।"

"गॉव की जड़ें उसके मन में धॅस गयी थीं। काले पत्थर पर उगे बरगद के पेड़ की तरह कहाँ जायेगी?"

"छूरी सोने की है इसलिए उसे कोई अपने पेट में जो नहीं न खोंपता?"

"यह बॉध स्साला कैसे कलेजे में घुसता रहता है? जंग लगी कील जैसे ठखने में घुस जाय।"

"पलक पर रखे भात में दोना गाडा जाय उस तरह झांझडवाडी नदी और पहाड़ की खाँच में धँसी थी."

"कटहल की गरी की तरह मीठा लगने वाला कुशाराजा सबको अपना निकट का दोस्त लगा करता था."

"यह देखो खलिहान से खूंटा और खूंटे के चारों ओर जानवर चाहिए तभी तो कटाई दॅवरी होगी। बॉस के बन में ही तोतों का गाँव रहता है। फसल उधेड कर सर्वनाश करनेवाले जंगली सूअर भी रेवड़ में रहते हैं। मैं ही कैसे गाँव छोड़ कर बंजर पर रहूँ गुणवंत ?"

"वह आपका कायदा है या साही का बिल ?"

"बेटे, करेले के बेल में ककड़ी नहीं लगती।"

"यह ऐसा ही होगा। गधे के गोठें में लीद ही मिलेगी। गुड़ थोड़े ही मिलेगा ।"

"गुरुजी वह पैर का जूता लीजिए और पटकिए सर पर ! लेकिन मरे हुए को और मत मारिए।"

"पेड़ की तरह थामर्द लेकिन पानी से खुरचे गये कगार की तरह ढह गया था।"

"साहब चलिए जरा आप हमारे मुलुख में जंगली जानवरों के डर से दरवाजे के पास रात को आग जलाकर बैठे लोग देखिए। आस्मान को फाड़नेवाली बारिश देखिए। स्कूल में न जाने वाले नाले के किनारे भटकने वाले बच्चों को देखिए। नाले के किनारे की घास को काटकर भाजी खाने वाले आदिवासियों की ये संतानें देखिए और फिर अपनी फूटपट्टी से खेलते रहिए।"

"उस राघू भिवा की नजर मेरी जमीन पर है। हम पत्थर से पानी निकाले और फसल उगाएँ

और इनके दाँत को लगा दे ?"

ये कुछ बहुत ही थोड़े से उदाहरण हैं और मुझे पता है अनुवाद में मूल ठसक और ठाठ कुछ प्रभावित हुआ है।

यथार्थ का समग्र और गहराई से सामना करनेवाली और कहीं भी समझौता न करने वाली विश्वास पाटील की यह रचना भारतीय साहित्य में गौरव का स्थान प्राप्त करेगी। ग्रामीण जीवन की यह शोकपूर्ण महागाथा शक्तिशाली मानवीय सरोकारों के कारण स्थल और काल की सीमा लाँध कर वैश्विकता का परिमाण प्राप्त करती है। लेखक निश्चय ही दलितों, पीड़ितों, शोषितों और असहाय लोगों के पक्ष में है और उसके जीवनानुभव का सारा रचाव उन्हीं की दृष्टि से किया गया है। परंतु यह ऐसा जीवनानुभव है जहॉ किसी एक पक्ष में होना और अलिप्तता या निष्पक्षता के अधूरे सोंदर्यशास्त्र को ताक पर रखना जरूरी हो गया है। वैसे मानवीयता के पक्ष में रह कर भी विश्वास पाटील की प्रतिभा का वैशिष्ट्य है कि भ्रष्टाचार के कैंसर से ग्रस्त, उपभोक्ता की दृष्टि से आत्मकेन्द्रित वर्ग के अमानवीय चेहरे को वस्तून्मुख दृष्टि से देखा गया है। यह रचना मनोविज्ञान के नाम पर काम के अतिशयोक्तिपूर्ण चित्र, जो भोगवादी दृष्टि को पुष्ट करते हैं, नहीं प्रस्तुत करती, न अकेलेपन की कल्पित स्थितियों की जुगाली करती हैं। परंतु जमीन, रिश्तेदार, अपने लोग, अपना समाज, अपनी जीवन प्रणाली और अस्मिता से टूट कर उखड़े हुए निरीह लोगों की अंतरात्मा का करुण क्रंदन प्रभावपूर्ण ढंग से समूचे शिक्षित वर्ग तक संप्रेषित करती है और उन्हें अपने अपराधी होने का तीखा बोध कराती है। क्योंकि समूचे जीवनानुभव का प्रेरणा स्त्रोत है लेखक का सही रूप में लोक चेतना और लोक जीवन से घनिष्ट जुड़ाव। यही साहित्यिक शक्ति का प्रेरणा स्त्रोत है जिससे शिक्षित साहित्यकार को अलगाने वाली शिक्षा प्रणाली, विचार व्यूह, जीवन दृष्टि सब का नये सिरे से विचार करना होगा। यह रचना पढ़ने के बाद वहीं समाप्त नहीं होती, संवेदना और विचारों के दूरगामी वलय पैदा करती रहती है। यह साहित्य की महत्ता का एक परिमाण है।

मेरा मैं-पन

मेरे अग्रज तुल्य दार्शनिक मित्र डॉ. सुरेंद्र बारलिंगे ने जब बातचीत के सिलसिले में मुझे बताया कि मैं एक उपन्यास लिख रहा हूं तब मैंने उस ओर विशेष ध्यान नहीं दिया था। यह नहीं कि मुझे उनकी योग्यता के बारे में संदेह था। उनकी एक ललित रचना 'क्रान्ति पूजा' पर अश्लीलता का अभियोग लगाया गया था और उस मुकदमें में डॉ. बारलिंगे बाल-बाल बच गये थे, यह वर्षो पुरानी घटना मुझे मामूली थी। उनके दार्शनिक लेखो में जहां साहित्य का जिक्र आता है, वहां एक संवेदनशील रसिक हृदय की पहचान मिलती है, इस बात से भी मैं वाकिफ था। उनका साहित्य एवं सौंदर्य संबंधी लेखन कोरी सैद्धान्तिक जिज्ञासा का परिणाम नहीं था, बल्कि साहित्य के प्रति प्रगाढ़ रुचि का परिणाम था, यह भी मैं जानता था। उनके साथ हुई छोटी-बड़ी चर्चाओं और बहसों में उनके द्वारा दिए गए संस्कृत, हिंदी, मराठी तथा अन्य भारतीय भाषाओं एवं योरोपीय ललित रचनाओं के हवालों से और उससे भी अधिक संस्कृत अभिजात वाङ्.मय के उद्धरणों से मैं सदैव चकित हो जाता था। इन सबके साथ अपने सामने बैठे छोटे व्यक्ति को भी अनपेक्षित सम्मान देकर और अपनी महत्ता को जेब में बंद कर बोलने की जो उनकी आदत है (जो छद्‌म नहीं, शील का प्रस्फुटन है) उससे में बहुत प्रभावित था। यह इसलिए लिख रहा हूं ताकि यह स्पष्ट हो जाए कि डॉ. बारलिंगे में सामने बैठने वाले हर व्यक्ति की मानसिकता में अनायास रूप में गहरे धंस जाने की और उसको पहचानने की विलक्षण क्षमता है, जिसका कहीं-न-कहीं अच्छे कलाकार से वास्ता है। मैं यह जानता था। अलबत्ता बारलिंगे जी की काबिलियत के बारे में कोई शुबहा मेरे मन में नहीं था। फिर भी उनकी ललित रचना को जब तक उन्होंने पढ़ कर नहीं सुनाया तब तक मैं नहीं मानता था कि आप वाकई किताब लिखने पर जुटे हुए हैं। इसका कारण यही था कि महाराष्ट्र साहित्य संस्कृति मंडल की अध्यक्षता को स्वीकार करने के उपरान्त डॉ. बारलिंगे ऐसे कार्यों के लिए समय दे पायेंगे, ऐसा कभी मैंने सोचा भी नहीं था। लेकिन इस व्यक्ति ने अपने जीवन में सदैव दूसरे को चकित किया है, आश्चर्य के सुखद धक्कों से झकझोर दिया है-- वह एक अलग रोचक कहानी है। अपने विश्वास को तोंड दिये जाने पर इतना सुख मैंने कभी अनुभव नहीं किया था।

यह तो बिलकुल अचरज की चीज नहीं है कि डॉ. बारलिंगे जैसा दार्शनिक ललित रचना की ओर गभीरतापूर्वक प्रवृत्त हो-मराठी में ज्ञानेश्वर से वा.म.जो. तक अनेक नाम गिनाये जा सकते हैं। सुखद बात यही है कि दर्शन के बौध्दिक घटाटोप से संतृप्त न होकर कोई प्रतिभाशाली व्यक्ति साहित्य की ओर आंतरिक प्रेरणा से आ जाता है। इसमें मुझ जैसे साहित्य-प्रेमी को जीवन में साहित्य की ठेास प्रयोजकता और साहित्य के माध्यम से जीवन की सार्थकता देखने के अपने विश्वास की पुष्टि होती दिखती है। आश्चर्य की यह बात अवश्य है कि उम्र के साठ साल पूरे कर चुकने के बाद भी डॉ. बारलिंगे ने अपने व्यक्तित्व की तरलता को तथा दूसरे की व्यथा को पहचानने की अपनी संवेदनक्षमता को जिलाये ही नहीं रखा अपितु उसे रचनात्मक स्तर देने का उत्साह एवं कौशल भी दिखाया।

आश्चर्य का पहला धक्का

डॉ. बारलिंगे ने इस रचना में अनेक सुखद धक्के दिये हैं। पहला धक्का विषय के चुनाव को लेकर है। इस रचना का आधार लिंग-परिवर्तन की घटना है। ऐसा नहीं है कि यह घटना आधुनिक युग की है। महाभारत से लेकर आज तक इस प्रकार की घटनाओं के उल्लेख मिलते हैं। न केवल साहित्य में बल्कि जीवन में भी ऐसी घटनाएं प्रचुर रूप में घट चुकी हैं। परन्तु जीवन के वैचित्र्य के रूप में उसे देखना और चलते हाथों उल्लेख करना या एक अद्‌भुत घटना के कारण उत्पन्न स्थितियों का बयान देने के लिए उसका उपयोग करना एक बात है और किसी कलाकार के संबेदनशील नजरिए में उस घटना के कारण उत्पन्न शारीरिक और मानसिक तनावों का ऐसा अक्स पड़ना कि वह उसे सम्प्रेषित करने के लिए बेताब हो जाए, निहायत जुदा चीज है। पुराने ग्रन्थों में या मौखिक कथाओं में आयी ऐसी घटनाओं को अखबार में छपी घटनाओं से आज तक किसी ने अधिक महत्व नहीं दिया-सनसनीखेज घटना का चरपरा स्वाद चाय के साथ लेने से विशेष महत्व नहीं दिया गया। डॉ. बारलिंगे ने एक सहानुभूति पूर्ण दृष्टि से विगलित होकर इस घटना के मानवीय मर्म को जानने की दिशा में प्रयास किया। निश्चय ही इस बात को कलाकार के स्तर पर उठाने के लिए व्यक्ति में अथाह सहानुभूति की आवश्यकता है। सामान्यतः जिस घटना को सांस्कृतिक वर्जनाओं के कारण अनायास रूप में उपेक्षित करने की प्रवृत्ति सारे समाज में व्याप्त हो उसको टोह कर उसके मानवीय संदर्भ से अभिभूत होना और उसको कल्पना के सहारे प्रत्यक्ष कर जीना असली कलात्मक सहानुभूति का ही काम है।

कलाकार की निर्भीकता

यहाँ एक बात और लिखनी है जिसका कला के रूप में कोई संबंध नहीं है, परन्तु साहित्य-कृति अगर सांस्कृतिक परवेश में उत्पन्न होती है और उससे किसी-न-किसी तरह सबंध रखती है तो यह महत्वपूर्ण है। हमारे समाज में अभी लैगिंक विषयों पर खुले रूप में लिखने की परम्परा नहीं बन पायी है। महाराष्ट्र में स्व.र.धों. कर्वे ने १९२५/२६ से यौन समस्याओं को लेकर गंभीर रूप में समाज को प्रशिक्षित करने का अभियान चलाया था, परन्तु आज भी इन बातों को लेकर स्वस्थ दृष्टि नहीं बन पायी है। कभी कलाकार चटखारे लेकर लिजलिजे काम वर्णनों से पाठकों की वासना को कुरेदता है तो कभी पाठक भी इतनी नाजुक तबियत के पाये जाते हैं कि यौन-विषयक केवल उल्लेखों से अनावश्यक रूप में और गलत दिशा में विचलित होते रहते हैं। इस स्थिति में जिस जीवनानुभव की मुख्य धुरी ही यौन-चित्रण से संबंधित है उससे निर्भीक रूप में संतुलित और स्वस्थ रूप में कलात्मक स्तर पर जूझना एक तरह से तलवार की धार पर चलना है। फिर लेखक अपनी विद्वत्ता, चिन्तन और सामाजिक कार्य के प्रति लगाव के लिए प्रतिष्ठित हो गया हो तो उसका काम अधिक साहस का होता है। यह सराहनीय है कि डॉ. वारलिंगे ने इस रचना को आकार देते समय किसी भी कला-बाह्य तत्व को अंदर प्रवेश नहीं करने दिया, बिना परिणाम की परवाह किए उन्होंने अपनी सृष्टि को रचा। संभवतः यही कारण है कि उनको इस अनुभव से उत्पन्न होने वाले अन्य बौद्धिक विषयों को उठाने की जरूरत महसूस नहीं हुई-जो आया है वह अनुभव का अंश बनकर भीतर से आया है।

कथा नहीं व्यथा

यह अच्छा है कि डॉ. बारलिंगे ने इसे कथा के रूप में प्रस्तुत करने के स्थान पर अनुभव के रूप में प्रस्तुत किया है। आपने कुलू मनाली की धारा में ऐसी ही किसी स्त्री को देखा जो कभी पुरूष डॉक्टर के रूप में अस्पताल में उनकी शुश्रूषा कर रही थी। यह घटना उनके मस्तिष्क में दबी पड़ी रही। इस घटना को अन्तर्मन में विस्तार देने के लिए एक धक्का और मिल गया-उस स्त्री बनी डॉक्टर का नाम बदल देने से मेडिकल विद्यापीठ के कानून ने इन्कार कर दिया। असल में डॉ. बारलिंगे जी के कलाकार को उनके समाजशास्त्र ने नहीं दबाया; उन्हें इसमें अस्मिता से सम्बन्धित दार्शनिक प्रश्न भी छिपा हुआ मिला। परन्तु यह प्रसन्नता की बात है कि यह अनुभव सामाजिक समस्यात्मक रूप लेने से एवं दार्शनिक पहेली का रूप धारण करने से बच गया और उसने अपना मूल रूप एक मैं-पन से संभ्रमित व्यक्ति की व्यथा का रूप सुरक्षित रखा।

व्यथा का रूप

लेखक ने इस व्यथा को उस बिंदु से उठाया है जहां से यह व्यथा अपने नग्न एवं पीड़ादायी मार की तात्कालिक प्रत्यक्षता से दूर है। यह दूरी काल की तो है ही, जो सभी विषम स्थितियों की दवा होता है और भीषण प्रसंग को रसभीना करने में योगदान करता है। यह दूरी काल की दूरी से भी अधिक यातनामय मानसिकता से सुरक्षित रूप में निबट लेने एवं एक सही और सुखमय जीवन-स्थिति प्राप्त करने के कारण पैदा हुई है। लेखक ने दुख को उस बिंदु पर छुआ जहां जहर मधुमय बन गया-अब पीछे लौटना है तो इस सुख के लिए कि कितने भाग्यशाली हैं हम कि एक दुस्तर समुद्र को पूरी आंधी और तूफान के बावजूद छोटी किश्ती के सहारे पार कर आये। इससे निश्चय ही व्यथा का वह रूप नहीं रहता जो नाजुक जगह के अधभरे जख्म को नाखून से कुरेदकर खून बहाते समय होता है। यह तो जख्म की खुजली है ---कुछ प्यारी-सी।

लेकिन इस रूप को स्वीकार कर लेने पर यह श्रेय डॉ. बारलिंगे को देना ही होगा कि उन्होंने इस व्यथा की बुनावट के रेशों को सधे कलाकार की नफीस अदाकारी से बुना है।

आत्मनिवेदन की अनिवार्यता

डॉ. बारलिंगे ने अनुभव को आत्म-निवेदन के रूप में प्रस्तुत किया है। एक युवक का पुरुष न होने का संदेह और अनमनापन, पुरुषों के बीच पुरुष न होने की शर्म और स्त्रियों के बीच समझा न जा सकने का संकोच, अपने बाहर की दुनिया द्वारा दिया हुआ रूप स्वीकार करने की हर कोशिश को नकारने वाली शारीरिक और मानसिक स्थितियों की बगावत और इस बगावत को दुनिया जहान से छिपाये रखने की मजबूरी, अपनी ही कशमकश और दर्द में छटपटाते रहने की यातना, ऐसे सारे अनुभव जो न घर में किसी पर प्रकट किए जा सकते हैं, न समाज में, अंतरंग मित्र भी यहां दुश्मन। प्रिय बनाकर किसी को अपनी रहस्यमय अवस्था में खींच ले आना ही मुश्किल --- यह दुराव-छिपाव, यह अकेलापन और यह सबसे दूर जाने की पीड़ा -- यह सब दूसरा कैसे कह सकता है? सब कुछ का साक्षी लेखक भी इस एकान्त अकेली दुनिया में दखल कैसे दे सकता है? लेखक

अपनी ओर से निवेदन नहीं कर सकता। और निवेदन करे भी तो यह अनुभव का इलाका ही ऐसा अद्‌भुत, अपूर्व और अजीबोगरीब है कि पाठ्क उस पर विश्वास करने में हिचकेगा। लेखक इसमें एक ही शर्त पर शिरकत कर सकता है --- वह खुद अपने को भूल कर उस भोक्ता के साथ सायुज्य अनुभव करे और फिर बयान दे। डॉ. बारलिंगे ने इस कलात्मक अनिवार्यता को पहचाना और इसी कारण से इसमें आद्योपान्त विश्वसनीयता ही नहीं उत्पन्न हुई, एक उत्कृष्टता भी आयी।

अनुभव-संसार की सरलता और सादगी

यह बहुत जटिल अनुभव-संसार नहीं है। हो भी कैसे सकता है? एक तो कुमुदनाथ राझदान को ईश्वर ने विचित्र अवस्था में जरूर रखा लेकिन उसकी समस्याएं ऐसी नहीं थीं कि जिनका हल मिलना असंभव-सा लगे और स्थितियों के भंवर में फंसकर मन और मस्तिष्क तार-तार हो जाय। कुमुदनाथ राझदान पुरुष होकर भी इतना सुंदर है कि नारी का भ्रम पैदा हो जाय, सौंदर्य से बहुतसी समस्याएं अपने आप हल हो जाती हैं। मसलन नारी वेश में घूमा जा सकता है, डॉ. स्टीव जैसा व्यक्ति पहली ही नजर में सिर आंखों पर ले सकता है और फिर तो सारी समस्याएं हल ही हो जाती हैं --- कोई खास रुकावट नहीं। रुकावट हो भी तो अपने ही मन की --- कुमुदनाथ मेडिकल कॉलेज में पढ़ता है, होस्टल में रहता है, नारी जैसा दिखता है, विश्वास, भूपिंदरसिंह जैसे युवा-मित्रों की ओर लड़की के अन्दाज में चोरी-चोरी देखता है फिर भी इन पैदाइशी भद्र लड़कों की ओर से मिस्टर कुमुदनाथ राझदान को कोई तकलीफ नहीं होती। कहीं होती भी है तो जरा-सी --- जिसे प्यार भरे गुस्से में चाटा भी जा सकता हैं। होस्टल के डॉक्टरी पढ़ने वाले लड़कों के बीच कुमुद को कोई कष्ट नहीं हुआ --- बारलिंगे जी ने इस वास्तविकता की ओर पाठ्क को जाने ही नहीं दिया। चूंकि कुमुदनाथ मेडिकल साइंस का छात्र है वह अपनी जांच खुद कर सकता है --- अपने रहस्य को औरों पर जाहिर होने देने से बच जाता है। कुमुदनाथ कुमुद के वेष के रोल को भी अदा कर सकता है --- और खूब कामयाबी के साथ। वह कितना खुश किस्मत है कि बहन के रूप में भाई के मित्रों के साथ फ्लर्टिंग करता है लेकिन किसी भी व्यक्ति के ध्यान में ही नहीं आता कि दोनों का एक दिन भी एक साथ न दिख जाना कहीं बड़ी गफलत की चीज है।

कुमुद शशि को अचानक दिख जाता है और कुलू मनाली चलते हैं। कुमुद की खूबसूरती यहां भी हावी हो जाती है कि शशि न केवल उसकी तस्वीरें खींचता है बल्कि चट मंगनी पट ब्याह जैसी स्थिति हो जाती है। इस सारे भाग्य के खेल को विशिष्ट व्यक्ति के जीवन में घटित होना मान भी लिया जाता है परन्तु यह मानना बहुत मुश्किल है कि इतनी सुन्दर प्रेयसी को पूर्ण-स्त्री न देख कर कोई पुरुष (अगर उसमें होमो सेक्सुअल प्रवृत्ति पहले से वर्तमान न हो) हनीमून के ऐसे प्रसंग में केवल जरा-सा स्तब्ध हो जाय और फिर दया करके अप्राकृतिक संभोग के लिए आमादा हो जाए। यह नहीं कि ऐसा नहीं हो सकता लेकिन उसके लिए जिस वातावरण और प्रसंग-निर्माण की जरूरत है उसकी ओर डॉ. बारलिंगे जी ने शायद ध्यान नहीं दिया। परिणामतः घटनाओं का निवेदन हुआ --- चित्रात्मक प्रस्तुतीकरण नहीं। फिर शशि के साथ अप्राकृतिक संभोग के दौर से गुजर चुकने के बाद कुमुद सही अर्थ में स्त्री बनना चाहती है। बारलिंगे जी ने बहुत सूझबूझ के साथ नारी के माता होने की जन्मजात प्रवृत्ति का संकेत किया है और अप्राकृतिक संभोग में कुमुद

के अतृप्त रहने का भी उल्लेख किया है। शशि से कुछ दिन की छुट्टी लेकर मेडिकल कॉलेज में आने पर उसकी समस्या को सहानुभूति से जो देखा जाता है। घर में भी कोई खास मुश्किल नहीं पैदा होती। सारे उपन्यास में कुमुद के सारे नाटक अद्‌भुत रूप में सफल हो जाते हैं। अस्पताल के लिए जमा किए पैसे भी हैं जो अमेरिका जाने में काम आते हैं। और बाद की सारी यात्रा कुछ मामूली कठिनाइयों को छोड़ कर सुखद और शुभकर हो रही है। जो कुछ कठिनाइयां आयीं वे महज स्वाद को थोड़ा अधिक चरपरा ही बनाती हैं। मसलन जहाज पर फादर क्रो के साथ एक केबिन में रहना, पिलग्रिम रिचर्डस का स्नानगृह में औरों से पहले आकर भरी-पूरी औरत को टब में देखना और उसके माध्यम से मेरिनेल के घर खाने-पीने-रहने की सुविधाएं मिलना इत्यादि। फिर स्टीव से मुलाकात होने पर तो सारी गुत्थियां उन्हीं के कंधों पर डाल दी गयीं। मिस कुमुद सब कुछ पा लेती है। यह सारी दुनिया बड़ी अच्छी है, भली है। इसमें असंभव तो कुछ नहीं है --- घटनाओं का सिलसिला संयोग से इस प्रकार जुड़ भी जाता है। लेकिन यह पूरा औपन्यासिक-संसार एक सरलता और एकांगिता का, सादगी और तनावहीनता का बोध देता है। यह एक भाग्यशाली व्यक्ति की रोमांटिक दुनिया है।

तनाव : दो अस्मिताओं के बीच

लेकिन इतना भर कहने से इस उपन्यास के साथ अन्याय होगा। असल में डॉ. बारलिंगे को इस बात से कोई लेना-देना नहीं है कि कुमुदनाथ या कुमुद के आसपास की दुनिया कैसी है? उन्हें इस बात से भी माथापच्ची नहीं करनी है कि घटनाओं का यह सिलसिला अगर कुमुद को भाग्यवान बना देता है तो वह कहां तक जायज है। उन्हें तो कुमुद के विशिष्ट शारीरिक दुर्घटना के कारण जिस मानसिकता के बीच से गुजरना पड़ा उसको रेखांकित करना है। कुमुदनाथ के कुमुद या सुसान स्टीव बनने की प्रक्रिया के बीच उसने जो शारीरिक एवं मानसिक अनुभव ग्रहण किया है उसके चित्रण से मतलब है।

इस उपन्यास में जो तनाव है तो वह कुमुद और उसकी बाहरी दुनिया में नहीं। वह कुमुदनाथ राझदान और कुमुद के बीच में है और इस तनाव को काफी सूझबूझ और रंगत के साथ पेश करने में डॉ. बारलिंगे को काफी कामयाबी हासिल हुई है।

मुझे इस बात का कोई आश्चर्य नहीं हुआ कि डॉ. बारलिंगे ने इस कथाबीज को मन में उगाना शुरू कर दिया तो उसके विकास के लिए शरीर शास्त्र संबंधी आवश्यक जानकारी हासिल की, शल्य-चिकित्सा संबंधी छानबीन की, लिंग-परिवर्तन के प्रकारों, कारणों एवं उनके विस्तार के बारे में काफी पढ़ा, संबंधित जानकार व्यक्तियों से पूछा-पाछा। किसी भी कलाकार को अगर अगली समस्या से जूझना निबटना है तो इतना करना ही पड़ता, फिर डॉ. बारलिंगे जी का तो अध्ययनशील स्वभाव भी है। आश्चर्य यह जरूर हुआ कि सारी जानकारी औपचारिक अनुभव-संसार में ऐसे घुलमिल गयी है कि अलग से अपनी ओर ध्यान नहीं खींचती। यह तो इनके फनकार का करिश्मा है। देश-विदेश के संदर्भ भी सहजता के साथ आशय से एकाकार हो गये हैं। यह डॉ. बारलिंगे जी की सशक्त स्मृति का चमत्कार न लगकर कुमुदनाथ राझदान जैसे कश्मीरी हिंदू युवक की संस्कारशीलता का परिणाम है -- फिर यौन से संबंधित संदर्भ विशिष्ट समस्या से जूझने वाला युवक

(या युवती) ध्यान में नहीं रखेगा तो कौन रखेगा? डॉ. बारलिंगे का इसलिए अभिनंदन करना चाहिए कि उनका ज्ञान या विज्ञान इस कथा के निवेदन में कथा को खंडित करता हुआ अलग अस्तित्व धारण कर आतंकित नहीं करता। इस कथा की जो सुकुमार देह है, उसकी गति में जो सादगी है, उसके विकास में जो एकलता है उसका रूप उन्होंने सुरक्षित रखा। स्वयं बारलिंगे अपनी कथा के बारे में सही कहते हैं, "इस कथा की बुनावट अत्यन्त सादी है। असल में इस कथा की कोई बुनावट है ही नहीं।"

डॉ. बारलिंगे जी की सुसान स्टीव परितृप्त है। उसने घर छोड़ा, समाज और देश को छोड़ा, मित्रों और रिश्तेदारों को भी छोड़ा। लेकिन इस छोड़ने पर उसने दुख नहीं अनुभव किया क्योंकि सांप जिस तरह केंचुल छोड़कर मुक्त होता है उस तरह उसको विभाजित रखने वाली, कुंठित और गतिहीन करने वाली, उसके आरोपित मैं-पन से संबद्ध सभी चीजों को उसने त्याग दिया। छोड़ने पर तो वह सुखी हुई ही, छोड़ते समय भी उसकी प्रक्रिया में उसने बहुत छटपटाहट अनुभव नहीं की। इसका एक कारण यह है कि मिस्टर कुमुदनाथ राझदान एक अत्यन्त आत्म-केन्द्रित व्यक्ति बनने के लिए मजबूर थे। उसकी समस्या का स्वरूप ही ऐसा है कि आज के भारतीय समाज की मानसिकता में ऐसे व्यक्ति का हास्यास्पद या मजाक का विषय होना या गंदे ढंग से इस्तेमाल किया जाना ही संभव है। फिर उसकी समस्या में कोई दूसरा जिससे सामान्यतः पैदायशी स्वस्थ व्यक्ति जुड़ सकता है, उसकी सहायता नहीं कर सकता।

मिस्टर कुमुदनाथ का अपने सपनों के द्वारा, अपने पौरुष-चिन्हों के ठहराव के द्वारा और अपनी सहेली रजनीगंधा के प्रति ठंडेपन के द्वारा अपनी गफलत की दशा का बोध होने लगता है। अपनी इंद्रियों को निरखने-परखने का क्रम शुरू होता है। वहां से लेकर यह बोध बढ़ता जाता है और पुरुषों की ओर बलात् आकर्षित होना, स्त्रियोचित हाव-भाव और हेला के विभ्रम अपने आप प्रकट होना, लड़कियों की जमात में रहने की इच्छा होना और लड़कों की जमात में संकोच अनुभव करना इत्यादि कतिपय अनुभवों के द्वारा डॉ. बारलिंगे जी ने मिस्टर कुमुदनाथ और कुमुद के बीच के तनाव को बड़ी सूक्ष्मता के साथ व्यंजित किया है। लड़कों के बीच रहना या आरोपित मैं-पन से समझौता करना कुमुद की विकट समस्या थी। उसके लिए उसने क्या नहीं किया? पुरुष के हार्मोन्स लिये, दाढ़ी बनाना शुरू किया, लेकिन उसकी असली प्रकृति हावी रही। इस कशमकश के बीच उसने आत्महत्या तक करने की बात सोची लेकिन सौभाग्य से (सौभाग्यशाली तो वह है ही) विश्वास ने आकर बचाया।

वह अब दूसरों के लिए मिस्टर कुमुद राझदान के रूप में प्रस्तुत होना चाहती है और अपने लिए मिस कुमुद के रूप में अपने को देखना और संतुष्ट होना चाहती है -- यह उसकी दूसरी अवस्था है। अब अविश्वास का कोई कारण नहीं कि वह स्त्री है, उसमें मासिक स्त्राव के लक्षण भी होने लगते हैं। सूंडवाले कीड़ों की तरह उसका पौरुष कहीं गहरे धंस गया है और उसे ऐसे सपने भी आने लगते हैं। अब पौरुष-चिन्हों से उसको ऐसी नफरत पैदा हो रही है कि लगता है उन्हें काट डाला जाय। जिन चिन्हों के लिए उसने जमीन-आसमान के कुलाबे मिला दिए थे उनसे उसे अब नफरत है, चिढ़ है। सौभाग्य यहां भी है कि वह डॉक्टर है और उसको लिंग-परिवर्तन की जानकारी

है-- वह ऐसा कुछ नहीं करती। इस अवस्था में उसके सारे मित्र लगभग छूट गये हैं और वह अकेली पड़ गयी है। केवल स्वप्नों की दुनिया में जी रही है। उनकी अवस्था का चित्रण डॉ. बारलिंगे करते हैं। "सब से सब कुछ छिपाना पड़ रहा है। स्त्रियों से बोल नहीं सकती। पुरुषों से बोल नहीं सकती। ईश्वर, तूने मेरी अवस्था को बहुत मुश्किल कर दिया है।"

यही नहीं, स्त्रीत्व की और जोरदार पुकार भीतर से उठ रही है -- मातृत्व की। बालक को वह कोहरे में पुकारती है, आओ।

इसके बाद सौभाग्य से जीवन में शशि आ जाता है। जीवन का तीसरा दौर शुरू हो जाता है। कुलू मनाली के रमणीय प्रान्तर में दोनों के आधे-अधूरे उन्मादक प्रणय का बड़ा प्रभावपूर्ण चित्रण डॉ. बारलिंगे ने खींचा है। अपने सभी तरह से स्त्री होने की पहचान के लिए यह प्रणय आवश्यक है। सौभाग्य यहां भी साथ देता है। शशि मिस कुमुद पर इतना खुश है कि विकृत सेक्स की आदत-सी उसको पड़ जाती है। लेकिन कुमुद का स्त्रीत्व या उसका नया पल्लवित होने वाला मैं-पन इसमें संतुष्ट नहीं है। बारलिंगे जी ने बड़ी तन्मयता से उसकी अतृप्ति को रेखांकित किया है और परितृप्ति की उत्कट आकांक्षा को भी। वह एक स्त्री की तरह पूरी यौन परितृप्ति चाहती है और एक स्त्री की तरह एक बालक को गोद में खिलाना, आगोश में रखकर प्यार करना।

वह शशि को छोड़कर ऑक्सफोर्ड चली जाती है, डॉ. स्टीव से मुलाकात होती है। सारी समस्याएं धीरे-धीरे सुलझ जाती हैं। यहां तक कि वह मिसेज सुसान स्टीव बन कर मातृत्व को भी प्राप्त करती है। डॉ. बारलिंगे जी ने इस सारी स्थिति को बड़ी कुशलतापूर्वक चित्रित किया है। एक ऐसे रमणीय वातावरण में पाठक को वे ले जाते हैं जहां भारतीय समाज की अधकचरी नैतिक मान्यताओं वाली मानसिकता नहीं है, जहां वातावरण भी सुंदर है और स्टीव और काश्मिर कुमुद के प्रणय के रंग भी गहन उन्मादक हैं। दोनों समझदार हैं, दोनों एक-दूसरे को चाहते हैं। बीच में कुमुद के मन में शशि का चेहरा उसको कुरेदता है, परन्तु कहीं भी दोनों के प्रणय को कुंठित नहीं करता। बल्कि यह स्वस्थ समंजस और उन्मादपूर्ण प्रणय---कुमुद को अपने मैं-पन की पूरी आश्वस्ति प्रदान करने वाला और नारीत्व के विकास के सभी दरवाजे खोलने वाला प्रणय और शशि के साथ वह विकृत अधूरा प्रणय इनके बीच का जो भंवर डॉ. बारलिंगे जी ने दिखाया है वह इस बात के लिए पाठक को तैयार करता है कि मिस कुमुद अपने भाग्य के इस अवदान को आंचल पसार कर स्वीकार करे।

असल में अपने मैं-पन को प्राप्त करने के लिए सुसान स्टीव को गहरे स्तर पर जूझना नहीं पड़ा क्योंकि उसका आत्म-केंद्रित व्यक्तित्व (जो अन्यथा हो भी नहीं सकता था) कहीं गहरे स्तर पर जुड़ा ही नहीं था। डॉ. बारलिगे ने सही कहा है, "सांप जैसे केंचुल छोड़ता है न, उस तरह उसे पुराना मैं-पन त्याग कर नया मैं-पन लेना पड़ा।

उपबल्धियाँ

डॉ. बारलिंगे जी ने प्रणय के जो विविध रूप और रंग इसमें दिखाये हैं, सुसान स्टीव के प्रणय का एक सुंदर फूल की तरह विकसित हो जाने वाला जो रूप पूरी तरलता और तन्मयता के साथ

दिखाया है इसमें जो लेखक की परकाया सिद्धि लक्षित होती है वह मेरी राय में एक महत्वपूर्ण उपलब्धि है। यहां वासना के भी अनेक रूप हैं परंतु जिस संयम और संजीदगी के साथ लेखक ने उनको उरेहा है वह काबिले-तारीफ है। बारलिंगे जी ने अनेक बारीकियां इसमें दिखायी हैं जिनका यहां पूरा शुमार संभव नहीं लेकिन कुछ का उल्लेख मात्र आवश्यक है। इसमें सपनों का जिक्र है और उस पर मनोवैज्ञानिक नजरिये से काफी कुछ कहा जा सकता है। कथन शैली में भी स्मृति, पूर्वदीप्ति का प्रयोग किया गया है। ऑपरेशन टेबुल पर अनेस्थेशिया दिए जाने के बाद स्मृतियों, कल्पनाचित्रों, स्वप्नों का जो अद्भुत संसार सामने से सरकता जाता है उस पर भी बड़ा सा लम्बा-चौड़ा मनोवैज्ञानिक भाष्य किया जा सकता है। कुलू मनाली से लेकर मेसेपोटेमिया तक के बड़े आकर्षक प्रकृति चित्र हैं। सागर यात्रा के दसवें दिन का तूफान और प्रकाश स्तम्भों का परस्पर मेलन और इनके माध्यम से दो प्रकार की अस्मिताओं के बीच मेलन की व्यंजना (जिसके लिए कुमुद ऑक्सफोर्ड जाती है।) एक सुंदर प्राकृतिक दृश्यालेख का नमूना है। डॉ. बारलिंगे इस रोमानी अनुभव संसार के लिए भाषा का तेवर भी बड़ी कुशलता के साथ उपयोग में लाते हैं। इस अंगूरी-भाषा का स्वाद भीतर के मादक दृश्य को न केवल संभाले रहता है बल्कि पूरी खुमारी के साथ पाठक के गले में उतार देता है।

स्टीव की यह व्यथा हमारे मन को गहरे स्तर पर नहीं कुरेदती, इसमें अस्तित्व के मूलभूत प्रश्नों को लेकर बेचैन नहीं करती, जिंदगी की दुर्घटनाओं को मधुर बनाकर परोसती है, लेकिन एक मीठी-मीठी व्यथा का नशीला-सा बोध डरूर दे जाती है। शायद डॉ. बारलिंगे जी को भी इससे ज्यादा आकांक्षाएं नहीं थीं।

कमला

१९८२ के फरवरी में प्रकाशित यह नाटक उसके पहले १९८१ में सात अगस्त को शिवाजी मंदिर में रंगमंच पर प्रस्तुत किया गया। मराठी में प्रकाशित होने के तुरंत बाद हिन्दी में भी प्रकाशित हुआ। त्वरित गुजराती और अंग्रेजी में भी अनूदित हुआ।

जैसा कि विजय तेंडुलकर के नाटयानुभव की भंगिमा है ''कमला'' नाटक के ध्वनित अर्थों और मौन के माध्यम से सूचित आशयों को नहीं पकड़ा जाय तो ''कमला'' नाटक एक समस्यात्मक नाटक या एक घटना पर आधारित नाटक लग सकता है। वस्तुतः ''कमला'' नाटक का बीज तेंडुलकर को मिला एक दिल्ली में घटित घटना के समाचार के आधार पर। लेकिन जैसा कि किसी भी प्रतिभाशाली साहित्यकार के बारे में होता हे और विजय तेंडुलकर के बारे में खास होता है ''कमला'' में भी हुआ है। वह यह कि यह बीज बदते हुए एक विराट वृक्ष में परिणत होता है। अनेक प्रकार की जीवन-स्थितियों को प्रतीकित करता हुआ यह बीज अनेक स्तरीय जीवनशाय को व्यक्त करता है।

''कमला'' नाटक एक स्तर पर आज की तारीख में औरतों के बाजार की क्रूर वास्तविकता पर प्रकाश डालता है, दूसरे स्तर पर वह केवल मानवीय मांस की खरीद तक सीमित न होकर भारतीय समाज में विद्यमान नारी के अनेकविय शोषण की वास्तविकता का पर्दाफाश करता है। तीसरे स्तर पर हमारी मानवी चेतना और विवेक के पहरियों अर्थात पत्रकार-बंधुओं की असलियत को खोलकर उन्हें नंगा कर उनकी विद्रूपता को उजागर करता है। चौथे स्तर पर स्वातंत्र्य पूर्व मूल्यों के प्रति समर्पित प्रतिबध्द पत्रकारिता और स्वातंत्र्योत्तर युग में परिवर्तित हुई सनसनी बिकाऊ व्यवसायिक पत्रकारिता का स्वरूप उद्घाटित करता है। पाँचवें स्तर पर अपनी मेधा, अपनी चतुराई, अपनी कलम की ताकदः के प्रति आत्मविश्वास की तरंगों में झूलनेवाले पत्रकारों की स्वतंत्रता का मजाक उड़ाता हुआ उनको नचानेवाले व्यावसायिक बड़े पत्रों के पूँजीवादी मालिकों का खूनी चेहरा दर्शाता है और छठे स्तर पर पत्रों के मालिकों की विवशता के पीछे छिपी बड़े लोगों की अदृश्य ताकत को सूचत करता है। धीरे-धीरे नाममात्र स्वतंत्रता की भयावह सीमाओं से दर्शक या पाठक का परिचय होकर समाज में गहरे धरातल पर छिपी गुंडा ताकतों की अमानवीयता का स्वरूप उसके सामने खुलता है। कागज के रंगीन नाग के साथ हँसते खेलते पता चलता है कि नाग काग़ज का नहीं असली है, असली ही नहीं भयानक ज़हरीला है और दर्शक उसके जहर के घेरे में बेठाहुआ है। नाटक को देखने वाला दर्शक अगर संवेदनशील है और तेंडुलकर की मितकथन वाली भगिमा से परिचित है तो एक महरी त्रासदी के बोध से मानसिक रूप में अस्वस्थ हो जाता है और हस गहरी अस्वस्थता में किंचित आश्वास्ति पैदा करनेवाला सहारा उसे शोबित नायिका सरिता की नज़र में मिलता है जिसने लगभग अंत में यह विश्यासपूर्वक भाषा में कहा है, ''एक दिन ऐसा आएगा कि उस दिन में गुलाम नहीं रहूँगी। काकासाहब, फिर में इस्तेमाल कर फेक दी जाने वाली वस्तु नहीं रहूँगी। में अपनी इच्छा से सब कुछ करूंगी । लैकिन मुझ पर कोई अधिकार चला नहीं पाएगा। वह दिन निश्चित आने वाला है, फिर उसके लिऐ कोई भी कीमत मुझे देनी पड़ेतो मैं दूँगी इस संकल्प के आत्मविश्वासपूर्ण शब्दों और निश्चयात्मक नज़र में दर्शक केवल नारी-

मुक्ति का संकल्प ही नहीं देखता। अनुभव करता है एक मनुष्य की अस्मिता और आत्मविश्वास को जो जड के साम्राज्य को फेंकने के लिए कटिबद्ध मनुष्य के चैतन्य का विद्रोही तेवर है। सरिता एक प्रतीकात्मक अग्निधर्मी विराट शक्ति का स्फुलिंग बनती है।

"कमला" की यह बहु स्तरीय बुनावट आशय के सूत्रों को नाटयात्मक ढंग से व्यक्त करती है। तेंडुलकर नाटक और सिनेमा माध्यम के भारत के एक श्रेष्ठ जानकार हैं और इस बात को भारत के सभी विद्वान निर्देशकों अभिनेताओं और दृक्‌कला के मर्मज्ञो ने स्वीकार किया है। अन्य नाटकों की तरह "कमला" भी इसको प्रमाणित करता है। दो अंकों के नाटक की समस्त घटनाएँ पत्रकार जयसिंह जायव के बंगले के दीवानखाने में घटित होती हैं और केवल डेढ़ दिन की अवधि में पटित होती हैं। घटनाओं पात्रों और संवादों में विलक्षण कसाव है। एक और जयसिंह जाधव के मूलभूत पुरूष चरित्र की विशेषताओं को उजागर किया गया है तो दूसरी और दस वर्षो तक गृहस्थी में उलझी सरिता अपनी हैसियत को पहली बार जान लेती है कि वह खरीदी गयी कमला से या नौकरानी कमला से अलग स्तर पर नहीं जी रही है। यह छोटी सी अवधी जयसिंह जाधव को व्यवस्था के कूर झिकजे के रूबरू खड़ा कर देती है और उसके सामने व्यवस्थाका निर्धम चेहरा भयावह रुप से उपस्थित होता है। इस छोटी सी अवधी में काकासाहब को अपनी लड़की की सुखमय गृहस्थी की नींव का पता लगता है और यह भी पता चलता है कि उनके सामने ही समाचार पत्रों की नीति बदल कर कितनी मूल्यहीन हो गयी है। व्यावसायिकता ने मनुष्य चेतना को कितना आत्मकेंद्रित कर दिया है। एक तरड से भारत के स्वातंत्र्य का पूरा काल नारी शोषण, मूल्य निरपेक्ष संचार माध्यम, मूल्यहीन संस्कृति का काल है जिसको तीव्र नाटयानुभव के माध्यम से व्यक्त किया गया है। यहाँ यथार्थ कही भी विवरण में, वक्तृत्वपूर्ण निरूपण में या तथ्यकथन करनेवाले संवादों के माध्यम से व्यक्त नहीं हुआ है बल्कि सूक्ष्म, धारदार, व्यंजनायुक्त भाषिक हरकतों और छोटी छोटी मंचीय क्रियाओं, आंगिक और वाचिक अभिनयों के माध्यम से व्यक्त होता है।

काकासाहब और सरिता के इनेगिने वाक्यों और टेलिफोन के अवजार के उपयोग द्वारा स्टेज पर अनुपस्थित जयसिंह जाधव के प्रति दर्शकों की उत्सुकता को बढ़ाया है। टेलिफोन के उपयोग से नागर वास्तविकता के अनेक पहलुओं को इतने शक्तिशाली ढंग से उभारा गया है कि टेलिफोन को एक चलशाली चरित्र-अभियन का स्थान प्राप्त हुआ है। पति के आगमन की प्रतीक्षा में सरिता जिस प्रकार कार्यरत है उससे पता चलता है कि यह महज पत्नी धर्म नहीं हैं बल्कि पुरुष के वर्चस्व से कहीं गहरे धरातल पर भयभीत नारी का अपनी अस्तित्व रक्षा का सन्मानित प्रयास है। जयसिंग का कमला को खरीद लाना और प्रेस कान्फेरंस में बिहार शासन के विरोध में भण्डाफोड़ करना उसकी मनुष्यता का तकाजा नहीं है बल्कि उसमें एक गहरा छद्‌म छिपा हुआ है। वैसे तेंडुलकर मनुष्य के दंम, अर्ह, छद्‌म और नकलीपन का पर्दाफाश करने में बहुत रस लेते हैं। जयसिंग की सारी उत्तेजना एक ओर सनसनीखेज़ पत्रकार का थ्रिल अनुभव करने और अपने करिअर का लोहा मनवा लेने की ओर है। जयसिंग का पूरा करिअर एक छद्‌म पर विराजमान है वह एक ओर शासकीय व्यवस्था का भण्डाफोड़ करना चाहता है तो दूसरी ओर स्वयं पूँजीवादी व्यवस्था का एक पुर्जा है। दोनों के मूल तत्वों में विशेष अंतर नहीं है। असल में जयसिंग को फ्लेश मार्केट के चलने

का दुख नहीं है, "इस बात का एक तंत्र होता है वह उसी तरह जमाना पड़ता है। अरी लुहारडाग के फ्लेश मार्केट में क्या है। शहर-दर-शहर वेश्याओं, स्त्रियों की विक्री देश में अनेक स्थानों पर होती रहती है। प्रश्न हम समस्या को प्रस्तुत कैसे करते हैं, यह है, टेकनीक का है। आर्ट लाईन इज प्रेजेटिंग द केस, नॉट इन द केसः इटसेल्फ। देखती रहो यह प्रकरण हम कैसे बजाते हैं। देअर वील वी हाय ड्रामा इन टु -डेज प्रेस कान्फरेन्स खलबली मचाने वाले जयसिंह जाधव ने अपनी सारी मेधा और विवेक बुद्धि "हाय ड्रामें " के लिए गिरवी रखी है। समाचार पत्र के माध्यम से पनपने वाली यह मूल्यहीनता इसलिए भयावह लगती है क्योंकि पड समाज के पहरूओं की मूल्यहीनता है।

इस टेंशन को कुछ राहत देने का कार्य जयसलिंह का पत्रकार मित्र-जैन करता है। फिर कमला के साथ जयसिंह की बातचीत में कमला के साथ बातचीत में उसके उपयोग किए जाने की वास्तविकता के प्रति अज्ञानता के बीय एक विलक्षण पैथॉस रिस रहा है। इस पैथॉस को देख रहे हैं काकासाहब-अपने बीते युग की मूल्यों की धरोहर संभाले हुए। जयसिंह जाधव की नयी पत्रकारिता में छिपे घोर छद्म को अपनी खास अभिनय शैली में पूरी तरह उघाड़ते हैं। इस से तिलमिला कर उसे नकारने वाले जयसिंह के मॉरल से संबंधित व्याख्यान की हवा ही निकाली गयी है और उसके शब्द पिचके रंगीन गुब्बारे की तरह शक्तिहीन परंतु नाटयपूर्ण लगते हैं। सामान्य जनता के हित में अंग्रेजी में पत्रकारिता करने वालों की खाल को भी काकासाहब खीचने हैं। जन जीवन से दूर एक मीनार में घट रही अंग्रेज पत्रकारिता की प्रयोजनशून्यता को अर्थात वंध्या संभोग को काकासाहब चौधियाते प्रकाश में लाते हैं।

प्रथम अंक के अंत में जयसिंह कमला को प्रेस कान्फरन्स में ले जाता है। शाम के छे बजै के आसपास।

दुसरे अंक में उसी दिन रात को सफल प्रेस कान्फरन्स पर जयसिंग और जैन भरपूर पीकर लौटते हैं उनकी बातचीत के माध्यनः से लगता है कि द्रौपदी का वस्त्रहरण कर आनंद लुटाने वाले कौरवों के वंशजों की परंपरा खंडित नहीं हुई है। पत्रकारों की कान्फरन्स पर तीखी टिप्पणी करते हुए लेखक काका साहब के माध्यम से सत्य को उजागर करता है- "एक बाई का अनाडी और गरीब बाई का बाज़ार बना कर छोड़ा। तीखी परंतु सही बात जयसिंग को गहरे युभर्ती है और वह गुस्सा हो जाता है। अपनी सफलता से उन्मत्त नशेमे चुर जयसिंग सरिता से अपनी अधीनता में रहनेवाली पत्नी से समागम की मांग करता है। परंपरागत पुरूष को वासना और हिंस्त्रता के विद्रूप दर्शन होते हैं जब जयसिंग करता है-- डोण्ट आय हॅव द राइट टु हॅव माय वाईफ व्हैन आय फील लाइक इट ? डोण्ट आय? मेरी यह भी भूख है-- छै दिन का मैं उपासा हूँ। खाने को मांग लिया तो क्या गल्ती की? इसका उत्तर दे दो।" बाजार में, बिकनेवाली नारी को खरीदने वालाः पुरुष और अपनी पत्नी से उस इच्छा के विरू द्ध संयोग चाहने वाला पुरुष दोनों का हिंस्त्र चेहरा एक ही है। एक पर सभ्यता का झीना पर्दा है। यह प्रसंग पहली बार सरिता को उसकी गुलामी के प्रति सजग करता है और इस प्रसंग के तुरंत बाद कमला के साथ उसकी बातचीत में अपनी और उसकी स्थिति की साम्यता का दुखमय अनुभव उसकी उनींदी अवस्था से हड़बड़ा कर बाहर

आने को, जग जाने को बाध्य करता है। दोनों का यह संवाद खास तेंडुलकर की नाटयशक्ति का परिचायक है। ऊपर से सीधे सरल संवादों में स्फोटकता भरी हुई है। कमला के प्रति सरिता में अपार समवेदना उत्पन्न होती है जो भोगा हुआ दुख पैदा करता है। लेकिन कमला को सरिता अपने घर नहीं रख सकती। सरिता को घर में अधिकार नहीं है। वह नाममात्र को मालकन है। वह जयसिंग की एक शोभा की वस्तु है जिसका उपयोग पार्टी में लोगों पर प्रभाव डालने के लिए किया जाता है। सरिता को अपनी यथास्थिति का अब तीव्र बोध होता है-वह काकासाहब से कहती है कि वह भी एक प्रेस कान्फरन्स बुलाना चाहती है ''उस प्रेस कान्फरेन्स में इस दिल्ली शहर में गुलामों को पालने वाले मनुष्य को मैं प्रस्तुत करूंगी। जयसिंग जाधव मैं बताऊँगी कि वह आदमी स्वतंत्रता का बड़ा हिमायती है और गुलाम लाकर इस्तेमाल करता है। गुलाम मनुष्य होता है यह इसे मान्य नहीं यह उसे उपभोग की वस्तु मानता है। उपभोग होने पर सीधे फेंक देता है। यह अपने को जुल्म का विरोधी मानता है लेकिन अपने वाले गुलामों पर मनचाहा जुल्म दो ढ़ोताहै और उसका उसे ज़रा भी दुख नहीं है''

पुरुष के परंपरागत जुल्म और अन्यायपूर्ण रवैय्ये के प्रति संचित क्षोभ की यह अभिव्यक्ति केवल सरिता और जयसिंग के बीच की नहीं है। यह समस्त पुरुष और नारी के बीच के अन्याय्य संबंधों की क्षुब्ध प्रतिक्रिया है। काकासाहब जो इस पूरे नाटक में परिपक्व मानसिकता वाले गंभीर व्यक्ति हैं वे भी अपने को इस स्थिति से बाहर नहीं रख पाते। वे सरिता के आरोप को स्वीकार करते हैं और अपने को भी उसमें सहभागी मानते हैं। लेकिन उनका परंपरा के दबाव में आकारित मन इसको एक सनातन तथ्य के रूप में स्वीकार करना चाहते हैं। लेकिन अपने व्यक्तित्व के प्रति सजग सरिता इसे स्वीकारने को तैयार नहीं है।

यहीं पर नाट्यानुभव को गहराती स्थितियों में एक और ऐंठन पैदा होती है। नारी को गुलाम बनानेवाला पुरुष भी अपने पुरूषार्थ में सशक्त नहीं है। फ्लेश मार्केट में स्थापित स्वार्थवाले लोगों का गुट पत्रिका के मालिक को बाध्य करता है कि जयसिंग को नौकरी से हटाया जाये। व्यवस्था की इस करारी चोट से जयसिंग का पुरूष भी धराशायी होता है। अन्याय, अत्याचार, क्रूरता का एक निर्मम विद्रूप चेहरा दर्शक के सामने खुलता है--- सब अपने अपने तई विवश हैं। मानसिक आघात से निकल जयसिंग को अपनी परंपरागत वात्सल्यबुद्धि से संतानहीन सरिता अपने स्नेह का आधार तो देती है, उसकी सेवा भी करती है परंतु गहरे कहीं दोनों के बीच न पटने वाली दरार पैदा हुई है और सरिता अपवादात्मक स्थिति में पति की सहायता करती हुई भी अपनी अस्मिता को दबाये रखना अब नहीं चाहती। मानो भारतीय नारी के यह विद्रोवी रूप सरिता के शब्दों में शक्तिशाली ढंग से व्यक्त होताः है-- लेकिन फिलहाल यह सब मन के एक भाग में बंद कर में भूलने वाली हूँ। एक दिन ऐसा अवश्य आएगा काकासाहब कि जिस दिन में गुलाम होनेसे मना करूंगी। मैं इस्तेमाल कर फेंक दी जाने वाली वस्तु नहीं रहूँगी। मैं अपनी इच्छा से सब कुछ करूंगी लेकिन मुझपर कोई अधिकार नहीं चला पाएगा। वह दिन निश्चित आएगा। फिर उसके लिए कोई भी मूल्य मुझे देना पड़े में दूँगी। -- यह सरिता नामक गुलाम स्त्री अपने कवच से बाहर आकर अपनी स्वतंत्रता का यह घोषवाक्य कह रही है। यह सरिता का व्यक्तित्वांतरण है--एक महान क्रांतिधर्मी

बदलाव।

चौबीस या तीस घंटों में समूचे व्यक्तित्वांतरण की यह नाटयात्मक प्रक्रिया मर्मस्पर्शी प्रसंगों से पाठक के भावों को झकझोरती है, विचारों को कुरेदती है और मनःस्थितियों को उद्वेलित करती है। असल में कमला से सरिता होने के बावजूद नारी गुलाम ही रही। वह तभी सही अर्थ में मुक्त होगी जब वह अपनी इच्छा से अपने जीवन को आकारित करने के लिए संकल्प करेगी। ''कमला'' इस संकल्पको नाटयांकित करता है।

''कमला'' बौद्धिक त्रासदी है कैवल भावनात्मक आवाहन करनेवाली नहीं। यह मन को झंकझोरती है परंतु उसकी संकल्पशक्ति नयी नारी के सामर्थ्य के प्रति विश्वसनीय आश्वस्ति भी उत्पन्न करती है।

नाटक के तंत्र पर विलक्षण पकड़ के अनेक उद्राहरण शब्द संयोजन से लेकर प्रसंग संगठ्न की कलात्मक तक ''कमला'' में दिए जा सकते हैं परंतु वह सिद्धहस्त नाटककार तेंडुलकर की एक सामान्य बात है।

कन्यादान

१९८३ में प्रकाशित विजय तेंडुलकर के नाटक ''कन्यादान'' ने मराठी नाट्य क्षेत्र में एक और हंगामा मचाया। वैसे ''शांतता कोर्ट चालू आहे'' से लेकर ''सखाराम बाइंडर'', ''घासीराम कोतवाल'' नाटकों ने दर्शकों को जोरदार धक्का देने का कार्य शुरू किया ही था। ''कमला'' और ''बेबी'' ने इसमें और योगदान किया। ''कन्यादान'' ने भी इस धमाका तकनीक को जारी रखा। यहाँ दो बातें ज्ञातव्य हैं। एक यह कि दर्शकों को धक्का देने का कार्य तेंडुलकर महज एक क्रीड़ा, गिमिक या व्यवसायिक दृष्टि से कभी नहीं करते। वे नैतिक और मनोवैज्ञानिक गहरे प्रश्न उठाने वाले नाटककार हैं और सामाजिक के परंपरागत विचारों, मान्यताओं और अभिवृत्तियों पर जोरदार आक्रमण करना उनके इस गहरे नैतिक बोध और मनोवैज्ञानिक गहनता की पहचान का परिणाम होता है। मानसिक संकुचितता या मध्यवर्गीय सुखवादी परितृप्ति की कमजोरी का आकलन तेंडुलकर के नाटक कराते हैं तो आरंभ में दर्शक कुछ परेशान होता है, उसे अपनी कमजोरियों, अपूर्णताओं और हीनताओं को देखना पड़ता है। स्वाभाविक रूप में वह बौखला जाता है। परंतु कुछ ही समय के बाद वह समझ जाता है और उन भावनात्मक धक्कों को पचा कर अपनी मानसिकता को कुछ उदार बनाता है और फिर तेंडुलकर के कृतित्व का स्वागत भी करता है। उपरोल्लिखित प्रायः सभी नाटकों के बारे में यही प्रक्रिया हुई और ''कन्यादान'' में भी यही क्रम जारी रहा। आरंभ में तेंडुलकर के नाटकों के अभिधात्मक स्तर को लेकर जो वितंडावाद खड़ा किया जाता रहा, वह नाट्यानुभव में अभिहित गहन अर्थों को खोलने के बाद क्षीण भी हुआ। यह किसी भी कृति की शक्ति का परिचायक है।

''कन्यादान'' निश्चय ही आज की जलती उबलती एक समस्या को उठाता है परंतु नाट्यानुभव के विकास के दौरान इस समस्या के सांस्कृतिक, मनोवैज्ञानिक और समाजशास्त्रीय पहलू खुलते जाते हैं और समकालीनता की जड़ों की गहराइयों का बोध होने लगता है, समस्या की तात्कालिकता काल के तीनों आयामों में परिव्याप्त दिखाई देती है और चिरकालिकता के स्पर्श से नाट्यानुभव झिलमिलाने लगता है। ''कन्यादान'' को अभिधात्मक स्तर पर पढ़ने से यह नाटक उच्च वर्णीय मध्यवर्ग और दलित वर्ग के बीच की सांस्कृतिक दरार को उघाड़ता हुआ विलोम विवाह की समस्या और उसके दुष्परिणामों की ओर संकेत करता मालूम होता है और दलित वर्ग को अपनी प्रतिमा इसमें जानबूझ कर लांछित की हुई लग सकती है। दस्तुतः इसमें मध्यवर्गियों के सांस्कृतिक उथलेपन पर प्रहार है। मध्यवर्गीय स्वभाव की सुखवादी प्रवृत्तियों का पर्दाफाश है और असली संघर्ष से भयभीत होकर समझौता करने और पलायन करने की अभिवृत्ति को उजागर किया गया है। मध्यवर्गीय खोख़ला आदर्शवाद, मूल्यनिष्ठा का दंभ, राजनैतिक सुविधाजनक त्याग, कुछ प्रदर्शनप्रियता इत्यादि का मजाक इसमें उड़ाया गया है। परंतु साथ ही दलित वर्ग की असलियत पर नकाब डालने के स्थान पर उसकी विकृतियों का भी कच्चा चिट्ठा खोलने से नाटककार ने अपने को नहीं बचाया है। इस पर बल देना जरुरी है।। इधर पिछले २०/२५ वर्षों में दलित साहित्य के उभार पर उच्च वर्गीय बौद्धिकों में दलित साहित्य का आकलन सहानुभूतिपूर्वक करने के साथ ही कुछ अतिरेकपूर्ण सराहना करने की प्रवृत्ति पनपी है और मूल्यांकन गड़बड़ होने लगा है। इसमें

कुछ भय की भावना भी है। इस स्थिति में दलितों की कुछ वर्गीय अवांछित प्रवृत्तियों का शक्तिपूर्ण ढंग से संकेत करना बहुत ही साहस का काम है। विजय तेंडुलकर ने यह साहस दिखाया है और साहित्यिक और सामाजिक खतरे भी उठाये हैं। साहित्य को अगर एक कृति (एक्शन) माना जाय तो इस साहस का भी अपना एक खास महत्व है। नाट्यानुभव में निहितार्थों की पहचान के लिए नाट्यानुभव के विकास को देखने एवं नाथ देवळीकर के व्यक्तित्व का विश्लेषण आवश्यक है।

नाथ देवाळीकर लेखक विजय तेंडुलकर का मुख - पात्र (माउथ पीस) नहीं है। बल्कि जिस सूक्ष्मता से लेखक विजय तेंडुलकर ने उससे अपना दूर का रिश्ता-कलात्मक दूरी का रिश्ता कायम किया है, वह आरंभ से लेकर अंत तक द्रष्टव्य है। वैसे नाथ ही नहीं, सेवा और ज्योति से भी नाटककार पूर्णतः एकात्म नहीं होता, कलात्मक अन्तराल रखता है। इससे नाट्यानुभव की कई पर्तें खुलती हैं और नाटक दर्शक को एक विशिष्ट दिशा में सोचने को बाध्य न कर नाटयानुभव में एक तरह की अनेकार्थता का समावेश हो जाता है। इस दूरी को ध्यान में रखा जाय तो आरंभ से नाटक को आदर्श रूप में देखा जा सकता है और नाट्यानुभव में निहित द्वंद्व का स्वरूम कुछ दूसरा ही लगने लगता है।

पहले ब्लॉक का वर्णन ही देखें- दिवार पर तस्वीरें-महात्माजी, आचार्य नरेंद्र देव, युसूफ मेहरअली, साने गुरुजी। एक आदर्शवादी राजनैतिक परंपरा। ब्लॉक बड़ा तो नहीं, लेकिन छोटा भी नहीं, साफसुथरा देश के अलग अलग भागों का प्रतिनिधित्व करने वाली कुछ वस्तुओं का रखरखाव, "दिवानखाने का कुल रूप शांत और रु वबदार" रेखांकित शब्द द्रष्टव्य, साठ वर्ष के नाथ देवाळीकर भी चुस्त। यही रुवब और शांति देवाळीकर के व्यक्तित्व में और घर की सांस्कृतिक अबोहवा में (इसीलिए आगे चलकर इस "शांति" में अरुण आठ्वले द्वारा) एक भयानक बेचैनी, हलचल और आंधी पैदा होती है उत्पन्न होती है। देवाळीकर स्वातंत्र्य सैनिक अवश्य हैं। परंतु लगता है उनका त्याग एक सुरक्षित ढंग का ही है। ज्योति से कहते हैं, "स्वातंत्र्य से पहले हमारी कल्पना में हमने जो देश देखा वो कैसा था और आज यह क्या दिख रहा है।डिस्गस्टिंग, तकलीफ होती है।" देवाळीकर प्रत्यक्ष कृतिशील समाज सेवक होने की अपेक्षा वैचारिक स्तर पर जीने वाले देशभक्त देवळालीकर अब व्याख्यान देते हैं, यात्राएं करते हैं, शिवरों में शिरकत करते हैं। उनको व्याख्यान देना अच्छा लगता है। मजाक में यह कहने पर (इस मजाक में गहरे स्तर पर आत्मस्वीकृति भी है)" पत्नी की प्रतीक्षा से देश की पुकार कभी कभी महत्वपूर्ण है, पत्नी व्यंग करती है, "देश की पुकार नहीं, भाषण ठेकने की लत तो नाथ जी उसे स्वीकार करते हैं, इसमें कोई शक नहीं---यह आत्मालोचन है, हँसी मजाक नहीं, कहीं सत्य की बू भी इसमें से निक्ल रही है। नाथजी ज्योति, जय प्रकाश, सेवा---घर के सदस्यों को छूट देते हैं, घर में डेमाक्रेसी चलती है और उस पर उन्हें गर्व भी है। तेंडुलकर ने मूल्यों में आस्था रखकर जीनेवाले के दंभ पर यहाँ कुछ हल्का सा व्यंग्य किया है। वे यह दिखाना चाहते हैं कि डेमाक्रेसी अभी "गर्व" की वस्तु है, मतलब खून में उतनी प्रवाहित नहीं है। ज्योति के अरूण आठ्वले के साथ विवाह करने की बात पर नाथ की प्रतिक्रिया द्रष्टव्य है। आठ्वले नाम सुनकर उन्हें वह युवक ब्राह्मण लगता है और वे निराश भी होते हैं। विजय तेंडुलकर ने संकेत किया है, "जैसे हवा निकल गयी है," फिर दलित है, यह जानने

पर उत्साह में आते हैं। जरा गहराई से देखें तो पता चलता है नाथ के लिए ज्योति का विवाह भी कहीं एक राजनीतिक घटना है। "मगर मेरी बेटी अगर ऊँची जाति में ब्याह करने का फैसला करती तो वो मुझे ज्यादा अच्छा न लगता। कहीं न कहीं पुत्री के विवाह को अपनी आदर्शवादिता के लिए भुनाने की बात अवचेनत मन में अवश्य है। इस वार्ता ने पिता को उत्साहित किया तो समाज सेवा करने वाली माँ का परंपरागत मध्यवर्गीय अन्तर्मन साफ उभरता है। वह जाति की खातिर तो नहीं, परंतु अरूण आठ्वले की भयानक दरिद्रता, उसकी पारिवारिक जिम्मेदारियाँ, उसकी अधूरी और अपर्याप्त शिक्षा-दीक्षा, कुछ अंधकारमय भविष्य, असुरक्षितता आदि से बेहद परेशान है। नाथ जी का दृष्टिकोण प्रेम को लेकर भी कुछ रोमांटिक ही है और उस पीढ़ी का प्रतिनिधित्व करता है जिस पीढ़ी ने स्त्री के सान्निध्य का बहुत अनुभव नहीं किया था और प्रेम को लेकर सैलाब उठने, नसों को सतरंग सुरों से छूने जैसी बातें उनके मन में विद्यामान हैं। यह निश्चय ही नयी पीढ़ी से अलग है। यहाँ सेवा के पैर धरती पर हैं। वह सांस्कृतिक अंतराल, आर्थिक असुरक्षा, जीवनावश्यक जरूरतों की पूर्ति की कठिनाइयां इत्यादि बातों को लेकर परेशान है, तो नाथ देवळीकर आदर्शो के सपनों में खोये वास्तविकता से नजर नहीं मिलाना चाहते।

वैसे पति-पत्नी का समूचा सार्वजनिक सेवा और राजनैतिक पार्टी के कार्य का उत्साह ठंडा पड़ता जा रहा है। नाटककार ने बड़ी कुशलता से अनेक बातों से यह स्पष्ट किया है। नाथ और सेवा दोनों मजाक में अपनी स्थिति को लेकर बोलते हैं तो लगता है यह मजाक उनकी भीतरी अतृप्त इच्छाओं को व्यक्त करता है। नाथ अपने पचास से ऊपर वाले कार्यकर्ताओं का जिक्र करते हैं, सेवा उनका मजाक उड़ाते हुए कहती है कि पार्टी के मंत्रिमंडल आने पर भी वे मंत्री तक नहीं बन पाये, उसे वैभव में, प्रतिष्ठ में इतराने का मौका नहीं मिला। अरुण आठ्वले के साथ विवाह के निर्णय को लेकर दोनों के भिन्न दृष्टिकोण से भी यह सिद्ध होता है कि सेवा विवाह में उन्हीं सामान्य बातों की अपेक्षा वर से करती हैं जो कोई मध्यवर्गीय नारी करती है। लेकिन नाथ अपने सपनों की पूर्ति को लेकर उत्साह में हैं, बेटी की चिंता से उतने परेशान नहीं हैं।

उनके बच्चों के पैर जवानी में ही जमीन पर लगते हैं। पुत्र जयप्रकाश के व्यंग्य में यह परिलक्षित होता है। ज्योति अरुण आठ्वले से विवाह का निर्णय करती है परंतु कहीं रोमांटिक नहीं हुई है। हाँ, एक आदिम अनिवार आकर्षण से वह अवश्य विवश है। अरुण को लेकर उसके मन में कहीं काव्यात्मक स्पंदन नहीं है लेकिन उसकी कविताओं और आत्मकथा को लेकर वह उस पर विश्वास करती है। (पूरे नाटक में एक मूलभूत सूत्र साहित्यकार का सृजनात्मक लेखन और उसके वैयत्तिक चारित्र्य के संबंध का---फैला हुआ है।) सेवा उसको दोनों की जीवन पद्धतियों के बीच के भयानक अंतर को लेकर आग्रह करती है तब ज्योति की प्रतिक्रियाएं द्रष्टव्य हैं। लगता है वह एक ऐसा क्षण था जब मां की तरह पिता भी जोर देते तो शायद ज्योति का निर्णय बदल सकता था। लेखक ने बड़ी ही सूझबूझ के साथ यह नाट्यात्मक संकेत किया है।

पहले दृश्य में आरुण आठ्वले के प्रति विलक्षण उत्सुकता बढ़ा कर दूसरे दृश्य में असली अरुण आठ्वले से दर्शकों का नाट्यमय साक्षात्कार कराया गया है।

दोनों की जीवन प्रणालियां, दोनों के स्वभाव और दोनों की मानसिकता की प्रचंड दरार दर्शकों

के सामने खुलती जाती है और दर्शक दोनों के प्रति सहानुभूतिशील होने के बावजूद भीतर से इस विवाह की दुखमय परिणति के प्रति आगाह हो जाता है। अरुण का घर-परिवार, उसकी अभावग्रस्त जिंदगी, उसकी हीन भावना से उत्पन्न भय और हिंसक आक्रामकता, उसकी उच्च वर्ग और वर्ण के प्रति तीव्र घृणा इत्यादि से दर्शक परिचित होता जाता है। सेवा और अरुण के बीच पुनः एक अदृश्य दीवार खड़ी होने लगती है। सेवा उसे विवाहोत्तर जीवन के लिए आवश्यक बातों से परिचित कराती है। सेवा जाने अनजाने उसके अहं पर आघात करती है और वह चोट खाये नाग की तरह फुसकारने लगता है। इसके विपरीत नाथ के आगमन पर नाट्यात्मक स्थितियाँ बदलने लगती हैं। नाथ उसकी प्रशंसा करता है---उसके दर्शनीय स्वरूप की, तरुणाई की सराहना करता है, कविता के लिए प्रशंसा करता है। कुल नाथ की प्रतिक्रिया कुछ अतिरिक्त उल्लास और हर्ष की है। यथार्थ स्थितियों की चुभन के स्थान पर वह अरुण के साथ अधिक उत्साह के साथ निकटता स्थापित करता है। स्वयं अरुण आठवले भी कुछ-कुछ असमंजस (एम्बरासिंग) की स्थिति में है। संभवतः दलितों के साथ किये गये उच्च वर्गीयों के हजारों वर्षों के अन्याय का गहरा बोझ और उससे उत्पन्न पीड़ा नाथ के अन्तर्मन में व्याप्त है जो कुछ अस्वाभाविक उत्साह में उसमें ला देती है। अरुण आठवले के जाने के बाद सेवा उसको लेकर बड़ा प्रतिकूल रुख अपनाती है और नाथ उसका पक्ष लेकर सेवा का विरोध करते हैं। दलितों की विशिष्ट मानस-शास्त्रीय बनावट-बुनावट का तर्क देकर वह विवाह के बीच आने वाले व्यवधानों को समाप्त करना चाहता है, इस विवाह में नाथ को एक गहरा संतोष प्राप्त होने वाला है। जात-पाँत के बंधनों के परे जाकर समता के आदर्श को प्रत्यक्ष जीवन में उतारने का संतोष। असल में सेवा के सामने था भयावह यथार्थ और बेटी ज्योति के अंधकारमय जीवन का कठोर भविष्य और नाथ के आदर्शवादी मन के सामने था अपने स्वप्नों की पूर्ति का उल्लास। नाथ देवळालीकर असल में भारतीय स्वातंत्र्य संघर्ष में विद्यमान कुछ रोमांटिक आदर्शवाद का प्रतीक बन जाता है और यह इतिहास है कि यह भावुक आदर्शवाद स्वातंत्र्योत्तर काल में चकनाचूर हो जाता है।

इस पति-पत्नी के विरोध में ज्योति को ही निर्णय लेना पड़ता है। वह कहीं भी रोमांटिक नहीं है, परंतु वह न भागना चाहती है, न डरना चाहती है, पुनर्विचार का मां का प्रस्ताव अस्वीकृत करते हुए वह विवाह का निर्णय लेती है। नाथ लोकतंत्रवाद की दुहाई देते हुए इस निर्णय को स्वीकार करते हैं और सेवा तथा जयप्रकाश से स्वीकार करवा लेते हैं। यहाँ सेवा राजनैतिक विचारधारा के बोझ को फेंक कर मां के रूप में विवाह का विरोध करती है लेकिन नाथ पिता के रूप में नहीं, आदर्शो और मूल्यों के कवच को ओढ़कर विवाह का समर्थन करते हैं। नाटककार ने पहले अंक के अंत तक एक विवाह की समस्या से जुड़े हुए वैयक्तिक मनोवैज्ञानिक, सामाजिक मनोवैज्ञानिक, सांस्कृतिक, राजनैतिक और ऐतिहासिक सदर्भों की पुख्ता नीव पर समस्या को अतीत और वर्तमान के तनाव के बीच प्रस्तुत किया है । कलाकार की खासियत यह है कि यह समूचा संदर्भ नाट्यानुभव का आवश्यक भाग बनकर आकारित हुआ है। इसका विश्लेषण सुधी पाठक ही कर सकता है।

दूसरे अंक में ज्योति-अरूण के वैवाहिक यथार्थ का नारकीय रूप उपस्थित करने का सफल प्रयास किया गया है। मकान के अभाव में दोनों की जिंदगी अस्थिर, असुरक्षित और दुखमय है।

सेवा और ज्योति में तनाव है। क्योंकि ज्योंति के विवाह से समूचा घर विखर कर लुंजपुंज हो गया है। सेवा के ये वाक्य दो पीढ़ियों पर भाष्य करते हैं, "परिस्थिति के साथ बदलने के लिए हमारे गुरुजनों ने हमें नहीं सिखाया। वे कहते थे कि तुम परिस्थिति को बदल सकते हो। हम इस ढठ में जिए कि हम परिस्थिति को बदलने वाले हैं।" जयप्रकाश कहता है "वह आप सब के दुख का मूल है। परिस्थिति के बदलने के अपने नियम होते हैं, वह थोड़े ही किसी के लिए रुकती है?" सेवा कहती है, "सही है। अब समझ में आता है लेकिन अमल करना संभव नहीं" वैसे अनेक स्तरों पर पीढ़ियों के बीच का गैप नाटक में प्रकट हो जाता हैं।

ज्योति के विवाह का दुखमय रूप सामने आने पर सेवा और नाथ दोनों भीतर से हिल गये हैं। विवाह को बचाने के लिए दोनों ज्योति और अरुणा को अपने घर रहने के लिए आमंत्रित करने का निर्णय लेते हैं। सेवा इसके लिए तैयार है परंतु ज्योति ने अरुण से रिश्ता तोड़ने का निर्णय ले लिया है। सेवा इसके लिए तैयार है परंतु नाथ पर अभी वही आदर्शवाद का नशा विद्यमान है जो पूरी तरह उतरा हुआ नहीं है। "एक सुंदर प्रयोग इस तरह हवा पर न उड़ जाये, सेवा, यह साकार होने वाला स्वप्न इस तरह आँखों के सामने धूल में न मिल जाये। हमें कुछ करना चाहिए। इस विवाह को बचाना होगा। केवल अपनी ज्योति के लिए नहीं, यह केवल अपनी बेटी के जीवन का प्रश्न नहीं है, सेवा --- इसका बहुत अलग महत्व है --- यह बहुत मूल्यवान प्रयोग है।" असल में सेवा के लिए ज्योति के विवाह का प्रश्न ज्योति का था, उसकी बेटी का था। जबकि नाथ के लिए यह एक आदर्शवादी प्रयोग था। एक तरह से नाथ के लिए ज्योति अपनी आदर्शपूर्ति का साधन है।

अरूण के कुछ नाटकीय आगमन से तनावपूर्ण स्थिति में एक हल्कासा विचित्र मूड वैदा होता है अरूण का शराब पीकर नशे में आना और ज्योति से क्षमा मांगना, प्यार जताना, अपराध स्वीकार करना, अपनी कूरता और निर्ममता के लिए अपनी हल्की जाति, शिक्षा और संस्कृतिहीनता, बचपन में मां को पिटते हुए देखने की प्रतिक्रिया और गर्म दिमाग इत्यादि बताना, सत्य और झूठ के बीच एक अजीब माहौल बनाता है। अरुण का व्यामिश्र व्यक्तित्व साकार करने में नाटककार को अदभुत सफलता मिली है। ज्योति उसके साथ जाने का निर्णय लेती है। असल में ज्योति का निर्णय अरूण के रोने, गिड़गिड़ाने, हाथ जोड़ने का नाटक करने का परिणाम नहीं था। वह उसके पिता के आदर्शवादी मूल्यों के प्रति एक कड़वी प्रतिक्रिया थी। पिता के मूल्यों के लिए वह अपना बलिदान देती है --- यह बहुत ही व्यामिश्र और मनोविज्ञान की अतल गहराई को व्यक्त करने वाला प्रसंग है। नाथ की प्रतिक्रिया इस संदर्भ में द्रष्टव्य है --- "ज्योति, आय फील सो प्राउड आफ यू, पोरी। मेरी शिक्षा व्यर्थ नहीं हुई ।" --- असल में नाथ का मूल्य-मोह अभी बरकरार है। ज्योति के निर्णय का मर्म नाथ की पकड़ के बाहर रहा क्योंकि उनकी आंख पर आदर्श का पर्दा था। पिता के प्रति एक गुस्सा, एक चिढ़ ज्योति के अन्तर्मन में पैदा होती है जो नाटक के अन्त में विस्फोटित होती है।

दूसरे अंक के दूसरे दृश्य में ज्योति-अरुण के विलोम वैवाहिक जीवन का भयावह यथार्थ प्रस्तुत किया जाता है और अरुण के लेखकीय व्याक्तित्व और असली व्याक्तित्व के बीच के भयानक

फासले को प्रस्तुत किया जाता है। सशक्त और सुंदर भाषा में शक्तिशाली आत्मकथा लिखने वाले अरुण का असली रूप क्या है? सेवा के शब्दों में, "मतलब यह कि एक खूबसूरत आत्मकथा और अनेक सुंदर कविताएँ लिखने वाला तुम्हारा दलित दामाद निठल्ला रहके अपनी बीबी के रूपयों से रोज दारू पीना चाहता है, दोस्तों को भी पिलाना चाहता है और मनबहलाव की खातिर बीबी के पेट में लातें मारना चाहता है क्योंकि बीबी उच्च वर्ण से आई है। न! उच्च वर्णवालों ने उसके पुरखों की पीढ़ी दर-पीढ़ी जो लातें जमाई थी, उन्हें वह इस तरह वापिस कर रहा है। लगता है, वही एक महान कार्य है, जिसे करने का उसने बीड़ा उठाया है.... "ज्योति को गर्भावस्था में मिलने वाले कूर व्यवहार से माँ बेहद दुखी है और उसकी इस मानसिक प्रतिक्रिया में माँ का मर्माहत मन तो बोलता ही है, लेकिन एक सामाजिक मनोविज्ञान का आधार भी उसकी बात में है।

ऐसे में एक विचित्र नाटकीय स्थिति पैदा हो जाती है। यह स्थिति नाटकीय है परंतु समूचे पूर्ववर्ती नाट्यानुभव की सहज उपज है।

नाथ दामाद की पुस्तक से विलक्षण प्रभावित हैं परंतु प्रत्यक्ष में उसका विसंवादपूर्ण व्यवहार देखकर इस आत्मकथा को वह विशुद्ध कलात्मक वस्तु मानकर देखने की स्थिति में नहीं है। उसे यह कथा-वस्तु खतरनाक झूठ लगती है।

नाट्यानुभव को एक आंतरराष्ट्रीय परिमाण दिया गया है। जयप्रकाश मिडल ईस्ट में चल रही पैलेस्टिन्यन गुरिल्लों और इजराहली फौजों के बीच भीषण संघर्ष की वार्ता ले आता है, बात बात में हिटलर की नाजी फौज द्वारा ज्यू लोगों की अमानुषिक हत्या की बात आती है और एक मनुष्य स्वभाव संबंधी तथ्य निष्कर्षित होता है। इसका मतलब यही कि अपनी तरह दूसरों का शोषण न हो। कम से कम अपनी वजह से अपने हाथों न हो, यह हमें मंजूर नहीं, उल्टे मौका साधते ही खुद जबरदस्त अत्याचारी हो जाता है,कसकर शोषण करता है क्योंकि वैसा करने में उसे आनंद मिलता है। सेवा ने दलित समाज की मानसिकता को लेकर जो एक मनोवैज्ञानिक सत्य प्रस्तुत किया वह केवल भारतीय संदर्भ में ही सत्य नहीं था, वह आदिम जबर्दस्त प्रवृत्तियाँ हैं और मनुष्य की विवेकशीलता की धज्जियाँ उड़ा कर प्रकट होती हैं, यह तेंडुलकर के नाटकों में एक मूलभूत तथ्य है।

यह नाथ की आदर्शवादिता पर करारा प्रहार था। नाथ पर आदर्शवाद का संस्कार इतना गहरा था कि वह अभी पूर्णतः उखड़ने के लिए तैयार नहीं था। असल में आदर्शवादियों ने मनुष्य की क्रूरता, हिंसा, दमन की प्रवृत्ति को ही कुछ नजरअंदाज किया और इस गलती से उनके मनुष्य विषयक आकलन में बड़ी भूल पैदा हुई है।

नाटककार इस आदर्शवादिता पर एक और प्रहार करता है। इसके लिए उसने बहुत सूझबूझ के साथ एक नाट्मय प्रसंग को खड़ा किया है।

अरुण अपनी पुस्तक पर एक परिसंवाद करवाना चाहता है और उसकी अध्यक्षता नाथ से करवाना चाहता है। नाथ इसके लिए तैयार नहीं हैं, परंतु सेवा के कहने पर विवश होकर स्वीकार कर लेता हैं क्योंकि गर्भवती ज्योति की सुरक्षा के लिए दामाद का आग्रह स्वीकार करना आवश्यक

था। नाथ अध्यक्षता करते हैं, लेखन की प्रशंसा करते हैं परंतु यह उनका ज्योति की प्राणरक्षा के लिए किया गया समझौता था---एक बड़ा झूठ था।

अंतिम दृश्य में भाषण देकर आये नाथ का गहन अन्तर्मन्थन है। अरुण की पुस्तक को आत्मकथा के रूप में वह एक पाखंड मानते हैं, ज्योति के विवाह की पूर्णतः असफलता को स्वीकार करते हुए अपनी हार मानते हैं और अपने पाप को स्वीकार करते हैं, ''हमने अपने सोशल कमिटमेंट को दाँव पर लगा दिया। कहा, शाबाश हो जाए! यह भी एक क्रान्तिकारी प्रयोग है। मैंने उसके लौटने की राहें बंद कर दी हैं, आज समझ पाया हूं...'' यह नाथ देवळीकर की शोकांन्तिका है। एक रोमांटिक आदर्शवादी भारतीय मानस की शोकान्तिका है, एक मध्यवर्गीय व्यक्ति और उच्चवर्णीय व्यक्ति की शोकांन्तिका है। ''एक जमाने में खांडेकर का सेन्टिमेंन्टल आदर्शवाद किस कदर हम पर हावी` था'' नाथ स्वीकार करते हैं। '' वी...उस बेचारी का एक ही अपराध था। पिता की अक्लमंदी का उसने जरूरत से ज्यादा विश्वास किया। उसने पिता के संस्कार लिये। पिता के मानवतावाद और उदारवार का व्रत लिया।'' पिता अपने पुत्र को आदेश दे रहे हैं, ''जयप्रकाशजी, आप अब एक ही काम करें। पिता को नकारिए। उसका भावावेश, उसका पोंगापन इन्हें ध्यान से देखना सीखिए। उसका विश्वास मत कीजिए, करेंगे तो आप भी गड्ढे में गिरेंगे...''

इस शोकात्म अनुभव पर एक और करारा प्रहार ज्योति करती है। पिता का समझौता करना और अरूण आठवले की पुस्तक पर प्रशंसा के फूल बिखरने का झूठ उसे पसन्द नहीं आया। उसे लगा कि दामाद लड़की को तकलीफ न दे, इसलिए पिता ने यह किराये का भाषण दिया। पिता ने दामाद को औपचारिक रूप में स्वीकृति दी। उसकी बुराइयों, दोषों के साथ उसको स्वीकार नहीं किया। यह दलितों के प्रति सहानुभूति से देखने वाले मध्यवर्णियो की अभिवृत्ति का पर्दाफाश है। ज्योति नाथ की मानसिक द्विधा पर उंगली रखती है। दलित की अवधारणा को लेकर पिता आदर्शवादी थे। दलित मनुष्य से संपूर्णता में उसकी बुराइयों के साथ नहीं। जबकि ज्योति अरुण को उसकी सभी अच्छी और बुरी प्रवृत्तियों के साथ अपनाना चाहती है। वह अपने दायित्व से भागना नहीं चाहती। पिता ने जिस निर्भयता के मूल्य का संस्कार उसे दिया। उस निर्भयता को समूचे रूप में वह जीवन में उतारना चाहती है। पिता के संस्कार को वह अधूरे रूप में नहीं स्वीकार करना चाहती। जिस बिंदु पर आकर वह सामाजिक अच्छाइयों, बुराइयों, मनुष्य और उसकी प्रवृत्तियों का विचार कर रही है, वह विंदु विशुद्ध ऑथेंटिसिटी की दृष्टि से इतनी उँचाई पर है कि वहाँ से पिता का अबतक का जीवन उसे अनॉथेंटिक, दिखाऊ, चमड़ी बचाऊ और आधा-अधुरा-सा लगता है। पिता का भलाई-अच्छाई का विवेक केवल वैचारिक स्तर पर शायद ठीक है, परंतु जीने की प्रत्यक्ष प्रक्रिया में उससे आदमी बौना बनता है। उसे लगता है, पिता के घर आना अधूरी दृष्टि को स्वीकार कर सुखमय जीना है। अब ज्योति मध्यवर्गीय, उच्चवर्गीय के रहन-सहन की प्रणालियों का मोह पूर्णतः काटती है और संपूर्णतः महार (दलितों की एक जाति) बनना चाहती है। भारतीय वर्ण और जाति व्यवस्था के मूल नष्ट करने के लिए केवल वैचारिक सहानुभूति से काम नहीं चलेगा, सक्रिय दुख और कष्ट में हिस्सेदारी आवश्यक है। नाटककार का यह एक संकेत है।

नाथ का समूचा वैचारिक और भावनात्मक व्यूह बिखर जाता है। अबतक के जीवन की त्याग

और देशभक्ति की मूल्यश्रेणी की शानदार इमारत प्रचंड विस्फोट से ढह जाती है।

ज्योति के अंतिम विचारों के प्रति असहमति जताई जा सकती है, (यह जरूरी नहीं कि ज्योति को दर्शक पूर्ण समर्थन दे और नाथ को पूर्णतः लांछित करे) लेकिन जिस नाट् यात्मक तेवर से अंतिम परिणति दिखायी गयी है उसकी तीव्रता, स्वाभाविकता, सहजता और प्रबलता से इन्कार नहीं किया जा सकता। असल में अपने पिता के आदर्शो को ठुकरा कर ज्योति अच्छाई-बुराई समवेत संपूर्ण दलित आठ्वले को अपनाने का निश्चय करती है, उसकी पूरी अर्थवत्ता न पकड़ने के कारण ही इस नाटक को गलत ढंग से दलित विरोधी माना गया। अगर विचारों की आँधियो उत्पन्न करना कलाकृति की शक्ति की पहचान है, तो "कन्यादान" निश्चय ही सशक्त कलाकृति है। इस कलाकृति ने स्वातंत्र्यपूर्व के रोमांटिक आदर्शवाद पर आघात कर यह प्रमाणित किया कि केवल वैचारिक धरातल पर मूल्यों और आदर्शो को स्वीकारने से अनागत (भविष्य) की गुत्थियाँ नहीं सुलझेंगी, उसके लिए प्रत्यक्ष कृति जरू री है और हमारे मूल्यों की पहचान और परीक्षा इस कृति के माध्यम से ही हो सकती है। केवल वैचारिक स्तर पर नाथ जो जिए और वह अधूरा जीना था। ज्योति प्रत्यक्ष ठोस व्यवहारिक स्तर पर सक्रिय रूप से जीना चाहती है और मूल्यों की तलाश करना चाहती है।

तेंडुलकर के इस नाटक में दर्शन के क्षेत्र को स्पर्श करने वाली अनेक स्थितियाँ हैं परंतु कहीं भी तेंडुलकर ने उनके, प्रस्तुतीकरण को बौद्धिक नहीं बनाया, विचार-व्यूह के अमूर्त निरूपण को स्थान नहीं दिया। एक प्रखर कलाकार के रूप में ही दर्शन को अनुभूति में घोल कर प्रस्तुत किया। या यों कहें कि जीवनानुभव को दर्शन के स्पर्श ने अधिक प्रभावपूर्ण और शक्तिपूर्ण बनाया।

तेंडुलकर नाट्य तकनीक के माहिर कलाकार हैं और नाट्यवस्तु की अर्थात नाट्यानुभव की स्फोटक अभिव्यक्ति के लिए प्रख्यात हैं। मनुष्य के हृदय को झकझोरनेवाले, उसकी बुद्धि को पीड़ित करने वाले और अनेक स्तरीय संकेतों से उसकी कल्पनाशक्ति को जगा कर उसे सोचने को बाध्य करने वाले रसात्मक प्रसंगों का निर्माण करना तेंडुलकर की कला का वैशिष्ट्य है। दर्शक की उत्सुकता को नाट्यानुभव के विकास में उत्तरोत्तर बढ़ाते जाना भी उनकी नाट्यकला का महत्वपूर्ण वैशिष्ट्य है। तेंडुलकर मानवीय अनुभव के स्रोतों की तलाश करने वाले नाटककार होने के कारण मनुष्य की आदिम प्रवृत्तियों की क्रीड़ा दर्शक को सदैव उन्मथित करती रहती है। वे "इंटेसिटी" और "क्रायसिस" के नाटककार हैं। उनकी नाट्यान्तर्गत स्थितियां अपने में विस्फोटक सामग्री से भरी रहती हैं। इसलिए संभवतः "सखाराम बाईंडर" की चर्चा में गिरीश कर्नाड ने जो कहा था कि इस नाटक ने महाराष्ट्र के पाठकों में एक बम की तरह स्फोट पैदा किया वह लगभग तेंडुलकर के महत्वपूर्ण नाटकों के बारे में सही है। "कन्यादान" ने भी यही किया। तेंडुलकर के चरित्र कभी सपाट और एक-आयामी नहीं होते। नायक अरूण आठ्वले तो बहु-आयामी व्यक्तित्वके चरित्र हैं ही। स्वयं ज्योति कहती है, "रात्र को जब अरुण शराब के नशे में धुत होकर मेरे सामने आता है, तो इस वक्त आइए कभी, हिम्मत हो तो। अपनी आंखों में जंगली जानवर उतर आता है, होठें पर, चेहरे पर... शरीर के एक-एक अंग में अरूण जानवर होता है, जानवर की प्रकृति उससे अलग नहीं होती। शुरु -शुरु में पागल की तरह मैं उस अरुण को ढूँढ़ा करती थी जो बुरी प्रवृत्तियों से

परे है, वही धुन बाँध लेती थी,उस बाहों में समेट लेती थी। अनुभव ने सिखाया मुझे कि ऐसा कभी नहीं होता। जानवर भी अरुण होता है और प्रेमी ही अरुण ही होता है। राक्षस भी अरुण ही है और कवि भी अरुण ही है और दोनों एक-दूसरे से जुड़े हुए हैं, एक में एक हैं,.......

नाटककार का वैशिष्ट्य यह है कि ज्योति के निष्कर्ष उसके लिए विवरण या वर्णन नहीं रहते, वे अनुभव का हिस्सा बन जाते हैं। नाथ के प्रति भी एक धारणा लेकर पाठक नहीं चल सकता, न ज्योति के प्रति। अनेक अभिप्रायों का संकेत करते हुए अनेक दिशाओं में सोचने के लिए दर्शक को विवश करना तेंडुलकर की चरित्र सृष्टि का एक लक्षण है। यह नाटक्कार की शक्ति है।

तेडुलकर के कसावपूर्ण, चुस्त और अर्थ सघन संवादों के प्रति सतीश आलेकर, महेश एलकुंचगार इत्यादि नाटककारों ने जो कहा है वह सही है और ''कन्यादान'' भी उसका अपवाद नहीं हैं। तेंडुलकर ने अर्थपूर्ण नाटकों के संवादों में एक नयी दिशा का प्रवर्तन किया। ''कन्यादान'' के चरित्रों के भाषण (जो प्रायः उनके अंत में आ जाते है) भी अनेक स्तरीय अभिप्रायों से भरे होते हैं। उनकी क्षमता रंगमंच पर तो पूरी ताकत के साथ दिखती है, दर्शक अकेले में भी उन संवादों से अभिभूत रहता है। बीच-बीच में आये हास्य के विरल परंतु हल्के-से स्थल शोकान्त नाटक के विश्राम स्थल हैं। अंत में ज्योति का बिजली की तरह कड़क कर अंधेरे में विलीन होना और नाथ की नींव खिसकने पर हुई ध्वस्तता की पीड़ा नाटक के प्रभाव को गहराती है।

उद्‌ध्वस्त धर्मशाला

प्रा. गोविन्द पुरुषोत्तम देशपांडे के तीन मराठी नाटकों के हिन्दी अनुवाद "उद्‌ध्वस्त धर्मशाला" शीर्षक से राज कमल प्रकाशन की ओर से प्रकाशित हुए हैं।

प्रा. गोविन्द देशपांडे मराठी के प्रयोगधर्मी नाट्य परंपरा में महत्वपूर्ण हस्ताक्षर हैं और उनके मंचित नाटकों ने भीड़ को कभी न खींचा हो परंतु सही नाट्यप्रेमी दर्शकों की सराहना अवश्य प्राप्त की है।

मराठी में सामाजिक जीवन की समस्याओं को अथवा वैयक्तिक मनस्तत्व की विचित्रता और निगूढ़ता को लेकर अच्छे प्रयोगधर्मी नाटक लिखे गये हैं। सैक्स, हिंसा, मनोवैज्ञानिक ग्रंथियों, समाज और व्यक्ति के संबंध आदि विषयोंपर प्रचुर नाट्य लेखन हुआ है, हो रहा है। गोविन्द पुरूषोत्तम देशपांडे का महत्त्वपूर्ण वैशिष्ट्य यह है कि उनके नाटक आन्तर्राष्ट्रीय राजनैतिक इतिहास, राजनैतिक विचारधाराओं, भारतीय राजनैतिक सांस्कृतिक आंदोलनों का स्वरूप, विभिन्न राजनैतिक पार्टियों में काम करनेवाले कार्यकर्ताओं की मानसिकता इत्यादि की सशक्त पृष्ठभूमि लेकर लिखे गये हैं। लेकिन राजनीति यहाँ नाटयानुभव का एक महत्त्वपूर्ण अंग बन कर आती है। अर्थात् राजनीति के क्षेत्र में विचरनेवाले मनुष्यों की मानसिकता के प्रति लेखक का लगाव उतना ही महत्त्वपूर्ण बन जाता है जितना राजनैतिक विचारधारा का ज्ञान। देशपांडे निश्चित रूप से वामपक्ष की ओर झुके हुए नाटककार हैं, लेकिन दो महत्वपूर्ण बातों के कारण उनके नाटकों में संकीर्णता नहीं उत्पन्न होती। एक बात यह कि वे विशिष्ट विचारधारा का नाटयान्तर्गत अन्तर्भाव किन शर्तो पर और किस अनुपात में हो सकता है, इसको भली भांति जानते है। अर्थात विचारधारा कहीं भी आरोपित नहीं होती, न महज वक्तव्य के लिए सम्बल बनती है। विचारधरा अनुभव का अनिवार्य अंग बनकर प्रविष्ट होती है- अपने कलात्मक अधिकार के बल पर। देशपांडे के किसी भी नाटक से राजनैतिक या सांस्कृतिक (मामकः पाण्डवाश्चैव) विचार को हटा कर देखिए तो नाटक ही नहीं हो पाता। दूसरी महत्वपूर्ण बात यह है कि प्रतिपक्ष की विचारधारा को हस्तामलकवत् देखने और उसके मर्म को स्वीकार करने की व्यापक जीवन दृष्टि जहाँ पर है वहाँ पर अपनी स्वीकृत विचारधारा और उससे संबध्द राजनैतिक व्यवहार के दोषों एवं कमजोरियों और सीमाओं को देखने की उत्तेजक प्रश्नाकुलता भी नाटककार के पास है। इसी वजह से लेखक की विचारधारा के प्रति सहमति-असहमति का मुद्‌दा बहुत ही गौण बन जाता है और विदग्ध पाठक वैचारिक समृद्ध जीवनानुभव का नाट्य देखने में तल्लीन हो जाता है। वैचारिक दृष्टि से सम्पन्न कलानुभव में इस प्रकार की अनाग्रही, वस्तून्मुखी और विचार के प्रति सजग रहते हुए भी उस के परे ले जानेवाली रचनाएँ विरल प्राप्त होती हैं। देशपाण्डे का महत्त्वपूर्ण वैशिष्ट्य यह भी है कि वे नाट्यानुभव के व्यामिश्र, गहन और व्यापक रूप में समाविष्ट विभिन्न घटकों का संशिलष्ट संकेत करते हैं और परिणामतः एक विशिष्ट परंतु समग्रता की ओर उन्मुख जीवननुभव की प्रतीति कराते हैं। इसीलिए उनके नाटकों को राजनैतिक नाटक कहना कुछ अधूरा वर्णन होगा।

गोविन्द देशपांडे के नाटकों की बुनावट में समकालीन मंचीय तकनीकी विकास का ध्यान

रखा जाता है। टैप पर रेकार्डेड संवाद, भारतीय-पाश्चात्य संगीत, पूर्वदीप्ति इत्यादि का उपयोजन नाट्यानुभव में कसाव उत्पन्न करता है, फैलाव को अवरुध्द करता है और प्रसंग को अधिक उत्कट , अधिक टेंस बनाता है। तकनीकी साधनों के प्रतीकात्मक उपयोजन से अनुभव अधिक गहराता है।

प्रस्तुत तीनों नाटकों में एक केद्रवर्ती सूत्र है— जीवन के उखड़ेपन से उत्पन्न तनाव और गहरी उदासीनता का "उद्ध्वस्त धर्मशाळा" जनतांत्रिक प्रणाली, मार्क्सिस्ट राजनायिक आचरण एवं बुद्धिजीवी वर्ग की उद्ध्वस्तता की उदासीन कहानी प्रस्तुत करता है।" मामकाः पाण्डवाश्चैव" भारत से बाहर सम्पन्न देश में जानेवाले तथा उसकी प्रतिक्रिया में अपने ही देश में रहने की इच्छा रखनेवाले बुद्धिजीवियों की सुखवादी मनोवृत्ति का पर्दाफाश करनेवाला नाट्यानुभव है। इसमें भी क्रेद्रीय संवेदना उखड़ेपन से उत्पन्न निराशा और उदासीनता का ही अनुभव है। "एक बज चुका है" विविध क्षेत्रों में काम करनेवाले भारतीय बुद्धिजीवियों के भग्न जीवन के रीतेपन की कथा है। तीनों नाटकों में बुद्धिजीवियों के विभिन्न बौद्धिक चिदावरणों को दूर करते हुए स्वत्व की तलाश करने का प्रयास है, लेकिन इस प्रयास में आनंद नहीं, कष्ट का तकलीफ का ही बोध होता है। यह तकलीफ इसलिए महत्त्वपूर्ण बनती है क्यों कि लेखक अपने को इसमें नहीं बचाता। यह एक तरफ से अपने ही अन्दर झाँकने का और अपना असली बौनापन देखने का प्रयास है। अपने बौनेपन को देखते समय लेखक की मुद्रा प्रहार की नहीं, आत्ममुक्ति के संतोष की नहीं है, अपने बौनेपन के साथ जीने की क्लेशदायी मुद्रा है। इसीलिए ये समस्त नाट्यानुभव दर्शक को भी झकझोर कर अपने अंदर देखने को बाध्य करते हैं। ये जीवनानुभव परिपक्व मानस के हैं। इन तीनों नाटकों में स्त्री-पुरूष संबंधों के विविध रूप देखने को मिलते हैं। सामान्यतः इनकी नारियाँ अपने व्यक्तित्वों के प्रति अतिशय सजग, अपनी स्वातंत्र्येच्छा को सुरक्षित रखने के प्रति दक्ष, अपने चुनाव की जिम्मेदारी स्वयं लेनेवाली आधुनिक नारियाँ हैं और वे भी तीव्र, उत्कट परंतु उदास संगीत का स्वर नाटकों को देती हैं। इनके साथ प्रणय में आबध्द होना भी तीव्र सुखमय संवेदन का भागी बनना है और इनसे दूर छिटकना गहरी पीड़ा का भार जीवन भर के लिए ढोते रहना है। प्रणय से भी ऊपर उठकर अपने वांछित जीवन की राह को वरण करना इनके जीवट और सामर्थ्य का प्रमाण है – फिर इनसे आप सहमत हों अथवा न हों।

ये तीनों नाटक यह बोध करा देते हैं कि जीवन पर पूर्ण पकड़ असंभव बात है। जीवन रेत की भांति हाथ से फिसल जाता है (शायद इसीलिए गोविन्द पुरूषोत्तम के नाटक सांचे में सोचने वालों के लिए स्वीकार्य होना मुश्किल हैं।) एक चुक जाने का, खाली हो जाने का बोध ये नाटक देते हैं। परंतु इनसे एक अधिक गहरा, सुखदुख जैसे शब्दों में न आनेवाला बोध पैदा होता है – जीवन के स्वरूप को आकलित करने का बोध एक शान्त समझदारी, विस्डम।

बालकवि (त्र्यंबक बापूजी ठोमरे (१८९०-१९१८) की एक कविता है "पारवा" (परेवा)। मध्याह्न के गर्म वातावरण में जब कि अन्य पंछी छाया में उनींदे सुख ले रहे हैं, परेवा उद्ध्वस्त धर्मशाला के शिखर पर बैठकर धूप में खिन्न उदास गीत गा रहा है। उसका गीत मधुर नहीं है, नीरस है, लेकिन गाने को वह विवश है। बालकवि की यह कविता अधूरी रही, उनके अनेक सुंदर

गीतों की तरह, लेकिन उद्ध्वस्त धर्मशाला के खपरैलपर बैठकर अपना एकान्त नीरस गीत गानेवाले परेवे का यह चित्रमय बिंब मराठी जगत् में किसी खोद कर बनाये चित्र की भाँति वर्षों से अंकित है। श्री गो. पु. देशपांडे ने भी प्रस्तुत नाटक में उद्ध्वस्त धर्माशाला को ही चित्रांकित किया है।

इस समूचे नाट्यानुभव की नींव ही जबर्दस्त व्यंग्य पर खड़ी की गयी है। श्रीधर कुलकर्णी विश्वविद्यालय में केमिस्ट्री विभाग के अध्यक्ष हैं और उनकी राजनैतिक विचारधारा वामपक्षी है। कहीं तो वे मनसे उग्र वामप की ओर झुके हुए लगते हैं। इसीका व्यंग्य यह है कि जनतंत्रवाद के ध्येय एवं नीति को लेकर शासन करनेवाली पार्टी ने ही इस इन्क्वायरी के लिए आदेश दिये हैं और व्यक्ति की स्वतंत्रता का जप करने वाले प्रतिष्ठित विद्वान (जो सत्ता को अंदर से अपनी इच्छा से बिक गये हैं) ही एक व्यक्ति को उसके महज विचारों के लिए उसे कठ्घरे में फाँस कर उसका शिकार कर रहे हैं। एक ओर कम्युनिस्ट पार्टी में रेजिमेंटेशन का, व्यक्ति की स्वतंत्रता को पार्टी के आदेश पर अनुशासन के नाम पर समाप्त करने का आरोप बार बार दुहराने वाले विद्वान ही सत्ता के आसपास रह कर व्यक्तित्व की स्वतंत्रता को कैसे खत्म कर रहे हैं, इसका बड़ा प्रभावपूर्ण चित्र प्रा. देशपांडे ने प्रस्तुत किया है। लेकिन प्रा. गो. पु. देशपांडे की पैनी अर्न्तदृष्टि केवल यहीं तक सीमित नहीं रहती। कम्युनिस्ट पार्टी के अन्दर भी वैचारिक कठ्मुल्लापन किस प्रकार है, इसकी ओर सशक्त संकेत कर उन्होंने स्थितियों के व्यंग्य को अधिक गंभीरता और गहराई दी है। जनतंत्रवाद में भी सत्ता के आसपास रहने वाले महत्त्वाकांक्षी लोग ऊपर से आनेवाले आदेशों का पालन करते हुए श्रीधर कुलकर्णी की धर्मशाला को उजाड़ देने का क्रूर प्रयास करते हैं तो पार्टी में भी अनुशासन के नाम पर और महत्त्वाकांक्षा की सीढ़ी चढ़ने के इरादे से श्रीधर कुलकर्णी की कम्युनिस्ट पत्नी तक उस के सिर पर पैर रखने को आमादा है। श्रीधर कुलकर्णी के शोकमय जीवन को एक वेदना की गाँठ पिता-पुत्र संबंध के कारण भी है। उखड़ते स्थान के बावजूद आदतन अपनी पार्टी में रहनेवाले पिता और उनको नयी हवा के अनुकूल पार्टी छोड़कर बाहर आने का परामर्श देनेवाला युवक पुत्र। यह सारा यथार्थ एक बात की ओर संकेत करता है– भारतीय राजनीति बहुत ही पेंचदार, वक्र और भँवरदार बन गयी और वैचारिक सिद्धान्त प्रत्यक्ष आचरण में भ्रष्टाचार और सत्ता हथियाने का मुखौटा सिद्ध होते हैं। उदारमतवादी व्यक्ति कहीं भी स्वीकार्य नहीं है। न जनतंत्रवाद की नीति अपनाने वाली काँग्रेस में, न मार्क्स, लेनिन, माओ का नाम लेनेवाली वामपक्षी पार्टियो में। फिर एक वास्तविकता यह भी है कि यह श्रीधर कुलकर्णी उदारमतवादी बनने को अभिशप्त है क्योंकि उसकी जड़े गहरें में हिन्दू संन्यासी धर्म में गयी हुई हैं। "आखिर हम लोग ठ्हरे उदार मतवादी। हमें लगातार सिक्के का दूसरा पहलू दिखायी पड़ता है। फिर सारा जोश ठण्डा पड़ता जाता है। प्रतिज्ञाएँ पिघल जाती हैं। प्रतिशोध से जी घबराता हैं। नसें ढीली हो जाती हैं। शायद हम लोग उदारमतवादी भी नहीं हैं, क्या मैं हिन्दू हूँ? हथेली पर रखे आँवले की तरह दुनिया को देखना शुरु करते हैं, तो यकायक तटस्थ हो जाते हैं। वे लोग सोचते है कि हम जीत गये। सच्चाई तो यह है कि तटस्थता जीत जाती है। और फिर एक वह क्षण आता है जब खून खौलने लगता है। छीन लेने की उमंग लहर मारती है। दुनिया-भर के

वंचित जनों को, छीन लेनेवाला बनाने का मोह जमता है। बड़ा गहरा मोह। इस मोह से छुटकारा हो ही नहीं। "प्रा. गो. पु. देशपांडे का यह नाटक केवल सत्ता को प्राप्त करने की इच्छुक पार्टियाँ जनतंत्रवादी और वामपक्ष और उनके नीचे दबे व्यक्तित्त्व का चित्रण ही नहीं करता बल्कि उस व्यक्तित्व की, असलियत की, स्वत्व की तलाश भी करता है। उस तलाश के तहत हम ऐसे बिन्दु पर आते हैं जहाँ विद्रोह और क्रांति की संभावना पर गहरा प्रश्नचिह्न अंकित होता है। यह नाटक केवल बाह्य शक्तियों के द्वारा शोषित व्यक्ति का चित्रमय रूप ही नहीं दिखाता बल्कि उस गहरे मनस्वत्व की खोज करता है जिनके कारण सभी आंदोलन, सभी विद्रोह के बुद्बुदे उठ उठ कर निःशेष हो जाते हैं। प्रा. श्रीधर कुलकर्णी के व्यथामय जीवन का एक और भी सुकोमल तन्तु है। श्रीधर कुलकर्णी सायंस के प्राध्यापक हैं, चिन्तक हैं, वामपंथ की ओर झुकाव है और एक अच्छे (सफल नहीं) नाटककार हैं और इस नाटककार ने कवि हृदय भी पाया है (यह नाटककार देशपाण्डे ने निवेदित नहीं किया है, नाट्यमय बनाकर प्रस्तुत किया है।) पत्नी अपनी वैयक्तिक प्रगति के लिए पार्टी के दूसरे प्रतिष्ठित व्यक्ति के पास गयी। तो नाटय-संस्था के वातावरण में मिली तितली जैसी सुंदर प्रेयसी माधवी नाटककार की विचारधारा और उसके परिणाम स्वरूप मिली क्षीण लोकप्रियता के कारण ऊब कर चली गयी–कुछ सुंदर, स्मरणीय सुखमय क्षणों का अवदान देकर। परिणाम यह होता है: "अब गूँगे हो गये हैं। सृष्टि के निर्माण के पहले जो विशाल, भयानक, सन्नाटा होता न मैं वही महसूस कर रहा हूँ।" समूचा नाटयानुभव श्रीधर कुलकर्णी के अनेक आयामी व्यक्तित्व की विभिन्न स्वभाव छटाओं और उसके जीवन में घटित खट्टे-मीठे , तीखे-कड़ुवे, मधुर-वेदनामय प्रसंगों के तानेबाने से समृद्ध बन गया है।

इन्क्वायरी कमेटी में होती है राजनैतिक जीवन की चीरफाड़, जो अनेक संदर्भो, विचारधाराओं, व्यक्तियों की वैचारिक टकराहट के माध्यम से बड़ी ध्वन्यात्मक, संदर्भसमृद्ध, अर्थ गौरव से गंभीर, व्यंग्य और उपहास की उत्तेजक भाषा में नाट्यरूप लेती है और पूर्वदीप्ति के माध्यम से आकार लेती है। प्रा. देशपांडे के वैयक्तिक हर्ष-विषादमय अनुभव की व्यथा-गाथा। इन्क्वायरी के चलते हुए वैयक्तिक जीवन के संदर्भ में एक उत्कट मानसिक क्षण पैदा होता है और पूर्वदीप्ति का दृश्य सामने आता है। लेकिन जिस तरह राजनैतिक संघर्ष वैयक्तिक जीवन से असंपृक्त नहीं होते उसी तरह वैयक्तिक जीवन के सुखदुख मय क्षण भी राजनैतिक संदर्भ से अलग नहीं होते। इसीलिए समस्त नाट्यानुभव में आती है एक श्रीमंत गहनता। एक समृद्ध व्यामिश्रता का जाल, एक गतिमान भीषण सुंदर भँवर का रुद्र कोमल रूप।

प्रा. गो. पु. देशपांडे पाठक/दर्शक को ऐसी उद्ध्वस्त धर्मशाला के पास खड़ा कर देते हैं और अपने एकान्त गीत से उसे मानसिक दृष्टि से विचलित कर देते हैं कि कोई आशा की किरण कम से कम नाट्यवस्तु के भीतर से नहीं फूटती। लेकिन लेखक का भारतीय हिन्दू मन ध्वस्तता के बावजूद विश्वास करता है - यामिनी आयेगी, उसके मन में कहीं गहरे दबी जिजीविब बुलवाती है-"खींच लाऊँगा" "रक्त कमल" भोर को आना पडेगा यामिनी को" (आस्था के ये स्वर डॉ. धर्मवीर भारती के "अन्धायुग" से भी अंत में फूटे थे जब कि नाट्य में कहीं उसका सूचना ध्वनन नहीं था।)

एक और समृद्ध व्यक्तित्ववान यह चरित्र दूसरी ओर क्रांति के संदर्भ में अपनी सीमाओं को भली भाँति जानता है और इसी के कारण कहीं भी बड़बोलापन प्रकट नहीं होता। अपनी स्वभावगत कमजोरी (सच तो यह है कि मैं हिंसावाद से हूँ) बहुत विशाल यह देश इस पूरे देश को कार्यप्रवण करने के लिए। कोई भी कार्य हो, हिंसक या अहिंसक, एक बहुत प्रतिभावाला आदमी चाहिए। मैं अच्छी तरह जानता हूँ कि वह आदमी मैं नहीं हूँ... शब्दों का सुख लूटनेवाला आदमी कायर होता है.. इस व्यवस्था को हम शत्रु कहते हैं, शत्रु से कैसे लड़ा जाये यह नहीं बता पाते, इतना ही कह पाते हैं कि शत्रु के जाल में मत फँसो। एक मास्टर इससे अधिक कह ही क्या सकता है?) का उद्‌घाटन कुलकर्णी करता है और यहीं पर सी. वाई. व्यवस्था का पुर्जा बननेवाले एक समय के भगोड़ों का मानस व्यक्त करता है (नाट्यानुभव में एक आयाम और जुडता है) जो नाटक के मनस्तत्त्व की समृद्धि में महत्त्वपूर्ण योगदान है। पी. वाई. धर्मांतरित व्यक्ति है इसलिए अधिक कट्टर हिंसक बन गये हैं। "हमें बेनकाब करनेवाले को उसकी कीमत चुकानी ही पड़ेगी.... शर्त सिर्फ एक। आपके मुँह से कभी यह न निकले, कि शत्रु हम हैं।"

"उद्वस्त धर्मशाला" बुद्धिजीवी वर्ग की चारित्रिक कमजोरियों को बेनकाब करता, वह एक सत्य है। लेकिन वह अधूरा सत्य है। उस बुद्धिजीवी वर्ग की मानसिक जड़ों तक की गहरी छानबीन प्रा. देशपांडे ने की है। क्या हिंदू मन क्रांति कार्य के लिए अनुपजाऊ भूमि है। प्रश्न के उत्तर के लिए केवल बुद्धिजीवी तक सीमित रहने से शायद उत्तर ठीक नहीं मिलेगा लेकिन देशपांडे ने अपने को बुद्धिजीवी वर्गतक ही सीमित बनाये रखा है। इस प्रश्न की आर्थिक व्यापक पड़ताल के लिए मुट्ठी भर शिक्षितों के घेरे के बाहर भी जाना होगा।

निश्चय ही यह नाट्यानुभव बुद्धिजीवी मानस को अन्तर्मुख करता है, छीलता है, काटता है, लहूलुहान कर देता है। अपनी आसमान में उड़ान भरने की भव्य आकांक्षा और मिट्टी के चमकीले पंखों का साधन इनके बीचकी प्रचंड दरार को देखकर पाठ्क/दर्शक बुरी तरह से विचलित भी होता है। यह विचलन, व्यथा का लैमनज्यूस की गोली की तरह खट्टामीठ स्वाद भर नहीं देता, संवेदना को गहरे कुरेदकर खून निकालता है, प्रश्नों के उत्तरों से नहीं प्रश्नों की गहराई, गंभीरता और प्रासंगिकता से यह नाटयानुभव हृदय को बेचैन और दिमाग को व्याकुल कर देता है।

मेरी राय में किसी नाटक को श्रेष्ठ कहने में इतना पर्याप्त है।

मारवा, जैज और टेप किए संवाद, सिगरेट का धुआँ और बार से बनाये ड्रिंक्स की पृष्ठभूमि पर यह वामकाः पांडवैश्चैव जीवन का बड़ुत बड़ा ड्रामा खेला जा रहा है।

मारवा एक सांध्यकालीन राग है जिस में अँधेरे और प्रकाश की गंगाजमुनी मिलावट में उत्पन्न कातरता और आर्तता का गहरा प्रभाव मन में एक उदास मिथ्रस पैदा करता है। (उच्च मध्यवर्ग इधर जीवन के दुख और वेदना को साहित्य का असली मर्म समझ रहा है लेकिन यह दुख उन्हें वहीं तक स्वीकार्य है जहाँ तक वह मिथ्रस बन कर सामने आये। प्रस्तुत नाटक में भी मारवा और जैज की प्रतीकात्मकता आद्योपान्त अनुभव के टैक्श्चर को सम्पन्न करती है) मारवा भारतीय संस्कृति का इथॉस है तो जैज पश्चिमी विशेषतः अमेरिकन जीवन की तकनीकी और

औद्योगिक प्रगति से उत्पन्न जीवन प्रणाली का इथॉस है। प्रस्तुत नाटक के प्रमुख पात्र न पूरे अमेरिकन बन कर रहे हैं, न भारतीय रह पाये हैं। भारवा और जैज दोनों उनके जीवन में हैं और दोनों में न वे ढंग से समन्वय कर पाते हैं, न किसी एक का चुनाव करने की निर्णायक शक्ति से संपूक्त हैं। यह नाटक ऐसे ही उखडे व्यक्तियों के दर्द को और उससे भी आगे चलकर उस दर्द के छिलेपन को उभारता है-लेकिन यह छिछलापन उभारा गया है बड़ी गहराई से। केंद्रीय पात्रों को पूरी सहानुभूति देते हुए और उनको समुचित परिप्रेक्ष्य में उपस्थित करते हुए अनेक छिछलेपन को गहराई से उभारने के लिए कलाकार का न केवल तटस्थ होना पर्याप्त है, उसके पास जीवन स्थिति -गति को मापने का बहुत बड़ा मानदण्ड भी होना चाहिए। प्रस्तुत कलाकार का परिदृश्य निश्चय ही इतना व्यापक है कि तथाकथित उच्चभ्रू बुद्धिजीवियों और बुद्दवादियों की असलियत का बौनापन उस के सामने उघड़कर नंगा हो सके। लेकिन इस से बढ़कर कथाकार के पास एक मर्म को, सही रूप में बांधने और गहराइयों को तलाशने की दृष्टि भी है। इसलिए चरित्रों की असलियत पर मार्मिक कलात्मक बिंदुओं पर उंगली रख कर अनुभव को विवेक और गति देने की गंभीर कलादृष्टि है।

"मामकाः पाण्डवाश्चैव" तीन चरित्रों के उखड़ेपन की ट्रैजिक कहानी है जिसका संबंध भारत-पश्चिमी सांस्कृतिक संपर्क और संक्रमण से है। इसीलिए नाट्यानुभव में गहराई और व्यापकता के दोनों आयाम जुडकर मूल अनुभव के स्तर की गुणवत्ता बढ़ गयी है। निश्चय ही इस नाटक को गंभीरता पूर्वक देखना आवश्यक है। ऊपर से यह लग सकता है कि यह विचारों के तनाव और उनकी टकराहट का नाटक है लेकिन चूँकि इन विचारों से जीवन दृष्टियाँ संबद्ध हैं और जीवन दृष्टियोंसे व्यक्तित्व। यह अनुभव व्यक्तित्वों के संघर्ष का और उससे भी अधिक यह कहना ठीक होगा कि संघर्ष के परे व्यक्तित्वों की भीतरी असलियत की तलाश का ड्रामा है। पपा भारत के उन बुद्धिजीवियों का प्रतिनिधित्व करते हैं (जो जैज के आकर्षण में मारवा छोड़कर अमरीका चले गये हैं। लेकिन न जैज में पूरी तरह से डूब सके हैं, न मारवे के सम्मोहन से पूरी तरह अपने को छुड़ा सके हैं। उनके भीतर भारतीय रक्त तो बह रहा है जो अपेक्षा करता है कि एक भारतीय परिवार की भाँति अपने को पति पर पूर्णतः उत्सर्ग कर जीनेवाली पत्नी हो, ब्रैंडी भले ही साथ पीता हो लेकिन भारतीय परिवार के संस्कारों में पले लड़के की तरह अज्ञाकारी पुत्र हो, कम से कम पिता की कमजोरियों पर बार बार उंगली रखकर उन्हें अपमानित करनेवाला वह न हो, अपने पिता के सामने उसकी विवाह बाह्य प्रेमिका को लेकर उन्हें कुरेदनेवाला न हो। पिताश्री भले ही ब्रेड, बटर और ब्रैण्डी के लिए अमेरीका आये हों और कहीं भीतर अपनी असलियत से सामना करने से डर रहे हों तो भी पुत्र इसकी खुले आम चर्चा करे, यह उन्हें अखरता है। पापा जैसों के चरित्र में एक सतहीपन होता है और उस सतहीपन का सामना न कर सकने की हालत में वे तरह तरह की दीवारें अपने "स्व" के चारों और खड़ी करते हैं - इंटलेक्चुअल होने की दीवार, अपने स्वदेश के प्रति उसकी समस्त कमियों के बावजूद भक्ति रखने की दीवार, अमरीका की नीतियों को स्कूल में जाकर चुनौती देने के स्थान पर (मतलब विएतनाम में अमेरीका की नीति) उतना ही सुरक्षित विरोध करने की नीति की दीवार जिससे इंटलेक्च्युअल बने रहने की लक्जरी लोकतंत्रिक व्यवस्था में सहज में भोगी जा सके। भारत में एक अमरीका

के विद्वान प्रोफेसर की कद्र न होने के कारण वापस बालीमोर जाने की विवशता की दीवार, अपने अहं को अपनी स्वघोषित ऊँची बौद्धिक योग्यता से ढँकने की दीवार - ऐसी कतिपय दीवारों के परकोटों के नीचे छिपे स्वत्व को यहाँ पुत्र के द्वारा ही नंगा कर दिया गया है। यह जनरेशन गैप से अधिक भीतरी लड़ाई है। इस स्तत्व का नंगा रूप क्या है? भास्कर के तेज तर्रार शब्दों में - - "विगत एक वर्ष में मैंने आप को बहुत नजदीक से देखा है। जो कुछ देखा, उससे मैं प्रभावित नहीं हुआ। मुझे जो दिखायी दिया, वह एक ऐशोआराम पसन्द छोटा व्यक्ति सुखासक्त, महत्त्वाकांक्षी –वस – भास्कर के इन सीधे शब्दों में प्रकट अमरीका में जाकर बसनेवाले तथाकथित इंटलेक्च्युअल का वह सतही रूप इसलिए प्रभावकारी लगता है कि लेखक ने उसके लिए भास्कर की मनोव्यथा का भावनात्मक आधार तैयार किया है और स्वयं भास्कर के व्यक्तित्व और माँ की मृत्यु की तीव्र वेदना का कलात्मक विभावन लेखक ने तैयार किया है।

लेकिन यह नाटक केवल भास्कर द्वारा पिता के व्यक्तित्व के आडम्बर और झूठ बोलने तक सीमित नहीं हुआ है। बल्कि नाटक की अनुभव समृद्धि इसलिए बढ़ गयी है कि इस भास्कर के सतहीपन को भी इसकी प्रेयसी माया द्वारा समर्थ रूप में उद्घाटित किया गया है। भास्कर के पूर्ववर्ती चरित्र में प्रच्छन्न किंचित अतिरेकपूर्ण भाव विवशता का अतिरेकपूर्ण शब्द जंजाल का और विरोध में सन्निहित बड़बोलेपन का रहस्य खुलता है और नाटककार की सौंदर्य दृष्टि का (संतुलन जिसका एक महत्त्वपूर्ण आयाम है) प्रभाव गहराता है, जिस जीवन की विलासिता की भास्कर भर्त्सना करता है, उसका वह स्वंय भी भोग करता है। यहीं पाठक या दर्शक के मन में यह भान लेखक ने उत्पन्न कर के भास्कर की असलियत को नंगा करने के लिए कलात्मक भूमिका का निर्माण किया है।

भास्कर पिता से शायद अधिक ईमानदार है। कम से कम शब्दजाल में अपनी सुखासीनता को छुपाना नहीं चाहता। अपने पाखण्ड को वह जानता है – "माया तुम उस ढोंगी, पाखण्डी विश्व का एक हिस्सा हो, मैं भी हूँ। पर मैं उस ऐशोआराम के बेईमान, स्वार्थी, राजनैतिक, विश्व से अपना पिण्ड छुड़ाना चाहता हूँ। उस द्रुष्चक्र को मैं तोडना चाहता हूँ। घुन लगे समाज के सजे हुए प्रतिनिधि... पपा", लेकिन यह ईमानदारी भी एक बिंदु तक आ कर बैडफेथ" बन जाती है। वह बिन्दु है ऐक्शन का, जीवन के प्रत्यक्ष आचरण का। यहाँ भास्कर उन युवकों का प्रतिनिधित्व करता नजर आने लगता है जो अपनी प्रत्यक्ष आचरण की अनिच्छा को, डर को "एकान्त" के सम्बल से ढँकना चाहते हैं, उसकी प्रेयसी उसे नंगा करती है: "पपा बाल्दीमोर का एकान्त चाहत है, और तुम यहाँ का हैं। दोनों का एकान्त एकान्त नहीं है। वह स्वान्त है। इसका मतलब माया खोलती है: "अपने अपने आप में मशगूल होने के लिए अपेक्षित स्वान्त "इस समाज पर वह भी नाराज ही है। उन्होंने बाल्दीमोर का स्वान्त अपनाया। तुम यहाँ का अपना रहे हो। पपा के "स्वान्त" का रहस्य माँ की समझ में नहीं आया। उस पर वह शहीद हो गयीं। तुम्हारा स्वान्त चमकदार, चरपटे शब्दों का स्वान्त है। नारेबाजी का स्वान्त है। संगीत का स्वान्त, सिगरेट और धुम्रवलयों का स्वान्त। क्या फर्क है? किसकी नकाब उतरना चाहते हो?किस समाज पर नाराज हो?। इस फ्लैट की चारदीवारी के अन्दर कौनसा समाज है? और एकान्त भी कहाँ है यहाँ? फर्स्ट नेशनल में जिनका खाता हो ऐसा समाज कौन सा है? और फिर इन सब के बीच तुम कहाँ हो?"

माया एक और भास्कर की अर्थात् उन तमाम युवा समाज की पोल खोलती है जो अपने नकार, निषेध और विद्रोह के शब्दों की लड़ाई में क्षतिपूर्ति का सुख अनुभव करते हैं, अपनी निष्क्रियता को छिपाते हैं, सक्रियतापूर्वक जीवन की समस्याओं से भिड़ना आगे के लिए टालना चाहते हैं। (क्या यह बूर्ज्वा वर्ग की ही खास विशेषता है जिसे लेखक रेखांकित करना चाहता है।)

यह पपा और भास्कर की शोकान्तिका नहीं रहती क्यों कि शोकान्तिका के लिए आवश्यक आलम्बन का औदात्य और सक्रियता उनमें नहीं है। यह शोकान्तिका माया की बन जाती है जो नाटक के मध्य के बाद आ कर भी अपनी चारित्रिक शक्ति से अद्भुत महत्त्व इस नाटक में प्राप्त करती है। पपा और भास्कर की कमजोरी का ज्ञान उसे है और इससे उबरने का सही रास्ता भी उसे मालूम है। वह भास्कर को समझाती है: "भास्कर, अपने दुःख की तीव्रता भुलाकर समाज की ओर देखने की क्षमता जब इन्सान में आती है तभी वह अच्छा इन्सान बनता है। तब तक तो केवल रीता शब्दजाल ही है। बोर्टन का या फिर नारों का केवल शब्द, रिक्तजाल–हाँ, अपने दुखों से ऊपर उठ कर देखने के लिए शक्ति की आवश्यकता है। सुखदुःख पारदर्शक नहीं होते। (अपनी आथेंटिसिटी की तलाश, बैड फेथ के विविध रूपों की पहचान और अपने दुःख से ऊपर उठने की आत्मिक शक्ति का उपार्जन। क्या ये ऐसे बिंदु नहीं हैं जिन पर मार्क्स भी आये थे और सार्त्र भी?) लेकिन माया महज इस समझदारी से महान नहीं बनती। वह महान वहीं बनती है जहाँ वह स्वतंत्र व्यक्तित्ववान स्त्री की भाँति कहती है, "मैं उस आलिंगन की कीमत नहीं माँग रही हूँ" जब वह भास्कर के स्वत्व का उधाड़ती हुई भी कहती है–"शायद तुम्हें सहारे की जरूरत पड़े- एक उंगली का। मेरी उंगली का सहारा तुम ले सकते हो।"– यहीं पर लगता है उसमें भास्कर की माँ या पपा की पत्नी का सहज उत्सर्ग भाव सुरक्षित है परंतु उसकी तरह वह पति पर निर्भर नहीं है। यह एक स्वायत्त स्वतंत्र, निरपेक्ष स्वावलंबी मुक्त नारी की उत्सर्गशीलता है, बहुत कीमती, शायद भविष्य की मंगलमयी राह यहीं से जाती है।

यह एक तनावपूर्ण प्रदीर्घ अनुभव की उत्कटता को बरकरार रखते हुए अंततक विदग्ध पाठक को अनुभव की गहराई से धक्के मारती हुई अन्ततक उत्सुकता को बनाये रखनेवाली गंभीर नाट्यक्रीडा है लेकिन यह क्रीडा जीवन शक्ति को सक्रिय करने की दिशा में उन्मुख है। यह जीवन शक्ति स्वत्त्व के अन्वेषण में और अपने वैयक्तिक सुखदुःख से ऊपर उठने में प्रवृत्त करती है।

नाटक में टेप रेकॉर्डर का उपयोग फ्लैशबक की भाँति बहुत ही कलापूर्ण ढंग से किया गया है। माँ की मृत्यु के बाद (बहुत कम कृतियों में दुर्घटना का कलात्मक उपयोजन किया जाता है।) भास्कर में आयी भावुकता का अनुपात कुछ असंतुलित हो गया है और उसके साथ माया का व्यवहार भी अतिशय भावुकता के स्तर पर उतरा है। परंतु ऐसी कुछ छोटीसी फिसलनें नाट्यानुभव की गंभीरता को विशेष क्षति नहीं पहुँचातीं। लेखक की भाषा में एक प्रभावी सम्प्रेषण शक्ति है। हर वाक्य व्यक्तित्व से उद्भूत, विस्फोटित, उर्जा से संपृक्त। कुशल निर्देशन के अभाव में या थोड़ीसी शिथिलता में मारवा और जैज संगीत का उपयोजन यांत्रिक और कुत्रिम बनने की संभावना है। लेकिन वह लेखख का दोष नहीं हो सकता। चिंतनपरक अनुभव को नाट्यानुभव

बनाने की कला में लेखक को लगभग पूर्ण सफलता मिली है।

"एक बज चुका है" का अंतर्गत कसाव कुछ शिथिल है और शाब्दिक क्रीडा के लिए भी नाटककार अवसर निकाल लेता है। इसका एक कारण यह है कि नानासाहब की पचहत्तरी वर्षगांठ पर यह पारिवारिक गेट टुगेदर है और शराब की पृष्ठभूमि पर धीरे धीरे शिथिलता आना अस्वाभाविक भी नहीं है। एक समय के सक्रिय मार्क्सिस्ट नानासाहब की सालगिराह पर शराब की यह रंगीन रात समूची जीवन प्रणाली पर करारा व्यंग्य अवश्य करती है। यह विचित्र परिवार है। बड़ा लड़का सेना में अफसर है। मझोला राघव शासन के मुख्यमंत्री का सचिव है, उमा चित्रकार है और छोटा उद्धव पिताश्री के अधूरे क्रांति के स्वप्न को साकार करने के कार्य में जुटा है, जेल में बंद है। सब एक दूसरे के काम से घृणा रखते है, या उदासीन है। लेकिन नानासाहब की सालगिराह पर इकटठा आये हैं। पार्टी का माहौल एक समृद्ध परिवार की गंध फैलाता है और गुब्बारे वगैरा लगा कर कुछ दकियानूसी परंपरा को निभाने की बूर्ज्वा आदत से लाचार भी हैं। नानासाहब को भी इस में कुछ अजूबा नहीं लगता। आश्चर्य यह भी है कि नानासहब की तिथि के अनुसार सालगिराह मनायी जा रही है और तारीख के अनुसार होनेवाली सार्वजनिक सभा में मुख्यमंत्री ने आने की हामी भी भरी है। एक तरह से एक समय के क्रांतिकारी नानासहब अब स्वयं बूर्ज्वा जीवन जी रहे हैं और उसके प्रति उनके मन में कहीं क्लेश की भावना नहीं है। उनकी अपने अतीत की क्रांतिकारी भावना के प्रति सरोकार केवल क्रांतिकारी तरुण पुत्र उद्धव के माध्यम से है। उद्धव पिता को इसके लिए बहुत महत्व नहीं देता। उद्ध्वस्त इतिहास की ओर मुड़ मुड़ कर देखने के लिए अभिशप्त नानासहब उद्धव के आदर के नहीं, दया के पात्र हैं।

उमा और विनायक के प्रेम विवाह और विच्छेद की कहानी असल में इस नाट्यानुभव में कुछ जबर्दस्ती घुस गयी सी लगती है। इसका बार बार विनायक को चले जाने के लिए कहना कुछ अतिरेकपूर्ण ही लगता है। विनायक का उमा के प्रति देहाकर्षण और उसकी कविता संभवतः नानासहब के रोमँटिक क्रांतिकारी नजरिये की शिथिलता को अधिक उभारते हैं क्योंकि उनकी विचारधारा के पूर्णतः विपरीत विनायक और उमा दोनों उनकी आत्मीयता के संबल बने हैं। प्रकारान्तर से नानासाहब की उदारता उनकी विचारधारा की सचाई पर व्यंग्यत्मक प्रकाश डालती है।

इस समूचे बूर्ज्वा वातावरण में, जिस में, कलाकार देशपांडे ने अनेक छिद्र सुझबुझ के साथ दिखायें हैं, क्रांतिकारी उद्धव का आगमन एकदम विखराव पैदा करता है। पहले अंक में शीराजा न टूटते बिखरते संभला था। दूसरे अंक में उद्धव केंद्र में आने पर शीराजा पूरी तरह बिखर जाता है। नाना का पुत्र क्रांतिकारी उद्धव ही अपनी पिता की भर्त्सना कर रहा है। "अच्छे खाते पीते चैन करने वाले लोग इस समाज में Suffering, Suffering कह कर बोंब मार रहे हैं और यह है कि रुआँसे हो रहे हैं। आप भी उनमें शामिल हैं नाना।" नाना के उदासी के तत्वज्ञान पर उद्धव उनको लांछित करता है। नाना अग्निहोत्री की खत्म हुई कहानी पर नाटक समाप्त होता है। असल में क्रांति के रोमांटिक रूप का मखौल उड़ाते हुए भी लेखक क्या उद्धव की अग्निधर्मी क्रांतिकारिता का पक्ष समुचित मानता है? यह जरूरी नहीं कि कलाकार समस्या का उत्तर दे

लेकिन क्या स्थिति का बिना भाष्य किए तटस्थ चित्रण भी एक तरह का बौद्धिक पलायन नहीं? क्या आज के पचहत्तर वर्ष के नाना कभी युवा उद्धव नहीं थे? तो फिर क्या क्रांति सचमुच एक यूरोपिया है क्यों कि उद्धव भी विध्वंस आरंभ करने की रोमांटिक बात पर ही आता है और यज्ञ में आत्माहुति की बात करता है। उसकी इस अग्निधर्मिता से हम भावुकता के स्तर पर संवेदित हो सकते हैं। लेकिन वैचारिक स्तर पर सहमत हो पाना संभव नहीं है। वैचारिकता की रीढ़ पर आधारित नाटक में इस प्रकार की अतृप्ति बहुत खलती है।

पहले अंक का उत्सव का वातावरण दूसरे अंक में उद्धव के केंद्र में आने पर और शराब का नशा हावी होने पर तकलीफदेह होने लगता है। इस सूक्ष्म लयात्मक आरोह अवरोह को बड़ी कलात्मकता के साथ लेखक ने प्रस्तुत किया है। उमा अपना सात वर्षों का संयम छोड़ कर विनायक से आलिंगनबद्ध होती है– लगभग सभी चरित्र अपने असली रूप में सामने आते हैं। जिन नानासाहब के कर्तृत्व पर अभिमान व्यक्त करने के लिए पचहत्तरवी वर्षगांठ मनायी गयी उन्हीं का अवमूल्यन साकार हैं। उद्धव का कहना है: सरकती बालू पर खड़े रहने का इल्म हासिल किया कि हजारों दीवारों पर गिर गिर पड़ें पर आपको कुछ होना हुआना नहीं। होती रहे पतझड़- – इसमें आप को क्या?" - एक तरह से उध्वस्तता का यह सेलिब्रेशन लगता है। समस्त रोमांटिक सफरिंग का मखौल उड़ाते हुए उद्धव कहता है, "आप भी इसमें शामिल हैं नाना/ आप सिर्फ आँसू बहाइए/उमा उनके चित्र बनायेगी/माधव उनके सुभाषित बनायेगा/विनायक सिर्फ गफलत में रहेगा/राघव आँखों में नींद लिए लुढ़क जायेगा/ यही वह अवरोह है। प्रकारान्तर से उद्धव भी उसमें शामिल है।"

गोविंद देशपांडे ने मराठी में वैचारिक नाटकों की क्षीण परंपरा को बहुत बड़ी शक्ति प्रदान की है। इनके नाटक दर्शक को एक ऊँचे स्तर पर ले जाते हैं। वह अपने अंदर झाँक कर अपनी प्रेरणाओं, वांछाओं, स्वप्नों, आदर्शों की असलियत को सही परिप्रेक्ष्य में देखने का आत्मशोध का रास्ता थोड़ा कुछ तय कर सकता है, अपने अहं का बौनापन देख सकता है। विचारोत्तजकता और भावनात्मक आत्मपरिक्षण का युगपत अनुभव देनेवाले नाटक संख्या में बहुत कम हैं इसीलिए गोविंद देशपांडे का पल्ड़ा बहुत भारी हो जाता है।

मराठी नाटक के विकसित होने की बात बहुत उछाली जाती है। यह सही है कि मराठी का सामान्य दर्शक नाट्यप्रेमी है। सौभाग्य से एक समय से खाडिलकर और गडकरी जैसे नाटककारों ने कुछ सशक्त नाटक दिये। बालगंधर्व ने अपने अभूतपूर्व अभिनय, संगीत, माधुर्य और लावण्य से मराठी जनों को नाटक-का प्रेमी बनाया। लेकिन आज मोटे तौर पर दो प्रकार के नाटक देखे जा सकते हैं। भीड़ को खीचनें वाले मध्यमवर्गीय दर्शक को आत्मतृप्ती, पुनः प्रत्यय और स्वप्नपूर्ति का सुख देने वाले रंजक और कौटुंबिक नाटक जिनके प्रयोग दो ढाई हजार तक भी संपन्न होते हैं और दूसरे प्रकार के वे, जो प्रयोगधर्मी रंगमंच पर खेले जाते हैं। ३/४ प्रयोग के बाद ओझल हो जाते हैं, २५/३० दर्शकों के सामने खेले जाते हैं। असल में ये नाटक ही अगर सही नाट्यप्रेमी के प्रमाण हैं तो मराठी दर्शक के नाट्यप्रेम पर पुनर्विचार करना पड़ेगा। विजय तेंडुलकर, जयवंत दळवी, रत्नाकर मतकरी बीच का रास्ता निकाल लेते हैं परंतु उन्हें भी खूब समझौते करने पड़ते हैं। प्रा. गो. पु. देशपांडे का वैशिष्ट्य यह है कि वे दूसरे सही नाटकों की परंपरा को ईमानदारी से निभा रहे हैं। किसी प्रकार का समझौता करने को तैयार नहीं हैं। और भी लगता है कि दर्शकों को कुछ ऊपर उठने की ताकत उनके नाटकों में है।

'दुर्दम्य'

श्री गंगाधर गाडगील का 'दुर्दम्य' उपन्यास कई दृष्टियों से महत्तपूर्ण साबित हुआ है. स्वयं गाडगील का कहना है कि मराठी में जीवनीपरक उपन्यासों का श्रीगणेश इसी कृति से होता है। यूँ तो 'दुर्दम्य', से पूर्व भी इसी तरह के उपन्यास लिखे गए थे किंतु दुर्दम्य ने ही जीवनीपरक उपन्यासों को महत्वपूर्ण साहित्यिक विधा के रुप में स्थापित किया, साथ ही यह प्रेरणा भी दी कि अगली पाँत के रचनाकारों को भी इस विधा में अपनी प्रतिभाशक्ति व रचनात्मक सामर्थ्य को आजमाने से हिचकिचाना नहीं चाहिए, इसी कम में यह मान लेना चाहिए कि 'दुर्दम्य' के बाद ही मराठी में ऐसे कई उपन्यास लिखे गए.

'नवकथा' की जबरदस्त शुरु वात से गाडगील ने जतला दिया कि यह विधा जीवनानुभव के महत्तवपूर्ण संधान तथा नितनूतन-सौंदर्य-सृजन हेतु किस भाँति सशक्त सिद्ध हो सकती है और वैविध्यपूर्ण कथाओं के विपुल सृजन के माध्यम से औपन्यासिक स्तर के जीवनानुभव एवं जीवनदृष्टि को किस तरह अभिव्यक्त कर सकती है। विभिन्न उत्कट अनुभवों के क्षणों में अपने आप लिखे गए विविधवर्णी कथाओं के जरिऐ एक समग्र जीवनदृष्टि का निरुपण मुश्किल भले हो पर असंभव नहीं है। ऐसा यशस्वी व शिखरस्थ 'लघुकथाकार' कहानीकार इस कदर महत्वाकांक्षी उपन्यास लिखे (यहाँ मैं भूला नहीं हूँ कि गाडगील ने 'लिलिचे फूल' उपन्यास की भी रचना की है) और वह भी जीवनपरक, यह मुद्दा गंभीर चिंतन की अपेक्षा रखता है। आश्चर्य यह भी है कि अपने उपन्यास के लिए उन्होंने तिलक का जीवन चुना। आखिर स्वतंत्र सामाजिक उपन्यास के बजाय गाडगील ने लोकमान्य तिलक पर उपन्यास क्यों लिखा?

गाडगील चुनौतियों को स्वीकारनेवाले तथा कुछ-कुछ लड़ाकू प्रवृत्ति के रचनाकार हैं। मानव-मन की थाह लेना तथा उसकी विविध मनोवृत्तियों का अनुसंधान करना, समाज में व्याप्त विकृत मानसिकता पर प्रकाश डालना, विविध आयुवर्ग व वृत्ति-प्रवृत्तियोंवाले स्त्री-पुरुषों के मानस जगत् का अवलोकन करना ही उनकी प्रधान लेखकीय प्रेरणाएँ रही हैं। यदि वे चाहें तो अस्तित्ववादी प्रतीत होनेवाले जीवनानुभवों का भी सशक्त चित्रण करते हैं तो वयस्क दंपत्ति के जीवनानुभवों की पडताल भी कर सकते हैं। तरल भावों की अभिव्यक्ति के दौरान काव्यमय हो जानेवाली उनकी शैली सड़े-गले जीवन के अंकन में अद्‌भुत कायापलट कर जाती है। लगभग पंद्रह-सोलह वर्ष पूर्व गाडगील के कथासृजन के संदर्भ में लिखे गए अपने एक विस्तृत लेख का छोटा-सा अंश उद्धृत करने की इच्छा हो रही है। मैने लिखा था - "रचनाकार की अनुभावान्वेषी प्रकृति की वजह से उन्होंने किसी भी दृष्टिकोण विशेष के वर्चस्व को स्वीकारने से इंकार कर दिया। कामभावना ही मानव-व्यवहार की मूलभूत प्रेरणा है, मनुष्य नियति के हाथों की कठपुतली है, जीवन निरर्थक व विसंगतीपूर्ण है, मनुष्य का 'अहं' ही उसके समस्त कियाकलापों की प्रेरणा है, अधिकारप्राप्ति की प्रवृत्ति ही मनुष्य के व्यवहारों का दिशानिर्देश करती है, हीनग्रंथि ही व्यवहार का मूलाधार है, मनुष्य परिस्थितियों का दास होता है और आर्थिक परिस्थितियाँ ही उसकी संस्कृति का संचालन करती हैं आदि अनेक विचारधाराओं में से गाडगील ने उतना ही ग्रहण किया जितना उन्हे आवश्यक एवं सार्थक प्रतीत हुआ। जीवन के प्रति उनका दृष्टिकोण

प्रायः मुक्त व अकुंठ रहा है। किसी एक विचारधारा की दासता उन्हें मान्य न थी। यही वजह है कि आजतक उनका मन जीवन के अनुसंधान और अनुभवों की तलाश में समर्थ है." (पृष्ठ १३६, कथा; मराठी साहित्य : प्रेरणा व स्वरुप)

समर्थ और महान रचनाकार में चुनौतियाँ स्वीकारने की प्रवृत्ति होनी चाहिए जो कि गाडगील में है। पर 'दुर्दम्य' की रचना का सच सिर्फ इतना ही नहीं है और न तो इसी कारण से श्रेष्ठ कृति है। गाडगील के पास अनुभवों के सहर्ष स्वागत की निर्लिप्त व मुक्त जीवनदृष्टि है। यहाँ यह कहना अप्रासंगिक नहीं होगा कि पश्चिम से प्रभावित रचनाकारों ने स्वाध्याय अथवा साहित्यिक-बौद्धिक जगत् में व्याप्त विचाराधाराओं के जरिये फ्रॉयड-युंग-एडलर द्वारा प्रवर्तित मनोविश्लेषणशास्त्रीय मान्यताओं के आधार पर मानव-मन की तह तक पहुँचने की कोशिशें कीं और भारतीय मिट्टी में रची-बसी उर्ध्वचेतना या परमचेतना के महत्त्व को स्पष्ट नकार गए। 'दुर्दम्य' पढ़ते हुए मुझे बराबर यह अहसास होता रहा कि गाडगील में अंतर्निहित सर्जक ने तिलक के रुप में अभिव्यक्त हो रही तन-मन की परमचेतना को न सिर्फ सही ढंग से समझा बल्कि जीवंत कर दिया है। इतना ही नहीं 'दुर्दम्य' में अभिव्यक्त 'मनुष्य' उनके कथा जगत् के 'मनुष्य' से सर्वथा भिन्न है। १९ वीं सदी के उत्तरार्ध तथा २० वीं सदी के पूर्वाद्ध में सिरजी महाराष्ट्र की चेतना को गाडगील नें यशस्वी ढंग से साकार किया है। (यह चेतना कई स्तरों पर अभिव्यक्त हुई है जिनमें तीन प्रमुख हैं - प्रथमतः लोकमान्य तिलक के सर्वोच्च स्तर पर साथ ही खापर्डे, मुंजे, शिवराम पंत, परांजपे, रानडे, गोखले, आगरकर के द्वितीय स्त्र पर तथा सामान्य जीवन बिताने वाले परंतु तिलक के व्यक्तित्व से अभिभूत जनसामान्य के तीसरे स्तर पर। वैसे इनमें भी कई उपस्तर हो सकते हैं।) 'दुर्दम्य' की गहनता व महत्ता इस बात में निहित है कि यह चेतना कितने विविध स्तरों पर व कितनी उत्कटता से अभिव्यक्त हुई है। गाडगील की कहानियों और उनके 'दुर्दम्य' उपन्यास के अनुभवों के बीच के फर्क को जान लेने के बाद ही 'दुर्दम्य' की गरिमा का अहसास होता है।

काम और अर्थलिप्सा जैसी प्रबल प्रवृत्तियों का दमन करनेवाले; देशभक्ति व स्वतंत्रता, जनसेवा व ज्ञानपिपासा के लिए देह को अथक कष्ट देनेवाले त्यागी व समर्पित व्यक्तिव के सजीव चित्रण में गाडगील सफल रहे हैं। अहंकार, तिलक के व्यक्तित्व की महत्त्वपूर्ण विशेषता है पर राष्ट्रीय एकता की वेदी पर उन्होंने अपने अहंकार की बलि चढ़ा दी। ऐसी विभूति की ऊर्जा का प्रभावशाली अविष्कार गाडगील के लेखनी ने किया। एक तरह से देखा जाय तो गाडगील ने अपनी कहानियों में व्यक्त हुई वृत्तियों-प्रवृत्तियों-विशिष्टताओं पर पैर जमा कर एक उर्ध्वगामी ऊँची छलांग ही लगाई है।

दुर्दम्य सरीखी महत्त्वपूर्ण कृति की प्रेरणाएँ कई हो सकती हैं। यहाँ तक की चित्पावन ब्राम्हण का स्वाभिमान अथवा अस्मिता भा। कई बार प्रारंभिक प्रेरणा बिंदु कालांतर में विलक्षण स्वरुप धारण कर लेता हैं और मूल प्रेरणाबीज का आमूल रुपांतरण हो जाता है अतः कृति विशेष की प्रेरणा की खोज कोई खास अहमियत नहीं रखती अपनी कहानियों में गाडगील ने देशभक्ति, राष्ट्रीय एकता, भारत में पैदा होने वाले महापुरुषों की विडंबना, समाज के हित में सर्वस्व होम कर देने वालों की अग्निपथ इत्यादि बातों को विशेष महत्त्व नहीं दिया। यानी 'दुर्दम्य' में वे अपना

ही अतिक्रमण करते हुए पिछले रचनागत ढाँचे को तोड़ते हैं और उसमें यशस्वी भी होते हैं। लघुकथाकार इतिहास की ओर से एक हद तक उदासीन रहता है क्योंकि उसका सीधा संबंध समकालीन संवेदनशील क्षणों से कुछ अधिक ही रहता है। घटनाओं और चरित्रों के माध्यम से अभिव्यक्त करनेवाले गाडगील के लिए निवेदन, निरूपण, विवरण, वर्णन आदि भले ही अनुपेक्षणीय रहे हों पर वे अनिच्छा से ही इनका प्रयोग करते हैं। 'दुर्दम्य' में तो इतिहास और विवरण-वर्णन की उपेक्षा कर पाना संभव ही नहीं। ऐतिहास विवरण और उपन्यास की चित्रात्मक शैली के बीच फर्क का हर पल अहसास रखते हुए, 'दुर्दम्य' को इतिहास या 'डॉक्यूमेंट्री' की सीमाओं से बचाते हुए जीवनीमात्र स्तर से दूर रहते हुए उसकी औपन्यासिकता बरकरार रखना तलवार की धार पर चलने से कम नहीं है। जीवनी परक उपन्यासों की अपनी कुछ बाध्यताएँ होती ही हैं। व्यक्ति और उसके आसपास की व्यक्तियों के जीवन की घटनाएँ, उनके परस्पर संबंध आदि का जनमानस पर प्रतिबिंबित तथा इतिहास का अंग बन चुकी राजनीति-सामाजिक घटनाओं का ध्यान रखते हुए जीवनी परक उपन्यास लिखने में उसके उपन्यास न रहकर जीवनीग्रंथ बन जाने की संभवनाएँ बढ़ जाती हैं। इन खतरों से आगाह न रहने वाले कई जीवनी परक उपन्यास मात्र जीवनियाँ बन कर रह गए हैं यह हम जानते ही हैं पर यह शिवधनुष्य गाडगील ने न सिर्फ उठया बल्कि उस पर प्रत्यंचा भी चढ़ाई है।

आम आदमी के सुख-दुःख की कहानियाँ गाडगील ने काफी लिखी, एक विशिष्ट काल में साहित्यिक परंपराओं को आघात भी पहुँचाया। मानव की व्यथा-वेदना व उसकी विकृतियों पर भी कलम चलाई। जब उनके भीतर का अर्थशास्त्री, सामाजिक जीवन को निरखनेवाला, संस्कृति और मानवमूल्यों का विचारक चिंतक परिपक्व हुआ होगा तब अवश्य ही उनके मन में एक प्रश्न उठा होगा कि आखिर वह कौन-सा कार्य-कारण सिद्धांत है कि युगों के इस महासागर में १८५० से १९२० के बीच ही महाराष्ट्र में अद्‌भुत व्यक्तित्व वाली विभूतियाँ ऊत्पन्न हुई ? महान व्यक्तित्व की महानता के साक्षात्कार के लिए परिपक्वता जरुरी है और परिपक्व हो जाने पर इस तरह के सवाल और भी परेशान करने लगते हैं यह जान लेने के लिए अभिलाषा उत्पन्न होती है की हमारी परंपरा, इतिहास, संस्कृति में शिवाजी, विवेकानंद, तिलक, गांधी सरीखे महामानव उत्पन्न करने वाले उर्जातत्व कौन-से हैं ? साधारण मनुष्य में अद्‌भुत चेतना की दीपशिखा प्रज्वलित करनेवाले इन महामानवों की रचना किस तरह हुई ? ऐसे ही यक्षप्रश्नों के समाधान की प्रेरणा ही संभवतः 'दुर्दम्य' की प्रमुख प्रेरणा रही होगा। एक और बर्फ के गोले की तरह ठंडा समाज, दूसरी ओर अंग्रेजी राज को ईश्वरीय वरदान माननेवाला सुविधाभोगी बौद्धिक वर्ग, तीसरी ओर सशस्त्र क्रांति की राह पर शहीद हो जाने वाले मुठ्ठीभर तरुण, चौथी ओर सनातन धर्म के निष्ठावान जड़मति पर बलशालि लोग; सेकड़ौं जाति-उपजातियों में कटा-बँटा समाज, ब्राम्हण-ब्राम्हणेतरवाद, स्त्री शिक्षा व विकास के बेहद उलझे हुए प्रश्न इन सब में से राह बनाते हुए लोकमान्य तिलक 'स्वराज्य' की अवधारणा तक पहुँचे कैसे ? इस सवाल का बौद्धिक विश्लेषण भले ही हुआ हो पर कलाकार की जिज्ञासा कुछ और ही होती हैं। तिलक के व्यक्तित्व के जरिये यह सब कुछ घटा कैसे ? इस व्यक्तित्व की संरचना के मूलतत्व कौन-से हैं? ऐसे अनेक सवालों से जब कोई प्रतिभावान कलाकार व्यथित होता है तब उसके अनुसंधान से जनमता है 'दुर्दम्य'-

सरीखा श्रेष्ठ उपन्यास।

'दुर्दम्य' तिलक की जीवनी नहीं प्रत्युत उपन्यास है। जीवनी और उपन्यास दोनों के तत्व एक समान हैं पर उनकी संरचनागत दिशा भिन्न होती है। कुछ लोगों की राय में जीवन के तत्वों में रंजकता के स्पर्श कराने मात्र से जीवनी परक उपन्यास की रचना हो जाती है। ऐसे लोग इसे स्वतंत्र साहित्य-विधा मानने से इन्कार कर देते हैं। वे पूछते है कि इसमें कल्पना की क्रीडा को विस्तार देने और अनुभवों की मौलिकता को अभिव्यक्ति देनेवाले तत्व कहाँ हैं? मजे की बात यह है कि जिन रचनाकारों ने लगभग सारी घटनाएँ अपने ही जीवन से उठाई सिर्फ नाम, रूप व स्थान में परिवर्तन कर दिया, वे मौलिकता, नवीनता और कल्पनशीलता का दम भरते नहीं थकते। असलियत तो यह है कि जीवनीपरक उपन्यासों की रचना में लेखक की जानकारी अधिक है या पाठक की। इतिहास, दस्तावेज, चरितनायक संबंधी लेखन, उसके विषय में आम राय, गलतफहमियाँ, दंतकथाएँ आदि से तो लेखक को गुजरना ही पड़ता है साथ ही उसके समक्ष एक और प्रश्न मुहँ बाए खड़ा रहता है कि इन सबके अतिरिक्त वह नया, भिन्न क्या कहे? यदि लेखक प्रतिभावन हुआ तो यह प्रश्न उसे बहुत सताएगा। यहीं से उसकी मौलिकता, स्वतंत्र चेतना और अनन्य चिंतन का शुभारंभ होता है। वस्तुतः उपलब्ध ज्ञात सामग्री उसके कृतित्व का कच्चा माल होता है। इन मूलभूत तत्त्वों को विशिष्ट आकार प्रदान करनेवाला कोई अनोखा विशिष्ट विचार जब तक नहीं जन्मता, उपन्यास प्रारंभ ही नहीं हो सकता। चरितनायक संबंधी यह विशिष्ट, अनोखी उद्भावना ही लेखक का 'विज़न' होती है। इस 'विजन' की प्राप्ति के लिए प्रतिभा का स्फुरण अनिवार्य है। इसके बाद घटनाओं के दबाव से बचते हुए दृढ़ बीजतत्व की गरिमा का सन्मान करते हुए उसे एक सर्वथा नये आकार में ढालने के लिए मौलिक, स्वतंत्र व शक्तिशाली प्रतिभा की बेहद जरूरत पड़ती है। अब यहाँ प्रश्न उठता है कि 'दुर्दम्य' पढ़ते हुए कहीं ऐसा जान पड़ता है कि गाडगील को तिलक संबंधी किसी 'विजन' की उपलब्धि हुई है या नही? उत्तर है हाँ! पर इसपर आगे चलकर विचार किया जाएगा। दूसरा प्रश्न यह भी उठता है कि घटनाओं, ज्ञात देश-काल-परिवेश, परिचित चरित्रों की फ्रेम में गाडगील ने तिलक के चरित्र को उपन्यास का रूप किस तरह प्रदान किया? तिलक और गांधी सरीखे व्यक्तित्वों का जीवन वैयक्तिक, पारिवारिक, सामाजिक, राष्ट्रीय स्तर की अनेकानेक घटनाओं से समृद्ध और जनमानस पर अपनी छाप छोडनेवाला होता है। अनंत घटनाओं के भंडार से कुछ घटनाओं को चुनना, उनके विविध पहलुओं पर गौर करना किसी सशक्त और समर्थ रचनाकार के बूते की ही बात है। वॉन गॉग जैसे बहुप्रसिद्ध कलाकार की तुलना में तिलक-गांधी सरीखे लोक सान्निध्य में विकसित व्यक्तित्व उपन्यासकार के लिए एक बड़ी चुनौती सिद्ध होते हैं। इसकी वजह यह हो सकती है कि वॉन गॉग की मूल प्रेरणाओं तथा घटनाओं में सामंजस्य बिठते हुए कुछ नई घटनाओं की कल्पना भी की जा सकती है परंतु इतिहासकारों की दखल की वजह से इन चरित्रों के साथ ऐसा करना असंभव है।

कभी-कभार उत्कृष्ट जीवनीकार द्वारा रची जीवनी तथा श्रेष्ठ उपन्यासकार का जीवनीपरक उपन्यास एक-दूसरे की सीमाओं का अतिक्रमण कर जाते हैं पर बावजूद इसके दोनों की दृष्टि यों का मूलभूत तर्क बरकरार रहता है। जीवनीकार अपनी चरितनायक की बनावट-बुनावट में

निर्लिप्त भाव से घटना दर घटना सुबूतों के साथ सफर करता है। वह नहीं चाहता कि चरित संबंधी तथ्यों को जरा भी ठेस पहुँचे। घटनाओं तथा चरित नायक द्वारा लिए गए निर्णयों, उसके व्यक्त संबंधों तथा उपलब्धियों आदि की सहायता से वह चरितनिर्माण पर ही ध्यान केंद्रित रखता है। वह चरित्र का विश्लेषण करने के बजाय जस का तस अपने पाठकों के समक्ष धर देता है, उसका विवेचन बौद्धिक कार्य-कारण सिद्धांत पर अवलंबित रहता है। यदि जीवनीकार कलात्मक वृत्ति का हुआ तो वह घटनाओं व चरितनायक के जीवन में आए व्यक्तियों का नाटकीय वर्णन करेगा, वर्णन में सरसता की मात्रा बढ़ाएगा, व्यक्तित्व के संधान का प्रयास करेगा। हालात, घटनाओं तथा चरित नायक के आसपास लोगों से उसके संबंधों या रिश्तों की पड़ताल करेगा और यह सब करते हुए एक हद तक उपन्यासकार की भूमिका अपना लेगा पर कालक्रम व इतिहास से छेड़खानी की गुस्ताखी नहीं करेगा।

जीवनीपरक उपन्यासकार के समक्ष उसका चरितनायक तथा उसके व्यक्तित्व की बनावट-बुनावट ही केंद्रस्थ होती है। बाहरी परिस्थितियाँ, घटनाएँ तथा जीवन में आये व्यक्तियों की अपेक्षा करते हुए वह उनका उपयोग स्प्रिंग-बोर्ड की भाँति करता है और अपने चरित के संपूर्ण व्यक्तित्व के अनुसंधान का प्रयास करता है। उसका पूरा जोर चरितनायक की भावना, संवेदना, वृत्ति-प्रवृत्ति, मानसिकता आदि के अंकन पर अधिक रहता है अलबत्ता वब इन सबका जायजा अपनी कल्पनाशक्ति के जरिये लेता रहता है। साथ ही चरितनायक के बुनियादी गुणदोषों को भी नजरअंदाज नहीं करता। वह हालात, घटनाओं तथा व्यक्तियों का उपयोग चरितनायक के आंतरिक व्यक्तित्व की रचना के संदर्भ में करता हैं। उसकी जिम्मेदारी बसुबूत इतिहास पेश करना नहीं होती। वह अनुभवों को आकार देता है और उसके लिए ऐतिहासिकता में बाधक न होते हुए काल्पनिक चरित्रों का निर्माण भी कर सकता है, अल्पज्ञात व्यक्तित्वों को उभार सकता है, उनकी मनोवृत्तियों का प्रभावशाली अंकन भी कर सकता है। गाडगील ने इसी कृति में कल्पना के सहारे कई अल्पज्ञात व्यक्तियों के चरित्र, उनकी मानसिकता का सफल चित्रण किया है। इतना ही नहीं रचनाकार अनेक प्रसंगों की उद्‌भावना भी कर सकता है। (सत्यभामा व लोकमान्य के संदर्भ में कई प्रसंग, तिलक के अनगिन मित्रों के सुख-दुख, ताई महाराज का अभिमानी व्यक्तित्व इ.) चरितनायक संबंधी औरों की पसंद-नापसंद, जीवन-पद्धति आदि का खयाल रखते हुए रचनाकार उसे जीवंत व प्रभावशाली ढंग से अभिव्यक्त करने में भी कल्पना का सहारा ले सकता है। (तिलक का सुपारी तोड़ना, उनकी फूर्ती, अनेक व्यक्तियों के परिप्रेक्ष्य में उनके जीवन का प्रभावपूर्ण अंकन गाडगील ने किया है। मांडिलक का घड़ी देखना, भंडारकर की संकोचशील वृत्ति, श्रीमंत बुआ का बटुआ, सत्यभामाबाई का क्रमशः उदासीन व संवेदनाशून्य होते जाना, अनेक बेरोजगार नवयुवकों की सीधाई, उनकी भावुकता जैसी असंख्य बातें इस कृति में जगह-जगह बिखरी पड़ी हैं। (आगरकर का अर्थलिप्सा संबंधी हल्कापन, उनके विनोद, हास्य क्रोध, ईर्ष्या, स्वाभिमान इ.) उपन्यासकार का कर्तव्य है कि वह चरितनायक के अंतर्मन में प्रविष्ट होकर उसके सुखःदुख का कल्पनाशक्ति के सहारे अनुभव प्राप्त कर उसे मूर्त रुप प्रदान करे। उपन्यासकार चरितनायक की आशा-आकांक्षा, स्वप्न, उसकी आशा-निराशा की धूपछाँही क्रीड़ा, प्रेम-करुणा- सहानुभूति आदि का स्वरुप तथा उसमें निहीत ईर्ष्या-द्वेष-मत्सर, क्षमा-क्रोध-लोभादि के स्वरुप व उसकी कामभावना

के अविष्कार की पद्धति, उसकी बौद्धिक क्षमता, इसके श्रम का स्वरुप आदि तत्वों को केंद्रस्थ रखते हुए उनकी सहायता से बाह्य वातावरण का आयोजन करता है। जीवनीपरक उपन्यासकार व्यक्तित्व की आंतरिकता के संदर्भ में घटनाओं, व्यक्ति व परिस्थिति आदि का उपयोग करता है। इस सारी प्रक्रिया के दौरान वह अपने चरितनायक के समग्र व्यक्तित्व के जीवंत व प्रभाव निर्माण पर ही ध्यान केंद्रित रखता है। इस प्रभावी सजीवता हेतु वह अपनी भाषा की कलात्मक विशिष्टता का प्रयोग करता है, घटनाओं की नाटकीयता को उभारने का प्रयास करता है, संवाद-योजना अथवा वक्तृत्व का भी नाटकीय प्रयोग करता है। संक्षेप में कहे तो वह हर पल चरितनायक के मन की प्रवाहमयता पर ध्यान केंद्रित रखता है। बाहरी वातावरण, घटना और जनमानस का चैतन्ययुक्त रसायन बनाकर रचनाकार चरितनायक के व्यक्तित्व का सुसंगत, समर्थ और चित्रात्मक दर्शन प्रस्तुत करता है।

यहाँ यह जानना बेहद जरुरी है कि 'दुर्दम्य' ने दस्तावेज, इतिहास, अखबारी विवरण और जीवनी की सरल सीधी राह कहाँ और कैसे छोड़ी।

गाडगील ने लोकमान्य तिलक की 'जीवनी' प्रस्तुत की, यह सच है पर वह जीवनी उपन्यासमय है, इसका उद्देश्य तिलक के आंतरिक व्यक्तित्व का संधान करना है। लोकमान्य के मानसिक तनाव, अनेक वैचारिक व भावनात्मक संघर्ष, उनके ध्येय और स्वप्न, यश के सर्वोच्च क्षणों में उनका क्षोभ और उनकी प्रक्रियाओं से लोग अनभिज्ञ हैं, अपयशों ने उन्हे किस कदर मानसिक पीड़ा पहुँचाई और उनकी धीर-गंभीरता पर क्या प्रभाव पड़ा, यह कौन जानता है? निष्काम कर्मयोग की वैचारिक भूमिका अंतर्मन में प्रविष्ट हो व्यक्तित्व का एक अंग कैसे बन गई और फलतः एक आत्मिक शक्ति की उपलब्धि किस प्रकार हुई किसे ज्ञात है? हम यह जानते है कि नवयुवकों ने उनके रथ से घोड़ों को खोलकर खुद रथ खीचा पर अपनी ही संतान के भविष्य से व्यथित व चिंतित लोकमान्य से अधिक लोगों का परिचय नहीं होगा। एक ओर स्त्रीजाति से दूरत्व की भावना रखनेवाले, स्त्री को न समझ सकने वाले तिलक का व्यवहार अपनी पत्नी से कैसा रहा होगा कौन जानता है? जेल जाते तिलक से पत्नी ने कहा "मुजे नजरभर देख लेने दो" और जवाब मिला "स्वास्थ्य का खयाल रखो"; तिलक के इस अनासक्त अंतर्मन से कितने लोग परिचित हैं? पत्नी की आखिरी जिद्द - 'जी भर कर देख लेनेकी'- तिलक पूरी तो करते हैं पर तटस्थ होकर, थोड़े संकोच व थोड़ी आर्द्रता से। क्या जीवनी लेखक इसका अहसास करा सकता है? तिलक-आगरकर वैमनस्य की ओर नक्षत्रों की स्पर्धा की तरह दूर से देखने वाले अथवा इन दोनों में किसने अधिक गलतियाँ कीं और छेड़छाड़ की पहल किसने की जैसे सवालों की बेहरम पड़ताल कर एक को अधिक दोषी ठहराने वाले कई विद्वान मिलेंगे। पर इन दोनों के हृदय में एक दूसरे के प्रति जो स्नेहासक्ति थी - विशेषतः आगरकर के प्रति तिलक के मन में जो अंत तक एक आकर्षण रहा-वह लोगों को पता नहीं। राजनीतिक दृष्टि से उग्र होने के बावजूद नरमपंथियों को अपनी ओर खींचना और कांग्रेस का आधार तोड़ना उचित नहीं यह जानते हुए टूटने तक न खींचने वाले तथा कूटनीति के नाम पर झुकनेवाले तिलक कितने व्यावहारिक व कितने सिद्धांतप्रिय थे, कितने व्यथित थे, यह किसने देखा है? यह मानते हुए कि सुधार जरुरी है बहुजन समाज के साथ सनातनियों को भी करीब रखने वाले और सुधारकों का ही विरोध करने वाले तिलक

मूलतः क्या हैं - सुधारक या सनातनी? 'ओरायन' सरीखे ग्रंथ की रचना प्रक्रिया कैसी रही होगी? गीता का भाष्य करने के पीछे अद्‌भुत ग्रंथ रचना की चुनौतिपरक बौद्धिक प्रेरणा मात्र थी, जनजागरण की आकांक्षा थी अथवा बलवंतराव की मानसिक बनावट - बुनावट की अनिवार्य फलश्रुति थी? तिलक की मनोवृत्ति तथा निष्काम कर्म के सिद्धांत केबीच क्या कोई संबंधसूत्र हो सकता है? इन यक्षप्रश्नों का उत्तर कौन देगा? उपन्यासकार गंगाधर गाडगील ने दिये हैं उत्तर इन सब प्रश्नों के पूरी शक्ति के साथ। पवित्र वस्त्र धारण कर भोजन करने वाले तथा ब्राम्हणों के अतिरिक्त किसी और के हाथ का अन्न तक न छूनेवाले तिलक लालजी से कहते हैं कि पक जाने के बाद अन्न पवित्र हो जाता है; इस आंतरिक विकास की पड़ताल कौन करे - जीवनीकार या उपन्यासकार? मित्रों के लिए सर्वस्व त्यागनेवाले बलवंतराव, नैतिक मूल्यों की खातिर ढलती उम्र में भी कालेपानी की सजा स्वीकारने वाले बलवंतराव तथा स्वास्थ प्रतिकूल होते हुए भी चिरोलपर मुकदमा दाखिल करने के लिए हर तरह की तकलीफ झेलने वाले बलवंतराव के अंतर्मन में झाँक कर उनकी बुनियादी मूल्यनष्ठा तथा मूलभूत चरित्रगत विशेषताओं का अनुसंधान कौन करेगा? देह जर्जर हो जाने पर भी आत्मबल के सहारे देश की नाव को मँझधार से निकालने का प्रयास करने वाले तिलक से पाठकों को अवगत कौन कराएगा? जर्जर देह के चेतनाशून्य होने की सीमा तक उससे काम लेने वाली उर्जा का स्वरूप क्या था, इसकी पहचान जीवनीकार थोड़े ही कराएगा! ऐसे कितनेही सवाल हैं जो इतिहासकार, पत्रकार, जीवनीकार आदि को हाशिए पर कर देते हैं। चरित्र की आतंरिक बनावट-बुनावट के मूलतत्वों की पहचान के लिए साहित्यकार की मर्मदृष्टि ही जरुरी होती है सिर्फ पहचान ही नहीं बल्कि उन मूलतत्वों के पीछे के समग्र मानसिक प्रवाह का अपनी कल्पनाशक्ति के जरिये अहसास करने की प्रतिभाशक्ति भी आवश्यक है। यह समस्त कार्य व्यापार बुध्दि या तर्क के सहारे संपन्न नहीं हो सकता। यह क्षेत्र संवेदनशील साहित्यकार या कलाकार का है। दस्तावेज, इतिहास, अखबार आदि का गाडगील ने प्रचुर उपयोग किया है (कभी तो इनका उपन्यास पर भी आक्रमण होने लगता है।) और इस 'स्प्रिंगबोर्ड' पर से वे अपनी भावनाओं की दुनियाँ में यशस्वी ढंग विहर सके।

गाडगील ने कई प्रसंग-चित्रणो के सहारे लोकमान्य की कुछ विशिष्ट मूलभूत वृत्ति-प्रवृत्तियों को अभिव्यक्ति दी है। यह सच है कि एक हद तक परिस्थितियाँ ही मनुष्य के व्यक्तित्व का निर्माण करती हैं पर उसकी मूलभूत प्रवृत्तियाँ ही उसके व्यक्तित्व का मूलाधार रचती हैं। गाडगील तिलक के व्यक्तित्व के विकास के सूत्र मन में ही तय कर लिए हैं। युवावस्था से वार्धक्य तक समय-समय पर उन में होने वाले सूक्ष्म परिवर्तनों का निर्देश उन्होंने भी किया है। इंसानी रिश्तों के जाल में व्यक्ति काफी कुछ बदलता तो है लेकिन उसकी बुनयादी प्रवृत्तियाँ अंत तक उसके साथ ही रहती हैं। गाडगील अपने चरितनायक से आदरभरा नैकटय रखते हैं और यह संतोष की बात है कि वे अनायास तटस्थता का शिकार होने से बच जाते हैं! यही वजह है कि वे तिलक के महान क्षणों के समक्ष समर्पित होकर भावनात्म तादात्म्य स्थापित कर सके, इतना ही नहीं अपनी चरितनायक की त्रुटियों, दोषों व न्यूनताओं का भी वर्णन कर सके। अण्णासाहेब पटवर्धन की ही तरह गाडगील भी यही स्वीकारते हैं कि तिलक, तिलककुलोत्पन्न बृहस्पति हैं, सूर्यपुत्र हैं। (उपन्यास में

बृहस्पतिपन साकार करना आसान कार्य नहीं है। लेखक को बहुत उँची छलाँग लगानी पड़ेगी।) तिलक के बृहस्पतिपन को अपने आत्मनिवेदन तक ही सीमित न रख गाडगील ने समय-समय पर तिलक के वाक्चातुर्य, विचारसजगता, हाजिरजवाबी आदि के माध्यम से उसे मूर्त कर दिया है। मित्रों के साथ उनका व्यवहार हो अथवा सूरत, लखनऊ-कॉंग्रेस अधिवेशन में उनका व्यवहार हो या दावर न्यायाधिश को प्रताड़ित करना रहा हो; 'सुर्यपुत्र' विशेषण की सार्थकता हर जगह नजर आती है।) आधुनक साहित्य में हिमालय की उत्तुंगता, भव्यता, विराटता आदि निहारने की बजाय उसकी परछाईं को घूरने की वृत्ति कुछ अधिक ही बलवती होती जा रही है और इसे 'आधुनकता' का लक्षण माना जाने लगा है। सामान्यजन की क्षुद्रता व असामान्यों की सामान्यता का चित्रण करने की गैरजिम्मेदार प्रवृत्ति इन दिनों बढ़ी है। ऐसे में असाधारण का असाधारणत्व बखानना और उसकी कारणीमीमांसा करना अपवाद ही है।(और यह आसान भी नहीं है।) गाडगील ने तिलक के साधारणत्व को नजरअंदाज नहीं किया और उनकी असाधारणता का सार्थक व सरस चित्रण किया है यह सब एक कलाकार की ज्ञानात्मक संवेदना के माध्यम सेही संभव हो सकता है।

गाडगील ने तिलक के कुछ मूलभुत मनोधर्म का निर्धारण किया है, उदाहरणार्थ, तिलक साधारण से लगनेवाले असाधारण शख्सियत हैं, प्रचंड मेधा, ग्रहणक्षमता, अथक परिश्रम का सामर्थ्य (कॉलेज के प्रथम वर्ष में व्यायाम के क्षेत्र में उन्होंने सिद्ध कर दिखाया।), किसी विषय के पीछे पड़कर घंटो उसमें एकाग्रचित रहने की क्षमता, अद्भुत ज्ञानपिपासा और बिल्कुल अलग मार्ग से आत्मानुभूति व बुद्धि की सहायता से विषय के मूल्यांकन की शक्ति, निस्पृहता, मनसा-वाचा-कर्मणा रंचमात्र भी भेद न रखने की प्रवृत्ति, नैतिक मूल्यों का आदर; जैसी कितनी ही मूलभूत विशेषताएँ हैं जो तिलक को असाधारणत्व प्रदान करती हैं। ऐसे मनुष्य में जो सहज ही एक प्रकार का अहं जन्म लेने लगता है वह तिलक में भी था परंतु क्रमशः वे उससे मुक्त होते गए और उसकी जगह एक तेजस्वी स्वाभिमान का उदय होने लगा। यह स्वाभिमान धधकती ज्योतिशिखा की भाँति था। उनका क्रोध भी बहुत कुछ इसी तरह का था। वे पराजय से पस्त होने वाले व्यक्ति नहीं थे बल्कि उनकी मानसिकता आक्रमक और विजयाकांक्षी थी (एक दाँव फँसने पर कुश्ती नहीं छोड़ी जाती। बलवंतराव कई बार पराजित हो जाने पर भी लड़ने की जिद को छोड़ने को तैयर न थे।) इन समस्त आचारों-विचारों की वजह से अहं और आत्मविश्वास से पूर्ण धारणा विकसित हुई , "जब तक कुछ अद्भुत, अभूतपूर्व न सूझे तब तक लिखने का अर्थ ही क्या है? यह ध्यान रहे कि जब मैं लिखूँगा, सारा संसार दाँतो तले ऊँगली दबा लेगा।" यह आत्माभिमान कालांतर में सार्थक सिद्ध हुआ पर यह अहंकार उनके मित्रों को शूलकी भाँति चुभता रहा। इस अहं को एक ही बार ठेस पहुँची जब वासुदेव बलवंत फडके से उनका सामना हुआ।(बलवंतराव सकुचाए जीवन में पहलीबार यह खेद हुआ कि मुझ में कहीं तो कमी रह गई।) उनका एक बुनियादी स्वभाव यह भी था कि किसी काम को हाथ लगाते ही वे जीजान से उसनें जुट जाते थे। इस प्रवृत्ति से कुछ लोगों को तकलीफ भी होती थी क्योंकि वे मानते थे कि सभी को उनकी तरह सिर्फ अपने कर्तव्य पालन में ही जुटे रहना चाहिए। इसके लिए वे घर-गृहस्थी का सुख, जीवन की दूसरी खुशियों का भी त्याग करने को हमेशा तैयार रहते थे। उनका दुराग्रह रहता कि सभी

उन्हीं की तरह कर्मनिष्ठ रहें। धीरे-धीरे उन्हें अहसास हुआ कि मानव स्वभाव, उसकी मानसिकता भिन्न-भिन्न होती है, सभी की जीवन पद्धति भी अलग-अलग होती है। आगे चलकर उन्होंने दादासाहेब खापर्डे के मदिरापान तक को सहन किया। पर युवावस्था में सहिष्णु नही रहे। (संक्षेप में कहा जा सकता है कि अतिमहत्वाकांक्षी तरुण प्रायः त्रासदायक होते हैं और उस वक्त बलवंतराव इसी श्रेणी में थे। "ये बलवंतराव इस कदर जल्दबाजी करते हैं मानो उनके पीछे शेर लगा हो। इतना ही नहीं वे औरों को भी उसी गति से काम में प्रवृत्त करते हैं।")

ऐसी अनेक खासियतें, मूलभूत विशिष्टताएँ घटनाओं व प्रसंगों के जरिये साकार हुई हैं। ऐतिहासिक दस्तावेज, जीवनी तथा उपन्यास को साफ अलगाने वाली चित्रात्मक प्रस्तुतिकरण की पद्धति गाडगील की सहजसंभवा विशिष्टता है।

इसी विशिष्ट पद्धति में गाडगील ने किलक के व्यक्तित्व के विकास का दर्शन कराया है। 'बालू' नामक मरियल-दुबला लड़का कॉलेज में 'एक वर्ष' व्यायाम को अर्पित कर देता है, कुछ-कुछ शिष्ट गुंडागर्दी में भी लिप्त होता है, तैराकी में दक्ष हो जाता है, शारीरिक शक्ति के कामों में अपने सहकारियों को काफी पीछे छोड़ देता है। जोर से बोलना, ठहाके लगाकर हँसना, दूसरे का मजाक उड़ाना, सारे काम जल्दबाजी में करना, लड़ना-झगड़ना, ईर्ष्या-द्वेष मन में रखना, उन्हें भूल जाना, अपनी शरारती वृत्ति से औरों कोहैरान कर देना, भोजन के वक्त पीतांबर धारण करना और खाने की शर्त लगाना तथा जीतना, एकाग्रचित हो अध्ययन करना, पेड़ पर चढ़ना, दूसरे बुद्धिमान लोगों की ओर ईर्ष्याभरी निगाहों से देखना, अपने निर्णय खुद लेना और तुरतफुरत उस पर अमल करना, आदि वे मूलतत्त्व हैं जिनसे तिलक का चरित्र विकसित हुआ। बुजुर्गियत, उम्र का सम्मान, ज्ञान अथवा अज्ञान की वरिष्ठता उसे आत्मनिर्णय से विचलित नहीं कर सकती है। संगीत, कला, नाटक कविता आदि के प्रति विचित्र अरुचि और तरुणावस्था में ही सरकारी नौकरी न करने का निर्णय लेने वाला ही वह बलवंत है। आत्मविश्वास इतना प्रबल कि परीक्षा की असफलता से उसे खास विचलित नहीं कर पाती। मित्र प्रेम का झरना अबाध गति से सतत प्रवहमान रहता है। ऐन परीक्षा में वक्त फीस भरने के लिए आगरकर को मेहनत करनी पड़ रही है, यह सुनते ही दिल की गहराइयों तक विचलित हो जाते हैं। एक बार मित्र मान लेने पर वे नवजात शिशु कि भाँति देखभाल करना अपना कर्तव्य मानते थे।(आगे चलकर दादा महाराज के दत्तकपुत्र को अपने तीसरे पुत्र की तरह मानना और इतना ही नहीं मित्र के लिए पच्चास हजार रुपये खर्च करने के बाद उसे वापस नहीं लिया।) उपन्यासकार के रूप में यह गाडगील की विशेषता ही है कि बालू से बलवंत तक का विकास अनेक घटनाओं के माध्यम से सशक्त ढंग से चित्रित किया है। आगे तिक्षक बनने पर बलवंत का विकास बलवंतराव में होता है। "बलवंतराव के (वस्तुतः बलवंत के-समीक्षक) व्यवहार की आवेशभयता अब धीरे-धीरे क्रम होने लगी थी। मतभेद पैदा होते ही तुरंत तू तू-मैं मैं पर उतर आने की उनकी प्रवृत्ति अब धूमिल होने लगी थी।" यह सारा कुछ गाडगील की भाषिक अभिव्यक्ति का प्रतिफल हैं पर इतना और ध्यान रखना चाहिए कि भाषा का सचित्र व ठोस अनुभव इस उपन्यास की उपलब्धि है।

अगला विकास बलवंत से 'बलवंतराव' का है। बलवंतराव-गोपालराव एक नये विद्यालय की नींव रखते हैं। अब वे इष्टमित्रों तथा परिजनों में और उनके बाहर भी 'बलवंतराव' के नाम

से ही पहचाने जाने लगे थे। गाडगील के शिक्षक के रुप में भी उनका यथोचित वर्णन किया है। "विषयांतर नहीं, हँसीमजाक नहीं, विद्यार्थियों तक बात पहुँच रही है या नहीं इसकी परवाह नहीं, सिर्फ व स्पष्ट व शुद्ध तर्क का सुदर्शन हरहराता हुआ घूमता रहता।" गाडगील की तटस्थ दृष्टि सही मूल्यांकन में तिलमात्र भी संकोच नहीं करती - "एक बार जब बलवंतराव क्रुद्ध होकर बोलने लगते तब जैसा मन में आता, बोलते जाते। वे जितना बोल जाते उतना उनके मन में होता नहीं। औरों के दोष ही नहीं अनेक गुणों से भी वह परिचित रहते पर आवेश में बोलते समय शुभ पक्ष तो रह जाता जब कि दोष दर्शन पूरी ताकत के साथ अभिव्यक्त होता।" बलवंतराव शिक्षकों में जिस तरह अप्रिय थे उसी तरह परिवार में भी खास प्रिय न थे। अपने पातिव्रत्य संस्कारों की वजह से पत्नी सत्यभामा सदैव सहमी-सकुची रही पर उसका अंतर्मन उसे उदास करता रहता, खोखला करता रहता, मन मं संवेदनाशून्य होता रहा। संतान के संदर्भ में भी बलवंतराव कोमल हृदय नहीं थे। इन सबका मर्मस्पर्शी चित्रण गाडगील ने किया है। हिमालय की परछाईं से गाडगील अनभिज्ञ नहीं पर परछाईं की सधनता उनकी दृष्टि को विराट की महत्ता से विचलित नहीं कर पाई। पत्नी के संदर्भ में तिलक की उपेक्षा भरी उदासीनता आगे चलकर आस्था में परिवर्तित होने लगी, भीतर ही भीतर वह मूक विकसित होती रही। पुत्रों के भविष्य को लेकर वे चिंतित भी थे। सुधारकों को फूटी आँख भी न देखने वाले तिलक पत्नी के साक्षर होने पर प्रसन्नचित हुए। पुत्री विद्यालय जाने लगी और आगे चलकर सुधारकों में ही उसका विवाह हुआ, इससे तिलक को आनंद ही हुआ। संतानों व ग्राईस्थ्य धर्म का पालन करने वाले किंतु इस संदर्भ में अंततः कष्ट और दुःख ही पानेवाले तिलक इस उपन्यास के नितांत अछूते विषय हैं, जिसे बेहद सूक्ष्मता सेगाडगील ने चित्रित किया है। इस समग्र चित्र के दौरान वे तिलक के अंतर्मन के विकास का सूत्र सतत नजरों के सामने रखते हैं। "इसी बहाने विद्यालय में सोने का कार्यक्रम जो बंद हुआ, तो बंद ही हो गया। अब परिपक्वता आने लगी थी। निरंतर मित्रों के संसर्ग में रहने की महाविद्यालयीन हवस अब खत्म होनेलगी थी।"....."जेल प्रवास के पश्चात् बलवंतराव में एक और सूक्ष्म परिवर्तन घटित हुआ। उन्होंने इसके बाद कभी यह नहीं कहा कि उनका विवाह हुआ ही न होता तो अच्छा था।" किंतु इस बलवंतराव की भी कुछ सीमाएँ थीं। "नन्हें बच्चों की क्रीड़ाओ में बलवंतराव का मन कभी न रमता।" उसी भाँति, "स्त्री कुल मिलाकर एक निम्नकाटि का प्राणी है, यह विचार उनके मन में घर कर गया था। यह मात्र परंपरागत संस्कारों की देन नहीं है बल्कि जिस उद्दाम व तेजस्वी पौरुष से उनका व्यक्तित्व रचा गया था उसी पौरुष के आग्रहवश यह विचार अनिवार्यतः उत्पन्न हुआ होगा।"

बलवंतराव ने विद्यालय से हाथ खींच लेने के बाद राजनीति पर नजर गड़ाई। उन्होंने हिसाब लगाया कि नरमपंथियों के नेता रावसाहेब रानडे को राजनीति से 'देशनिकाला' दिलाये बगैर उनके नेतृत्व को समर्थन नहीं मिल पायेगा। "किसी बिगड़ैल पिशाच की भाँति वे रानडे केपीछे लगे हुए थे।" क्लब में जाकर रानडे को उन्होंने अंटसंट भी बोला। यहाँ से आगे की यात्रा बलंवतराव के लोकमान्य तिलक बनने की यात्रा है। प्रतिपक्षी के नामोनिशान मिटाने के दाँवपेच, मित्र, परिवार और आदमियों को परखकर उनसे संपर्क बढ़ाने का प्रयास, सरकार व सुधारकों पर अखबारों में विस्फोटक टिप्पणी, यह सब इसी दौर का भाग है। सामाजिक व सार्वजनिक

समस्याओं के संदर्भ में वे जनसामान्य का आदर करते और उनका समर्थन प्राप्त करने का अभियान चलाते। समाज व राष्ट्र के लिए यथासंभव त्याग की तैयारी रखते हुए पूरी निर्भयता से उन्होंने अपने विचारोकों अभिव्यक्त किया है। तिलक के इन सारे प्रयासों के पीछे एक ही सिद्धांत था - "असली मुद्दा यह है कि पूना का नेतृत्व किसके हाथों में हो और जब तक निर्विवादरूप से यह सर्वमान्य नहीं हो जायेगा कि नेतृत्व मेरे ही हाथों में है तब तक में और कोई काम आगे बढ़ा ही नहीं सकता। फिलहाल राष्ट्रकार्य हेतु एकमात्र लोकशक्ति ही मेरे लिए सहज उपलब्ध है अतः यह संपूर्ण शक्ति में ही पीछे होनी बेहद जरूरी है।" जनसमर्थन की ही खातिर वे हजारों वर्षों से खून में रच-बस गई जातिव्यवस्था पर प्रहार करने से कतरा जाते हैं। पर आगे चलकर जनमानस में हुए परिवर्तन के कारण पूरी तीव्रता से कहते हैं कि अस्पृश्यता नष्ट होनी चाहिए। एक समय प्रायश्चित करने वाले तिलक हिंदी-मुस्लिम ऐक्य का प्रतिपादन करने में हिचकिचाते नहीं। कर्वे के पुनर्विवाह के अवसर पर उपस्थित रहते हैं। बलवंतराव के लोकमान्यत्व की प्रतिष्ठा करते हुए गाडगील ने उनकी विराट जनसभा, सामाजिक एकता के प्रयत्न, केसरी के संपादकीय लेख और सरकार की उस पर नाराजगी, भय, प्लेग के दौरान सरकारी दुराचारों का विरोध, किसानों की समस्याओं को हाथ में लेकर पूरे सामर्थ्य से उन्हें स्थापत करने की धीरता, मजदूरों को अपने पक्ष में लानेका यशस्वी प्रयास आदि का सशक्त कलात्मकता के सहारे उपयोग किया है, अखबार व इतिहास के करीब के इन तत्त्वों का उपयोग कलाकार किस भाँति करता है, यह मराठी में ना.सीफडके से सीखा जा सकता है। (झंझावात, प्रवासी, आसमन, तूफान, शोनान इ.) जनाक्रोश-क्षोभ, आंदोलन, सभा आदि के कलात्मक वर्णन में ना. सी फडके सिद्ध हस्त हैं, अद्वितीय चितरे हैं वे। गाडगील इस दिशा में फडके के अनुगामी हैं। नेता और श्रोतासमाज के बीच अवस्थित चैतन्य तंतु का संधान कर उसे शब्दरूप में ढालने की कारागिरी फडके के बाद गाडगील की लेखनी में ही नजर आती है। जिस उत्साह और आत्मीयता से तिलक का स्वागत हो रहा था उसे गाडगील नें शब्दों के सहारे जीवंत कर दिया है। इस तरह बलवंतराव सही अर्थों में लोकमान्य हो गए। उनके राजनीतिक क्रियाकलापों का अवलोकन गाडगील ने पूरी रचनात्मकता के साथ किया है। "हिंदुस्थान में राजनीति के निशान तक न थे। बलवंतराव उसका निर्माण कर रहे थे। प्रायः लोग चर्चाएँ आयोजित कर रहे थे पर चर्चा का अर्थ राजनीति नहीं होता। अंततः राजनीति शक्ति का खेल तो है और जनजागृति उस शक्ति का आधार है - इसका अहसास बलवंतराव ने ही किया। उन्होंने राजनीतिक आंदोलन के स्वरूप में इतनी गहन दूरदर्शिता से मौलिक परिवर्तन उत्पन्न किया कि आजतक देशवासियों को उसमें किसी भी परिवर्तन की संभावना नजर नहीं आती।" उपन्यास के दूसरे खंड में गाडगील ने इसी सूत्र का विशदीकरण, स्पष्टीकरण तथा प्रस्तुतिकरण एक चित्रात्मक ढंग से अनेक स्तरों पर किया है।

इसका प्राथमिक साक्ष्य इस तरह है - "सभा उखाड़ने में बलवंतराव जिस तरह माहिर थे उसी प्रकार सभा में किस प्रकार भीड़ जमा करनी है, उसे अभूतपूर्व सफलता किस तरह दिलानी है इसका एक प्रभावशाली तंत्र, एक निश्चित व्यवस्था का निर्माण भी तिलक ने किया था और आज तक उस तंत्र या व्यवस्था में किसी ने भी कोई बुनियादी परिवर्तन नहीं किया।"

किसानों की विकट परिस्थितियों का अध्ययन, उनकी जागृति, शिवजयंति के बहाने मराठ

इतिहास का नवजागरण रचकर मध्यवर्ग में स्वराज्य चेतना उत्पन्न करने का कौशल, गणेशोत्सव के जरिये समाज के विभिन्न समूहों, वर्गों में अखंडता की की भावना के साथ कार्य करने की अकुंठ तैयारी, अग्रवादी आंदोलनों की निरर्थकता को ध्यान में रखते हुए रचनात्मक राजनीति में सक्रिय करना, अन्याय के विरुद्ध न्यायालय में जाकर अंग्रेजों की तथाकथित न्यायप्रियता का भंडा फोड़ना, शराब बंदी के लिए 'पिकेटिंग', बहिष्कार के आंदोलन को हवा देना, युवकों को सैनिक-शिक्षा प्राप्त करने का प्रोत्साहन देना, नरम-गरम, हिंदु-मुसलमान, स्पृश्य-अस्पृश्य के सारे भेद मिटाकर अखंड समाज की रचना, भाषावार प्रांत का निर्माण आदि बातें आगे चलकर राजनीति में रूढ़ हो गई। इन सबका श्रीगणेश तिलक की राजनीति से ही हुआ। गांधी और तिलक के विचारवैषम्य पर बहुत कुछ लिखा गया है परन्तु गाडगील ने उनके साम्य पर ऊँगली रखकर यह दर्शाने का प्रयास किया है कि गांधी के लिए तिलक ने किस प्रकार सहायक व विधायक पृष्ठभूमि का न सिर्फ निर्माण किया बल्कि मार्ग भी प्रशस्त किया। "भारतीय राजनीति में एक नया युग शुरु हो चुका था। एक नई शक्ति संचरित होने लगी थी। काँग्रेस कुछ इस प्रकार ध्वस्त हो चुकी थी जैसे सागर किनारे का घर किसी भयानक बाढ़ की चपेट में आ गया हो। उच्चभ्रू अभिजात्य, कूटनीतिक राजनीति के दिन लद गए थे और एक बिल्कुल नई प्रक्षुब्ध राजनीति का जन्म हो रहा था इस नई राजनीति की राह बनाई बलवंतराव तिलक ने तथा साक्षी रहे लोकमान्य तिलक।

इन बाह्य चक्रवातों में तिलक के पारिवारिक तनाव, मित्रों की मृत्यु से पैदा हुए एकाकीपन, जेलयात्रा की वजह से उभरी शारीरिक थकन और इन सबके प्रभाव से जर्जर हुए शरीर से वे काम लेते रहे। इनके पीछे एक महत्त्वपूर्ण सूत्र कार्य कर रहा था - "मेरे बाद क्या होगा इस बात की चिंता करते हुए हाथ पर हाथ धरे बैठने का कोई अर्थ नहीं था। इस विशाल देश में कोई तो खड़ा होगा इस आंदोलन की धुरी अपने कंधे पर स्वीकारने के लिए। बस, उसी के लिए राह तैयार करने की जिम्मेदारी उन्होंने ली। फल की आकांक्षा के बिना वे कार्य करते रहे।" लोकमान्य की मानसिकता, उनका राजनीतिक तंत्र तथा उनका दर्शन एक दूसरे के लिए किस तरह पूरक सिद्ध हुए, इसके प्रमाण जीवनीपरक उपन्यास में कदम-कदम पर मिलेंगे।

'गीतारहस्य' का तिलक दर्शन मात्र बौद्धिक विलास नहीं था बल्कि उनके समग्र जीवनानुभवों का निचोड़ था। जीवनीकार तथा उपन्यासकार का भेद अब यहाँ स्पष्ट होता है। उपन्यासकार व्यक्तित्व की बनावट-बुनावट भीतर से निरखता है - समग्रता में विकास का दर्शन करता है जो कि उसका विजन है। ऐसा प्रतीत होता है कि गाडगील को सहजानुभूति के माध्यम से यह सब स्पष्टतः दृष्टिगत हो चुका है। राजद्रोह के मुकदमें के दौरान तिलक दादासाहेब करंदीकर से कहते हैं - "मुझे मोक्ष की आकांक्षा नहीं। मुझ अकेले की मुक्ति से क्या होगा? जब तक मेरे तैंतीस करोड़ देशवासी बंधु गुलामी का नर्क भोग रहे हैं तब तक यदि मुझे मोक्ष मिले भी तो नकार दूँगा। हाँ ! ईश्वर से मेरी बस इतनी सी प्रार्थना है कि जब तक इस देश का उद्धार नहीं होता तब तक वह मुझे बार-बार इसी धरती पर जन्म दे और जन्म देते समय अधिक प्रज्ञा, अधिक शक्ति भी दे जिससे मैं अपनी मातृभूमी की सेवा कर सकूँ।" तथागत बुद्ध की याद दिलाने वाला यह कथन तिलक के जीवनरहस्य का महासूत्र ही तो है। वे स्थितप्रज्ञता की ओर बढ़ रहे थे इसका मतलब यह नहीं कि वे भावनाशून्यता की दशा में जा रहे थे। पत्नी की देहावसान की खबर उन्हें जेल

में मिली। उस समय की तिलक की मनःस्थिति का जो वर्णन कलाकार गाडगील ने किया है उतना समर्थ व सशक्त वर्णन विरले लेखकों ही नसीब पाता है। "धारासार बरसात हो चुकने के बाद ओरी से एक-एक बूँद जिस तरह रिसती है उसी प्रकार एक एक स्मृति टपक रही थी... वामन के अवसान पर जब वह दहाड़ मार कर रोई... ताई महाराज ने जब बलवंतराव पर अभद्र आरोप लगाये तब उसको जो मानसिक कष्ट हुआ... ओरी से एक-एक बूँद टपक रही थी।"

गाडगील ने गृहस्थ के रुप में एक हद तक कोमल तथा समग्र जीवन में निष्काम कर्मयोग में प्रवृत्त तिलक के दोनों ही रुपों में सार्थक सामंजस्य बिठया है जो कि एक महत्त्वपूर्ण बात है।जब जेल से छूटकर देखा कि आंदोलन ठंडा पड़ गया है। निष्काम कर्मयोग की स्थितप्रज्ञता की वजह से वे जरा भी विचलित नहीं हुए,तिलक का सब कुछ 'दुर्दम्य' ही था। लोकशक्ति प्रचंड शक्तिसंपन्न होती है और उसका अत्यधिक महत्त्व भी है, इसका उन्हें अहसास था। लेकिन इस लोकशक्ति को सतत प्रज्वलित रखने के लिए लोकनेता को सतत प्रयत्नशील भी रहना पड़ता है। भारतीय जनता व्यक्तिमहात्म्य की पूजक है अतः लोकनायक को जनशक्ति पर निरंतर अपना आत्मिक दबाव बनाये रखना पड़ता है। उन्होंने 'पुनश्च हरिओऽम्' कहते हुए फिर से सूत्र सँभाल लिया।

उनका कार्य और शरीर, उनकी आत्मशक्ति और दैहिक क्षमता इनमें एक द्वंद्व था। तिलक का आत्मिक सामर्थ्य इस द्वंद्व के बीच से सतत व्यक्त होता रहा। प्रायः जीवनीकार इन द्वंद्वों की चर्चा मात्र करता है। उपन्यासकार गाडगील ने छोटे-छोटे पर जिवंत विवरणों के माध्यम से सशक्त अभिव्यक्ति प्रदान की है। तिलक के व्यक्तित्व में भी क्रमशः कुछ सूक्ष्म परिवर्तन घटित हो रहे थे। देशसेवा में उपयोगी व्यक्तियों के दोषों को वे नजरअंदाज करने लगे थे। इतना ही नहीं उन्हें ढँकने का प्रयास भी करने लगे। उन्हें मनुष्य को परखने की जबरदस्त प्रतिभा हासिल थी। भोलेभाले नवयुवकों की औकात का वे अंदाजा लगा लेते थे, जनता की स्मृतिक्षीणता तथा पल भर में प्रस्फुटित होनेवाली ऊर्मियों की उनको अच्छी परख थी। इसी कच्ची सामग्री से ही उन्हे राष्ट्र की साकार प्रतिभा का निर्माण करना था। उनकी भावनाओं-विचारधाराओं का विकास भीतर से हो ही रहा था। "अस्पृश्यता यदि ईश्वर को स्वीकार्य है तो मुझे वह ईश्वर ही स्वीकार्य नहीं।" इस तरह स्पष्ट सार्वजनिक वक्तव्य देने की उदारता उनकी धार्मिक विचारधारा में प्रकट होने लगी। थोड़े ही वर्षों में लोकमान्य सामाजिक वातावरण में अभूतपूर्व परिवर्तन ला दिया। "हिंदुस्तानी वातावरण काफी गर्म हो चुका था। जनमानस में एक नई चेतना, स्वाभिमान और आत्मविश्वास का जन्म होने लगा था। लोकमान्य पूरी तरह से लोकजागरण और असंतोष के बीज बोने में लगे थे उनकी लोकप्रियता शिखर पर थी। 'होमरूल' आंदोलन के सिवा उन्हें कुछ भी नजर नहीं आ रहा था। उन्हें बहुत जल्दी थी। शरीर अशक्त होता जा रहा था। बचेहुए समय में ही जितना संभव हो सके कर गुजरना चाहते थे। दौरा, सभा, मश्विके ये सभी निरंतर चल रहे थे।" निष्काम कर्मयोगी देह की परवाहन करते हुए आत्मा के इशारों पर चल रहा था। तिलक की सतत विकासमान प्रक्रिया को गाडगील ने मूर्त कर दिया है। "पुरानेविचारों में उलझ कर जीने केबजाय बदलते हालात के अनुकूल नई विचारधारा स्वीकारने का अद्‌भुत सामर्थ्य उनमें था। वे निरंतर विकसित होते रहे, महान बनते रहे जबकि उनके अनुयायी पुरानी बातों में ही उलझे पड़े रहे।" परिवर्तन और विकास की इस प्रक्रिया को गाडगील ने अनेक प्रसंगों की सहायता से मूर्त कर दिया

है। परिणामतः - "भारतीय राजनीति का मनु बदल गया था। राज़नीति अब कोर्ट - कचहरियों की चार दिवारी लाँध कर बाहर आने लगी थी, और रास्ते पर ताल ठेकने वाली थी। यह सब लोकमान्य के जीवनभर तपस्यता का ही परिणाम था।"

यह उपन्यास लोकमान्य के जीवन पर आधारित है फलतः उनके जीवन के प्रधान-गौण किंतु ऐतिहासिक साक्ष्य रखने वाली घटनाएँ तथा व्यक्तियों का समावेश इसमें होगा ही। सवाल है इस समस्त सामग्री के कलात्मक रसायन का, शैली के कलात्मक उपयोग, प्रसंगो व घटनाओं का सचित्र संप्रेषण, मर्मस्पर्शी रचनाशीलता, पात्रों के तौर तरीके और स्वभाव वैशिष्टय से उत्पन्न हुई सजीवता (यह सब एक शब्द अथवा एक वाक्य से ही गाडगील मूर्त कर देते हैं।), पात्रों में अंतर्निहित संवाद - संबंधी विविधता, वाक्चायुर्य की विलक्षण वक्रता तथा हाजिर जवाबी, व्यक्ति-व्यक्ति के संबंधों के जाने या अनजाने पर जाने हुए से सुसंबद्ध व विश्वसनीय रसांकन, मानवीय चेतना की सर्वव्यापी सुगंध जैसी बातें गाडगील के चरित्र निरमण को उत्कृष्ट कला के स्तर पर प्रतिष्ठित कर जाती हैं।लोकमान्य के व्यक्तित्व के मौलिक गुणधर्म तथा बाह्य परिस्थितियों (राजनीतिक, सामाजिक, सांस्कृतिक, पारिवारीक इ.) के बीच परस्पर संबंध दर्शाते हुए व्यक्तित्व विकास की प्रक्रिया को गतिशीलता प्रदान करते हुए चरित्रविषयक एक समग्र व संपूर्ण अहसास उत्पन्न करना भी उपन्यास का प्रमुख कर्तव्य है। जो कि गाडगील ने पूरी निष्ठा व सामर्थ्य से निभाया है। बालू, बलवंत, बलवंतराव, लोकमान्य और निष्काम कर्मयोगी महात्मा सरीखे उत्तरोत्तर विकासमान व्यक्तित्व का विश्वसनीय अंकन गाडगील ने किया है।

अनेक रसात्मक प्रसंगों ने भी इस उपन्यास की महत्ता में वृद्धि की है। अंततोगत्वाकिसी सृजनशील रचना को पढते समय उसमें निहित मौलिक जीवनदृष्टि, प्रगाढ़ता तथा चरित्रों के सजीव अंकन आदि के साथ ही रसात्मक प्रसंग भी चित्तवृत्ति को आनंद प्रदान करते हैं। इसकी मात्रा न्यून्य व साधारण स्तर की हो तो रचना का कद घट जाता है। यहाँ महत्त्वपूर्ण यह है कि कलाकार कुछ देर के लिए ही सही मन को आर्द कर देने वाले, भावाविभूत करने वाले तथा कुछ क्षण के लिए मुक्ति प्रदान करने वाले प्रसंगों का कितनी उत्कटता के साथ निर्माण कर पाता है। आधुनिक कलाकृति का विवेचन, विश्लेषण व मूल्यांकन करते हुए और वह भी सुप्रसिद्ध विषय की प्रतिभाजनित नव्यता, अनोखापन तथा उसकी कलात्मकता पर नजर रखते हुए रस संदर्भों की कसौटी भी महत्त्वूपूर्ण सिद्ध हो सकती है। हालाँकि वह एकमात्र कसौटी नहीं है और न तो "विभावानुभावव्यभिचारी" के परंपरागत तरीके से ही इसकीजाँच करना जरुरी है। इस उपन्यास में भी कई रसात्मक प्रसंग हैं। बलवंतराव के एकांत चिंतन के क्षण, हॅथॉर्थथ्वेट तथा तिलक के बीच की चिंगारी, आगरकर के फीस की समस्या, बलवंतराव को मिलनेवाली चुनौतियाँ और उसकी प्रतिक्रियाएँ, रावसाहेब मंडलीक तथा बलवंतराव की पहली मुलाकात, बलवंतराव-गोपालराव द्वंद्व व विवाद, सत्याभामाबाई तथा तिलक के बीच बढ़ते आत्मीयता के पल, विश्रामवाडा में लगी आग का प्रसंग व तिलक का आक्रोश, वासुदेव बलवंत का आवेश व तिलक की नरमी, सार्वजनिक काका का वकालतनामा लेना, 'आरोयन' की रचना प्रक्रिया, बेटी के विवाह का प्रसंग, तिलक-आगरकर की जेलयात्रा, डेक्कन एज्युकेशन सोसायटी में झगड़ों के प्रसंग, बालासाहंब नाणू तथा बलवंतराव तिलक के बीच प्रायश्चित्त को लेकर विवाद, दंगों के

दौरान तिलक व उनके मित्रों की निगरानी, ताई महाराज व तिलक की मुलाकात, जेल से छूटनेपर तिलक का भव्य स्वागत, सुलेमान से मुलाकात का प्रसंग, विश्वनाथ की बीमारी का प्रसंग, श्रीपतिबुआ व तिलक का झगड़ा, विवेकानंद से मुलाकात व पूना में निवास, तिलक व फिरोजशाह मेहता की भेंट व विवाद, सूरत काँग्रेस का समस्त प्रसंग, राजद्रोह के मुकदमें के दौरान तिलक का अतुलनीय धैर्य, सत्यभामाबाई के देहांत के पश्चात् तिलक की मनःस्थिति, कारागार में बच्चें से मुलाकात, कारागार की यातना, गोखले की मृत्यू पर तिलक की मनोवस्था, देह से मनचाहा काम लेने की उनकी आत्मशक्ति, तिलक की अंतर्मुखता, तिलक-भांडारकर की आखिरी मुलाकात - ये सारेप्रसंग न सिर्फ पूरी उत्कटता से मन को आर्द्र कर देने वाले हैं बल्कि पाठ्क को अहसास करा देतें है कि वह कुछ विशिष्ट, महत्त्वपूर्ण पढ़ रहा है। आधुनिकता के आग्रह के फलस्वरूप एक गलतफहमी यह पैदा होने लगी और रसवत्ता का अर्थ बावुकता लगाया जाने लगा, परिणाम यह हुआ कि अधिकांश लेखक भावप्रवणता के प्रति सशंक दिखाई पड़ने लगे। दूसरी अहम गलतफहमी कलाकार की तटस्थता, निर्लिप्तता तथा 'डिस्टेन्स' के संदर्भ में विकसित होती रही। कलाकार में वर्ण्य विषय से आवश्यक तादात्म्य स्थापित कर पाने का सामर्थ्य न हो तो वह तटस्थ कहलाएगा तथा परिपक्व पाठ्क भी जिस साहित्य से बुरी तरह ऊब जाय उसे आधनिक कहा जायेगा - यह दोनों दोषपूर्ण स्थापनाएँ फिलहाल चर्चा में हैं किंतु संयोग से गाडगील अपने सृजन में इन दोनों ही अतियों से साफ बच निकले हैं इसीलिए उनकी कृति की मूल्यवत्ता और बढ़ गई है।

गाडगील के सिरजे हुए कई चरित्र इस कृति को औपान्यासिकता प्रदान करते हैं। गोविंदराव, दाजीसाहेब खरे, आगरकर, अण्णासाहेब पटवर्धन, केरुनाना, विष्णुशास्त्री चिपळूणकर, शि. म. परांजपे, खाडिलकर, नरसोपंत केलकर, आप्टे, ना. म जोशी, वा. ब. फडके, रानडे, चाफेकर, भिकाजी पंत, हर्डीकर, वासूकाका जोशी, सार्वजनिक काका, खापर्डे, मुंजे, गोखले, धोंडोंपत, अंताजी काले,, परांजपे, श्रीपति बुवा, भिंगाकरकर बुवा - इन समस्त चित्पावनी मंडली में तेलंग, भांडारकर सरीखी सारस्वत मंडली भी कभी-कभार झाँक जाती है। फिरोजशाह मेहता आते हैं, बंगाली नेता आते हैं, फुले की झलक भी दिख जाती है, सुलेमान तो स्मृति में घर कर जाता है। गाडगील की यह खासियत है कि इन दोनों ही संदर्भों में वे ठोस रेखाचित्र की रचना कर जाते हैं।

कुल मिलाकर इन चरित्रों की दुनियाँ की ओर देखें तो ऐसा प्रतीत होता है जैसे पेशवाओं के वंशजो ने अंग्रजों के शासनकाल में बौद्धिक साम्राज्य की पताका फहराई। इसका भी अहसास होता है कि तिलक तेली-तमोलियों के नेता ही बने रहे, मित्र न बन सके। किंतु यह दोष भारतीय सामाजिक जातिवादी व्यवस्था का अधिक है, तिलक का कम। तिलक की नजरों के सामने ही नारी का विकास हो रहा था। पर इस उपन्यास में इसका विशेष उल्लेख नहीं हो पाया है। आगे चलकर गांधीयुग में स्त्रियों ने राजनीतिक आंदोलन में खुलकर हिस्सा लिया पर इस रचना में पूर्वाभास तक नदारद है।

तिलक के जीवन के संदर्भ में इश कृति में राजकीय, सामाजिक, सांस्कृतिक परिस्थितियों का प्रचुर वर्णन किया गया है। इन परिदृश्यों का अधिक नाटकीय, अधिक दृक्संवेद्य, मावनीय

भावना-संवेदनाओं से समृद्ध-सचेत अंकन किया जा सकता था। कई जगहों पर परिस्थितियों का इतिवृत्तात्मक चित्रण मिलता है। फुले-शिंदे का सामाजिक प्रवाह का समापन करना पड़ा, शाहू महाराज अनुपस्थित रहे, कई स्थलों पर इतिवृत्तात्मकता चित्रात्मक रूपांकन का अतिक्रमण कर जाती है। विष्णुशास्त्री चिपळूणकर की मृत्यु का उल्लेख चलते-चलते कर दिया गया है - ऐसे ढेर सारे दोष या त्रुटियाँ इस महाकाव्यात्मक रचना में दिखाई जा सकती हैं पर उनकी कोई खास अहमियत नहीं है। इतिहास का अध्येता विवरणों की गलतियाँ दिखा सकता हैं पर ऐसी गलतियों की सूची बनाने का मतलब है कि उपन्यास को इतिहास के अध्याय की तरह पढ़ा जाय। महत्त्वपूर्ण मुद्दा तो यह है कि इस कृति में लोकमान्य का विराट व्यक्तित्व अपने समस्त गुणदोषों के साथ साकार हुआ है या नहीं और इस प्रक्रिया में ऐतिहासिकता को अक्षुण्ण रखते हुए साहित्यिक मूल्यों की स्थापना हुई है या नहीं? दूसरा अहम सवाल यह उठता है कि गाडगील को तिलक के संपूर्ण व्यक्तित्व का समग्र संदर्शन अर्थात् बोधात्मक अनुभूति का बीजतत्त्व उपलब्ध हुआ था या नहीं और उसे उतनी ही तीव्र प्रभावमयता से आविष्कृत किया गया है या नहीं? मेरे खयाल से गाडगील के संदर्भ में इन दोनों ही प्रश्नों का उत्तर सकारात्मक ही होगा।

इसी कृति में गाडगील ने जिस विशिष्ट भाषा का प्रयोग किया है वह तिलक युगीन न होकर आधुनिक है। देश-काल-व्यक्तिविशेष के सामंजस्य से उत्पन्न होनेवाली विविध प्रकार की भाषिक छटा का प्रयोग मराठी में सिर्फ गो.नी.दांडेकर के ही बस की बात है। गाडगील उस हद तक सफल नहीं हो सके फिर भी उपन्यास पढ़ते समय देश-काल-व्यक्तित्व को अपनी आँखो के सामने साश्रात् मूर्त करा देना भी कम महत्त्वपूर्ण नहीं है।

चींटी का महाभारत

सामान्यतः सर्जनशील लेखक अपनी रचना के बारे में क्या लिखता है, कहता है, यह उसके लेखन के संदर्भ में, मूल्यांकन करते समय न देखा जाय तो अच्छा। शमशेर का कहना सटीक था - 'बात बोलेगी हम नहीं'। लेखक को लिखना चाहिए, लेखक का अपना मन्तव्य नहीं। सामान्यतः मैं इसको एक नियम के रूप में मान कर चलता हूँ।

परंतु गंगाधर गाडगील इसके अपवाद हैं और सुखद अपवाद हैं।

उनका अपनी सर्जन प्रक्रिया के संबंध में चिंतन गहराई और विस्तार के आयामी से संपृक्त तो है ही, वह विलक्षण सटीक भी है। अपने जीवन का प्रमुख प्रयोजन सर्जन को मानने वाले गाडगील जी ने अपनी इस सर्जन प्रक्रिया की यात्रा का गहरे में जाकर निरीक्षण, परीक्षण, स्वस्थ चिंतन और मूल्यांकन अपनी आत्मकथा में किया है और मेरे पढ़ने में जो अब तक कुछ आया है उसमें गाडगील जी के इस चिंतन से मैं बहुत ही अधिक प्रभावित हूँ। वात्स्यायन जी ने अपनी एकाध कविता की सर्जन प्रक्रिया का गहराई से चिंतन अवश्य किया है और अचेतन और चेतन मन की पारस्पारिक संवादपूर्ण भूमिका का संकेत किया है परंतु गाडगील सामान्यतः अपने सब महत्त्वपूर्ण लेखन को लेकर इस दिशा में विस्तार और गहराई में गये हैं। अपनी अवचेतन की मानसिकता की चेतन स्तर पर जाकर यथासंभंव सर्जन प्रक्रिया का स्वरूप विश्लेषण 'मुंगीचे महाभारत' का महत्त्वपूर्ण वैशिष्ट्य है। और प्रस्तुत ग्रंथ में उसका अपरिंसीम महत्त्व भी है। एक तो गाडगील के व्यक्तित्व के जो नानाविध आयाम हैं उनमें सर्वाधिक प्रमुखता उनके सर्जनात्मक लेखन की है। यह भी कहा जा सकता है कि यह सर्जनात्मक लेखन ही गाडगील हैं-बर्फ का पानी के नीचे दबा हुआ अधिकांश हिस्सा। अतः एक सौ फी सदी लेखक अपनी आत्मकथा को बताते समय उसकी जन्मकथा बताए यथासंभव इनके जन्म के पूर्व और जन्म के समय की पूरी कहानी प्रस्तुत करे, यही स्वाभाविक भी है और एक रचयिता की आत्मकथा की सार्थकता भी इसमें है। वह यथा संभव अवचेतन को चेतन स्तर पर ला कर रखे और फिर भी जो सर्जन प्रक्रिया में रहस्यमय है, पैनी विश्लेषण बुद्धि की पकड़ से छूटे, उसका संकेत करे यही किसी भी सौ फीसदी लेखक की आत्मकथा का प्रमुख प्रयोजन होगा और उसमें गाडगील को संपूर्ण सपसता मिला है। एक और कारण है जिसकी वजह से यह आत्मकथात्मक यात्रा विशेष सफल और सार्थक मानी जा सकती है। गाडगील में अजस्य प्रतिभा है-जन्मजात प्रतिभा है और उसकी हलचल, उसका स्पंदन और उद्वेलन इस आत्मकथा को पढते समय प्रतीत हो ही जाती है। लेकिन वेमात्र प्रतिभा के स्फुरण पर निर्भर रहनेवाले आत्मकेंद्रित कलाकार नहीं हैं - वे अपनी प्रतिभा को व्युत्पन्नता से परिश्रम से लगातार पुष्ट करने वाले साहित्यकार हैं और इसीलिए अनेक विधाओं में आज की तारीख तक लगातार लिखते जा रहे हैं। संभवतः गाडगील एकमात्र ऐसे कलाकार है जो अपने लेखन को लगभग हर रचना को, रचना के पूर्ण चिंतन की प्रक्रिया से और रचना के बाद विश्लेपण की प्रक्रिया से गुजारते हैं। अर्थात् रचना के दौरान अवचेतन के शक्तिशाली हस्तक्षेप का भी वे यथोचित सन्मान करते हैं। मराठी के एक अजस्र जन्मजात प्रतिभा के धनी थे स्व. चिं. भ्यं. खानोलकर। लेकिन वे अपनी सृजन प्रक्रिया को चिंतन और विश्लेषण की प्रक्रिया से गुजरने नहीं

दे सकते थे। परिणामतः प्रतिभा की जन्मजात गुणवत्ता के अप्रतिम रहते हुए भी उनके लेखन में बहुत ऊँचा-नीचा है (लेकिन जो है वह भी आश्चर्यजनक है।) गाडगील के साथ चिंतन और विश्लेषण की प्रक्रिया भी जुड़ी हुई होने के कारण अपने लेखन के बारे में वे जो कुछ कहते हैं वह महत्त्वपूर्ण हो जाता है। वे पूर्णतः जानते है कि वे क्या लिख रहे हैं और क्यों लिख रहे हैं, कितना महत्त्वपूर्ण लिख रहे हैं।

इसीलिए 'मुंगीचे महाभारत' की प्रस्तावना के कुछ अंश महत्त्वपूर्ण हो जाते हैं। जिसमें से महाभारत का निर्माण संभव हो, ऐसाजीवन मैं नहीं जी पाया यह कहने की जरूरत नहीं है। फिर भी अपनी आत्मकथा को मैंने महाभारत कहा है, इसका कारण यह है कि हरेक का जीवन अपनी दृष्टि में महाभारत ही होता है। जीवन में जितनी तरह की समस्याएँ पैदा होना संभव होता है वे कमावेश रूप में और अलग-अलग छोटे बड़े पैमाने पर और अलग-अलग छोटे बड़े रूप में उसके जीवन में पैदा हुई होती हैं। अनेक प्रभावपूर्ण प्रेरणाएँ उसे नानविध बातें करने को प्रेरित करती रहती हैं। उसकेकुछ स्वप्न होते हैं औऱ उन्हें साकार करने की चेष्टा वह कमावेश रूप में उत्कटतापूर्वक करता रहता है। परिवेश औऱ आकस्मिक योग उसके जीवन को कुछ दिशाएँ देते हैं, रूप प्रदान करते है, मोड़ देते हैं। अपने ढंग से वह जीवन का आकलन करता रहता है, उसका अर्थ लगाता रहता है। कुछ जीवन मूल्य इसे प्राप्त होते हैं, मूल्यवान लगते हैं। जीवन का यह आकलन औऱ ये जीवन-मूल्य उसका जीवन संरचित करते हैं। इस प्रकार संगति-विसंगतियों से, यश-अपयश से भरा जीवन जीते समय वह महत्त्वपूर्ण है, मूल्यवान है, ऐसा सतत उसे लगता रहता है।

"यह सही है कि हरेक का जीवन इस तरह उसकी अपनी दृष्टि से महाभारत ही होता है। लेकिन केवल इसी कारण से मेरी इस आत्मकथा को मैंने महाभारत नहीं कहा। अपना जीवन महाभारत जैसी ही कहानी है इसका उत्कटभान हरेक को होता ही है ऐसा नहीं। लेकिन मुझे कुछ सयानापन प्राप्त होने पर उत्कटता से लगता आया है कि मेरा ही नहीं मेरा आसपास का समूचा जीवन ही एक महान कथा है, नहीं, कथासागर ही है। ऐसा भी लगता आया है कि इस कथा का आकलन किया जाय, उसकी सारी शक्ति के साथ उसे संपूर्णतः भोगा जाय और शब्दांकित किया जाय। दस बारह वर्ष की उम्र से प्रारम्भ हुई यह छटपटाहट आज सत्तर वर्ष की आयु में भी कम नहीं हुई है। इसी छटपटाहट से विभिन्न कहानियाँ मैंने लिखी और फिर भी लगता है कि कितनाही लिखना अभी शेष है औऱ जो लगा कि हाथ आया है वह भी पूरी तरह से पकड़ में नहीं आया। इस अनन्त कथा सार पर मैं अपनी जीवन की फिरनी से की हुई यात्रा की यह कहानी है और इसीलिए मैंने उसे महाभारत कहा है।

"इस समूचे कथासागर को आत्मसात करने के लिए आवश्यक प्रतिभा एवं कर्तव्य एकाध व्यास को प्राप्त होती है। मुझे वह प्राप्त नहीं हो सकी, यह उत्तरोत्तर अधिकाधिक समझ में आने लगा और ऐसा होने पर भी यह ज़िद करना कि व्यास की भाँतिं कुछ करना चाहिए, कितना हास्यास्पद है। और वैसे असलियत यह भी है कि मनुष्य का कुल जीना ही कितना हास्यास्पद है, यह समझने की विनोद बुद्धि सौभाग्य से मुझे प्राप्त हुई है। इसीलिए भी इस आत्मकथा को मैंने 'मुंगीचे महाभारत' (चींटी का महाभारत) कहा है। इस चींटी को जिस तरह व्यास का संदर्भ है

वैसे ही मानवीय जीवन एवं प्रयत्नों की हास्यास्पदता भी एक संदर्भ है। उस तरह मर्ढेकर की कविता का भी संदर्भ है। असल में सेक्सपिअर से आयनिस्को तक अनेक संदर्भ उसकेलिए विद्यमान हैं।"

"मैंने अपनी शक्ति के अनुसार अनुभव किया हुआ यह महाभारत मैरे सारे लेखन में साकार हुआ है। यह महाभारत मैंने कैसे अनुभव किया, किस प्रकार का जीवन जीते हुए मुझे उसकी प्रतीति हुई, इसकी यह कथा है"

मुझे लगता है कि 'मुंगीचे महाभारत' की प्रस्तावना का यह अंश प्रस्तुत आत्मकथा की महत्ता और गुणवत्ता पर पूरा प्रकाश डालता है। इन शब्दों की साथ कि वह मन्तव्य न केवल शीर्षक पर बल्कि उनके पूरे ग्रंथ पर खरा उतरता है। उद्धृत अंतिम वाक्य ध्यातव्य हैं। इसमें केवल जीवन में क्या हुआ इसका निवेदन ही नहीं है, वह कैसे घटित हुआ, घटित होते समय क्या अनुभव हुआ, कितनी गहराई से वह अनुभूत हुआ इसका विश्लेषण भी है - अधिकतर तटस्थतापूर्वक लेकिन आवश्यकतावश भावनात्मक स्तर पर कलात्मक संयम न छोड़ते हुए उसमें डूब कर भी। सामान्यतः आत्मकथा में घटित का विवरण होता है, उस घटित से हुई संवेदनात्मक और चिंतनपरक मानसिक प्रतिक्रियाओं का विस्तार और गहराई में जाकर किया हुआ चित्रात्मक बिंबधर्मी अनुभवांकन कम होता है। गाडगील जी की आत्मकथा का वैशिष्ट्य यह है कि इसमें हर प्रसंग में हर घटित के विवरण में, हर प्रसंग पर की गयी संवेदनात्मक टिप्पणी में गाडगील का कलाकार सजग है। गाडगील जी के जीवन में आये सैकड़ों व्यक्तियों की विस्तार से व्यक्ति-रेखाएँ तो यहाँ नहीं आती हैं - यह कार्य उन्होंने अलग पुस्तकों में किया है और अपनी कहानियों में भी- लेकिन कुछ छोटे प्रसंगों के संकेतमय चित्रण में, विलक्षण मुखर शब्दों के उपयोजन में, व्यक्तियों के हावभाव, तेवर के चित्रण में, उनकी शारीरिक. मानसिक हरकतों में जीवंत रुप में वे व्यक्ति यहाँ साकार हुए हैं, अपनी जीवन धड़कनों के साथ यह सजग कलाकार का काम है।

यह लिखते समय मेरे सामने बच्चन की आत्मकथा के चारों भाग हैं, दिनकर, यशपाल, राहुल सांस्कृत्यायन की आत्मकथात्मक पुस्तकें हैं। बहुत बार आत्मकथाएँ एक ऐतिहासिक दस्तावेज बन कर रह जाती हैं क्यों कि आत्मकथा में बड़े बड़े सर्जनशील लेखक भी अपना कलाकार्य पूर्ण करने के उपरान्त मानो घटित का बयान देने बैठ जाते हैं। गाडगील जी की यह आत्मकथा पूरे नहीं लेकिन अधिकांश हिस्से में एक कलाकार की आत्मकथा लगती है क्योंकि उनके समूचे व्यक्तित्व का 'कौअर' (सत्व) उनका कलाकार है और आत्मकथा लिखते समय भी वह अधिकांश रुप में संचेत है। यह आत्मकथा इस अर्थ में भी सब से अलग है कि इसमें कलाकार गाडगील ने अपनी कला प्रक्रिया के (जितना स्पष्टतापूर्वक - चेतनस्तर तक लाकर उसे प्रकट किया जा सकता है।) स्वरुप को प्रस्तुत किया है - कलाकार की आत्मकथा से यही अधिक अपेक्षित है। लगता है अन्य सर्जनशील साहित्यकार घटि त को प्रस्तुत करने में अधित रमते हैं - इतिहास बनाने में अधिक रुचि रखते हैं। इसका एक कारण है। अधिकांश आत्मकथाएँ बीते दिनों का इतिवृत्त होती है, वह इतिवृत्त उस अवस्था में लिखा जाता है कि जब सृजन कि प्रेरणाएँ खत्म हुई होती हैं। सौभाग्य से गाडगील जी ने अपनी साठ वर्ष की उम्र तक की यह कहानी ऐसी मानसिक अवस्था में लिखी है जब उनका संवेदनशील कलाकार जीवन्त ही नहीं, जीवन-शक्ति से

स्पंदित होता रहा है। इसीलिए एक और आत्मकथा लिखते समय गाडगील जी ने अनेक कहानियाँ भी लिखी, विनोदी साहित्य भी लिखा और इस बैचेनी को अनुभव किया कि जितना दिमाग में बाहर आने को कुलबुला रहा है इतना प्रत्यक्ष में कागज पर नहीं उतर रहा हैं (केवल समयाभाव के कारण) रचनात्मक क्षमता, अपनी पूरी ऊर्जा के साथ, जीवन्त रहते हुए आत्मकथात्मक लेखन से जो शक्ति आत्मकथा को प्राप्त होती हैं उसको गाडगील जी का आत्मकथा उदाहृत करती है। अन्य आत्मकथाओं को पढ़ते समय यह लगता है कि ऊर्जा के स्त्रोत सूखने के बाद पीछे लौट कर देखा गया है।

गाडगील जी की इस आत्मकथा का एक और महत्त्वपूर्ण वैशिष्ट्य है गाडगील जी ने विधिवत् दर्शन का अध्ययन तो नहीं किया है परंतु एक चिंतनशील प्रतिभा का धनी सर्जनशील लेखक जीवन के सागर पर डोंगी से यात्रा करते समय जिस तूफान को अनुभव करता है, जिस प्रशान्त वातावरण का भी अनुभव करता है, प्रकृति सौंदर्य को निहारता है, मछलियों की सुग्धगतियों, चपल क्रीड़ाओं, सुंदर रंगों और करुण छटपटाहट को, हॉफ को भी देखता है, और उस सब से संवेदित होता हुआ सहस्त्र रूप में जीवन के गंभीर प्रश्नों के आसपास विचरता है उस तरह गाडगील भी जीवन के रहस्यमय प्रश्नों के आसपास विचरते हैं। जन्, मृत्यु, पुनर्जन्म, मनुष्य का स्वभाव में मूलभूत प्रेरणाओं का एवं मनुष्य की कर्मठ्ता का स्थान, जीवन की विशिष्ट गति में दिखनेवाली अनन्त असंगतियों, अपने जीवन में पैदा होनेवाली अच्छी बुरी स्थितियों का स्वरूप और उनमें वैयक्तिक सीमाओं, कमजोरियों, दोषों का स्थान, मनुष्य की जिजीविषा, आत्मरक्षा की छटपटाहट, उसका साहस, भय, मत्सर, क्रोध स्पर्धा, आत्मप्रेम, अहंकार, मनुष्य की समर्पण एवं स्वाग की प्रवृत्तियाँ, भारतीय स्त्री के जीवन का कष्टमय, यातनामय रूप, मनुष्य की रिश्तेदारी का अजब रूप, मनुष्य की मित्रता का मधुर आस्वाद, कुल जीवन का प्रयोजन, वात्सल्य, प्रेम और प्रणय, पति-पत्नी संबंध, भारतीय माता का भव्योदात्त रूप (यह गाडगील जी के न चाहते हुए भी उनके कलाकार ने साकार किया है) - इन सब पर चिंतन (जो अनायास हुआ है-या अनायास हुआ लगता है-गाडगील जी की श्रेष्ट कलात्मक कहानियों की भाँति) करते हुए गाडगील जी अनचाहे (?) दर्शन के श्रेत्र में विचरने लगते हैं। दार्शनिक की भाँति कोई निर्णय तो नहीं देते परंतु बहुत कुछ जो सूचित होता है उस से एक दर्शन रस (बुद्धि-रस की जो परिकल्पना की गयी है, उसी चरण चिहन् पर चलते हुए) भी उनके लेखन कहीं कहीं निष्पन्न होता है। इससे कुछ बातें स्पष्ट होती हैं। एक तो यह कि यह सारा लेखन एक परिपक्व लेखक होने की प्रतीति बार बार मिलती रहती है। दूसरे, जीवन की अनाकलनीयता के सामने खड़ा होने का अनुभव प्राप्त होता है। तीसरे, यह विभिन्न प्रश्नों के अनुसारित होने के बावजूद जीवन के प्रति दुर्दम्य चाहत, प्रश्नाकुलता का खट्टा मिठ्ठ आस्वाद, सीमाओं को पहचान कर अपनी शक्तियों का रचनात्मक उपयोजन करने की युक्ति, जीवन में सहिष्णुता की जरुरत इत्यादि कतिपय बातों का स्वाद देता है। चौथी बात यह है कि चिंतन शुष्क काष्ठवत् तर्क का रूप लेकर नहीं आता (इसलिए यह कम महत्त्वपूर्ण नहीं है) यह संवेदना के चित्र लेकर प्रकट होता है इसीलिए अनजाने ने भी प्रभावित करता है। पाँचवीं बात यह है कि यह सारा एक मैच्युअर कलाकार के द्वारा अनुभूत होने के कारण पाठक को गता है कि हम एक बहुत ही समृद्ध व्यक्तित्व की उपस्थिति में, उसके सान्निध्य

में रह रहे हैं। जीवन समृद्धि का यह योग है।

इस व्यक्तित्व की समृद्धि का यहाँ थोड़ा अधिक विवेचन आवश्यक है। मुख्यतः मराठी समाज के सागने और अनूदित रूप में भारतीय शिक्षित तबके के सामने गाडगील जी एकं अच्छे यशस्वी लेखक के रूप में आये हैं। सृजनधर्मी लेखक या साहित्यकार गाडगील जी के जीवन में एक अत्याधिक महत्त्वपूर्ण, लगभग केंद्रीय बिंदु है लेकिन गाडगील इससे भी कुछ अधिक है। वे अर्थशास्त्र के अध्येता हैं। उन्होंने एम. ए. अर्थशास्त्र लेकर सन्मानित ढंग से उत्तीर्ण किया है और आस्चर्य की बाच यह है कि अर्थशास्त्र में उनकी गति उतनी ही है जितनी साहित्य में। उन्होंने अर्थशास्त्र न केवल अंग्रेजी में पढ़ाया बल्कि अनेक उद्योग समूहों में वे प्रशासकीय काम में भी रहे और परामर्शदाता केरूप में भी रहे। और यह सारा कार्य उन्होंने उतनी ही गंभीरता से किया जितनी गंभीरता से साहित्यिक कार्य किया। अर्थशास्त्र, औद्योगिक प्रतिष्ठनों और अन्य सामाजिक संस्थानों तथा साहित्य के परस्पर संबंधों के प्रति वे जैसे जागरुक रहे वैसे ही अपने स्वायत्त क्षेत्रों की पहचान उन्होंने दृढ़तापूर्वक बनाये रखी। गाडगील जी के बचपन के १२/१३ वर्षों तक के सुनहरे दिन छोड़ दिये जाय तो उम्र की पैंतीस छत्तीस वर्ष की अवस्था तक वे गरीबी के भयावह तजुर्बे से गुजरे (यह भयावह तजुर्बा प्रत्यक्ष स्थिति की विकटता के साथ भोक्ता के संवेदन स्वभाव पर भी निर्भर है) उससे भी अधिक सर्वनाश की संभवना की गहन छाया में असुरक्षितता की यातनामय पीड़ा से गुजरे। ऐसा व्यक्ति एक सुनहले भविष्य का यूहिपिया सामने रखने वाले दर्शन की ओर स्वाभाविकतः मुड़ता है। उस समय (१९३५-५के बीच) भारत में मावर्त्तवादी यूहिपिया से लेखक वर्ग प्रभावित हुआ था। लेकिन गाडगील जी का वैशिष्टय यह रहा कि वह अर्थशास्त्र एवं औद्योगिक विकास की स्थिति-गति से भलिभाँति परिचित होने के कारण इस समूहवादी दर्शन से दूर हू नहीं रहे, उसके विरोधक भी बन गये थे। यद्यपि आज की तारीख में गाडगील जी का विरोध कितना सही था यह सिद्ध तो हो ही चुका है, फिर भी इसकी किंमत उन्हें चुकान पड़ी। (एक तबके में गाडगील जी के प्रति वैयक्तिक स्तर पर विद्वेष की भावना है। फिर गाडगील अच्छा खाना, अच्छा पीना, ठठबाट के कपड़े पहनना, अच्छे मकान में रहना पसंद करते हैं और मुख से समाजवाद का जप नहीं करते अतः यह भावना तीव्र भी है) गाडगील जी उन थोड़े से विचारकों के भीड़ में आते हैं जो न समाजवादी हैं, न गांधीवादी, जो आर्थिक और औद्योगिक विकास को महत्त्वपूर्ण मानते हैं। (परिणामतः वे पूँजीवादी या पूँजीवाद के पिट्टू कहलाये गये) गाडगील जी का वैशिष्टय यह रहा है कि वे साहित्येत्तर क्षेत्र से संबंध रहने के कारण जीवन के अनेक क्षेत्रों से सामग्री वे जुटा लाये। मनुष्य के नानाविध रूप उन्होंने देखे परंतु उनका साहित्य के लिए उपयोजन किया साहित्यिक शर्त पर। सफल प्राध्यापक वह रहे, प्राचार्य बनकर महाविद्यालय के विकास में अपना महत्त्वपूर्ण अंशदान भी किया रेडियों की नौकरी में रह कर वहाँ के अनुभव जुटाये, सैकड़ों परिसंवादों, सम्मेलनों, सभाओं में वक्ता एवं अध्यक्ष के रूप में भाग लेकर वादों का तूफान पैदा करने वाले भाषण उन्होंने दिये, विदेश में गये, देश में घूमे-देश विदेश की यात्राओं के वर्णन लिखे और यात्रा वर्णन की पुस्तकों का एक मानक मराठी में प्रस्तुत किया। समीक्षाएँ लिखकर अनेक उपेक्षित परंतु अच्छी पुस्तकों को पारस स्पर्श किया, अनेक पुराने और समकालीन लेखकों पर लिख कर उनकी अनदेखी, अनपहचानी विशेषताओं को उजागर कर मराठी समीक्षा

क्षेत्र को समृद्ध किया। नयी कहानी लिखकर न केवल स्वयं एक नयी कहानी के पुराणों के रूप में प्रतिष्ठ प्राप्त की, अपितु नयी कहानी के सैद्धान्तिक पक्ष को एवं महत्त्वपूर्ण साहित्यिक समस्याओं को नये सिरे से उठा कर पुष्ट किया। लेकिन गाडगील का एक रूप वह भी है जिस में उन्होंने जीवन को हास्य की दृष्टि से देखने का भी प्रयास किया। उन्होंने प्रचुर साहित्य लिखा। अपने पूर्णवती विनोदी साहित्यकारों भी पढ़ा। यह सब करते हुए अखिल भारतीय मराठी साहित्य सम्मेलन के अध्यक्ष भी बनाये गये और कतिपय साहित्यक एवं गैर साहित्यिक संस्थाओं के अध्यक्ष, उपाध्यक्ष भी बने। उन्होंने अपनी खास वक्तृत्व शैली को अर्जित कर वक्ता के रूप में कुछ कमियों पर विजय प्राप्त की। साहित्य सहवास जैसी लेखकों की आवास कॉलोनी का उसके गर्दिश के दिनों में संभलने का सत्कार्य किया। राष्ट्रीय, आन्तराष्ट्रीय सम्मेलन भी सफलतापूर्वक आयोजित किये। मूलतः एक कमजोर और आत्मविश्वास के अभाव से ग्रस्त व्यक्ति जो मुख्यतः कलाकार है, समाज में रंग रही असंख्य चीटियों की तरह रेंगने को बाध्य यह अभिशप्त व्यक्ति (मर्ढेकर की कविता हैं - मैं एक मुंगी तू एक मुंगी - मनुष्य की नगण्यता, बौनापन और क्षुद्रता पर लिखी हुई।) (केवल जन्मजात प्रतिभा और जीतोड़ मेहनत के बलपर महाभारत के योद्धाओं की तरह कैसे प्रचंड शक्ति अर्जित करता है, इसकी रोचक कहानी) (क्योंकि गाडगील मुख्यतः कहानीकार हैं और सब का उपयोग कहानी के लिए करते हैं) मुंगीचे महाभारत प्रस्तुत करता है। इसमें विवरण हैं, कहीं अनावश्यक तपसील भी कृत्रिम सपाटता पैदा करते है परंतु गाडगील जी की लेखकीय शैली में जो बेधकना है उसके कारण ये सूचनाएँ जानकारियाँ, तथ्य अरोचक नहीं होते। आरंभ में अपनी कमजोरियों को देखनेवाला यह व्यक्ति धीरे-धीरे शक्ति अर्जित करते हुए आत्मविश्वास से सीना तान कर खड़ा हो जाता है और अनेक बार आत्ममुग्ध भी होता है (यह आत्ममुग्धता चूँकि तथ्यों की नींव पर खड़ी है अतः प्रीतिकार लगती है और अति विनयशील होने का छद्म न होने से अच्छी लगती है।) अपने अनेक दोषों का संकेत करते हुए वे संकोच सेकाम नहीं लेते। अपना अहंकार, जीवन की दरिद्रता से भागने की वृत्ति कुछ-कुछ दूसरों के प्रति निर्लिप्तता का भाव, त्याग और सेवा के रास्ते से जीवन को कुरबान करने वालों के प्रति आदर रखकर भी उनसे दूर रहने की वृत्ति अपने लेखन के बीच व्यवधान उत्पन्न करनेवाली किसी भी बात अथवा व्यक्ति से घोर नाराजगी-सब का उन्होंने विश्लेषण किया है। अपने कॉलेज जीवन की समाप्ति तक अपनी औरों के साथ तुलना में अपने अति सामान्य होने की बड़ी बात का वे बार बार उल्लेख करते है। गणित के प्रति बचपन से कुछ भय रहा। उन्होंने यह भी स्वीकार किया है कि केवल अपने स्तर के लोगों से ही दोस्ती करना उनके लिए संभव था। अपने से निचले स्तर के लोगों से घुल मिल जाना उनके लिए संभव नहीं था और अपने से ऊपर के तबके के व्यक्तियों से मित्रता करने में उनका जबरदस्त अहंकार आड़े आता था। यह आत्मकथा अपने आत्ममंथन में अपने मूलभूत दोषों को भी उजागर करती आती है।

गंगाधर गाडगील आम भारतीय मनुष्य की तरह घर को पसंद करने वाले गृहस्थधर्मी व्यक्ति हैं। भारतीय गृहस्थ अपने बारे में लिखते समय एक सीमा तक ही वैयक्तिक बात को व्यक्त क सकता है। वह अपनी वासना, कुंठा, अपने दांपत्य जीवन की भीतरी दरारें, अपने घर के निकटके रिश्तेदारों की असलियतें जिनके प्रकट होने से उनपर असर हो सकते है, प्रकट करना

नहीं चाहता। अतः गंगाधर गाडगील ने यह आरंभ में ही कहा है या सूचित किया है कि यह आत्मकथा होने पर भी बहुत अधिक नितांत वैयक्तिक बातें जो पाठकों से वे शेअर नहीं की जा सकती, नहीं बतायी गयी है। इसमें व्यक्तिगत जीवन के संघर्षो, तनावों, झगड़ों का संकेत है परंतु उसका अधिक विस्तार नहीं है। यह गृहस्थ अपने बच्चों को प्यार करता है जिन्हें उसने अपनी पत्नी के माध्यम से अर्थात बच्चों की माता के माध्यम से देखा है। बच्चों को लेकर पैदा हुए पीड़ादायी क्षणों पाठकों के सामने रखने से उन्होंने शायद संकोच ही किया है। घर और गृहस्थी को लेकर भारतीय मानस पर, फिर वह कितना ही मुक्त हो, जो बंधन आते हैं उनकी सीमा मे रहकर वैयक्तिक जीवन को यहाँ प्रस्तुत किया गया है। गाडगील ने परिवार की जिम्मेदारियों का चित्रांकन किया है। पिताजी की असफलता के कारण घर की हुई उध्वस्तता का बड़ा प्रभावपूर्ण चित्रण किया है। इस समूची उध्वस्तता का केंद्र है उनकी माँ। माँ की अपरिसीम सहिष्णुता, कष्ट सहने की क्षमता, अमुखर व्यथा का बड़ा पीड़ादायी चित्र उकेरा है। पिता के बहिर्मुख व्यक्तित्व का भी चित्र विलक्षण शक्तिशाली है। एक कर्तव्यवान बड़े लड़के के रूप में अपने भाई, बहनों और माँ बाप की जिम्मेदारी का बोझ गाडगील पर आया। भारतीय गृहस्थ की भाँति उसे उन्होंने ढोया। लेकिन इनमें भी उनकी विलक्षण व्यवहार बुद्धि भी प्रकट हुई है। इस बोझ को ढोते समय मिली कडवाहट को उन्होंने छिपाया नहीं है।

गाडगील ने अपनी समस्त आत्मकथा से अपने जीवन का अंतिम प्रयोजन खोजने की कोशिश की है। यह प्रयोजन उनके सर्जनशील साहित्यकार होने का है। इसी साहित्यकार के विकास को उन्होंने अपनी आत्मकथा की केंद्रीय वस्तु बनाया है। यह स्वाभाविक है क्योंकि सामान्यतः हर कर्तृत्ववान व्यक्ति के समूचे जीवन व्यापार का एक मूलभूत प्रयोजन रहता है। यह प्रयोजन उसकी जन्मजात प्रवृत्तियों, प्रेरणाओं में निश्चित होता है। उसकी प्रकृति प्रदत्त शक्तियों से प्रभावित होता है। इसी के साथ व्यक्ति की संकल्प शक्ति और परिश्रम पर भी उसका विकास निर्भर रहता है, इसमें, संयोगों, आकस्मिताओं का स्थान भी कम नहीं होता। गाडगील जी की कल्पना में रमने की प्रवृत्ति, अनुभवों के विविध आकारों को मूर्त करने की क्षमता, साहित्य की संरचना में डूबे जाने की वृत्ति आदि का विस्तार से चित्रमय उल्लेख किया है। अपने सत्व को खोज कर उस दिशा में समूची शक्ति को केंद्रित करना और उसकी अवरोधक स्थितियों से संघर्ष करना मनुष्य के विकास के लिए आवश्यक होता है। उम्र के बारहवें वर्ष से ही गाडगीलजी ने पहचाना कि उनके व्यक्तित्व का सत्व साहित्य सर्जना में है। आरंभिक रचनाओं को सीमित क्षेत्र में प्रशंसा हुई तो अधिकांश रचनाएँ आपसी लौटायी गयी। गाडगील ने इस सारी प्रक्रिया को लेकर बहुत ही रोचक बातें कहीं हैं। रचनाएँ भेजते समय कितने उत्साह में रहते थे, रचनाओं के होनेवाले स्वागत की कल्पना में कैसे हवा में उड़ते होते थे, संपादकों को किस प्रकार उल्लाहने देते थे, इसका बड़ा प्रभावशाली चित्र उकेरा है। परंतु इस आत्मकथा का असली मर्म है रचना प्रक्रिया के बारे में गाडगीलजी के अपनेकलाकार मानस की गहरी खोज, छानबीन, छटपटाहट, व्याकुलता असफलता का विषाद, सफलता का हर्ष, अवचेतन मन की सक्रियता और चेतन मन का सहयोग, कलाबीज के मन की जमीन में आकस्मिक रूप में आ पड़ने पर उनके विकास बिन्दु की अवस्थाओं में चेतन/अवचेतन मानस की क्रिड़ा, उनकी जन्मजात पैनी निरीक्षण शक्ति की

सहायता, अनेक घटनाओं, व्यक्तियों और स्थितियों का एक दूसरे में घुलमिल कर सर्वथा नवीन रूप धारण करना, कलारूप का धुँधता रूप स्पष्ट होते जाते समय तक की कलात्मक अनिश्चितता इत्यादि कला संबंधित अनेक बातों का यहाँ प्रत्यक्षदर्शी चित्रम है। गाडगील कलाकार हैं-बड़े कलाकार हैं लेखक एवं चिन्तक भी हैं इसीलिए बहुत बड़ी सीमा तक कलाकार की सर्जन प्रक्रिया की अन्तमुर्खी क्रीड़ा को वे साकार करते हैं। इस आत्मकथा का महत्त्वपूर्ण वैशिष्ट्य यह है कि अपनी कुछ कहानियों के जन्म से लेकर विकास तक की समूची प्रक्रिया को यहाँ साकार किया गया है। यह वैशिष्ट्यपूर्ण आत्मकथा एक कर्तृत्ववान व्यक्ति की तो है ही लेकिन मुख्यतः कलाकार की है। अधिकांश कलाकारों की आत्मकथाओं में भी रचनाओं के स्थूल बयान दिये जाते हैं, सूचनाएँ दी जाती हैं. कुछ संकेत भी दिये जाते हैं परंतु उनसे व्यक्ति का कलाकार नहीं उभरता। गाडगीलजी की आत्मकथा एक कलाकार के सत्त्व को उत्कट रूप में की गयी खोज है जिसमें कलाकार को बुनियादी ताकतों, वैशिष्ट्यों, गुणों का उल्लेख है ही, उन समस्त घटकों का भी प्रभावपूर्ण संकेत है जो व्यक्ति को कलाकार बनाता हैं। एक तरह से यह कलाकार की बनावट और बुनावट को जानने की पहचानने की, पकड़ने की शक्तिशाली कोशिश है-सफल कोशिश है। मुझेलगता है इतनी प्रभावपूर्ण कलाकार के व्यक्तित्व की खोज शायद ही अन्यत्र मिलेगी।

गाडगील नें कलाकार के रूप में अपनी सीमाओं को भी पहचाना है। वे विश्लेषण उत्साही कलाकार है। चुनौतियों के बीच उनका बुलावा आदेश में कुछ क्षण हतोत्साह होता है तो फिर दस गुना आवेग से पुनः अपने को संभलता हुआ रचना में व्यस्त हो जाता है। वैसे गाडगील का यह स्वभाव वैशिष्ट्य है कि प्रतिकूल स्थितियों के आवेश में वे हताश होते हैं, परंतु कुछ समय के बाद उनका महाभारतीय योद्धा पुनः फिर ऊपर उठता है और प्रतिकूल स्थितियों से दो हाथ कर जीतने का प्रयास करता है। गाडगील ने यह भी बताया है कि वे परिश्रमी कलाकार हैं। दो खंबों के बीच सहजता से नाचने वाले व्यक्ति का नाच दर्शकों को 'सहज' लगता है लेकिन सहज होता नहीं है। घोर परिश्रम को सहजता का आभास पैदा होता है। गाडगील की कहानी की अर्जित सहजता इस ढंग की है। उनकी रचना के पीछे तीव्र चिंतन, मनन की प्रक्रिया रहती है। गाडगील जी का मेधावी मन इस प्रक्रिया का विश्लेषण कर सकता है। इसीसे यह आत्मकथा सही अर्थ में कलाकार की आत्मकथा बनी है। रीत चुके कलाकार की नहीं, एक शक्तिशाली जीवित कलाकार की।

गाडगील यह बहुत जल्दी पहचान गये कि वे साहित्यिक कार्य कर रहे है यह पूर्ववर्ती साहित्यकारों से भिन्न है। कथानक का परंपरागत रूप, चरित्र चित्रण की इकहरी प्रणाली, उपदेश, आदर्श, राष्ट्रीयता, नैतिक मूल्य संस्कार इत्यादि कलाकार के अनुभव पर आरोपित किये जाने वाले प्रयोजनों का बोझ, कलाकार का कथा निविष्ट पात्रों के साथ सीधा संबंध, भावना के नाम पर आनेवालू भावुकता, मन की आंतरिकता को दबाने से और सामाजिक बंधनों की कहीम निगरानी से सपाट होनेवाली संवेदना इत्यादि कतिपय बातों के प्रति गाडगील के मन में अवचेतन स्तर पर विद्रोह था। गाडगील जानते थे कि वे कुछ नया कर रहे हैं, साहित्य में नया प्रवाह ला रहे है। एक विलक्षण आंतरिक आत्मविश्वास था। यद्यपि उनके साथ गोखले, माडगुलकर जैसे अन्य साथी थे। परंतु नयी कहानी के नेतृत्त्व का भार गाडगील के कंधों पर था। क्योंकि साहित्य की शास्त्रीय/सैद्धांतिक समझ उन्हीं को थी। प्रस्तुत आत्मकथा में इसका विस्तार से विवेचन होना

अवश्यंभावी था और गाडगील जी ने अपने कर्तृत्व का उचित श्रेय लेते हुए संकोच भी नहीं किया है। जिन बातों के लिए उन्होंने श्रेय लिया है इसपर मतबेद की गुंजाईश नहीं है। असल में गाडगील ने कह भी अपने श्रेय को अनावश्यक रूप में बढ़ा-चढ़ा कर प्रस्तुत नहीं किया परंतु अति विनम्रता से आनेवाले छद्म को भी उन्होंने स्थान नहीं दिया। गाडगील की जो चुनौतियों का स्वीकार करने की जो युयुत्सु वृत्ति है उसी के परिणाम स्वरूप उन्होंने 'लिली के फूल' जैसा अच्छा उपन्यास भी लिखा। परंतु लोकमान्य तिलक के जीवन पर लिखा उनका 'दुर्दम्य' चरित्रात्मक उपन्यास उपन्यास के क्षेत्र में एख मानक उपन्यास माना जायेगा। असल में कहानी में आसपास के मध्यवर्गीय मनुष्यों के खट्टे मीठेकडु-मधुर अनुभवों का रेखांकन करेवाले गाडगील जी ने तिलक को नायक के रूप में चुनकर अपने कलाकार के व्यक्तित्व का व्यक्तित्वांतरण किया। एख महान आदमी के जीवन की, बाह्यघटनाओं की पार्श्वभूमि में बन रहे व्यक्तित्व की आंतरिक बुनावट को गाडगील ने सफलतापूर्वक टटोला। असल में गाडगील की आंतरिक विकास यात्रा भी इसी प्रकार की थी-साहित्यकार के रूप में। यह उचित है कि गाडगील ने एक स्वतंत्र अध्याय (दुर्दम्य निर्मिति का एक महान आवेष्टित करनेवाला अनुभव) इस प्रकार लिखा है। गाडगील में प्रयोगधर्मिता है; नयी अनुभव संपदा को साहित्याकार प्रदान करने की और साहित्य को विभिन्न विधाओं को अजमाने की। एक प्रकार से गाडगील के लिए साहित्य निर्मिति एक उत्सव था। यह उत्सव उनके लिए इतना महत्त्वपूर्ण था कि तुलना में वैयक्तिक जीवन के सुखदुख दोयम थे। फिर भी इस आत्मकथा में वैयक्तिक जीवन का महत्त्वपूर्ण अंश आया है जिसमें एक कुल मिलाकार संतुष्ट गृहस्थ के बहारदार जीवन के गृहस्थी-चित्र हैं। (वैसे कलाकार सामान्यतः संतुष्ट नहीं होता परंतु एक सीमा में कितना संतुष्ट हो सकता है, उसका श्रेय गाडगील नें निसंकोच रूप में अपनी पत्नी को दिया है।)

गाडगील के कहानीकार के जो वैशिष्ट्य हैं वे इस आत्मकथा में सशक्त ढंग से उपयोजित हुए हैं। गाडगील ने अपने परिवार का बहारदार चित्र इसमें प्रस्तुत किया है जो मध्यवर्ग का एक संपूर्ण चित्र बन गया है। अपने बचपन के सुखमय जीवन का अंकन करते हुए उस समय की सामाजिक स्थिति का सशक्त संकेत किया है। नारी की अवस्था का विशेषतः उनकी निष्फल यातना का बड़ा शक्तिशाली चित्र दादी और माँ के माध्यम से खींचा है। अपने अद्‌भुत पिताश्री के शोकाना जीवन का चित्र ही बड़ा ही शक्तिशाली है। गाडगील के निकट के मित्रों के रेखाचित्र बहुत कम शब्दों में परंतु ठोस रूप में आये हैं। इनमें महाराष्ट्र के बड़े लेखकों के चित्र तो हैं ही, अन्य अनेक प्रतिष्ठित व्यक्तियों के भी हैं। गाडगील नें मराठी में अरुचि व्यक्त कने में संकोच नहीं किया है। समूचे साहित्यिक वातावरण का चित्रमय रूप आँखो के सामने से गुजरता जाता है।(गाडगील जी ने अपनी एक अलग पुस्तक 'आठवणींच्या गंधरेखा' मे कुछ विलक्षण व्यक्ति रेखाएं प्रकाशित की हैं जो कलात्मक दुष्टि से बेजोड़ हैं।) मराठी साहित्य सम्मेलनों के स्वरूप का पता चल जाता है। घटनाओं के चित्रमय दर्शन के साथ बीच बीच में मनुष्य के सुख, दुख, ईर्ष्या, द्वेष आदि की रसवत्ता भी प्रभावित करती है। गाडगील की भाषा में अद्‌भुत प्रवाह है, प्रसाद है। कुछ बीच बीच में आये नाट्यरूप शब्दों से सप्राणता का एहसास होता रहता है। व्यक्तियों के बीच वैशिष्ट्यों का संकेत करते हुए उनको जीवन्तता प्रदान करते है। एक अच्छे कथाकार की भाषिक

विशेषताओं ने आत्मकथा को ऊर्जा प्रदान की हैं।

गाडगील की यह आत्मकथा एक सृजनधर्मी कलाकार के आंतरिक विकास को संकोचित करती हुई १९४०-८० तक के मराठी साहित्य की महत्त्वपूर्ण हलचलों को रेखांकित करती है। गाडगील जैसा अंतर्मुख होने की जबरदस्त क्षमता सं संपृक्त कलाकार अपनी सृजन प्रक्रिया को गहराई में देखकर कर उसकी क्रीड़ा का यथोचित्र चित्र उपस्थित करता है। अपने व्यक्तित्व की बनावट -बुनावट की गहरी पहचान कराता हुआ अपने लेखकीय व्यक्तित्व के साथ उसका रिश्ता भी देखने का प्रयास करता है। इसी बहाने मध्यवर्ग का एक चित्र भी पार्श्वभूमि पर उभरता है। आरंभ से अंत तक यह आत्मकथा एक कलाकार की आत्मकथा है इसकी प्रतीति पाठक को आती रहती है। सामान्यतः आत्मकथा अनुभवों के बीच से गुजरने के उपरान्त बीते हुए का वृत्तकथन करने की शैली में लिखी जाती है, गाडगील जी की यह आत्मकथा अनुभवों के बीच से प्रत्यक्ष गुजरते जाने का सुखद बोध बार बार देती रहती है। यह वैशिष्ट्य बहुत कम आत्मकथाओं में बहुत विरल रूप में में मिलता है। ऐसा नहीं है कि इसमें वृत्तान्त कथन नहीं है, निरूपण नहीं है, बयान नहीं है। आत्मकथा को इससे बचाया नहीं जा सकता परंतु उसको कलात्मक स्पर्श भाषा और शैली के माध्यम से दिया गया है। एक चीटी ने अपने अद्‌भुत गुणों और अनवरत परिश्रम के बल पर, योजनापूर्वक कार्य प्रणाली के आधार पर एक महाभारत के योद्धा का रूप कैसे प्राप्त किया इस को यह आत्मकथा उदाहृत करती है। यह योद्धा राजनैतिक क्षेत्र में नहीं घुसपैठ करता, न समाज सेवा के क्षेत्र में। ये योद्धा अपनी प्रवृत्तियों को, रुचियों-रुझानों को, संवेदन-स्वभाव को जानकर कला के क्षेत्र में रहा और मराठी को बहुत कुछ दे गया।

समीक्षा और सौंदर्यशास्त्र

मराठी समीक्षा विचार

मराठी का समीक्षा चिन्तन समृद्ध है। उन्नीसवीं शती के अंत में और बीसवीं शती के आरंभिक दो धशकों में चिपलुणकर, आगरकर, वि. का. राजवाडे, कोल्हटकर, हरिभाऊ आपटे ने सैद्धांतिक समीक्षा का विचार किया और व्यावहारिक समीक्षा भी की। भारतीय काव्यशास्त्र और पाश्चात्य चिन्तन में समन्वय करने का प्रयास विचारकों ने किया। साहित्य के प्रयोजन को लेकर विशेष विचार हुआ। साहित्य में सौन्दर्य मूल्य के प्रति प्रायः सभी समीक्षक उन्मुख थे। परंतु सत्य और शिव के साथ उसे समन्वित करने का समावेशी दृष्टिकोण ही मुख्यतः अपनाया गया। साहित्य के आस्वाद का विशेष विचार हुआ और साहित्यानुभव के साथ पाठक की तादात्म्य की अवस्था को लेकर विशेष चिन्तन हुआ। १९२० के बाद न. चि. केलकर और ना. सी. फडके ने कलावाद का विशेष समर्थन किया। श्री वा. म. जोशी, वि. स. खांडेकर, आचार्य अत्रे, वरेकर माडखोलकर इत्यादि साहित्यकारों ने कलावाद का जोरदार विरोध किया। साहित्य के उद्‌देश्य को लेकर पुरोगामी (प्रगतिशील) साहित्य की संकल्पना पर आचार्य शं. द. जावडेकर और प्रो. ना. सी. फडके में विशेष वाद हुआ। लाल जी पेंडसे ने मार्क्सवादी विचारधारा को लेकर साहित्य के उद्‌देश्य एवं स्वरूप पर विचार किया। साहित्य की स्वायत्तता और कलाकार की स्वतंत्रता पर आघात करने वाली उनकी विचारधारा का मार्क्सवाद से प्रभावित होने के बावजूद पु. य. देशपांडे ने जबर्दस्त विरोध किया। प्रभाकर पाध्ये ने भी इस विचारधारा का खंडन करते हुए लेखन किया। टॉलस्टॉय के कला संबंधी सिद्धान्त को साने गुरुजी ने प्रस्तुत करते हुए महात्मा गांधी जैसे महान विचारकों का अनुगमन करने के लिए आग्रह किया। श्री के. क्षीरसागर ने इसका विरोध किया। भारतीय रस सिद्धांत को मनोवैज्ञानिक कसौटियों पर परिभाषित करने का प्रयास डॉ. के. ना. वाटवे ने किया। दि. के. वेडेकर ने उसका विरोध करते हुए रस संबंधी अपनी मौलिक विचारधारा को प्रस्तुत किया। असल में डॉ. ग. त्र्यं. देशपांडे का "भारतीय साहित्यशास्त्र" प्रसिद्ध होने के बाद ही सही अर्थ में भरत का नाट्यशास्त्र मराठी में प्रस्तुत हुआ।

मराठी समीक्षा के परंपरागत रूप को सौन्दर्य-शास्त्रीय दिशा में उन्मुख करने का कार्य बा. सी. मर्टेकर ने किया। उनका प्रभाव १९४५ से १९६५ तक छाया रहा। मर्ढेकर ने यह स्थापना की कि सौन्दर्य स्वायत्त, स्वसंत्र्य और अंतिम मूल्य है और कला व्यापार का उद्‌देश्य सौंदर्यानुभव की निर्मिति एवं आस्वाद है। कलाकृति के संवेदनात्मक घटकों की संवाद, विरोध और संतुलन के पैटर्न पर लयात्मक संरचना करना सौंदर्य निर्मिति है। तर्क पर आधारित वास्तव या जीवन प्रेरणाओं से संबद्ध कृति का सौंदर्य से कोई संबंध नहीं। सौंदर्यानुभव साक्षात्कार स्वरूप होता है और उसका समग्रता में अनुभव ग्रहण करना पड़ता है। लयात्मक संरचना की व्यामिश्रता कलाकृति की महानता का लक्षण है। जिस कलाकृति का आस्वाद केवल एक इंद्रिय द्वारा किया जा सकता है (उदा. संगीत) वह "शुद्ध" है। कला व्यापार में सांस्कृतिक संस्कार का संबंध नहीं होता है।

मर्ढेकर के सौंदर्य विवेचन का प्रभाव मराठी समीक्षकों पर इतना पड़ा कि कुछ वर्षों तक मर्ढेकर का वैचारिक विरोध करना भी मुश्किल था। दि. के. बेडेकर, सुरेन्द्र बारलिंगे, प्रभाकर पाध्ये आदि ने मर्ढेकर की कतिपय मान्यताओं से असहमति व्यक्त की परंतु मर्ढेकर के सम्मोहन से पूर्णतः

बाहर आने के लिए डॉ. रा. भा. पाटणकर के ग्रंथ "सौन्दर्य मीमांसा" तक प्रतीक्षा करनी पड़ी। दर्शन, सौन्दर्यशास्त्र और प्रत्यक्ष समीक्षात्मक व्यवहार इन तीनों कसौटियों पर मर्ढेकर के विचारों की वैयर्थता दिखाने का काम रा. भा. पाटणकर ने किया। मर्ढेकर की लय तत्व की संकल्पना यांत्रिक है, उनके चिन्तन की नींव में दर्शन और सौन्दर्यशास्त्र के ऐतिहासिक अध्ययन की मजबूती नहीं है, मर्ढेकर के तत्वों के आधार पर महान रचनाओं का स्वरूप विश्लेषण नहीं होता और उनके सौन्दर्य तत्व साहित्य समीक्षा केलिए पूर्णतः अपर्याप्त हैं -- यह रा. भा. पाटणकर का विवेचन था। श्री शरच्चंद्र मुक्तिबोध ने भी मार्क्सीय चिन्तन पद्धिति के सहारे मर्ढेकरके विरोध में अनेक महत्वपूर्ण मुद्दे उठाये। वा. ल. कुलकर्णी, मे. पु. रेगे ने भी अनेक त्रुटियों का संकेत किया। आगे चलकर प्रभाकर पाध्ये ने "सौन्दर्यानुभव" ग्रंथ में मर्ढेकर के अनेक विचारों की असंगतता दिखायी। प्रभाकर पाध्ये ने मर्ढेकर के विचारों के अन्य स्रोतों की ओर भी संकेत किया। नरहर कुरुंदकर भा. ज. कविमंडन तथा अन्य अनेक विचारकों ने मर्ढेकर की वैचारिक त्रुटियों कीओर ध्यान आकर्षित किया।

इस सब के बावजूद यह स्वीकार करना पड़ता है कि स्व. मर्ढेकर ने सौंदर्यशास्त्र का अध्ययन करने की एक परंपरा मराठी में उत्पन्न की और साहित्य के कुछ मूलभूत मुददों पर विचार करने को विचारकों को उकसाया। साहित्य को साहित्य के स्तर पर रख कर परखने की परंपरा भी बलवती हुई।

मराठी समीक्षा व्यापार का विचार करते समय गंगाधर गाडगील का विशेष उल्लेख करना चाहिए। सौंदर्यशास्त्र के सैद्धांतिक विवेचन को गाडगील ने कुथ व्यंग्यात्मक दृष्टि से ही देखा परंतु नये साहित्य की पैरवी करते समय उन्होंने कुछ मूलभूत संकल्पनाओं का गहराई से विश्लेषण किया। उसी तरह मराठी की जिन अच्छी रचनाओं की उन्होंने समीक्षा दी उनको एक तरह से सुवर्ण स्पर्श मिला। मराठी के कुछ उपेक्षित लेखकों और कृतियों को जीवन्त और शक्तिपूर्ण बनाने का श्रेय गाडगील को देना होगा। प्रभाकर पाध्ये ने सौंदर्यानुभव के स्वरूप पर और लय पर कुछ मौलिक विचार व्यक्ति किये। मार्क्सवाद के प्रभाव को लगभग निःशेष करने का श्रेय पु. य. देशपांडे, प्रभाकर पाध्ये को दिया जा सकता है। जीवनवादी दृष्टिकोण से समीक्षा करने वालों में द. ग. गोडसे, गो. म. कुलकर्णी, दु. का. संत का काम महत्वपूर्ण है। डॉ. सुधीर रसाळ ने मराठी कविता में बिंब विधान पर बहुत गहराई से चिन्तन किया है। मर्ढेकर, करंदीकर, गंगाधर गाडगील के साहित्य पर उल्लेखनीय विवेचन डॉ. विजया राजाध्यक्ष ने किया है। कुछ कलाकृतियों पर की हुई माधव आचवल की समीक्षा भी मानक बन गयी है। मराठी कविता पर रमेश तेंडुलकर तथा शंकर वैद्य की समीक्षा उनकी काव्य की गहरी पहचान का प्रमाण प्रस्तुत करती है। ग्रामीण साहित्य का आंदोलन संचालित करने वाले आनंद यादव ने भी ग्रामीण साहित्य के संदर्भ में महत्वपूर्ण चर्चा की है। इधर दलित साहित्यकार अपने सहित्य का मूल्यांकन करने के लिए सफेदपोश साहित्यकारों का सौंन्दर्यशास्त्र अपर्याप्त मान रहे हैं। डॉ. यशवंत मनोहर नें तो दलित साहित्य का सौन्दर्यशास्त्र प्रस्तुत करने का प्रयास किया है। इसे वे आंबेडकरीय सौंदर्यशास्त्र भी कह रहे हैं। यह विचारणीय है कि इसमें मौलिकता कहां है। इधर रचना का भाषिक विश्लेषण करने में प्रा. रमेश घोंगडे बहुत उत्साह दिखा रहे हैं। प्रा. भ. सु. पाटील और अरुणा ढेरे आध बिंबों के संदर्भ में समीक्षा कर रहे हैं। अरुणा

ढेरे मिथकीय दृष्टिकोण से भी समीक्षा कर रही हैं। अरविंद कुलकर्णी मनोवैज्ञानिक दृष्टि से विशेलषण कर रहे हैं। पश्चिमी अघतन प्रवृत्तियों से गहरा संपर्क रखकर मराठी में उनका परिचय देने का महत्वपूर्ण कार्य प्रा. गंगाधर पाटील वर्षों से कर रहे हैं। उनका पु. शि. रेगे की कविता पर अध्ययन बहुत ही मूल्यवान है।

आज मराठी समीक्षा सैद्धांतिक दृष्टि से रुपवाद, कलावाद, प्रयोगवाद के बाहर आयी है और कलाकृति की आंतरिक माँग के अनुसार समीक्षा करने के लिए कटिबद्ध है। कलाकृति को किसी खास दृष्टिकोण से शास्त्रीय ढंग से विश्लेषित करने का आग्रह कुछ समीक्षक करते हैं और समग्र दृष्टि को या कलाकृति की मांग के अनुसार विश्लेषण करने वालों की ओर कुछ हेय दृष्टि से देखने की प्रवृत्ति भी परिलक्षित होती है। परंतु शास्त्रीय प्रणाली का भान होना एक बात है और उसका कला के आस्वादन और कलकृति के स्वरूप पर हावी होना दूसरी बात है। विशिष्ट शास्त्रीय दृष्टि से चीरफाड़ करते समय आस्वादन की गर्माहट ही अगर खत्म होती हो तो समीक्षा व्यापार का उद्देश्य ही खंडित होता है। ऐसे आलोचकों से बचाओ -- कहने की ओर कलाकारों की प्रवृत्ति हो रही है। कभी आलोचक वर्ग से गहरी वितृष्णा भी कलाकारों द्वारा व्यक्त की जाती है। दोनों को अन्तर्मुख होने की जरूरत है।

डॉ. रा. भा. पाटणकर की सौंदर्य मीमांसा

डॉ. रा. भा. पाटणकर का महत्वपूर्ण ग्रंथ 'सौदर्य मीमांसा' १९७४ में मराठी में मौज प्रकाशन की ओर से प्रसिद्ध हुआ सौंदर्य शास्त्र के प्रति विलक्षण रुचि बा.जी. मर्ढेकर के सौदर्य शास्त्र विषयक लेखन ने पैदा की थी। मर्ढेकर से सम्मोहित मराठी के विद्वानो ने मर्ढेकर के विचारों को समझने की जितनी कोशिश की उतनी उनके चिन्तन को सौदर्य शास्त्र के पाश्चात्य एवं भारतीय महतू संदर्य में रख कर जाँचने की नहीं। की यह कार्य डॉ.रा.भा. पाटणकर ने कुछ अधिक विस्तार से और गहराई में जाकर किया। डॉ. पाटणकर ने एक महत्वपूर्ण ऐतिहासिक कार्य किया। वह यह कि पहली बार सौंदर्य शास्त्र के अन्तर्गत आने वाले महत्वपूर्ण प्रश्नो की सिलसिलेवार विवेचना की। इससे मराठी में एक महत्वपूर्ण कार्य यह सम्पन्न हुआ कि मर्ढेकर के इर्दगिर्द चक्कर काटने वाली सौंदर्य मीमांसा को सौदर्यशास्त्र के अथाह सागर का पता चला। सौदर्य मीमासा के लिए वैश्विक विचारको के कृतित्व का गहराई में जाकर चिन्तन मनन होने की आवश्यकता प्रकट हुई। सौदर्यशास्त्र के केंद्र में प्रश्न कौन से होने है। और हाशिये पर कौन से इसका भान हुआ। संस्कृत काव्यशास्त्र भी कम वजनदार नहीं है और उसके समृद्ध संदर्भ की मराठी में चर्चा नहीं हुई, ऐसा भी नहीं है लेकिन कुछ ऐसा हुआ कि संस्कृत काव्यशास्त्रज्ञों की भाषा अंग्रेजी के अध्योत्मो के लिए कुछ दुर्गम हुई और संस्कृत परंपरा से पढ़कर आये विद्वानों के लिए पाश्च्यात्य कला विवेचन कुछ दूर की चीज लगती थी। डॉ. पाटणकर के सौदर्य मीमासा गंध ने दोनो परंपराओं का अच्छा ज्ञान समन्वित रुप में प्रकट होने के कारण यह खाई कुछ पट गयी-सी लगती है। डॉ. पाटणकर के बाद प्रभाकर पाध्ये शरदचंद्र मुक्तिबोध आदि विद्वानो ने सौदर्यशास्त्र पर लिखा परंतु सौदर्यशास्त्र की 'समभ्राता' में चर्चा करने वाले दूसरा गंध अभी सामने नहीं आया है।

डॉ.रा.भा. पाटणकर के सौदर्य मीमासा ग्रंथ का सब से बड़ा वैशिष्ट्य़ उनकी बनाई हुई सौदर्यशास्त्र की समग्र रूपरेखा है जिसके कारण सौदर्यशास्त्र के अन्तर्गत पुरातन काल से चर्चित महत्वपूर्ण प्रश्न एकत्र आये हैं इस समरेखा का स्थूल स्वरूप ही यहॉ बताया जा सकता हैं।

बारह अध्ययों में विभाजित इस ४३० पृष्ठे के ग्रंथ में पहले अध्याय में सौदर्यशास्त्र के स्वरूप की समस्या उठया गया है। सौदर्यशास्त्र को लिज्ञान कहॉतक कहा जा सकता है इसकी गंभीर चर्चा करने के उपरान्त सौंदर्यशास्त्रीय संवाक्यो के स्वरूप के आधार पर एवं वैज्ञानिक प्रणाली को ध्यान में रखते हुए यह निष्कर्षित किया गया है कि सौदर्यशास्त्र विज्ञान नहीं है, वह एक दार्शनिक शास्त्र है और उसमें सौदर्य से संबंधित अवधारणाओं का विश्लेषण करते हुए उन अवधारणाओं को स्पष्टता दी जाती है। सौदर्यशास्त्र समीक्षा व्यापार में प्रयुक्त अवधारणाओं, परिभाषिक शब्दो, मूल्य-संवाक्तों, सौदर्यवाणी अवधारणाओं के निकषों का शास्त्र है। अतएव यह एक दर्शन शास्त्र की शाखा है। द्वितीय और तृतीय अध्यायों में सौदर्य-संबन्धो के स्वरूपं की चर्चा की गयी है। डॉ. पाटणकर की मान्यता है कि सौदर्य सिद्धान्त की जड़े समीक्षा व्यापार में गहराई से रोपी हुई होती है ओर तभ उनकी सार्थकता है। जो सिध्दान्त समीक्षा व्यापार से अद्‌भूत नही होता और समीक्षा व्यापार के लिए उपयोग में नहीं आता वह सौंदर्य सिद्धान्त है ही नहीं। ऐसे

सिद्धान्त को बलात् लादना नहीं चाहिए। क्या सौंदर्य संवाक्य व्यक्तिविषयक ही होता है? कांट की इस मान्यता का खंडन करते हुए यह स्थापित किया गया ह कि एक सीमित अर्थ में कलाकृति की अनन्य साधारणता स्वीकार करते हुए भी कलाकृतियाँ के सौंदर्य के निकष बनाये जा सकते हैं और समीक्षा व्यापार के लिए वह बहुत जरुरी थी है। लेकिन डॉ. पाटणकर ने यह भी सिद्ध किया है कि ये निकष वैज्ञानिक सिद्धान्तों की तरह दृढ नहीं होते, कलाकृतियों की अनन्यता को न्याय देने के लिए पर्याप्त लचीले बनाये जा सकते हैं।यही पर सौंदर्य के अनेक निकषों का होना आवश्यक समझा गया है।

तीसरे अध्याय में सौंदर्य संवाक्यों की जाति के निर्धारण का विचार करते हुए प्राकृतिकतावाद प्रातिभज्ञानवाद और भावनार्थवाद इन तीन दृष्टिकोणों से परिभाषा के प्रश्न को देखा गया है। तीनों दृष्टियों के साम्य-वैषम्य पर विचार करते हुए यह सिद्ध किया गया है कि तीनों की सीमाएँ हैं। काव्य जैसी खुली अवधारणा को निश्चयात्मक रूप में से परिभाषित नहीं किया जा सकता। यहाँ पर बिट्गिन्स्टारन के कुलसाम्य की संकल्पना का विवेचन करते हुए काव्य जैसी स्वभावतः वादग्रस्त अवधारणा के संदर्भ में इस सिद्धान्त की उपयोगिता बनाची गयी है। क्योंकि सभी कलाकृतियों में एक ही समान तत्व नहीं पाया जा सकता। चूँकि सौंदर्य संबंधी अवधारणाओं का स्वरूप वैज्ञानिक अवधारणाओं की भाँति असंदिग्ध नहीं होता एक ही समय परस्पर विरोधी अवदारणाएं भी सौंदर्य चिन्तन में सहायक हो सकती हैं।

कला विषयक चिन्तन में पाटणकर एक सूत्र देखते हैं। कला को स्वायत्त, अलौकिक माननेवाले का एक गुट और कला को लौकिक जीवन के संदर्भ में परखनेवाला दूसरा गुट इन दो ध्रुबों के बीच लहरानेवाली सौंदर्य विषयक चर्चा का संघर्ष डॉ. पाटणकरने अपने ग्रंथ में प्रस्तुत किया है। डॉ. पाटणकरने अपने विवेचन को चार महत्वपूर्ण आयामों में विभाजित किया है। (१) कला निर्मिति (२) कला का आस्वाद (३) कला मूल्यों एवं अन्य मूल्यों के बीच संबंध (४) कलाकृति की रचना। पहले तीन अध्याय कुछ तकनीकी चर्चा के कारण बोझिल लग सकते हैं परंतु चौथे अध्याय से उपसंहार तक की चर्चा साहित्य के अध्येता के लिए बहुत ही महत्वपूर्ण है और सुगम भी।

चौथे और पाँचवे अध्यायं में डॉ. पाटणकर ने सौंदर्यशास्त्र के महत्वपूर्ण सिद्धान्त का, अभिव्यंजनवाद का, परिचय दिया है। यह विश्वचैतन्यवादियों या चिद्वादियों का महत्वपूर्ण सिद्धान्त है। इस चर्चा में कांट के विचार व्यूह का विशद विवेचन किया गया है क्योंकि परवर्ती विचारकों के बीज इस व्यूह में पाये जाते है। सौंदर्य संवाद ज्ञानात्मक नहीं होता, सौंदर्य गुण विशेष नहीं होता वह एक तरह का हितविमुक्त disinterested परितोष होता है। वह सार्वभौम भी होता है परंतु उसकी सार्वभौमिकता अवधारणाए आधारित नहीं होती। नियम पर आधारितन होने के कारण सौंदर्य संवाक्य के समर्थन में कारण नहीं दिये जा सकते। सौंदर्यानुभव में संवेदनाओं की अनेकता में बिना किसी नियम के एकता उत्पन्न होती है जिसका झटिति प्रत्यय आस्वादक को प्राप्त होता है। सौंदर्यानुभव में प्रयोजनरहित प्रयोजनपूर्णता होती है। सौंदर्य विवेचन में रचनातत्व महत्वपूर्ण होता है। सौंदर्य की स्वायत्तता और अनैकिकता प्रस्थापित करनेवाला यह महत्वपूर्ण

पहला सिद्धान्त होने के कारण डॉ. पाटणकरने इसका विचार बहुत विस्तार से किया है। इसी संदर्भ में टेगल, बोसॉके, क्रोचे, कलिंगवुड, बॅडले, कैरिट, पेल्विन राडर इत्यादि के विचारों का परामर्श लिया गया है।

अलौकिकतावादियों के विचारों का वस्तुनिष्ठ स्वरूप प्रस्तुत करते हुए और उनकी सीमाओं का निर्देश करते हुए डॉ. पाटणकर लौकिकवादियों के विचार व्यूहों का विवेचन छठे और सातवें अध्याय में प्रस्तुत करते है। सौंदर्यानुभव लौकिक अनुभव है, यह अभिमत अरस्तू, तोलस्तोय, मार्क्सवादी तथा अस्तित्ववादी सौंदर्यशास्त्रज्ञ प्रस्तुत करते हैं। कला की उत्पत्ति को ले कर डार्विन, स्पेन्सर तथा क्रीडा प्रेरणा के प्रस्तोता शिलर, कोन्रैड लैंग, कार्लग्रस्त इत्यादि विचारकों के विचार प्रस्तुत किये गये हैं। फ्रायड का मत भी इस संदर्भ में महत्वपूर्ण होने के कारण उसके सिद्धान्त की विस्तार से चर्चा की गयी है। कला की उत्पत्ति और लेखक के चरित्र के संबंध के विवाद्य मुद्दे का विचार करते हुए लेखक के साहित्यिक व्यक्तित्त्व की भी विस्तार से चर्चा डॉ. पाटणकर ने की है। इस के अन्तर्गत कला में कला में कल्पनाशक्ति के कार्य का विवेचन समाविष्ट है। कलाकृति के आकलन के लिए भले ही कलाकार चरित्र विषयक जानकारी कुछ सहायता देती हो परंतु मूल्यांकन में उसकी कोई उपयोगिता नहीं है।

आठवें अध्याय में सौंदर्यास्वाद का विचार किया गया है। इस संदर्भ में पहले प्रश्न उठाया गया है सौंदर्य सुखवाद का फिर सुख के विविध अर्थों का विवेचन करते हुए बताया गया है कि अच्छी, सुंदर और श्रेष्ठ इत्यादि संकल्पनाऐं भिन्नार्थक है और यह भी कि सुख के विभिन्न अर्थों में से कोई न कोई अर्थ सौंदर्यानुभव के एक घटक के रूप में जुड़ जाता ही है सौंदर्य से प्राप्त आनंद या सुख के लौकिक या अलौकिक होने की चर्चा भी विस्तार में की गयी है इसी संदर्भ में भावना जागृति के सिद्धान्त की विशद चर्चा है और संस्कृत साहित्यशास्त्र की रस संबंधी अनेक संकल्पनाओं का विचार किया गया है। मराठी के महत्वपूर्ण विचारकों के चिन्तन की भी मीमांसा की गयी है। बुल्ने के सबब के तटस्थ होने की चर्चा भी यहाँ आयी है। वाङ्मय के महत्वपूर्ण मुद्दे भी चर्चा के विषय हो गये हैं। डॉ. पाटणकर का निष्कर्ष है कि आस्वाद विचार कुल मिलाकर लौकिकतावाद की ओर झुका हुआ है।

कला के आस्वाद एवं इसके प्रभाव के उपरान्त 'कला और नीति' के महत्वपूर्ण युग्म पर विचार स्वाभाविक है। डॉ. पाटणकर ने जीवनवादी सौंदर्य मीमांसकों मे तोलस्तोय, प्लेटो, अरस्तू के विचारों का विस्तृत विवेचन करते हुए कैंथार्सिस के संबंध में गहराई में जा कर चर्चा की है। क्ला और नीति के पारस्पारिक संबंध की चर्चा करते समय आय.ए.रिचर्डस्, शेली, डयुई, सार्त्र आदि के साथ विश्वचैतन्यवादियों के निकट आनेवाले सांतायना के विचारों का थी विस्तृत उल्लेख है।

इसके बाद दसवे अध्याय में कला एवम सत्य के पारिचारिक संबंध पर गहराई में जा कर चिन्तन किया गया है। सत्य का अर्थ जीवनदर्शन या जीवन विषयक दृष्टि का या अर्थ तक व्यापक कर पाटणकर ने प्लेटो, अरस्तू, से ले कर रिचर्ड्स और मैकडोनल्ड तक के विचार के एतद्विषयक चिन्तन का परामर्थ लिया है और सुझान लेंगर की विस्तार से चर्चा की है। कलाकृति

किस रूप में ज्ञान दे सकल है इसका बड़ी सूढबूझ के साथ विचार किया है।

ग्यारहवे अध्याय में कला और रूप का विस्तृत विचार करते हुए रूप के विभिन्न अर्थों पर बड़ा सटीक विवेचन किया गया है आशय कलाकृति का ऐंद्रिय स्वरूप, तकनीक, शैली, औचित्य, वर्गीकरण विचार, विधा संबंधी विवेचन, लप, अरस्तू के रूप विषयक विचार, एम्पसन का अनेकार्यक विषयक चिन्तन, अन्य बुक्स का विरोधायास संबंधी सिद्धान्त, मर्ढेकर का सौंदर्य विचार, सेंद्रिय एकता इत्यादि संकल्पनाओं का विवेचन किया गया है।

बारहवें अध्याय 'उपसंहार' में अपने महत्वपूर्ण विचारों और निष्कर्षों को संकेतित किया है। एक महत्वपूर्ण परिशिष्ट है कलाकृति का सशास्त्रीय स्थान।

डॉ. पाटणकर ने अपने ग्रंथ में पाश्चात्य प्राचीन भारतीय और आधुनिक मराठी स्त्रोंतो का विपुल उपयोग किया है। और प्रचुर संदर्भ दिये है लेकिन ग्रंथ का वैशिष्टय यह है कि कही भी लेखक की मूलभूत मौलिक स्थापनाएँ चर्चा के बीच में ओझल नहीं होती। यह ग्रंथ मराठी भाषियों के लिए एक ही समय वाङ्मयीन विश्वकोश की भाँति उपयुक्त है और सौंदर्य विषयक समग्र चर्चा की दृष्टि से भी महत्वपूर्ण है। इसमें चिन्तन की ऐतिहासिक दृष्टि अनुस्यूत है परंतु यह इतिहास नहीं है। ग्रंथकार सभी पूर्ववर्ती भाष्यकारों का सम्मान करते हुए अपने मौलिक चिन्तन पर उन्हें हावी नहीं होने देता। यह ग्रंथ न केवल संदर्भ ग्रंथ की दृष्टि से ही महात्वपूर्ण है बल्कि सौंदर्य चिन्तकों के लिए विचारोत्तेजित करने की क्षमता भी रखता है।

साहित्य अकादमी द्वारा पुरस्कृत इस ग्रंथ का हिन्दी अनुवाद भी सौभाग्य से उपलब्ध होने के कारण भारत भर के विद्वानों के लिए सुविधा हो गयी है।

प्रभाकर पाध्ये का 'सौन्दर्यानुभव'

प्रभाकर पाध्ये महाराष्ट्र के एक महत्त्वपूर्ण विचारक हैं और सौंदर्यशास्त्र पर उनकी प्रस्तुत पुस्तक 'सौंदर्यानुभव' उनके पन्द्रह वर्षों के प्रगाढ़ अध्ययन का परिपाक हैं। प्रभाकर पाध्ये कथाकार हैं, उनके देश-विदेश के यात्रा वर्णन ललित साहित्यका आदर्श है, उनकी समीक्षाएँ रसिकता और चिन्तनकी सूक्ष्मता के लिए प्रसिद्ध हैं, उनके राजनीतिक-सामाजिक विषयोंपर प्रकाशित लेख निर्मम विश्लेषण और तलस्पर्शी अन्तर्मुखताके उदाहरण हैं। श्री पाध्ये एक समय प्रखर पत्रकार थे और व्यावसायिकता के हावी होने पर उन्होंने पत्रकारिताके क्षेत्र से संपादक के रूप में विराम लिया। लेकिन साहित्य, समाज, राष्ट्र से संबंधित जीवन्त समस्याओं पर वे आज उम्र के ७५ वर्ष में भी किसी युवक के उत्साह से लिखते-बोलते रहते हैं।

'सौंदर्यानुभव' पुस्तक का एक महत्त्वपूर्ण वैशिष्ट्य है। मराठी वाङ्मय, वाङ्मय-विचार और सौंदर्य विचार पर स्व. मर्ढेकर का बहुत प्रभाव रहा है। मर्ढेकर के सौंदर्य शास्त्रीय चिन्तन की परम्परा बनी परंतु उसकी एक बहुत बड़ी सीमा यह थी कि जिस व्यापक सौंदर्यशास्त्रीय परिप्रेक्ष्य में मर्ढेकरके चिन्तनका निरीक्षण-परीक्षण, विश्लेषण मूल्यांकन होना चाहिये था उस परिप्रेक्ष्य में वह हुआ नहीं। अधिकतर उत्साह मर्ढेकर के आशय एवं अभिप्राय को अपनी-अपनी दृष्टि से स्पष्ट करने में ही लगा रहा। एक प्रकार से मर्ढेकर के सौंदर्य-विचारपर उनकी व्यापक सौंदर्यस्त्रीय परिप्रेक्ष्य से हटाकर भाष्य करनेकी होड़ मच गयी। अतः सौंदर्यशास्त्रीय विचार मर्ढेकर के इर्द-गिर्द मंडराता रहा। इस कुंठित गति का भेदन किया डॉ. रा.मा. पाटणकर की 'सौंदर्यमीमांसा' पुस्तक ने और श्री पाध्ये के 'सौंदर्यनुभव' ने। वैसे मर्ढेकर के सौंदर्यशास्त्रीय विचारों का बड़ी सूक्ष्मता में उतरकर विश्लेषण श्री पाध्ये ने किया था– 'मर्ढेकरांची सौंदर्य मीमांसा, ग्रन्थ में। ऐसा लगा कि डॉ. पाटणकर और श्री पाध्ये के कारण सौंदर्यशास्त्रीय विचार का परिप्रेक्ष्य व्यापक हुआ और मर्ढेकर के सौंदर्यशास्त्रीय चिन्तन की मौलिकता और शक्ति का सही मूल्यांकन होने की स्थिति पैदा हूई। सौंदर्य शास्त्र की व्यापकता और गहनता के प्रति इन दो विद्वानों ने मराठी विचारकों को सजग किया और एक सही परिप्रेक्ष्य प्रदान किया।

प्रभाकर पाध्ये पत्रकार रहे हैं, सामाजिक जीवन की समस्याओं के प्रति सदैव सजग रहे हैं, सामाजिक प्रश्नों को लेकर उन्होंने त्याग भी किया है परन्तु 'सौंदर्यनुभव' ग्रन्थका चिन्तन पाध्ये की इन भूमिकाओं से प्रभावित नही हुआ। सौंदर्यानुभव की विशिश्टता और अतुल्यता का तथा कला की स्वायत्तता का श्री पाध्ये का आग्रह विशुद्ध चिन्तन का परिणाम है।

कला के संबंध में उत्कृष्ट लगाव के कारण प्रभाकर पाध्ये उसके वैशिष्ट्यों का स्वानुभव के आधारपर अवलोकन करते हैं और इस अवलोकन को शास्त्रीय रूप देने का प्रयास करते हैं। अतः 'सौंदर्यानुभव' का महत्वपूर्ण वैशिष्ट्य यह है कि एक अत्यन्त सहृदय व्यक्ति के कलानुभव का यह वैचारिक स्पष्टीकरण है। किसी पूर्वोक्त ढांचे में कलानुभव को ढालकर देखने का वे प्रयास नहीं करते।

कला के अनुभव के कुछ वैशिष्ट्योंका निर्देश श्री पाध्ये इस प्रकार करते हैं कि कला के

क्षेत्र में कोई भी अनुभव स्वागत योग्य लगता है। मसलन विद्रूप, गंदी बुढ़िया भी चित्ररूप में ध्यान आकर्षित करती है, जघन्य कृत्य भी कला के अन्तर्गत देखे जा सकते हैं, उनमें रस लिया जा सकता है। दो विरोधी प्रवृत्तियों, विचारों या वृत्तियों पर आधारित दो कलाकृतियों में विरोध नहीं होता–वे एक दूसरे को छेद नहीं देती। तीसरी बात यह कि कलाकृति सबको अच्छी लगनेपर भी उसके कारणों की मीमांसा अलग-अलग प्रकार से की जाती है। कलाकृति के बारे में बिरोधाभास यह भी होता है कि कलाकृति एकही समय वैश्विक भी लगती है और अनन्यसाधारण भी। कलाकृति में जो जीवनार्थ हमें उपलब्ध होता है उसको लेकर सामान्यतः हम अपना जीवन व्यवहार अनुशासित नहीं करते। मतलब यह है कि कलाकृति में उपलब्ध जीवनार्थ के अनुभव में हम मानसिक दृष्टिसे तन्मय तो हो जाते हैं लेकिन उससे अधिक उसकी सफलता हम नहीं देखते। कलाओं का आवाहन प्रतिमात्मक (imaginative) ही होता है, वह मूर्त होता है। कला हमें हाण्ट अवश्य करती है, उसके अनुभव में हम तल्लीन हो जाते हैं वह अनुभव हमारी चेतना कों विलक्षण रूप में जगाता है, हमें वह मुग्ध करता है परंतु सक्रिय नहीं बनाता। इस मुग्धता में मन आंदोलित तो होता है परंतु उस दोलायमान गति में एक लय है, यह एहसास होता है। कलाकृति में जिसे रस कहा जाता है, वह भावना नहीं होती। भावना से मन क्षुब्ध होता है, कलानुभव में निर्बेद शांति अंतरंग में फैलती है। हम कलास्वाद के दौरान अधिक प्रकट रूप में जी रहे होते है। सामान्यतः सफल कलाकृतियों के विषय आदिम लगाव के होते हैं वे, हमारी मूलभूत प्रवृतियों का आवाहन करते हैं। चेतना के रूप में अवस्थित हमारी जीवन शक्ति के विशिष्ट स्वरूप का वे उत्थापन करते है। जन्म, मृत्यु प्रेम, प्रकृति, नियति, अमरत्व, धार्मिकता, सहयोग, शत्रुत्व इत्यादि बातों के इर्द-गिर्द कला भ्रमण करती है। कला में विकास जैसी बात नहीं होती, दर्शन था विज्ञान में वह होती है।

कलाके इन वैशिष्ट्यों का अनुभव रसिक पाध्ये करते हैं और इन वैशिष्ट्यों के कारण उठनेवाले प्रश्नों के उत्तर सौंदर्यशास्त्र में ढूँढ़ने के प्रयास में वे सौंदर्यानुभव का ढाँचा खड़ा करते हैं।

कलानुभव के वैशिष्ट्यों का मूलगामी विचार करते हुए श्री पाध्ये एक महत्वपूर्ण विचारपर पहुंचे–अनुभव का आस्वाद के लिए आस्वाद केवलास्वाद कलानुभव की प्राथमिक शर्त है–अनुभवपूर्ण तत्त्व (a priori) हैं। जबतक केवलास्वाद वृत्ति से कला की ओर नहीं देखा जाता तब तक उसके सही स्वरूप का प्रयोजन और कार्य का बोध हो ही नहीं सकता।

पाध्ये कला की ओर भव्योदात्त दृष्टिकोण से नहीं देखते। कला विश्वके अन्तिम सत्य या सत्वसे साक्षात्कार कराती है, जीवन के रहस्य को खोलती है या हल करती है, व्रह्यानेन्द सहोदर आनन्द प्रदान करती है, वह विश्वात्मकता और इन्द्रिगोचर विवक्षिततता के बीच सेतु बनाती है, विश्व का अंतिम सत्तत्व, जिसको दार्शनिक तत्त्वज्ञान के माध्यम से, व्यवहार जगत में त्रिक के रूप में देखते हैं, कला जगत में सौंदर्य के माध्यम से प्रतीत होता हैं– विश्व चैतन्यवादियों के इस प्रकार के अभिमतों को पाध्ये स्वीकार नहीं करते। उसी तरह मानवीय इतिहास के वर्गीय तत्त्व को मूर्त करनेवाला जादू भी उसे वे नहीं मानते। उनकी महत्वपूर्ण स्थापना यह है कि मनुष्य की सभी

अनुभव सम्पादाका केन्द्र उसका दिमाग है जो शरीर का ही भाग है। जीवन की अंतिम गुत्थी भी कभी सुलझेगी तो दिमाग के माध्यम से। आज उसी दिमाग के बारे में ही जानकारी बहुत कम है। कलाकों इसी दिमाग के साथ जोड़ते हैं।

क्लाइब बेलकी इस स्थापनासे भी पाध्ये सहमत नहीं है कि सौंदर्यभावना एक स्वतंत्र जाति है और जीवशास्त्रीय प्रेरणा से वह अलिप्त है। पाध्ये की मान्यता है कि मनुष्य के सभी चेतना व्यापार के मूलमें जो आस्था (interest) होती है, उसीसे कला प्रेरणा का संबंध है। अपने इस मतकी पुष्टि के लिए उन्होंने दिमाग का वैज्ञानिकों द्वारा जो अध्ययन किया गया है, उसकी सहायता ली है। इस अध्ययन के फलस्वरूप कुछ निष्कर्ष इस प्रकार है : मनुष्य के दिमाग के तीन भाग है, न कि दो, जैसा आमतौर पर माना जाता है। मनुष्य का दिमाग भी विकसित हुआ है– रेंगनेवाले प्रारगी का दिमाग, विकसित सस्तन प्रारगी का दिमाग और मनुष्य का दिमाग, ये विकास के सोपान है। लेकिन यह विकास नियमबध्द नहीं है, एक तरहसे मनुष्य के दिमाग का निर्माण या सरंचना उत्क्रांतिकी एक च्युति है। मतलब यह है कि पक्षियों के पैरोंके नाखून का उत्क्रान्त रूप मनुष्य के हाथ की हथेली है। या मछली के गिल (गलफड़ा) का विकसित रूप फेफड़ा है, उस प्रकार मनुष्य के दिमाग की सस्तन प्राणी के दिमाग में और सस्तन प्राणी के दिमाग में और सस्तन प्राणी के दिमाग का मनुष्य के दिमाग में क्रमशः रूपान्तरण नहीं हुआ। मनुष्य के दिमाग में ये तीनों किंचित परिवर्तन के साथ वर्तमान हैं — रेंगनेवाले प्राणी का दिमाग लिंबिक लोब, निओ-कॉर्टेक्स। हाथ की हथेली में या फेफड़े में जिस तरह पूर्ववर्ती अवस्थाएँ स्वतंत्र अस्तित्व खोकर एकाकार हो गयी, वैसा मनुष्य के दिमाग के बारे में नहीं हुआ।

ज्ञानेन्द्रियों के माध्यम से इन तीनों को संवेदनों की रसद पहुंचायी जाती है और तीनों की भिन्न-भिन्न प्रतिक्रियाएं होती हैं। निओ-कार्टेक्स में संवेदनों का जो केन्द्र है उससे सीखना, विचार करना, योजना बनाना, कल्पना करना, विवेकपूर्ण तर्क करना, स्मरण शक्ति का उपयोग करना इत्यादि बातों का संबंध हैं। भावना के कारण स्मरण शक्ति को भी तीव्रता प्राप्त होती है। रेंगने वाले दिमाग के अंश में आज के केन्द्र हैं। दिमाग की चेतना को जागृत करने का कार्य ऊपर वाला दिमाग ही करता है। परंतु उसके लिए जीवन शक्ति की रसद पहुँचाने का कार्य रेंगनेवाले दिमाग की पेशिका-जाली करती है। इसके सिवा भूख, प्यास, यौन लिप्सा जैसी प्राथमिक आवश्यकताओं के केन्द्र 'हायपोथलायस' नामक भाग में है जो रेंगनवाले दिमाग के पास ही होता है। इसका संबंध भावनाओं के प्राथमिक उद्‌भव से होता है। सांस क्रिया, रक्त का अभिसरण, पाचन क्रियाओं में इसका बहुत हाथ रहता है। इसका संबंध लिंबिक लोब से भी है। चूंकि ऊर्जा का केन्द्र पेशिकाजाली में होता है। इन तीनों दिमागों के कार्यों में एक सीमा तक विभाजन है परंतु परस्पर संबंध भी है। मनुष्य के विशिष्ट दिमाग का निओ-कार्टेक्स के विकास का प्रारंभ बीस करोड़ वर्ष से हुआ है। दिमाग संबंधी इस विवेचना का प्रमुख आधार कोइस्तलर मैक्लीन का ग्रंथ है।

मनुष्य के तीन खंडों के दिमाग का विकास एकल नहीं है, वे परस्पर संबद्ध भी है, स्वतंत्र भी हैं और क्वचित् विरोध भाव से भी कार्यान्वित होते हैं। इस कारण मनुष्य के कर्तृत्व को विशिष्ट दिशा मिली है तो सीमाएं भी बन गयी हैं। बुद्धि, भावना, जीवनरक्षक या संवर्धक प्रेरणाएं

जब सहयोग की स्थिति में रहती हैं तब इनका संबंध ठीक भी रहता है परन्तु कभी विवाद भी पैदा होता है। यही कारण है कि कुछ लोग अनुभव के रूपरंगादिपर बल देते हैं तो कुछ बुद्धि तत्त्वपर। जीवन में दर्शन, नीति और कला का सफल संगम विरल देखने में आता है, बुद्धि और भावना का जितना सामंजस्य होना चाहिये उतना नहीं दिखता। मनुष्य का व्यवहार भी कुछ विकृत हो जाता है। इसीलिए कला की समग्र भव्योदात्त कल्पना प्रत्यक्ष में नहीं उतरती।

दिमाग का यह शारीर रूप स्पष्ट करने के बाद पाध्ये अपनी स्थापनाओं में एक महत्त्वपूर्ण बात जोड़ देते हैं। वे मानते हैं कि यद्यपि मनुष्य की चेतना का संबंध मूलतः दिमाग से होता है (दिमाग के चीथड़े हो जायें तो चेतना शक्ति ही खत्म हो जायेगी) फिर भी मन दिमाग की एक उन्निर्मिति (Emergence)है। अर्थात् मन की जड़ें दिमाग में होने पर भी मन के पल्लवों की मात्रा कुछ अंशों में स्वायत्त होती है। कुछ इस प्रकार है जिस प्रकार ज्योति के चहुंओर वलय का सूर्य के चहुं ओर प्रभामण्डल (corona) होता है। प्राण जड़ में ही पैदा होते हैं परंतु जड़ को अतिक्रमित भी करते हैं।

दिमाग के तीनों खंडों का कार्य अलग भी है और उनमें कुछ एकात्मकता भी होती है, परस्पर विनिमय भी होता है। इस विनिमय व्यवस्था को वाइल्डर पेनफिल्ड ने सेंट्रन्सेफालिक सिस्टम कहा है। प्रतिभा के केन्द्र भी इसी व्यवस्था में खोजने होगे।

सामान्यतः यह माना जाता है कि कला निर्मिति या दर्शन निर्मिति मनस्थिति जीवनतृष्णा से अलिप्त होती है। लेकिन यह अलिप्तता पूर्ण नहीं होती। उसके जीवशास्त्रीय आधार को श्री पाध्ये ने पश्चिमी वैज्ञानिकों के आधार पर प्रस्तुत किया है। कला-निर्माण की मनः स्थिति निओ-कार्टेक्स का आधार खोजती है। दर्शन या कला का आधार अनुभव होता है और यह अनुभव समग्र दिमाग की निर्मिति होती है। अतः दिमाग के अन्यान्य भागों का भान रखकर ही कला एवं दर्शन को अपना कार्य करना पड़ता है। दर्शन में बौद्धिक विश्लेषण, संश्लेषण, संकल्पना (concepuatlization) का कार्य होता है जिसका संबंध निओकार्टेक्स से है जब कि कला का आधार आस्था है जिसका संबंध पेशिकजाली से अधिक होता है।

यह आस्था अनुभव में केवलास्वाद-वृत्ति से रममाण होती है। सौंदर्यानुभव मन का भ्रम नहीं है, दिमाग की संरचना एवं व्यापार में उसे भरभक्कम आधार होता है। तात्त्विक अनुभव, व्यावहारिक अनुभव और सौंदर्यानुभव तीनों का संबंध तीन दिमाग खंडों में है और उसे वैज्ञानिक आधार मिलता है। कला के आधार का यह विवेचन कर पाध्ये कहते हैं कि कला की ओर कुछ सीमित नजरिए से ही देखना होगा। अनुभव का आस्वादन के लिए आस्वादन करने से जो मनःस्थिति उत्पन्न होती है उसमें स्वरस-रंजनात्मक वृत्ति से रममाण होना ही कला का सही प्रयोजन है, इस स्वरसरंजनात्मक केवलास्वाद वृत्ति को ही पाध्ये सौंदर्य दृष्टि मानते हैं। इसी सौन्दर्य दृष्टि के कारण कला की निर्मिति एवं आस्वाद संभव होता है, केवलास्वाद वृत्ति से अनुभव का आस्वादन कला मीमांसा का अनुभवपूर्व (a priori) तत्त्व है। कला की ओर मनोविश्लेषण, मार्क्सवाद इत्यादि दृष्टियों से भी देखा जा सकता है परंतु वह सही कलादृष्टि नहीं है। पाध्ये ने एडवर्ड बुले के दृष्टान्त का हवाला दिया है। तूफान में और धुँए में घिरे जहाज में

बैठे व्यक्तियों का भय एवं चिन्ता से आक्रांत होना स्वाभाविक है परंतु इन जीवरक्षा की अनुभूतियों से हटकर अलिप्त होकर भी किसी व्यक्ति का ऐसी स्थिति में विभिन्न आकारों,रंगों का अनुभव करना संभव है, इसमें एक अनोखा आनन्द उसे प्राप्त हो सकता है – यही सही कलानुभूति होगी। केवलास्वाद वृत्ति संभव होगी तभी कलानिर्मिति या कलास्वाद संभव होगा।

यह कला दृष्टि नयी नहीं है। काँट में इसका उद्‌भव है, इसके समर्थन में काफी लिखा जा चुका है। असल में पाध्ये का यह विवेचन उनके लिए नया नहीं है जिन्होंने रस दृष्टी का अध्ययन किया है।

एक महत्त्वपूर्ण प्रश्न पाध्ये उठाते हैं। स्वरसरंजनक्षमता कला की आवश्यक शर्त है लेकिन क्या वह पर्याप्त शर्त है। श्री पाध्ये उत्तर देते हैं, कि केवलास्वाद या स्वसरंजनात्मकता कला की आवश्यक शर्त हैं और बिम्ब सृजन एवं जीवनशक्ति या चैतन्यशक्ति के मूल स्त्रोत को जगाना कला की पर्याप्त शर्त है। केवलास्वाद के कारण जीवन शक्ति का कृति में पर्यवसान नहीं होता परंतु इससे बिम्ब को परखने-निरखने की वृत्ति उत्तेजित होती है, शरीर की ऊर्जा का विशेष उद्दीपन होता है। चैतन्य शक्ति के मूल स्त्रोत में विशेष रूप में जागृति उत्पन्न होती है।

इस समूची प्रक्रिया को समझने के लिए वे बोध की कलात्मक बोध की विवेचना करते हैं।

हमारे सारे चेतना-व्यापार के मूल में बोध (Perception) है। इस बोध-शक्ति के कारण ही अनुभव मिलता है और वह व्यावहारिक, भावनात्मक, वैचारिक एवं कलात्मक रूप धारण करता है।

जीवन में प्रकृति ने जीवन तृष्णा का वरदान दिया है। मनुष्य बाह्य प्रकृति के कुछ अंश को आत्मसात् करने के प्रयत्न में ही सम्पन्न हुआ है। बोध-शक्ति का निर्माण भी और विकास भी इसी कारण हुआ है, चेतना का उद्‌भव एवं बोध शक्ति का विकास आखिर वैश्विक ऊर्जा का ही व्यापार है। जीवन में तर्क शक्ति का विकास भी जीवनमूलक आवश्यकता के कारण हुआ है ताकि प्रकृति का जो अंश आत्मसात् किया जाता है वह अचूक रूप में किया जा सके। बाहर के चेतकों का हमारी चेतना पर प्रभाव से जो संवेदनाएँ निर्मित होती हैं उनका अनुभव हम अर्थ का आवरण चढ़ाकर करते हैं। दिमाग में संवेदनाओं का संपादन होता रहता है, बोध अर्थसंपृक्त है इसीलिए जीवन शक्य हो जाता है। समाज में रहनेवाले मनुष्यों में सम्प्रेषण भी इसलिए लेकर आता है।

हमें जिन चीजों का बोध होता है उनके प्रति सूक्ष्म ही क्यों न हो अनुकूल-प्रतिकूल प्रतिक्रिया निर्मित होती है। बोध एक प्रकार का संवाद है - उद्दीपक वस्तु और बोध ग्रहणकर्ता के बीच। हर बोधग्रहणकर्ता के संस्कार अलग होने के कारण एक ही वस्तु या उद्दीपक दो व्यक्तियों में आंशिक भिन्न प्रकार की प्रतिक्रियाएँ जगाता है।

किसी भी वस्तु के बोध से तीन संस्कार होते हैं - एक प्रतिमात्मक, दूसरा संकल्पनात्मक और तीसरा प्रतिक्रियात्मक (भावनात्मक)। व्यवहार में तीनों का संमिश्रण रहता है और प्रायः बोध का पर्यवसान किसी कृति के परिणामस्वरूप उत्पन्न होता है, अनुभव का रुझान भी कृति की ओर रहता है। परंतु वैज्ञानिक, दार्शनिकचिन्तक व्यावहारिकता से अपनी संकल्पनाओं को अलग

कर उनको विशुद्ध तार्किक रूप में प्रस्तुत करता है, उसी तरह कलकार भी प्रतिमाओं (image) की साधना कर कृति से विमुख होता है। भयावह नाग को देखकर व्यवहार में भागनेकी वृत्ति होती है परन्तु यह भी संभव है कि उस नाग के रंग, आकार और डील डौल का सौंदर्य किसी को उसी में रमाये, कलाकार का व्यवहार कुछ इस प्रकार का होता है।

वैसे समस्त ज्ञान साधना, कला साधना अन्ततोगत्वा जीवन-तृष्णा के ही आविष्कार होते हैं फिर भी इन साधनात्मक बातों पर मनुष्य ने मूल्यात्मक साध्य की मुद्रा अंकित की है, वहां मनुष्य का ऐश्वर्य भी है। अमूर्त संबंधों की साधना मनुष्य का वैभव है। मूर्त वस्तु से अमूर्त संबंध को अलगाने की बात जिस दिन मानव ने सीखी उस दिन ज्ञानसाधना या कला साधना जैसी बातों को वह साध्य एवं मूल्य मानने को सीख गया। इसी समय उसने स्वरसरंजनात्मकता को समझा और महत्त्व दिया। यह स्वरसरंजनात्मक साधना अमूर्त संकल्पनाओं एवं उनके संबंधों की की जा सकती है, उसी तरह अनुभव के मूर्त रसरूपगंधादि एवं उनके संबंधों की भी की जा सकती है। कला का जन्म इसी समूर्त की स्वसरंजनात्मक साधना में है।

यह केवलास्वाद की रुचि क्यों पैदा हुई, इसका उत्तर देना कठिन है। यह कहा जा सकता है कि जिस अनुभव-क्षमतापर मनुष्य का सारा जीवन निर्भर है उस अनुभक्षमता की शक्ति कायम रहे, बढ़े इसलिए मनुष्य में यह अनुभव का निरपेक्ष आस्वाद लेने की बात पैदा हुई। पाध्ये के विचारों में यह विचार अत्यधिक महत्त्वपूर्ण है क्योंकि यहाँ वे उपयोगिता का स्थूल अर्थ त्यागकर एक विशिष्ट रूप में कला की उपयोगिता सिद्ध करते हैं और कलावाद और जीवनवाद के बीच के अन्तर को भी पाटने का प्रयास करते हैं।

बोध एक ओर वैयक्तिकता के बाहर की वस्तुस्थिति में होता है तो दूसरी ओर वैयक्तिकता उस वास्तवकी पुनर्रचना करती है। अतः कलास्वाद भी एक ही समय वैयक्तिक और अ-वैयक्तिक बनता है। कलात्मक अनुभव की नींव वास्तव में होती है और वह वास्तव अनेकों के समान होता है। लेकिन इस का अनुभव वैयक्तिक होता है।। इसीलिए उसका अनुभव अनन्यसाधारण भी होता है। क्योंकि सामान्य वास्तव के साथ गृहीता का वैयक्तिक अप्रतिम संवेदना-विश्व भी आस्वादन में जुड़ा रहता है। कल्पनात्मक अनुभव की स्वरसरंजनात्मक आराधना कलात्मक प्रवृत्ति का स्वाभाविक धर्म होता है। कला के क्षेत्र में शुद्ध प्रक्रिया का कार्य इसी दिशा में संचालित होता है। केवल स्वाद में प्राप्त तल्लीनता में अलग किस्म का आनन्द होता है, न वह बुद्धि से उत्पन्न आनन्द है, न व्यावहारिक बात से जुड़ा हुआ। आस्वाद के लिए आस्वाद के कारण अनुभव का प्रकृति, संरचना और लयमें अन्त अनिवार्य हो जाता है। इस अनुभवकी नींव कलात्मक बोध होता हैं। अनुभव के संकल्पनात्मक एवं कृतिप्रवण भावात्मक अंग से कल्पनात्मक अंग को अलग कर उसी पर चित्त केन्द्रित करने के लिए मनुष्य को केवलास्वाद की रुचि बढ़ानी चाहिये। श्री पाध्ये ने आधुनिक मनोविज्ञान के साक्ष्य पर यह बताया है कि मनुष्य को अनुभव ग्रहण की नितान्त आवश्यकता होती है। मनुष्य अनुभव मूर्त रचनात्मक एवं रूपबंध के रूप में चाहता है। अनुभव को बीच में रोका जाये तो मनुष्य व्याकुल होता है; तरह-तरह के आभास अनुभव करता है - परिस्थिति को नया अर्थ देने का प्रयत्न करता है। अनुभव के प्रवाह के अवरोध हो जानेपर संचित

अनुभव से नये रूपबंध बनाता है। क्योंकि कल्पनात्मक अनुभव के अभाव में जीना उसके स्वभाव में ही नहीं है – स्वप्न भी इसी कारण से पैदा होते हैं।

कलानुभव में बोध के सारे प्रकार आ जाते हैं, संवदेना, संकल्पना, भावना, इच्छा, क्रिया भी। वैसे कला में कुछ भी त्याज्य नहीं है परन्तु यह सब साधनरूप होता है। प्रतिमात्मक (imagninative) अनुभवकी समृदि साध्य है।

उद्दीपकों का बिम्बात्मक समुच्चय और मानव की चेतना शक्ति का बोध-शक्ति से जो सम्मेलन होता है वह विश्व कीं आदिशक्ति ऊर्जा का ही विलास होता है। चेतना भी ऊर्जा का ही एक रूप है लेकिन दोनों में गुणात्मक अन्तर है। बोध में जो चेतना और उद्दीपक का सम्मेलन होता है वह शुद्ध पार्थिव नहीं होता। एक ओर पार्थिव ऊर्जा और दूसरी ओर पार्थिव को अतिक्रमित करनेवाली उन्निर्मित चेतना का मेलन होता है। अतः कला में भिन्न स्तरपर आदि शक्ति का विलास या व्यापार प्रतीत होता है। आदि शक्ति की विशेष स्तर पर आराधना कला का वैशिष्ट्य है। ()

कला का संबंध रेंगनेवाले दिमाग के साथ पेशिकाजाली के साथ विस्तार से बताकर पाध्ये कहते हैं कि शरीर की ऊर्जा के अर्थात् जीवन शक्ति के केन्द्र पेशिकाजालीमें रहते हैं। इस ऊर्जा के कारण जीवन व्यापार में वर्तमान आस्था का निर्माण होता हैं। इस आस्था के जागृत रहते ही बोध का कार्य होता है। वैचारिक अनुभव की प्रेरणा निओकार्टेक्स में होती है, व्यावहारिक अनुभव की प्रेरणा लिंबिकलोब से मिलती है। इस प्रकार पाध्ये स्थापित करते हैं, कि मनुष्य के सभी अनुभव संमिश्र होते हुए भी कलानुभव, ज्ञानानुभव और कार्यानुभव के आद्य केन्द्र दिमाग के तीन विबिन्न भागों में होते हैं। अर्थात् जिस कलानुभव के आद्य केन्द्र पेशिकाजाली में और रेंगनेवाले दिमाग में होते हैं उसकी सहायता अन्य प्रकार के अनुभव भी करते हैं – साधनीभूत होकर। पाध्ये यह भी रेखांकित करते हैं कि विशुद्ध कलांनुभव भावना जागृति का (जिससे अधिक हिस्सा लिंबिक लोब का होता है) अनुभव नहीं है – भावना जागृति का पर्यवसान कृति में होता हे, कलानुभव में ऐसा कुछ नहीं होता, न होना चाहिये। हाँ, चैतन्य शक्ति के मूल स्त्रोत को स्पर्श करने के कला के कार्य में भावना उपकारक रूप में सहायक होती है। कार्य में चूंकि समग्र अनुभव कार्यान्वित होता है निओकोर्टेक्स की सहायता से प्राप्त स्मरणशक्ति, निर्वाचन क्षमता, विचार इत्यादि बातों का भी सहायक रूप में उपयोग होता है। कलानुभवको व्यामिश्र बनाने के लिए कलाकार सभी प्रकार के संकल्पनात्मक एवं भावनात्मक अनुभवों का आवाहन करता है। भावनात्मक अनुभव का वह अधिक आवाहन करता है क्योंकि ऊर्जा की जागृति से भावना का साक्षात् संबंध होता है। फिर भी कलानुभव भावनानुभव से भिन्न कोटिका होता है - कला का मुख्य उद्देश्य विशुद्ध ऊर्जा की जागृति है। इस में विचार, भावना, क्रियानुभव का वैभव सहायक एवं साधनरूप होता है। महान रचयिताओं की रचनाओं में आदि शक्ति का – ऊर्जा का स्पर्श दिखता है। एब्रहम मरुतेने इस अनुभव का वर्णन इस प्रकार है – यह अनुभव समग्र स्वयंपूर्ण होता है। आस्वादन के समय समस्त चित्त केन्द्रित होता है, उसके सारे अनुभवांग महत्त्वपूर्ण होते हैं, यह व्यवहार-निरपेक्ष होता है और उसे पुनः पुनः अनुभव करने की इच्छा होती है। यह अपनेआप में

सिद्धि है, यह स्वयंभू आंतरिक स्वत सिद्ध मूल्य होता है। यह स्वल्प काल का अतिक्रमणकर केवलस्वरूप बनता है। यह अनुभव विश्रान्त (Relaxed) होता है, अन्तर्विरोधों का एकात्मता में विलयन होता है। यह मूर्त होता है। इस अनुभव से आकलन होनेवाली वस्तु अनन्यसाधारण होती है।

कलानुभव के स्वरूप की चर्चा करने के उपरान्त श्री प्रभाकर पाध्ये 'प्रतिभा' की चर्चा करते हैं।

दिमाग के तीनों भागों को जोड़नेवाले मज्जातन्तु व्यवस्था (सेन्ट्रेएन्सकालिक सिस्टम) की एक महत्त्वपूर्ण देन है प्रतिभा। व्यावहारिक जीवन संकल्पनाओं (विचारों) का विश्व एवं बिम्बों का कला संसार तीनो में उसका संचार होता है। व्यावहारिक जगत में प्रतिभा बिम्ब एवं संकल्पना को समन्वित कर आवश्यक कृति के लिए भाव निर्मिति कराती है और इच्छा जागृत कर ऊर्जा के उत्थापन का मार्ग प्रशस्त करती है। विज्ञान दर्शन के वैचारिक विश्व में वह संकल्पनाओं का तार्किक विश्लेषण और संश्लेषण संभव बनाती है, कलात्मक विश्व में बिम्बों से क्रीडा करती है, उसके नूतन रूपबंध बनाने के लिए नूतन संकल्पनाओं का उपयोग करती है। उन रूपबंधों में चेतना पैदा करने के लिए भाव निर्मिति का उपयोग करती है। कला के प्रतिमात्मक क्षेत्र में विविध बिम्बों का संवाद-विसंवाद निर्मित करने में प्रतिभा रम जाती है। (नवनवोन्मेषशालिनी प्रज्ञा), दिमाग में संचित पुराने बिम्बों, संकल्पनाओं और भावच्छटाओं को स्मृति भंडार से मुक्तकर उनके नये रूपबन्ध बनाना प्रतिभा का सर्जनशील कार्य होता है। यह प्रतिभा स्वप्न में भी क्रियाशील रहती है। स्वप्न में अधिक स्वच्छन्द होती है, कला में अनुशासनबद्ध होती है।

प्रतिभा जीवन तृष्णा की प्रेरणा से बद्ध होकर भी क्रियाशील रहती है और उससे मुक्त होकर भी कार्य करती है। मुक्त प्रतिभा के कार्य में स्वरसररंजनात्मकता होती है। उसमें एक प्रकार की स्वछन्द क्रीड़ा होती है, प्रतिभा कला के क्षेत्र में बिम्बों की दुनियाँ में मुक्त रूप में खेलती है, उसी तरह संकल्पना, भावना, कृति इत्यादि क्षेत्रों में भी मुक्त होकर क्रीड़ा करती है। उसकी मुक्त क्रीड़ा से ही मनुष्य का सारा सांस्कृतिक धन निर्मित हुआ है। विज्ञान, दर्शन, कला, साहित्य सभी क्षेत्रों में प्रतिभा बोध-प्रक्रिया की एक-एक अवस्था की साधना करती है। इस साधना की समृद्धि के लिए वह अन्य अवस्थाओं के संचित का उपयोग भी करती है। कला के क्षेत्र में प्रतिभाओं की साधना करते समय वह अनुभव के अन्य अंगों का भी उपयोग करती है। बद्ध प्रतिभा कला में कारीगरी, विज्ञान-दर्शन के क्षेत्र में जीवनोपयोगी कार्य करती रहती है, तकनीकी ज्ञान जीवन-तृष्णा से प्रभावित प्रतिभा का पुल है। आचरण के मान कर्मकांडबद्ध प्रतिभा का कार्य है।

प्रतिभा की जीवन्तता का प्रमाण उनके द्वारा उत्थापित ऊर्जा का स्वरूप एवं प्रमाण है।

विशुद्ध कलात्मक दृष्टि से कलास्वाद जितना चित्र, संगीत जैसी कलाओं में संभव है (वहाँ भी रंगों, रेखाओं के प्रतीकार्य ढूंढकर आस्वादकी विशुद्धता को बाधित किया जाता है) उतना अर्थों से सम्पृक्त शब्दों पर आधारित वाङ्मय में संभव नहीं होता, यहाँ गुमराह करनेवाले मोह भी अधिक हैं जिनका पाध्ये ने विवेचन किया है। विचार का प्रचार, भावना का अतिरिक्त सिंचन, कला कृतिको जीवन तृष्णा से जोड़कर उसकी विशुद्धता को कलंकित करता है। कला में इससे

कारीगरी पैदा होती है।

श्री पाध्ये ने मुक्त प्रतिभा के विविध क्षेत्रों में विचरण के उदाहरण प्रस्तुत करते हुए कहा है कि मनुष्य दिमाग के सभी भागों को जोड़नेवाली जो संरचना है, प्रतिभा उसकी अद्भुत देन है। प्रतिभा शक्ति के अभाव में बोध-शक्ति की प्रक्रिया निर्जीव एवं यांत्रिक बन जाती है।

मुक्त प्रतिभा विविधता में एकता उत्पन्न करती है, बिखराव में व्यवस्था उत्पन्न करती है, बोध से बिम्ब का निर्माण करती है, संकल्पना, भावना, प्रेरणा को जागृत करते समय व्यामिश्रता में एकात्मता स्थापित करती है। बद्ध प्रतिभा वस्तु एवं परिस्थिति क बोध के अनुसार कार्योन्मुख होती है, मुक्त प्रतिभा संचित व्यामिश्र अनुभव के टुकड़ेकर उन्हें नया रूपबन्ध प्रदान करती है।

विश्व के मूल में जो ऊर्जा है वह नित्य नये रूप धारण करती है। जीवोत्पादन और बाद में मन की उन्निर्मिति भी उसी के विकासोन्मुख नित्य नूतन रूप धारणा करने की प्रवृत्ति के परिणाम हैं। मन में ऊर्जा की यह नव-नव रूप धारण करने की प्रवृत्ति के परिणाम हैं। मन में ऊर्जा की यह नव-नव रूप धारण करने की शक्ति संक्रमित होकर नानाविध रूप धारण करती है। मनुष्य के चेतन और अवचेतन दोनों मन अपने ढंग से नव-निर्मिति करते हैं, जागृत अवस्था में प्रतिभा वही काम करती है। प्रकृति ने मनुष्य को अपने प्रयोजन के लिए बद्ध प्रतिभा से काम लेना सिखाया, उसने प्रतिभा के द्वारा विशुद्ध अनुभव ग्रहण करने की ओर प्रेरित किया।

जीवन-क्षमता अनुभव-क्षमता पर निर्भर होती है, मनुष्य की ज्ञानेंद्रियों की क्षमता बहुत विकसित है, कमजोर व्यक्ति भी इसी कारण सृष्टि का सम्राट बन सकता है। व्यवहारिक जीवन में मनुष्य की अनुभव क्षमता बढ़ती है लेकिन वह पर्याप्त नहीं है। चूंकि जीवन बहुत जटिल होता है, रोजमर्रा के अनुभवों से मनुष्य का काम नहीं चलता। मुक्त प्रतिभा की क्रीडा व्दारा निर्सगही मनुष्य की अनुभव-क्षमता को बढ़ाता है।

श्री पाध्ये कलाकृति और रचयिता व्यक्तित्व के प्रश्न को उठाते हैं। इलिएट, जेम्स इत्यादि विचारकों के विवेचन से अपने मुद्दे को स्पष्ट करते हैं। व्यक्तित्व का अधिक विचार करते हुए पाध्ये लिखते हैं—व्यक्ति genes के प्रभाव से आनुवंशिक रीति से देह प्राप्त करता है, उस देह की नैसर्गिक शक्ति, उस देह से चिपकी सहज प्रवृत्तियां और इन सब के संघटन से निर्मित चेतना शक्ति, इस चेतना शक्ति की सहायता से सबपर हुए सजग असजग संस्कार मनुष्य के मन के आचारणवादियों के विविध तर्कों का श्री पाध्ये परामर्श लेते हैं। विशेषतः स्किनर के मन को ही अस्वीकृत करनेवाले सिध्दांत का विशेष रूप में खंडन करते हैं। वे मानते हैं कि मन नामक इकाई के अस्तित्व एवं उसकी शक्ति को माननाही होगा, मन की शक्ति असीम नहीं होती, सीमित होती है।

कला के क्षेत्र में राईल-स्किनर जिस बात से इन्कार करते हैं, वही अत्यन्त महत्वपूर्ण होती है। कलाकार एवं सहृदय की प्रवृत्ति अनुभव के केवल आस्वाद में रमती है, अनुभव का यह स्वतंत्र स्वायत्त संसार स्किनर-राईल अस्वीकार करते हैं। क्योंकि इस मन को वे प्रयोग-पात्र में नहीं पकड पाते । ऊर्जा को नापना संभव हो सका है परन्तु ऊर्जा जिस चेतना में रूपांतरित होती है

उसको नापना वैज्ञानिकों के लिए संभव नहीं हो पाया क्योंकि यह रूपान्तर गुणात्मक है। चेतना ऊर्जा का ही रूप है परन्तु वह उन्निर्मित है–(Emergent)। प्राण जिस तरह देह की उन्निर्मिति है उसी प्रकार मन दिमाग की।

'उन्निर्मिति' क्या है? ऑक्सिजन और हाइड्रोज का विशिष्ट अनुपात में मिश्रण होनेपर जल बनता है। परन्तु इस जल का ऑक्सिजन या हाइड्रोजन से गुणात्मक रिश्ता नहीं होता – उसी तरह चेतन प्राणी की देह रासायानिक द्रव्यों से बनती है परन्तु इन द्रव्यों से या उनके मिश्रण के गुणों से चेतन प्राणी के गुण के बारे में कुछ कहा नहीं जा सकता। भौतिक द्रव्यों की विशिष्ट रचना के कारण यॉंत्रिक (Mechanical) से रचना सेन्द्रिय (Organic) हो गयी। यह सेन्द्रिय रचना यांत्रिक रचना से गुणवत्ता की दृष्टि से बिल्कुल भिन्न होती है। इसलिए उसे उन्निर्मिति (Emergent) कहा जाता है। उन्निर्मिति नवनिर्मिति ही है – यह पूर्वनियोजित नहीं होती, चमत्कार-सी घटित होती है। मन या चेतना उसी तरह उन्निर्मित है। जिस दिमाग की रचना से यह घटित होती है उससे गुणात्मक रीति से यह अलग होती है। इस उन्निर्मिति की प्रक्रिया को श्री पाध्ये ने सी. डी. ब्राड के आधार पर प्रस्तुत किया है। प्राणी वैज्ञानिक डब्ल्यू. एच. थार्प, नोबेल पुरस्कार विजेता सर्जेंट-ग्यिओग्र्दो, विक्टर फ्रैकेल्ड इत्यादि वैज्ञानिकों के आधार से विस्तार से समझने का प्रयास किया है। थॉर्प बताते हैं कि मनुष्य का विज्ञान, उसकी अमूर्त विचारक्षमता, श्रद्धा, धार्मिक चेतना, आध्यात्मिक जीवन, आत्मानुशासन, नैतिक एवं सौंदर्यात्मक मूल्यों का आकलन, सत्य-शिव-सौंदर्य सिद्ध करने की इच्छा शक्ति, उसकी प्रतिभा - यह सब उन्निर्मिति है। मनुष्य के दिमाग की संरचना के अध्ययन से इन शक्तियों का पता नहीं लगता। (प्रश्न यह पैदा होता है कि कला अगर उन्निर्मिती है तो उसके शारीर आधार का दीर्घ विवेचन कहाँ तक () पूर्ण है।)

मन की उन्निर्मिति को कला के क्षेत्र में विशेष स्थान है। चेतना जो एक उन्निर्मिति-नवनिर्मिति है उसके विविध रूपों में केवलास्वादी प्रवृत्ति से रस लेने में कलाकार एवं रसिक की प्रवृत्ति रमती है। अनुभव की ओर अन्तर्मुखी वृत्ति से तटस्थापूर्वक आस्वादक देखता रहता है। इस प्रक्रिया का परिणाम उसके व्यक्तित्वपर होता है - उसे एक नयी चिकित्सकता, गहनता, व्यापकता मिलती है। अनुभव की ओर नयी दृष्टि से देखने की वृत्ति प्राप्त होना ही रसिक के व्यक्तित्व का समृद्ध होना है। लेकिन इस सारे व्यापार में व्यावहारिक जीवन के हानि लाभ का विचार नहीं होता। निमग्नता, उत्कटता, तरलता, एक तरह की चमत्कारपूर्ण अस्थिरता, विलक्षण अन्तर्मुखता, उत्स्फूर्तता - ये उस अनुभव के कुछ वैशिष्ट्य होते हैं। रसिक एकतानता अनुभव करता हुआ भी उसमें विसर्जित नहीं होताष यह अनुभव स्वभावता आनन्दमय होता है, यह मनःशक्ति की मुक्त क्रीडा होती है क्योंकि हम शुद्ध ऊर्जा का, शुद्ध जीवन शक्ति का, व्यावहारिक हानि-लाभ से अदूषित अनुभव ले रहे होते हैं। सामान्यतः जीवन में दुर्लभ क्षण कला प्रदान करती है। यह एक साक्षात्काररूप आनन्द प्रदान करती है - जीवन की ओर देखने की दृष्टि को विलक्षण प्रगल्भ बनाती है जिसे परिभाषित करना संभव नहीं होता। हमारी अस्मिता का यह प्रकटीकरण होता है, केवलास्वाद ग्रहण करने का अनोखा अहं जागृत होता है – अस्मिता की आंतरिक प्रतीति मिलती

है।

कलानुभव अगर अनुभव के लिए अनुभव है तो अभिव्यक्ति के लिए प्रयास क्यों? वस्तुतः अभिव्यक्ति अनुभव का ही एक भाग होती है। कलात्मक अनुभव में एक तनाव रहता है - एक ओर वह अनुभव अभिव्यक्ति के लिए प्रयासशील होता है तो दूसरी ओर उसके प्रति उदासीन होता है। अनुभव को आकार देकर उसे बिम्ब-धर्मी बनाने की प्रेरणा नैसर्गिक होती है।

यह कलात्मक अनुभव ज्ञातृगत (Sujective) होता है या वस्तुगत (Objective)? कलानुभव में व्यक्तिगतता निश्चयही होती है, वह अनन्यसाधारण होता है, वह साक्षत्कारी होता है, परन्तु कलाकार जब उसे माध्यमों के द्वारा अभिव्यक्ति देता है तब वह सार्वजनीन चिह्नाकृति (Sign) बन जाता है - रसिक उसे अपने संस्कारों द्वारा ग्रहण कर अपना बना लेता है।

अब श्री पाध्ये कला के प्रयोजन का विचार करते हैं। कला का अब तक उपयोग होता आ रहा है - यातु, धर्म, कारीगरी, शिक्षा, सत्य, दर्शन, नीति, प्रचार - अनेक बातों के लिए कला का उपयोग किया गया है। श्री पाध्ये की मान्यता है कि इन सभी कार्यों को व्यापनेवाला परन्तु सब से अलग तत्त्व कला के मूल में है। समस्त जीवन को समा लेने की वृत्ति कला में होती है। अतः सामाजिक, राजनीतिक, धार्मिक अनुभव साहित्य के अन्तर्गत आ सकते हं बशर्ते कि वे इंद्रियगोचर बिम्ब रूप में व्यक्त हों। रसिकों के मन में एक विशिष्ट प्रकार का भाव उत्पन्न करें - - बिम्ब रूप अनुभव में स्वरसरंजनात्मक वृत्ति से रम जाने का भाव। एक ही समय उपयोगी कलाओं की ओर स्वरसरंजनात्मक ढंग से देखा जा सकता है। धार्मिक उपासना और काल-उपासना की सन्निकटता का विवेचन करते हुए पाध्ये बताते है कि यातु कला या धार्मिक कला के आस्वाद के लिए यातुनिष्ठ या धर्मनिष्ठ की आवश्यकता नहीं।

'सत्य' शब्द के विविध प्रयोगों का विवेचन करते हुए श्री पाध्ये सावधानी बरतने की चेतावनी देते हैं। कांट ने सत्य का जुआ कला की गर्दन से उतार फेंका और कला के क्षेत्र में जो संकल्पनाओं का तार्किक राज्य था उसे नष्ट किया। प्लेटोसे लेकर मार्क्स तक के विविध विचारों का विवेचन पाध्ये इस सन्दर्भ में करते हैं। सत्य के जाल से कला को मुक्त कराने का प्रयास आय. ए. रिचर्डस ने किया परन्तु उसका प्रेरणा संतुलन का प्रस्थानबिन्दु ही पाध्ये की दृष्टि से गलत है। मॉरिस वाईल्स के विचार का विश्लेषण भी करते हैं। पाध्ये का निष्कर्षः अनुभव का अनुभव के लिए आस्वाद लेने वाली स्वरसरंजनात्मक दृष्टि कला की पहली आवश्यक शर्त है और वह अनुभव जीवन-शक्ति का उत्थापन करनेवाला जीवन्त अनुभव हो यह दूसरी पर्याप्त शर्त है। पाध्ये ने मराठी के वा. म. जोशी, मर्ढेकर, पाटणकर इत्यादि चिन्तकों के विचारों का भी ऊहापोह किया है। श्री पाध्ये का अभिमत है कि व्यक्ति निरपेक्ष सार्वत्रिक ज्ञान प्रदान करने की जिम्मेदारी कला पर नहीं होती। अनुभव को संमृद्ध करने के लिए ज्ञान के साधनात्मक महत्व को पाध्ये स्वीकार करते है। अपनी वैयक्तिक-जीवन दृष्टि दूर रखकर कला का आस्वादन लिया जा सकता है। लेखक की जीवन-दृष्टि सुसंगत व्यापक और प्रगल्भ होगी तो आस्वादन सुगम होता है। जीवन-दृष्टि सिद्धांत के तौरपर नहीं कलाकृति को समृद्ध करनेवाली शक्ति के रूप में ही हो, तभी ठीक हैष जीवनार्थ या जीवन के तलस्पर्शी अर्थ को बताने का दायित्व कलाकार पर लादना पाध्ये की

दृष्टि में गलत है क्योंकि वह दायित्व दर्शनिकका है।

नीति और कला के अन्तस्संबधों का विचार भी पाध्ये करते है उनकी यही मत है कि अच्छे साहित्य में नीति-अनीति जो आ जाती है वह अनुभव की क्षमता को बढ़ाने के लिए।

पाध्ये की मान्यता है कि कला के परिणाम से हमारे अनुभव का संवर्धन होता है, चेतना की क्षमता बढ़ती है, अनुभव का अधिक गहरे धरातल पर अबगाहन हम करते हैं, मनुष्य की सामूहिक चेतना को स्पर्श करने की क्षमता भी बढ़ती है। अवचेतन के आद्य बिम्बात्मक अनुभवों का तिवेचन करते हुए पाध्ये युंग, मिस मॉड, वाडकिन आदि विचारकों का विस्तार से विचार करते हैं। ऊर्जा की या चैतन्य की जागृति में ही कला की विश्वात्मकता का रहस्य है। जीवन में अनेक बातें बुद्धि से समझ में नहीं आती - उनका साक्षात्कार होता है। कला यही अनुभव देती है। प्रेम, सौंदर्याकर्षण, प्रकृति के प्रति अजस्त्र आकर्षण, उनका ऐन्द्रिक बोध - इनका ये प्रत्ययकारी बोध कला एवं साहित्य ही दे सकता हैं। जिसे Oceanic feeling कहा जाता है उसका अनुभव भी कला ही प्रदान करती है।

चेतना आदिम ऊर्जा का विलक्षण रूप है। उसने संवेदना, भावना, भाव, इच्छा ये विविध रूप धारण किये हैं और एक-एक विशिष्ट रूप के आराधन के लिए अपने दिमाग के विशिष्ट रूप को प्रोत्साहन दिया है। दार्शनिक बुद्धि में, व्यवहारज्ञ भावना में, कलाकार संवेदनात्मक प्रतिमा निर्माण में रमता है। एक ही व्यक्ति में बुद्धि, भावना और संवेदनात्मक बिम्ब धार्मिकता की एकल संभावना नहीं बनती। कला की आराधना मूल स्त्रोत की आराधना है इसलिए वह अधिक प्रभावकारी होतीं है। कलाकृति में विलक्षण अनुभव प्राप्त होते हैं और वे हमारी अनुभव-क्षमता को बढ़ाते हैं। अनुभव ग्रहण की क्षमता को बढ़ाना जीवन-क्षमता को बढ़ाना है। मतलब यह है कि जीवन तृष्णा का ही कार्य अप्रत्यक्ष तौर से कला पूर्ण करती है। इस दृष्टि से कला (निर्मिति भी और आस्वाद भी) जीवशास्त्रीय दृष्टि से महत्त्वपूर्ण कार्य करती है। कला के इस महत्त्वपूर्ण कार्य की ओर ध्यान न देने के कारण ही जीवनवादी कला के गले में धार्मिक, सामाजिक राजनीतिक दायित्व लटका देते हैं।

मनुष्य तीन रिश्तों में जीता है - उसका प्रकृति, समाज और आत्म से रिश्ता होता है। आत्म-भान का संबंध सबसे महत्त्वपूर्ण। यह आत्मभान साक्षात्काररूप होता है, मनुष्य अपने में ही लीन होता है। यह आत्मलीनता महत्त्वपूर्ण है क्योंकि इससे आत्मतृप्ति, आत्मशांति, आत्मप्रतीति प्राप्त होती है। बाहर का अनुभव आत्मसात् होने पर उस में साक्षात्कार स्वरूप सेन्द्रियता-एकात्मता उत्पन्न होती है। यह अनुभव बाहर के अनुभव का आत्मानुभव में रूपान्तरण है। बाहर के कारणों से अलग होकर अलिप्त होता है - स्वायत्त बन जाता है। कला के सही निर्माण के लिए और आस्वाद के लिए अनुभव का रूपान्तरण साक्षात्कार स्वरूप स्वानुभूति में होना आवश्यक है। कलाकार एवं रसिक को अनुभव के प्रतिमात्मक (Imaginative) पहलू पर ध्यान केन्द्रित करना आवश्यक है। कलाकार केवल कला के प्रति प्रतिबद्ध होता है, बाहर के व्यावहारिक जीवन का यह अनुभव सघन नहीं होता। यह क्रीडा सदृश होता है।

श्री पाध्ये कलाकृति के अंतरंग की विवेचना करते हुए लिखते हैं कि अनुभव के बाहर न जाने के निश्चय से कलाकृति बाह्य संदर्भ से अलग होकर एक 'मोनॅड' बनती है। भारतीय परंपरा में इसे अन्यून, अनतिरिक्त कहा गया है। लाइबनित्स की 'मोनॅड' की परिभाषा है- (A monad is a windowless whole from which nothing can go out and into which nothing can come from outside.)

अनुभव की ओर संपूर्ण दृष्टि से देखने पर अपनी दृष्टि एकाग्र बनती है - अनुभव के अतिरिक्त और कोई बात उसे मोहित नहीं करती। अनुभव के सभी अंग अनुभव के केन्द्र से - प्राणतत्त्व से जुड़कर एकात्म बनते हैं।

कला के क्षेत्र में हर रचना मोनॅडिक, अन्यूनातिरिक्त, स्वयंपूर्ण होती है परन्तु अनेक कलाकृतियों को व्याप्त करनेवाले सामान्य तत्त्व भी होते हैं, इसलिए सौंदर्यशास्त्र की संभावना बनती है।

ये सामान्य तत्त्व क्या होते हैं? सन्तुलन, समशक्ति और सम्मिति(Symmetry)। संतुलन किसी केन्द्र के कारण पैदा होता है। इस केन्द्र को प्राणतत्त्व भी कहा जा सकता है, कलाकृति का उद्देश्य बाहरसे नहीं, इस प्राणतत्त्व से जुड़ा हुआ होता है, अन्य अवयव भी इस प्राणतत्त्व से एकात्म होते हैं, द्वैत नहीं होता। कलाकृति का हर अवयव केन्द्रीय तत्त्व से आलोकित होना चाहिये।

कला का सृजन एवं आस्वादन आदिशक्ति की भावस्थ अभिव्यक्ति होती है। यह आदिशक्ति सतत बदलती रहती है, इस आदिशक्ति का रूपांतरण मानव की चेतना शक्ति में से हुआ है, उस चेतना को भावस्थ साक्षात्कार होता है तब कलानिर्मिति या आस्वाद का स्फुरण होता है। कलाकृति का स्फुरण लयात्मक होता है, कलाकृति के घटक बदलने पर कलाकृति बदल जाती है, कलाकृति की लय बदल जाती है, यह लय कलाकृति के अंतर्गत संबंध की आत्मा होता है। पाध्ये ने लय का विशेष विस्तार से विचार किया है। लय में स्थिर-चर दो तत्त्व होते हैं। कलात्मक लय का वैशिष्टय यह है कि उसमें एक डायलेक्टिकल द्वन्द्व या तनाव का एहसास होता है। कलाकृतिका प्रत्येक घटक एक ही समय दो परस्पर विरोधी संबंधों में विचरता है। उससे यह तनाव निर्मित होता है। कलाकृति का प्रत्येक घटक अपने आप में स्वायत्त होता है परन्तु प्राणतत्त्व से भी उसे अस्तित्व मिलता है। इस दुहरे अस्तित्व से लय का तनाव उत्पन्न होता है। एक ही समय दो अस्तित्वों में किंचित् विरोध होता है। हर अवयव या घटक का एक नेत्र कलाकृति के केन्द्रीय भाग पर तो दूसरा अपने स्वायत्त अस्तित्व पर।

आस्वाद और समीक्षा के साम्य एवं विरोधी बिन्दुओं पर श्री पाध्ये ने विस्तार से विचार किया है।

श्री पाध्ये की मान्यता है कि जिसके पास सौंदर्य को आस्वादित करने की स्वरसरंजनात्मक दृष्टि है वही रसिक है, यही दृष्टि सौंदर्यदृष्टि है। सौन्दर्य, कलाकृति, सौंदर्यानुभव यह त्रिसूत्री संबंध होता है।

चैतन्य की विशुद्ध जागृति, जीवन निरपेक्ष जागृति ही कला का परिणाम है। मानव की अनुभवक्षमता का विकास एवं वृद्धि कला का प्रयोजन है। यह प्रयोजन जीवशास्त्रीय ही है। कलाकृति में सौंदर्य नहीं होता - सौंदर्यकारक गुण होते हैं। इन गुणों से रसिक मन का स्वरसरंजनात्मक मेल होने पर सौंदर्य का साक्षात्कार होता है।

श्री पाध्ये के ग्रंथ 'सौन्दर्यानुभव' के आशय का जहां तक हो सका सार संकलन यहां किया गया है। ग्रंथ में प्रायः सभी मुद्दों का विस्तार के साथ स्पष्ट विवेचन किया गया है। श्री पाध्ये अपने मुख्य विचारों को पाठक के मनपर अंकित करने के लिए बार-बार पुनरुक्ति का आश्रय भी लेते हैं।

सामान्यतः कला का आस्वाद, कलाकृति का अतरंग कला के आस्वाद का परिणाम, कला का प्रयोजन इत्यादि महत्त्वपूर्ण बातों के संबंध में किया हुआ यह विवेचन भारतीय परंपरा से बहुत अधिक मेल खाता है। अर्थात् भारतीय मनीषियों ने इन बातों के स्वरूप को सूचित किया है, संकेतित किया हैं, श्री पाध्ये जमकर विस्तार से विचार करते हैं। श्री पाध्ये जगत्गति के मूल में ऊर्जा का विलास देखते हैं परन्तु इस ऊर्जा को ब्रह्म से अलग करते हुए ऊर्जा का स्पष्टीकरण आइन्स्टाईन के शब्दों में करते हैं। विचारणीय प्रश्न यह है कि इससे प्रस्तुत विदेचन में क्या बहुत अंतर पडता है? हां, धार्मिक वलय जो ब्रह्म के ईर्द-गिर्द है, उससे अलग होने का यह प्रयास अवश्य है परन्तु इससे अभिनव गुप्त द्वारा व्यक्त कला विवेचन में और श्री पाध्ये के कला विवेचन में क्या अन्तर पड़ता है, यह विचारणीय है। श्री पाध्ये का महत्त्वपूर्ण योगदान यह है उन्होंने निर्मिति एवं उस के आस्वाद को जीवनशास्त्रीय (दिमाग का विस्तार से विवेचन) आधार देने का प्रयास किया है और कला के प्रयोजन को, अनुभवक्षमता और जीवन शक्ति से जोड़कर कलावाद और जीवनवाद के बीच के अतिरेक को टालने का प्रयास किया है। कलाकृति की स्वायत्तता का उनका विवेचन इसीलिए महत्त्वपूर्ण है। पाध्येने लय-विचार को अधिक स्पष्टता दी है और उनका यह महत्तपूर्ण योगदान है।

'सृष्टी सौंदर्य आणि साहित्यमूल्य'

मराठी के कवि, समीक्षक और चिन्तक श्रीशरच्चंद्र मुक्तिबोध (स्व. गजानन माधव मुक्तिबोध के अनुज) की एक महत्त्वपूर्ण कृति, 'सृष्टि ' सौन्दर्य आणि साहित्यमूल्य' १९७८ में प्रकाशित और अभी हाल ही में साहित्य अकादमी द्वारा पुरस्कृत हुई है। इसे मराठी का महत्त्वपूर्ण रा.श्री. जोग पुरस्कार भी मिला था। इस पुस्तक पर अब तक मराठी में भी समीक्षात्मंक विवेचन बहुत कुछ हुआ है और कुछ मुद्दों के प्रति असहमति व्यक्त करते हुए भी सामान्यतः इस पुस्तक की वैचारिक स्तरीयता पर विवादी स्वर अब तक नहीं उभरे हैं।

मराठी में स्व. मर्ढेकर के बाद प्रा.मे.पु. रेगे, डा. सुरेन्द्र वारलिंगे, प्रा. नरहर कुरूंदकर, डा.रा.भा. पारणकर, श्री प्रभाकर पाध्ये आदि चिन्तकों ने सौदर्यशास्त्र के विविध मुद्दों पर विचार किया। मुक्तिबोध जी की प्रस्तुत कृत्ति भी उसी विचारमाला का सुरभित कुसुम है।

साहित्य का मूल्य

अपनी कृत्ति में प्रा. शरच्चंद्र मुक्तिबोध ने मुख्यतः साहित्य के मूल्य के रूप में नवनीत 'मानुषता' को स्थापित कर साहित्य के व्यवच्छेदक लक्षण के रूप में भी उसकी पर्याप्तता और औचित्य को प्रमाणित किया है। वह साहित्य के शाश्वत एवं परिवर्तनीय रूपों को सामने रखते हुए 'मानुषता' सिद्धान्त को साहित्य के एक प्राणभूत मानदण्ड के रूप में पेश करते हैं और भारतीय रससिद्धान्त और मर्ढेकर प्रतिपादित 'लय सिद्धान्त' की अपर्याप्तता दिखाकर अपने सिद्धान्त को स्थापित करते है। उनका चिन्तन साहित्यिक सिद्धान्त का अमूर्त प्रतिपादन नहीं है। अपने तात्त्विक विवेचन के आधार एवं प्रमाण के रूप में वह विश्व के श्रेष्ठ साहित्य को लेते हैं। वह मूलतः साहित्य के आस्वादक हैं और इसी पक्ष की प्रगल्भता के लिए साहित्यिक सिद्धान्तों का अन्वेषण करते हैं। उनका यह मूल्य विषयक चिन्तन वस्तुतः तीव्र वैचारिक अन्वेषण है जिसकी प्रेरणा बनती हैं संवेदनशील सहृदय को सदैव मंत्रमुग्ध करने वाली जीवन्त ललित कृतियाँ। निश्चय ही सृजनशील रचनाकार और ललित साहित्य के मर्मज्ञ मुक्तिबोध के आत्मीय स्पर्श ने इस गंभीर कृत्ति को अत्यधिक ताजगी दी है।

ललित साहित्य की विवेचना

ललित साहित्य के प्रत्यक्ष अनुभव के साथ न्याय करने की समस्या सचमुच विवाद्य है। श्री शरच्चंद्रजी का दावा है कि बहुचर्चित रस-सिध्दान्त आधुनिक श्रेष्ठ साहित्य के साथ न्याय करने में असमर्थ है। स्व. मर्ढेकर का लय-सिद्धान्त भी एक ओर अतिव्याप्त है तो दूसरी ओर ललित साहित्य में प्राप्त जीवन की साक्षात्कारात्मक प्रतीति के प्रति उदासीन क्योंकि वह साहित्य के महत्त्वपूर्ण प्रश्नों को नजर अंदाज करता है।

इस कृति में दो मूलभूत प्रश्न उठाये गये है: एक, ललित लेखक लिखता क्यों है, और दो, पाठक पढ़ता क्यों है। उनकी मान्यता है कि ललित रचनाकार सहृदयों को आनन्द प्रदान करने के लिए नहीं लिखता, न वह सीमित अर्थ में 'स्वान्तः सुखाय' लिखता है। अपने लेखन की प्रेरणा

के सम्बन्धों में ललित रचनाकार का उत्तर होगाः "जीवन का जो अनुभव मुझे होता है और उसका जो स्वरूप प्रतीत होता है, जो अनोखी-सी अनुभूति मिलती है, उन्हें शब्दों के द्वारा साकार एवं मूर्त करने की तीव्र इच्छा मुझे लेखन के लिए प्रेरित करती है।"

मुक्तिबोध आगे लिखते हैं: "अगर रचनाकार का यह उत्तर सही है तो ललित रचना कलात्मक आनंद के लिए रची गयी जीवन निरपेक्ष वस्तु नहीं है, न वह एक क्रीडा है; वह एक गंभीर वस्तु है और मानवीय जीवन की आंतरिक गति से उसका निकटतम रिश्ता है।" उसी तरह रचनाकार 'सुन्दर' रूपों की रचना के लिए नहीं लिखता, जीवन का रहस्य एवं मर्म अन्वेषित करने की व्याकुलता उसे सृजन के लिए बाध्य करती है। सहृदय भी महज आनन्द के लिए ही किसी रचना को नहीं पढ़ता।

प्रश्न हो सकता है कि रसिक हृदय पर श्रेष्ठ रचना का प्रभाव क्या पड़ता है? "किसी श्रेष्ठ ललित कृति को पढ़ने पर हमें जीवन के एक समग्र अर्थपूर्ण, गंभीर दर्शन होने की प्रतीति होती है; सुख-दुःखमय मानवीय जीवन का प्रत्यक्ष अनुभव मानवीयता के गंभीर अर्थ के साथ प्रतीत होता है; जीवन के अनेक क्षेत्रों के एवं अनेक स्तरों के अनुभवों के घटक विशिष्ट प्रकार से एकत्र होकर एकार्थ रूप से जीवन के स्वरूप का, उसकी व्याप्ति और गहराई का एकमात्र संस्कार हमारे मन पर डालते हैं। यह अनुभव साक्षात्कार के रूप में प्राप्त होने से हमारी समझ की कक्षाएं विस्तृत होती हैं: "जीवन का विवक्षित जीवनांग का रहस्य हाथ आया लगता है; व्यवहार में नितांत असंभव यह अनुभव साक्षात्कार के रूप में ही होता है और एक समृद्ध अनुभव प्राप्त होने का परितोष मन को व्याप्त किये रहता है।" यदि लेखक एवं रसिक का उपर्युक्त अनुभव सही है तो रचना का वही लक्षण या मूल्य सही मानना होगा, जो इस साहित्यानुभव के साथ न्याय करेगा।

रस की आलोचनाः पुनर्वीक्षण

इसके लक्षण या मूल्य की खोज में पहले वे रस तत्त्व की विवेचना करते हैं। वैसे रस के इस पक्ष के विरोध में मराठी में कई बार आपत्तियां उठायी गयी हैं। श्री शरचंद्र की मान्यता है कि रस तत्त्व विशिष्ट समाज व्यवस्था में उत्पन्न विशिष्ट प्रकार के साहित्य के आस्वादन में एक सीमा तक ही सहायक है। वह आधुनिक ललित कृतियों के सही आकलन में कोई सहायता नहीं करता है। रामायण महाभारत जैसे आर्ष महाकाव्य, प्राचीन ग्रीक महाकाव्य एवं नाटक का मर्म उद्घाटित करने में भी वह पूर्णतः समर्थ नहीं है। श्रेष्ठ ललित वाङःमय का मानवीय मन पर जो परिणाम होता है वह एक सर्वसामान्य चित्तवृत्ति के आस्वाद का नहीं होता। लगता है कि हम मानवी जीवन का ही साक्षात्कार कर रहे हैं, जीवन का नया रहस्य उद्घाटित हो रहा है,मनुष्य स्वभाव की वृत्तियों, प्रवत्तियों, हेतुओं और कृत्तियों का कुछ अनोखा रूप स्पष्ट हो रहा है, मानवीय पर्याय और उसके आदर्श के परस्पर सम्बन्धों पर नया प्रकाश पड़ रहा है। हमें मानवीय जीवन की ज्ञात-अज्ञात गति का, नियति का एवं स्वातंत्र्य का बोध हो रहा है। रस-तत्त्व इस नूतन साक्षात्कार को पकड़ने में और उसे अपनी शब्दावली में, परिभाषित करने में, पूर्णतः समर्थ नहीं हैं।

रस तत्त्व की तथाकथित कसौटी पुरूषार्थ-निष्ठता या जीवन-निष्ठता की सीमाओं का उद्घाटन करते हुए मुक्तिबोध का आक्षेप है कि यह जीवन-निष्ठता तत्कालीन धर्मशास्त्र द्वारा प्रतिपादित चार पुरूषार्थ की मर्यादा में ही बंधी है। दूसरे शब्दों में, तत्कालीन समाज में समाज के नेताओं द्वारा निर्दिष्ट कालसापेक्ष एवं वर्गसापेक्ष आदर्श ही नाटककारों को स्वीकृत थे। 'रस' तभी 'आस्वाद्य' होता था, जब रचनाकार इन स्वीकृत आदर्शो के औचित्य को मानकर चलता था।

वस्तुतः ये आदर्श तत्कालीन अभिजात वर्ग के ही हैं और उनके औचित्य विचार भी उनसे सीमित हैं। परिणामतः समाज का स्वतंत्र निरीक्षण, परस्पर सम्बन्धों का नया आकलन, सामाजिक असंगतियों का भान, प्रचलित अन्यायों का ज्ञान और सही मानवीय न्याय का विश्लेषण इत्यादि बातों के लिए प्राचीन कलाकार स्वतंत्र नहीं थे। शायद आज के साहित्य में ये तत्त्व अधिक मुखर हैं और वांछित भी। स्पष्ट है कि ऐसी स्थिति में 'रस' कसौटी आधुनिक साहित्य को न्याय नहीं दे सकती।

साहित्य के व्यवच्छेदक निकष के रूप में साहित्यानुभव की अलौकिकता को स्वीकारते हुए वह निष्पक्ष तथ्यग्राही चिन्तन करते हैं। वह साधारणीकरण को तो स्वीकारते हैं लेकिन उस पर चढ़े आध्यात्मिक रंग को नहीं मानते, उसकी कलात्मक क्रिया तथा व्यावहारिक जीवन और साहित्यिक विश्व को संवादी ही मानते हैं। उनका मत है: "ललित बाङ्मय का विश्व जीवनसंवादी विश्व है। ललित वाङ्मय शब्दों के द्वारा साकार होने वाला जीवन व्यवहार का आभासात्मक विश्व है। साहित्य जीवनसंवादी होते हुए भी विशिष्ट है, अनोखा है और इस अर्थ में अलौकिक भी है। व्यवहार, विश्व और ललित वाङ्मय के जगत में मौलिक अंतर है। "सुखदुःखात्मक व्यवहार, विश्व व्यक्ति-व्यक्तियों का होता है, लेकिन ललित वाङ्मय का विश्व जाति रूप होता है।" संवादित्व ललितकृति के जीवन (अर्थात् व्यावहारिक विश्व) से सम्बद्धता का तत्त्व है, स्वंपूर्णता उसकी अपनी वैशिष्टपूर्ण आंतरिक संगति का तत्त्व है। ललित साहित्य जीवन से संवादी होता है। उसमें वैशिष्ट , वैयक्तिक अपूर्णता और सापेक्ष स्वायत्तता पर बल रहता है।

रस तत्त्व के प्रति आग्रह एक तरह से समाज और व्यक्ति की स्थितिशीलता का आग्रह है, यह विचार स्पष्ट करने के बाद मुक्तिबोध स्व. मर्ढेकर के लय तत्त्व की ओर मुड़ते हैं। मर्ढेकरके सौंदर्य चिन्तन और उनके प्रस्तुतिकरण में जो विलक्षण धारदार तीक्ष्णता थी, उससे मराठी समीक्षक एक प्रकार से मंत्र-मुग्ध-से रहे हैं। यद्यपि प्रत्यक्ष समीक्षात्मक व्यवहार में शायद ही किसी ने मर्ढेकर के लय तत्त्व का सही उपयोजन किया है, स्वयं मर्ढेकर ने भी नहीं किया। परंतु विशुध्द वैचारिक रूप में वर्ढेकर के प्रति समर्पित भाव से बहुत कुछ लिखा गया है। यह लगभग वही स्थिति है जो हिन्दी में रस-सिद्धान्त की है। हिन्दी में रस-सिद्धान्त पर पोथियां तो कई लिखी गई हैं, परंतु व्यावहारिक समीक्षा में रससिद्धान्त की परिभाषा का या शब्दावली का प्रयोग बहुत कम हुआ है। स्व.मर्ढेकर के सौंदर्य सिद्धान्त का यही हाल हुआ है। मराठी समीक्षकों के मन की आंतरिक द्विधा को दूर करने का पर्याप्त काम इधर विचारकों ने किया है। स्व.दि.के बेडेकर, रा.भा. पाटणकर और श्री शरच्चंद्र मुक्तिबोध के नाम इस संदर्भ में याद रहेंगे।

सौंदर्य-सिद्धान्त का पुनरावलोकन

मर्ढेकर के सौंदर्य-सिद्धान्त का एक आधार बिंदु विशुद्ध संवेदना का सिद्धान्त है। श्री प्रभाकर पाध्ये ने भी इस सिद्धान्त की व्यर्थता पर पर्याप्त प्रकाश डाला है। मुक्तिबोध की महत्त्वपूर्ण स्थापना यह है कि ज्ञान प्रक्रिया में विशुद्ध संवेदनानुभव की नहीं, वस्तुओं और घटनाओं की प्रतीति होती है। यह मर्ढेकर के मूलभूत प्रस्थान बिंदु पर ही आघात है। इधर विशिष्ट सौंदर्य तत्त्वों के आधार पर समस्त कलाओं को एक ही क्षेत्र में लाकर रखने के प्रयास का विरोध हो रहा है। स्व. मर्ढेकर सभी कलाओं को एक क्षेत्र में रखकर उनका श्रेणी-विभाजन करने के पक्ष में थे। श्री मुक्तिबोध भी चित्र, शिल्प,संगीत इत्यादि कलाओं को, जो रचनातत्त्व को अधिक महत्त्व देती हैं और जीवनानुभव को केंद्र में रखनेवाली साहित्य जैसी कला को एक साथ रखने का विरोध करते हैं। उनका मत यह है कि वाङ्मय की चर्चा अतिशय हानिकार सिद्ध हुई और होने वाली है। रा. भा. पाटणकर ने भी इसी प्रकार के विचार प्रस्तुत किये थे। स्व. मर्ढेकर ने कलाकृति में संवाद, विरोध, सन्तुलन इन तत्त्वों पर आधारित उत्पन्न लय को कलाकृति का प्राणभूत तत्त्व माना और सभी कलाओं में इस लय तत्त्व को ही एक समान व्यवच्छेदक तत्त्व के रूप में देखा है। मुक्तिबोध ने इसकी अपर्याप्तता दिखाने का सार्थक प्रयत्न किया है। वैसे यह प्रभाव उनके पहले भी मराठी समीक्षा में हुआ है।

लय का उपयोग

मर्ढेकर के लय सिद्धांन्त पर श्री मुक्तिबोध का सबसे सवल आक्षेप यह है कि लयनिष्ठता का सिद्धान्त केवल कला क्षेत्र का सिद्धान्त नहीं है। अतएव वह व्यवच्छेदक भी नहीं है। संवाद, विरोध, संतुलन ललित वाङ्मय में अवश्योषाधि के रूप में वर्तमान रहते हैं, परंतु ये तत्त्व कलाओं से भिन्न क्षेत्रों में भी वर्तमान रहते हैं, क्योंकि जहाँ-जहाँ रूप व्यवस्था है, वहां ये सब तत्त्व होंगे ही। रूप व्यवस्था केवल कला क्षेत्र में ही नहीं, कला से इतर क्षेत्रों में भी होती है। जीव, वनस्पति और मन के विज्ञानों के आधार पर भी इस लय तत्त्व की व्यापकता का विवेचन करके मुक्तिबोध दिखाते हैं कि कला के हर क्षेत्र में भी लय तत्त्व विद्यमान रहता है। "मर्ढेकर की उपलब्धता ललित वाङ्मयीन कलाकृतियों की एक अपरिहार्य उपाधि है। वह संपूर्ण प्रकृत्ति की रूपायन प्रक्रिया का ही एक विशिष्ट प्रकटीकरण हैं। ललित कृत्ति की लयनिष्ठता निसर्ग-शास्त्रीय तत्त्व है, कलाशास्त्रीय नहीं है। यह वात विशेषतः अवधेय है।" मर्ढेकर के अनुसार ललित कृति के आस्वाद में लय तत्त्व ही विशेषतः आस्वाद्य होता है। इसकी अंतिम परिणति रूपवाद में हो जाती है, जहां कृति की श्रेष्ठता-कनिष्ठता का भेद भी नहीं रहता है। श्री शरच्चंद्र जी कई तरह से यह स्पष्ट करते हैं कि ललित रचना में जीवनानुभवों को गहनगंभीर साक्षात्कार होता है, मात्र रूप तत्त्व का या सौंदर्य तत्त्व का ही नहीं होता है।

मानुषता सिद्धान्त

ललित रचना के सर्जक का उद्देश्य, रचना की प्रक्रिया एवं आस्वादक पर होने वाला श्रेष्ठ साहित्य का प्रभाव इन सभी दृष्टियों से मानुषता सिद्धान्त सर्वसमावेशक और व्यवच्छेदक सिद्धान्त

हैं। ललित वाङ्मय अन्य कलाओं से अलग हे अपने माध्यम या साधन भाषा के कारण। भाषा और सामाजिक जीवन में अन्योंन्याश्रय सम्बन्ध है अतः वाङ् मय कला के क्षेत्र में व्यक्तिवाद, खोखला और बेवुनियादी तत्त्च है। भाषा के साधन से विरचित जीवनानुभव की संघट ना के संदर्भ में मानव-निरपेक्ष सौदर्य की अवधारणा व्यर्थ ही होती है।

मानुषता सामाजिक मानव की आन्तरिकता या सार तत्त्च है और वदलते सामाजिक मूल्यों का अधिष्ठ्रान भी वही है। सामाजिक मूल्यमय जीवन मानव के व्यावहारिक अस्तित्व का ही एक पहलू है, और मानुषता उसी अस्तित्व का दूसरा पहलू है। एक परिवर्तनशील है तो दूसरा शाश्वत है। एक इतिहास सापेक्ष है, तो दूसरा इतिहास में अनुस्यूत है। एक मानवी समाज की प्रक्रिया है जो प्रकृति के साथ आंतरिक एकात्मता स्थापित करते हुए जीते रहने की अनुभूति है। एक मनुष्य का कालसापेक्ष अस्तित्वमय रूप है तो दूसरा उसका तद्वस्थित कालातीत तत्त्च है।

मानुषता उन मानवीय शाश्वत मूल्यों का समाहार है जो व्यक्ति और समाज के बाहय परिवर्तनों के बीच उनमें आंतरिक निष्ठ्र के रूप में जीवित रहते हैं। जो रचना इन शाश्वत तत्त्वों का जीवंत कलात्मक बोध देती है, वही श्रेष्ठ होती है। यह मानुषता वर्गीय परिस्थिति से निर्मित या सीमित नहीं है। अतएव बुद्ध की करूणा में, मार्क्स के साम्यवादी स्वप्न में, अस्तित्ववादियों की निर्वासित होने। की व्याकुलता में यही मानुषता प्रकट हुई है। क्योंकि मानुषता एक अनुभूति हे और वह मानव के साथ सृष्टि से एकात्मकता और आंतरिकता से आबद्ध होने का मानसिक सत्य है।

यहां कुछ प्रश्न स्वाभाविक हैंः क्या मानुषता साहित्य का व्यवच्छेदक लक्षण होकर श्रेष्ठ वाड्मय की कसौटी भी बन सकती है? क्या मानुषता भी लय की तरह एक ऐसा अतिव्यपक तत्त्च नहीं है जो केवल साहित्य में ही नहीं सन्तों और समाज सेवियों के व्यावहारिक जीवन में भी प्रकट होते हैं। फिर इसे साहित्य का व्यवच्छेदक लक्षण कैसे माना जाय? दो, व्यवच्छेदक लक्षणों को ही श्रेष्ठ्ता की कसौटियां बनाने से तो फिर वही स्थिति आ जायेगी,जो मर्ढेकर के लय-सिद्धान्त में थी, मतलब, श्रेष्ठ्ता-कनिष्टता का प्रश्न ही अवान्तर है।

वास्तव में, साहित्य की साहित्यिकता और श्रेष्ठ्ता के मानदण्ड अगल-अलग हैं। श्रेष्ठ्ता तत्त्च ही साहित्यिकता से अलग है और उसके लिए साहित्यिकता से बाहर आना ही उचित है। मानुषता अठरहवीं सदी के मानववाद से अलग हो सकती है, परंतु बीसवीं सदीं (मानवेन्द्र राय द्वारा प्रस्तुत) के भारतीय नव मानववाद से यह कैसे भिन्न है? १९५० में प्रकाशित 'संस्कृति और साहित्य' में साहित्य के व्यवच्छेदक लक्षण के रूप में रस का खंडन और मानववाद का सशक्त विवेचन तो डा.दु.का. सन्त ने भी किया था। मानुषता क्या उससे कोई अलग तत्त्च है? वैसे मानुषता का संकेत साहित्यिक चर्चा में सदैव होता रहा है।

इन कतिपय शंकओं के बावजूद श्री मुक्तिबोध के ग्रंथ का महत्त्व अक्षुण्ण इसलिए है कि जीवनवाद, कलावाद, रूपवाद सौदर्यवाद इत्यादि बातों को लेकर असमंजस में पड़ी समीक्ष-बुद्धि को 'सुष्टि , सौदर्य आणि साहित्य' से कुछ महत्त्चपूर्ण आधार मिलते हैं। फलतः कट्टर पोथीनिष्ठ ता भी उदारता के संस्कारों से सम्पन्न हो सकेगी, इसमें संदेह नहीं।